Hermann Mendel

Musikalisches Conversations-Lexikon

Eine Encyklopädie der gesammten musikalischen Wissenschaften

Hermann Mendel

Musikalisches Conversations-Lexikon
Eine Encyklopädie der gesammten musikalischen Wissenschaften

ISBN/EAN: 9783742868749

Hergestellt in Europa, USA, Kanada, Australien, Japan

Cover: Foto ©Thomas Meinert / pixelio.de

Manufactured and distributed by brebook publishing software
(www.brebook.com)

Hermann Mendel

Musikalisches Conversations-Lexikon

Musikalisches
CONVERSATIONS-LEXICON.

Eine Encyklopädie

der

gesammten musikalischen Wissenschaften.

Für Gebildete aller Stände,

unter Mitwirkung

der

literarischen Commission des Berliner Tonkünstlervereins,

so wie

der Herren Musikdir. C. Billert, Concertmeister F. David, Custos A. Dörffel, Kapellmeister Prof. Dorn, G. Engel, Director Gevaërt, L. Hartmann, Dr. F. Hüffer, Prof. F. W. Jühns, Professor E. Mach, Professor Dr. E. Naumann, Dr. Oscar Paul, A. Reissmann, Prof. E. F. Richter, Prof. W. H. Riehl, Musikdirector Dr. W. Rust, Geh. Rath Schlecht, O. Tiersch, Director L. Wandelt, Dr. H. Zopff u. s. w., u. s. w.

bearbeitet und herausgegeben

von

Hermann Mendel.

Dritter Band.

BERLIN,

Verlag von R. Oppenheim.

1873.

Costa ist der Name vieler portugiesischer Tonkünstler, über deren Leben und Wirken bis jetzt jedoch nur meist sehr unvollständige Nachrichten vorhanden sind. — Alfonso Vaz da C. war ein in seinen jüngeren Jahren geschätzter Sänger in Rom, wo er sich des musikalischen Studiums wegen aufhielt, und später in Spanien als Kapellmeister zu Badajoz und Avila thätig. In letzterer Stellung starb C. im Anfang des 17. Jahrhunderts. Seine Compositionen, meist für die Kirche bestimmt, kaufte nach Machado, »Bibl. Lus.« T. I, S. 54, der König Johann IV. an sich und sollen dieselben im Manuscripte noch in der königl. Bibliothek zu Lissabon verwahrt werden. — Andrea da C., seit 1650 Mitglied des Dreifaltigkeits-Ordens, ist als Harfenspieler und Componist von den Königen Alfonso VI. und Pedro II. ausgezeichnet worden und starb am 6. Juli 1686. Seine Compositionen, die nach Machado, »Bibl. Lus.« T. I, S. 144, in der königl. Bibliothek zu Lissabon befindlich sind, bestehen in: »Missas de varios Coros«; »Confitebor tibi, a 12 Vozes«; »Laudate pueri Dominum, u 4«; »Beati omnes, a 4«; »Completas, a 8 Vozes«; »Lauda inha de N. Senhora, a 8 Vozes«; »Responsorios da 4, 5, 6 Vozes«; »Feira da Semana santa, a 8 Vozes«; »O Texto da Paixão da Dominga da Palmas, e de 6 feira mayor a 4« und »Vilhancicos da Conceição, Natal; e Reys a 4, 6, 8 e 12 Vozes«. — Felix Joseph da C., geboren 1701 zu Lissabon, von Beruf Jurist, pflegte nebenher Poesie und Musik. Von seinen für die Musik beachtenswerthen Werken ist nach Machado, »Bibl. Lus.« T. II, S. 6, nur ein hinterlassenes Manuscript bekannt: »Musica recelada do Contrapunto a coposição, que comprehende varias Sonatas de Cravo, Viola, Rebeca e varios Minuetes e Cantates« betitelt. — Francisco da C., seiner theoretischen Kenntnisse und seiner Kunstfertigkeit in der Musik wegen in Portugal berühmt, soll nach Machado, »Bibl. Lus.« T. IV, S. 131, verschiedene Compositionen in Manuscript hinterlassen haben und 1667 zu Lissabon gestorben sein. — Francisco da C. e Sylva starb als Canonicus und Kapellmeister an der Kathedralkirche zu Lissabon am 11. Mai 1727. Nach Machado, »Bibl. Lus.« T. II, S. 137, hat dieser Componist folgende Compositionen hinterlassen: »Missa a 4 Vozes com todo o genero de instrumentos«; »Miserere a 11 Vozes, com instrumentos«; »Motetes para se cantarem a Missas das Domingas da Quaresma«; »Lamentação primeira da Quarta feira de Trevas a 8«; »O Texto da Paixão de S. Marcos e S. Lucas a 4«; »Vilhancicos a S. Vicente, e a Santa Cecilia com instrumentos« und »Responsorios do officio dos defuntos a 8 Vozes, com todo o genero de instrumentos«. — Victorino da C. hiess nach Machado, »Bibl. Lus.« T. III, S. 791, ein portugiesischer musikalischer Schriftsteller, aus Lissabon gebürtig, der zwischen 1730 und 1740 ein Werk: »Arte do Canto chão para uzo dos Principiantes« betitelt, herausgab. — Abt C., nach Burney geborener Portugiese, war 1772 in Wien als Meister im Guitarrespiel bekannt. Derselbe Gelehrte sagt in seinem »Tagebuch einer musikalischen Reise« Bd. II, S. 209 (in der deutschen Uebersetzung): »Dieser Abbate ist ein sonderbarer Musiker, der es für sich zu klein hielt, in fremde Fusstapfen zu treten, und also sowohl als Componist wie als Spieler sich einen neuen Weg bahnte, der unmöglich zu beschreiben ist. Alles, was davon zu sagen, ist, dass er mehr Sorgfalt auf Harmonie und ungewöhnliche Modulationen verwendet, als auf Melodie; und dass es immer wegen der vielen Bindungen und Brechungen schwer ist, die Tactart ausfindig zu machen. Indessen thut seine Musik, wenn sie gut gespielt wird, eine sonderbare und angenehme Wirkung; dabei aber ist sie allzusehr ein Werk der Kunst, um anderen als daran gewöhnten Ohren ein grosses Vergnügen zu gewähren. Er besitzt eine ebenso grosse Liebe zur Unabhängigkeit als Rousseau; so arm er ist, schlägt er doch jeden Beistand von dem Kaiser mit Unbiegsamkeit aus. Er spielte vor Tische zweierlei Tactarten zugleich mit zwei verschiedenen Melodien, ein *Andante* im $^3/_4$- und ein *Presto* im $^4/_4$-Tact aus *F*-dur.« — Auch Italien hat mehrere Tonkünstler dieses Namens aufzuweisen: Carlo C., war von 1721 bis 1727 als kaiserl. Tenorist in Wien angestellt. — Geronimo Maria C. erregte 1655 in Genua als Operncomponist mit seiner »*Ariodante*« und »*Gl' Incanti d'Ismeo*« grosses Aufsehen. Von diesem Meister sind auch verschiedene Motetten und Litaneien durch den Druck veröffentlicht, die sich in ihrer Zeit vielen Beifalls erfreuten. — Giovanni Maria C. ist nur durch einige gedruckte Messen und Litaneien bekannt. — Giovanni Paolo C., zu Ende des 16. Jahrhunderts in Genua geboren, war Kapellmeister in Treviso und hat ein Buch 2-, 3- und 4-stimmiger und zwei Bücher 5-stimmiger Madrigale veröffentlicht. — Lelio C. war nach Printz' »Geschichte der Musik« 1655 der Name des grössten Harfenvirtuosen seiner Zeit zu Rom. — Margarita C., aus Rom gebürtige Dichterin und Sängerin aus der Mitte des 17. Jahrhunderts, welche folgende Werkchen verfasst hat: »*La chitarra*«, »*Il canzoniere amoroso*«, »*Il violino*«, »*Lo stipo*«, »*La fiora feconda*«, »*La selva de' cipressi*« u. s. w. (vergl. »*Hist. de la musique*« I, S. 225). — Rosa C. hiess eine hervorragende Sängerin, die im J. 1750 in Neapel bewundert wurde. — Im J. 1818 finden wir in Wien einen Gesanglehrer C. thätig, der die berühmte Borgondio unterstützte und auch als Guitarrist einen Namen hatte. 2.

Costa, Sir Michele, ein hervorragender italienischer Componist der Gegenwart und berühmter Dirigent, geboren 1804 (1606) zu Neapel, empfing in seiner Vaterstadt seine künstlerische Ausbildung. Er trat zuerst mit einer Oper, »*Malvina*«, 1829 in die grössere Oeffentlichkeit, vermochte aber diesem Werke keine grössere Anerkennung zu verschaffen. Als Operndirigent ging er hierauf nach Mailand und veröffentlichte dort verschiedene Gesangstücke, unter denen besonders ein canonisch gearbeitetes Quartett: »*Ecco, quel fiero istante etc.*« in Folge vorzüglicher Ausführung durch Gesanggrössen wie die Pasta und Malibran, Rubini und Tamburini Aufsehen und C.'s Namen weit bis in das Ausland hinein vortheilhaft bekannt machte. Von Mailand aus ging C. auf kurze Zeit nach Portugal und von dort 1835 nach London, wo er sich zuerst als Gesanglehrer allgemeine Anerkennung verschaffte. Für seinen Ruf als Componist besorgt, versuchte er es 1837 noch einmal mit seiner in Neapel fast durchgefallenen Oper »*Malvina*«, die er umgearbeitet hatte und unter dem neuen Namen »*Malek Adel*« im italienischen Opernhause zu Paris zur Aufführung brachte. Aber wiederum vermochten selbst Talente wie die Grisi und Albertazzi, wie Rubini, Tamburini und Lablache den Durchfall dieser unglücklichen dramatischen Composition nicht zu verhindern. Erst 1844 rettete C. seinen Ruf als Operncomponist einigermassen durch den »*Don Carlos*«, der in London vielen Beifall fand. In der darauf folgenden und in der jüngsten Zeit hat C. sich mit weit entschiedenerem Erfolge in grösseren und kleineren Kirchencompositionen versucht, und besonders war es sein Oratorium »*Eli*«, zuerst 1855 auf dem Musikfeste zu Birmingham mit aussergewöhnlichem Beifall aufgeführt, welches ihm, in Folge mehrmaliger Aufführung in Stuttgart, auch in Deutschland einen geachteten Namen als Kirchencomponist verschaffte. C.'s Hauptbedeutung liegt jedoch in seinem glänzenden Directions-Talente, dessen Grösse sich namentlich kundgab, als er wegen Differenzen mit Lumley, dem Opernunternehmer im Theater der Königin zu London, eine zweite italienische Oper im Coventgarden gründete, wohin ihm fast alle seine früheren Musiker folgten, und zu überragender Blüthe brachte. Ausserdem rief er durch Beharrlichkeit und trotz der sich entgegenstellenden ausserordentlichen Schwierigkeiten die grossen geistlichen Conzerte in Exeter-Hall zu London ins Leben, die noch immer einen Glanzpunkt der englischen Musiksaison bilden. In Anerkennung so tüchtiger Leistungen wurde er auch zum Dirigenten der philharmonischen Conzerte und der Hof-Conzerte in London ernannt, und es findet fast kaum ein Musikfest in England statt, bei dem sein Name nicht mit an der Spitze stände. Im J. 1869 wurde er von der Königin zum Ritter erhoben, die erste Ehrenbezeugung dieser Art, welche einem Musiker in England zu Theil geworden ist. Zu Anfang des Jahres 1870 befand sich C. in Deutschland, wo er in Stuttgart die Aufführung seines *Eli*« dirigirte, und in Berlin, wo er bei Hofe eine schmeichelhafte Aufnahme fand, eine Preussen-Hymne componirte und dem Könige widmete, die durch einen Orden belohnt wurde. Seitdem lebt und wirkt C. wieder in gewohnter Rührigkeit in seinem Berufskreise zu London.

Costaguti, Vincenzo, italienischer Musikschriftsteller, 1612 in Genua geboren, widmete sich dem geistlichen Stande und gelangte in sehr frühen Jahren zu den höchsten Kirchenwürden; schon im 31. Lebensjahre, am 13. Juli 1643, wurde er zum Cardinal erhoben und starb am 6. Decbr. 1660 zu Rom. Von seinen Schriften sind die »*De Musica*« und »*Applausi Poetici alle glorie della Signora Leonora Baroni*« betitelten in musikalischer Beziehung bemerkenswerth. Vergl. Oldoini, »*Athenaeum Liguticum*«, S. 530. O.

Costamagna, Antonio, italienischer Operncomponist, geboren 1816 zu Mailand, machte in seiner Vaterstadt seine ersten musikalischen Studien und ging hierauf nach Neapel, wo er ein Compositionsschüler Zingarelli's wurde. Seine Erstlings-Oper ‹*È pazza*«, die er auf Bestellung hin für Piacenza schrieb, hatte bei ihrer Aufführung 1837 guten Erfolg, nicht minder seine zweite und dritte Oper, »*Don Garzia*«, 1838 für Genua componirt. Seine weitere, voraussichtlich glänzende Laufbahn schnitt der Tod allzu früh ab. C. starb am 17. Febr. 1839 zu Genua.

Costantini, Alessandro, italienischer Componist der römischen Schule, aus Rom gebürtig und daselbst an der Kirche *San Giovanni dei Fiorenti* als Kapellmeister und Organist in der ersten Hälfte des 17. Jahrhunderts angestellt, hat 21 ein-, zwei- und dreistimmige Motetten seiner Composition mit Orgelbegleitung (Rom, 1616) veröffentlicht. Andere Stücke von ihm finden sich in der Sammlung Fabio Costantini's (s. d.).

Costantini, Fabio, italienischer Contrapunktist, der um 1560 zu Rom geboren, um 1630 Kapellmeister der Brüderschaft der Rosarii zu Ancona und dann Kapellmeister an der Kathedrale zu Orvieto war. Einige seiner Werke haben sich bis heute erhalten und werden sehr geschätzt, z. B. vier-, fünf- und achtstimmige Psalme, Hymnen und Magnificats, ein-, zwei-, drei-, vier- und fünfstimmige Motetten (Rom, 1598 und 1618): Antiphonen in nicht geringer Zahl finden sich in mehreren römischen Bibliotheken. Ausserdem veranstaltete er vier Sammlungen achtstimmiger Motetten der berühmtesten Meister damaliger Zeit unter dem Titel »*Selectae cantiones excellentissimorum auctorum etc.*« (Rom, 1614 bis 1618), worin sich Stücke von ihm, von A. Costantini, Palestrina, Nanini, Anerio, Crivelli, Santini u. s. w. befinden. †

Costantini, Livia, eine 1718 am königl. polnischen und kursächsischen Hofe angestellte Gesangvirtuosin, die besonders als »Intermedia« an der Dresdener Oper Aufsehen erregte. †

Costanzi, Giovanni, italienischer Componist aus Rom und desshalb auch bekannt unter dem Namen Giovannino (oder Gioannino) di Roma, war anfangs Kapellmeister des Cardinals Ottoboni, Neffen des Papstes Alexander VII., seit 1755 aber bis zu seinem Tode, der am 5. März 1778 erfolgte, Kapellmeister an der St. Peters-Kirche zu Rom. Ausserordentlich gerühmt wurde sein vorzügliches Violoncellspiel. Im Archiv der päpstlichen Kapelle befinden sich mehrere seiner 16-stimmigen Motetten (zu vier Chören). Er hat aber noch viele andere Kirchenstücke verschiedener Art componirt, eben so eine Oper »*Carlo magno*«, die 1729 in Rom zur Aufführung gekommen war.

Coste, Gaspard, französischer Tonkünstler und Schriftsteller, der um 1530 zu Avignon lebte.

Coste d'Arnobat, Pierre, französischer musikalischer Schriftsteller, geboren im 18. Jahrhundert zu Bayonne, gestorben um 1810 zu Paris.

Costeley, William, Organist Heinrich's II. und Karl's IX., der zugleich den Titel eines königl. Kammerdieners hatte, geboren 1531, gab nach Draudius, »*Bibl. Exot.*« S. 209, u. Verdier, »*Bibliothèque*«, 1579 bei Adrian le Roy zu Paris ein Werk: ›*Musique*« betitelt, heraus. Er verfasste übrigens noch andere theoretische Werke und componirte Gesänge, die sich in Sammlungen vorfinden. C. starb am 1. Febr. 1606 zu Evreux (Normandie). †

1*

Cosyn, eine englische Tonkünstlerfamilie, die zu Ende des 16. und im Anfange des 17. Jahrhunderts lebte, von deren Kunstwirken bisher jedoch nur wenig bekannt wurde. — John C., der Vater, gab 1585 zu London Psalme für fünf und sechs Stimmen heraus. — Sein Sohn, Benjamin C., war als Virtuose und Componist im Anfang des 17. Jahrhunderts zu London rühmlichst bekannt, und dessen Bruder, William C., hat nach Hawkins eine Organistenstelle im Karthäuserkloster zu London bekleidet. γ.

Coti, Ignazio, italienischer Violoncellvirtuose, der zu Anfang des 18. Jahrhunderts durch Concertreisen sich in ganz Italien rühmlichst bekannt machte.

Cotillon (franz.), wörtlich übersetzt: der Unterrock, ein aus Frankreich stammender Gesellschaftstanz, der mit einer grossen Ronde beginnt und endigt und aus mehreren Figuren (Touren) besteht, deren Arrangement dem Geschmacke des Tanzmeisters überlassen ist. Die Auflösung dieser meist aus Gesellschaftsspielen zusammengesetzten Figuren geschieht, indem sämmtliche Tanzpaare im Walzer, Schottisch, Galopp u. s. w. herumtanzen. Der C. beschliesst in der Regel den Ballabend, wesshalb ihm so viel Abwechselung wie möglich zuertheilt wird. Seine Geschichte weist bis auf Ludwig's XIV. Zeiten hinauf, wo er ganz im Gegensatze ein einfacher Tanz in der Art einer *Branle* war und den Ball eröffnet haben soll.

Cotrona, Antonio, ein gelehrter italienischer Priester und Doctor der Theologie, der am 14. Septbr. 1636 zu Syracus auf Sicilien geboren war und als Archipresbyter an der Collegiatkirche des heil. Celsius und Julian zu Rom 1708 starb, hat unter vielen gedruckten und ungedruckten Schriften auch einige geistliche Dramen hinterlassen, zu denen er selbst die Musik gesetzt hat. Vergl. Mongitor, *»Bibl. Sicul.«* T. I, S. 61.   0.

Cotta, Johannes, deutscher Theolog, geboren am 24. Mai 1794 zu Ruhla im Eisenach'schen, gestorben am 18. März 1868 als Pfarrer zu Willerstedt bei Weimar, hat sich durch die von ihm componirte Melodie zu Arndt's Gedicht »Was ist des Deutschen Vaterland?«, welche, neben der Reichardt'schen Composition desselben Textes, im besten Sinne Volksweise wurde, der dankbaren Erinnerung des deutschen Volkes empfohlen.

Cottage (franz.; engl.: *Cottage-Piano*), eine Verkürzung des Cabinetflügels, d. h. des Flügels, dessen Stimmstock nicht waagrecht, sondern nach oben, geradeauf gewendet ist. Da auch diese Verkürzung für die Miniaturzimmer der englischen Landhäuser noch zu hoch erschien, so stutzte man die C.s noch mehr ab, und aus dieser weiteren Verkürzung des Corpus und der Saiten ging der *Semi-C.*, Piccolo oder Pianino (s. Pianino) hervor.

Cottereau, Pater, französischer Geistlicher und Componist, dem Capitel St. Martin zu Tours zugehörig und gegen das Ende des 17. Jahrhunderts in Paris lebend, hat sich als geschickter Tonsetzer in seiner Zeit hervorgethan. Besonders schuf er sehr viele *Chansons*, von deren Melodien man vielfach behauptet, dass selbst noch heute dieselben Verehrer finden würden; zwei derselben sind im vierten Buche La Borde's abgedruckt.   †

Cottonius, Johannes, ein alter Scholastiker und Tonlehrer, der im 12. Jahrhundert oder noch früher, jedenfalls aber später als Guido von Arezzo gelebt hat und vielleicht ein und dieselbe Person mit dem Johannes Scholasticus ist, der 1047 in der Abtei St. Matthias bei Trier als Mönch lebte, schrieb in 27 Capiteln einen Tractat: *»De Musica ad Fulgentium Episcop. Anglorum«*, welcher sich als Manuscript in der Antwerpener und Leipziger Bibliothek befinden soll und den in seiner »Sammlung geistlicher Schriftsteller« Abt Gerbert T. II, S. 230 nach einem *Cod. St.-Blas.* des 12. Jahrhunderts vollständig aufgenommen hat.   0.

Cotumacci, Carlo, nicht Contumacci, wie Einige schreiben, italienischer Kirchencomponist, geboren 1698 zu Neapel, ums Jahr 1719 Schüler A. Scarlatti's, 1755 Nachfolger Durante's als Kapellmeister am *Conservatorio San Onofrio* zu Neapel, als welcher er noch 1765 in Wirksamkeit war, hat besonders durch sein vorzügliches Orgelspiel und seine Compositionen für die Kirche in seiner Zeit sich einen Namen gemacht. Auch schriftstellerisch hat C. sich hervorgethan. Zwei seiner Abhandlungen : »*Regole dell' accompagnamento*« und »*Trattato di contrappunto*« sollen nach Burney's »Reisen« Bd. I als Manuscripte noch vorhanden sein. Aus dem ersteren Werke hat Choron in seinen »*Principes de composition des écoles d'Italie*« Beispiele mitgetheilt. C. selbst starb um das J. 1765 in Neapel.   †

Couac (franz.) nennen die Franzosen das Umschlagen oder Kicksen des Tones der Oboe. welches entsteht, wenn der Ton im Instrumente bleibt und das Rohr allein in Vibration gesetzt wird.

Couchet, Jean und Pierre, zwei Brüder, die sich als Instrumentenbauer durch Anfertigung vorzüglicher Flügel in der Zeit von 1659 bis 1664 vortheilhaft bemerklich machten.

Coucy, Regnault de, bekannt unter dem Namen »der Castelan (Schlosshauptmann) von Coucy«, ein berühmter nordfranzösischer Trobador aus dem Ende des 12. oder Anfang des 13. Jahrhunderts, von dem mehrere Minnelieder erhalten geblieben sind, die sich zwar vor den zahlreichen ähnlichen Liedern jener Zeit durch leidenschaftlichere Gluth und innigere Sehnsucht nach der hohen, anfangs als grausam angeklagten, dann aber als huldvoll gepriesenen Herrin auszeichnen, aus denen aber über die Lebensumstände des Sängers nur so viel sicher sich entnehmen lässt, dass er das Kreuz genommen und, obgleich sehr ungern und voller Gram, sich von der Geliebten getrennt habe, um wahrscheinlich den Kreuzzug unter Philipp August und Richard Löwenherz mitzumachen. Aus seinem uralten Beinamen lässt sich schliessen, dass er Castellan auf Coucy, einer Burg und Stadt im Laonnais, und daher ein Dienstmann der berühmten Sires de Coucy. wahrscheinlich Raoul's I. (1148 bis 1191) gewesen sei, der gleichfalls den Kreuzzug unter Philipp August mitmachte und bei der Belagerung von Acre blieb. Mit Letzterem ist C. oft verwechselt worden und La Borde und einige andere Geschichtsschreiber nennen ihn irrthümlich geradezu Raoul de C. : auch hat man ihn für einen Verwandten desselben gehalten, dem aber sowohl sein Name, wie sein Stand und Wappen widersprechen. Die Dame seines Herzens wird, damaliger Sitte gemäss, in seinen Liedern nicht genannt ; doch findet sich in mehreren Handschriften neben seinen Gesängen ein Lied von einer Dame von Fayel, worin diese die Trennung von ihrem auf dem Kreuzzuge abwesenden Geliebten beweint. C. und diese Dame wurden sehr bald, wie Tristan und Isolde, als Vorbilder treuer aber unglücklich Liebender sprüchwörtlich. Schon ein aus der ersten Hälfte des 13. Jahrhunderts stammender altfranzösischer *Roman d'aventure* erzählt sehr ausführlich die Geschichte Beider, in die er mehrere Lieder C.'s (herausgegeben und übersetzt in Prosa von G. A. Crapelet; Paris, 1829) einwebt. Bei mehreren Trouvères des 13. Jahrhunderts finden sich Anspielungen darauf als auf eine allbekannte Begebenheit und noch häufiger bei den Schriftstellern des 14. Jahrhunderts. So erzählt eine alte Chronik von 1380 sehr umständlich, dass R. de C., nachdem er zum Tode getroffen, unter den Mauern von Acre dahingesunken sei, seinen Knappen beauftragt habe, der Geliebten sein Herz in einer Kapsel verschlossen als Andenken zu überbringen. Eben im Begriff, den letzten Befehl seines Herrn auszuführen, wurde der treue Diener von dem Sieur von Fayel, dem Gemahl Gabrielle von Fayel's, überrascht und ihm der Zweck seiner Sendung entlockt. Der tobende und wüthende Gatte bemächtigte sich der Kapsel mit dem Herzen und liess das letztere als Speise zubereiten. die der Nichts ahnenden Gabrielle vorgesetzt und von ihr köstlich schmeckend befunden wurde. Mit tückischer Freude eröffnete ihr hierauf der Sieur von Fayel seine Unthat. Gabrielle aber nahm entsetzt keine Speise mehr zu sich und starb nach wenigen Tagen im bittersten Harme. — Unter den Manuscripten der Pariser Bibliothek befinden sich 24 *Chansons* mit ihren Melodien vom Castelan de C. Einige der letzteren hat La Borde in seinem »*Essai sur la musique ancienne et moderne*« (Paris, 1780) und in den »*Mémoires historiques sur Raoul de Coucy*« (Paris, 1781) in ziemlich fehlerhafter und willkürlicher Weise in die moderne Notation gebracht. In jeder Hinsicht die beste Ausgabe der »*Chansons du châtelain de C., revues sur tous les manuscrits et suivies de l'ancienne musique mise en notation moderne par M. Perne*« besorgte Francisque Michel (Paris, 1830), obwohl Perne's hinzugefügte Klavierbegleitung die alten Melodien unnöthiger Weise modernisirt. Ausser den bereits erwähnten Schriften vergleiche man über R. de C. auch noch de Bellay's »*Mémoires historiques sur la maison de C. et la dame de Fayel*« (Paris, 1770).

Coulé (franz.), die von uns **Schleifer** (s. d.) genannte Spielmanier. Ferner gebrauchen auch zuweilen die Franzosen diesen Ausdruck für *legato*, d. i. gebunden, und bezeichnen damit die unter einem Bogen stehende Notenfigur.

Country-dances (engl.; franz.: *Contredanses*), englische oder Contre-Tänze bei uns genannt, ist der Name für eine Art Gehtänze, welche durch Ausführung graciöser Bewegungen in schrittartiger Begegnung der tanzenden Paare, die in chorischen Aufzügen culminiren, sich besonders kennzeichnen. Wahrscheinlich sind in frühester Zeit Pantomimen die Anfänge der graciösen Bewegungen gewesen, was daraus gefolgert werden kann, dass noch heute die Tanzenden solche auszuführen sehr geneigt sind. Diese Bewegungen sind grösstentheils lebhaften Charakters und grenzen selbst zuweilen an das Komische, wesshalb die Musik zum C. auch in den verschiedensten Tactarten wechselt: $^2/_4$, $^3/_8$ oder $^6/_8$. Ueber die Musik selbst ist noch zu bemerken, dass die Zeittheile der einzelnen Tanzabschnitte bald in grösserer, bald in geringerer Schnelle einander folgen, und dass die Anfänge der Tacte, wie in der Musik zu Rundtänzen, besonders hervorgehoben werden müssen. Leider sind die einzelnen Tanztouren (in der Regel fünf) ohne Verbindung; sie bestanden einst wohl jede für sich als besonderer Tanz. Eben so sind die fünf Nummern der Musik ohne Zusammenhang. Es lässt sich desshalb wohl hoffen, dass irgend ein begabter Componist, sobald der Tanz selbst erst mehr aus dem Gebrauch schwindet, die musikalischen Motive zur Bildung einer neuen Kunstform verwenden wird und Concertstücke, wenn auch nur ähnlich den durch Strauss, Lanner und Labitzky ausgebildeten Walzercyklen, schafft, die an und für sich schon ein Interesse erwecken könnten. Für jetzt bilden diese Tänze mehrere ohne verbindendes Mittel nach einander folgende Einzelscenen, die mit einem grossen Rundgange der Paare enden. Dieser Rundgang wird durch eine sehr lebhafte und markirte melodische Musik belebt, welche durch ihren Galopprhythmus die prägnanteste und am leichtesten zu fassende und im Gedächtniss zu behaltende Nummer ist.   2.

Coup (franz.) bedeutet im Allgemeinen so viel als **Streich**, **Schlag** (im weiteren Sinne Unternehmen, Ausgang einer Sache). So bezeichnet man mit *C. d'archet* den Bogenstrich (s. Bogenführung); mit *C. de fouet* (Knalleffect) alle Rouladen, Coloraturen und Verzierungen, welche der Sänger oder Instrumentalist absichtlich (um einen *C. de théâtre* oder Theaterstreich auszuführen) bis zum Schluss eines Tonstückes aufspart, damit er die Bewunderung und den Beifall des Publicums gleichsam mit Gewalt herausfordere.

Coupart, Antoine Marie, französischer Schriftsteller, geboren am 13. Juni 1780 zu Paris, gestorben 1854 ebendaselbst, hat viele Jahre hindurch einen »*Almanach des spectacles*« (Paris, 1822 bis 1836) herausgegeben, der auch für die musikalische Chronologie von grossem Werthe ist.

Coupé (franz.), abgestossen, steht als Vorschrift zuweilen statt der Punkte über den Noten; statt der Striche hingegen: *détaché*, welches ein schärferes Stakkiren bedeutet. — *Couper le sujet*, d. i. coupiren, abkürzen, bedeutet die Abkürzung des Hauptthemas, besonders in einer Fuge, wenn es im Verfolge des Satzes nicht ganz vorgetragen, sondern nur theilweise einige Tacte durchgeführt oder nachgeahmt wird.

Coupelle, Pierre de la, französischer Dichter und Musiker des 13. Jahrhunderts, von dem noch einige *Chansons* erhalten geblieben sind.

Couperin ist der Name einer französischen Tonkünstlerfamilie, die sich beinahe zwei Jahrhunderte lang (1630 bis 1815) in der Musik ausgezeichnet und ihrem Vaterlande zur Zierde und zum Ruhm gereicht hat. Sie stammt aus Chaume in Brie, wo die als die ältesten bekannten drei Ahnherren als Brüder in der ersten Hälfte des 17. Jahrhunderts geboren sind. Der älteste und hervorragendste von ihnen, Louis C., 1630 geboren, war in seiner Blüthezeit Organist an St. Gervais und an der königl. Kapelle zu Versailles, so wie königl. Kammervirtuose auf der Viola; er starb schon 1665 kinderlos. Von seinen Compositionen sind nur drei umfangreiche Klaviersuiten in Manuscript erhalten geblieben, die eine kunstvolle Arbeit im Geschmacke jener Zeit zeigen und sich des Beifalls aller Kenner erfreuten. — François C., der mittlere dieser drei Brüder, geboren 1631, lebte in Paris, war dort ein sehr gesuchter Musiklehrer und von 1679 bis 1698 gleichfalls Organist an St. Gervais. Er starb fast 70 Jahre alt an einer Verletzung, welche ein Wagen auf der Strasse ihm zugefügt hatte. Man kennt von ihm ein Heft gut geschriebener Orgelstücke. — Der jüngste der Brüder, Charles C., geboren 1632, lebte ebenfalls in Paris und wird gleichfalls als trefflicher Orgel- und Klavierspieler gerühmt; er starb ebenfalls früh, im J. 1669. — Der zweite dieser Brüder, François C., hinterliess zwei Kinder, die auch in der Kunst sich hervorgethan haben: Louise C., geboren 1674 zu Paris, das älteste, war als Sängerin und Klavierspielerin gleich berühmt. Dreissig Jahre lang war sie Mitglied der königl. Kapelle und starb 1728 im 54. Lebensjahre zu Versailles. — Ihr Bruder, Nicolas C., war 1680 zu Paris geboren. Derselbe lebte in jüngeren Jahren als Musiker in Diensten des Grafen von Toulouse, den er auch auf seinem Kriegszuge nach Messina begleitete. Später ging er nach Paris, wo er, bekannt unter dem Namen C. *le neveu*, von seinem Vetter François C., der später als C. *le grand* erwähnt werden wird, noch besonderen Unterricht in der Musik erhielt. Sein Orgel- und Klavierspiel, übrigens eben so wie seine Compositionen als kalt aber correct bezeichnet, und seine Unterrichtsmethode gaben wohl den Grund dazu, dass man ihn zum Nachfolger seines Vetters C. *le grand* als Organisten an St. Gervais ernannte, als welcher er im J. 1748 starb. — Er hinterliess einen Sohn, Armand Louis C., geboren am 11. Januar 1721, der sein Nachfolger im Amte wurde. Burney, der im Juli 1770 diesen C. in seiner Amtsthätigkeit hören konnte, sagt über denselben in seinem »Tagebuch einer musikalischen Reise« Thl. I, S. 24: »Sein Geschmack ist nicht völlig so modern, als er vielleicht sein könnte; allein wenn man seinem Alter, dem Geschmacke seiner Nation etwas zu Gute hält und die Veränderungen bedenkt, welche die Musik seit seiner Jugend ausser seinem Vaterlande erlitten hat, so bleibt er immer ein vortrefflicher Organist, er hat eine glänzende fertige Ausübung, ist mannigfaltig in seinen Melodien, und meisterhaft in der Modulation.« Von seinen Compositionen sind nur Klaviertrios mit einer Violine, die als Op. 3 zu Paris gestochen wurden, bekannter geworden. — Mit seiner Gattin, Elizabeth Antoinette C., geborene Blanchet, Tochter des berühmten Klavierbauers, einer der glänzendsten Orgel- und Klavierspielerinnen ihrer Zeit, hatte dieser C. drei Kinder. Der Aelteste, Pierre Louis C., erhielt schon 1780 die Anwartschaft auf die Organistenstelle an St. Gervais und unterstützte den Vater bei seinen verschiedenen Organistenämtern. Schwach von Gesundheit starb er 1789 in sehr jungen Jahren. Der zweite Sohn, Gervais François C., der noch 1815 lebte, so wie eine Tochter, die sich nach Tours verheirathete und 1810 noch lebte, zeigten viel musikalisches Talent; besonders die Tochter, Antoinette Victoire C., spielte in zartem Alter schon fertig auf der Harfe und dem Klaviere. Folgende nach 1790 zu Paris gestochene mittelmässige Werke sind von den beiden Söhnen A. L. C.'s componirt: »Pot-pourri p. le Clav.« (Paris, 1795; bei Imbault); »Les Incroyables, Pièce musicale p. Pf.« Op. 6 (ebenda 1796); »Les Merveilleuses, Pièce music. p. Pf.« Op. 7 (ebenda 1796); »Romance de Nina, mise en variat. p. le Clav. p. Couperin, fils aîné, Organiste du Roi en survivance« Op. 1 (1787). — Ein Sohn des jüngsten der drei zuerst erwähnten Gebrüder C., François C. geheissen, war der bedeutendste und berühmteste Tonkünstler dieses Namens, der schon bei Lebzeiten allgemein hoch gefeiert und gewöhnlich C. *le grand* genannt wurde. Er war 1668 zu Paris geboren und verlor schon im ersten Jahre seines Lebens seinen Vater. Ein Freund desselben, der königliche Organist Tolin, nahm sich in musikalischer Hinsicht C.'s an. Das bedeutende Talent des Kindes und seines Lehrers sorgfältige Pflege setzten dasselbe sehr früh in den Stand, sich öffentlich hören zu lassen. Ein rührender Vortrag auf dem Klavier, gelehrtes Orgelspiel und eine eigene Compositionsart nahmen allgemein so für C. ein, dass Ludwig XIV. im J. 1696 sich veranlasst fand, ihn zum Organisten an der St. Gervasius-Kirche und 1701 zum königl. Kammermusicus und Hof-Klavierspieler zu ernennen. In dieser Stellung verblieb C. bis an sein Lebensende, das im

J. 1733 eintrat. Auch ausser seinem Vaterlande genoss C. grosses Ansehen, besonders wegen der Compositionsweise in seinen Klavierwerken, die ganz merkwürdig
von denen seiner Zeitgenossen abstachen; die Werthschätzung J. S. Bach's derselben
ist noch heute eines der besten Zeugnisse hierfür. Für C.'s Originalbemühungen in
den Compositionen für Klavier spricht, dass er der Erste war, der seinen gestochenen
Klavierwerken eine Erklärung der Spielmanier beifügte, die sich auf den erst damals
hauptsächlich durch S. Bach und Scarlatti eingeführten Gebrauch des Daumens bezog,
welche Erklärung Seb. Bach stets in seinen Vorträgen beibehielt. Was nun C.'s
hinterlassene Compositionen anbetrifft, so sind dieselben, wenn auch nicht gerade sehr
zahlreich, doch sehr für ihn als Componisten sprechend. Ausser verschiedenen Motetten, den Klageliedern Jeremiä, weltlichen Cantaten, einem Conzert für Violine u. A.,
besonders einer Menge Orgelfugen, die man nur in Handschriften von ihm besitzt,
sind folgende im Druck erschienen: Vier Bücher Klaviersuiten; »L'Art de toucher
le Clavecin y compris huit préludes«; »Les Gouts-réunis, ou nouveaux Concerts, aug-
mentés de l'Apothéose de Corelli«; »L'Apothéose de l'incomparable Lully«; Violintrios
und »Pièces de Viole«. — Er hinterliess zwei Töchter, die beide sich als Klavier- und
Orgelspielerinnen hervorgethan haben. Die älteste, Marie Anne C., trat als Nonne
in das Bernhardinerkloster zu Montbuisson und fungirte als Organistin in dieser Abtei; die jüngere, Marguerite Antoinette C., wurde vom König von Frankreich
zu dessen Kammervirtuosin ernannt, eine Stellung, die zuvor noch niemals eine Frau
bekleidet hatte. Mehr über die Familie C. le grand's berichtet das »Dict. Portat.« in
seinen kritischen Briefen Bd. II und Fétis in seiner »Biogr. univ.«.

Coupiren (von dem franz. couper), d. i. abkürzen, bezeichnet a. die Abkürzung eines Satzes im Vortrage (s. Coupé), b. das Abstossen der Noten (siehe
Staccato).

Couplet (von dem lat. copula, d. i. Band) erscheint als Kunstbegriff in dem
Wortlaute cobla (spanisch cupla) zuerst bei den provençalischen Dichtern und bezeichnete damals in der Musik und Poesie die Verbindung von zwei parallelen rhythmischen
Sätzen; dann fasste man damit vorzugsweise die künstlichere symmetrische Verknüpfung mehrerer rhythmischer Glieder zu einem vollkommen abgeschlossenen rhythmischen Gedanken und dessen typische Wiederholung, d. h. sich gleichmässig wiederholenden (nach derselben Melodie und daher auch isometrisch gebauten) Absätze,
Strophen oder Stanzen des Kunstliedes (chanson), zum Unterschiede von den ungleichmässigen oder minder geregelten Absätzen (vers) der Volks- oder volksmässigen Lieder
(Lais). Endlich erhielten, nach der Einführung der komischen Oper in Frankreich,
auch kleine Lieder oder Arien von meist munter-muthwilligem oder epigrammatischem
Charakter diesen Namen, die noch jetzt einen Hauptreiz der französischen Vaudevilles und der deutschen Possen ausmachen. In die grosse Oper hinein versuchte man
in den dreissiger und vierziger Jahren unseres Jahrhunderts das C. als Bezeichnung
von Strophenliedern ernsten Inhalts zu tragen, aber ohne Erfolg, da die meisten Componisten sich für derartige Nummern nach wie vor des Ausdruckes Strophes bedienen.
Die eben genannten epigrammatischen C.s (Couplets spirituels) arteten vom Theater
aus, wo sie das ganze Publicum mitsang, schon zu Ende des 17. Jahrhunderts in
Hohn- und Spottlieder aus und spielten selbst in der Hof- und politischen Geschichte
keine unbedeutende Rolle. Einen zahmeren, aber keineswegs harmlosen Charakter
haben die auch jetzt noch üblichen Hochzeit- und Festliederchen (Couplets de mariage
et de fête), welche die Stelle der mehr und mehr aus der Mode gekommenen grösseren
Lieder (chansons) einnehmen. — In der Musik speciell bezeichnet C. entweder jede
Strophe eines Liedes, die nach der Melodie der ersten Strophe gesungen wird, oder
auch gewisse melodische Ausschmückungen und Veränderungen der Hauptmelodie,
also eine Art Variationen: endlich und hauptsächlich in mehrstrophigen Compositionen
die Nebenmelodien, welche zwischen die Wiederholungen der Hauptmelodie treten,
wie z. B. die Zwischensätze eines Rondo.

Couppey, Felicien le, auch in der Zusammenziehung Lecouppey geschrieben,
einer der hervorragenderen neueren französischen Pianoforte-Componisten, geboren
am 14. April 1814 in Paris, trat 1824 in das dortige Conservatorium, woselbst er in

ausgezeichneter Weise seine Studien machte und später auch als Professor des Klavierspiels und der Harmonielehre angestellt wurde, welche Stellung er noch gegenwärtig einnimmt. Als solcher ist er nicht minder hochgeschätzt, wie als Componist
und Verfasser von Studienwerken für Pianoforte, unter welchen seine *Ecole du mécanisme du piano* einen hohen Rang einnimmt.

Courante oder **Corrente** (franz.), eine ältere, sowohl zum Tanzen selbst, als auch
zum Singen und Spielen auf der Laute, Geige und dem Klavier ehedem gebräuchlich
gewesene lebhafte Tanzmelodie. Leider wissen wir von der ursprünglichen Beschaffenheit derselben, was Musik wie Ausführung anbetrifft, nichts Positives. Mattheson,
der jedenfalls der Entstehungszeit der C. näher stand als wir, behauptet von der
Musik zur C.: sie soll den Charakter der süssen Hoffnung an sich tragen und desshalb sowohl etwas Herzhaftes, als auch etwas Verlangendes und Erfreuliches in sich
entfalten. Um dies zu beweisen, giebt er in seinem *Vollkommenen Kapellmeister*
Thl. II im 13. Hauptstück eine alte C. in Noten. Jedenfalls ist es gewiss, dass der
C. genannte altfranzösische Volkstanz so besonderer Natur auch in seiner Musik war,
dass man in der Einführung desselben in die Oper eine Bereicherung derselben,
besonders in Musikstücken zu Kunsttänzen erblickte. Später erhielt die C. in Deutschland, besonders auch durch Seb. Bach, ihre Einführung in die abstracte Instrumentalmusik und bildete einen gewöhnlichen Bestandtheil der Suite, in der sie nach der
Allemande erschien. Ueber die musikalische Structur des unter C. bekannten Musik-
stückes ist nur wenig zu sagen, nämlich: Dieselbe, aus vielen laufenden Figuren
zusammengesetzt, die mehr gestossen als gebunden gespielt werden, erfordert Sätze
im $^3/_2$- oder $^3/_1$-Tact, welche mit einem Auftact beginnend, im mässigen Zeitmaass
ausgeführt werden müssen; die Hauptperioden, gewöhnlich zwei, eine kürzere und
eine längere, müssen wiederholt werden und schliessen stets auf einem guten Tacttheile ab. Die in neuester Zeit wieder oft gehörten Beispiele sind die besten Lehrmeister in Bezug auf die Kenntniss der kleinen Nebeneigenheiten der C.   2.

Courante lutbée (franz.), kommt als Vortragsbezeichnung nur in einer Sammlung
von Caspar le Roux in Amsterdam im 18. Jahrhundert herausgegebener *Pièces de
Clavecin* Op. 6 vor und bedeutet, dass die Accordtöne, bei denen diese Bezeichnung
steht, wie auf einer Laute (nach einander) angeschlagen werden sollen.   ✝

Courbest, französischer Lieutenant zu Paris, von dem *La Musique de l'office du
S. Sacrement, ainsi que plusieurs cantiques spirituels à 4, 5, 6, 7 et 8 parties* (Paris,
1623) gedruckt erschien, ist nach La Borde in jener Zeit ein sehr geschätzter Componist gewesen.   ✝

Courbois, französischer Componist von Motetten aus der ersten Hälfte des
18. Jahrhunderts. Der Pariser Musik-Katalog vom J. 1729 führt auf S. 2 auch eine
im Jahre vorher erschienene Cantate seiner Composition auf.

Courcelle, **Francesco**, italienischer Operncomponist aus der ersten Hälfte des
18. Jahrhunderts, von dessen noch vor 1730 geschriebenen Partituren nur zwei:
Nino und *La Venere placata* erhalten geblieben sind.

Courlard, **Louis**, Kammermusiker und Bratschist der königl. Kapelle zu Berlin,
geboren in der zweiten Hälfte des 18. Jahrhunderts, war ursprünglich französischer
Sprachlehrer und trieb daneben so eifrig Musik, dass er in der königl. Kapelle zur
Aushülfe mitspielen durfte. Auf Spontini's Verwendung hin wurde er 1821 definitiv
als königl. Kammermusiker angestellt. Schon 1806 hatte er einen Musikverein
gegründet, der sich mit der Uebung von Instrumentalwerken beschäftigte und dessen
25jähriges Stiftungsfest (am 9. Octbr. 1831) am 13. Januar 1832 in Berlin feierlich begangen wurde. C. selbst starb am 26. Mai 1846 am Schlagflusse zu Berlin.

Courmont, Gräfin von, in Deutschland bekannter unter dem Namen Madame
de Siesley, eine sehr geschätzte französische Klaviervirtuosin und Sängerin, in
letzterer Eigenschaft die Schülerin des berühmten Gesangmeisters David, die sich
zur öffentlichen Ausübung ihrer Talente hingedrängt sah, als sie sich von ihrem Gatten, einem Beamten des Herzogs Philipp Egalité, scheiden lassen musste. Die grosse
französische Revolution, die ihr Leben bedrohte, trieb sie nach London, wo sie, wie
ebenfalls bald darauf in Wien, St. Petersburg und Moskau, mit vielem Erfolge in

Concerten auftrat. Im J. 1796 kam sie nach Berlin, sang und spielte häufig vor dem Könige und wurde in Folge dessen auch bei der königl. Oper engagirt. Ein Jahr später, sofort nach dem Regierungsantritte Friedrich Wilhelm's III., musste sie aus unbekannt gebliebenen Gründen Berlin und den preussischen Staat verlassen. Gerber, der sie noch in Berlin kennen lernte, rühmt ausser ihrer Fertigkeit und seelenvollen Ausdruck beim Gesang und Klavierspiel auch ihre persönliche Liebenswürdigkeit. Wohin sie sich von Berlin aus gewandt und wo sie gestorben ist, hat sich der Nachforschung entzogen. — Sie wird übrigens auch als Componistin von Klavierstücken und Liedern genannt.

Couronne (franz.; lat. und ital.: *corona*) ist eine Benennung für die F e r m a t e (s. d.).

Court, Henry de la, ein französischer Contrapunktist des 16. Jahrhunderts, von dessen Arbeit man noch mehrere Motetten in des Pater Joanelli *»Nuovo Tesauro musico«* (Venedig, 1568) findet.   †

Courtain, Jacob, ein deutscher Orgelbauer, dessen Arbeit vom Abt Vogler als das Höchste der Orgelbaukunst bezeichnet wurde, wohnte, als er bekannter wurde, zu Emmerich, 1790 in Burgsteinfurt und 1793 in Oldenburg. Sein bekanntestes Werk ist die Orgel im Dome zu Osnabrück, die er 1790 vollendete; Disposition und vollständige Beschreibung derselben findet man in der »Musikal. Correspond.« (1791) S. 107. C. soll auch eine transportable Orgel eigener Construction erfunden haben.   0.

Courtaut, auch *S o u r d e l i n e* genannt (franz.; ital.: *Sambogna*), hiess im Mittelalter eine auf wenige Centimeter Länge zurückgeführte Oboe, deren Bauart nach dem o b e r e n Theile derselben stattfand. — Auch nannte man C., welche Benennung auch *Courtaud* sich geschrieben findet, die gedeckte Basspfeife an einem Dudelsack (s. Sackpfeife).   0.

Courteville, John, ein in der letzten Hälfte des 17. Jahrhunderts lebender Gesangscomponist zu London, von dem mehrere im *»Theater of Music«* eingedruckte Gesänge sich erhalten haben (vergl. Hawkins' *»Hist.«* Vol. *V*, S. 16). — R a p h a e l C., wahrscheinlich ein Bruder des Vorigen, war ums Jahr 1660 Mitglied der königl. Kapelle und erster Organist an der Kirche St. James zu Westminster in London. Auch von ihm sind mehrere Gesänge in Sammelwerken, so wie Flötenstücke erhalten geblieben. — Sein Sohn, gleichfalls R a p h a e l C. geheissen, war Nachfolger seines Vaters als Organist an St. James und ist Autor des berühmten *»Gazetteer«*, einer Vertheidigungsschrift der Walpole'schen Ministerialverwaltung, wesshalb man C. und die Schriftsteller seiner Partei auch *Court-evil* (Hofübel) zu nennen pflegte (vergl. Hawkins' *»Hist.«* Vol. *V*, S. 16).   †

Courtney, ein irländischer Virtuos auf der Sackpfeife oder dem Dudelsack (*Irish pipe*), der 1794 zu London viel Aufsehen machte, sowohl durch die geschickte Behandlung seines Instrumentes, als durch die von ihm an demselben angebrachten Verbesserungen. Er liess sich später auch in Deutschland hören, wo jedoch weder er selbst, noch sein Instrument Beifall zu finden vermochten.   0.

Courtois oder **Certois, Jan,** ein geschickter Contrapunktist aus der ersten Hälfte des 16. Jahrhunderts, von dessen Arbeit in den *»Chansons à 5 et à 6 parties«* (Löwen, 1545, bei Lusato) ein fünfstimmiger Canon enthalten ist, der seine Kunstfertigkeit rühmlichst documentirt. Nach Burney's *»Hist.«* Vol. *III*, S. 308 findet man auch in Salblinger's *»Concentus«* (Augsburg, 1545) Gesänge von C.; ferner wird behauptet, dass sich im Manuscript Messen von C. unter Cod. 51 in der königl. musikalischen Bibliothek zu München befinden sollen, eben so auf der Bibliothek zu Cambrai in einer Abschrift aus dem J. 1542 von verschiedenen *Chansons*, Motetten und Messen, eine vierstimmige Messe des genannten Componisten.   0.

Courtup, George, ein gelehrter englischer Tonkünstler, welcher in der zweiten Hälfte des 18. Jahrhunderts in London lebte und daselbst um 1780 starb.

Courville, Joachim Thibault de, ein gelehrter französischer Tonkünstler des 16. Jahrhunderts, der 1570 von Karl IX. zum Aufseher bei den Einrichtungen der allerersten Akademie zu Paris ernannt wurde, um neben vielen anderen Dingen die Einrichtungen der ehemaligen griechischen und römischen Musik zur Kenntniss und in Gebrauch zu bringen. 0.

Cousin Jacques, französischer Componist, s. Beffroy de Reigny.

Cousin de Contamine, französischer Tonkünstler, lebte um die Mitte des 18. Jahrhunderts und gab anonym heraus: *»Traité critique du plein-chant«* (Paris, 1749).

Cousin, Jean, französischer Geistlicher und Sänger an der unter Ockenheim's Leitung stehenden Kapelle König Karl's VII. von Frankreich. Tinctor führt in seinem *»Proportionale«* von C. componirte Messen auf.

Cousineau, Pierre Joseph, französischer Harfenbauer und Harfenspieler, Componist und Musikalienhändler, geboren um 1753 zu Paris. Schon 1782 legte er der Pariser Akademie eine Erfindung zur Verbesserung der Harfe zur Begutachtung vor, bestehend in einem Pedale, welches nach Belieben des Spielers Piano und Forte hervorbringen konnte. Das Gutachten der Akademie findet sich im *»Journal encyclopédique«* von 1782 abgedruckt. Noch wichtiger war seine später fallende Erfindung einer doppelten Reihe von Pedalen, vermittels deren leichter in allen Tonarten modulirt werden konnte, welche noch von Dizi und Erard vervollkommnet und nutzbarer gemacht worden ist. Bereits Harfenist der Königin und der Gräfin von Artois, erhielt er auch 1788 den Titel als königlicher Instrumentemacher und die Anstellung als Harfenist im Orchester der Grossen Oper zu Paris, welchen letzteren Posten er bis 1812 inne hatte. Im J. 1823 zog er sich von allen Geschäften zurück und starb 1824 in Paris. Von seinen Compositionen sind zu nennen: sieben verschiedene Werke Sonaten, je vier bis sechs Sonaten enthaltend, fünf Hefte Variationen, zwei Conzerte mit Orchesterbegleitung, Potpourris und eine Harfenschule. – Sein Sohn, genannt C. *fils,* theilte getreulich alle Berufsthätigkeiten des Vaters als Harfenbauer, Spieler im Orchester der Grossen Oper und Herausgeber der *»Feuilles de Terpsichore«,* einer Monatsschrift, welche Harfenstücke brachte und im J. 1800 bereits 35 Jahre hindurch bestand. Derselbe war als Componist weniger bedeutend als sein Vater; man hat von ihm Arrangements und Variationen für Harfe, sowie eine kleine Methode für dies Instrument.

Coussemaker, Charles Edmond Henri de, ausgezeichneter Musikschriftsteller der Gegenwart, geboren am 19. April 1795 zu Bailleul im französischen Departement du Nord, wurde früh zur Musik angehalten und lernte schon als Knabe Gesang, Violine und Violoncellospiel. Zugleich besuchte er in Douai das Lyceum und später in Paris die Universität, um die Rechtswissenschaften zu studiren. Paris gab ihm Gelegenheit, seinem Drange, sich in der Musik möglichst zu vervollkommnen, zu folgen, und er suchte vor Allem Reicha auf, bei dem er eingehende Harmoniestudien machte. C. war bereits als Anwalt in Douai angestellt, als er sich mit Eifer auf den Contrapunkt warf und sich darin von Victor Lefèbvre unterweisen liess. Hand in Hand mit der musikalischen Beschäftigung gingen Compositionsversuche und musikalisch-literarische und historische Forschungen, welche ebensowohl gründliche Kenntnisse als auch einen ausserordentlichen Scharfsinn bekundeten und seinen Namen selbst weit im Auslande berühmt machten. Auf diesem Gebiete hat er sich im Laufe der Zeit den Charakter einer Autorität aufs Ehrenvollste erworben, wie verschiedene Akademien und zahlreiche gelehrte Gesellschaften, welche ihn zum Mitglied erwählten, auch anerkannten. Was seine äussere Stellung anbetrifft, so war er 1813 Friedensrichter in Bergues (im Norddepartement), 1845 Tribunalrichter in Hazebrouck und später ebenso in Dünkirchen, wo er gegenwärtig noch lebt und wirkt. Von den zahlreichen Arbeiten seines musterhaften Fleisses und seiner musikalischen Gelehrsamkeit dürften die hervorragendsten sein: *»Mémoire sur Hucbald et sur ses traités de musique etc.«* (Paris, 1841), *»Notices sur les collections musicales de la bibliothèque de Cambrai et des autres villes du département du nord«* (Paris, 1843), *»Histoire de l'harmonie au moyen âge«* (Paris, 1852), *»Scriptorum de musica medii aevi nova series a Gerbertina altera« Tom. I.* (Paris, 1864) und *»Les harmonistes des 12. et 13. siècles«* (Paris, 1864). Zu diesen vollgültigen und umfangreichen Beweisen von C.'s fruchtbringender Thätigkeit kommen noch viele gelehrte Untersuchungen und Artikel, welche sich zerstreut in Journalen und Zeitschriften befinden und daraus zum Theil auch als

Separat-Abdrücke zusammengezogen sind. Als Componist ist C. nur durch Romanzen aus der früheren Zeit seines Lebens bekannt; ausser solchen ist wenigstens nichts von ihm, was dem Gebiete des musikalischen Schaffens angehört, im Druck erschienen.

Cousser, Johann Sigismund, auch Kusser geschrieben, der Sohn eines geschätzten Organisten und Cantors zu Pressburg in Ungarn, wurde nach Hawkins ebenda im Jahre 1657 geboren. Sein unruhiger Geist trieb ihn, obwohl er sich schon früh technisch und compositorisch hervorthat und leicht eine dauernde Anstellung in seinem Vaterlande hätte erringen können, fast alle musikalisch bemerkenswerthen Städte Europa's zu besuchen. In Paris verweilte er sechs Jahre und wusste sich die Liebe Lulli's, der ihn auch noch unterrichtete, in hohem Grade zuzuwenden. Nach dieser Zeit durchreiste er Deutschland, fühlte sich aber nirgends veranlasst, lange zu bleiben, obgleich er an manchen Orten, wie Wolfenbüttel, Stuttgart etc., Kapellmeisterstellen vorstand: erst Hamburg vermochte ihn von 1693 bis 1697 durch die Art, wie es ihn und seine Kunstschöpfungen aufnahm, dauernder zu fesseln. Später besuchte C. zweimal Italien, um auch die Schule dieses Landes an Ort und Stelle zu studiren, und ging endlich nach London, wo er durch Concerte und Unterricht den Schatz seines gesammelten musikalischen Könnens und Wissens zu verwerthen suchte. Erst 1710 nahm er wieder eine Kapellmeisterstelle und zwar an der Kathedralkirche zu Dublin an, in welcher Stellung er bis an sein Lebensende, das ums Jahr 1727 erfolgt sein soll, thätig war und die Verehrung aller Kunstkenner und Liebhaber gewann. Wie sehr C.'s Streben trotz der Berufsbeschäftigungen in Dublin auf Erreichung des Höchsten ging, beweist seine damalige Anstrengung, die musikalische Theorie ganz besonders gründlich zu studiren, um durch die Resultate eigener Forschungen sich die Würde eines Doctors der Musik zu erwerben, was ihm zwar nicht gelungen zu sein scheint, ihm aber den Titel eines Kapellmeisters des Königs von Irland eintrug, wie Gerber behauptet. Von C.'s im Druck erschienenen Werken sind nur folgende wenige bekannt: 1) »*Apollon enjoué, contenant six Ouvertures de théâtre accompagnées de plusieurs Airs*« (Nürnberg, 1700); 2) »Heliconische Musen-Lust aus der Oper Ariadne« (Nürnberg, 1700); 3) »*Ode: Long have I fear'd that you, my sable Muse*«, auf den Tod der berühmten Mrs. Arabella Hunt (London), und 4) »*A Serenade to be represented on the Birth Day of His Most Sacred Majesty George I at the Castle of Dublin the 28th of May 1724. Compos. by Mr. John Sigismond Cousser, Master of the Music, attending His Majesty's State in Ireland, and Chappel-Master of Trinity-College. Dublin, printed by Thomas Hume*« (1724). Von C.'s Opern, die meist in Hamburg componirt und aufgeführt worden sind, führt Mattheson in seinem »Musikalischen Patrioten« S. 181 folgende an: »Erindo« (1693), »Porus« (1694), »Pyramus und Thisbe« (1694, wahrscheinlich nicht aufgeführt), »Scipio Africanus« (1695) und »Jason« (1697). Dieselben sollen grossen Erfolg gehabt haben, wie denn auch C. nachgerühmt wird, dass er viel zur Hebung des damaligen Hamburger Orchesters beigetragen habe. 2.

Cousu, Jean, nicht (Antoine) de Cousu, wie Einige schreiben, berühmter französischer Contrapunktist aus der ersten Hälfte des 17. Jahrhunderts, und zu Ende des 16. oder ganz zu Anfang des 17. Jahrhunderts geboren, war erst Sänger (*Chantre*), dann *Regens chori* an der Hauptkirche zu Noyon, wurde endlich Canonicus zu St. Quentin und starb daselbst am 11. Aug. 1658. Er hat den Ruhm eines ausgezeichneten Theoretikers und eines kunstvoll schreibenden Componisten. Nach Mersenne's Behauptung hatte C. als Canonicus ein grosses Werk, betitelt »*La musique universelle, contenant toute la pratique et toute la théorie*« herausgegeben: jedoch war es niemals gelungen, ein solches aufzufinden, bis endlich in neuerer Zeit Perne und Fétis dasselbe, wenn auch leider in einem unvollständigen Exemplare (208 Seiten enthaltend) an das Licht zogen. In drei Bücher getheilt, enthält dieser Torso nach Fétis' Aussage über die Grundregeln der Musik, die Proportionen und die Notation, über Contrapunkt u. s. w. das Klarste und Methodischeste, was im ganzen 17. Jahrhundert über diese Gegenstände nur geschrieben worden ist und was nach dem Stande der damaligen Kunst nur geschrieben werden konnte. — Von C. befindet sich auch noch in Kircher's »*Musurgia*«, Seite 627 bis 634 eine äusserst kunstvoll gearbeitete vierstiminige **Fantasie**, von welcher der Herausgeber mittheilt, dass zu seiner Zeit keiner von allen Sängern Roms im Stande war, dieselbe ohne Fehler abzusingen.

Coustures, Charles des, ein französischer Edelmann aus dem 17. Jahrhundert, der in einem grösseren Werke: *»Morale universelle«* (Paris, 1687) T. I, S. 232 bis 262 folgenden Satz abgehandelt hat: *»L'Harmonie de l'Univers prouve assez, que l'invention de la Musique est due à Adam«.* ✝

Coutinho, Francisco José, ein vornehmer portugiesischer Dilettant, geboren am 21. October 1680 zu Lissabon, war im spanischen Erbfolgekrieg Officier und begab sich 1723, um eine Stein-Operation an sich vornehmen zu lassen, nach Paris, woselbst er 1724 verstarb. C. hat seine Mussestunden mit vielem Glücke der musikalischen Composition gewidmet. Unter seinen hinterlassenen Werken befinden sich nach Machado, *»Bibl. Lus.«* T. IV, S. 134, ein *»Te deum laudamus, a 8 Coros«*, im J. 1722 geschrieben und eine *»Missa a 4 Coros, com Clarins Timbales e Rabecas, intitulada: Schola Aretina«.* ✝

Couvenhoven, Johann, ein holländischer Prediger, hat sich durch eine Schrift über die Orgel (Amsterdam, 1786) auch auf musikalischem Gebiete bemerklich gemacht.

Cowen, Friderick, ein hoffnungsvoller englischer Componist, geboren in Jamaica am 29. Januar 1852, lebt in London. Er hat in Leipzig auf dem Conservatorium unter Moscheles, Hauptmann und Reinecke und in Berlin unter Kiel und Stern seine Studien beendigt, nachdem Jul. Benedict den trefflichen Grund zu seiner musikalischen Laufbahn gelegt hatte. C. ist ein vorzüglicher Klavierspieler, aber ein noch trefflicherer Componist und es zeichnen sich unter seinen Compositionen besonders ein Klavier-Conzert mit Orchester und eine Symphonie aus, welche letztere bei ihrer Aufführung 1870 im *Crystal Palace* zu London mit Ehren bestanden hat.

Cox, John, ein englischer Organist, der seine Anstellung in London hatte und von dem um 1780 verschiedene Orgelstücke und eine Sammlung von Violin-Arien im Druck erschienen sind.

Coxe, William, englischer Schriftsteller, der auf musikalischem Felde nur bekannt ist durch *»Anecdotes of Händel and John-Christopher Smith«* (London, 1795).

Coya, Simeone, italienischer Componist, geboren zu Gravina im Königreich Neapel, veröffentlichte Canzonen mit Bass, Orgel oder Clavicembalo von seiner Composition (Mailand, 1679).

Coyle, englischer Klaviercomponist, der in der letzten Hälfte des 18. Jahrhunderts lebte und in dieser Zeit mehrere seiner Pianofortestücke herausgegeben hat.

Cozzi, Carlo, italienischer Kirchencomponist, geboren zu Parabiago im Mailändischen am Anfang des 17. Jahrhunderts, war in seiner Jugend Barbier. Seine musikalische Anlage und sein Trieb zur Kunst befähigten ihn jedoch, die Organistenstelle an der Simplicianus-Kirche zu Mailand auszufüllen, und die Musik zum Lebensberufe erwählen zu können. Bei der Durchreise der Königin Maria Anna von Spanien durch Mailand überreichte C. derselben ein von ihm componirtes Kirchenwerk und wurde von derselben in Folge dessen zum Hof-Organisten ernannt. Er starb 1658 oder 1659 zu Mailand. Ausser der *»Missa e Salmi a 8 voci pieni«*, dem obenerwähnten Werke, kennt man nach Picinelli, *»Ateneo dei Leterati Milan.«* S. 115, von C.'s Werken nur noch: *»Compieta a 4 voci«*, sowie einige kleinere im Manuscript erhalten gebliebene Kirchenstücke. O.

Cozzolani, Chiara Margherita, eine geschickte italienische Componistin, seit 1620 Nonne in dem Sta. Radegonda-Kloster des Benedictinerordens zu Mailand, welches besonders durch seine Musikpflege berühmt war. Sie hat ihr Andenken durch die Herausgabe mehrerer Compositionen, erschienen in den Jahren 1640 bis 1650, erhalten. 1610 erschien zu Mailand: *»Primavera di fiori musicali a 1, 2, 3 e 4 voci«*, dem Erzbischof und Cardinal Monti gewidmet; 1642: 1-, 2-, 3- und 4-stimmige Motetten; 1648: *»Scherzi di Sacra Melodia«*; und 1650: *»Salmi a 8 voci concertati con Motetti e Dialoghi a 2, 3. 4 e 5 voci«.* Die letzteren drei Werke sind nach Picinelli, *»Ateneo«* S. 147, zu Venedig gedruckt. ✝

Craane, geschickter holländischer Orgelbauer, der aus Cuylenburg gebürtig war und um 1786 lebte.

Craanen, Theodor, holländischer Arzt, gestorben 1688, hat einen »*Tractatus physico-medicus*« herausgegeben, dessen 107. und 108. Capitel »*De musica*«, »*De echo*« und »*De tarantula*« handeln.

Cracovienne (franz.), s. Krakowiak.

Craen, Nicolaus, deutscher Contrapunktist, dessen Lebenszeit in den Anfang des 16. Jahrhunderts fällt.

Craft, deutscher Instrumentalcomponist am kurpfälzischen Hofe im vorigen Jahrhundert, von dem nur sein Op. 1: »*Sonate da Camera a due Violini, Violoncello e Continuo*«, bei Roger gestochen, sich erhalten hat.   O.

Craig, englischer Tonkünstler, hat herausgegeben: »*Collection of Scots Tunes for the Harpsichord*« (London, 1795).

Cramer, Gabriel, ein ausgezeichneter Geometer, geboren am 31. Juli 1701 zu Genf, gestorben am 4. Jan. 1752 auf einer Reise zu Bagnoles in Languedoc, hat als achtzehnjähriger Jüngling ziemlich scharfsinnige »*Theses de sono*« (Genf, 1722) veröffentlicht.

Cramer, Heinrich, tüchtiger Klavierspieler und Klaviercomponist, der ziemlich gründliche Studien gemacht und durch seine Erstlingswerke bewiesen hat, dass er Talent und ein solides Wissen besass. Die Umstände haben ihn leider dahin geführt, dass er in der lohnenden Beschäftigung mit Anfertigung von Opern-Potpourris, mit Umschreibung beliebter Lieder und mit Arrangements, für den gewöhnlichen Dilettantismus berechnet, seinen Lebensberuf fand, und daher ist es gekommen, dass er bei den Musikern und besseren Klavierlehrern nicht mit Unrecht in dem Rufe eines flachen und seichten Vielschreibers steht. Er ist um 1818 geboren und lebt, von Aufträgen deutscher und französischer Verleger noch immer überschüttet, abwechselnd in Frankfurt a. M. und in Paris.

Cramer, Jacob, der Stammvater einer musikalisch-berühmten deutschen Familie, geboren 1705 zu Sachau in Schlesien, trat rühmlich als Flötist hervor und starb 1770 zu Mannheim als Mitglied des berühmten dortigen Orchesters. Er hatte zwei Söhne, die sich in der Musik auszeichneten, nämlich Johann C., geboren 1743 zu Mannheim, in der bescheideneren Sphäre eines Paukenschlägers in der Hofkapelle zu München, und Wilhelm C., ein bedeutender Violinvirtuose und Componist für dieses Instrument, geboren 1745 zu Mannheim. Der Sohn Johann's war Franz C., ebenfalls ein tüchtiger Musiker, geboren 1786 in München. Derselbe erhielt zuerst Unterricht auf dem Klaviere von Eberle und dann auf der Flöte von einem Oheim mütterlicher Seits, Gerhard Dimler. Auf beiden Instrumenten brachte er es zu grosser Geschicklichkeit, nicht minder in der Composition, die er bei Joseph Grätz studirt hatte. Als erster Flötist wurde er 1795 am Münchener Hoforchester angestellt. Componirt hat er Conzerte, Rondo's, Variationen für verschiedene Instrumente, einige Hefte Lieder und auch eine Oper »Hidallan«. — Der oben aufgeführte Wilhelm C. hatte den älteren Stamitz, Basconni und Christian Cannabich zu Lehrern und spielte schon in seinem siebenten Jahre am kurfürstlichen Hofe ein Conzert mit grossem Beifall. In seinem 16. Jahre erwarb er sich auf einer Kunstreise durch die Niederlande grossen Ruhm und wurde nach der Rückkehr in seine Vaterstadt in der Hofkapelle daselbst angestellt. Bald nach dem Tode seines Vaters gab er diese Stellung auf und ging 1772 nach London, wo sein Spiel Bewunderung erregte, in Folge dessen er denn auch vom Könige zum Director der Kammerconzerte und Orchesterchef an der Oper ernannt wurde. Er dirigirte die meisten grossen Musikaufführungen in London gegen Ende des 18. Jahrhunderts und u. A. auch die berühmten Conzerte, welche zu Ehren Händels alljährlich veranstaltet wurden. Mitten in einer ausgebreiteten und rastlosen künstlerischen Thätigkeit starb Wilhelm C. am 5. Octbr. 1800 (nach Anderen schon 1799) zu London. Von seinem Geigenspiel rühmte man, dass es mit der Leichtigkeit und Biegsamkeit eines Lolli den seelenvollen Ausdruck eines Franz Benda vereinigt habe. An Compositionen kennt man von ihm: Sieben Violinconcerte, in der Zeit von 1770 bis 1780 in Paris gestochen, zwei Werke Trios für zwei Violinen und Bass und zwei Hefte Violinsolo's. Drei seiner Söhne waren gleichfalls Tonkünstler, nämlich der hochberühmte Johann Baptist C. (siehe den folgenden Artikel), **F r a n z C.**, ein tüchtiger Violinspieler, geboren 1772 in Mannheim, gestorben 1848 in London, und **K a r l C.**, geboren 1780 in London, der sich als Klavierspieler und Musiklehrer in London einigen Ruf erwarb.

Cramer, **J o h a n n B a p t i s t**, die Zierde der im vorigen Artikel aufgeführten deutschen Musikerfamilie, ist einer der grossen Meister und Mitbegründer der neueren Schule des Klavierspiels. Er wurde am 24. Febr. 1771 zu Mannheim geboren und musste seinem Vater **W i l h e l m C.** (s. den vorhergehenden Artikel) schon in frühester Jugend nach London folgen. Aus einer specifisch musikalischen Sphäre hervorgegangen, entwickelte sich in dem jungen C. schon zeitig eine begeisterte Vorliebe für die Musik, die der Vater, indem er ihm Unterricht im Violinspiel und in der allgemeinen Musiklehre ertheilte, kräftig unterstützte. Aber die Neigung zum Pianofortespiel überwog bei C. von vornherein die zum Violinspiel; er erhielt desshalb bald in einem gewissen **B e n s e r** seinen ersten Klavierlehrer, und als er diesem zu entwachsen anfing, 1782 bis 1783 in **S c h r ö t e r.** Hierauf wurde er dem berühmten **C l e m e n t i** übergeben, dessen Unterricht er zwar nicht ganz zwei Jahre lang, da derselbe 1784 seine Reise nach dem Continente antrat, aber immerhin für seine ausserordentliche Befähigung lange genug genoss, um, sich selbst überlassen, die Werke Scarlatti's, Händel's, Bach's, Haydn's und Mozart's erfolgreich studiren zu können. Sein energisches Streben nach praktischer Vollkommenheit brachte ihn nach und nach zu einem so hohen Grade der Virtuosität, dass er schon nach wenigen Jahren zu den ausgezeichnetsten Pianisten Londons gezählt und, trotz seiner grossen Jugend, als Lehrer sehr gesucht wurde. Ebenso selbstständig, nur aus sich und den besten musikalischen Lehrbüchern schöpfend, trieb er, ein Autodidakt im besten Sinne des Wortes, seine Compositionsstudien, nachdem er gleichfalls nur eine Anleitung im Generalbass 1785 durch C. F. **A b e l,** einen Schüler Seb. Bach's, gestützt auf Corelli's und Händel's Werke, erhalten hatte. Mit unermüdlichem Eifer und Fleiss arbeitete er sich in die Compositionen deutscher Klassiker und älterer italienischer Meister hinein, und so nach allen Seiten hin ausgerüstet, unternahm er von 1788 an zwei Kunstreisen nach dem Continente, besonders nach Deutschland, seinem ersten Vaterlande. In Wien lernte er den von ihm hochverehrten Meister Haydn kennen, eine Bekanntschaft, die während des Aufenthalts des letzteren in London weiter gepflegt und fortgesetzt wurde, und aus dem Funken der Künstlergluth erwuchs in C.'s Innerem seitdem eine Flamme, die ihn vollkommen läuterte und zum Musiker im edelsten Sinne adelte. So kehrte C. nach London zurück, und Dank seiner ausgezeichneten praktischen Fertigkeit und theoretischen Kenntnisse, in Verbindung mit einem einnehmenden Betragen und dem Besitz vollkommener englischer, deutscher und französischer Sprachkenntniss und Sitten, wurde er für die ersten Jahrzehnte des 19. Jahrhunderts der am höchsten verehrte und gesuchteste Lehrer dreier Nationen, auf die er in engerem und weiterem Kreise, theils durch mündlichen Unterricht als Professor der königl. Akademie der Musik in London, theils durch seine unschätzbaren Lehrbücher mächtig fördernd einwirkte. Im J. 1826 verband er sich mit **B e a l e** und gründete die noch jetzt bestehende geachtete Musikalienhandlung von Cramer, Addison und Beale in London. So wurde der Componist C. zugleich Selbstverleger, und auch so diente er seinem Rufe, sowohl durch Herausgabe älterer Ausgaben classischer Werke, wie durch Unterstützung und bereitwillige Aufopferung für jüngere Componisten. Von 1832 an lebte er, obwohl sehr zurückgezogen, vorzugsweise in Paris, zog sich 1842 auch vom Musikgeschäfte ganz zurück und blieb bis 1845 in der französischen Hauptstadt, wo er noch als Spieler wie als Lehrer bewies, wie er die Clementi'sche Schule selbstständig weiter ausgebildet habe, und wie hoch er im gebundenen charaktervollen Vortrage des Adagio selbst die Koryphäen der neuesten Schule überrage. Seitdem verweilte er ununterbrochen in London und starb hochbetagt und hochverehrt am 16. April 1858 zu Kensington bei London. — Ueber C.'s Klavierspiel lautet das Urtheil der Zeitgenossen einstimmig dahin, dass es von vollendeter Schönheit gewesen und dass seine Delicatesse, Sauberkeit und Sicherheit, sowie sein ausdrucksvoller Vortrag von langsamen Sätzen und solchen in gebundener Schreibart unübertroffen geblieben sei. In Bezug auf brillante Technik und Fertigkeit freilich ist er von Hummel, Moscheles und Kalkbrenner überholt worden, wie ja die neueste Virtuosenschule auch schon Jene wieder weit überholt hat. Was aber C. noch besonders auszeichnete, war sein ungewöhnliches Talent im freien Fantasiren und seine eminente Fertigkeit im vom Blatt Spielen. — C.'s Originalität und Leichtigkeit im Schaffen spricht sich in sieben Conzerten, 105 Sonaten, zwei Duos zu vier Händen, einem Klavier-Quintett und Quartett, sowie in einer unzählbaren Menge von Variationen, Fantasien, Rondos, Nocturnen, Bagatellen u. s. w. glänzend aus. Ueberall schaut der gründliche und geschmackvolle Meister heraus, welcher durch seinen ausgebildeten, fliessenden Styl und durch kunstreiche Arbeit sogar einen sichtlichen Mangel an leicht quellender Erfindung zu verdecken weiss. Dass unter der Masse derartiger Productionen sich auch viele unfertige Modearbeiten befinden, ist, die Motive mit in Betracht genommen, die oft die Triebfeder der Anfertigung waren, nicht zu verwundern. Die Krone seiner Leistungen bilden aber jene noch immer unübertroffenen Studienwerke, welche ebenso wie Seb. Bach's »Wohltemperirtes Klavier« und Clementi's »Gradus ad Parnassum« von kunstgeschichtlicher Bedeutung sind und stets die solideste Basis für das Klavierspiel gleichviel, wie es sich noch im Laufe der Zeiten gestalten wird, bilden werden. Seine »Praktische Schule« ist jedem, der sich mit dem Klaviere abgiebt, wohlbekannt, und seine »Etüden« sind eben so schöne Musikstücke als sie für die Fingertechnik von ungemeinem Nutzen sind, und so viel auch nach ihnen Schulwerke ähnlicher Art erschienen sind: keines derselben hat die wohl begründete Herrschaft den C.'schen Etüden streitig zu machen vermocht.

Cramer, Johann Thielemann, ein gelehrter deutscher Sänger und Tonkünstler, geboren zu Anfang des 18. Jahrhunderts zu Bittstedt im Gothaischen, war herzoglich gothaischer Kapell- und Kammersopranist und starb hochbetagt zu Gotha im J. 1793. Er hinterliess eine ansehnliche und werthvolle Bibliothek von theoretischen und musikalischen Werken aus allen Ländern. Einzelne von ihm componirte Klavier- und Gesangstücke finden sich hin und wieder nur in periodischen Sammelwerken damaliger Zeit, z. B. in Hiller's »Sammlung kleiner Klavier- und Singstücke« eine Klaviersonate und in Bach's »Vielerlei« zwei Orgelsonaten.

Cramer, Karl Friedrich, Sohn des berühmten Kanzelredners und Dichters Joh. Andreas C., geboren am 7. März 1752 zu Quedlinburg, war zu Göttingen, wo er studirte, Mitglied des Göttinger Dichterbundes und lebte sodann in Kiel, wo er 1775 eine Anstellung als Professor erhielt, in vielfacher schriftstellerischer, auch musikliterarischer Thätigkeit, wie das »Magazin der Musik« (1783 bis 1789), die »Uebersetzung der sämmtlichen musikalischen Werke Rousseau's«, eine »kurze Uebersicht der französischen Musik«, ferner die Herausgabe der Sammlungen »Polyhymnia« (Oper- und Singstücke berühmter Meister mit kritischen Einleitungen) und »Flora« (kleinere Klavier- und Gesangstücke in ähnlicher Einrichtung) beweisen. Wegen seiner Sympathien für die französische Revolution 1794 seines Amtes entlassen, ging er nach Paris, wo er sich als Buchhändler und Buchdrucker niederliess. Er büsste jedoch bei diesem Unternehmen sein ganzes Vermögen ein, musste sich sogar eine Zeit lang entfernen und starb bald nach seiner Rückkehr am 5. Dec. 1807 zu Paris.

Cramer, Kaspar, Corrector der Schule zu Salzburg, lebte in der ersten Hälfte des 17. Jahrhunderts und that sich durch Composition und Sammlung von Choralmelodien hervor, wie u. A. das von ihm 1611 zu Erfurt herausgegebene Werk: »Animae sauciatae medela etc.«, worin 70 vierstimmige Choräle enthalten sind, beweist. Die schöne Melodie zu dem Choral »Ach bleib' mit deiner Gnade«: $\overline{c}$ h u g a f e, im Gothaer Cantional von 1655 mit »Aut. Mel. Caspar Cramer« überschrieben, ist bis heute noch fast allgemein im Gebrauch. †

Cramer, Kaspar Wilhelm Franz, Vicar an der Metropolitankirche zu Mainz und Sacristan, d. i. Aufseher über die Ornate und Schätze der Kirche. Er componirte 1764 zu den neuen Festen des Mainzer Proprium die Choralmelodien. Der Theil seiner Arbeit, welcher die Gesänge des Officium enthält, befindet sich in meinem Besitze. Derselbe ist von einem Collegen des Componisten, Johannes Feuerstain, aufs Prachtvollste mit Schablonen in roth und schwarz auf gross Folio geschrieben. Da es eine grosse Seltenheit ist, dass uns die Autoren von Choralcompositionen bekannt werden, so verdient dieser Mann gewiss eine Erwähnung um so mehr, als er seine Aufgabe in anerkennungswerther Weise gelöst hat. Die Melodien sind nicht alle Originalcompositionen, sondern zum Theil Nachbildungen älterer; öfters auch, was namentlich bei den Hymnen der Fall ist, sind die neuen Texte schon vorhandenen Melodien unterlegt. Die Antiphonen und Responsorien aber sind grösstentheils Originale. Diese sind sehr einfach und würdevoll, schliessen sich entsprechend dem Inhalte des Textes an und sind streng in den Gesetzen der Kirchentonarten geschrieben. Man gewinnt aus ihnen die Ueberzeugung, dass der Autor sich tief in das Verständniss und in den Geist des damaligen Choralgesanges hineingelebt hatte, wozu offenbar der vollendete Standpunkt, welchen zu jener Zeit der Choralgesang an der Metropole Mainz einnahm, die Veranlassung war. R. Schlecht.

Cranford, William, englischer Sänger, welcher um 1650 an der Paulskirche in London angestellt war, ist auch Componist mehrerer vortrefflichen *Roundes* und *Catches*, die sich in Hilton's und Playford's Sammlungen finden.

Crantz, Heinrich, latinisirt Crantius, einer der ältesten Orgelbauer, den die Geschichte namhaft macht, fertigte nach Prätorius im J. 1499 die grosse Orgel in der Stiftskirche St. Blasius zu Braunschweig.

Cranz, Gustav, Musikalienhändler zu Berlin, wo er um 1836 ein Verlagsgeschäft hatte. Ausser den Compositionen localer Tonkünstler verlegte er auch die von S. Dehn herausgegebene Sammlung älterer Musikwerke des 16. und 17. Jahrhunderts. Als die Firma erlosch, gingen die Verlagsartikel grösstentheils an das Musikgeschäft von C. A. Klemm in Leipzig über. — Eine noch ältere Musikfirma gleiches Namens ist die von Aug. Cranz in Hamburg, gegründet um 1825, eine jüngere die von A. F. Cranz in Bremen, gegründet 1849, welche letztere in jüngster Zeit mit einigen hervorragenden Werken der angesehensten Componisten der Jetztzeit hervorgetreten ist.

Crapelet, George August, französischer Buchdrucker und Schriftsteller, Sohn und Geschäftsnachfolger des durch seine correcten, sauberen und schönen Druckartikel berühmten Charles C., ist 1789 zu Paris geboren. In musikalisch-literarischer Beziehung ist er bekannt durch sein Werk über den Castellan de Coucy (Paris, 1829). C. starb am 11. Decbr. 1842 zu Nizza.

Crappius, Andreas, deutscher Kirchencomponist aus Lüneburg, lebte gegen Ende des 16. Jahrhunderts als Cantor zu Hannover. Von seinen im Druck erschienenen Werken sind bekannt: »*Cantiones sacrae et Missae super:* Schaff in mir, Gott, ein reines Herz etc.« (Magdeburg, 1582), »*Musicae artis Elementa*« (Halle, 1608), wahrscheinlich ein theoretisches Werk, und »*Sacrae Cantiones* 4 *et* 6 *vocum*« (Magdeburg. 1581 und 1584). Letzterwähnte Compositionen sollen sich noch in der königlichen Bibliothek zu München befinden. Vergl. Draudius, »*Bibl. Class.*« S. 1617 und 1641. †

Crasset, Richard, französischer Tonkünstler, geboren um 1530 zu Lyon, liess nach Verdier, »*Bibl.*«, die Psalmen Davids, welche er sämmtlich vierstimmig in Musik gesetzt hatte, zu Genf drucken. †

Crecquillon, Thomas, auch Crequillon geschrieben, ein niederländischer Contrapunktist, geboren um 1520, der als Kapellmeister Karl's V. ums Jahr 1550 nach Nicolas Gombert's Tode weithin berühmt war. Er hat viele seiner Werke durch den Druck veröffentlicht, von denen noch bekannt geblieben sind: »*Missa super: Mille regrets* 6 *voc.*« (Antwerpen, 1556), »*Cantiones sacrae a* 5 *et* 8 *voc.*« (Löwen, 1576), »*Cantiones Gallicae* 4, 5 *et* 6 *voc.*«; »*Motetti*«, enthalten in den »*Motetti del Lubirinto*« (Venedig, 1554), und endlich findet man auch Stücke von C.'s Arbeiten in Jac. Paix' »*Orgeltabulaturbuch*« (Laningen, 1583) und in den »*Lamentationes Hieremiae*« (Nürnberg, 1549). Vergl. Draudius, »*Bibl. Class.*«, und Swertius, »*Athen. Belgic.*«. — In Federmann's »*Beschreibung der Niederlande*« S. 46 wird berichtet, dass auch Cortois C. (der aber vielleicht identisch mit Jean Courtois ist), ein damals berühmter Musiker gewesen sei. O.

Credia, Pietro, italienischer Kirchencomponist der römischen Schule, von dem nur noch bekannt, dass er 1648 zu Rom gestorben ist.

Credius, Johann Christian, deutscher Tonkünstler, geboren am 8. Au-

gust 1681 zu Dardesheim im Fürstenthum Halberstadt, wurde, da er frühzeitig ver-
waist war, von seinen Verwandten für das Studium der Philologie erzogen.   Sein
Talent für die Musik jedoch, das er so viel als möglich auszubilden sich befleissigte
bewirkte, dass er in reiferen Jahren die Kunst zum Lebensberufe erkor.   Schon 1706
wurde er von der Universität zu Helmstädt aus nach Bersel beim Herrn von Rössigei
als Musiklehrer angestellt. Ein Jahr später kam er als Lehrer der St. Johannis-Schule
und Organist der gleichnamigen Kirche, nach Halberstadt und wurde im December
1709 als Subconrector und Organist nach Blankenburg berufen, wo ihn 1710 dei
regierende Herzog seiner Schulpflicht entband und zum Conzertmeister, 1722 zum
Kapellmeister ernannte.   Mehr über C. berichtet Walther in seinem »Musikalischen
Lexikon« S. 191.   ÷

Credo (lat.), d. i. »ich glaube«, ist der dritte Abschnitt in der Messe, so genannt
von dem ersten Worte des lateinischen Glaubensbekenntnisses, mit dem auch der Text
beginnt.   Theile des C. sind : das *Incarnatus*, das *Crucifixus* und das *Resurrexit*.
S. Messe.

Creed, Jacob, englischer Geistlicher aus der ersten Hälfte des 18. Jahrhunderts,
scheint einer der Ersten gewesen zu sein, der auf die Idee kam, eine Maschine zu erfinden, welche die Improvisationen auf dem Pianoforte durch eine Zeichenschrift fixirt.
Das Nähere über die von ihm durch Beschreibung 1747 nachgewiesene Maschine und
über derartige Apparate überhaupt sehe man unter **Melograph**.

Creighton, englischer Theolog und zugleich geschickter Musiker, geboren 1639,
war der Sohn des nachmaligen Bischofs von Bath und Wells, Robert C., der Karl II.
ins Exil begleitete. An der Kathedrale zu Wells, an der sein Vater die höchste geistliche Würde bekleidete, wurde C. Canonicus, und die dortige Kirchenbibliothek bewahrt viele seiner Compositionen im Manuscript; ebenso finden sich beachtenswerthe
Stücke seiner Arbeit in den Sammlungen von Boyce und Tudway.   C. selbst starb
hochbejahrt zu Wells im J. 1736.

Crell, Christian, latinisirt noch häufiger **Crellius** genannt, ein deutscher
Orgelbauer, dessen Lebenszeit in die Mitte des 17. Jahrhunderts fällt.   Von seinen
Orgelbauwerken dürfte das in der St. Elisabeth-Kirche in Breslau, vollendet 1657, das
berühmteste sein.

Crelle, August Leopold, Doctor der Philosophie und Geheimer Oberbaurath
zu Berlin, ein vortrefflicher Dilettant, war am 11. März 1780 zu Eichwerder geboren
und starb am 6. Octbr. 1855 zu Berlin.   Von seinen Compositionen erschienen zwei
Klavier-Sonaten und ein-, zwei- und vierstimmige Gesänge, von seinen musik-litera-
rischen Arbeiten: »Einiges über musikalischen Ausdruck und Vortrag« (Berlin, 1823)
und »Herrn Dizy's Harfe« (Berlin, 1824).

Crembalum (lat.), das **Brummeisen**, s. **Maultrommel**.

Cremona, Bezirksstadt in Oberitalien zwischen den Flüssen Adda und Oglio am
Po, deren Alter bis auf das J. 219 v. Chr. hinaufweist. C. ist der Sitz eines Bischofs,
hat 45 Kirchen und Kapellen und eine Einwohnerzahl von 35,300 Seelen. Neben
der Seidenmanufactur, die noch jetzt beträchtlich ist, blühte hier ehemals der Bau
von Streichinstrumenten, und die Cremoneser Violinen waren in der That lange
Zeit hindurch die vorzüglichsten.   Noch heute bezeichnet der einer Geige geltende
Ausspruch, sie komme einer Cremoneser gleich oder nahe, das höchste Lob, welches
einem solchen Instrumente beigelegt werden kann.

Cremonesi, Ambrogio, italienischer Kirchencomponist, welcher als Kapellmeister an der Kathedrale zu Ortona a mare im Neapolitanischen angestellt war. Von
ihm : »*Madrigali concertati*« (Venedig, 1636).

Crémont, Pierre, französischer Violinist und Clarinettist, als Virtuose, wie als
Componist nicht ohne Bedeutung, wurde um 1784 in einer Stadt des südlichen Frankreichs geboren, trat im Jahre VIII der Republik in das neu errichtete Pariser Conservatorium und blieb daselbst bis zur Vollendung seiner musikalischen Studien im
J. 1803.   Hierauf trat er eine Kunstreise an, die ihn nach St. Petersburg führte,
wo er eine Reihe von Jahren hindurch das Orchester des dortigen französischen Theaters dirigirte. Im J. 1817 kehrte er in sein Vaterland zurück, wurde 1821 erster

Violinist im Orchester der *Opéra comique* und 1824 Orchesterchef am Odéon in Paris, bis er 1828 die Dirigentenfunctionen in der *Opéra comique* übernehmen musste, da seine Geschicklichkeit in der Führung des Orchesters bei den Kennern den grössten Beifall fand. Im J. 1831 gab er seine Stellung in Paris auf und begab sich nach Lyon, wo er als Director des Orchesters am *Grand théâtre* engagirt war. Doch gab er auch diesen Posten bald auf und zog sich nach Tours zurück, wo er still und einsam lebend bis zu seinem Tode, am 12. März 1848, verblieb. Auch seine Compositionen bekunden Geschick und Talent; sie bestehen in einem Concert für Violine und einem solchen für Clarinette, ferner in Duos für zwei Violinen, Trios für zwei Violinen und Viola, Fantasien für Violine, Piècen für Militärmusik u. s. w.

Crepitaculum oder **Crepitagillum** (lat.) hiess bei den Römern eine Art von Klapperinstrument, vermuthlich eine Vereinigung von mehreren Schellen an einem Reif, der an einem Griffe befestigt war. Man vergleiche hiermit die Gestaltung des *Cymbalum* (s. d.) in der Zeit zwischen dem 6. und 10. Jahrhundert. S. auch *Tintinnabulum*. — Der Gesammtname für Klapperinstrumente aller Art war bei den Römern *Crepundia*. 0.

Crequillon, Thomas, s. Crecquillon.

Crescendo (ital.), d. h. wachsend, zunehmend, steigend, eine der häufigsten Vorschriften für den Vortrag. nennt man in der Tonkunst die allmälige Verstärkung eines Tones, oder einer Reihe von Tönen, oder in der Kunstsprache den allmäligen Uebergang von *piano* zum *forte* und *fortissimo*. Man bezeichnet dies Verfahren geometrisch durch das Zeichen ◁, oder indem man das Wort C., abgekürzt *cresc.* oder *cres.*, unter die betreffenden Noten setzt (s. Vortragsbezeichnungen, Vortrag). — Früher kam dieses Wort zuweilen auch als Bezeichnung zunehmender Geschwindigkeit des Tempo's vor; *c. il tempo* war also gleichbedeutend mit dem heute gebräuchlicheren *accelerando* oder *stringendo*. Die Zeichen des C. und des Decrescendo, des *p* und *f* scheinen in der ersten Hälfte des 17. Jahrhunderts aufgekommen zu sein; Burney wenigstens rühmt Madrigale von Mazzocchi (1638), wegen dieser als vorher unerhört darin vorkommenden Zeichen. Aber erst Jomelli war derjenige, welcher das Wort C. zum stehenden technisch-musikalischen Ausdruck erhob. Praktisch ausgebildet und mit grosser Wirkung verwendet wurde das C. und Diminuendo erst von der Mannheimer Hofkapelle um die Mitte des 18. Jahrhunderts. — C. nannte der Hofrath Bauer in Berlin auch zwei von ihm (1775 und 1786) erfundene Arten von Klavierinstrumenten. Die erste, von Pyramidenform, war 2,67 Meter hoch, 1 Meter breit und 0,47 M. tief, hatte 5 Octaven Umfang und drei Pedale; vermittelst deren acht Arten von Klangveränderungen hervorgebracht werden konnten; ein vierter Zug bewirkte eine Verschiebung der Claviatur des Instrumentes für Transpositionen um einen oder zwei Töne höher. Die zweite Art, C. royal genannt, hatte die Gestalt eines kleinen Klaviers, war 1,25 Meter lang, 0,43 Meter tief und umfasste die chromatische Scala vom grossen C bis zum dreigestrichenen f. Es hatte eine Hämmermechanik; von c_1 aufwärts bis f_3 waren auch sanft intonirte Flöten unter dem Corpus angebracht, unter welchem ebenfalls einige Pedale angebracht waren, durch die sechs Arten der Klangveränderung hervorgebracht werden konnten. — Was das C. der Orgel betrifft, so findet man das Nähere in dem Artikel Crescendo-Zug.

Crescendo-Koppel. Eine solche wurde zuerst im Jahre 1736 vom Orgelbauer Jean Moreau in der Johannes-Kirche zu Gollda erbaut. Diese C. bestand in einer Verbindung der verschiedenen gekoppelten Manuale, die bewirkte, dass beim Niederdrücken einer Taste bis zu einer gewissen Tiefe nach und nach die Claves der anderen Manuale sich senkten und die durch sie geöffneten Pfeifen erklangen. Diese C. erfordert eben des eigenen Tastenfalles halber einen gewandten Spieler. In ganz neuen Orgeln wird eine solche Koppelung auf pneumatischem Wege vollzogen, indem man durch den Zug C. das Ventil eines Compressionsbalges öffnet, und dadurch das allmälige in bestimmter Folge Erklingen von Orgelregister erwirkt. Diese Art der C. ist neuerdings in der im September 1871 von Ladegast vollendeten Orgel im Dome zu Schwerin gebaut und soll von sehr guter Wirkung sein. 2.

Crescendo- oder **Decrescendo-Zug**, auch Schweller, und je nach dem Mittel

Wind- oder Gaze-Schweller geheissen, englisch *Suel*, nennt man ein Orgelregi
ster, das aller Wahrscheinlichkeit nach ganz zu Anfang des 18. Jahrhunderts in Eng
land erfunden wurde, um den Orgelton zuweilen zu- und abnehmend geben zu können.
Schon in den zwanziger Jahren des 17. Jahrhunderts erwähnt Mattheson in seine
»Musica crit.« T. II, S. 150 der Orgel in der Kirche zu St. Magnus zu London, al
eines Werkes, dessen Klänge beim Aushalten verstärkt werden könnten. Dies ist
nach bisherigem Wissen, die erste Kunde von einer derartigen Orgeleinrichtung. Die
selbe scheint viel Anklang gefunden zu haben, denn in der Mitte des Jahrhundert
findet man schon in Frankreich und Deutschland Orgelwerke mit einem C. Au
Frankreich wird berichtet, dass 1756 eine Orgel zu Angers mit einem C. gebau
worden sei. Aus Deutschland führt Adlung zwei Beispiele von Orgeln mit einem C
an und giebt zugleich Aufschluss über die mechanische Construction desselben. I
seiner 1758 erschienenen *»Musikalischen Gelahrtheit«* S. 607 sagt er nämlich, dass i
einer Orgel zu Nordhausen von Schröter ein C. gebaut worden sei, der vermöge meh
rerer über einander liegender und zusammenhängender Spielventile, die durch ei
Tieferdrücken der Tasten geöffnet wurden, in Wirksamkeit trat. Ferner berichte
derselbe in seiner *»Mus. mech. org.«* T. I, S. 83 (1768): *»Es kann das Cornet d'Echo*
gar mit einem besonderen Kasten von Brettern bedeckt werden. Und in diesem Falle
kann, wenn der Deckel des Kastens beweglich und so eingerichtet ist, dass er durch
einen besonderen Zug mehr oder weniger aufgehoben und wieder niedergelassen wer
den kann, der fortdauernde Ton einigermassen schwellend, d. h. verstärkt und wieder
geschwächt werden«. — Der Abbé Vogler, welcher in seiner Zeit in der Orgelbau
kunst vielfache Aenderungen bewirkte, suchte durch seinen Einfluss bei jeder Orgel.
die neu gebaut oder ausgebessert wurde, zu bewirken, dass ein der letzterwähnten
Art ähnlicher C. darin Platz fand. Er empfahl denselben in folgender Weise einzu
richten. Man musste mehrere Orgelstimmen mit einer luftdichten Wandung umgeben,
auf die oben eine mit Fries gefütterte Platte fest auflag, die an einer Längsseite mit
der Wandung fest verklebt war, sonst jedoch sich von derselben trennen konnte.
Diese Platte konnte der Organist mittelst eines Fusstrittes nach Belieben heben und
senken. Hob er die Platte, so gelangte der Ton je nach der Oeffnung mehr oder
weniger direct an das Ohr des Hörers und war somit stärker oder schwächer nach
dem Grad der Hebung der Platte. Weil von der Platte, dem Dach des Gehäuses,
das Schwellen abhängig war, so nannte man diesen C. einen Dachschweller. —
Das nur einem Registertheil eines Orgelwerkes zu Gute kommende Vermögen, mehr
in gefühlter Weise die Töne geben zu können, beabsichtigte Vogler durch eine Ein
richtung dem ganzen Werke zuzuwenden und empfahl desshalb sämmtliche Orgel
register in eine luftdicht geschlossene Umkleidung zu bauen, die nur an der Prospect
seite offen blieb. An dieser Seite musste hinter den Prospectpfeifen eine Wand, aus
lauter Jalousien bestehend, angebracht werden, die denen an den Fenstern der Woh
nungen gleich gefertigt wurden, nur luftdicht schliessbar, wesshalb sie an den Be
rührungsstellen mit Fries oder wollenen Stoffen beklebt waren. Indem seitlich diese
Jalousienwand in festen, luftdichten Zusammenhang mit dem andern Theil der
Umkleidung der Orgelstimme gesetzt wurde, bildete diese Wand, wenn die Jalou
sien geschlossen waren, mit der anderen Umkleidung ein luftdichtes Gehäuse um
alle Orgelregister ausser denen, die im Prospect standen. Das Oeffnen, Bewegen
und Schliessen der Jalousien geschah ebenfalls durch einen mit dem Fusse des Orga
nisten zu behandelnden besonderen Clavis, wie beim Dachschweller. Der Jalousien
halber, die auch als Thüren angesehen werden konnten, nannte man diesen C. einen
Jalousie- oder Thürenschweller. Dieser Schweller, abgesehen von allen sonsti
gen nachtheiligen Eigenheiten, hatte besonders den Fehler, dass niemals das Werk
seine ganze Tonfülle entfalten konnte. Wie wesentlich gerade bei der Orgel die Ton
brechung nach der Kirchendecke hin in Bezug auf Kraft und Klangfarbe des Werkes
ist, wird Jedem einleuchten, der nur die geringsten akustischen Kenntnisse besitzt.
Auch das *Pianissimo* eines solchen Werkes muss schon von einer Tonstärke an be
ginnen, die eben um so bedeutender erscheint, als das höchste Forte des Werkes nie
zu erreichen möglich ist, und indem der verbrauchte Wind, dessen Quantität bei vol-

lem Werke z. B. nicht unbedeutend ist, doch einen entsprechenden Ausgang haben muss. Der Gemeindegesang erfordert nun oft sehr starke Tonführungen und kann wohl auf die An- und Abschwellung der Orgeltöne verzichten, da eine solche durch den Gesang annähernd bewirkt wird, aber nicht auf die Tonkraft. Dies ist wohl einer der Hauptgründe mit, wesshalb in der Jetztzeit diese Art des C.es gar nicht mehr gebaut wird. — Vogler, der die letzterwähnten Uebelstände der Jalousieschweller gewiss bald erkannte, konnte es jedoch nicht unterlassen, die Durchführung des Gedankens: die Tonintensität des ganzen Orgelwerkes wandelbar zu machen, praktisch weiter zu verfolgen und Versuche zu machen, diese Vervollkommnung der Orgel auf anderem Wege zu errreichen. Nichts lag einem Denker wie Vogler wohl näher, als den Versuch zu machen, die Tonerregung in ihrem Mittel zu beherrschen, d. h. die Windstärke in dem Hauptcanale zu moderiren und von dem Belieben des Orgelspielers abhängig zu machen. Wenigstens scheint theoretisch diese Orgelconstruction dieselben Resultate liefern zu müssen, als die der Umbauung des ganzen Werkes und theilweisen Gestattung des Ausgangs der erregten Tonwellen aus dieser Umbauung. Sie hatte wenigstens den Vorzug vor dem Jalousieschweller, der Orgel nicht die höchste Tonkraft zu rauben. Die Ausführung suchte Vogler auf zweierlei Weise. Bei der einen Art liess er in die Oberwand des Hauptcanales, dieselbe quer durchschneidend, einen Durchbruch machen, in dem sich eine Wand perpendiculär auf und nieder bewegen konnte. Diese Wand, bestehend aus einem Holzrahmen, der dreifach über einander liegende Gaze ausspannte, musste pulpetenartig mit dem Hauptcanale verbunden sein, so dass in keiner Stellung desselben Wind der Leitung entweichen konnte. Eine Federconstruction bewirkte, dass der Rahmen stets ausserhalb des Canals in der Ruhelage war. Wie alle sonstigen Schweller, wurde auch dieser mittelst eines Fusstrittes regiert. Der Organist zog beim Niederdrücken des Clavis den Rahmen aus seiner Ruhelage in den Canal hinein und konnte, wenn er den Tritt so weit als möglich niederdrückte, den ganzen Canal damit so sperren, dass der tonerregende Wind nur durch die Gaze zum Werke gelangen konnte, also in viel geringerer Kraft, als wenn er unbehindert gewesen wäre. Leider offenbarte das durch diesen C. erzeugte *Pianissimo* einen Uebelstand, der sehr gegen denselben sprach: die höchste Windschwäche erzeugte ein Tieferwerden des Tones. — Die andere ähnlich wirkende C.-Construction war folgende. Ein Rahmen, dessen eine Hälfte durch ein Brett und dessen andere mittelst Gaze in vorher beschriebener Art ausgefüllt war, befand sich in horizontaler Lage, durch zwei Stifte gehalten, im Hauptcanale. Die Stifte dienten zugleich als Axe, um die sich der Rahmen so weit drehen konnte, dass er bis zur perpendiculären Stellung gelangte, in welcher er eine Wand im Canal bildete, deren Gazetheil nur dem tonerregenden Winde Durchgang gestattete. Der Clavis, mit dem die Stellung dieser Wand im Canale nach dem Willen des Spielers bewirkt wurde, glich dem sonst bei den bisher beschriebenen C.en angewandten. Auch dieser C. theilt die bedeutenden Mängel des eben vorher beschriebenen. Wenn auch der etwas geschwächte Wind bei der Intonirung von Stimmen mit freischwebenden Zungen gerade nicht tonvertiefend wirkt (der vollkommene Verschluss des Hauptcanals durch den Gazerahmen wirkt auch auf diese Stimmen tonverändernd), so tritt doch bei Labialpfeifen dieser schwer zu ertragende Uebelstand schon viel früher ein; dies ist der Grund, wesshalb auch dieser C. gar nicht zu empfehlen ist. Beide letzterwähnten C.-Arten führen den Namen Wind- oder Gazeschweller. — Diese letzten C.-Constructionen des Abbé Vogler an der Orgel führten wahrscheinlich den Instrumentenbauer Fr. Kaufmann in Dresden im J. 1819 darauf, zu seinem Chordaulodion (s. d.), dessen sonstige innere Bauart unbekannt blieb, einen C. zu erfinden, der von der gewöhnlichen Tonstärke aus eine Verstärkung durch Anwendung von comprimirter Luft ermöglichte, wesshalb man diese C.-Art Compressionsschweller nannte. Ein kleiner Hülfsbalg, der mittelst einer stählernen Feder nach Erforderniss zusammengedrückt werden konnte, lieferte zu demselben das tonerregende Mittel. Dieser Hülfsbalg vermochte nur den zwanzigsten Theil der Luftmasse zu fassen, den er aus dem Hauptbalge durch ein Ventil erhalten konnte. Das Ventil öffnete sich, wenn die Oberplatte des Hülfsbalges sank. Der Wind gelangte von

diesem Balge aus, schwächer oder stärker, je nach dem D
Pfeifen; derselbe konnte, wie man sagt, bis zur siebenfach
werden. Näheres über diese Balgeinrichtung giebt die »Lei
vom J. 1823, S. 21. Mit diesem Compressionsschweller v
Art Jalousieschweller, welcher die Eigenheit besass, dass die
beim *Pianissimo* um so viel höher erklangen, als sie der g
tiefer erzeugt haben. Eine solche Ausgleichung, Comper
bei den Pfeifen bewirkte Kaufmann im J. 1815 zuerst dadurc
Ende in den Pfeifenkörper machte, das nach Erforderniss g
wurde. Diese Einrichtung brachte Gottfr. Weber auf den
pfeifen eine Compensationsmechanik zu empfehlen, die er i
S. 303 beschreibt. Er schlägt vor, Brettchen an den Oeffn
anzubringen, die nach Belieben der Oeffnung ferner oder nä
nen. Diese Brettchen wirken wie die Hand bei den Blasin
bringung der Stopftöne (s. d.). Zwar wird durch diese M
Tonhöhe veränderlich, doch auch, je nachdem die Pfeife me
ist, die Klangfarbe, welche Folge, eine Nichtgleichheit in de
kend, nicht zur Empfehlung der Mechanik diente. Ferner i
art bei ganz gedeckten Orgelpfeifen eine Unmöglichkeit. Au
dachte man bald an ein anderes Mittel, die Ausgleichung de
zu bewirken. Wilke, der einer neuen derartigen Mechanik
merkt hierauf bezüglich in der »Cäcilia« Band 16, S. 65:
leichter und auf alle Labialpfeifen, sie mögen offen oder halb
wäre, wenn vor ihren Aufschnitten, denen gleiche Höhe gege
bewegliche Leiste angebracht würde, welche die Höhe hat, d
die Höhe geschoben wird, sämmtlichen Labien der Pfeifen
kann, dass diese, um so viel als nöthig ist, im Tone vertieft v
Zurückhalten der Leisten kann durch eine mit Fröschen (s.
Registerstange um so eher bewirkt werden, als dieselbe leicht
sie quer über die Windlade, unter vorgenannten Leisten lauf
der sich darauf befindlichen Frösche heben und beim Zurü
lassen kann. — Ausser den bisher erwähnten Arten des C.es
such, durch getheilte Spielventile (s. Hauptventil), deren
Zeitfolgen nach einander öffneten, eine Tonanschwellung zu e
tung jedoch, indem sie einen tiefen Tastenfall erfordert und n
ist, im Orgelbau sich auch nicht heimisch zu machen vermoch
man in neuester Zeit nur eine Art Jalousieschweller gebaut, in
pressionsbalges auf Zungenstimmen gewirkt wird, und eine n
weder Claviaturschweller (s. d.) oder pneumatische
genannt, wenn einzelne Register, oder *Progressio harm*
wenn gemischte Stimmen durch denselben verwerthet werden.

Crescentini, Girolamo, einer der allerberühmtesten ita
und gefeiertsten Gesanglehrer, wurde 1769 zu Urbanio bei U
geboren. In seinem zwölften Lebensjahre wurde er, nachdem
vollzogen worden war, der Disciplin des Gesangmeisters Gib
geben, bei dem er fünf Jahre hindurch den Gesang, wie üb
musste. Während seiner Studienzeit durfte er in Frauenroll
Rom debütiren, und der ungeheure Erfolg, den er hatte, li
grosse Rolle in der Theaterwelt zu spielen berufen sei. Nich
fall, den er in Livorno und 1785 in Padua gewann. Währ
selben Jahres sang er noch in Venedig und den Sommer üb
nach London ging, wo er gefeiert wurde und in Folge dessen
blieb. In sein Vaterland zurückgekehrt, trat er zuerst in N
und endlich in Neapel auf, wo man ihn zwei Jahre hindurc
Einen im Frühjahr 1797 nach Wien unternommenen überau
abgerechnet, sang er bis nach dem Carneval des genannten Ja

ten Theatern Italiens, wandte sich hierauf nach Lissabon, wo er solches Aufsehen erregte, dass sein anfangs auf ein Jahr lautender Contract um fernere vier Jahre verlängert wurde. Im J. 1803 ging er abermals nach Italien und von dort aus nach Wien, wo er zum Gesangmeister der kaiserlichen Familie ernannt wurde und seinen bleibenden Wohnsitz zu nehmen beschloss. Dort hörte ihn 1805 Napoleon und nöthigte ihn, ihm nach Paris zu folgen. In der französischen Hauptstadt sang C. in der Oper, sowie in den Hofconcerten und wurde vom Kaiser, der einer seiner enthusiastischsten Verehrer war, mit Ehrenbezeugungen aller Art wahrhaft überschüttet. Selbst mit dem Orden der Eisernen Krone wurde er nach einer Vorstellung von Zingarelli's »Romeo und Julia« ausgezeichnet. Da jedoch das französische Klima üble Wirkungen auf seinen Körper ausübte, so kam er wiederholt um seinen Abschied ein, der ihm nach langem Zögern endlich 1813 ertheilt wurde. Er wandte sich nach Bologna, wo er Gesangunterricht ertheilte und sein Leben zu beschliessen gedachte, folgte aber 1825 einem ehrenvollen Rufe als erster Professor des Gesanges an das Conservatorium zu Neapel. Seine Wirksamkeit als Lehrer der heranwachsenden Generation war eine ungemein erfolg- und segensreiche, und hochgeachtet und geehrt starb er am 24. April 1846 zu Neapel. — Die Schönheit und Modulationsfähigkeit seiner Stimme werden als unvergleichlich geschildert; ebenso soll der Ausdruck seines Vortrags bis zu Thränen rührend gewesen sein. Auch als Componist ist er vortheilhaft hervorgetreten, wie mehrere Sammlungen italienischer Arietten beweisen. Ob die berühmte Schluss-Arie in Zingarelli's »Giulietta e Romeo«, welche mit den Worten »Ombra adorata« beginnt, und die er hinreissend seelenvoll vortrug, wirklich zugleich von ihm componirt gewesen ist, wie allgemein behauptet wurde, ist nicht mehr zu erweisen. Sein wichtigstes Werk ist jedenfalls jene »Raccolta di essercizj per il canto«, welche noch immer als ein sehr nützliches und praktisches Studienwerk im Gebrauche befindlich ist.

Crescimbeni, Giovanni Maria, italienischer Literator und Dichter und zugleich Canonicus und Erzpriester an der Kirche *Santa Maria in Trastevere* zu Rom, geboren am 9. Oct. 1663 zu Macerata in der Mark Ancona und gestorben am 7. März 1728 zu Rom, hat u. A. eine »*Istoria della volgar poesia*« (Rom, 1698), ein Werk unsäglichen Sammelfleisses, veröffentlicht, in welcher auch Abhandlungen und schätzbare Mittheilungen über musikalische Dramen, Oratorien, Cantaten, Serenaden u. s. w. vorkommen. C. gehört mit zu den Gründern der Akademie der A r k a d i e r (s. d.) in Rom, in der er den Namen Alfesibeo Cario führte, deren erster Präsident (*custos*) er wurde und durch sich immer erneuernde Bestätigung blieb. Nachdem die Akademie durch den König Johann V. von Portugal ein Grundeigenthum erhalten hatte und auf dem Janiculus das noch jetzt stehende Theater erbaut worden war, wurden am 9. Septbr. 1726 darin die ersten olympischen Spiele zu Ehren des Königs von Portugal gehalten, und die Gedichte eigener Composition, welche C. dabei vorlas, fanden lebhaften Beifall. Unter dem Titel »*Le vite degli Arcadie illustre, scritte da diversi autori*« (Rom, 1708, 5 Bde. 4.) hat C. wichtige Beiträge zu der ersten Geschichte dieser Akademie geliefert.

Crescini, A d e l i a, eine vorzügliche Concertsängerin, deren Jugenderlebnisse unbekannt sind, die aber aus einer sehr vornehmen italienischen Familie stammen soll. Im J. 1834 machte sie Kunstreisen durch Frankreich und England, 1836 durch Deutschland, indem sie überall durch ihre wunderbar schöne Contr'altstimme, ihren ebenso tief empfundenen wie feurigen Vortrag und durch den Zauber ihrer Persönlichkeit vollgültige Erfolge errang. Im J. 1837 gab sie in Polen und Russland Concerte, starb aber in dieser Zeit in der Blüthe ihrer Jahre und ihrer Kunstthätigkeit, am 26. März 1838 zu Toligoloff unweit Moskau.

Crespel, J e a n, ein in der Mitte des 16. Jahrhunderts lebender, sehr geschickter niederländischer Contrapunktist, der oft mit dem folgenden Meister gleiches Namens verwechselt wurde. In verschiedenen niederländischen und deutschen Sammelwerken befinden sich geistliche und weltliche Gesangstücke von ihm.

Crespel, W i l h e l m, (nicht mit dem Vorigen zu verwechseln), berühmter niederländischer Contrapunktist und Schüler O c k e n h e i m 's, geboren um 1465. Er ist uns nur durch wenige seiner Arbeiten, die sich in gedruckten Sammelwerken befinden bekannt geworden. So findet man mehrere seiner Motetten im *Thesaurus musicu* (Nürnberg, 1564). Besonders für C.'s Satzgewandtheit spricht ein vierstimmige Gesang, der in einer 1558 zu Löwen gedruckten Sammlung eine Stelle fand: *Fi qui prend facieulx Mary etc.*«; derselbe besitzt eine meisterhafte Doppelfuge, der erstes Thema von Sopran und Tenor, und deren zweites von Alt und Bass ausge führt wird. Mehr über C. berichtet Burney, *Hist.* Vol. *III*, S. 263, woselbst sic auch eine fünfstimmige *Déploration*« (Klagelied) von C. auf den Tod Ockenheim' befindet.   O.

Crespi, Luigia, ausgezeichnete italienische Sängerin, geboren 1770, glänzt auf allen hervorragenderen Bühnen ihres Vaterlandes und liess sich auch in Frank reich, England, Deutschland und Russland mit ausserordentlichem Erfolge höre Nach Italien zurückgekehrt, starb sie am 9. März 1824 zu Mailand. — Auch ihr Tochter, Carolina C., in Prag geboren, war eine vorzügliche Sängerin. Dieselb heirathete sehr jung den berühmten Sänger und Gesanglehrer Eliodoro Bianchi, welchen sie 1808 in Paris hatte kennen lernen. Diese Ehe war jedoch eine so un glückliche, dass sie getrennt werden musste, worauf sich Carolina C. nach Mailand in das Haus ihrer Mutter zurückzog.

Creticus (lat.), ein metrischer Fuss, aus einer Kürze zwischen zwei Längen bestehend (- ⌣ -), also dasselbe wie der Amphimacer (s. d.).

Crevel de Charlemagne, Napoléon, französischer Schriftsteller, geboren 1806 zu Paris, hat u. A. auch eine von ihm verfasste Biographie des Benedetto Marcello herausgegeben.

Cribrum (lat.), d. i. Sieb, bei Kircher *Polystomaticum* geheissen, nennen die Orgelbauer das Fundamentalbrett in der Orgelwindlade (s. Orgel), die Klavierbauer dagegen die schmalen Schleifen in den Clavecins, in welchen sich die sogenannten Springer oder Docken bewegen, damit sie nicht aus ihrer Richtung kommen.

Criechi, Domenico, berühmter italienischer Bassbuffosänger, trat bis 1740 mit grösstem Erfolge auf den bedeutendsten Bühnen seines Vaterlandes auf und wurde von da ab bis 1752 für die italienische Oper des Königs Friedrich II. von Preussen in Berlin engagirt. Hierauf kehrte er wieder nach Italien zurück. Weitere Nach richten über ihn fehlen gänzlich.

Crisanius, Georg, geboren zu Anfang des 17. Jahrhunderts in Kroatien, hat verschiedene Schriften über Musik hinterlassen.

Crisoi, Orazio, italienischer Componist aus der zweiten Hälfte des 16. Jahr hunderts, der als Domorganist zu Mantua angestellt war. Von ihm existiren vier stimmige Madrigale, welche die Jahreszahl 1581 tragen.

Crispi, Pietro, römischer Geistlicher, geboren um 1737 zu Rom, gestorben ebendaselbst 1797 als Abt, hat zahlreiche angenehme Compositionen für Klavier ge schrieben und veröffentlicht. Eine Oper seiner Composition, *Il marchese a forza*« befindet sich im Manuscript in der königl. Bibliothek zu Dresden.

Crispus, Pater und Musikdirector der Jesuiten zu Hildesheim, der nach Matthe son's *Crit. mus.*« T. I, S. 86 und 319 so viel Noten geschrieben haben soll, dass sie ein Pferd nicht zu tragen vermochte; welcher Art und welchen Werthes ist nicht mehr bekannt.   †

Cristelli, Gasparo, trefflicher Violoncellist italienischer Abkunft, geboren um 1730 zu Wien, war um 1757 in der Kapelle zu Salzburg angestellt und hat auch Compositionen für sein Instrument hinterlassen.

Cristianelli, Filippo, italienischer Componist aus Bari, wo er 1587 geboren, war zu Anfang des 17. Jahrhunderts Kapellmeister zu Aquileja und hat fünfstimmige Psalme seiner Composition herausgegeben (Venedig, 1626).

Cristiani, Lisa, s. Christiani.

Cristofali oder **Cristofori**, Bartolomeo, der eigentliche Erfinder des Pianoforte, zu Padua 1683 geboren, liess sich 1710 in Florenz nieder und baute daselbst Spinetts und Clavecins. Er kam damals zuerst auf den Gedanken, statt der Tangenten zur Tonerregung, mit der Tastatur regierte Hämmer anzuwenden. Seine in dieser Art gebauten Instrumente besassen schon alle wesentlichen Mechaniktheile des heutigen Pianofortes: einen von der Taste gesonderten Hammer (s. Hammer), die Auslösung (s. d.), eine für jede Saite gesonderte Dämpfung (s. d.) u. s. w. Das *»Giornale de' Letterati d'Italia«, Tom. V, Articolo IX*, S. 144 (Venedig, 1711) brachte die erste Beschreibung desselben, welche in deutscher Uebersetzung Mattheson's *»Crit. mus.«* T. II, S. 335 enthält. Ferner vergleiche man über C. Marpurg's *»Kritische Briefe«* Bd. 3, S. 8; Fétis' *»Rev. mus.«* Febr. 1827, und Schafhäutl's *»Bericht über die musikalischen Instrumente auf der Münchener Industrie-Ausstellung 1854«* S. 81. S. auch **Pianoforte.** 0.

Crivellati, Cesare, italienischer Arzt, der im 2. und 3. Jahrzehnt des 17. Jahrhunderts zu Viterbo lebte. Unter vielen von ihm verfassten Werken befinden sich auch *»Discorsi musicali«*, welche manches Interessante und Wichtige enthalten sollen.

Crivelli, Arcangelo, italienischer Componist und Sänger aus Bergamo, wo er um die Mitte des 16. Jahrhunderts geboren ist. Er war 1583 Tenorist in der päpstlichen Kapelle zu Rom und als solcher wie als Tonsetzer sehr geschätzt. Von seinen Arbeiten befinden sich mehrere in der von Costantini herausgegebenen Sammlung: *»Selectae cantiones excellentissimorum auctorum«* (Rom, 1614).

Crivelli, Gaëtano, berühmter italienischer Bühnentenorist, geboren 1774 zu Bergamo (nach Anderen zu Brescia). Er kam sehr jung zur Bühne und verheirathete sich früh. Nachdem er bereits mehrere Jahre in untergeordneten Theatern gesungen hatte, erregte er in Brescia 1793 Aufsehen und Enthusiasmus, nicht minder an der Opernbühne von San Carlo in Neapel, wo er von April die letzte Feile als Sänger erhielt. Von Neapel kam er nach Rom und sang bis 1811 auf den bedeutendsten Bühnen seines Vaterlandes. Hierauf wurde er bis 1817 für die Italienische Oper in Paris an Garcia's Stelle engagirt, und man rühmte laut seine herrliche Stimme, treffliche Methode und seine feine Darstellungsart. Sodann sang er mit gleichem Erfolge ein Jahr in London, war 1819 und 1820 wieder in Italien, und obwohl seine Stimme damals begann, merklich abzunehmen, sang er, seinem Ruhme nicht zum Vortheil, noch bis 1829, in welchem Jahre er sich nach Brescia zurückzog, wo er an der Cholera am 10. Juli 1836 starb. — Sein Sohn, Domenico C., zeichnete sich ebenfalls als Sänger aus, mehr aber noch als Componist und Gesanglehrer. Derselbe ist 1794 zu Brescia geboren, folgte seinem Vater 1795 nach Neapel und erhielt daselbst den Gesangunterricht Millico's. Bald darauf brachte ihn sein Vater auf das Conservatorium *di San Onofrio* in Neapel, wo er bei Fenaroli Composition studirte. Als sein Vater nach Paris ging, wandte C. sich 1812 nach Rom, um von Zingarelli sich völlig ausbilden zu lassen. Ein Jahr später war er wieder in Neapel, schrieb einige Kirchenstücke und 1816 auch eine Oper für San Carlo, deren Aufführung jedoch durch den Brand dieses Theaters vereitelt wurde. Mit seinem Vater war er 1817 in London, componirte Arien und Cantaten und auch eine Buffo-Oper: *»La fiera di Salerno, ossia la finta capricciosa«.* Bald darauf wurde er als Professor des Gesanges an das *Real collegio di musica* nach Neapel berufen, welche Stellung er 1848 aufgab. Er lebte hierauf einige Jahre, Gesangunterricht ertheilend, in London, kehrte aber dann wieder nach Neapel zurück.

Crivelli, Giovanni Battista, ausgezeichneter italienischer Componist, von dessen Geschicklichkeit noch jetzt erhalten gebliebene Madrigale und Motetten Zeugniss ablegen, war zu Scandiano geboren und seit 1651 als Kapellmeister des Herzogs Franz I. von Modena angestellt.

Croatti, Francesco, italienischer Kirchencomponist, geboren in der Mitte des 16. Jahrhunderts zu Venedig, hat daselbst Messen und Motetten seiner Composition zu fünf und sechs Stimmen herausgegeben. In Bodenschatz's *»Florilegium Portense«* befindet sich ebenfalls eine von C. componirte Motette.

Croce, Giovanni dalla, ein gelehrter und origineller italienischer Componist, geboren um 1560 zu Chioggia bei Venedig, wesshalb er auch den Beinamen *Chiozzetto* hatte, war ein Schüler Zarlino's und 1596 Vicekapellmeister und 1603, als Balthasar Donati's Nachfolger, Kapellmeister an San Marco, in welchem Amte er im August 1609 starb. Er hat sich durch geistliche und weltliche Compositionen in seiner Zeit einen weitgehenden Ruf erworben. Besonders sprechen hierfür die von C. nach italienischem Text componirten sieben Buss-Psalme, die nach ihrer ersten Herausgabe in Italien 1599 eine Auflage zu Nürnberg mit lateinischem und später eine zu London mit englischem Texte erlebten. Noch kennt man von C.: *»Novi Lamentationi per la Settimana santa«* (1610), *»Motetti a 4 voci«* (1611), *»Madrigali a 6 voci«* (Antwerpen, 1618) und *»Cantiones sacrae 8 voc. cum Basso contin.«* (Amsterdam, 1623). Ueber die Titel von verlorenen Werken C.'s berichtet Albĕrici *»Catalogo degli Scrittori Veneziani«* S. 40 noch Näheres. Auch in Bodenschatz's *»Florilegium Portense«* und in der *»Ghirlanda di madrigali«* (Antwerpen, 1601) finden sich Stücke von C.   +

Croche (franz.; ital.: *Croma*), die Achtelnote; *double c.*, die Sechszehntelnote; *triple c.*, die Zweiunddreissigtheil-Note.

Croci, Antonio, italienischer Kirchencomponist aus Modena, der in der zweiten Hälfte des 17. Jahrhunderts lebte.

Crodby heisst die 9. Stufe von den 22 *Sruti* (s. d.) der indischen Tonleiter, die ungefähr der oberen Hälfte des zwischen dem temperirten *des* bis *d* gelegenen Halbtones entspricht. Nach J. D. Paterson, *»On the Gramas or musical scales of the Hindus, Asiatic Researches of Bengal« T. IX*, S. 452 (*ed.* London), ist der Name dieser *Sruti* in der *Sângita Râdnakâra* (s. d.) *Crod'ha*, doch scheint dies, wie manche noch andere Wandlung des Namens, nur eine dialektische Abweichung von C. zu sein (s. **Indische Musik**).   2.

Croener, Franz Ferdinand von, trefflicher Violinist und Flötist, so wie ein guter Musiker, geboren 1718 zu Augsburg, studirte anfangs bei den Jesuiten, trieb aber dann ausschliesslich Musik. Mit seinem Vater, Thomas C., fand er 1737 Anstellung in der Kapelle des Kurfürsten Karl Albert von Bayern, nachmaligen Kaisers Karl VII., auf dessen Kosten er behufs Vervollkommnung in seiner Kunst nach Italien ging. Später unternahm er mit seinen Brüdern Conzertreisen durch Deutschland, Holland, Frankreich, England, Dänemark, Schweden und Russland, die den Künstlern reichen Beifall eintrugen. Nach seiner Rückkehr wurde C. in München zum Hof-Musikdirector ernannt und sammt seinen drei Brüdern mit dem Titel Reichsedle von C. in den Adelstand erhoben. In dieser Stellung starb C. am 12. Juni 1761 zu München. — Sein nächstjüngerer Bruder Franz Karl von C., geboren 1722 zu Augsburg, war ein guter Virtuose auf der Violine, Flöte und *Viola da gamba* und trat 1743 in die Dienste des Kurfürsten Maximilian III. von Bayern, für den er jährlich sechs *Viola da gamba*-Conzerte schreiben musste. Ausserdem componirte er das Oratorium »Joseph«, welches bei Hofe sehr beifällige Aufnahme fand. Er schrieb ferner noch Violintrios (Amsterdam, 1760) und ungedruckt gebliebene Sinfonien, Quartette und Conzerte und starb am 5. Decbr. 1787 zu München. — Der dritte Bruder, Anton Albert von C., geboren 1726 zu Augsburg, war ein vortrefflicher Violoncellist und seit 1744 kurfürstl. bayerischer Hofmusiker. Derselbe starb 1769 zu Traunstein. — Der jüngste dieser Brüder, Johann Nepomuk von C., geboren 1737 zu München, gestorben ebendaselbst am 24. Juni 1784, war ein sehr guter Violinspieler.

Crees, Henri Jacques de, trefflicher Instrumentalcomponist, geboren um 1735 zu Brüssel, war zuerst Musikdirector des Prinzen Karl von Lothringen, dann in derselben Eigenschaft beim Fürsten von Thurn und Taxis in Regensburg angestellt, woselbst er 1799 starb. Von seiner Composition sind Sinfonien, Sonaten, Trios etc. erschienen. — Sein Sohn, Henri de C., geboren 1758 zu Brüssel, von ihm in der Musik gebildet, wurde auch sein Nachfolger als Musikdirector in Regensburg. Von dessen Compositionen, bestehend in Kirchenwerken, Sinfonien, Conzerten, Harmoniemusiken u. s. w., ist Einiges im Druck erschienen.

Croft, William, einer der ausgezeichnetsten englischen Kirchencomponisten. geboren 1677 zu Nether Eatington in Warwickshire, kam als Chorknabe in die königl. Kapelle und erhielt daselbst den Unterricht des Dr. Blow in der Musik. Nach Beendigung seiner Studien wurde er Organist an der Pfarrkirche St. Anna, sodann 1700 Mitglied der königl. Kapelle, 1704 adjungirter Organist daselbst und 1708, nach

Jeremias Clarke's Tode, erster Organist an eben dieser Kapelle. Bereits ein Jahr später folgte er dem Dr. Blow als Lehrer der Chorknaben und als Componist der kgl. Kapelle, so wie auch als Organist an der Westminster-Abtei. In Besitz so hervorragender Aemter, musste er auch an Erwerbung des Doctorgrades denken, den ihm denn auch auf Grund vorzüglich bestandener Prüfung die Universität Oxford 1715 verlieh. C. starb im August 1727 zu London und hinterliess eine ganz bedeutende Sammlung von Manuscripten, aus welcher Hawkins einen beliebten Gesang: »*My time, o ye muses*« mittheilt. Unter C.'s gedruckten Werken ist vor Allem das Werk zu nennen, welches vorzüglich seinen Ruhm begründete, nämlich: »*Musica sacra, or select Anthems in score for 2—8 voices etc.*« (London, 1724); einzelne Nummern aus dieser trefflichen Sammlung befinden sich noch in der Collection von Page und Stevens, so wie in den »*VI select Anthems in score by Dr. Green, Dr. Croft and Henry Purcell*«. Ausserdem hat man noch gedruckt von C.: Trios für zwei Violinen und Bass, Sonaten für zwei Flöten, Soli für Flöte und Bass und seine Doctorarbeit, betitelt »*Musicus apparatus academicus*« und eine in Musik gesetzte englische und lateinische Ode enthaltend.

Crelsez, Pierre, französischer Componist, geboren am 9. Mai 1814 zu Paris, wurde 1825 Schüler des Conservatoriums und daselbst von Nadermann auf der Harfe und von Halévy in der Composition unterrichtet. Nach Beendigung seiner Studien verliess er 1832 die Anstalt und trat mit einer Messe hoffnungerweckend hervor. Jedoch wendete er sich ausschliesslich dem Pianoforte und der Unterrichtsertheilung auf demselben zu und schrieb in dieser Praxis eine Unzahl von Stücken für Anfänger, Schüler und Dilettanten, welche nur für den Verleger von Werth sein konnten.

Croix, Antoine la, s. Lacroix.

Croix, Pierre de la, bekannt unter dem geistlichen Namen Petrus de Cruce, war aus Amiens gebürtig und lebte in der letzten Hälfte des 13. Jahrhunderts. Auf musikalischem Gebiete hat er sich durch einen »*Tractatus le tonis*« bekannt gemacht.

Croma, ältere Schreibweise *chroma* (ital.; franz.: *croche*), die Achtelnote. In älteren Tonstücken findet man das Wort häufig in seinem Plural *crome* über Achtelnoten-Gruppen gesetzt, die, auf demselben Tone liegend, aus Zergliederung grösserer Noten entstanden, aber in der Notenschrift abbrevirt sind, also:

Semicroma (*double croche*), die Sechszehntel-, *Biscroma* (*triple croche*), die Zweiunddreissigtheil-Note.

Cromer, Martin, polnischer Geschichtsforscher, geboren 1512 zu Biecz und gestorben als Bischof zu Wermeland am 13. März 1589, hat auch u. A. eine Abhandlung »*De concentibus musicis* (*quos Chorales appellamus*)« geschrieben. Vgl. das »Comp. Gelehrten-Lexikon« und Freberus, »*Theatrum Virorum eruditione clarorum*«.   0.

Cromette (franz.), der Krumbügel an Blech-Blasinstrumenten.

Cromorne, corrumpirt aus *Cormorne* (s. d.).

Cron, Joachim Anton, ausgezeichneter Orgelvirtuose, geboren am 29. Septbr. 1751 in Podersam bei Saatz in Böhmen, war der Sohn unbemittelter Eltern, der seine Studien auf der Prager Universität vollendete und nach deren Beendigung sich einige Zeit dem Militärdienste widmete. In Prag suchte er sich in der Musik und namentlich im Orgelspiel auszubilden, wobei er die berühmten Meister Fr. Brixi und Jos. Seger zu Lehrern hatte. Im J. 1776 trat er in den Cistercienser-Orden zu Osseg und benutzte die in diesem berühmten Asyle der Wissenschaften sich ihm darbietende Gelegenheit, sich insbesondere als Jugendlehrer vorzubereiten. Seine erste Lehrerstelle war die eines Professors der Grammatikalclassen zu Leitmeritz, worauf er im J. 1788 zum Professor der Rhetorik am Gymnasium zu Kommotau in Böhmen und später (1805) zum Professor der Dogmatik an der Universität zu Prag ernannt wurde. Hier wurde er zweimal zum Decan der theologischen Facultät ernannt und starb am 20. Januar 1826 im Kloster Osseg, nachdem er Jahre lang erspriesslich gewirkt und seine letzten Jahre in Ruhe daselbst zugebracht hatte. C. war seiner Zeit einer der grössten Harmonica- und Orgelvirtuosen nicht nur in Böhmen, sondern auch in

Deutschland überhaupt und konnte den grössten Meistern auf diesem Instrumente, einem Ant. Čermák, J. Kuchař, Abbé Vogler, Friedr. und Joh. Schneider, an die Seite gestellt werden. Noch ehe Vogler's kühnes Registriren bekannt war, liess C. die frappantesten und die lieblichsten Stimmverbindungen auf der Orgel hören, und seine Registrirmischungen waren sinnreich und interessant. In der abwechselnden Behandlung mehrerer Manuale kannte er die Handgriffe und Vortheile der grössten Meister. Seine Fantasien waren der Erfindung nach Erzeugnisse der reichsten Geisteskraft und der Ausführung nach Musterübungen. Selbst in der Kunst des obligaten Pedals, welches damals in Böhmen mangelhaft und unvollständig war, hat er Ausserordentliches geleistet. Die Subjecte seiner Fugen waren höchst ansprechend, bedeutungsvoll und ihre Durchführung meisterhaft, wobei ihm die gründliche Kenntniss des doppelten Contrapunktes zu Statten kam. Ausser verschiedenen wissenschaftlichen Werken schrieb er auch einige Compositionen für die Clarinette und für Piano. M-s.

Cropatius, Georg, ein Contrapunktist des 16. Jahrhunderts, aus Böhmen gebürtig, von dessen Composition »*Misse a cinque vocis*« (Venedig, 1548 und 1578) im Druck erschienen sind.

Croque-notes (franz.), d. i. vulgär Notenfresser, ein guter vom Blatt-Spieler.

Crosdill, John, trefflicher englischer Violoncellist, geboren 1755 zu London, wo er sich auch auf seinem Instrumente zuerst ausbildete. Als er 1775 nach Frankreich kam, nahm er noch bei Janson dem Aelteren Unterricht. Um 1780 verliess er Paris und kehrte nach London zurück, wo er Concerte gab und Unterricht ertheilte, beharrlich aber jede feste Anstellung, selbst bei der Musik des Königs, ausschlug, wie man sagt, aus Eifersucht gegen den vom Publicum stärker begünstigten Violoncell-Virtuosen Mara. Eine reiche Heirath entband ihn 1794 von der öffentlichen Ausübung seiner Kunst als Concertspieler oder Lehrer. Seitdem privatisirend, starb er 1825 zu London.

Crosse, John, englischer musikalischer Schriftsteller, der um 1825 lebte, aber in keiner Beziehung hervorragend zu nennen ist.

Cretalum (lat.; vom griech. χρόταλον), s. Krotalon.

Crotch, William, gelehrter englischer Musiktheoretiker und Componist, wurde am 5. Juli 1775 zu Norwich geboren und erwarb sich schon in zartester Jugend den Namen eines musikalischen Wunderkindes ungewöhnlichster Art. Denn sein Vater, ein Zimmermann und auch sonst in mechanischen Arbeiten sehr geschickt, hatte für den häuslichen Gebrauch eine kleine Orgel gebaut, welche dem zweijährigen C. das innigste Vergnügen bereitete und für jedes Spielwerk unempfindlich machte. Ohne Unterricht spielte er bald auf derselben bekannte Gesänge, Volkslieder u. dergl. nach. Als nun gar noch einige Unterweisung hinzutrat, war er als 3½jähriger Knabe so weit vorgeschritten, dass ihn sein Vater in Piccadilly täglich hören lassen konnte und reiche Einnahmen hatte, da Alles herzuströmte, um das merkwürdige Kind auf seinem kleinen Positiv spielen und fantasiren zu hören. Alle Journale schrieben über das neue musikalische Phänomen, und Burney widmete demselben in »*Philosophical Transactions*« einen besonderen Aufsatz, betitelt: »*Paper on Crotch, the infant musician*«. Den ersten regelmässigen Musikunterricht empfing er vom Professor Knyrette zu Cambridge und später in Oxford an *St. Mary's College*. In letzterer Stadt wurde er auch, 18 Jahr alt, Organist, absolvirte das Doctor-Examen und wurde Professor der Musik an der Universität. Weiterhin siedelte er nach London über, hielt daselbst Vorlesungen, ertheilte Unterricht und wurde Professor an der königl. Akademie der Musik. In dieser Stellung starb er hochbetagt im J. 1847. Seine Hauptwirkung hat C. als gründlicher Kenner seiner Kunst und als Theoretiker, wesshalb die von ihm verfasste Generalbass-Schule, seine Harmonielehre in Katechismusform und die ebenfalls im Druck erschienenen Vorlesungen, die er zu Oxford und London gehalten hat, den ersten Rang unter seinen Arbeiten einnehmen. Als Componist fehlte ihm Phantasie und Erfindung im empfindlichen Maasse, wie seine Oratorien, von denen »*Palestine*« und »*The Captivity*« die bedeutendsten sind, ferner drei Orgel-Concerte, Orgelfugen, Klavier-Sonaten, *Anthems* u. s. w., die er im Laufe der Zeit erscheinen liess, beweisen. Trefflich ist Alles gearbeitet, was er geschrieben hat, entbehrt aber

.Infür aller Originalität. Vorzüglich sind dagegen seine Arrangements von Händel'-schen Oratorien, von Sinfonien und Quartetten Haydn's, Mozart's, Beethoven's, von Conzerten Corelli's, Geminiani's u. s. w. für Pianoforte.

Crotelini, C a m i l l o, italienischer Componist des 17. Jahrhunderts, welcher acht-stimmige Messen seiner Composition veröffentlicht hat.

Crothasius, A r n o l d, deutscher Tonkünstler, dessen Lebenszeit in das Ende des 16. Jahrhunderts fällt und.von dem im Style des Clemens *non papa* eine *»Missa quin-que vocum«* (Helmstädt, 1590) übrig geblieben, der ein fünfstimmiges *»Heilig ist Gott«* u. s. w. angehängt ist.

Crotti, A r c a n g e l o, italienischer Componist, der aus Ferrara gebürtig war, im 16. Jahrhundert gelebt und Kirchen-Conzerte hinterlassen hat.

Crouch, A n n a, berühmte englische Sängerin am Drurylane-Theater zu London, geboren 1763, debütirte an der genannten Bühne im J. 1780 mit ungewöhnlichem Erfolge und starb, nachdem sie sich kurz vorher von der Bühne zurückgezogen hatte, 1805 zu Brighton. Die Zeitgenossen rühmten ihre ausserordentlich schöne, aus-drucksvolle Stimme und ihre einnehmende Persönlichkeit.

Croussa, J o s e p h P e t e r d e, Professor der Philosophie und Mathematik zu Lau-sanne in der Schweiz, in welcher Stadt er auch 1663 geboren war. Unter seinen Werken befindet sich auch zahlreiches auf Musik Bezügliche, so namentlich in der ersten Hälfte seines *»Du Beau«* (Amsterdam, 1715) betitelten Buches. Er starb am 28. Febr. 1748 zu Lausanne.

Crout, s. *Cruit.*

Cruelati, M a u r i z i o, italienischer Kirchencomponist, war um 1660 Kapell-meister an der Kirche *San Petronio* zu Bologna und hat daselbst auch 1667 sein Oratorium *»Sisara«* zur Aufführung gebracht. Er war überhaupt ein in damaliger Zeit sehr geschätzter Tonsetzer.

Crucifixus (lat.), ein Theil des *Credo* (s. d.).

Crüger, J o h a n n, berühmter Choral-Componist und guter musikalischer Schrift-steller, wurde am Palmsonntage, den 9. April 1598 in dem Dorfe Gross-Breesen bei Guben geboren. Er besuchte nach einander die Schulen zu Guben, Sorau und Bres-lau, trat 1613 in das Jesuiten-Collegium zu Olmütz und später in die Poetenschule zu Regensburg, wo er den ersten Grund zu seiner nachmaligen künstlerischen Lauf-bahn legte. Auf Reisen besuchte er nach einander Oesterreich, Ungarn, Mähren, Böhmen und kam 1615 nach Berlin, wo er Hauslehrer der Kinder des kurfürstl. Hauptmanns Christoph von Blumenthal wurde. In dieser Familie blieb er, abge-rechnet eine kurze Abwesenheit, fünf Jahre hindurch und besuchte nebenbei das Gymnasium. Um weiter zu studiren, ging er 1620 auf die Wittenberger Universität, und »weil er daselbst«, heisst es in Dietrich's »Klostergeschichte«, »es nebst anderen Wissenschaften in der Music so weit gebracht hatte, dass er nicht allein seine Stimme fertig singen, sondern auch viel und künstlich componiren konnte, so ward der Magi-strat zu Berlin bewogen, ihm *anno* 1622 das Cantorat zu St. Nicolai aufzutragen, welches Amt er auch im selbigen Jahre *Dom. 1 post Trin.* angetreten hat«. Im J. 1647 musste er auf Veranlassung des Kurfürsten Friedrich Wilhelm Vorschläge zur Bestallung der Vocalmusik im Dome zu Berlin machen, und er sollte sogar zum kurfürstl. Hofkirchen-Kapellmeister ernannt werden, was jedoch »einige hoffartige Musicanten hinderten, weil er ein stiller und ihnen allzu demüthiger Mann war, wel-cher sich vor den Augen der Stolzen nicht stattlich genug halten wollte«. (Vergl. die bezüglichen Abschriften unter König's Manuscripten auf der königl. Bibliothek zu Berlin). Als Cantor und Musikdirector an der St. Nicolai-Kirche zu Berlin starb denn auch C. am 23. Febr. 1662. Sein Bild, von seinem Schwiegersohne, dem kurfürstl. Hofmaler Mich. Conr. Hirt angefertigt, befindet sich in der Nicolaikirche zu Berlin, rechts von der Orgel. Dass C.'s Verdienste schon bei seinen Lebzeiten hoch aner-kannt wurden, beweist Johann Francke in seinem »Irdischen Helikon«, wo er C. den Asaph seiner Zeit nennt, ferner Joh. Heinzelmann in seiner *»Oratio de colenda musica«* und endlich Francke und Mich. Schirmer, die ihn in Versen besingen. — Als Com-ponist geistlicher Lieder ist C. einer der vorzüglichsten, welche die lutherische Kirche

aufzuweisen hat; seine Melodien gingen in fast alle Gesangbücher über, und viele
derselben werden noch heute gesungen, wie: »Nun danket Alle Gott«, »Jesus meine
Zuversicht« (irrthümlich der Kurfürstin Louise Henriette von Brandenburg zugeschrieben), »Jesu, meine Freude«, »Schmücke dich, o liebe Seele«, »Herr, ich habe miss-
gehandelt«, »Du, o schönes Weltgebäude«, »O Jesu Christ, dein Krippelein« u. v. a.
Von seinen theoretischen Werken sind hauptsächlich zu nennen: »*Praecepta musicae
practicae figuralis*« (Berlin, 1625; 8⁰), erschien in einer vermehrten Auflage und
unter dem Titel »Der rechte Weg zur Singkunst« (1660); »*Synopsis musica etc.*« (Ber
lin, 1624; 2. Aufl. 1630; 3. Aufl. 1634), das erste in Deutschland erschienene
Werk, welches den Generalbass klar und methodisch behandelt und vortreffliche
musikalische Beispiele bietet; »*Quaestiones musicae practicae*« (Berlin, 1650). Compositionen von C. sind: »*Meditationum musicarum Paradisus primus*, oder Erstes
musikalisches Lust-Gärtlein von 3—4 Stimmen« (Frankfurt a. O., 1622); »*Meditat.
mus. parad. secundus*, oder Ander musikal, Lust-Gärtlein Newer Deutschen Magnificat,
Auss 2 vnd 8 stimmiger Harmonia, nebst dem *Basso continuo* vor die Orgel, nach den
5 gebräuchlichen *Tonis musicis* in einem nicht vnanmuthigen Stylo etc.« (Berlin, 1626);
»*Recreationes musicae*, d. i. Neue poetische Amorösen, entweder vor sich allein oder
in ein Corpus zu musiciren u. s. w.« (Leipzig, 1651; 4⁰), enthält 33 Nummern.
Endlich schrieb er auch noch Motetten und Concerte, die aber sammt ihren Titeln
verloren gegangen sind. Eine vollständigere Aufzählung der C.'schen Werke bietet
Ledebur's »Tonkünstler-Lexikon Berlins« (Berlin, 1861) S. 97 bis 99. Ueber C.
selbst findet man Ausführlicheres in C. v. Winterfeld, »Der evangelische Kirchengesang«, in Dietrich's »Klostergeschichte« und in Küster's »Altes und neues Berlin«.

Crüger, Pancratius, ein vorzüglicher Gelehrter und gründlicher Kenner der
Musik, geboren 1546 zu Finsterwalde in der Niederlausitz, war 1570 Cantor an der
St. Martinsschule in Braunschweig, 1573 Professor der Poesie und lateinischen Sprache
in Helmstädt und 1580 Rector in Lübeck. Er gerieth mit der dortigen Geistlichkeit
in einen Religionszwist, wurde vom Abendmahl ausgeschlossen, öffentlich angeklagt
und seines Amtes entsetzt. Mehrere Jahre lebte er von Ertheilung von Musikunterricht, bis er 1609 als Professor der griechischen Sprache nach Frankfurt a. O. berufen wurde, wo er 1614 starb. Für die Musikgeschichte ist er dadurch bemerkenswerth, dass er die Schwerfälligkeit der Guidonischen Solmisation klar legte und
darauf drang, dieselbe ganz abzuschaffen.

Cruise, ein altirischer berühmter Harfenspieler, welcher um 1330 lebte und der
Erste oder wenigstens einer der Ersten gewesen sein soll, welcher die walisische Harfe
nach den acht Kirchentönen einrichtete und umstimmte.

Cruit (irisch u. walisisch), *Chrotta* oder *Crota britanna* (kymrisch: *Criôth*;
irisch: *Cruit*; angelsächs.: *Crudh*; engl.: *Crowd*), ist der gemeinschaftliche Name
eines, den keltischen Völkern eigenthümlichen, ursprünglich zitherartigen Saiten-
Instrumentes, welches sich, schon früh (jedenfalls noch vor dem 12. Jahrhundert)
zum Bogen-Instrumente umgestaltet, sogar bis in das vorige Jahrhundert in Wales
im Gebrauch erhielt. Nebst der Harfe war die C. das vorzüglichste und geachtetste
Instrument der alten Briten und Iren, dessen sich nur die Barden ersten Ranges zur
Begleitung des Gesanges bedienen durften. Venantius Fortunatus (609), Bischof von
Poitiers, erwähnt die C. schon im 6. Jahrhundert (*lib. VII, carm.* 8), eben so die
Dichter des 12. bis 14. Jahrhunderts, an vielen Orten auch die Provençalen und
Minnesänger unter dem Namen *Rota, Rotte, Hrotta*, was nicht nur etymologisch,
sondern auch der Bedeutung nach genau mit dem keltischen *Croth* oder *Cruit* zusam-
mentrifft. Die C. besteht aus einem hölzernen (meistentheils aus Ahorn gefertigten),
auf der Rückseite ausgebauchten Schallkasten, an welchem sich (nach oben zu ver-
jüngend) der viereckige mit Ausschnitt für den Hals versehene Kopf anschliesst. Das
Instrument misst in der ganzen Länge 20½—22 engl. Zoll, in der Breite unten 9½,
oben 8 Zoll; das Griffbrett ist 10 Zoll lang, die Zargen circa 1⁵/₁₀ Zoll hoch. In der
Mitte der Decke befinden sich zwei runde ziemlich grosse Schalllöcher, durch deren
linkes der verlängerte Fuss des Steges geht, der zugleich als Stimmstock dienend,
auf dem Boden des Instrumentes fest aufsitzt und die Vibration vermittelt. Ueber

den sehr flachen Steg, der in schräger Richtung auf der Decke steht, gehen sechs Darmsaiten, von denen vier über das Griffbrett, die anderen zwei jedoch seitwärts desselben hinlaufen, wo sie am oberen Theil des Instrumentes mittelst Stifte befestigt sind. Die zwei tieferen Saiten wurden selten gestrichen, sondern gewöhnlich als begleitender (Dronen-) Bass mit dem Daumen an der linken Hand gekniffen. Die Stimmung der sechs Saiten ist folgende: Die erste und höchste Saite giebt das $\overline{\overline{d}}$, die zweite die tiefere Octave ($\overline{d}$) desselben, die dritte Saite das $\overline{c}$, die vierte Saite das e, die fünfte Saite das g und endlich die sechste das kleine g.

1te Saite, 2te, 3te, 4te, 5te, 6te Saite.

Die C. wurde gewöhnlich in Verbindung mit der Harfe zur Unterstützung der Singstimme benutzt, zu welchem Zweck ihr sanfter und weicher Ton am besten geeignet schien. Eine Nebenart der sechssaitigen *Crwth* ist die kleine dreisaitige, unter dem Namen *Crwth Trithant* (irisch: *Creamthine Cruit*) bekannte Geige, welche mit dem im Mittelalter vielfach gebrauchten Saiteninstrument, mit Namen *Rebec*, identisch zu sein scheint. Die dreisaitige C. wurde nur von den volksmässigen Spielleuten und Fiedlern benutzt, da deren Behandlung viel weniger Kunstfertigkeit erforderte und ihr beschränkter Umfang und unbedeutender Ton von selbst eine künstlerische Behandlung ausschloss. Daher *Crowder* im Englischen nur im verächtlichen Sinne für Bierfiedler gebraucht wird. Nach Villemarqué hat sich das Instrument in der Bretagne bis auf den heutigen Tag unter dem Landvolke im Gebrauch erhalten.

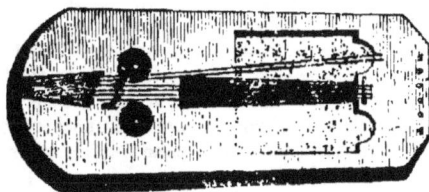

E. Friese.

Cruppi, August, katholischer Pfarrer zu Nîmes, hat ein *»Nouveau psautier«* (Nîmes, 1840) herausgegeben.

Crusell, Henrik Bernhard, einer der ausgezeichnetsten Clarinettisten und Tonsetzer Schwedens der neueren Zeit, wurde am 15. Oct. 1775 zu Nystad in Finnland geboren. Erst 1791 erhielt C., der bisher Autodidakt gewesen war, auf Verwendung eines Officiers hin, gründlichen musikalischen Unterricht in Stockholm und machte so bedeutende Fortschritte im Clarinettblasen, dass er schon zwei Jahre später, 1793, in der königl. Kapelle zu Stockholm als erster Clarinettist Anstellung fand. Zu seiner höheren Ausbildung auf seinem Instrumente wie in der Musik im Allgemeinen, besuchte C. auf einige Zeit 1798 Berlin, wo er in dem älteren Tausch einen tüchtigen Lehrer fand. Um auch theoretisch vorwärts zu kommen, studirte er noch 1803 bei Berton und Gossec in Paris die musikalische Composition. Nun erst unternahm C., um seinen Ruf weiter auszubreiten, in den Jahren 1811 und 1812 trotz der politischen Wirren mehrere Kunstreisen ins Ausland. Sein immer mehr wachsendes Ansehen im Vaterlande fand endlich in der Anstellung als Director des Musikcorps der beiden königl. Leibgrenadier-Regimenter zu Stockholm eine ihm zusagende und seinen Talenten entsprechende Anerkennung, welcher Stellung er bis an seinen Tod, im Juli 1838, mit Gewissenhaftigkeit vorstand. Von C.'s Compositionen haben viele sich bis heute in Achtung erhalten. Als vorzüglichste Leistung wird vielseitig sein Op. 12 *»Introd. et Air Suédois varié p. l. Clarin. av. gr. Orch. ou Pianof.«* (Leipzig, bei Peters) genannt. Seine übrigen Compositionen bestehen in: Concerte und kleinere

Solopiècen für Clarinette mit Begleitung, Quartette, Lieder, Musik zu Tegnèr's »*Frithjofs-Saga*« und den Gedichten »*Flyttfoglarn*«, »*Fogellcken*« u. s. w.   Auch eine Musik
zu dem Drama: »*Den lilla Slafwiennan*« hat er componirt und mehrere Opern aus
dem deutschen, französischen und italienischen Repertoir für die schwedische Bühne
eingerichtet und deren Textbücher selbst übersetzt.   O.

Cruscrius, Hermann, ein aus den Niederlanden stammender Gelehrter, gestorben 1573 als Professor zu Königsberg i. Pr., hat verschiedene Uebersetzungen von
Schriften altgriechischer Musikschriftsteller geliefert.

Crusius, Johann, Schullehrer zu Halle, geboren daselbst um die Mitte des
16. Jahrhunderts, hat herausgegeben: »*Isagoge ad artem musicam*« (Nürnberg, 1592:
2. Aufl. 1630).   Ein Auszug aus diesem Werke ist das »*Compendium musices*, oder
kurzer Unterricht für die jungen Schüler, wie sie sollen singen lernen« (Nürnberg,
1595).   Vergl. Draudius, »*Bibl. class.*« S. 1609. — Ein gelehrter Zeitgenosse C.'s
war Martin C., Professor der griechischen Sprache in Tübingen, geboren am
19. Septbr. 1526, gestorben am 25. Febr. 1607, hat u. A. veröffentlicht: »*Turcograecia*« (Basel, 1584), worin Einiges über griechische Kirchenmusik enthalten ist.

Cravelli, Marie und Sophie, zwei als Sängerinnen berühmte Schwestern,
deren eigentlicher Name Krüwel ist, die aus Bielefeld stammen und die Töchter eines
dortigen Fabrikbesitzers sind.   Marie, die ältere, ist 1824 geboren und war eine Zeit
lang an der Italienischen Oper in Paris und London engagirt, wo ihre prachtvolle
Altstimme bewundert, ihre Schule und Ausbildung bemängelt wurde.   Sie zog sich
um 1860 von der Bühne und in ihre Heimath zurück, wo sie ziemlich häufig noch in
Wohlthätigkeits-Concerten auftrat. — Noch grösseres Aufsehen erregte Sophie C.,
welche am 12. März 1826 geboren ist.   Dieselbe begann ihre künstlerische Laufbahn
1847 in Venedig.   Ein Jahr später sang sie in London, kehrte aber, da sie dort nicht
aussergewöhnlich gefiel, nach Italien zurück, wo sie weit bedeutendere Erfolge errang.
Im J. 1851 war sie Mitglied der Italienischen Oper in Paris und kam mit derselben
wiederum nach London, wo sie diesmal gefeiert wurde.   Von 1854 bis 1856 war sie
bei der Grossen Oper in Paris engagirt, heirathete zu Ende des letztgenannten Jahres
den Baron Vigier und entsagte in Folge dessen der Bühne.   Sie lebte von da an
abwechselnd in Paris und in Oberitalien und liess sich noch oft öffentlich bewundern,
wenn die vornehme Welt zu wohlthätigem Zwecke Aufführungen veranstaltete.

Crux, Marianne, treffliche Sängerin, Pianistin und Violinspielerin, geboren
1772 in München, war die Tochter des damaligen kurfürstl. bayerischen Balletmeisters und erhielt eine gute musikalische Ausbildung, namentlich im Gesang, in
welchem Fache sie Schülerin der berühmten Madame Wendling war.   Ausserdem
zeichnete sie sich im Klavier- und Violinspiel, so wie im Zeichnen und Malen aus.
Bei einem Besuche in Wien 1787 wurde sie dem kaiserl. Hofe vorgestellt und vom
Kaiser Joseph II. ausgezeichnet.   Auch in Berlin feierte sie 1790 ausserordentliche
Triumphe.   Bald hierauf verheirathete sie sich mit einem angeblich holstein'schen
Edelmann und trat von da an als Madame Hollmann im Theater zu Mainz und auf
anderen süddeutschen Bühnen mit grossem Erfolge auf.   Später begab sie sich nach
London, von da nach Stockholm, wo sie mit einem Officier des Geniecorps, Namens
Gelbert, verheirathet gewesen sein soll.   Im J. 1807 tauchte sie noch einmal in Deutschland und zwar in Hamburg auf; nach dieser Zeit aber fehlen alle weiteren Nachrichten über sie.

Cruz. Vier portugiesische Tonkünstler und Componisten dieses Namens haben
sich in hervorragender Weise ausgezeichnet, nämlich: Agostinho da C., Canonicus
an der Congregation Sancta Crux zu Coimbra, geboren um 1595 zu Braga in Portugal, hochgeschätzt als Orgel- und Violinspieler wie als Tonsetzer, hat von seinen
Arbeiten herausgegeben: »*Prado musical paro Orgão*«, ferner »*Duas artes, huma de
Canto chão per estylo novo, outra de Orgão con figuras muito curiosas*« (1632) und
endlich »*Lira de arco, o arte de tanger Rebeca*« (Lissabon, 1639). — Filippo da C.,
Ordensgeistlicher im Kloster zu Palmella, aus Lissabon gebürtig, wo er auch zuerst
Musikmeister war.   Er ging hierauf nach Madrid, wo er Almosenier König Philipp's IV. wurde.   Von seinem Landesherrn Johann IV. jedoch zurückberufen, fun

girte er als dessen Kapellmeister in Lissabon. Die Bibliothek in Lissabon bewahrt von seiner Composition handschriftlich auf Messen, Motetten, Psalme und andere Kirchenstücke. — Gaspar da C., Canonicus des Augustiner-Ordens zu Coimbra, is: Verfasser der Tractate: »*Arte de canto chão recapilado de varios authores*« und ‹*Arte de canto chão*«, die sich als Manuscripte, laut Machado, »*Bibl. Lusit.*« Vol. *II*, s. 34S, im Besitz des Spaniers Francisco de Valladolid befunden haben sollen. — João Chrysostomo da C., portugiesischer Dominicaner-Mönch, geboren 1707 zu Villafranca de Xira, hat 1743 ein musikalisches Elementarwerk zu Lissabon veröffentlicht, dessen langen Titel Machado mittheilt.

Csardas (spr. Tschardasch) ist der Name eines ungarischen Nationaltanzes neueren Ursprunges, der noch keine fest abgeschlossene Form aufweist. Man kann denselben fast als das sich noch entwickelnde Product zweier Nationalitäten anschen: der Magyaren und Zigeuner. Bei der Ausführung des C. schwelgt der Magyar sinnlich und geistig berauscht in diesem nationalen Feuertanze, der in seinen Einzeltheilen der phantastischesten Gliederbewegung freien Spielraum gestattet, und desshalb noch heute in jedem Comitate anders getanzt wird. Denselben beschreiben, mit nüchternen Sinnen tanzen oder kalten Augen zuschauen, ist fast eine Unmöglichkeit. Die Musik, meist nur von Zigeunern erfunden und dargestellt, offenbart originelle Melodiebildungen und seltsame Harmoniefolgen neben oft sehr scharf ausgeprägtem Rhythmus. Kein Musiker vermag in die Melodie des C. so fühlend einzugehen, wie der Zigeuner: das Schwinden und Nachlassen in der Bewegung, das Zu- und Abnehmen der gefühlten Tongänge, so wie die plötzlich einbrechenden scharfen Zeitschläge vermögen nur jene braunen Bewohner der Puszta dem Tänzer ganz zu Dank zu geben. Was nun die Form der Musik anbetrifft, so ist diese eben so wandelbar in Vielem wie die praktische Darstellung. Bei allen Tänzen dieses Namens findet man übereinstimmend, dass sie im $^2/_4$-Tact geschrieben werden und sich fast nur in Dur-Tonarten bewegen. Verschieden ist jedoch die Zahl der Theile. Nach dem Haupttheil, der aus zwei Abschnitten von gewöhnlich acht oder zwölf Tacten besteht, die wiederholt werden, folgen ein oder mehrere, zuweilen selbst vier, dem Trio entsprechende Abtheilungen, *Friss* genannt. Diese, in Tact- und Tonart gewöhnlich dem Haupttheil gleich, bestehen wieder jede aus zwei Theilen, die zweimal, auch wohl öfter gespielt werden. Nur verfeinerte, für den Salon componirte C. haben eine Coda. Die Aufnahme dieser Tanzform in die reine Instrumentalmusik hat, ihrer eben noch nicht festgestellten Form wegen, bisher nicht stattgefunden, da man nur abgeschlossene Rundtänze dazu ausersah, und dieselben durch Zu- und Abnehmen im Tact der praktischen Anwendung entfremdete. Die Unbestimmtheit der Form des C. aber, die bei den heutigen Bestrebungen in dem Bereiche der instrumentalen Tonschöpfungen die viel gepflegte Biegsamkeit der Bewegung als Eigenthümlichkeit hat, scheint für Tondichter eine zur Beachtung empfehlungswerthe zu sein, die möglicher Weise interessanten Neuschöpfungen als Basis dienen könnte. C. B.

C. s., Abkürzung für *colla sinistra* (sc. *mano*), d. i. mit der Linken (Hand), eine auf die richtige Wahl der spielenden Hand bezügliche Vorschrift.

C-Schlüssel, das Schlüsselzeichen des eingestrichenen c, durch dessen Stellung auf dem Liniensystem angezeigt wird, auf welche Linie das eingestrichene c zu stehen kommen soll. In älteren kunstgeschichtlichen Perioden bediente man sich des C-Schl.s je nach höherer oder tieferer Lage des Gesanges auf allen fünf Linien; gegenwärtig kommt er ausschliesslich nur noch auf der 1., 3. und 4. Linie vor (s. auch Notenschrift und Schlüssel).

Cabelius, August Ferdinand, Violoncellist der königl. Kapelle zu Berlin, geboren daselbst im Januar 179S. Er liess sich 1813 bereits als Flötist hören, cultivirte aber später das Violoncell und wurde auf Zelter's Empfehlung hin am 1. Mai 1816 Mitglied der königl. Kapelle.

Cuculus (lat.), der Kuckuck, ist eine zu Ende des Mittelalters den Orgeln oft zugefügte Einrichtung, die den Schrei des Kuckucks nachahmte. Dem Zeitbestreben: der Orgel so viel als möglich alle den Geschöpfen eigenen melodischen Klänge zum Lobe des Allerhöchsten einzuverleiben, verdankt diese Einrichtung ihren Ursprung.

Sie bestand aus zwei besonderen Pfeifen, die in einer grossen Terz zu einander
intonirten und durch zwei neben dem Manuale befindliche Tasten zur Ansprache
gebracht wurden. In neueren Orgelwerken findet sich der C. nicht mehr vor.   2.

Cudmore, Richard, ein ausgezeichneter, als Componist fast gar nicht, um so
vortheilhafter jedoch als Violinvirtuose, Violoncellist und Pianist bekannter englischer
Tonkünstler, geboren 1787 in Chichester.

Cugnier, Pierre, erster Fagottist im Orchester der Grossen Oper zu Paris,
geboren daselbst 1740, hat eine Schule für Fagott herausgegeben, die wegen ihrer
Gründlichkeit von La Borde in seinem »*Essai*« von S. 313 bis 343 mit allen Figuren
und Notenbeispielen abgedruckt wurde.

Culand-Ciré, Marquis de, französischer musikalischer Schriftsteller, geboren
1718, gestorben 1799, hat sich durch Recensionen, Brochüren und Bücher über
Musik bekannt gemacht.

Cumoduty heisst in der indischen Tonleiter eine *Sruti* (s. d.), die ungefähr der
oberen Hälfte des temperirten Halbtones von *a* bis *b* entspricht. In der *Sângita
Râtnakâra* (s. d.) wird diese *Sruti* **C u m u d v a t i** genannt. Diese Verschiedenheit
des Namens, wie noch einige andere in indischen Werken vorkommende Varianten
desselben, sind wohl nur in verschiedenen Kreisen entstandene Umgestaltungen der
zuerst angegebenen am häufigsten angewandt gefundenen Benennung C.   2.

Cune, Christoph, Prediger in Leubingen um 1695, von dessen musikalischer
Begabung ein von ihm verfasstes Buch: »Die musikalische Harmonie« (Jena, 1700)
noch Kunde giebt.

Cuntz, Stephan, Orgelbauer in Nürnberg in der ersten Hälfte des 17. Jahrhunderts, der im J. 1635 gestorben ist.   Die meisten seiner Werke hatten einen weit
verbreiteten Ruf, worüber sich Professor Doppelmayer in seinen »Historischen Nachrichten von den Nürnbergischen Künstlern« S. 298 ausführlicher auslässt.   0.

Cuny, Jean, französischer Tonkünstler aus Verdun, der 1667 eine sechsstimmige Messe seiner Composition herausgab.

Cunz, Friedrich August, Professor an der Universität zu Halle, ist der Verfasser eines auch musikalisch bemerkenswerthen Buches, betitelt: »Geschichte des
deutschen Kirchenliedes u. s. w.« (Leipzig, 1855).

Cuper, Gisbert, gelehrter Philolog, geboren am 14. Septbr. 1644 zu Hem-
mendene in der Provinz Geldern, war Professor der Geschichte in Deventer und starb
daselbst am 22. Novbr. 1716. Unter seinen Werken ist hier ein »Harpokrates«
(Amsterdam, 1676) betiteltes anzuführen, da es Mancherlei über die Flöten der Alten,
namentlich der Griechen enthält.

Cupis de Camargo, François, trefflicher belgischer Violinist, geboren am
10. März 1719 zu Brüssel, wurde von seinem Vater unterrichtet und konnte, 19 Jahr
alt, in Paris mit grossem Beifall öffentlich auftreten.   Er kam 1741 als erster Violinist in das Pariser Opernorchester und starb um 1764. Er hat Streichquartette und
zwei Bücher Sonaten für Solo-Violine hinterlassen. Seine Schwester war die zur Zeit
berühmte Tänzerin Camargo. — Sein jüngster Sohn, Jean Baptiste C., geboren
1741 zu Paris, war anfangs Violinschüler seines Vaters, warf sich aber seit 1752
auf das Violoncellspiel, das er bei Berlaut eifrig trieb. Mit 20 Jahren galt er
bereits als der beste Violoncellist seines Vaterlandes und trat in das Orchester der
Grossen Oper. Seit 1771 ging er auf Kunstreisen und heirathete in Italien die Sängerin Giulia Gasperini. Beide Gatten befanden sich 1794 in Mailand, traten aber
seitdem nicht mehr in die Oeffentlichkeit. C. hat Conzerte und Variationen für Violoncell componirt und auch eine Schule für dieses Instrument verfasst.

Cupre, Jean de, französischer Tonkünstler, der zu Heidelberg lebte und laut
Draudius' »*Bibl. class.*« S. 1629 ein »*Livre premier contenant trente madrigales à cinq
voix etc.*« (Frankfurt a. M., 1610) veröffentlichte.

Curci, Giuseppe, rühmlichst bekannter italienischer Componist von Opern und
Cantaten, geboren zu Ende des 18. Jahrhunderts in Neapel, siedelte um 1838 nach
Wien über und wirkte dort still aber erfolgreich als Lehrer des Kunstgesanges und
der Composition.

Careus, Joachim, auch Curaeus geschrieben, Arzt zu Gross-Glogau, geboren am 21. Octbr. 1532 in Freystadt, gestorben am 21. Januar 1573 zu Glogau. Er beschäftigte sich viel und eingehend mit physikalischen Studien, und eine Frucht seiner Untersuchungen war ein physikalisches Werk, welches u. A. auch den Ton, die Stimme und das Gehör behandelt.

Currende, Currendeknaben (vom lat. Zeitwort *currere*, d. i. laufen), auch Choralknaben genannt, ein aus Schülern der niederen Classen der Volksschule gebildeter Singechor, der, von einem Hause zum anderen wandernd (daher der Name), sich von Privatpersonen seinen Unterhalt ersingt. Da diese Knaben hauptsächlich auf die Lieder des Gesangbuches eingeübt waren, so wurden sie auch vielfach zur Aushülfe des Kirchenchors beim Gottesdienste, bei Betstunden, Begräbnissen u. s. w., unter Anführung des Cantors oder Präfecten jenes Chors und zur Unterstützung des Gemeindegesanges verwendet. Die Einführung der C., welche jetzt fast allenthalben abgeschafft ist (in Berlin trieben Rudimente dieser Institution unter Anführung eines Speculanten ihr Unwesen bis zum J. 1870), wird dem Bischof von Asti, Scipio Damianus (gestorben 1472) zugeschrieben. Auf ihre völlige Abschaffung drang bereits im vorigen Jahrhundert Christ. Gottl. Heyne (vergl. dessen Artikel über die C. im ›Reichs-Anzeiger‹ 1798, Nr. 217, S. 2479 bis 2482). Eine Geschichte derselben schrieb Mag. Christ. Gotth. Stemler unter dem Titel: »Abhandlung aus der Kirchengeschichte von der C. und denen Currendanern« (Leipzig, 1765), eben so Schaarschmidt eine »Geschichte der C.« (Leipzig, 1807).

Curschmann, Karl Friedrich, einer der beliebtesten und begabtesten deutschen Liedercomponisten, wurde am 21. Juni 1805 zu Berlin geboren, wo sein Vater ein geachteter Weinhändler war. Schon in früher Jugend zeichnete C. sich durch eine schöne, bildsame Sopranstimme aus, sodass er bei den öffentlichen Schulfeierlichkeiten mit Vorliebe zu grossen Solopartien verwendet wurde. Mit den Jahren wuchs seine Liebe zur Musik so mächtig, dass er das Rechtsstudium, für welches er bestimmt war, aufgab und sich 1824 nach Kassel wendete, wo er sich vier Jahre lang bei Spohr und Hauptmann der Theorie und Composition widmete. Ehe er von dort schied, brachte er 1828 eine während dieser Zeit componirte einactige Oper »Abdul und Erinnieh« (Text von Hardt) mit grossem Beifall zur Aufführung. Der Klavierauszug dieses Werkes ist 1836 in Berlin erschienen. Nach Berlin 1828 zurückgekehrt, schwang er sich bald zum beliebtesten Liedercomponisten Norddeutschlands empor und wurde zugleich als vortrefflicher Interpret seiner Gesänge bewundert, sodass man ihn »die Sontag des männlichen Geschlechts« nannte. Einige grössere Reisen durch Deutschland, Frankreich und Italien abgerechnet, lebte er fast ununterbrochen in seiner Vaterstadt, als liebenswürdiger Mensch und Künstler gleich hoch geachtet und geliebt. Eine überaus glückliche Ehe vereinigte ihn mit Rosa Eleonora Behrend, die ebenfalls eine treffliche Sängerin war und der er seine schönsten und innigsten Lieder widmete. Zu früh setzte der Tod dieser Verbindung und dem hoffnungsvollen Leben C.'s ein Ziel. Er starb am 24. August 1841 zu Langfuhr bei Danzig, wohin er zu einem Besuche seines Schwiegervaters, des Commercienrathes Behrend, gereist war. Seine Gattin überlebte ihn kein volles Jahr; sie starb am 19. Juni 1842 zu Danzig und wurde am Geburtstage ihres vorangegangenen Gatten beerdigt. — C.'s Liederspenden füllen die Lücke, welche zwischen der tieferen und höheren Kunstsphäre klafft, aufs Anmuthigste aus und gewähren noch jetzt den Dilettanten, die sich an der Musik wahrhaft ergötzen wollen, ein lebhaftes und edles Vergnügen. Sie bestehen aus 83 einstimmigen und 9 zwei- und dreistimmigen Gesängen, welche 1871 in einer Gesammtausgabe in zwei Bänden zu Berlin erschienen sind. Ausserdem hat C. noch während seines Studienaufenthaltes in Kassel ein Verset zum Pfingstfeste für sechs Solostimmen mit Orgelbegleitung, eine Motette: »Barmherzig und gnädig«, für vierstimmigen Chor mit Solo und mit Begleitung von Blech-Instrumenten, so wie ein Heft Variationen für Pianoforte geschrieben.

Cursus (lat.) nannte man in der Kirchen- und Klostersprache die tägliche Reihe der zu den canonischen Stunden (Tagzeiten) gehörenden Ritualgesänge. Das Absingen dieser Gesänge hiess cursiren.

Cusinié, ein sonst unbekannter französischer Instrumentemacher, soll um die Mitte des 18. Jahrhunderts eine Art Bogenflügel oder vielmehr vervollkommnete Leier erfunden und verfertigt haben. Eine Beschreibung dieses Instrumentes findet man in »*Machines et inventions approuvées par l'académie de Paris*« Bd. II, 155.

Cuspida (*sc. tibia*, lat.; ital.: *flauto cuspido*) nannten die älteren Orgelbauer die Spitzflöte (s. d.).

Custos (lat.; ital.: *mostra*; franz.: *guidon*), der Notenzeiger, ist der Name für das Zeichen ∾ oder ∕, welches ehemals an das Ende einer Notenzeile gesetzt wurde, um schon vorher diejenige Linie oder denjenigen Zwischenraum zu bezeichnen, auf welcher oder in welchem die erste Note der nächstfolgenden Zeile zu stehen kam,

z. B.   oder:

Dies Erleichterungsmittel zum Auffinden oder richtigen Treffen der Noten beim Wechsel der Zeilen ist nach und nach aus dem Gebrauche verschwunden und wird höchstens noch in der Choral-Notenschrift verwendet. Ein ähnliches Erleichterungsmittel sollten die in der Schreibeschrift am Schlusse einer Seite unten gesetzten Anfangssylben der nächstfolgenden Seite sein.

Catell, Richard, altenglischer Tonkünstler, dessen Lebenszeit in die zweite Hälfte des 15. Jahrhunderts fällt und der eine Abhandlung über den Contrapunkt geschrieben hat.

Cutler, William Henry, englischer Pianist und Componist, geboren 1792 zu London, wurde in seinem 11. Jahre Chorsänger an der Paulskirche und erlernte das Klavierspiel bei Little und Griffin und den Generalbass beim Doctor Arnold. Nach Vollendung seiner Studien erhielt er die Anstellung als Organist an der Helenenkirche in London (Bishopsgate) und erwarb sich in Oxford 1812 die Würde eines Baccalaureus der Musik. Im J. 1818 gründete er in London eine Musikschule nach Logier's System, die aber nicht den erhofften Erfolg hatte und nach drei Jahren wieder einging. C. selbst ging 1823 nach Quebec in Canada als Organist, von wo aus Nichts weiter über ihn verlautete. Er hat einige Kirchen- und zahlreiche Klavierstücke in London veröffentlicht.

Cutrera, Pietro, italienischer Operncomponist, geboren um 1816 in Sicilien, machte seine Musikstudien auf dem Conservatorium zu Palermo und trat mit einigen musikalisch-dramatischen Werken, jedoch ohne hervorragenden Erfolg, auf der Insel Sicilien in die Oeffentlichkeit.

Cuveliers, Jean le, altfranzösischer Dichter und Musiker, geboren um 1230 zu Arras, von dessen *Chansons* sich noch Reste auf der Pariser Bibliothek befinden.

Cuvillier, ein geschickter Orgelbauer der neuesten Zeit, geboren 1801 zu Neufchatel, von dem sich treffliche Orgelwerke in verschiedenen Kirchen seines Vaterlandes befinden.

Cuvillon, Jean Baptiste Philemon de, ausgezeichneter französischer Violinspieler der Gegenwart, geboren am 13. Mai 1809 zu Dünkirchen, kam 1824 in das Pariser Conservatorium und erhielt Habeneck im Violinspiel und Reicha in der Composition zu Lehrern. Schon 1825 erwarb er sich den zweiten und ein Jahr später den ersten Preis als Violinist. Vom Rechtsstudium angezogen, besuchte er 1829 die Universität zu Paris, wurde Licentiat und hielt eine treffliche Disputation. Bald aber wandte er sich wieder ausschliesslich der Musik zu, fungirte von 1843 bis 1848 am Conservatorium als Hülfsprofessor in Habeneck's Violinclasse und wurde erster Violinist im Orchester der Conservatoriums-Conzerte, so wie der Grossen Oper, welche letztere Stellung er auch noch gegenwärtig einnimmt. Von seinen compositorischen Arbeiten sind verschiedene Violinwerke in Paris im Druck erschienen.

Cuzzoni, Francesca, s. Sandoni.

Cybele, nach altgriechischer Anschauung die Erfinderin der Pfeifen und Trommeln, war ursprünglich eine Landesgöttin der Phrygier und, wie die ägyptische Isis das Symbol des Mondes und, was nahe damit verwandt ist, der Fruchtbarkeit der

Erde, wesshalb sie mit der Rhea in Eins verschmolz, deren Dienst in Kreta entstand und in welcher die personificirte Natur verehrt wurde. Die Griechen erhielten die Idee der C. nicht mehr rein, sondern bereits in Geschichte eingekleidet. C. war, nach Diodor's Bericht, die Tochter des phrygischen Königs Mäon und seiner Gattin Dindyma. Aus Zorn, dass ihm kein Sohn geboren, setzte sie der Vater auf dem Berge Cybelus aus, wo sie, von Löwen und Panthern gesäugt, nachher von Hirtenfrauen gefunden und erzogen wurde. Schönheit und Klugheit zeichneten sie nachmals aus, und sie erfand die Pfeifen und Trommeln, womit sie die Krankheiten der Thiere so wie der Kinder heilte, wesshalb sie von den Landleuten die Gute Mutter vom Gebirge genannt wurde. Von ihren Eltern entdeckt und wieder aufgenommen, entbrannte sie in heftiger Leidenschaft zu dem Jüngling Atys, welcher desshalb auf Befehl des Mäon umgebracht wurde. Hierüber wurde C. rasend und durchirrte mit aufgelösten Haaren und unter dem sinnlosen Lärme der von ihr erfundenen Instrumente alle Länder bis hinauf in den äussersten Norden. Währenddem entstand in Phrygien eine Hungersnoth, die erst endigte, als man auf Befehl des Orakels der C. göttliche Ehre erwies und das Bild des unbeerdigt verwesten Atys feierlich bestattete. Ihr Gottesdienst, der sich von Pessinus aus weiter und weiter verbreitete, bestand im regellosen Umherschweifen durch Felder und Wälder unter dem tobenden Lärm von Pfeifen und Schlaginstrumenten. Wie ihre Verehrung auf Kreta sich mit dem dort schon vorhandenen Dienste der Rhea vermischte, so ward sie in Italien auch mit der alten lateinischen Göttin Ops vereinigt. In Rom führte man ihren Dienst im J. 206 v. Chr. auf Anrathen der Sibyllinischen Bücher ein. Das berühmteste Standbild der C. war das von Phidias angefertigte, welches die Göttin sitzend als Matrone mit einer Mauerkrone darstellt, die in der rechten Hand einen Stab als Symbol ihrer Herrschaft, in der linken eine phrygische Handpauke trägt und der zur Seite Löwen stehen.

Cybulovský, s. Cibulovský.

Cyklische Folge (franz.: le cycle des quintes), der Quinten- resp. Quarten-Cirkel in seiner Vollkommenheit betrachtet, d. h. wenn man durch Verwandlung (falsch gesagt Enharmonie) des Fis in Ges, von C ausgehend, wieder zum C zurückkommt, also die Folge:

C, G, D, A, E, H, (Fis. Ges). Des, As, Es, B, F, C.

Unter den Artikeln Systeme und Quintencirkel findet man die Geschichte dieser Zusammenstellung von Tönen, welche bis vor etwa dreissig Jahren selbst in Deutschland an der Spitze sämmtlicher Harmonielehren als der Hauptbestandtheil des musikalischen Stoffes sich befand und heute noch von den bedeutendsten französischen Theoretikern als die einzige berechtigte Grundlage der musikalischen Wissenschaft hingestellt wird. Die auf solche Weise verstümmelte Quintenfolge hat, indem sie gewissermassen die zwölfstufige gleichmässige Temperatur sanctionirte, am meisten zur Zerstörung eines gesunden Verständnisses der Harmonie beigetragen; nimmt man ihre logischen Folgerungen an, so besteht das enharmonische Verhältniss nur für eine einzige Tonart, für C, und zwar nur auf der übermässigen Quarte, und der Grundsatz, dass sechs auf einander folgende Quinten eine Tonart bilden, wird nur für die Tonarten As, Es, B, F, C eine Wahrheit; die Bildung der übrigen Tonarten dagegen wird nur durch zufällige Erzeugung alterirter Töne, namentlich durch Erhöhung sechs vorhandener Töne möglich und in Folge dessen die Orthographie (Schreibweise) der grössten Meister zu einer jeden Princips entbehrenden herabgesetzt. Erst durch die Arbeiten von S. Dehn, M. Hauptmann, Fl. Geyer und Reichel, welche die Bedeutung des Terzenbaues bewiesen und dem Terzdecimenaccorde einen berechtigten Platz in der Harmonie eingeräumt haben, ist man zu der Ueberzeugung gekommen, dass der sogenannte Quintencirkel nichts als eine willkürliche, veraltete, selbst von ihren Gönnern in der Praxis nie befolgte Formel ist. Die durch Seb. Bach und seit demselben durch alle modernen Componisten gebrauchten Töne haben jeder eine eigene, selbstständige Existenz, indem jeder, mit einem anderen (die Rolle der Tonica spielenden) verglichen, ein bestimmtes, unveränderliches, absolutes Verhältniss bildet. Die Anzahl dieser Verhältnisse ist 31: unter

Bezifferung findet sich die genaue Tabelle derselben. — Die einzige der Etymologie entsprechende c. F. dürfte wohl nachstehende sein:

0 1 2 3 4 5 6 7 8 9 10 11 12 13 14 15 16 17 18 19 20 21 22 23 24 25 26 27 28 29 30 31

Jeder beliebige Ton dieser Folge als Tonica angenommen, ist der Ausgangspunkt von Verhältnissen, welche durch dieselben Zahlen repräsentirt sind, sodass z. B. der 10. Ton rechts von irgend einem Tone dessen grosse Terz, der 18. dessen reine Quinte, der 23. dessen Sexte u. s. w. ist. — Ausführlicheres bringen die Artikel Enharmonie und Systeme.   Dr. T. Tyszkiewicz.

Cyklische Formen nennt man im musikalischen Sprachgebrauche die grossen, aus mehreren getrennten Sätzen bestehenden Instrumentalformen, wie Sonate, Sinfonie, Quatuor u. s. w., nicht minder auch die älteren, als Suite, Partita, Serenade u. s. w. Den Namen c. F. erhielten sie wohl daher, weil in jedem mehrsätzigen Instrumentalstücke die einzelnen selbstständigen Sätze wie in einem feststehenden Umlaufe (*cyclus*) mit einander abwechseln. Allen in dieser Art zusammengesetzten modernen Tonwerken liegt in ihren Formenumrissen die Sonate (s. d.) als Modell zu Grunde, und was über das Wesen dieser Formen und den inneren Zusammenhang ihrer Sätze zu sagen ist, das gilt für eine Art genau so wie für die andere. Jeder Satz der c. F. ist äusserlich zwar für sich vollständig abgeschlossen, steht aber mit den übrigen Sätzen in einem logisch begründeten inneren und zwar ähnlichen Zusammenhange wie die einzelnen Entwickelungsphasen eines Gefühlsprocesses, der von einem bestimmten Grundgefühle ausgegangen ist und von demselben auch in allen weiteren Erscheinungen getragen wird. Selbstverständlich wird das Grundgefühl im Verlaufe der Entwickelung mehr oder weniger alterirt und vermag je nach der Empfindung des Tonsetzers zahlreiche Modificationen anzunehmen. Ist nun auch die Tonkunst mit Leichtigkeit im Stande, alle solche im Inneren sich vollziehende Bewegungen in unendlich mannichfacher Art auf das Feinste und in einer dem Gefühle völlig klaren Weise darzustellen, so muss sie doch, und zwar völlig naturgemäss, da sie mit dem Factor der sinnlichen Anschaulichkeit zu rechnen hat und eine solche künstlerisch nur mit Hülfe fester plastischer Formen erreichen kann, jede darzustellende Bewegung von grösserer Ausdehnung, je nach den sich bemerkbar machenden Hauptabschnitten gliedern und zu bestimmten grösseren Gruppen von Tonbildern zusammenschliessen. Und diese grösseren Gruppen sind in cyklischen Tonwerken eben die einzelnen Sätze. Der Organismus jedes einzelnen dieser Sätze, soweit er an Bewegung, rhythmische Hebung und Senkung des Gefühls- und Tonganges, des Auf- und Abwogens der Tonbilder, an den Wechsel in der Gruppirung u. s. w. gebunden ist, ist von dem aller übrigen verschieden; nur darf eine völlig abnorme Zusammenstellung die Formengattung selbst nicht bis zur Unkenntlichkeit verwischen. Die Klaviersonate, als Soloform, welche mehr der subjectiven Empfindung unterworfen, als auf objective Darstellung hingewiesen ist, darf in der Bestimmung ihrer Sätze weit freier als die Sinfonie und die Tonformen für mehrere obligate Instrumente (Duo, Trio, Quatuor u. s. w.) verfahren, dennoch aber ist, der vielfachen Ausnahmen ungeachtet, die aus den vier Sätzen *Allegro*, *Adagio*, *Scherzo* und *Finale* bestehende Sonatenform als die grundlegliche und zugleich als am höchsten entwickelte zu betrachten. Der erste Satz ist in seiner breit angelegten und plastischen Form die feste Grundlage, auf der die ganze weitere formale und ideelle Entwickelung des Tonbanes begründet ist. Das *Adagio* beruhigt und dämpft die vorher angeregten, den ersten Satz beherrschenden lebhaften Gefühle, die in allen Schattirungen bis zur Leidenschaft entfesselt auftreten können, führt durch Trauer und Schmerz zur Abklärung oder befähigt das Gefühl durch zeitweilige Ruhe zu noch stärkerer Erhebung. Das *Scherzo* entwickelt Humor, Laune oder Witz und vermittelt meist die im vorhergehenden und nachfolgenden Satze möglicher Weise dargestellten Gefühlscontraste in heiter-versöhnender Weise. Mag das *Scherzo* dem *Adagio* folgen oder ihm vorangehen, so müssen die Sätze als Folge einer inneren Nothwendigkeit von Hebung und

Senkung, Anspannung und Beruhigung so und nicht anders gestellt erscheinen. Der einzelne Satz der Sonate oder Sinfonie tritt an und für sich, wenn auch formal vollständig abgeschlossen, so doch ideell unvollständig auf, da in ihm allein der ganze innere Hergang nicht begriffen werden kann, sondern durch den folgenden Satz eine Ergänzung erhalten muss, welche eine andere Seite des ganzen Gedankenganges zu erledigen hat. Auch rein äusserlich genommen, ist die Eintheilung in verschieden bewegte Sätze nothwendig, da es sonst unmöglich ist, die Aufmerksamkeit der Hörer einen langen Zeitraum hindurch in Spannung und Sammlung zu halten. Ein einziger Satz von der Dauer eines ganzen cyklischen Tonwerkes würde aller möglichen sonstigen Schönheiten ungeachtet, unfasslich und unerträglich werden, wenn ein Maass der Bewegung darin festgehalten wäre. Innerhalb der einzelnen Sätze jedoch ist die Bewegung, unbeschadet der Contraste, Nebenmotive und episodischen Steigerungen oder Verzögerungen, dem Grundcharakter nach eine durchaus einheitliche, sodass die Sätze selbst deutliche und anschauliche Bilder eines Gefühlszustandes sein können. Und auf die Stufe so ausgeprägter Anschaulichkeit muss sich jeder einzelne Satz erheben, weil Deutlichkeit des Ganzen nur aus Bestimmtheit im Einzelnen hervorgehen, und da, wo solche fehlt, überhaupt nicht von Charakter die Rede sein kann. Der grösseren Gliederung des Gesammtinhaltes der c. Form in die verschiedenen Sätze muss demgemäss auch die innere Gruppirung eines jeden dieser Sätze entsprechen. Einheitlichkeit bei dem mannichfaltigsten Inhalte ist das oberste Gesetz für das Ganze, für seine Abschnitte, wie für deren einzelne Theile, und die Befolgung dieses Gesetzes ermöglicht dem Tondichter, bei aller Einhaltung der einmal angenommenen Formumrisse, einen und denselben Tongedanken innerhalb des Satzes aufs Umfassendste auszutragen und die Bewegung des folgenden Satzes in einen erkennbaren Zusammenhang zu bringen. Die Tonformen sind, ohne dass ihre harmonische Abrundung zersprengt zu werden braucht, unter den Händen des Meisters unendlich biegsam und völlig geeignet, einen überaus verschiedenen Inhalt aufzunehmen, mithin eine eben so mannichfache Durchbildung zu erfahren. Contrast, Colorit, dynamische Mittel aller Art treten hinzu, um die Deutlichkeit des den Zusammenhang des ganzen Werkes beherrschenden Hauptgedankens klar zu legen, und der Genuss des Empfangenden wird ein um so vollkommener, je mehr er mit Zuhülfenahme seiner Phantasie, die ja bei der Aufnahme von Werken jeder Kunst unerlässlich ist, diesen Zusammenhang der c. F. zu begreifen im Stande ist.

Cyklus (aus dem Griech.), zunächst so viel als Periode, Umlauf, ist besonders ein in der mathematischen Chronologie gebräuchlicher Ausdruck, wo er eine Reihe von Jahren bedeutet, nach deren Beendigung dieselben Erscheinungen in derselben Ordnung wieder eintreten. Im tropischen Sinne bezeichnet C. die Zusammenstellung von Dingen (Kunstformen), die zusammengefasst ein grosses Ganze bilden (s. Liedercyklus).

Cylindergebläse, ein in neuester Zeit öfters benutzter und empfohlener Ersatz für die Orgelbälge. Zuerst baute um 1828 ein unbekannt gebliebener tyroler Orgelbauer statt der Orgelbälge mehr weite als hohe Cylinder, in denen sich eine luftdicht schliessende Platte auf und nieder bewegte, welche die tonerregende Luftmasse für das Instrument sammelte. Um die Platte luftdicht an den Cylinder schliessend zu machen, versah er sie am Rande mit einer Wulst. Diese sehr praktisch erscheinende Einrichtung fand schon 1829 durch den Orgelbauer Johann Friedrich Schulze in Paulinzelle vielfache Anwendung und Empfehlung. Er, der erste Vertheidiger und Verbreiter dieser Erfindung, behauptet von derselben: erstens, dass sie stets gleichen Wind gäbe; zweitens, dass sie viel weniger Raum als Bälge einnehme; drittens, dass sie viel dauerhafter als ein gewöhnliches Gebläse sei, da höchstens die Erneuerung der Wulste einträte; viertens, dass Holz-C.e viel weniger als Bälge kosteten und diesen nur gusseiserne C.e höchstens im Preise gleich kämen, die dann auch unzerstörbar seien; und fünftens, es liessen sich mit solchem Gebläse riesenhafte Werke speisen, besonders wenn man die Cylinderplatten mittelst Dampfkraft bewegte, und es könnte die Windintensität bis zur höchsten Höhe gesteigert werden. Wenn auch Punkt eins und zwei sich praktisch bestätigten, so war dies mit dem dritten Vorzuge doch nicht der Fall. Die Cylinder erhielten bald Risse und wurden undicht, und besonders wurden die Wulst-Erneuerungen und Ausbesserungen in sehr kleinen Zeiträumen oft eine Nothwendigkeit, sodass dadurch die unter vier erwähnte Billigkeit sehr problematisch wurde. Man griff desshalb bald wieder zu der früheren Art der Gebläse zurück. Was die als Punkt fünf von Schulze angeführten Vorzüge dieser Erfindung anbelangt, so sind diese für den gewöhnlichen Gebrauch gar nicht wünschenswerth, da nur eine mässig starke Windkraft allgemein sich als anwendbar ergiebt. Die weiteren lobenden Auslassungen Schulze's hier mitzutheilen, unterlassen wir, da sie noch viel chimärischer sich in der Praxis ergeben haben, verweisen aber Wissbegierige auf den Artikel C. in Schilling's »Universal-Lexikon der Tonkunst«, welches sie andeutungsweise angiebt. Von Amerika aus wurde vor einigen Jahren die Herstellung einer Riesen-Dampforgel (s. Dampforgel) gemeldet, bei welcher die Ideen Schulze's eine theilweise Verwirklichung gefunden zu haben scheinen. Auch sonst jedoch ist diese Erfindung nicht ohne Nutzen geblieben, trotzdem lange Zeit hindurch alle Orgeln, ausser etwa sehr kleine Positive, mit gewöhnlichem Balggebläse gebaut wurden. In neuester Zeit hat man statt der Cylinder quadratische, aus starkem Eichenholz gefertigte Kasten angewandt, deren Boden, damit derselbe selbst durch Witterungseinflüsse nicht undicht zu werden vermag, aus breiten Holzstäben, die dicke Lederpolsterfütterungen zwischen sich haben, besteht, sodass jedes Quellen oder Eintrocknen der Stäbe ohne nachtheilige Folgen bleiben muss. Die quadratische eichene Platte hat besonders gepolsterte Leisten an jeder Seite, die mittelst einer starken Feder gegen die Wandung des Kastens gedrückt werden. Diese Polsterung hat sich praktisch als sehr lange dauernd ergeben und bedarf fast gar keiner Ausbesserung, wenn auf das Vorhandensein guter Federn geachtet wird. Viele der neuesten Meister in der Orgelbaukunst, z. B. Sauer in Frankfurt a. O., fertigen nur solche Gebläse an, die man Kastengebläse (s. Balg) nennen könnte.   2.

Cylindernuss, s. Nuss.·

Cylinderpfeife ist, der Bedeutung des Wortes Cylinder, d. i. Walze, entsprechend, eine solche Orgelpfeife, die vom Labium bis zur Mündung gleich weit ausläuft.

Cylinderquinte ist eine Orgelstimme, deren Pfeifen Cylinderform haben und gegen den Grundton der Orgel in der Quinte gestimmt sind.

Cymbal (aus dem Griech.; ital.: *dolce melo*), das Hackebrett (s. d.).

Cymbalum (lat.; von dem griech. κύμβαλον) war bei den Griechen und Römern ein metallenes Schlag-Instrument. Zwei hohle Halbkugeln, in jede Hand eine solche zu nehmen, waren die Theile desselben. Diese Theile an einander geschlagen, gaben einen hellen, glockenartigen Klang und dienten bei Festen, namentlich bei dem der Cybele (s. d.) zur Hervorbringung von Klangfreuden. Dies Instrument, das noch in allerneuester Zeit, zwar in sehr veränderter Form und unter anderem Namen, sehr bevorzugt ist, entstammt dem assyrischen Musikkreise (s. Assyrische Musik). Zwar war es an allen asiatischen Culturstätten, Indien, Aegypten wie Assyrien, seit frühester Zeit her bekannt, doch an keiner findet man es in so verschiedenen Gestaltungen vor, als gerade in Assyrien; leider ist die assyrische Benennung des Instrumentes wie der Species desselben nicht bekannt. Ferner spricht auch noch für Assyrien als Vaterland des C., dass die Griechen Phrygien als die Heimath desselben bezeichnen. Zur Verbreitung des C. scheinen besonders die Phönizier beigetragen zu haben, indem sie bei ihren Festen diese Instrumente als unumgängliche nothwendige erachtet zu haben scheinen. Diese aber schon haben die verschiedenen assyrischen Formen nicht sehr beachtet; sie scheinen es mehr dem jedesmaligen Bedürfniss oder Ermessen des Instrumentefertigers überlassen zu haben, über die Specialform zu bestimmen. Bei den Griechen und Römern jedoch hat sich besonders eine Vorliebe für hellklingende C. ausgebildet. Lesern, welche über die Form des C. bei diesen Völkern, so wie über deren Gebrauch derselben Genaueres erfahren wollen, sei empfohlen, Servius zu studiren und den Tractat von Dr. Friedr. Adolph Lampe (Utrecht, 1703; 3 Bde.) zu lesen. Der, welcher das C. handhabte, hiess bei den

Griechen χυμβαλιστής, bei den Römern *Cymbalista*. Auch im Abendlande fanden diese Instrumente Aufnahme, doch scheint der antike Geschmack sich nach und nach besonders zu sehr kleinen gleichzeitig in grösserer Zahl gebrauchten C. hingewandt zu haben, woraus dann wohl die abendländische Form des C. genannten Musikinstrumentes entstand, indem man die Wirkungen vieler Musiker durch e i n e n zu erreichen sich bestrebte. — Das in der Zeit vom 6. bis zum 10. Jahrhundert hin im Abendlande C. genannte Tonwerkzeug war eine besondere Art Schlag-Iustrument mit ungestimmten Glocken; dasselbe war bestimmt, mit der Hand geschüttelt zu werden und führte 1S bis 20 Glöckchen. Diese Glöckchen, zu zweien oder dreien über einander an Drähten befestigt, hingen sämmtlich an einem Ringe, welcher mittelst eines Riemens mit einem ebenfalls ringförmigen Handgriffe verbunden war. Selbst später, vom 10. bis zum 14. Jahrhundert hin, in welcher Zeit die Glockenspiel-Arten schon vielfach vervollkommnet und mit abgestimmten Glocken gebaut wurden, blieb das C. genannte Tonwerkzeug noch in unveränderter vorher beschriebener Form in Gebrauch. In dieser Zeit findet man für dies Instrument jedoch schon oft einen anderen Namen in Anwendung gebracht, nämlich *Flagellum*, was wohl seine Begründung darin hatte, dass man es von dem damals an vielen Orgeln gebauten Register, C. genannt, unterscheiden wollte. — Dieses O r g e l r e g i s t e r hatte in seiner ursprünglichen Bauart eine gleiche Tonwirkung wie das Handinstrument C., und entsprang dem Drange, alle Klangfreuden von Bedeutung im Kreise der Gläubigen dem einzigen Kirchen-Instrumente, der Orgel, einzuverleiben. An den ältesten Orgeln sieht man gewöhnlich der Mitte der Façade zunächst zwei Sterne mit reichem Glockenbehang, zwischen denen eine S o n n e befindlich. Alle diese Zierrathe sind durch als Register eingeführte Züge zu bewegen und führen besondere Namen. Das Register zur Bewegung der Sonne führt die Benennung Sonnenzug und das zur Bewegung der mit Glocken behangenen Sterne C y m b e l, C y m b e l z u g oder Cym b e l s t e r n. Das letzterwähnte Register der Orgel, welches hier nur in Betracht kommt, regiert ein vor einer C o n d u c t e (s. d.) liegendes Sperrventil. Oeffnet man mittelst des Registers das Ventil, so strömt der Wind in die Conducte und gelangt durch dieselbe zu einem Windrade, welches an einer mit Armen versehenen Welle so befestigt ist, dass sich der Wind darin fängt und das Rad um seine Axe dreht. An das entgegengesetzte Ende dieses Rades ist in der Mitte der Welle ein gehörig starker und so langer Draht befestigt, dass er bis vor die Orgelfronte hervortritt, wo ein strahlender und schön versilberter oder vergoldeter Stern vermöge einer Schraube daran befestigt ist, der dann von der laufenden Welle um seine Axe gedreht wird. Die an der Welle befestigten Arme ergreifen beim Herumdrehen Drahtfedern, an denen helltönende Glöckchen befestigt sind. Dies Orgelregister, welches in vielen Modificationen je nach jedesmaligem Ermessen construirt wurde, gab denkenden Orgelbauern Gelegenheit, die ersten Schritte zur Umwandlung dieses Tonwerkzeuges im antiken Geiste zu einem der abendländischen Tonempfindung entsprechenden zu thun. Man wandte statt der ungestimmten Glocken gestimmte oder Metallstäbe an, die in Zusammenklängen, Accorden sich hören liessen. Diese Neuerung führte zu einer neuen Benennung dieses Registers; man nannte es, der Klangwirkung entsprechend, A c c o r d. Die Entwickelung der Orgel aus dem *Organum* (s. d.) und die Bemühung, die einzelnen Stimmen derselben von anderwärts her beliebten Klängen nachzubilden — man beachte nur die Registernamen: Rohrflöte, Trompete, Posaune, Nachtigall, *vox humana* und viele andere, — führten zu dem Baue des noch bis heute oft vorgefundenen Registers: C y m b e l oder C y m b a l. Dasselbe ist in Orgeln mit vielen starken 2,5-Meterstimmen und kräftigen M i x t u r e n (s. d.) eine Nothwendigkeit, um harmonischen wie melodischen Tonfolgen Klarheit zu verleihen, indem die Töne dieses Registers, wie die Töne eines Glockenspiels wirkend, über die dicht durchwobene Tonmasse eine lichter gewebte in Doppeloctaven, der höchsten Höhe des Tonreiches entnommen, ausbreiten. Diese Gründe führen selbstredend dazu, dass das C. genannte Orgelregister nur ins M a n u a l (s. d.) gesetzt werden darf; jedes Vorkommen desselben im Pedal — bei älteren Orgeln findet man zuweilen einen C y m b e l b a s s gebaut — ist als ein Dispositionsfehler zu betrachten. Das C.

genannte Orgelregister ist normal eine dreifach zusammengesetzte Stimme, in der Pfeifen von 0,3 bis 0,15 und 0,075 Meter Länge zu einem Chor verwandt werden, die in jeder Octave mittönen. Der Gebrauch dieser Stimme ohne gehörige Deckung (s. d.) macht eine schneidende Wirkung, wesshalb auch die Benennung *Miscella acuta* oder *Acuta* sich für dieselbe vorfindet. Wie in der Orgelbaukunst Vieles aus dem persönlichen Ermessen der Disponenten geschaffen ist, was dem eigentlichen Wesen der ursprünglichen Annahme nicht entspricht, so findet man auch dies Orgelregister in demselben Geiste aufgefasst ein- und zweifach gebaut. Einfach besteht es aus Pfeifen im 0,15-Meterton und wird durch die Benennungen Einfachcymbel, Cymbel gar klein und klingende Cymbel gekennzeichnet; zweifach führt es 0,3 und 0,15 Meter lange Pfeifen. In letzter Art gebaute C.n tragen wohl die Namen: Klein-, Kleinrepetirende- oder Octav-Cymbel. Schliesslich mag hier noch eines Mischregisters aus Cymbel und Mixtur gedacht werden, das man unter Gross- oder Grob-Cymbel, auch wohl unter Cymbel-Scharf vorfindet und welche eine vierfache C. genannt wird. Der Chor dieser Stimme besteht aus Pfeifen von 0,3 bis 0,2 bis 0,15 und 0,075 Meter Länge. Die Quinte, vertreten durch die Pfeife von 0,2 Meter Länge, ist der der Mixtur entlehnte Klang dieses Registers, welcher die beabsichtigte Klarheit trübt und somit der Benennung durchaus widersprechend sich ergiebt. Als Material zum Bau der Pfeifen wird das reinste Zinn verwandt und die Mensur ist eine engere und kleinere als die der Mixtur. — Betrachten wir endlich noch die Wirkung, welche die Glockenspiele (s. d.) in der Militärmusik nach unserem heutigen Kunstgeschmacke bereiten, so sind dieselben dem des alten C. wohl als gleich zu erachten. Man sieht auch hier, dass der Menschen Freuden nur in Kleinigkeiten variiren, und die Träger dieser Freuden selbst in Jahrtausenden nicht wechseln, wenn sie urwüchsig sind. Derselbe Naturstoff, Metall in hellklingenden Massen, ist das Grundelement; Cymbalum der älteste bekannte Name und Glockenspiel der neueste desselben Tonwerkzeuges in der modernen Vervollkommnung. Alle dem Urinstrumente nachgebildeten Klänge in der Zwischenzeit führen den antiken Namen in mehr oder weniger verdeutschter Weise.   C. B.

Cymbalum (*Hieronymi*), ein altes fabelhaftes Instrument, welches Prätorius nach Seb. Wirdung anführt und abbildet. Demgemäss war es ein Blasinstrument, aus zwölf um einen Ring herumstehenden, mit Aufschnitten versehenen Pfeifen (»sollen die zwölf Apostel bedeuten«) zusammengesetzt. Ein Rohr zum Anblasen scheint in den Ring zu münden. Wie die Pfeifen einzeln angesprochen haben sollen, kann man sich nicht erklären, wenn nicht, etwa wie beim *Keng* der Chinesen, nur diejenige Pfeife intonirte, deren Aufschnitt man zuhielt. Die zwölf Apostel scheinen die Hauptsache bei dem geheimnissvollen Gegenstande gewesen zu sein.

Cymbalum universale oder **Cymbalum perfectum** (latein.), s. *Clavicymbalum universale*.

Cymbelbass, Cymbel gar klein, Cymbeloctave, Cymbelpauke, Cymbelrad, Cymbelregal, Cymbel-Scharf, Cymbelstern oder **Cymbelzug**, s. Cymbalum.

Cynthius (lat.; vom griech. Κύνθιος), der Cynthier, ist ein häufiger Beiname des Musengottes Apollon, vom Berge Cynthus auf der Insel Delos, an dessen Fusse ihm ein Tempel erbaut war; auch Beiname seiner Schwester Diana (Cynthia), welche der Sage nach auf dem Cynthus geboren wurde.

Cyprian, Contrapunktist des 16. Jahrhunderts, von dem nichts Näheres bekannt ist. Eine fünfstimmige Composition der Worte »Non è lasso martire« von ihm hat Jacques Paix in seinem »Orgel-Tabulaturbuche« (Lauingen, 1583) mit abgedruckt.

Cyprian, Thascius Caecilius, der Heilige, einer der bedeutendsten Kirchenväter, der nächst seinem Lehrer Tertullian den meisten Einfluss auf Denkart und Sprache der römisch-katholischen Kirche ausgeübt hat, ist im J. 200 n. Chr. zu Karthago geboren. Anfangs Lehrer der Rhetorik, bekehrte er sich um 245 zum Christenthum und erwarb sich durch Vertheilung seiner Habe unter die Armen, so wie durch sein streng sittliches Leben solche Achtung, dass ihn die Gemeinde zu Karthago bald zum Presbyter und 248 zum Bischof wählte. Von den Verfolgungen unter Decius und Valerian betroffen, wurde er zuletzt am 14. Septbr. 258 in seiner Vaterstadt enthauptet. Er war der Erste, der die für alle Zeiten sehr beachtenswerthe Einrichtung in seiner Gemeinde traf, dass an den grösseren gottesdienstlichen Gesängen nur gebildete Stimmen theilnehmen durften.

Cyterák, Alois, Pianist und Componist, geboren am 19. Novbr. 1826 in Prag, besuchte dort das Gymnasium und studirte Philosophie. Diese Laufbahn verliess er im J. 1847 und wandte sich der Musik zu. Unter Alex. Dreyschock bildete er sich zum tüchtigen Pianisten und unter W. Tomaschek zum Componisten heran. Nach beendeten Klavierstudien wirkte er im J. 1851 mehrmals in Conzerten mit und veranstaltete auch selbstständige Conzerte in Prag. Im J. 1852 folgte er einem Rufe nach Siebenbürgen und conzertirte in Ungarn, Siebenbürgen und der Walachei mit äusserst günstigem Erfolge. Von dort zurückgekehrt, machte er eine Kunstreise durch Böhmen und Sachsen, wo sein solides und ausdrucksvolles Spiel überall Anklang fand. Seit dieser Zeit lebte er in Prag, mit Composition und Musikunterricht beschäftigt. Neben zahlreichen Klaviercompositionen modernen Styles schrieb er auch Compositionen ernsteren Inhaltes und grösseren Umfanges, namentlich zwei Sonaten für Klavier (*D*-moll, *C*-dur), ein *Andante* und Rondo für Klavier und Violoncell (*H*-moll), ein Trio für Klavier, Violine und Violoncell (*H*-moll), Introduction und Rondo für Klavier und Orchester (*F*-dur), Concert für Klavier mit Orchesterbegleitung (*F*-moll), so wie einige Lieder auf Texte von E. Ebert, Goethe und Heine. Seine Compositionen zeichnen sich durch Formgewandtheit und Erfindung aus. M-s.

Cyther, s. Zither.

Czakan *), s. Stockflöte.

Czapek, L. E. (eigentlich Čapek), Musikpädagog und Componist, geboren in Böhmen, wirkte in den Jahren 1830—1835 als Klavierlehrer in Wien und beschäftigte sich dabei mit Composition. Er schrieb viele Klavierstücke, welche insgesammt einen Musiker von Talent, Phantasie und Kenntniss seines Faches bekunden. Unter seinen 60 Werken verdienen besonders seine grosse Sonate (Op. 32), seine Fantasien (Op. 39 u. 40), seine Polonaise (Op. 38), Variationen (Op. 9 u. 56), Caprice (Op. 27), Allegro für Piano und Violoncell (Op. 5), Duetto für Piano und Violine (Op. 24), zwei Divertissements für Piano und Flöte (Op. 14 u. 25), Romanze für Piano und Violine (Op. 41) und das anziehende Lied »Heimath« (Op. 20) angeführt zu werden; denn sie zeichnen sich durch Ausdruck, Schwung und Geschmack aus. Wann er geboren und gestorben ist, konnte man bis jetzt nicht ermitteln. M-s.

Czarth, Georg, auch Schardt, Zarth und Zart geschrieben, trefflicher Violinist und Componist, geboren 1708 zu Deutschbrod in Böhmen, erhielt von Jos. Timmer und Ant. Rosetti Unterricht im Violinspiel und von Biarelli auf der Flöte. Nachdem er als Musiker vollständig ausgebildet worden war, trat er in die Dienste des Grafen von Pachta in Wien, wo er sein Verhältniss jedoch so drückend fand, dass er sich mit seinem Freunde Franz Benda, der in einer ähnlichen Lage war, verband und heimlich über Breslau nach Warschau entfloh. Nach abenteuerlichen Wechselfällen fand C. Anstellung in der Kapelle des Grafen Suchaczewski, in welcher er bis 1733 verblieb, in welchem Jahre er königl. polnischer Kammermusiker wurde. Aber schon im folgenden Jahre folgte er einer Einladung seines Freundes Fr. Benda und trat in die Kapelle des Kronprinzen Friedrich von Preussen in Rheinsberg. Mit demselben siedelte er auch 1740 bei der Thronbesteigung des Kronprinzen nach Berlin über, wo er als königl. Kammermusiker bis 1760 blieb. Zu dieser Zeit erhielt er eine noch vortheilhaftere Anstellung an der kurfürstl. Kapelle in Mannheim, welcher er als Violinist bis zu seinem Tode angehörte. Sein Todesjahr wird übrigens verschieden angegeben; Lippowski nennt 1774, Schilling 1780, wogegen sich in Forkel's »Musikalischem Almanach« von 1782 unter den Mitgliedern der kurfürstl. Hofkapelle zu Mannheim noch ein Violinist Georg Zardt aufgeführt findet. Als Componist für Violine und für Flöte stand C. zu seiner Zeit in hohem Ansehen und seine Conzerte, Soli, Duos, Trios u. s. w. circulirten in zahlreichen Abschriften und waren sehr beliebt. Erschienen davon sind nur sechs Flöten-Conzerte (Paris,

---

* Die Artikel, welche man unter Cz vermisst, suche man weiter unten unter Č.

1733) und sechs Violin-Soli (Paris, 1733). Ausserdem hat er noch Sinfonien für Orchester geschrieben.

Czartoryska, Marcelline, geborene Prinzessin von Radziwill, eine ausgezeichnete Pianistin und eifrige Kunstfreundin, geboren 1826, lebte anfangs in Wien, wo sie Schülerin Czerny's war, seit 1848 jedoch in Paris, wo sie mit den vorzüglichsten Tonkünstlern des Tages, wie besonders Chopin, Heller u. s. w., theils als Beschützerin, theils als Freundin in Verbindung stand.

Czászár, Georg, s. Kaiser.

Czeck, Franz Xaver, s. Čech.

Czerny, Karl, berühmter Musikpädagog und fruchtbarer Pianofortecomponist, wurde am 21. Febr. 1791 in Wien zwar geboren, war aber böhmischer Abstammung, wie man seinem stark czechischen Accente auch sogleich anhörte. Er vermochte kaum die Finger zu regen, als sein Vater, Wenzel C. (s. d.), ihn schon auf dem Klavier zu unterrichten begann, um ihn alsbald in die Meisterwerke S. Bach's, Mozart's, Clementi's u. s. w., so wie in die theoretischen Schriften eines Kirnberger, Albrechtsberger u. s. w. einzuführen; später gab ihm L. van Beethoven einigen Musikunterricht. Gleichfalls zum Klavierlehrer bestimmt, begann C. seine Thätigkeit in diesem Berufe bereits im J. 1805, also in seinem 14. Lebensjahre, und wurde nach und nach so gesucht als Musiklehrer, dass er seine ganze Tageszeit dem Unterrichte widmen musste. Abends componirte er fleissig. Er war unverheirathet, hatte weder Geschwister noch Verwandte und wickelte so allein sein Leben mit der grössten Regelmässigkeit ab. Seine Mühe aber wurde durch reichliche Erfolge belohnt; denn nicht leicht hat ein Lehrer eine Reihe so ausgezeichneter Schüler aufzuweisen, wie C., wir nennen von diesen blos Dr. F. Liszt (1818—1821), Theod. Döhler, Mad. Belleville-Oury, S. Thalberg, A. Jaell, L. v. Meyer, R. v. Vivenot, Königin Victoria u. s. w. Im J. 1827 traf ihn ein doppelter Verlust: er verlor durch den Tod seinen Lehrer und Freund L. van Beethoven und seine Mutter, im J. 1832 seinen Vater. Bis zum J. 1835 setzte C. seine Beschäftigung mit Unterrichtgeben fort; seit dieser Zeit aber übernahm er nur selten und nur solche Schüler, deren Talent Bedeutendes versprach. Im J. 1836 machte er eine Erholungsreise nach Leipzig, im J. 1837 nach London und Paris, im J. 1846 nach der Lombardei und verliess seit dem J. 1846 Wien nicht mehr. C., dessen erstes Werk, *Concertante*-Variationen für Klavier und Violine über ein Thema von Krumpholz, im J. 1804 (nicht 1818) erschien, brachte es auf eine Anzahl von Klaviercompositionen, deren sich kein zweiter Componist je rühmen konnte. Sein zuletzt bei Spina in Wien erschienenes Werk: »32 Exercitien trägt die Opuszahl 848. Trotzdem giebt die hohe Ziffer an sich noch immer keine Vorstellung von C.'s Production, da nicht alle seine Werke mit Opuszahlen bezeichnet. seine zahlreichen Arrangements aller Sinfonien Beethoven's und der besten von J. Haydn, Mozart, L. Spohr, der bedeutendsten Oratorien älterer und neuerer Meister gar nicht mit gezählt und überdies sehr viele seiner Werke so umfassend sind, dass sie recht gut wieder 10 bis 15 Werke abgeben können. Die letzten Compositionen, die man auf C.'s Arbeitstische fand, sind ein Oratorium und eine vierhändige Klaviersonate; das Manuscript trug das Datum Ende Juni 1857. C. war zu dieser Zeit bereits überaus leidend; eine Gichtgeschwulst zeigte sich ursprünglich nur an einem Arme und warf sich dann tödtlich auf den ganzen Körper so, dass er am 15. Juli 1857 der Krankheit unterlag. Man kann seine Compositionen in drei Classen eintheilen: a. in jene, die zur Ausbildung der Schüler bestimmt sind; b. in brillante und elegante, der herrschenden Mode huldigende Klaviercompositionen mit und ohne Begleitung; c. in solche, worin ein ernster Styl vorzugsweise berücksichtigt ist. Sein unbestreitbares Verdienst liegt in dem pädagogischen Theil seiner Arbeiten. Selbst ein tüchtiger Klavierspieler, kannte er die Technik dieses Instrumentes genau; seine reiche Erfahrung als Lehrer, vereint mit seinem grossen musikpädagogischen Talente, setzten ihn in die Lage, mit seinen Klavierschulen und Uebungen einem wirklichen Bedürfnisse so vortrefflich abzuhelfen, dass in der ganzen Klavier spielenden Welt ein Unterricht ohne C. kaum denkbar ward. Berühmt ist seine »Schule der Geläufigkeit« und seine Ausgabe des »Wohltemperirten Klaviers«. Die Werke dagegen, mit denen C. als schöpferischer Tondichter, also ohne instructiven Nebenzweck hervortrat, können nicht bedeutend genannt werden; den tüchtig geschulten soliden Musiker verrathen sie in jedem Tacte, auch das verständige Studiren guter Muster; doch fehlt ihnen der zündende und erwärmende Funke des Genius. In einigen seiner früheren Klaviersonaten zeigt sich noch am ehesten ein frischer Kern von Erfindung und Gestaltungskraft; bei seiner anregungslosen Lebensweise musste dieser Kern jedoch allmälig und sicher eintrocknen. Ausser den Klaviercompositionen schrieb C. noch 24 Messen, 4 Requiem, 300 Gradualien und Offertorien, Sinfonien, Conzerte, Quartette, Quintette und Trios, welche sich noch handschriftlich in seinem Nachlasse befanden, so wie endlich einen »Umriss der ganzen Musikgeschichte« (1851) und die deutsche Uebersetzung von Reicha's *Traité de haute composition musicale etc.* (1834). Mit der speciellen Richtung seiner Kunst war auch C.'s Persönlichkeit vollkommen übereinstimmend. Der kleine schwächliche Mann mit der stereotypen goldenen Brille und runder Tabaksdose war im Umgang ein Muster von Artigkeit und Bescheidenheit; hingegen hatte sein schulmeisterisch trockenes Wesen auch nicht einen Zug, der an den Künstler erinnert hätte. C. hinterliess ein Vermögen von 100,000 Fl. C.-M., das er ausser einigen Legaten für seine Verwandten und Bedienten zu vier gleichen Theilen wohlthätigen Anstalten und Vereinen in Wien vermachte. Sein ausführliches Testament ist in der »Wiener Theaterzeitung« vom J. 1857 wortgetreu abgedruckt.   E. Meliš.

Czerný (eigentlich Černý), **Wenzel**, Sohn des Dominic und der Dorothea C. (geb. Vejvoda), Pianist und Musikpädagog, geboren laut Taufschein am 12. Octbr. 1752 in Nymburk (Böhmen), genoss seine erste musikalische Bildung in seiner Vaterstadt. Im 9. Jahre seines Lebens kam er in das Benedictinerstift zu St. Johann unter den Felsen, wo er als Altist einige Jahre verlebte, dann aber in die musikalische Stiftung in der Metropolitankirche zu Prag in der nämlichen Eigenschaft. Nach einigen Jahren nahm er Dienste als Musiker beim k. k. österreichischen Vidi'schen Regimente, später bei einem Artillerie-Regimente, bis ihn der Graf Cavriani mit sich nach Wien nahm. Nachdem er neun Jahre in Wien zugebracht, machte er eine Kunstreise und conzertirte als Pianist in Lemberg, Brody, Grodno u. s. w. mit überaus günstigem Erfolge. Nachher kehrte er nach Wien zurück und ertheilte Musikunterricht. Sein Haus war ein Sammelplatz der vorzüglichsten Wiener Tonkünstler, eines Abbé Gelinek, J. Lipovský, Wanhall, Raphael, Krumpholz und L. van Beethoven, welcher Letztere seinen Sohn Karl C. (s. d.) in der Musik eine Zeit lang unterrichtete. C. starb im J. 1832 in Wien.   M-s.

Czlack, s. **Schack**.

Čapek, Emanuel, böhmischer Componist, geboren am 5. Febr. 1844 in Prag, lernte die Anfangsgründe der Musik bei seinem Vater Wenzel Č., die Harmonielehre bei Fr. Drechsler und absolvirte in den Jahren 1862 bis 1863 die Prager Organistenschule. Gleich darnach nahm er eine Lehrerstelle in Libeň (unweit Prag) an, wo er im J. 1864 den Männer-Gesangverein »Vénceslav« gründete und leitete. Schon in der Orgelschule schrieb Č. einige Orgelsachen, später böhmische Männerchöre, ein Instrumental-Graduale, ein Vocal-*Te deum*, zwei *Regina coeli*, zwei Gradualien und Offertorien für vier Männerstimmen, deren letztere im J. 1869 bei J. Schindler in Prag erschienen. Č. bekundet in der Composition ein achtenswerthes Talent und lebt noch immer in Libeň.   M-s.

Čapek, Joseph, Kapellmeister in Gothenburg, geboren im J. 1825 in Prag, studirte Violinspiel am Prager Conservatorium und bildete sich zu einem tüchtigen Virtuosen heran. Im J. 1847 begab er sich nach Gothenburg, wo ihm das Officiercorps eine mit dem Officiersrang verbundene Kapellmeisterstelle anbot, die er auch annahm. Ausserdem bekleidet er die Organistenstelle in der englischen Kirche und in der jüdischen Synagoge. Č. hat sich frühzeitig der Composition gewidmet. Unter Anderem schrieb er zwei Sinfonien, von denen er die zweite der schwedischen Königin widmete. Für seine Cantate: »Das letzte Gericht«, die er dem König Oscar dedicirte, erhielt er das Ehrendiplom der Akademie und für seine Festmesse in *G*-dur die grosse Medaille und den Wasa-Orden. Der Herzog von Nassau belohnte ihn für die treffliche Musik zu dem vom König Oscar gedichteten Melodram mit einer werthvollen Tuchnadel und Karl XV. mit der grossen goldenen Medaille für Kunst und Wissenschaften. Č. hat vor einigen Jahren glücklich geheirathet und wirkt aus günstiger Lage heraus erspriesslich für die Kunst. Ausser vielen Violincompositionen hat er überhaupt geschrieben: drei Sinfonien, zwei grosse Messen, zwei Klaviersonaten, ein Oratorium, mehrere Cantaten, Lieder und Solostücke für verschiedene Instrumente. M-s.

Čech, Franz Xaver, Organist und Kirchencomponist, geboren am 4. Decbr. 1759 zu Hořic in Böhmen, genoss in seinem Geburtsorte den ersten musikalischen Unterricht und wurde im J. 1772 als Altist in der Barnabitenkirche zu Prag angestellt, wo er vom Chordirector **Johann Kutnohorský**, einem damals sehr beliebten Componisten, in der Tonkunst weiter ausgebildet wurde, sodass er öfters für seinen Lehrer die Kirchenmusiken dirigiren konnte. Im J. 1750 trat er in den Prämonstratenser-Orden zu Strahov (Prag) und wurde am 8. Juli 1787 zum Priester geweiht. Er componirte viele Kirchenmusikstücke, u. A. eine Pastoral-Messe, ein *Te deum*. Klaviersonaten und Tänze, die aber alle Manuscript geblieben sind, und starb am 29. August 1808 in Milevsko (Mühlhausen) in Böhmen. In Musik-Wörterbüchern wird er falsch als Czeck aufgeführt. M-s.

Čejka, Joseph, Dr. med. und Musikdilettant, geboren am 7. März 1812 in Rokycan, wo sein Vater Lehrer und Chorregent war, erhielt auch von diesem den ersten Musikunterricht. Nach Absolvirung der Gymnasialstudien in Pilsen und der medicinischen Facultät in Prag wurde er im J. 1837 zum Doctor med. promovirt, im J. 1860 zum Primärarzt und später zum Professor der Brustkrankheiten ernannt. Č. erwarb sich nicht nur durch böhmische Uebersetzungen Shakespeare'scher Werke, sondern auch durch die Feststellung der böhmischen musikalischen Terminologie bedeutende Verdienste. Ausserdem übersetzte er meisterhaft Pitsch's »Harmonielehre« (Manuscript), Crammer's »Pianoforteschule« und J. N. Škroup's »Musiktheorie« ins Böhmische. Er starb am 26. Decbr. 1862. M-s.

Čejka (auch Czeyka), **Valentin**, Fagottvirtuose, geboren im J. 1769 in Prag, musste frühzeitig Musik treiben und wurde Sängerknabe an der St. Jacobskirche in Prag. Er lernte mehrere Blasinstrumente, von denen er besonders auf dem Fagott eine bedeutende Virtuosität erlangte, und wurde in der Musikkapelle des Grafen Joh. Pachta angestellt. Von Prag begab er sich im J. 1802 nach Wien, wo er beim Orchester des Theaters an der Wien als Fagottist Engagement fand und dort fast 20 Jahre wirkte. Nachher nahm er die Kapellmeisterstelle bei einem österreichischen in Neapel liegenden Regimente an und wurde später wegen seiner Kenntnisse in den slavischen Sprachen zu einer Militärmusik-Kapelle in Galizien versetzt. Er schrieb sieben Fagott-Concerte und viele Militärmusikstücke. Wo und wann er gestorben, ist bis jetzt nicht ermittelt worden. M-s.

Čermák (ungar.: Csermák), Edler von Luid und Rohans, Violinvirtuose und Componist, ist im J. 1771 in Böhmen geboren. Er soll ein natürlicher Sohn des Grafen Stephan Illésházy, Erzobergespans des Trenčiner Comitates und einer hochgeborenen böhmischen Dame gewesen sein. Im J. 1798 trat er zum ersten Male in Wien als Violinspieler auf und erregte allgemeine Bewunderung. Ein Anerbieten des französischen Gesandten in Wien, ihn für Frankreich zu gewinnen, schlug er ab und entschloss sich, mit dem Grafen Illésházy nach Ungarn zu gehen. Bis dahin hatte er von der ungarischen Musik noch gar keine Idee. Eine Zeit lang fungirte er als Kapellmeister in Presburg und ging dann nach Pesth. Beim Fürsten Grassalkovich in Gödöllő hörte er den Fürsten der ungarischen Musik Bihari und brach in Thränen aus. Von dieser Zeit an nahm er von der deutschen Musik Abschied und widmete sich ausschliesslich der ungarischen. Unter der Leitung Lavotta's, eines ungarischen Musikers, wurde Č. binnen einigen Jahren ein Componist und Spieler ungarischer Weisen, der nach dem Ausspruch des Grafen Stephan Fay, welcher der grösste Kenner der ungarischen Musik und ihrer Geschichte war, seines Gleichen niemals hatte und schwerlich wieder haben dürfte. Der ungarische Adel wetteiferte, seine Feste durch Č.'s Spiel zu verherrlichen. In Erlau, wohin er vom damaligen Erzbischof eingeladen wurde, verliebte er sich in eine hochgeborene Dame, die seine Liebe nicht erwiederte, und das war die erste Wunde seines Herzens. Indess gab ihm die Dame doch eine unbestimmte Hoffnung und Č. zog sich nach Izsip (Zempliner Comitat) zurück, wo er bei Joh. v. Noly vier Jahre lebte und seine schönsten Compositionen schuf. Nach Verlauf dieser vier Jahre näherte er sich wieder der Dame, wurde aber entschieden zurückgewiesen. Dieser Schlag traf ihn fürchterlich; er wurde melancholisch und endlich wahnsinnig. In diesem Zustande irrte er von Dorf zu Dorf und schrieb bald da, bald dort schöne ungarische Weisen, die aber grösstentheils verloren gingen. Oft wurde er bei dem berühmten Componisten Růžička in Veszprim gesehen, wo er im Kreise seiner Angehörigen nach schweren Leiden am 25. Octbr. 1822 starb. Als Ursache seines Wahnsinns wird auch die Rivalität mit dem Zigeuner Bihari (s. d.) angegeben, was aber nicht begründet ist. Graf Steph. Fay und der Musikkenner Andreas Fay erkennen in Č.'s Tonschöpfungen eben so viel classische Tiefe als ursprünglichen Genius. Die Ungarn nennen ihn ihren Beethoven. Graf Dessewffy äusserte sich, als er Č. einst beim Grafen Fay spielen hörte: »Ich habe Rode in Paris gehört, aber einen solchen Strich hatte er nicht«. M-s.

Čermák, Anton, Organist, geboren im J. 1750 in Böhmen, studirte Humaniora und Philosophie in Prag, wo er auch unter Seger den Generalbass und Contrapunkt lernte. Später substituirte er die Organistenstelle an der Hybernerkirche in Prag, wo er die Vollkommenheit in der Begleitung des Choralgesanges erreichte. Dann war er Organist an der St. Heinrichs- und Mariaschnee-Kirche und zuletzt bei den Kreuzherren. Er spielte vortrefflich seine Orgelconcerte und führte seine Präludien und andere Themata meisterhaft durch. Er starb im April 1803 in Prag. M-s.

Čermák, J., Violoncellvirtuose, geboren um das Jahr 1710 in Böhmen, begab sich nach Warschau, wo er noch im J. 1790 in einem sehr hohen Alter lebte. Nach dem Zeugnisse des berühmten Joseph Fiala, der ihn in Warschau spielen hörte, war seine Spielart echt künstlerisch und sein Vortrag des *Adagio* meisterhaft. Seine Concerte für Violoncell, deren er viele schrieb, erfreuten sich stets des enthusiastischen Beifalls. Wann er gestorben, ist unbekannt. M-s.

Čermák, Joseph, Componist, geboren am 3. Febr. 1794 in Hořovic, erhielt den ersten Musikunterricht von Slavík und kam um das Jahr 1804 nach Prag, um daselbst zu studiren. Nach Absolvirung der Philosophie studirte er Theologie, die er aber verliess. Im J. 1851 wurde er zum Chordirector bei den Elisabethinerinnen ernannt. In seiner Jugend (1821) componirte er einige böhmische Lieder, die auch im Druck erschienen sind. M-s.

Čermák (Czermak), Wilhelmine, Pianofortevirtuosin, geboren im J. 1845 in Prag, ist die Tochter eines Prager Bürgers, Joh. Č., lernte frühzeitig Musik in dem rühmlichst bekannten Piano-Lehrinstitute von Jos. Proksch, wo sie in vier Jahren ausserordentliche Fortschritte im Pianofortespiel machte. Dann wurde sie von Alex. Dreyschock im höheren Klavierspiel unterwiesen und bildete sich so zu einer eminenten Pianistin heran. Sie trat im J. 1860 zum ersten Male öffentlich in Prag auf und erntete den grössten Beifall; im J. 1863 concertirte sie in Marienbad, im J. 1864 im übrigen Deutschland, namentlich in Kissingen, Schwalbach, Baden-Baden, Wiesbaden, und im J. 1865 und 1867 in Paris, wo sie überall Aufsehen erregte. Ueber ihr Spiel äusserte sich der Prager Musikkritiker Fr. Michl, wie folgt: »Ihr Spiel ist von einer staunenswerthen feinen Grazie, und ich glaube nicht zu weit zu gehen, wenn ich sage: Wilhelmine Č. lebt in Tönen, darum leben ihre Töne; denn was in Tönen wahrhafte Existenz gewinnen kann, das ist dieser Künstlerin zugängig: das Starke, das ruhig Grosse, wie das zierlich Leichte, das launig Tändelnde, der Sturm der Leidenschaften, wie die weichste Klage des Herzens«. Č. lebt in Prag und ist als Künstlerin bescheiden und liebenswürdig. M-s.

Černohorský, Bohuslav, böhmischer Contrapunktist, geboren in Nymburg, trat nach Absolvirung der philosophischen Studien in den Minoriten-Orden in Prag und begab sich dann nach Italien, wo er zum Magister der Musik und Chorregent in der Ordenskirche bei St. Anna zu Padua ernannt wurde. Zu Assisi, wo er als Organist fungirte und unter dem Namen Padre Boëmo bekannt war, gab er dem sich ins Kloster geflüchteten und später berühmten Violinspieler Giuseppe Tartini Unterricht in der Tonsetzkunst. Nach Prag zurückgekehrt, wurde er zum Chorregenten bei St. Jacob in Prag erwählt und beschäftigte sich mit Composition und Musikunterricht. Den Geist in der Composition und das Meisterhafte im Orgelspiel verpflanzte er auf seine Schüler: Jos. Seger, St. Klackel, Fr. Tůma, Joh. Zach u. s. w. »In den Kirchencompositionen Č.'s«, die grösstentheils bei der grossen Feuersbrunst im J. 1754 verzehrt wurden, »sind«, wie Dr. A. W. Ambros behauptet, »alle Geheimnisse des doppelten Contrapunktes in kühnster und geistvoller Weise behandelt«, namentlich gilt dies von seiner Motette: »*Laudetur Jesus Christus*«, die eine meisterhafte Fuge ist. Č. starb um das Jahr 1740 auf einer Reise nach Italien. M-s.

Černý, D o m i n i c, böhmischer Componist, geboren am 30. Oct. 1736 zu Nymburg in Böhmen, war anfangs als Contr'altist im Chor der Aegidienkirche in Prag angestellt, machte an der dortigen Universität später theologische Studien und trat in den Orden der Minoriten. Im J. 1760 wurde er zum Chordirector an der St. Jacobskirche in Prag ernannt, starb jedoch leider schon am 2. März 1766, nachdem er seine künstlerische Laufbahn erst höchst hoffnungsvoll begonnen hatte. Seine Compositionen wurden noch lange nachher hoch geschätzt, sind aber nicht im Druck erschienen und befinden sich zerstreut in den Archiven böhmischer Kirchen und Klöster. .

Černý (Czerný), F r a n z, Prof. am St. Petersburger Conservatorium, geboren am 26. März 1830 in Chvalkovic (Böhmen), erhielt von seinem Vater, einem guten Orgel- und Violinspieler, schon in der frühesten Jugend Unterricht im Gesang, Klavier und Violinspiel und wurde im J. 1842 seiner schönen Altstimme wegen als Sängerknabe im Prager Kreuzherrenkloster aufgenommen. Neben den pädagogischen Studien, wobei er das höhere Klavierspiel bei T y s o v s k ý studirte, besuchte er in den Jahren 1849 bis 1850 die Prager Organistenschule und widmete sich von da an ganz der Musik. Er nahm nach dem Tode seines Vaters (1852) eine Musiklehrerstelle in Kleinrussland an, siedelte im J. 1856 nach Petersburg über und wurde daselbst an dem im J. 1862 unter Ant. Rubinstein's Leitung errichteten Conservatorium anfangs als Adjunct, späterhin als Oberlehrer der obligaten Klavier- und Transpositionsclasse, an der er noch jetzt wirkt, angestellt. Im J. 1869 nahm er den ihm von der Grossfürstin Helena Pavlovna gestellten Antrag, die Leitung der Conzertchöre der russischen Musik-Gesellschaft zu übernehmen, an und legte daher die Leitung der Singakademie nieder. Č. hat mehrere im Salonstyl gehaltene Klaviercompositionen geschrieben und ein Heft kleinrussischer Nationallieder für Männerchöre (bei E. Wetzler in Prag) herausgegeben. Er ist zur Zeit ein sehr gesuchter Lehrer in St. Petersburg. M-s.

Černý (Czerny), J o s e p h, Componist, Musiklehrer und Musikalienhändler, geboren am 17. Juni 1785 zu Holin in Böhmen, begab sich zu Anfang dieses Jahrhunderts nach Wien, wo er sich mit Composition und Musikunterricht beschäftigte. Von seinen Schülern hat sich Leopoldine Blahetka einen grossen Ruf erworben. Unter seinen zahlreichen Compositionen, die aus Rondo's, Variationen, Divertissements u. s. w. bestehen und deren Zahl sich auf 60 beläuft, ist seine Klavierschule: »Der Wiener Klavierlehrer«, die im J. 1833 bei Haslinger in Wien erschien, die verdienstlichste Arbeit. Sie erlebte mehrere Auflagen und ist noch heute sehr beliebt. Č. starb am 22. Septbr. 1831 in Wien. M-s.

Černý, S a n c t u s, Componist und Organist, geboren im J. 1724 in Böhmen, trat im 19. Jahre seines Lebens (1743) in den Orden der barmherzigen Brüder und legte im darauf folgenden Jahre sein Ordensgelübde ab. Das Orgelspiel und den Contrapunkt lernte er bei S e u c h e und dem berühmten Fr. T ů m a und in Folge dessen wurde ihm der Chor an der Ordenskirche in Prag anvertraut. Unter ihm wurde die gediegenste Kirchenmusik aufgeführt und seine besonders im Contrapunkt gehaltenen Compositionen, die leider in Manuscript blieben, sind vortrefflich. Er starb am 26. Novbr. 1775 als Director seines Ordens in Prag. M-s.

Červenka (Czerwenka), F r a n z, Oboenvirtuose, geboren im J. 1762 in Benátek (Böhmen), lernte die Oboe bei J o h. S t a s t n ý in Prag, wo er sich zum Virtuosen ausbildete. Nachher (um 1795) trat er in die königl. preussische Hof-

Kapelle in Berlin und begab sich 1798 nach St. Petersburg, wo er zum Mitglied der kaiserl. Kapelle ernannt wurde. Im März 1819 liess er sich wieder in Berlin hören und erntete den grössten Beifall. Er zeichnete sich durch Sicherheit des Ansatzes, Stärke und lange Haltung des Tones, durch ein treffliches *Crescendo*, Vibriren und die zarte Lieblichkeit des Tones, so wie durch inniges Gefühl im Vortrag des *Adagio* aus. Č. starb im J. 1827 in St. Petersburg und hinterliess Conzertstücke für die Oboe im Manuscript. M-s.

Červenka (Czerwenka), Joseph, älterer Bruder des Vorigen, geboren am 6. Septbr. 1759 in Benátek, war ebenfalls ein vortrefflicher Oboist und Schüler Joh. Stastny's in Prag. Von 1779 bis 1790 war er in Johannisberg in der Kapelle des Fürstbischofs von Breslau, Grafen Schaffgotsch, sodann vier Jahre lang in der des Fürsten Esterhazy zu Eisenstadt in Ungarn. Im J. 1794 nahm er seinen bleibenden Aufenthalt in Wien, wo er seine letzten Studien bei dem älteren Triebensee machte und als Solist in die kaiserl. Hofkapelle berufen wurde. Dort wirkte er, als Bläser hochgeschätzt, bis 1829, liess sich hierauf pensioniren und starb am 23. Juni 1835 zu Wien.

Červený, V. F., ausgezeichneter Metallmusikinstrumente-Fabrikant zu Königgrätz, wurde 1819 zu Dubec in Böhmen geboren. Seine industrielle Praxis trat Č. 1832 bei der damals renommirten Firma J. A. Bauer zu Prag an und bildete sich, seinen Beruf mit Liebe und rastloser Thätigkeit umfassend, bald so weit aus, dass er 1842 sein eigenes Etablissement eröffnen konnte. Sofort stand er als denkender Meister auf der Höhe der damaligen Metallmusikinstrumente-Fabrikation und wusste ihr bald durch Verbesserungen und Erfindungen einen bedeutenden Vorsprung abzugewinnen. Er trat nämlich 1844 mit seinen Cornon's statt der Waldhörner, 1845 mit seinen Contrabässen für Grundbass, 1846 mit der Tonwechsel-Maschine statt der Aufsatzbögen, 1848 mit dem Phonikon, einem Bariton-Soloinstrumente für geschlossene Räume, auf. Die Cornon's und Contrabässe bildeten demnächst die Grundlage eines mit dem besten Erfolge weiter angewendeten Dimensionsverhältnisses des Klangrohres, welches auf eine gesteigerte Kraft, Klangfülle und Geschmeidigkeit des Tones und somit auf die Vorzüge der Militärmusik Oesterreichs und Deutschlands den entschiedensten Einfluss übt. Seine Tonwechsel-Maschine steht unter den gleichartigen Versuchen nicht nur unübertroffen da, sondern ist mitunter auch von Seiten der grössten Firmen (u. A. Gautrôt in Paris) ein Gegenstand selbstsüchtiger Usurpation und Annexion geworden. Diese und das Phonikon brachten ihm 1843 in Newyork die Medaille als höchsten Ausstellungspreis, und sein Flügelhorn eine rühmende Erwähnung ein. In jenem Jahre schuf er auch das Baroxyton, stark für Baryton-Solopartien, aber auch sehr praktisch für Bass-Piècen mit einem 10 Meter tiefen *Es*. Die Ausstellungsjury von München (1854) zeichnete Č.'s Leistungen, die sich auch auf eine Verbesserung der Waldhörner nach Art der Cornon's und der Posaune erstreckten, mit der grossen Denkmünze (und zwar allein unter den sämmtlichen Ausstellern Deutschlands und Oesterreichs) »wegen Einführung eines durchgreifenden Systems in dem früher empirisch betriebenen Fabrikationszweige« aus, und der österr. Referent nannte ihn in seinem officiellen Berichte einen »Erard der Metallmusik-Fabrikation«. Gleichfalls bei der Weltausstellung zu Paris (1855) nahmen Č.'s Fabrikate einen hervorragenden Platz ein und wurden mit der Ertheilung der Silbermedaille erster Classe anerkannt. Als weitere Erfindung von ihm (1859) verzeichnen wir das Obligat-Althorn, vorzüglich bewährt in den höheren Passagen des Altsolo, die Verbesserung des das Contrafagott vertretenden Trotonikon's durch namhafte Kürzung seiner unbehülflichen Länge (1856), unbeschadet seiner Tiefe und seinem eigenthümlichen Toncharakter, der Cylindermaschine (1861), durch welche eine grössere Agilität des Cylinders und eine stets hermetische Schliessung desselben erzielt und die Möglichkeit, denselben oder andere wichtige Theile der Maschine zu verlieren, völlig behoben wird. Mit diesen Fortschritten ausgerüstet, trat Č. 1862 vor die Ausstellungsjury zu London. Bezüglich ihres Werthes und der bis dahin erprobten Tüchtigkeit verweisen wir auf den amtlichen Zollvereins-Bericht, speciell aber müssen wir, was darin zu Gunsten des österreichischen Instrumentensystems dem französischen gegenüber angeführt wird, als ein Verdienst Č.'s constatiren, wie ein solches auch von competenter Seite bezüglich der baden'schen Militärmusik seiner Zeit in der Oeffentlichkeit ihm vindicirt worden ist. Dasselbe beruht im Hauptwesen auf Einhaltung des conischen Baues des Rohres und auf rationeller Behandlung der Fabrikation einerseits und auf musikalischer Bildung des Erzeugers andererseits. Durch letztere wurde es Č. bei der Londoner Ausstellung möglich, auf Ansuchen der Jury die sämmtlichen Metall-Blasinstrumente Oesterreichs, Deutschlands, Hollands und der Schweiz prüfungstauglich vorzurichten und vor der Jury zu blasen. König Johann von Sachsen belohnte diese der einschlägigen Zollvereins-Industrie unparteiisch und opferwillig von Č. gewidmete Dienstleistung mit Ertheilung der zum königl. sächsischen Albrechts-Orden gehörigen Verdienstmedaille in Gold und Kaiser Franz Joseph I. zeichnete ihn für seine Verdienste um die österreichischen Ausstellungserfolge mit dem goldenen Verdienstkreuz mit der Krone aus. Die Unzulänglichkeit der bisherigen Bassposaune und die Zweitheiligkeit der Posaune überhaupt regte nun Č.'s Thätigkeit mächtig an, bis es ihm 1867 gelang, eine solche ohne Zug in einem festen Ganzen und mit einer dem Tone und der Lage angemessenen Rohrweite herzustellen. Er nannte sie Armee-Posaune. Kaiser Franz Joseph I. nahm die Dedication des ersten Exemplares an und verlieh dem Erfinder die grosse goldene Ehrenmedaille. Um seinem Bestreben nach neue Tonfarben in der Musik einzuführen, richtete er sein Talent auf die Erfindung eines Instrumentes, welches neben dem Flügelhorn eine dankbare Verwendung finden könnte. So entstand 1867 das Jägerhorn in Waldhornform, mit Maschine als Alt-Soloinstrument, ohne Maschine und in gestreckter Form als Compagnie-Signalhorn von schönem, hellklingendem, frisch durchdringendem Tone. Mit demselben nahe verwandt ist das gleichzeitig aufgekommene Turnerhorn (*Sokolovka*). Den vorläufigen Abschluss dieser neuen Erfindungen Č.'s bildete die Herstellung des Subcontrafagotts in *B*. Ueber diese Erfindungen, namentlich über die Armee-Posaune, die nun zu einem Ensemble in Alt, Tenor, Bass und Contrabass completirt ist, und über das Jägerhorn wurden dem Meister die schmeichelhaftesten schriftlichen Anerkennungen von Seite zahlreicher Militär-Musikleitungen und Kunstanstalten (unter diesen heben wir das Urtheil des Prager Conservatoriums für Musik hervor) zu Theil, wie denn auch ihre Vortrefflichkeit durch rasche und überaus zahlreiche Verwendung in den verschiedensten Musikcorps von Oesterreich, Deutschland, Spanien und Russland nachgewiesen ist. Die mittlerweile 1865 in Stettin und Oporto abgehaltenen Ausstellungen verschafften Č. ebenfalls den Hauptpreis; überdies gelang es ihm, seinem Pariser Rivalen Ad. Sax auf dem für Beide neutralen Boden den Vorrang dadurch abzulaufen, dass er über die ihnen von der Jury gleichmässig zugesprochene Ehrenmedaille hinaus vom Könige Dom Luis I. mit dem Ritterkreuz des Christus-Ordens decorirt worden ist. Zu der 1867 in Paris stattgehabten Weltausstellung wurde Č. von der österreichischen Regierung als Delegirter seiner Classe beordert und abermals in die unfreiwillige, wenngleich ehrende Lage versetzt, als Vorrichter und Bläser der sämmtlichen geprüften Metall-Blasinstrumente Oesterreichs und Württembergs, insoweit diese letzteren bei der Behandlung durch französische Bläser nicht entsprochen hatten und einer wiederholten Beurtheilung unterzogen wurden, vor der Jury zu fungiren. Für die eigenen Fabrikate, unter denen sich auch seine rühmlichen Erfindungen der letztverflossenen Jahre befanden, trug er die Silbermedaille davon und wurde ihm vom Kaiser Franz Joseph das Ritterkreuz des seinen Namen führenden Ordens zu Theil. Nicht lange darauf votirte ihm die obgenannte Pariser Akademie ihre Medaille. Bei Č.'s seltener Unverdrossenheit und geistiger Regsamkeit lässt sich annehmen, dass ihm sein Fabrikationszweig noch viel Bedeutsames zu verdanken haben wird, gleich wie es ausser Zweifel steht, dass er unter seinen Fachgenossen in Europa, dem Quantum nach einige etwa in Frankreich und England ausgenommen, das Meiste und Vorzüglichste hervorbringt. Hiefür sprechen die ihm von Autoritäten aller Länder und von hohen Persönlichkeiten, darunter auch vom Erzherzog Albrecht von Oesterreich für das Jägerhorn und vom Prinzen Karl von Preussen anlässlich eines in dessen Auftrage gelieferten Contrabasses, geäusserten Anerkennungen und der ausgedehnte Geschäftsbetrieb.

der sich auf das ganze Europa, ja auch auf Amerika erstreckt, trotzdem sein Fabriks-
sitz an sich dem Exporte keinen Vorschub leistet.   Erwähnt sei noch, dass Č. bisher
den jeweiligen Standpunkt der Metall-Musikinstrumente-Fabrikation durch wiederholte Reisen in Deutschland, Belgien, Holland, Frankreich und England und durch
persönliche Erfahrungen in Portugal und Spanien kennen gelernt hat und schätzbare
historische Kenntnisse aus dem Gebiete seines Industriezweiges besitzt.   M-s.

D.

D. Dieser in den Alphabeten der meisten Sprachen, wie auch bei uns, als vierter
erscheinende Laut, so wie dessen graphisches Zeichen hat in der Tonschrift und in
der Musik im Allgemeinen seit langer, schon seit antiker Zeit häufige Anwendung
gefunden.   Wie dieser Sprachlaut und das ihn darstellende Zeichen in der aller-
frühesten Zeit schon eine besondere Tonstufe in der Musik bezeichnete, darüber giebt
der Artikel Indische Musik einige Auskunft; diese Urbezeichnung scheint fast
nur bei den Völkern arischer Abkunft Wandlungen erlebt zu haben.   Aber auch
die Aegypter (s. Aegyptische Musik) scheinen sich nach ähnlicher Reflexion des
Sprachlautes d und seines demotischen Zeichens in ihrer Musik bedient zu haben, wie
die eingehenderen Auslassungen in dem Artikel Notation darlegen.   Bei den
Semiten, wenn man den Endschlüssen der Arends'schen Broschüre, »Ueber den Sprachgesang der Vorzeit« (Berlin, 1867), folgt, war es des Dichtercomponisten Aufgabe,
in seinen Schöpfungen der Melodie und den Gedanken entsprechend den Sprachlaut
erscheinen zu lassen.   Und die Griechen (vgl. Alypius' *Introductio musicae*) wandten
das dem d entsprechende Lautzeichen Δ in den verschiedensten Stellungen und Combinationen als Tonzeichen an. — Die Entwickelung der heutigen Anwendung des
Sprachlautes und Lautzeichens d in der Musik als Benennung und Bezeichnung für
die zweite diatonische Stufe der C-dur-Tonleiter ist in den Artikeln Alphabet und
Tabulatur näher beleuchtet, wesshalb uns hier nur noch übrig bleibt, die jetzige
Anwendungsweise desselben in Kürze zu durchblicken.   Um alle verschiedenen Octaven des d benannten Tones unserer modernen Tonleiter unzweifelhaft zu verzeichnen, bedient man sich derselben Hülfsmittel, die in dem Artikel C. für diese Tonbezeichnung festgestellt sind; man notirt dieselben somit: D_2, D_1, D, d, d^1, d^2, d^3
und d^4 und nennt sie demnach das Subcontra-, Contra-, grosse, kleine, eingestrichene.
zweigestrichene etc. d. — In der Guidonischen Tonbenennung erhielt der Sprachlaut
und Buchstabe d auch eine Verwerthung; man nannte, je nach der Tetrachordstel-
lung, welche das in Betracht kommende d in der Mutation (s. d.) einzunehmen
vermochte, dasselbe: d-re = d (s. d.), d-sol-re = d^1 (s. d.) und d-la-re = d^2 (s. d.).
— In unserem modernen Tonsystem, in dem a^1 aus 437,5 Körperschwingungen in
der Secunde entstehend angenommen ist, wird der durch d^1 bezeichnete Ton von
295,3 Schwingungen erzeugt; durch Verdoppelung oder Theilung dieser Schwingungszahl ergeben sich die Schwingungsmengen, welche jeden anderen d genannten Ton
hervorbringen müssen.

Name	Zahl der Schwingungen	Solmisationsname
d^4	2362,4	
d^3	1181,2	
d^2	590,6	d-la-re
d^1	295,3	d-sol-re
d	147,65	d-re
D	73,825	
D_1	36,9125	
D_2	18,45625	

Die C-dur-Scala, Normal-Tonleiter einer ganzen Gattung von Scalen in unserem
modernen Tonsystem, in der d diatonisch zu Hause ist, giebt das feste Verhältniss

desselben zu *c* in einer gewissen Unwandelbarkeit, welche am genauesten durch die
Zahl der dasselbe erzeugenden Schwingungen wieder zu geben ist. Dies Verhältniss
versinnbildlicht am besten die tonerzeugende Saite dem Auge, indem ⁸/₉ einer in *c* erklingenden Saite den *d* zu nennenden Ton giebt. Dieser unwandelbar gedachte Ton
kann jedoch in der That auch durch mehr oder weniger Schwingungen vertreten
werden, ohne den Namen zu verlieren, und zwar je nachdem er in an einander
gereihten Tonfolgen oder Zusammenklängen als ein anderes Intervall denn die Secunde
zu *c* zu betrachten ist. Eingehendere einschlägige Betrachtungen findet man in den
Artikeln *Ais* und *As*.   B.

D als Abkürzung, s. **Abbreviatur**.

Da (ital. Präposition), d. i. **von**, **durch**; mit dem Artikel zusammengesetzt:
dal (zusammengezogen aus *da* und *il*) und *dalla*.

Da, die erste Tonsylbe in der **Damenisation**, welche jetzt von uns mit *c*
bezeichnet wird.

Baase, R u d o l p h, Componist und Musiklehrer, geboren am 21. Febr. 1822 zu
Berlin, erhielt frühzeitig Violinunterricht, zuerst vom Musiklehrer S t r e i t, dann vom
Kammermusiker B r a u n e. Hierzu trat bald bei K i l i t s c h g y Klavier- und endlich
theoretischer Unterricht und Composition, welche letzteren Fächer er bei E d. W i l -
s i n g, A. W. B a c h und A. B. M a r x studirte. Seitdem wirkte er in Berlin als
Musiklehrer, zeitweise auch als Dirigent von Orchestern und Gesangvereinen. Er
schrieb zahlreiche Tänze, Märsche und Gelegenheitscompositionen, auch Salonstücke
für Klavier und vierstimmige Männergesänge. Für seine musikalisch-loyalen Bestrebungen gegenüber den Mitgliedern der Königsfamilie erhielt er 1869 den preussischen Kronenorden 4. Classe.

Dabadie, rühmlichst bekannter französischer Baritonsänger, geboren 1798 in
Südfrankreich, kam als ausgebildeter Sänger nach Paris, trat aber 1818 noch in das
Conservatorium und wurde von dort aus 1819 für die Grosse Oper engagirt, bei der
er von 1821 bis 1836 die ersten Bariton-Partien inne hatte. In dem zuletzt genann-
ten Jahre liess er sich pensioniren, trat aber seitdem noch an verschiedenen Bühnen
Italiens auf. Er starb 1856 zu Paris. — Seine Gattin, L o u i s e Z u l m é D., geborene
Leroux, geboren am 20. März 1804 zu Paris, war gleichfalls eine geschätzte Sängerin der Grossen Oper. Dieselbe war seit 1814 Schülerin des Conservatoriums,
studirte den Gesang bei P l a n t a d e und debütirte 1821 an der Grossen Oper als
Antigone in Sacchini's »Oedipus«. Das zweite Rollenfach daselbst vertauschte sie nach
dem Rücktritt der Branchu und Grassari mit dem stellvertretenden ersten, sang aber
nicht lange mehr und musste sich um 1833 pensioniren lassen, da ihre schon vor der
vollständigen Entwickelung überstark angestrengte Stimme vor der Zeit Spuren des
Verfalls zeigte.

Da capo (ital.), sehr häufig abgekürzt in *D. C.*, heisst: vom Anfang, von vorn
(wieder) angefangen, und kommt als Vorschrift am Ende von Tonstücken vor, um
anzuzeigen, dass der Anfangstheil oder der erste Haupttheil des betreffenden Tonstückes wiederholt werden soll. Die Wiederholung erstreckt sich bis zu derjenigen
Stelle, welche durch das Wort *Fine* d. i. Ende oder durch eine Fermate ⌒ als eigentlicher Schluss gekennzeichnet ist. Der grösseren Deutlichkeit wegen schreibt man
daher auch mitunter: *D. C. al Fine* oder *sin' al Fine* (vom Anfang an bis zum Ende).
Stehend war der Gebrauch des *D. c.* in der älteren Arienform, in der sogenannten
Grossen Arie, deren erster Theil, allerdings für geschmackvolle Verzierungen und
Ausschmückungen dem Belieben des Sängers preisgegeben, hinter dem zweiten stets
wiederholt wurde. Die stark verbreitete Annahme, dass Alessandro Scarlatti zuerst
und zwar in seiner Oper »*Teodora*« (1693) diese Vorschrift angebracht habe, ist unrichtig. Burney weist nach (»*Hist.*« *IV*, 134), dass dieselbe schon in der Oper
»*Clearco*« von Tenaglia (1661) vorkomme und dass sie um 1650 bereits häufig im
Gebrauch war. — Der Chor von der Form der Grossen Arie hat die Bezeichnung
D. c. gleichfalls, nicht minder der erste Theil der modernen Sonatenform, wenn er
zweimal gespielt werden soll, wie auch jeder der beiden Theile des Scherzo (Menuett)
und des Trio, sowie nach dem Trio das ganze Scherzo. Doch schreibt man beim So-

densatze das *D. c.* nicht hin, sondern versieht den zu wiederholenden Theil einfach mit dem Repetitionszeichen. Nur am Ende des Trio im Scherzo findet sich noch häufig die Vorschrift *Scherzo d. c. senza repetizione*, um zu bezeichnen, dass das Scherzo wiederholt werden soll, jedoch ohne Repetition seiner Theile. — *Da capo* kommt auch als ermunternder Zuruf des Beifalls und der Zufriedenheit von Seiten des Publicums vor, um den vortragenden Künstler oder das Orchester zu veranlassen, das soeben ausgeführte Stück noch einmal zu wiederholen. Obwohl dieser Zuruf der italienischen Sprache entlehnt ist, wird er in dieser Bedeutung doch nur in Deutschland gebraucht; Italiener und Franzosen bedienen sich statt dessen stets des Wortes *Bis* (s. d.).

Dach ist in der Sprache der Instrumentebauer die Decke oder obere Platte (Resonanzplatte) des Corpus der Geigen und anderer Saiteninstrumente (s. Resonanzboden und Geige).

Dachs, J o s e p h , trefflicher Pianist und Musiklehrer, geboren am 30. September 1825 zu Regensburg, wo er auch, da er frühzeitig Anlage zur Musik zeigte, den ersten Klavierunterricht erhielt. Zu seiner weiteren Ausbildung begab er sich 1844 nach Wien und studirte dort bei H a l m und C z e r n y das höhere Pianofortespiel. Er ließ sich ziemlich häufig öffentlich hören und wurde als solider und intelligenter Klavierspieler anerkannt. In noch bedeutenderem Grade machte sich sein Lehrtalent geltend, und er gehört zur Zeit zu den beschäftigtsten Musiklehrern und zu den geachtetsten Professoren am Conservatorium zu Wien.

Dachschweller nennt man einen C r e s c e n d o z u g (s. d.) der Orgel, der dadurch sich als solcher kundgeben kann, dass Stimmen in ein Gehäuse gebaut werden, dessen Dach beweglich und nach Belieben gehoben und gesenkt werden kann. Eine genauere Beschreibung des D. findet man unter C r e s c e n d o z u g. ✝

Dachselt, C h r i s t i a n G o t t l i e b , vortrefflicher Orgelspieler und gebildeter Musiker überhaupt, geboren am 16. December 1737 zu Kamenz in der Oberlausitz, offenbarte schon früh musikalisches Talent, wurde 1749 als Singeknabe in die Hofkapelle zu Dresden aufgenommen und vervollkommnete sich musikalisch in dieser Stellung unter H e b e s t r e i t ' s und R i c h t e r ' s Anleitung. Nachdem er später einige Zeit in Dresden als Musiklehrer privatisirt hatte, wurde D. 1768 Organist an der Waisenhauskirche und 1769 zugleich an der Johanniskirche, welche Stellungen er 1785 mit der in der Frauenkirche als Nachfolger Weinlig's vertauschte. Seine achtenswerthen Kenntnisse und Fertigkeiten machten ihn zu einem geschätzten und gesuchten Lehrer in der Kunst. Er starb 1804 in Dresden und hinterließ eine umfangreiche musikalische Bibliothek. Compositionen von ihm sind nicht in die Oeffentlichkeit gelangt. ✝

Dachser, J a c o b , hat 1538 und später zu Augsburg die Herausgabe mehrerer geistlicher Sammelwerke veranstaltet, unter denen besonders »Der gantz Psalter Davids in Gesangweyss sampt den genotierten Melodeyen« beachtenswerth ist. ✝

Dachstein, W o l f g a n g , einer der ersten Dichter-Componisten der protestantischen Kirche, war zuerst katholischer Priester zu Strassburg, ging aber 1524 öffentlich zum Lutherthum über, verheirathete sich und wurde Organist an der Strassburger St. Thomaskirche. Ebenso wie der Canonicus am Münster, Thomas Greytter, dichtete und componirte er die ersten Kirchenlieder für die junge Strassburger Gemeinde, von denen das Lied nach Psalm 137 »An Wasserflüssen Babylon« ($\overline{c\ d}\ \overline{c\ a\ c\ b\ b}$) sich noch in vielen Gesangbüchern vorfindet und auch zu den Texten »Ein Lämmlein geht und trägt« und »O König, dessen Majestät« gesungen wird. Man hat zwar die Abfassung des genannten Psalmenliedes einem um 100 Jahre später lebenden Magdeburger Geistlichen gleichen Namens zugeschrieben und gemeint, derselbe habe es auf die Zerstörung Magdeburgs im dreissigjährigen Kriege gedichtet und in Melodie gesetzt, allein neuerdings hat die Auffindung des ältesten Strassburger Gesangbuchs, welches das Lied und den Namen des Dichter-Componisten aufführt, die Autorschaft des älteren D. ausser Zweifel gestellt. Da sich dasselbe Lied übrigens auch in Bapst's Gesangbuch von 1545 befindet, so hätte auch früher schon ein solcher Zweifel eigentlich gar nicht aufkommen dürfen.

Dacier, **Anna**, gelehrte Schriftstellerin, Gattin des bekannten französischen Philologen André D., geboren 1651 zu Saumur und am 17. August 1721 zu Paris gestorben, hat unter vielen Abhandlungen auch eine solche »Ueber die Flöten der Alten« als Vorrede zu ihrer Ausgabe des Terenz hinterlassen, die von Rackemann ins Deutsche übertragen wurde und im zweiten Band der Beiträge von Marpurg eine Stelle fand (s. Jöcher und Gerber's »Lexikon der Tonkünstler«, 1790).   O.

Dacosta, **Isaak**, einer der ausgezeichnetsten französischen Clarinettisten, hiess eigentlich **Franco** und ward am 17. Jan. 1778 zu Bordeaux geboren. Um 1795 trat er in das neu organisirte Pariser Conservatorium und errang 1798 den ersten Preis im Clarinettspiel. Nachdem er mehrere Jahre hindurch Stellungen in Orchestern kleinerer Pariser Theater inne gehabt hatte, kam er als erster Clarinettist in das Orchester der Italienischen und 1820 in das der Grossen Oper. Im J. 1832 construirte er eine Bassclarinette nach einem eigenen Systeme, welches von dem auch in Deutschland gebräuchlichen wesentlich abwich und auf die Klangfülle und Schönheit des Tones dieses Instrumentes fördernd einwirkte. Das D.'sche System gelangte in Folge dessen zu fast allgemeiner Annahme. D. selbst liess sich 1842 pensioniren und zog sich in seine Vaterstadt Bordeaux zurück, wo er 1868 hoch betagt starb. Seine Compositionen sind nicht ohne Werth für die Literatur der Clarinette und bestehen in Conzerten, Variationen, Duo's für Clarinette und Pianoforte u. s. w.

Dactyli, s. **Daktyloi**.

Dactylion, s. **Daktylion**.

Dactylus (latein.), ein **metrischer Fuss**, aus zwei auf eine Länge folgenden Kürzen bestehend ($- \smile \smile$). Die Verbindung desselben zur rhythmischen Reihe bildet die dactylische Versart, zu welcher hauptsächlich der Hexameter und der Pentameter gehören, s. **Metrum**.

Dadra nennt man in Indien gewisse, noch aus der Urzeit stammende Melodien, denen rohe oder unzüchtige Texte untergelegt worden sind.   0.

Dämme heissen in der Orgelbaukunst die Holzbrettchen von ungefähr 2,6 Centimeter Breite, zwischen denen sich die **Parallelen** (s. d.) winddicht nach Belieben ziehen lassen. Dieselben sind gewöhnlich von demselben Holze gefertigt, wie die Parallelen, da dann die Witterungseinflüsse auf das Holz nicht leicht Constructions-Veränderungen veranlassen und werden der Windlade mittelst Leim und Holznägel innig verbunden. Auf die freie Fläche der Dämme erhalten die Pfeifen ihre Stellung.   2.

Dämpfer und **Dämpfung** (ital.: *sordino*, franz.: *sourdine*). Dämpfer heissen Körper, welche man mit einem musikalischen Instrumente in Verbindung bringt, damit die von dem letzteren ausgehenden Töne nur in bedeutend geringerer Stärke hervortreten können, als dies gewöhnlich der Fall ist. Diese Körper sind je nach der instrumentalen Tonzeugungsart bei den verschiedenen Instrumentarten verschieden gestaltet. Bei den **Streichinstrumenten** sind die D. dem Stege des Instruments ziemlich gleich gestaltete Körper von Holz, Elfenbein oder Metall, die mit demselben in unmittelbaren Zusammenhang gebracht werden, und zwar dadurch, dass sie an der Berührungsseite mehrere gespaltene Zapfen haben, welche beim D.-Gebrauch den Steg fest einspannen; Steg und D. wird dadurch zu einem jede Vibration bei der Tonzeugung gleich ausführenden Instrumenttheil. Ist das innige Verbundensein zwischen Steg und D. nicht vorhanden, indem die Einspannung vielleicht an einer Stelle etwas mangelhaft, so tritt ein Schnarren neben dem Tone ein. Man bedient sich auch wohl anders gestalteter Körper zu D. bei Streichinstrumenten, z. B. eines Schlüssels der im Barte einen Einschnitt hat, mittelst dessen der Schlüssel auf den Stege befestigt wird, doch derartige anders gestaltete D. sind nur Nothbehelfe. Auf Beobachtungen gestützt, darf man fast annehmen, dass möglichst gleiche Körpergrösse der D. und Stege zu vorzüglichen Wirkungen erforderlich ist, dass jedoch die künstlerisch schönste nur zu erreichen, wenn D. und Steg ausser der gleichen Körpergrösse auch die gleiche Gestaltung erhalten. Die empirisch gefundene als vorzüglichste erachtete D.-Construction bei Streichinstrumenten ist bis heute noch nicht wissenschaftlich erkannt und erklärt worden. Mit Gewissheit ist nur anzunehmen, dass einzig nach den Gesetzen der

Resonanz sich die Wirkungen dieser D.-Art regeln, und mit Wahrscheinlichkeit, dass zwar Steg und D. von der vibrirenden Saite aus in gleicher Weise in Schwingung versetzt werden, aber die Schwingungen des D.'s, indem er nicht mit einem Verviel-fältiger und Uebertrager der Schwingungen auf die das Tonwerkzeug umgebende Luft, Resonanzboden, in Verbindung steht, rückwirkend die Intensität der Schwin-gungen des Steges vermindern. Da bis heute ebenfalls keine Tonintensitätsmessung erfunden, so ist eine wissenschaftliche Vergleichung der Wirkungen verschieden con-struirter D. ebenfalls unmöglich und bleibt auch ferner nur das Ohr des Einzelnen der einzige Richter über die verschieden gestalteten D. dieser Art. Bei Blasinstrumen-ten hat man in neuester Zeit verschiedene D. im Gebrauch. Die am häufigsten an-gewandten D. dieser Gattung sind ebenfalls Körper, die unmittelbar mit dem Schall-rohr im Schallbecher der Instrumente in Verbindung gebracht werden, so dass sie die freie Verbindung der tönend erregten Luft mit der Aussenluft behindern. Der ausge-bildetste D. dieser Gattung ist der beim Waldhorn angewandte. Derselbe besteht aus einer 15,7 Centimeter Durchmesser habenden, meistens mit Tuch überzogenen Papp-kugel, durch welche ein offener Schlauch die Fortsetzung des Schallrohres bildet. Eine Scheibe, die mittelst eines Drahtes von Aussen regiert werden kann, befindet sich innerhalb der Kugel, damit der Instrumentist durch diese noch die Schlauchweite theilweise zu beengen vermag und dadurch den Stopftönen gleiche Tonveränderungen bewirken kann. Bei der Trompete wo der Schallbecher mehr conisch und enger ge-staltet ist, wendet man zur Tondämpfung ein längliches gut abgedrehtes Stück Holz an, das in den Schalltrichter eingeschoben, denselben luftdicht schliesst; ein enges Bohrloch durch dasselbe gestattet der tönend erregten Luft aus dem Schallrohr die Einwirkung auf die Aussenluft. Aehnlich construirte D. können bei allen Blech-Blasinstrumenten angewandt werden, doch findet man sie in der Praxis nur in Aus-nahmefällen. Bei den Rohrinstrumenten erzielt man die Dämpfung durch feuchte Schwämme oder Baumwolle, welche man in die Schallbecher einklemmt. Die tönend erregte Luft bahnt sich durch die Poren der Verstopfung kleine Gänge und bewegt mittelst der durch diese Gänge gedrungenen Schallwellen die Aussenluft. Alle diese bei Blasinstrumenten bisher angewandten eben beschriebenen D. haben die nach-theiligen Eigenschaften, dass sie auch noch die Tonhöhe des Instruments verändern, und zwar in einer nicht vorher bestimmbaren Weise, dass sie ferner einen schnellen Wechsel zwischen Dämpfung und Nichtdämpfung nicht zulassen; und dass sie endlich auch die Klangfarbe wesentlich beeinflussen. Die erwähnten Uebelstände dieser D. sind durch eine neue, 1870 patentirte Erfindung des Kammermusikus Koslek und des Hof-Instrumentemachers Wernicke in Berlin, welche bis jetzt nur bei Blech-Blasinstrumenten angewandt wurde, sämmtlich beseitigt. Eine eingehende Beschrei-bung derselben nebst Abbildung und wissenschaftlicher Erläuterung von C. Billert findet man im »Musikal. Wochenbl.«, Jahrg. 1870, Nr. 35. Hier mag nur andeutungs-weise mitgetheilt werden, dass diese D. eine ventilartige Vorrichtung an den Instru-menten ist, welche plötzlich den Anfang des Schallrohres zu verengen oder in der Normalweite zu formen gestattet, wodurch die sofortige Angabe eines gedämpften Tones nach einem nicht gedämpften, und umgekehrt, möglich wird. Die wissenschaft-liche Erklärung würde in Kürze, sich auf die zwei Positionen der Schallrohrgestaltung mittelst der ventilartigen Vorrichtung beziehend, folgende sein: Da die Oeffnung der Dämpfungsposition nur ein Viertel Durchmesser von der der freien hat, und desshalb die durch dieselbe erzeugten Tonwellen schon eine viel geringere Intensität zeigen; da ferner die Mittheilungsfläche dieser tönenden Bewegung auch dem entsprechend viel kleiner ist und die Amplitüde der Luftwellen, was gleich der Intensität des Tones, dem Verhältnisse nach sich der Aussenluft mittheilt; und da endlich durch die Bil-dung des tönenden Luftkörpers in einem erst weiter begrenzten gleichmassigen Kör-per, dem Schallrohr, viele die tönende Bewegung hemmende, dämpfende Kräfte ge-weckt werden: so ist die viel schwächer oder stärker tönende Wahrnehmung eines Tones, je nachdem man die eine oder andere Position bei der Erzeugung desselben verwerthet, eine nothwendige Folge. Der Ton selbst erleidet in Bezug auf Höhe gar keine Veränderung, weil die Höhe, durch die Länge des Schallrohrs bedingt (s. Aku-

ﬆik), durch diese D. nicht alterirt wird. Die noch jetzt am häufigsten vorkommenden älteren D. geben das Experiment der wissenschaftlichen Umkehrung. Da jedoch
die Umkehrung ohne Veränderung der Schallrohrlänge nicht möglich, so muss dieselbe tonverändernd wirken. Unter den **Schlaginstrumenten** wendet man nur bei
den Pauken (*Timpani coperti*, s. Pauke) und bei der Trommel häufig einen D. an;
derselbe besteht aus einem Tuche, das man bei letzterer zwischen die Schlagsaiten
und das von denselben berührte Membran klemmt, damit diese Saiten bei Behandlung
des Schlagfells nicht gegen das Resonanzfell zu klappen vermögen. Sonst wird der
Ton dieser Instrumentgattung, falls er gedämpft werden soll, in ursprünglichster
Weise durch Berührung des Felles mit der Hand oder sonst eines die Vibration unter-
brechenden Gegenstandes vollzogen. Bei **krustischen Tasten-Instrumenten** ist die Tondämpfung ein hervorragender Factor der Instrumente, der nicht allein seine Geschichte
hat, sondern auch in neuester Zeit noch eine verschiedenartige Mechanik erhält. Wie
bei den Streichinstrumenten eine die Vibration des Tonmultiplicators, Resonanzboden,
beeinflussende Wirkung die Aufgabe des D.'s war, und derselbe bei den Blasinstrumenten seine Macht unmittelbar auf die tönend erregte Luftsäule ausübt, so bestimmt
der D. bei den krustischen Tonwerkzeugen zuvörderst über die Schwingung der
tönenden festen Körper unmittelbar oder über deren Mittönen. Schon bei den alten
Flügeln oder Clavicymbeln fand man die Dämpfung des Saitennachklanges nothwendig und versah die Docken oder Springer (s. d.), wahrscheinlich aber erst
im Laufe des 17. Jahrhunderts, mit einem kleinen Stückchen Tuch, das, wenn
die Rabenfeder die Saite gerissen hatte, sich auf dieselbe legte. Man wird es somit
natürlich finden, dass Bartolomeo Cristofali, 1711, schon bei der ersten Erfindung
der Hammermechanik auf eine für jeden Ton gesondert angebrachte Dämpfung Bedacht nahm. Er schob zwischen Taste und Hammer einen zweiarmigen Zwischenhebel
ein; der vordere Arm trug eine Stosszunge und ward beim Niederdruck der Taste gehoben, so dass der Stösser den Hammer in die Höhe schnellte, der zweite, hintere
Arm senkte sich gleichzeitig und befreite die Saite von der Dämpfung, welche ein mit
Fries belegtes Stäbchen bei ruhender Taste bewirkte. Auch Schröter's Modell, 1717,
zeigte eine, wenn auch unvollkommnere Art der Dämpfung. Die Instrumente Silbermann's jedoch entbehrten anfänglich jeder ähnlichen Einrichtung, bis erst einige Jahrzehnte später durch deutsche und englische Instrumentebauer dieselbe wieder eingeführt wurde. Sie wandten als D. einen Körper an, der mit ausgefasertem Tuche,
wollichtem Leder oder feiner Merinowolle bepolstert war. Mit Ausnahme der zwei
höchsten Octaven, deren kurze Saiten ohnehin nicht merklich nachtönen, legte
man ein an einem horizontalen Stäbchen befindliches Polster auf jeden einem Tone
zugehörigen Saitenchor. Das horizontale Stäbchen wurde beim Niederdrücken der
Taste gehoben, so dass die Saiten frei schwingen konnten, aber augenblicklich gedämpft wurden, wenn der Finger die Taste verliess. Später machte man die Polster,
D., nur aus Tuchstücken, die an einer Seite an einander geleimt wurden und an der
andern, die für gewöhnlich auf den Saiten ruhte, lose faserig waren. Nach verschie-
denem Wechsel des Stoffes zu den Polstern gab die Erfindung des Filzes (s. d.) durch
den Pariser Industriellen Pape einen Stoff, der bis heute noch als den Ansprüchen
am meisten genügend erachtet wird. Die Polster aus Filz findet man jetzt so gefertigt.
dass sie soviel Rinnen zeigen, wie sie Saiten dämpfen sollen, und dieselben werden in
der Mechanik so angebracht, dass im Ruhezustande derselben die Saiten in der Rin-
nentiefe befindlich sind. Die mechanische Einrichtung, durch welche die D. regiert
werden, obgleich in Vielem übereinstimmend, ist dennoch auch sehr verschiedener
Art. Uebereinstimmend sind alle D.-Einrichtungen in der Beziehung, dass sie in der
Ruhelage die Dämpfung der Saite bewirken, also auch kein Mittönen verwandter
Klänge stattfinden kann, und dass der Anschlag der Taste die Entfernung des D.'s
von der Saite bewirkt. Verschieden jedoch sind die mechanischen Einrichtungen zur
Bewegung der D. überhaupt. Diese Bewegung der D. wird durch in die Höhe heben
derselben vollzogen, wenn sie auf den Saiten in der Ruhelage befindlich sind, oder
durch Niederdrücken derselben, wenn sie mittelst Federkraft stets von unten gegen
die Saiten gedrückt werden. Am meisten angewandt findet man die ersterwähnte

Bewegungsart der D. Schliesslich mag noch erwähnt werden, dass beim Ertönen-lassen von Accordklängen, sei es gleichzeitig oder nach einander, das Mittönen der verwandten Töne dem Ohre oft angenehm ist, und desshalb bei den Piano's der Neu-zeit ein Hebewerk angebracht ist, das, mittelst des Fusses oder Knies regiert, die D. von allen Saiten gleichzeitig entfernen kann; ja in allerneuester Zeit hat man sogar mehrere solcher Hebewerke construirt, die einzelne D.-Partien von den Saiten entfernen und deren Combinationen, welche besondere Klangwirkungen hervorrufen, ein besonderes Studium erfordern. Näheres über diese Bewegungsmechanik der D., so wie deren Bedeutung und Anwendung nach Vorschrift bieten die Artikel Pedal und Kunstpedal. — Dämpfung ist einerseits der Ausdruck für die Hand-lung des Dämpfens der Töne, welcher als solche die verschiedensten Eigenschaften, leichte, schwache, starke, volle, geringe u. dgl. m., beigelegt werden, und andererseits der technische Name für die mechanische Vorrichtung selbst, durch welche sie be-wirkt wird. Bezeichnet wird in den Stimmen der Klavierinstrumente der Gebrauch der D. (Hebung des Dämpfers) mit der Abbreviatur Ped. (von Pedal), oder durch die Vorschrift *senza sordino*, oder endlich durch gewisse Zeichen, worüber man Näheres unter Pedal findet. In Stimmen der Geigen- und anderer Instrumente, bei denen überhaupt eine D. im Gebrauch ist, besagen die Worte *con sordini* (abgekürzt *con sord.*), dass der D. angewendet, *senza sordini* (abgek. *senza sord.*), dass er beseitigt werden soll.   2.

Dänemark. Dänische Musik. Die nahe Verwandtschaft, in welcher die dänische Musik, wie sie sich, namentlich in der sogenannten Volksmusik, entwickelt hat, zu der ganzen Ausbildung der Kunst in Norwegen und Schweden steht, bringt es mit sich, dass eine abschliessende Sonderung nicht recht zulässig erscheint und bei einer allgemeinen Betrachtung aufgehoben werden muss. Wenn die Richtung, welche in neuester Zeit die Musik in den drei nordischen Reichen genommen hat, darauf schliessen lässt, dass in Zukunft möglicher Weise ein ganz bestimmter nationaler Un-terschied mehr und mehr hervortreten wird, so gestattet bis jetzt eine lange, in ihren Hauptzügen zusammenfallende Kunstgeschichte einen einzigen Gesichtspunkt festzu-halten, wesshalb in Bezug auf die Vorgeschichte auf den Artikel Skalden, in Bezug auf die Entwickelung der dänischen Musik selbst, sowie der norwegischen und schwe-dischen auf den Artikel Skandinavische Musik verwiesen wird.

Daglacourt, Jacques André, guter französischer Klavier- und Orgelspieler, geboren 1684 zu Rouen, erhielt seinen musikalischen Unterricht an der Maitrise (Sing- und Musikschule) der Hauptkirche seiner Geburtsstadt und wurde später Or-ganist an der Abtei von St. Ouen. Im J. 1718 siedelte er nach Paris über, wo er Musikunterricht ertheilte, nach einigen Jahren aber Organist an St. Méry wurde und 1727 eine der Hoforganistenstellen erhielt. Um 1745 zog er sich nach Rouen zurück und starb daselbst um 1755. Eine Sammlung von Klavierstücken seiner Composition erschien 1733 zu Paris; dieselben sind jedoch von keinerlei Bedeutung.

Dagneaux, Pierre, Musikmeister an der Pfarrkirche St. Magloire zu Pontorson in der Bretagne. Von ihm: »*Missa quatuor vocum ad imitationem moduli: Vox exul-tationis*« (Paris, 1666).

Dahl, Emma, geborene Freyse, treffliche Sängerin und Componistin von Liedern, geboren am 6. April 1819 zu Plön in Holstein, war die Adoptivtochter der Baronesse von Natorp, welche einst als Marianne Sessi in der Kunstwelt geglänzt hatte, in Erinnerung dessen sich Emma D. früher auch Freyse-Sessi nannte. Aus so vorzüglicher Schule hervorgegangen, debütirte sie zuerst als Agathe im »Frei-schütz« in der königl. Oper zu Berlin und fand grossen Beifall. Mit Empfehlungen von Bettina von Arnim und von Spontini versehen, öffneten sich ihr die Bühnen Breslau's, Leipzig's, Schwerin's u. s. w., wo sie sich besonders als Norma, Nacht-wandlerin, Romeo, Rosine, Adina, Jüdin, Ginevra, Isabella und Alice, Donna Anna, Susanne u. s. w. auszeichnete. Ein Engagement als erste dramatische Sängerin des Hoftheaters zu Kopenhagen schlug sie, ihrer nach Schweden und Norwegen beabsich-tigten Kunstreise wegen, aus, ebenso später dieselbe Stellung in Stockholm als Nach-folgerin Jenny Lind's. In Christiania verheirathete sie sich 1841 mit dem Buchhändler

J. Dahl und blieb seitdem, abgerechnet einen einjährigen Studienaufenthalt in Paris um E. Garcia's Gesangmethode kennen zu lernen, in Norwegen, wo sie als Sängerin noch häufig auftrat und als Gesanglehrerin trefflich wirkte. Auch als Componistin ist sie dort sehr beliebt; ihre Lieder zeichnen sich durch gefällige, sangbare Melodie, gewählte Harmonie und eine natürliche Empfindungsweise aus. Dieselben sind in Kopenhagen, Stockholm und Christiania im Druck erschienen. Ganz neuerdings hat sie auch ein Heft guter und sehr brauchbarer Solfeggien herausgegeben.

Dahler, J. G., Magister zu Göttingen, ist der Herausgeber eines Künstlerlexikon's, welches 1790 erschien.

Dahlström, Instrumentemacher zu Hamburg, dessen Pianoforte's sich um die Wendezeit des 18. und 19. Jahrhunderts eines ausgezeichneten Rufes in der musikalischen Welt erfreuten.

Dahmen, Johann Andreas, s. Damen.

Daina oder **Dainos,** lithauische Benennung kleiner Liebeslieder.

Daire oder **Dairo** ist der türkische Name einer Handpauke, die unserem *Tambourin* oder der baskischen Trommel sehr ähnlich ist. Ein ungefähr 8 Centimeter breiter Holzreifen von unbestimmtem Umfange ist an einer Seite mit einem Felle, das mit der Hand behandelt wird, bespannt, der Holzreifen ist an fünf Stellen durchbrochen und in den Oeffnungen mit mehreren Messingscheiben versehen. Wahrscheinlich erhält dies Instrument dieselbe Anwendung, wie die *Adufe* (s. d.) der Hebräer. ÷

Daktylel (griech.; latein.: *dactyli*) war der Name desjenigen Haupttheils des Lobgesanges auf den Gott Apollo, mit dem sich jeder Tonkünstler hören lassen musste der in den altgriechischen pythischen Spielen sich um den Preis bewarb (s. auch *Ampeira*).

Daktylel idalel (griech.; latein.: *dactyli idaei*), auch Kureten oder Korybanten genannt, ist die älteste altgriechische Benennung für Musiker. Im Gefolge des Phöniziers Kadmus, sollen sie zuerst die Musik bei den Götterfesten der Griechen eingeführt haben. Die von ihnen ausgeführte Musik dürfte übrigens wohl in kaum etwas Anderem als in wüstem Geschrei, verbunden mit dem Lärm von Klapper- und Schlaginstrumenten bestanden haben. Die Korybanten waren es auch, die nach der griechischen Mythe den Jupiter als Kind auf dem Berge Ida verborgen hielten und durch ununterbrochenen Lärm mit Schlaginstrumenten, den sie tanzend oder nach gewissen abgemessenen Schritten begleiteten, zu verhindern suchten, dass das Kind sich durch sein Schreien verriethe. Von diesen Schritten oder tanzenden Bewegungen (*daktyloi* genannt) und vom Berge Ida erhielten die ältesten Musiker den Namen *Daktyloi idaioi.*

Daktyllen (griech.), d. i. Fingerspiel, nannte der Pianist Henry Herz in Paris eine von ihm 1835 zum Zweck der Ertheilung grösstmöglicher Gleichheit, Unabhängigkeit, Stärke und Gelenkigkeit der Finger erfundene mechanische Vorrichtung an Pianoforte's. Dieselbe besteht in über den Tasten an Stahlfedern schwebenden Ringen, 10 an der Zahl, welche, sobald die Finger der beiden Hände hineingeschoben worden sind, dem Vorderarm und der Hand die erforderliche richtige Stellung geben. Drückt der Uebende auf die Tasten, so hat jeder Finger eine völlig gleiche Stärke des Widerstandes zu überwinden, die man nach Belieben vermindern oder vermehren kann, und wenn die Taste niedergedrückt worden ist, so führt die Schnellkraft der Feder den Finger unmittelbar in seine erste Lage zurück. Zur zweckmässigen Benutzung dieser Maschine hat der Erfinder eine Sammlung von 1000 Uebungsstücken veröffentlicht, die alle mit Hülfe derselben ausführbare Zusammenstellungen enthält. Wie alle anderen mechanischen Hülfsmittel für die Arm- und Fingerverwendung, hat auch dieses nicht vermocht, Boden zu fassen, und ist nach einigen Versuchen wieder aus dem praktischen Gebrauche gekommen.

Dal (ital. Präposition mit dem männlichen Artikel), d. i. von dem oder von der, z. B. *dal segno*, vom Zeichen (an). Dieselbe Präposition, verbunden mit dem weiblichen Artikel, heisst *dalla.*

Dalayrac, s. Alayrac d'.

Dalberg, Karl Theodor Anton Maria, Reichsfreiherr von, Kämmerer von

Worms, letzter Kurfürst von Mainz und Erzkanzler, später Fürst Primas des Rhein-bundes und Grossherzog von Frankfurt, endlich Erzbischof von Regensburg und Bischof von Worms und Konstanz, ein für Kunst und Wissenschaft begeisterter Mann, geboren am 8. Februar 1744 zu Hernsheim, starb am 10. Februar 1817 zu Regens-burg. Unter seinen Schriften, die sich durch eine gründliche Forschung und durch eine gewinnende Dialektik auszeichnen, empfehlen sich dem wissenschaftlich gebildeten Musiker: »Die Grundsätze der Aesthetik« (Frankfurt, 1791), »Perikles, über den Ein-fluss der schönen Künste auf das öffentliche Glück« (Erfurt, 1806) und ein Aufsatz Ueber Kunstschulen« in den Horen. — Musikalisch noch bedeutender ist sein jünge-rer Bruder: Johann Friedrich Hugo von D., Domcapitular zu Trier, Worms und Speier, geboren am 17. Mai 1752, und gestorben am 26. Juli 1812 zu Aschaffen-burg. Er war nicht allein, wie Karl Theodor, Freund und Beschützer der Wissen-schaften und Künste, sondern auch ein fertiger Klavierspieler und geschmackvoller Componist, in welchen Fächern er Holzbauer zum Lehrer gehabt hatte. Von seinen Compositionen kennt man: Quartette für Klavier, Oboe, Horn und Fagott, Trio's für Klavier, Violine und Violoncello, Duo's für zwei Klaviere, Sonaten, Variationen, Po-lonaisen für Klavier, Gesänge und Lieder, ein Melodram für Declamation und Blas-instrumente nach Klopstock's »Todesscenen des Erlösers«, die englische Cantate »Bea-men u. s. w. Von seinen musikalischen Schriften sind zu nennen: »Blicke eines Ton-künstlers in die Musik der Geister« (Mannheim, 1787), »Vom Erkennen und Erfinden« Frankfurt, 1791), »Untersuchungen über den Ursprung der Harmonie und ihre all-mälige Ausbildung« (Erfurt, 1801) und »Ueber die Musik der Indier, aus dem Eng-lischen des William Jones, mit Zusätzen, Anmerkungen u. s. w.« (Erfurt. 1802). Ausserdem finden sich Aufsätze von ihm, meist kunstästhetischen Inhalts, in den da-maligen Jahrgängen der »Leipziger allgemeinen musikalischen Zeitung«.

Dalibor von Konojed, böhmischer Ritter zur Zeit des Königs Vladislav II. in der letzten Hälfte des 15. Jahrhunderts. Den Langmuth und die Unthätigkeit des Königs benutzend, suchte er das Schloss Ploskovic, das dem Adam von Drahonic gehörte, zu erobern. D. spornte die Untergebenen Adam's zum Aufruhr gegen ihren Herrn, nahm Adam gefangen und zwang ihn, dass er ihm eine Urkunde auf Abtretung von Ploskovic ausstellte. Hierauf liess ihn D. zwar frei, aber Adam verklagte ihn beim Gerichte; D. wurde verhaftet und in den neu renovirten Thurm am Hradčin, der nachher »Daliborka« genannt wurde, geworfen. Dort, von Langeweile geplagt, ver-schaffte er sich eine Geige, lernte ganz von selbst, ohne je einen Begriff von Musik gehabt zu haben, dieses Instrument spielen und brachte es darauf durch fleissiges Ueben zu einer solchen Geschicklichkeit, dass sich täglich eine Menge Menschen in der Nähe seines Gefängnisses versammelte, um ihn zu hören, und er so zu sagen zum Orpheus Böhmens erklärt wurde. Nach einem langwierigen Processe wurde er im J. 1498 auf dem Hofe vor dem Thurme enthauptet. Von ihm schreibt sich das in Böhmen bekannte und übliche Sprüchwort her: »*Mistr nouze naučila Dalibora housti*« (»Meister Elend lehrte dem Dalibor die Violine spielen«). Die Geschichte von D. wurde von böhmischen Dichtern auch als Stoff zu Opern vielfach benutzt. Der Organist Kott in Brünn componirte vor vielen Jahren die Oper »*Dalibor*«, die aber niemals aufgeführt wurde. Adolph Pozděna schrieb ebenfalls eine gleichnamige Oper (Text von K. Sabina), die jedoch unvollendet blieb. Im J. 1568 wurde die Oper »*Dalibor*« (Text von Wenzig) von Frdr. Smetana auf der böhmischen Bühne in Prag mit Erfolg aufgeführt. Der Name »*Dalibor*« dient auch als Titel einer böhmi-schen, unter der Redaction von Em. Meliš stehenden musikalischen Zeitschrift, die seit 1558 in Prag erscheint und namentlich die slavischen Musikzustände pflegt. M-s.

Dall, Roderick, ist als letzter der sogenannten wandernden Harfner Schott-lands weithin bekannt geworden. Er lebte ums Jahr 1740 und soll in geschmack-vollster Weise Compositionen im damaligen Zeitgeschmack verfertigt haben, welche sich noch heute als Melodien und Lieder im Volke beliebt erhalten haben. Leider jedoch kann Niemand D.'sche Compositionen angeben und dürfte es für seine Lands-leute verdienstvoll sein, gewissenhaft nach Schöpfungen D.'s zu suchen und dieselben zu sammeln. 0.

Dalla Bella, italienischer Contrapunktist aus der ersten Hälfte des 18. Jahrhu‍derts, dessen Arbeiten, ohne hervorragend zu sein, Geschicklichkeit und manch‍ kühnen Zug aufweisen. Die Wiener Hofbibliothek besitzt an Manuscripten D.‍ *»Missa brevis«, »Missa funebre`a 4 voci«*, ein *Salve regina*, ein *Kyrie e gloria*, *deum, Veni creator* u. s. w.

Dallans, Ralph, berühmter Orgelbauer zu London, aus dessen Werkstatt se‍ viele Orgeln für englische Kirchen hervorgingen; die vorzüglichsten derselben soll‍ im neuen Collegium und in der Musikschule zu Oxford sich befinden. D. starb i‍ Februar 1672 zu Greenwich, wie Hawkins in seiner *»Geschichte der Musik«* Bd. I‍ S. 357 berichtet.

Dallery, Charles, geschickter französischer Orgelbauer, geboren um 1710 ‍ Amiens, war zuerst Böttcher, wurde aber später, seiner Neigung und Befähigu‍ folgend, Orgelbauer, als welcher er sich durch Einrichtung vieler praktischer n‍ sinnreicher Verbesserungen sehr verdient machte. Von seinen Arbeiten zeichne‍ sich in dieser Beziehung besonders das für die Abtei Anchin gelieferte, dann in d‍ Kirche St. Pierre in Douai aufgestellte grosse Werk aus. Wann D. gestorben, ist nic‍ bekannt. — Sein Neffe und Schüler, Pierre D., geboren zu Buire-le-See bei Mon‍ treuil-sur-Mer am 6. Juni 1735, hat sich ebenfalls durch viele vorzügliche Orge‍ werke berühmt gemacht. Näheres über seine Werke findet man unter dem Artik‍ Clicquot.

Dalloglio, Domenico und Giuseppe, richtiger wohl d'Alloglio geschriebe‍ zwei Brüder, treffliche italienische Virtuosen, der erstere und ältere als Violinist, d‍ letztere als Violoncellist. Geboren in den ersten Jahren des 18. Jahrhunderts ‍ Venedig (nach Einigen jedoch nur Giuseppe, während Domenico aus Padua sein soll‍ traten sie 1735 in die kaiserliche Kapelle zu St. Petersburg, wo sie bis 1764 blieben‍ in welchem Jahre sie in ihre Heimath zurückzukehren beabsichtigten. Doch gelan‍ dies nur dem jüngeren Bruder; Domenico starb auf der Rückreise vom Schlage ge‍ troffen unweit Narwa. Giuseppe trat weiterreisend in Warschau bei Hofe auf un‍ wurde vom König von Polen mit einer diplomatischen Mission bei der Republik V‍ nedig betraut. Dort 1765 angekommen, starb er im J. 1771. Beide Brüder ware‍ auch als Componisten überaus geschätzt, besonders Domenico, der ausser Violin-Sol‍ und Conzerten auch Sinfonien u. s. w. geschrieben hat.

Dallum, Robert, ein aus Lancaster gebürtiger, weit gereister Orgelbauer, 160‍ geboren und 1665 zu Oxford gestorben. Mehr über ihn findet man in Anton a Woo‍ *»Histor. et Antiqu. Univers. Oxoniensis«* lib. 2, S. 155.

Dalrymple, Anna Maria, geborene Harland, eine ausgezeichnete englische‍ Dilettantin, welche in der letzten Hälfte des 18. Jahrhunderts zu London lebte und‍ sich besonders durch die Einführung der sogenannten Tischharfe in England bekannt‍ machte. Sie starb im J. 1786 zu London.

Dal segno (ital.), vom Zeichen an, in der Abkürzung *d. s.* geschrieben, siehe *Segno*.

Dalvimare, Martin Pierre, eigentlich d'Alvimare geheissen, corrumpir‍ auch Delvimare oder gar d'Alvincars geschrieben, ein ausgezeichneter französischer‍ Harfenvirtuose, wurde 1770 zu Dreux im Departement Eure-et-Loire geboren und‍ stammte aus einer vornehmen Familie, die unter den Revolutionswirren mit ihrem‍ Vermögensstande so zurückkam, dass D. die früher aus Liebhaberei eifrig betriebene‍ Kunst als Erwerbszweig benutzen musste. Er ging als Harfenist nach Paris und‍ erregte dort ausserordentliches Aufsehen, sodass man behauptete, er habe niemals‍ in Frankreich einen ebenbürtigen Rivalen gehabt. Im J. 1800 wurde er Mitglied des‍ Orchesters der Grossen Oper, einige Jahre später das der Privatkapelle des Kaisers‍ Napoleon und 1807 erhielt er den Titel eines Solospielers der Kaiserin Josephine.‍ Doch entsagte er 1812, nachdem er sich ein ausreichendes Vermögen erworben hatte.‍ ganz der Kunst und zog sich, um so wenig wie möglich an Musik und seine Laufbahn‍ erinnert zu werden. nach Dreux zurück, wo er noch 1836 lebte. Für die Harfe hat‍ er zahlreiche Sonaten, Variationen, Fantasien u. s. w. geschrieben, ausserdem aber noch einige Sammlungen Romanzen und eine kleine komische Oper »*Le mariage imprudence*«, die aufgeführt wurde, aber keinen Erfolg hatte.

Dam, Mads Gregers, trefflicher Violinist, wurde am 2. April 1791 in dem dänischen Städtchen Swenborg geboren. Da seine Eltern arm waren und der Knabe bereits im frühesten Jugendalter Neigung zum Violinspiel zeigte, so wurde er schon 1796 zum Swenborger Stadtmusicus gebracht, wo er es bis zum beliebtesten Tanzspieler der ganzen Gegend brachte. Zwölf Jahre alt, zog er zur weiteren Ausbildung nach Kopenhagen, wo ihm sein Lehrer, der Kammermusiker Gregers Simonson, durch Concerte, in denen D. mit grossem Beifall auftrat. die Existenzmittel verschaffte. Schon 1806 kam er in die königl. Kapelle zu Kopenhagen, doch trieb ihn der Drang, sich zu vervollkommnen, nach Deutschland; dort liess er sich vielfach mit Erfolg hören, 1811 und 1812 auch in Berlin, wo er als Violinist in die königl. Kapelle gezogen wurde, in der er bis 1859, nachdem er 1827 zum Sinfonie-Dirigenten ernannt worden war, eifrig und mit Kunstliebe wirkte. Von seinen Compositionen, die eine gründliche Bildung verrathen, sind ein Streichquartett, drei Duos für zwei Violinen und ein Adagio und Polonaise für Violine im Druck erschienen. — Sein Sohn, Hermann Georg D., der den Vater nicht überlebte, geboren am 5. Decbr. 1815 zu Berlin, trieb gegen den Willen der Eltern beim Kammermusiker Hauck Violinspiel, erhielt aber seine letzte Ausbildung als Violinist, so wie in der Composition bei seinem Vater. Schon 1830 wurde er bei der königl. Kapelle als Accessist und 1840 als Kammermusiker angestellt, in welcher Stellung er am 27. Novbr. 1858 zu Berlin starb. Auf Bestellung der General-Intendantur hatte er für den praktischen Gebrauch der königl. Schauspiele zahlreiche Ouvertüren und Zwischenacts-Musiken geschrieben, die von Talent zeugen. Ausserdem hat er die Opern »Das Fischermädchen« (1831 aufgeführt), »Cola Rienzi«, »Der Geisterring« (1842) und »Die englischen Waaren« (1844), die Oratorien »Das Hallelujah der Schöpfung« (auf königl. Befehl 1847 aufgeführt) und »Die Sündfluth« (1848, aufgeführt 1849 und 1854), so wie Cantaten und einige Lieder componirt.

Damas, Friedrich, Gesanglehrer und Componist, geboren um 1800, war seit etwa 1828 in Bergen auf der Insel Rügen als Cantor angestellt. Er hat sich durch Herausgabe mehrerer den Volksgesang fördernder Schriften und Liederhefte vortheilhaft bekannt gemacht. Die verbreitetsten derselben sind: »Hülfsbuch für Singvereine der Schullehrer auf dem Lande und in kleinen Landstädten« und »Leichte Chöre an Sonn- und Festtagen für Choranstalten auf dem Lande und in kleinen Städten« (Berlin, 1831).   0.

Damascenus, Johannes, eigentlich Ioannes Chrysorrhoas geheissen und aus Damask gebürtig, berühmter Kirchenlehrer und Verfasser des dogmatischen Hauptlehrbuchs der morgenländischen Kirche, geboren um 700, war erst Schatzmeister des Kalifen und hiess als solcher Al Mansur. Im J. 730 wurde er Mönch im Kloster Saba bei Jerusalem und starb um 760. Er erfand auch Musikzeichen, welche ein ganzes Intervall ausdrücken. Für sein Ansehen spricht u. A., dass er selbst in der römischen Kirche heilig gesprochen wurde, und dass er noch jetzt in der griechischen Kirche als dogmatische Norm gilt.

Damasus, aus Madrid gebürtig und im 80. Lebensjahre 384 als römischer Bischof gestorben, soll das Psalm- und Hallelujah-Singen an Festtagen in die abendländische Kirche eingeführt haben.

Damasus a Sancto Hieronymo, s. Brosmann.

Dambruis, ein wegen seiner Werke hoch geachteter und gepriesener französischer Componist, lebte um 1686.

Damcke, Berthold, ein vielseitig gebildeter deutscher Tonkünstler und Componist, geboren am 6. Febr. 1812 zu Hannover, beschäftigte sich neben seinen Gymnasialstudien mit solcher Vorliebe mit der Musik, dass er auf den Rath seines Pianofortelehrers Aloys Schmitt diese Kunst statt der Theologie zum Lebensberufe wählte. Als Bratschist trat er 1833 in die hannöversche Hofkapelle, trieb aber trotzdem Klavierspiel eifrig weiter und brachte es auch auf der Orgel so weit, dass er 1834 öffentlich auftreten konnte, bei welcher Gelegenheit er auch als Componist mit

einem Männerchor mit Begleitung von Orgel und Blasinstrumenten debütirte. U
sich bei F. Ries und Scheible als Pianist und Componist noch zu vervollkomm̄ne
ging er nach Frankfurt a. M. und von dort nach einiger Zeit, um einen Musikver̄e
und eine Liedertafel zu leiten, als Musikdirector nach Kreuznach. Als Director ä
philharmonischen Gesellschaft wurde er 1837 nach Potsdam berufen und übernat
daselbst auch den Gesangverein für Opernmusik. Die Conzerte, welche er mit dies
Kräften, verstärkt durch Berliner Künstler, veranstaltete, machten besonders 18:
bis 1840 von sich reden. In Berlin selbst trat er 1843 als Pianist öffentlich at
Abgerechnet einen ganz kurzen Aufenthalt in Königsberg in der Eigenschaft :
Musikdirector blieb er bis 1845 in Berlin und siedelte dann nach St. Petersburg übe
wo er sich als Pianist, Musiklehrer und musikalischer Kritiker eine sehr geacht̄e
und Vortheil bringende Stellung erwarb. Auf Reisen besuchte er Deutschland v̄e
dort aus häufig und liess sich alsdann auch öffentlich hören; bei einem Aufenthal
in Frankfurt a. M. veranstaltete er Vorlesungen über Geschichte der Musik. V̄e
1862 bis 1870 nahm er in gleicher Eigenschaft wie in St. Petersburg seinen festu
Wohnsitz in Paris. D. ist ein vortrefflicher Klavier- und Orgelspieler und auch a
Componist sehr gewandt und erfahren. Er schrieb die unter seiner Leitung anc
aufgeführten Oratorien »Deborah« (1836), »Die Geburt Jesu« (1839) und »Tobias
ferner Cantaten, Psalme, drei Hefte Choralgesänge für vier Männerstimmen (Har
nover, 1839), endlich Ouvertüren, ansprechende und wohlklingende Lieder und zah
reiche Stücke für Pianoforte, bestehend in Fantasien, Rondos, Märschen u. s. w., d
im fliessenden, wenn auch nicht gerade tiefer gehenden Salonstyl verfasst sind. –
Auch die Gattin B.'s, eine geborene v. Feyglin, ist eine treffliche Pianistin und ge
schmackvolle Componistin von Klaviersachen und Liedern.

Damen, der, ein deutscher fahrender Sänger, s. Hermann der Damen.

Damen, Johann Andreas, auch mitunter Dahmen geschrieben, ein ge
schickter Violoncellist und Componist für sein Instrument, geboren um die Mitte de
18. Jahrhunderts in Holland, unternahm viele Concertreisen und lebte um 1794, au
Drurylane-Theater angestellt, in London. Später (1796 und 1797) hat er sicl
auch in Süddeutschland öffentlich hören lassen. Er hat Violoncell-Sonaten unc
Duette, so wie Streich-Trios und Quartette geschrieben, die zu ihrer Zeit in Anschei
standen.

Damenisation nennt man die von Graun eingeführten, jedoch niemals zu allḡe
meinerer Anwendung gekommenen Sylben zum Solfeggiren: *da-me-ni-po-ta-la-b̄*
(s. Alphabet und Solmisation).

Dames, Louis, Gesangscomponist, um 1815 geboren und durch ansprechend̄e
und wohlklingende Lieder und Duette bekannt, lebt als Jurist in Halberstadt.

Damiani, Francesco, auch d'Amiani geschrieben, rühmlich bekannter itali
nischer Sänger, auch Gesangscomponist, war in Italien geboren und ausgebildet,
gelangte aber erst 1800 von London aus zu seinem grossen Rufe. In Paris, wo er
1801 sang, vermochte er nicht in ähnlicher Weise wie in England Aufsehen zu
machen, eben so wenig 1805 und 1806 in Italien, wo er in mehreren Operntheatern
auftrat. Seitdem ist er als verschollen zu betrachten. Componirt hat er zwei- und
mehrstimmige Notturnos und Gesänge mit Begleitung von Harfe oder Pianoforte.
In England waren besonders seine von ihm mit grosser Virtuosität gesungenen Variationen über »God save the king« berühmt.

Damianus, ein gelehrter Prämonstratenser-Mönch in dem Kloster zu Ninove in
Flandern ungefähr 1190, war in der Musik sehr bewandert; derselbe componirte
auf die Märtyrer Cornelius und Cyprianus ein Officium, das noch im vorigen Jahrhundert von den Mönchen des gedachten Klosters gesungen wurde. Näheres über ihn
findet man in Sander's »De script. Fland.« S. 46.

Damianus, Scipio, gestorben 1472 als Bischof von Asti, hat nicht nur die Chor-
Gesangschulen gründlich reformirt und nach neuen Principien eingerichtet, sondern
auch für Aufstellung von Orgeln in den Kirchen kräftig gewirkt. Ihm wird auch die
Einführung der Currende (s. d.) genannten Strassen-Singchöre zugeschrieben.

Damm, Friedrich, deutscher Componist und Musiklehrer, geboren am 7. März

1831 in Dresden, erhielt seinen ersten gediegenen Unterricht im Pianofortespiel und in der Theorie von E. Krägen und Jul. Otto, im Contrapunkt in späteren Jahren bei A. Reichel. Nachdem er länger als zehn Jahre als Pianist, Lehrer und Dirirent in verschiedenen Städten Norddeutschlands mit Erfolg gewirkt hatte, liess er sich dauernd in Dresden nieder, wo er sich mit Composition und Musikunterricht beschäftigt. Da seine brillanten Klavier-Compositionen im Bereiche der Haus- und Salon-Musik schnell ihre Verleger fanden, so ist er auch durch diese bekannter und beliebter geworden, als durch seine Sonaten, contrapunktischen Arbeiten u. s. w., die fast sämmtlich Manuscript geblieben sind, aber seinen Beruf, für die höheren Aufgaben der Tonkunst zu wirken, unzweideutig bekunden.

Dammas, Hellmuth Karl, Dichter und Componist, seinem Lebensberufe nach der königl. preussischer General-Lotterie-Director zu Berlin, wurde am 22. Octbr. 1816 zu Bergen auf der Insel Rügen geboren. Für die Theologie bestimmt, besuchte er das Gymnasium zu Stralsund, das er aber 1837 verliess, um sich in das königl. Institut für Kirchenmusik in Berlin zu begeben. Ein Jahr später wurde er auch Compositionsschüler der Akademie der Künste und begann Klavierunterricht zu ertheilen. Diese Beschäftigung, so wie anhaltendes Arbeiten an einer auch von ihm zugleich gedichteten Oper brachten seine Gesundheit in die grösste Gefahr, sodass er einen anderen Beruf nach schwerem inneren Kampfe einschlug und 1843 Supernumerar beim Provinzial-Oberpräsidium in Potsdam wurde, von wo aus er auf Verwendung Tieck's und Humboldt's 1844 in das Hofmarschallamt zu Berlin und 1845 in das Finanzministerium daselbst als Geheimsecretär versetzt wurde. Seine Mussezeit füllte er fleissig mit poetischen und musikalischen, später fast ausschliesslich mit belletristischen Arbeiten aus. Auf dem letzteren Gebiete hat er sich durch Novellen und Romane unter dem Namen Feodor Steffen bekannt gemacht. Von seinen Compositionen sind zu nennen ein sechsstimmiges *Crucifixus,* eine Trauer-Cantate; die oben erwähnte heroische Oper »Gomez Arias«, so wie Gesangs-Quartette, Duette und einstimmige Lieder mit Pianofortebegleitung.

Dammbretter nennen einige Orgelbauer und Schriftsteller über Orgelbaukunst die Spunde, womit die Windlade verspundet wird. Richtiger dafür ist die Bezeichnung Cancellenwände oder Cancellenspunde.

Damon, ein altgriechischer Tonkünstler aus der Zeit des Perikles, war aus einem kleinen Flecken in Attika gebürtig und wurde von Agathokles unterrichtet. Er selbst war später der Lehrer des Perikles und des Sokrates in der Musik. Von seinen Lebensschicksalen weiss man nur noch, dass er aus Athen verbannt wurde, weil man den Verdacht gefasst hatte, er lehre dem Perikles weniger die Musik, als die Kunst zu herrschen. Von den alten Schriftstellern wird übrigens dem D. die Erfindung des hypophrygischen und hypolydischen Modus zugeschrieben.

Damon, William, englischer Kirchencomponist und Mitglied der kgl. Kapelle, geboren 1533 und gestorben um 1590 zu London, gab die Melodien des Sternhold'schen Psalters mit vierstimmigen Harmonien heraus unter dem Titel: »*The psalmes of David in english meter, with notes of four partes etc.*« (London, 1579). Da dies Werk, mit dem er die frommen Christen vom »thörichten und ungeziemenden« Balladengesang abziehen wollte, nicht den erwarteten Erfolg hatte, so setzte D. später die Psalmenmelodien, wie sie damals in den Kirchen gesungen wurden, einmal so, dass der Tenor, das andere Mal so, dass der Discant die Melodie führte. Diese Arbeit erschien kurz nach seinem Tode in zwei Büchern (London, 1591). Burney besass ein fünfstimmiges *Miserere* von D.'s Composition und rühmt dessen gute und reine Harmonie und fliessende Schreibart.

Damong ist in der Neuzeit in China der Name für ein dem alten *King* (s. d.) nachgebildetes Musikinstrument, der wahrscheinlich des eigenthümlichen Klanges oder Klangmaterials halber demselben beigelegt worden ist.　　　　　　　　0.

Damophila, eine altgriechische Dichterin und Tonkünstlerin, welche mit der Sappho befreundet war und nach den Berichten des Philostratos Hymnen an die Artemis verfasst haben soll, die sie in besonderen Versammlungen den jungen Mädchen ihres Landes lehrte.

Damoreau-Cinti, Laure Cynthie, geborene Montalant und vor ihrer Verheirathung mit dem Sänger Damoreau unter dem Theaternamen Cinti bekannt, eine der berühmtesten dramatischen Sängerinnen Frankreichs, wurde am 6. Febr. 1800 zu Paris geboren. Schon 1808 wurde sie im Conservatorium aufgenommen und studirte daselbst Klavierspiel, Gesang und Composition. Im J. 1819 kam sie an d. Italienische Oper, wo man sie mit untergeordneten Rollen beschäftigte, bis sie sich durch Ausführung des Pagen in Mozart's »Figaro« 1821 zu ersten Partien empor schwang. Aber weder hier, noch während der Saison 1822 in London errang sie hervorragende Erfolge, obwohl man ihre Stimme und Schule lobte. Erst die Autorität Rossini's, der 1823 nach Paris kam, und später die Meyerbeer's, welche beiden Meister die Vorzüglichkeit ihres seltenen Talentes erkannten und unumwunden proclamirten, bestimmte das Publicum, diese Sängerin nach Gebühr zu feiern. Als Amazily i Spontini's »Cortez« debütirte sie 1825 an der Grossen Oper, und seitdem gewann sie Ruhm und Ehre im höchsten Grade. In Folge von Differenzen mit der Verwaltung der Grossen Oper ging sie 1827 nach Brüssel, wo sie enthusiastische Bewunderung erregte und sich mit einem wenig bekannten Sänger Namens Damoreau verheirathete mit dem sie jedoch nicht glücklich lebte. Von der Pariser Oper unter den vortheilhaftesten Bedingungen von Neuem engagirt, gereichte sie dem Institute zur höchsten Zierde, namentlich als sie 1831 die zunächst für sie geschriebene Partie der Isabella in Meyerbeer's »Robert der Teufel« schuf. Ende 1835 trat sie auch in der Opéra comique mit ungeheurem Beifall auf, wurde engagirt und sang daselbst mit unvermindertem Erfolgen bis 1843. Sie machte hierauf Kunstreisen nach Belgien, Holland, England, Russland und, in Verbindung mit dem Violinvirtuosen Artôt, auch nach Amerika. Von 1844 bis 1856 war sie als Gesanglehrerin am Pariser Conservatorium angestellt und gab eine gute Gesangschule heraus. Ausserdem hat sie auch ein »Album de Romances« ihrer Composition veröffentlicht, welches einige trefflich componirte Nummern enthält. Im J. 1856 zog sie sich auf ihre Besitzung in Chantilly zurück und starb daselbst am 25. Febr. 1863. — Ihre Tochter, Marie D., welche den Componisten Wekerlin heirathete, war bis 1862, in welchem Jahre sie auf einige Zeit zur Bühne ging, eine vortreffliche Conzertsängerin.

Damrosch, Leopold, trefflicher Violinist und Musikdirigent, geboren 1832 zu Posen, wo er den ersten Antrieb zur Musik fand und das Violinspiel erlernte. Aeussere Verhältnisse und der Wille seiner Eltern nöthigten ihn, die Medicin zum Brodstudium zu erwählen, und er absolvirte in Berlin die vorschriftsmässigen Semester, nebenbei bei Hubert Ries im Violinspiel vervollkommnend und bei Dehn Compositionslehre und Contrapunkt studirend. Als Doctor der Medicin practicirte er ·in seiner Heimath bis 1854, gab aber 1855 die ärztliche Laufbahn auf und liess sich zuerst in Magdeburg, 1856 auch in Berlin als Violin-Solist mit Beifall öffentlich hören. Berliner Empfehlungen führten ihn Ende 1856 in die Hof-Kapelle nach Weimar, wo ein vertrauterer Umgang mit F. Liszt und dessen damaligen Schülern seine Kunstrichtung, wie er sie später in mehreren Aufsätzen der »Neuen Zeitschrift für Musik« dargelegt hat, bestimmte. Als Musikdirector des Stadttheaters nach Posen berufen, befestigte er sein Talent für die Direction; eine gleiche Stellung nahm er später (1866) einen Winter hindurch in Breslau ein. In letzterer Stadt liess er sich bis 1871 dauernd nieder und leitete mit grosser Umsicht den dortigen Orchesterverein, den er auf eine hohe Stufe reproducirender Fähigkeit brachte. Seine Bestrebungen, die Liszt-Wagner'schen Kunstdoctrinen in Breslau einzubürgern und der dabei gefundene Widerstand, bereiteten ihm jedoch solchen Verdruss, dass er gern eine vortheilhafte Offerte des grossen Gesangvereins »Arion« in Newyork annahm und im Sommer 1871 als Dirigent des genannten Vereins nach Amerika ging. Als europäische Capacität empfangen, ist er bereits vielfach als Violinvirtuose, so wie als Vocal- und Instrumental-Dirigent in Newyork aufgetreten und hat auch im October desselben Jahres die Redaction der dortigen »Musikzeitung« übernommen, die er allem Anschein nach im Sinne der sogenannten neudeutschen Partei führen wird. — Als Componist hat sich D. in einer Ouvertüre für Orchester, einigen Violinstücken und Liedern als begabt gezeigt, wenn auch in allen diesen Werken der Eklekticismus vorherrscht und freie Erfindung gering erscheint. Auch sein Violinspiel ist von hervorragender Bedeutung; seine Technik lässt jedoch tiefere und gründlichere Durchbildung, wie sie von dem Virtuosen ersten Ranges verlangt, vermissen. Allseitiges Lob hat seine Methode, das Orchester zu dirigiren, gefunden. — Seine Gattin, Helene D., eine treffliche, feinsinnige Liedersängerin.

Damse, Joseph, polnischer Operncomponist, geboren im J. 1788 in Warschau, betrat im J. 1814 die theatralische Bahn und wirkte in Dramen, Comödien und Opern als Dirigent; doch am meisten nützte er der polnischen Nationalbühne durch seine Musikarbeiten. Er schrieb 26 komische Operetten, 17 Vaudevilles, mehr als 30 Melodramas und 7 Ballette. Auf dem Gebiete der Operette hatte er kein grosses Glück. Seine Oper »*Klarynecik magnetyczny*« (Text von Dmuszewski), die im J. 1820 aufgeführt wurde, sowie die Opern: »*Nocleg v zamku*« (Das Nachtlager im Schlosse) Text nach dem Französischen von Kudlicz (1821 aufgeführt) — »*Kluska*« (Der Käfig) Text nach dem Deutschen (1822 aufgef.) — »*Dawne czasky*« (Die vergangenen Zeiten) Text nach dem Französischen von Godebski (1826 aufgef.), die er mit Jos. Stephani gemeinschaftlich componirte, hatten nur einen geringen Erfolg. In Folge dessen wollte er nicht mehr das Gebiet der Opernmusik betreten. Erst im J. 1844 trat er noch einmal mit der Oper: »*Kontrabandzista*« (Der Schleichhändler) auf, die trotz einiger gelungenen Nummern nur 3 Vorstellungen erlebte. D.'s Melodien sind leicht, fliessend aber entbehren der Originalität. Er starb am 15. Dezember 1852 im Dorfe Rudno bei Warschau auf dem Gute seiner Tochter Therese, die eine berühmte dramatische Künstlerin war. M—s.

Dana, Giuseppe, italienischer Componist, ein Schüler Fenaroli's, der in der letzten Hälfte des 18. Jahrhunderts zu Neapel lebte. Er schrieb 1791 für das San Carlo-Theater die Musik zu den Ballets: »*La finta pazza per amore*« und »*La festa campestre*«.

Danby, John, englischer Tonkünstler, der zu Ende des 18. und im Anfange des 19. Jahrhunderts zu London lebte. Bei seinen Zeitgenossen war er seiner *Glee's* halber besonders hochgeschätzt. Er starb 1807 in London. Eine grössere Sammlung seiner *Glee's* erschien 1794 und fand auch in Deutschland viele Verehrer. Auch hatte D. eine Gesangschule errichtet, die sehr gerühmt wurde und für die er das Elementarwerk »*La guida alla musica vocale*« (London, 1787) verfasst hatte.

Dance, Name eines sonst ganz unbekannten Pianofortecomponisten in englischen Musikverzeichnissen, wahrscheinlich identisch mit dem weiter unten folgenden Danzi (s. d.).

Danckelmann, William Bonaventura, Freiherr von, ein eifriger, wohlthätig wirkender Musikfreund und guter Violinspieler, geboren 1777 zu Hugli in Bengalen, machte sich als Landrath mehrerer Kreise in Thüringen durch seine ausserordentlichen Bemühungen um das Musikleben der Provinz Sachsen sehr verdient. Er starb 1833 zu Erfurt. — Ein anderer Freiherr von D., Ernst mit Vornamen, geboren am 21. Novbr. 1805, welcher am 1. Febr. 1855 als Oberstlieutenant und Militair-Gouverneur des Prinzen Albrecht zu Berlin starb, war gleichfalls ein trefflich gebildeter Musikliebhaber und hat einen »Fackeltanz zur Vermählung der Prinzessin Charlotte von Preussen« (Berlin, 1850) componirt, welcher bei den betreffenden Festlichkeiten im königl. Schlosse zu Berlin aufgeführt wurde.

Danckert, Ghiselini, ein berühmter Contrapunktist, päpstlicher Vorsänger und Clericus und, nach Adami's Angabe, einer der besten Madrigalcomponisten in der Mitte des 16. Jahrhunderts, war auch einer der Richter in dem berühmt gewordenen Streite über die musikalischen Tonarten zwischen Vincentino und Vincenzio Lusitano. Die meisten der Compositionen D.'s sind bis auf 2 Bücher vier-, fünf- und sechsstimmiger Madrigale (Venedig, 1559) verloren gegangen; nur wenige seiner Motetten findet man in der 1554 zu Augsburg erschienenen Sablingerschen Sammlung. Für Dankert findet sich übrigens auch Danckers geschrieben. Die neuere Forschung hat ergeben, dass D. zu Tholen in Zeeland geboren, in den Niederlanden musikalisch gebildet worden war und als Sänger der päpstlichen Kapelle unter Paul III., Marcellus II., Paul IV. und Pius IV. fungirt hatte. Er darf nicht mit Jean Ghislain verwechselt werden, von dem schon 1513 bei Petrucci da Fossombrone in Venedig ein Buch Messen erschienen war.

Dancla, Jean Charles, vortrefflicher französischer Violinvirtuose und Componist für dieses Instrument, geboren am 25. Decbr. 1818 zu Bagnères de Bigorre in den Pyrenäen, wandte sich schon früh mit grosser Vorliebe dem Violinspiele zu und konnte sich als zehnjähriger Knabe mit Beifall öffentlich hören lassen. Rode, der ihn damals mit Erstaunen kennen lernte, vermittelte D.'s Aufnahme in das Pariser Conservatorium, wo derselbe Guerin, später Baillot zu Violin- und Berton und Halévy zu Compositionslehrern erhielt. Vielfach durch Preise (auch vom Institut de France für Composition einer Cantate) ausgezeichnet, verliess er das Conservatorium, trat in zahlreichen Concerten selbstständig oder mitwirkend als Virtuose auf und wurde als erster Violinist, dann als Sologeiger in das Orchester der Grossen Oper gezogen. Beim Conservatorium wurde er zum Hülfslehrer und 1860 zum wirklichen Professor ernannt. Als Componist zeichnen ihn leichte, wenn auch nicht tiefe Erfindung, grosse Gewandtheit und eine angenehme, fliessende Schreibart aus; seicht ist seine Feder nur in den allzu zahlreichen, auf Bestellung der Verleger angefertigten Opernfantasien. Dagegen besitzen seine vielen für Schulzwecke gelieferten Arbeiten instruktiven Werth und haben sich als sehr brauchbar erwiesen. Seine übrigen Compositionen bestehen in Concerten, Duo's, Solo's, Variationen; auch Streichquartette und Claviertrios hat er geschrieben. — Seine beiden jüngeren Brüder, Arnaud und Leopold D., in Verein mit welchen Charles D. alljährlich in Paris sehr geschätzte und beliebte Kammermusikabende veranstaltete, sind ebenfalls als tüchtige auf dem Conservatorium gebildete Künstler zu erwähnen; der erstere war Violoncellist und ist 1862 in seinem Geburtsort Bagnères de Bigorre gestorben, der andere ist Violinist und Beide waren wie der älteste Bruder im kaiserl. Theaterorchester angestellt.

Dandrieu, Jean François, vortrefflicher französischer Componist und Orgelspieler, geboren 1684 zu Paris, gestorben am 16. Jan. 1740 ebendaselbst als Organist an den Kirchen St. Méry und St. Barthélémy. Seine Clavier- und Orgelwerke waren von den Zeitgenossen sehr geschätzt, ebenso seine Sonaten für Streichtrio und eine Reihe von Noëls etc. Besonders bekannt wurde ein von ihm verfasster »*Traité de l'accompagnement de Piano*« (Paris, 1719), der noch zweimal, 1727 und 1777, neue Auflagen erlebte.

Dankers, Ghislain, s. Danckers.

Daniel. Zwei ältere Componisten, von denen sonst nichts weiter bekannt ist, werden erwähnt, der ältere als ziemlich bedeutender französischer Tonkünstler vom »*Mercure galant*« Decbr. 1678 p. 65, der andere in Rellstab's Musikverzeichniss von 1786 mit drei Sonaten für Clavier und Violine *op.* 1, die in Amsterdam erschienen sind.

Daniel, Johann, ein im Anfange des 17. Jahrhunderts wirkender deutscher Lautenist hat für sein Instrument einige Stücke herausgegeben unter dem Titel: »*Thesaurus Gratiarum*« (Hanau, 1625, 2 Theile). Vgl. *Draudii Bibl. Class. germ.*

O

Daniel, Salvador, ein talentvoller französischer Tonkünstler, geboren 1831 in Paris, wurde anfangs von seinem Vater, einem Musiklehrer, auf der Violine unterrichtet und später auf dem Conservatorium allseitig musikalisch ausgebildet. Um 1858 begab er sich nach Algier, wo er Dirigent des französischen Gesangvereins wurde und sich mit grossem Eifer mit der orientalischen Musik, besonders mit der der Araber beschäftigte, unzählige orientalische Melodien aufzeichnete und durch Bearbeitung dem abendländischen Musikgeschmack zugänglich machte. Die Resultate dieser Bemühungen hat er in eine Brochüre, betitelt: »*La musique des Arabes*« (Algier, 1863), sowie in einige Musikalbums niedergelegt. Im J. 1866 kehrte er in seine Vaterstadt zurück und wurde als Musikdirektor einer Kapelle engagirt, welche in dem vom Prinzen Napoleon an Speculanten verkauften pompejanischen Palast Abendconcerte, hauptsächlich untermischt mit den von D. gesetzten arabischen Musikstücken, veranstalten sollte. Aus Mangel an Theilnahme ging jedoch diese Unternehmung bald ein, und D. lebte seitdem harmlos und still als Musiklehrer und Orchestergeiger in Paris. Während der Invasion der Deutschen Heere 1870—1871 betheiligte er sich als Journalist an der Revolution und wurde nach Auber's Ableben, Mitte Mai 1871, von der Commune zu dessen Nachfolger als Direktor des Conservatoriums ernannt. D. bekleidete diese Stellung, der er selbst unter günstigen Verhältnissen nicht gewachsen gewesen sein würde, nur wenige Tage. Bei der Einnahme der Stadt durch die Versailler Truppen wurde er von der ruchsüchtigen Soldatesca in seiner Wohnung, in der *Rue Jacob*, aufgesucht und, angeblich weil er Widerstand leistete, niedergestossen. Er starb von Wunden bedeckt am 29. Mai 1871. Die Angabe, dass er auf der Barrikade kämpfend gefallen sei, ist ebenso unrichtig, wie die damalige Zeitungsnachricht, dass der Nachfolger Auber's Friseur gewesen sei.

Danielis, deutscher Tonkünstler, als Capellmeister zu Güstrow angestellt, lebte um 1670.

Danjou, Jean Louis Felicien, französischer Tonkünstler und Musikgelehrter, geboren am 21. Juni 1812 zu Paris, wandte sich der Musik erst um 1828, aber mit solchem Eifer zu, dass er bereits 1830 Organist bei den *Blancs-manteaux* wurde, 1834 an der Kirche St. Eustache und 1840 an Notredame. Neben seinen Amtsgeschäften beschäftigte er sich angelegentlichst mit der Reform des französischen Kirchengesangs und Orgelbaues, machte für diese Zwecke viele Reisen und kostspielige Versuche und gründete sogar, nachdem er eine Schrift »*De l'état et de l'avenir du chant ecclésiastique en France*« (Paris, 1844) veröffentlicht hatte, ein eigenes periodisches Organ, betitelt: »*Revue de la musique religieuse populaire et classique*«. Die Gleichgültigkeit und der Widerstand der Organisten, Geistlichen und des Publikums hemmte das Weitererscheinen dieser Zeitung und dazu kam noch, dass D. durch die Revolution von 1848 den Rest seines Vermögens verlor. Gänzlich entmuthigt zog sich D. erst nach Marseille, dann nach Montpellier zurück und beschäftigte sich, als er endlich wieder nach Paris zurückgekehrt war, ausschliesslich mit Telegraphie. — Seine zahlreichen Artikel in obengenannter *Revue*, in der *Gazette musicale de Paris*, im *Dictionnaire de la conversation* und in der *Encyclopédie du XIX. siècle* zeugen von den trefflichsten Kenntnissen, namentlich in musikhistorischer und bibliographischer Hinsicht. Herausgegeben hat er ausserdem Messen und andere Kirchensätze, sowie folgende Sammlungen: »*Chants sacrés de l'office divin*« (Paris, 1834), »*Recueil de tous les plain-chants du rit parisien en faux bourdon à quatre voix*« (8 Bde., Paris, 1835), »*Répertoire de musique religieuse*« (3 Bde., 1835) etc.

Dann, deutscher Componist, dessen Name aber nur noch durch drei Sonaten für Violine und Clavier (Heilbronn, 1797) bekannt ist.

Danneley, John Feltham, englischer Organist, Musiklehrer und musikalischer Schriftsteller, geboren 1786 zu Oakingham in Berkshire als Sohn eines Vorsängers im Kirchenchor zu Windsor. Sein Vater unterrichtete ihn im Clavier- und Orgelspiel, Samuel Webbe in der Composition. Durch Zufall um die ihm zugesicherte reiche Erbschaft seines Onkels gebracht, warf er sich um so eifriger auf die Musik, die er bereits aufgegeben hatte und nahm u. A. noch bei Wölfl Clavierunterricht. Als Musiklehrer ging er hierauf nach Ipswich, wo er in der Folge auch Organist wurde. Sein Lerneifer trieb ihn 1816 nach Paris, um bei Reicha Composition, bei Pradher das höhere Clavierspiel zu studiren. Dann erst liess er sich in London dauernd nieder, wo er bis zu seinem Tode im J. 1836 als Musiklehrer wirkte. Ausser einigen leichten Clavier- und Gesangstücken veröffentlichte er eine »Encyclopädie oder musikalisches Wörterbuch« (London, 1825), ein sehr oberflächlich und leichtfertig zusammengestelltes Werk, und eine »Musikalische Grammatik« (London, 1826), die aber nur die Anfangsgründe der Musik behandelt.

Danner, Christian, ein rühmlichst bekannter deutscher Violinist, geboren 1745 zu Mannheim, war der Sohn und Schüler des kurpfälzischen Hofmusikers Georg Danner und trat 1761 gleichfalls in die kurfürstliche Kapelle, mit welcher auch Vater und Sohn 1778 mit nach München übersiedelten. Im J. 1783

wurde D. als herzogl. Concertmeister nach Zweibrücken berufen und ging in gl‹
cher Eigenschaft 1792 nach Karlsruhe, wo er 1816 starb. Sein Vater, den er ;
sich genommen hatte, war bereits im J. 1800 verschieden. D.'s ausgezeichne
ster Schüler war der berühmte Violinist Friedr. Eck. — In den Druck gelangt‹
von D.'s compositorischen Arbeiten Solostücke für Violine und Violinduette; e
Violinconcert in *Fdur*, das man als sein Meisterwerk pries, blieb, wie viele ande
seiner Compositonen, Manuscript.

Dannström, J o h a n n, schwedischer Gesangcomponist, der in Stockholm a
Gesanglehrer lebt, hat Operetten, Singspiele und namentlich zahlreiche gemüt:
volle, innig empfundene Lieder geschrieben, die in Schweden nächst den Lindbla‹
schen zu den verbreitetsten und populärsten der neueren Zeit gehören.

Danysz, K a s i m i r, sehr begabter junger Componist der neuesten Zeit, g
boren am 24. März 1840 zu Posen, wo er auch seine wissenschaftlichen und erst‹
musikalischen Studien machte. Im J. 1861 trat er in das von A. W. Bach geleite
Kirchenmusik-Institut zu Berlin, in dem er drei Jahre verblieb, worauf er $2^1/2$ Jah₁
lang Schüler der Akademie und Ed. G r e l l 's war. Zu gleicher Zeit benutzte ‹
den Privatunterricht L ö s c h h o r n 's im Clavierspiel und F l o d. G o y e r 's iu d‹
Composition. Als Componist trat er 1869 und 1870 mit Clavierstücken, ein- un
mehrstimmigen Gesängen hervor, die eine anziehende und selbstständige Erfi₁
dungsgabe und gute Arbeit verrathen. D., von dem noch Bedeutendes zu hoffe
ist, lebt gegenwärtig als Musiklehrer und Dirigent eines Dilettanten-Orchesterve₁
eins sowie eines Gesangvereins zu Berlin.

Danzel, J o h n, ein englischer Baccalaureus der Musik, der um 1604 als O₁
ganist und Musikdirektor an der heil. Geistkirche zu Oxford angestellt war. 1
der musikalischen Literatur ist er bekannt durch seine *»Songs for the Lute, Vi‹
and Voice«* (London, 1606).

Danzi, sehr geschickter und fruchtbarer deutscher Componist, geboren a₁
15. Mai 1763 zu Mannheim (nicht zu Schwetzingen), war der Sohn des kurpfälzi
schen Hofmusikers und Violoncellisten I n n o c e n z D. Dieser bildete ihn von frü
auf gründlich in der Musik aus, wie in der Elementarlehre im Allgemeine₁
so im Singen, Clavier- und Violoncellospiel speciell. Auf letzterem Instrument
zunächst erlangte er eine solche Fertigkeit, dass er schon in seinem 15. Jahre iu di
kurfürstliche Hofkapelle gezogen wurde. Bereits damals hatte er auch verschieden
Tonsätze geschrieben, die allgemein als talentvoll anerkannt wurden. Doch ka₁
es zu einem geregelten Unterricht in der Compositionslehre erst, als der Aufent
halt des Abt Vogler in Mannheim, später in München dem jungen D. die e₁
wünschte Gelegenheit darbot, bei einem anerkannten Meister studiren zu könne₁
Unter den Hofmusikern, welche die kurfürstl. Kapelle bei deren Uebersiedelun
nach München, im J. 1778, nicht verliessen, befand sich auch D., auf dessen W‹
terbildung das grossartigere und anregende Kunstleben der bairischen Hauptst₁
höchst vortheilhaft einwirkte. In Folge dessen trat er mit grösseren und umfa₁
reichen Werken als Componist in die Oeffentlichkeit, namentlich mit Opern ₁
Singspielen, wie: der »Sylphe«, »Azakia«, »der Triumpf der Treue«, die zwar gro
Anerkennung fanden, sich aber auf der Bühne nicht zu behaupten vermocht‹
Auch drei andere Opern: »der Kuss«, die »Mitternachtsstunde« und »Iphigen₁
gefielen sehr, ohne nachhaltigen Erfolg zu haben. Treffliche Stücke sind in all
diesen Partituren enthalten, ausdrucksvoll und gesangreich sind sie sämmtlich, ₁
es tritt namentlich eine richtige und sorgsame Behandlung des Textes hervor, a‹
es fehlt ihnen der Glanz origineller, selbstständiger Erfindung, die Schärfe in d
Zeichnung der Charaktere, wie sie bei Gluck und Mozart vorwaltet, und die G
nialität der Ausarbeitung. Nach einem mehrjährigen Urlaube, den er zu Kun₁
reisen mit seiner Gattin, der geistreichen und seelenvollen Sängerin M a r g a r e t
D., benutzte, kehrte D. ruhmgekrönt als Virtuose und Dirigent nach Münch‹
zurück, und er wurde 1797 zum Vice-Hofkapellmeister ernannt. Der Tod sei₁
Gattin, am 11. Juni 1800, der auch die ganze damalige Kunstwelt schmerzlich ‹
rührte, beugte ihn tief nieder und verleidete ihm den Aufenthalt an einem O₁

der als Schauplatz der Triumphe der zu früh Dahingerafften ihm nur schmerzliche
Erinnerungen bot. Er nahm daher gern das ihm offerirte Amt eines Hofkapellmeisters in Stuttgart an und siedelte 1807 dorthin über. Doch sah er sich in Folge
der eintretenden eingreifenden Veränderungen, die sich vom Staat auch auf das
Hoftheater und die Kapelle verpflanzten, veranlasst, sich um die Kapellmeisterstelle am baden'schen Hofe zu bewerben, die er erhielt und die ihn nach Karlsruhe
führte, wo er still und eingezogen lebend, am 13. Apr. 1826 starb. — Obwohl kein
Meister ersten Ranges, besitzt D. doch den wohl erworbenen Ruhm eines soliden
und geschickten Musikers, in dessen Vocalwerken innige Empfindung und schöner
Ausdruck vorherrschen. Da sie den Stempel der Zeit tragen, so sind sie über-
ragenderen Arbeiten Anderer gegenüber fast in Vergessenheit gerathen, mehr aber
noch seine Instrumentalwerke, bestehend in Sinfonien, Sextetten, Quintetten, Quartetten und Concerten für verschiedene Instrumente, namentlich aber für Violoncello etc.,
an denen die Beethoven'sche Umwälzung der Orchestermusik ohne Einwirkung
vorübergegangen ist. Seine zahlreichen Messen, Vespern, Magnificats, Te deen
und Cantaten sind meist Manuscript geblieben, ein- und mehrstimmige Lieder von
ihm sind dagegen im Druck erschienen und verlohnen näherer Bekanntschaft. Den
hervorragendsten Werth behaupten noch immer seine trefflichen Singübungen, die
weit verbreitet sind und noch zur Stunde einen ergiebigen Unterrichtsstoff bilden,
wie denn überhaupt D. einer der vortrefflichsten deutschen Gesanglehrer gewesen ist.

Danzi, Margarethe, die berühmte Gattin des Vorigen, eine gefeierte, leider
zu früh gestorbene Sängerin, war die Tochter des bekannten Münchener Theater-
direktors Marchand und in der baierischen Hauptstadt im J. 1768 geboren. Schon
als zartes Mädchen war sie durch ihre gelungene und liebenswürdige Darstellung
von Kinderrollen beim Publikum beliebt, und da sie nicht blos zur Schauspielerin,
sondern zugleich zur Sängerin, damaliger Kunsterziehung gemäss, bestimmt war,
so bildete sie sich im Gesang bei der berühmten Lebrun (s. d.), der Schwester
ihres nachmaligen Gatten, im deutschen und italienischen Vocalstyle auf's Trefflichste aus und erwarb sich gleichzeitig den Ruhm einer ausgezeichneten Clavierspielerin. Im J. 1787 debütirte sie in der grossen Oper und zwar in »Castor und
Pollux« von Vogler, und von Rolle zu Rolle wurde sie mehr und höher in München gefeiert. Sie heirathete 1790 den damaligen Hofmusiker Franz Danzi und
trat mit demselben ein Jahr später eine mehrjährige, sehr erfolgreiche Kunstreise
an. Am längsten verweilte das junge Ehepaar in Leipzig und Prag, wo Beide bei
der trefflichen Guardasoni'schen Operngesellschaft, die abwechselnd in beiden Städten
spielte, er als Musikdirektor und sie als erste Sängerin engagirt wurden. Besonders als Susanna in Mozart's »Figaro«, Carolina in Cimarosa's *Matrimonio segreto*
und Nina in Paisiello's gleichnamiger Oper war sie eine gefeierte, vielbewunderte
Erscheinung. In den Jahren 1794 und 1795 bereisten die beiden Gatten Italien
und errangen, namentlich in Venedig und Florenz, nicht geringeren Beifall als in
Deutschland. Kränklichkeit Margarethe's war 1796 die Ursache der Rückkehr
nach München; ihr Zustand verschlimmerte sich von Jahr zu Jahr mehr und ging
1799 in eine schnelle Auszehrung über, die sie am 11. Juni 1800 dahinraffte, nachdem sie, einem leuchtenden Meteore gleich, allenthalben eben nur vorüberge-
zogen war.

Daphnis, ein Sohn des Hermes (Mercur) und einer Nymphe, der Erfinder der
bukolischen Poesie, welcher seine Heerden am Fusse des Aetna weidete und hierbei
von dem Pan selbst in der Musik unterrichtet wurde, entflammte die Liebe einer
Nymphe, ward jedoch derselben später gegen sein Versprechen untreu und zur
Strafe dafür von ihr in einen Stein verwandelt, nach Theokrit aber von Liebe
aufgezehrt.

Daquin oder **D'Aquin,** Doktor der Medizin zu Paris, dessen Lebenszeit in die
Mitte des 18. Jahrhunderts fällt, ist u. A. der Verfasser eines literarhistorischen
Werks, betitelt: »*Le siècle littéraire de Louis XV.*«, worin in acht werthvollen Briefen Abhandlungen über Tonkünstler und den damaligen Stand der Musik enthalten sind.

Daquin, Louis Claude, s. Aquin d'.

Daquoneus, Johannes, ein Contrapunctist des 16. Jahrhunderts, von dessen in Venedig 1567 gedruckten Gesängen noch vorhanden sind: *»Madrigali a 6 e 7 voci«* und *»Madrigalia 4 vocum«.*

Darábukkeh ist der Name einer Paukenart der Araber, deren Körper eigenthümlich gestaltet ist und aus Holz oder gebranntem Thon gefertigt wird. Dies Iustrument hat die Gestalt einer inwendig hohlen Vase, deren Fuss etwa 19 Centimeter lang ist. Ueber die weite Oeffnung der Vase wird ein Membran dadurch gespannt, dass man es auf den Rand des Instrumentkörpers festklebt, weshalb die Stimmung nicht geändert werden kann. Diese Pauke nimmt der Spieler derselben beim Gebrauche so, dass er den Vasenfuss mit dem linken Arme umschlingt, und lässt durch Schläge mit der rechten Hand auf die Mitte des Membran geführt, oder durch Fingerschläge mittelst der linken Hand auf den Rand des Felles dieselbe ertönen. Die D. ist die gewöhnliche Begleiterin von Seiltänzern, Jongleuren, herumziehenden Musikern und Tänzern.   0

Darben, Johann, dänischer Professor der Musik, Mitglied der königl. Kapelle und Instructor am Hofopernheater in Kopenhagen, geboren ebendaselbst um 1750, erhielt die Grundlage zu seiner Musikbildung vom Secretair Freithoff. Da er sich besonders im Violinspiel auszeichnete, so gewährte ihm der König von Dänemark 1770 die Mittel zu einer Studienreise nach Italien. Nach siebenjähriger Abwesenheit, während welcher er vier Jahre beim Pater Martini in Bologna Composition studirt hatte, kehrte er in sein Vaterland zurück und erhielt auf Martini's einflussreiche Empfehlung die Stellung als erster Lehrer an der königl. Gesangschule in Kopenhagen, in welcher Stellung er viele Schüler auf's Trefflichste ausbildete. Seinem Wunsche, ganz in Italien leben zu dürfen, kam der ihm wohlgewogene König entgegen, indem er ihn 1784 zum dänischen General-Consul in Italien ernannte. Aber noch ehe er dahin abging, fiel D. aus unbekannter Veranlassung in Ungnade, verlor alle seine Aemter und wurde mit der geringen Pension von 600 Thalern in den unfreiwilligen Ruhestand versetzt. D. zog sich hierauf nach Friedensburg auf der Insel Seeland zurück, gab jede künstlerische Beschäftigung auf und starb daselbst in grösster Eingezogenheit im J. 1810. — Von Compositionen D.'s weiss man nichts, als dass er in Italien, noch beim Pater Martini ein Stabat mater geschrieben hat.

Daranda ist der Name einer jetzt noch in Indien gebräuchlichen Trommel, die mit anderen Instrumenten zusammen verwerthet wird. Ein Exemplar derselben befindet sich im Museum der altindischen Compagnie zu London.   0

Darcis, François Joseph, französischer Operncomponist, geboren um 1756 zu Paris, war ein Schüler Gretry's und trat schon als Jüngling mit den komischen Opern *»La fausse peur«* und *»Le bal masqué«* in die Oeffentlichkeit. Die hochgespannten Erwartungen, welche diese Partituren erweckten, erfüllte D. leider ganz und gar nicht, da er sich einem ausschweifenden Lebenswandel ergab, der ihn von der Kunst ganz abzog. Da er hierbei auch in Conflikte mit der Polizei gerieth, so schickten ihn die Seinigen ihres Rufes wegen auf Reisen in das Ausland. D. wandte sich nach Russland, gerieth aber in St. Petersburg mit einem Offizier in Streit, wurde in Folge dessen in ein Duell verwickelt und verlor dabei sein Leben. Aus seinem Nachlasse erschienen noch im J. 1800: *3 nouvelles Romances avec Clavecin.*

Dard, französischer Fagottbläser und als solcher Mitglied der königl. Kapelle in Paris, hat Solostücke seiner Composition für Fagott oder Violoncello 1767 in Paris veröffentlicht.

Darda, ein berühmter hebräischer Sänger und Dichter aus dem Geschlecht der Leviten, Sohn Masala's. Vgl. 1. Könige 4, 31.

Dardänus aus Troizene, soll nach den altgriechischen und römischen Schriftstellern zuerst das Blasen auf Pfeifen erfunden und geübt haben. Vgl. *Plinius, hist. nat. VII. 56.*

Dargha oder **Sarkoh**, hebräisch: דַּרְגָּא, ist der Name eines der musikalischen Accentzeichen der Hebräer, das in dieser Form: ⟋ unter den letzten oder vorletz-

die Buchstaben des Wortes gesetzt wurde, auf welches sich dasselbe tonbestimmend
bezog. Die orientalischen Christen sollen, nach *Villoteau, de l'état actuel de la musique en Egypte* 2ᵐᵉ *partie, chap. VI, art. III*, wo dies Zeichen stand, folgenden
Tongang gesungen haben:

Folgt man der Auslegung Kirchers, so war dies Zeichen so: ſ gestaltet, hiess
Dorga und wurde durch folgenden Tongang wiedergegeben:

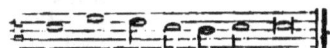

 Nach M. Nathan, *An Essay on the history of*

Music und anderen Autoren heisst das Zeichen Dargha und wird nach Bartho-
locci, *Bibliotheca magna rabbinica* von englischen Juden dafür die Melodie:

 und von spanischen:

 gesungen, wenn das Zeichen im Text befindlich. M. Naun-

bourg, ein hoher Beamter am Tempel und Mitglied des Consistoriums zu Paris,
gibt in seinem Werke: »*Chants religieux des Israélites, contenant la liturgie complète de la synagogue, des temps les plus reculés jusqu'à nos jours*« (Paris, 1847)
Tafeln, die in Noten die in den verschiedenen Büchern der Bibel vorkommenden
Accente zeigen. Für den Accent D. sieht man dort für's zweite Buch Mose an-

wendbar diese Melodie: , für's Neujahr etc. ist fast der-

selbe Tongang aufgestellt. Ueberhaupt ist letztgenanntes Werk behufs Weiterforschung in diesem Gegenstande zu empfehlen.   O

Dargomyžský, Alexander V., russischer Operncomponist, geboren 1813 auf
dem Gute seines Vaters im Smolensker Gouvernement, bekundete schon frühzeitig
bedeutende Musikanlagen; denn er componirte bereits im 12. Jahre seines Alters
als Autodidakt verschiedene Romanzen und Pianopiecen. Im J. 1830 glänzte er
in Petersburg als ausgezeichneter Pianist und schloss 1832 innige Freundschaft
mit M. J. Glinka (s. d.) und dem dramatischen Dichter N. V. Kukolnik, die ihn
aufmunterten, sich völlig der Musik zu widmen. Im J. 1839 vollendete D. seine
erste russische Oper, betitelt »*Esmeralda*«, die aber erst 9 Jahre darauf, im J. 1847,
nach seiner Rückkehr aus der Fremde, wo er u. A. die Bekanntschaft mit G. Meyerbeer, Auber, Halévy gemacht hatte, aufgeführt wurde. Angespornt durch den
günstigen Erfolg seiner Erstlingsoper componirte er im J. 1845 die lyrische Oper:
»*Bacchus' Sieg*«, die aber nicht zur Aufführung gelangte. Im J. 1855 vollendete er
seine dritte Oper »*Die Nymphe*« (*Rusalka*), die im J. 1856 mit grossem Erfolg in
Petersburg aufgeführt wurde und sich von jener Zeit an auf dem Repertoir der
russischen Oper dauernd erhalten hat. Ausserdem schrieb er eine Operette »*Ko-
zack*« (Der kleine Kosak), die in Moskau sehr gefiel. In der letzten Zeit seines
Lebens arbeitete er an der Oper «*Kamenyj gost*« oder auch Don Juan (Text von
Puškin), die er zwar vollendete, aber nicht mehr instrumentirte, da er daran durch
Krankheit verhindert wurde. Er starb am 17. Januar 1868. — Ausser den genannten
Opern schrieb D. eine grosse Menge köstlicher Romanzen und Orchesterfantasien,
welche, sowie auch seine dramatischen Arbeiten, sich mehr durch zarte, mosaik-
artige Bearbeitung als durch Energie und Kraft auszeichnen. Seine Melodien sind
grösstentheils edel und poetisch. Sein Schwanenlied — die Oper Don Juan —
werden seine Schüler Balakirev und Kuj instrumentiren und zur Aufführung
bringen.   M—s.

Darley, englischer Tonkünstler, einer der Orchesterdirektoren im Vauxhall zu London, starb zu Anfang des 19. Jahrhunderts daselbst.

Darmsaiten werden diejenigen Saiten (s. d.) genannt, welche aus Gedärmen verfertigt werden. Von allen thierischen Stoffen, wie: gedrehte Haare, Hautstreifen, Sehnen u. s. w., welche ausser dem Gespinnste der Seidenraupe zur Anfertigung von Saiten im Laufe der Zeiten benutzt wurden, haben sich Gedärme, besonders die junger Lämmer, am geeignetsten zur Herstellung tonerregender, kräftig- und wohlklingender Saiten gezeigt. Bereits im Alterthume wurden Musikinstrumente mit D. bezogen, welche auf mehr oder weniger kunstvolle Weise hergestellt waren. Wie an der Entwickelung der Musik und der Musikinstrumente, so auch haben an der Vervollkommnung der Fabrikation von D. in den letzten Jahrhunderten die Italiener den hervorragendsten Antheil genommen. Noch jetzt werden die klangvollsten und zugleich dauerhaftesten D. in Italien gefertigt und kommen unter dem Namen: „romanische" oder: „neapolitanische" Saiten nach allen Weltgegenden in den Handel. Als der berühmteste Fabrikant und eigentliche Begründer des günstigen Rufes, in welchem italienische D. stehen, ist A. Angelucci, geb. 1720, gest. 1765 zu Neapel, anzusehen. — Das Verfahren, nach welchem in Italien D. im Allgemeinen verfertigt werden, besteht in Folgendem: Es werden Därme von 7 oder 8 Monate bis höchstens 1 Jahr alten Lämmern ausgewählt, die dickeren Enden der oft bis 50 Fuss langen Eingeweide abgeschnitten, diese Därme in frischem Zustande aufgeschlitzt und sogleich gereinigt, damit sie ihre helle Farbe behalten. Sodann werden sie nach ihrer Güte und Stärke sortirt und die feinsten, schmalsten Stücke für die dünnsten Saiten, die stärkeren für die dicken Saiten ausgewählt. Zur Entfernung der Schleimhäute, des Fettes und aller fremdartigen Bestandtheile werden die Därme, nachdem die einzelnen Sorten an ihren schmalen Enden vereinigt worden, auf 24 Stunden in frisches Wasser, welches öfters erneuert wird, gelegt. Nach dieser Maceration wird auf einem etwas geneigten Bretto die Oberhaut der Därme und aller Schleim aus dem Innern mit dem abgerundeten Rücken eines Messers abgestreift; hierdurch verwandeln sich die Därme in dünne, durchsichtige Häutchen. Dieser so zubereitete Saitling wird hierauf in eine Beize, von den Italienern *aqua forte* genannt, gelegt, welche hauptsächlich aus zersetzter verdünnter Weinhefe besteht, die nach ihrer Zersetzung nicht mehr sauer reagirt, sondern alkalisch wirkt. Zuerst gelangen die Saitlinge zu je 10 Stücken in eine schwache, aus 4 Pfund Hefe und 200 Mass Wasser zusammengesetzte Lauge, welche viermal des Tages gewechselt wird, wobei man jedesmal die Därme eine Stunde lang in freier Luft hängen lässt. Mit jedem Tage wird der Lauge mehr Hefe zugesetzt, bis sich nach 8 Tagen das Verhältniss auf 20 Pfund Hefe zu 200 Mass Wasser beläuft. Während dieses Beizens werden die Saitlinge immer reiner und klarer, quellen immer mehr auf und schwimmen endlich auf der Oberfläche. Sobald dies erfolgt, werden sie aus der Beize genommen, mit frischem Wasser von aller Lauge gereinigt und sogleich gesponnen, d. h. gedreht. Zum Drehen bedient man sich eines gewöhnlichen Seilerrades von 3 Fuss Durchmesser. Die Drehung muss von beiden Enden aus in gleichmässiger Bewegung sehr vorsichtig und genau ausgeführt werden, damit die Saite eine vollkommen cylindrische Form erhalte. Je nach dem Grade der Stärke oder Dicke, welche man der D. geben will, werden eine grosse Anzahl Saitlinge von entsprechender Stärke zusammengedreht. Zu den dünnsten, am höchsten klingenden Mandolinsaiten werden zwei ganz schwache Saitlinge, zu Violinquinten drei bis vier, zur $\bar{a}$ Saite vier stärkere Fäden, zu $\bar{d}$ sieben bis acht Saitlinge gebraucht; Violoncell a erhält neun, d zwölf bis vierzehn Fäden; zu den Contrabasssaiten werden die stärksten Därme in ähnlichem Zahlenverhältnisse genommen. Die Drehung wird nur allmählig in Graden, auf zwei, drei bis vier Mal ausgeführt. Nach jeder Drehung werden die Saiten, während sie noch nass sind, auf einen Holzrahmen gezogen, der 5 Fuss lang und 2 Fuss breit ist. An den Seiten des Rahmens befinden sich hölzerne Pflöckchen, über welche die Saite, soweit sie reicht, gezogen und mässig gespannt wird. Haben die Saiten die erste ‚gelinde‘ Drehung erhalten, so nimmt man sie von der

Spindel, spannt sie wieder auf den Rahmen und bringt sie nun in die Schwefel-kammer, welche gewöhnlich 12 Fuss ins Gevierte hat. Die Kammer wird mässig ge-heizt, so dass die Saiten binnen 24 Stunden ziemlich, aber nicht ganz trocken sind. Sobald die Saiten etwa halb trocken sind, was nach ungefähr 12—14 Stunden der Fall ist, zündet man in der Kammer in einer Schale 2¹/₂ Pfund Schwefel an, der gegen 6 Stun-den brennt. Nach etwa 24 Stunden nimmt man die nun weiss gebleichte Saite aus der Kammer, hängt sie wieder an die Spindel des Seilerrades und gibt ihr eine weitere oder die letzte Drehung. Hierauf glättet man sie, indem man Schnüre von Pferdehaaren um die Saite wickelt und damit andrückend an ihr auf und ab führt. Bei starken Saiten wiederholt man die Schwefelung, Drehung und Glättung noch ein- bis zwei-mal, und lässt die Saite zuletzt in freier Luft trocknen, was bei schönem warmem Wetter ungefähr 5 Stunden Zeit erfordert. Dann dürfen sich die Saiten, vom Rahmen losgemacht, nicht mehr zusammenziehen und darf sich keine, 4 oder 5 Zoll von ihrem Ende gehalten, durch ihre eigene Schwere biegen. Nun werden diese fertigen Saiten mit feinem Olivenöl leicht bestrichen, in Stücke von 6 bis 8 Fuss Länge geschnitten, über einen hölzernen Cylinder gewunden und zusam-mengebunden, wodurch sie jene Rollenform erhalten, in welcher sie als Bund oder Stock, ital. *Mazzo*, zu 30 Stück von je 3—4 Zügen verschickt werden. Das Be-streichen der Saiten mit Oel wird in neuerer Zeit in geringerem Masse angewendet, da die Saiten dadurch zu weich werden und an Klang verlieren würden; auch trägt das Ranzigwerden des Oels dazu bei, dass Saiten, welche aufbewahrt werden, bald verderben. Von gleich zweifelhaftem Werthe für die D. ist das Schwefeln, denn es greift die Saiten leicht zu sehr an, und beeinträchtigt dann ihre Haltbar-keit. Manche Fabrikanten unterlassen das Schwefeln desshalb ganz und liefern durch sorgfältiges Reinigen der Saitlinge dennoch helle, klare Saiten. — Eine gute D. muss einen vollkommen homogenen Cylinder bilden, ohne Wülste oder Knoten. Sie muss durchscheinend und elastisch sein, darf während des Aufziehens Farbe und Durchsichtigkeit nicht verlieren und muss sich, wenn sie kurze Zeit gespannt und ausgedehnt wurde, wieder bis fast zu ihrer ursprünglichen Länge zusammenziehen. Die helle Farbe und Durchsichtigkeit der Saite ist ein Beweis, dass dieselbe vollkommen gereinigt sowie fest und gut gesponnen ist. Diese Eigen-schaften gehen jedoch durch längeres Liegen und Austrocknen der D. wieder ver-loren; gute Saiten erhalten alsdann, da die Fäden sich stellenweise von einander loslösen, ein hellfleckiges Aussehen und erscheinen erst nach dem Aufziehen auf das Instrument, wenn sich die Fäden durch die Spannung wieder fester gelegt, gleichmässiger klar. Solche etwas zu alt gewordenen D. nützen sich früher ab, die Fäden fahren aus und hemmen die Schwingungen der Saite. Allzulange Zeit liegende D., namentlich die von geringerer Qualität werden trübe, dunkler und ver-lieren, besonders wenn sie eingeölt waren, ihre Elastizität. Neugefertigte D. hin-gegen klingen noch nicht in voller Schönheit und sprechen ziemlich schwer an. — Knoten oder Wülste, welche leicht bei geringerer Sorgfalt während des Spinnens oder durch ungleiche Stärke der Saitlinge entstehen, machen den Ton der D. unrein (falsch), die Saite kann in diesem Falle nicht in allen ihren Theilen gleichmässig schwingen und gibt Nebentöne an, welche, dem Hauptтone nahe-liegend, diesen ganz unbestimmt erscheinen lassen. Dieselbe Unreinheit des Tones entsteht, wenn die Dichtigkeit der Saite nicht in allen Theilen die gleiche ist. Nur selten findet man eine D., welche von so vollkommener Cylinderform und so gleichmässiger Dichtigkeit wäre, dass sie als vollständig rein tönend gelten dürfte. Selbst von den guten italienischen D. entspricht kaum die Hälfte von der Zahl der in einem Bunde befindlichen Saiten allen künstlerischen Anforderungen. Die Bemühungen, D., namentlich bereits fertige, durch irgend ein Verfahren zuver-lässig reintönend herzustellen, müssen leider stets von vornherein als erfolglos hin-gestellt werden, da die Fabrikation die dazu nothwendige, Alles berechnende Sorgsamkeit nicht zulässt, bei bereits fertigen D. aber deren Dichtigkeit nicht mehr zu verbessern ist. Etwaiges Glattschleifen oder ähnliche Manipulationen, welche angewendet werden, um die Form der D. genau cylindrisch zu machen,

haben den Nachtheil, dass dadurch der Zusammenhang der Fasern zerstört wird,
so dass sich die Saiten sehr bald abgreifen und ausfasern. Zwar machen Viele
damit Reclame, dass sie ein Verfahren reintönende, allen Ansprüchen genügende
D. herzustellen gefunden zu haben vorgeben, aber die musikalische Welt erfährt
weder jemals ihr wohlgehütetes, angebliches „Geheimniss", noch vermag sie die
daraus hervorgegangenen Resultate als gelungen anzuerkennen. Der Spieler bleibt
somit, wenn er eine möglichst reintönende D. zu besitzen wünscht, darauf angewiesen, aus der ganzen Länge einer Saite nach dem Augenmasse oder mit Hilfe
eines Saitenmessers (Chordometer) denjenigen Theil von der Länge eines Zuges
heraus zu suchen, welcher von gleichmässiger Stärke ist, und dieses Stück zum
Aufziehen zu wählen, die wulstigen, fehlerhaften Theile der Saite aber unbenutzt
zu lassen. Würde eine ganze Saite ohne weitere Rücksicht in einzelne Zuglängen
abgemessen und zertheilt werden, so würde möglicherweise gerade das beste Stück
durchschnitten und unter keinem dieser Züge eine reine Saite zu finden sein. Ist
ein anscheinend guter Zug gefunden, so prüfe man noch vor dem Aufziehen ob die
Schwingungen der Saite regelmässig sind oder nicht. Um dies zu erforschen, fasse
man beide Enden der Saite mit Daumen und Zeigefinger beider Hände, spanne
die Saite mässig stark an und setze sie durch Anstreifen mit dem vierten oder
kleinen Finger einer Hand in Schwingungen. Sind diese Schwingungen regelmässig, d. h. bilden sie folgende Figur ohne Nebenlinien:

so ist der Zug rein, laufen die Schwingungen aber unregelmässig zusammen, und
zeigt sich wie in nachfolgender Figur eine dritte Linie:

so ist die Saite unrein und kann nicht benutzt werden. Diese Art und Weise, die
Reinheit der D. zu prüfen empfiehlt schon Virdung (1511); M. Agricola (1545)
gibt ähnliche Rathschläge, indem er sagt:

> „Wenn Du ein gebindlin seyten auff thust
> So nim die seyt so lang sie haben musst,
> Nach dem Instrument recht abgemessen
> Auch soltu (was folgt) nicht vergessen,
> Sondern spann sie mit den Henden vorn ein
> Vnd schlag darauff mit dem Daumen allein,
> Also, das die seyt zittert und brummet,
> Darnach sich vleissig drauff, was draus kummet,
> Ja geringer widerscheinung ist,
> Ja besser die seyt, das sag ich mit list,
> Vnd ja grösser widerschlagung der seyt,
> So viel erger sie auffs Instrument steyt,
> Denn eine falsche seyt, sag ich Dir schlecht,
> Kan' gar selten werden gestimmet recht." —

Auf Streichintrumenten, deren Saiten in Quinten stimmen, wird eine D. mit der
ihr benachbarten quintenrein genannt, wenn diese zwei Saiten am gleichen
Theilungspunkte niedergedrückt durch alle Lagen die reine Quinte geben. Es
kann aber eine D. für sich rein und dennoch mit einer anderen, ebenfalls reinen,
quintenfalsch sein. Dies erklärt sich daraus, dass fast alle D. nach einem Ende hin etwas
dünner werden. Ist dieses Abnehmen der Stärke auf die ganze Länge der Saite
vertheilt, so wird dieselbe dessenungeachtet regelmässig schwingen und rein klingen;
nur liegen die Intervalle für die Applikatur am stärkeren Theile im Verhältnisse
näher zusammen als am schwächeren, und liegt die Oktave nicht genau in der Mitte
der Saitenlänge. Liegen die dünnen Enden zweier D. einander gegenüber, so sind
diese D. zusammen quintenfalsch, wenn auch jede einzelne für sich rein ist. Dieser
Uebelstand wird leicht durch das Umkehren einer der beiden gehoben. Um einem
Instrumente einen quintenreinen Bezug zu geben, ist daher darauf zu achten, dass

die dünneren Enden sämmtlicher Saiten neben einander liegen, am besten über dem Stege, weil dann die D. beim Bogenstriche besser ansprechen. Befinden sich D. nicht über einem Griffbrette, sondern schwingen frei, so stellt sich die Unreinheit der Intervalle nur bei Hervorbringung der Aliquottöne heraus. — Die italienischen Städte, in welchen die berühmtesten Darmsaitenfabriken sich befinden, sind Rom, Neapel, Padua und Mailand. Alle Versuche, in den nördlicheren Ländern D. von eben solcher Güte und Zartheit wie die italienischen herzustellen, sind bisher fruchtlos geblieben, denn es fehlt daselbst das allein taugliche, und darum unentbehrliche Material, die geeigneten Därme. Die Erfahrung lehrt nämlich, dass die Membranen von mageren, dabei aber kräftig und naturgemäss genährten Thieren zäher und elastischer sind, als von fetten oder überfütterten Thieren. In keinem Lande aber gestalten sich die Verhältnisse so günstig wie in Italien, in dessen Gebirgsgegenden die geeignetste Ernährungsweise für die Thiere angewendet wird, und wo überdies ganz junge Lämmer in grosser Zahl geschlachtet werden; in keinem Theile von Deutschland oder Frankreich hingegen würden Därme von so jungen Schafen in hinreichender Menge vorhanden sein. Man ist daher in diesen Ländern gezwungen, Hammels- oder Kalbsdärme zu verwenden, welche aber namentlich zur Fabrikation dünner Saiten viel zu dick sind. Ausserdem sind die Temperaturverhältnisse, welche während des Gährungsprozesses der Saiten von Wichtigkeit sind, in Italien bedeutend günstiger als in nördlicheren Ländern. Die geeignetste Zeit für die Darmsaitenfabrikation in Italien ist vom Mai bis August. In deutschen, englischen und französischen Fabriken muss die zur Beizebereitung nothwendige Weinhefe durch eine Pottaschenlösung aus etwa 16 Loth Pottasche auf 30 Pfund Wasser, die im Nothfalle mit etwas Alaun geklärt wird, ersetzt werden. Bei jedesmaliger Erneuerung dieser Lauge werden die Därme zwischen dem mit einem messingenen Fingerhut versehenen Daumen und aufgelegtem Zeigefinger hindurchgezogen und tüchtig ausgestreift. Letztere Art des Beizens erfordert im Vergleiche mit der italienischen weniger Zeit, lässt aber nicht ebenso vortreffliche Saitlinge entstehen. — Schon einige Male haben es Regierungen, namentlich die französische, versucht, durch ausgesetzte Preise eine Vervollkommnung der Darmsaitenfabrikation anzuregen, aber ohne ein Resultat erzielen zu können. Noch jetzt ist man nirgends im Stande Violinquinten zu verfertigen, welche den besten italienischen gleichkommen. Immerhin wird weniger hoch gespannten Ansprüchen durch deutsche Fabriken sehr preiswürdige Waare geliefert, manche derselben erreichen, mit alleiniger Ausnahme in der Herstellung von Violinquinten, nahezu sogar die berühmtesten italienischen Fabriken. — Als Surrogat für die Violinquinten werden aus Seide oder Hanf gesponnene Saiten in Anwendung gebracht; diese sind zwar dauerhaft, besitzen aber nicht die Klangschönheit, welche den D. eigen ist. — Für vielsaitige Instrumente, wie Harfe oder Zither, werden einige von den D. ihres Bezuges zur sicheren Orientirung des Spielers roth, blau oder schwarz gefärbt. Solche gefärbte D. sind jedoch meist nur in geringeren Qualitäten zu haben. — Die Länge der einzelnen Züge der D. für jedes besondere Instrument wird nach der Mensur desselben bemessen; die Stärke oder Dicke der Saiten richtet sich nach dem Baue des Instrumentes und wird mittelst des Saitenmessers fixirt (s. Bezug). — Im Verhältnisse zu Metalldrahtsaiten sind D. viel leichter an Gewicht und geben desshalb, bei gleicher Länge und Dicke mit Drahtsaiten, einen viel höheren Ton. Da D. nicht so elastisch sind als Metallsaiten, unterscheiden sie sich von diesen im Tone durch eine geringere Anzahl von mitklingenden Obertönen. In Folge dessen ist ihre Klangfarbe, wenn sie durch Reissen mit dem Finger intonirt worden, weniger klimpernd, aber auch besonders bei dickeren D. stumpfer, und ihr Ton weniger kräftig und nachhallend; mit einem Bogen gestrichen klingen sie hingegen nicht so näselnd und zugleich kräftiger als Drahtsaiten. In der Verbindung von D. mit gesponnenen Saiten, welche Seideeinlage haben, wie solche auf Instrumenten mit zahlreicher Besaitung, der Harfe und bei den Basssaiten der Zither stattfindet, auf welchen die höheren Töne nur durch D. vertreten werden können, macht sich die geringere Klangfähigkeit durch Anreissen in Schwingung versetzter

D. im Gegensatze zum Klange der besponnenen Saiten etwas störend bemerklich, wenn der Spieler diesen Klangunterschied nicht durch richtig gewählte Stärke des Bezuges und geschickten Anschlag der Saiten möglichst auszugleichen weiss. Selbst die einzelnen D. eines Streichinstrumentes klingen, wenn dieses nicht vorzüglich gebaut ist, in Folge ihrer ungleichen Dicke verschieden und beeinträchtigen, sobald sie nicht als Klanggegensätze wirken können, den Fluss der Melodie. — Um tiefklingende Saiten für Streichinstrumente herzustellen, werden D. mit Draht besponnen (s. Bespinnung). Die D. dient als Kern (Einlage) zur Spannung der Saite und muss alle jene guten Eigenschaften besitzen, welche für unbesponnene D. angegeben wurden, damit die übersponnene Saite fehlerfrei sein kann. Die Reinheit der daraus gefertigten besponnenen Saite bleibt dann immer noch abhängig von der bei der Bespinnung angewendeten Sorgfalt. Die Aufbewahrung der D. geschieht am besten an einem trocknen und nicht zu warmen Orte, in einer Blechbüchse, welche nicht oxydirt, in Staniol oder einer Blase, um die atmosphärischen Einflüsse abzuhalten. — Wegen ihrer grossen Zähigkeit und Haltbarkeit finden D. zu mancherlei technischen Zwecken, und wegen ihrer hygroskopischen Eigenschaften, welche sie gegen Temperatur- und Witterungsveränderungen sehr empfindlich machen, auch zu meteorologischen Instrumenten Benutzung. — Ueber die Anwendung von D. auf Tonwerkzeugen und das Verhalten derselben bei Tonerzeugung s. unter „Besaitung."   M. Albert.

Darondeau, Benoni, Tonkünstler, geboren um 1740 zu München, siedelte 1782 nach Paris über, wo er Gesangunterricht ertheilte. Er veröffentlichte Romanzen und kleine Gesangstücke seiner Composition und 1789 die komische Oper »*Le soldat paramour*«. — Sein Sohn Henri D., geboren am 28. Febr. 1779 zu Strassburg, erhielt seine musikalische Ausbildung auf dem Pariser Conservatorium und zwar im Clavierspiel bei Ladurner und in der Composition bei Berton. Er zeichnete sich später besonders als Balletcomponist aus (»*Acis et Galathée*«, »*les deux Oréoles*«, »*Les sauvages de Floride*«, »*Rosine et Lorenzo*« etc.), veröffentlichte aber auch viele Romanzen und Clavierstücke, als Sonaten, Fantasien, Variationen, Rondos, Potpourris u. s. w. Er war auch längere Zeit hindurch als Bühnencomponist des Variété-Theaters angestellt, für welche Bühne er zahlreiche Tonstücke zum praktischen Gebrauche theils setzte, theils arrangirte.

Darstellung heisst überhaupt die Handlung, durch welche man etwas zu einem Gegenstande der äusseren Anschauung macht. Das, was dargestellt wird, kann entweder ein Wirkliches sein, welches im Bilde der sinnlichen Auffassung dargeboten wird, oder (wie es bei der Tonkunst ausschliesslich der Fall ist) ein innerlich Gedachtes und Vorgebildetes, für welches die D. einen sinnlich-anschaulichen Ausdruck sucht. So versteht man namentlich unter ästhetischer D. diejenige Behandlung eines ästhetischen Stoffes, wodurch er eine ihm entsprechende, durch sich selbst gefallende Form für die Anschauung erhält. Dieser Stoff ist immer eine ästhetische Idee, und in dem Masse, wie der Künstler diese Idee behandelt, erreicht oder verliert er seinen Zweck, nämlich die D. derselben. Sie ist nicht mit der blossen technischen Behandlung, mit der Ausarbeitung zu verwechseln, die nur das Mittel zur D. ist. Ein sinnlich Auffassbares soll eine bestimmte Idee des Geistes ausdrücken und einen dieser Idee gemässen Gefühlszustand hervorbringen. In dieser Forderung liegen Anschaulichkeit, Objektivität und Vollständigkeit als die Bedingungen, unter denen dies allein bewirkt werden kann. Am meisten und im engsten Sinne sind es die bildenden Künste, und unter diesen vorzugsweise die Plastik, welche darstellen können, indem sie das künstlerisch Gedachte als wirklichen, raumerfüllenden Gegenstand den dafür empfänglichen äusseren Sinnen hinstellen; sie bringen Gestalten im eigentlichen Sinne hervor. Wo andere Künste, namentlich die Tonkunst darstellen, ist dies nur dadurch möglich, dass der Tondichter einen inneren geistigen Zustand dem Auffassenden durch das Mittel musikalischer D., durch Töne oder durch die Zeichen dafür, die Noten, zur möglichst entsprechenden Anschauung bringt, mit anderen Worten: der Tondichter muss etwas Inneres, Gedachtes oder Empfundenes, zu einem Gegenstande der äusseren Anschauung machen. Wahrheit und Schönheit sind die Haupterfordernisse der D. Das musikalische Kunstwerk ist bereits in das erste Stadium der D. getreten, wenn es, entsprechend den grammatikalischen und ästhetischen Kunstregeln auf's Papier gebracht worden ist; die zweite Art oder Seite der D. tritt erst dann hervor, wenn es zur wahrnehmbaren Auffassung durch das Gehör, kurz gesagt: zum Hören gelangt, wenn es also durch Sänger oder Instrumentalisten in einer versinnlichten Veranschaulichung erscheint und dadurch gleichsam erst lebendig wird.

Dascanio, Josquin, oder Josquin **d'Ascanio,** ein Contrapunktist aus der ersten Hälfte des 16. Jahrhunderts, von dessen Lebensumständen nichts weiter bekannt ist.

Dasser, Ludwig, latinisirt auch **Dasserus** oder **Daserus** geschrieben, war zu Ende des 16. Jahrhunderts herzogl. würtembergischer Kapellmeister und soll sehr gewandt im Contrapunkt gewesen sein. Von seinen Werken sind nur wenige erhalten geblieben: eine zu München 1578 herausgekommene vierstimmige Passion und einige von Johann Woltz fürs Clavier arrangirte Motetten. Andere vier-, fünf- und sechsstimmige Kirchenstücke befinden sich im Manuscript auf der Münchener Bibliothek.   †

Dasypodius, Conradus, aus Strassburg gebürtig, wo er 1532 geboren und später Professor der Mathematik war. Er hat nach *Vossii de nat. Art. lib.* 3 c. 22 § 1 in seinen *Protheoriae mathemat.* über die Eintheilung der theoretischen Musik geschrieben. Er soll 1600 am 26. April im 68. Lebensjahre gestorben sein. O

Dathi, Agostino, italienischer Philosoph und Redner aus Siena, war ums Jahr 1460 Stadtsecretair in seinem Geburtsort und hat unter andern auch 1460 eine Abhandlung »*De Musica Disciplina*« betitelt, geschrieben. Siehe Buddei Lexicon und *Gesneri Partition. univ. lib.* 7. *tit.* 3.   †

Dati, Vincenzo, berühmter italienischer Sänger zu Parma, der in den Diensten des Herzogs von Mantua stand und sich in den Jahren 1680 bis 1690 eines weitverbreiteten Rufes in seinem Vaterlande erfreute.

Dattari, Ghinolfo, italienischer Tonkünstler des 16. Jahrhunderts aus Bologna, gab 1568 in Venedig unter dem Titel Vilanellen eine Sammlung von Volksliedern heraus.

Daube, Johann Friedrich, deutscher theoretisch-musikalischer Schriftsteller und Componist, geboren 1730 in Augsburg (nach Anderen in Kassel), war anfangs Kammermusikus in der herzogl. würtembergischen Kapelle, später Rath und erster Secretair der vom Kaiser Franz I. zu Augsburg gegründeten Akademie der Wissenschaften. Zuletzt zog er nach Wien und starb daselbst am 19. Septbr. 1797. Als Componist ist er wenig bekannt. An theoretischen Schriften gab er heraus: »Generalbass in drei Accorden, begründet in den Regeln der alten und neuen Autoren« (Leipzig, 1756) und »Der musikalische Dilettant u. s. w.« (Wien, 1773). Das erste Werk erfuhr von Marpurg, in dessen Krit. Beitr. p. 325, unter dem Namen Dr. Gemmel die heftigsten Angriffe. Nach D.'s Tode erschien noch: »Anleitung zum Selbstunterricht in der musikalischen Composition, sowohl für Instrumental- als Vocalmusik« (2 Theile, Wien, 1798).

Daubenrochius, Georgius, ein ums Jahr 1600 lebender Schulmann, veröffentlichte: »*Epitome Musices*« (Nürnberg, 1613).

Daumen, (dessen Gebrauch), s. Fingersatz.

Dauphin, gewandter französischer Componist von Chansons, lebte um 1710 zu Paris. In dem damals gangbaren »*Recueil des airs sérieux et à boire*« sind mehrere seiner beachtenswerthen Gesänge eingerückt, ausser welchen er noch selbstständig zwei Bücher mit Chansons herausgegeben hat, die der Boivius'sche Musikkatalog von 1729 p. 34 aufführt.

Dauprat, Louis François, berühmter französischer Hornist, Lehrer und Componist für sein Instrument, geboren am 24. Mai 1781 zu Paris. Zuerst war er Chorknabe an der Notredame-Kirche, dann Zögling des Conservatoriums, das damals eben unter dem Titel »*Institut national de musique*« gegründet worden war.

Dort wurde das Horn sein Hauptinstrument und Kenn sein
kaum sechs Monaten war er befähigt, in dem von Sarette o
der Nationalgarde mitzuwirken; 1799 trat er in das der Con
unmittelbar darauf den Feldzug in Italien mit. Nach Paris
schiedete er sich von der Militairmusik und wurde Horn
Theaters Montansier. Gleichzeitig trat er auch noch einu
rium, um bei Catel und Gossec Harmonielehre und Con
Von 1806 bis 1808 war er beim Theater in Bordeaux, wur
folger im Orchester der grossen Oper und endlich der Duver
daselbst. Neben dieser Stellung, die er bis 1831 inne h
Napoleon's Privatkapelle, 1816 auf Domnich's Posten in der
wurde gleichzeitig als Professor am Conservatorium angest
samkeit spricht es, dass er 1811 abermals einen dreijährige
und zwar bei Reicha durchlief. Seine Compositionen bekur
gegangenes gründliches Studium; sie bestehen in gedruckt
tungen für Horn, aber auch in zahlreichen Manuscript g
Kirchenstücken, Ballet-Partituren, Gesängen u. s. w. Eben
druckt mehrere Untersuchungen auf dem Felde der Ha
ordentlich werthvoll ist jedoch seine Schule für erstes und
»*Methode pour cor alto et cor basse*«, die auch dem Unterricht
servatorium zu Grunde gelegt ist.

Dauscher, A n d r e a s, ein Musikdilettant aus Isny, der
18. und 19. Jahrhunderts in Kempten lebte und mehrere th
öffentlichte, die auf einen tiefergehenden Werth keinen Ansj
Das bedeutendste derselben ist ein »Kleines Handbuch der
züglich der Querflöte« (Ulm, 1801).

Daussoigne, J o s e p h, der sich nach seinem berühmte
soigne-Méhul nennt, Operncomponist und vortrefflic[l
geboren am 24. Juni 1790 zu Givet, trat im Jahre VII der f
in das Pariser Conservatorium und studirte daselbst Clavie
Adam, Harmonielehre bei Catel und höhere Composition s[p
grosses Talent und der vorzügliche Unterricht auf diesem
sammen, dass er im Laufe mehrerer Jahre zu einem gründ
genen Musiker heranreifte und von dem Institut de France l
»Ariadne auf Naxos« den zweiten Compositionspreis erwarl
ihm auch der erste, der sogenannte Römerpreis, zu Theil,
Staatsstipendium zu einer Studienreise in das Ausland ver
das Kunstleben in Italien und besonders in Rom unbefried
bald nach Paris zurück, wo er die Oper »Robert Guiscard« v
Opernverwaltung vorlegte, ihre Aufführung jedoch, tro[t
Empfehlung seines Oheims Méhul nicht durchsetzte. Erst
mit seiner dreiaktigen komischen Oper »*Le faux inquisiteur*«,
Anerkennung für die Musik, des mangelhaften Textbuches
bei Seite gelegt wurde. Kein besseres Schicksal hatte die
aktige Oper »*Le testament*«, und erst die fernere Oper »*Les a*
einem besseren Erfolge entgegen zu gehen, da sie die Prüf[i
befürwortete. Diesmal aber verhinderte der Intendant de
Herzog von Aumont, die Aufnahme. Als auch 1820 sein[e
1824 seine »*Deux Salem*« nicht gefielen und als ihm durch l
ursprünglich für ihn bestimmte Textbuch der »*Deux nuits*«
und an Boieldieu übergeben wurde, da stand sein Entschlu[ss
bahn aufzugeben, auf der ihm eigentlich nur die Art und W[e
»Stratonice« die Recitative gesetzt und die unvollendet hiu
selben Meisters »*Valentine de Milan*« fertig gestellt, Lorbec
Obwohl er eine ehrenvolle Stellung als Professor der Harn
Conservatorium bekleidete, bewarb er sich um das erledigte

am Conservatorium zu Lüttich, das er 1827 erhielt und fast 40 Jahre lang wahrhaft mustergültig bekleidete. In umsichtiger, intelligenter Weise hat er die dieser Anstalt zu Gebote stehenden, nicht überreichlichen Geldmittel verwendet, um alle Unterrichtszweige zu verbessern und eine ächt künstlerische Disciplin zu schaffen. Eine vorzügliche Bibliothek und Instrumentensammlung, durch D. eigentlich erst angelegt und erweitert, gehören jetzt zum Haupt-Inventarium des Lütticher Conservatoriums, welches nach D.'s bewährten Principien von Etienne Soubre bis 1871 fortgeführt wurde und dessen jetziger Direktor Theod. Radoux ist. D. selbst lebt, nachdem er sein Amt wegen zunehmenden Alters und damit verbundener Kränklichkeit niedergelegt hatte, hochgeachtet und geehrt in Brüssel. Der Eifer und die Treue, mit denen er sich den Direktoriatsgeschäften gewidmet, hat ihn seit 1827 verhindert, sich eingehender der Composition zu widmen. Grössere Arbeiten von ihm datiren wohl nur noch aus den Jahren 1828 und 1830; die erstere ist eine treffliche, innig gehaltene Cantate, componirt und ausgeführt bei Gelegenheit der Beisetzung des Herzens Gretry's in Lüttich, die andere eine Sinfonie mit Chören, betitelt: »Une journée de la révolution«, welche als meisterhaft gerühmt wird und in Brüssel 1834 mit besonderem Glanze zur Jahresfeier des Nationaltages zur Aufführung kam.

Dautrice, Richard, französischer Violinist und Componist für dieses Instrument, lebte um die Wende des 18. und 19. Jahrhunderts und hat Concerte für Violine geschrieben und veröffentlicht.

Dauvergne, Antoine, s. Auvergne d'.

Davaux, Jean Baptiste, s. Avaux d'.

Davenant, Sir William, ein fruchtbarer englischer dramatischer Dichter, geboren 1605 zu Oxford, führte, da er seit 1637 zum Hofdichter ernannt und als Royalist beim Volke verdächtig war, ein unstätes und verhängnissvolles Leben. Nach der Revolution und nach bestandener zweijähriger Haft wurde ihm gestattet, als Direktor einer Gesellschaft in London dramatische Unterhaltungen zu veranstalten, welche melodramatisch Deklamation mit Musik verbanden und woraus eine Art Darstellung hervorging, die der Oper sehr nahe kam. Er starb am 17. Apr. 1668 zu London. D. ist auch als derjenige zu bezeichnen, welcher zuerst in England, und zwar schon 1640 die Sitte abschaffte, weibliche Rollen durch Knaben darstellen zu lassen.

Davesne, sehr geschätzter französischer Basssänger, der um 1755 bei der Grossen Oper in Paris in grossem Ansehen stand. Er wird auch als Componist trefflicher Motetten und geistlicher Sinfonien aufgeführt, doch wird hierbei möglicher Weise der Sänger dieser Werke mit dem Tonsetzer derselben verwechselt.

Davia, Lorenza, vortreffliche italienische Sängerin, geboren 1767 zu Belluno. Schon 1785 war sie als erste Sängerin an der italienischen Oper in St. Petersburg angestellt. Im J. 1790 sang sie auch in Berlin mit grossem Beifall, kehrte aber dann in ihr Vaterland zurück und war seit 1792 bei der Oper in Neapel, von der sie später, nachdem sie besonders in der Opera buffa geglänzt hatte, zum komischen Schauspiel überging.

David, König in Israel, der jüngste Sohn Isai's, eines angesehenen Mannes in Betlehem, vom Stamme Juda, ist im 406. Jahre nach dem Auszuge der Juden aus Aegypten geboren und nach derselben Zeitrechnung 477 (1015 v. Chr.) zu Jerusalem gestorben. Wahrscheinlich in einer Prophetenschule gebildet, zeichnete er sich schon früh durch seine Talente als Dichter, Sänger und Harfenspieler, aber auch durch Muth und Tapferkeit in höchstem Masse aus, so dass ihn Samuel, der Hohepriester, noch bei Lebzeiten Saul's durch die Salbung zum künftigen König weihte. Er cultivirte sein Volk nach allen Seiten hin und suchte dasselbe u. A. auch durch die Künste zu bilden. Ausserdem sorgte er für den Cultus durch Eintheilung der Priester und Leviten in bestimmte Klassen, sowie durch Anstellung heiliger Sänger und Dichter. Seinen Dichtergeist lehren uns manche von ihm aufbewahrte Gesänge kennen, das Klagelied um Jonathan, das um Abner und viele Psalmen. Die hebräische Musik erhob er zum höchsten Grade ihrer Ausbildung, erfand mehrere musikalische Instrumente (wie wenigstens Josephus behauptet), verbesserte die schon vorhandenen, namentlich die Harfe, und machte den musikalischen Theil zu dem wesentlichsten des öffentlichen Gottesdienstes. Dass er den meisten seiner Psalme auch die Melodien hinzugefügt hat, ist wohl unzweifelhaft; doch sind keine Spuren mehr davon erhalten geblieben. L. Arends macht in seinem »Sprachgesang der Hebräer« (Berlin, 1868) diese auffallende Thatsache auf sehr einfache und allem Anschein nach natürliche Art erklärlich. S. Hebräische Musik. Die letzten Regierungsjahre D.'s waren übrigens mehrfach durch Empörungen und Aufstände selbst innerhalb der eigenen Familie beunruhigt, hervorgerufen durch Willkührlichkeiten und Grausamkeiten, zu denen ihn seine Ausschweifungen in der Liebe verleiteten. Auf dem Todbette übergab er die Regierung seinem Sohne Salomo. Seine erhalten gebliebenen Gesänge befinden sich im Kanon der Bibel, und D. selbst wird auch von der christlichen Kirche als der heilige oder göttliche Sänger gepriesen.

St. David (Priar John of), ein englischer Mönch, welcher um 886 lebte und über Musik, Logik und Arithmetik öffentliche Vorlesungen hielt. Da es vor ihm noch niemals also einen Professor der Musik gegeben hat, so ist er als der erste Inhaber dieses Titels anzusehen.

David, Anton, ein ausgezeichneter deutscher Clarinettist, geboren um 1730 zu Offenburg bei Strassburg. Wo und bei wem er seine hohe Kunstfertigkeit erlangt hat, ist nicht mehr bekannt. Er erscheint zuerst 1750 auf Kunstreisen durch Italien, von wo aus sich sein Ruf über die ganze musikalische Welt verbreitete. Um 1760 trat er in die Dienste eines ungarischen Magnaten, den er nach einigen Jahren verliess, um eine Anstellung in St. Petersburg anzunehmen. Dort warf er sich auch auf das Bassethorn und erregte durch seine Virtuosität auf beiden Instrumenten den grössten Beifall. Auf dem Gipfelpunkt seines Ruhmes stand er, als er von 1780 bis 1783 in Berlin concertirte. Seitdem führte er leider ein vagabondirendes Leben und liess sich auf den Landstrassen, in Wirthshäusern und Schenken hören. Der kunstsinnige schlesische Freiherr von Hochberg entriss ihn dieser unglücklichen Lage und wies ihm einen Wohnsitz auf seinen Besitzungen an. Nach dessen Tode 1789 aber begann D.'s Wanderleben von Neuem. In seinem Schüler, den vortrefflichen Clarinettisten Springer, sowie in dem Fagottisten Wohrsack fand er Reisegenossen, und man durchzog Deutschland, Westungarn, selbst einen Theil Oberitaliens. Elend und siech kam D. von dieser Reise nach Schlesien zurück und starb 1796 in Löwenberg. Dass D. auch Componist gewesen sei, ist nicht zu bezweifeln, da er vielfach eigene Compositionen öffentlich vorgetragen hat, doch ist weder etwas davon in den Druck gelangt, noch haben sich Manuscripte derselben auffinden lassen.

David, Felicien, hervorragender französischer Componist der Gegenwart, wurde am 8. März 1810 zu Cadenet, einer kleinen Stadt bei Aix im Departement Vaucluse geboren. Da er schon früh grosse Beanlagung zur Musik zeigte, so unterrichtete ihn zuerst sein Vater, und als dieser 1815 starb, nahm ihn eine ältere Schwester zu sich und brachte ihn 1817 als Chorknaben an die Kirche St. Sauveur in Aix, wo er bis zu seinem 15. Jahre weiteren Musikunterricht erhielt. Er besuchte hierauf drei Jahre hindurch das Jesuitencollegium in Aix, das er aber dann verliess, um sich ganz der Kunst zu widmen. Um seine Existenz nothdürftig zu bestreiten, musste er jedoch zunächst als Schreiber bei einem Advokaten eintreten, aus welcher traurigen Stellung ihn endlich die Berufung zum zweiten Musikdirektor am Theater zu Aix erlöste. Im J. 1829 wurde er sogar Kapellmeister an der Kirche St. Sauveur daselbst. Der Trieb, seine Ausbildung zu vervollkommnen, brachte ihn dahin, sich eine kleine Unterstützung von seinen Verwandten zu verschaffen und nach Paris zu gehen. Dort legte er Cherubini seine Compositionsversuche vor und wurde in Folge dessen in das Conservatorium aufgenommen, wo er bei Benoist Orgel- und bei Fétis Compositionsunterricht erhielt; privatim studirte er noch nebenbei Harmonielehre bei Reber. Damals wussten die St. Simonisten D. in ihre Netze zu ziehen, der, als 1832 sich die Gemeinde, den Vater Enfantin an der Spitze, nach Ménilmontant zurückzog, das Conservatorium und Paris verliess, um das Loos der übrigen Mitglieder zu theilen. Unter denen, welche bei der bald darauf erfolgten Auflösung der Verbindung als wahre Gläubige Stand hielten, befand sich auch D., welcher mit dem Vater Enfantin und zehn anderen Mitgliedern als Apostel der neuen Lehre von Marseille aus nach dem Orient segelte. In Konstantinopel kerkerte man die kleine Schaar ein und deportirte sie nach mancherlei Misshandlungen nach Smyrna. Dort freigelassen, zogen sie nach Aegypten, wo Einige davon, selbst den Vater Enfantin, Mehamed Ali in seine Dienste zu ziehen wusste. Nur D. und der nachmalige politische Schriftsteller Barrault wanderten vereinigt in Begleitung eines Claviers weiter durch das Land. Nach vielerlei Abentheuern und seltsamen Erlebnissen kehrte der Erstere 1835 nach Frankreich zurück und veröffentlichte zunächst in Paris die Liedersammlung »*Melodies orientales*«, die jedoch nicht den erwarteten Erfolg hatte. Noch erfüllt von den Eindrücken eines regellosen, mühevollen, jedenfalls eigenthümlichen Wüstenlebens, beschloss er, die empfangenen Eindrücke in einem grossen Tongemälde wiederzugeben. Der Dichter Aug. Colin, welcher das erklärende Gedicht dazu mit grossem Geschick verfasste, kannte die Wüste ebenfalls aus persönlicher Anschauung, verlieh also seinem dichterischen Bilde unmittelbar lebhafte Farben, und beide Autoren wussten mit Talent sowohl im Worte wie in der Musik orientalische Poesien und Klänge einzuweben. Doch lange Zeit interessirte sich kaum Jemand weder für diese, »die Wüste« genannte Ode-Sinfonie, noch für andere Compositionen des jetzt fleissig arbeitenden D., der bis zum J. 1844 meist auf dem Lande bei einem begüterten Anhänger des Saint-Simonismus lebte und nur nach Paris kam, um dann und wann einige kleine Stücke, meist Romanzen, zu veröffentlichen. In seiner Zurückgezogenheit, wo er u. A. auch mit Vorliebe die Rosenzucht betrieb, schuf er ausser der »Wüste« zwei Sinfonien, zwei Nonette für Blasinstrumente, 24 kleine Streichquintette, verschiedene andere Instrumentalstücke und Romanzen. Nur seine erste Sinfonie, 1838 in Paris durch Valentino aufgeführt, und ein Nonett, 1839, erregten vorübergehendes Interesse. Endlich vermittelte Michel Chevalier, früher ebenfalls St. Simonistenbruder, am 8. Decbr. 1844 die Aufführung der »Wüste« in einem Pariser Conservatoriumsconcerte, und das Werk gefiel in solchem Grade, dass der Ruhm seines Componisten urplötzlich gesichert erschien. Im J. 1845 unternahm D. eine grössere Reise, um die zu grossem Rufe gelangte Composition auch in den Grossstädten Deutschlands aufzuführen und errang auch hier grosse Erfolge, namentlich in Berlin, wo die Fürsorge Meyerbeer's dem fremden Künstler die schwierigen Pfade zuvorkommend geebnet hatte. Durch solchen vollgültigen Beifall ermuntert, liess D. in Paris 1846 sein Oratorium »Moses auf dem Sinai«, 1847 ein ähnliches sinfonisches Werk »Christoph Columbus« und 1848 das Mysterium »*l'Eden*« erscheinen, aber obschon erstere beiden Stoffe sogar geeigneter waren für eine geschlossene musikalische Form und viel Gegenständliches für eine glückliche Darstellung boten, erregte keines dieser Werke ein grösseres Aufsehen, und »die Wüste« darf jetzt bereits um so mehr als der Gipfel seines Schaffens bezeichnet werden, als auch die später folgenden Opernschöpfungen D.'s sich nicht auf dem Niveau jener geistvollen, ideenreichen Partitur behaupteten. Diese Opern waren »*La perle du Brésil*« (1851), »*Herculane*« (1859 in der Grossen Oper), welche den Preis von 20,000 Frcs. erlangte, und »Lalla Rookh« (1862 im *Théâtre lyrique*); das letztere talentvolle aber monotone Werk ist übrigens auch in Deutschland mehrfach mit vorübergehendem Erfolge zur Aufführung gelangt, noch im Decbr. 1871 in München. Zwischen die beiden zuletzt genannten Partituren fällt noch eine grosse Oper »*La fin du monde*«, welche, ihres baroken Stoffes wegen, wie es scheint, es nicht bis zur Darstellung in dem Rahmen einer für ein solches Riesenbild viel zu engen Schaubühne gebracht hat. Nach »*Lalla Rookh*« erschien ausserdem von D. in Paris die Oper »*Le saphir*«, welche 1865 in der *Opéra comique* aufgeführt wurde, aber keinen dauernden Erfolg hatte. — Jedenfalls aber zählt D. zu denjenigen französischen

Componisten, welche einer hervorragenden Beachtung würdig bleiben. Seit dem Tode Berlioz's ist er Bibliothekar am Pariser Conservatorium.

David, Ferdinand, einer der ausgezeichnetsten deutschen Violinspieler und einer der besten Componisten für sein Instrument, wurde am 19. Juni 1810 zu Hamburg geboren und erregte schon als zehnjähriger Knabe durch öffentliche Vorträge Aufsehen als fertiger Violinist. Die letzte und höchste Schule wurde ihm bei L. Spohr in Kassel zu Theil, welcher Meister ihn von 1823 bis 1826 unterrichtete. Nach dieser Zeit unternahm er mit seiner Schwester Louise (s. Dulcken) einige Kunstreisen, die ihn auch in Berliner Kreise einführten und ihn bewogen, in das Orchester des dortigen Königstädtischen Theaters zu treten. Hier blieb er drei Jahre, worauf er die Stellung als erster Violinist in einem Privatquartettverein zu Dorpat annahm. In diesem Verhältniss, welches ihm reichliche Mussestunden liess, versenkte er sich theils tiefer in das Studium der Composition, theils sammelte er praktische Erfahrungen, indem er im dortigen Musikverein bald vorgeigte, bald dirigirte. Um Russland näher kennen zu lernen, machte er von Dorpat aus verschiedene Concertreisen, namentlich nach Moskau, Riga und St. Petersburg und fand überall die grösste Anerkennung. Zu Ende des Jahres 1835 kehrte er wieder nach Deutschland zurück, gab in Berlin und anderen Städten Norddeutschlands erfolgreiche Concerte und ging endlich zu bleibendem Aufenthalte nach Leipzig, wo ihm am 1. März 1836 die Concertmeisterstelle als Nachfolger des verstorbenen Matthäi angeboten worden war. Sofort nach Gründung des Conservatoriums erhielt er auch die Stellung als Lehrer des Violinspiels und entwickelte nach jeder Seite hin eine Kunstthätigkeit, die von dem vortheilhaftesten Einfluss auf das Kunstleben der Stadt war und durch zahlreiche Auszeichnungen anerkannt wurde. Als Violinvirtuose trat er bis in die letzte Zeit hinein auch ausserhalb Leipzig's noch vielfach auf. Sein Violinspiel trägt ein classisches, ächt deutsches Gepräge, und D. hat es verstanden, zwischen Spohr und Molique in der Geschichte der Virtuosität eine feste, höchst ehrenvolle Position einzunehmen. Er behandelt sein Instrument meisterhaft fertig, geschmack- und geistvoll; sein Ton ist stets edel, voll und schön und seine Bogenführung von vornehmer Eleganz und Leichtigkeit. Ebenso vorzüglich wie als Solo- ist er als Quartettspieler, in welcher Eigenschaft er nicht minder häufig und mustergültig hervortritt. Geradezu unübertrefflich ist aber die Art und Weise, wie er das Amt des Concertmeisters auffasst, wie er im Orchester vorgeigt, dadurch Alles zu beleben weiss und dem Dirigenten wie Componisten die leisesten Feinheiten abzulauschen und dem ganzen Instrumentalkörper durch sein Spiel mitzutheilen versteht. Mit Recht ist er vielfach als die Seele des Leipziger Gewandhaus- und Opernorchesters bezeichnet worden. Nicht minder segensreich wirkt D. als Lehrer des Violinspiels, und man darf wohl behaupten, dass noch niemals ein Meister eine grössere Masse von Schülern unterwiesen und herangebildet habe, von denen Viele sich einen ausgezeichneten Ruf in der Kunstwelt erworben haben, während noch immerfort sich eine jüngere Generation zu seinem Unterricht herandrängt. Endlich behauptet D. auch als Componist eine ehrenvolle Stellung, ganz besonders in den für sein Instrument geschriebenen Arbeiten, bestehend in fünf Concerten, Variationen, Rondos, Capricen, Charakterstücken u. s. w., die sämmtlich mehr oder weniger geistreich erfunden und entwickelt, rhythmisch und harmonisch sehr anziehend durchgeführt sind und für den Spieler überaus lohnend, für den Musiker im Allgemeinen interessant erscheinen. Ausserdem hat er auch für andere Orchesterinstrumente, als Viola, Violoncello, Clarinette, Posaune wirkungsvolle Concertstücke geschrieben, sowie einige Sinfonien, ein sehr schönes Sextett für Streichinstrumente, Quartette, Lieder u. s. w., in denen Gediegenheit und Anmuth immer vereinigt sind. In den letzten Jahren hat D. sich mit Vorliebe der Ausgrabung von Schätzen der classischen Violinliteratur des 17. und 18. Jahrhunderts zugewendet, die er genau revidirt und für den modernen Gebrauch trefflich eingerichtet, theils einzeln, theils in Serien herausgiebt. Seine pädagosische Thätigkeit aber krönt die von ihm herausgegebene neue vollständige Violinschule.

in die er sein eminentes Wissen und seine reichen Erfahrungen in methodischer, vorzüglich geordneter Art niedergelegt hat.

David, Giacomo, eigentlich **Davide**, einer der vorzüglichsten und berühmtesten italienischen Tenorsänger der letzten Hälfte des 18. Jahrhunderts, geboren am 1750 zu Presezzo bei Bergamo. Seine Stimme, mit der er Alles entzückte, hatte die trefflichste Schule durchgemacht, und auch er selbst hatte sich eine gründliche allgemeine Musikbildung angeeignet, wie er denn sogar bei Sala in Neapel Composition studirt hatte. In Mailand debütirte er, und bald war sein Name über Italien und weit in's Ausland hinein ausgebreitet. Im Concert spirituel zu Paris sang er 1785 und versetzte die Franzosen in laute Bewunderung. Hierauf war er am Scalatheater in Mailand, in Bologna, Genua und 1790 in Neapel engagirt und ging von dort aus 1791 nach London, wo man ihn feierte und bis 1796 festhielt. Noch 1802 sang er in Florenz und dachte, ungeschwächt wie er war, erst 1812 an seinen Rücktritt von der Bühne, worauf er sich nach Bergamo zurückzog, aber auch dort noch häufig beim Gottesdienste in der Kirche *Santa Maria maggiore* als Solist mitwirkte. Er soll sogar noch einmal im J. 1820 auf dem Theater zu Lodi aufgetreten sein. Gestorben ist er am 31. Decbr. 1830 zu Bergamo. Sein Sohn und Schüler, Giovanni D., geboren 1789 zu Bergamo, betrat 1810 zu Brescia die Bühne und war hierauf in Venedig, Neapel und Mailand engagirt, in welcher letzteren Stadt man ihn, seiner überladenen Manier wegen, gegen Crivelli zurücksetzte. Dagegen erregte er drei Jahre hinter einander, 1822, 1823 und 1824 während der italienischen Opernsaison in Wien das denkbar grösste Aufsehen, namentlich in Rossini'schen Parthien, die er reich mit Fiorituren umbrämte. Als er im J. 1829 in Paris sang, constatirte man bereits den Verfall seiner Stimme und bemängelte seine Art zu singen als bizarr und outrirt, während man auf der anderen Seite zugab, dass er auch einzelne hinreissende Momente habe. Mit den Resten seiner Stimme war er 1839 wieder in Wien, wo er kaum noch bestehen konnte und sang überhaupt bis 1841, wo er dieselbe ganz einbüsste. Er gründete hierauf eine Gesangschule in Neapel, die er aber wegen Mangels an Besuch eingehen lassen musste, worauf er die Stelle als Regisseur bei der italienischen Oper in St. Petersburg annahm. Dort starb er im J. 1851.

David, Louis, französischer Harfenist und Componist für sein Instrument, lebte um 1800 als Musiklehrer, namentlich für Harfe und für Gesang zu Genf und hat auch einige Compositionen für das genannte Instrument veröffentlicht.

David, Louise, s. Dulcken.

Davidoff, Karl, einer der vorzüglichsten Violoncello-Virtuosen der Gegenwart, geboren am 15. März 1838 zu Goldingen in Kurland, siedelte mit seinen Eltern in frühester Jugend nach Moskau über, wo er mit zwölf Jahren Unterricht auf dem Violoncello bei H. Schmitt, dem damaligen trefflichen ersten Violoncellisten des Moskauer Theater-Orchesters erhielt. D. trieb auch die Musik eifrig und gründlich fort, als er von 1854 bis 1858 die Moskauer Universität besuchte, um die mathematischen Wissenschaften zu studiren. Bereits war er Candidat dieses Faches geworden, als er 1858 den Gelehrten- mit dem Künstlerstand zu vertauschen beschloss und zunächst nach St. Petersburg ging, wo ihn Karl Schuberth bis zur höchsten Stufe der Virtuosität brachte, dann aber nach Leipzig, um bei Hauptmann die Composition zu studiren. In letzterer Stadt trat er am 15. Decbr. 1859 in einem der Gewandhausconcerte als Violoncellist auf, erregte einen fast beispiellosen Beifall und wurde in Folge dessen alsbald als erster Violoncellist des Orchesters für Gewandhaus und Theater und als Lehrer am dortigen Conservatorium (als Nachfolger Grützmacher's) engagirt. Mit gleich ausgezeichnetem Erfolge liess er sich während dieser Zeit in den Hauptstädten Deutschlands und Hollands hören. In Russland säumte man unterdessen nicht, diese bedeutende künstlerische Kraft zurückzugewinnen, und nachdem er sich 1862 dem kaiserlichen Hofe in St. Petersburg vorgestellt hatte und zum Solovirtuosen des Kaisers ernannt worden war, wusste ihn die neubegründete russische Musikgesellschaft unter den vortheilhaftesten Bedingungen für ihr Orchester und für das Petersburger Conservatorium zu engagiren. ·Seitdem ist er auf Urlaubsreisen noch oft in Deutschland, auch in London aufgetreten und hat sich einen grossen Ruf als Virtuose fest begründet schöner Ton, unfehlbare Sicherheit und eminente Fertigkeit, sowie höchst geschmackvoller Vortrag sind die Haupteigenschaften seines Spiels. Aber auch sein Compositionstalent ist bedeutend zu nennen und tritt in Concerten und anderen grösseren und kleineren Stücken für Violoncello, sowie in Clavierstücken und Liedern, von denen vieles im Druck erschienen ist, vortheilhaft hervor.

Davidskrone oder kurzweg den David nannten die Meistersinger zu Nürnberg ihr Schulkleinod, das in drei auf eine ·Schnur gereiheten silbernen Schaustücken bestand, auf deren mittelstem und grösstem der König David mit der Harfe dargestellt war. Diese Schnur wurde beim grossen Wettsingen dem Uebersinger oder Sieger im Gesangstreite als Ehrenzeichen feierlich umgehängt.

Davidov, Stephan Ivanovič, russischer Kirchencomponist, geboren um das J. 1777 in Russland, war in seiner Jugend Sänger in der Hofkapelle und wurde auf Befehl der Kaiserin Katharina II. von Santi in der Musiktheorie und Composition unterrichtet. D. widmete sich dann der Kirchencomposition, und seine Tonschöpfungen in diesem Genre fanden in Russland grossen Beifall, namentlich auch seine im Drucke erschienenen vierstimmige Lithurgien. Er starb im J. 1823 als Musikdirektor des Hoftheaters in Moskau.   M—s.

Davies, zwei Schwestern, von denen die ältere, deren Vorname nicht mehr bekannt ist, 1740 in London geboren war und als Virtuosin auf der 1763 von ihrem berühmten Verwandten Franklin erfundenen Glasharmonica reiste und sich namentlich 1765 und 1766 in Frankreich und Deutschland mit grossem Beifall hören liess. Auch als treffliche Sängerin und Clavierspielerin erwarb sie sich einen bedeutenden Ruf. Um das Jahr 1784 hatte das Harmonicaspiel ihre Nerven so angegriffen, dass sie es aufgeben und sich möglichst zurückgezogen halten musste. Sie starb 1792 in London. — Ihre jüngere Schwester war eine vorzügliche, von Sacchini gebildete Sängerin, die in Italien unter dem Namen *l'Inglesina* (die Engländerin) rühmlichst bekannt war. Sie begleitete ihre Schwester auf mehreren Concertreisen, so auch nach·Wien, wo sie mit Hasse längere Zeit in einem Hause wohnte und dessen Rathschläge in Bezug auf ihren Gesang entgegennahm. Ihre höchsten Triumpfe feierte sie 1771 auf der Opernbühne in Neapel, 1774 in London und von 1780 bis 1784 in Florenz und Oberitalien. Zu gleicher Zeit wie·ihre Schwester zog sie sich von der Oeffentlichkeit zurück und starb 1803 zu London.

Davin, Karl Heinrich Georg, guter deutscher Tonkünstler, geboren am 1. März 1823 zu Meimbressen bei Kassel, hatte es bereits mit zwölf Jahren musikalisch so weit gebracht, dass er oft aushülfsweise für den Organisten und Cantor eintreten konnte. Sobald er confirmirt war, ging er nach Kassel, besuchte dann das Schullehrer-Seminar zu Homberg und wurde 1844 an der Stadtschule zu Grebenstein angestellt. In Schlüchtern, wo er 1851 Seminar-Musiklehrer wurde, übernahm er die Direktion des Gesangvereins, mit dem er alljährlich grössere Musikaufführungen veranstaltete. — Veröffentlicht hat D. Orgelstücke, eine Sammlung von Chorälen, ein »Hülfsbuch für angehende Organisten« und eine »Elementar-Musiklehre zum Gebrauche für Seminar-Aspiranten«.

Davion, französischer Musiker, der in Paris lebte und daselbst 1801 »*Airs pour le Clavecin ou la Harpe*« veröffentlichte.

Davis, Mary, berühmte englische Sängerin und Schauspielerin, die auf dem Londoner Theater nicht minder, wie als Geliebte König Karls II. um 1675 eine Rolle spielte.

Davis, Hugh, englischer Baccalaureus der Musik in Oxford und nachmals Organist der Stiftskirche zu Herford, starb im J. 1644.

Davoglio, Francesco, italienischer Violinvirtuose, geboren 1727 zu Velletri. kam nach Paris, und trat 1755 im Concert spirituel auf. Er scheint sich ganz in Paris niedergelassen zu haben, wo späterhin von ihm auch Quartette, Duos und Solos für Violine erschienen.

Davrigny, Charlotte, geborene Renaud, französische Sängerin, war während der Revolution, etwa bis 1796, ein sehr beliebtes Mitglied der *Opéra co-mique* zu Paris.

Davy, **Richard**, ein altenglischer Contrapunktist, dessen Lebenszeit um die Wende des 15. und 16. Jahrhunderts fällt.

Davy, **John**, englischer Componist, geboren um 1774 in der Nähe von Exeter, erwarb sich schon früh, von einem Geistlichen unterrichtet, Fertigkeit im Clavier- und Violinspiel. Mit zwölf Jahren wurde der Dr. Eastcott sein Beschützer, auf dessen Empfehlung hin D. bei Jackson, dem Organisten an der Kathedrale zu Exeter, geregelten Orgel- und Compositions-Unterricht erhielt. Später fand er eine Anstellung im Orchester des Coventgarden-Theaters zu London. Während er in Exeter für die Kirche componirt hatte, wandte er sich nun der dramatischen Composition zu und brachte zur Aufführung: »*What a blunder*« (1800), »*The cabinet*« (1802), »*Rob Roy*« (1803), »*The miller's maid*« (1804), »*The blind boy*« (1808) etc.

Dayâvatî, s. Dujavuty.

D. C., häufig vorkommende Abkürzung für Da capo (s. d.).

D-dur, ital.: *re maggiore*, französ.: *ré majeur*, engl.: *D major*, eine der häufigst angewandten modernen Tonarten, deren Scalastufen: D, E, Fis, G, A, H, cis mit ihrer alphabetischen Benennung heissen, welche Benennung durch Regulirung der Stufen der *C*durtonleiter von D bis d nach dem Muster der **Durtonart** (s. d.) entsteht. Weil nach diesem Muster von der zweiten zur dritten Stufe aufwärts ein Ganzton, und von der dritten zur vierten ein Halbton sein muss, so wird die dritte Stufe, *F*, um einen Halbton erhöht: *Fis*. Siehe **Alphabet**. Aus ähnlichem Grunde wird die Erhöhung des siebenten Tones von *D* aufwärts: c zu *cis* nothwendig. Dies Muster, welches Ganz- und Halbtöne fordert, deren Grösse praktisch nur annähernd erkennbar ist, findet in der Wissenschaft einen festen Ausdruck durch Proportionszahlen, die, je nachdem die Tonfolge eine **diatonische** (s. d.) oder **temperirte** (s. d.), verschieden sind. Was die temperirte Tonfolge anbetrifft, so ist zu bemerken, dass man jetzt gewöhnlich nur die gleichtemperirte Scala meint, wenn man von einer temperirten Tonleiter spricht. Die Proportionszahlen, welche das Tonverhältniss in der Durtonfolge darstellen, sind in dem Artikel **Durtonart** zu finden. Wenn nun der pariser Kammerton *a'* gleich 437,5 Schwingungen in einer Sekunde als Regulator des modernen Tonreichs angenommen wird, so entsteht *d'* durch 291,666 Schwingungen. Die Einzeltöne der *D*durscala von *d'* = 291,666 Schwingungen aus aufwärts vergegenwärtigt folgende Schwingungsscala. Es werden erzeugt:

in der diatonischen Folge durch:	in der gleichtemperirten durch:
d^2 = 583,333 Schwingungen,	d^2 = 583,333 Schwingungen,
cis^2 = 546,873 „ „ „ „	cis^2 = 550,577 „ „ „ „
h' = 485,915 „ „ „ „	h' = 490,290 „ „ „ „
a' = 437,499 „ „ „ „	a' = 437,003 „ „ „ „
g' = 388,790 „ „ „ „	g' = 389,327 „ „ „ „
fis' = 364,582 „ „ „ „	fis' = 367,469 „ „ „ „
e' = 328,124 „ „ „ „	e' = 327,383 „ „ „ „
d' = 291,666 „ „ „ „	d' = 291,666 „ „ „ „

In den beiden Darstellungen erscheint das *a'* nicht gleich; auch ist nur das Eine mit dem oben erwähnten Regulationstone übereinstimmend: weil nämlich, wie die Proportionszahlen zeigen, die diatonische und gleichtemperirte Tonfolge einen Unterschied in der Quinthöhe fordern und in der *D*durscala nur der Ton *D* und dessen Oktaven fest sind. — Dass *D*. stets eine der am meisten angewendeten Tonarten ist und war, hat bisher noch nicht genug entschleierte psychische Ursachen, die in der Entwickelungszeit unserer Tonarten dahin wirkten, dass man dem menschlichen Organismus innewohnende Eigenheiten (durch ästhetische Auffassungsweisen später zuerst zu erklären versucht) ablauschte und ohne dieselben zu erkennen, nicht allein *D*. als eine viele Zeichen der Dureigenheiten offenbarende Tonart häufig in der Tonkunst direkt verwandte, sondern selbst die Tonwerkzeuge so konstruirte, dass sie diese Eigenheiten auch besassen. Eingehendere Betrachtungen über Einzelnerscheinungen sind hier versagt, da diese weitweg ihre Materialien sammeln müssten. Nur die hervorragendsten mögen wenigstens angedeutet werden. Diese scheinen zu sein, dass die mit der Menschenstimme wiedergebbaren Scalatöne von *D.* stets in solcher Lage hervorgebracht werden, dass die Charaktere der Intervalle, besonders die der Terz und Quinte, ungezwungen in einer dem Charakter der Durtonart am besten entsprechenden Intonation durch eine angemessene Anstrengung der Erzeugungsorgane, einer sehr leicht von den innern Organen erkennbaren Klarheit, und zwar bei allen Menschen fast in jedenfalls sehr ähnlicher Weise, erscheinen. Man denke z. B. nur an die Klangweise des hohen *fis*, sowohl des von der Männerstimme als des von der Frauenstimme erzeugten — eine scharfe Tonhöhe und eine besondere Geltendwerdung der Beitöne sind wohl die wahrscheinlichen Gründe — und man wird wenigstens für die häufige Anwendung von *D.* sich etwas Reales anführen können, was bisher leider in dieser Form nicht genug beachtet worden, um kurz und bündig als Erklärung zu dienen. Diese Eigenheiten des *D.*, durch Menschenstimmen dargestellt, die sich auf das ganze Tonreich später ausbreiteten, weil unser Tonsystem die Oktaven glockenrein fordert, mussten nothwendig bedingen, die Hauptttonwerkzeuge so zu bauen, dass sie diese Eigenheiten in sich bargen. Dieser gefühlten Nothwendigkeit gemäss verbesserte man allmülig die Streichinstrumente, indem man denselben als freie Saitentöne Hauptttöne dieser Tonart zuwandte. Die Folgen dieser Einrichtung in Bezug auf Resonanz anzudeuten, ist hier unmöglich und bleibt deshalb auch dem Forschen des hiernach Suchenden überlassen. Siehe übrigens Resonanz. Ja selbst die Blasinstrumente wurden so gebaut, dass deren Grundton *D.* war; man denke nur an die Trompeten, Hörner und Flöten früherer Zeit, denen sich bei sorgfältiger Forschung wohl noch manche anderen zugesellen möchten. Zufällig können doch diese Erscheinungen in der Kunst nicht sein, und ehe nicht triftigere Gründe eine andere Ursache dafür nachweisen, werden auch selbst Zweifler es wohl nicht vermessen finden, wenn wir auf diese Behauptungen zu bestehen wagen. Dass nun in neuester Zeit diese Eigenheiten der Tonwerkzeuge wieder auf die Wahl der Tonart rückwirken mussten, somit dasselbe Resultat in der schöpferischen Tonwelt sich breit macht, wie in früherer Zeit, ist klar. Wenn die oben gemachten Andeutungen auch sehr lückenhaft sind und noch nicht die Probe der Allgemeinabwägung durchgemacht haben, so waren dieselben nicht vorzuenthalten, da sie leicht anregen könnten, eingehender die angedeuteten Wege zu prüfen und diese Anschauungen zu bestätigen oder zu verurtheilen. — Aus denselben Ursachen, woraus die häufige Anwendung von *D.* und die Construktion der Tonwerkzeuge entsprang, ist auch wie die eben versuchte Erklärung, die mittelst der Aesthetik entstanden. Da dieselbe für neuig denkende Tonsetzer vielleicht noch heute manches Anregende bietet, ferner bei Laien, der ungeheuren Dehnbarkeit wegen noch vielfach Anklang findet, so mögen hier die Auslassungen eines der anerkanntesten Aesthetiker in diesem Felde über *D.* folgen. Sein Recept lautet: »*Ddur*, der Ton des Triumphes, des Halleluja's, des Kriegsgeschrei's, des Siegesjubels. Daher setzt man die einladenden Symphonien, die Märsche, Festtags-Gesänge und himmelaufjauchzenden Chöre in diesen Ton«. (Schubart, Ideen zu einer Aesthetik der Tonkunst p. 377). Wer noch freie Variationen über dies Thema kennen zu lernen wünschst, suche dieselben unter »Ideen über Musik« von J. J. Wagner, Leipziger allgemeine musikalische Zeitung, 1823 p. 704; »Tonkunst« von Junker p. 53 und »Die Musik und Poesie« von Peter Joseph Schneider, Bonn 1835 Theil I p. 283 bis 299. C. Billert.

De ist die syllabische Benennung des jetzt *d* genannten Klanges in der Bebisation (s. d.)   †

Deamicis, Anna, ausgezeichnete italienische Opernsängerin, geboren um 1740 zu Neapel, wo sie auch die Bühne betrat und in der *Opera buffa* einen bedeutenden Ruf erlangte. Im J. 1762 trat sie in London auf und liess sich von Christian Bach überreden, sich der grossen Oper zu widmen, ein Schritt, den sie, wie ihr vorzüglicher Erfolg in England zeigte, nicht zu bereuen hatte. Als sie 1771 die

Gattin eines Secretair's des Königs von Neapel wurde, musste sie der öffentlichen Laufbahn entsagen und sang nur noch in Hofconcerten und Familienkreisen. Burney rühmt ihre Fertigkeit und Gesangmanier als aussergewöhnlich. Auch ihre beiden Töchter waren, wie Reichardt, der sie 1790 hörte, versicherte, treffliche und geschmackvolle Sängerinnen, die aber, ihrer Familie wegen, die Kunst nur als Dilettantinnen treiben durften.

Dean, Thomas, englischer Violinspieler und Organist zu Warwick und Coventry zu Anfange des 18. Jahrhunderts, hat den Ruhm, der erste Violinist gewesen zu sein. der in England, und zwar 1709, eine Sonate von Corelli zu Gehör brachte. Im J. 1731 erwarb er sich von der Universität Oxford die musikalische Doktorwürde. Einige seiner Compositionen enthält das Elementarwerk: »*The Division- Violin.*«

De Ahna, s. **Ahna, de.**

Debegnis, Giuseppe, trefflicher italienischer Buffosänger, geboren 1793 zu Lugo im Kirchenstaate, erhielt mit sieben Jahren von einem Mönche, Namens Bongiovanni, den ersten musikalischen Unterricht und bildete sich später bei dem berühmten Sänger Mandini und bei dem Componisten Saraceni zum Bühnensänger und guten Musiker vollends aus. In ersterer Eigenschaft debütirte er 1813 zu Modena und erschien bis 1819 mit grossem Beifall in verschiedenen Operntheatern seines Vaterlandes. Hierauf sang er in Paris und 1822 in England, dirigirte auch in der Saison 1823 zu Bath die italienische Oper. — Seine Gattin, geborene Ronzi, war eine treffliche Sängerin. Er hatte sie 1816 geheirathet und wurde mit ihr zusammen auch 1819 in Paris engagirt, wo sie anfangs gar nicht gefiel und erst in die Gunst des Publikums gelangte, nachdem sie noch bei Garat einen Gesangscursus absolvirt hatte. Sie ging mit ihrem Gatten auch nach England und von dort 1826 nach Neapel, wo sie bis 1843 am San Carlotheater engagirt war, worauf sie sich in's Privatleben zurückzog.

Debetaz, englischer Componist, der in London lebte und daselbst ums Jahr 1799 bei Clementi *Sonatas for the Pf. op.* 1 und dergleichen *op.* 2 veröffentlichte.

Debile oder debole (ital.), schwach, hinfällig, eine Vortragsbezeichnung, die den Charakter des Tonstücks oder einer einzelnen Stelle daraus kennzeichnet, während das synonyme Wort *piano (p.)* auf den dynamischen Stärkegrad sich bezieht.

Debillemont, Jean Jacques, französischer Componist und Violinvirtuose, geboren am 12. Decbr. 1824 zu Dijon, begann als neunjähriger Knabe das Violinspiel, dessen höheres Studium er seit 1839, wo er nach Paris gekommen war, bei Alard aufnahm. Die Composition studirte er gleichzeitig bei Leborne und Caraffa und trat dann als Geiger in das Orchester der *Opéra comique.* Um seine Opern auf die Bühne zu bringen, was ihm in Paris nicht gelang, kehrte er nach Dijon zurück und errang viel »*Le rénegat*«, »*Le bandolero*«, »*Feu mon oncle*« und »*Le joujou*« ehrenvolle Erfolge. Ferner machte er sich durch Kirchen- und Orchesterwerke, sowie durch Journalkritiken vortheilhaft bekannt.

Deblois, Louis, auch de Blois geschrieben, französischer Violinist, der in den Jahren 1779 bis 1781 unter den Mitgliedern des Orchesters des italienischen Theaters in Paris aufgeführt wird.

Deborah, eine hebräische Prophetin und Heldin aus der Zeit der Richter in Israel, war die Gattin Lopidoth's und wohnte auf dem Gebirge Ephraim zwischen Bethel und Rama, wo sie unter einem Zelte von Palmenzweigen Recht sprach. Um ihr Volk von der zwanzigjährigen Bedrängniss durch den Kaananiterkönig Jabin und dessen Feldherrn Sissera zu erlösen, liess sie durch Barak in den Stämmen Naphtali und Sebulon ein Heer sammeln und zog selbst mit in den Krieg. Am Fusse des Thabor wurde Sissera geschlagen und auf der Flucht, wie es D. vorhergesagt hatte, von einem Weibe ermordet. Diesen Sieg, der den Israeliten 40 Jahre Ruhe verschaffte, besangen D. und Barak in einem Liede, das im »Buche der Richter« (Cap. 5) erhalten geblieben ist und dessen Melodie L. Arends aus den hebräischen Sprachlauten zu entziffern versucht hat. D. selbst kann man mit der Velleda der alten Germanen vergleichen, von welcher Tacitus erzählt.

Debrois van Bruyck, Karl, trefflicher Tonkünstler und gründlicher und kenntnissreicher musikalischer Schriftsteller, geboren am 14. März 1828 zu Brünn stammt aus einer belgischen Adelsfamilie und kam 1830 nach Wien, woselbst er auch, von einigen Reisen abgesehen, verblieben ist. Er besuchte das Gymnasium und die Universität, um sich durch juristische und cameralische Studien, dem Wunsche der Seinigen gemäss, zum Staatsdienste vorzubereiten; seine eifrige und mit Vorliebe betriebene Beschäftigung mit der Musik und mit Beifall belohnte schriftstellerische Versuche auf diesem Gebiete zogen ihn aber bald ganz zur Kunst hin, mit der er sich als Autodidakt auch compositorisch beschäftigte. Pianofortespiel hatte er schon als Knabe getrieben, aber 14 Jahr alt erst durch Aug. Mittag, den Lehrer Thalberg's, geregelten Unterricht erhalten. Er war 22 Jahre alt als er bei Rufinatscha musikalische Theorie und Composition zu studiren begann. Seit 1852 trat er literarisch als Vorkämpfer für Rob. Schumann und dessen Werke auf, denen er mit hartnäckiger Beharrlichkeit den Weg nach Wien mehr und mehr ebnete und wurde einer der geachtetsten Mitarbeiter politischer und musikalischer Zeitungen innerhalb und ausserhalb Wiens. Seine zahlreichen Aufsätze blenden keineswegs durch einen blühenden Styl, sondern lesen sich trocken zeigen aber treffliche Kenntnisse und einen von Ueberzeugung getragenen edlen Sinn. Von Einseitigkeit der Ansichten ist er nicht freizusprechen; dieselbe wird sogar zur Starrheit, da er nach keiner Seite hin Concessionen zulässt. In der »Tonhalle« von 1869 veröffentlichte er die Ergebnisse seiner Bibliotheksstudien, die von umfassender Einsicht und Beurtheilungsgabe der ältesten und alten Tonwerke zeugen. Sein musikliterarisches Hauptwerk sind die »Technischen und ästhetischen Analysen des wohltemperirten Claviers« (Leipzig, 1867), eine Arbeit von bleibendem Werthe mit trefflichen Bemerkungen über Seb. Bach selbst und die sogenannte contrapunktische Kunst. Auch Clavier- und Gesangscompositionen hat D. veröffentlicht, unter denen sich manche werthvolle Nummer befindet. Im Allgemeinen sind aber diese Arbeiten mehr Produkte der Reflexion als der Unmittelbarkeit, interessant in der Arbeit, jedoch dürftig in der Erfindung.

Debur, Violinist, der 1727 Mitglied des Händel'schen Orchesters in London war und als solches ehrenvoll erwähnt wird.

Debut (französ.), die Antrittsrolle, das erste Auftreten auf der Bühne oder im Concertsaal. Davon abgeleitet bezeichnet man mit **debutiren** zum ersten Male öffentlich auftreten, mit **Debutant**, weiblich **Debutantin** den zum ersten Male öffentlich Auftretenden.

Decachord (französ., vom griech. **Dekachordon**) ist der Name für eine in Frankreich noch hier und da gepflegte zehnsaitige Guitarrenart, welche in Form der gewöhnlichen ganz gleich, nur einen etwas grösseren Körper und der Saiten wegen ein breiteres Griffbrett besitzt, trotzdem die tieferen Saiten nur in ihrem Stimmton Anwendung finden. Diese tieferen Saiten erklingen in der Scala, dienen nur als Grundbässe und bedürfen deshalb auf dem Griffbrette keiner Bunde, welche einzig zu den vier höchsten Saiten vorhanden sind. †

Decamp, französischer Tonkünstler, dessen Name nur durch einige, 1799 in Paris erschienene Flötenduos bekannt geblieben ist.

Decavanti, Giuseppe, rühmlichst bekannter italienischer Opernsänger, geboren 1779 zu Lugo im Kirchenstaate, war eines der beliebtesten Mitglieder der italienischen Oper zu Dresden. Nach der Auflösung jener Gesellschaft kehrte er wie viele seiner Collegen in sein Vaterland zurück und darf seitdem in der Kunstwelt als verschollen angesehen werden.

Dechamps, Louis, französischer Tonkünstler, von dessen Composition um 1800 in Paris »*Nouvelles romances avec le clavecin*« op. 1 und op. 2 erschienen sind.

Decem, (latein.) zehn, auch *decima*, die zehnte, ist von Alters her in den Orgeln der Name für ein Manualregister, das die zehnte Stufe aufwärts des durch die Taste sonst zu gebenden Tones hören lässt. Ausser *D.* und *Decima* findet man für dies Register auch noch die Namen *Detz*, *Dez*, *Decupla* und wenn es für's Pedal gebaut wurde, *Decembass* in Anwendung. O

Deche, französischer Componist, brachte um 1791 zu Paris eine komische Oper, *Adèle et Dediers* auf die Bühne.

Decima, (latein. und ital., französ. *la dixième*), die Decima, nennt man die zehnte diatonische Stufe aufwärts von einem gegebenen Tone, die man jetzt, wo man die Oktave am liebsten als fernstes charakteristisch verschiedenes Intervall betrachtet, und jeden über der Oktave liegenden Ton, wie eine Wiederholung eines Klanges innerhalb derselben betrachtet, als die Terz über der nächsthöheren Oktave des gegebenen Tones zu bezeichnen beliebt. Somit würde z. B. *e* die *D.* von *C* sein. Für Contrapunktisten hat die Benennung *D.* noch einen besonderen Werth (s. Contrapunkt), sowie die folgenden mit *D.* zusammengesetzten Intervallbezeichnungen in Bezug auf das Verständniss älterer theoretischer Werke, wie selbst jetzt noch zuweilen in contrapunktischen Auseinandersetzungen. — *Decima tertia,* lateinisch, oder *D. terza,* italienisch, nennt man die dreizehnte diatonische Stufe von einem gegeben Tone; von *C* würde *a* die *D. t.* sein; — *D. quarta* heisst in lateinischen wie italienischen Abhandlungen die vierzehnte Stufe; *h* ist somit die *D. q.* von *C*; — *D. quinta* heisst in beiden Sprachen die funfzehnte, und wird für die Doppeloktave *C . . . c′* angewandt; — *D. sexta,* lat., und *D. sesta,* ital., ist die Bezeichnung für die 16. Tonstufe, demgemäss ist *d′* die *D. s.* von *C*; — *D. septima,* lat., und *D. settima,* ital., heisst die siebzehnte, wonach *e′* von *C* ab so benannt werden kann; — *D. octava,* lat., und *D. ottava,* ital., die achtzehnte, würde für *f′* von *C* ab gezählt anzuwenden sein; — und *D. nona,* lat. wie ital., für die neunzehnte Stufe von *C* ab: *g′*, wie für jedes andere ähnliche Intervall, indem bei diesem Zählen stets der gegebene Ton als erster angesehen wird.

Decime bezeichnet auch ein spanisches Sylbenmaass, das sich vortrefflich zur musikalischen Behandlung eignet. Ueber die Verwendung desselben sehe man das Nähere in A. W. Schlegel's und Gries' Uebersetzungen des Calderon. Jede der zehn Verszeilen einer D. zählt sieben oder acht Sylben; der erste und vierte Reim gehören zusammen und schliessen den zweiten und dritten ein. Die fünfte Zeile reimt wieder auf die vierte, doch so, dass mit der vierten ein Satz abgeschlossen sein muss. Der Reim der sechsten und siebenten Zeile gehört ebenfalls zusammen und klingt mit dem der Schlusszeile, der zehnten überein. Zwischen der siebenten und zehnten, tönen die achte und neunte zusammen.

Decimole ist in der musikalischen Fachsprache die aus dem lateinischen *decima,* zehn, gebildete Bezeichnungsweise für eine Gruppe von zehn theoretisch in der Zeitfolge gleichlang oder in einem bestimmten Verhältniss zu einander zugebenden Tönen, die dem entsprechend:

notirt werden. Diese zehn Klänge sollen während derselben Zeitdauer ausgeführt werden, die sonst nach der Vorschrift nur der nächstniederen Tonanzahl, neun oder acht, zugewandt werden darf, und werden deshalb, wie diese, nur mit den Abzeichen der neun oder acht Klänge in der Schrift versehen; eine darüber geschriebene 10 jedoch hat die Aufgabe, dem Ausführenden das Absonderliche dieser Gruppe zu kennzeichnen. Die Ausführung der *D.* ist nun je nach der Anwendung derselben und nach der Gewandtheit des Ausführenden leider eine sehr verschiedene, trotzdem nach der theoretischen Absicht des Tonsetzers wohl nur eine Form die richtige sein darf. Denn indem ein Tonsetzer eine *D.* vorschreibt, so denkt er sich dieselbe die Folge der Töne als eine Gruppe, die durch Betnung des Anfangstones sich kenntlich macht, nach welcher erst die gleichstarke oder eine den Tongang fühlend fortsetzende Betonung des Folgetons nach der *D.* den Beginn einer andern Tongruppe bemerkbar macht und das Ende der *D.* selbst. Da, wie alle andern Künste lehren, der Mensch im Schauen und Darstellen nicht über Zusammenstellungen, die mehr als drei Einheiten zu einer Idee vereinigen, hinaus kann, diese Zusammenstellung aber wieder als Einheit aufzufassen vermag und mit den neuen Einheiten immer nur wieder ein ähnliches Zusammensetzen vollziehen kann: so wird die *D.* auch nur vermögen, selbst bei der vollkommensten Ausführung, in den untergeordneten Betonungen, die Marken der höheren Einheit, einiger ihrer Töne thatsächlich zu beweisen, dass das allgemeine Kunstgesetz auch für sie maassgebend. Nur in einem jedoch sehr seltenen Falle ist eine dies Gesetz scheinbar verleugnende Ausführung denkbar: wenn nämlich die *D.* so vorgetragen wird, dass lauter Einheiten aneinandergereiht werden; dies würde man der Schreibweise nach auch, wenn die *D.* aus Achteln besteht, durch Vorzeichnung des Bruches $^{10}/_8$ kennzeichnen können. Einen $^{10}/_8$ Takt gibt es aber nicht, so weit hat sich das allgemeine Kunstgesetz schon Anerkennung verschafft, und können derartige musikalische Gedanken, *D.*en, dann nur in letztgedachter Schreibweise correct in zwei Takten gegeben werden, deren erster den Bruch $^4/_8$ und deren letzter $^6/_8$, oder umgekehrt, vorgeschrieben erhalten müsste, mit dem Vermerk: dass die Achtel in beiden Takten gleichlang gedacht sind und alle zehn nur die Zeitdauer einnehmen dürften, welche sonst neun oder acht Achtel in dem Tonstücke erhielten. Wenn diese Folgerungen richtig sind, so müssen selbst in der bestausgeführtesten *D.* sich zwei Tongruppen erkennen lassen, die es nicht unterlassen können, sich durch eine höhere Intensität des Anfangstones der zweiten Gruppe kenntlich zu machen. Ist aber die Bildung von Gruppen in der *D.* einmal nicht abzuleugnen, so werden diese Gruppen sich auch je nach dem Gefühle des Tonsetzers oder Vortragenden anders gestalten können, da nur die weitere Kunstanforderung zu beachten ist: dass die höheren Einheiten symmetrisch und wo möglich die empfundene Harmonie ahnen lassend, sich geltend machen müssen. Die *D.* kann nun ebensowohl auf das menschliche Fassungsvermögen einen annähernden Einheitseindruck machen, wenn sie in vier Gruppen erscheint, von denen je zwei drei und je zwei zwei Töne hören lassen, welche Gruppen unter sich gewöhnlich, wie dieselben eben angeführt, folgen, doch auch so gegeben werden können, dass die beiden Zweiergruppen zwischen den Dreierfolgen erscheinen; als wenn sie in fünf Gruppen, jede von zwei Klängen gebildet, sich sondert. Diese Gruppen können sich zu zwei Zweier- und zwei Dreiergruppen ordnen. Die Anordnung der Gruppen macht sich dem Zweifelnden dadurch kenntlich, dass sie auf die Dauer der Einzeltöne einen Einfluss ausübt, der durch die harmonische Wirksamkeit der Klänge noch befördert wird. Sehen wir das Beispiel *a* genauer an, so liessen sich an demselben nach der symmetrischen Vertheilung und harmonischen Wirkung der Einzeltöne zwei Gruppirungsarten als dem Allgemeingefühl entsprechend, möglich denken. Die zehn Töne können nur in vier Gruppen gegeben werden, und zwar sind beide oben angeführten Gruppenstellungen in dieser Figur das harmonische wie symmetrische Verständniss in gleicher Weise fördernd. Aehnliche Reflexionen liessen sich auch an die im Beispiel *b* vorkommende *D.* knüpfen, die wir jedoch, weil dieselben nichts absolut Neues zu bieten vermögen, unterlassen. Es träte nun, wenn wir noch einige Betrachtungen an das Beispiel *a* knüpfen, zunächst die Frage auf, würden die Dreiergruppen jede soviel Zeit, wie beide Zweiergruppen zusammen in Anspruch nehmen dürfen? Denn diese Ausführungsart würde sich wohl als leicht erreichbarste ergeben. Wenn wir die wahrscheinliche Componistenansicht aussprechen dürfen, so glauben wir mit nein antworten zu müssen, da dieselben wähnen, dass durch den theoretische Charakter der *D.* verloren gehn. Die gebräuchlichste Vortragsweise, die, in welcher die zwei Zweiergruppen zuletzt erscheinen, würden dieselben wohl noch, wenn beide die Zeit, welche eine Dreiergruppe gebraucht, erhalten, acceptiren, da ähnliche gedrängtere Tonfolge zu oft in der Musik auch im gewöhnlichen Ergehen in Gebrauch sind, ob jedoch eine der anderen, wäre fraglich. Acceptirt man aber eine Vortragsweise, sei es aus dem angeführten oder irgend einem andern dem ähnlichen Grunde, so ist dadurch jeder anderen theoretischen Auffassungsweise der *D.* die Bahn gebrochen und es nur noch eine Frage der Zeit, wann für dieselbe ein praktischer Beleg in der Kunst geschaffen wird. Suchen wir nun noch die Idee zu ergründen, der eine *D.* oder irgend eine andere Tongruppe von mehr als drei Klängen entkeimt, die kein Vielfaches dieser oder einer kleineren Tonzahl, so ist diese jedenfalls ein plötzlich sich kundgebendes dem herrschenden Tonanordnungsgefühle fremdes Empfinden, das entweder Zeugniss für eine aussergewöhnliche rhythmische Ausbildung desselben oder für ein unorganisches Gestalten eines geahnten musikalischen Denkens ablegt. Denken wir uns die *D.* von einem aussergewöhnlich rhythmisch begabten Tonschöpfer gedacht, da eine solche Anwendungsart derselben doch nur in Betracht kommen darf, so wird diese gewiss nicht immer nach ei n er Schablone sich ergeben, sondern in ihrem gefühlten Entstehen vielfach verschieden sich gestalten. Dies Gestalten kann aber wahrscheinlich doch wohl nur in dem mehr oder minder Sichgeltendmachen der Untergruppen der *D.* eine Erklärung finden, wodurch dann auch bewiesen würde, dass das allgemeine oben angeführte Kunstgesetz auch hier nur maassgebend ist und die bisher gebräuchliche Erklärungsweise der *D.* in vorher gedachter Weise moderirt werden müsste.   C. B i l l e r t.

Deciso oder *decisamente* (ital.), entschieden, bestimmt, ist die Bezeichnung für einen kräftig markirten Vortrag. Ein noch höherer Grad des Ausdrucks wird durch die Vorschrift *decisissimo*, sehr entschieden, mit ganz bestimmtem Striche oder Anschlag bezeichnet.

Decius, N i c o l a u s, von W a l t h e r in seinem musikalischen Lexikon unrichtig D e c h i u s genannt, ein eifriger Vorkämpfer für die Reformation, war zuvor Mönch und Prior im Kloster Stötterburg zu Wolfenbüttel, sodann aber, nachdem er zur evangelischen Lehre übergetreten, Schulcollege in Braunschweig an der St. Catharinen- und Aegidienschule, von wo er 1524 als Prediger nach Stettin berufen wurde. Dort beschloss er frühzeitig, man sagt durch Katholiken vergiftet, seine irdische Laufbahn. Ueber ihn wie über die ihm zugeschriebenen Kirchenlieder »Allein Gott in der Höh' sei Ehr'«: *g a k ͞c ͞d c h a h* (1526?) und »O Lamm Gottes unschuldig«: *f a b ͞c ͞c ͞d c* (1526?), von denen das erste eine treffliche Erneuerung der alten Hymne *»Gloria in excelsis«* ist, herrschen die widersprechendsten Nachrichten, indem einige ihm die Schöpfung derselben geradezu absprechen; andere *D.* wohl als den Dichter der Texte, doch nicht als den Componisten der Melodien ansehen; noch andere behaupten, dass, da *D.* ein trefflicher Musiker war, der besonders die Harfe gut spielte, da ferner *D.* schon in Braunschweig seine Vertrautheit mit der Musik dadurch dokumentirte, dass er dort zuerst vielstimmige Musikstücke zu Gehör brachte: es ziemlich selbstverständlich sei, dass er im Glaubenseifer auch diese fast kanonisch gewordenen Lieder schuf, wofür auch noch der Umstand spricht, dass *D.* seit frühester Zeit als Dichter und Componist dieser Choräle immer genannt werde. Die letztere Ansicht wird denn auch die herrschende bleiben, bis das Gegentheil erwiesen sein wird.   0

Decke oder D a c h nennt man den Sang- oder R e s o n a n z b o d e n (s. d.) der Saiteninstrumente mit Griffbrett.

Deckel nennt man in der Orgelbaukunst die verschieden gestalteten, aus Zinn oder Holz gefertigten Gegenstände, mit welchen man das D e c k e n (s. d.) der Orgelpfeifen vollzieht. Zu ganz gedeckten zinnernen Pfeifen bedient man sich eines kurzen Cylinderendes, dessen eine Oeffnung durch eine Platte fest und luftdicht geschlossen ist. Dies Cylinderende muss etwas weiter sein, als der Cylinder der mit demselben zu decken ist. Man schiebt denselben — in Deutschland wird er mit Leder gefüttert, damit er luftdicht anschliesst, und in Frankreich, indem man zwischen seiner Innenwand und dem Cylinder Papier einschiebt — auf die Pfeifenröhre, wie man einen Hut aufsetzt, weshalb man so geformte D. auch wohl H a u b e, S t ü l p e, K a p p e oder B ü c h s e nennt. Diese Einrichtung hat den Vortheil, dass man die Schallröhre durch Schiebung des D.'s verkürzen und verlängern kann und dadurch die Stimmung auf das genaueste zu erzielen vermag. Bei hölzernen Pfeifen wendet man, um denselben Vortheil zu haben, eine Platte an, die genau in die Pfeife passt und an den Rändern, um luftdicht zu schliessen, beledert ist. Weil diese Platte in die Pfeife gestopft wird, nennen sie auch Viele einen S t ö p s e l.   2.

Decken benennt die Fachsprache der Orgelbauer das ganze oder theilweise Verschliessen der dem **Munde** (s. d.) einer Pfeife fernen Schallröhrenöffnung. Weil man die Pfeifen gewöhnlich aufrecht stellt und somit der Verschluss hoch oben stattfindet, so sieht man das Verschliessen als Decken der Pfeifen an; die Pfeifen selbst, welche mit Decken versehen sind, nennt man wohl **gedeckte** oder **gedackte**, und unterscheidet nach der oben angedeuteten Art des Verschliessens: **ganz-** und **halbgedeckte** oder **-gedackte** Pfeifen. **Ganzgedeckt** werden die Pfeifen nur in einer Art, denn die verschiedenen Deckelarten (s. **Deckel**), welcher man sich zum Decken bedient, wirken in Bezug auf Ton und Stimmung in gleicher Weise; die Pfeifen der **Bordun** (s. d.) und **Quintaton** (s. d.) genannten Register gehören immer zu dieser gedeckten Pfeifenart, zuweilen nur die des **Subbass** (s. d.) und einiger anderer Register. Diese Art die Pfeifen zu D. veranlasst, dass der Ton derselben so tief ist, als der einer doppelt so langen offenen Pfeife. S. **Akustik**. Ferner aber erscheint der Ton einer gedeckten Pfeife in einer viel dunkleren Färbung und schwächer als der aus einer offenen. Diese Erscheinung hat wohl ihren Grund darin, dass der Tonwellentheil in sich zurückwirkt, und dadurch erstens die Entstehung von späteren Wellentheilungen, **Obertönen** oder **Aliquottönen** (s. d.), sehr behindert ist und zweitens die Amplitüde verringert wird, also dämpfend wirkt. Noch ist von den ganzgedeckten Pfeifen zu bemerken, dass man nicht das wirkliche Maass derselben nennt, wenn man deren Tonhöhe bezeichnen will, sondern das Maass einer offenen Pfeife, die denselben Ton gibt; die also nach Vorhergehendem doppelt so lang ist. Man spricht demnach, wenn die gedeckten Pfeifen einer Stimme eine Länge von 5,0; 2,5; 1,25; oder 0,6 Meter haben: von einem Register mit 10,0; 5,0; 2,5; oder 1,25 Meterton. — Der **halbgedeckten** Pfeifen unterscheidet man hingegen drei Arten. Zur ersten Art rechnet man alle conischen Pfeifen, wie sie die **Spillflöte** (s. d.) und **Spitzflöte** (s. d.) führen; zur zweiten Art zählt man die, welche im Deckel eine Oeffnung haben, in die eine kurze Röhre eingesetzt ist, wonach die meisten Register, welche solche Pfeifen haben, **Rohrflöten** (s. d.) genannt werden; und als dritte Art vermerkt man gewöhnlich die Pfeifen, welche oben zwar luftdicht geschlossen sind, jedoch unter dem Deckel in der Schallröhre ein oder mehrere Löcher haben. Dieser Klasse sind alle Pfeifen der sanftklingenden Zungenstimmen zuzuzählen, wie die der *Vox humana* und des *Bombardo*. Die Klänge der halbgedeckten Pfeifen haben je nach ihrem Deckungsgrade die Eigenheit der Töne von ganzgedeckten Pfeifen in geringerem Grade. Da die Deckungsverhältnisse, Erzeugnisse des zufälligen Wollens des Erfinders und später nachgebaut und autodidaktisch verbessert, wissenschaftlich sehr schwer festzustellen sind, die Feststellung auch wahrscheinlich von gar keinem praktischen Werth sich ergäbe: so ist auch eine speciellere naturwissenschaftliche Erklärung hier nicht zu erwarten. Bei den einzelnen Registern jedoch, wo leicht verständlich eine solche zu geben möglich ist, wird man sie finden. — Noch spricht man in der Orgelbaufachsprache von einer **schiefen** Deckung, die in ihrer Wirkung dem sogenannten Stopfen bei Blasinstrumenten ähnelt und gewöhnlich eine gewisse Lässigkeit der Fachleute dokumentirt. Dieselbe wird nur bei Holzpfeifen in Anwendung gebracht, und zwar bei solchen, die nicht scharf nach der Tonhöhe zugeschnitten sind; sie besteht aus einer metallenen Platte, so breit und lang als die Pfeifenöffnung, über die sie in schiefer Stellung, an einer Seite mit einer Pfeifenwand fest verbunden, angebracht ist. Intonirt die Pfeife zu hoch, so nähert man die Metallplatte so lange der Oeffnung, bis die Pfeife rein stimmt; ertönt dieselbe zu tief, so entfernt man dieselbe wieder dem entsprechend von der Oeffnung. Aus Obigem geht hervor, dass diese Tonveränderung bis auf eine Oktave auszudehnen möglich ist. Diese Deckungsart müsste aus mehreren Gründen in der Orgelbaukunst vermieden werden, von denen die wesentlichsten hier aufgeführt seien. Man denke sich ein offenes Register mit schiefer Deckung, das eine bestimmte Klangfarbe zeigen soll, so verliert es dieselbe, sobald die schiefe Deckung in Anwendung kommt, da die Töne durch die Anwendung desselben ja eine dunklere Färbung erhalten. Aber ausserdem ist auch noch in Anschlag zu bringen, dass die dunklere Färbung selbst schwerlich eine überall gleichartige zu werden vermag, und deshalb die Töne desselben Registers in den verschiedensten Klangfarben erscheinen werden. Mag man sagen, dass dies nur für feinere Ohren beachtenswerth sei, und deshalb wenig zu berücksichtigen sei, so ist doch auch noch zu beachten, dass die Platten durch Zufall sehr leicht aus ihrer Stellung gebracht werden können, was, wenn es einem Organisten, der nicht zugleich seine Orgel stimmt, passirt, dass er im Innern des Werkes etwas zu thun hat und unversehens eine oder mehrere Platten vorbiegt, von langer nachtheiliger Folge auf die Stimmung des Werkes bleiben muss. Ganz abgesehen davon noch, dass sehr oft diese Platten beim Stimmen selbst an der Verbindungsstelle durch das Biegen brechen und nicht immer sofort andere zur Hand sind, ist wohl zu beachten, dass jeder geschickte Orgelbauer seine Holzpfeifen so einzurichten vermag, dass er zu diesem Intonirungsmittel seine Zuflucht nicht zu nehmen braucht, wofür tausende von Werken zeugen, und es ist deshalb darauf zu sehen, dass in neuen Werken dieselbe niemals Anwendung findet.   2.

Decker, Constantin, deutscher Pianofortevirtuose und Componist, geboren am 29. Decbr. 1810 zu Fürstenau, einem brandenburgischen Dorfe, wo sein Vater Lehrer war, den wissenschaftlichen und Musikunterricht des Sohnes übernahm und in Stolp in Hinterpommern, wohin die Familie versetzt wurde, fortführte. Von 1823 bis 1826 machte der junge D. seine Gymnasialstudien in Cöslin, wo er sich auch einige Male mit Beifall öffentlich hören liess. Hierauf studirte er Alterthumswissenschaft, Naturkunde und Mathematik auf der Universität zu Berlin und benutzte jede Gelegenheit, sich musikalisch weiter zu bilden und gute Aufführungen zu hören. Sein Streben, gründlichen Unterricht in der Theorie und Composition zu erlangen, war erfolglos, da seine kärglichen Mittel den erforderlichen pecuniären Aufwand nicht zuliessen. Eine unglückliche Liebe und Zerwürfnisse mit seinem Vater, hervorgerufen durch diese Vorliebe für die Musik, trieben ihn endlich dahin, Berlin nach vollendeten Studien zu verlassen und eine Hauslehrerstelle auf dem Lande anzunehmen. Nach drei Jahren kehrte er jedoch nach Berlin zurück, um dort 1835 sein Examen als Schulamts-Candidat zu machen. Damals aber erwachte, angeregt durch Bekanntschaften mit Musikern, seine Liebe zur Tonkunst mit neuer Stärke, und alle Rücksichten bei Seite setzend, studirte er emsig bei S. W. Dehn Theorie und Contrapunkt. Compositorische Versuche, die gesteigerte Anerkennung fanden, gingen mit diesen Studien Hand in Hand; zu weiterer Ausbildung unternahm er auch einige grössere und kleinere Reisen, auf denen er als gediegener Pianist vielfache Anerkennung fand. Ausser anderen grösseren Werken vollendete er 1837 und 1838 in Berlin auch zwei Opern: »Die Gueusen in Breda« und »Giaffir der Weiberfeind«, die jedoch nicht zur Aufführung gelangt sind und ging hierauf nach Russland, wo er sich in St. Petersburg eine einträgliche Stellung verschaffte. Zu längerem oder kürzerem Aufenthalte war er seitdem häufig in Deutschland, namentlich in Berlin und trat auch als Concertspieler auf. Eine Oper von ihm, »Isolde, Gräfin von Toulouse« ist 1852 in Königsberg i. Pr. ohne nachhaltigen Erfolg aufgeführt worden. Componirt hat er überhaupt noch sechs Streichquartette, Duo- und Solo-Sonaten für Clavier, Salonstücke für Pianoforte, Gesänge und Lieder, von denen Mehreres im Druck erschienen ist. Am bekanntesten ist er durch eine seiner relativ unbedeutendsten Arbeiten, eine Clavierbearbeitung des Schubert'schen »Erlkönig«, geworden, die in der clavierspielenden Welt eine ausserordentlich grosse Verbreitung gefunden hat.

Decker, Joachim, deutscher Organist und Tonsetzer, der im Anfange des vorigen Jahrhunderts zu Hamburg lebte und neben anderen Sachen auch zu den Melodien des Hamburger Gesangbuches, 1604, mit Hieronymus Praetorius, Jacob Praetorius und David Scheidemann gemeinschaftlich vierstimmige Harmonien setzte und als Choralbuch veröffentlichte.   †

Decker, Pauline von, s. Schützell, P. von.

Deckert, Johann Nicolaus, ein deutscher, ums Jahr 1796 weit gerühmter

Instrumentebauer zu Grossbreitenbach bei Arnstadt, der besonders Pianofortes in Flügel- und Tafelform fertigte.   †

Declamando (ital., französ. *déclamé*), declamirend, bezeichnet in der Vocalmusik einen zwischen Singen und Reden die Mitte haltenden Vortrag, also einen Vortrag, bei dem der Sinn des Worttextes in voller Schärfe hervorgehoben und wo der Hauptaccent auf den oratorischen und weniger auf den musikalischen Ausdruck gelegt werden soll. Diese Vortragsart, welche in dem bisherigen Recitativ ihre alleinige und volle Berechtigung hatte, droht in der dramatischen, sogar in der lyrischen Musik unserer Tage leider in bedenklicher Weise die Kunst des Gesanges zu überwuchern.

Declamation (latein.: *declamatio*, ital.: *declamazione*). Die Aufgabe des Declamators ist, abgesehen von der Correctheit, Leichtigkeit und Schönheit der Aussprache, welche als Grundlage der künstlerischen Leistung zu betrachten ist, eine zwiefache; er soll verstandesgemäss und gefühlsgemäss betonen. Insofern nun in dem Gesang der rein instrumentale, melodische und der declamatorische Vortrag zu einer höhern Einheit verschmelzen, hat der Sänger zugleich die Aufgabe des Declamators zu lösen, und zwar nach der Seite des Verstandes eben so sehr, wie nach der des Gefühls. Im Recitativ tritt das declamatorische Element in den Vordergrund; unter diesem Abschnitt soll ausführlicher davon gesprochen werden. Hier kommt es nur darauf an, einige Punkte hervorzuheben, die in Hinsicht auf D. in dem taktmässigen Gesange zu beachten sind. Der taktgemässe Gesang bindet die Freiheit der D.; und die Rücksicht auf melodische Abrundung, auf logisch gesetzmässige Fortführung eines einmal ausgesprochenen musikalischen Gedankens ist den Componisten aller Zeiten Veranlassung gewesen, über manche Einzelheiten der D. sich hinwegzusetzen. Wenn Weber z. B. in den Arien »Durch die Wälder, durch die Auen« und »Trübe Augen, Liebchen, taugen« auf die Endsylben nicht blos längere und höhere, sondern sogar synkopirte Noten setzt oder wenn Mendelssohn »Die Winde wehen heimlich nur« so componirt, dass das Wörtchen »die« auf das erste, betonte Achtel des Taktes fällt, so sind das Verstösse gegen die D., die nur dadurch zu rechtfertigen sind, dass es dem Musiker als Hauptsache erschien, der Empfindung des Gedichtes einen adäquaten rhythmischen Ausdruck zu geben, und dass er dadurch genöthigt war, die Uebereinstimmung mit der logisch richtigen Betonung hie und da preiszugeben. Es finden sich bei den besten Componisten zahlreiche Fälle dieser Art; erst Wagner hat, aber auf Kosten der Melodie, die D. in den Vordergrund gestellt und eine Theorie entwickelt, nach welcher die Musik nicht blos aus der Empfindung und dem innern Sinn des Worts, sondern aus dem Wort selber hervorwachsen soll. In allen Fällen der genannten Art hat nun der Sänger die Aufgabe, dem musikalischen Gesetz, welches Betonung verlangt, so zu genügen, dass das Gefühl für richtige D. zugleich nicht allzu empfindlich verletzt wird. Er wird also z. B. die Endsylben in den Weber'schen Beispielen nicht mit starkem Ton ansetzen, sondern erst allmälig wachsen lassen und auch dann nicht zu einer allzu hellen Klangfarbe bringen; oder er wird in dem Mendelssohn'schen Beispiel die Betonung des ersten Achtels so zart als irgend möglich auszuführen suchen. Der musikalische Vortrag, wenngleich an rhythmische und melodische Gesetze gebunden, lässt doch stets einen gewissen Spielraum in der Ausführung derselben, in dem Grade des *forte* und *piano*, des hellen und dunkeln Timbre's, und diesen Spielraum muss der Sänger benutzen, um das Declamatorische mit dem Melodischen nach Kräften zu verschmelzen. Manche Feinheiten der D. bleiben ohnehin unbemerkt, sobald die Fülle der Töne sich über das Wort ergossen hat. Wenn Pamina z. B. in der Zauberflöte singt »nimmer kommt ihr, Wonnestunden, meinem Herzen mehr zurück«, so ist so zu trennen, wie hier durch die Interpunktion getrennt wurde. Das Komma oder, was dasselbe ist, der Athemzug des Sängers hat seine Stelle nach »ihr«, nicht vor »ihr«. Nun verlangt aber die Melodie, dass vor »ihr« geathmet werde; und es ist kein Unglück, wenn es geschieht; denn, wenn der Sänger nur sonst zu interessiren weiss, wird es kaum bemerkt. Hinsichts der Endsylben ist noch ein besonderer Fall zu erwähnen. Man findet sehr oft, dass zwei (oder auch mehrere) gebundene Noten auf einer Endsylbe stehen. Manche Sänger haben dann die Neigung, die Worte anders unterzulegen, als der Componist sie untergelegt hat; nämlich so, dass sie die Endsylbe erst auf der letzten Note bringen und die vorhergehenden Noten der betonten Sylbe zutheilen. Sie singen also z. B.

statt

welches Letztere Schubert geschrieben hat. Sie sind declamatorisch im Recht, musikalisch im Unrecht. Denn melodisch bilden (in dem obigen Beispiel) die Achtelnoten D und C ein Ganzes für sich, das dem vorangehenden E als ein Theil dem anderen gegenüber steht: wenn sie aber nach ihrer Art den Text unterlegen, knüpfen sie durch das Band des Wortes E und D zu einem Ganzen zusammen und lassen das C für sich allein. Anfänger sind mithin daran zu erinnern, dass sie genau darauf achten, wie der Componist selber die Worte untergelegt haben wollte; ein Fehler gegen den richtigen melodischen Vortrag wiegt darum schwerer, weil das Wort, wenn es sich einmal auf die Verbindung mit dem Ton einlässt, durch den sinnlichen Glanz, den dieser ausstrahlt, ohnehin in den Schatten gestellt wird; will die D. sich zur vollen Freiheit entfalten, so muss sie die Hindernisse, die ihr die Sinnlichkeit bereitet, vorher entfernt haben. Das Licht des Geistes strahlt erst dann im vollen Glanz, wenn die sinnliche Welt abgethan ist. Uebrigens ist auch hier der Sänger verpflichtet, die Endsylbe möglichst zart einzuführen, namentlich darf die erste Note keine starke Betonung bekommen; in diesem Fall geht die declamatorische Ungenauigkeit — denn mehr als eine solche ist es nicht — spurlos vorüber. Wir haben bisher von der Verschmelzung der logisch richtigen D. mit dem melodischen Vortrag gesprochen; es ist nun noch Einiges über die declamatorischen Gefühlsbetonungen hinzuzufügen. In ihnen liegt die lebendige Seele der Declamation und zum Theil auch des Gesanges. Bei dem Vortrage eines Gedichtes kommt es zunächst darauf an, die Grundstimmung des Ganzen durch den Ton zum Ausdruck zu bringen, sodann, den einzelnen Nüancen des Gefühls, die sich daran anlehnen, gerecht zu werden. In guten Compositionen muss die Grundstimmung des Gedichtes mit der Empfindung, die in der Melodie selber liegt, zusammentreffen, so dass der Vortragende im Wesentlichen den richtigen Vortrag des Gedichtes aus der Musik heraus trifft, auch wenn dasselbe in einer ihm fremden und unverständlichen Sprache geschrieben wäre. Ist diese Uebereinstimmung nicht vorhanden, so wird auch der Vortrag darunter leiden; was an sich misslungen ist, kann durch die Kunst der Ausführung nicht wesentlich verbessert werden. Es können aber doch Ausnahmen vorkommen, namentlich bei Melodien von unbestimmterem Charakter, die eine verschiedene Auffassungsweise, sei es im Rhythmischen, sei es in den Betonungen, zulassen. Dies ist z. B. in Strophenliedern der Fall, wo ein und dieselbe Melodie je nach dem Sinn jeder einzelnen Strophe verschiedene Nüancirung erlangt. Es kann sich dieselbe bis auf das Tempo erstrecken, z. B. in dem Silcher'schen Lied »Ich weiss nicht, was soll es bedeuten«, in welchem declamirende Sänger die Strophe »Den Schiffer im kleinen Schiffe ergreift es mit wildem Weh, er schaut nicht die Felsenriffe, er schaut nur hinauf in die Höh'« stärker, schneller und leidenschaftlicher nehmen werden. Mitunter trägt der Componist selber der D. Rechnung durch kleine Aenderungen in Melodie oder Harmonie oder auch nur in der Begleitung, wie z. B. Beethoven in der dritten Strophe des Mignonliedes durch Oktavenverdopplung, durch Zweiunddreissigtheil-Noten anstatt der Sechzehntheil-Triolen, durch Verlegung des Basses in eine tiefere Oktave. Es ist selbstverständlich, dass auch der Sänger die Kraft und den Ausdruck seiner Stimme in entsprechender Weise zu verstärken suchen wird. Dass Leonore, Marcelline, Rocco und Jacquino die Melodie des Canons (in Fidelio) so vorzutragen sich bemühen werden, dass das Charakteristische jeder der vier Personen dabei zur Geltung kommt, braucht für Einen, der nicht

blos Noten, sondern auch zwischen und hinter den Noten zu lesen vermag, nicht
gesagt zu werden. Nun sorgt aber mitunter zwar der Componist selber dafür, dass
einzelne Nüancen, die in dem Gedicht liegen, musikalisch zum Ausdruck kommen; in anderen Fällen überlässt er es dem Sänger; in anderen Fällen muss er
wünschen, dass der Sänger solche vereinzelte Nüancen unberücksichtigt lasse.
Doch ist darüber keine Regel aufzustellen; nur der Geschmack, d. h. das Gefühl
für das Passende, Zusammenstimmende kann hier entscheiden. Wenn Mozart
z. B. in der Romanze des Pagen »voi, che sapete« die Worte »Freude« und »Schmerz«
mit *Dur* und *Moll* begleitet, so ist zu vermuthen, dass er durch den Wortsinn
bestimmt wurde; er hätte es aber auch anders machen können, ohne einen Fehler
zu begehen. In Schubert's Liede »Das Meer erglänzte« ist eine und dieselbe
melodische Wendung erst zu den Worten »fielen die Thränen nieder«, dann zu
den Worten »Vergiftet mit ihren Thränen«. Ein feinfühliger Sänger wird die
erste Stelle sanft und schmachtend, die zweite leidenschaftlich vortragen; da ist
es nun eben die D., welche den Vortrag der Melodie verändert, aber doch nur gra-
duell, nicht qualitativ verändert; denn die Accente bleiben im Wesentlichen dieselben, sie wechseln nur hinsichts des Stärkegrades. Wenn in der zweiten Strophe
von Mendelssohn's »Auf Flügeln des Gesanges« ein Sänger die »heimlich Mährchen erzählenden Rosen« und die »hüpfenden Gazellen« ganz leise und zart —
durch ein flüsterndes *piano* und ein zierliches Staccato — zu malen sucht, so ist
nichts dagegen zu sagen; und fehlerhaft wäre es sogar, in dem Liede desselben
Componisten »Ringsum erschallt in Wald und Flur« das Crescendo-Zeichen, das
bei den Worten »die Winde wehen heimlich nur« gerade auf »heimlich« steht, allzu
genau zu nehmen; es darf nur eine ganz leise Hebung des Tones sein, wie sie der
Gang der Melodie unerlässlich verlangt; erst in der zweiten Strophe ist an derselben Stelle eine stärkere Hebung gestattet. Mitunter aber ist es auch gerathen,
wenn der Sänger mögliche Wort-Nüancen fallen lässt; Ueberladung ist immer ein
Fehler, schon in der D., noch mehr im Gesang, wo die musikalische Einheit eines
Stückes durch allzu viele Einzelheiten gefährdet werden kann. Noch schlimmer
ist es freilich, wenn ein falsches Verständniss des Textes hinzu kommt. Wie oft
hört man unsere Theater-Sarastro's die Worte »kann kein Verräther lauern«, mit
einem Tone singen, als wenn sie den Verräther damit niederschmettern wollten,
und doch heisst die ganze Stelle »In diesen heil'gen Mauern, wo Mensch den
Menschen liebt, kann kein Verräther lauern, weil man dem Feind vergiebt«. Es
ist also gar nicht von Kraft und Gewalt, sondern nur von versöhnender Liebe die
Rede. Sänger sind solchen Irrthümern leichter ausgesetzt, als Schauspieler, weil
sie den Text oft nur nebenbei und zusammenhanglos aufzufassen durch die Musik
verleitet werden; da fällt ihnen dann ein einzelnes Wort in das Auge und ver-
führt sie zu einer ganz sinnlosen Betonung. Das ist nun freilich falsche D., und
sie sind zu erinnern, dass die Verschmelzung des musikalischen Ausdrucks mit dem
declamatorischen, aus den Worten sich ergebenden, doch immer die wesentliche
Aufgabe des Sängers bleibt.   G. E.

Decombe, eine zu Ende des 18. Jahrhunderts weithin bekannte Instrumen-
tenmacher- und Musikverlags-Firma, die ihren Sitz in Berlin hatte, zu Anfang dieses Jahrhunderts aber erloschen ist.

Décomposé (französ.), ein der Sprachlehre entnommenes Wort, welches im
musikalischen Sinne die Bedeutung unzusammenhängend, aufgelöst, zer-
setzt hat.

Decoration (aus dem Französ., dem latein. *decus* entnommen), heisst im Allgemeinen jede Ausschmückung, Anordnung und Verzierung irgend eines Gegenstandes, z. B. eines Zimmers, eines Concert- oder Ballsaals u. s. w., um ihm ein
gefälligeres, dem Zwecke entsprechendes Aussehen zu geben. Im engeren Sinne
versteht man darunter die Theatermalerei oder vielmehr die Gesammtheit der
materiellen, auf die Vergegenwärtigung der Oertlichkeit abzweckenden Hülfsmittel
der Bühne, soweit sie der Malerei unterliegen. Oper und Ballet haben den Luxus
und die Prachtentfaltung dieses Kunstzweiges auf eine hohe Stufe gebracht. Das

Verhältniss, welches die Decorationsmalerei zur Malerei überhaupt einnimmt, berücksichtigend, nennt man die moderne dramatische Musik im Gegensatz zu den reinen Musikformen im verächtlichen Sinne auch Decorationsmusik. Es wäre ein untrügliches Zeichen des Verfalls der Oper, wenn die Musik in Wahrheit zu einer solchen Stellung im Kunstgebiete herabgewürdigt würde.

Decortes, Louis, trefflicher belgischer Violoncellovirtuose und Lehrer, geboren am 15. Septbr. 1793 zu Lüttich, erhielt den ersten Unterricht auf seinem Instrumente bei seinem Vater und bildete sich sodann in Paris bei Hus-Desforges, Benazet und Norblin praktisch und theoretisch zum tüchtigen Künstler aus. In seine Vaterstadt zurückgekehrt, wurde er später Professor des Violoncellospiels und erwarb sich auch in dieser Eigenschaft einen ausgezeichneten Ruf. Von seiner Composition sind Concertino's, Variationen, Polonaisen u. s. w. für Violoncello im Druck erschienen.

Décousu (französ.), unzusammenhängend, bezeichnet im musikalischen Sprachgebrauche eine Composition, der es an gedanklicher und formeller Einheit und Abrundung fehlt und die aus lauter Floskeln und Phrasen zusammengesetzt ist, z. B. ein Potpourri, eine Opernnummer ohne melodischen Zusammenhang und Abschluss u. s. w.

Decrescendo, abgekürzt *decresc.* (ital.), identisch mit *diminuendo,* d. h. abnehmend (an Stärke), ist der Gegensatz von *Crescendo* und bedeutet, dass die so bezeichnete Stelle mit abnehmender Klangstärke vorgetragen werden soll. Das Zeichen, dessen man sich häufig statt dieses Wortes bedient, ist: ⟩. S. *Crescendo;* Vortrag; Vortragsbezeichnung.

Decupla (latein.), s. Decem.

Dedekennus, Georg, ein lutherischer Theologe, geboren zu Lübeck 1564, hat ein Werk, »*Thesaurus consiliorum et decisionum*« (Jena, 1671) in drei Theilen geschrieben, worin auch über die Frage abgehandelt wird: Ob die Orgeln und die Musik in den Kirchen zu gestatten seien, und verneinend beantwortet wird. Vergl. Forkels Literat. †

Dedekind, Constantin Christian, fruchtbarer deutscher Tonsetzer, war Sohn eines Predigers zu Reinsdorf und wahrscheinlich am 2. April 1628 geboren. Seit 1661 lebte er als Kreissteuereinnehmer, chursächsischer Concertmeister, kaiserlich gekrönter Dichter und Mitglied des Elbischen Schwanenordens, als welcher er den Namen Con Cor D. führte, im Meissen'schen. Damals war er einer der beliebtesten Componisten seiner Zeit und hat eine grosse Anzahl, meistens Kirchensachen, seiner Werke mit den wunderlichsten Titeln veröffentlicht. Die bekannter gebliebenen davon sind: »Aelbianische Musen-Lust in CLXXV berühmter Poeten auserlesene, mit anmuthigen Melodien besselten Lust- Ehren- Zucht- und Tugend-Liedern bestehend, in vier Theilen« (Dresden, 1657); »Geistliche Erstlinge in einstimmigen Concerten gesätzt« (Dresden, 1662); »Die doppelte Sangzahl, worinnen 24 Davidische Psalmsprüche in einstimmiger Partitur nach allen Sachtmanischen Stimmen und heutiger Capell-Manier enthalten« (Leipzig, 1663); »Geheime Music-Kammer, darinnen 30 Psalm-Sprüche« (Dresden, 1663); »Süsser Mandel-Kärnen erstes und zweites Pfund, von ausgekärnten Salomonischen Liebes-Worten, in 15 Gesängen mit Vohr- Zwischen- und Nachspielen, auf Violinen zubereitet« (Dresden, 1664); »Belebte oder ruchbare Myrrhen-Blätter, das sind zweystimmige besselte heilige Leidens-Liedern« (Dresden, 1666); »Der sonderbaren Seelen-Freude, oder geistlicher Konzerten erster und zweiter Theil« (Dresden, 1672); »Musikalischer Jahrgang und Vesper-Gesang in 120 auf Sonn- und Festtag schicklichen zur Sänger-Uebung, nach rechter Capell-Manier gesetzten deutschen Conzerten« (Dresden, 1676 drei Theile); »Davidischer Harfenschall in Liedern und Melodeyen« (Frankfurt); »Singende Sonn- und Festtags-Andachten« (Dresden, 1683); und »Musikalischer Jahrgang und Vesper-Gesang in 2 Singstimmen und der Orgel« (Dresden, 1694). Sein Todesjahr ist nicht mehr bekannt, nur weiss man,

dass D. im Jahre 1697 noch am Leben war. D. ist auch der Dichter mehrerer geistlicher Opern, darunter den »singenden Jesus« (1760), ein Spektakelstück der
wildesten Art, »in welchem die Teufel in der offenen Hölle schreckliche Arien
singen«.   2.

Dedekind, Heinrich, deutscher Kirchencomponist, geboren zu Neustadt.
war zu Ende des 16. Jahrhunderts Cantor an der St. Johanniskirche zu Lüneburg
und gab nach Walther im Jahre 1592 *Breves Periochae Evangeliorum*, von Ad-
vent bis Ostern, für vier und fünf Stimmen« heraus. Der vollständige Titel dieses
Werkes ist: »*Enrici Dedekindi Neostadini Periochae breves Evangeliorum Dominicalium et festorum 4 et 5 vocibus compositae*« (Ulysseae, 1592. 8°).

Dedekind, Henning, deutscher Tonsetzer, bekannter unter seinem latinisirten Namen **Henningius Dedekindus,** war ums Jahr 1590 Cantor zu Langensalza
und wurde 1614 ebenda Prediger, endlich 1622 Pfarrer zu Gebsee, wo er 1628
verstarb. Als Componist hat er sich rühmend hervorgethan und mehrere Werke
veröffentlicht, von denen einige sich selbst bis jetzt erhalten haben, z. B.: »Newe
ausserlesene *Tricinia*, auff fürtreffliche lustige Texte gesetzt, aus etlichen guten gedruckten Authoribus gelesen« (Erfurt, 1588); »*Dodekatonon Musicum Triciniorum*
etc.« (Erfurt, 1588. 4.), welches man bisher irrthümlich für eine neue Ausgabe des
vorangegangenen Werkes hielt; »*Praecursor metricus artis musicae*« (Erfurt, 1590).
ein sehr gelehrtes Werk; und »*Gregorii Langii Tricinia*« (Erfurt 1614). O

Dedication (von dem latein. *dedicatio*) nannten die alten Römer den feierlichen Act der Einweihung eines öffentlichen Gebäudes, durch den es der Obhut
einer Gottheit übergeben wurde. Jetzt gebraucht man das Wort für Zueignung
und Widmung aller Arten von Kunstsachen, Schriften u. s. w., was früher durch
vorangestellte längere oder kürzere Vorreden und Briefe, seit etwa dem 16. Jahrhundert häufiger durch nach römischen Mustern gebildete Aufschriften geschah.
Man beabsichtigt dadurch entweder seinen Dank oder die Hochachtung gegen Jemand auszusprechen oder sich der Beförderung und Unterstützung einer hochgestellten Person zu empfehlen. Von dem Hauptwort D. abgeleitet, findet sich auf
Notentiteln in der Bedeutung gewidmet, zugeeignet die Participialform *dedié*
(französ.) oder *dedicato* (ital.), je nachdem die übrige Aufschrift französisch oder
italienisch ist.

De Dieu, ein sonst unbekannter französischer Tonkünstler, der nach dem
Berlin. Wochenbl. S. 15 eine vollstimmige »*Hymne à Mirabeau: Les regrets de la
France*« (Paris, 1792) im Klavierauszuge veröffentlichte.

Dodler, Rochus, talentvoller musikalischer Naturalist, geboren 1779 in
Oberammergau in Oberbaiern, war der Sohn eines Gastwirths und machte im
Kloster Rothenbuch seine ersten wissenschaftlichen und musikalischen Studien,
die er später auf dem Lyceum zu München fortsetzte. Er wurde 1802 als Lehrer,
Chorregent und Organist in Oberammergau angestellt und erwarb sich einen
Namen, indem er sich mit dem Pater Weiss verband, um das altberühmte Ober-
ammergauer Passionsspiel zeitgemäss zu regeneriren. Weiss arbeitete den Text
um und D. unterzog sich der Composition des musikalischen Theils und zeigte
darin ein naturwüchsiges Talent, jedoch ohne höhere historisch-musikalische Bildung. Dieses Passionsspiel hat in neuester Zeit wieder allgemeineres Interesse
auf sich gezogen. D. selbst starb in seinem Geburtsorte im J. 1822.

Deductio (latein. abgeleitet von *deducere*, d. h. herleiten, darthun), bedeutet
eigentlich jede Beweisführung. In der musikalischen Sprache bezeichnet dieses
Wort seit Guido von Arezzo (nach Brossard) die aufwärts steigende Folge von
Tönen, als *C, D, E, F, G, A;* die abwärts steigende hiess *Reductio.* Tinctoris
(*Term. mus. diffin.*) nennt die Führung der Stimmen von einem Tone zum anderen
in einer gewissen regelmässigen Ordnung D., und spätere Theoretiker bezeichneten
mit diesem Worte auch eine Accordfolge, in der eine Dissonanz in eine Consonanz
sich auflöste.

Deering, Richard, berühmter englischer Orgelspieler und Contrapunktist
des 17. Jahrhunderts, geboren in Kent, erhielt seine musikalische Erziehung

in Italien und erwarb sich dort auch zuerst einen musikalischen Ruf, den er in seinem Vaterlande noch vergrösserte, wozu besonders beitrug, dass er zuerst in England den Gebrauch des Generalbasses einführte. Er wurde 1610 zu Oxford zum Baccalaureus der Musik ernannt und fand 1625 als Organist im englischen Nonnenkloster zu Brüssel und 1630 als Organist der Königin von England Anstellung. Da er Katholik war, so musste er 1657 sein Vaterland wieder verlassen und wandte sich nach Italien, wo er auch bald sein thatenreiches Leben beschloss. Seine erhalten gebliebenen Werke sind: *»Cantiones sacrae 6 vocum, cum Basso cont. ad Organum«* (Antwerpen, 1597); *»Cantica sacra ad Melodiam madrigalium elaborata senis vocibus«* (Antwerpen, 1618); *»Cantiones sacrae 5 voc. cum Basso continuo«* (Antwerpen, 1619); *»Cantica sacra, ad duas et tres voces composita, cum Basso cont. ad Organum«* (London, 1662); und *»Cantica sacra T. II«* (London, 1674). Aus den 1662 erschienenen von Mace sehr gerühmten Gesängen hat Burney in seiner *Hist. of Mus. Vol. III p.* 479 ein *Gloria Patri a 3 voc.* abgedruckt. †

Defesch, Wilhelm, ein niederländischer Tonkünstler, war 1725 Organist an der grossen Kirche zu Antwerpen und hatte sich ausserdem als Violoncellvirtuose einen Ruf erworben. Um sein musikalisches Wissen jedoch besser zu verwerthen, begab er sich um 1730 nach England, wo er durch Composition von Violin- und Violoncellconcerten und des Oratoriums *»Judith«* viele Verehrer gewann. Es scheinen jedoch auch hier die Hoffnungen D.'s sich nicht erwartetermassen erfüllt zu haben, denn Burney nennt ihn einen fruchtbaren und bänderreichen aber trockenen und uninteressanten Tonsetzer. Nach *»Schillings Lexikon«* starb D. im J. 1758. Seine bekannteren Werke sind: *VI Sonate a 2 V.* (Amsterdam); *Concerti a 4 V., A., Vc. e Continuo* (ebenda); *VI Concerti* (ebenda); *X Sonate a 2 V. o Fl. e B. cont. op.* 7 (ebenda); VI Flöten- und Violinsolos mit Bass. *op.* 8 *Liv.* 1 (ebenda); VI Violoncellsolos *op.* 8 *Liv.* 2 (ebenda); *Canzonetti e Arie a Canto solo e Contin.* (ebenda); das Oratorium *»Judith«,* welches 1730 zu London aufgeführt wurde, aber wohl niemals verlegt wurde. 2

Deff, dem hebräischen הֹף (toph) entsprechend, s. A d u f e, ist der arabische Name für die ganze Gattung der Handpauken, deren diese Nation viererlei Arten: bendyr, mazhar (s. d.), tär (s. d.) und req (s. d.) genannt, unterscheidet. 0

Deficiendo (ital.), ein sehr selten gebrauchter Kunstausdruck, der synonym mit *decrescendo* (s. d.), auch mit *perdendosi* (s. d.) ist.

Definitiones (latein., abgeleitet von *definire,* d. i. erklären, bestimmen), ist in der Musiksprache die seltenere Benennung der den Tropen angehörenden Differenzen im alten Kirchengesange. S. T r o p u s.

Degen war der Name zweier aus Gotha gekommener Organisten, der eine Matthias, der andere Melchior mit Vornamen, die das 1596 in der Schlosskirche zu Grüningen vollendete Orgelwerk als 9. und 32. Berufener einer Prüfung zur Abnahme desselben unterziehen mussten. Vergl. Werkmeister, *Org. Gruning. rediv.* § 11.

Degen, Heinrich Christoph, deutscher Tonkünstler, geboren zu Anfang des 18. Jahrhunderts in einem Dorfe bei Glogau, war 1757 in der fürstlich schwarzburgisch-rudolstädtischen Capelle als Soloviolinist und Cembalist angestellt. Er hat auch verschiedene Conzerte für diese Instrumente und Cantaten componirt, die jedoch Manuscript geblieben sind. †

Degen, Johann Philipp, deutscher Musiker, geboren 1728 zu Wolfenbüttel, war zu seiner Zeit ein bedeutender Virtuose auf dem Violoncello und war zuerst im Nicolinischen Theaterorchester zu Braunschweig angestellt. Nach Auflösung der Capelle machte er Kunstreisen und wurde 1760 königl. Kammermusikus zu Kopenhagen. Als solcher gab er 1779 eine Cantate für die hohe Johannisfeier daselbst im Klavierauszuge heraus und starb im Januar 1789. Ausser der genannten Cantate existiren von ihm noch Compositionen für Violoncello. 0

Deggeler, Johann Kaspar, Cantor an der St. Johanniskirche zu Schaffhausen, geboren am 7. Februar 1695 von dem nichts weiter bekannt ist, als dass er 1757 nach einem Gemälde Huster's von Müller in Kupfer gestochen wurde. 0

Degmaier, Philipp Andreas, Organist an der Jacobskirche zu Augsburg um 1770, war nebenher ein ausgezeichneter, berühmter Kupferstecher, der die Bildnisse schwäbischer Gelehrten radirt hat. Vergl. Fuessli, Künstler-Lexikon.

Degola, Andrea Luigi, italienischer Opern- und Kirchencomponist, geboren 1778 zu Genua, begann erst in seinem 17. Lebensjahre bei Luigi Cerro die Musik zu studiren und schrieb vier Jahre hierauf eine Messe, sowie mehrere Einlagestücke für Opern in Genua, welche für sein Talent Zeugniss ablegten. Seine erste Oper war eine komische, betitelt: »*Il medico per forza*«, welche 1799 in Livorno aufgeführt wurde und sich grossen Beifalls erfreute, nicht minder einige andere dieser folgende Opern. Aus unbekannten Gründen wandte er sich plötzlich der Kirchenmusik zu und wurde Organist und Capellmeister am Dom zu Chiavari, in welcher Stellung er bis 1830 verblieb. Hierauf wurde er Organist zu Versailles und ertheilte zugleich in Paris sehr geschätzten Unterricht im Gesang und in der Harmonielehre. Ausser einer sehr bedeutenden Zahl von Kirchenwerken hat er Romanzen, Clavierstücke, eine Gesangschule und eine Accompagnementsmethode für Clavier, Harfe und Guitarre geschrieben.

Degola, Giocondo, italienischer Operncomponist, geboren um 1820 zu Genua, starb leider schon am 5. Decbr. 1845, nachdem er vier Opern geschrieben und zur Aufführung gebracht hatte, die von einem aussergewöhnlichen Talent zeugten und in Italien sehr beifällig aufgenommen worden waren. Die Namen derselben sind: »*Adelina*« (1837), »*La donna capricciosa*« (1839), »*Don Papirio Linduco*« (1841), »*Un duello alla pistola*« (1843).

Degré (französ.), der Name für Tonstufe, Intervall in Frankreich und Belgien.

Dehec, Nassovius, in der Mitte des 18. Jahrhunderts erster Violinist an der Kirche Santa Maria Maggiore zu Bergamo, wird als gewandter Tonsetzer gerühmt. Von ihm sind Violintrios im J. 1760 zu Nürnberg gestochen. Auch sollen noch einige Instrumentalstücke in Manuscript vorhanden sein. ‌0

Dehelia, Vincenzo, sicilianischer Componist, der lange Zeit in der königl. Capelle San Pietro zu Palermo als Capellmeister thätig war und von dem nach *Mongitor, Bibl. Sicul. T. 2 p.* 281 im J. 1636 *Salmi e Inni di vespri ariosi a* 4 *e* 8 *voci* zu Palermo erschienen sind. †

Dehn, Siegfried Wilhelm, einer der gelehrtesten und gründlichsten Contrapunktisten und musikalischen Theoretiker der neuesten Zeit, wurde am 25. Febr. 1799 zu Altona geboren, wo sein Vater Banquier und einer der reichsten Männer der Stadt war. Die Musik war von früher Jugend auf Unterrichtsgegenstand für den jungen D. und namentlich bekundete er, unterwiesen von P. Winneberger, im Violoncellospiel bedeutende Fortschritte. Dem Wunsche seiner Familie nach sollte er sich dem Forstfache widmen, er selbst aber setzte es durch, dass er die Rechte studiren und von 1814 an das Gymnasium in Plön in Holstein besuchen durfte, worauf er 1819 die Universität in Leipzig bezog. Dort hörte er bis 1823 Jus und Humaniora, erweiterte seinen musikalischen Horizont durch den fleissigen Besuch aller guten Concerte und nahm beim Organisten Dröbs theoretischen Unterricht. Der engere Verkehr mit Friedr. Schneider, Pohlenz, Schicht u. s. w., den er in Leipzig eifrig pflegte, war geeignet, seine Vorliebe für die Musik zu befestigen und in eine gediegene Richtung zu lenken. Nach dem Abgange von der Universität machte er einige Reisen und liess sich Ende 1823 in Berlin nieder, wo er eine Stellung bei der schwedischen Gesandtschaft fand, die ihm Musse genug verstattete, sich nebenher praktisch und theoretisch weiter mit der Tonkunst zu beschäftigen. Diese gewährte ihm auch Trost und Zuversicht, als ihm 1829 verschiedene unglückliche Zufälle sein ganzes Vermögen raubten; ihr widmete er sich seitdem ganz und studirte bei Bernh. Klein die Kunst des Tonsatzes und den Contrapunkt. Bald trat er auch selbstständig mit gelehrten Untersuchungen auf, deren Resultate er besonders in die Marx'sche Berliner Musikzeitung und in andere Fachblätter damaliger Zeit niederlegte. Zugleich warf er sich mit wahrem Forschungseifer auf die Geschichte der musikalischen Produktion der ältesten und mittelalterlichen Epochen der Tonkunst, besuchte und untersuchte die Bibliotheken Deutschlands und knüpfte in Folge dessen Verbindungen mit den namhaftesten Musikgelehrten an. Zu gleicher Zeit begann er als Lehrer der Theorie aufzutreten und erwarb sich auch in diesem Fache bald die grösste Hochachtung und Verehrung. In Meyerbeer fand er, als derselbe zu längerem Aufenthalte nach Berlin zurückgekehrt war, einen aufrichtigen Verehrer und einflussreichen Gönner, dessen warmer Empfehlung bei der Regierung D. 1842 die wichtige Stellung als Custos der musikalischen Abtheilung der königl. Bibliothek in Berlin verdankte. Damit war D. in seinem Lebenselemente und das Institut, welches in seinem musikal. Zweige bis dahin nicht zu den bedeutenderen gehörte, wurde unter seiner Verwaltung einem kaum geahnten Höhepunkte zugeführt. Er fand den ganzen Bestand in regellosem, ungeordneten Zustande an und scheute nicht die Herculesarbeit, Alles zu catalogisiren und zu registriren, eine Unmasse älterer Tonwerke in die moderne Notenschrift zu übertragen und Ausgaben von nur handschriftlich vorhandenen Meisterwerken theils selbst zu veranstalten, theils zu veranlassen. Systematisch vorgehend, bereiste er die ganze Monarchie Preussen bis in den entferntesten Winkel hinein und durchstöberte alle Archive und erreichbaren Privatsammlungen, um die entdeckten classischen Musikschätze mit Freude und Stolz der ihm anvertrauten Bibliothek zuzuführen. Dabei fehlte es ihm noch immer nicht an Zeit, eine umfangreiche Correspondenz aufrecht zu erhalten, theoretische Werke zu verfassen, Abhandlungen und Aufsätze für Fachzeitungen zu schreiben und eine sehr grosse Reihe der tüchtigsten Schüler heranzubilden, von denen nur Glinka, Kullak, Friedr. Kiel, Ad. Reichel und B. Scholz genannt seien. Im J. 1845 verwaltete er nach Ed. Grell's Abgange interimistisch die Stelle als Dirigent und Gesanglehrer des königl. Domchors und erhielt 1849 den längst verdienten Titel eines königl. Professors. Er war Mitglied der Akademien der Künste in Berlin, im Haag, in Stockholm u. s. w., Ehrenmitglied vieler gelehrter Gesellschaften und Ritter des belgischen Leopoldordens. Unerwartet und mitten aus einem rastlos thätigen Leben riss den hochverdienten und allgemein verehrten Mann der Tod. Er starb am 12. Apr. 1858 am Hirnschlage, der ihn traf, als er nichts ahnend eben von der königl. Biliothek nach Hause zurückgekehrt war. Sein Grab auf dem Sophienkirchhof in Berlin erhielt Ende Juli 1859 ein würdiges geschmackvolles Denkmal. — Von Originalcompositionen D.'s ist nichts im Druck erschienen, da D. in strenger Selbstkritik von der Unzulänglichkeit seiner musikalischen Erfindung überzeugt war und darüber sich auch unumwunden äusserte. An theoretisch-didaktischen Werken von ihm sind herausgekommen: »Theoretisch-praktische Harmonielehre mit angefügten Generalbass-Beispielen« (Berlin, 1840; 2. Aufl. 1860), ein hochbedeutendes Werk und eines der besten dieser Gattung, die überhaupt existiren; »Analyse dreier Fugen aus J. S. Bach's wohltemperirtem Clavier und einer Vocal-Doppelfuge A. M. Bononcini's« (Leipzig, 1858); »Lehre vom Contrapunkt, dem Kanon und der Fuge, nebst Analysen von Duetten, Terzetten u. s. w. von Orlando di Lasso, Palestrina u. A. und Angabe mehrerer Muster-Kanons und Fugen. Aus den hinterlassenen Papieren bearbeitet und geordnet von B. Scholz« (Berlin, 1859). Ferner hat er eine neue Ausgabe von Marpurg's Abhandlungen von der Fuge veranstaltet (Leipzig, 1858), Delmotte's »Notice biographique sur Roland de Lattre« übersetzt und mit Anmerkungen versehen (Berlin, 1837) und endlich Werke von Bach und Orlando di Lasso, sowie eine grosse Sammlung älterer geistlicher und weltlicher Musik aus dem 16. und 17. Jahrhundert (12 Hefte, Berlin 1837—1840) herausgegeben. Von 1842 bis 1848 führte er die Redaktion der von Gottfried Weber begründeten Musikzeitschrift »Cäcilia« und lieferte dieser, sowie früher der von Marx redigirten Berliner musikalischen Zeitung zahlreiche gediegene Artikel.

Dehnung, ein besonders in der Vocalmusik gebräuchlicher Ausdruck, bei dem man eine **metrische** und eine **melismatische,** letztere auch Sylbendehnung genannt, unterscheidet. Die metrische D. entsteht, wenn einzelne Versfüsse durch noch einmal so lange oder noch längere Zeittheile gegeben werden, um den logischen oder rhythmischen Accent mehr hervorzuheben; die melismatische dagegen, wenn in ausgeführten Sätzen auf einen Vocal eine ganze Reihe von Tönen gesungen wird, meist weil der Text zu wenig Sylben hat, um die musikalische Periode auszufüllen. Ausführlichores über Sylbendehnung bietet der Artikel Coloratur. Als äusserliches Zeichen der melismatischen D. bedient man sich in der Notenschrift der sogenannten Dehnungsstriche oder Dehnungslinien, kleiner horizontaler Striche, welche unter die Noten oder Passagen gesetzt werden, welche auf einer und derselben Sylbe zu singen sind. Mitunter finden sich in gedruckten Musikalien statt dieser Striche Punkte, welche man Dehnungspunkte nennt.

Dei, Michele, auch Deis geschrieben, ein italienischer Contrapunktist des 16. Jahrhunderts, hat nach Gerber's Geschichte verschiedene gute Motetten geschrieben, von denen einige in *P. Joanelli Nov. Thesauro music.* (Venedig, 1568) erhalten geblieben sind.   O

Dei, Silvio, Kirchencomponist und Kapellmeister am Dome zu Siena, geboren daselbst 1748, war ein Schüler Carlo Lupini's und schrieb zahlreiche, für trefflich erachtete geistliche Compositionen. Im J. 1812 war er noch am Leben.

Deïghláh ist nach *G. Toderini, Letteratura turchesa, T. I pp.* 243—244 im persisch-türkischen Tonsystem der Name für unsere durch *A, a,* und *a'* bezeichneten Töne, auf die dort die Normaltonleiter gebaut wird. Dieser Grundton ist zugleich der des Modus der Zwillinge und wird in der den jetzigen Türken eigenen Art, die Grundtöne ihres Tonsystems durch Farben darzustellen, mittelst Grün gegeben.

†

Deimling, Ernst Ludwig, ein Dilettant, gleichwohl jedoch trefflicher Spieler und Kenner der Orgel, geboren um 1760 in den Rheinlanden, gab um 1792 eine Beschreibung des Orgelbaues, mit einer sehr brauchbaren Anweisung für diejenigen, welche Orgeln zu prüfen haben, heraus. Jetzt ist diese Schrift natürlich veraltet.

Deinl, Nicolaus, ein deutscher Kirchencomponist und Orgelspieler, geboren am 16. Juni 1665 zu Nürnberg, war in der Musik ein Schüler J. Phil. Krieger's in Weissenfels. Im J. 1690 wurde er Organist in seiner Vaterstadt und 1705 Musikdirektor ebendaselbst an der heil. Geistkirche, in welcher Stellung er 1730 starb. Er hat sich seinen Mitbürgern durch zahlreiche Compositionen bekannt gemacht, von denen aber nichts im Druck erschienen ist.

Deisböck, Leopold, tüchtiger Kirchencomponist und Dirigent, geboren 1808, war Domchordirektor und Lehrer am Mozarteum in Salzburg und starb als solcher am 27. Januar 1870 (am Geburtstage Mozart's).

Delwes, Anton, wahrscheinlich Organist in Leipzig, war unter den 53 im J. 1596 zur Abnahme der Schlosskirchenorgel in Grüningen Berufenen, der 14. der Sachverständigen, wie Werckmeister in seinem *Org. Gruning. rediv.* § 11 berichtet.

O

Dekameron (griech., ital.: *Decamerone*), eigentlich eine Zeit von zehn Tagen, wurde, nach dem Vorbild der berühmten Novellensammlung von Boccaccio, mitunter eine Sammlung von zehn Tonstücken genannt.

Dekner, Charlotte, eine treffliche Violinvirtuosin der neuesten Zeit, geboren im J. 1846 in dem Städtchen Bittse in Ungarn, 15 Meilen von Pesth, wurde zuerst von ihrem Vater in Lugos, wohin die Familie gezogen war, im Violinspiel unterrichtet. Da ihr grosses Talent zur Musik bald in unzweideutiger Weise hervortrat, so wurde sie zur weiteren Ausbildung dem Orchesterdirektor Jaborsky in Temesvar übergeben, bei dem sie es nach acht Monaten bereits so weit brachte, dass sie sich 1856 im dortigen Stadttheater mit Erfolg öffentlich hören lassen konnte. Im J. 1860 ging sie in Begleitung ihres Vaters nach Wien, wo ihr Hellmesberger unentgeltlich Unterricht ertheilte, den sie aber nur ein Jahr hindurch geniessen konnte, da eine langwierige Krankheit und Vermögensverlust dem Vater keinen längeren Aufenthalt in Wien gestatteten. Sie wurde nach einiger Zeit dem Concertmeister Ridley-Kohne in Pesth zugeführt, der sie zur vollkommenen Künstlerin heranbildete. Noch nicht 18 Jahr alt, trat sie im Nationaltheater zu Pesth vor das Publikum und erntete rauschenden Beifall. Hierauf durchreiste sie, begleitet von ihrem Vater, zuerst Ungarn und Siebenbürgen, sodann die Wallachei, sämmtliche österreiche Kronländer, Preussen, Sachsen, Italien, Schweden, Holland und Dänemark und hatte namhafte Erfolge aufzuweisen. In Leipzig hielt sie sich auf dieser grossen Kunstreise über ein Jahr lang auf, concertirte dort häufig und mit Beifall, auch im Gewandhause, studirte aber gleichzeitig bei Ferd. David das klassische Violinrepertoir. Zuletzt liess sie sich in England, namentlich in London hören, kehrte dann in ihre Heimath zurück und bereitet für 1872, dem Vernehmen nach, eine Kunstreise durch Spanien und Frankreich vor.

Del, dell', dello, della (ital.), Genitivartikel in mehreren romanischen Sprachen, der zum unveränderten Hauptworte tritt, in der Bedeutung von dem, von der.

Delaire, Jacques Auguste, französischer Componist und musikalischer Schriftsteller, geboren am 10. März 1796 zu Moulins im Departement Allier, kam 1816 nach Paris, um dort die Rechte zu studiren, beschäftigte sich aber gleichzeitig mit Ernst und Eifer mit Musik, indem er bei Reicha Composition und Contrapunkt trieb. Er wurde zuerst als Advokat, dann, 1826, als höherer Beamter im Finanzministerium angestellt und trat damals und später als Componist mit einem Stabat mater, einer Sinfonie, einer Messe, Streichquartetten, Romanzen etc. mit Beifall öffentlich hervor. In nicht geringerem Grade wurden seine Aufsätze, welche meist die *Revue musicale de Paris* brachte, als geistvoll und gediegen anerkannt.

Delaman, Hofcaplan des Kurfürsten von Baiern um 1720, componirte einige Gesangstücke, die von musikalischem Talente zeugen.

Delange, E. F., Name eines zu Lüttich lebenden Tonkünstlers, von dessen Composition 1768 einige Ouvertüren für Orchester erschienen sind.

Délassement (franz.), ein Tonstück in leichter und angenehmer Schreibart. S. auch Amusement und Divertissement.

Del' Aulnaye, François Henri Stanislas, trefflicher musikalischer Theoretiker, geboren am 7. Juli 1739 zu Madrid von französischen Eltern, folgte sehr jung seinem Vater, der eine Anstellung in Versailles erhalten hatte, nach Frankreich und machte dort gründliche wissenschaftliche, später musikalisch-theoretische Studien. Alsbald trat er auch mit Erfolg in Paris als musikalischer Schriftsteller auf und sein bestes Werk in diesem Fache ist die von der Akademie preisgekrönte Dissertation: »*De la saltation théâtrale; ou recherches sur l'origine, les progrès et les effets de la pantomime chez les anciens*« (Paris, 1790). Zu Rousseau's musikalischen Schriften, in der von Abbé Brizard 1788 veranstalteten Gesammtausgabe hat er zahlreiche geistvolle Anmerkungen und Erläuterungen geschrieben, endlich auch viele Abhandlungen über damalige theoretische Materien, z. B. über eine neue Notation, über die Cousineau'schen Harfenverbesserungen etc. veröffentlicht. Da er sich in Pamphleten als Gegner der Revolution erklärt hatte, so musste er sich während der Schreckenszeit verborgen halten. Noth und Elend trieben ihn 1796 wieder an die Oeffentlichkeit und zwangen ihn als Gelegenheitsschriftsteller und Correktor ein kümmerliches Brod zu suchen. Da er jedoch keine, seinen Talenten entsprechende Stellung mehr fand, sank er immer tiefer und starb endlich im höchsten Greisenalter 1830 im Hospital Sainte Perrine zu Chaillot, wo ihn die öffentliche Wohlthätigkeit untergebracht hatte.

Delaunay, französischer Musiker, der als Klavierlehrer um 1799 zu Paris lebte; derselbe hat bei Imbault: *XVI petits airs p. le Clav. avec doigté* herausgegeben. †

Delaval, Mitglied der Societät der Wissenschaften zu London, hat sich einen musikalischen Ruf dadurch erworben, dass er die wahrscheinlich von dem Irländer Puckeridge gemachte Erfindung: Gläser mittelst Reibens ertönen zu lassen, ums Jahr 1750 verbessert öffentlich vorzeigte und dadurch Franklin die erste Idee zu seiner Glasharmonika an die Hand gab. 0

Delaval, Madame, französische Virtuosin auf der Pedalharfe, hat, aus Frankreich emigrirt, ums Jahr 1794 durch ihre Kunst in London Aufsehen gemacht und nach dem »Journal des Luxus«, Juli 1794 Seite 344 auch ein Tonstück: »*Les Adieux de l'infortuné Louis XVI. à son Peuple*« veröffentlicht. †

Delavigne, Jean François Casimir, der berühmte französische dramatische Dichter, geboren am 16. März 1794 zu Havre, starb als Inspektor am Pariser Conservatorium am 12. Decbr. 1843 zu Lyon und ist auch der Verfasser eines Operntextbuches, betitelt: »*Charles VI.*«, von Halévy in Musik gesetzt, welches er in Gemeinschaft mit seinem als Vaudevillisten sehr gewandten Bruder in seinem Todesjahre schrieb. — Der letztere, Germain D., geboren 1790 zu Giverny (Departement Eure) erlangte als Operndichter durch die mit Scribe gemeinschaftlich gearbeiteten Texte des »Maurer«, der »Stumme von Portici«, componirt von Auber und des »Robert der Teufel«, componirt von Meyerbeer, seinen grossen, wohlverdienten Ruf, den er auch in zahlreichen ähnlichen Dichtungen bewährte. Er starb zu Paris im J. 1869.

Delcambre, Thomas, bedeutender französischer Fagottvirtuose, geboren 1766 zu Douai, war einer der besten Schüler Ozi's in Paris. Ums Jahr 1800 war er Fagottist in der Grossen Oper zu Paris, und als Meister seines Instruments angesehen. Auch seine Compositionen: *VI Duos conc. p. 2 Bassons op.* 2, (Paris bei Ozi, 1798) und *VI* dergleichen (ebenda) verriethen Talent. Am Conservatorium war er von dessen Gründung an bis 1825 Professor und erhielt vor seinem Abgange aus dieser und seinen anderen Stellungen an der Oper und in der königl. Kapelle den Orden der Ehrenlegion. Er starb am 7. Januar 1828 zu Paris. Als Componist ist er noch mit Concerten, Sonaten und Duo's für sein Instrument aufgetreten. — An seinem Spiele wollten Einige (auch Fétis) Mangel an Eleganz und Ausdruck entdecken; sein schöner Ton und seine eminente Fertigkeit wurden aber ohne Widerrede allgemein anerkannt.

Deldevèz, Edouard Marie Ernesto, vortrefflicher französischer Componist und Orchesterdirigent, geboren am 31. Mai 1817 zu Paris, wurde schon 1825 im Conservatorium aufgenommen und gehörte diesem Institute als Zögling, zuletzt auch noch als Hülfslehrer, bis 1838 an. Nachdem er daselbst seine Elementarstudien absolvirt hatte, studirte er das Violinspiel bei Habeneck, Composition bei Berton, Contrapunkt bei Halévy und erhielt in den verschiedenen Kunstfächern zu wiederholten Malen Preise, zuletzt noch für seine grosse Cantate »*Louise de Montfort*« 1838 den zweiten grossen Staatspreis als Accessit zum Römerpreise. Ein Jahr später wurde er als zweiter Orchesterdirigent an der *Opéra comique* in Paris angestellt und zeichnete sich als solcher durch Umsicht und Geschick in seltener Weise aus. Als reich begabter Componist hat er sich bewährt in Sinfonien und Ouvertüren, Streich-Quintetten und Quartetten, Claviertrios, Kirchenwerken (darunter ein Requiem), grösseren und kleineren Gesangsachen, Violinstücken etc., sowie auch durch Balletmusiken für die Grosse Oper, z. B. »Eucharis«, »Vert-vert«, »Yanko«, »Paquita« etc.

Deler, F., vielleicht identisch mit Deller (s. d.), ist nur als Componist einer Oper »*La contessa per amore*« (1783) bekannt, die wenn sie von Deller sein sollte, aus dessen Nachlass stammt.

Delfanto, Antonio, italienischer Componist, von dem man nur eine Oper »*Il ripiego deluso*« kennt, die im Carneval 1791 zu Rom aufgeführt worden ist.

Delhaise, Nicolas Joseph, belgischer Violinvirtuose, geboren um 1770 in der kleinen Stadt Huy, war anfangs Steinschneider, vernachlässigte und entsagte schliesslich seiner Profession, um sich mit Feuereifer dem Violinspiel zuzuwenden. Um seinen Unterhalt zu erwerben, musste er als Tanzspieler auftreten, schwang sich aber bis zum gesuchtesten Violinlehrer seines Geburtsortes empor, dessen Spiel die wärmste Anerkennung fand. Durch Selbststudium erlernte er auch die Composition und hat zu Lüttich und Brüssel Duos und Etuden, Tänze etc. veröffentlicht, die ein gefälliges Talent bekunden. D. starb geehrt und geachtet 1835 zu Huy und hinterliess einen Sohn, der zwar Buchdrucker werden musste, nebenher sich aber als vorzüglicher Flötist auszeichnete und für dieses Instrument Fantasien und Variationen, sowie Tänze etc. componirt hat.

Deliberato oder *con deliberamento* (ital.), vereinzelt vorkommende Vortragsbezeichnung in der Bedeutung mit Entschlossenheit, entschlossen.

Delicato oder *delicatamente* (ital.. französ.: *délicat* und *délié*). Vortrags-bezeichnung in der Bedeutung auf zarte Art, mit feinem Geschmack. Iden-tisch mit dieser Bedeutung findet sich auch die Vorschrift: *con delicatezza.*

Delitz, hervorragender und geschickter deutscher Orgelbauer, der in der letz-ten Hälfte des 18. Jahrhunderts zu Danzig wirkte. Er war ein Schüler des be-rühmten Hildebrandt, der wiederum aus der Schule Silbermanns hervorgegan-gen ist. Seine bedeutende mechanische Anlage und deren selbstständiges Streben, so wie sein bescheidenes Wesen gewannen ihm nicht allein die Liebe seines Mei-sters in den Lehrjahren, sondern, als er ausgelernt und schon in andern Städten seine Kunst ausgeübt hatte, war dieselbe noch so lebendig, dass Hildebrandt, schon hoch betagt, ihn zurückrief, damit er die begonnenen Werke in seinem Namen vollende und dann später an seiner statt das Geschäft fortsetze. Dieses Vertrauen rechtfertigte D. denn auch vollkommen und es zeugen noch heute: ein grosses Werk in Thorn. die grosse Orgel in der St. Marienkirche zu Danzig, 1765 vollen-det, die in der Kirche zum heiligen Leichnam ebenda, die in der Kirche zum hei-ligen Geist ebenda, die kleine Orgel in der Pfarrkirche ebenda, und viele andere Orgeln von seinem grossen Geschick. Ferner hat D. ein Tonwerkzeug in Form eines Flügels gebaut, das Flötenzüge und andere Veränderungen hatte und welches später Wagner in Dresden verbesserte und mit dem Namen *clavecin royal* (s. d.) belegte, unter welchem es einige Zeit Aufsehen machte. Mehr darüber be-richten eine Abhandlung »Ueber Danziger Musik« Seite 73 und Adlung in seiner *Mus. mech. P. II* p. 183. †

Dellain, französischer Tonkünstler aus der letzten Hälfte des 18. Jahrhunderts, lebte in Paris und schrieb unter dem Titel: »*Nouveau Manuel musical, contenant les Elémens de la Musique, des Agrémens du Chant et de l'Accompagnement du Cla-vecin*« (Paris, 1781) eine 52 Seiten lange Anleitung für Anfänger in der Musik in Fragen und Antworten. Wahrscheinlich ist er auch ein und derselbe D., von dem 1758 im italienischen Theater zu Paris die Operette »*La fête du moulin*« auf-geführt wurde, über deren Componisten sonst nichts weiter bekannt geblieben ist.

Dellamaria, Domenico, auch Della Maria geschrieben, hervorragender französischer Operncomponist von italienischer Abstammung, geboren 1764 zu Marseille, zeigte schon frühzeitig eminente Anlagen für die Musik, so dass er als Naturalist sich mit der Composition umfangreicher Werke beschäftigte. Andere Nachrichten lassen ihn von französischen Eltern Namens Lamarie geboren sein und behaupten, D. habe den italienischen Namen erst während seiner Reise- und Studienzeit angenommen. Als er 18 Jahr alt war, 'liess er in Marseille eine Oper seiner Composition aufführen, die bedeutenden Erfolg hatte und D. bewog, auf ita-lienischen Bühnen sein Glück zu versuchen. In Italien kam er zur Einsicht, dass seine vorangegangenen Studien allzu unzulänglich gewesen seien, um seinen Ar-beiten Ruhm zu verschaffen, und er legte sich nun zuerst mit grossem Eifer auf ein gründliches Studium der Theorie. Nachdem er bei verschiedenen Lehrern stu-dirt hatte, kam er zu Paisiello, dessen Lieblingsschüler er wurde und unter dessen Anleitung er sechs komische Opern in Musik setzte, von denen drei mit Beifall, der »*Maestro di capella*« sogar mit grossem Erfolge auf die Bühne gelangte. Nach zehnjährigem Aufenthalte in Italien wandte er sich 1796 nach Paris, wo es galt, sich vortheilhaft einzuführen, da er dort vollständig unbekannt war. Seine liebens-würdige Umgangsart verschaffte ihm schnell Freunde, unter diesen den trefflichen Dichter Duval, der ihm das Opernbuch »*Le prisonnier*« übergab, welches D., durch die Umstände gedrängt, in Zeit von acht Tagen in Musik setzte. Die Aufführung des Werks 1798 entschied in vortheilhaftester Weise zu Gunsten des debütirenden Componisten, und er lieferte noch in demselben Jahre der *Opéra comique* die Par-tituren zu »*L'oncle valet*«, »*Le vieux château*« und »*L'opéra comique*«, Opern, welche durch ihre Anmuth und Natürlichkeit im besten Sinne populär wurden. In rascher Folge schrieb er noch die Opern »*Jacquot*«, »*La maison du Marais*«, »*La fausse duègne*«, »*Le général suédois*« und »*La cabriolet jaune*«, deren erfolgreiche Auffüh-rung er jedoch nur' zum Theil erlebte, da er, von einer frohen Gesellschaft zurückkehrend, am 19. April 1800 auf der Strasse vom Tode überrascht wurde. Sein unerwartet frühes Ableben versetzte ganz Paris, dessen Liebling er rasch geworden war, in Trauer, und in der That hatte er als Künstler wie als Mensch gerechten Anspruch auf die allgemeine Zuneigung gehabt. In seinen Partituren herrrcht die liebenswürdigste, ächt französische Heiterkeit und Munterkeit, gepaart mit italienischem Wohllaut. vor, und seine Ausdrucksweise war ungemein natürlich und gefällig. Er hat sich zwar in richtiger Würdigung des Umfangs seines Talentes, niemals in grossen Formen bewegt, in den kleineren der komischen Oper und Operette aber dafür mit der liebenswürdigsten Schalkhaftigkeit und Grazie.

Dell' Aqua, Giuseppe, war nach la Borde während der Jahre von 1670 bis 1680 ein berühmter italienischer Sänger, der in Mailand lebte. †

Della Valle, Pietro, s. Valle.

Delleplanque, französischer Musiker, liess 1782 zwei Bücher seiner Harfencompositionen in Paris erscheinen; in dem letzten Buche sind 4 Sonaten mit 1 Violine enthalten.

Deller, Florian, deutscher Componist, geboren um 1730 im Württembergischen, wurde 1760 Hofcomponist in Stuttgart und schrieb in dieser Stellung komische Opern, als »La contessa per amore« etc. (s. auch Deler), Ballet-Partituren. z. B. zu »Orpheus und Eurydice«, »Pygmalion«, »Der Sieg des Neptun« und »Die beiden Werther«, sowie viele Gelegenheitsstücke für Kirche und Concertsaal. Er soll sehr langsam gearbeitet haben; dennoch waren seine Werke voller Anmuth und Fluss. Seit 1770 lebte er in Ludwigsburg, in Wien und endlich in München, in welcher letzteren Stadt er, mit einer ihm vom Kurfürsten aufgetragenen Composition des Messtextes beschäftigt, in ein hitziges Fieber verfiel, dem er 1774 im Kloster der barmherzigen Brüder in München erlag. Sein ziemlich früher Tod wird mehrfach seiner Liebe zum Trunke zugeschrieben. Wahrscheinlich ist er identisch mit den dann und wann vorkommenden Componisten Deler und Teller. Das Manuscript der Oper »La contessa per amore« befindet sich in der Bibliothek zu Dresden.

Delmotte, Henri Florent, belgischer Musikschriftsteller, geboren 1799 zu Mons, schrieb u. A. eine brauchbare Monographie über Orlandus Lassus, betitelt: »Notice biographique sur Roland Delattre, connu sous le nom d'Orlando de Lassus«. D. starb 1836 in Mons als Notar und Stadtbibliothekar.

Delombre, eine Altsängerin, welche um 1790 in der Kapelle des Kurfürsten von Köln angestellt war und zu den Berühmtheiten zählte.

Delphische Spiele, die von den alten Hellenen im Monat Targelion in der Ebene zwischen Delphi und Kirrha zu Ehren des Apollon gefeierten Feste, bei denen auch die Wettstreite der Sänger und Instrumentalisten eine Rolle spielten. S. Pythische Spiele. Diese, sowie das berühmte Orakel des Apollon und das Amphiktyonengericht, welches in Delphi seinen Sitz hatte, begründeten hauptsächlich den Glanz und Reichthum Delphi's im Alterthume. Die Delphischen sind nicht mit den Delischen, gleichfalls dem Apollon in dessen Geburtslande, der Insel Delos gewidmeten Spielen zu verwechseln. Die letzteren fanden alle fünf Jahre statt; die Athenienser jedoch feierten auf Delos alljährlich die schöne, von Theseus gestiftete Wallfahrt, Theorie genannt, mit Chören und Tänzen. Vgl. Schwenk, »Deliaca« Bd. 1 (Frankfurt, 1825).

Del Rio, Martin Anton, geboren zu Antwerpen 1551, war zuerst Armee-Intendant in Brabant und später Jesuit und als solcher Professor der Theologie. Unter seinen vielen gelehrten Schriften befindet sich auch eine: »Disquisitiones magicae«, in deren 6. Buche sich eine Abhandlung »de musica magica« betitelt. befindet. Er starb am 29. Oktober 1608. †

Delusse, Charles, französischer Flötenvirtuose und Componist, geboren 1731 zu Paris, war 1760 Flötist an der Komischen Oper in Paris und hat ausser einer Oper: »L'Amant Statue« auch noch andere Compositionen besonders für Flöte geschaffen, von denen jedoch nur sechs Flötenduos gedruckt erschienen sind. D. wird

:n dem *Calend. mus. univ.* von 1788 als Blasinstrumentbauer aufgeführt. In der That waren die von ihm gefertigten Flöten und Oboen sehr geschätzt. Im J. 1780 erfand er die sogenannte *Flûte harmonique*, welche aus zwei in einem Körper vereinigten *Flûtes à bec* bestand und auf der man zweistimmig blasen konnte. D. hat auch eine »*Art de la Flûte traversière*« (Paris, 1761) herausgegeben. Im Mercure von 1765 befindet sich ein Aufsatz von ihm, in welchem er vorschlägt, die Benennung der Tonleiterstufen *ut, re, mi* etc. durch Vokale und Diphtongen zu ersetzen.

Delver, Friedrich, Componist und Musiklehrer, der zu Ende des 18. Jahrhunderts in Hamburg lebte und Romanzen und Lieder (erstes Heft 1796, zweites und drittes 1797), sowie eine *Sonate p. le Clav. av. Viol.* (Leipzig bei Breitkopf 1798) veröffentlichte. Die Themen der letzteren sind dem Sonnenfest der Braminen und dem Figaro entlehnt.   †

Démancher (französ.), überspringen, nennt man in Frankreich und Belgien das Verändern der Applicatur bei'm Vortrag auf Geigen- und Lauteninstrumenten.

Demachi, Giuseppe, italienischer Tonkünstler, aus Alessandria gebürtig, stand ums Jahr 1760 als Violinist in der Kapelle des Königs von Sardinien, von wo er sich 1771 nach Genf wandte. Derselbe war als Componist sehr beliebt und hat zu Paris und Lyon bis zum Jahre 1783 über siebzehn Werke, Sinfonien, Quartette, Trios und Solos herausgegeben.   †

Demando (französ.) ist der in Frankreich und Belgien gebräuchliche Name für den *dux* oder **Führer** (s. d.) der Fuge.

Demantius, Christoph, deutscher Tonsetzer, zu Reichenberg im Jahre 1567 geboren, war 1596 Cantor in Zittau und wurde von dort aus 1607 als Cantor nach Freiberg berufen, in welcher Stellung er am 10. oder 20. April 1643 hochbetagt starb. Er war in seiner Zeit ein gediegener, gewandter und fleissiger Kirchencomponist, der es auch nicht verschmähte, weltliche Lieder so wie polnische und deutsche Tänze zu schaffen. Auch schriftstellerisch hat sich D. nützlich erwiesen und eine theoretisch-praktische Anweisung zum Singen: »*Isagoge artis musicae ad incipientium captum maxime accomodatae*« betitelt, verfasst (Nürnberg, 1607), welche bis 1671 zehn Auflagen (u. a. zu Jena, 1656) erlebte. Wenige von D.'s Werken sind bis heute erhalten, trotzdem sie viele Perlen des kirchlichen Sinnes jener Tage bargen; mit Bestimmtheit ist nur mitzutheilen, dass aus seinen »*Threnodiae d. i. auserlesene Begräbnisslieder zu 4—6 Stimmen*« (Freiberg, 1611) in der Elbinger St. Marienbibliothek sich noch: »*Herr Gott, dich loben wir*« mit 6 Stimmen (Freiberg, 1618) und »*Triades Sioniae*« mit 8 Stimmen (Freiberg, 1619) befinden. Von den Liedern, welche D. der evangelischen Kirche zuwandte, ist besonders die Uebertragung des Jagdliedes durch Heinrich II. auf den 42. Psalm: *a h a g fis e d*, die er dem Warnberg'schen Sterbeliede: »*Freu dich sehr, o meine Seele*« 1620 zueignete, hervorzuheben, da es noch heute in Gebrauch ist. Siehe G. Döring's »Choralkunde«, Danzig 1865 Seite 55 und Walther, musikalisches Lexikon p. 201. Ausserdem kennt man noch von ihm ein »*Tympanum militare*«, Ungarische Heerdrummel und Feldtgeschrey, neben anderen Ungarischen Schlachten- und Victorienliedern mit sechs Stimmen« (Nürnberg, 1600. 4⁰). Die Dresdener Bibliothek besitzt davon eine Ausgabe mit verändertem Titel (Nürnberg, 1615), welche Gerber und Fétis, die ältere Ausgabe übergehend, aufführen. Endlich kann noch eine »*Trias precum vespertinarum*« (Nürnberg, 1602 etc.) als von D. herrührend, angezogen werden.

Demar, Sebastian, fruchtbarer und sehr vielseitiger Componist, geboren am 29. Juni 1763 zu Gauaschach bei Würzburg, ward Compositionsschüler Richter's, des Musikmeisters am Münster zu Strassburg, und später Organist und Lehrer zu Weissenburg. Diese Stelle gab er nach drei Jahren auf und ging zur Vollendung seiner Studien nach Wien und von dort aus nach Italien. Hierauf wurde er 1802 Organist an der Kirche St. Paterne zu Orleans und starb als solcher im J. 1832. Er soll u. A. drei Opern componirt haben, von denen jedoch nichts bekannt geworden ist; dagegen kennt man von ihm Kirchenwerke, Sinfonien, Concerte für verschiedene Instrumente, Streichquartette, verschiedenartige

Duette etc., von denen mehreres, ebenso wie Schulen für Vio
rinette im Druck erschienen ist. — Sein jüngerer Brudei
ebenfalls zu Gauaschach geboren, war ein trefflicher Violi
ein Schüler des Concertmeisters Loreuz Joseph Schmit
war mehrere Jahre hindurch Mitglied des Würzburger Sta¢
für sein Instrument verschiedene Compositionen, auch eine
J. 1804 war er seinem Bruder nach Frankreich gefolgt.

Demar, Therese, Tochter Sebastian D.'s, war eine ai
spielerin aus Nadermann's Schule am Conservatorium in :
Kammervirtuosin der Kaiserin der Franzosen ernannt und
Jahren 1808 und 1809 Concerte, die ihren Ruf weithin trug
nistin ihres Instruments war sie zu ihrer Zeit sehr beliebt,
30 Werke ihrer Composition, welche im Druck erschienen si

Demelius, Christian, deutscher Kirchencomponist und
am 1. April 1643 zu Schlettau bei Annaburg, war der Sohn e
ten Brauherren, der frühzeitig sein musikalisches Talent ent
desselben den dortigen Organisten Christoph Knorr in's
später zur wissenschaftlichen Ausbildung auf fünf Jahre nacl
geschickt wurde, hatte er im Klavierspiele schon grosse Ferti
auch im Singen so sicher, dass er als Discantist in den Sin
nommen wurde. Im J. 1663 ging D. als Hauslehrer der K
sters Ernst nach Nordhausen, der ihn 1666 als Hofmeister s
selben auf die Universität nach Jena sandte. Dort besucht¢
1669 und vertraute sich nebenbei im Studium der Musik der
ten Adam Drese an. Seine musikalische Begabtheit und di¢
ten ihn, die Musik zum Beruf zu erwählen, in Folge dessen ¢
kanntschaft befördert, die Cantorstelle in Nordhausen am 1
Jahres 1669 antrat, in welcher Stellung er sich auch durc
gemeinnütziger Werke verdient gemacht hat. So war er de
für diese Stadt ein Gesangbuch herausgab, das sehr viele n
ferner liess er 1700 einen »Vortrab von VI Motetten und A
in Sondershausen erscheinen und schrieb ein »*Tirocinium m
sicae artis praecepta tabulis synopticis inclusa, nec non praxin
neficio nonnullorum mensium spatio tirones ex fundamento mu
poterit docturus« (Nordhausen, ohne Jahreszahl). Ein auf s¢
1711 erfolgten Tod von Joh. Joachim Meier verfasstes Gedic
ber's »Lexikon der Tonkünstler«, Leipzig 1790 Seite 331 ur

Demeschkl (arab.), s. Schamseddin.

Demeter, Dimitrija, kroatischer Dichter und Opern:
21. Juli 1811 in Agram, wo er auch das Gymnasium absolv
studirte er in Gratz, die Medicin in Wien und Padua und wu
der Medicin promovirt. D. machte sich nicht nur als episc'
dramatischer Dichter durch seine Lust- und Trauerspiele ein
und schrieb für den Operncomponisten V. Lisinský zwei
Zloba« (1846) und »Porin«. Später fungirte er als Reda
offiziellen Zeitung: Narodne Norine.

Demeude, Monpas, französischer Tonkünstler, ist nu
Paris gestochene Composition: Sechs Violinconcerte für n
bekannt.

Demeur, Jules Antoine, trefflicher belgischer Flöten
23. Septbr. 1814 zu Verviers, erhielt den ersten Flötenunterric'
bei Lecloux und vollendete seine Studien von 1833 ab an
torium, wo Lahou sein Flötenlehrer war. Schon währen
Cursus war er in die Musik eines Guiden-Regiments und
Flötist in das Orchester des königl. Theaters getreten. Im
dem letzteren erster Flötist, 1840 Repetitor beim Theater ur

Flöte am Conservatorium zu Brüssel. Diese Stellung legte er 1847 nieder, um unbehindert mit seiner Gattin grössere Kunstreisen unternehmen zu können, die sich bis nach Amerika erstreckten. — Die ebenerwähnte Gattin ist jene vortreffliche und berühmte Sängerin, geborene Charton, welche seit ihrer Verheirathung unter dem Namen Charton-Demeur sich einen grossen Namen in der Kunstwelt erwarb und als Bühnensängerin in den Niederlanden, Frankreich, England, Italien und auch in Deutschland (Wien) grossartige Erfolge hatte. Sie war zuletzt an der italienischen Oper in Paris engagirt und lebt gegenwärtig mit ihrem Gatten in Brüssel.

Demi (französ.) halb, kommt in folgenden Zusammensetzungen vor: *D.-cercle*, der Halbkreis, Zeichen des Tempus imperfectum; *d.-báton*, das Zeichen für die Zweitakt-Pause; *d.-dessus*, der tiefe Sopran, Mezzosopran; *d.-jeu*, halbstark, gebrauchen die französischen Componisten in Instrumentalstimmen mitunter identisch mit *mezza voce; d.-mésure* oder *d.-pause*, die halbe Taktpause; *d.-soupir* der *d.-quart de mésure*, die Achtelpause; *d.-quart de soupir*, die Zweiunddreissigtheil-Pause; *d.-tirade*, ein kurzer, schneller Lauf im Umfang einer Quarte der Quinte; *d.-ton*, häufiger *semiton* (vom latein. *semitonus*), der halbe Ton; *d.-ton majeur*, der grosse halbe Ton; *d.-ton mineur*, der kleine halbe Ton.

Demignaux, französischer Kammermusik-Componist, der zu Paris lebte und ums Jahr 1782 daselbst fünf Werke, Quatuors und Trios für Streichinstrumente und Sonaten für den Flügel oder die Harfe, veröffentlicht hat.

Demmler, Johann Michael, ausgezeichneter Orgelvirtuose, Clavier- und Violinspieler, geboren um 1740 zu Grossaltingen in Baiern, war ein Schüler des berühmten Giulini. Er hat eine Oper »Deukalion und Pyrrha«, ferner Sinfonien und Clavierstücke geschrieben, von welchen Werken aber nichts im Druck erschienen sein dürfte. D. starb 1784 als Organist an der Domkirche zu Augsburg.

Demodŏkus, ein Schüler des Automedes und aus Corcyra gebürtig, heisst bei Homer jener Sänger der Phäaken, der bei einem Festmahle des Königs Alkinous in Anwesenheit des Odysseus die Liebe des Ares und der Aphrodite, sowie die Schicksale der nach Troja gezogenen Griechen und die Eroberung Troja's besang. Darauf hin haben ihn spätere Schriftsteller als Musiker und Dichter dargestellt, der schon vor Homer eine Einnahme Ilion's und einen Gesang über die Liebe des Ares und der Aphrodite verfasst habe.

Demŏkrit, der berühmte griechische Philosoph aus Abdēra, geboren um 470 v. Chr., gestorben um 370 in einem Alter von 104 Jahren, soll nach Diog. Laërt. auch sieben Bücher von der Musik geschrieben haben, die aber bis auf unbedeutende Fragmente verloren gegangen sind.

Demoiselles (französ.) ist bei den Franzosen die Benennung der Abstrakten (s. d.) in der Orgel.

Demoz, reformirter Prediger zu Genf, verfasste und veröffentlichte ein Werk, betitelt: »*Méthode de musique selon un nouveau système*« (Genf, 1728), welches bestimmt war, eine Vereinfachung der musikalischen Schreibweise in Vorschlag zu bringen, indem Linien und Schlüssel überflüssig gemacht wurden.

Dempsterus, Thomas, ein schottischer Gelehrter, welcher im ersten Viertel des 17. Jahrhunderts lebte und wegen seiner musikkundigen Anmerkungen zu einigen Abschnitten in *Rosini Antiquitates romanae* den musikalischen Schriftstellern seiner Zeit zugerechnet werden darf.

Demunck, ausgezeichneter belgischer Violoncellovirtuose, geboren am 6. Octbr. 1815 zu Brüssel, erhielt von seinem Vater, einem Musiklehrer, den ersten Unterricht und wurde, zehn Jahr alt, auf das Brüsseler Conservatorium gebracht, wo im Violoncellospiel Platel sein Lehrer wurde. Nach erfolgreich beendigten Studien wurde er Adjunct Platel's und nach dessen Tode 1835 der Nachfolger desselben als Professor am Conservatorium. In den Jahren 1844 und 1845 liess er sich auf ungemein erfolgreichen Kunstreisen auch in England und Deutschland hören und nahm von 1848 bis 1853 einen dauernden Aufenthalt in London. Ein ungeregeltes Leben hatte schon damals seine Gesundheit und sein aussergewöhnliches Talent untergraben, und er starb, kaum nach Brüssel zurückgekehrt, daselbst am 28. Febr. 1854. Seine Compositionen sind bis auf eine Fantasie über russische Lieder Manuscript geblieben. — Ein anderer trefflicher Violoncellist gleichen Namens ist seit 1868 Mitglied der grossherzogl. sächsischen Hofkapelle zu Weimar.

Denby, englischer Tonkünstler, der zu Ende des 18. Jahrhunderts in London lebte und von dem 1780 mehrere Claviersonaten erschienen sind.

Denek, Karl, deutscher Tonkünster, welcher gegen den Ausgang des 18. Jahrhunderts hin in Wien lebte und von dessen Composition zwei Streichtrios im Druck erschienen sind.

Denefve, Jules, auch **Denepve** geschrieben, trefflicher belgischer Componist und Violoncellist, geboren 1814 zu Chimay im Hennegau, kam, nachdem er sich in seinem Geburtsort für die musikalische Laufbahn gut vorbereitet hatte, auf das Conservatorium zu Brüssel, woselbst **Platel,** später **Demunck** im Violoncellospiel und **Fétis** in der Harmonielehre und Composition seine Lehrer waren. Nach vollendeten Studien wurde er Professor an der öffentlichen Musikschule zu Mons und zugleich erster Violoncellist der Theaterkapelle und der Concertgesellschaft daselbst. Nach wenigen Jahren schwang er sich zum Direktor der genannten Musikschule und zum Präsidenten der Concertgesellschaft empor und gründete und leitete verschiedene Gesang- und Musikvereine. Während dieser Zeit hat er sich auch als Componist einen hochgeachteten Namen erworben, namentlich durch zahlreiche Männerchöre, von denen viele in Belgien populär geworden sind, aber auch durch Orchesterwerke, Cantaten, Kirchenstücke und Opern, von welchen letzteren »*Kettly ou le retour en Suisse*«, »*L'echevin Brassart*« und »*Marie de Brabant*« mit grossem Erfolge zur Aufführung gelangt sind.

Deneufville, Jean Jacques, hervorragender deutscher Tonsetzer, der Sohn eines französischen Kaufmanns, geboren am 5. Octbr. 1684 zu Nürnberg, wurde von dem berühmten **Pachelbel** im Clavier- und Orgelspiel, sowie in der Composition unterrichtet und vollendete seine musikalischen Studien 1707 bis 1709 in Italien. In Venedig gab er damals sein erstes Werk, vier Encomia oder Hymnen heraus. Nach Nürnberg zurückgekehrt, wurde er an einer der Vorstadtkirchen als Organist angestellt, starb aber schon am 4. Aug. 1712, ohne die grossen Hoffnungen erfüllen zu können, die man mit Recht auf sein ausgezeichnetes Talent gesetzt hatte. Ausser dem schon genannten Werke sind noch einige geistliche Compositionen und Clavierstücke von ihm im Druck erschienen.

Denis, in der ersten Hälfte des 18. Jahrhunderts Direktor der königl. Musikakademie zu Lyon, verfasste und veröffentlichte unter dem Titel »*Nouveau système de musique practique*« (Paris, 1747) ein geistreiches, für Musiker noch jetzt sehr interessantes Werk.

Denis d'or (französ.) nannte **Procopius Divisz** (zuweilen auch **Diwiss** oder **Diwisch**) geschrieben, Pastor zu Prendnitz bei Znaim in Mähren, ein von ihm 1730 erfundenes Tasteninstrument mit einem Pedale, welches das damalige Zeitbestreben im Gebiete des Instrumentenbaues fast bis zur Carricatur darstellt. Dasselbe war 1,57 Meter lang und 0,95 Meter breit, und hatte einen Bezug von 790 Saiten, die in höchstens Dreiviertelstunden gestimmt werden konnten. Dies Instrument gestattete 130 Veränderungen, worunter die Klänge fast aller bekannten Saiten- und Blasinstrumente vertreten waren, und selbst auch lose Scherze, wie z. B. der, dass den Spieler, so oft es dem Erfinder oder Besitzer beliebte, ein elektrischer Schlag überraschte. Es soll von diesem Instrumente nur ein Exemplar gefertigt worden sein, gekauft von dem Prälaten von Bruck, Georg Lambeck, der es zeitlebens gern hatte und zur Bedienung desselben einen eigenen Künstler hielt. Den Namen D. hatte **Diviss** wohl nur, um sich selbst mit seiner Erfindung zu verewigen, gewählt, indem Dionysius im böhmischen Diviss heisst, und somit D. durch »der goldene Dionysius« wiederzugeben ist.   †

Denis, Pierre, Musikmeister am königl. Damenstifte zu St. Cyr (um 1780) und Lehrer der Mandoline in Paris, war in der Provence geboren und hat mehrere theoretische und praktische Werke veröffentlicht, so u. A. eine Mandolin-Schule

Paris, 1792), eine Methode, um leicht und fertig singen zu lernen und Compositionen für die Mandoline. Er hat auch das Verdienst, den »*Gradus ad Parnassum*« von F. J. Fux in das Französische übersetzt zu haben (Paris, 1788), obgleich der Werth dieser Uebersetzung sehr leicht wiegt.

Denner, J o h a n n C h r i s t o p h , deutscher Pfeifenmacher, der berühmte Erfinder der Clarinette, geboren um 13. Aug. 1655 zu Leipzig, kam mit seinem Vater, einem Horndreher, im achten Lebensjahre nach Nürnberg. Obwohl ebenfalls als Drechsler gebildet, verfertigte er nebenbei Flöten, Schalmeien und andere Blasinstrumente, die, ihrer sorgfältigen Construktion wegen, reissenden Absatz fanden und seine derartigen Arbeiten zu grossem Rufe und weiter Verbreitung brachten. D. wusste übrigens, obwohl Autodidakt, auf den von ihm gefertigten Instrumenten einen ansprechenden Vortrag zu entwickeln. Auf die für die Instrumentalmusik so überaus wichtig gewordene Erfindung der Clarinette wurde er durch Verbesserungsversuche der Schalmei und zwar, wie jetzt documentarisch feststeht, im J. 1700 geleitet. Auch seine Erneuerungs- und Verbesserungsversuche der alten Stock- und Raketenfagotte sind zu erwähnen, obwohl diese Insrumente in Folge der grossen physischen Anforderungen, die sie an den Spieler stellten, keine Verbreitung fanden. D. überlebte seine wichtige Erfindung nicht lange, da er nach einem thätigen Leben am 20. Apr. 1707 zu Nürnberg starb. Die von ihm gegründete Fabrik von Blaseinstrumenten übernahmen seine beiden Söhne und erhielten dieselbe im blühenden Zustande, welcher ihr bis auf den heutigen Tag unvermindert verblieben ist.

Dennery, französischer Tonkünstler, der in der Zeit der Revolution von 1789 in Paris lebte und verschiedene seiner Compositionen veröffentlichte.

Denninger, J o h a n n N e p o m u k , ein zu seiner Zeit geschätzter deutscher Componist, Clavier- und Violinvirtuose, der um 1788 Musikdirektor in Oehringen war. Von seinen zahlreichen Arbeiten erschienen nur zwei Clavierconcerte und Sonaten mit Violine oder Violoncello. Seine Messen wurden sehr gerühmt, aber weder diese noch andere seiner geistlichen Compositionen sind im Druck erschienen.

Dennis, J o h n , ein englischer Gelehrter, geboren 1660, gestorben 1737, machte sich dadurch u. A. einen Namen, dass er mit Aufbietung aller ihm zu Gebote stehenden Schärfe und Satyre die Einführung der italienischen Oper in England zu verhindern suchte. Ein literarisches Denkmal seiner Denkweise in dieser Hinsicht ist seine Schrift »*An essay on the italian opera*« (London, 1706).

Deusz, A d r i a n , berühmter Lautenspieler und Componist, der zu Ende des 16. Jahrhunderts in den Niederlanden gefeiert war. Man kennt von ihm ein Lautenwerk, betitelt »*Florilegium*« (Köln, 1594), welches einem Grafen Arnold von Manderscheid und Blanckenheim gewidmet ist.

Dentice, F a b r i c i o , italienischer Tonsetzer aus Neapel, der jedoch in der letzten Hälfte des 16. Jahrhunderts seinen Aufenthaltsort und Wirkungskreis in Rom hatte. Die von diesem Meister der neapolitanischen Schule noch bekannten Arbeiten sind: fünfstimmige Motetten (Venedig, 1580), ein im Archive der sixtinischen Kapelle liegendes sechsstimmiges Miserere, welches später Mich. Pacini für vier Stimmen arrangirt und zu dem Nanini Zwischen-Versette gesetzt hat und endlich einige Motetten, welche die Bibliothek des Pariser Conservatoriums aufbewahrt. D. war auch berühmt als Lautenspieler und Componist für dieses Instrument.

Dentice, L u i g i , italienischer Musikschriftsteller und Tonsetzer und mit dem Vorigen jedenfalls nahe verwandt, ist in der ersten Hälfte des 16. Jahrhunderts in Neapel geboren. Seine Hauptwerke sind: »*Due dialoghi della musica*« (Neapel, 1552 und öfter), »*La cura dei mali della musica*« (ohne Ort und Jahreszahl) und ein vier- und fünfstimmiges Miserere für die päpstliche Kapelle, welches für ein Meisterstück jener Musikepoche gelten darf. — Sein gleichfalls berühmter jüngerer Bruder, S c i p i o n e D . , um 1560 in Neapel geboren, trat im Mannesalter in die Congregation der Patres des Oratoriums und starb als hochangesehener Componist 1633 zu Neapel. Verschiedene seiner Madrigalsammlungen sind zwischen 1591 bis 1607 zu Neapel und Venedig im Druck erschienen. Es werden von ihm auch vieleKirchensachen erwähnt, die jedoch wahrscheinlich niemals veröffentlicht worden sind.

Denzi, Antonio, italienischer Componist und Sänger, war 1724 Mitglied der italienischen Oper, die Graf Spork in Prag unterhielt und wurde 1727 zum Direktor derselben ernannt. Seine Oberleitung, die sich in Pracht und Luxus erging, ruinirte aber fast den Grafen, der das kostspielige Institut aufgeben musste, worauf es D. selbstständig übernahm, aber ebenfalls sein Vermögen dabei zusetzte, bis ihn ein in Scene gesetzter Appell an das Nationalgefühl der Böhmen wieder rettete. Er schrieb nämlich über einen nationalen Stoff eine italienische Oper, betitelt: »*Praga nascente da Libussa e Primislao*« und brachte dieselbe 1734 mit einem bisher unerhörten Erfolge zur Aufführung. Die zahlreichen Wiederholungen machten ihn zum reichen Mann, und er scheint als solcher bei Zeiten sich in das Privatleben und in sein Vaterland zurückgezogen zu haben, da seit dieser That nichts weiter über ihn verlautbarte.

Deon, französischer Gesangcomponist, der zu Anfang des 18. Jahrhunderts zu Paris lebte und von dem sich einige Chansons und Airs in dem »*Recueil d'airs serieux et à boires*« (Paris, 1710) vorfinden.

Deppe, Ludwig, trefflich gebildeter Tonkünstler und geschickter Dirigent, geboren am 7. Novbr. 1828 zu Alverdisen im Fürstenthum Lippe-Detmold, erhielt seinen ersten Musikunterricht in Detmold von zwei Schülern Spohr's, dem Kapellmeister Aug. Kiel und Otto Gerk, die seine Violinlehrer waren, während ihm Grusendorf theoretische und Clavierlektionen ertheilte. Ende 1849 begab sich D. nach Hamburg, um seine Studien bei Ed. Marxsen in Altona zu vollenden, der ihn gemeinschaftlich mit Joh. Brahms unterrichtete, später (1856 und 1857) auch nach Leipzig, wo ihn J. C. Lobe mit der höheren Composition vertraut machte. Nach Hamburg zurückgekehrt, gab D. 1861 Orchesterconcerte, gründete und leitete von 1862 bis 1868 die dortige Gesangakademie, deren grosse, wohlvorbereitete Oratorien-Aufführungen in der Michaeliskirche seinen Namen in ganz Deutschland rühmlichst bekannt machten. Von Sachkennern werden seine damals zur Verwendung gekommenen neuen Instrumentationen Händel'scher Oratorien, als Samson, Josua u. s. w. sehr gelobt; dieselben sind jedoch, da sie nicht gedruckt erschienen, leider nicht weiter bekannt geworden, ebenso wie seine Compositionen, von denen er nur wenig herausgegeben hat. Im Jahre 1868 unternahm er einige grössere Reisen und folgte erst 1870 einem Rufe als Mitdirigent der Berliner Sinfoniekapelle nach Berlin, deren Oberleitung er, nach Jul. Stern's Rücktritt 1871, allein übernahm. In dieser Stellung ist er mit eben so grossem Geschick wie mit bestem Erfolg bemüht gewesen, wohlthätig mit in die Musikzustände Berlin's einzugreifen. Die Sinfoniekapelle hat er zu einem der besten derartigen Musikinstitute erhoben, das in Bezug auf Leistungsfähigkeit in erster Linie steht und hat dadurch, dass er die hervorragendsten Werke noch lebender Componisten, unbeschadet der anerkannten älteren Meisterwerke, mit in seine Programme zog und fleissig vorführte, dem stagnirenden Kunstleben der Kaiserstadt einen Aufschwung gegeben. Von eigenen grösseren Arbeiten hat er in seinen Concerten nur eine »Ouverture zu Körner's Zrinyi« zur Aufführung gebracht, welche Intelligenz und ein bedeutendes Compositionstalent bekundet.

Depressio (latein.), das Niederschlagen der Hand auf der Taktthesis; daher auch die Taktthesis oder der Niederschlag selbst.

Deprosse, Anton, ein hervorragender Componist der Gegenwart, geboren am 18. Mai 1838 zu München, besuchte, da seine ausserordentliche Begabung schon frühzeitig zu Tage trat, die königl. Musikschule seiner Vaterstadt und absolvirte seine Studien daselbst in glänzender Weise. Nachdem er 1855 das Institut verlassen hatte, bildete er sich noch im Clavierspiel bei E. Doctor, in der Composition bei Sturz und im Partiturlesen und Orgelspiel bei Herzog weiter aus und erhielt 1861 die Stellung eines Pianofortelehrers an der Musikschule zu München, die er jedoch schon zu Ostern 1864 aus Gesundheitsrücksichten aufzugeben genöthigt sah. Er lebte hierauf in Frankfurt a. M. und übernahm später eine Lehrerstelle an einem Privat-Musikinstitute in Coburg, das jedoch 1868 einging. Seitdem befindet sich D. mit Compositionen eifrig beschäftigt, in Coburg. Sein Hauptwerk ist das Anton Rubinstein gewidmete Oratorium »Die Salbung Davids« (Leipzig, 1870), aus welchem umfangreichen Werke, ebenso wie aus mehreren im Druck erschienenen Arbeiten für Pianoforte und für Gesang ein bedeutendes Talent und eine gründliche Musikbildung sprechen, so dass man berechtigt ist, von D. noch Bedeutendes zu erwarten.

Depuis, Lebore, ein nicht weiter bekannter niederländischer Componist, hat nach den Rhein. Mus. B. III S. 19 eine Operette, »Die Liebe im Sommer« betitelt, componirt, die 1794 zu Amsterdam von der dortigen jüdischen Operngesellschaft aufgeführt wurde.

Derckum, Franz, trefflicher Componist und Musiklehrer, geboren 1812 zu Köln, erhielt seinen ersten Musikunterricht in seiner Vaterstadt und vollendete seine Studien bei Friedr. Schneider in Dessau. In seine Heimath zurückgekehrt, wurde er später Lehrer an der Rheinischen Musikschule und Direktor eines Gesangvereins, den er zu hoher Blüthe brachte. In beiden Stellungen ist er noch jetzt mit grossem Erfolg wirksam, ebenso als Violaspieler eines Streichquartetts, welches regelmässige Kammermusik-Soireen in Köln veranstaltet. Als Componist ist er in den verschiedensten Musikgattungen aufgetreten und hat Opern, Ouverturen, Streichquartette, zahlreiche vierstimmige Gesänge u. s. w. geschrieben, denen die Kritik zwar eine hohe Achtung gezollt hat, denen es aber nicht gelungen ist, beim Publikum dauernden Eingang zu finden.

Deregis, Gaudenzio, italienischer Kirchencomponist, geboren 1747 zu Agnona bei Vercelli, bildete sich musikalisch beim Canonicus Comola auf dem Seminar zu Varallo aus, später in Borgo-Sesia, wo ihm sein Oheim Giuseppe D. Composition lehrte. Bis 1816, seinem Todesjahre, war er sodann Kapellmeister an der Kirche zu Ivrea. Seine Compositionen waren im weiten Umkreise berühmt, sind aber niemals veröffentlicht worden. — Sein Vetter, Luca D., geboren 1748 zu Agnona, machte seine Musikstudien zu Bologna und wurde Canonicus und Kapellmeister zu Borgo-Sesia, wo er am 30. Aug. 1805 in Folge eines Sturzes vom Pferde starb. Er hat sich als Componist von Messen, Motetten und anderen Kirchenstücken ausgezeichnet.

Derfner, Andreas, deutscher Componist, war um 1736 Musikdirektor an der Leopoldstädter Pfarrkirche zu Wien.

Derham, William, ein englischer Gelehrter, Doktor der Theologie und Canonicus, und im 78. Lebensjahre 1735 gestorben, hat ausser mehreren anderen Abhandlungen auch: »*Experiments and Observations on the motion of Sound*« geschrieben. Vergl. *Philos. Transact. Vol. XXVI N.* 313 *p.* 2. †

Derivis, Henri Etienne, berühmter französischer Opernsänger, geboren am 2. Aug. 1780 zu Alby im Departement des Tarn, wurde zu weiterer gesanglicher Ausbildung auf das Pariser Conservatorium gebracht und dort besonders von Richer unterrichtet. Der Grossen Oper in Paris zugewiesen, debutirte er 1803 mit Erfolg als Sarastro in Mozart's »Zauberflöte« und hatte von 1805 bis 1828 alle ersten Bassparthien zu singen. In dem zuletzt genannten Jahre gab er seine Stellung bei der Grossen Oper auf und trat als Gast auf französischen Provinzialbühnen auf. Noch 1834 sang er in Antwerpen, zog sich hierauf in das Privatleben zurück und starb 1856 zu Livry im Departement Seine et Oise. Seine Stimme war stark und mächtig, aber wenig biegsam und geschliffen. — Seine Gattin, Charlotte D., geborene Naudet, war ebenfalls eine auf dem Conservatoire gebildete Sängerin, debutirte 1804 und wurde zwar gleichfalls bei der Grossen Oper angestellt, vermochte aber keine Erfolge aufzuweisen. Sie verliess bald gänzlich die Bühne und starb 1819 zu Paris. — Der Sohn Beider, Prosper D., geboren 1806, hatte die mächtige Stimme seines Vaters geerbt und wurde auf dem Pariser Conservatorium vortrefflich ausgebildet. Er debutirte 1831 mit ausgezeichnetem Erfolge an der Grossen Oper und wurde in Folge dessen engagirt. Von 1840 bis

1845 sang er auf verschiedenen italienischen Opernbühnen, auch in Wien und wurde abermals für die Grosse Oper in Paris gewonnen, zog sich aber nicht lange darauf in das Privatleben zurück.

Derosier, Nicolas, um 1690 churpfälzischer Kammermusiker, hat sich als Instrumentalcomponist und Virtuose auf der Guitarre rühmend bekannt gemacht. Von seinen gedruckten Werken kennt man noch: Drei Bücher Trios für verschiedene Instrumente, eine Ouverture für drei und ein Concert für vier Instrumente »*XII Ouvertures p. la Guitarre Op.* 5« (Haag) und »*Méthode pour jouer de Guitarre*« sämmtlich in Roger's *Catalogue de Musique* aufgeführt. Ausser diesen findet man noch: »*La Fuitte du Roy d'Angleterre,* oder Die Flucht des Königs in England, à 2 *Violons ou 2 Fluttes et Basse ou Continue*« (Amsterdam 1689).   †

Derwisch ist ein persisches Wort, welches arm bedeutet und wie der entsprechende arabische Ausdruck Fakir gebraucht wird, um eine Klasse Personen in den mohammedanischen Ländern zu bezeichnen, die in vieler Hinsicht mit den Mönchsorden der christlichen Welt Aehnlichkeit haben und in zahlreiche verschiedene Brüderschaften (Orden) zerfallen. Die meisten wohnen in reich versorgten Klöstern, Tekkije oder Chânjâh, und stehen unter einem Scheikh oder Pir (Vorgesetzten). Ihre Andachtsübungen bestehen in Kasteiungen und gottesdienstlichen Versammlungen mit Gebeten, Gesängen und religiösen Tänzen, welche den Tanz der Sphären vorstellen sollen. Man zählt bei jeder grossen öffentlichen Andachtsübung 'sieben Chöre, zusammen von 61 Strophen, jede mit einer eigenen Melodie, welche einstimmig mit Begleitung der kleinen Flöte und der Pauke gesungen werden.

Des (ital.: *Re be molle,* französ.: *ré bémol,* engl.: *d flat*) ist die alphabetisch-syllabische Benennung für den um einen Halbton erniedrigten alphabetisch *d* genannten Ton des abendländischen Musiksystems. Siehe Alphabet. Der Name für das durch den *des* genannten und den darunter liegenden *c* geheissenen Ton gebildete Intervall ist in der Fachsprache: grosse Secunde, und das Schwingungsverhältniss desselben wird durch die Ration 16:15 oder den Decimalbruch 1,066658 dargestellt. Die grosse Secunde von *c* ist von *d* ebensoweit entfernt, wie die übermässige Prime *cis* von *c* (um einen sogenannten Halbton), doch nehmen die *cis* und *des* benannten Töne nicht die gleiche Stelle in der Mitte zwischen *c* und *d* ein, wenn man dieselben geometrisch darstellen will, sondern zwischen beiden bleibt noch ein Schwingungsunterschied. Der Halbton nämlich, um welchen eine Tonstufe in unserm diatonisch-chromatischen System theoretisch erniedrigt oder erhöht wird, nennt man einen kleinen Halbton (s. Halbton) und die Differenz der Schwingungen zwischen beiden, die, je nachdem der Ganzton zwischen dem die Halbtöne erscheinen ein grosser oder kleiner ist, verschieden sind: eine grosse oder kleine Diesis (s. d.). Scheint somit der *des* genannte Ton in unserm System auch theoretisch fest bestimmt zu sein, so treten doch in seiner Darstellung Schwingungsveränderungen ein, die selbst unserm Ohre controllirbar sind. Wir erwähnen hier zuerst die bedeutendste dieser Veränderungen. In neuester Zeit nämlich scheint diese theoretische Bestimmung in der Praxis in Umwandlung begriffen zu sein, indem nicht allein der *des* genannte, wie alle andern erniedrigten Töne, wenn sie plötzlich als Leitton erscheinen, durch viel weniger Schwingungen entstehen, als die Theorie ihnen zuweist, was Beobachtungen an grossen Streichinstrumenten dem Auge klar darlegen, sondern auch die um einen Halbton erhöhten Klänge unter ähnlicher Bedingung durch mehr Schwingungen entstehen. Siehe *Semitonium modi.* Abgesehen von diesen noch in der Entwickelung befindlichen Veränderungen der Schwingungen durch die *des* gegeben werden kann, tritt noch eine weniger stark dem Ohre sich bemerkbar machende Modification des Tones in harmonischen Fortbewegungen ein, die, je nachdem *des* als Quinte, Quart, Terz u. s. w. erscheint, sich verschieden kundgibt. Eine wissenschaftliche Auseinandersetzung dieser Kundgebungen bietet andeutungsweise der Artikel *Ais.* Unwandelbar kann man *des* fast nur nennen, wenn es Grundton eines Tonsatzes ist, oder wenn es von einem Tasteninstrumente gegeben wird, indem letztere Instrumentgattung gewöhnlich nur die temperirte Tonfolge (s. Temperatur) zu geben vermag. Dass diese temperirte Tonfolge mit der diatonischen gleichzeitig ver-werthet, keine uns durchaus unangenehme Wirkungen hervorbringt, ist in dem Artikel *dis* beleuchtet. 2

Desaëshl wird nach der *Rágaribodha, de Sóma* (s. d.), eine altindische Tonleiter zweiter Ordnung genannt, die dem Geschlecht *Hindola* (s. d.) zugehört. In unse-ren Noten würde dieselbe wie folgt zu geben sein:

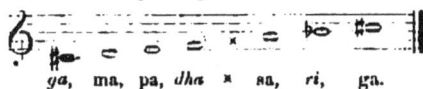

ga, ma, pa, *dha* ✕ sa, ri, ga. 0

Desaki (indisch), s. den folgenden Artikel.

Désákrí ist nach der *Rágaribodha, de Sóma* (s. d.), eine altindische Scala zwei-ter Ordnung, die die *Mégha* (s. d.) genannte als Haupttonleiter hat und nach unserer Schreibweise wie folgt aufgezeichnet werden muss:

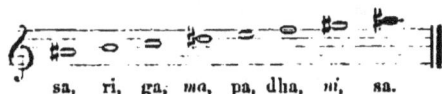

sa, ri, ga, ma, pa, dha, ni, sa.

In der *Sángita Narayána* findet man unter dem Namen *Desaki*, wahrscheinlich dieselbe Bezeichnung vertretend, die dritte Haupttonart, welche auf *ga* (s. d.) ge-bildet ist, verzeichnet. 0

Desargus, Xavier, ausgezeichneter französischer Harfenvirtuose und Lehrer dieses Instruments, wurde um 1768 zu Amiens geboren und war Chorknabe an der Kathedralkirche seines Geburtsortes. Die Revolution, welche eine Zeit lang die Kirchen des französischen Reichs schloss, führte ihn nach Paris, wo er Chorist bei der Grossen Oper wurde. Dort fand er Gelegenheit, die Harfe spielen zu lernen, und er warf sich mit dem grössten Eifer auf das Studium dieses Instruments, bis er es zu dem geschicktesten und gesuchtesten Lehrer in Paris gebracht hatte, der bis 1832 fast unangefochten als der erste dastand. Als Componist ist er mit unge-führ 25 Werken, bestehend in Sonaten, Fantasien, Variationen u. s. w. für sein Instrument hervorgetreten. Ebenso veröffentlichte er eine Harfenschule, die mehr-mals neu aufgelegt werden musste. — Sein Sohn und bester Schüler war zuerst im Orchester der *Opéra comique* angestellt und wurde von dort aus durch Spon-tini in die königl. Kapelle zu Berlin gezogen. Ende des Jahres 1832 ging er nach Brüssel als Professor des Harfenspiels am dortigen Conservatorium, entsagte aber einige Jahre später gänzlich der Musik und liess sich in Paris nieder.

Desaubry, wahrscheinlich ein französischer Violinist und Tonkünstler, hat nach Preston's Cat. London 1797 *VIII Sonat. p. 2 V. et B.* und VI Violinsolos *op.* 2 stechen lassen. Ob dieser D. identisch mit dem als Violinist im Orchester der *Comédie française* 1798 zu Paris angestellten Aubry gewesen, ist nicht fest-gestellt. 0

Desaugiers, Marc Antoine, französischer Operncomponist, geboren 1742 zu Fréjus, erlernte die Theorie der Musik, die Composition und Instrumentirung lediglich durch Selbststudium und ging nach Paris, wo er mit einer Uebersetzung von Mancini's Werk über den Figuralgesang in die Oeffentlichkeit trat und den dadurch erhaltenen Ruf durch eine lange Reihe von grösseren und kleineren Opern, die zum Theil bedeutenden Erfolg hatten, befestigte. Aechter Humor, Frische und Natürlichkeit zeichnete alle diese Partituren aus, welche Eigenschaften die Mängel der technischen Ausführung übersehen liessen. Die am beifälligsten angenom-menen derselben sind: »*Le petit Oedipe*«, »*Erixène ou l'amour enfant*«, »*Les deux sylphides*«, »*les jumeaux de Bergame*«, »*L'amant travesti*«, »*Le médecin malgré lui*«, »*Les rendez-vous*« etc. Mit den damaligen Meistern der Musik, namentlich mit Gluck und Sacchini lebte er auf vertrautem Fusse und componirte auf den Tod des Letzte-ren ein Requiem, das sehr gerühmt wurde. Den Grundsätzen der französischen

8*

Revolution zeigte er sich mit Leib und Seele ergeben und verherrlichte den Jahrestag der Zerstörung der Bastille durch eine von ihm Hierodrame genannte Cantate, die auf Befehl der Regierung in der Notredamekirche zur öffentlichen Aufführung kam. Er starb am 10. Septbr. 1793 und in seinem Nachlasse fand man u. A. auch die vollendete Partitur einer grossen Oper, »Belisar«, zu welcher sein Sohn, nachmaliger dänischer Legationssecretair, die Dichtung geschrieben hatte.

Desbillons, François Joseph, geboren am 25. Januar 1711 zu Chateauneuf in der Provinz Berri, später Jesuit, lebte lange Jahre als Gelehrter in Mannheim, wo er auch am 19. März 1789 starb, hat sich musikgeschichtlich durch seine Geschichte des alten Musikschriftstellers Wilhelm Postel, die er in einer Schrift: »Nouveaux Eclaircissements sur la vie et les ouvrages de Guillaume Postel« (Lüttich, 1773) herausgab, verdient gemacht.   †

Desbordes, Mitglied des Conservatoriums zu Paris, hat, nach den Indicat. Dramat. An. VII, 1798 die Musik zur Operette: »La None de Lindenberg ou la Nuit merveilleuse« arrangirt.   †

Desboulimiers, Jean Augustin Jullien, französischer Operncomponist, geboren 1731, machte sich durch Compositionen und theoretische Werke um die nationale komische Oper sehr verdient. Er starb im J. 1771 zu Paris.

Desbout, Luigi, Regimentschirurgus in der italienischen Armee zu Ende des 18. Jahrhunderts, hat sich musikalisch durch eine Abhandlung: »Ragionamento fisico-chirurgico sopra l'effetto della Musica nelle malattie nervose« (Livorno, 1780) hervorgethan. Vergl. Forkel, Literat. S. 505.   0

Desbrosses, Robert, französischer Sänger und Operncomponist, geboren 1719 zu Bonn, wurde 1743 bei der Comédie-italienne in Paris als Sänger engagirt und war bei dies em Institute bis 1764 thätig, auch als Componist der daselbst zur Aufführung gekommenen Opern: »Les sœurs rivales«, »Le bon seigneur«, »Les deux cousines« und des Divertissements »Le mai«. Seine Thätigkeit war aber in keiner Beziehung von innerem Belang. Er starb 1799 zu Paris. — Seine Tochter Marie D., geboren 1763 zu Paris, hatte er gleichfalls zur Bühnensängerin ausgebildet und liess sie schon mit 13 Jahren an der Comédie-italienne engagiren. Später kam sie an die Opéra comique, bei der sie ein sehr verwendbares, aber nicht hervorragendes Mitglied war und zog sich erst 1829, nach 53jähriger Wirksamkeit von der Bühne zurück. Nach ihrem Rücktritt lebte sie noch über ein viertel Jahrhundert, denn sie starb erst am 26. Febr. 1856 zu Paris.

Desbuissons, Michel Charles, namhafter flandrischer Sänger und Componist, geboren um 1520, hatte den Beinamen Flandrus insulanus, nach dem Titel eines seiner Werke.

Descar ist der Name einer der beliebten altindischen einfachen Rāgina's (s. d.), in der ein Ton oder mehrere der Scala fehlen.

Descartes, René, gewöhnlich latinisirt Renatus Cartesius genannt, der berühmte französische Mathematiker und Reformator der Philosophie, geboren am 31. März 1596 zu Lahaye in der Touraine, gestorben am 11. Febr. 1650 zu Stockholm, hat auch gründliche musikalisch-mathematische und musikalisch-physikalische Untersuchungen über Ton, Entstehung desselben, Saitenschwingungen u. s. w. angestellt und die Resultate derselben in seinem »Compendium musices« (Utrecht, 1650), in seiner Abhandlung »De homine« und in seinen »Episteln« (Amsterdam, 1682) der Nachwelt als höchst interessante Kundgebungen der Forschungen eines grossen Geistes damaliger Zeit übergeben.

Descouteaux, richtiger als Descoteaux, ein ums Jahr 1700 zu Paris sehr beliebter Flötenbläser, der wahrscheinlich die Schnabelflöte (s. d.) blies. Vergl. P. Raguenet Parall.   †

Des-dur (ital.: Re be molle maggiore, französ.: ré bémol majeur, engl.: d flat major), eine derjenigen unserer Tonarten, in der Tonstücke für Tasteninstrumente besonders gern componirt werden, hat zur Verwerthung die alphabetisch und alphabetisch-syllabisch benannten Klänge der diatonisch-chromatischen Tonfolge, welche von Des aufwärts die Regel der Durtonart (s. Dur) vorschreibt. Diese

Regel fordert, die *e*, *g*, *a* und *h* geheissenen Töne um einen Halbton zu erniedrigen und dem entsprechend *es*, *ges*, *as* und *b* zu nennen (s. Alphabet), wonach sich die Scala von *Desd.* als aus den: *des*, *es*, *f*, *ges*, *as*, *b* und *c* genannten Tönen herausstellt. Die arithmetische Darstellung dieser diatonischen Scala wird praktisch fast nie rein wiederzugeben möglich sein, da schon der Grundton *des* selbst, ausser durch die Menschenstimme, von keinem Tonwerkzeuge als fester, leicht erzeugbarer Ton geführt wird, und somit nur den Hauptconsonanzen der Tonart fernere Töne — bei Streichinstrumenten *c* und bei Blasinstrumenten *b* und *es* — als leicht gleichhoch erzeugbare Töne zu betrachten sind, deren Wirkung aber, wenn gerade diese in *Desd.* verwandt werden, sich oft als nicht durchaus zufriedenstellend in der Tonart ergeben. Beachten wir nun noch, dass die Menschenstimme an der Stelle wo die Terz von *Desd.* in der Höhe erscheint, gewöhnlich die letzte Tonstufe eines Tonansatzes cultivirt, der diese Terz im Vergleich mit der an analoger Stelle in *D-dur* (s. d.) als mehr stumpf intonirt dem Gefühle erscheinen lässt, welche Erscheinung der Tonart als zueigen sich herausgebildet hat und auf alle gleichen durch Streich- und Blasinstrumente erzeugten Töne und deren Oktaven sich einwirkend ergibt: so könnte man fast annehmen, dass die diatonische Scala von *Desd.* in Kleinigkeiten, die dem Ohre nicht erkennbar sind, durch die Darstellung wandelbar ist. Dem entsprechend wählen die Tonsetzer instinctiv am häufigsten die Tonart *Desd.* als Grundtonart, wenn sie sehr getragene Tonsätze schreiben; in solchen ist die Wandlung der Töne der Harmonie entsprechend fühlend am besten zu erreichen. Nur für Blasinstrumente findet man in neuester Zeit auch schnellere Tonsätze in *Desd.* geschrieben, weil einentheils dieselben als Grundtöne *b*, *es* oder *as* haben und dadurch viel mehr Eigentöne der *Desscala* leicht gleichhoch besitzen, und weil anderntheils die Applicatur auf diesen Instrumenten auch eine schnelle gleichartige Darstellung der *Desscala* gestattet. Wie bereits erwähnt, ist jedoch *Desd.* eine der am meisten gepflegten Tonarten bei Tasteninstrumenten, besonders wenn für virtuose Leistungen zu schreiben beabsichtigt wird. Dies hat vorzüglich seinen Grund in der Applicatur dieser Tonart auf diesen Tonwerkzeugen, die weit mehr eine gleiche Tonzeugung gestattet, als jede andere, und in dem Gefühlseindruck, den die in der oben angedeuteten Weise wandelbare *Desscala* macht, der sich dem der gleichtemperirten gleichnamigen viel ähnlicher ergibt, als einer von persönlich eigenen Abweichungen nicht zu befreienden diatonischen *Desdurfolge*, die oft durch eine unvollkommene Darstellung zu Tage befördert wird. — Die schwer nachweisbaren Darstellungsbedingungen bei den verschiedenen Scalen, welchen man früher gewiss noch öfter begegnete als heute, und denen man in Bezug auf ihre materielle Erkenntniss fast gar keine Aufmerksamkeit zuwandte, suchte man damals durch ästhetische Gleichnisse sich gegenseitig klar zu machen, und gelangte mit der Zeit zu Gleichnissschablonen für die einzelnen Tonarten, die man sogar als Grundlage zu ferneren sogenannten mathematischen Beweisen benutzen zu können wähnte. *Desd.* bot diesen Aesthetikern aber in Bezug auf Uebereinstimmung bedeutende Schwierigkeiten; jeder suchte aus dem Schatz seiner Phantasien die ihm scheinbar zutreffendsten Mährchen, welche oft in sich selbst ohne Verständniss und ohne Zusammenhang sind. Man sehe als Probe die Auslassungen Dr. Schilling's, welche in der Blüthezeit jener Auffassungen geschrieben sind: „In Betracht des psychischen Ausdrucks verlangt *Desd.* eine höchst vorsichtige und delicate Behandlung. Es ist ein spielender Ton, der da ausarten kann in Leid und Wonne. Lachen kann er nicht, das Weinen aber wenigstens grimassiren. Sonach können nur sehr seltene Charactere und Empfindungen in diese Tonart gelegt werden, zu deren Auffindung und psychologisch-ästhetisch richtiger Behandlung ein Scharfsinn, eine Tiefe des Kunstblicks und eine Vollendung des künstlerischen Genies gehört, zu deren Besitzthum auf dem gewöhnlichen Wege zu gelangen ein Componist kaum im Stande sein wird. Wir müssen gestehen, dass uns bis jetzt keine Composition bekannt ist, in welcher nach unserem Dafürhalten diese Tonart in wirklich echt characteristischer Wahrheit und zur völligen Erzielung einer unbedingten Bestimmtheit des Ausdrucks gebraucht worden wäre." Vergleichen wir diese mit denen Schubarts in dessen »Ideen zu einer Aesthetik der Tonkunst« p. 37 7 u. w. und Wagner's »Ideen über Musik« Cap. V von der Modulation, welche Schilling selbst die kühnsten Aesthetiker in dieser Beziehung nennt, so müssen wir auch mit demselben sagen: »dass auch sie, die zu jeder Zeit gleich willig und bereit sind, mit Phänomenen und Hypothesen den befangenen Geist zu umgaukeln und mit allerhand dialectisch geschmückten Gefühlsexpectorationen das unselbstständige Gefühl des Zweiten und Dritten in das grundlose Meer eines blinden Glaubens hinabzuziehen, es noch nicht versucht haben, eine determinirte Characteristik von *Desd.* zu entwerfen«. Wem weitere derartige Ergehungen über *Desd.* erwünscht sind, findet solche in Schilling's »Encyclopädie der Tonkunst« Band II p. 391, Schluss des Artikels *Desd.* C. B.

Desentis, Jean Pierre, ein französischer Componist und Clavierlehrer in Paris, der 1787 mehrere seiner Werke daselbst herausgab. *III Sonat. p. le Clar. et Viol. ad lib. op.* 1 und *Recuil d'Airs connus, mis en variat. p. le Clav.* sind davon die bekannten; auf dem Titelblatt des letzteren ist übrigens D. als D. *fils* aufgeführt. Vgl. *Calend. mus. univers.* 1788. 0

Desessarts, Jean Charles, französischer musikalisch gebildeter Arzt, geboren 1730 zu Bragelonne, lebte zu Paris und war Mitglied der gelehrten Gesellschaft. In letzterer Eigenschaft gab er eine gut geschriebene Abhandlung unter dem Titel »*Reflexions sur la musique considerée comme moyen curatif*« (Paris, 1803) heraus. — Ein gleichzeitiger französischer Tonkünstler desselben Namens, Nicolas Toussaint D., genannt Moyne, geboren 1744 zu Coutances, war seinem Lebensberufe nach Advokat zu Paris und hat als solcher zahlreiche musikwissenschaftliche Werke veröffentlicht.

Desétangs, französischer Beamter und Verfasser einer anonym herausgegebenen Flugschrift »*Lettres sur la musique moderne*« (Paris, 1851), die zu ihrer Zeit ein bedeutendes Aufsehen erregte.

Desfoix, französische dramatische Sängerin, die ihren Ruhm zuerst in Lyon, dann aber besonders in St. Petersburg begründete, wo sie um 1783 mit einem jährlichen Gehalte von 22,000 Francs angestellt war. Ihrem Aeusseren nach wurde sie als abschreckend hässlich geschildert.

Desfontaines Lavallée, eigentlich François Guilleaume Fouques Deshayes geheissen, geboren 1733 zu Caen, gestorben am 21. Novbr. 1825 zu Paris, ist der Verfasser einer ziemlich bedeutenden Anzahl komischer Opern, Vaudevilles und Romane und einer der Mitarbeiter an der »*Nouvelle bibliothèque des romans*«.

Desforges, s. Hus Desforges.

Deshayes, Armand Daniel Jaques, Balletmeister an der Grossen Oper zu Paris, hat eine Anzahl von Balletbüchern geschrieben und auch eine Monographie über Balletmusik (Paris, 1822) veröffentlicht.

Deshayes, Marie, berühmte französische Sängerin, die nach ihrer Verheirathung als Madame la Poplinière gefeiert war. Sie ist auch als Componistin, namentlich von Romanzen, mit Erfolg in die Oeffentlichkeit getreten.

Deshayes, Prosper Didier, französischer Componist von Ruf und Bedeutung, machte sich zuerst 1780 in Paris vortheilhaft bekannt, indem die Direcktion des *Concert spirituel* damals ein Oratorium von ihm »*Les Maccabées*« zur Aufführung brachte, welches grossen Erfolg hatte. Nachgehends brachte er noch mehrere komische Opern auf die Nationalbühne, z. B.: »*Le faux serment*«, »*L'auteur à la mode*«, »*Le paysan à prétention*«, »*Berthe et Pépin*«, »*Adèle et Didier*«, »*Zélia*«, »*Le mariage patriotique*«, »*Bella*« etc. Ausser den Partituren dieser Opern erschien noch eine Sammlung für sechsstimmige Harmoniemusik, sowie Duette für Oboe und Flöte von ihm im Druck; seine Sinfonien für grosses Orchester dagegen sind Manuscript geblieben.

Desi ist nach der *Rágavibodha, de Sóma* (s. d.), der Name einer altindischen Scala zweiter Ordnung, die dem Geschlecht *Dipaca* (s. d.) angehört; es findet sich jedoch keine Scala derselben aufgezeichnet. In der *Sángita Narayána* findet man D. als den Namen der siebenten Haupttonart aufgeführt, die auf den Ton *ni* (s. d.) basirt. 0

Desideri, Girolamo, ein italienischer Gelehrter, geboren 1635 zu Bologna, war Mitglied der dortigen Akademie der Gelati. Derselbe hat einen »*Discorso della Musica*« geschrieben, in dem er über die verschiedenen Instrumente und deren Erfinder in kleinen Abhandlungen sich auslässt. Dieser Traktat findet sich in der Sammlung »*Prose degl'Accademici Gelati di Bologna*« (Bologna, 1761 p. 321—356). †

Deslius, Johann, Contrapunktist im 16. Jahrhundert, ist nur durch wenige in des *P. Joanelli Nov. Thesaur. mus. (Vened.,* 1568) enthaltene Motetten bekannt. Siehe Gerbert's Geschichte. In Frankreich nannte man ihn Deslouges. †

Deslyons, Jean, geboren 1615 zu Pontoise, studirte zu Paris, wurde Doktor, Dechant und Theologal zu Senlis und starb am 26. März 1700. Er soll der Verfasser der Schrift: »*Critique d'un Docteur de Sorbonne sur les deux Lettres de Messieurs Deslyons, ancien, et de Bragelongne nouveau Doyen de la Cathédrale de Senlis, touchant la Symphonie et les instrumens qu'on a voulu introduire dans leur Eglise aux Leçons de Ténèbres*« (1698) gewesen sein. Siehe Zedler's Univ.-Lex.

Desmares, Charlotte, französische Sängerin, welche sich um 1760 als Mitglied der Grossen Oper zu Paris einen berühmten Namen gemacht hat.

Desmarets, Henri, einer der geschicktesten französischen Tonkünstler unter der Regierung Ludwig's XIV. und zugleich fruchtbarer Componist, wurde 1662 zu Paris geboren. Nachdem er als Musikpage des Königs herangewachsen war, bewarb er sich um eine der vier Kapellmeisterstellen, welche der Monarch zu vergeben hatte, wurde aber seiner Jugend wegen abgewiesen und erhielt an Stelle eine königliche Pension. Während eines Aufenthalts in Senlis bei seinem Freunde, dem Domkapellmeister Gervais, verliebte er sich in die Tochter des dortigen Präsidenten Gerbert und verheirathete sich auch heimlich mit ihr. Von seinem Schwiegervater verklagt und in Folge dessen zu harter Strafe (man sagte sogar zum Tode) verurtheilt, flüchtete er 1700 mit seiner Gattin nach Madrid, wo er sofort Kapellmeister Philipp's V. wurde. Da aber seine Gattin das spanische Klima nicht zu ertragen vermochte, so zog er 1714 nach Luneville und wurde Surintendant der Musik des Herzogs von Lothringen, mit dessen Hülfe auch 1722, während der Regentschaft, sein Prozess noch einmal geprüft und seine Heirath endlich für gültig erklärt wurde. Darauf hin liess ihm auch der Herzog von Orleans die ganze D. zukommende königl. Pension auszahlen und D. starb in grossem Wohlstande am 7. Septbr. 1741 zu Luneville. Die näheren Umstände aus seinem bewegten und interessanten Leben finden sich in Marpurg's Beiträgen Band 2 Seite 237.— D. hat ausser zahlreichen Motetten und anderen Compositionen auch folgende Opern geschrieben: »*Circé*«, »*Didon*«, »*Iphigénie en Tauride*«, »*Les fêtes galantes*«, »*Renaud*«, »*Théagène et Chariclée*«, »*Les amours de Momus*« und »*Vénus et Adonis*«. Ein Exemplar der eben genannten, zusammen mit Campra gearbeiteten Oper »*Iphigénie en Tauride*« (Paris, 1711) befindet sich in der königl. Bibliothek zu Dresden.

Desmasures, berühmter französischer Organist, den man sogar für den besten Orgelspieler aller Zeiten in seinem Vaterlande erklärte. Er lebte um die Mitte des 18. Jahrhunderts zu Rouen als Organist an der Kathedrale. Seine Fertigkeit soll Alles bis auf ihn Bekannte weit übertroffen haben, auch dann noch, als er sich infolge eines Unglücks auf der Jagd drei künstliche Finger hatte müssen ansetzen lassen. Ebenso bedeutend war sein Talent in der freien Phantasie. — Ein weit älterer französischer Tonkünstler dieses Namens, Louis D., geboren zu Tournay in der ersten Hälfte des 16. Jahrhunderts, war als guter Componist berühmt.

Desmatins, Marie le Madelle, eine berühmte und durch ausgelassene Streiche zugleich berüchtigte französische Sängerin der Grossen Oper zu Paris um 1710, deren die *Histoire de la Musique T. 2 p.* 117. 122 und 124 gedenkt. 0

Des-moll (ital.: *Re be molle minore*, französ.: *ré bémol mineur*, engl.: *D flat minor*), ist eine derjenigen Molltonarten des abendländischen Tonsystems, die ihrer vielen Tonerniedrigungen halber, wenn man die einzelnen Stufen derselben mit den alphabetisch ähnlich genannten Stufen der *C-dur* oder *A-moll*-Tonleiter vergleicht, niemals als Haupttonart eines Tonstückes gewählt werden. In der Scala dieser Tonart: *des, es, fes, ges, as, b* und *ces*, würe nämlich jede Stufe um einen Halbton vertieft. Stets wenn man die auf den *des* genannten Ton gebaute Molltonleiter zu Tonstücken zu benutzen gedenkt, nennt man diesen Ton *cis* und schreibt dem so benannten Grundtone entsprechend die auf denselben erbauten Tonstücke mit viel weniger Versetzungszeichen nieder. Siehe *Cis-dur*. Vorübergehend im Laufe der Modulation finden wir jedoch *Desm.* zuweilen wohl geschrieben, aber sobald diese Tonart andauernder in einem Tonstück zur Geltung kommt, pflegt man auch dort sofort die Schreibweise von *Cis-moll* für die von *Desm.* in Anwendung zu bringen. 2.

Désormery, Leopold Bastien, französischer Componist, geboren 1740 zu Bayon in Lothringen, studirte die Musik zu Nancy und zog 1765 nach Paris, wo er Aufsehen erregte, da das *Concert spirituel* mehrere seiner geistlichen Compositionen unter Beifall zur Aufführung brachte. In den Jahren 1776 und 1777 wurden seine Opern »*Euthyme et Lyris*« und »*Myrtil et Lycoris*«, erstere 22, letztere 63 Mal aufgeführt. Trotz dieses Erfolgs vermochte er keine seiner späteren Opern zur Aufführung angenommen zu sehen und verstimmt darüber, beschränkte er sich auf Ertheilung von Unterricht. Noch einmal, im hohen Alter reichte er seine Oper »*Les montagnards*« ein, aber auch diese wurde nicht gegeben. D. zog sich hierauf in die Umgegend von Beauvais zurück und starb daselbst 1810. — Sein Sohn, Jean Bapiste D., geboren 1772 zu Nancy, war ein geschickter Pianist und hat mehrere Sonaten, Fantasien, Variationen, Etuden etc. seiner Composition in Paris veröffentlicht.

Despazo, Joseph, französischer Satyriker, schrieb 1803 gegen die das Pathos vor lauter Ueberschwänglickeit übertreibenden Tonkünstler höchst treffende und von Sachverständniss zeugende Episteln.

Desperamons, François Noël, trefflicher französischer Sänger und Gesanglehrer, geboren 1783 zu Toulouse, war auf der Bühne sehr geschätzt und zog sich um 1830 als Gesanglehrer in seine Vaterstadt zurück, wo er 1855 starb.

Desplanes, Jean Baptiste, eigentlich Giovanni Battista Plani geheissen, gleich ausgezeichnet als Violinvirtuose, Musiklehrer und Componist für sein Instrument, wurde in der 2. Hälfte des 17. Jahrhunderts in Neapel geboren und machte auch daselbst seine Musikstudien. Im J. 1704 liess er sich in Paris nieder und erregte als Virtuose und Lehrer grosses Aufsehen. Mit einem ansehnlichen Vermögen kehrte er nach Italien zurück und begab sich nach Venedig. Dort soll ihm durch richterlichen Spruch als Strafe für Urkundenfälschung die rechte Hand abgehauen worden sein. Dieser Fall jedoch, sowie der weitere Lebensverlauf D.'s sind in Dunkel gehüllt.

Despluey, Félicien, berühmter französischer Heilkundiger, geboren 1797, hat ein Werk über die Physiologie der menschlichen Stimme und des Gesanges geschrieben.

Despons, Antoine, hochgeschätzter französischer Instrumentenmacher, der unter Heinrich IV. und Ludwig XIII. zu Paris lebte. Seine Violinen waren in damaliger Zeit und noch lange nachher sehr gesucht. Jetzt sind dieselben äusserst selten geworden.

Despreaux, französischer Schriftsteller, hat nach dem *Journal des Savans* T. *XXIII* p. 709 im J. 1695 eine Satyre in Paris bei Denis Mariette herausgegeben, »*La Poësie et la Musique*« betitelt, die die Missbräuche beider Künste geisselt. †

Despréaux, Claude Jean François, französischer Tonkünstler, geboren um 1735 zu Paris, war 1759 als Violonist im Orchester der Grossen Oper angestellt und starb als ein Opfer der Revolution. — Bedeutender ist sein Bruder,

Louis Félicien D., geboren 1746 zu Paris, war von 1767 bis 1775 ebenfalls und zwar als Bratschist bei der Grossen Oper angestellt, seit 1771 auch als Clavier-Accompagnateur an der *Ecole royale de chant*. Als diese Anstalt zum National-Conservatorium umgewandelt wurde, erhielt er die Stelle als Professor an dem neuen Institute, welche er aber im J. X der Republik wieder verlor. Er starb 1813 zu Paris mit dem wohlverdienten Rufe eines geschickten Pianisten und guten Lehrers. Von seinen Compositionen sind Sonaten, Potpourris, Präludien, Exercitien etc. für Clavier im Druck erschienen. Sein Hauptwerk ist: »*Cours d'éducation de Clavecin ou Pianoforte, divisé en trois parties*« (Paris, 1784); ein vierter und fünfter Theil dieser Methode ist später ebenfalls erschienen. — Ebenfalls ein Bruder der beiden Vorhergegangenen war Jean Etienne D., geboren 1748 zu Paris, der viele beliebt gewordene Vaudevilles und Ballets componirt hat. Er starb 1820 als Tanzlehrer am Conservatorium zu Paris, nachdem er mannigfache Stellungen an der Oper inne gehabt hatte.

Despréaux, Guilleaume, genannt Ross, französischer Componist, geboren 1803 zu Clermont, war in den höheren Disciplinen der Musik ein Schüler von Fétis. Er hat mehrere Opern, sowie Kirchenwerke geschrieben, aber seit 1833 nichts mehr in die Oeffentlichkeit gebracht. In Abgeschiedenheit, wie es scheint, lebt er in Paris.

Desprez, Jean Baptiste, französischer Violinist und Componist für dies Instrument, geboren 1771 zu Versailles, ein Schüler Richer's, hat sich auch als musikalischer Schriftsteller bekannt gemacht. Um das J. 1799 war er Dirigent des zu Versailles wieder errichteten Concerts. Bekannt ist noch jetzt sein op. 1: *IV Duos dialog. p. 2 Violons* (Paris, 1798).

Desprez, Josquin, s. Josquin des Prets.

Desquesnes, Jean, niederländischer Tonkünstler, der um das Ende des 16. Jahrhunderts lebte und lange seinen Aufenthalt in Italien hatte, wo er Madrigale veröffentlichte.

Desquesnes, Nicolas, ein Prediger in Seeburg in den ersten Jahrzehnten des 17. Jahrhunders, starb 1633 und soll bei Lebzeiten erstaunlich zahlreiche und gute Kirchenwerke componirt haben. Es scheint dies jedoch eine Fabel zu sein, da es der Nachforschung nicht gelungen ist, auch nur das kleinste Document davon aufzufinden.

Dessale-Régis, französischer musikalischer Schriftsteller und Kritiker, der am 1800 zu Montpellier geboren ist.

Dessane, Louis, französischer Mechaniker, geboren um 1802 zu Paris, erregte auf der Ausstellung von 1838 Aufsehen durch seine Fertigkeit und Geschicklichkeit in der höchst wirkungsvollen Behandlung des von ihm wesentlich verbesserten und neu gestalteten Melophoniums, so dass sich sogar die Direktion der Grossen Oper bewogen fand, das Instrument für ihr Orchester zu adoptiren und D. selbst als Spieler desselben zu engagiren. Dieser Versuch schlug aber fehl, und man hat weder von D. noch von seinem Instrumente wieder etwas gehört.

Dessansonnieres hiess nach dem *Mercure Galant* vom März 1678 p. 167 ein um jene Zeit sehr berühmter Lautenist zu Paris, von dem sonst nichts bekannt ist.

O

Dessardes, französischer Componist, der bis etwa 1809 zu Paris lebte. Eine Operette von ihm, »Töffel und Dorchen« gelangte 1797 in deutscher Uebertragung auf dem Berliner Nationaltheater zur Aufführung.

Dessauer, Joseph, trefflicher deutscher Componist, geboren am 28. Mai 1798 zu Prag, war der Sohn wohlhabender Eltern und genoss eine ausgezeichnete Erziehung, bei der der Unterricht im Clavierspiel eine Hauptrolle spielte. Den letzteren erhielt er von Tomascheck, Theorie und Composition studirte er später bei Dionys Weber. Dem Willen seiner Eltern gemäss widmete er sich vom 20. Lebensjahre an dem Kaufmannsstande und machte mehrere Geschäftsreisen, u. a. auch 1821 nach Italien, wo sein musikalisches Talent mächtige Anregung erfuhr. In Neapel namentlich sah er seine Compositionsversuche, bestehend in Canzonetten

und anderen Vocalstücken, über Erwarton günstig, ja glänzend aufgenommen, und
er beschloss, noch gründlicher die Musik zu studiren und weiter zu componiren
um in seinem Vaterlande gleiche Anerkennung zu erringen, welchen Vorsatz er
auch nach seiner Rückkehr mit allem Eifer ausführte. Bald darauf siedelte er nach
Wien über, von wo aus er ebenfalls grössere Reisen unternahm und namentlich
1833 in Paris längere Zeit verweilte. Auch in Frankreich wurden seine Romanzen,
die eine edle, sangbare Melodie und gewählte Harmonie auszeichneten, mit ausserordentlichem Beifall aufgenommen, und man sammelte dieselben zu einem besonderen Album. Seine Lieder waren es ebenfalls in Deutschland, denen er seinen
Hauptruf verdankte, und eine Anzahl derselben ist keinem deutschen Sänger unbekannt. Weniger glücklich war D. mit seinen Opern, von denen »der Besuch in
St. Cyr« und »Paquita« in Wien und anderwärts gegeben wurden, und die zwar
nicht missfielen, sich aber auch nicht auf der Bühne zu halten vermochten. Noch
weniger Verbreitung fanden seine Ouvertüren, Streichquartette, Clavierstücke etc.
Seit 1850 ist nichts mehr von D.'s Compositionen erschienen, während einige seiner
deutschen und französischen Gesänge noch immerfort neu aufgelegt werden. D.
selbst lebt still und von der Oeffentlichkeit zurückgezogen in Wien.

Dessauer Marsch, eine ältere, in Deutschland im höchsten Grade volksthüm-
lich gewordene Marschmelodie italienischen Ursprungs, die sich bis zum J. 1705
zurück verfolgen lässt, wo sie nach der Schlacht bei Cassano, am 16. August genannten Jahres, als Siegesweise geblasen wurde. Als Fürst Leopold von Anhalt-
Dessau, später bekannt unter dem Namen »der alte Dessauer«, am 7. Septbr. 1706
Turin erstürmte, wurde er bei seinem Einzuge mit den Tönen dieses Marsches
empfangen, der in einem solchen Grade seine Lieblingsmelodie blieb, dass sich alle
Texte, die er sang, ihrem Rhythmus beugen mussten. Seitdem heisst dieser Marsch,
der in dem preussischen Militairmusikrepertoir auch weiterhin seine Rolle spielt,
der Dessauer Marsch. Frdr. Schneider benutzte ihn als Hauptmotiv einer Ouvertüre; noch mannigfaltiger und glänzender hat ihn Meyerbeer als Hauptmotiv des
zweiten Finales seiner Oper »Ein Feldlager in Schlesien« verwendet.

Dessin (französ., abgeleitet vom Zeitwort *dessiner* d. i. entwerfen), nennen die
Franzosen die Anlage, den Entwurf eines Tonstückes.

Dessler, Wolfgang Christoph, Dichter und Componist von geistlichen
Liedern, geboren 1660 zu Nürnberg und ebenda als Conrektor an der heiligen
Geist-Kirche 1722 gestorben, hat 1692 in seiner »himmlischen Seelenmusik« 25,
theils von ihm selbst, theils von dem nürnberger Organisten Benedict Schult-
heiss in Melodie gesetzte Weisen, die später noch von ihm vermehrt wurden,
herausgegeben. Nach Winterfeld's Annahme Band III p. 9 ist D. der Componist
der noch heute beliebten Singweisen zu den von ihm selbst gedichteten Liedern:
»Mein Jesu, dem die Seraphinen« (c d e f g a g f f f) und: »Wie wohl ist mir, o
Freund der Seelen« (a cis' h a h e' a d' cis' h h), welche Ansicht jedoch mit der in
G. Döring's Choralkunde Seite 163 stehenden Anmerkung nicht übereinstimmt.
Erstere Melodie, schreibt Döring, ist angeblich von B. Schultheiss, und letztere
von Chr. Fr. Richter. Wahrscheinlich ist die Annahme Winterfelds, die Döring
gar nicht bekannt gewesen zu sein scheint, dennoch die richtige, wofür selbst die
Seite 274 in dem angegebenen Werke von Döring stehenden Angaben über D.'s
Leben zu sprechen scheinen.   †

Dessoff, Otto Felix, vortrefflicher Tonkünstler und ausgezeichneter Gesang-
und Compositionslehrer, wurde am 14. Jan. 1835 zu Leipzig geboren und besuchte
bis zu seinem 16. Jahre das Gymnasium daselbst, während welcher Zeit er sich bei
E. Bernsdorf und E. F. Richter mit der Theorie und Praxis der Musik ebenfalls vertraut machte. Seine hervorstechenden bedeutenden Anlagen für die Tonkunst bewirkten es, dass man ihm deren eingehenderes Studium dringend anem-
pfahl, und er besuchte in Folge dessen von 1851 bis 1854 das Leipziger Conservatorium, an dem er als Pianofortespieler durch Moscheles und Plaidy auf

eine bedeutende Höhenstufe gelangte und in der Composition einer der besten Schüler Hauptmann's, in der Directionskunst ein solcher Rietz's wurde. Mit glänzenden Zeugnissen entlassen, erhielt er im Herbst 1854 die Stelle als Musikdirektor am Actientheater zu Chemnitz und war in weiterer Folge Kapellmeister und Operndirigent in Altenburg, Düsseldorf, Aachen, Magdeburg und Kassel. Sein unausgesetztes Streben nach einem seiner ausserordentlichen Befähigung entsprechenden Wirkungskreis fand schon 1860, in einem Lebensjahre, wo Andere meist erst ihre künstlerische Laufbahn von kleinen Anfängen aus beginnen, eine glänzende Befriedigung; im Frühjahr genannten Jahres wurde er durch Eckert nach Wien berufen und zum Kapellmeister am Hofoperntheater ernannt. In demselben Jahre wurde er von den Orchestermitgliedern zum Dirigenten der berühmten, von O. Nicolai 1842 begründeten Philharmonischen Concerte gewählt und 1861 auch zum Professor des Generalbasses und der Compositionslehre an das Wiener Conservatorium berufen, in welchen wichtigen Stellungen er noch Zeit fand, privatim Schüler und Schülerinnen für die Opernlaufbahn auszubilden. Der selbstschöpferischen Thätigkeit musste er einer solchen Arbeitslast gegenüber allerdings mehr und mehr entsagen, und so sind denn von seinen Compositionen, die immerhin von Bildung und feinem Geschmack zeugen, nur eine Sonate, einige Stücke für Clavier und wenige Liederhefte im Druck erschienen; Orchester- und Kammermusikwerke, sämmtlich aus früherer Zeit stammend, sind im Manuscript verblieben. — Im Einstudiren und in der Leitung von Opern, Sinfonien etc. steht D. mit an der Spitze aller Dirigenten der Jetztzeit; ohne Ostentation führt er den Taktstock und weiss ohne jedes äusserliche Mittel die ihm zu Gebote stehenden Massen seinen Ansprüchen willfährig zu machen. Die von ihm geleiteten Aufführungen erreichen vielleicht nicht jenen Schwung, jenes durchgeistigte Wesen, welches als unerlässliches Erbtheil der Mendelssohn'schen Directionsschule gilt, müssen dagegen im Allgemeinen an Virtuosität, technischer Vollendung und Klarheit bis in das Detail hinein musterhaft genannt werden. Die Verdienste D.'s um die Philharmonischen Concerte besonders sind unschätzbar; die feste, dauernde Begründung dieses für Wien hochwichtigen Musikinstituts datirt erst von seiner Wirksamkeit an, und er zuerst hat auch bisher unerhörte materielle und künstlerische Erfolge mit demselben aufzuweisen, dies durch die wohl vorbereiteten Aufführungen nicht minder, als durch die zeitentsprechende Umwandelung der Programme, welche zwar Haydn, Mozart, Beethoven und Mendelssohn als Kern und Centrum bestehen liessen, daneben aber auch den Werken lebender Componisten bereitwilligst die Pforten öffneten. Es ist das unbestreitbare Verdienst D.'s, eine reiche Fülle des Interessantesten und Bedeutendsten der neueren und neuesten musikalischen Literatur in der glänzendsten Weise zuerst dem Wiener Publikum vorgeführt und ein höher liegendes und einflussreicheres Stadium im Kunstleben der österreichischen Hauptstadt erreicht zu haben, welches im grossen Umkreise herum von culturhistorischer Bedeutung ist.

Dessus (französ.), eigentlich o b e n, wird als Substantiv in der Bedeutung der Discant gebraucht. So verwenden die Franzosen das Wort auch für die Bezeichnung der oberen Instrumentalstimme aus dem Ensemble heraus, z. B. *d. de Violon*, *d. Flûte* etc., die erste Violine, Flöte etc. — *Demi dessus* ist der französische Name für Mezzosopran.

Destouches, André Cardinal, berühmter Operncomponist, in Paris 1672 geboren, war ein in der ersten Hälfte des 18. Jahrhunderts bei den Franzosen hochangesehener Künstler, Oberkapellmeister und Liebling des Königs und Generalinspector der Oper zu Paris, der nach des fast vergötterten Lully Tode dessen Stellung erhielt. D. hat seinen grossen Ruf besonders folgenden Opern zu danken: 1697 »Issé«; 1699 »Amadis de Grèce«; 1699 »Marthésie«; 1701 »Scylla«; 1701 »Omphale«; 1704 »Le Carneval et la folie«; 1712 »Callirhoë«; 1714 »Télémaque«; 1718 »Sémiramis«; 1725 »Les Elémens« (in Gemeinschaft mit Lalande); und 1726 »Les stratagèmes de l'amour«. Mit letzterer scheint er vom Publicum Abschied genommen und sich bis zu seinem Lebensende, das 1749 wenige Tage nach seiner Rückkehr von einer Reise nach Siam, die er in Gesellschaft des Abts Choisy ge-

macht hatte, in Paris erfolgte, fast gar nicht mehr mit Musik beschäftigt zu habei
Ausser oben genannten Opern kennt man von ihm nur noch zwei Sammlunge
Cantaten.   0

Destouches, Franz, deutscher Componist und Pianist, am 14. Oktober 177
zu München geboren, erhielt schon frühzeitig von dem Augustiner Th. Grün
berger musikalischen Unterricht und wurde, als sein Vater, Hofkammerrath un
Fiskal in München, ihn 1787 nach Wien zur weiteren Ausbildung sandt«
J. Haydn's Schüler. Im Jahre 1791 nach der Geburtsstadt zurückgekehrt, com
ponirte er eine Oper: »Die Thomas-Nacht« betitelt, zu der sein Bruder das Buc
gedichtet hatte, welche 1792 [zum erstenmal dargestellt wurde und Beifall erhiel:
Auch als Virtuose auf dem Klavier hatte er sich trefflich ausgebildet und unter
nahm als solcher eine Kunstreise durch die Schweiz und Oesterreich, auf der e
auch nach Erlangen kam, wo er eine Anstellung als Musikdirektor annahm. Voi
hier erhielt er 1799 einen Ruf nach Weimar als herzogl. Concertmeister ai
Göpfert's Stelle. In der Zeit seiner Berufsthätigkeit in Weimar hat er eine Meng
grösserer Compositionen vollendet, von denen besonders anzuführen sind: Ouver
türe und Zwischenactspiele zur »Braut von Messina«, »Jungfrau von Orleans«
»Wilhelm Tell«, »Wallenstein«, »Turandot«, Chöre zu den »Hussiten« und den
Trauerspiele »Wanda«, die Oper »Das Missverständniss« etc. Alle diese Compo
sitionen sollen jedoch, wie man damals klagte, viel mit Janitscharenmusik versetz
gewesen sein und deshalb sich nicht einer dauernderen Anerkennung erfreut haben
Seine Claviercompositionen, Concerte mit Orchesterbegleitung, Sonaten, Variatio
nen und Fantasien, haben aber längere Zeit hindurch dem Geschmacke genügt
und sein Reiterlied aus Wallenstein's Lager: »Frisch auf, Kameraden, auf's Pferd«
ist populär geworden und bis auf den heutigen Tag geblieben. Im Jahre 181(
kehrte D. nach München zurück, wo er den Titel eines Hofkapellmeisters erhielt.
aber dessen Wirkungskreis am 9. Decbr. 1844 starb.   †

Destra (sc. *mano*, ital.), die Rechte, rechte Hand, abgekürzt in D. oder *d. m.*.
auch *m. d.* wird in den Stimmen der Clavier- oder Harfeninstrumente zu den Stel
len oder einzelnen Noten gesetzt, welche mit der rechten Hand gespielt werden
sollen, trotzdem sie für das Auge als zum Bereich der linken Hand gehörend, er
scheinen. — Der Gegensatz von d. ist *sinistra* (s. d.), die Linke.

Deszczyński (spr. **Deschtschinsky**), polnischer Componist, geboren im
J. 1781 in Wilna, bildete sich frühzeitig zu einem tüchtigen Musiker und Com
ponisten und schrieb 4 Ouverturen, 3 Concerte für Orchester, einige Melodrama's
und Operetten für das Theater in Wilna, von denen die Operette: »*Domek przy
gościńcu*« sich einer grossen Beliebtheit erfreute; namentlich war es das Lied:
»*Chalupeczka niska*« (Das niedrige Häuschen), welches die Perle dieser Operette
war. Ausserdem componirte D. 2 Requien, Quartette und Sextette für Streich
instrumente, die im J. 1827 in Leipzig im Drucke erschienen, Variationen, Lieder
und ausgezeichnete Polonaisen, welche letztere in Lithauen und Podolien grossen
Anklang fanden. Für eine im J. 1800 componirte und in Wilna aufgeführte
Polonaise erhielt er vom Kaiser Alexander I. einen kostbaren Brillantring. Er
starb im J. 1844 im Minsker Gouvernement auf den Gütern des Grafen Rokicki.
wo er ein Orchester leitete.   M—s.

Détaché (franzos.) d. h. abgestossen, ist eine in französischen Tonstücken ge
bräuchliche Vorschrift für das Abstossen oder Stakkiren (s. Staccato) der
Noten.

Détail (franzos.) heissen die einzelnen Theile oder Parthien eines grösseren
Ganzen, also auch eines Kunstwerks, daher in's Detail gehen oder detailliren
von der eingehenden Befassung mit Einzelheiten gesagt wird. Wie weit in der
Ausführung solcher Einzelheiten, sei es in der Composition oder deren Repro-
duction, sei es in der Direktion, gegangen werden darf, ohne die Darstellung des
Ganzen zu beeinträchtigen, ist stets ein Gegenstand des Streites gewesen. Im All
gemeinen aber kann man behaupten, der Künstler solle darnach streben, die rechte
Mitte aufzusuchen, das D. nicht zu vernachlässigen, aber auch nicht auf Kosten

des Ganzen zu sehr auszubilden. Wer das D. ganz unberücksichtigt lässt, wird leicht in den Fehler der Trockenheit und Kälte verfallen; wer aber allzu sehr in's D. geht und überall dieses recht geflissentlich auszeichnet, verliert sich in's Breite und wird schwerlich einen rechten Gesammteindruck hervorbringen.

Determinato (ital.) d. h. bestimmt, entschlossen, ist die Bezeichnung für einen entschiedenen, in allen rhythmischen Theilen scharf markirten Vortrag. Identisch mit *d.* ist die Vortragsbezeichnung *deciso* (s. d.).

Detoniren (ital.: *stonare*, französ.: *détonner*), aus dem Tone kommen, vom richtigen Tone abweichen, nennt man beim Gesange am richtigsten das augenblickliche oder allmälige Sinken des Tones. Jede Abweichung von der Reinheit überhaupt nennt man richtiger **distoniren**. Manche gebrauchen indess den letzteren Ausdruck für das Zuhochsingen, das Auf- oder Ueberziehen, im Gegensatze zu dem D. (der Detonation) oder Herunterziehen. An dem D., dem Fehler so vieler Sänger, trägt theils ein schlecht gebildetes Gehör, theils die Organisation der Stimmwerkzeuge, namentlich der Stimm- und Taschenbänder, theils das Missverhältniss zwischen dem Umfang der Stimme, der Kraft der über dem Kehlkopf gelegenen Stimmorgane und der Fülle und Schnelligkeit des Athemholens, endlich aber auch eine fehlerhafte Methodik beim Gesangunterrichte die Schuld. Für letztere Fälle ist durch Annahme eines guten Lehrers auf Beseitigung des Fehlers zu hoffen; für die ersteren empfehlen sich gründliche theoretisch-musikalische Studien zur Ausbildung des Gehörs. Ausführlicheres ersehe man unter Intonation.

Detto (ital.), eigentlich gesagt, besagt, heisst adverbiell: dasselbe, desgleichen. — Ehedem bezeichnete *D.* oder *Dito* jede Orgel-Prinzipalstimme von enger Mensur, wenn die Orgel schon eine weitere Mensur hatte; ferner ein Prinzipal, das kleiner als das Hauptprinzipal war, wobei aber das Fussmaass der Stimme angegeben wurde; endlich eine zweichörige Stimme als *Cymbel detto*, s. **Doublette**.

Dendon, französischer Instrumentenmacher, der in der letzten Hälfte des 18. Jahrhunderts in Paris lebte, hat sich besonders durch eine Verbesserung der Glasharmonica, die er 1787 der Akademie der Künste daselbst zur Begutachtung vorstellte, bekannt gemacht. Die Verbesserung bestand erstens in der Anwendung eines Tuchstreifens, welchen D. zwischen den Glasglocken und der Hand des Spielers anbrachte. Die Finger brauchten dann nicht angefeuchtet zu werden; sie fühlten dann auch die Vibration der Glocken, welche reizbaren Naturen so nachtheilig ist, weniger. Der Klang, der so tönend erregten Instrumente soll präciser ansprechend und voller gewesen sein, als der nach früherem Brauch erbauten. Ferner hatte D. das Tonwerkzeug mit einem Mechanismus, Transporteur von ihm benannt, welcher wahrscheinlich eine Verschiebung war, versehen, der das Erlernen und Spielen der Harmonica sehr erleichterte. Man brauchte nur aus *C-dur* oder *A-moll* spielen zu können; jede andere Tonart wurde mittelst des Transporteurs behandelt. Trotzdem nun das Gutachten der Akademie zu seinen Gunsten ausfiel, so hat sich diese verbesserte Harmonica dennoch nicht des gehofften Anklangs erfreut. Zwar baute Cousineau diese Instrumentart, wie im *Calend. mus. univ.* 1789 p. 4 zu sehen ist, jedoch scheint er gleichfalls keine Geschäfte mit demselben gemacht zu haben.   †

Deurer, Ernst, sehr begabter Tonkünstler, geboren 1847 zu Giessen, war ein Schüler Vincenz Lachner's und erwarb sich bereits 1859 durch seine Arbeiten das Stipendium der Mozartstiftung in Frankfurt a. M., als deren fünfter Stipendiat er von 1860 bis 1864 weiteren gründlichen Musikstudien oblag. D. ist bis jetzt mit Quartetten, Trios etc., auch mit einigen Orchestercompositionen durchaus vortheilhaft in die Oeffentlichkeit getreten und berechtigt für seine künstlerische Zukunft zu den glänzendsten Erwartungen.

Deuring, Benedict, deutscher Mönch und wahrscheinlich Klosterorganist in Baiern, hat nach Lotter's Musik-Catalog zwölf Motetten, *Conceptus musica* betitelt, (Augsburg, 1730) veröffentlicht.

Deuterus (sc. *tonus*, lat.), der zweite Kirchenton, nämlich: $\overbrace{e\ f\ g}\ \overbrace{a\ h\ c\ d\ e}$ authentisch. S. Tonart.

Deutlichkeit, s. Klarheit.

Deutlin, Johann, wird von Praetorius in seiner *Syntagm. mus. T. II p.* 205 als ein kunsterfahrner Orgel- und Instrumentbauer genannt, der im Jahre 1619 wirkte. Weiteres über ihn ist nicht bekannt geblieben.   O

Deutokam, aus Holland gebürtig, stand in den Jahren von 1675 bis 1685, laut den Mittheilungen der Galerie kasseler Tonkünstler, als Virtuose auf der *Viola da Gamba* in Diensten und in der Kapelle des Landgrafen Karl zu Kassel. †

Deutsch, deutscher Tonkünstler, geboren 1763 und gestorben 1810 als Musikdirektor zu Breslau, hat sich um die Musikzustände seiner Vaterstadt ein grosses und dauerndes Verdienst erworben, indem er einen Concertverein behufs regelmässiger Aufführung von Werken der guten Musik begründete. Nach seinem Tode übernahm Schnabel denselben und wusste ihn zu einer bedeutenden Blüthe zu bringen. Noch heute besteht das Institut und nimmt durch seine allwinterlichen grossen Aufführungen einen ehrenvollen Platz unter den neben ihm emporgewachsenen ähnlichen Unternehmungen ein.

Deutsche Flöte auch **Dolzflöte** (französ.: *flûte allemande*) nannte man ehemals eine Querflöte mit sechs offenen Tonlöchern und einem mit einer Klappe gedeckten Loch, die, unähnlich der heutigen, innerhalb des Anblasloches einen Kern, wie die Flöte *à bec*, hatte. Diese Flöte hatte einen Umfang von *d* bis *g*³ und dazwischen alle chromatischen Tonstufen, glich also in dieser Hinsicht vollkommen unserer heutigen D-Flöte. Seit langer Zeit ist dieselbe ganz ausser Gebrauch, man wendet den Namen jedoch öfter auch noch zur Bezeichnung unserer modernen Flöte an, worüber in dem Artikel Flöte nachzusehen ist. — Auch eine Orgelstimme nennt man D., die sonst auch *Dolcanflöte, Flauto dolce, Flûte d'amour, Flûte douce, Angusta, Flauto amabile* oder *Dolzflöte* geheissen wird; dieselbe steht gewöhnlich im Manual und ist eine 2,5- oder 1,25metrige Labialstimme, die eben im Klange der alten D. gleichkommen soll, weshalb sie auch wohl den Namen *Süssflöte, Flûte allemande* und von älteren Schriftstellern *Dulce flût,* oder *Dulce floit* erhält. Die Schallröhren dieser Orgelstimme werden von hartem Holze gefertigt, eng mensurirt und mit mittelmässig hohem Aufschnitt versehen und erhalten nur wenig Luftzufluss, damit sie schwach intoniren. Auch als Quintenstimme findet sich die D. vor; so soll sie in einer Dresdener Orgel 1,88metrig unter der Benennung *Quinta dulcis* stehn. Selten wird sie 5metrig gebaut, in welcher Form sie als Pedalstimme *Flautone* genannt wird, oder nach Werkmeister: *Tibia angusta.*   2.

Deutsche Guitarre nannte man wahrscheinlich erst im Anfange dieses Jahrhunderts in Deutschland eine kleine Umformung der von Spanien über Frankreich uns bekannt gewordenen Guitarre (s. d.), welche hier construirt und allgemeiner gepflegt wurde, was nach Virtuosenleistungen, wie die des gewesenen Hoflautenisten des Churfürsten zu Mainz, Scheidler, im Jahre 1806 zu Frankfurt am Main, die er auf einer eigens mit sieben Saiten bezogenen Guitarre ausführte, fast stets als natürliche Folge eintritt. Hauptsächlich unterschied sich die D. G. von jeder anderen durch die Stärke ihres Bezuges, der in Spanien nur durch fünf und in Frankreich höchstens durch sechs Saiten gebildet wurde. Die D. G. führte jedoch stets sieben Darmsaiten (die drei tiefsten übersponnen), welche die Stimmung: *G, c, f, g, c′, e′* und *g′* erhielten. Eine besondere Vorrichtung, welche den *Capotaster* (siehe *Capo-tasto*) in eigener Form stets zur Disposition stellte und dessen leichten Gebrauch gestattete, war eine stete Beigabe dieses Instruments. Hinter jedem Bunde des Griffbretts nämlich befand sich ein Loch, in welches der Stiel eines metallenen mit Tuch gefütterten Bügels passte, der gleich einem beweglichen Sattel über den Hals weg lief und rückwärts mit einer Schraube befestigt werden konnte. Die Tonstücke für diese Guitarre notirte man, wie für alle anderen, um eine Oktave höher als sie erklingen, im *G*-Schlüssel (s. d.). Schliesslich sei noch bemerkt, dass man die D. auch wohl zuweilen Sister (s. d.) nannte, für welche Benennung sich jedoch gar kein Grund vorfindet. 2.

Deutsche Leier, s. Leier.

Deutsche Mechanik am Pianoforte, s. Pianoforte.

Deutsche Musik, s. Deutschland.

Deutsche Oper, s. Oper.

Deutscher Bass hiess früher ein nur in Deutschland bekanntes Streichinstrument, das beinahe die Grösse des Contrebasses erhielt und mit einem Bezug von fünf oder sechs Darmsaiten versehen wurde, der eine beliebige Stimmung erhielt. Ehedem im Orchester bald als Grundbass, bald als Violoncell verwerthet, wurde der D. B. im Anfange dieses Jahrhunderts aus demselben gänzlich verdrängt, fand sich dann noch hin und wieder von Landleuten zu Tanzmusiken angewendet und ist in neuester Zeit eine grosse Seltenheit in der Praxis, besonders weil er schwerfällig ist und zu schnelleren Notenfiguren nicht hinlängliche Beweglichkeit besitzt. 2.

Deutscher Styl, s. Styl.

Deutscher Tanz, s. Allemande.

Deutsches Lied. Zu den köstlichsten und wunderbarsten Erzeugnissen des künstlerisch schaffenden deutschen Geistes gehört unstreitig das deutsche Lied, das sowohl als selbständige Kunstform, wie als einer der vornehmsten Träger der Kulturentwickelung und zugleich auch als Hauptquell der gesammten neueren Musik hochbedeutsam geworden ist. Es stellt sich uns zunächst in zwei Erscheinungsformen dar: als Volkslied, dessen Betrachtung der nachfolgende Artikel gewidmet ist, und als Kunstlied, das jetzt, nachdem das eigentliche Volkslied längst verstummt ist, fast ausschliesslich unter dem Begriff deutsches Lied verstanden wird, weshalb es auch hier zuerst behandelt werden musste. Das Kunstlied ist zunächst nur ein veredeltes und verfeinertes Volkslied. Dies, als unmittelbarer Ausfluss dessen, was das Herz bewegt, ist weder im Stoff, noch in der Weise seiner Darstellung wählerisch. Ihm ist der volle und wahre Ausdruck des Gefühls einziger Zweck. Was das Volksgemüth erfüllt, strömt aus im Gesange und zwar Zug um Zug, ohne eine andere Anordnung, als die vom Instinkt vorgezeichnete. Dabei bleibt das Volkslied natürlich nur auf der Oberfläche des Empfindens haften, und es ist dies eine nothwendige Bedingung seiner Existenz; denn nur so kann es als Ausdruck einer ganzen Gesammtheit gelten. Das Kunstlied erfasst seinen Stoff tiefer; es zerlegt die Empfindung in ihre zarteren Bestandtheile und schafft sich zugleich auch für die Darstellung derselben eine freiere und durchdachtere Technik. Der Künstler empfindet nicht anders als das Volk, aber er empfindet tiefer und reiner und weil er zugleich des gesammten Darstellungsmaterials in weit höherem Maasse Herr geworden ist, als es das Volk sein kann, so ist er im Stande, die Empfindung in ihren feinsten Verschlingungen zu verfolgen, die Stimmung auch in den, vom Volk unbeachteten Einzelzügen zum Ausdruck zu bringen. Die Form des Liedes wurde zuerst vom Volksliede für alle Zeiten festgestellt; die Künstler vermochten ihr im Kunstliede nur eine freiere und reichere Ausgestaltung zu geben. Die musikalische Construction des Liedes ist natürlich durch das strophische Versgefüge bedingt, und es soll im nächsten Artikel nachgewiesen werden, wie der Volksgeist die gesammte Musikpraxis des 15. und 16. Jahrhunderts umgestaltete, in dem Bestreben, das sprachliche strophische Versgefüge auch musikalisch, durch die Melodie, durch Harmonie und den musikalischen Rhythmus nachzubilden. Erst zur Zeit der Reformation fanden diese Bestrebungen auch bei den künstlerisch durchbildeten Musikern Beachtung. Die grössten Meister der Kirchenmusik jener Zeit: Ludwig Senffl, Melchior Frank, Leo Hassler, Orlandus Lassus, Benedict Ducis, Johannes Eccard u. a. nahmen diese Volksweisen auf und contrapunctirten sie, und aus diesen contrapunctirten Bearbeitungen erst erwuchs das selbständig erfundene Kunstlied. Die Meister kirchlichen Gesanges hatten fast ausschliesslich bisher die Harmonik gepflegt und jene anderen beiden Mächte, Melodie und Rhythmus, die wiederum in der Volksweise fast ausschliesslich berücksich-

sichtigt wurden, fast ganz vernachlässigt. Durch die Versc
tungen in diesen Bestrebungen für das Kunstlied gewinr
Musikentwickelung eine vollständig neue Basis, von welcher
allen Seiten in einer, bisher noch nie gekannten Mannic
Namentlich indem die Künstler ihre reichen harmonischer
vermitteln bestrebt sind, vermögen sie die Form desselben re
mit Bewusstsein auszuführen, was im Volksliede nur der Ins
auch dann noch, obgleich vom einzelnen Künstler gescha
noch ein Lied der Massen, ohne eigentlich individuelle Zt
tendsten Liedermeister jener und der späteren Zeit: He
dreas Hammerschmidt, Heinrich Albert oder J
lebten noch viel zu sehr in den Anschauungen des ganzen
empfinden zu können; auch ist das gesammte musikalische l
drucksmaterial noch nicht verfeinert genug, um Träger inc
zu werden. Das Hauptziel aller ist deshalb immer noch ei
Form und die verfeinerte Darstellung dessen, was im Voll
schaffend erweist, und nur an der besonderen Weise, in
Meister dies thun, erkennt man, welchen Antheil Individu
flüsse haben, nicht aber am eigentlichen Inhalt. Ehe da
seiner lyrischen Isolirung empfinden lernt, mussten erst
Leiden und Freuden der gesammten Menschheit austönen,
ginnt, als am Anfange des 17. Jahrhunderts die dramatischer
drängten und als die Ausbildung der selbständigen Instrur
in Angriff genommen wurde. Erst als die Bedingungen für
lung erfüllt waren, erhob es sich wieder zu neuer und hö
folge der Oper, des Oratoriums und der Cantate nan
Intrumentalmusik bis zu grosser Bedeutung erhoben und d
auch der immer noch schwerfällige Apparat der Vokalmusi
und dadurch fähiger geworden, selbst dem subjectiven Ausd
den, und nachdem auch in der Poesie das Lied als »O
Pflege fand, wandten sich auch die deutschen Componister
zu. Schon die erste Hälfte des 18. Jahrhunderts sah ei
Liedersammlungen erscheinen, und Marpurg bereits zül
bis zum Jahre 1761 veröffentlicht waren. Doch sind ih
lettanten oder Componisten zweiten Ranges; die Meister
es anfänglich unter ihrer Würde, sich mit »Liedversen« zu be
sind nur Nichelmann, Agricola und Marpurg zu n
ragendes auf diesem Gebiete leisteten. Namentlich die letzt
ten die Entwickelung des deutschen Liedes dadurch,
Energie und Consequenz der Melodiebildung anstrebten, die
zum Theil auch an den Kunstliedern von Schein und Ha
nehmen, und die den nachfolgenden Liedercomponisten v
Zwar vermisst man noch immer die reizenden und feinsinni
gen jener Periode, durch welche auch namentlich Hammer
ihre Lieder meisterlich abrunden, aber dieser Mangel wird
monische Behandlung ersetzt. Dahin ging überhaupt das
Periode — die harmonischen Massen in Fluss zu bringen
Accorde aufgelöst werden in ein sinnig verschlungenes Gewe
men, treten sie heraus aus ihrer massigen, und darum el
Existenz, sie werden vergeistigt und gewinnen die Haupth
stellung der lyrischen Stimmung. Dieser Prozess vollendete s
und seine Schüler sehen wir thätig, diese Errungenschaft a
mitteln. In den Liedern von Schein und Hammersc
Missverhältniss zwischen Harmonie und Melodie, und All
nossen suchen es dadurch auszugleichen, dass sie den har
auf das geringste Mauss reduciren. Erst in den Schülern Jc

es ausgeglichen, ohne den Reichthum der Harmonie zu beeinträchtigen. Melodie und Harmonie erscheinen beide gleich reich bedacht und beide ergänzen sich zu einheitlicher bedeutender Gesammtwirkung. Dabei gewinnt auch die instrumentale Begleitung grössere Bedeutung. Schon Schein und Hammerschmidt haben ihre — im Grunde noch mehrstimmigen Lieder zur Begleitung für die Laute oder Theorbe eingerichtet; Albert componirte bereits einstimmige Lieder mit Begleitung des Clavicembalo, aber diese Begleitung bietet nur einen nothdürftigen Ersatz für die fehlenden Unterstimmen; die Harmonie ist meist blos in Grundaccorden dargestellt. Bei Graun, Nichelmann, Agricola und Marpurg erhebt sie sich schon zu gewisser Selbständigkeit, so dass in jener Zeit schon gar bald Klagen laut werden, über eine zu reiche Behandlung des Instrumentalen dem Vocalen gegenüber. Von nun an bleibt auch die Pflege des deutschen Liedes eine der Hauptaufgaben der gesammten Musikentwickelung; die Componisten schliessen sich nun namentlich enger den Dichtern an. In demselben Maasse, in welchem die Dichter jetzt die verborgensten Mächte des bewegten und erregten Innern zu entschleiern wissen, werden auch die Tonkünstler gedrängt, die gesammten musikalischen Ausdrucksmittel sich anzueignen und sie zur Darstellung des neuen Inhalts zu verwenden. Diese neue Periode der Entwickelung des lyrischen Liedes beginnt für die Dichtkunst schon mit Joh. Christ. Günther (1693—1723), doch ist seine Wirksamkeit weder für die Dichtkunst, noch für die Tonkunst ungewöhnlich erfolgreich gewesen. Erst an die spätern Dichter: Hagedorn, Gellert, Lichtwer, Zachariä, Pfeffel, Klopstock, Gleim, Uz, Kleist, Ramler, Jacobi, ganz besonders aber an die Dichter des Hainbundes: Bürger, Hölty, die beiden Stolberg, an Voss und Claudius schlossen sich eine Reihe Componisten an, wie: Joh. Adam Hiller, J. A. P. Schulz, Winter, Weigl, B. A. Weber, André, Himmel, Nägeli, Kreutzer, Schneider, Gersbach, Neefe u. A., welche das volksthümliche Lied pflegten, das eng an's Volkslied anknüpfend, diesem nur die Resultate der neuern Musikbildung zu vermitteln sucht. Einzelne Lieder, namentlich von Bürger oder Hölty regten wohl auch zu einer tiefern Auffassung an. Der reichere Gefühlsinhalt, der sie erfüllt, ist nur durch die süssern und innigern Weisen der spätern Meister darzustellen, und dies versuchten auch Hiller und mehr noch Schulz; allein es geschieht das meist auf Kosten der Melodie, die in solchen Fällen bei ihnen phrasenhaft und nackt recitirt, während die Begleitung sich in ziemlich grob sinnliche Situationsmalerei verliert, in Nachahmung von Glockengeläut oder Sturmesbrausen. Erst als durch Wolfgang Goethe das unbeirrte Naturgefühl in der gesammten deutschen Dichtung und namentlich im Liede ausschliesslich die Herrschaft erlangte, beginnt für das gesungene Lied die neue Periode, in welcher Melodie und Begleitung die geheimsten und feinsten Züge des Herzens darlegen. So wird der grösste deutsche Dichter auch der Schöpfer des modernen gesungenen Liedes. Zwei Tondichter sind es zunächst, die fast ausschliesslich dem Goethe'schen Liede sich zuwandten: Joh. Friedr. Reichardt und Carl Friedr. Zelter. Beide versuchten zunächst dem Gedichte die ihm eigne Sprachmelodie abzulauschen, und sie in klangvollen Accenten zu notiren und indem sie zugleich bemüht waren, diese neue Form des gesungenen Liedes mit der Volksweise zu verschmelzen, fanden sie meist eine passende Musik zu Goethe's Liedern, die indess selten höhere, meist nur geringe selbständige Bedeutung gewinnt. Eine mehr ausgeführte, die Liedstimmung schon tiefer erfassende und mehr selbständig musikalisch-darstellende Behandlung versuchten dann zwei andre Berliner Künstler: Ludwig Berger (1777—1839) und Bernhard Klein (1794—1832); doch auch sie vermochten nicht die erschöpfende musikalische Darstellung des Goethe'schen Liedes zu erlangen. Diese erreichten erst jene beiden grossen Meister Beethoven und Mozart, freilich nur, indem sie die ursprüngliche Liedform instrumental und vocal erweitern, das Lied zur mehr dramatisch belebten Scene ausweiten. Sie zerlegen die lyrische Stimmung in ihre einzelnen feinsten Züge, und stellen sie auch so vereinzelt dar, nicht mit der Prägnanz und der knappen Form, welche der lyrische

Ausdruck verlangt. Das Lied erfordert, dass die Stimmun
rückgeführt, zu möglichst gedrängtem Ausdruck kommt. I
wurden Goethe und Heinrich Heine die grössten Ve
Schubert, Mendelssohn und Schumann die grössten
Schubert zuerst greift wieder zurück auf jene ursprüngl
Das Charakteristische dieser Form, die strophische Abtheil
Reim hervorgebrachte Gliederung beherrscht jetzt auch v
Darstellung. Die Architektonik des Liedes, welche im Text di
Rhythmus und durch den Reim nur angedeutet werden kann
erst vollendet. Indem Schubert aber zugleich diese knappe
Reichthum des scenisch erweiterten Liedes ausstattet, gewi
erschöpfendsten Ausdruck desselben, in durchaus knapper
formalen Bande derselben wagt er die weitesten Modulatio
Bestreben, durch eine reichere Ausstattung der ursprünglic
staltenden Inhalt treusten und erschöpfendsten Ausdruck :
auch das Lied bei ihm wieder wie beim Volksliede und bei S
schmidt eine wirkliche musikalische Reproduction des str
indem es die Reimschlüsse melodisch wie harmonisch zu Z
sie durch die harmonische Wechselwirkung unter einande
Schubert der ganzen Lyrik Goethe's die einzig entsprechene
derselben vollkommen austönende musikalische Darstellung
ling, den Goethe heraufgezaubert hatte, fand in ihm den v
Sänger. Weniger günstig erwies sich ihm die Lyrik Schil
lität dieses Dichters war der Lyrik überhaupt weniger zug
mal gelang es ihm das Fluthen seines Innern in seiner Unm
in dem Liede der »Thekla«: »Der Eichwald brauset«, was der
bert eine seiner wunderbarsten Tonschöpfungen hervortrieb (
Op. 59). — Um so bedeutendere Schöpfungen weckten in i
Wilhelm Müller's, des Dichters, mit dem Schubert näc
Verwandtschaft hatte. Auch Müller's Lyrik ist naiv un
Volkslied; nicht so tief und so reich. ist sie aber ebenso san
wahr im Gefühl und poetisch in der Anschauung wie die de
schen Dichtung. Der Liedercyclus: »Die schöne Müller
reise«, beide nach Dichtungen Wilh. Müller's, zählen zu den |
Schubert's. Auch eine Eigenthümlichkeit der Lyrik Hei
Schubert auf diesem Wege schon darstellen in dem n
Heine's erstes Auftreten erfolgte erst kurz vor dem Tode
so war es diesem nur vergönnt, mit einigen Liedern dem n
der auch für die musikalische Darstellung mit diesem Dich
Ziel bestimmt vorzuzeichnen; es sind dies die, im »Schw
lichten Lieder Heine's. Heine's Lyrik ist noch pointenreic
sie fasst die Stimmung noch präciser, in noch kleinerem E
das Wort wird daher von noch grösserer Bedeutung auch
Mit grösserer Treue noch, als in allen früheren Liedern gel
nach, und so entsteht der mehr recitirende Liedstyl, bei we
gleitung anheimfällt, die Stimmung einheitlich zusamme
Dichter sich jeder weitern Ausführung enthält und nur
deutungsweise heraushebt, so bezeichnet auch der Gesa
Farbenpunkte, die dann die Clavierbegleitung einheitlic
ganze Tragik der Grundstimmung kommt darin zu ergreife
dies ist doch nur die eine Seite Heine'scher Lyrik, die u
Ironie bleibt von diesem Liedstyl ziemlich unberührt. Er
den ganzen Heine. In Schubert wird nur die tiefsinnige, w
der Heine'schen Lyrik lebendig, nicht auch ihre skeptische
nimmt Heine gegenüber noch den keuschen Standpunkt
und Müller. Schumann's ganzer Bildungsgang dagegen fi

neuen Lyrik gegenüber den richtigen Standpunkt zu gewinnen. Er bildet zunächst
den mehr recitirenden Liedstyl mit genialer Meisterschaft weiter, wie namentlich
in den Liedern des »Liedercyklus« (Op. 48.) Diese Lieder sind vocal gar nicht zu
erschöpfen; das was nur angedeutet wird, übernimmt daher die Clavierbegleitung
weiter auszuführen. Das melodische Gefüge dieser Lieder entspricht jedoch ganz
der oben angedeuteten Weise. Jedes einzelne bietet die sorgfältigste Deklamation;
aber diese ist nur etwa recitativisch ausgeführt, sondern in einem durchaus ge-
festigten Versgefüge. Die einzelnen Accente sind so fein abgestuft, dass sie sich
zwar selten zu melodischem Schwunge erheben, aber doch in ihrer Gegenwirkung
zu festen Formen sich zusammenfügen. Allerdings bildet hier das Vocale nur gewissermassen das Gerippe, das erst durch die Clavierbegleitung belebt wird, aber
selbst so ist doch die Liedform vollständig gewahrt. Die Clavierbegleitung gewinnt jetzt auch noch nach anderer Seite grössere Bedeutung. Heine's Lieder beginnen
meist so mitten aus der Situation heraus, dass ein, oft weit auszuführendes Vorspiel nothwendig wird, um die Voraussetzungen, welche der Dichter verschweigt,
wenigstens anzudeuten. Wiederum eröffnet der Dichter in der Schlusspointe meist
so weite Perspectiven, dass der ihm nachempfindende Tondichter zu weiter ausgeführten Nachspielen veranlasst wird. Aber auch als Begleitung wird das Instrumentale von grösserer Bedeutung als bisher, indem sie sich ganz bedeutsam
und oft in ziemlich selbständiger Weise an der Ausführung des Stimmungsbildes
betheiligen muss. Nur mit dem reichsten Aufwand aller dieser Mittel, mit der,
auf's feinsinnigste abgewogenen Deklamation der Worte, der bis zum sinnlich reiz-
vollen melodischen Schwunge gesteigerten Anordnung der Sprachaccente, mit der
süssklingenden und berückenden harmonischen Ausgestaltung des ursprünglichen
und streng festgehaltenen Formgerüsts und mit dem reichen Darstellungsmaterial,
welches die Clavierbegleitung darbietet, wurde es möglich, Heinrich Heine und
die andern Dichter der modernen Romantik, wie Justinus Kerner, Friedrich
Rückert, Jos. Freih. von Eichendorff, Adalbert von Chamisso, Emanuel Geibel, Mörike u. A. musikalisch umzudichten, und zwar jeden einzelnen als eine bestimmte Dichterpersönlichkeit zu fassen und auszuprägen; was dem
grossen Liedermeister Schumann ausser mit Heine namentlich auch mit Eichendorff und Chamisso in unübertrefflicher Weise gelungen ist. Felix Mendelssohn-Bartholdy nimmt auch hier eine mehr vermittelnde Stellung ein. Während Schubert und Schumann dem Dichter die unbeschränkteste Einwirkung auf
ihre eigne Phantasie gewähren, dass sie neue, ihr ungewöhnliche Bilder erzeugen,
wird die Phantasie Mendelssohn's von jener nur angeregt. Schubert und
Schumann befruchten ihre eigene Individualität mit der des Dichters, um sie
reicher und glänzender in die Erscheinung treten zu lassen, Mendelssohn empfindet
die fremde Individualität nur in dem engen Rahmen seiner eignen, er zieht sie in
seine eigne hinab, um sie dieser anzupassen. In jenen beiden Meistern werden
demnach bestimmte Dichterpersönlichkeiten musikalisch lebendig gemacht, in
Schubert: Goethe, Müller oder Walter Scott und Ossian, in Schumann: Heinrich Heine, Eichendorff oder Chamisso. Mendelssohn setzt
nur einzelne Lieder musikalisch um in die Sprache seines Herzens, und da sein
Sehnen, Wünschen und Hoffen das einer grossen Gesammtheit seiner Zeitgenossen
war, so fand er enthusiastische Anerkennung. Dass Mendelssohn in diesem Streben grössere Bedeutung für die Kulturgeschichte gewann, wie für die Kunst, ist
klar. Mit dieser vermittelnden Thätigkeit führte er die heiligen Gefühlsströmungen
der grossen Meister, denen er sich anschloss, sicherer und schneller in die weitesten Kreise, als dies sonst geschehen konnte. Die Lyrik Mendelssohn's ist wieder
eine Massenlyrik, wenn auch subjektiv in hohem Grade. — Der deutsche Liederquell
ist seitdem noch nicht versiegt, sondern im Gegentheil zu einem breiten Strom
angewachsen, dem es auch nicht an Tiefe fehlt. Fast unendlich scheint die Zahl
derer, welche ihre Stimme mit erschallen lassen in dem allgemeinen Liederfrühling,
der mit Goethe-Schubert begann und noch keine Anzeichen giebt, dass er abblühen
möchte. Dagegen ist Gefahr vorhanden, dass auch die fest geschlossene Form des

Liedes der Zerstörungswuth der Neuerer verfällt. Dem
wiederholt darauf hingewiesen werden, dass der Componist
Inhalt auch die dichterische Form zu respectiren hat, u:
durchcomponirten Liede in so weit volle Beachtun;
wie im Strophenliede die einzelnen Verse unter einander zu
componirten Liede die einzelnen Strophen zum grössern G
müssen, indem sie untereinander in Beziehung treten. S
durchcomponirte Lied künstlerische Form.   Au;

Deutsches Volkslied. Die Entwickelung des Gesang
kern unter ganz gleichen Voraussetzungen. Das natü
Stimmwerkzeuge ist der Gesangton; um ihn hervorzurufe
sondern Anleitung, höchstens nur der Anregung. Das err
sich den Stimmbändern mit, und diese erzeugen dann,
Spannung derselben abgestuft, den Ton. Diesem eröffnet
Wege für die weitere Entwickelung: er kann selbständig. ;
künstliche Tonformen zu bilden sind, verwendet oder zu
werden. Alle Kulturvölker der Erde haben zunächst de:
weil er der natürlichere ist und weil nur so die Bedingung
denen die Entwickelung nach der andern Seite erfolgen k
liche Geist den Ton zu auch nur einfachen Tonformen ve1
er selbst erst sich zu höherer Kultur entfalten; diese ab
Ausbildung der Sprache ihren mächtigsten Förderer.
daher erst als Sprachton und nicht zu selbständigem G
der menschliche Geist die Töne genau unterschieden zu w
Reihen zusammenfügen lernte, verdichtete und begrenzte
laut und schuf sich in diesem ein leichter zu formendes M:
die Bildung von Vocalen und Consonanten auf diesem W;
der sprachbildende Genius diese zu Silben und sie wieder
zu Wörtern. Bei der weitern Verknüpfung der Wörter
menschliche Geist schon vom künstlerischen Instinkt gele
uen Wörter nicht nur nach ihrer logischen Bedeutung zus
sie zugleich nach rhythmischen Gesetzen: durch eine stre
matische Vertheilung der betonten und unbetonten Silben
grammatisch construirte Sprachweise zugleich eine höhere,
der Poesie. Der Gesangton erlangt hierbei wieder eine h;
bei der Bildung der Vocale, der Consonanten, der Silben un
aber er wird noch nicht selbständig, wie bei der, viel;
knüpfung von Wort und Ton im gesungenen Liede, welcl
eine lang ausdauernde wortlose Uebung des Gesanges voi
erste Product des so schaffenden deutschen Volksgeistes, i:
poesie. Diese beruht darauf, dass der gewonnene Sprach;
gegrenzten Wortreihen sich darstellt, von denen je zwei
Stabreim verbunden werden. Für die deutsche Versku
Gesetz der Betonung oberste Regel und zwar in der alt
die Hebungen, nicht auch die Senkungen gezählt w;
Vers besteht aus einer bestimmten Anzahl stark betonter ;
und diese allein können einen Vers bilden; in der Regel al;
in nicht näher bestimmter Anzahl dazwischen. Der altepi;
hat vier Hebungen, je zwei solcher Verse verbunden ergeben
Verknüpfung wird durch die Allitteration — die anklin;
herbeigeführt. Früh schon wurde hierbei die Dreizahl d
mässig. Der dichtende Geist betrachtete diese ganze Thä
die Bezeichnung der Allitteranten ist der Baukunst entle
Stäbe erschienen ihm als Stützen der einzelnen Verse
Strophe — das Gestäbe — altnordisch *stefi* — zusa;
einigung mehrerer hiess ein Balken (*bálkr*). Die beiden

hälfte hiessen **Stollen** oder **Stützen** — altnordisch: *studhla* —, der in der zweiten Vershälfte stehende dritte Reimbuchstabe hiess **Haupt'stab** — altnord.: *hoefuddafr*. — Für diese Weise der Versbildung wurde natürlich der Ton wieder von grosser Bedeutung; ohne seine durchgreifende Unterstützung ist sie unmöglich. Die Liedstäbe gewannen ihre strophenbildende Gewalt nur durch eine, ihnen zugemessene höhere Fülle des Gesangtons als die, in der gewöhnlichen Rede vorherrschende. Die namentlich in den Vocalen anklingende Sprachmelodie musste sich zu einzelnen wirklich unterscheidbaren Intervallen erheben; die Liedstäbe führten ganz unzweifelhaft zur Einführung bestimmter unterscheidbarer Intervalle. Hierauf beschränkte sich aber auch unstreitig der Antheil, welchen der Gesang im Vortrage der ältesten Volkslieder nimmt. Er bildet hier noch nicht einmal, wie später im Minnesange, den Schmuck der Rede, er ist nur das Mittel, die Versform herausarbeiten zu helfen. Je grössere Selbständigkeit in dieser engen Verknüpfung von Wort und Ton die letztere gewinnt, desto klangvoller erscheint natürlich die sprachliche Form, und hierauf beruhte die grössere oder geringere Meisterschaft des Vortrages. Für diese Anschauung spricht auch der Umstand, dass er durch Instrumente unterstützt wurde. Auch die Prosa wurde wie erwähnt in der angedeuteten Weise gesungen, aber nicht unter Begleitung von Instrumenten. Diese müssen wir uns natürlich noch in ihrem Urzustande denken, der sie nur zur wirksamen Unterstützung einzelner Töne oder Intervalle tauglich machte. Wenn uns daher erzählt wird, dass Volker mit seiner »Videl« süsse Töne »videlt« und seine Lieder dazu sang, so ist dies nicht anders zu verstehen, als dass er die strophenbildenden Mächte in der erwähnten Weise mit seinem Gesange unterstützte und diesen zugleich mit den wenigen Tönen seiner Geige. Dies Instrument, wie die ferner erwähnte Harfe und Cithara waren wohl kaum höher entwickelt als die menschliche Stimme. Die Tambour und Trommel aber, welche der »Tannhäuser« als Begleitungsinstrumente erwähnt, waren und sind bis auf den heutigen Tag ganz untergeordnete Instrumente und nur für eine wirksame Ausbildung des Rhythmus tauglich. So wird auch klar, dass die Römer, wie noch später die christlichen Bekehrer wenig erbaut sein konnten von deutscher Gesangsweise, von der sie meist sehr wegwerfend berichten. Die Römer hatten ihre Musik von den Griechen überkommen, bei denen die Gesangsweise auch eng mit der Sprache verknüpft war, aber doch so, dass sie selbst zu grösserer Selbständigkeit gelangte. Um die, aus den griechischen Hymnen und Chorreigen emportreibenden einfachen Metra zu breit gegliederten und silbenreichen Versen auszubilden und zu grössern strophischen Compositionen zusammenzufügen, bedurfte es der thätigen Mitwirkung der Musik weit mehr, als bei der Ausbildung der deutschen Allitterationspoesie, die im Grunde nur eine zeitweise Verschärfung einzelner Sprachlaute bedurfte. Für die griechische Metrik wurde der absolute Ton und das wirklich messbare Intervall schon unabweisbar nothwendig, und deshalb beschäftigten sich die griechischen Gelehrten eingehend mit ihm, seiner Erzeugung und Verwendung. So gelangte die Musik bei aller Abhängigkeit von Sprache und Poesie dennoch zu einer grössern Selbständigkeit, als bei den übrigen Völkern der alten Welt. Mit dem allmäligen Verfall der griechischen Poesie steigerte sich diese Selbständigkeit, so dass die griechische Gesangsweise, als sie den Römern überliefert wurde, sich nicht auch der lateinischen Sprache anschmiegte. Dieser Prozess hatte bereits begonnen, als die Römer die Bekanntschaft mit den Deutschen machten und es ist daher leicht erklärlich, dass sie für den Gesang derselben, der auf ganz andern Voraussetzungen basirte, wenig Verständniss haben konnten, ebensowenig wie die christlichen Bekehrer der späteren Jahrhunderte, die schon mit dem selbständig entwickelten gregorianischen Kirchengesange vertraut waren. Jene geringschätzigen Urtheile über deutsche Gesangsweise erscheinen demnach gewiss gerechtfertigt, obgleich wir annehmen dürfen, dass auch bei den ältesten Deutschen ein reich und selbst künstlich entwickelter Volksgesang verbreitet war, an dessen Gestaltung das musikalische Element wirksam eingriff, ohne die selbständigere Bedeutung zu gewinnen, wie bei der griechischen Dichtkunst oder beim gregorianischen Gesange. — Einen weiteren Beweis dafür, dass die Musik nur wenig selbständig bei der altdeutschen Dichtung auftrat, giebt der Umstand, dass bei ihr »singen und sagen« bis in das 13. Jahrhundert gleichbedeutend war. Erst als mit dem Christenthum ein selbständiger, der Rede gegenüberstehender Gesang sich ausbildete, fing man an beide Begriffe zu scheiden: die Prosa, zum Theil auch die Spruchpoesie wie die epische Dichtung wurde »gesagt«, das lyrische Lied und die verwandten Formen der Ballade wurden gesungen, und selbst dann gilt die Bezeichnung »Ton« noch häufig für Metrum und Strophenbildung und »Weise« für Melodie. — Einen letzten Beweis dafür, dass der altdeutsche Volksgesang ein von unserm heutigen sehr verschiedener war, liefert endlich die historisch beglaubigte Thatsache, dass es den deutschen Kehlen so ausserordentlich schwer wurde, den gregorianischen Gesang, in welchem zuerst die selbständig entwickelte Melodie auftritt, zu erlernen. In dem, seit dem 7. Jahrhundert allmälig immer mehr in Deutschland sich ausbreitenden Christenthum erwuchs dem altdeutschen Volksgesange ein mächtiger Gegner. Karl d. Gr. noch wandte sich ihm mit grossem Interesse zu; er soll, wie uns seine Biographen versichern, sogar eine Sammlung derselben veranlasst haben, die leider verloren gegangen ist. Seinem Beispiele folgend stellte sich auch die Geistlichkeit nicht mehr nur zu einem Vernichtungskampf dem Volksgesange gegenüber. Zwar eifern die *Capitularien* und Beschlüsse der Concilien noch wie früher gegen die *»Winile a des* — die Minnelieder, wie gegen die *cantica in blasphemiam* — Spottlieder — und die *carmina diabolica* — Teufelslieder; aber die Geistlichen waren zugleich bemüht an Stelle dieser, von ihr als »obscön« bekämpften Poesie eine andere zu setzen. Es bildete sich eine geistliche Laienpoesie, die nothwendig auf die weltliche zunächst ihrer Form nach von grossem Einfluss werden musste. Die strophische Abtheilung und der damit nothwendig bedingte Endreim treten an Stelle der, durch die Allitteration ausgebildeten Langzeile. Die Melodien dieser Formen, die sich als L e i c h — aus dem Tanzliede hervorgegangen — und als L i e d darstellen, sind direkt aus dem Kirchengesange entlehnt, andere waren eben nicht vorhanden. Wirklich volksmässiger Gesang konnte erst aus jenen Melodien entspringen, die zwar nach Anleitung der Kirche, doch als das Produkt des, im Volk vorhandenen künstlerischen Schaffensdranges aus ihm hervorgingen, der sogenannten S e q u e n z e n m e l o d i e. Es war dies bekanntlich eine, dem *Solfeggiren* verwandte Art des Gesanges, mit welchem die christliche Kirche unsre Vorfahren zum Gesange erzog. Durch diese Sequenzenmelodien wurde zugleich der künstlerische Schaffensdrang in jene Bahnen geleitet, auf denen er die rechte Form des gesungenen Liedes finden musste. Die Hymnenmelodien waren dem deutschen Volke etwas ursprünglich Fremdes, sie mussten ihm angelernt werden, was trotz des Eifers, mit welchem die Klosterschulen hierbei verfuhren, ziemlich langsam ging. Bei jenen Sequenzenmelodien nahm es schon in gewissem Grade selbstschöpferisch Antheil. Sie sind zunächst so formlos, dass sie Anfangs sogar mit Prosatexten versehen wurden; allmälig erst nahmen sie die Form des Leich an. Aber das Volk lernte an ihnen die für den Gesang brauchbaren Intervallenschritte kennen und nach musikalischen Gesetzen, wenn auch nur instinktiv verwenden. Ehe indess der deutsche Volksgesang auf diesem Wege zu einiger Blüthe gelangte, erfuhr der gregorianische Gesang bereits eine mehr kunstmässige Umbildung im M i n n e s a n g e und im M e i s t e r - s a n g e, die beide nicht ohne Einfluss auf den Volksgesang bleiben konnten. Der Stand der Ritter, der schon vor den Kreuzzügen sich aus den edelbürtigen und vollfreien Leuten gebildet hatte und begünstigt durch die kriegerische Zeit zu fester Abgeschlossenheit und zu bedeutenden Privilegien gelangt war, sonderte sich gar bald von den anderen Ständen und errang namentlich in Nordfrankreich und der Provence eine sehr bevorzugte Stellung. Ganz besonders aber verlieh der erste Kreuzzug ihm ausserordentlichen Glanz. Mittlerweile war in der christlichen Kirche Maria, die Mutter Jesu, Mittelpunkt der gesammten Gottesverehrung geworden und dem entsprechend wurden die Frauen Mittelpunkt des belebten und feiner gesitteten geselligen Verkehrs, deren Dienst die Ritter sich weihten, und als die Pflege der Dichtkunst auf sie überging, so huldigte auch diese vorzüglich dem Frauendienst, weshalb man die Zeit, welche jetzt herauf trieb, die des Minnesangs nennt, obwohl die ritterlichen Sänger ebenso die gesammten Ereignisse besangen und nicht nur die Minne, und neben dem Frauendienst auch den Gottesdienst und Herrendienst nicht vernachlässigten. Die Melodien der Lieder dieser Minnesinger, von denen namentlich der Kürenberger, Meinloh von Suvelingen, Dietmar von Eist, Heinrich von Veldecke, Friedrich von Hausen, Heinrich von Morungen, Reinmar der Alte, Hartmann von Aue, Walther von der Vogelweide, Wolfram von Eschenbach und Gottfried von Strassburg zu nennen sind, scheinen schon eine Mischgattung jener mehr volksmässigen, aus den Sprachaccenten gebildeten ältern und der neuen, mehr rein musikalischen gregorianischen Kirchengesangsweise gewesen zu sein. — Mit dem Aufblühen der Städte, als der Ritterstand gegen den Stand der Bürger mehr zurücktrat, ging auch die Pflege der Poesie in die Hände der Bürger über, und so erscheint das deutsche Lied wiederum in einer neuen Phase: im Meistersange, der für das bald zu seiner höchsten Blüthe empor wachsende Volkslied meist nur dadurch bedeutungsvoll wurde, dass er den Reim vollständig ausbildete und eine grosse Menge metrischer Formen schuf, die der schöpferische Geist im Volke trefflich zu benutzen wusste. Für die Melodienbildung wurde auch der Meistersang nicht gerade hochbedeutsam. Dass während des auch schon das eigentliche Volkslied ganz bedeutsam aufblühte, beweisen mehrere ältere Chroniken. So giebt die Limburger Chronik eine ganze Menge Lieder an, die in der Zeit von 1347—80 schon allgemein verbreitet waren und überall gesungen wurden. In nie geahnter Fülle brach jedoch erst beim Beginn des sechzehnten Jahrhunderts, als endlich der lange vorbereitete grosse geistige Kampf mit der römischen Hierarchie zu offnem Ausbruch kam, auch das deutsche Lied in tausend Zungen und Stimmen hervor. Nicht mehr nur der einzelne herrschende Stand, sondern jeder hat jetzt sein Lied, das begeistert austönt, was in ihm lebt, was er empfindet. Vorherrschend sind es natürlich die »fahrenden Leute«, Reiter, Studenten und Jäger, überhaupt die, an denen das Leben in den mannichfachsten Gestalten vorübergeht, welche Lieder erfinden und weiter verbreiten. Was der Einzelne empfindet, strömt aus im Moment des Empfindens. Die Wonnen des Maien, der Liebe Lust und Leid, die Freuden des Weins und der Handthierung finden unmittelbaren Ausdruck im Volkslied. Es entstehen neben den Liebesliedern, Trink- und Tanzliedern, Wander- und Kinderlieder und Kindersprüche, Reiter-, Landsknechts-, Studenten und Jägerlieder. Neben der Allgemeinheit ihres Inhalts verdanken diese Lieder vor Allem der knappen Form, in der sie diesen darstellen, ihre schnelle Verbreitung. Das Volkslied geht nirgends über jenen Grad der Innerlichkeit hinaus, der überall vorhanden ist, und hebt daher auch nur jene Momente hervor, die in innerm Zusammenhange stehen, unbekümmert darum, auch einen äusseren herzustellen. Natürlich kann dies nur vom Text gelten, die Melodie ist meist ebenso abgerundet, wie wahr. Die musikalische Gestaltung überragt daher beim Volksliede die sprachliche meist so sehr, dass diese häufig erst durch jene Bedeutung erlangt und verständlich wird. In vielen Fällen wird der sprachliche Ausdruck dem musikalischen geradezu dienstbar gemacht. Es werden ganz bedeutungslose Worte wiederholt, und zwar nicht etwa als Flickworte, um ein metrisches Maass zu füllen, sondern um die musikalische Form zu vollenden und dem musikalischen Ausdruck genügend Raum und Geltung zu verschaffen. Oft unterbricht das Volkslied die sprachliche Darstellung durch Wiederholung einer Silbe oder durch Einschieben eines beliebigen Wortes, wie:

> Dort oben auf dem Berge — dölpel, dölpel, dölpel,
> Da steht ein hohes Haus.

oder:

> Frau, ich bin euch von Herzen hold — o mein! o mein!
> Ich thät euch gerne, was ich sollt' — o mein, o mein!

oder es nimmt die wunderlichsten Silbencombinationen auf:

»videralla, vivallera«
juchhei, fackellorum, dideldorum,
fackelorum deidchen.

um des Herzens Lust und Sehnen recht ausschallen zu lassen. Dies Streben nach
Geschlossenheit der Form tritt noch entschiedener in dem sogenannten Kehrreim
(Refrain) hervor. Er hat meist mit der sprachlichen Darstellung so wenig gemein, dass es für das Verständniss des Textes oft nöthig wird, ihn loszulösen.
Weil namentlich in den erzählenden Liedern der kurzathmige Bau der Strophen
einen zu engen Rahmen gewährt für den Erguss der Stimmung, so wird er von
den Volkssängern durch Einfügung refrainartiger Sätze erweitert. Und das Volk
ist nie in Verlegenheit. Die Natur ist mit dem Gemüth des Volkes so verwachsen
dass »Sonnenschein und Mondenschein«, dass »Lindenzweig und Rosenblümelein«
für das Fehlende einstehen, und das Volk verwendet sie in sorglosester Naivetät.
Nur durch diese engste Geschlossenheit der Melodie erreichte das Volkslied seine
glänzenden und raschen Erfolge. Die Melodie nur ist im Stande, alle die Mächte
die im Innern des Volkes weben und schaffen, so zum unmittelbaren Ausdruck zu
bringen, dass sie zündend und zeugend sich blitzschnell ausbreiten. Diese knappe
Form aber erreicht das Volkslied, weil es der unmittelbare Erguss eines starken
und mächtigen Empfindens ist. Ohne alle Reflexion überlässt sich das Volk seinem
Gefühlsdrange, und die ursprüngliche Kraft seiner Empfindung beherrscht die
Darstellung so vollständig, dass sie unbewusst genau den einzelnen Strömungen
des Gemüths folgt und überall da sich hebt oder senkt, wo die Wellen und Wogen
des Gemüths sich heben oder senken. Jeder einzelne Ton des Volksliedes ist un-
mittelbares Ergebniss innerer Bewegung, und der gesammte Gang der Melodie bezeichnet genau den Verlauf der Stimmung, welcher sie ihre Entstehung verdankt.
Das ist's, was der Melodie des Volksliedes die ungeheure Bedeutung giebt gegenüber der des Minne- und Meistersanges. Aber auch der künstlerische
Werth der Volksmelodie ist ein ungleich höherer, weil durch sie das strophische
Versgefüge musikalisch dargestellt und dadurch die Form des gesungenen Liedes
festgestellt wird. Die Melodie unterstützt jetzt Reim und Strophenbildung.
Mit der grössten Entschiedenheit drängt sie nach den Reimschlüssen und macht
dadurch erst die Reimzeile zu einem Gliede, und hiermit im engsten Zusammenhange steht jene Eigenthümlichkeit des Volksliedes, welche ihm seine grosse
kunstgeschichtliche Bedeutung giebt, indem es die Dominantbewegung zur Herrschaft bringt und damit unser modernes Tonsystem begründet. Zwar werden noch
eine Menge Melodien nach dem alten System der sogenannten Kirchentonarten erfunden, aber auch in diesen sind meist schon die Punkte bezeichnet, von denen
aus es durchbrochen wird. Die Angelpunkte der modernen Tonart — Dominante
und Tonika — bilden jetzt auch die Grundlage der Liedmelodie. Die Dominant-
entwicklung erlangt die Bedeutung von Hebung und Senkung, und indem die Melodie diese Angelpunkte an die Reimschlüsse verlegt, und in der Regel direct ohne
Umschweife auf diese Punkte losgeht, beherrscht jene harmonische Wechselwirkung die ganze Liedgestaltung. Der Rhythmus schliesst sich zwar eng an das
Sprachmetrum an, allein da dies sehr einfach ist, Jamben und Trochäen, seltener
Daktylen, und in den einfachsten Zusammensetzungen erscheint, so vermag der
unendlich reichere musikalische Rhythmus in seiner ganzen Mannichfaltigkeit
bei der Darstellung der Metra sich zu entfalten. Einen besondern Einfluss üben
hierauf natürlich äussere Verhältnisse. So sind die norddeutschen Volkslieder
meist reicher rhythmisirt, als die süddeutschen, wo die Lust am blossen Gesange.
die sich namentlich im »Jodler« der Tyroler und Schweizer und im »Juchzer« der
Baiern offenbart, eine reichere Rhythmik nicht aufkommen lässt, während die
mehr praktische Richtung des Nordens einer solchen förderlich ist. Wie aus dem
Volksliede das Kunstlied entwickelt wird, ist oben bereits dargethan worden.
Mit der wachsenden Herrschaft, welche das Kunstlied und die Musik überhaupt
im Volke gewinnt, musste das eigentliche Volkslied nothwendiger Weise nach und
nach absterben. Das Volk erfand und sang seine Lieder so lange, als ihm der

Kunstgesang noch fremd gegenüberstand. Nachdem dieser sich aber nach Anleitung des Volksgesanges aus Elementen desselben verjüngt hatte, und in dieser neuen Gestalt rege Theilnahme im Volke fand, musste das Volkslied nothwendig abblühen. Das Volk hatte nicht mehr nöthig für seine Sangeslust selbst zu sorgen; Schule, Concertsaal und Oper führen ihm hinlänglich Stoff zur Befriedigung derselben zu: das Kunstlied geht in's Volk und wird dort volksthümliches Lied.

August Reissmann.

Deutsche Tabulatur, s. Tabulatur.

Deutsche Tänze oder schlechtweg Deutsche, nannte man früher die Schnellwalzer.

Deutschland. Deutsche Musik. In den Artikeln Deutsches Lied und Deutsches Volkslied ist bereits angedeutet worden, dass erst mit dem Einfluss, den das deutsche Volkslied auf die Musikübung in Deutschland gewinnt, eine deutsche Musik im engeren Sinne emporzublühen beginnt. Der Kirchengesang wurde bis in das Reformationszeitalter ziemlich ausschliesslich von den gebildeten Musikern und Sängern geübt, und dieser hatte in Italien und in den Niederlanden bereits seine künstlerische Ausbildung gewonnen; die deutschen Meister haben daran bis ins 16. Jahrhundert nur geringen Antheil genommen. Tonsystem und Musikpraxis wurden auch in Deutschland in der Weise des Auslandes geübt. Das System der Kirchentöne, welches bis dahin herrschend war, erbaut sich auf der diatonischen Tonleiter in dem Bestreben, einen, im Verhältniss zu dem poetischen Darstellungsobjekt rohen und mangelhaften Stoff zu erweitern und zu vermehren und ihm die erste Bedingung künstlerischer Gestaltung — Symmetrie — aufzunöthigen. Nachdem die Mehrstimmigkeit seit dem 7. Jahrhundert von den Kirchensängern als Schmuck der alten gregorianischen Hymnen geübt worden war, bemächtigte sich das so gewonnenen neuen Materials der spokulative Verstand, um es in ein System zu bringen. Ohne Rücksicht auf menschliches Bedürfniss, nur um die geheimnissvolle Pracht des katholischen Kultus zu erhöhen, tragen sie das Material zusammen zu einem stolzen Bau. In klangreicher, aber gestaltloser Tonfülle erhebt er sich, und weil die Spekulation streng an dem formalen Bau des typisch construirten gregorianischen *cantus choralis* festhält, erhebt sich das grossartige Gebäude in typischen Formen, in denen der Geist der Kirche, nicht aber auch das individuelle Volksgemüth austönen konnte. Als es zu einem üppig hervorquellenden Inhalt gelangt, durchbricht es die engen Schranken des alten Systems und schafft sich ein neues, unser modernes, das einfach aus Tonika und Dominante construirt, das gesammte Tonmaterial nach den natürlichen Gesetzen der eigenen Wahlverwandtschaft ordnet, und Ton, Accord und Tonart in so mannichfache Wechselbezüge setzt, dass es das ganze Leben des Geistes stetig entwickelt zu offenbaren vermag. Es erhebt ferner jene anderen beiden Factoren des musikalischen Kunstwerkes, den Rhythmus, der im alten System wenig mehr als ein mechanisches Mittel ist, Ordnung in die schwerfälligen harmonischen Massen zu bringen, und die Melodie, welche den alten Contrapunktisten im Eifer für ihre contrapunktischen Arbeiten ganz verloren gegangen war, zu wirklichen Mächten des musikalischen Schaffens. Auf kirchlichem Gebiete erzeugte dieses Bestreben zunächst die echt deutschen Formen des protestantischen Chorals und der im Sinne des Protestantismus umgestalteten Motette. Für die Ausbildung der dramatischen Formen erfolgte zu Anfang des 17. Jahrhunderts wieder der Anstoss von Italien aus, aber nachdem dieselben dort und später in Frankreich eine einseitige nationale Entfaltung gewonnen, beginnt schon im nächsten Jahrhundert ihre Vollendung in den deutschen Meistern von Hammerschmidt und Schütz, Gluck, Haendel und Bach bis auf die Gegenwart. Auch für die selbständige Ausbildung der Instrumentalmusik (s. d.), die jetzt beginnt, wird das Volkslied und die Pflege des Kunstliedes hauptsächlich einflussreich. Es liegt in der Natur der Sache begründet, dass die Instrumentalmusik erst viel später eine selbständige Entwickelung gewinnen konnte, als die Vocalmusik. Während diese ihr Instrument, die Singstimme, von der Natur geschenkt erhalten hat, mussten die Organe für die Instrumentalmusik erst mühsam gewonnen werden. Mit den rohen Naturinstrumenten, dem Horn des Stiers, dem Bambusrohr oder Hirschknochen, der Schildkröten- oder Kürbisschaale, deren sich die Menschen zuerst als Instrumente bedienten, konnte man nicht einmal einen angenehmen Ton erzeugen, und es vergingen wahrscheinlich Jahrhunderte, ehe man lernte sie aus edlerem, einer besseren Resonanz fähigen Material nachzubilden. Die Mechanik musste zu grosser Vollkommenheit gelangt sein, ehe Instrumente gefertigt wurden, die überhaupt eine mehr künstlerische Verwendung gestatteten. Daher kommt es, dass der Gesang eine Jahrtausende alte Geschichte seiner Entwickelung hinter sich hat, während die der selbstständigeren Instrumentalmusik kaum nach Jahrhunderten zählt. Diese beginnt im Grunde erst im Reformationszeitalter. Nachdem bereits im 14. Jahrhundert die Spielleute, die Instrumentisten begannen, das unstete Leben, das sie bisher geführt hatten, aufzugeben und sesshaft zu werden, wurden im nächsten Jahrhundert schon in den Stadtpfeifereien besondere Instrumentalchöre gegründet, welche die Pflege der Instrumentalmusik ernstlich und energisch übernahmen. Diese Instrumentalchöre begleiten nicht nur in der Kirche den Gesang, sondern sie mussten auch bei festlichen Gelegenheiten selbständig wirken. Besondere Tonstücke hatten sie natürlich dazu noch nicht, und so waren sie gezwungen, mehrstimmige Vocalsätze zu verwenden, die sie so ausführten, dass sie die einzelnen Singstimmen mit den entsprechenden Instrumenten besetzten. Bald genug lernten indess die Instrumentisten erkennen, dass die meisten Instrumente einen grösseren Toureichthum zur Verfügung stellen als die Singstimmen, und sie machten sehr früh davon Gebrauch, indem jeder einzelne damit die ihm zur Ausführung übertragene Stimme mit Figurenwerk reicher ausschmückte; sie variirten die einzelnen Stimmen an gewissen Punkten und dies Verfahren, »Diminuiren und Coloriren« genannt, wurde gar bald eine besondere, von den Instrumentisten natürlich aus dem Stegreif geübte Kunst. Die Componisten liessen die Instrumentisten ruhig gewähren, und einzelne bezeichneten selbst die Stellen in ihren Compositionen, wo das Verfahren statt haben sollte. Das sind die ersten Anfänge der selbständigen Instrumentalmusik. Die Musiker erfanden das ihren Instrumenten zusagende Figurenwerk und erst das nahmen dann die Componisten auf und fügten es dem ganzen Organismus ein. Anfangs wurde es zu kurzen Vor- und Zwischenspielen verwendet; mit Hülfe des Colorirens und Diminuirens wurden dann auch selbständige Begleitungen gewonnen, und wie dann endlich die selbständig von Orgel, Clavicembel oder einem Instrumentenchor ausgeführten Variationen von Liedern direct herüber leiteten zu selbständigen Instrumentalformen, das ist hier nicht näher nach zu weisen. An diesem Prozess betheiligten sich die Italiener und Franzosen ebenso wie die Deutschen, und jene beiden waren noch früher zu einer gewissen Selbständigkeit gelangt, als diese. Namentlich im Gefolge der französischen Oper hatte sich durch Lully und Rameau schon eine Art eigener Orchesterstyl, der dann in Deutschland als »galanter« Styl Verbreitung fand und bei Couperin eigenthümliche Formen treibt, gebildet, und in Italien hatte namentlich auch die Claviermusik in Frescobaldi und Scarlatti bedeutenden Aufschwung genommen. Aber beide Völker haben dann die weitere Arbeit auf diesen Gebieten den Deutschen ausschliesslich überlassen. In Deutschland hatte dieser Prozess namentlich an der Orgel begonnen; die Orgelvariationen von Scheidt übertreffen an Werth meist alle anderen Instrumentalwerke jener Zeit, und auch als Meister des Orgelspiels waren die Deutschen den anderen weit überlegen. Als dann durch die französischen und englischen Opern- und Schauspielergesellschaften, die nach Deutschland kamen, die deutschen Meister mit dem sogenannten galanten Styl vertraut gemacht wurden, eigneten sie sich diesen sofort an, und es begannen jene Arbeiten, aus denen der neue Instrumentalstyl hervorging. Den bedeutsamsten Antheil gewann hierbei wieder Joh. Seb. Bach, so dass in ihm die alte Weise ihren Abschluss findet und die neue, unsere moderne, ihren Ursprung hat. Sonate, Symphonie, Ouvertüre u. s. w. sind deutsch im wahrsten Sinne des Wortes. Doch darf hierbei nicht übersehen werden, dass die Musik bei den Deutschen nur deshalb die grossartige künstlerische Pflege gewann, weil sie sich nicht an das nationale Bedürfniss einseitig anschloss, wie bei Italienern und Franzosen. Nur weil unsere deutschen Meister die Kunst als Selbstzweck betrachten und üben und nicht einseitig dem nationalen Bedürfniss der Massen unterordnen, gewinnt diese höchste Vollendung. Die altitalienische Kirchenmusik konnte deshalb keine höhere Bedeutung gewinnen, weil sie einseitig darauf gerichtet war, die geheimnissvolle Pracht des katholischen Kirchencultus zu erhöhen, und in derselben Weise diente und dient bis auf den heutigen Tag die französische und italienische profane Musik den niederen Zwecken des gemeinen Lebens. Unsere grossen deutschen Meister gestalteten dagegen in ihren Kunstwerken die höchsten und heiligsten Ideen, unbekümmert darum, ob sie damit auch einem Bedürfniss des Lebens genügten, und gewannen damit den einzig richtigen Kunststandpunkt. Dies hauptsächlich ist das charakteristische Merkmal der deutschen Musik, dass sie in ewig mustergiltigen Formen ihre Ideale — worunter nicht das subjektive Gebilde einer überschwänglichen Phantasie, sondern die Gesammtsumme der Ideen zu verstehen ist, die zugleich die leitenden und wesentlichen des Lebens sind — darstellt. Die deutsche Musik ist von unseren Meistern immer nur in diesem Sinne als Kunst geübt worden, und deshalb ist sie nicht nationaler Beschränkung verfallen, mit Ausnahme einzelner einseitiger Bestrebungen, sondern sie ist universell geworden im besten Sinne. August Reissmann.

Deutschmann, Jakob, berühmter deutscher Orgelbauer der neuesten Zeit, geboren am 25. Juni 1795 zu Wien, gestorben ebendaselbst am 11. März 1853 mit dem Titel eines kaiserl. königl. Hoforgelbauers und Physharmonicaerzeugers.

Deuxième position (französ.), die zweite Fingerlage bei Behandlung von Saiteninstrumenten.

Deux quarte (französ.), der Zweivierteltakt.

Deuzinger, Johann Franz Peter, bairischer Tonkünstler, auch Deysinger geschrieben, welcher ein Buch, »Fundamenta partiturae, das ist: Unterricht für die Orgel und das Clavier« (Augsburg, 1788) veröffentlichte.

Devasini, G., italienischer Componist der Gegenwart, der seine musikalischen Studien um 1840 auf dem Conservatorium zu Mailand vollendet und sich 1841 durch Musik zu Silvio Pellico's Drama »Francesca da Rimini«, später durch die Oper »Un giorno di nozze«, sowie durch Ouvertüren (Sinfonien) und ein Sextett für Blasinstrumente vortheilhaft bekannt gemacht hat.

Devadhâzi ist der indische Name für Bajadere (s. d.).

Devecchi, geborene Cannabich, Sängerin bei der Oper zu Prag und Claviervirtuosin zu Ende des 18. Jahrhunderts, die nach ihrer Verheirathung im J. 1800 jedoch nur selten noch an die Oeffentlichkeit trat.

Deventer, Matthys van, ein im Anfange des 18. Jahrhunderts in den Niederlanden ansässiger Orgelbauer, der 1726 zu Nymwegen in der lutherischen Kirche die Orgel, ein Werk mit 10 klingenden Stimmen und 3 Bälgen, baute. Dies Werk wurde 1756, um 2 Stimmen und 1 Balg vermehrt, neu ausgebaut. 0

Devergie, François, Abt von Beauvais, veröffentlichte 1840 eine »Méthode du plain-chant.«

Devicq, Eloy, trefflicher französischer Violinvirtuose, der Abkömmling einer altflandrischen Familie, wurde 1778 zu Douai geboren. Mit seinen Eltern musste er 1792 Frankreich verlassen und kam nach Hamburg, wo D. in das Theaterorchester trat, um die inzwischen mittellos gewordenen Seinigen zu unterstützen. Nebenbei ertheilte er Violin-Unterricht. Später ging er nach St. Petersburg und Moskau und vollendete die in Folge seiner stürmischen Jugendzeit versäumte letzte Ausbildung im künstlerischen Umgange mit Rode, Baillot und dem Violoncellisten Lamare. Im J. 1809 begab er sich in sein Vaterland zurück, verheirathete sich zu Abbeville und trieb seitdem die Musik nur noch zu seinem Vergnügen. Seine kunstfreundlichen Bestrebungen brachten die Pflege der Tonkunst in jener Stadt auf eine höhere Stufe und erwirkten die Gründung einer öffentlichen Musikschule, die sich im Laufe der Zeit einen guten Namen erwarb. D. starb im J. 1847 mit dem Rufe eines vorzüglichen Violinspielers. Als Componist ist er nur mit einem im Druck erschienen Variationenheft über ein russisches Thema in die Oeffentlichkeit getreten. Andere seiner Compositionen sind Manuscript geblieben.

Devienne, François, berühmter französischer Flöten- und Fagottvirtuose und Componist, geboren 1759 zu Joinville im Departement der Haute-Marne, erhielt seine Erziehung, die sich besonders auf die Ausbildung des Musikalischen richtete, bei seinem älteren Bruder, einem Musiker in der Kapelle des Prinzen von Zweibrücken. Im 10. Lebensjahre war D. bereits Flötist eines Regiments-Musikcorps und hatte eine sehr beifällig aufgenommene Messe mit Blasinstrumentalbegleitung componirt. Als er seine Selbstständigkeit erlangt hatte und fertig ausgebildet war, berief ihn der Cardinal von Rohan für seine Hausmusik. Zugleich trat D. in das Musikcorps der Schweizer-Garden in Paris, von wo aus er 1788 die Anstellung als erster Fagottist am *Théâtre de Monsieur*, später an der Grossen Oper erhielt. Sofort nach Eröffnung des neu gegründeten Conservatoriums im J. 1795 wurde er zum Professor der ersten Classe für Flötenspiel ernannt und gab sich trotz der Arbeitslast in seinen verschiedenen Fächern, zu der noch Ertheilung von Privatunterricht kam, der Composition mit solchem Eifer hin, dass er darauf täglich bis an 13 Stunden zu erübrigen wusste. Auf diese Art schuf er hunderte von Werken der verschiedensten Gattung, die auch fast sämmtlich im Druck erschienen sind, zerstörte aber seine Gesundheit dermassen, dass man ihn in das Irrenhaus zu Charenton bringen musste, wo er am 5. Septbr. 1813 starb. — D.'s Compositionen sind frisch und melodienreich, angenehm und fliessend gesetzt und zeugen von reicher Erfindungskraft. Ihre Aufzählung nimmt in den Wörterbüchern von Gerber und Fétis eine ganze Reihe von Seiten in Anspruch. Es genüge, zu bemerken, dass sie bestehen aus neun sämmtlich zur Aufführung gekommenen und beliebt gewesenen komischen Opern (»*Le mariage clandestin*«, »*Les visitandines*«, »*Les comédiens ambulants*«, »*Les Quiproquos espagnols*« etc.). ferner aus zahlreichen Romanzen, Ouvertüren, concertirenden Sinfonien für Blasinstrumente, Concerten für Flöte sowohl wie für Fagott, 36 Quartetten für Flöte, Violine, Viola und Violoncello, 6 dergleichen für Clarinette und Bogeninstrumente und für Fagott und Bogeninstrumente, einer Unzahl von Trios und Duos für verschieden zusammenstellte Instrumente, Sonaten für Blaseinstrumente mit Begleitung u. v. a. Auch eine gute Flötenschule hat er veröffentlicht, die es auf mehrere Auflagen brachte und gab ein *Journal d'harmonie* in monatlichen Heften heraus. Von seinen Opern waren übrigens »*Les visitandines*«, zuerst 1792 im Theater Feydeau gegeben, lange in ungeschwächter Beliebtheit auf dem Repertoire, so dass sich 1872 die Direktion des Theaters Folies-Bergères zu Paris bewogen fand, dieselben von Neuem zur Aufführung zu bringen.

Devisien, s. Flageolet.

Devisme da Valgay, Anne Pierre Jacques, französischer Theaterdirektor, geboren 1745 zu Paris, war längere Zeit königl. Operndirektor und wurde seiner grossen Geschäftskenntnisse wegen auch während und nach der Revolution in seiner Stellung belassen. Er hat theils über seine Direktion, theils über Theaterverhältnisse im Allgemeinen zahlreiche Broschüren geschrieben und herausgegeben. D. starb im J. 1819 zu Candebec. — Seine Gattin, Jeanne Hippolyte D., geboren 1765 zu Lyon, war eine gute Clavierspielerin, Sängerin und sogar Componistin, die 1801 eine Oper: »Praxiteles« componirte und zur Aufführung brachte.

Devos, Laurent, belgischer Kirchencomponist, geboren 1733 zu Antwerpen, war in seinen Mannesjahren Musikmeister zu Cambrai. Unruhen, welche in Folge der unerhörten Gewaltthätigkeiten der hohen Geistlichkeit 1780 in Cambrai ausbrachen, benutzte der Bischof zu einem Akt der Privatrache, indem er D., der eine Motette auf einen für den Bischof sehr anzüglichen Text componirt hatte, gefangen nehmen und ohne Process aufhängen liess. Auf geistlichen Befehl wurden zugleich D.'s zahlreiche Manuscripte von Kirchenwerken vernichtet.

Devré, Marcus, niederländischer Tonsetzer, der in der zweiten Hälfte des 16. Jahrhunderts in Dünkirchen geboren ist.

Devrient, Dorothea, geborene Böhler, rühmlich bekannte deutsche Schauspielerin und Sängerin, geboren am 20. Febr. 1804 in Kassel, seit 1825 die Gattin des Schauspielers Gustav Emil Devrient, jüngsten Bruders Ed. Philipp Devrients, hat sich als Mitglied der Theater zu Mannheim, Prag, Leipzig, Hamburg und Dresden im Soubrettenfache ausgezeichnet.

Devrient, Eduard Philipp, trefflicher Baritonsänger und Tonkünstler, dramaturgischer Schriftsteller und Bühnendichter, stammt aus einer Familie, in der Liebe und Anlage für die dramatische Kunst erblich gewesen zu sein scheint, für welche Annahme sein Oheim, der geniale Schauspieler Ludwig Devrient, und seine beiden Brüder sprechen, die gleichfalls auf dem Theater ihre Berühmtheit erlangten. D. wurde am 11. Aug. 1801 zu Berlin geboren, wo sein Vater ein angesehener Kaufmann war, der seine Söhne gleichfalls für das Handlungsgeschäft bestimmte. Bis 1819 blieb D. wider die eigene Neigung dem Wunsche des Vaters treu, nahm aber Gesang- und Generalbass-Unterricht bei Zelter und trat auch in die Singakademie, als deren Mitglied er bei einer Aufführung von Graun's »Tod Jesu« im königl. Opernhause die Basssoloparthie sang und zwar mit so grossem Erfolge, dass die königl. Hoftheaterverwaltung ihn aufforderte, sich der Oper zu widmen. In Folge dessen trat er zuerst am 18. April 1819 als Thanatos in Gluck's »Alceste« und acht Tage darauf als Masetto im »Don Juan« auf. Bis 1831 gehörte er der königl. Bühne als eines ihrer strebsamsten und fleissigsten Mitglieder an und war in der grossen, wie in der komischen Oper ungemein beliebt. Nach Darstellung des Templer's in Marschner's »Templer und Jüdin« verlor er in Folge von Ueberanstrengung plötzlich seine Stimme, und er musste sich dem recitirenden Rollenfache zuwenden. Edles Streben, Verstand und Besonnenheit zeichnete ihn auch auf diesem Gebiete aus, und seine gründliche wissenschaftliche Durchbildung erhob ihn selbst über seine berühmten Brüder. Nachdem er noch bis 1841 an der Berliner Hofbühne gewirkt, wurde er 1844 als Schauspieler und Oberregisseur nach Dresden berufen und erfreute sich auch dort eines bedeutenden Erfolges. Durch verschiedene Missverhältnisse bewogen, gab er aber letztere Stellung schon 1846 auf. Seine grosse Fähigkeit, die er als Oberregisseur an den Tag gelegt hatte, verschaffte ihm im Herbst 1852 den Ruf als Direktor des Hoftheaters in Karlsruhe, als welcher er mit entschiedenem Erfolge und gleich glücklich für die Oper, wie für das Drama noch beinahe zwanzig Jahre hindurch wirkte. Anfangs des Jahres 1870 trat er in den Ruhestand und hinterliess seinem Nachfolger das Institut im blühendsten Zustande. — Wenn D. ganz besonders durch seine dramaturgischen Schriften eine hervorragende Bedeutung gewonnen hat, so verdienen doch auch neben diesen und seinen Dramen seine Operndichtungen lobende Anerkennung. Sein »Hans Heiling« (1827), componirt von Marschner, »Die Kirmess« (1831), und »Der Zigeuner«, romantische Oper in vier Akten (1832), beide componirt von W. Taubert, gehören zu den besten Opernbüchern der neueren Zeit. Ausserdem veröffentlichte er die Briefe seines Freundes und Gesinnungsgenossen Felix Mendelssohn-Bartholdy und eine Abhandlung, betitelt »das Passionsschauspiel in Oberammergau und seine Bedeutung für die neue Zeit« (Leipzig, 1851).

Devrient, Wilhelmine, geborene Schröder, s. Schröder-Devrient.

Dewar, Daniel, Professor der Philosophie an der Universität zu Aberdeen zu Anfange des 19. Jahrhunderts, hat zur Geschichte der irischen Musik schätzenswerthe Beiträge geliefert und veröffentlicht.

Dewil-Kebir ist in der persisch-türkischen Musik der Name für eine Melodie, die sich als *Andante amoroso* im $^3/_4$ Takt bewegt und sieben Zeittheile aufweist. Vgl. *Makrisi* No. 1062 in der Leydener Bibliothek.   O.

Dewré-rewân heisst in der türkisch-persischen Musik nach *Makrisi* eine Me-

lodie, die sich im $^{11}/_8$ (?) Takt *Allegretto* bewegt und nur 2 (?) Theile hat. Da
angeführte Werk des Makrisi ist in der Leydener Bibliothek unter No. 1062 zu
finden.   O

Dextra (sc. *manus*) lat., s. D e x t r a (ital.).

Deycks, F e r d i n a n d, dramaturgischer und musikalischer Schriftsteller, ge
boren 1802 zu Berg, war früher Doktor der Philosophie und Professor am Gym
nasium zu Coblenz, von wo er an die Akademie zu Münster berufen wurde. Zahl
reiche seiner trefflichen musikalischen Aufsätze und Abhandlungen befinden sich
in der Zeitschrift »Cäcilia«. Während seines Aufenthalts in Düsseldorf hat er in
vertrautem Verkehr mit Burgmüller, Ries, Salomon und Stegmann gestanden, die
ihm Freunde und Lehrer waren.

Deyling, S a l o m o n, berühmter protestantischer Theolog, geboren am
14. September 1677 zu Weida im sächsischen Voigtlande und gestorben als
Doktor und Professor der Theologie und Superintendent zu Leipzig am 5. August
1755, hat unter vielen anderen Schriften auch: »*Observationes sacrae, in quibus
multa Scripturae Veteris et Novi Testamenti dubia vexata solvuntur*« (Leipzig 1608
bis 1736, 4 Bde.) herausgegeben. In dem Werke handelt vol. III.: *De Saule inter
Prophetas vaticinante* (1. Sam. X. v. 5 et 6) auf acht Seiten von einigen alten
Musikern und Propheten.   †

Deysinger, J o h a n n F r a n z P e t e r, s. D e u z i n g e r.

Dezède, N., auch **Desaïdes** oder **Dezaïdes** geschrieben, sehr gewandter und
fruchtbarer französischer Operncomponist auch Dichter, dessen Geburt und Jugend
sich in ein romantisches Dunkel hüllt. Nach Einigen soll er in Lyon, nach Ande
ren in Deutschland (um 1740) geboren sein. Am wahrscheinlichsten jedoch
erscheint es, dass er 1745 in Turin geboren ist. Er selbst vermochte dieses Dunkel
nicht zu enthüllen und verlor in Folge der eifrigen Nachforschungen, die er an
stellte, eine jährliche Pension von 50,000 Francs, die ihm seit seiner Majorennität
regelmässig ausgezahlt worden war. So viel steht fest, dass er als Knabe nach
Paris gekommen, in einem der Colléges daselbst wissenschaftlich ausgebildet
worden war und von dem ihm beigegebenen Erzieher einen guten musikalischen
Unterricht erhalten hatte. Die Faktur seiner Opern weist darauf hin, dass er bei
Philidor den höheren Musikstyl und die Instrumentation studirt haben müsse.
Nach Verlust seiner Rente auf sich selbst angewiesen, trat er 1772 mit der Operette
»Julie«« in die Oeffentlichkeit, und dieser erste gute Erfolg ermunterte ihn bis
1787 noch 15 Opern folgen zu lassen, von denen »*Les trois fermiers*«, »*Le porteur
de chaises*«, »*Blaise et Babet*«, »*Les deux pages*« und »*Alcindor*« in bis dahin uner
hörter Weise Glück machten. Naive, schalkhafte und liebliche Melodik, ein cor
rekter Styl und sorgsame Instrumentation, damals in Frankreich noch selten anzu
treffende Vorzüge, zeichneten D.'s musikalische Arbeiten aus und gewannen ihnen
enthusiastische Verehrer. So liess der Herzog Maximilian von Zweibrücken, der
spätere erste König von Baiern, D. 1785 an seinen Hof kommen und verlieh ihm
das Capitän-Patent mit 100 Louisd'ors Gehalt, wofür D. jährlich einen Monat lang
in Zweibrücken zubringen musste. D. starb 1792 zu Paris. — Seine Tochter
F l o r i n e D. war gleichfalls Componistin, als welche sie den Styl ihres Vaters
nachahmte. Am bekanntesten ist ihre Oper »*Nanette et Lucas, ou la paysanne
curieuse*«, deren Aufführung 1781 in der *Opéra comique* auf Betreiben ihres Vaters
stattfand.

Dha ist der Name des unserem *y* in der C-dur-Tonfolge entsprechenden Klanges
der altindischen, *Swaragrâma* (s. d.) genannten Tonleiter, d. h. der sechsten Stufe
derselben, die in der That etwas über *fis* erklingen würde. Das Tonzeichen der
selben ist **थ**.   Der Ton ist siebenzehn *Sruti* (s. d.) von dem darunter liegenden
$a = sa$ (s. d.) entfernt. Im 5. Capitel der *Râgavibodha, de Sôma* (s. d.), finden sich
Gesänge, wo das D. angewandt ist.   O

Dhaivâta ist der Name der sechsten Nymphe *swaras*, den die sechste Tonstufe
in der indischen Tonfolge erhielt.   O

Dhanyâsi heisst nach der *Râgavibodha, de Sôma* (s. d.), eine der Tonleitern

:weiter Ordnung in Indien, welche die *Sriraga* (s. d.) als Leitfaden hat und durch unsere Notation etwa wie folgt zu geben ist:

sa, × ga, ma, × dha, ni, sa.

0

D'Haudimont, Etienne Pierre Munier, französischer Abbé, geboren 1730 in Burgund, wurde in Dijon wissenschaftlich und musikalisch ausgebildet und ging, nachdem er sechs Jahre lang Kapellmeister zu Chalons-sur-Saône gewesen war, 1760 nach Paris, wo er noch einmal Compositionsunterricht und zwar bei Rameau nahm. Als Nachfolger Bordier's wurde er 1764 Kapellmeister an der Kirche der St. Innocents. Als Componist ist er mit zahlreichen Kirchenstücken und Arietten hervorgetreten; letztere erschienen jedoch nicht unter seinem Namen.

Dhanasrie ist die Benennung einer beliebten altindischen einfachen *Rágina* (s. d.), in der zwei Scalatöne weggelassen werden. 0

Dhurpad nennen die heutigen Inder einen heroischen Gesang, der in vier Unterabtheilungen zerfällt. Jede Abtheilung führt einen besonderen Namen. Die Musik ist vorzugsweise in einem energischen Style geschrieben; der Text bietet gewöhnlich Lobeserhebungen eines Kriegers, unter die sich auch Anspielungen auf dessen Liebe mengen. Mehr findet man in *Willard, A Treatise on the Music of Hindoostan* etc. (Calcutta, 1834) p. 87—93. 0

Di, italienische Präposition, in der Bedeutung von, aus u. s. w. in zahlreichen Zusammensetzungen.

Di ist in der Bebisation (s. d.) die syllabische Benennung für alle jetzt *dis* genannten Töne, während in der früher erfundenen Bocedisation (s. d.) die dritte Sylbe, der jetzt *e* geheissene Ton durch diese Sylbe gekennzeichnet wurde. 0

Dia, Giuseppe di, italienischer Componist, der ums Jahr 1675 lebte und von dessen Werken nur der Titel einer Oper, »*Orfeo di Chirico*« sich bis auf unsere Zeit erhalten hat. 0

Diabelli, Anton, geschickter deutscher Clavier- und Kirchencomponist, geboren am 6. Septbr. 1781 zu Mattsee im Salzburg'schen, erhielt seinen ersten Unterricht in Gesang, Clavier- und Orgelspiel von seinem Vater, welcher Stiftsmusikus und Messner war. Sieben Jahr alt wurde D. Choralknabe im Kloster Michaelbayern und zwei Jahre darauf im Kapellhause zu Salzburg. Im J. 1796 wurde er Alumnus der höheren lateinischen Schule in München, nebenbei eifrig weiter Musik betreibend. Endlich, 19 Jahr alt, trat er in das Cisterzienserkloster Raitenhaslach, um seine theologischen Studien zu vollenden. Die zahlreichen Compositionen, welche er dort schrieb, liess er die Prüfung seines väterlichen Freundes Michael Haydn passiren und nahm dessen praktische Rathschläge mit Erfolg entgegen. Bei der 1803 erfolgten Säcularisation der Klöster in Baiern musste D. Raitenhaslach verlassen und gab zugleich seinen Vorsatz, sich dem Priesterstande zu widmen, auf. Mit Empfehlungen, besonders an Joseph Haydn versehen, begab er sich nach Wien und fand dort als Lehrer des Clavier- und Guitarrespiels ein treffliches Auskommen, bei dem er ein Capital erübrigte, mit dem er sich mit dem Musikverleger Cappi zur Begründung einer grösseren Musikalienhandlung verband. Im J. 1824 übernahm er das immer mehr emporblühende Geschäft auf alleinige Rechnung und verkaufte dasselbe endlich im glänzenden Zustande 1854 an C. A. Spina, unter dessen Leitung es zum ersten Musikalienverlage der österreichischen Monarchie schnell heranwuchs. D. selbst starb am 7. Apr. 1858 zu Wien und wurde auf dem St. Marxer Friedhof, auf dem auch Mozart einst seine Ruhestätte gefunden hatte, beerdigt. Sein Geburtshaus in Mattsee erhielt am 6. Septbr. 1871 unter entsprechenden Feierlichkeiten eine Gedenktafel. — Unter den zahlreichen Compositionen D.'s stehen an Werth seine instruktiven zwei- und vierhändigen Clavierstücke (Sonaten, Sonatinen u. s. w.) obenan und werden als schätzbares Unterrichtsmaterial noch immer mit Vortheil verwendet und benutzt.

Sein angenehmes Talent und seine fliessende Schreibart zeigen sich aber auch
vortheilhaft in vielen Orchesterwerken, Operetten, Singspielen, Cantaten, Messen,
Offertorien, Gradualien, grösseren Clavierstücken u. s. w., die jedoch fast verschollen sind. Nur seine Kirchenmusik findet in den Pfarrkirchen Oesterreichs, besonders Wiens, noch einige Pflege; sie ist aber an und für sich viel zu gemüthlich-
jovial und leicht, um zu wahrer Andacht stimmen zu können. D. hat auch, meist
im Interesse seines Verlages und des laufenden Musikalienmarktes, eine Unzahl
von fremden Erzeugnissen sehr gewandt für Pianoforte mit und ohne Begleitung
gesetzt oder bearbeitet.

Diadrom (aus dem Griech.), das Zittern oder Vibriren des Tons.

Diagramm (aus dem Griech.) bezeichnet eigentlich eine geometrische Figur
oder Zeichnung zum Verständniss eines Satzes oder der Lösung einer Aufgabe,
dann einen Abriss oder Entwurf überhaupt. Die Griechen nannten daneben auch
ihre Scala von 15 Tönen mit der Eintheilung und Benennung der Tetrachorde
und der Töne D. Im späteren musikalischen Sprachgebrauche diente das Wort
zur Bezeichnung des Liniensystems oder der Vorzeichnung der Tonleiter; noch
später, als die Harmonie und der vielstimmige Satz in Anwendung gekommen
waren, zur Bezeichnung der Partitur oder einer aus der Partitur ausgeschriebenen
Stimme.

Diakonikon (griech.) heisst in der griechischen Kirche die Collekte, welche
der Diaconus vor dem Altare singt, und auch das Buch, in welchem die liturgischen Verrichtungen desselben aufgezeichnet sind.

Dialog (aus dem Griech., ital.: *dialogo*, französ.: *dialogue*) bedeutet ursprünglich die mündliche Unterredung zwischen mehreren Personen; daher im Singspiele
und in der komischen Oper die Redeparthie im Gegensatz zu dem gesungenen
Theile. Italiener und Franzosen bezeichnen mit D. auch eine Composition für
zwei oder auch mehrere Stimmen, welche, einem Zwiegespräch ähnlich, wechselnd
allein oder zugleich sich hören lassen, wie es im Duett der Oper gebräuchlich ist,
aber auch in der Kirchenmusik im ariosoartigen Styl, wo sich am Schluss die
Stimmen in ein Ensemble oder in einen Choral vereinigen. Auch ein ebenso
angelegtes Stück für Instrumente, ferner für zwei und mehr alternirende (dialogisirende) Chöre nennt man D. Endlich beim Orgelspielen die thematische Behandlung der Stimmen, also das dialogisirende Abwechseln auf den verschiedenen Manualen, Hauptwerk, Positiv, Echo. S. auch **Duett**.

Diamanti, Paolo, italienischer Operncomponist und Buffosänger, geboren
1805 in der Romagna, war im *Teatro communale* zu Bologna als Bassbuffo engagirt und liess 1835 eine grosse Oper, »*La distruzione de' masnadieri*« und eine
Opera semiseria »*La Turca fedele*« erscheinen. Seitdem ist er aber in keiner Art
wieder vor die Oeffentlichkeit getreten.

Diapason (griech. διὰ πασῶν, sc. χορδῶν, wörtlich durch alle Saiten, also
alle Töne des Systems, sowohl die diatonischen als chromatischen und enharmonischen umfassend) hiess bei den Griechen und daher auch bei den lateinischen
Musikschriftstellern des Alterthums und des Mittelalters das Intervall einer
Octave. Davon abgeleitet nannten dieselben: *D. perfectum* die vollkommene, *d.
imperfectum* die unvollkommene und *d. superfluum* die übermässige Octave; ferner:
d. cum diapente (Octave und Quinte) die Duodecime, *d. cum diatessaron* (Octave
und Quarte) die Undecime und *disdiapason* die Doppeloctave. — Bei den französchen Instrumentenmachern war der D. die Benennung gewisser Tafeln, auf denen
die Theile und Mensuren der Instrumente sich verzeichnet fanden (s. Rousseau,
Dictionnaire). Davon abgeleitet nennen die Franzosen jetzt den Tonumfang der
Instrumente und Singstimmen ganz im Allgemeinen den D. und sprechen von einem
D. der Flöte, der Oboe, des Claviers, des Soprans, Alts u. s. w. Mit *D. normal*
dagegen bezeichnen sie die Normalactave in Ansehung der normalen Tonhöhe,
auch die Stimmgabel, resp. den Stimmton, Kammerton, welcher seit 1858
nach dem Vorgange Frankreichs ziemlich allgemein zu 870 Schwingungen für das
eingestrichene a angenommen worden ist.

...pente oder Dioxia (griech.) hiess bei den alten und mittelalterlichen ...riftstellern schlechtweg die Quinte, und man gebrauchte zur näheren B...ichnung die Ausdrücke *d. perfecta* die vollkommene (reine), *d. imperfecta* die unvollkommene (verminderte) und *d. superflua* die übermässige Quinte. In Ableitung davon war *d. cum semitonio* die kleine Sexte, *d. cum tono* die grosse Sexte, *d. cum semiditono* die kleine Septime, *d. cum ditono* die grosse Septime und *d. cum diapasone* die Duodecime.

Diapente pileata (latein.), eine gedeckte Quinte in der Orgel.

Diapentisare (latein. und ital., franz.: *quinter*), durch die Quinte fortschreiten (beim Stimmen der Claviere); die alten Tonlehrer, wie Johann de Muris u. A. bezeichnen damit die Quintenfortschreitungen im Allgemeinen.

Diaphonie (aus dem Griech.). Die Ausdrücke »*Symphonie*« (σὺν mit, zusammen, φωνεῖν tönen) und »*Diaphonie*« (διὰ durch, auseinander, φωνέω) wurden von den altgriechischen Theoretikern in Beziehung auf Zusammenklänge in demselben Sinne angewendet, in welchem wir die Worte »*Consonanz*« und »*Dissonanz*« gebrauchen; es findet sich dies schon in dem Artikel *Consonanz* und *Dissonanz* angedeutet, wo man auch die entsprechende Eintheilung der Intervalle ersehen kann. Einen ganz andern Sinn erhalten jene Worte im Laufe der späteren Zeit. So erscheinen sie um 900 n. Chr. bei dem ältesten bekannten Schriftsteller, der über die ersten Versuche im mehrstimmigen Gesange eingehendere Mittheilungen macht, nämlich bei dem Benedictinermönch Hucbald (s. d.), in dem Sinne von »Zusammenklang« und »Stimmenverschiedenheit«. Dieser Theoretiker bezeichnet nämlich jene Art mehrstimmiger Sätzchen, welche er in seinem Traktate: »*Musica Enchiriadis*« (bei Gerbert, *Script. I*) mittheilt, und die unter dem Namen *Organum* (s. d.) bekannter geworden sind, mit den Namen »*Symphonie*« und »*Diaphonie*«. — Hucbald kennt zwei Arten der D. oder des *Organums*. In der ersten Art begleitet eine höhere Stimme (die *vox organalis*) den in der tieferen Stimme liegenden *Cantus firmus*, der aus dem Gregorianischen Gesange entlehnt ist, in Quarten- und Quintenparallelen (*a*); in der zweiten Art dagegen — die Hucbald selbst nur als ein *Quartenorganum* der ersten Art ansieht, bei dem wegen der Unvollkommenheit der Quarten anderweitige Intervalle herbeigezogen werden, — herrschen auch noch die Quartenparallelen vor, zwischen denen aber als Durchgänge einzelne Secunden und Terzen eintreten (*b*). Die zweite Art kann nur zweistimmig erscheinen und ist auch nach Hucbald's Ansicht nicht für alle Themen gut verwendbar. Die erste Art der D. kann aber auch mehrstimmig verwendet werden. »Entweder die Principalstimme wird in der Octave mitgesungen — eine mittlere Stimme kann, da es zwischen 1 und 8 keine wahre Mittelzahl giebt, dann nur so mitgehen, dass sie gegen die obere Knabenstimme um eine Quinte tiefer, gegen die untere Männerstimme um eine Quarte höher mitgeht — oder umgekehrt: eine solche Anordnung der Stimmen bringt also das *Quinten*- und *Quartenorganum* zugleich zur Anwendung. Oder es liegt die Principalstimme in der Mitte und das *Organum* wird verdoppelt, wo dann wieder die eine Stimme gegen die Hauptstimme in Quarten, die andere in Quinten mitgeht. Oder es können beide Stimmen in Octaven verdoppelt werden (*c*). Das verdoppelte *Organum* ist nach Hucbald's Idee ein besonders schöner reicher Klangeffect, denn »»diese Symphonien werden verschiedene und süsse *Cantilenen* in einander mischen; mit mässigem Zögern gesungen, genau ausgeführt, wird die Annehmlichkeit dieses Gesanges ausgezeichnet heissen dürfen««. (Vgl. A. W. Ambros, Gesch. der Mus., B. II. S. 138 ff., wo auch die folgenden Beispiele stehen).

Tu pa-tris sem-pi-ter-nus es fi-li-us.   Rex coe-li Domine maris undisoni

Tu pa - tris sem - pi - ter - nus es fi - li - us.

Ueber die Entstehung dieser Art von Mehrstimmigkeit hat man die verschie densten Vermuthungen aufgestellt. S. Organum. Feststehend ist indessen, das Hucbald selbst nicht der Erfinder derselben ist, denn er spricht von ihr wie von einer bekannten Sache: »quod assuete organisationem vocant« — »was sie gewöhnlich die Organisation nennen«; ausserdem spricht aber auch schon Scotus Erigena (worauf zuerst Coussemaker in seiner »Hist. de l'harm. de moyen âge« auf merksam machte) zu Anfang des 9. Jahrhunderts, also vor Hucbald, von dieser Art des mehrstimmigen Gesanges. Sie hatte sich demnach jedenfalls unter den Sängern festgestellt und weit verbreitet. Für uns ist es kaum begreiflich, wie man an so barbarischen Missklängen hat Geschmack finden können. Diese Versuche sind daher auch oft für blosse Speculationen der Theoretiker gehalten worden, wie denn z. B. Kiesewetter behauptet, das Organum sei »unmöglich« und es sei des halb auch nie ausgeführt worden. Andere meinen, nur die Gewöhnung an die jetzige Art von Harmonisirung lasse uns das Ganze so übelklingend erscheinen während minder verwöhnte Sänger sehr leicht eine Melodie in Quinten- und Quartenparallelen begleiten könnten. Die erste Ansicht lässt sich gegenüber der Thatsache, dass diese Sangesweise so weit verbreitet war, nicht festhalten; die zweite geht aber sicher zu weit. Man hört ja wohl mitunter Sänger eine Melodie in Abstande einer Quinte von einander singen, und ich selbst habe bei den erster Uebungen zweistimmigen Gesanges im Classenunterrichte nicht selten diese Beobachtung machen können; — man hört dies aber nur von solchen Sängern, die entweder so schreien, dass sie nur ihre eigene Stimme hören, oder mit einem sehr wenig entwickelten musikalischen Gehör behaftet sind, — und in beiden Fällen kann man noch ganz andere Sachen zu hören bekommen. Diese Art Mehrstimmigkeit kann daher nur als ein roher Versuch betrachtet werden, der sich aus einer mangelhaften Entwickelung des Gehörs hinsichtlich gleichzeitiger Auffassung mehrerer Stimmen erklären lässt, — wie denn auch nach einiger Uebung bald richtigere Anschauungen gewonnen wurden. Ein neuerer Forscher (Dr. Osc. Paul, »Gesch. des Claviers«) hat nun versucht, die einschlagenden Stellen der Schriftsteller so zu übersetzen, dass die einzelnen Stimmen nicht gleichzeitig, sondern nach einander eingesetzt hätten. Bis jetzt haben aber diese Versuche noch wenig Anerkennung gefunden, weil doch viele Stellen allzubestimmt vom Zusammenklange sprechen, als dass man ohne Zwang Paul's Lesart annehmen könnte. Interessant wäre es jedenfalls, wenn sich ein Jahrhunderte altes Räthsel auf diese Weise hätte lösen lassen. — Ganz in ähnlicher Weise wie Hucbald wendet Guido von Arezzo (s. d.) in seinem bei Gerbert abgedruckten »Micrologus« den Ausdruck D. an. Er hat Hucbald's Tractat jedenfalls gar nicht gekannt, sonst hätte er ihn sicher namhaft gemacht; jene Art der Mehrstimmigkeit musste also auch bis nach Italien Verbreitung gefunden haben. Guido's Ansichten unterscheiden sich von denen Hucbald's nur in einzelnen Punkten. Er meint unter anderem, die D. in Quinten sei zu hart, und empfiehlt daher die in Quarten (a) als »weicher«; ferner gestattet er, dass die Stimmen am Schlusse im Einklange austönen dürfen (b), welche Manier er den Zusammenlauf (Occursus) nannte. Ueber die zweite Art der Hucbald'schen D., welche man auch wohl die »schweifende« genannt hat, giebt Guido verschiedene Regeln, die aber wenig dazu beitragen, die ganze Sache für unser Ohr erträglicher zu machen; nur finden sich noch einige Neuerungen ein. So lässt Guido z. B. ähnlich wie bei unserem Orgelpunkte einen Ton festhalten, während der *Cantus firmus* sich um ihn herumbewegt (c), ja zum Schlusse giebt er sogar ein Beispiel, in welchem die Terzen vorherrschen (d). —

a.

Ser - vo fi - dem · · · De - vo - ti - o - ne com - mit - to · · · ·

c.

Sexta hora sedit super pu - te - um · · · ·

d.

Ve - ni - te ad · · · · o - re - mus.

Bei Johannes de Muris (s. d.) um 1330 ist der Ausdruck D. mehr in dem Sinne von »Zweistimmigkeit« gebräuchlich, und diese Bedeutung ist denn auch beibehalten worden. De Muris kennt ebenfalls zwei Arten der D., die er *D. basilica* und *D. organica* nennt. Bei der ersten Art klingt ein Basston unverändert fort, während eine Gegenstimme (*Discantus*, s. d.) in der Quint oder Octav des Basses einsetzt, dann auf- und absteigt und endlich in einem zum Basse consonirenden Intervall abschliesst, ähnlich dem, was wir Orgelpunkt (s. d.) nennen. In der *D. organica* bewegen sich beide Stimmen, und zwar so, dass die eine steigt, sobald die andere fällt, und umgekehrt. Durch Octav- und Quintenverdoppelung entstanden drei- und vierstimmige Sätze, die de Muris »*Triphonie*« (Dreistimmigkeit) und »*Tetraphonie*« (Vierstimmigkeit) nannte (s. d.). Zur Zeit des de Muris galten die grosse und kleine Terz und die grosse Sexte bereits für Consonanzen, die Quarte aber für eine Dissonanz; ausserdem war aber auch schon das Gesetz bekannt, dass Quintenparallelen unstatthaft seien, während Terzen- und Sextenparallelen erlaubt waren. Aus dem *Organum* entwickelte sich daher in Frankreich eine minder herbe, aber ebenso mechanische Weise des mehrstimmigen Gesanges, indem organisirende Stimmen den *Cantus firmus* in Terzen- und Sextenparallelen begleiteten und nur am Schlusse mit ihm eine Octave bildeten. Auf diese Weise entstand eine Art der D., welche man Faux-Bourdon (s. d.) nannte. Auch die von de Muris beschriebene D. mit Gegenbewegung war in Frankreich sehr in Uebung und wurde bald in einfacher Weise (Note gegen Note) ausgeführt, bald so, dass die abweichende Stimme (*Discantus*) zu fest gehaltenen Tönen des *Cantus firmus* allerlei melismatische Verzierungen auszuführen hatte. Diese Art des mehrstimmigen Gesanges hiess *Déchant* oder *Discantus* (s. d.). Wie sich dieser aus der D. entwickelt und endlich zu dem Contrapunkt fortgebildet hat, das nachzuweisen, ist hier nicht am Orte. Zu erwähnen ist noch, dass diese Neuerungen in Italien erst spät sich einbürgerten; namentlich sollen in der päpstlichen Capelle noch im 14. Jahrhundert nur einige »einfache alte Harmonien« — (womit angeblich die Hucbald'sche D. in Quinten und Quarten gemeint sein soll) — an Festtagen im Choralgesange gestattet gewesen sein.   Otto Tiersch.

Dias, Diego, portugiesischer Tonsetzer, nach *Machado Bibl. Lus. V. I p.* 650, zu Crato in der Provinz Alentejo geboren, war zuerst Chorschüler in Evora und später beliebter Componist. Es sollen in Portugal noch verschiedene seiner musikalischen Werke vorhanden sein, die für ihn ein vortheilhaftes Zeugniss ablegen.

10*

†

Diaschisma (griech., aus den Wörtern διά — durch, und σχίσμα — Spaltung zusammengesetzt), ist ein Ausdruck in der Tonberechnungskunst, der seit Pythagoras, 530 v. Chr., in der Musik für einen Klangunterschied eingeführt wurde welcher kleiner als ein Halbton und in der Tonhöhenfeststellung nur durch Zahlenproportionen mit Genauigkeit ausgedrückt werden konnte. Die Grösse des D. ist bis heute vielfach verschieden aufgefasst; je nachdem der musikalischen Rechenkunst (Kanonik im Gegensatz zur praktischen Musik) ein grösserer oder geringerer Werth beigelegt wurde, stellte man die Grösse des D. aufs neue fest doch blieb diese Benennung stets in dem oben gedachten Sinne für Tonhöhenunterschiede geltend. Die verschiedenen bekannteren Feststellungen mögen hier folgen. Philolaos, 390 v. Ch. (?) lehrend, theilte den Ganzton 9:8 in *Apotome* = 2187:2048 und *Diësis* = 256:243; die Hälfte der *Diësis* nannte derselbe *D.* welche er in zwei *Schisma* theilte. — Didymus, 38 v. Chr. lebend, scheint zuerst durch Einführung des Ganztons 10:9 die bisherigen Auffassungen des D. geändert zu haben, indem das nach ihm benannte didymische oder syntonische Komma (s. Komma), das durch das Verhältniss 81:80 gegeben wird und = $^{11}/_{12}$ pythagoräischen Kommas nach seiner Theorie war, aus dem *Schisma* und *D.* bestehend von ihm erklärt wurde. Erst bei Boëthius in seinem Werke *de mus. lib.* 3. c. 5—8 und *lib.* 2 c. 27 begegnen wir wieder einer neuen Erklärung des Ausdrucks *D.*; derselbe war hier der Name für die Hälfte des kleinen Halbtons. Noch bei Zarlino *Vol.* 2 *Ragion.* 2 *Definit.* 27 im J. 1550 finden wir dieselbe Erklärung des *D.* Es scheint aber, als wenn in diesem Jahrhundert die altgriechischen Tonhöhenbezeichnungen sehr willkührlich aufgefasst und gedeutet wurden, denn Snegassus, 1597 gestorben, stellt in seinem Werke *»De Monochordi dimensione«* c. 6 die Regel auf, dass der vierte Theil eines musikalischen Kommas *D.* zu nennen sei. Später scheint die Feststellung des *D.* genannten Tonunterschiedes noch wankender geworden zu sein, und da die Praxis derselben fast gar nicht bedurfte, oft selbst in wissenschaftlichen Werken in sehr leichter Weise versucht zu sein. Hierfür führen wir Brossard's Auslassungen in seinem *Dict. p.* 21 *Art. Comma* vom Jahre 1700 an, worin er schreibt, dass das musikalische Komma mathematisch in zwei *Schisma* zerfalle, deren 18 einen Ganzton bilden, und zwei in einer Art *D.* genannt würden. Vier solcher *D.*, fügt er dem hinzu, und ein Komma geben einen Ganzton; jedenfalls ist dies nach Vorhergehenden sehr schwer verständlich. Viel exakter und für viele noch heute maassgebend ist die Erklärung des Musikschriftstellers Fr. Wilh. Marpurg in seinem *»Versuch über die musikalische Temperatur«* 1776, wo er Seite 56 dem *D.* unter den bemerkenswerthen Kommas eine Stelle anweist. Derselbe sagt: das *D.* 2048:2025 = (81:80) — (32805:32768) enthält $^{10}/_{11}$ pythagoräische Kommas, während das *Schisma* nur $^1/_{11}$ des Kommas = 32805:32768 gross ist. Boide, *Schisma* und *Diaschisma*, zusammen geben das didymische oder syntonische Komma. Wir unterlassen es, jede Beziehung zwischen den verschiedenen Feststellungen der *D.*'s erklären zu wollen, sondern bemerken nur noch, dass man in neuester Zeit jedes Tonverhältniss, das kleiner als 25:24 ist, ein Komma (s. d.) nennt und dadurch jeder andere Ausdruck, also auch *D.*, für ein Tonverhältniss antiquirt ist.   2.

Diaspasma auch **Diapsalma** (griech)., wörtlich die Zertrennung oder die durch Zertrennung enstandene Lücke, hiess bei den Alten die Pause, genauer die Pause zwischen zwei Strophen oder Versen eines Gesanges. Abweichend davon erklärt Mattheson (Patriot S. 264) Diapsalma für eine Versetzung und Veränderung einer Melodie. S. Selah.

Diastaltika (griech.) oder diastaltische Melodie war eine Art der griechischen Melopoie (s. d.) für den Ausdruck männlichen Muthes und edler Gesinnung, sowie erhabener Empfindungen. Sie war daher besonders bei heroischen und tragischen Gegenständen statthaft.

Diastema (griech., latein. *intervallum*) nannten die Griechen im Allgemeinen das Intervall, ohne nähere Bestimmung seiner Grösse. Tinctoris erklärt D. für gleichbedeutend mit Komma. Zur näheren Bezeichnung dienten folgende Zusammensetzungen: *D. compositum* d. i. ein Intervall, welches ein oder mehrere kleine Intervalle in sich fasste; *d. incompositum*, ein solches, das keine kleineren Intervalle in sich fasste, d. h. nach Massgabe des Klanggeschlechts des Tetrachordes, in welchem das Intervall vorkommt. Denn die obenliegende kleine Terz im chromatischen Tetrachord ist z. B. ein solches *intervallum incompositum*, nicht, als ob es sich nicht in kleinere Intervalle zerlegen liesse, sondern weil sie in diesem Klanggeschlechte in kleinere Intervalle nicht zerlegt werden durfte; *d. commune*, ein Intervall, das bald *compositum*, bald *incompositum* sein konnte, z. B. der Halbton *H—c*, der im diatonischen und chromatischen Klanggeschlecht kein Intervall zwischen sich hatte, also *incompositum* war, während er im enharmonischen Klanggeschlecht noch das um einen Vierteltton erhöhte *H* enthielt, also *compositum* war; *d. diaphonum*, das dissonirende Intervall; *d. antiphonum*, das Intervall der Octave; *d. homophonum*, der Einklang.

Diastole (vom griech. διαστολή das Auseinanderziehen, die Trennung, Scheidung) oder die **Diastolik** nannten die älteren Theoretiker, so viel man weiss von Zarlino (1589) an, die Lehre von den Ab- und Einschnitten (Incisionen, Interpunktionen) und hinwiederum von den Verbindungen (Conjunktionen) der musikalischen Perioden in der melodischen Setzkunst. Vergl. Mattheson, Capellmeister S. 180.

Diatessaron (griech.) war bei den Griechen, sowie bei den Tonlehrern des Mittelalters die Benennung der reinen Quarte. Davon abgeleitet bezeichnete *diatessaron are* (latein., französ.: *quarter*) bei den alten Theoretikern (Johann de Muris u. A.) das Fortschreiten in Quarten beim Organum.

Diatoni (latein., aus dem Griech.) hiessen die Terztöne im diatonischen Klanggeschlecht der Griechen. S. *Soni mobiles* und Tetrachord.

Diatonisch (vom griech. διάτονος) bezeichnete in der pythagoräischen Musiklehre jede Tonfolge im Tetrachord, die so viel als möglich, d. h. zwei, gleiche durch das arithmetische Verhältniss 9:8 darzustellende Ganztöne führte; ausser diesen enthielt sie dann natürlich noch das Restintervall 256:243, damals *Limma* (s. d.), später pythagoräische *Diesis* und jetzt wohl Halbton genannt, zum Unterschiede von der chromatischen (s. d.) und der enharmonischen (s. d.). Auch alle späteren arithmetischen Intervallfeststellungen in Griechenland, die sich nach der Aristoxenischen Lehre entwickelten, wie diese selbst, änderten an der oben gegebenen Erklärung des Wortes *d.* nichts, indem sie alle nur in Bezug auf die Grössenberechnung der Ganz- und Halbtöne sich von einander unterschieden. Ebenso fand im abendländischen Musiksysteme des Mittelalters dieser Ausdruck seit der frühesten Zeit in letzterwähntem Sinne seine Verwerthung. Mit der Einführung der alphabetischen Tonbenennung galt dem entsprechend die Regel: Alle Oktavgattungen, in denen nur Töne durch einfache alphabetische Namen gekennzeichnet vorkommen, *d.* zu nennen. Als endlich sich das Abendland dafür entschied, nur die *C-* und *A-*Oktavgattung zu pflegen und Halbtöne einzuführen, nannte man zuerst nur jede Scala, deren alphabetische Benennung einfach war und *B* nicht enthielt, *d.*, später, wie man noch heute, nannte und nennt man so jede Tonleiter, die der *C-*dur oder *A-*mollleiter in der Abwechselung der Ganz- und Halbtöne transponirt (streng nachgebildet) ist; in derselben können die alphabetischen oder alphabetisch-syllabischen Benennungen der Tonstufen nur in einer Form vorkommen. In der modernen Musik kommt die diatonische Tonleiter nur selten rein zur Anwendung, wird vielmehr durch melodische und harmonische Ausweichungen (Modulationen) häufig unterbrochen. Aber noch der gregorianische Gesang und die alten Choräle sind in der diatonischen Tonart geschrieben und dulden mit alleiniger Ausnahme des *brotundum* keine leiterfremde Erhöhung und Erniedrigung der Töne. 2.

Diatonisch-chromatische Tonleiter heisst diejenige Tonleiter, die aus einer Reihenfolge von lauter Halbtönen besteht, so dass grosse und kleine halbe Töne mit einander abwecheln.

Diatonische Diesis bezeichnet in der mathematischen Musik das durch die

Ration 256:243 dargestellte Intervall, welches durch Subtraction (s. d.) der zwei Verhältnisse (9:8) + (9:8) von der Ration 4:3, d. h. durch Abzug zweier pythagoräischer Ganztöne von der reinen Quarte, entsteht.   2.

Diatonisches Geschlecht nannten die Griechen alle diejenigen Tetrachorde zusammengenommen, die in ihrer Eintheilung zwei Ganz- und einen Halbton zeigten. S. diatonisch. In der abendländischen Musik nennt man sämmtliche Dur- und Moll-Tonleitern zusammen, deren Norm in den Artikeln C-dur und A-moll eingehender besprochen ist, das d. Geschlecht.   2.

Diatonische Töne oder **Intervalle** heissen alle Klänge die einer diatonischen Tonfolge entnommen sind. S. diatonisch.   2.

Diatonische Tonleiter, Tonreihe oder **Tonfolge** nennt man die geordnete Aneinanderreihung sämmtlicher diatonischen Töne, welche von einem Grenztone derselben aus beginnt, in einer Octave. S. diatonisch.   2.

Diatono-Diatonico heisst das Dursystem der diatonischen Octavgattungen, ohne alle Versetzungszeichen. *D. molle*, das Mollsystem mit einem ♭ am Schlüssel. S. Tonart.

Diatonos ist die lateinische Benennung der Töne g, c_1, d_1 und g im griechischen Tonsystem. S. Tetrachord.

Diaulos (griech.), die Doppelflöte (s. d.).

Diaulion (griech.) nannten die Griechen ein Zwischenspiel (Ritornell) von Flöten, welches zwischen den Strophen der Chöre ausgeführt wurde.

Diazeuxis (griech., latein: *disjunctio*, die Trennung) bezeichnete bei den griechischen und lateinischen Theoretikern die Trennung zweier nach einander folgender unverbundener Tetrachorde durch einen zwischen diesen vorhandenen Ton. So befand sich zwischen den beiden unverbundenen Tetrachorden e-f-g-a und h-c-d-e noch der Ton b. Ueber diazeuxischer Ton im griechischen Tonsystem s. Tetrachord.

Dibdin, Charles, unsteter, aber talentvoller englischer Componist, Theaterdichter, Schauspieler, Sänger, Clavierspieler und Schriftsteller, geboren um 1745 zu Southampton, als Sohn eines Goldschmieds, war ursprünglich Chorknabe an der Kathedralkirche zu Winchester und erhielt als solcher musikalischen Unterricht vom Organisten Fussel. Seit 1760 war er am Coventgarden-Theater, später an dem von Garrick geleiteten Drurylane-Theater als Sänger und Schauspieler engagirt und schrieb den Text und die Musik von gegen 100 Operetten, Divertissements, Pantomimen und Liedern, unter denen seine Seemannslieder (*»The sea songs«*) enormen Beifall erhielten. Weiterhin errichtete er eine Art Marionetten-Theater und belustigte die Zuschauer durch politische Anspielungen, Persiflagen bekannter Persönlichkeiten u. dergl. Sodann wurde er Direktor des Theaters *»the royal circus«*, das er aber kein Jahr lang zu halten vermochte. Bald darauf erregte er von Neuem Aufsehen durch eine grössere pikant geschriebene Reisebeschreibung, betitelt: *»A musical tour through England«* (Sheffield, 1788), die jedoch nicht von höherer Bildung zeugt und in der Art, wie D. über Kunst und Künstler spricht, beweist, dass ihm überhaupt der Sinn für gediegene Kunst mangelte. Das Buch war wohl nur deshalb geschrieben, um die Mittel für eine Reise nach Indien zu erlangen, und D. schiffte sich auch bald dahin ein. Widrige Winde liessen aber das Schiff nicht auf die hohe See gelangen und zwangen es endlich einen englischen Hafen aufzusuchen und günstigeres Wetter abzuwarten, weshalb der unruhige D. vorzog, nach London zurückzukehren. Dort dichtete und componirte er wieder fleissig, u. A. das Intermezzo *»The whim of the moment«*, welches einen so unerhörten Erfolg hatte, dass von dem Liede *»Poor Jack«* daraus allein in einigen Wochen 17,000 Exemplare verkauft waren. Viel Glück fernerhin machte seine neue Art deklamatorisch-musikalischer Unterhaltungen (*»Readings and music«*), die er mit eigenen Produktionen in einem Saale hielt, dem er den Namen Sanssouci und die bezeichnende Aufschrift *»Vice la bagatelle«* gab. Trotz aller dieser glücklichen Erfolge und mehrmaliger Unterstützung von der Regierung starb D. 1814 in grosser Dürftigkeit zu London. Ausser den genannten Werken veröffentlichte er eine Geschichte der englischen Bühne

(London, 1795, 5 Bde.), ein didaktisches Gedicht »*The harmonic preceptor*« (London, 1807), seine Memoiren, betitelt »*Professional life*« (2 Bde., London, 1802) und viele Schauspiele und Romane. Endlich hat er auch noch Claviersonaten und andere Instrumentalstücke componirt. Es ist zu bedauern, dass er sein eminentes Talent nicht durch Studium zu seiner vollen Entfaltung hat gelangen lassen.

Dibdin, Elisabeth, geschickte englische Harfenspielerin, geboren 1787 zu London, war als Virtuosin sehr geschätzt und als Lehrerin gesucht. Sie starb als Professorin ihres Instruments an der königl. Akademie in London.

Dicäarchus aus Messana, ein griechischer Philosoph, der um 300 v. Chr. lebte, sich der Lehre des Aristoteles anschloss und »über Musik«, sowie »über musikalische Wettkämpfe« geschrieben hat. Die Fragmente seiner Schriften gab M. Fuhr (Darmstadt, 1841) heraus.

Dicelius, Johann Sebastian, deutscher Tonkünstler, geboren zu Schmalkalden um 1650, studirte 1669 zu Jena Medicin, und betrieb daneben eifrig Musik, wofür die von ihm in jenem Jahre zu Jena herausgegebene »Nacht-Musik auf Schenkii Geburtstag, *a Canto solo con Ritornello a 2 V. e Contrab.*«, sowie der Umstand, dass er um 1693 Cantor zu Tondern im Schleswig'schen war, Beweis geben.

Dichord oder **Dichordon** (griech.), der Zweisaiter, war Ende des 18. Jahrhunderts der gebräuchliche Name für das einzige antike Griffbrettinstrument, das zuerst Burney durch seine *Hist. of the Mus.* T. I p. 204—205 allgemeiner bekannt machte, und dessen Urname wie Ursprung bis heute noch nicht ermittelt ist. Aus bildlichen Darstellungen wissen wir, dass sowohl in Aegypten wie Assyrien dies Tonwerkzeug in fast gleicher Form in Gebrauch war, und zwar in Assyrien nur zweisaitig, wie die Saitenenden documentiren, in Aegypten jedoch selbst drei- und mehrsaitig, wie die dargestellten Wirbel verrathen. Das frühest gebrauchte D. in Aegypten, dessen Bild in die Hieroglyphenschrift aufgenommen, von mehr lautenähnlicher Form, wurde wahrscheinlich nur, wie das Monochord (s. d.) der Griechen, zu genauen Tonhöhenmessungen angewandt; die aus weit späteren Zeiten stammenden Abbildungen des eigentlichen, D. genannten Griffbrettinstruments, welches einen viel längeren Hals zeigt als das hieroglyphische, zeigen uns wohl erst das umfangreichere Tonfolgen zu geben fähige Musikinstrument; die Saiten desselben wurden wahrscheinlich mittelst eines Plectrums tönend erregt.

0

Dichte Klanggeschlechter (latein.: *genera spissa* oder *densa*), ist die Benennung des chromatischen und enharmonischen Klanggeschlechts der Griechen, wegen der über dem Grundtone der Tetrachorde dicht zusammengedrängten chromatischen Halb- und enharmonischen Viertelstöne (das Dichte, *pyknon*). Dies diatonische Klanggeschlecht hiess *genus rarum*. S. Tetrachord.

Dickhut, Christian, deutscher Hornvirtuose, hat sein Instrument wesentlich verbessert und viele angenehme Stücke für dasselbe, auch für Guitarre componirt. Um 1812 war er Mitglied der Mannheimer Kapelle.

Dickinson, Edmund, englischer Naturforscher und um 1680 als königl. Leibarzt in London angestellt, hat u. A. eine *Periodica exegesis* über griechische Musik (London, 1689) erscheinen lassen.

Dickmann, Marie, beliebte deutsche Bühnensängerin, geboren 1817 in Elbing, war von 1837 bis 1845 am Königstädter Theater zu Berlin engagirt.

Dickons, Madame, geborene Poole, berühmte englische Sängerin, geboren 1780 zu London, war lange Zeit eines der angesehensten Mitglieder am Coventgarden-Theater und glänzte auch in der italienischen Oper zu Paris, in Venedig u. s. w. Im J. 1822 entsagte sie der Bühne und starb 1833 zu London.

Didaktik (aus dem Griechischen, von διδάσκειν d. i. lehren abgeleitet), die Unterrichtswissenschaft, heisst der Theil der Erziehungslehre, welcher die Gesetze und Regeln für den Unterricht insbesondere darlegt. Da sich bei jeder Art des Unterrichts, also auch beim musikalischen, drei Momente unterscheiden lassen, nämlich Zweck. Mittel und Methode, so umfasst die musikalische D. die Lehre von dem Zwecke, den Mitteln des Musikunterrichts oder dem Unterrichtsstoffe und der Methode. Davon abgeleitet nennt man didaktische Werke alle Arten praktischer oder theoretischer Lehrbücher, auf musikalischem Gebiete also z. B. Schulen oder Anleitungen zum Singen, resp. zum Gebrauch musikalischer Instrumente, Harmonie- und Compositionslehren u. s. w.

Diday, Emil, französischer, in Paris lebender Arzt, schrieb u. A. eine physiologische Abhandlung über das Umschlagen der Stimme (Paris, 1840).

Diderot, Denis, berühmter Philosoph und einer der ausgezeichnetsten unter den französischen Encyklopädisten, geboren am 5. Octbr. 1713 zu Langres in der Provinz Champagne, erhielt seine wissenschaftliche Erziehung im dortigen Jesuitencollége und war für den geistlichen Stand bestimmt, der ihm jedoch nicht zusagte, weshalb ihn sein Vater behufs juristischer Studien nach Paris sandte. Dort legte sich D. aber mit Vorliebe und Eifer auf Mathematik, Physik, Philosophie und schöne Wissenschaften und erwarb sich bald unter den schönen Geistern der Hauptstadt einen Namen. Den Grund zu seinem Ruhme in musikalischer Hinsicht legte er hauptsächlich durch seine »*Mémoires sur différens sujets de mathématique*« (Haag, 1748), welche die Prinzipien der Akustik in sehr guter und scharfsinniger Behandlung vereinigt enthalten. Besonders fruchtbar wirkte auf ihn der freundschaftliche Umgang mit Rousseau und d'Alembert, mit denen verbunden er 1751 jene berühmte »Encyklopädie« begründete, die noch immer mustergültig für alle lexikalischen Arbeiten und Forschungen dasteht. D. selbst unterzog sich bei diesem mühevollen, zwanzig Jahre in Anspruch nehmenden Unternehmen der Ausarbeitung der in die Künste und das Gewerbewesen fallenden, namentlich auch aller auf Instrumentenbau bezüglichen Artikel. Ausserdem hat er in zahlreichen Einzelschriften musikalisch sehr bedeutsame Untersuchungen angestellt und treffliche Winke gegeben. Eine Auswahl der aus denselben gezogenen Fragmente befindet sich im 8. Jahrg. der Leipziger allgemeinen musikal. Zeitung Nr. 12 u. ff. Der Gewinn aller dieser Arbeiten war aber bei seiner wenig geordneten Haushaltung so unbedeutend, dass er sich genöthigt sah, seine werthvolle Bibliothek zu veräussern. Die Kaiserin von Russland kaufte dieselbe für 50,000 Livres, überliess sie ihm aber zum Gebrauch auf Lebenszeit. Auf ihre Einladung ging D. nach Petersburg, missfiel jedoch durch ein zweideutiges Quatrain, so dass er bald wieder abreiste. Er starb am 31. Juli 1784 zu Paris. In Deutschland haben die grössten Geister wie Lessing, Goethe, Rosenkranz, F. v. Raumer u. s. w. bis in die neueste Zeit hinein das Andenken an D.'s ausserordentliche Bedeutung rege erhalten.

Didymäos (griech., latein.: Didymäus) ist der Beiname des Musengottes Apollon, den er erhalten hatte von dem kleinasiatischen Orte Didyma, jetzt Jeronda oder Joran, im Gebiete von Milet, wo der berühmte Tempel mit der Apollonstatue von Komachos und dem Orakel des Gottes sich befand, welches letztere sich bis in die spätesten Zeiten des hellenischen Cultus erhielt. Gleichfalls berühmt waren in diesem Orte die Didymeen, Feste der kleinasiatischen Griechen, bei welchen hauptsächlich musikalische Wettstreite veranstaltet wurden.

Didymisches Komma, also nach den griechischen Gelehrten Didymus (s. d.), sonst auch wohl syntonisches (s. d.) genannt, bezeichnet noch heute in der mathematischen Klanglehre das Komma (s. d.), welches den Unterschied zwischen dem grossen, durch die Proportion 9 : 8 zu gebenden, und dem kleinen durch die Ration 10 : 9 auszudrückenden Ganzton darstellt. Dieser Unterschied, der in dem nur noch dem Namen nach bekannten Werke des Didymus: »*De differentia Aristoxeniorum et Pythagoricorum*« zuerst festgestellt gewesen sein soll, stellt die Ration 80 : 81 genau dar, und ist derselbe die Summe der Verhältnisse (2048 : 2025, s. Diaschisma) $+$ (32805 : 32768, s. Schisma), welche Summe elf Zwölftheilen des pythagoräischen Kommas (s. d.) gleich ist.   2.

Didymus mit dem Beinamen χαλκέντερος, d. i. der mit dem eisernen Eingeweide, berühmter alexandrinischer Grammatiker aus der Schule des Aristarchus, lebte etwa 30 v. Chr. und soll in Folge seines wahrhaft eisernen Fleisses sich den angeführten seltsamen Beinamen erworben haben. Er soll, nach Seneca, über 4000 Bücher verfasst haben, darunter viele die Musik behandelnde, von denen jedoch keines bis auf unsere Zeit gekommen ist. Eins derselben, dessen Titel »*Do differentia Aristo-zeniorum et Pythagoricorum*« gelautet haben soll, soll die wichtige Erfindung des D., die Verbesserung der pythagoräischen Proportion des Ganztons 9:8 zu 10:9, sowie die Construction des nach ihm **didymischen** genannten Kommas 81:80 enthalten haben. Welchen Werth diese Lehren noch heute in der Musik haben, werden die besonderen Artikel eingehender beleuchten. Sonst vergleiche man noch über D. die Auslassungen **Mattheson's** in seinem *Orch. III p.* 407 und **Hederich's** *Notit. Auct. antiqu. p.* 335. — **Gesner** führt in seiner *Bibl. univers.* noch einen D., Sohn des Heraclides an, der zu Nero's Zeiten als Musiker und Musikschriftsteller sich so hervorthat, dass der Kaiser ihm mehrmals Geschenke zukommen liess. — Ferner wird noch von **Hederich** in seinen *Notit. Auct. med. p.* 696 eines D. gedacht, der 392 n. Chr. in Alexandrien, über 80 Jahre alt, lebte, und seit seiner Knabenzeit her blind gewesen war. Derselbe soll in den Wissenschaften und in der Musik sehr bewandert, in seinen rüstigen Jahren Lehrer an der Catechismusschule daselbst gewesen und 395 den Märtyrertod gestorben sein. Vergl. **Forkel**, Gesch. d. Mus., Theil 1 Seite 362 und 363.

Dieckmann, **Lüdert**, ein in Schweden geborener Musiker, der nach **Matthe-son's** Anhang zu Niedtens Musik. Handleit zur Variat. des G. B. p. 199 im Jahre 1720 Organist in Stockholm war. Näheres ist über ihn nicht bekannt. †

Diedicke, **Ferdinand**, trefflicher Tenorist, geboren 1804 zu Obertau, erlangte vom Theater in Dessau aus, dem er seit 1822 angehörte, einen guten Ruf als Sänger und war ausserdem noch als Kammersänger des Herzogs angestellt. Er starb 1847 zu Dessau.

Diehl, eine berühmte deutsche Familie von Instrumentebauern, deren Hauptzweig die Verfertigung von Streichinstrumenten aller Art war und bis auf die Gegenwart geblieben ist. Der älteste derselben, **Martin D.**, geboren um 1775, war kurfürstl. Geigenmacher in Mainz und baute namentlich gute und sehr gesuchte Contrabässe. Von seinen Söhnen, die zugleich seine Schüler waren, ging der ältere, **Jacob Louis D.**, geboren 1807 in Mainz, zunächst nach Bremen, wo er viele Jahre hindurch mit Auszeichnung den Industriezweig seines Vaters betrieb, dann aber, einem Rufe folgend, nach Hamburg, woselbst das Geschäft, in das er seinen Sohn **Nicolaus Louis D.**, Martin D.'s Enkel als Theilhaber aufgenommen hat, in grosser Blüthe steht. Der Hauptgegenstand desselben ist die Erbauung von Violinen und Bratschen, deren Trefflichkeit von Spohr, Lipinski, Joachim und anderen Kunstgrössen glänzende Zeugnisse erhalten hat. Auch vorzügliche Reparaturen älterer classischer Instrumente gehen aus dieser Werkstatt hervor. — Der jüngere Sohn Martin D.'s, Namens **Nicolaus D.**, geboren 1810 zu Mainz, übernahm das Geschäft seines Vaters und verlegte dasselbe nach Darmstadt, wo er als grossherzogl. Hofinstrumentenmacher in Thätigkeit ist und den alten Ruf der Firma, die besten Contrabässe zu bauen, aufrecht erhalten hat.

Dielitz, ein vielseitig ausgebildeter deutscher Gelehrter, geboren 1781 zu Berlin, machte sich dadurch einen Namen, dass er Rousseau's »Dorfwahrsager« metrisch und musikalisch bearbeitete. Ausserdem ist er der Verfasser einer Monographie über die komische Oper.

Dielitz, **Emilie**, eine kunstgebildete Sängerin und Gesanglehrerin, geboren um 1830 zu Berlin, wo sie sich später vielfach als Solistin in Concertaufführungen auszeichnete. Behufs höherer Gesangstudien ging sie nach Paris, wo sie Schülerin **Bordogni's** wurde, dann nach Italien. Mit dem Titel einer königl. sardinischen Kammersängerin kehrte sie nach Berlin zurück und gründete daselbst 1859 eine Gesangschule mit dem ausgesprochenen Zwecke, die Methode Bordogni's und Garcia's zu pflegen. Dieselbe ging aber nach kurzem Bestehen wieder ein.

Diem, **Joseph**, ausgezeichneter Violoncello-Virtuose der Gegenwart, geboren 1836 zu Kellmünz bei Memmingen in Baiern, war der Sohn armer Landleute, dem es nur in Folge bewundernswerther Ausdauer und Beharrlichkeit gelang, sich unter den ungünstigsten Umständen vom Hirtenjungen zum berühmten Tonkünstler emporzuschwingen. In frühester Zeit hatte er sich von seinen Ersparnissen eine

Flöte, später eine Geige angeschafft, auf welchen Instrumenten er Tag und Nacht
unverdrossen übte. Als er 15 Jahr alt war, ging er mit einer Truppe von fahrenden
böhmischen Musikanten auf die Wanderschaft und füllte als Tanzspieler die Stimme
einer zweiten Violine aus. Bittere Noth zwang ihn, in der Schweiz diese Gesellschaft
wieder zu verlassen, und er wäre vielleicht für die wirkliche Kunst verloren gewesen, wenn nicht damals ein edler jüdischer Gutsbesitzer sich seiner angenommen und
erwirkt hätte, dass D. behufs höherer musikalischer Ausbildung das Conservatorium in München besuchen durfte. Dort wandte sich D. von der Violine zum
Violoncello und bildete sich, hauptsächlich unter Müller's Leitung, unterstützt
von den seltensten musikalischen Anlagen und einem hellen Sinn, in kürzester
Frist zum Virtuosen auf diesem Instrumente aus. Nach dreijährigem, von ausserordentlichem Erfolge gekrönten Studium gab er zuerst in Augsburg ein Concert,
in dem er sofort Aufsehen erregte und wurde von einem kunstliebenden Nürnberger Fabrikherrn mit einem kostbaren Guarnerio-Violoncello beschenkt. Von
dem Verlangen getrieben, es bis zum höchsten Gipfel auf seinem Instrumente zu
bringen, ging er noch nach Weimar und liess sich von Bernh. Cossmann dem
Ziele seines Strebens zuführen. Ein Artikel J. C. Lobe's in der Gartenlaube
(überschrieben »Ein Sennhirte« im Jahrg. 1870 No. 14) lenkte später die allgemeine Aufmerksamkeit auf D., der auf Empfehlung Cossmann's hin vorerst 1866
einem Rufe als Professor an das Conservatorium in Moskau folgte und dort als
Lehrer mit grossem Erfolg wirkte. Von Moskau aus unternahm er alljährlich
grössere und kleinere Kunstreisen, namentlich nach Deutschland und England
(1872 nach America) und hat sich den unbestrittenen Ruhm erworben, von den heutigen
Violoncellovirtuosen einer der allerersten zu sein. Von einer Thätigkeit D.'s als
Componist dagegen ist nichts bekannt geworden, und es dürfte nur anzuerkennen sein.
wenn die Enthaltsamkeit auf dem Felde der Produktion aus einer richtigen Selbst-
beurtheilung des Umfanges seiner Fähigkeiten hervorgegangen sein sollte.

    Diener, Ernst, berühmter deutscher Sänger, welcher um 1737 in der Hof-
kapelle zu Merseburg stand und sich auch als Componist grösserer Werke auszeichnete, von denen besonders eine Passionsmusik bekannt geblieben ist. — Ein
Sänger der Gegenwart gleiches Namens, der noch in den Stadien der Entwickelung
steht, scheint einer bedeutenden Zukunft entgegen zu gehen. Derselbe war in den
Jahren 1869 und 1870 Violinist der Kroll'schen Theaterkapelle in Berlin, kam
dann als Baritonsänger an das Hoftheater zu Dessau und bildete sich dort zum
Tenoristen aus. Als solcher gastirte er 1871 in Berlin, ging dann nach Mainz
und ist gegenwärtig in Köln engagirt. Trotzdem er mehrfach den Ruf an grosse
Hofbühnen erhalten, hat er es vorgezogen, sich vorerst noch an kleineren Theatern
Routine, Sicherheit und ein bedeutenderes Gesangsrepertoir zu erwerben.

    Diepaga heisst eine sehr geschätzte altindische einfache Rāgina (s. d.), die
eine nach unseren Begriffen unvollkommene Tonleiter verwerthet, indem ein Intervall ausfällt.

    Diepardhur ist die Benennung einer unregelmässigen Taktperiode der alten
Inder, die sie durch die Zeichen oo|[SS andeuteten (s. Notation) und die
mittelst Noten, wie folgt, versinnbildlicht werden kann:

                                                   0.

    Diepvo, Anton Wilhelm, holländischer Trompetenvirtuose, geboren 1808
zu Amersfoort, liess sich, nachdem er sich mit grossem Erfolg auf Reisen öffentlich hatte hören lassen, in Paris nieder, wo er für das Orchester der Grossen Oper
gewonnen wurde. Später wurde er zum Professor der Trompete am Conservatorium ernannt und schrieb als solcher eine brauchbare Trompetenschule.

    Dies, Albert Karl, ein deutscher Maler, geboren 1755 zu Hannover, machte
sich auf musikalischem Gebiete dadurch bemerkbar, dass er zuerst »Haydn's Biographie nach mündlichen Erzählungen« (Wien, 1810) veröffentlichte.

Diëse (französ.), ist in Frankreich die Benennung für das Kreuz, ♯, als Erhöhungszeichen in der Notenschrift, sowie ein Namenzusatz für um einen Halbton erhöhte Töne, wenn diese Erhöhung durch obiges Zeichen vermerkt ist. Man fügt dann dem Namen des erhöhten Tones das Wort *diëse* hinzu, z. B. *ut* mit einem Kreuze versehen (*cis*) nennt man *ut diëse* und *ré* unter gleicher Bedingung (*dis*) *ré diëse* u. s. w. Ueber die Entstehung und Bedeutung dieses Wortes giebt der Artikel *Diesis* nähere Auskunft. †

Dies irae, dies illa heisst nach den Anfangsworten der lateinische Hymnus auf das Weltgericht, dem schon frühzeitig in dem liturgischen Rituale der abendländisch-katholischen Kirche eine bestimmte Stelle angewiesen wurde und der jetzt den zweiten Satz der *Missa pro defunctis* (Requiem) bildet. Unstreitig stammen die schönen und erhabenen Textworte aus dem 13. Jahrhundert und können demnach weder von Gregor dem Grossen (gestorben um 604), noch von Clairveaux (gest. 1153) herrühren. Andere haben sie den Dominicanern Umbertus und Franzipani, die im 13. Jahrhundert als Kirchenliederdichter glänzten, zugeschrieben; am wahrscheinlichsten erscheint es, dass sie von dem Franciscaner Thomas a Celano verfasst sind, der zu Celano im jenseitigen Abruzzo geboren, 1221 Custos der Minoritenconvente zu Mainz, Worms und Köln war, 1230 nach Italien zurückkehrte und um 1255 gestorben zu sein scheint. Wann dieser Hymnus zuerst von der Kirche aufgenommen worden sei, die ihn als Sequenz (s. d.) dem Requiem in der Messe anreihte, lässt sich nicht mehr genau bestimmen; doch ist es jedenfalls schon vor 1385 geschehen. Bei dieser Gelegenheit wurden im Texte mehrere Veränderungen vorgenommen, der Anfang weggelassen und dagegen einige Verse von Felix Hämmerlin, geboren 1389, den man ebenfalls für den Verfasser des ganzen Hymnus gehalten hat, hinzugefügt. In dieser veränderten Form wurde er auch in das römische Missale, welches in Folge des tridentiner Concils im J. 1567 erschien, aufgenommen und von der römischen Kirche noch jetzt gebraucht. Der ursprüngliche Text scheint übrigens der zu sein, welcher sich in der Kirche des heil. Franciscus zu Mantua auf einer Marmorplatte eingegraben findet. S. auch Requiem.

Diesis (griech., latein.: *divisio*, französs.: *diëse*), die Theilung. Schon die alten Griechen bezeichneten mit D. (δίεσις) in der musikalischen Klanglehre Theile des Ganztons, die kleiner als die Tonhälfte waren, welche Benennung von den Lateinern fortgebraucht wurde, und sich bis heute für ähnliche Tonunterschiede in Anwendung findet. Ursprünglich sollen die Pythagoräer nur das *semitonium diatonicum* 256:243 D. genannt haben, später jedoch auch, wie Macrobius im *Somnium Sripionis lib.* 2 c. 1 anmerkt, das *semitonium minus*. Spätere Musikschriftsteller, wie Aristoxenus p. 14 und 20 (334 v. Chr.), Vitruvius *lib.* 5 c. 4, (um Christi Geburt) und Aristides Quintil. *p.* 13 *ed. Meibom* (130 n. Chr.), führen D. als Namen sowohl für den Viertelston (s. d.), wie für den Drittels- (s. d.) und Halbton (s. d.) und nannten dem entsprechend diese Tontheile *D. enharmonica, D. chromatica minor* und *D. magna*. Bei der Wiederaufnahme der griechischen Musikgelehrsamkeit im Mittelalter fand besonders die letzterwähnte Auffassung von D. allgemeinere Geltung, wofür die verschiedenen Werke aus damaliger Zeit so wie die Aufstellung des *Pentecontachordon* (s. d.) oder *Linceo* (s. d.) geheissenen Instruments, das Fabio Colonna, geboren 1567, erfunden hat, Zeugniss ablegen. Ja, man befleissigte sich in jener Zeit, selbst noch kleinere Theile des Ganztons in den praktischen Gebrauch zu ziehen, wie das *Archicymbalum* (s. d.) beweist, das nach Salina *lib.* 3 c. 27 im Jahre 1537 in Italien nicht zu den Seltenheiten gehörte; auf demselben waren die Ganztöne in fünf kleinere gleiche Theile zerlegt, deren drei ein *semitonium majus* und zwei ein *semitonium minus* bildeten, und jeden dieser kleineren Theile nannte man ebenfalls D. Diese verschiedene D. an notirte man folgendermassen:

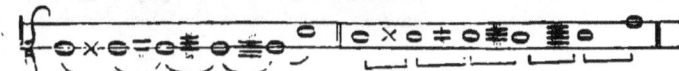

Die praktische Einführung dieser verschiedenen D.en vermochte nicht festen Fuss
zu fassen, hat uns jedoch das jetzt allgemein angewandte Erhöhungszeichen
(s. d.) geliefert und den mit diesem Zeichen verbundenen Ausdruck *dièse* (s. d.)
in den romanischen Tonbenennungen. In neuerer Zeit findet man den Namen D.
in der mathematischen Klanglehre nur für zwei Theile eines Ganztons in Gebrauch,
wenn wir hierin Marpurg folgen, welche die kleine und die grosse enharmonische D. genannt werden. Erstere wird durch das Verhältniss 128:125 dargestellt, das ebenso gross ist wie einundzwanzig pythagoräische Kommas oder wie
das didymische Komma = (81:80) und das *Diaschima* (s. d.) = (2048:2025);
letztere, durch die Ration 648:625 zu geben, gleicht zwei und dreissig pythagoräischen Komma's oder dem didymischen Komma (81:80) und der kleinen enharmonischen D. In der neuesten Zeit begnügt man sich in der mathematischen
Musikwissenschaft damit, für die wenigen kleinen Hilfsintervalle gewöhnlich nur
einen Ausdruck, Komma, anzuwenden, findet jedoch für die Unterschiede des grossen
und kleinen Halbtons und des grossen und kleinen Ganztons noch die Benennung
D. zuweilen in Gebrauch.   2.

Diestler, Christiane Marianne Regina, auch Distler geschrieben, geborene Göbel, eine treffliche deutsche Sängerin, die sich 1786 in Berlin der
grössten Beliebtheit erfreute, aber nach ihrem Rücktritt aus der Oeffentlichkeit in
die dürftigsten Umstände gerieth und von der Welt vergessen 1801 in Breslau
starb.

Dietbold, Caspar, ein um 1650 zu Zürich lebender Handwerker, der ohne
eine musikalische Anleitung gehabt zu haben, zu des Daphnis und Cimbrien
Hirtenliedern Melodien und eine ganz werthlose vierstimmige Begleitung setzte
und 1656 herausgab.   †

Dietelmaier, Michael, deutscher evangelischer Geistlicher, geboren am
16. August 1677 zu Nürnberg, hat schon in seiner Jugend sich als Virtuose auf
der *Viola da Gamba*, wie als Componist einen Namen verschafft, nachdem er den
Unterricht in der Instrumental- und Vocalmusik bei Caspar Wecker und auf
der *Viola da Gamba* bei Gabriel Schütze genossen hatte. Die Theologie studirte er in den Jahren nach 1696 auf den Universitäten Jena, Giessen und Altdorf
und wurde bereits 1701 Frühprediger an der St. Margarethen-Kirche in Nürnberg,
wenige Jahre darauf ebenda Diaconus. Er starb am 15. April 1739. Von seinen
musikalischen Arbeiten sind nur wenige erhalten geblieben, von denen die den
musikgeschichtlichen Ursprung einiger Choräle betreffenden einigen Werth haben.
Fast einzig steht die Behauptung D.'s in seiner »Abhandlung aus allen Theilen
der Theologie« da, dass die Melodie des Chorals »Es ist das Heil uns kommen her«
der zweiten Weise, und die Melodie von »Kommt her zu mir, spricht Gottes Sohn«
der sechsten Weise in dem »Oktoechus« d. h. in dem aus acht Gesängen bestehenden griechischen Gesangbuche, das zur Zeit Karls des Grossen, 800, in die lateinische Kirche aufgenommen sein soll, nachgebildet worden sind, welche Behauptungen, obgleich sie keine allgemein anerkannte Widerlegung erfahren haben,
doch als unhaltbar zu betrachten sind.   †

Dieter, Christian Ludwig, deutscher Violinvirtuose und weithin beliebter
Componist, auch Dietter geschrieben, geboren am 13. Juni 1757 zu Ludwigsburg, war 1770 einer der ersten Zöglinge der Karlsschule, auf der er sich allseitig
ausbildete, zunächst um Maler zu werden. Da er jedoch vielversprechende musikalische Anlagen offenbarte, so widmete er sich auf den Rath des Herzogs Karl
der Tonkunst und begann Violinstudien eifrig zu betreiben, anfangs beim Musikmeister Seubert, später bei Celestini. Mit Composition befasste er sich als Autodidakt, soll aber auch hierin einige Unterweisung, und zwar vom Kapellmeister Bo-
roni empfangen haben. Seit 1781 war er erster Violinist der Hofkapelle, wurde
sodann zum Kammermusiker ernannt und blieb in dieser Stellung bis 1817, wo er
seines Alters halber pensionirt wurde. Er starb 1822 zu Stuttgart. — Als Componist zeichnete sich D. durch Anmuth, Natürlichkeit und leichte, gewandte
Schreibweise aus, welche Eigenschaften in seinen zahlreichen komischen Opern

und Operetten vortheilhaft hervortreten. Zu nennen sind davon: »der Irrwisch«, »der Rekrutenaushub«, »der Schulze im Dorfe«, »Belmonte und Constanze«, »das Freischiessen«, »die Dorfdeputation«, »Glücklich zusammengelogen«, »der Luftballon«, »Elisinde«, »des Teufels Lustschloss«. Den Genannten schliesst sich eine grosse Oper »Laura Rosetti«, sowie Gelegenheitsarbeiten zu Hoffestlichkeiten mehr oder minder glücklich an. Von seinen zahlreichen Instrumentalwerken sind gedruckt: Fagott- und Flötenduette, Sonaten für Fagott mit Violoncello, Duette für Violine und Flöte, Concerte und Concertinos für Fagott, sowie für Flöte, Stücke für 3 Flöten, concertirende Sinfonien für 2 Flöten mit Orchester etc.; unredruckt blieben: Concerte und Solos für Violine, für Horn, Flöte, Oboe, Fagott, Doppelconcerte für 2 Flöten und ein Doppelconcert für 2 Oboen.

Dieterich, Friedrich Georg, berühmter deutscher Orgel- und Clavierspieler, geboren 1686 zu Schwäbisch-Hall, war daselbst Schüler des ausgezeichneten Organisten Welter und studirte später drei Jahre hindurch beim Kapellmeister Störl in Stuttgart Composition. Seit 1708 unternahm er als Clavierspieler Kunstreisen, die ihn weithin führten und reiche Anerkennung einbrachten, so 1710 nach Italien, wo er sich bei Vianesi in Venedig noch weiter in der Setzkunst und im Clavierspiel ausbildete. Ein Jahr später erhielt er den Ruf als Organist an der Katharinenkirche seiner Vaterstadt und 1720 an der dortigen Hauptkirche St. Michael als Nachfolger Welter's. Als solcher starb er im J. 1747. Es steht fest, dass er viel, namentlich kirchliche Werke componirt und auch herausgegeben hat; es hat sich aber nichts dergleichen mehr auffinden lassen.

Dietgerus oder **Theogerus,** Mönch zu Hirschau, dann Abt zu St. Georg im Schwarzwald, zuletzt, um 1118 Bischof von Metz, schrieb einen Traktat über Musik, der im 2. Bande von Gerbert's *Script. ecclesiast.* enthalten ist.

Diethe, Johann Friedrich, trefflicher Oboebläser, geboren am 15. Juli 1810 in dem Dorfe Ritteburg in Thüringen, wo ein Maurer sein erster Musiklehrer und zwar im Violinspiel war. Als er 13 Jahr alt war, begann er eine fünfjährige Lehrzeit beim Stadtmusicus in Sangerhausen und nahm hierauf sechs Jahre hindurch als Oboist Dienste bei einem Militair-Musikcorps in Düsseldorf. Von dort aus wurde er für das Düsseldorfer Theaterorchester gewonnen, gerade als Mendelssohn die Direktion desselben führte, der D. so schätzte, dass er ihn als ersten Oboisten für das Gewandhaus und Stadttheater 1836 nach Leipzig berief, in welcher Stellung derselbe noch jetzt thätig ist. Ein sehr schöner Ton und grosse Fertigkeit zeichnen sein Spiel aus. Als Componist ist er mit Märschen für Harmoniemusik, sowie mit Concerten für Oboe, Trompete und Posaune hervorgetreten.

Dietrich, Albert Hermann, ein hervorragender Componist und Dirigent der Gegenwart, wurde am 28. Aug. 1829 in dem Forsthause Golk bei Meissen geboren. Seinen ersten wissenschaftlichen wie musikalischen Unterricht, welcher letztere im Clavierspiel bestand, erhielt er bei einem Candidaten der Theologie. Von 1842 an besuchte er das Gymnasium zu Dresden, und die musikalischen Anregungen, welche er in dieser Stadt empfing, wirkten so mächtig auf ihn ein, dass er sich im Einverständnisse mit seiner Familie der Tonkunst zu widmen beschloss. Bis 1847 studirte er bei Jul. Otto, bezog dann die Universität in Leipzig, wo er Philosophie, Geschichte und Aesthetik hörte und bei Rietz und Hauptmann seine musikalischen Studien fortsetzte. Von dort ging er 1851 nach Düsseldorf und trat in einen für ihn sehr fruchtbaren Verkehr mit Rob. Schumann. Drei Jahre später kehrte er nach Leipzig zurück und hatte die Freude, im darauf folgenden Winter seine erste Sinfonie im Abonnementsconcerte des Gewandhauses zu Leipzig mit Beifall aufgeführt zu sehen. Im Sommer 1855 erhielt D. die Berufung nach Bonn als Dirigent der dortigen Abonnementsconcerte und übte in dieser Stellung einen so wohlthätigen Einfluss auf das Kunstleben der rheinischen Musenstadt aus, dass er 1859 auch zum städtischen Musikdirektor ernannt wurde. Als Aug. Pott in Oldenburg pensionirt worden war, erhielt D. 1861 dessen Amt als grossherzogl. Hofkapellmeister, als welcher er noch jetzt erfolgreich thätig ist und namentlich die dortigen Winterconcerte zu Ruf und Bedeutung gebracht hat. Auf Kunstreisen ist er 1871 in Köln und anderen rheinischen Städten, sowie 1872 in Leipzig als Dirigent und Componist von Orchesterwerken unter grosser Anerkennung seines Talents und edlen Strebens aufgetreten. In seinen Werken huldigt D. mit Entschiedenheit der Schumann'schen Richtung, zu deren bedeutendsten Vertretern er denn auch gegenwärtig gehört. Diese Werke bestehen hauptsächlich in Sinfonien, Ouvertüren, Kammermusikstücken und Gesängen, von denen ein Streichquartett, ein Trio, etwa zwölf Hefte Lieder und einige Claviersachen im Druck erschienen sind.

Dietrich, Georg, deutscher Contrapunktist, der um die Mitte des 16. Jahrhunderts als Cantor in Meissen lebte und nach D r a u d i u s, *bibl. class. pag.* 1616 »*Cantiones christianiae funebres latin. et german.*« (Nürnberg, 1569 und 1573. 8°) herausgegeben hat. Nur von der späteren Ausgabe hat sich noch ein Exemplar auffinden lassen; dasselbe trägt jedoch den Titel: »Christliche Gesäng, lateinisch und Teutsch, zum Begräbniss der verstorbenen« (Nürnberg, 1573).

Dietrich, Johann Conrad, latinisirt **Dietricus**, deutscher Theologe, geboren am 19. Januar 1612 zu Butzbach und gestorben am 24. Juni 1667 als Professor zu Marburg und Giessen, hat in seinen »*Antiquitatibus Biblicis*« (Giessen, 1671), bei Erklärung des 5. und 6. Verses aus dem 6. Capitel des II. Buches Samuelis, von pag. 349 bis pag. 353 »*de musica sacra*« geschrieben.   †

Dietrich Ludwig Ritter von, Musikdilettant und Componist, geboren im J. 1804 in Ollmütz, war der Sohn eines Advocaten, studirte am Theresianeum in Wien und beschäftigte sich viel mit Musik, namentlich mit Guitarrespiel, worin er es zum Virtuosen brachte. Im J. 1843 gab er in Ollmütz ein Heft böhmischer Lieder unter dem Titel: »*Písně vlastenecké*« mit Guitarre- oder Pianofortebegleitung heraus, wovon das Lied: »*Moravo, Moravo Moravičko mila*« zur Nationalhymne des mährischen Volkes und in den Ländern der böhmischen Krone überall populär geworden ist. D. starb im J. 1859 in Wien.   M—s.

Dietrich, Sixtus, ein vorzüglicher und berühmter deutscher Componist, der um die Mitte des 16. Jahrhunderts zu Constanz lebte. Proben von seiner Arbeit befinden sich im Dodecachordon des Glareanus auf Seite 276, 328 und 343, sowie in Hans Walter's Cantionalen. Ausserdem kennt man noch von ihm 36 seiner Antiphonien (Wittenberg, 1541, bei Georg Rhau) und »*Novum opus musicum, tres tonos sacrorum hymnorum continens etc.*« (Wittenberg, 1545, ebendas.).

Dietrichstein, Moritz Joseph Graf von, trefflicher Kunstkenner und Musikdilettant, geboren am 19. Febr. 1775 zu Wien, war von 1791 bis 1806 in österreichischem Militairdienst, führte aber seitdem ein vorzüglich den Künsten und Wissenschaften gewidmetes Leben. Eng verbunden war er besonders mit dem Abt Stadler und einigen anderen musikalischen Grössen Wiens. Im J. 1819 wurde er zum Intendanten der kaiserlichen Hofkapelle mit dem Titel Hofmusikgraf, zwei Jahre später zum Hoftheater-Intendanten, später zum Hofbibliothekpräfekten und Oberhofmeister der Kaiserin ernannt und starb im Juli 1854 in Wien. Von seinen Compositionen hat er einige Sammlungen Tänze für Pianoforte zwei- und vierhändig und mehrere Hefte Lieder durch den Druck veröffentlicht.

Dietsch, Pierre Louis Philippe, angesehener französischer Componist, geboren am 17. März 1808 zu Dijon, war zuerst Chorknabe an der Kathedrale seiner Vaterstadt und wurde als solcher durch den Italiener T r a v i s i n i eingehender in der Musik unterrichtet. Eine weitere Ausbildung empfing er seit 1822 in C h o r o n's Musikschule in Paris, und besuchte 1830 das Conservatorium, wo er bei R e i c h a Composition und bei C h e n i é Contrabassspiel studirte. Bereits nach einem Jahre wurde er Contrabassist im Orchester der italienischen Oper, später der Grossen Oper und endlich Correpetitor der letzteren, eine Stellung, in der er sich sehr verdient machte und deshalb hochgeachtet war. Inzwischen hatte er auch die Kapellmeisterstelle an der Kirche St. Eustache erhalten, die er 1842 mit dem gleichen Posten an der Madeleinekirche, den er gegenwärtig noch inne hat, vertauschte, während er an der Grossen Oper 1860 zum Orchesterchef aufstieg. — D. ist ein ebenso erfahrener Dirigent, wie tüchtiger und geachteter

Componist. Messen und andere religiöse Musikwerke seiner Composition werden in Paris vielfach aufgeführt, sind auch zum Theil in Druck erschienen. Auf dem Felde der ernsten Oper hat er die Partitur zu »*Le vaisseau fantôme*« (der fliegende Holländer) geliefert, zu deren Textbuche R. Wagner den Anstoss gegeben hatte und die 1842 in Paris zur Aufführung kam, aber sich, trotz mehrfacher Anerkennung, nicht zu halten vermochte.

Diettenhofer, Joseph, geschickter deutscher Tonkünstler, geboren 1749 zu Wien, siedelte, um einen angemessenen Wirkungskreis als Musiklehrer zu finden, nach Paris (1778) und von dort während der französischen Revolutionszeit nach London über, in welcher letzteren Stadt er auch starb. Bekannter hat er sich durch Veröffentlichung einer Harmonielehre gemacht.

Dietz, Johann Christian, geschickter deutscher Mechanicus zu Emmerich, geboren 1778 zu Darmstadt, der sich durch Verbesserungen vorhandener und Erfindung neuer Instrumente als ein denkender Künstler erwies, wovon das von ihm gebaute Melodion, auf dem sich Betzold aus Gotha hören liess, ferner das Frochleon, die Clavierharfe etc. Zeugniss ablegen. Sein Sohn und Schüler Christian D., geboren 1801 zu Emmerich, unterstützte die Bestrebungen des Vaters und führte dessen Geschäft in gleichem Sinne weiter fort.

Dietz, Johann Sebastian, deutscher Kirchencomponist, geboren um 1710 im Kreise Franken, war Regenschori an der Pfarrkirche zu Wasserburg am Inn und hat von seiner Composition veröffentlicht: »*Alphabetarius musicus, exhibens septem Missae solemnes in claves ordinarias distributas et secundum stylum modernum et tamen ecclesiasticum elaboratus*« (Augsburg, 1735).

Dietz, Joseph, deutscher Tonkünstler von Ruf, geboren um 1735 in der Provinz Preussen, hat sich zu seiner Zeit durch Composition von verschiedenartigen Clavierstücken mit und ohne Begleitung anderer Instrumente bekannt gemacht.

Dietz, Kathinka von, eine ausgezeichnete deutsche Pianofortevirtuosin, geboren 1816 zu München, erregte schon in ihrem 6. Lebensjahre durch ihre Fertigkeit auf dem Claviere Bewunderung, die sich steigerte, als sie sich, 12 Jahr alt, öffentlich mit den schwierigsten Werken hören liess. Der König Maximilian von Baiern, vor dem sie in einem Hofconcerte spielte, gewährte ihr ein mehrjähriges Stipendium zu dem Zwecke, sich bei Kalkbrenner in Paris völlig auszubilden, welchem Zwecke sie auf's Beste nachkam. In den Jahren 1836 und 1837 musste sie jedoch ihrer Gesundheit wegen dem musikalischen Studium entsagen. Erst 1838 erregte sie in Concerten zu Paris, sowie in Deutschland das grösste Aufsehen. Nach einigen ferneren Kunstreisen kehrte sie nach München zurück und hat bis in die letzte Zeit hinein ihr technisch vorzügliches und äusserst gefühlvolles Spiel mit dem bedeutendsten Erfolge geltend gemacht.

Dieupart, Charles, ein guter französischer Clavier- und Violinspieler, geboren um 1670, der sich in London niederliess und durch seine Kunstfertigkeit grosses Ansehen erwarb. Mit Haym und Clayton begründete er daselbst um 1707 die erste italienische Oper, vermochte dieselbe aber nicht zu halten, da Händel mit seinem Concurrenzunternehmen seit 1710, wo dessen »Rinaldo« Zugoper geworden war, das allgemeine Interesse in Anspruch nahm. D. musste sich endlich mit seinen Genossen darauf beschränken, sein Institut ohne theatralischen Apparat zu Concertzwecken zu verwenden und sah sich schliesslich gezwungen, es ganz aufzulösen. Seitdem widmete er sich nicht ohne Erfolg der Ertheilung von Musikunterricht. Leichtsinn und Nachlässigkeit liessen ihn aber auch auf diesem Felde aller Vortheile wieder bald verlustig gehen. Tiefer und tiefer sinkend, starb er 1740 in Dürftigkeit und Elend. Von seinen Compositionen sind Suiten, Uebungsstücke u. s. w. für Clavier, Solos für Flöte mit Bassbegleitung und einiges andere im Druck erschienen.

Diez, geschätzter deutscher Bühnentenorist und Liedersänger, der an mehreren süddeutschen Bühnen engagirt war. Der Höhepunkt seines Rufes fällt in die Jahre 1827 bis 1829, besonders als er 1828 in Berlin mit dem entschiedensten

Beifall einige Gastrollen gegeben. Er wurde als erster Tenor für die Münchener Hofoper gewonnen, der er bis zu seinem Rücktritt von der Bühne angehört hat.

Diez, Friedrich Christian, Professor in Bonn, geboren 1794 in Giessen, hat u. A. zwei Werke von musikalischem Interesse veröffentlicht, betitelt: »Die Poesie der Troubadours« (Zwickau, 1827) und »Leben und Werke der Troubadours« (Zwickau, 1829).

Diezelius, Valentin, ein deutscher Tonkünstler, der um die Wende des 16. und 17. Jahrhunderts in Nürnberg lebte, hat eine Sammlung von Madrigalen italienischer Componisten herausgegeben, welche den Titel führt: »Erster Theil, welcher Madrigalien auss den berühmtesten *Musicis Italicis* colligiret, mit 3, 4, 5, 6, 7 und 8 Stimmen« (Nürnberg, 1600).

Diezeugmenos (griech., latein.: *disjuncta*), eigentlich die Getrennten, hiessen im altgriechischen Tonsystem aneinander gränzende. aber nicht durch einen gemeinsamen Ton mit einander verbundene Tetrachorde. S. Tetrachord.

Diezeugmenon (griech.) ist als musikalischer Begriff der Name des vierten griechischen Tetrachordes (h' bis e'), welcher zwischen den Tetrachorden Synemmenon und Hyperbolaion lag. S. Tetrachord.

Diezeugmenon diatonos (griech.), andere Benennung des Tones Paranete diezeugmenon ($= d'$) bei den Griechen. S. Tetrachord.

Differenzen (latein.: *differentiae tonorum*), die verschiedenen Abweichungen der Tropen im Introitus, Psalmen- und Responsoriengesange der alten Kirche. S. Tropus.

Diisek heisst in der persisch-türkisshen Musik eine Melodienart, welche sich im $^3/_4$ Takt *allegretto* bewegt und nur zwei(?) Zeittheile lang ist. Siehe *Makrisi* in der Leidener Bibliothek No. 1062.   O

Dilettant (vom italien. *dilettare*, d. h. lieben) nenut man denjenigen, der sich für die Musik oder eine andere Kunst (auch Wissenschaft) besonders interessirt, ohne jedoch dieselbe zu seiner Hauptbeschäftigung zu machen. In diesem Sinne steht der D. als blosser Kunstfreund, Kunstliebhaber und Kunstkenner dem Künstler oder Fachmann gegenüber. Eine deutlichere Gränze, als die durch diese Namen bezeichnete, lässt sich nur schwer ziehen; wie unsicher eine solche ist, zeigt sich, wenn es auf Beurtheilung der Leistungen mancher Künstler und Dilettanten ankommt. Denn oft genug haben auf dem Gebiete der ausübenden Kunst wie auch besonders der Kunstwissenschaft, Männer, denen die Kunst nicht eigentlich Fachsache gewesen ist, doch überaus segens- und einflussreich für sie gewirkt, während auf der anderen Seite wieder »Künstler« derselben nicht den geringsten Vorschub geleistet haben. Für den Kunstliebhaber hat die Bezeichnung D. nichts Zurücksetzendes, sondern darf als eine ehrenvolle Benennung gelten, auf den Künstler angewendet, ist sie jedoch nicht frei von Verächtlichkeit, indem man voraussetzt, dass der, welcher die Kunst zum Lebensberufe erkoren hat, unter allen Umständen auch Kunstwürdiges leisten, und wenn er auch nicht durch Genie hervorragt, doch durch den Ernst seiner Thätigkeit den Mangel höherer Begabung möglichst decken muss. Der dilettantische Künstler offenbart nur, dass er sich in der Beurtheilung seiner Anlagen für die Kunst einer bedauernswerthen Täuschung hingegeben habe. Aus dieser Erklärung geht zugleich hervor, dass der Dilettantismus der Meister- und tieferen Kennerschaft entgegengesetzt ist, aber nicht mit der Stümperei identificirt werden darf. Er ist an und für sich die warme, begeisterte Kunstliebhaberei, die aber, gemäss ihrem Namen, nicht auf eine einseitige Richtung der Kunst ihr ganzes Interesse lenken soll, sondern auf die Kunst im Grossen, nicht einseitig im Empfangen und Geniessen erstarren, sondern durch praktisches Ueben und wahren Fleiss das, was sie von der Kunst empfängt, zum Gemeingut der menschlichen Gesellschaft machen und zu Opfern für kunstwürdige Zwecke bereit sein soll. Der Dilettantismus in diesem edlen Sinne hat namentlich in Deutschland ehedem eine wichtige und einflussreiche Culturstufe eingenommen, während der moderne Dilettantismus sich leider zum grossen Theile nur in einem affektirten Kunstsinn gefällt, der, ohne von musikalischem Wissen unterstützt zu werden, im leidigen Kenen und Aesthetisiren Genüge findet. Man darf wohl behaupten, dass mit dem Verfall der Kunst auch der wahre Dilettantismus verfällt, oder auch andererseits, dass wenn die Kunst sinkt, der Dilettantismus im üblen Sinne das Uebergewicht erlangt. Einen der trefflichsten Aussprüche über D. und Dilettantismus, besonders allen Musikern beherzigungswerth, findet man in Felix Mendelssohn's Briefen Seite 450.

Dilettantenconcert oder **Liebhaberconcert** nennt man eine Musikaufführung, in welcher alle oder doch die meisten und wesentlichsten Instrumente oder Stimmen nicht mit praktischen Musikern, sondern mit Dilettanten oder Musikliebhabern besetzt sind. Vereine, in denen derartige Aufführungen an bestimmten Uebungsabenden vorbereitet werden, bestehen in fast allen grösseren deutschen Städten; einen weiter verbreiteten Ruf haben sich die Dilettanten-Orchestervereine in Wien, Leipzig und Frankfurt a. M. erworben, welche jährlich eine gewisse Anzahl öffentlicher Instrumentalconcerte veranstalten.

Diletzky, Nicolaus, russischer Tonkünstler, geboren um 1630 im Litthauenschen, lebte als Lehrer der Musik und Componist in Moskau. Er ist besonders bemerkenswerth dadurch, dass er mit der Erste war, welcher theoretisch-didaktische Werke in russischer Sprache verfasste, z. B. Elementarmethoden für Gesang, wie überhaupt für Musik, in Moskau 1677 und 1679 erschienen. D. war auch Componist zahlreicher Kirchenwerke.

Diligenza (ital.), Fleiss; *con d.* mit Fleiss, Vortragsbezeichnung, die eine sorgfältige, durchdachte Art der Ausführung verlangt.

Dilken, J. van, holländischer Orgelbauer, der sich wegen seiner Geschicklichkeit um 1775 in den Niederlanden eines grossen Rufes erfreute.

Dillen, Wilhelm, ein niederländischer Componist, der gegen Ende des 16. Jahrhunderts geboren war, aber in Italien seinen Berufskreis gefunden hatte. Als das weiterhin verzeichnete Werk von ihm erschien, war er Kapellmeister an der Kathedralkirche zu Parma; in dieser Stellung verblieb er auch bis zu seinem Tode. Herausgegeben hat er eine Sammlung fünf-, sechs- und zwölfstimmiger Messen (Venedig, 1622).

Dillher, Johann, Professor und Stadtbibliothekar in Nürnberg, wo er 1669 gestorben ist; geboren war er 1604 zu Themar. Musikalisch ist er dadurch bemerkenswerth, dass er ein Buch unter dem Titel: *»De ortu et progressu, usu et abusu musicae«* verfasst hat.

Dilliger oder **Dillinger,** Johann, deutscher evangelischer Geistlicher und Tonkünstler, geboren 1590 zu Eisfeld in Franken, wurde nach Vollendung seiner Studien in Wittenberg Cantor an der Schlosskirche daselbst, hierauf 1623 Magister und 1625 Cantor zu Coburg, 1633 Pfarrer zu Gellershausen und ein Jahr später Diakonus an der Moritzkirche zu Coburg, als welcher er am 28. Aug. 1647 starb. Gerber führt noch 11 von D.'s Musikwerken auf, als: *»Prodromi triciniorum sacrorum,* newer Geistlicher Liedlein mit 3 Stimmen gesetzt« (Nürnberg, 1612); *»Exercitatio musica I. continens XIII selectissimos concentus musices variorum auctorum, cum basso generali, quibus accesserunt 8 cantilenae 3 vocibus« (Wittenberg, 1624); »Musica christiana cordialis domestica,* d. i. Christliche Hauss- und Herzens-*Musica,* aus 37 in *Contrapuncto simplici* gesetzten zwei-, drei- und vierstimmigen Arien bestehend« (Coburg, 1630); *»Musica concertativa,* oder Schatzkämmerlein neuer geistlichen auserlesenen Concerte, von 1, 2, 3, 4, 5, 6—12 Stimmen, sammt dem *Continuo Basso ad Organon et Instrumenta musica directa* etc.« (Coburg, 1632); Gespräch Dr. *Lutheri* und eines kranken *Studiosi,* vordessen zu Wittenberg gehalten, jetzt aber in feine Reime gebracht und mit 4 Stimmen gesetzt« (Coburg, 1628).

Dillsouk, ein berühmter indischer Sänger aus der zweiten Hälfte des 18. Jahrhunderts, geboren 1751 im Königreich Cachemir. Er war der Zeitgenosse und ein künstlerischer Nebenbuhler der gefeierten Bajadere Chanem.

Diludium (latein.), wofür man häufiger den Ausdruck *Interludium* (s. d.) gebraucht, nennt man das Zwischenspiel, insbesondere dasjenige, durch welches die einzelnen Verszeilen eines Chorals in harmonische Verbindung gesetzt werden. Irrthümlicherweise findet sich dieser Begriff ziemlich häufig mit P o s t l u d i u m, N a c h s p i e l (s. d.) verwechselt.

Diluendo (ital.), Vortragsbezeichnung in der Bedeutung v e r l ö s c h e n d, besagt ungefähr dasselbe wie *morendo* oder *perdendosi*, ist aber umfassender wie die nur dynamisch identischen Bezeichnungen *decrescendo* oder *diminuendo*.

Diminuendo (ital.), abgekürzt *dimin.* oder *dim.*, Vortragsbezeichnung in der Bedeutung a b n e h m e n d, v e r m i n d e r t, lediglich in Bezug auf die Klangstärke und darum identisch mit *decrescendo*. Häufig steht an Stelle des Wortes *d.* das gleichbedeutende Zeichen ⟩-. S. *Crescendo;* V o r t r a g; V o r t r a g s b e z e i c hn u n g.

Diminutio (latein., ital.: *diminuzione*), die Diminution d. i. die Verkleinerung, Verringerung (Theilung), bezeichnet a) die Nachahmung einer vorangegangenen Melodie in Noten von halbem Werthe, so dass die Ganzen, Halben, Viertel- etc. Noten der Melodie in der diminuirten Nachahmung (*per diminutionem*) zu Halben, Viertel-, Achtel- etc. Noten gestaltet werden, ein Gebrauch, der besonders in contrapunktischen Sätzen, in der freien Imitation (s. N a c h a h m u n g), im K a n o n, in der F u g e (s. d.), aber auch in gut gearbeiteten Tonstücken freien Styls vortheilhaft zur Anwendung gebracht wird. — b) Verkleinerung des Zeitwerthes der Noten in der Mensuralmusik (s. M e n s u r a l n o t e n s c h r i f t). — *D. notarum* nennt man die melismatischen Zergliederungen der Hauptnoten eines Taktes in eine ihnen gleichgeltende Summe von Noten geringeren Werthes, wie z. B. Zerlegung der Viertel in Achtel, Sechszehntheile etc.

Dimmler, A n t o n, deutscher Musiker und fruchtbarer Componist, geboren am 14. Octbr. 1753 in Mannheim, wo er vom Hofmusiker J o s. Z i w i n a zu einem tüchtigen Hornbläser gebildet und von Abt V o g l e r in der Composition unterwiesen wurde. Im J. 1774 wurde er Hornist der Mannheimer Hofkapelle, später als dieselbe und mit ihr D. nach München kam, 1778, Contrabassist, welches Instrument er, ebenso wie Guitarre, gleichfalls sehr fertig spielte. In dieser Stellung schrieb er nicht weniger als 185 zum Theil sehr beliebt gewesene Ballet-Partituren, von denen »der erste Schäfer«, »Medea«, »die Grazien«, »Ritter Amadis« namentlich aufgeführt worden, ferner die damals weithin bekannten Opern und Operetten »der Guckkasten«, »die Schatzjäger«, »die Zobeljäger« u. v. a. Von seinen zahlreichen Instrumentalwerken, als Sinfonien, Quartette, Streichtrio's, Concerte für verschiedene Instrumente etc. ist das Meiste ungedruckt geblieben. D. selbst soll 1819 in München gestorben sein.

Dio, griechischer Rhetor, lebte um 94 bis 117 n. Chr., war aus Prusa in Bithynien gebürtig, und wurde C h r y s o s t o m u s, seiner Beredsamkeit wegen genannt. Es sind von ihm über 80 *Orationes*, in guter attischer Sprache geschrieben, noch vorhanden, die mit einer lateinischen Uebersetzung 1604 und 1623 und mit sachlichen Anmerkungen von Claud. Morell und Casauboni in Paris erschienen und in denen das 1., 2., 7., 10., 13., 14., 19., 20., 26., 32., 33., 37., 48. und 49. Capitel von musikalischen Dingen und Personen handeln. Die beste Ausgabe mit kritischem Apparate lieferte Emperius (Braunschweig, 1844).   †

Diodorus, ein altrömischer Musiker aus Argyrium in Sicilien, war der Liebling des Kaisers Nero, dessen Gesang er auf der Harfe begleiten musste. Er soll auch Verbesserungen an der Flöte angebracht und den Umfang derselben durch Hinzufügung mehrerer Tonlöcher erweitert haben. Mit Unrecht ist er mit dem berühmten Geschichtsschreiber gleichen Namens, dem Zeitgenossen des Julius Cäsar und des Augustus, in musikalischen Wörterbüchern identificirt worden.

Diokles, altgriechischer Musiker, der ungefähr um 430 v. Chr. lebte, soll Erfinder eines Schlaginstruments gewesen sein, das mittelst hölzerner Stecken irdene Gefässe tönend erregte. Vgl. Voss, *de Poëtis Graecis c.* 6 *p.* 208 und Dr. Fabricii *Bibl. Graec. Vol. IX. p.* 688. — Ein anderer D., Eleita zubenannt, war als Tonkünstler Schüler des Georgias Leontinus und aus Elea in Asien gebürtig. Nach Suidas hat derselbe ein Werk, »ἁρμονιχὰ« betitelt, geschrieben, das nach Roeclevi *Biblio-*

graph. Crit. p. 506 und Ger. Joan. Vossii *lib.* 3 *c.* 22 § 6 *de Mathesi* noch in italienischen Bibliotheken vorhanden sein soll. †

Diogenes, griechischer Philosoph aus Laërte in Cilicien, und deshalb Laërtius genannt, lebte wahrscheinlich in der ersten Hälfte des 3. Jahrhunderts n. Chr. und hat zehn Bücher *de vitis Philosophorum* in griechischer Sprache geschrieben, in denen auch einige Musiker erwähnt werden, weshalb derselbe, zuerst von Brossard, mit unter die Musikschriftsteller gezählt wird. †

Diomedes, Catone, ein aus Venedig gebürtiger italienischer Lautenist und Componist, der um die Wende des 16. und 17. Jahrhunderts lebte, hat, im Dienste eines Magnaten in Polen stehend, Compositionen für sein Instrument geschaffen, von denen einige im *Thesaurus Harmonicus* des Besardus aufgenommen sind. Ausserdem kannte man von ihm die in Musik gesetzte Gedichte des Stanislas Grochowski, welche 1606 in Krakau erschienen sind. †

Diomus, ein alter sicilianischer Hirt und Poet, hat den Bucoliasmus, einen Tanz, zu dem gesungen wurde, für die Flöte erfunden, der bald von seinen Standesgenossen sehr gepflegt und später auch von andern Tonsetzern nachgebildet wurde. S. Siciliano. †

Dion, altgriechischer Kytharist aus Chios, dessen musikalischer Mitwirkung bei den Bacchusfesten Menechmus bei Athenäus 54, 9 Erwähnung thut.

Dionigi, Marco, italienischer Tonkünstler, geboren um die Mitte des 17. Jahrhunderts zu Poli, war Chorregent an der Kathedralkirche zu Parma und veröffentlichte: »*Primi tuoni, introduzione nel canto fermo*« (1710).

Dionysien hiessen in Griechenland die zu Ehren des Gottes Dionysos oder Bacchus unter Musik, Gesang und Tanz gefeierten lärmenden Feste, bei denen die Bacchanten und Corybanten (s. d.) eine Hauptrolle spielten.

Dionysiodorus, altgriechischer, zu Alexanders des Grossen Zeiten sehr gerühmter Flötenspieler, der besonders dadurch sich einen Ruf erwarb, dass er selbst den Ismenias in seiner Kunst übertraf. Vgl. Plin. *hist. nat. lib.* 37 *c.* 1 und Diogenes Laërtius *lib.* 4 *de Cratete.* 0

Dionysius hiessen mehrere Griechen, die sich um die Musik verdient gemacht haben. — So D. der Aeltere, von 404 bis 366 v. Chr. Tyrann zu Syracus, von Mongitor *T. I Bibl. Sicul. p.* 162 »*homo praesertim doctus a puero, artibus ingenii doctus et Musices studiosissimus*« genannt. — Cornelius Nepos *in vita Epaminondae* führt einen aus Theben gebürtigen D. an, der 380 v. Chr. als Musiker grossen Ruf hatte und auch den Epaminondas in Gesang- und Instrumentalmusik unterrichtete. — D., Aelius, von Halikarnass in Karien, der Jüngere genannt, lebte ums Jahr 118 n. Chr. unter dem Kaiser Hadrian, nach Anderen früher und hat viele Musikwissenschaftliches enthaltende Bücher geschrieben. Dr. Fabricius nennt in seiner *Bibl. Graec. lib.* 3 *c.* 32 *p.* 794 und *Vol.* 9 *p.* 690 folgende: 24 Bücher *Rhythmicorum Commentariorum*, 36 Bücher *Musicae Historiae*, in denen er viele Pfeifer, Kytharöden und Dichter anführt, 22 Bücher *Exercitationes musicae disciplinae* und 5 Bücher: *de iis, quae musice dicta sunt apud Platonem in Politica.* — Schliesslich sei noch angeführt, dass Thom. Hyde in seinem *Cat. Bibl. Bodlejanae* und Mattheson in seinem *Orch. III p.* 405 eines D. erwähnen, der 1672 drei Hymnen oder griechische Psalmen mit Noten hat drucken lassen (wahrscheinlich mit oben erwähntem Marco Dionigi identisch).

Djorka heisst nach Salvador Daniel, »*La Musique des Arabes*« (Algier, 1863) die vierte arabische Tonart in Algier, deren Scala wir durch

darstellen würden. 0

Diophantos, altgriechischer Flötenspieler, welcher bei den Hochzeitsfestlichkeiten Alexanders des Grossen mit thätig war.

Dioxia (griech.), ältere griechische Benennung der Diapente (s. d.) oder Quinte.

Dipaca ist der Name einer der sechs Haupttonleitern im alten Indien und
zwar, wenn man den Angaben der *Rágavibodha, de Sôma*, (s. d.) folgt, die
fünfte, welche in unserer Schrift etwa folgendermassen zu geben wäre:

ri,   ×   ma,   pa,   dha,   ni,   sa,   ri.

Nach der Mythologie der Inder hiess der eine der sechs Söhne Brama's und der
Sarawati: der Fünfte, Dipaga oder Dipaca, und nach ihm soll diese Tonart den
Namen erhalten haben.   †

Dipari heisst nach der indischen *Sángita Rátnakára* (s. d.) die erste
Sruti (s. d.) des Halbtons *f — fis*, welche gewöhnlich *Sidpuny* genannt wird.
                                                                                   †

Diphonium (latein. aus dem Griech.), ein Tonstück für zwei Stimmen. —
Diphonie Bezeichnung für Zweistimmigkeit.

Diplasion (griech.), bezeichnete bei den Griechen älterer Zeit den doppelten
Rhythmus *(genus rhythmicum duplum)* im Verhältnisse 2 : 1 oder 1 : 2, bestehend aus
gleichen Zeiten in zwei ungleichen Theilen, von denen der eine also doppelt so gross
ist, als der andere.   Er konnte im Ganzen durch Theilung seiner Zeiten bis achtzehn (12 : 6 oder 6 : 12) Zeiten enthalten und entspricht unserem $^3/_2$-, $^3/_4$-, $^3/_8$-.
$^9/_8$-Tact. — Im Mittelalter wird der Ausdruck D. auch für Diapason (Octave),
ferner **Disdiplasion** für Disdiapason (Doppeloctave) gebraucht. Vergl. Huc-
baldi *musica* in Gerbert, *Script eccles I.* 162. — Endlich war in neuerer Zeit D.
die Benennung für ein Pianoforte mit zwei einander gegenüberliegenden Claviaturen. S. **Doppelflügel.** Hoffmann in Gotha nannte ein ähnliches, 1779 von
ihm gebautes Clavierinstrument *Vis à vis* (s. d.).

Dipodie (aus dem Griech.), d. i. Doppelfuss, auch **Syzygie**, bezeichnet in der
Metrik die Verbindung zweier Versfüsse zu einem Versgliede, wie der doppelte
Jambus (‿ — ‿ —). Auch bezeichnet man damit das Messen oder Lesen der Verse
nach zwei Füssen, daher man einen Vers **dipodisch**, d. i. nach zwei Füssen,
abtheilt.

Directeur (franzōs., ital.: *Direttore*), der Director, Dirigent. S. **Musikdirector.**

Direction — s. auch **Chor, Ensemble** und **Orchester** (franzōs. *direction*
oder *conduite*, italienisch *direzione*, englisch *conduction*) nennt man die Leitung von
Instrumental- oder Gesangkräften. Aufgabe derselben ist: Erzielung einer ebensowohl correcten und klaren als richtigen und durchgeistigten Darstellung des
betreffenden Tonstücks durch `entsprechende Einwirkung auf die Ausführenden.
Der Dirigent ist somit gewissermassen der eigentliche Vortragende, sein Instrument der
von ihm geleitete Instrumental- oder Vocalkörper. Sowohl in geistiger als auch in technischer Beziehung muss folglich jeder tüchtige Dirigent ein stattliches Ensemble
entsprechender Eigenschaften besitzen. Da das **Clavier** dasjenige lediglich aus
dem musikalischen Bedürfniss allmählich herausentwickelte und für die moderne
vielstimmige Musik bedeutungsvollste Instrument, welches dem Einzelnen ermöglicht, vermöge gewisser Abstractionen und Reductionen sich jedes Tonstück vollständig vorzuführen, so wird am Zweckmässigsten an ihm der spätere Dirigent
unter genauem Einleben in unsere classische Clavierliteratur sich für seine ent-
scheidend wichtige Wirksamkeit vorbereiten, an ihm sich die ästhetischen Mittel
aneignen für die Beherrschung des complicirteren Vortrages grösserer Tonstücke,
durch Theilnahme am höheren Claviervortrage unter gediegener und genialer Anleitung allmählich vorschreiten zur Fähigkeit des richtigen Urtheils über Gehalt,
Form und richtige Ausführung der höheren Werke unserer classischen Meister
und so weiter bis zu den bedeutungvollsten Werken der Gegenwart. Hand in
Hand hiermit hat der zum künftigen Dirigenten sich Bestimmende gründlich sich
zu unterrichten nicht nur in den allgemeinen· Grundzügen der **theoretischen**

Elementarlehre, sondern auch im wissenschaftlichen Theile der Compositionslehre.
Endlich darf er, möge ihm dies auch wegen Mangel an stimmlicher Begabung etc.
noch so sehr widerstreben, es keineswegs unterlassen, entsprechend Theil zu
nehmen an einem rationellen Solo- und Chorgesangunterricht. Erst wenn man
selbst singt, geht dem Executirenden eigentlich so zu sagen das Herz auf in Betreff der in seine Auffassung hineinzulegenden Empfindungen, erschliesst sich
erst seine Seele mit voller Wärme beseeltem, seelenvollem Ausdruck. Und wie
unendlich oft vermag er nur dadurch, dass er den von ihm geleiteten Ausführenden
die betreffenden Stellen wohl oder übel vorsingt, sich denselben vollständig klar
zu machen und es durchzusetzen, dass jene Stellen genau so ausgeführt werden,
wie er sich dieselben im Geiste des Componisten dargestellt denkt. Sehr hinder-
lich der Gewinnung einer sicheren geistigen Grundlage erweist sich leider der
grosse Uebelstand, dass die Ausbildung eines dem deutschen Geiste entsprechenden
wahrhaft deutschen Styl's in unserem Musikunterrichte noch in keiner Weise auch
nur annähernd der längst bei Italienern und Franzosen vollendeten Präcisirung
desselben begründet und entwickelt ist. Diese Einsicht wie die viel höheren Anforderungen der Gegenwart nöthigen uns die Ueberzeugung ab, dass die Vorbildung
des Capellmeisters der Gegenwart eine ganz andere sein muss, als die der früheren,
höchstens durch moderne Eleganz übertünchten meistentheils handwerksmässigen
Routine. Diese verantwortlichste aller Stellungen verlangt vielmehr ein Ensemble
von Eigenschaften, welches sich nur durch Vereinigung der umfassendsten
wissenschaftlichen Studien und der durch sie erlangten geistigen Reife, Frische,
Elastizität und Energie mit gewiegter Kenntniss des gesammten Gebietes unserer
Gesang- und Orchestertechnik schaffen lässt. — In technischer Beziehung muss
man vom Dir. verlangen können: ein nicht nur im Allgemeinen feines Gehör, sondern vorzüglich auch scharfes Unterscheiden der Klangfarben der einzelnen Stimmen und Instrumente, ferner tüchtiges Clavierspiel, fertiges Partiturspiel nebst
Kenntniss aller Schlüssel, Bezifferungen und technischen Ausdrücke (der italienischen Sprache), Fertigkeit im Transponiren, sicheres Tactgefühl, möglichst vielseitige Erfahrung und Uebung im Dirigiren und den Ausübenden gegenüber Entschiedenheit und Leutseligkeit. Man übe vor dem Spiegel deutlich unterscheid-
bares Markiren der Tacte und Tacttheile bei ganz ruhiger Körperhaltung.
Jeder Schlag muss in einer von dem vorhergehenden verschiedenen Richtung
in scharfen Ecken schnell und präcis die Luft durchschneiden, weder zu langsam und schleppend noch zu kurz und hastig. Man vermeide runde Bewegungen
(spottweise »Kaffeemahlen« genannt) und unruhige, unklare Schwingungen. Am
Besten ist ein weisser, ¹/₂ Meter langer, nicht zu dicker Stock von festem Holze.
An das Dirigirpult, welches man nöthigenfalls mit einem Bohrer an das Podium
befestigt, lasse man sich rechts oben ein kleines Blech befestigen, um starke
Orchestertutti durch Schlagen auf dasselbe leichter unterbrechen zu können.
In Aufführungen dagegen sind Schläge auf das Pult oder Stampfen mit dem
Fusse als rohe Hülfsmittel zu vermeiden. — Oberarm und Ellenbogen dürfen
sich nicht mitbewegen, sondern nur das Handgelenk. Der Arm ermüdet
sonst sehr bald, auch ist Erheben des Ellenbogens für besondere Betonungen auf-
zusparen, wo es gilt, einen aussergewöhnlichen Eindruck auf die Mitwirkenden zu
machen. Man stelle sich so, dass man Alle im Auge hat, dass Alle die (oft grossen
Einfluss übenden) Mienen des Gesichts sehen können, und schlage so hoch, dass
Jeder den Tactstock sehen kann. Forte und Piano prägt man am Deutlichsten
aus durch bedeutendere oder kleinere Schläge, Sforzati durch ganz kurze, zuckende
Stösse. Jede bedeutendere Fermate*) ist durch ein Rallentando einzuleiten; man

---

*) Ueber Fermaten, wenigstens bedeutungsvollere, gehen die meisten Dirigenten heut-
zutage viel zu hastig hinweg. Man bedenke, dass der Componist dieselben nicht zum Spass
hingeschrieben hat, besonders auch auf Pausen, auf denen längere Fermaten oft von
grosser Wirkung sind.

hält den Stock so lange hoch, als sie dauern soll und giebt endlich durch eine
kleinen Schwung nach oben ein Abschlagzeichen zum Aufhören. Haben einzeln
Stimmen neue Eintritte, besonders nach längerem Pausiren, so muss sich de
Dirigent kurz vorher zu ihnen hinwenden und dorthin ein besonderes Eintritts
zeichen geben, am Besten mit der linken Hand. Man hüte sich, zu viele und un
bedeutende Tacttheile zu markiren und beschränke sich je nach der Schnelligkei
des Tempo's auf vier, drei oder zwei Schläge (im Presto auf einen einzigen) wäh
rend eines Tactes. Nur in sehr langsamem Tempo ist Markiren aller Achtel wich
tig und angemessen, aber auch hier deute man die unbetonten nur mit kleine
Winken an, während die betonten grössere Schläge erhalten. Bei raschem Temp
dagegen lässt sich der viertheilige wie der dreitheilige Tact nur durch ein bis zwe
Schläge bezeichnen (letzteren auf den dritten Tacttheil), um nicht undeutlich z
werden. Enthält ein Tact nur zwei Tacttheile ($^2/_4$- oder *alla breve* $^4/_4$tact), so senk
man bei dem ersten die Spitze des Stabes senkrecht von oben nach unten. Bei vie
Tacttheilen ($^4/_4$-, $^2/_4$-, $^4/_8$-, $^8/_{16}$- und $^{12}/_8$tact) schlägt man den ersten ebenso von obe
nach unten, den zweiten (schlechten) von rechts nach links schief aufwärts, de
dritten (zweiten guten) quer von links nach rechts und den vierten (schlechten
schief von unten nach oben. Bei dreitheiligem Tact ($^3/_4$-, $^3/_8$- und $^9/_8$tact) schläg
man den ersten Tacttheil von oben nach unten, den zweiten von links nach rechts *
schief nach oben und den dritten, ebenfalls schief nach oben, von rechts nach link
Fünf- oder siebentheilige Tacte behandelt man am Deutlichsten als Zusammen
setzungen aus zwei Tactarten, nämlich den fünftheiligen als aus einem drei- un
einem zweitheiligen, den siebentheiligen als aus einem vier- und einem dreitheili
gen bestehend. Besteht ein Tact aus Synkopen, so schlage man ebenfalls di
Haupttacttheile ruhig weiter und markire nicht etwa die Synkopen. Enthält ei
zweitheiliger Tact eine Triole, so darf derselbe deshalb nicht langsamer genomme
werden. Bei Stellen, welche zu gleicher Zeit zwei verschiedene Tactarten enthal
ten, sei man vor Allem darauf bedacht, die in beiden zusammentreffenden Tact
theile recht bestimmt zu markiren, die übrigen Theile der einen Tactart aber mi
dem Tactstock, der andern mit der linken Hand den betreffenden Spielern unmerk
licher anzudeuten**). Auch bei streng tactmässiger Musik fordere man, dass all
Spieler so oft wie möglich auf den Tactstock sehen, selbstverständlich während un
nach jeder Fermate und bei jedem Tempowechsel, denn sonst ist alles Dirigire
vergeblich. *Accelerando's* sind unmerklich und gleichmässig fortschreitend — ohn
Rucke und Stösse zu beleben, *Rallentandos* ebenso unmerklich zu verlangsamen
Um das Ohr im scharfen Unterscheiden der Klangfarben der verschiedenen Sing
stimmen und Instrumente entsprechend auszubilden, sei man vor Allem bestrebt
den Klang-Character, den seelischen Eindruck jeder Stimmgattung, jede
einzelnen Instrumentes in sich geistig aufzunehmen und zu befestigen. Erst dan
kann man sich mit Erfolg im Unterscheiden derselben üben. Um sich aber speziel
in das Orchester hinreichend einzuleben, begebe man sich öfters in Orchester
proben unter die Mitwirkenden, um ihr Thun und Treiben kennen zu lernen, be
sonders aber, um die Klangfarben der einzelnen Instrumente zu studiren. Ausser
dem gehe man zu den einzelnen Bläsern auf die Stube und lasse sich die Techni
ihres Instrumentes genau erklären, die Töne der verschiedenen Register desselbe
vorblasen und merke sich besonders Alles, was schwer oder unausführbar, um be
unpraktikabeln Stellen nicht rücksichtslos zu tadeln, sondern lieber unmerklich
kleine Erleichterungen zu verabreden. Ungemein besticht den praktischen Musike
genaue Bekanntschaft mit seinem Instrumente und Berücksichtigung der techni

---

*) Manche Dirigenten schlagen den zweiten Tacttheil von rechts nach links, wa
sobald man den Ausführenden das Gesicht zuwendet, ganz gleichgültig ist, während man
wenn man ihnen wie im Theater, den Rücken kehrt, diesen wichtigen Schlag in diesen
Falle durch seinen Körper verdeckt.

**) Genaue und zugleich trefflich illustrirte Rathschläge für solche Fälle ertheilt Ber
lioz in seiner Instrumentationslehre in dem Capitel „der Orchesterdirigent.“ Billige deutsch
Ausgabe Leipzig. Heinze.

schen Schwierigkeiten, auch besticht es die auf ihren Ton sich Etwas zu Gute thuenden Bläser, wenn man sie zuweilen bei Solostellen lobt; ferner setzt sich der Dirigent sehr in Achtung durch scharfes Gehör, besonders indem er die in Mittelstimmen vorkommenden kleinen Nachlässigkeiten rügt und auf klares, gleichmässiges und event. ausdrucksvolles Ausführen der Begleitungsfiguren hält. Falsch vorgetragene Stellen corrigirt man am Anschaulichsten, indem man sie vorsingt oder auch den Rhythmus vortrommelt, auch wohl den Bläsern angiebt, wo sie Athem holen dürfen und wo nicht, um nicht Melodiephrasen sinnlos zu zerreissen. Grössere Solostellen, die der Spieler nicht genügend ausführt, nehme man sich die Mühe, mit ihm besonders auf der Stube einzuüben. Auch hierdurch lernt man zugleich sein Instrument genauer kennen. Für neue Eintritte des Orchesters erzielt man Präcision am Besten durch Vorgeben eines halben bis ganzen Tactes. An besonders auffallende Zeichen sind die am Meisten und Längsten pausirenden Instrumente gewöhnt, besonders Pauken, Posaunen, Trompeten. Ausserdem ist bei Bläsern ähnlich wie bei Sängern das Athemholen zu beobachten und denselben vor dem Zeichen zu einem neuen Eintritte ein deutliches Athemzeichen zu geben *). Um ohne grosse Zeitverschwendung wiederholen zu können, theile man die Partitur durch grosse Buchstaben ab und lasse beim Ausschreiben der Stimmen diese Buchstaben alle genau eintragen, halte überhaupt zum Ersparen grösseren Zeitverlustes auf genaue Durchsicht der Stimmen und Eintragen hinreichender Stichnoten vor Eintritten nach längeren Pausen, sowie auf genaue und gleichmässige Notirung aller Vortragszeichen. — Nur mit Mühe erlangt man namentlich von Bläsern ein gleichmässiges Piano und discretere Accompagnement, weil für dieselben ungenirtes Herausstossen von Athem und Ton (woran besonders im Freien blasende Militärmusiker gewöhnt sind) viel weniger anstrengend ist als Zurückhalten desselben. Unermüdlich mache man darauf aufmerksam, dass in Pianostellen Accente und *crescendi* nicht in *Forte*-Stellen ausarten dürfen und dass die accompagnirenden Instrumente so leise spielen müssen, dass sie die Solisten hören. Will man umgekehrt stärkeres Heraustreten einer Stimme, so erzielt man dies am Sichersten durch ein über die betreffende Stelle geschriebenes *espressivo*. Manche Dirigenten cokettiren damit, Schatten und Licht, *f* und *p* zu übertreiben. Dieser Unsitte gegenüber halte man künstlerisches Maass und spare die Extreme für bedeutungsvollere Momente auf. Für die Streichinstrumente bestimme man bei wichtigeren Stellen die Ab- und Aufstriche, um egale Bogenführung zu erzielen. — Sehr wichtig ist die Wahl eines guten Concertmeisters (s. d.), auf welchen man sich in allen technischen Dingen sicher verlassen kann, ohne ihm deshalb zu dominirenden Spielraum einzuräumen. Derselbe muss mit umfassender technischer Orchesterkenntniss ein anregendes und williges Naturell vereinigen. — Für alle complicirteren Stücke oder Stellen sind zuerst getrennte Proben mit den Bläsern allein und dem Streichorchester allein zu veranstalten, nöthigenfalls auch diese zuerst in noch kleinere Unterabtheilungen getrennt. Von vornherein Massenproben zu halten, ist eine Unsitte, welche stets Unsauberkeiten und Unklarheiten zur Folge hat. Kein gewissenhafter Dirigent unterlasse je nach den Anforderungen des Autors mehr oder weniger ausgedehnte Einzelnproben mit allen verschiedenen Klang- und Orchestergruppen. Kein bedeutungsvolleres Werk vermag namentlich in seinen schwierigeren Einzelnheiten zu klarem Eindruck zu gelangen, wenn nicht mindestens: das Streichorchester (nebst Harfe), ferner die Holzbläser nebst Hörnern und drittens die Blech- und Schlaginstrumente, jede dieser drei Gruppen zuerst getrennt für sich geprobt werden. Zuweilen aber ist jede dieser Gruppen noch mehrfach zu theilen. Nur hierdurch ist es möglich, namentlich alle Figuren zu entsprechender Klarheit zu bringen, die einzelnen Stimmen auf alle

---

*) Sollen Blechbläser mit dem zweiten Achtel eintreten, so holen sie gewöhnlich erst auf der vorhergehenden Achtelpause Athem, pausiren aber dieselbe trotzdem und kommen dann stets ein Achtel zu spät. Man halte in solchen Fällen streng darauf, dass sie den Athem schon früher bereit haben.

Stellen aufmerksam zu machen, in denen sie hervorzutreten haben, und alle *espres-sivo's, sforzato's, crescendo's* etc. in soweit zu temperiren, dass sie andrerseits auch wiederum nicht ungebührlich hervortreten. — Sehr schwer hält es, Trompeter und Hornisten zum Gebrauch der vorgeschriebenen Naturinstrumente zu bewegen, weil dieselben auf Ventil-Instrumenten in F, (die ersten Trompeter jetzt sogar in hoch B!) so einseitig eingeblasen sind, dass sie aus Bequemlichkeit lieber Alles transpo-niren. Der schöne, edle, reine Klang der Naturtöne wie der höchst charakte-ristische der Stopftöne geht durch diesen Unfug ganz verloren. Die tiefen Töne besonders in den Trompeten erhalten dadurch einen ganz unnobeln Froschklang oder sind gar nicht zu ermöglichen. Aehnlich sind zuweilen Clarinettisten schwer zu bewegen, A-Clarinette zu nehmen, weil sie auf ihrer B-Clarinette besser eingeblasen sind. Flötisten endlich, gewöhnt, stets als Oberstimme zu dominiren, blasen tief liegende Stellen oft ohne Weiteres eine Octave höher. Ein Gegenstand gelinder Ver-zweiflung ferner für Dirigenten wird zuweilen das Tremolo der Streichinstrumente, welches die meisten Spieler so langsam und ordinär herunterkratzen, dass man genöthigt ist, die vorgeschriebenen Sechzehntheile in Zweiunddreissig- oder Vierund-sechzigtheile zu verwandeln. Besonders auf Fermaten glauben manche altkluge Spieler das Tremolo in viel langsamerer Bewegung nehmen zu müssen! Man ruhe nicht eher, bis man eine möglichst schnell oscillirende Bewegung mit losem Hand-gelenk durchgesetzt hat. Auch das *pizzicato* klingt vielfach wegen zu kurzen Rupfens der Saiten so trocken und tonlos, dass man Mühe hat, die Violinisten zu stärkerem und langsamerem Anziehen und Loslassen der Saite zu bewegen. Violi-nisten verlassen sich mit dem Pausiren gern auf ihren Vorgeiger, daher lediglich in Folge dieser Bequemlichkeit zuweilen die auffallend schwachen, saloppen Ein-tritte im Streichorchester. Man halte folglich streng darauf, dass jeder Einzelne genau zählt, Keiner sich auf einen Andern verlässt. Grosse Trommel und Becken sind getrennt von einander zu schlagen, denn die Becken bekommen durch Befestigung an die Trommel eine ordinäre klanglose Tonfarbe. Besonders streng aber ist der gedankenlosen Unsitte lauten S t i m m e n s und Präludirens entgegenzutreten, so-wohl vor Beginn des Stückes als auch nach Schluss desselben. Es bedarf in der Regel nur freundlicher Vorstellungen oder des Appellirens an das Ehrgefühl der Spieler, um diesen Unfug zu beseitigen. Muss Jemand nachstimmen, so wird er dies bei einiger Uebung sehr bald ganz leise ermöglichen. Es ist merkwürdig, wie ganz anders oft ein Stück wirkt, vor welchem nicht laut gestimmt und präludirt worden ist. Man lasse daher das ganze Orchester vorher stets in einem Neben-zimmer einstimmen. Ueblicherweise geschieht dies nach dem eingestrichenen *a* der Oboe, doch ist dies wegen der durch die Temperatur nach entgegengesetzter Rich-tung sich verändernden Stimmung der Streich- und Blasinstrumente nicht unbe-denklich. G. M. Wieprecht in Berlin hat zu diesem Zwecke eine gegen jeden Tempera-turwechsel empfindliche Maschine erfunden. Die Rohrbläser sind anzuhalten, ihre Instrumente bei kalter Witterung vorher warm zu pusten und während länge-ren Pausirens eben dadurch in gleich hoher Temperatur zu erhalten. Alle Bläser können durch Ausziehen oder Zusammenschieben ihre Stimmung fast um einen Viertelton verändern. Streichinstrumenten kann man mehr zumuthen, doch werden bei tiefem Horabstimmen die Saiten schlaff und dumpfer im Ton. Alle tonange-benden Violinisten sind deshalb erklärte Gegner des Einführens einer tieferen Stimmung. Bei dem Eintritte neuer Nummern, Tempi oder Tonarten vergesse man nicht, den Bläsern und Pauken die event. zum Umstimmen oder Wechseln der Instrumente oder halben Tonbogen nöthige Zeit zu lassen, desgleichen den Streich-instrumenten zum Aufsetzen oder Abnehmen der Dämpfer an Stellen, wo *con sor-dini* oder *senza s.* steht, und zum Wechseln zwischen *pizzicato* und *arco*. — Die meisten Orchesterspieler werden durch tagelanges Proben, Ueben und Stundengeben, nächtelanges Spielen zum Tanz etc. so stumpf, theilnamslos und schwerfällig*), dass

---

*) Andrerseits befinden sich namentlich in Hofkapellen gelehrte alte Herren, welche sich auf ihr Bischen Harmonielehre und Virtuosität nicht wenig einbilden, Nichts re-

sie nur mit Unlust ihre Noten herunterspielen und (besonders in der ersten — Lese-Probe) so gut wie gar nicht auf den Dirigenten achten, auch wohl vor Uebermüdung öfters ganz einschlafen. Selbst in den Aufführungen, wenn sie nicht vorher durch ein Dutzend Proben Alles auswendig gelernt haben, hängt diese lethargische Schwerfälligkeit noch wie ein Centnergewicht am Tactstock des Dirigenten und dann ist es zuweilen nur dadurch möglich, das richtige Tempo zu behaupten, dass man die ersten Tacte etwas beschleunigt schlägt, um solche Musiker erst in Zug zu bringen. Haben sie dagegen umgekehrt die Neigung zu eilen oder das letzte Achtel im Tacte zu überstürzen oder zu überspringen, so lasse man sich nicht von ihnen fortreissen, denn sonst artet schliesslich die Ausführung leicht in ein wildes Durcheinander aus. Zuweilen muss man, um dies zu verhüten, sich solchen zusammengewürfelten Kräften sowie Orchestern gegenüber, die man noch nicht genau kennt, dadurch vorsehen, dass man bei schnellen Tempi's die ersten Tacte recht besonnen und nur mässig beeilt nimmt. Viel Schuld an allen solchen Dingen trägt die Lässigkeit der stereotypen Leiter solcher Orchester. Wer irgend dauernder mit ein und demselben Orchester zu thun hat, kann durch freundliche und strenge Ermahnungen solche Uebelstände in kurzer Zeit heben und die Spieler daran gewöhnen, in jedem mässig schnellen Tacte wenigstens einmal auf den Dirigenten zu sehen. Während man bei Sängern gut thut, sie durch Mienen und feurigere Bewegungen anzuregen und zu begeistern, ist Orchestern gegenüber in der Regel ein zwar belebendes aber sonst ruhig gemessenes Dirigiren am Angemessensten. In den Proben sind auffallendere Bewegungen, Aufschlagen des Tactes oder Rhythmus auf das Pult etc. noch eher statthaft, sogar nöthig, in Aufführungen aber ist jedes gröbere Mittel wie überhaupt Alles einer noblen Ruhe und Eleganz Zuwiderlaufende möglichst zu vermeiden. Beim Einstudiren unterbreche man, besonders in der ersten Probe, nicht zu oft, sondern lieber erst bei grösseren Abschnitten, ermüde auch nicht durch zu häufige Wiederholungen namentlich die Bläser mit langausgehaltenen Pianostellen. Neuen und jungen Dirigenten gegenüber versuchte Unarten wie Hineinsprechen*), Plaudern, Rauchen, Aufbehalten der Hüte, Bemalen der Stimme etc. rüge man streng aber ruhig als »gebildeter Künstler« unwürdig. Hilft dies nicht, so ist Fortschicken eines Hauptanstifters oft am Wirksamsten, für zu spätes Kommen oder zu frühes Fortlaufen aber Honorar-Abzüge. Guten Eindruck macht es, bei gleichmässig fortlaufendem Tempo besonders in den Proben den Tactstock ganz hinzulegen. Man beweist den Spielern hierdurch Vertrauen, regt ihr Ehrgefühl zu grösserer Selbstständigkeit und Theilnahme an und zeigt ihnen, dass man sich nicht für unentbehrlich hält. — Man halte streng auf geordnete Aufstellung, einerseits so, dass die Mitwirkenden nicht zu weit von einander stehen und die zusammengehörigen Instrumente möglichst nahe nebeneinander, andrerseits, dass die Streichinstrumente bequem Platz zum Ausstreichen, die Bassposaune etc. zum Ausziehen haben. In Betreff der Aufstellung giebt Berlioz in seiner Instrumentationslehre einige gute Winke. Wichtig ist, dass man ein erstes, ein zweites Violinpult sowie ein Violoncell nebst Contrabass in nächster Nähe hat, besonders auch bei Choraufführungen, und zwar keilförmig vorgeschlagen. Ueber die günstige Aufstellung des Orchesters etc. sind wie über alles Akustische die Meinungen so getheilt, dass sich nur unmassgebliche anregende Winke geben lassen. Früher, so lange als die Leitung noch am Clavier ohne Tactstock (statt desselben vielfach mit einer Notenrolle) geschah, befand sich besonders in der Oper der Dirigent nebst den mitwirkenden ein bis zwei Clavicembali und Harfen mitten im Orchester (entfernter von den überhaupt viel mehr sich selbst überlassenen Sängern), und um die letztgenannten

---

spectiren als das längst Sanctionirte, sich stets auf Tradition berufen und voll Voreingenommenheit auf alles davon irgend Abweichende verächtlich und vornehm herabblicken.

*) Besonders irgend welches Hineinsprechen dulde man, so lange als man die Direction ausübt in keinem Falle, sonst dirigiren schliesslich Alle mit. — Sieht man sich genöthigt, einzelne Ausführende zu tadeln, so thue man dies wo möglich nicht öffentlich. —

Instrumente waren alle anderen rund umher placirt. Hierauf nahm allmählich immer mehr die handwerksmässige Gewohnheit überhand, Streich- und Blasinstrumente von einander gesondert auf verschiedenen Seiten zu placiren. Einheitliches Verschmelzen beider Klangmassen wurde hierdurch paralysirt, die Vibrationen der einen Seite konnten sich nicht mit denen der andern vereinigen, um einen vollen harmonischen Klang hervorzubringen, sie schienen sich im Gegentheil zurückzustossen und der in der Mitte befindliche Hörer bekam jede der beiden Klanggruppen gesondert von er adndern zu hören. Diese starken Uebelstände veranlassten endlich einzelne intelligente Dirigenten in Berlin, Dresden, Wien etc., die Trompeten, Posaunen und Pauken hinter den Streichinstrumenten und die Hörner nebst den übrigen Schlaginstrumenten hinter den Holzbläsern aufzustellen und die Contrabässe theils das Centrum bilden zu lassen, theils in die Ecken zu vertheilen. Der Zusammenklang wurde hierdurch ein wahrhaft überraschender und schön abgerundeter und erwies sich besonders auch die jetzige Placirung der Contrabässe als vor- züglich wirksam. Die Hörner von den übrigen Blechinstrumenten zu trennen, ist übrigens ebenso misslich wie ihre Trennung von den Holzbläsern und bleibt es jedenfalls am Besten, wenn sich die gesammte Aufstellung so anordnen lässt, dass die Hörner (um die Streichinstrumente herum) die Verbindung zwischen den Holz- und Blechbläsern herstellen. Zugleich achte man darauf, dass die Schalltrichter der Hörner nicht nach dem Publicum zugewendet sind, ausser in Momenten, wo man damit eine besonders energische Wirkung erzielen will. Bei den ersten Violinen sind manche Concertmeister der Meinung, dass deren Wirkung am Günstigsten, wenn sie mit der rechten Hand dem Publicum zugewendet stehen; in Wahrheit ist aber die Klangwirkung schöner und abgerundeter, wenn die Spieler sich mit dem Gesicht (*en face*) gleich den Solospielern dem Hörer zuwenden. In kleineren Orchestern, wo man vielleicht höchstens drei Basspulte hat, stellt der Dirigent das erste am Besten hinter sich, dass zweite in grösserer Entfernung nach links und das dritte ebenso weit nach rechts. Sind aber nur zwei vorhanden, so concentrirt er am Besten beide hinter sich. Bei kleineren Orchestern namentlich ist es wichtig, dass die Streichinstrumente, um besser zur Geltung zu kommen, mindestens um eine Stufe höher sitzen als die Bläser. Bei grossen Theaterkapellen aber empfiehlt es sich in hohem Grade, den Orchesterraum viel tiefer *) als gewöhnlich zu legen, so dass der Anblick der Instrumente und Spieler den Augen des Publicums möglichst entzogen wird. Die Bühne erscheint hierdurh erhabener und der Zuschauer derselben gewissermassen näher gebracht; die Akustik leidet keineswegs darunter, im Gegentheil verschönert sich dadurch die Klangwirkung, während sich die Sänger viel besser behaupten können. Bei Chor aufführungen stelle man die ersten Violinen möglichst nahe hinter die Soprane, die zweiten hinter die Altstimmen, die Bratschen zu den Tenören und die Violoncelle und Contrabässe theilweise wenigstens zu den Bässen. Der Chor selbst muss eine in sich festgeschlossene Masse bilden, vorn auf einer Seite die Soprane, auf der andern die Alte, hinter letzteren die Tenöre und hinter den Sopranen die Bässe. Bei Doppelchören sind dagegen die vier Stimmen auf jeder Seite hintereinander zu stellen und beide Chöre so weit von einander getrennt, dass der Hörer einen Chor vom andern zu unterscheiden vermag. Kein Concertsaalpodium sollte ohne mehrere Stufen gebaut werden, namentlich für Chorgesangaufführungen. Ohne etagenmässige Aufstellung ist keine klare Entfaltung der einzelnen Stimmgattungen möglich, nur darf bei derselben das Blech nicht etwa so hoch und dominirend über alle anderen Ausführenden hinweglärmen, dass es die übrigen Klangwirkungen erstickt. Monstreconcerte auf Bühnen belohnen nur dann einigermassen die an sie gewandte Mühe, wenn die Bühne nach allen Seiten durch (sehr kostspielige)

---

*) Im neuen Münchener Hoftheater ist überdiess, ebenfalls zum Vortheil der Klang-wirkung, die bisherige langgestreckte Form des über hundert Musiker fassenden Orchesterraums in eine runde umgewandelt worden.

Holzwände vollständig geschlossen wird, weil sonst der grösste Theil des Schalls in die Coulissen etc. entweicht. Viel vortheilhafter ist es, in solchen Fällen das Orchester in dem Theaterorchesterraum zu lassen, wenn derselbe hierzu irgend Platz bietet, weil dadurch, dass der Dirigent das Orchester viel näher und besser in seiner Gewalt hat, die Ausführung eine viel sicherere und einheitlichere sowie im Totaleindruck klarere und abgerundetere wird. —

Was die Direction des Chor- und Ensemble-Gesanges (s. auch den Art. Chor) betrifft, so wird dieselbe häufig viel stiefmütterlicher und mangelhafter behandelt als die der Orchesterleitung, weil die meisten Dirigenten in das Wesen des Gesanges nicht lebendig genug eingedrungen sind. Um sich auch hierin das nöthige Verständniss, die nöthige Vertrautheit und Routine anzueignen, studire man vorher selbst die Eigenthümlichkeiten des Singens, am Besten vielleicht, indem man einerseits fleissig Gelegenheit nimmt, zum Gesange zu begleiten, andrerseits eine Zeitlang selbst am Chorgesange theilnimmt. Da wird man bemerken, dass man beim Singen sein eigenes Innere den Ohren Vieler preisgiebt. Dieses Preisgeben macht aber auf Jeden, der nicht durchdrungen von der Vollkommenheit seines Gesanges, einen beengenden Eindruck, wenigstens bei hohen Tönen, und unwillkürlich verzieht er Hals, Kopf, Mund oder Zunge zum Nachtheil freier Tonentwicklung. Solcher Befangenheit muss der Dirigent zu Hülfe kommen, namentlich in Damenchören und Dilettantenvereinen, die nicht nur an Mangel an musikalischer Sicherheit, sondern auch an Zerstreutheit, Unachtsamkeit und schwachem Gedächtniss in Folge unregelmässigen Probenbesuchs leiden und vor schweren Eintritten und hohen Tönen jedesmal von Neuem erschrecken. Zudem haben solche Chorvereine ähnlich wie einzelne Menschen ihre speciellen Launen und Stimmungen. Einen Tag geht Alles vortrefflich, am andern wird dasselbe Stück zum Verzweifeln schlecht gesungen. Mitunter ist es die Stimmung des Dirigenten, die sich, ihm unbemerkt, auf die Sänger überträgt. Damen kommen gewöhnlich mit eben so viel Lust als Mangel an Spannung in die Uebungsstunde. Durch jeden Neueintretenden, durch jede Solostimme, durch jedes Sichversprechen des Dirigenten wird ihre Aufmerksamkeit gestört. Zu einem Chor von jungen Mädchen setze man ein paar ältere Anstandsdamen, welche nicht grade mitzusingen brauchen, dagegen aber dem Plaudern steuern und die Austheilung der Stimmen sowie die Anordnung der Plätze controlliren. Ebenso wie man namentlich Dilettanten nie zu lange mit Ueben ein und derselben Stelle und zu häufigem Unterbrechen ermüden und unlustig machen darf, lasse man keinen der Anwesenden zu lange unbeschäftigt, überhaupt in Keinem das Gefühl der Ueberflüssigkeit oder Nichtbeachtung aufkommen. Auch vermeide man ironische Bemerkungen sowie Bevorzugung Einzelner oder kleinlich herrisches Schulmeistern, dagegen ist es bei schweren Stellen gut, dieselben jeder Reihe von Sängern besonders einzuüben. Bei allen schweren Chören besonders ist zuerst jede Stimmengattung so lange getrennt für sich einzuüben, bis sie sicher und klar mit ihrer Aufgabe vertraut ist. Stets sogleich alle Chorstimmen zusammen singen zu lassen, ist als ein in der Regel durch mangelhafte Ausführung sich bestrafender Unfug zu bezeichnen. Das schwankende Wesen der menschlichen, namentlich der Frauen-Stimme macht oft ein eigenthümliches Dirigiren nothwendig. Die Deutschen, besonders die Damen bleiben auf jedem irgend festhaltbaren Tone mit einem oft in gelinde Verzweiflung setzenden Schwelgen in demselben liegen und sind zugleich, Alles um sich vergessend, tief in ihre Stimmen oder auch wohl in andere Dinge versunken, ohne auf den Dirigenten zu sehen. Da bleibt oft Nichts übrig als alle Achtel so dicht unter ihren Augen zu schlagen, dass sie dieselben sehen müssen, und jeden schlechten Tacttheil, auf welchen ein anderer Ton kommt, höchst gewichtig zu markiren. Vor hohen Tönen, besonders länger auszuhaltenden, gebe man ein energisches Zeichen zum Loslassen des vorhergehenden und nach diesem ein hoch nach oben geschwungenes zum Athemholen, zugleich auch zum Zeichen, dass es hoch hinauf geht. Ueberhaupt ist jedem, einen neuen Eintritt markirenden Zeichen ein die Sänger unwillkürlich zum Athemholen zwingendes, sie unwillkürlich hinein-

hebendes **Athemzeichen** vorauszuschicken. Ohne dasselbe werden die meisten
Eintritte besonders in den Frauenstimmen halb versagen. Will es trotzdem gar
nicht gehen, so singe man selbst die Eintritte oder einzelne hohe*) Töne (auch in
Aufführungen) mit; schwierige Stellen, Doppelschläge und andere Figuren singe
man erst vor und mache in die Chorstimmen die nöthigen Athemzeichen und Binde-
bogen über Stellen, wo nicht abgesetzt werden darf. An Stelle des nachlässigen
zu späten Luftschnappens erst im Augenblicke des Eintritts ist ziemlich oft zu
früherem, ruhigem Athemholen, überhaupt zu hinreichender Athembereitschaft
zu ermahnen. Durch Nichts wird übrigens der Gesang reiner und sicherer einstudirt als mit Hülfe einer Violine. Ist dies aber geschehen, dann lasse man auch
accompagnirte Stücke sogleich ab und zu ohne alle Begleitung singen, um die
Sänger selbstständig zu machen. Das rhythmische Gefühl ist durch genaues Pausiren mit lautem Zählen zu erstarken. Accelerandos und Rallentandos, z. B. zur
Einleitung von Fermaten, müssen besonders studirt werden, noch mehr aber
grössere *crescendi* und *decrescendi* wegen richtiger Oekonomie des Athems. Vor
jeder Fermate wie vor jedem auszuhaltenden Tone sind die Sänger zu frischem
Athemholen anzuhalten, desgleichen zu gleichmässigem Anschwellen und Abnehmen des Tons sowie zu exactem Abschlusse desselben auf ein nach oben gegebenes Zeichen. Auch erkläre man ihnen die Bedeutung der üblichen Tactschläge
nach oben und unten. Sänger muss man noch unablässiger als Orchesterspieler
ermahnen, auf den Dirigenten zu sehen. Spielt man selbst die Clavierbegleitung,
so übe man sich dieselbe vorher so ein, dass man möglichst oft eine von beiden
Händen zum Tactschlagen frei hat, helfe auch nöthigenfalls durch Winke mit dem
Kopfe, mit den Augen oder mit den Gesichtszügen mit. Hierzu gehört aber eine
solche Aufstellung, dass alle Sänger den Dirigenten sehen können, entweder durch
stufenartig erhöhte Placirung des Chores oder mindestens durch Erhöhung des
Flügels und Dirigentensitzes. Man halte streng auf geordnete Aufstellung, geschlossene Gruppirung der zusammengehörigen Stimmen mit Benutzung jedes
Platzes, ohne Raumverschwendung durch Damenkleider etc., auch ist auf gleichmässige Besetzung und Stärke aller Stimmen zu sehen (s. auch d. Art. **Chor**). Im
Interesse deutlicher Aussprache halte man besonders auf scharfe Ausprägung der
Consonanten, namentlich der End-Consonanten und auf deutlich und präcis unter
die Noten geschriebenen Text, überhaupt auf leserliche Stimmen, die viel Schuld
am Gut- oder Schlechtsingen tragen. Zur Veredlung des Stimmenklanges übe man
den Chor fleissig im *mezza voce* und Pianissimo, und zwar mit **zurückge-**
haltenem Athem und fleissiger Benutzung vollen beseelten Hauches. Ueberhaupt
halte man darauf, dass alle Pianostellen mit halbem (leichtem, zurückgehaltenem)
Athem behandelt werden. Höhere Töne auf spitzeren Vocalen wie i, e, ei werden ganz
auffallend **wohlklingender** und edler, wenn man die Sänger veranlasst, den Mund
soweit aufzumachen, als ob sie a oder o zu singen hätten, halte überhaupt auf hinreichend weites Oeffnen des Mundes, spitze Zunge und dünne Lippen durch sanftes Anlegen derselben an die Unterzähne. Auch mache man darauf aufmerksam,
dass es auch im Forte die grösste Untugend ist, die anderen Stimmen zu über-
schreien, und dass ein guter Chorsänger nie so stark singen darf, dass er seine
Stimme heraushört. Auch ist streng darauf zu halten, dass in Concertaufführungen
Alle zu rechter Zeit aufstehen und sich nicht etwa Einzelne früher wieder hin-
setzen, als bis der letzte Ton des Nachspiels verklungen ist. — Am Häufigsten findet man den Chorgesang seitens der Theater-Directionen und -Capellmeister vernachlässigt. Die Meinung derselben, dass sich liebevolle feinere Pflege des Chores
hier nicht entsprechend belohne, ist aber durchaus verwerflich, denn auch in Opern
wirkt schlechter Chorgesang ebenso empfindlich störend, wie sorgfältiger die ganze

---

*) Grössere Reinheit hoher Töne, welche stets zu tief gesungen wurden, erreicht man zu-
weilen durch das sonderbare Mittel, dass man sie erst etwas zu hoch einübt. Anstrengend hoch
liegende Stellen übe man vorerst eine halbe Octave tiefer ein.

Vorstellung zu heben vermag und vom Publicum durchaus dankbar gewürdigt wird. Gluck, Weber, Marschner, Spontini, Meyerbeer, Wagner u. A. hielten notorisch mit aller Entschiedenheit auf dessen sorgsame Pflege und Ausführung. C. M. v. Weber z. B. baute schon als noch sehr junger Anfänger in diesem Gebiete (wie sein Sohn erzählt) als Grundpfeiler der dramatisch musikalischen Darstellung den Chor, auf dessen Antheil der Verlebendigung der Opernwerke er während seines ganzen Lebens den grössten Werth legte, solider als bisher auf, indem er unbrauchbare, besonders unmusikalische Mitglieder ausschied und sie durch neue, deren er täglich unablässig mehrere prüfte, ersetzte. Oft wunderte man sich, dass er Personen in den Chor einschaltete, deren Leistung weit unter dem bis dahin bei solchen Prüfungen Geforderten stand. »Sie haben aber Musik im Leibe« pflegte er auf dahin abzielende Bemerkungen zu sagen und entzückte Prag mit dem vorher nie gehörten Vortrag seiner Chöre. Er ging aber auch nicht nur mit fast jedem Solosänger seine Partie durch, sondern scheute auch nicht die Mühe, sogar gewisse Choristen, auf deren Wirksamkeit er wegen ihrer besonders schönen Mittel vorzüglichen Werth legte, auf's Sorgsamste selbst zu dressiren, Belohnungen an besonders Strebsame aus eigenen schwachen Mitteln zu zahlen und das Theater sogar Abends nach den Vorstellungen noch beleuchten zu lassen, um diese oder jene Stelle, diese oder jene Evolution noch einmal einüben zu lassen. — Die Leitung von Solo-Ensemble's beruht auf gleichen Grundlagen, nur ist dieselbe modificirter, feiner, unmerklicher zu handhaben, besonders bei a capella-Sätzen sind hier an Stelle der für grössere Massen berechneten wuchtigeren Bewegungen unmerklichere Winke angemessener und auch diese nur da, wo sie wirklich nöthig sind. Sichere Solisten fühlen sich durch fortwährendes Tactschlagen beengt und verletzt. Dagegen halte man trotz alles Einredens dieser sich meist gern überhebenden Leute streng auf Gleichmässigkeit in Bezug auf Stimme, Klang, Stärke und Ausführung der Vortrags-Zeichen. Allen Solisten muss man einerseits nachgeben und darf ihnen berechtigte Vortragsnüancen, Rubato's und Cadenzen nicht in brüsker Weise verkümmern und abschneiden, andererseits sei man bemüht, sie durch das Orchester zu unterstützen. In Beides lebt man sich am Besten durch häufiges Clavieraccompagniren ein. Das Orchester aber mache man fleissig darauf aufmerksam, dass die grösste, von Sängern wie Zuhörern auf das Dankbarste anerkannte Tugend desselben: bei aller Entschiedenheit im Markiren der Rhythmen weiches und sanftes Accompagniren sowie discretes Nachgeben und Unterordnen ist. Lässt sich ein Orchester in Betreff zu starken Begleitens gehen, so ist dies in der Regel lediglich Schuld des Dirigenten, welcher sein Orchester nicht unablässig genug in der Gewohnheit rücksichtsvoller Feinfühligkeit erhält. — Am Schwierigsten ist u. A. das Dirigiren von Recitativen. Hier kommt es vor Allem darauf an, dem Sänger genau zu folgen, das Orchester die Accorde etc. gleichmässig und bestimmt angeben zu lassen und die Harmonie rechtzeitig zu ändern, wobei von gehaltenen Noten manchmal der Wechsel der verborgensten am Aufmerksamsten zu behandeln ist, besonders, wenn man nur bezifferte Büssse vor sich hat. Die Haupttacttheile sind genau in ebendenselben Richtungen zu schlagen wie bei tactmässiger Musik und nicht, wie Manche thun, die auf schlechte Tacttheile fallenden Accorde gleich den guten nach unten oder umgekehrt. Eine ganz wesentliche Befreiung von handwerksmässiger Dirigirschablone besteht darin, nur den Eintritt oder Wechsel von Accorden oder Instrumenten — ohne Angabe der übrigen Tactstriche anzudeuten, überhaupt bei Recitativen den Tactstock ebenso wie bei gleichmässig fortgehendem Tempo möglichst oft und lange aus der Hand zu legen. Doch darf man sich diese Licenz leider nur bei sehr guten und in den Dirigenten eingelebten Kapellen gestatten, sowie nur dann, wenn die Singstimmen in allen betheiligten Instrumenten genau angegeben notirt sind. Hierauf sehe man ebenso streng wie darauf, dass während der Recitative alle betheiligten Spieler ihren Blick fortwährend auf den Tactstock richten. — Hat ein Theil des Orchesters oder Chores selbst ein Recitativ auszuführen, so muss man, genau den dasselbe Ausführenden die Recitation vorschreibend, je nach Art derselben bald grössere, bald geringere Tacttheile (oft sogar einzelne Sechszehntheile) und besonders auch alle Accente markiren. — Es wird immer schwierig bleiben, Gesang und Instrumente in der rhythmischen Bewegung so zu verbinden, dass sie ineinander verschmelzen und letztere den ersteren heben, tragen und so den Ausdruck der Leidenschaft befördern. Der Gesang bedingt durch Athem und Betonen ein gewisses Wogen im Tacte. Die Saiteninstrumente dagegen theilen die Zeit in scharfe Einschnitte gleich Pendelschlägen. Die Wahrheit des Ausdrucks fordert das Verschmelzen dieser Gegensätze. Der Tact soll nicht ein tyrannisch hemmender oder treibender Mühlhammer sein, sondern das, was der Pulsschlag. Es giebt kein langsames Tempo, in dem nicht Stellen vorkämen, welche raschere Bewegung forderten; es giebt kein Presto, das nicht ruhigeren Vortrag mancher Stelle zuliesse. Namentlich können u. A. zwei contrastirende Charaktere in ein und demselben Stücke verschiedene Gefühlsweise fordern, doch darf Treiben wie Zurückhalten nie das Gefühl des Rückenden, Gewaltsamen erzeugen. Einerseits belohnt sich liebevolles Eingehen auf berechtigte Freiheiten der Sänger in hohem Grade, andrerseits ist es Pflicht des Dirigenten, darauf zu halten, dass sich dieselben nicht zu stark gehen lassen, auch ist willkürliches Einführen geschmackloser Melismen oder rein äusserlicher hoher Effecttöne sowie Verzerren einzelner Tacte keineswegs zu gestatten. Wer z. B. Passagen nicht mit Feuer oder schwungvoller Leichtigkeit vorzutragen vermag, den veranlasse man lieber, sie zu vereinfachen oder ganz wegzulassen. Kommen charakteristische Rhythmen nicht prägnant genug zur Geltung, so empfiehlt sich Spontini's beliebtes Mittel, den Ausführenden den Rhythmus vorzutrommeln. — Ebensowenig wie ein gewissenhafter Dirigent willkürliches Aendern von Text oder Musik gestatten darf, ebensosehr fordert dagegen eventuell seine Pietät gegen den betreffenden Componisten, schlechte Uebersetzungen sorgfältig zu reguliren, namentlich in allen Recitativen, u. A. besonders bei Händel und Mozart und noch mehr bei Gluck, wo eine Hauptmacht der Wirkung in der herrlichen Originaldeclamation beruht. Sieht sich ein Sänger genöthigt, sich einzelne Töne oder Stellen tiefer zu legen (zu »punctiren«), so überlasse man dies nie seinem Gutdünken, sondern helfe ihm hierbei durch verständnissvolles Eingehen auf die Intentionen des Componisten und lege alle hierdurch in der Singstimme ausfallende Theile der Melodie in hervortretende Instrumente. Mit ebenso reiflicher und liebevoller Ueberlegung sind eventuell Schnitte (Kürzungen) herzustellen, Instrumentalstellen (wegen mangelnder Besetzung oder zu starker Instrumentirung) zu vereinfachen etc. Leider ist in Bezug auf Schnitte, Punctiren und Weglassen charakteristischer Instrumente bei einem grossen Theile der Dirigenten, wenigstens der Theaterkapellmeister ein durch Nichts zu entschuldigender Bequemlichkeitsschlendrian eingerissen, und wird besonders alle auf und hinter der Bühne vorgeschriebene (sog. Theater-) Musik meist kurzweg im Orchester erledigt, unbekümmert darum, ob hierdurch zuweilen die sinnlosesten Dinge entstehen. In Folge solcher Indolenz drohen u. A. auch Bass- und Altposaunen allmählich gänzlich aus den Orchestern zu verschwinden, desgleichen tiefe Trompeten und Hörner sowie *A*-Clarinetten, unbekümmert darum, wo die auf denselben vorgeschriebenen tiefen Töne bleiben, grosse Trommel und Becken gestattet man zusammengekoppelt durch nur einen Schläger handhaben zu lassen, unbekümmert um den in Folge hiervon schlechten Ton der Becken; saloppe Pizzicato's hört man, gegen welche das Zirpen von Heimchen wohlklingend, Stricharten werden gar nicht geregelt, ebensowenig charakteristische Begleitungsfiguren zu klarer Geltung oder richtigem Ausdruck gebracht und andere ebenfalls bereits früher berührte wichtige Dinge in unverantwortlicher Weise vernachlässigt. Kurz die meisten Kapellen bieten leider dem mit guten Willen sie Uebernehmenden ein ziemlich starkes Feld reformatorischer Thätigkeit. — Pflicht jedes Concertdirigenten von Ehrgefühl aber ist ausserdem in erster Reihe die Aufstellung guter Programme. Es genügt keineswegs, dass er dieselben stets frei von aller leichtfertigeren Waare hält und nur Gediegeneres zulässt; ebenso wichtig ist auch zweckmässige Reihenfolge, sodass sich natürliche Steigerungen bilden, ohne dass deshalb ein Werk das andere erdrückt, nicht zu viele Stücke in derselben Tonart aufeinanderfolgen, andrerseits nicht verschiedene Stimmungen und Style bunt durcheinandergeworfen werden etc. Diese Anordnung erfordert ein nur durch vielseitige Beobachtung und Erfahrung zu gewinnendes Studium. Zu einem guten Programme gehört ferner entsprechende Berücksichtigung der Gegenwart, der lebenden Componisten, und zwar aller Richtungen. Einem Dirigenten, welcher nur Stücke lebender Epigonen bringt oder einmal ein Stück neuer Richtung so haltlos vorführt, dass man sein Unverständniss und seinen Widerwillen, resp. das Nothgedrungene der Concession sofort herausfühlt, kann trotz Alledem noch keineswegs der Vorwurf erspart werden, nicht aufrichtig mit der Zeit mitzugehen. Berücksichtigung dagegen verdienen hierbei Vorbildung und Qualität der Kräfte. Ein ganz unvorbereitetes Publicum, welches bisher höchstens sich in Haydn eingelebt hat, muss man erst ganz schrittweise und allmählich über den ersten Beethoven hinweg zu Schumann, hierauf zur zweiten und allenfalls dritten Periode Beethoven's und dann erst zu den leichtfasslichsten Werken neuer Richtung führen, und zwar mit möglichst zahlreichen Wiederholungen. Mit mangelhafter Ausführung aber schadet man neuen Werken nur und darf nur dann an sie denken, wenn man die vorhandenen Kräfte zu einer entsprechenden Höhe der Leistungsfähigkeit erhoben hat. — Zu den unberechtigten Concessionen des Concertsaals gehört das Dominiren von Virtuosen und in den Programmen ausser seichten Virtuosenstücken das fast durchgängige der Opernarie, denn es ist durchaus sinnlos, ein aus allem dramatischen Zusammenhange herausgerissenes Stück Handlung ohne Action abzusingen. Nicht in der Vorführung vieler kostspieliger Virtuosen und Sänger von oft zweifelhaftem Glanze suche man die Hauptanziehungskraft, sondern vielmehr in der gediegenen Ausführung von Orchester- und Ensembleleistungen mit den einheimischen Kräften. —

Eine höchst wichtige Seite ist die geistige Auffassung des betreffenden Tonstückes. Dieselbe wird bedingt einerseits durch das Naturell, andrerseits durch die künstlerische Erziehung. Wie in allen Geistesgebieten ist auch auf dem der musikalischen Leitung die Zahl der wahrhaft genialen, instinctiv das Richtige treffenden Persönlichkeiten eine ziemlich kleine, vorwiegend dagegen diejenigen, welche in Ermangelung hiervon Auffassung und Vortrag mehr oder weniger schablonenmässig behandeln. Die schlimmsten unter ihnen sind jene brüsken Handwerkernaturen, welche alle Arten Tonstücke wohl oder übel in das Prokrustesbett von zwei bis drei ihrem grobfühligen Naturell geläufigsten ehrenfesten Tactschlagearten zwängen, und zwar am Liebsten in das gewöhnliche Exercir- oder Marschtempo, *ritardando's*, *accelerando's* und Fermaten nur in grobem Zuschnitt anzugeben vermögen, noch lieber aber jede solche, ihnen durchaus unbequeme Rubatobehandlung nicht respectiren, sondern in einer von Anfang bis zu Ende steril gleichmässigen Tactschablone ersticken. Diese keineswegs seltene Gattung von Tactschlägern ist als diejenige zu bezeichnen, welche den in ihre Hände gerathenden bedeutungsvolleren Werken, namentlich aber allen in freierer, ungewohnterer Form angelegten Tonstücken am Gefährlichsten werden kann und durch ihre zuweilen bis zur Unkenntlichkeit gehende Verkümmerung der richtigen Auffassung in der Regel die meiste Schuld am Nichtaufkommen neuer Werke und Autoren trägt! Dirigenten dieser Gattung verstehen über ihre geistige Unfähigkeit meistentheils dadurch zu täuschen und zu imponiren, dass sie Alles mit höchst zuverlässiger handwerksmässiger Sicherheit und Routine dirigiren und wohl auch ihr Tactschlagen in den Mantel einer gewissen äusserlichen Eleganz hüllen. Neben ihnen besitzen wir eine meist nicht geringeres Unheil anrichtende Gattung sog. lymphatischer Modedirigenten, welchen nicht handwerksmässige Routine, sondern jene bis zu modernster Blasirtheit aufgeblähte Eleganz und cokette Leichtigkeit alleiniges Ziel ist, und die man als die eigentlichen raffinirten Salonvirtuosen unter den Dirigenten bezeichnen kann. Auch sie haben im Grunde gewisse stabile Schemen, nach denen sie alle Musik behandeln, nur befindet sich bei ihnen wie gesagt an Stelle zuverlässiger handwerksmässiger Sicherheit eine gewisse geistreich sein sollende elegant blasirte U n r u h e, mit welcher sie mit graziöser L ä s s i g k e i t über alles ihnen unverständlich unbequeme Bedeutende hinwegschlüpfen, so dass es öfters bis zur Unkenntlichkeit in seine einzelnen Atome z e r f l a t t e r t, für alles Sanctionirte die tiefste Ehrfurcht heucheln, alles noch nicht Sanctionirte aber mit vornehmen Achselzucken als unreif oder ungeniessbar erledigen und bei allen über ihr Fassungsvermögen hinausgehenden bedeutungsvollen Stellen oder Stücken den Mangel eigner Wahrheit und Tiefe des Verständnisses durch möglichst s c h n e l l e Tempi zu verdecken suchen. Diesen beiden Gattungen, welche nicht die Sache, nicht das auszuführende Werk sondern nur sich selbst zur Geltung zu bringen und sich wie alle schwächliche Mittelmässigkeit durch unnahbaren Nimbus zu behaupten trachten, lassen sich jene wahrhaft gewissenhaften und strebsamen Dirigenten gegenüberstellen, welche event. Mangel an genialer Intuition durch liebevolles und sorgfältiges Eingehen auf die vorhandene Tradition. auf die irgend erreichbaren Intentionen des Componisten zu ersetzen bemüht sind. Bei diesen vermag möglichst vielseitige und sorgfältige künstlerische wie wissenschaftliche Erziehung meistentheils in hohem Grade den Mangel angeborner Genialität zu ersetzen und sie erfassen ihre Aufgaben in der Regel mit viel unbefangenerer Objectivität als diejenigen, welche zugleich hervorragendes Compositionstalent besitzen und sich deshalb sehr davor hüten müssen, nicht ihre subjective C o m p o n i s t e n a n s c h a u u n g mehr oder weniger e i g e n m ä c h t i g auf die von ihnen zu leitenden Stücke zu übertragen. — Der gediegen zuverlässigen künstlerischen Erziehung wie der zuverlässigen Tradition steht aber in hohem Grade erschwerend der schon im Eingange berührte Umstand entgegen, dass die Ausbildung eines dem deutschen Geiste entsprechenden wahrhaft d e u t s c h e n S t y l s in unserem Musikunterricht noch in keiner Weise begründet und entwickelt ist. Noch immer ahmen wir viel zu sehr und überdies auf schlechte und verstümmelnde Weise das Ausland nach, und in derselben entstellenden und incorrecten Weise haben wir uns aus den französischen und italienischen Styleigenthümlichkeiten heraus verschiedene unserer eigenen Meister, wie Gluck, Mozart etc. zu eigen gemacht. Ueberdiess ist die ganz besondere Gesangs- und Vortragskunst, welche sich zu Gluck's und Mozart's Zeiten noch auf die Wirksamkeit namentlich der italienischen Schulen begründete, seitdem in Deutschland nirgends gepflegt und auch im Ausgangspuncte jenes Styls verloren gegangen und die arge Leb- und Farblosigkeit, mit welcher heutzutage Bach's, Händel's, Gluck's, Mozart's etc. Werke meistentheils bei uns abgespielt und abgesungen werden, ist die natürliche Folge jener Vernachlässigungen. Wir besitzen wohl classische Werke, haben uns aber keinen classischen Vortrag für dieselben angeeignet. Wenn wir sehen, wie in neuerer Zeit französische Künstler Beethoven's Werke nicht eher vorführten, als bis sie mehrere Jahre hindurch sich in dieselben eingelebt und sie bis in jede feinste Vortragsnüance hinein durchdrungen hatten, wie ein so autoritätsvolles Institut wie das Pariser *Conservatoir* noch immer für französische wie deutsche Meister die zuverlässigste Tradition oft bis in die feinsten Details hinein besitzt, so ist es dagegen erstaunlich, wie leicht wir Deutschen es uns mit dem Vortrage unserer Classiker machen, wie physiognomielos wir dieselben zu Gehör bringen. Je weiter wir in unserer classischen Literatur zurückgehen, desto spärlicher finden wir Vortragszeichen angegeben. Bei Mozart finden wir wenigstens noch Angaben für die starke oder leise Spielart ganzer Perioden, bei Bach z. B. aber hören auch diese so gut wie gänzlich auf und jeder bessere Dirigent sieht sich genöthigt, besonders alle feineren Färbungen des Ausdrucks durch mündliche Verdeutlichung etc. erst ganz neu zu schaffen und festzustellen. Wo dies aber unterlassen wird, sieht man nur zu häufig in höchst trostloser Einförmigkeit Mozart'sche etc. Cantilenen behandeln, weil sclavische Dirigenten sich an die unglaublich bornirte Behauptung anklammern: dieselben müssten genau nach den wenigen von Mozart etc. angegebenen Vortragszeichen in sterilster Monotonie ausgeführt werden, ohne zu bedenken, dass jene Meister sich nur auf die gröbsten Angaben beschränkten, alle feineren Nüancen aber, durch welche jene so höchst seelenvollen Melodien ja erst Leben gewinnen, entweder mündlich vermittelten oder dieselben bei jedem irgend einsichts- und empfindungsvollen Musiker und Sänger als selbstverständlich voraussetzten. Kurz mit einer ganz anderen als der bisher landläufigen Sorgfalt hat jeder irgend gewissenhafte Dirigent die Pflicht, sich in den Vortrag unserer Classiker einzuleben, denselben durch tiefe und verständnissvolle Durchdringung grossentheils erst neu zu schaffen und u. A. besonders auch darüber zu wachen, dass alle jene kleinen melodischen Figuren, welche bei unseren Classikern so häufig und stetig auftreten, nicht mit der üblichen Gleichgültigkeit zu nichtssagenden Phrasen herabgewürdigt sondern (wo dies statthaft) mit grossem und bedeutungsvollem Ausdrucke zur Geltung gebracht werden. Nur durch die nachhaltigste, höchste und verständnissvollste **Pflege der Kunst des Vortrages** werden wir die uns noch so empfindlich mangelnde Kunstbildung und Entwicklung eines wahrhaft deutschen Styls erwirken und erst hierdurch wiederum eine zuverlässige Basis für richtigen Vortrag unserer deutschen Meisterwerke. — Was für starke Differenzpuncte bieten allein die Ansichten über das richtige **Tempo**. Noch immer gehen dieselben namentlich zwischen den Süd- und Norddeutschen so auseinander, dass es bei der Leidenschaftlichkeit des seit Jahrhunderten über die Tempoauffassung unserer Classiker geführten Streits zwischen hervorragenderen Dirigenten schon mehr als einmal zu öffentlichen Thätlichkeiten gekommen ist. Unleugbar haben auf das Tempo Ort, Stimmung, Klima, nationales Temperament, Anzahl der Ausführenden etc. mehr oder weniger berechtigten Einfluss, und besonders mit einem ungewöhnlich grossen Chor- oder Instrumentalkörper wird man sich stets genöthigt sehen, die Tempi etwas breiter zu nehmen als sonst. Mälzel's **Metronom** bietet zweifelhaften Dirigenten einen an sich keineswegs zu verachtenden Anhaltspunct, jedoch nur für die allgemeine Auffassung. Jedes sclavische Festhalten desselben wirkt lähmend auf den Eindruck, und darf dadurch namentlich die Freiheit der Detailbehandlung und -Auffassung in keiner Weise beeinträchtigt werden. Die Thatsache, dass Beethoven einige seiner Werke zweimal verschieden metronomisirt hat, lehrt wohl deutlich genug, dass die momentane Inspiration nicht durch sclavische Befolgung von Tempoangaben verkümmert werden darf. — Als in hohem Grade lehrreich und anregend empfiehlt sich jedem irgend strebsamen Dirigenten das genaue Nachlesen alles dessen, was sich in C. M. v. Weber's Biographie (von M. v. Weber) in dem Abschnitt seiner in ungewöhnlichem Grade befruchtenden Prager Directionsthätigkeit findet, ferner u. A. dessen, was Cornelius (in der »Neuen Z. f. Musik«, Jahrgang 1867, Nr. 33, S. 285—7) über Liszt's hervorragend segensreiches Wirken in Weimar mittheilt, und endlich das unbefangene Studium von Richard Wagner's leider nur zu Viel des Wahren enthaltende Schrift »Ueber das Dirigiren«, welches sich kein Capellmeister von einigem Ehrgefühl durch die zuweilen etwas rücksichtslose Fassung etc. verleiden lassen möge. —   **Dr. Herm. Zopff.**

Directionsstimme nennt man eine Stimme, nach der im Nothfalle und in Ermangelung einer Partitur dirigirt werden kann. Sie ist diejenige der ausgeschriebenen Stimmen eines Orchester-Tonstücks (Violin- oder Bassstimme), in welcher die Haupteintrittstellen der verschiedenen Instrumente mit kleineren Noten vermerkt sind, in Folge dessen der Dirigent das betreffende Stück zu leiten allenfalls im Stande ist. Es ist klar, dass jeder Partitur-Ersatz, namentlich ein solcher, unvollkommen ist.

Director der Instrumentalmusik, s. Concertmeister, Kapellmeister.

Directorium chori (latein.) bezeichnet entweder das Buch, in welchem die Vorrichtungen des katholischen Kirchen-Musikchors und die Art der Abhaltung derselben sich befinden; oder auch das Buch, worin alle Choralgesänge, Responsorien, Psalme, Litaneien u. s. w., welche beim Gottesdienst und im Officium zur Ausführung kommen, verzeichnet sind. Grosse Autorität in der römischen Kirche hat das von Guidetti 1581 angefertigte D., welches 1589, 1615, 1618 und 1737 neue Auflagen erlebte.

Director musices (latein., itnl.: *direttore di musica*; französ.: *directeur de musique*), der **Musikdirektor** (s. d.).

Dirigé (franzöz., ital.: *diretto*), geleitet, dirigirt.

Dirigere (latein. und ital., franzöz.: *diriger*), leiten, dirigiren, d. i. die bei Aufführung eines Tonstücks mitwirkenden Kräfte zusammenhalten und ihnen die Intentionen des Componisten behufs Erreichung der beabsichtigten Wirkung vermitteln. S. Direction.

Diritta oder *alla diritta* (ital.), stufenweise, in auf- oder absteigender Ton folge.

Diringus, Richard, englischer Tonkünstler zu Anfange des 17. Jahrhunderts, ist, wie man fast bestimmt annehmen kann, identisch mit Deering.

Diruta, zwei italienische Tonkünstler, die im 17. Jahrhundert lebten und wahrscheinlich Brüder waren. Der ältere, Agostino D., geboren zu Perugia um 1580, wurde Pater im Augustiner-Orden und hatte 1622 die Stelle eines Capellmeisters und Organisten zu Asola in der Lombardei inne. In dem eben angeführten Jahre gab er in Venedig *Messe concertate a 5 voci* heraus. Im Jahre 1630 lebte er als Baccalaureus der Theologie und Musikdirektor im Augustinerkloster zu Rom, wo er als solcher um 1655 gestorben sein soll. In Rom sind auch 1631 »*Litanie di gloriosa domina a 4, 5 e 6 voci*« seiner Composition erschienen. D. soll in seiner Zeit als Componist und Musikschriftsteller in hohem Anschn gestanden haben; von seinen Werken jedoch sind nur wenig Fragmente bis auf uns gekommen. Die Titel von 19 musikalischen Schriften, die D. in Rom geschrieben und ebenda bei Lud. Grignano herausgegeben haben soll, findet man in Oldoini *Atheneum Augustum p.* 33 verzeichnet. — Girolamo D., zu Perugia geboren, hatte sich ebenfalls dem geistlichen Stande gewidmet. Von seinen Lebensverhältnissen weiss man nur, dass er Pater im Franziskaner-Orden, 1593 Organist an der Kathedrale zu Gubbio im Kirchenstaate und nach 1609 in gleicher Eigenschaft an der Kathedralkirche zu Chioggia war, um welche Zeit er noch einmal bei Claudio Merulo studirte. Ueber den Ort, wo und die Zeit, wann D. starb, ist bisher nichts bekannt geworden. Sein Hauptwerk war: »*Il Transilvano, dialogo sopra il vero modo di sonar organi et stromenti da penna*« (Theil 1, Venedig, 1615, 2. Aufl. 1625, 2. Theil, Venedig, 1622, 2. Aufl., 1639). Ueber den wichtigen und interessanten Inhalt des Werkes verbreitet sich Gerber's Lexikon der Tonkünstler. Den Titel »*Il Transilvano*« hat das Werk daher, weil D. den Dialog mit seinem Schüler, einem Prinzen von Transylvania (d. i. Prinz Siegismund Bathory von Siebenbürgen) führt, dem das Buch auch gewidmet ist.

Dis (ital.: *re diesis*, franzöz.: *ré dièse*, engl.: *d sharp*) nennt man in der alphabetisch-syllabischen Tonbezeichnungsweise den um einen Halbton erhöhten, alphabetisch *d* genannten Ton, dessen Notirung in gleicher Weise wie *d* geschieht, nur dass vor dem Zeichen desselben ein Kreuz, $\sharp$, gesetzt wird. Da man gewöhnlich in unserm Musiksystem das Verhältniss eines Tones zu dem zuerst unter demselben erscheinenden *c* als das maassgebende betrachtet, und jede Veränderung desselben als Variante, so sagt man: dass *dis* die übermässige Secunde (s. d.) von *c* durch die Proportion $75:64 = (9:8) + (25:24)$ oder den Decimalbruch $1,17187$ zu geben sei, wenn die Secunde $c \ldots d = 9:8$, als grosser Ganzton, und durch die Ration $125:108 = (10:9) + (25:24)$, oder den Decimalbruch $1,15740$, wenn die Secunde $c \ldots d$ als kleiner Ganzton, $10:9$, angenommen wird. Das Verhältniss von *dis* zu dem *es* genannten Klange wird nach einer Durchsicht der Erwägungen in dem Artikel *des* klar werden, weshalb hier darüber hinweggegangen werden kann. Auch über die durch $2^3/_{12}$ Mehrschwingungen (wenn *c* als durch eine Schwingungsanzahl hervorgebracht angenommen wird, die mittelst der Zahl 2 auszudrücken ist) erzeugte übermässige Secunde der gleichtemperirten Scala, vermöge des Decimalbruchs $1,18921$ darzustellen, da in dem Artikel Temperatur (s. d.) hierüber ausführlicher abgehandelt, sowie über die verschiedenen Schwingungsmengen, welche trotz ihrer Verschiedenheit doch stets *dis* genannt werden, mag hier nichts angeführt werden, weil die Artikel *Ais* und *Des* zu solchen Betrachtungen die genügenden Anregungen und Aufklärungen enthalten. Nur eine kurze Beleuchtung, weshalb diese wissenschaftlich nachweisbaren Verschiedenheiten, gleichzeitig verwerthet, sich unserm Ohre nicht als einzelne dissonirend wirkende Klänge bemerkbar machen, sondern den musikalischen Genuss erhöhend zu wirken vermögen, mag hier Platz finden. Wenn wir den Ausdruck für den Schwingungsunterschied zwischen dem grossen und kleinen Halbton in der logarithmischen Weise: 34, d. h. ³⁴/₁₀₀₀ in der Octave, acceptiren, so ergiebt sich für die Differenz des grossen und kleinen Ganztons das grosse Komma gleich 18. Das Ohr des nicht genau den Auslassungen Folgenden hat in dieser Differenzangabe wenigstens eine mit dem Ohre erkennbare Grösse, die diese und die folgend erscheinenden Zahlenbegriffe erklärend zu bestimmen vermögen. Die Empfindlichkeit des menschlichen Ohres wird bei einer Abweichung von 2 gar nicht berührt; erst die Abweichung 3 oder 4 von der Reinheit ist einigen Ohren bei gespanntester Aufmerksamkeit erkennbar. Eine Abweichung von 6 ist zwar, wenn das Ohr den Ton allein gleich nach dem nicht alterirten hört, sogleich erkennbar, bei Zusammenklängen jedoch vermag man diese Abweichung selten zu erkennen. Eine Abweichung von 12 ist im Einklang und in der Oktave jedoch durchaus störend und wird auch bei den Zusammenklängen anderer Consonanzen bemerkt; das Störende verschwindet aber bei vollkommenen Dissonanzen. Tasteninstrumente mit der gleichschwebenden Temperatur geben hiefür praktische Belege. Ertönen nun mit den Tasteninstrumenten gleichzeitig Streich- und Blasinstrumente, die doch immer mehr oder weniger die diatonische Tonfolge vertreten, so tritt bei letzteren stets eine Moderirung zu Gunsten der gleichtemperirten Scala ein, wodurch eine das Gefühl sehr angenehm berührende Art der Tonhöhenveränderung verschmelzend bewirkt wird. Diese Tonhöhenveränderung, je nachdem sie die Ausführenden geschickt in einer so viel als möglich annähernd der von diatonischen Zusammenklängen geforderten Art darstellen, ohne dass dem Ohre die kleinen Unterschiede zwischen der temperirten und nicht temperirten Tonangabe bemerkbar, bezeichnet man als ein gutes oder vorzügliches Ensemble (s. d.) der Spieler, welches meistentheils erst als Frucht vieler abgehaltener Proben erreichbar ist. 2.

Discant (aus dem Latein.; ital.: *canto*, französ.: *dessus*, engl.: *treble*), die höchste der vier Hauptstimmen, die Oberstimme. S. Sopran.

Discant (latein.: *discantus*, französ.: *déchant*), Zwiegesang, hiess ursprünglich eine zu einem gegebenen bestimmten Gesang oder *cantus firmus* gesetzte Melodie. Franco von Köln erklärt zuerst das Wort und zwar folgendermaassen: »D. est aliquorum diversorum consonantia, in qua illi diversi cantus per voces longas et breves et semibreves proportionaliter adaequantur et in scripto per debitas figuras proportionati ad invicem designantur.« Damit fast übereinstimmend sagt Johannes de Muris (1530): »Discantant, qui simul cum uno vel pluribus dulciter cantant, ut ex distinctis sonis unus fiat, non unitate simplicitatis, sed dulcis concordisque mixtionis unione.« Man darf diese Art des Gesanges also wohl als die Anfänge der Harmonie und des Contrapunktes betrachten und dessen Ursprung in das 11., spätestens 12. Jahrhundert verlegen. Schon frühzeitig blühte der D. in Frankreich unter dem Namen *Déchant*, welcher nicht mensurirt entweder syllabisch, oder nach Uebereinkunft der Sänger nach Art eines melismatischen Gesanges über den gehaltenen Tönen eines *cantus firmus* ausgeführt wurde; letztere Weise bezeichnete man auch mit dem Namen *Fleurettes*. Eine ebenfalls ursprünglich in Frankreich einheimische Art des D. waren die sogenannten *Faux-bourdons* (s. d.). — Im Anfang des 13. Jahrhunderts bezeichnete *Discantus* jeden zwei- oder mehrstimmigen mensurirten (*triplex*, *quadruplex cantus*) Gesang. Walter Odington (um 1217) macht schon eine umfassendere Eintheilung des *Discantus*, als es Franco von Köln gethan; von ihm werden bereits fünf Arten angeführt, nämlich: 1. *Rondellus* d. i. ein Gesang, in welchem eine Stimme nach der anderen ein bestimmtes Thema oder einen Abschnitt mit Beibehaltung desselben Textes (*cum eadem litera*) wiederholte (also das, was wir Imitation, Kanon nennen); 2. *Conductus*, wobei alle Stimmen mit einem frei gebildeten Tenor in aller Freiheit und Mannigfaltigkeit sich bewegend, zu schönem Zusammenklange gegeneinander geführt und geeinigt wurden. Dieser Art waren besonders die Ligaturen (gebundene Noten-

12*

gruppen) eigen, welche nur vocalisirt wurden und nur eine einzige Sylbe unter sich hatten (*sine litera*); auch waren sie gewöhnlich mit *caudis*, figurirten Cadenzen oder Jubilen versehen; 3. *Copula*, wo die discantirende Stimme in bestimmten Ligaturen von zwei oder drei Noten hinschritt (Syncopen); 4. *Motettus*, wenn über einen trägen Tenor die anderen Stimmen in schnelleren Noten mit Festhaltung eines bestimmten Modus, eine derselben besonders in Semibreven, sich bewegten; jede Note hatte ihre Sylbe, jede Stimme also verschiedenen Text (*cum diversis literis*); 5. *Hoquetus* oder *Ochetus*, wobei eine Stimme schwieg, während die andere sang und so abwechselnd. Die Pausen waren kurz. Alle diese Satzmanieren scheinen nur anfänglich selbstständig und -bei kurzen Tonstücken angewendet worden zu sein; bald traten sie auch gemischt auf. Der D. erhielt sich auch noch bis lange nach Einführung des figurirten Contrapunktes und machte sich bis in spätere Zeiten hinein als *Contrappunto alla mente* (s. d.) bemerklich; seine Bedeutung für die Harmonielehre schliesst jedoch schon vor dem Ende des Mittelalters ab.

Discant-Clausel nennt man auch die Schlussformel oder die Fortschreitung, welche beim vollkommenen Tonschlusse die Oberstimme macht und der dann entweder aus der Secunde oder aus der Septime in die Tonica geschieht. S. Cadenz und Tonschluss.

Discant-Geige, s. Violine.

Discantist heisst derjenige, der die Discantstimme ausführt. S. Sopranist.

Discant-Lade ist eine solche Windlade in der Orgel, auf der nur die für den Discant bestimmten Pfeifen stehen.

Discant-Pommer, s. Bombard und Pommer.

Discant-Posaune, s. Posaune.

Discant-Register, s. Discant-Stimmen.

Discant-Schlüssel oder **Discant-Zeichen** auch **Sopran-Schlüssel** genannt, ist das Zeichen:

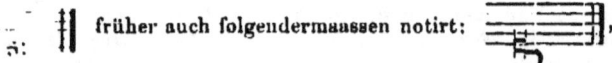

welches durch seine Stellung auf der ersten Linie des Systems andeutet, dass die Note auf dieser Linie das eingestrichene c sei, wonach sich natürlich die Benennung aller übrigen Noten zu richten hat. Der D. wurde ehemals für die Oberstimmen in Clavier- und Orgelstücken, daher auch Clavier-Schlüssel genannt, angewendet, sowie jetzt noch, besonders in Partituren, für die Notirung der Melodien der Sopran- (Discant-) Stimme. Neuerdings ist er durch den G- (Violin-) Schlüssel, ausser in Partituren, fast ganz verdrängt worden. S. Schlüssel.

Discant-Stimmen oder **Discant-Pfeifen** sind in der Orgel diejenigen Stimmen, welche ausschliesslich für den Discant bestimmt sind. Sie werden auch halbe oder getheilte Stimmen oder auch Discant-Register genannt. Es werden dazu solche Pfeifen gewählt, die, wenn sie bis zum C heruntergeführt werden sollten, in den untersten Octaven einen zu schwachen und unwirksamen Ton hervorrufen würden, wie z. B. Hautbois. Ist die Stimme, wenn sie im Discante steht, eine Flötenstimme, so heisst sie Discantflöte.

Discant-Zeichen, s. Discant-Schlüssel.

Discord oder **Discordanz** nennt man jeden Missklang, trete er als Accord oder Intervall auf. Mit der Dissonanz war er nur ehemals identisch; jetzt bezeichnet er eine übelklingende Tonverbindung, die grammatikalisch (harmonisch) unbegründet ist, was bei der Dissonanz nicht der Fall ist. Discordiren heisst demnach soviel als nicht zusammen stimmen.

Discret (ital. *discreto*), mit Discretion (ital. *con discrezione*), eine Vorschrift, welche eine Vortragsart beansprucht, die den Tonsatz mit genauer Berücksichtigung der Angemessenheit wiedergiebt und namentlich in Empfindung und Aus-

druck mit entsprechender Zurückhaltung verfährt. Die Discretion ist ein Haupterforderniss für die Begleitung hervortretender Stimmen und bezeichnet im
Accompagnement das verständige Anschmiegen, Unterordnen und Nachgeben
eines Begleitenden gegenüber einer Hauptstimme. In Seb. Bach's Wohltemperirtem Clavier steht D. an den Stellen, wo man unmittelbar aufeinander folgende
starke Dissonanzen möglichst gelinde durchschlüpfen lassen soll.

Disdiapason (griech., französ.: *Quinzième*) und **Disdiplasion**, s. Diplasion.

Disdis, identisch mit dem gebräuchlicheren Disis (s. d.).

Dis-dur (ital.: *re diesis maggiore*, französ.: *ré dièse majeur*, engl.: *D sharp
major*), gehört zu den zwölf unserer 24 Durtonarten, welche sich der zusammengesetzten Schreib- und Benennungsweise ihrer Scalatöne halber

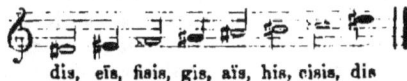

dis, eis, fisis, gis, aïs, his, cisis, dis

nicht im praktischen Gebrauch befinden; man begnügt sich mit der Verwendung
der weniger Schwierigkeiten in dieser Beziehung bietenden Tonfolge auf dem
enharmonisch gleichen Tone der gleichtemperirten Tonleiter: *es*. S. *Es-dur*.
Dass *Dis-dur* und *Es-dur*, da eben *dis* und *es* verschiedene Klänge, eigentlich auch
verschiedene Tonarten sind, ist richtig; doch wenn selbst die oben erwähnten
Schwierigkeiten überwunden würden, so müssten wir eingestehen, dass zu einer
reinen Darstellung von in *Dis-dur* geschriebenen Tonstücken sich alle unsere gebräuchlichen Tonwerkzeuge als ungeeignet ergeben würden.   O.

Disharmonie identisch mit Discord (s. d.), der Missklang.

Disinvolto (ital.), Vortragsbezeichnung in der Bedeutung ungezwungen.

Disis ist die alphabetisch-syllabische Benennung aller um zwei sogenannte
Halbtöne erhöhten, alphabetisch *d* genannten Töne des abendländischen Tonreichs,
indem die doppelte Erhöhung durch die zweifache Anhängung der Sylbe *is* an den
alphabetischen Namen *d* angedeutet wird. Bei Tasteninstrumenten, welche die gleichtemperirte Tonfolge führen, entspricht der Clavis, der den Ton *e* zu Gehör bringt,
dem *disis* zu nennenden; es unterscheiden sich somit die *e* und *disis* genannten
Klänge bei solchen Tasteninstrumenten gar nicht. Bei Blasinstrumenten jedoch
machen sich dem Ohre schon Klangunterschiede zwischen *disis* und *e* bemerkbar,
die noch in erhöhtem Maasse bei der Darstellung obiger Töne durch Streichinstrumente oder durch die Menschenstimme hervortreten. Diese Klangunterschiede finden sich bei der Besprechung der einzelnen Tonarten, in denen *disis*
Scalaton vorkommt, erwähnt und näher beleuchtet.   O.

Disjunctio (latein.), s. Diazeuxis.

Dis-moll (ital.: *re diesis minore*, französ.: *ré dièse majeur*, engl.: *D sharp minor*) gehört zu den wenigen der 24 Molltonarten, die in ihren Lese- und Aufzeichnungsschwierigkeiten gleiche Anforderungen an den Darsteller machen, als die auf
der in der gleichtemperirten Scala gleichtönenden Grundstufe, *es*, errichtete Molltonleiter; beide führen nur eine nicht veränderte Stufe der *C-dur*-Folge. Da jedoch
der Dominantaccord wie die Ausweichungen in die nächstverwandten Tonarten von
Dis-moll diese Lese- und Aufzeichnungsschwierigkeiten mehren, hingegen in
Es-moll dieselben sich mindern; und da beide erwähnten Schwierigkeiten, wenn
wir die Grundtöne *dis* und *es* als verschiedene Klänge auffassen, die auch nur annähernd genaue Darstellung von in *Dis-moll* geschriebenen Tonstücken erschweren,
während sie die in *Es-moll* geschriebenen erleichtern, so notirt man auf dem *dis*
oder *es* genannten Tone gebaute Tonstücke in *Moll* lieber in *Es-* als in *Dis-moll*.
In der Zeit, als man den verschiedenen Tonarten besondere psychische Ausdrucks-
weisen abzulauschen sich bemühte, fand man die Empfindungen in Tonstücken, ob
dieselben aus *Dis-* oder *Es-moll* gingen, ganz gleich. »Empfindungen der Bangig-
keit des allertiefsten Seelendranges; der hinbrütenden Verzweiflung, der
schwärzesten Schwermuth, der düstersten Seelenverfassung; jedes Zagen des

schaudernden Herzens athmet aus dem grässlichen *Dis-* oder *Es-moll.* Wenn Gespenster sprechen könnten, so sprächen sie ungefähr aus diesem Tone.« So spricht Schubart in seiner »Aesthetik der Tonkunst« p. 377 u. ff.; und die Auslassungen Quantz's in seiner »Anweisung zur Flöte«, Abschnitt XIV § 6, sowie Drevis' »Briefe über die Theorie der Tonkunst« Brief 2 p. 57 sagen ganz dasselbe. Der Klang von Tonstücken, die in *Dis-moll* notirt sind, muss sich uns aber in seinem Ensemble in durchaus anderer Weise kundgeben, als wenn ganz dieselben nach einer Aufzeichnung in *Es-moll* ausgeführt würden, da viele unserer Tonwerkzeuge (Streichinstrumente), welche 'eine Modification in kleinen Tonhöhenverschiedenheiten gestatten, diese nicht stets in genau gleicher Art darzustellen vermögen, sondern die Darstellung stets von dem Interpreten abhängig ist. In *Es-moll* aufgezeichnete Compositionen hingegen erhalten durch Verwerthung von Blasinstrumenten bei deren Darstellung ein unwandelbareres Colorit, da die Stimmung vieler derselben mehrere Scalatöne der *Es-moll*-Tonleiter als zu eigen in fester Höhe besitzen, an die sich die Streichinstrumente anlehnen müssen. Abgesehen von allen anderen Gründen gegen das Ausdrucksvermögen, das man einst allgemein den einzelnen Tonarten zuschrieb, lehrt dieser Blick in die Praxis ziemlich klar, wie die Charaktere, wenn solche überhaupt wirklich vorhanden wären, von *Dis-* und *Es-moll* sich nicht als gleich, wie die früheren Aesthetiker es annahmen, herausstellen könnten.   **B.**

Disposition (aus dem Latein.) bezeichnet im Allgemeinen jede Anordnung und Verfügung, dann auf das Geistige übertragen, die Gemüthsstimmung (z. B. gut disponirt sein). Ebenso spricht man von der D. eines Tonstücks oder eines ganzen Werkes als der geordneten Anlage und Zurechtlegung des Tonmaterials, das man behandeln will. Am häufigsten drückt man mit dem Worte D. die Einrichtung der Orgel mit Bezug auf Stimmenverhältniss aus. S. Orgeldisposition.

Dissolutio (latein.), Auflösung, ist ganz gleichbedeutend mit dem griechischen Eklysis (s. d.).

Dissonanz (aus dem Latein.; ital.: *dissonanza,* französ.: *dissonance*), s. Consonanz und Dissonanz.

Distanza (ital., französ.: *distance*), die Entfernung z. B. zweier Intervalle von einander, kommt auch vereinzelt für Intervall selbst vor.

Distichon (griech.), ein zweizeiliger Vers, vorzugsweise aus einem Hexameter und Pentameter bestehend. S. Metrum.

Distler, Johann Georg, trefflicher deutscher Violinist, geboren um 1760 zu Wien, war ein Lieblingsschüler Joseph Haydn's und fand 1781 in der Hofkapelle zu Stuttgart Anstellung als Violinist, 1790 als Concertmeister. Jedoch schon 1796 musste er seiner Stellung entsagen, da eine Gemüthskrankheit seinen Geist immer mehr umschattete. Er kehrte zu seinen Eltern nach Wien zurück, starb aber dort 1798. Als Violinspieler wie als Componist war D. zu seiner Zeit hochgeschätzt. Sein tondichterisches Talent war in der That sehr bedeutend und dem Haydn'schen Genius verwandt, wie von seinen gedruckten Werken achtzehn Streichquartette und ein Violinconcert, von den ungedruckten sechs Streichquintette darthun. Die Erfindung darin ist anmuthig und angenehm, die Ausarbeitung gewandt und kunstgerecht.

Distoniren (ital.: *distonare*), s. Detoniren.

Dithyrambus, ein Beiname des griechischen Gottes Bacchus, von ungewisser Ableitung und Bedeutung, wurde dann eine besonders in Athen ausgebildete lyrische Dichtungsart höchsten und kühnsten Styls genannt, die jedoch nach und nach in Schwulst und Unnatur ausartete, da man in Gedanken und Worten glaubte, zu dem Ueberschwänglichsten greifen zu müssen. Der D. wurde von Chören, anfangs zu Ehren des Bacchus, dann auch anderer Götter gesungen, erst antistrophisch, dann monostrophisch, jedoch immer in phrygischer Weise. Als Erfinder wird Arion (s. d.), um 620 v. Chr. hingestellt. — Mit der Bezeichnung dithyrambisch belegt man noch jetzt jede Wort- oder Tondichtung von stürmender, ungezügelter, wild lodernder Begeisterung und kennzeichnet damit keine bestimmte Kunstform, sondern allgemeinhin etwas Stylistisch-Charakteristisches. Als edelstes Beispiel nach Dichtung und Musik hin, möchte der sogenannte Bacchuschor aus der Tragödie »Antigone« von Sophokles, componirt von Mendelssohn, mit zu bezeichnen sein.

Ditillieu, Pierre, hervorragender französischer Componist, geboren 1756 zu Lyon, lebte und wirkte hauptsächlich in Wien, wo er mit dem Titel eines kaiserl. königl. Hoftheater-Compositeurs am 28. Juni 1798 starb. Genaueres über das Leben und die Werke dieses Tonkünstlers zu erforschen, der noch in keinem Lexikon Aufnahme gefunden zu haben scheint, bleibt der Zukunft überlassen.

Ditmar, Jacob, ein guter deutscher Tonkünstler, geboren 1665 zu Polzien in Pommern, wurde Cantor an der Nicolaikirche in Berlin und starb in diesem Amte im J. 1728. — Sein Sohn und Nachfolger im Cantorate, ebenfalls Jacob geheissen, zeichnete sich zu seiner Zeit auch als Orgelspieler aus und wird in dieser Beziehung vielfach genannt. Derselbe starb im J. 1780.

Dito (ital.), der Finger.

Ditonisches Komma, s. Komma.

Ditonos (griech.) war in der altgriechischen Musiklehre der Name für das aus zwei ganzen Tönen bestehende Intervall der grossen Terz. — In den älteren Orgeln befand sich auch eine Terzstimme, welche mit dem Namen D. bezeichnet war.

Dittanaklasis oder **Dittaleloklange** (griech.) nannte der Instrumentenmacher Matthias Müller in Wien ein von ihm im J. 1800 erfundenes und öffentlich ausgestelltes Doppelclavier mit vertikalem Saitenbezuge und einer Claviatur an jeder Seite, die es ermöglichte, dass das Instrument von zwei sich gegenübersitzenden Personen zu gleicher Zeit gespielt werden konnte. Das zweite Clavier war um eine Octave höher gestimmt als das erste; den Zwischenraum von beiden füllte eine mit Darmsaiten bezogene Lyra. Der Ton war sonor und gleichzeitig angenehm, an den Zusammenklang eines Bogenquartetts erinnernd. Das Instrument selbst beanspruchte nur einen geringen Raum, da es im Ganzen drei Quadratschuh breit war. Trotz dieser Vorzüge hat es keine weitere Verbreitung gefunden und zählt auf dem Gebiete des Instrumentenbaues zu den verschollenen Erfindungen.

Ditters von Dittersdorf, Karl, fruchtbarer und hochbegabter deutscher Componist, der besonders durch seine komischen Opern zu hervorragender Bedeutung gelangt und als der Vater ächt deutscher Komik in der nationalen dramatischen Musik zu betrachten ist. Charakter, Laune, naive Erfindung, Gewandtheit in der musikalischen Declamation und Behandlung der von ihm zum Theil selbst gedichteten Texte haben ihn zu einem wahrhaft deutschen musikalischen Typus erhoben, der in der Musikgeschichte eine Stellung einnimmt. Geboren wurde er am 2. Novbr. 1739 zu Wien, war der Sohn eines wohlhabenden kaiserl. Hof- und Theaterstickers und hiess ursprünglich Karl Ditters. Da er schon früh musikalische Begabung an den Tag legte, so erhielt er bei einem Violinisten Namens König Unterricht auf der Geige und machte in kaum drei Jahren so erstaunliche Fortschritte, dass er eines besseren Lehrers bedurfte, den er auch in Karl Zügler fand. Dieser hielt ihn an, sich musikalisch fest und gewandt zu machen, indem er fleissig in der Orchestermusik der Benediktinerkirche mitwirken musste. Dort führte D. denn auch an Stelle des Violinisten Karl Huber einst ein Solo vom Blatte weg so gut und rein aus, dass ihn der General-Feldzeugmeister Prinz Joseph Friedrich von Hildburghausen, durch den berühmten Hornisten Huboczek aufmerksam gemacht, 1751 als Page zu sich nahm und in seine Kapelle mit einstellte. D. erhielt nun den sorgfältigsten Musikunterricht, durch Trani auf der Violine, durch den Kapellmeister Bono in der Composition, musste Latein, Französisch und Italienisch treiben und Fechten, Tanzen, Reiten erlernen. Dieses glückliche Verhältniss, aus dem D. einen enormen geistigen Vortheil zog, endete 1760, wo der Prinz nach Hildburghausen ging, um die Vormundschaft über den minderjährigen Erbprinzen anzutreten. Derselbe verliess jedoch Wien nicht, ohne D. zuvor eine gut besoldete Stellung im Hoforchester zu verschaffen. Im folgenden Jahre begleitete D. Gluck nach Italien, wo er als Virtuose Aufsehen erregte. Nach Wien zurückgekehrt, nahm er seine frühere Stellung wieder ein und wurde 1764 mit nach Frankfurt a. M. zu den Krönungsfestlichkeiten Josephs II. zum römischen König gezogen. Misshelligkeiten mit dem neuen Intendanten Grafen Spork in Wien bestimmten ihn, aus dem Hoforchester zu treten und die Kapelldirektorstelle beim Bischof von Gross-Wardein in Ungarn, als Nachfolger Mich. Haydn's anzunehmen. Dort entwickelte er während fünf Jahre, in denen er allgemein geliebt und geachtet seine Obliegenheiten gewissenhaft erfüllte, eine enorme Fruchtbarkeit, denn der Bischof bestellte neue Sinfonien, Streichquartette und Violinconcerte immer gleich dutzendweise. Hatte D. bis in diese Zeit hinein nur Instrumentalmusik componirt, so begann er damals auch, für die Kirche zu schreiben und setzte auf Antrieb seines Freundes Metastasio im Laufe der Zeit vier Oratorientexte desselben in Musik, als: »Isacco, figura del redentore«, »Davidde«, »Ester« und »Giobbe« (Hiob), sowie Messen und Motetten. Ueber das Oratorium »Esther«, welches sich als Manuscript in der Wiener Hofbibliothek befindet, urtheilt Karl von Bruyck: »Ein eigenthümliches Werk; wenn den Gesängen, aus welchen dasselbe besteht, nicht immer so ganz äusserlich um den eigentlichen Körper derselben baumelnde Verzierungs-Mode-Zöpfe angehängt wären, so könnte man es unbedingt (in seiner Art, die sich an italienische Muster und Mozart (?) anschliesst) vortrefflich nennen; doch liessen sich diese Zöpfe wegschneiden und in allem Uebrigen ist es sehr respectabel.« Das Gleiche sagt derselbe Beurtheiler von einer Messe D.'s, in der er »wenn nicht überschwängliche, virtuose, so doch sehr tüchtige Technik« anerkennt. - - Zugleich fing D. an, für ein kleines Theater zu arbeiten, welches der Bischof errichtet hatte; sein erster dramatisch-musikalischer Versuch war die Oper »Amore in musica«. Im J. 1769 löste der Bischof, verläumderischen Einflüsterungen Gehör schenkend, wohl auch von höherer Seite dazu gezwungen, seine Kapelle und sein Theater auf, und D. begab sich auf Reisen durch Deutschland, obwohl man ihn in Wien zu fesseln suchte. In Schlesien lernte ihn der Fürstbischof von Breslau, Graf Schafgotsch, der in Johannisberg residirte, kennen und schätzen, verschaffte ihm am Neujahrstage 1770 von Rom aus den Ritterorden vom goldenen Sporen und ernannte ihn zum Forstmeister des Fürstenthums Neisse. In Johannisberg errichtete D. ein kleines Theater, dessen Personal (darunter die Nicolini, seine nachherige Gattin) er aus Wien verschrieb, schulte die Kapelle des Kirchenfürsten vorzüglich ein und componirte wieder bewundernswerth leicht und fleissig, u. A. das Oratorium »Davidde« und die komische Oper »Il viaggiatore americano«. Bei einem Besuche in Wien schrieb er für die vom Hofcapellmeister Gassmann 1770 gegründete Musiker-Wittwen-Societät das schon erwähnte berühmte Oratorium »Esther«, dessen Aufführungen der Vereinskasse bedeutende Fonds zuführten. Im J. 1773 ernannte ihn der Fürstbischof zum Landeshauptmann von Freienwaldau und verschaffte ihm ein kaiserliches Adelsdiplom. Bei einem abermaligen Aufenthalte in Wien 1786 führte D. wiederum zum Besten des schon vorhin genannten Tonkünstlervereins sein Oratorium »Hiob« mit grossem Erfolge auf, ebenso seine zwölf nach Ovid's Metamorphosen componirten Sinfonien, deren sechs im Augarten, die anderen im Theater executirt wurden, wie er denn auch damals, gleichfalls noch in Wien, die komischen Opern »Doctor und Apotheker« (ein noch heute gegebenes Werk), »Betrug durch Aberglauben«, »Die Liebe im Irrenhause« und italienisch den »Democrito« schrieb, welche mit Ausnahme der Letzteren ein fast unerhörtes Glück machten. »Der Doctor und Apotheker« (1786) ist die erste deutsche Oper, welche nach Art der italienischen mit langen, ausgeführten Finales versehen ist. Diese, sowie die späteren, »Hieronymus Knicker« und »Das rothe Käppchen«, fanden auch in Italien, wo man denselben italienische Texte unterlegte, glänzende Aufnahme. Das schon erwähnte Oratorium »Hiob« sowie einige seiner Opern führte er auch 1789 mit grossem Erfolge in Berlin auf, wo er von Seiten des Königs Friedrich Wilhelm II., der ihn zuvor in Breslau hatte kennen lernen und einladen lassen, mit Auszeichnungen und Geschenken reichlich bedacht wurde. Das glückliche Leben D.'s endete wie mit einem Schlage, als ihn Gicht und Podagra darniederwarfen, als 1795 der Fürstbischof starb und D. seiner Aemter entlassen wurde, und als er nur mit vieler Mühe 1797 für 26jährige Dienstzeit 500 Gulden Pension erlangte, die ihn und seine Familie vor Mangel und Noth nicht zu schützen vermochte. Der berühmte, allgemein beliebte Componist von Werken, die damals noch täglich Tausende erlabten und erfreuten, stand auf dem Punkte, in Elend unterzugehen, da nahm ihn, seine Gattin und die drei Kinder ein hochherziger Kunstfreund, Ignaz Freiherr von Stillfried, zu sich auf seine Herrschaft Rotblhotta unweit Neuhaus im Kreise Tabor. Dort endete D. schon am 31. Octbr. 1799, nachdem er zwei Tage zuvor mit seiner Selbstbiographie zu Ende gekommen war, die er seinem Sohne in die Feder diktirt hatte und die später zum Besten seiner bedrängten Familie im Druck erschien (Leipzig, 1801). — Ausser den bereits genannten Werken hat D. noch componirt: die Opern »*Lo sposo burlato*«, »*La contadina fedele*«, »Orpheus der Zweite«, »Der Schiffspatron oder der neue Gutsherr«, »Hokus Pokus«, »Das Gespenst mit der Trommel«, »Gott Mars oder der eiserne Mann«, »Der gefoppte Bräutigam« (*Lo sposo deluso?*), »Don Quixote«, »Die Guelfen«, »Der Ternengewinnst«, »Der Mädchenmarkt«, »*Terno secco*«, »Der Durchmarsch«, »Die Opera buffa«, »Don Coribaldi«, »*Il mercato delle ragazze*« (Der Mädchenmarkt?), »*Il tribunale di Giove*« (eine grosse Serenata); ferner Messen, Motetten, Cantaten, einige vierzig Sinfonien, Streichquartette (von denen noch, durch die Quartett-Gebrüder Müller herausgegeben, 1866 einige zuerst erschienen), Lieder und Gesänge; endlich Violin-Concerte, ein grosses Concert für 11 concertirende Instrumente, Concertino's für verschiedene Instrumente, Duos für Bogeninstrumente, Divertimenti, Notturni, Clavier-Sonaten, Variationen, Präludien etc. — Inhalt und Form der D.'schen Instrumentalwerke besonders sind nahe verwandt mit Haydn's Tonschöpfungen; dieselbe Anmuth und herzliche Jovialität, nur weniger Frische und kunstvolle Polyphonie. In ihrer Eigenthümlichkeit sind auch sie, obwohl jetzt stark veraltet, von bedeutendem fördernden Einfluss auf die Compositionsmanier ihrer Zeit gewesen.

Dittmar, Mantey Freiherr von, grossherzogl. Hofkapellmeister zu Strelitz, ein Schüler Winter's, hat besonders werthvolle Kirchenmusiken componirt. Ausserdem kennt man von ihm die Musik zu dem Schauspiel »Die beiden Galerensclaven«, eine Ouverture zum Trauerspiel »Ludwig der Baier«, Clavierstücke, Tänze, ein Concertante für Pianoforte und Violine etc.

Ditty, ein elegisches, klagendes Lied, dessen Umfang nicht bedeutend ist.

Diurberg, Daniel, ein schwedischer Gelehrter des 17. Jahrhunderts, der eine »*Dissertatio de Scaldis veterum Hyperboreorum*« (Upsala, 1685) geschrieben hat, in welcher er über die Gesänge der alten Nordländer handelt.

Divertissement (französ.; ital.: *Divertimento*) nannte man früher die auf einander folgenden Tanznummern in einer Oper. Neuerdings bezeichnete man mit diesem Ausdrucke ein kleines Ballet, worin die Handlung wenig oder nichts zu sagen hat und die einzelnen Tanzstücke ohne eigentlichen Zusammenhang auf einander folgen; dasselbe kommt in dieser Art auch häufig episodisch in einem grösseren Ballet vor. Unlängst versuchte man, die einzelnen Tanzstücke durch eine meist komische Handlung wenigstens lose zu verknüpfen; ja in Berlin hat man sogar öfter, nach dem Arrangement des ehemaligen Schauspielers Schneider, Gesangstücke darin angebracht. Diese Form fand jedoch keine grössere Verbreitung und ist auch in Berlin mit Taglioni's »Schlesischem Divertissement« (1858) wieder eingegangen. — D. ist auch der Name für gewisse unterhaltende aus einem oder aus mehreren leicht gearbeiteten einzelnen, höchstens potpourrimässig verbundenen Sätzen bestehende Compositionen, für eines oder mehrere Instrumente berechnet. Die Form der einzelnen Sätze ist willkürlich, und man kann diese auf Art eines Sonatensatzes, eines Rondo's, in der Variationenform etc. behandeln. In der ersten Hälfte des vorigen Jahrhunderts verstand man unter D. bloss ein Tonstück für Clavier, das aus kurz ausgeführten, mit Tanzmelodien abwechselnden Sätzen bestand. — Endlich bezeichnet man mit D. in Frankreich die Musikstücke zwischen den einzelnen Aufzügen im Theater, die man auch Entreactes (s. d.) nennt.

Divinare, ein gedecktes Flötenwerk in der Orgel, 1¹/₄ metrich.

Diviš (spr. **Divisch**), Prokop, Erfinder des musikalischen Instrumentes *Denis d'or* (s. d.) und des ersten Blitzableiters, geboren am 1. August 1696 zu Senftenberg in Böhmen, besuchte die Schule in Znaim, hörte in Bruck Philosophie und Theologie, erhielt 1726 die Priesterweihe und 1733 die Doctorwürde. Als er später Pfarrer zu Prendic bei Znaim wurde, trieb er physikalische Studien, beschäftigte sich mit hydraulischen und electrischen Experimenten, erfand den Blitzableiter und stellte ihn 1754 bei seiner Wohnung auf. Später erfand er das oben genannte musikalische Instrument, wofür ihm Prinz Heinrich von Preussen eine bedeutende Summe anbot; aber während der Unterhandlungen starb am 21. December 1765 D. und das Instrument blieb in Bruck.   M—s.

Divisarum ist der lateinische Name des vierten Tetrachords im griechischen Tonsystem, dessen griechische Benennung Diezeugmenon (s. d.) ist. Die drei Saiten dieses Tetrachords hiessen *D. tertia, extenta* und *ultima*, unserem *c, d, e* entsprechend. S. Tetrachord.

Divisi (latein.) getheilt, zeigt in den Stimmen der Streichinstrumente an, dass die unter dieser Bezeichnung stehenden doppelgriffigen Stellen nicht von einem, sondern von zwei Spielern, deren einer die höheren, der andere die tieferen Noten übernimmt, ausgeführt werden sollen. Diese Vorschrift kommt natürlich nur in Orchesterwerken vor, weil zwei Spieler dieselben gewöhnlich aus einer Stimme und an einem Pulte ablesen.

Division (aus dem Latein.) oder **Theilung** der Verhältnisse ist diejenige Rechnungsart in der mathematischen Klanglehre, durch welche ein Verhältniss (s. d.) in zwei oder mehrere kleinere Rationen zerlegt wird, oder durch welche zwischen zwei gegebenen Grössen zwei oder mehrere Mittelproportionalen gesucht werden. Je nachdem diese Mittelproportionale aufgefasst und gesucht wird, unterscheidet man seit frühester Zeit im Abendlande (vgl. Boëthius p. 1564) drei Arten der D. der Verhältnisse, nämlich die arithmetische (s. d.), die harmonische (s. d.) und die geometrische (s. d.), welche in diesem Werke in besondern Artikeln besprochen sind.   †

Divitis, Antoine, eigentlich Le Riche geheissen, Componist zahlreicher kirchlicher Vocal- und Instrumentalwerke, lebte in der ersten Hälfte des 16. Jahrhunderts und war Kammersänger des Königs Ludwigs XII. von Frankreich. Von seinen Arbeiten sind in einer »Sammlung von Gesängen in verschiedenen Sprachen«, die in den Jahren von 1530 bis 40 erschien, mehrere Tonsätze erhalten geblieben. Diese Sammlung soll sich auf der Zwickauer Bibliothek vorfinden. Auch befindet sich das Manuscript eines *Credo 6 voc.* von D. noch in der Münchener Bibliothek unter *Cod.* 6.   O

Divoto oder **divotamente** (ital.), ergeben, andächtig, fromm, eine Vorschrift, welche einen choralmässigen, feierlich-gehobenen Vortrag verlangt.

Dix, Aurius oder Audius, ein zu Prag lebender Lautenist, der 1721 starb. Vgl. Baron, Untersuch. des Instrum. der Laute, S. 76.   †

Dixième (französ., sc. *chorde*, latein.: *decima*) ist die Octave der Terz. S. *Decima.* Demgemäss sagt man im Französischen: *Dix-septième, dix-huitième, dix-neuvième* für die Doppeloctave der Terz, Quarte, Quinte.

Dixon, William, englischer Organist, der zu Ende des 18. und im Anfange des 19. Jahrhunderts in London angestellt war und besonders als Musikschriftsteller sowie als fleissiger Sammler von Kirchenmusiken älterer englischer Componisten, die er in den Jahren 1770 bis 1800 vielfach herausgab, gewirkt hat. Eigene Compositionen D.'s sind bis auf eine Anzahl von Songs nicht bekannt geworden. Ueber seine Thätigkeit nach den bezeichneten Seiten hin giebt Preston's Catalog (London, 1795) nähere Auskunft.

Dizl, François Joseph, berühmter belgischer Harfenvirtuose und Componist sowie Verbesserer seines Instrumentes, geboren am 14. Januar 1780 zu Namur, erhielt schon als talentvoller Knabe bei seinem Vater Musikunterricht. Die Harfe erlernte er durch fleissiges Selbststudium und zeichnete sich auf derselben in seinem 16. Lebensjahre bereits so aus, dass man ihn zu einer Kunstreise nach England ermunterte. Er lief auch zu Schiff dahin aus, gerieth aber dabei in die grösste Lebensgefahr. Denn auf einer Hafenstation bemerkte er einen Matrosen in Gefahr zu ertrinken und stürzte sich, von Menschenliebe getrieben, ohne selbst einmal schwimmen zu können, demselben nach. Ein Hafenarbeiter rettete D. und brachte ihn in sein Haus, wo er sich erholte. In der Zwischenzeit war aber sein Fahrzeug, auf welchem der Unfall nicht bemerkt worden war, abgesegelt und mit demselben seine Harfe, seine Effekten, die mitgenommenen Empfehlungsbriefe und der grösste Theil seiner Baarschaft. Mit Mühe schlug er sich nach London, konnte aber dort sein erstes Schiff nicht ausfindig machen. In Verzweiflung und Elend in der grossen Stadt umherirrend, hörte er aus einem Hause Harfentöne dringen. Er ging hinein, um seine trostlose Lage zu schildern und befand sich bei dem berühmten Pianoforte- und Harfenfabrikanten Seb. Erard, der sich seiner eifrig annahm und ihm zahlreiche Schüler verschaffte. Nicht minder warm und herzlich wirkte Clementi für ihn, und bald gelangte D. zu Ruhm und Ehre in London, wozu sich noch während einer dreissigjährigen Lehrer- und Virtuosenthätigkeit daselbst ein bedeutendes Vermögen gesellte. In Gemeinschaft mit Kalkbrenner machte er auch in den Jahren 1823 und 1824 erfolggekrönte Kunstreisen nach Deutschland. Im J. 1828 verliess er London gänzlich und errichtete in Paris in Verbindung mit der Firma Pleyel eine grossartige Harfenfabrik. — Für sein Instrument hat er Vielerlei componirt, als Sonaten, Variationen, Fantasien und Uebungsstücke, welche letzteren ein ganz neues System für das Harfenspiel bildeten und die engen Gränzen desselben erweiterten. Ueber seine vielen und wesentlichen Verbesserungen an der Harfe berichtet ausführlich die Leipziger allgem. musikal. Ztg. vom J. 1824, Nr. 2.

Dlabač (auch **Dlabacz**), Gottfried Johann, Bibliothekar und Chordirektor des Prämonstratenserstiftes Strahov nächst Prag, geboren am 17. Juli 1758 zu Cerhenic in Böhmen, erhielt den ersten Unterricht in Böhmisch-Brod, wohin sich sein Vater Wenzel im J. 1760 begeben hatte. Im J. 1771 gelangte D. mit einem Musikstipendium als Sängerknabe in das Benediktinerstift nach Braunau, 1773 nach Strahov nächst Prag. Nach Absolvirung der Gymnasial- und philosophischen Studien trat er 1778 in den Prämonstratenser-Orden in Strahov, wo er nach vollbrachten theologischen Studien 1785 zum Priester geweiht wurde. Da er gründliche Kenntniss in·der Musik im Allgemeinen und im Gesang besonders besass, wurde er 1788 zum Chordirektor des Stiftes ernannt. Sich dabei auch mit literarischen Studien befassend, unternahm er für diesen Zweck in den J. 1788 bis 1795 öfters Reisen durch Böhmen, Mähren und Oesterreich und sammelte reiche Materialien für seine Arbeiten. Im J. 1802 wurde D. zum Bibliothekar, 1805 zum Historiographen des Klosters Strahov, 1816 zum Mitdirektor des Stiftes ernannt und starb bald darnach am 4. Februar 1820 im Kloster Strahov. Ausser seinen zahlreichen Schriften verdient besonders sein: »Allgemeines historisches Künstlerlexikon für Böhmen, Mähren und Schlesien« (Prag, 1815 bis 1818, 3 Bde.) die grösste Beachtung. Er sammelte 33 Jahre Materialien dazu und erwarb sich dadurch unverwelkbare Verdienste um die Geschichte der einheimischen Kunst. Auch sein: »Versuch eines Verzeichnisses der vorzüglichsten Tonkünstler in oder aus Böhmen«, den er im J. 1782 in Rigger's Statistik von Böhmen veröffentlichte und seine: »Abhandlung von den Schicksalen der Künste in Böhmen« (Abhandlung der k. böhm. Gesellschaft der Wissenschaften) sind werthvolle Materialien zur Geschichte der Künste in Böhmen. M—s.

Dlabacz, Joseph Benedikt, Virtuose auf der Posaune, geboren am 2. Juli 1703 zu Podiebrad in Böhmen, war in der kurfürstl. Kapelle zu Köln angestellt und starb daselbst im J. 1769.

D-la-re nannte man im frühen Mittelalter und später den Klang, der annähernd dem jetzigen zweigestrichenen *d* entspricht. Dieser Klang konnte als letzter Tetrachordton von f, wie als zweiter von c^2 erscheinen und musste je ·nachdem au *la* oder *re* gesungen werden. Die alphabetische Benennung und die daran gehängten Sylben, auf welche dieser Ton gesungen werden konnte, bildeten zusammen den Namen dieses Klanges.   †

Dlugorai, Albert, polnischer Tonkünstler, lebte zu Ende des 16. Jahrhunderts in Polen und hat sich als hervorragender Lautenist und Tonsetzer für sein Instrument auch in weiteren Kreisen einen Ruf erworben. Im *Thesaurus harmonicus* des Besardus findet man noch einige seiner Compositionen.   O

D-moll (ital.: *re minore*, französ.: *ré mineur*, engl.: *D minor*). Aus dem Moll-geschlecht unseres modernen Tonsystems ist diese auf den *d* genannten Ton gebaute Tonart eine von den am häufigsten angewandten, was seinen Grund einestheils darin hat, dass die charakteristischsten Intervalle derselben im Bereich der Menschenstimme in Regionen fallen, die deren Intonation im Geiste der Tonart befördern, anderntheils darin, dass bei instrumentaler Darstellung von Tonstücken in *D*-moll, besonders durch Streichinstrumente, viele der Grundstufen der Scala derselben in unwandelbarer Art zu Gebote stehen, und endlich darin, dass nur wenige der Grundstufen dieser Tonart von denen der *A*-moll-Tonleiter abweichen und dem Darsteller somit keine besonderen Leseschwierigkeiten bereiten. Die letzterwähnte Eigenheit von *D*-moll beschränkt sich auf nur eine Veränderung, welche durch das Erniedrigungszeichen (♭) vor *h* in der Notirung und durch die syllabische Benennung *hes* oder die für diese fast ausschliesslich angewandte alphabetische *b* gekennzeichnet wird, so dass also die Tonfolge von *D*-moll sich nach der Regel in folgender Art gestaltet:

$$ d \quad e \quad f \quad g \quad a \quad b\,(hes)\,c \quad d $$

welcher Tonfolge Einzelnklänge, je nachdem sie vom Grundtone *d*, durch 291,666 Schwingungen entstehend angenommen, gleichtemperirt (s. d.) oder diatonisch (s. d.) gebaut ist, durch in beifolgender Tabelle angegebene Schwingungen in der Secunde entstehen. In Bezug auf die in der oberen Quarte dieser Tonfolge gebräuchlichen Abänderungen ist zu bemerken, dass dieselben ganz in der Weise, wie sie in dem Artikel *A*-moll für diese Tonart, als möglich erwähnt sind, sich in Gebrauch befinden. Was nun den ersterwähnten Grund dafür, dass diese Tonart zu den häufigst angewandten zu zählen ist, anbetrifft, so ist zu bemerken, dass Quarte und Quinte der Tonart in dem Mittelbereich der Menschenstimme liegend, stets leicht in reinster Intonation gegeben werden können. sowie das nächst der Terz wesentlichste Intervall: die Sechste. Die Terz, *df*, der charakterischste Klang dieser Tonart, fällt in der schall-

Namen der Töne.	Schwingungszahlen der	
	gleichtemperirten der	diaton. Folge
d^2	583,333	583,333
c^2	519,679	524,999
b'	452,981	466,656
a'	437,003	437,499
g'	389,327	388,79
f'	346,815	349,999
e'	327,383	328,125
d'	291,666	291,666

kräftigsten Region der Stimme gerade in eine Berührungsstelle zweier Register, und wird deshalb stets, wenn er mit dem tiefern Register erzeugt wird, der Mollweise am entsprechendsten intonirt. Dem ähnlich hat sich die Tonzeugung dieses Intervalls durch die Streichinstrumente gebildet, indem fast nie die Abwägung der Höhe desselben durch eine freie Saite beeinflusst wird, sondern stets von dem Ermessen des Tonzeugers abhängig ist, wohingegen die Intonation der Quarte und Quinte gewöhnlich durch freie Saiten gebundener ist. Die natürlichen Folgen dieser Eigenheiten der Menschenstimme und der Tonwerkzeuge bei Ausführungen von Kunstschöpfungen, welche sich der reinsten Tonzeugung fördernd oder hindernd gelten machen müssen, und welcher Gottfried Weber in seiner »Theorie«

Band I § 292 und weiter, 1817, schon gedachte, wurden vor sowie nach dessen Zeit oft, indem man denselben gar keine Aufmerksamkeit zuwandte, als psychologische Eigenheiten der einzelnen Tonarten festzustellen versucht. Da auch in neuester Zeit Mancher noch diesen Erklärungen einen Werth beilegt, so wollen wir nur die Auslassungen des in dieser Hinsicht berühmtesten Aesthetikers, Schubart, über D-moll, die er in seinem Werke »Ideen zu einer Aesthetik der Tonkunst« § 377 niedergelegt hat, kurz wiedergeben, da alle anderen Erklärungen derselben gleich oder nachgebildet sind. Derselbe findet, dass »schwermüthige Weiblichkeit, die Spleen und Dünste brütet«, zu schildern nur die Tonart D-moll geeignet sei. Wer noch nach Belegen für diese Auslegung sucht, dem sei der Artikel D-moll in Schilling's Universal-Lexikon der Tonkunst nachzulesen empfohlen.

2

Do nennen die Italiener und alle, die deren Tonbenennung eingeführt haben, den sonst in der Solmisation (s. d.) *ut*, alphabetisch *c* genannten Klang. — Man findet auch noch in einer andern im 14. Jahrhundert in Paris gebräuchlichen syllabischen Tonbenennung die Sylbe *do* für den sonst *f* oder *fa* genannten Klang in Anwendung. S. Syllabische Tonbenennung. 0

Dobili, neben Mariani und Ferri einer der berühmtesten und gefeiertsten Sopransänger (Castraten) der päpstlichen Kapelle in Rom, dessen Lebenszeit in das 18. und 19. Jahrhundert fällt und dessen Gesangbildung der älteren, reineren Schule angehörte.

Dobler, Joseph Aloys, einer der ausgezeichnetsten und berühmtesten deutschen Basssänger, welche die Bühne je besessen hat, wurde am 17. November 1796 zu Gebratzhofen in Würtemberg geboren und erhielt von seinem Vater, einem Schullehrer, den ersten Musikunterricht. Zehn Jahr alt, wurde er auf das Gymnasium zu Constanz geschickt und trat als Chorknabe in die dortige Domkirche. Mit dem J. 1813 bezog er die damals katholische Universität Ellwangen, um Theologie zu studiren und dadurch der Militärconscription' zu entgehen. Gleichzeitig erregte bereits seine ausserordentlich schöne Bassstimme in den Liebhaberconcerten des Rektors Spägele wahrhaft Aufsehen, und durch solche Erfolge mächtig angefeuert, trat er nicht, wie er sollte, nach zweijährigem Studium in das Priesterseminar, sondern zog heimlich nach Wien, liess sich dort in die juristische Facultät einschreiben und suchte sich durch Musikunterricht seinen Unterhalt zu erwerben. Auch in Wien erregte seine Stimme Bewunderung, und Weigl verschaffte ihm freien Eintritt in das Operntheater, unterwies ihn vielfach und liess ihn als Choristen anstellen. Vor Ablauf eines Jahres bereits war D. erster Bassist am neuen Theater in Linz, wo er mit der Rolle des Alidor in Isouard's »Aschenbrödel« erfolgreich debütirte. Von dort aus kam er 1820 nach Frankfurt a. M. und machte 1825 eine Kunstreise durch fast ganz Deutschland, auf der er Beifall und Ehren im reichsten Maasse gewann. Nachdem er noch 1833 bei dem deutschen Opernunternehmen in London geglänzt hatte, wurde er 1834 als Hofopernsänger in Stuttgart engagirt und später zum königl. Kammersänger ernannt. Als solcher starb er im J. 1848.

Doblhof-Dier, Karl von, trefflicher und geschickter Musikdilettant zu Wien, wo er am 13. Juli 1762 geboren, im J. 1836 gestorben ist. Seine zahlreichen Compositionen, namentlich von Kirchensachen, gingen nach seinem Tode an Kiesewetter über, der sie wiederum der Bibliothek in Wien vererbte.

Dobricht, Johanna, s. Hesse.

Dobritzsch, Rudolph, Componist und Musiklehrer zu Berlin, geboren daselbst am 12. Mai 1839, bildete sich beim Kammermusiker G. Richter so erfolgreich zum Violinspieler aus, dass er bereits in seinem 16. Jahre Accessist der königl. Kapelle werden konnte. Ein Jahr später wurde er von Joh. Strauss engagirt, mit dessen Orchester er nach St. Petersburg und Pawlowsk ging. Von dort zurückgekehrt, trieb er eifrig Clavierspiel bei J. Alsleben und Theorie bei Flod. Geyer und ertheilte später selbst mit bestem Erfolge Clavier- und Violin-

unterricht. Componirt hat er eine Sinfonie, Ouvertüre, Ve
Stücke für Orchester.

Dobrzinsky, Fel ix, einer der vorzüglichsten polnische
ponisten der Gegenwart, geboren 1807 zu Romanow in Volhy:
Schüler des trefflichen Violinisten und Direktors der gräfl
und Concerte jener Stadt. Als die Familie 1827 nach War
hielt der junge D. Elner's gediegenen Unterricht in der Con
zuerst als Musiklehrer auf und machte auch grössere Kun
besonders als Pianist glänzte. In der Stellung als Theate:
schau, die er seit Jahren bis zu seinem Tode, am 10. Octbr. 18(
er sich auch als Dirigent ausserordentlich vortheilhaft aus. .
und besitzt er den Ruf der Gediegenheit. Geschrieben hat
die eine bei einem Preisausschreiben in Wien den zweiten Pr
Streichquartette, viele Lieder und Clavierstücke, sowie eini
Claviertrios und eine Oper, betitelt »die Flibustier«.

Dobworzil, trefflicher Violinist, aus Böhmen gebürtig
tel des 18. Jahrhunderts als erster Violinist bei der deutsch
Anstellung und wurde, seiner grossen Virtuosität halber,
Kammerviolinisten ernannt.

Dobyhall, Joseph, trefflicher böhmischer Tonkünstle:
net als Clarinettist, geboren am 13. Juni 1779 zu Krasowit:
fach erzogen, erlernte aber auch bis zu seinem 15. Jahr
Orgelspiel und die Behandlung der meisten Blasinstrumen
in Enns (Oberöstreich) vervollkommnete er sich hierauf auf
pete und Posaune und wandte sich nach beendigter Lehrze
wieder seinem eigentlichen Berufsfache obzuliegen. Von N
des täglichen Unterhalts bedrängt, fand er eine Stelle als C
städter Theater, die er sechs Jahre lang inne hatte und di
schlusse, Schulmann zu werden, abbrachte. Während dies
so eifriger bei Heydenreich und bei Tayber General!
Der russische Botschafter am Wiener Hofe, Fürst Kourak
zu seinem Kapellmeister, welche Stellung er 1810 mit ein
des Hofburgtheaters und in der Kapelle des Fürsten Lobkc
da aus wurde er als zweiter Clarinettist in das Hofopernthe:
zeitig vom Erzherzog Maximilian von Este zum Kapellm:
tillerieregiments ernannt. Als solcher hatte er Gelegenheit
grossen Kenntnisse in Bezug auf Harmoniemusik zur Gelt
gelang ihm überraschend schnell, die notorisch herabgek
Regiments auf einen hervorragenden Standpunkt in der A:
Bearbeitungen für Harmoniemusik galten für musterhaft,
rend seines Aufenthalts in Wien sämmtliche seiner von D. g
abschreiben, um sie mit sich zu nehmen. D. selbst starb im J.
Sohn Franz D., geboren am 14. Octbr. 1817 zu Wien, erl
unterricht von seinem Vater, besuchte dann das Wiene:
wurde zu einem trefflichen Violinisten ausgebildet, als w
des Hofoperntheaters angestellt wurde, eine Stellung, die er
hat. Derselbe ist auch als Quartettspieler rühmlichst bek
allwinterlich von Hellmesberger veranstalteten Quartett-Pro
stimme mit.

Doche, Joseph Denis, geschickter französischer To
22. Aug. 1766 zu Paris, war von seinem achten Jahre an Chor!
kirche zu Meaux und wurde dort in der Musik von Guignet
kam er als Kapellmeister an die Kathedrale von Constance un:
bruch der Revolution nach Paris. Im Orchester des Vaude
war er nach einander Bratschist, Violoncellist, Contrabassis:
chef, als welcher er zahlreiche Gesänge, Arien und Einlag

laufenden Repertoirs componirte. Diese annmuthigen und gefälligen Sachen, sowie viele graziöse Romanzen, welche um 1801 erschienen, machten seinen Namen bekannt und weithin beliebt. Man kennt auch von ihm eine grössere komische Oper: »*Les trois Dervilles*«, mehrere Operetten, darunter »*Point de bruit*«, 1804 sehr erfolgreich aufgeführt, ferner mehrere Messen und eine Sammlung seiner Theatergesänge unter dem Titel: »*La Musette du Vaudeville*«. Im J. 1824 gab D. seinen Kapelmeisterposten auf und starb im Juli 1825 zu Soissons. — Sein Sohn, **Alexander Pierre Joseph D.**, geboren 1799 zu Paris, war ein Zögling des Conservatoriums und folgte seinem Vater als Orchesterchef am Vaudeville-Theater, von wo er später zum Gymnase überging. Die *Opéra comique* brachte 1846 und 1847 seine Opern »*Le veuf de Malabar*« und »*Alix*« zur Aufführung, ohne jedoch damit grösseren Erfolg zu erzielen. Dies veranlasste D. Paris zu verlassen und nach St. Petersburg zu gehen, wo er aber schon im August 1849 gestorben ist.

Docken nannte man ehemals in der Clavierfabrikation die Hölzer bei den alten Flügeln, welche auf dem der Anschlagestelle entgegengesetzten Ende der Claves (s. d.) ruhten; dieselben reichten durch den Resonanzboden bis an die Saiten. In diese D. wurden die Rabenfedern eingesetzt, welche plektrumartig die Saiten tönend zu erregen bestimmt waren. — In der Orgelbaukunst bezeichnet der Name D., Ohren oder Träger, die kleinen Hölzchen an den beiden Enden eines Wellenbrettes, welche die Achsen der Welle tragen. Dieselben werden gemeiniglich aus Eichenholz gefertigt und mit dem Wellenbrett fest verbunden.

†

Dockenloch nennt man in der Orgelbaukunst das durch die Docke (s. d.) gehende Loch, worin sich die Wellenachse bewegt. †

Doctor der Musik (latein.: *Doctor musices*). Doctor bedeutet im Lateinischen ursprünglich Lehrer. Eine Art Ehrentitel wurde es bereits im 12. Jahrhunderte, wo mehrere Scholastiker mit auszeichnenden Beiwörtern (*D. angelicus, mirabilis, singularis, subtilis, profundus* etc.) diese Benennung erhielten. Nachdem auf den Universitäten das Wort lange Zeit ebenfalls einen Lehrer bezeichnet hatte, wurde daraus der Name einer Würde, zu welcher nur das Collegium der Lehrer selbst erheben oder promoviren konnte. Diese Promotionen kamen im 12. Jahrhundert in Bologna auf, und die Kaiser, sodann die Päpste, ertheilten den Universitäten ausdrücklich das Recht, unter ihrer Autorität und in ihrem Namen *Doctores legum* zu ernennen. Es galt diese Würde für den höchsten akademischen Grad (s. d.), zu welchem man nur erst nach erfolgter Erlangung des Baccalaureats oder der Licentiatenwürde aufsteigen konnte. Reichsgesetzlich stand dafür der promovirte Doctor über den blossen Adeligen und war dem Ritter gleich. Doctoren der Musik, in dieser Art aufgestiegen (*rite permoti*), gab und giebt es übrigens nur an den englischen Universitäten zu Oxford und Cambridge, wo ein solcher vorher als Baccalaureus (s. d.) graduirt sein und sodann, durch Zeugnisse belegt, noch 5 Jahre Musik studirt haben muss. S. Akademische Grade. Seit Ende des 18. Jahrhunderts nahm man es, besonders berühmten Ausländern gegenüber, mit diesem Gesetze nicht mehr so genau, wie die Ernennungen Joseph Haydn's und Romberg's zu Oxford als Doctoren der Musik beweisen. Dem Beispiele sind, doch erst seit 1829, auch deutsche Hochschulen gefolgt, welche dann und wann ausgezeichnete Tonkünstler mit dem Doctorgrad ohne vorangegangenes Examen (*honoris causa*) ehren. In solcher Weise ernannte die Universität zu Halle Spontini, Rob. Franz, die zu Leipzig Friedr. Schneider, Marschner, Mendelssohn und Schumann, die zu Jena Franz Liszt, Meyerbeer und H. von Bülow zu Doctoren. — Nach Anton von Wood's *Historia et antiquit. univ. Oxoniens.* sind zu Oxford die akademischen Würden in der Musik zugleich mit denen der vier Hauptfacultäten bald nach den Zeiten des Königs Heinrich II. (gestorben 1189) eingeführt worden. Der älteste der dem Namen nach noch bekannten Doctoren der Musik ist John Hamboys, welcher im J. 1470 diesen Grad erlangte.

Dodart, Denis, geboren 1634 und am 5. November 1707 als königlicher Arzt, Professor der Medicin und Mitglied der Academie der Wissenschaften zu

Paris gestorben, hat kurz vor seinem Tode »Bemerkungen über die Menschen stimme, über die Verschiedenheit des Tons in der Rede und im Gesange etc. niedergeschrieben, welche in den *Mémoires de l'academ. roy. des Scienc.* von 170× bis 1707 abgedruckt sind.   †

Dodeka (griech.), d. i. zwölf, kommt im musikalischen Sprachgebrauch in fol genden Verbindungen vor: **Dodekachordon**, zwölfsaitig, der **Zwölfsaiter**, zu gleich der Name jener berühmten Dissertation des Henricus Glareanus (Basel 1547) über die Lehre von den zwölf Tonarten; **Dodekameron**, eigentlich de: Zeitraum von zwölf Tagen, öfters auch der Titel für eine Sammlung von 12 ver schiedenen Tonstücken; *Dodecupla di crome* (ital.), der Zwölfachteltakt; *Do decupla di minime*, eine Mensur von zwölf halben Noten; *Dodecupla di sem brevi*, eine Mensur von zwölf ganzen Noten; *Dodecupla di semicrome*, de: Zwölfsechszehntheiltakt; *Dodecupla di semi minime*, eine Mensur von zwöl Vierteln.

Dodridge, Philipp, englischer Theologe, geboren am 26. Januar 1702 zu Nordhampton, studirte unter Samuel Clark's und Jenning's Leitung bis zum Jahre 1723 Theologie und wurde dann Pfarrer. Seine letzte Stellung hatte er zu Nordhampton, wo er Lehrer und Prediger war, bis er am 26. October 1751 auf einer Reise nach Lissabon starb. Ein Aufsatz: *»Account of one, who had no ear to Music naturally singing several tunes when in a delirium«* betitelt, der sich in den *Philos. Transact. Vol. XLIV* p. 596 vorfindet, scheint aus seiner Feder ge flossen zu sein und verdient von musikgeschichtlicher Seite beachtet zu werden Vgl. Jöcher's Gelehrten-Lexicon, fortgesetzt von Adelung.   †

Dodwell, Heinrich, englischer Philologe, geboren im October 1641 zu Dublin, war in seinen reiferen Jahren Prälector der Geschichte zu Oxford und als solcher, besonders in der Alterthumskunde bewandert, auch als Musikgelehrter geschätzt. Die englischen Unruhen zwangen ihn 1701 seine Stellung an der Uni versität aufzugeben und sich bei einem Edelmanne fünf Meilen von Oxford ver borgen zu halten, wo er im Jahre 1711 auch starb. Von seinen Werken ist das: *»A treatise concerning the Lawfulness of instrumental Music in Holy offices«* (Lon don, 1700) seines musikalischen Inhalts wegen, auch als Curiosum zu vermerken. †

Döbbert, Christian Friedrich, einer der grössten Oboevirtuosen des 18. Jahrhunderts, geboren bald nach dem Jahre 1700 zu Berlin, war zuerst in der Kapelle des Markgrafen Friedrich von Brandenburg-Culmbach, musste aber auf Verlangen seines Herrn die Oboe mit der Flöte vertauschen und demselben viele Jahre hindurch Unterricht auf derselben ertheilen. Im J. 1763 kam D. in die Kapelle des Markgrafen von Ansbach-Baireuth, wo er 1770 als Kammervirtuose starb. Von seinen Compositionen kennt man sechs Flötensoli mit Generalbass (Nürnberg, 1759).

Döderlein, Johann Alexander, auch **Döderlin** geschrieben, deutscher Ge lehrter, geboren zu Biswang in der Grafschaft Pappenheim in Baiern, am 11. Fe bruar 1675, gestorben als Magister und Rector der Schule zu Weissenburg am 23. October 1745, hat unter seinen vielen Schriften auch eine jetzt sehr selten ge wordene *»Ars canendi veterum et cantores Weissenburgenses«* betitelt, hinterlassen. †

Döf oder **Döff** ist die veraltete Benennung einer 1¼ metrichen Prinzipalstimme in der Orgel.

Döhler, Theodor, einer der vorzüglichsten der modernen Pianofortevir tuosen, wurde am 20. Apr. 1814 zu Neapel von deutschen Eltern geboren. Im Clavierspiel seit seinem siebenten Jahre unterrichtet, machte er solche reissende Fortschritte, dass der damals in Neapel lebende Kapellmeister Jul. Benedict die weitere Ausbildung des talentvollen Knaben übernahm, der sich, zehn Jahr alt, schon mit dem grössten Erfolge im Teatro del Fondo hören lassen und bald dar nach auch mit Clavier- und Gesangcompositionen hervortreten konnte. Vom neapolitanischen Hofe und der Aristokratie fast verhätschelt, versäumte er dennoch nicht seine geistige Ausbildung in den schönen Wissenschaften, Sprachen, Poesie etc. Der Herzog von Lucca, Karl Ludwig von Bourbon, lernte 1827 die Familie D. kennen und zog sie an seinen Hof, wo der Vater Lehrer des Erbprinzen wurde und D. selbst eine weitere sorgfältige Ausbildung erhielt, die zu vollenden er 1829 nach Wien geschickt wurde, um bei Czerny Clavierspiel, bei Sechter Contrapunkt zu studiren. Bald trat er in Wien mit so grossem Beifall öffentlich auf, dass ihn sein Herzog, davon unterrichtet, zu seinem Kammervirtuosen ernannte. Erst 1834 verliess er die österreichische Kaiserstadt und concertirte, vom Hofe eingeladen, längere Zeit in Neapel. Im J. 1837 ging er nach Berlin und Dresden, 1838 wieder nach Wien und von dort aus nach Paris und London, wo er zwei Jahre blieb und ebenfalls gefeiert wurde. Hierauf besuchte er Holland, Dänemark, Ungarn, Polen und 1845 auch Russland. In St. Petersburg beschloss er inmitten seiner Triumpfe das Pianofortespiel aufzugeben und sich ganz und gar der Composition zu widmen. Demzufolge begann er ein aus Silvio Pellico's Werken gezogenes Operntextbuch, betitelt »Tancreda« in Musik zu setzen. Gleichzeitig gewann er die Liebe der Gräfin Elisa Cheremeteff, die einer der ältesten und einflussreichsten Familien Russlands entstammte, weshalb der Kaiser Nicolaus eine eheliche Verbindung der Liebenden nicht gestattete. Voller Verzweiflung darüber kehrte D. nach Italien zurück, verweilte einige Zeit in Bologna und studirte bei Rossini die Instrumentation. Um die Hindernisse seiner Heirath zu vernichten, erhob ihn damals sein alter Beschützer, der Herzog von Lucca, zum Baron und erwirkte dadurch die verweigerte kaiserliche Einwilligung. Die Vermählung wurde am 11. Mai 1846 zu St. Petersburg gefeiert und hatte eine überaus glückliche Ehe zur Folge. Hierauf begab sich D. nach Moskau, wo er die Partitur seiner »Tancreda« vollendete und Ende 1846 nach Paris. Dort stellten sich die ersten Spuren der Rückenmarksschwindsucht ein, die ihn nach neun Jahren grausamer und fast ununterbrochener Leiden dem Grabe zuführen sollte. Trotzdem liess er sich noch überreden, an den Concerten der Saison zum Besten dürftiger Künstler sowie der Stadtarmen Theil zu nehmen. Von Paris begab er sich nach Genua und liess sich 1848 in Florenz nieder. Das unheilbare Uebel warf ihn bald ganz darnieder; vergeblich war der Besuch berühmter Heilbäder, noch zuletzt des Wildbads Gastein, vergeblich die angestrengteste Sorgfalt und unermüdete Pflege der liebenden Gemahlin. D. starb gefasst und heiter am 21. Febr. 1856 zu Florenz. Sein Grab in der reizend gelegenen Kirche von San Miniato erhielt ein kostbares Monument. — D.'s Spiel war nach allen Seiten der Technik hin vorzüglich und sein Vortrag in seltener Weise geschmackvoll und elegant; seine Compositionen, die sich auf 75 Nummern, meist Claviersachen, als Fantasien, Nocturnes, Variationen, Rondos, Transscriptionen und Salontänze, belaufen, sind melodisch frisch und dankbar für den Spieler, ohne besonders tief und bedeutsam angelegt zu sein, weshalb dieselben, trotzdem sie zu ihrer Zeit sehr beliebt und gesucht waren, mehr und mehr der Vergessenheit anheimfallen.

Döll, Johann Veit, trefflicher Orgelspieler und begeisterter Musikfreund, geboren am 2. Febr. 1750 zu Suhl, war eigentlich Steinschneider und Medailleur und als solcher so geschickt, dass er den Titel eines sächsischen, 1814 auch den eines königl. preussischen Hofgraveurs erhielt. Zugleich war er Organist an der Kreuzkirche seiner Vaterstadt und diesem Amte zu Liebe entsagte er den vortheilhaftesten Stellungen, die ihm fremde Höfe im Laufe der Zeit anboten. Sein Kunsteifer hat auf den Musiksinn Suhl's sehr vortheilhaft eingewirkt. Hochbetagt starb er am 15. Octbr. 1835 und hinterliess in seinem Sohne, der grossherzogl. badischer Münzmeister war und in Karlsruhe lebte, einen Dilettanten, der alle Kunstfertigkeiten des Vaters geerbt zu haben schien. Derselbe hat auch einige, vom Kapellmeister Himmel geprüfte und für tüchtig befundene Compositionen veröffentlicht.

Dölzsch, Johann Gottlieb, ein um 1725 lebender Orgelbauer aus Döbeln, von dem bekannt ist, dass er 1729 zu Gruneberg ein Werk mit zwölf Stimmen, wovon neun für's Manual und drei für's Pedal bestimmt waren, fertigte, so wie dass er 1732 die Orgel in der Kunigundenkirche zu Rochlitz ausbesserte und zwar zur grössten Zufriedenheit der Gemeinde.   †

Doemeny, Alexander von, ungarischer Clavier- und Orgelspieler, geboren 1801 und als Organist in Pesth angestellt, hat eine durch die vortreffliche Wahl ihrer 72, den grössten Meistern entnommenen Beispiele interessante und wichtige Anweisung das Pianoforte richtig zu spielen (Pesth, 1830), sowie ein gutes Choralbuch herausgegeben.

Doerfeldt, Anton, Direktor der sämmtlichen Musikchöre des kaiserl. russischen Gardecorps, geboren 1799, zeichnete sich sowohl als Liedercomponist, wie als Componist und Bearbeiter für Militärmusik aus. Mit dem Chevalier-Gardecorps betheiligte er sich 1867 an dem Concurrenzconcert der Pariser Weltausstellung und erhielt den zweiten Preis. D. starb am 24. Jan. 1869 zu St. Petersburg.

Doerffel, Alfred, tüchtiger Pianist und Musikgelehrter von reichem gründlichem Wissen und vielseitigster Erfahrung, wurde am 24. Jan. 1821 zu Waldenburg in Sachsen geboren und erhielt, da er schon frühzeitig Talent und Neigung zur Tonkunst offenbarte, Unterricht im Clavierspiel bei dem dortigen Organisten Johann Adolph Trube. Vierzehn Jahr alt, wurde er der Realschule in Leipzig zugeführt und fand in dieser Stadt die willkommenste und beste Gelegenheit, seine Studien in der Musik fortzusetzen und zu vollenden, anfangs bei Karl Kloss, dann bei Fink, C. G. Müller und zuletzt bei Mendelssohn und Rob. Schumann. Er liess sich endlich ganz in Leipzig nieder, wo er bald als Clavierspieler und Musiklehrer eine sehr geachtete Stellung einnahm. Sein Ruf verbreitete sich aber auch weithin, als er 1846 bis 1849 als Mitarbeiter an der von Schumann begründeten »Neuen Zeitschrift für Musik« auftrat und ebenso interessante wie gediegene Artikel veröffentlichte. Damals gewann ihn auch die Verlagshandlung von Breitkopf und Härtel für die correcte Herstellung ihrer wichtigsten Ausgabe, und seiner sorgsamen Mitwirkung verdankt namentlich die grosse Beethoven-Ausgabe dieser Firma zum grossen Theile ihre anerkannte Richtigkeit und Genauigkeit. In gleicher Art zeichnet sich auch die von ihm besorgte Ausgabe der Oper »Orpheus« von Gluck (Leipzig, C. F. Peters) aus, ferner seine sachkundigen Uebersetzungen der Instrumentationslehre und des Orchesterdirigenten von Hector Berlioz. An diese Arbeiten schliesst sich die Herstellung von vortrefflich geordneten Verzeichnissen der Werke J. S. Bach's, R. Schumann's, Mendelssohns etc., die eine von den musikalischen Bibliophilen tief empfundene Lücke ausfüllen; voraussichtlich werden noch andere Verzeichnisse den bereits veröffentlichten folgen. Schriftstellerisch hat sich D. in der letzten Zeit mit Beiträgen für das Leipziger »Musikalische Wochenblatt« hervorgethan. Ausserdem ist er Inhaber einer »Leihanstalt für musikalische Literatur«, welche er im Herbst 1861 begründete und Custos an der musikalischen Abtheilung der städtischen Bibliothek in Leipzig, dessen Rath und Gelehrsamkeit von weit und breit her benutzt wird.

Döring, Georg Christian Wilhelm Asmus, beliebter und fruchtbarer Novellist und Romanschriftsteller, auch guter Violinist, geboren am 11. Decbr. 1789 zu Kassel, studirte in Göttingen und kehrte dann nach seiner Vaterstadt zurück, wo er für das Theater dichtete. Durch Verhältnisse bestimmt, gab er diese Stellung auf und übernahm 1815 in Frankfurt a. M. den Posten eines Vorgeigers beim Orchester, den er bis 1817 bekleidete, worauf er die Redaktion der Frankfurter politischen Zeitung erhielt. Seit 1820 war er Hofrath und Führer des in Bonn studirenden Prinzen Alexander von Sayn-Wittgenstein, privatisirte dann in Frankfurt a. M. und starb daselbst am 10. Octbr. 1833. In musikalischer Beziehung hat er sich seiner Zeit durch achtungswerthe Kritiken hervorgethan und ausserdem einige Operntexte gedichtet z. B. zu Spohr's »Berggeist«, zu Ries' »Räuberbraut« und zu Schnyder von Wartensee's »Fortunatus mit dem Säckel und Wünschhütlein«.

Döring, Gottfried, trefflicher Musiker und gründlicher musikalischer Schriftsteller, geboren am 9. Mai 1801 zu Pomerendorf bei Elbing, wurde musika-

lisch von seinem Vater, einem Organisten, von den Cantoren B r a n d t und S c h ö n -
feld in Elbing, dem Stadtmusikus U r b a n ebendaselbst und zuletzt von Z e l t e r
in Berlin herangebildet. Seit 1826 bekleidete er das Amt als Gesanglehrer am
Gymnasium zu Elbing und seit 1828 das als Cantor an der dortigen evangelischen
Hauptkirche zu St. Marien. Daneben wirkte er in weiteren Kreisen höchst segensreich auf die gediegenere Musikpflege, vorzüglich als Vorsteher und Dirigent des
Landschullehrer-Gesangvereins Elbinger Kreises, des städtischen Gesangvereins und
des Liederkranzes in Elbing. In Anerkennung seiner vielfachen Verdienste wurde er
1839 zum Königl. Musikdirektor ernannt und starb allgemein hochgeachtet am
20. Juni 1869. — Als Musikforscher, namentlich auf dem Gebiete altpreussischer
Geschichte hat sich D. zur Autorität emporgeschwungen, als tüchtiger theoretisch-
didaktischer Schriftsteller vielfach bewährt. Seine trefflichen, tief gehenden Kenntnisse bekunden sowohl zahlreiche Artikel in Zeitschriften (Eutonia, Preussische
Provinzialblätter, Volksschulfreund, Evangelisches Gemeindeblatt etc.), als auch
folgende Werke: »Anleitung zu Choralzwischenspielen« (Berlin, 1839), »Grundlehren des Musikunterrichts« (Königsberg, 1840), »Zur Geschichte der Musik in
Preussen, historisch-kritischer Versuch« (3 Lieferungen, Elbing, 1852—1855),
»Chronik des Elbinger Gesangvereins« (Elbing, 1858) und endlich das hochschätz-
bare Buch »Choralkunde in drei Büchern« (Danzig, 1861—1865). In seinem Nachlasse fanden sich noch mehrere vollendete Manuscripte derselben Gattung, welche
aber bisher noch nicht veröffentlicht worden sind. Ausserdem hat D. verschiedene
Choralbücher, Schul- und Turnlieder, patriotische Männerchorgesänge etc. herausgegeben, ferner Cantaten, Psalme, Chorlieder etc. componirt, die jedoch Manuscript
geblieben sind, obwohl manches davon bei öffentlichen Aufführungen in Elbing
grossen Beifall gefunden hat.

Döring, J o h a n n F r i e d r i c h S a m u e l , tüchtiger Clavier-, Orgel-, Violinspieler und guter Sänger und Lehrer, geboren am 16. Juli 1766 zu Gatterstädt
bei Querfurt, kam 1776 nach Leipzig auf die Thomasschule und studirte dann
Theologie. Hierauf war er Cantor in Luckau in der Niederlausitz, dann in Görlitz und seit 1814 in Altenburg, wo er am 27. Aug. 1840 starb. Veröffentlicht
hat er u. A.: »Die drei Rosen des Lebens«, Gesellschaftslied für vier Singstimmen,
eine Flöte und Pianoforte (Görlitz, 1799); »Vollständiges Görlitzer Choral-Me-
lodien-Buch in Buchstaben«, vierstimmig gesetzt (Görlitz, 1802); »Anweisung zum
Singen«, erster Kursus (Görlitz, 1805); »Siebenundzwanzig Choralmelodien nebst
dem gewöhnlichen Gesange bei der Communion« (Leipzig, Breitkopf und Härtel);
»Etwas zur Berichtigung des Urtheils über die musikalischen Singechöre auf den
gelehrten protestantischen Schulen Deutschlands« (Altenburg, 1801, Nachtrag
dazu 1806).

Döring, K a r l H e i n r i c h , trefflicher Componist der Gegenwart, geboren
1834 zu Dresden, machte seine höheren musikalischen Studien in Leipzig, wo er
von 1852 bis 1855 das Conservatorium besuchte und sodann H a u p t m a n n's und
L o b e's Privatunterricht im Contrapunkt und in der Composition genoss. Bis
1858 ertheilte er in Leipzig selbst auch Musikunterricht, worauf er nach Dresden
übersiedelte und Lehrer am dortigen Conservatorium wurde. — D. ist in allen
Fächern der Musik bewandert und erfahren und hat sich als Componist mit
Messen, geistlichen Stücken, Claviersachen und Liedern, als musikalischer Schriftsteller durch einige Journalartikel und durch die kleine Schrift »Aphorismen vom
Felde der Kunst des Gesanges« (Dresden, 1860) hervorgethan. Auch seine Lehr-
kraft wird als eine bedeutende gerühmt.

Döring, W i l h e l m i n e , tüchtige Pianistin und verdienstvolle Musiklehrerin,
lebte und wirkte in Darmstadt. Sie hatte den Titel einer grossherzogl. hessischen
Hofpianistin und starb am 14. Juli 1870 nach schweren Leiden zu Darmstadt.

Dörner, J o h a n n G e o r g , Organist zu Bitterfeld, hat 1743 durch ein »Send-
schreiben an Dr. Mitzler, die Erzeugung des Klanges und derer vornehmlichen
Töne betreffend«, grössere Aufmerksamkeit auf sich gezogen. Vgl. Mitzler's
Biblioth. Band III Seite 372. **†**

Dörstling, Gustav Robert, vielseitig gebildeter, geboren am 26. Decbr. 1821 zu Chemnitz, machte, trotz nische Fach bestimmt war, eingehende Musikstudien, anf Siegel in Annaberg, später bei W. Taubert in Berlin. in Sondershausen und nimmt den thätigsten Antheil a Musik in jener Gegend Thüringens. Mit Geschick und g allen Gattungen der Musik selbstschöpferisch aufgetreten romantischen Opern: »Der Graf von Gleichen« und »De

D'Oessembray, s. D'ons-Embray.

Dohl, (arab.) دهل, ist nach William Gore Ouseley »Tra the East etc.« I. pl. XIV die Benennung einer noch jetzt arabischen Trommel, die unserer älteren Trommel ähnli zerne Sarg derselben ist an den beiden offenen Seiten Beide Membrane, durch Schnüre zu regieren und ohne stimmt, dass die eine in der höhern Oktave von der ander

Dolflöte oder **Dulflöte** nannte der Orgelbauer Esaia von ihm ungefähr ums Jahr 1590 erfundene Orgelstimme, welche mit zwei Labien (s. d.) versehen war. Praetor. seiner Synt. Mus. Th. 2 p. 140. Jetzt wird dieselbe fast weil die Wirkung den Mehrkosten nicht entsprechend si neustädtischen Kirche zu Röbel in Meklenburg-Strelitz gebaute D. vorfinden. Noch sei zu bemerken, dass ma zwei Flötenpfeifenchöre von gleicher Qualität, die auf ein Ertönen bringt, auch D. benennt, welches Register wob trachten ist, die Compenio mit seiner Erfindung nur billig

Doigté (französ.), mit Applicatur, Fingersatz verse Hauptwort doigt (lat.: digitus, ital.: dito) d. i. der Finger

Doisy-Lintant, Musikalien- und Instrumentenhändle Lehrer der Guitarre berühmt war, hat Ende des 18. und : hunderts eine grosse und eine kleine Schule für sein I lungen von Romances und Airs nouveaux avec acc. de Guitar ou Etudes p. la Guitarre und mehrere einzelne Werke letztere Gerber in seinem »Lexikon der Tonkünstler«, 1 führt. D. starb im J. 1807 zu Paris.

Doite de Troyes hiess ein 1250 am Hofe des deutsche der Virtuose, der ebenso wegen seiner körperlichen Sch zeichneten Stimme und seiner grossen musikalischen wi kannt war.

Dol., Abkürzung für dolce, dolcemente (s. d.).

Dolcan, auch **Dulcan** und **Dulzain** genannt, eine a Orgel, zu 2,5 und 1,25 Meter, oben weiter als unten, zu bien. In dieser Art ist D. nicht mit Dolcian oder Dulci

Dolce oder **dolcemente** (ital.), abgekürzt dol., Vor Bedeutung sanft, lieblich, zart. Genau dasselbe be (s. con).

Dolce melo (ital.), das Hackbrett. — Dolce suono,

Dolcian oder **Dulcian** (ital.: Dolciano, Dolcesuono) altoten Holz-Blaseinstrumentes, ähnlich dem Fagott, nur und im Klange dem Pommer nahe kommend, aber sanfte Name. Einigen Angaben gemäss soll eigentlich nur de kleine Quartfagott, von den Engländern Singel Kortho haben. Prätorius gebraucht die Namen Fagott und D. dass auch die Sordunen (s. d.) mitunter D. genannt w

hatte man das Instrument in Art des fast von jeder Instrumentgattung üblichen Akkordes in vier verschiedenen Grössen, deren Umfang er auch (*Syntagma aus. II* 39) genau angiebt. Alle alten Fagotte bestanden, gleich dem modernen, aus einer doppelten, die Pommern, von denen sie abstammen, nur aus einer einfachen Röhre; diese war theils am oberen Ende offen, theils aber auch gedeckt und die Deckung mit Löchern durchbrochen. Sie hatten sechs Tonlöcher für die Finger und zwei für die Daumen, ausserdem nur zwei Klappen, eine für den Daumen und eine für den vierten Finger der rechten Hand. In vier Theile, wie die gegenwärtig gebräuchlichen Fagotte konnten sie nicht zerlegt werden. — In der Orgel ist D. (nicht mit Dolcan oder Dolzain zu verwechseln) eine sehr zart klingende Manualstimme, die auch statt Fagott gesetzt wird. Ihre metallenen, am besten aus Zinn gearbeiteten Pfeifen werden in Form umgekehrter Kegel aufgestellt und erhalten einen engen Aufschnitt, eine sich um ein Weniges nach oben hin erweiternde mittlere Prinzipalmensur und sanfte Intonation. Diese Stimme findet sich meist offen, mitunter aber auch gedeckt.

Dolcissimo (ital.), Vortragsbezeichnung in der Bedeutung sehr sanft, sehr zart.

Dold, Gustav Adolph, trefflicher Musiktheoretiker und guter Dirigent, geboren um 1842 in Baden, kam fünf Jahr alt nach New-York und genoss dort guten Pianoforteunterricht. Behufs weiterer Studien besuchte er von 1862 bis 1865 das Conservatorium in Leipzig, lebte hierauf zwei Jahre hindurch in Russland und studirte dann beim Hofkapellmeister Seifriz in Löwenberg die Werke von Berlioz, Wagner und Liszt. Als Seifriz 1869 aus seiner Stellung schied, übernahm D. die Direktion der fürstl. Kapelle und führte dieselbe bis zu deren Auflösung 1870 nach dem Tode des Fürsten von Hohenzollern-Hechingen. Seitdem scheint D. zu privatisiren, da von einer öffentlichen Thätigkeit desselben nichts bekannt geworden ist.

Dolé, François Charles, französischer Musikschriftsteller, geboren um 1810 in der Normandie, lebte in Paris und ist der Verfasser des werthvollen Buches »*Essai théorique, practique et historique sur le plain-chant*«.

Delegschy, ein um 1788 zu Prag ansässiger Drechsler, der nach der »Statistik von Böhmen«, Heft VII, in seiner Zeit die besten Oboen, Flöten und Fagotte in Böhmen fertigte. †

Dolente oder dolentemente (ital.), Vortragsbezeichnung in der Bedeutung wehmüthig, schmerzlich, klagend.

Doles, Johann Friedrich, einer der gediegensten und fruchtbarsten deutschen Kirchencomponisten, wurde 1715 zu Steinbach im Herzogthum Sachsen-Meiningen geboren. Um eine wissenschaftliche Ausbildung zu erhalten, besuchte er das Gymnasium zu Schleusingen, woselbst er auch aufs Gründlichste im Gesang, Clavier-, Violin- und Orgelspiel unterrichtet wurde, so dass er später, nachdem er theologischer Studien halber die Universität zu Leipzig bezogen hatte, als Compositionsschüler des grossen Sebastian Bach den höchsten Zielen der Tonkunst zugeführt werden konnte. Die Tiefsinnigkeit und Grossartigkeit seines Meisters ging allerdings nicht mit auf D. über, der sich je länger je mehr einer populären, leicht fasslichen Conception befleissigte, ohne dabei jedoch der Gediegenheit der Arbeit etwas zu vergeben. Man dürfte kaum fehl gehen, wenn man annimmt, dass auf D.'s Compositionsstyl die italienische Oper, die er genau kannte, einigen Einfluss ausübte. Denn bei den Aufführungen, welche der sächsische Hof damals in Hubertsburg häufig veranstaltete, war D. bald als Besucher, bald als Mitwirkender im Chortenor fast immer zugegen. Im J. 1744 erhielt er die Cantorstelle in Freiberg, welche er zwölf Jahre lang verwaltete. In diese Zeit fiel u. A. die Composition eines Singspiels zur Feier des Andenkens des westphälischen Friedens, welche der Rektor Biedermann, ungeachtet einer Einnahme von 1500 Thalern mit 30 Thalern honorirte, die B. nicht annahm und dadurch Veranlassung zu einem seiner Zeit grosses Aufsehen machenden Streite gab, an dem auch Mattheson, D. selbst aber keinen Antheil nahm. Im J. 1756 wurde D. nach Leipzig als Cantor an der Thomasschule, welche Stelle nach Seb. Bach's Tode Gottlob Harrer inne gehabt hatte, sowie als Musikdirektor der beiden Hauptkirchen berufen. Mit seltener Gewissenhaftigkeit und Treue stand er diesen Aemtern bis zum J. 1789 vor, wo er vorgerückten Alters wegen in den Pensionsstand treten musste. Er lebte noch acht Jahre, hatte in dieser Zeit den Schmerz, einen reich begabten Sohn dahinscheiden zu sehen und starb am 8. Febr. 1797 zu Leipzig. — D.'s überaus zahlreiche Compositionen umfassen beinahe alle Gattungen der Vocalmusik und bestehen vorzüglich in Cantaten, Motetten, Psalmen, Liedern und ausgeführten Chorälen. Gedruckt sind davon: »Neue Lieder von Fuchs« (Leipzig, 1750); der 46. Psalm (Leipzig. 1758); Melodien zu Gellert's geistlichen Oden, die noch nicht mit Kirchenmelodien versehen sind, vierstimmig und für Clavier mit beziffertem Bass gesetzt (Leipzig, 1761); vierstimmiges Choralbuch, oder harmonische Melodiensammlung für Kirchen, Schulen u. s. w. (Leipzig, 1785); Cantate über Gellert's Lied »Ich komme vor dein Angesicht« (Leipzig, 1790), ein merkwürdiges Werk, nicht allein weil es Mozart und Naumann, D.'s Freunden gewidmet ist, sondern weil in der Vorrede der Componist, ein Schüler Seb. Bach's, die Fuge aus der Kirchenmusik entfernt wissen will; singbare und leichte Choralvorspiele für Lehrer und Organisten (4 Hefte, Leipzig, 1795 und 1796; 5. Heft nach seinem Tode 1797). Als didaktisches Werk sehr werthvoll waren die aus seiner praktischen Erfahrung gezogenen »Anfangsgründe zum Singen«, eine zweckmässig eingerichtete Schule. Unter den vielen ungedruckt hinterlassenen Arbeiten befand sich ein Passionsoratorium, eine Passionsmusik auf Worte des Evangeliums St. Marcus, sowie eine andere auf St. Lucas, die Psalme 12, 16, 24, 33, 81, 84, 85, 100 und 111, ein Salve, zwei Messen, ein Kyrie und Gloria, ein deutsches Magnificat, Motetten. — Sein Sohn, ebenfalls Johann Friedrich D. geheissen, war am 26. Mai 1746 zu Freiberg geboren und wurde in der Musik von seinem Vater auf das Gründlichste unterrichtet. Derselbe studirte in Leipzig und Erlangen die Rechtswissenschaften, wurde 1776 Doctor derselben und bald darauf Substitut der juristischen Facultät zu Leipzig, wo er am 16. Apr. 1796 an den Folgen eines noch als Erlanger Student gethanen Sturzes starb. Er hat sich als Clavierspieler und Sänger sowohl wie durch Compositionen als einen der tüchtigsten und geschmackvollsten Dilettanten seiner Zeit bewährt und Sonaten und Soli, sowie Langbein's »Poststationen des Lebens« in Musik gesetzt, erscheinen lassen.

Doležálek, Johann Emanuel, trefflicher Musikpädagog, geboren den 22. Mai 1780 in Chotěboř (Böhmen), besuchte das Gymnasium in Iglau und studirte dann die Rechte in Wien. Hier widmete er sich auch zugleich der Musik und bildete sich zu einem tüchtigen Clavierspieler aus. Er entsagte daher der juristischen Laufbahn und ertheilte in Wien Unterricht im Gesange und Clavierspiel mit solchem Erfolge, dass er bald einer der gesuchtesten Musiklehrer war. Auch in der Composition hat er sich versucht und schrieb im J. 1812: »*Deanáctero písní českých*« (12 böhmische Lieder) und eine »Clavierschule«, die im Drucke erschienen. D. starb am 6. Juli 1858 in Wien.   M—s.

Dollhopf, Joseph, aus Tachau gebürtig, soll ein grosser Meister auf der Orgel gewesen sein. Derselbe verwaltete die Organistenstelle an der Kreuzherrenkirche zu Prag dreissig Jahre lang und starb im J. 1733.   †

Doloroso oder **dolorosamente** (ital.), Vortragsbezeichnung in der Bedeutung schmerzvoll, mit schmerzlichem Ausdrucke und daher identisch mit *dolente* (s. d.).

Dolzflöte oder **deutsche Flöte,** eine jetzt veraltete Querflöte, die innerhalb des Anblaseloches einen Kern hatte, wie die Flöte *à bec;* dieselbe besass sieben Tonlöcher, sechs offene und ein für gewöhnlich durch eine Klappe geschlossenes. Das Tonreich der D. begann mit dem *d'* und ging chromatisch bis zum *g''*. — Die Orgelstimme D., auch *Dolcanflöte, Flauto dolce, Flöte douce, Flöte d'amour, Angusta* und *Flauto amabile,* benannt, ist eine meist 2,5- selten 1,25metrig gebaute offene Labialstimme; die fast ausschliesslich im Manual geführt wird und soll in ihrem Tone dem der gleichnamigen veralteten Querflöte gleich sein, der sehr sanft und angenehm intonirt haben soll. Die Pfeifen dieses Registers werden von hartem Holze gefertigt, erhalten eine enge Mensur und mittelmässig hohen Aufschnitt; man giebt ihnen der sehr schwachen Intonation halber möglichst schwachen Luftzufluss. Des sanften Klanges halber wird dies Register auch zuweilen Süssflöte, Dulceflöte oder Dulcefloit benannt, vorgefunden. Als Quintenstimme soll dies Register 1,88 metrig gebaut in der Dresdener Orgel unter dem Namen *Quinta dulcis* vorkommen. Sehr selten baut man diese Stimme 5 Meter gross, in welcher Grösse sie dann *Flautone* genannt wird. Auch *Tibia injusta* ist ein Name der eigentlichen D., der sich jedoch bisher nur bei Werkmeister in seinen »Orgel-Proben« (1681 und 1698) vorfindet. 2.

Domaratius, Johann Heinrich Samuel, vorzüglicher Clavier- und Orgelspieler sowie Componist, geboren am 3. Apr. 1758 zu Jena, erhielt schon in so früher Jugend Musikunterricht, dass er in seinem 7. Jahre in seiner Geburtsstadt bereits als Orgelspieler bekannt war. Dreizehn Jahre alt kam er auf das Gymnasium zu Weimar, wo ihn der Kapellmeister Wolf musikalisch weiter bildete. Im J. 1779 bezog er als Student der Rechte die Jenenser Universität, übte und vervollkommnete sich immer mehr im Clavier- und Orgelspiel, ertheilte Musikunterricht und wirkte als Violinist in Concerten fleissig mit. Nach Beendigung seiner Universitätsstudien war er drei Jahre hindurch Privatsecretair eines schlesischen Grafen von Solms und wurde sodann 1786 zum akademischen Musikdirektor in Jena ernannt, eine Stellung, die damals so wenig einbrachte, dass er sich gezwungen sah, sie niederzulegen. Nachdem er zugleich als Substitut des Organisten der Hauptkirche fungirt hatte, wurde er 1795 wirklicher Organist, war aber als solcher, trotz seiner Treue und Pünktlichkeit, wiederum so kärglich besoldet, dass er daneben Privatunterricht ertheilen und die Anfertigung juristischer Arbeiten übernehmen musste. Er starb, als Künstler sehr geachtet, im J. 1841 zu Jena. Seine Compositionen blieben, seinen Grundsätzen entsprechend, ungedruckt; sie bestehen in Cantaten, Orgel- und Clavierstücken etc. Unter seinen Schülern ist besonders Wilh. Friedr. Riem zu nennen.

Domart, italienisirt Domarto geschrieben, berühmter altfranzösischer Musiker, der zu Anfange des 15. Jahrhunderts in der Picardie geboren war. Das päpstliche Archiv besitzt noch einige Messen von ihm im Manuscript und Tinctoris citirt ihn an mehreren Stellen seines Proportionale als contrapunktistische Autorität damaliger Zeit.

Dom oder **Domkirche,** in den Urkunden gewöhnlich Thumb geschrieben, im südlichen Deutschland auch Münster, nannte man seit dem Mittelalter jede Kirche, in welcher ein Bischof oder Erzbischof das Amt verwaltete, zuweilen auch die Collegiatkirchen. Der Name entstammt dem lateinischen *domus*, Haus, d. i. Haus des Herrn. Die evangelische und reformirte Kirche übernahm den Ausdruck zur Bezeichnung der vornehmsten oder Hauptkirche einer Stadt.

Domchor, ein an einer Hof- oder Dómkirche fest angestellter und besoldeter Chor von Sängern, dem der Vortrag der Responsorien und was sonst zu den musikalischen Funktionen des Gottesdienstes gehört, obliegt. Die Sopran- und Altstimmen sind durch Knaben besetzt. Unter den Instituten dieser Art in Deutschland sind drei evangelische Domchöre die berühmtesten, nämlich der in Berlin, der in Hannover und der in Schwerin. Der erstere, aus etwa 60 Sängern bestehend, hat eine besonders sorgsame Pflege erfahren und unter der Regierung seines Gründers, des Königs Friedrich Wilhelm IV., der damit eine Nachbildung der päpstlichen Kapelle beabsichtigte, geleitet von Neithardt, seine höchste Blüthe erreicht. Die früher von demselben gegebenen geistlichen Concerte a capella gehörten zu den besten und vollendetsten Aufführungen in Berlin.

Domenico, Giovanni, lateinisch Joannes Dominicus, italienischer Contrapunktist des 16. Jahrhunderts, von dessen Arbeit noch hie und da ein gedrucktes Exemplar seiner »*Cantiones sacrae 5 vocum*« (Venedig, 1566) vorhanden sein soll. Vgl. Draudii *Bibl. Class.* Nach dem Titel dieses Werkes war D. Majoriten-Ordensbruder und Kämmerer des Bischofs von Malta. †

Domenicuzzi, Reale, berühmter Sopransänger (Castrat) der neueren Zeit, war 1804 zu Rom geboren, kam nach Kunstreisen durch Italien 1822 nach Portugal und wurde in der königl. Hofkirchenkapelle zu Lissabon 1826 angestellt. Nebenher wirkte er auch als Gesanglehrer in trefflicher Art.

Domenjoud, Jean Baptiste, Rechtsgelehrter und Advocat in Paris, trat 1757 daselbst mit einer von ihm erfundenen Construction der Violine hervor, die darin bestand, dass an die Stelle der Wirbel Schrauben angebracht waren, vermittels deren die Stimmung nicht zurückgehen konnte. Ausserdem war der Hals des Instrumentes beweglich und sollte die gleichzeitige Erhöhung und Vertiefung des Tones auf allen vier Saiten ermöglichen. Diese Erfindung oder vielmehr Verbesserung wurde nicht weiter bekannt und gehört jetzt zu den verschollenen.

Dominante (latein.: *Dominans sc. tonus*), der herrschende Ton, heisst im Allgemeinen derjenige Ton, welcher über dem Grundtone (der Tonica) sich besonders bemerklich macht. Im modernen Harmoniesystem ist es die Quinte der Tonart, von älteren Lehrern lateinisch *Quinta toni* genannt. Man unterscheidet für jede Tonart eine Ober- und eine Unterdominante, letztere früher *Quarta toni* genannt, je nachdem man die fünf Stufen vom Grundton aus nach oben oder nach unten abzählt. So ist z. B. die Oberdominante von *c* auf *g*, die Unterdominante von *c* auf *f*. Für gewöhnlich versteht man aber unter D. schlechtweg die Oberdominante, auch Hauptdominante genannt. Auf der letzteren befindet sich jedesmal die Modulation der Tonart und deshalb ist sie derjenige Bestandtheil, welcher einen vorherrschenden Charakter erhält. Um die D. einer Tonart von Dominanten verwandter Tonarten (Nebendominanten), in welche man ausgewichen ist, zu unterscheiden, nennt man sie als Quinta der Haupttonart: tonische D. Ihre Hauptbedeutung liegt in diesem Quintenverhältniss zum Grundton und darin, dass sie zugleich harmonischer Mittelpunkt der Octave ist. Auf dem Dominantverhältniss beruht die nächste Verwandtschaft unserer modernen Musik. Der Tonartencirkel wird quintenweise entwickelt, wobei die nächstfolgende, um eine Quinte höhere (oder Quarte tiefere) Tonart stets als D. der vorhergehenden erscheint, bis endlich mit der zwölften Quinte der Anfangston wieder erreicht wird. Aehnlich ist das Verwandtschaftsverhältniss der Tonarten nach Seiten der Unter- oder Subdominante hin; der Cirkel der Tonarten wird ebenso durch fallende Quinten (steigende Quarten) durchmessen. Nach der Oberdominantseite erscheinen die Tonarten mit Kreuzen, nach der Unterdominantseite mit Been. S. **Tonart**. — Im gregorianischen Tonsystem war der Begriff der D. von der eben entwickelten Bedeutung wesentlich verschieden. Dort nahm die D. keine bestimmte, sondern eine verschiedene Stufe ein. In Folge dessen war der herrschende Ton derjenige, welcher über dem Finalton am bezeichnendsten hervortrat und namentlich im Psalmengesange am meisten gehört wurde. Im ersten Kirchenton war dies die Quinte, im zweiten die Terz über der Finale *D*; im dritten die Terz, im vierten die Quarte über der Finale *E*; im fünften die Quinte und im sechsten die Terz über der Finale *F*; im siebenten die Quinte und im achten die Quarte über der Finale *G*.

Dominantaccord oder **Leitaccord** (auch **Dominantharmonie** genannt). heisst im Allgemeinen der Inbegriff aller Accorde (Dreiklang, Septimen- oder Nonenaccord), welche ihren Sitz auf der **Dominante** (s. d.) haben. Im Besonderen führt aber der Septimenaccord auf der fünften Stufe einer Tonart, mit grosser Terz, grosser Quinte und kleiner Septime den Namen D. oder Dominant-Septimenaccord. Ueber seine nähere Beschaffenheit sehe man den Artikel **Accord**. Er verdankt seine Geltung den harmonischen Beziehungen bei Ausweichungen und Tonschlüssen, wie die Artikel **Cadenz** und **Modulation**, welche man nachlesen wolle, näher ergeben. Der Septimen- und Nonenaccord der Dominante sind die Stämme und die Vorbilder für alle anderen gleichnamigen Accorde ihrer Tonart; der Dreiklang der Dominante ist sowohl im Dur- wie im Mollgeschlecht gross. Nächst dem Grundton und der Oberdominante ist übrigens auch die Unterdominante mit ihrem Dreiklang in einer jeden Tonart vorherrschend. Septimen- und Nonenaccorde der vierten Stufe dagegen sind, hauptsächlich wegen der Unvollkommenheit der Auflösung, selten im Gebrauch. Die Dominantharmonie in das moderne Tonsystem eingeführt zu haben, wird als das Verdienst Claudio Monteverde's bezeichnet, der sich um 1590 derselben zuerst bedient haben soll.

Dominant-Septimenaccord, s. Septimenaccord.

Domingo de San José Verella, portugiesischer Geistlicher und Tonkünstler, der um die Wende des 18. und 19. Jahrhunderts als Benedictinermönch in Porto lebte. Er ist der Verfasser eines »*Compendio de musica*«, welches in seinem Vaterlande sehr geschätzt war.

Dominico, italienischer Oboenvirtuose aus der Mitte des 18. Jahrhunderts, von dessen Compositionen im Jahre 1762 drei Oboenconcerte bekannter wurden, die jedoch niemals gedruckt worden sind. †

Dominik, Joseph, Virtuose auf der Violine, Clarinette und dem Pianoforte, geboren 1821 in Dresden, war viele Jahre hindurch erster Bratschist der dortigen königl. Hof- und Theaterkapelle. Er hat sich vielfach und mit Erfolg auf den von ihm cultivirten Instrumenten hören lassen und für dieselben auch brauchbare Compositionen veröffentlicht, ausserdem ein treffliches Clavierquartett. Im Manuscript befinden sich grössere Instrumentalwerke.

Dommer, Arrey von, ausgezeichneter musikalischer Historiker und Schriftsteller, geboren am 9. Febr. 1828 zu Danzig, musste, obwohl er Musik mit Vorliebe und mit Erfolg trieb, Lithograph werden. Es gelang ihm jedoch, sich diesem Berufe zu entziehen, und er wandte sich nach Leipzig, auf dessen Conservatorium er von 1852 an eifrige Musikstudien machte. Nach Vollendung des musikalisch-akademischen Cursus liess er sich in Leipzig als Musiklehrer nieder und begann weniger in dieser Stellung, als vielmehr durch gediegene Recensionen und treffliche Journalartikel, sowie auch durch einige selbstständige Bücher die Aufmerksamkeit und das Interesse der musikalischen Welt auf sich zu ziehen. Musikalisch-literarischen Arbeiten hingegeben, lebte er seit 1862 in Lauenburg, sodann in Hamburg, wo er Musikunterricht ertheilte, Localkritiken schrieb und mehrere Musikvereine dirigirte. Im J. 1868 war er wieder in Leipzig, wo er als Nachfolger S. Bagge's die Redaktion der Allgemeinen musikalischen Zeitung übernahm, die er jedoch bald wieder aufgab. Seitdem lebt und wirkt er in angesehener Stellung in Hamburg. — Von seinen Compositionen und werthvollen literarischen Werken sind im Druck erschienen: ein Psalm für acht Stimmen *a capella; z*wölf Melodien von Johann Wolfg. Franck für vierstimmigen Chor gesetzt; das theoretisch-didaktische Werk »Elemente der Musik mit 152 musikalischen Beispielen« (Leipzig, 1862); »Musikalisches Lexicon, auf Grundlage des Lexicon's von H. Ch. Koch verfasst« (Heidelberg, 1863—1865), das vorzüglichste, gründlichste und gediegenste musikalisch-lexicalische Werk, welches bis jetzt unübertroffen geblieben ist; endlich: »Handbuch der Musikgeschichte von den ersten Anfängen bis zum Tode Beethoven's in gemeinfasslicher Darstellung« (Leipzig, 1867).

Domnich, Heinrich, einer der ausgezeichnetsten und berühmtesten deutschen Hornvirtuosen, war geboren am 13. März 1767 zu Würzburg, wo sein Vater kurfürstl. Hofmusiker und erster Hornist war. Unter der Anleitung des letzteren, der um 1790 starb, musste D. schon als ganz junger Knabe sich fleissig dem Studium auf dem Horne hingeben, wodurch er befähigt wurde, schon in seinem 12. Jahre bei Hofe aufzutreten und sogar auch Concerte für sein Instrument zu componiren. Da der Kurfürst sich nicht geneigt zeigte, D.'s weitere Ausbildung in die Hand zu nehmen, so trat derselbe in die Dienste des Grafen von Elz in Mainz, dessen Behandlung ihm aber so wenig zusagte, dass er aufs Gerathewohl nach Paris reiste. Dort nahm sich der berühmte Hornist Punto seiner an, bildete ihn vollends aus und führte ihn in die Pariser Kunstkreise ein. Bei Errichtung des Pariser Conservatoriums wurde D. alsbald als erster Professor für Horn angestellt, als welcher er lange Jahre in ausgezeichneter Weise wirkte und viele vortreffliche Schüler heranbildete. Nach der Julirevolution trat er in den Ruhestand und starb am 19. Juni 1844 zu Paris. Nicht minder als sein Spiel waren seine Compositionen geschätzt; sie bestehen in Hornconcerten, concertirenden Sinfonien für zwei Hörner, zwei Sammlungen von Romanzen etc. Seine für das

Conservatorium geschriebene »*Méthode du premier et du second cor*« galt bis auf Dauprat für die beste aller Hornschulen. — Sein älterer Bruder, Jacob D., und der jüngere, Arnold D., waren gleichfalls vortreffliche und berühmte Hornisten. Der erstere, geboren 1758 zu Würzburg, führte schon von seinem 13. Jahre an ein unstätes Künstlerleben und ging später nach Amerika; im J. 1806 war er noch in Philadelphia und ist seitdem verschollen. Arnold D., geboren am 29. Septbr. 1771 zu Würzburg, wurde um 1803 als erster Hornist in der Meininger Hofkapelle angestellt und starb am 14. Juli 1834 zu Meiningen.

Don (franz., lat.: *merula* und deutsch: Nachtigallenschlag oder Vogelgesang) ist der Name einer Orgelstimme, die der Orgelbauer C. E. Friederici zu Gera in der letzten Hälfte des 18. Jahrhunderts erfunden hat und der Orgel zu Merane in Sachsen, seiner Vaterstadt, als Geschenk (daher der Name) einverleibte. Seiner eigenthümlichen Tongabe wegen verlieh man dem Orgelregister später die oben noch angeführten Benennungen. Diese Tongaben waren nicht dem sonstigen Tonreiche der Orgel analog, sondern wurden von vier bis acht sehr kleinen ungestimmten Labialpfeifen erzeugt, die auf einem Bleche eingelöthet waren, welches einem Kessel, der neben der Windlade angebracht war, zum Dockel diente. Der Kessel war zur Hälfte mit Wasser gefüllt, so dass der Wind, welcher durch ein eigenes Sperrventil und eine Condukte in den Kessel gelangte, durch das Wasser in dem Kessel behindert, nur die Pfeifen zum Tönen zu bringen vermochte. Durch diese Behinderung erhielten die Klänge einige Aehnlichkeit mit dem Zwitschern der Vögel und führten zu der deutschen Benennung der Orgelstimme. Man hat diese Tongabenbereicherung der Orgel nur sehr selten nachgeahmt; zu Cönnern unweit Halle soll sich diese Stimme noch vorfinden. Jetzt wird dieselbe wohl nirgend mehr gebaut und mit Recht als unwürdige Spielerei betrachtet. 2.

Donadelli, Bartolomeo, war in den Jahren von 1680 bis 1690 am Hofe zu Mantua als Sänger in Diensten und erfreute sich eines grossen Rufes. †

Donaldson, Anna Marie, berühmte englische Sängerin, welche als Miss Falker um 1771 in London, sowie im ganzen britischen Königreiche hochgefeiert war.

Donat ist der Name mehrerer älterer deutscher Orgelbauer. Der älteste Meister dieses Namens, Christoph mit Vornamen, lebte um die Mitte des 17. Jahrhunderts zu Leipzig und hat durch Anfertigung mehrerer grösserer Werke sich einen Ruf erworben. — Ein anderer gleichen Familiennamens lebte zu Anfange des 18. Jahrhunderts in Zwickau; derselbe hat sich besonders durch den Bau der Orgel in der Schlosskirche zu Eisenberg im Altenburgischen, welche 21 klingende Stimmen mit 2 Manualen und Pedal besass, rühmlichst bekannt gemacht. Dies Werk wurde 1832 von Gottfr. Heinr. Trost reparirt. — Ein anderer D., vielleicht der Bruder des Vorigen, ebenfalls Orgelbauer, lebte in derselben Zeit zu Altenberg im Erzgebirge und soll in der Nähe mehrere Werke gebaut und ausgebessert haben. Die Orgel in der Pegauer Stadtkirche, im Jahre 1711 von einem Orgelbauer D. ausgebessert, dürfte in den Händen eines der beiden letzteren gewesen sein. †

Donati, Ignazio, berühmter italienischer Tonsetzer, geboren gegen Ende des 16. Jahrhunderts zu Casale maggiore im Cremonesischen Gebiete, war 1619 Kapellmeister der Akademie *Santo Spirito* zur Ferrara, wurde 1624 in gleicher Eigenschaft in seine Geburtsstadt berufen und war seit 1633 Kapellmeister am Dom zu Mailand. Man hat von seinen Compositionen gedruckt: *Le fanfalage*, *Madrigali a* 3, 4 *e* 5 *voci;* ferner zwei Bände 4-, 5- und 6stimmiger Messen; *Salmi boscarecci a* 6 *voci con Ripieni;* zwei Hefte fünfstimmiger Motetten; eins für eine Stimme; und 2-, 3-, 4- und 5stimmige *Concerti ecclesiastici* (Venedig, 1619); endlich Psalme und Messen (Venedig, 1633).

Donati oder Donato, Baldassarre, einer der berühmtesten italienischen Contrapunktisten, mit dem eigentlich die zweite grosse Epoche der italienischen Musik, die des schönen Styls, beginnt, war um 1510 geboren, seit 9. März 1590 Kapellmeister an der Kirche San Marco in Venedig als Nachfolger Zarlino's und starb in diesem Amte im Juni 1603. Man kennt von seinen zahlreichen Werken, von denen sich die meisten in italienischen Bibliotheken befinden: »*Il primo libro di canzonette villanesche alla Napoletana a quattro voci*« (Venedig, 1555); »*Madrigali a 5 e 6 con tre dialoghi a* 7 *voci*« (Venedig, 1560); »*Villanelle alla Napoletana*« (1561); »*Madrigalia sex et septem vocum*« (Venedig, 1567); »*Madrigali a* 4 *voci*« (Venedig, 1568); ausserdem Motetten, Magnificats etc.

Donato de Lavopo. Unter diesem Namen giebt es zweistimmige italienische Canzonen von verschiedenen Componisten, welche in des Giovanni de Antiquis Sammelwerke »*Primo libro a* 2 *voci di diversi autori di Bari*« (Venedig, 1585) vorkommen.

Donauer oder **Donhauer,** ein aus Schwaben gebürtiger Violinvirtuose, der sich ebenso in der Malerei wie in der Musik rühmlichst hervorgethan hat und 1738 zu Petersburg starb. Näheres über D.'s Leben giebt Gerber in seinem älteren Tonkünstler-Lexikon Th. I p. 347 und 384 und in seinem neueren Th. I p. 917, so wie S. Hagendorn Seite 273.   †

Doné, Josua, Musiklehrer und Pianofortestimmer zu London, verfasste und veröffentlichte ein gutes Buch, betitelt »*Tuner companion*« (London, 1827), in welchem er den Bau, die Behandlung und das Stimmen der Pianofortes in gründlicher Art behandelt.

Donfridus, Johannes, Schulrector zu Rothenburg am Neckar und zugleich Musikdirektor an der dortigen Martinskirche in der ersten Hälfte des 17. Jahrhunderts, erwarb sich hauptsächlich durch die Sammlung guter Kirchencompositionen älterer Meister ein namhaftes Verdienst. Folgende seiner im Druck erschienenen Sammelwerke können noch angeführt werden: »*Promptuarium musicum*«, welches 2-, 3- und 4 stimmige *Concentus ecclesiastici* verschiedener Componisten enthielt, 3 Theile mit 693 Nummern (Strassburg, 1622—1627); »*Viridarium musico-Marianum*«, mehr als 200 *Concentus eccles.* für 3 und 4 Stimmen enthaltend (Strassburg, 1627); »*Corolla musica*«, 37 Messen für 1, 2, 3, 4 und 5 Stimmen enthaltend (Strassburg, 1628); »der Tabulator für Orgel« (2. Theil, Hamburg, 1623), eine Sammlung von Orgelstücken, der nothwendigerweise ein 1. Theil, von dem aber auch schon Walther (1732) nichts mehr wusste, vorangegangen sein muss.

Doni, Antonio Francesco, italienischer Componist und musikalischer Schriftsteller, geboren zu Florenz ums Jahr 1519, wurde sehr jung dem Serviterorden einverleibt, hat sich jedoch schon 1539 demselben zu entziehen gewusst, um bis 1548 ein unstätes Leben in Italien zu führen, von welchem Jahre ab er bis zu seinem Tode im Septbr. 1574 bleibend seinen Wohnsitz in Venedig nahm. Hier soll er manche Schriften verfasst haben, von denen seine Zeitgenossen nicht wussten, ob dieselben Belehrung oder Satyren boten. Zwei wichtige unter diesen Schriften handelten musikalische Stoffe ab: »*Dialoghi della Musica*« (Venedig, 1544), enthaltend Nachrichten von 17 damals zu Venedig lebenden Componisten und Compositionen der meisten derselben; und »*Libraria*« (Venedig, 1550, 1551, 1560). Dasselbe bietet nicht nur eine Art Catalog aller seit der Erfindung der Buchdruckerkunst bis 1550 zu Venedig gedruckten musikalischen Werke, sondern auch aller ihm bekannt gewesener Werke in Manuscript, sowie eine Beschreibung aller damals bestehenden musikalischen Akademien, ihrer Stiftungen, Denksprüche und Anwendungen. Trotzdem D. ein ebenso gewandter Componist und Virtuose als Schriftsteller gewesen sein soll, hat sich dennoch bis heute keine Composition von ihm vorgefunden.   0

Doni, Giovanni Battista, gelehrter italienischer Patricier aus Florenz, wo er 1593 geboren war. Er studirte zuerst in Bologna, später in Rom bei den Jesuiten griechische Sprache, Rhetorik, Philosophie etc. und endlich von 1613 bis 1618 in Bourges die Rechtswissenschaften. Im letzteren Jahre erlangte er in Pisa die Doctorwürde und zog von da an orientalische Sprachen und alle Wissenschaften in sein Studienbereich.. Dem Cardinal-Legaten Ottavio Corsini attachirt, war er 1625 in Paris, kehrte aber 1626 Familienverhältnisse halber nach Florenz zurück. Bald darauf erhielt er in Rom die Stelle eines Secretairs des heiligen Collegiums und folgte dem neuen Cardinal-Legaten Barberini, Neffen des Papstes Urban VIII. wiederum nach Frankreich, von wo aus er auch Spanien bereiste. Abermals waren es Familienverhältnisse, die ihn 1641 nach Rom zurückriefen. Dort verblieb er von da an, verheirathete sich und übernahm die ihm von Ferdinand II. von Medicis angetragene Professur der Rhetorik. Er war u. a. Mitglied der Akademie *della Crusca* und der Akademie zu Florenz und starb hochbetagt im J. 1669. — In der Musik war D. ein zwar gelehrter, aber einseitiger Verehrer des antiken Griechenthums, dessen Forschungen und Untersuchungen man neue, wichtige Aufschlüsse über Theater und Musik, Notationen, Rhythmen und Klanggeschlechter der Alten verdankt. Von den bei seinen Lebzeiten erschienenen seiner Schriften sind anzuführen: »*Compendio del trattato dei generi e modi della musica etc.*«, dem Cardinal Barberini gewidmet (Rom, 1635), ein Abriss aus einem grösseren, ungedruckt gebliebenen Werke; »*Annotazioni sopra il compendio de' generi e modi della musica etc.*« (Rom, 1640); »*De praestantia musicae veteris etc.*« (Florenz, 1647); »*Nouvelle introduction de musique, qui montre la réformation du système ou echelle musicale selon la méthode ancienne et meilleure etc.*«; »*Abrégé de la matière des tons etc.*« Letztere Traktate sind um 1639 in Paris gedruckt. Eine Ausgabe von D.'s nachgelassenen Schriften besorgten Gori und Passeri (2 Foliobände, Florenz, 1773). Dieselbe enthält folgende Abhandlungen: »*Commentarii de Lyra Barberina*«, Beschreibung der von D. erfundenen und nach seinem Gönner genannten *Lira Barberina* (s. d.); »*De praestantia musicae veteris*«; »*Progymnastica musicae pars veterum restituta etc.*«; »*Dissertatio de musica sacra*«; »*Due trattati, l'uno sopra il genere enarmonico, l' altro sopra gl' instrumenti di tasti di diverse armonie etc.*«; »*Trattato della musica antica scenica*«; »*Discorso delle rhythmopeia de' versi latini e della melodia de' cori tragichi*«; »*Degli oblighi ed osservazione de' modi musicali*«. Ausführlicheres über den näheren Inhalt von D.'s hier aufgeführten Schriften findet man in Forkel's Literatur und in Fétis' *Biographie universelle*.

Donizetti, Gaëtano, einer der ausgezeichnetsten und tonangebenden italienischen Operncomponisten der neuesten Zeit, der neben Rossini und Bellini lange Zeit an der Spitze aller Opernproduktion stand, wurde am 25. Septbr. 1797 zu Bergamo geboren und in der Musik zuerst auf dem dortigen Lyceum unterrichtet. Da er sich sehr talentvoll und gelehrig zeigte, so unterwies ihn in der Composition der berühmte Simon Mayr, der ihn, als D. zu höherer wissenschaftlicher Ausbildung nach Bologna geschickt wurde, dem Padre Mattei empfahl. Bei diesem, sowie bei Piloti machte D. fast drei Jahre lang eine gute musikalische Schule durch, kehrte 1816 nach seiner Geburtsstadt zurück, wo er mehrere Sinfonien (Ouvertüren), Streichquartette, Messen und andere Kirchenmusiken als die Früchte seiner Studien aufwies und beschloss, sich der kirchlichen Tonkunst zu widmen. Dem gegenüber stellte ihm seine Familie die Wahl, entweder Rechtsgelehrter oder Maler zu werden. Um dem Dilemma zu entgehen, trat er heimlich als Volontair in ein österreichisches Regiment, mit dem er bald darauf weiter nach Oberitalien versetzt wurde. Auf den Zügen, zu denen dasselbe commandirt wurde, beschäftigte sich D. damit, die verschiedenen Opernbühnen zu studiren und mit den Künstlern Bekanntschaft zu schliessen. Hierdurch, sowie durch die glänzenden Erfolge Rossini's angereizt, beschloss er ebenfalls auf dem Theater nach Ruhm und Vortheil zu streben. Er begann 1818 seine erste Oper, betitelt »*Enrico di Borgogno*«, die bei ihrer Aufführung in dem kleinen Theater San Luca in Venedig nicht ungünstig aufgenommen wurde. D. entsagte alsbald dem Militairdienste und schrieb noch zwei Opern für Venedig, durch die sein Ruf in Oberitalien gehoben wurde, so dass er Aufträge für die Bühnen in Mantua und Mailand, 1826 sogar für Neapel erhielt, und für die letztgenannte Stadt hat er im weiteren Verlaufe die meisten, zum Theil auch besten seiner italienischen Opern geschrieben. Von 1818 bis 1830, seiner ersten Compositionsperiode, hat er überhaupt 26 Bühnen-Partituren geliefert und zur Aufführung gebracht, von denen jedoch höchstens zu nennen sind: »*Chiara e Serafino*« (1822), »*Zoraide di Granata*« (1822), »*Olivio e Pasquale*«

(1827), »*Otto mesi in una ora*« (1827), »*Alina, regina di Golconda*« (1828), »*L'esule di Roma*« (1828), und »*Il diluvio universale*« (1830). Eine neue, noch fruchtbarere Periode für D. bezeichnen die Jahre 1831 bis 1835, die nicht weniger als 22 Opern das Dasein gaben, zuerst der berühmt gewordenen »Anna Bolena«, die 1831 von Mailand aus bis nach Paris, London und St. Petersburg drang und den Namen des Componisten auch auf die deutschen Theater brachte. Gleichfalls für Mailand geschrieben folgte 1832 das Meisterwerk der komischen Oper »*L'elisire d'amore*« (der Liebestrank), sodann »*Fausta*« (1832), »*Il furioso di San Domingo*« (1832), »*Torquato Tasso*« (1833), »*Parisina*« (1833) u. s. w. Im J. 1834 wurde D. zum Kapellmeister und Lehrer der Composition am königl. Conservatorium zu Neapel ernannt, ein Jahr später zum Professor des Contrapunkts, dann zum stellvertretenden Direktor an demselben Institute, und als Zingarelli 1838 starb, allen Intriguen zum Trotz, zum wirklichen Direktor erhoben, welches ehrenvolle Amt er jedoch schon ein Jahr später sammt allen seinen verschiedenen Anstellungen aufgab, zunächst um nach Paris zu gehen und überhaupt, um im Interesse seiner Werke ein ungebundenes Reiseleben zu führen. In der Zeit seiner Anstellung in Neapel waren u. A. »*Lucrezia Borgia*« (Mailand, 1834), »*Gemma di Vergy*« (Mailand, 1835), »*Marino Faliero*« (Paris, 1835), »*Belisario*« (Venedig, 1835), »*Maria Stuarda*« (Neapel, 1835), und »*Lucia di Lammermoor*« (Neapel, 1835), letzteres sein Hauptwerk, erschienen und hatten einen fast beispiellosen Enthusiasmus auf allen italienischen Bühnen hervorgerufen, so dass auch das Ausland sich beeilte, diese Opern allenthalben heimisch zu machen. D. war nach Rossini's Verstummen und Bellini's Tode schnell der gefeierte Liebling seiner Landsleute, der Autokrat der italienischen Opernbühne geworden; alle Theater beeiferten sich um die Wette, die Opern des unermüdlichen, fruchtbaren Meisters zur Aufführung zu bringen oder neue Partituren von ihm zu erbitten. Nicht seine besten Werke sind es, welche der in ihrer Art vollendet zu nennenden »Lucia« folgten, nämlich: »*L'assedio di Calais*«, »Betly«, »*Il campanello*« (alle drei 1836 für Neapel geschrieben), »*La pia di Tolomei*« (Venedig, 1837) und »*Maria di Rudenz*« (Venedig, 1838). Eine noch verdoppelte, von colossalem Erfolge begleitete Thätigkeit entwickelte er wieder 1840 in Paris. Dort schrieb er für die Grosse Oper »*Les Martyrs*«, »*La Favorite*« und für die komische Oper »*La Fille du régiment*«. Während die letztere das Lieblingswerk aller Theater Europa's wurde, erlebte »die Favoritin« auf der französischen Nationalbühne einen Erfolg, wie ihn kaum jemals selbst ein französischer Componist errungen hatte. Weniger Glück hatten die in demselben Jahre für das *Théâtre de la renaissance* geschriebenen Opern »*L'ange de Nisida*« und »*La fiancée de Tyrol*«; eine sechste: »*Le duc d'Albe*« kam gar nicht zur Aufführung. Den Bühnen seines Vaterlandes übergab er in dieser Zeit: »*Adelia*« (Rom, 1841), »*Maria Padilla*« (Mailand, 1841) und »*Emilia di Liverpool*« (Neapel, 1842). Das Studium der französischen Oper an Ort und Stelle war von ausserordentlichem Vortheil für die Compositionsmanier des fruchtbaren Componisten, der von der »Favoritin« an in allen Einzelnheiten eine grössere Sorgfalt aufweist, das dramatische Element genauer erfasst und zu schärferem Ausdruck bringt und auf die Recitative in Folge dessen eine höhere declamatorische Kraft verwendet. Im J. 1842 und 1843 war der nunmehr hochgefeierte, mit Orden und Diplomen überhäufte Meister in Wien, wo er zunächst seine »*Linda di Chamouny*« zur Aufführung brachte und nun auch von einem deutschen Publikum ausgesuchte Huldigungen empfing. Man suchte ihn sogar ganz an die Kaiserstadt zu fesseln, indem ihm der Titel eines k. k. Hofkapellmeisters und Kammercomponisten mit 3000 Gulden Gehalt verbunden, verliehen wurde. Den damit verknüpften Funktionen in der italienischen Opernsaison kam er nur in den beiden genannten Jahren nach und lieferte der Wiener Hofbühne noch die köstlich-frische Oper »*Don Pasquale*« und die tragische »*Maria di Rohana*«, welche 1843 in Scene gingen und gleichfalls den grössten Beifall erhielten. Ausserdem reichte er der k. k. Hofkapelle ein Miserere und ein Ave Maria ein, zwei im strengen Kirchenstyle gearbeitete Tonstücke, die Charfreitag 1843 in Wien executirt, selbst das Interesse der deutschen

Kunstkenner auf sich zogen. Im J. 1843 war D. wieder in Paris und schrieb für Neapel seine »Caterina Cornaro« und für Paris selbst seinen »Dom Sebastiano«, die 64. und letzte Oper aus der Feder des in einer beispiellosen Weise leicht und schnell schaffenden Componisten. Beide Werke hatten auf den Theatern, für die sie geschrieben waren, wenig Glück, gefielen aber anderwärts, so das erstere in Parma, wo es neben Verdi's »Ernani« mit überragendem Erfolge gegeben wurde, das letztere 1845 in Lissabon, sowie in Wien. Nachdem D. seine »Catarina Cornaro« in Neapel auf die Bühne gebracht hatte, kehrte er 1844 nach Paris zurück und schickte sich zu neuen Arbeiten an, als plötzlich und unerwartet eine Geisteskrankheit seine Hand lähmte. Uebermässige Anstrengung im Schaffen, eine nicht streng geregelte Lebensweise, ein rastloser Eifer, den vielen an ihn gestellten Anforderungen gerecht zu werden, Alles hatte zusammengewirkt, um seine geistige Kraft zu vernichten. Sein Irrsinn war nicht Raserei, sondern ein ausgeprägter Stumpfsinn, den keine Kunst der Aerzte zu unterbrechen, viel weniger zu heben vermochte; dazu trat bald Gehirnerweichung und Schwinden des Gedächtnisses sowie der Kunst der Sprache, die sich bis zu einem mühseligen Lallen weniger Worte verlor. In diesem trostlosem Zustande vegetirte er in Paris, 1846 in Nizza und endlich, für unheilbar erklärt, in der Irrenanstalt zu Ivry bei Paris. Eine letzte Hoffnung baute man auf den Einfluss seiner Heimathstadt mit ihrem Klima und ihren Erinnerungen an seine Jugend, und darauf hin geleiteten ihn sein Bruder Francesco und Andrea D., der Sohn seines in Konstantinopel lebenden Bruders Giuseppe, nachdem mit vieler Mühe die Erlaubniss der Behörden erwirkt worden war, Ende Septbr. 1847 nach Bergamo. Dort besserte sich allerdings sein Zustand, besonders in körperlicher Beziehung, allein doch nur scheinbar, denn am 8. Apr. 1848 erlag er seinen Leiden, trotz der ausgesuchtesten, sorgsamsten Pflege, in der Stadt, die ihn geboren und seinem Vaterlande und der Kunst geschenkt hatte. — Ausser den bereits erwähnten Werken für Theater und Kirche hat D. noch Duette, Arietten, Canzonen und Romanzen für Haus und Salon geschrieben, die in besonderen Sammlungen in Italien, Frankreich und Deutschland im Druck erschienen und von denen einzelne zu der grössten Beliebtheit gelangt sind. D. besass auch hervorragende dichterische Anlagen, wie die von ihm auch selbst verfassten Textbücher zu den Opern »Betly«, »Il campanello« u. s. w. beweisen; die meisten und besten der übrigen Bücher zu seinen Partituren sind von dem geschickten Dichter Salvatore Cammerano aus Neapel geschrieben. — Als Operncomponist ist D. als der Erste in wenn auch nicht so genialer, so doch talentvoller und erfolgreicher Weise den Bahnen Rossini's gefolgt, die in der italienischen sowohl, wie in der französischen Musik ihre leuchtenden Spuren zurückgelassen haben. Wenn ihm, trotz einer staunenswerthen Fruchtbarkeit und Melodienfülle eigentliche Ursprünglichkeit und Neuheit der Erfindung nicht zugesprochen werden kann, so ist andererseits doch anzuerkennen, dass er mit Glück und grossem Geschick Eigenes und Fremdes zu verschmelzen und mit Leichtigkeit zu anmuthiger Wirkung zu gestalten wusste. Er wagte sich in seinen Hauptwerken sichtlich eine Stufe höher als seine Vorbilder und Theilnehmer in der Herrschaft über die Opernbühne. Ein gesteigerteres Spiel der Tonempfindungen, eine nach Charakter strebende, bedeutungsvollere Harmonie und Instrumentation bewiesen dies deutlich. Aus der strengeren musikalischen Schule seiner Jugend war sichtbarlich so viel haften geblieben, dass es ihm um eine tiefere gesangliche und instrumentale Charakterisirung, sogar um eine gewisse thematische Verarbeitung seiner Motive zu thun war. Vom höheren Standpunkte aus sind dem reich begabten Componisten allerdings Mangel an Individualisirung und Tiefe der Charakterisirung, sowie leichtfertige Oberflächlichkeit, namentlich im Chor- und im Orchestersatze, zu machen, allein diese Ausstellungen treffen alle dramatischen Componisten Italiens und werden dem Publikum gegenüber durch den Reichthum an wahrhaft schönen, oft ergreifenden Melodien und Cantilenen, durch die Concentrirung zu wirkungsvollen Momenten an der richtigen Stelle und durch eine grosse dramatische Lebendigkeit, die in den D.'schen Opern sich geltend macht, aufgewogen. Von denselben sind

»Belisar«, »Lucrezia Borgia«, »Lucia von Lammermoor«, »die Favoritin«, im tragischen und »der Liebestrank«, »die Tochter des Regiments« und »Don Pasquale«, im
liebenswürdigsten komischen Style geschrieben, selbst dem deutschen und französischen Theaterrepertoire fest eingefügt und werden auch noch fernerhin für das Talent
und Geschick ihres Componisten zeugen. Als der bedeutendste italienische Tonsetzer nach Rossini und Bellini war D. in der Zeit von 1835 'an unbestritten das
Haupt der neuesten italienischen Schule, obgleich er ebenso wenig wie sein Nachfolger und Nacheiferer Verdi, derselben eine neue Richtung zu geben vermochte
und seine Compositionsweise mehr als eine Modification, nicht als eine individuelle
Gestaltung der durch Rossini herbeigeführten Phase der italienischen Musik sich
erwiesen hat.

    Donizetti, Giuseppe, der jüngere Bruder des Vorigen, geboren 1802 in
Bergamo, erlernte die Anfangsgründe der Musik wie sein Bruder auf dem dortigen
Lyceum und wurde 1825 Musikmeister eines österreichischen, in Italien gar-
nisonirenden Regiments. Als der Sultan der Türkei den Entschluss gefasst hatte,
seine Militairmusik auf europäischen Fuss zu bringen, erging an D. ein ehrenvoller
Ruf, dem er 1831 nach Konstantinopel folgte. Zum Chef der gesammten türkischen Militairmusikcorps ernannt, unterzog er sich seiner schwierigen Aufgabe mit
Geschick und Erfolg und gewann beim Sultan Einfluss und hohe Gunst. In dieser Hinsicht ist seine angesehene Stellung zugleich von bleibender Einwirkung auf
die Art der Musikpflege in dem vom abendländisch-musikalischen Standpunct aus
unentwickelten Lande gewesen; die Vorliebe für den in Italien cultivirten Styl gewann durch ihn einen neuen dankbaren Boden und steht dort in voller Blüthe.
D. selbst starb am 10. Febr. 1856 zu Konstantinopel. — Für Militairmusik hat er
zahlreiche Werke geschrieben, von denen jedoch nur ein Theil, namentlich Märsche
in sein Vaterland gelangt und in Mailand und Florenz ebenso wie Gesänge und
kleine Claviersachen im Druck erschienen sind.

    D'ons-Embray, ein in der ersten Hälfte des 18. Jahrhunderts zu Paris leben-
der Gelehrter, von dem eine »*Description et usage d'un Metromètre, ou Machine
pour battre les Mesures et les temps de toutes sortes d'Airs*« in den *Mem. de l'Acad.
des Scienc.* vom Jahre 1732 p. 182 sich befindet. Wahrscheinlich war dieser Metromètre eine Verbesserung der Soulié'schen Erfindung.   †

    Dont, Joseph Valentin, trefflicher Violoncellist, geboren am 15. Apr. 1776
zu Nieder-Georgenthal in Böhmen, erlernte bei Stiasny in Prag, in welcher Stadt
er auch die Schule besuchte, das Violoncellospiel. Im J. 1804 kam er nach Wien, trat
zuerst in das Quartett des Grafen Breuner und als dieses nach sechs Monaten aufgelöst wurde, in das Opernorchester des Kärnthnerthor-Theaters. Von dort wurde er
1828 in das Orchester des Burgtheaters versetzt und starb am 14. Decbr. 1833
am Schlagfluss. Er war ein ebenso vorzüglicher Orchester- wie Quartettspieler. —
Sein Sohn, Jacob D., geboren am 2. März 1815, erhielt seine musikalische Ausbildung auf dem Wiener Conservatorium und wurde von Böhm und Hellmesberger zu einem vorzüglichen Violinisten herangebildet. Im J. 1831 fand er im
Orchester des Burgtheaters, 1834 in der kaiserl. Hofkapelle, der er gegenwärtig
noch angehört, Anstellung. D. hat sich daneben auch als Solo- und Quartettspieler
rühmlich ausgezeichnet und ist als Musiklehrer sehr geschätzt und gesucht. Seine
Compositionen, bestehend in Streichquartetten, Violinconcerten und Soli haben
sich u. A. von Spohr das ehrenvollste Zeugniss erworben.

    Dont, Leonard, geschickter und zu seiner Zeit sehr gerühmter Violinspieler,
lebte in der Mitte des 18. Jahrhunderts als Cistercienser mönch zu Ossegg in
Böhmen.

    Donzelli, Domenico, berühmter und ausgezeichneter italienischer Bühnen-
tenor, geboren um 1790 in Bologna, in welcher Stadt er auch die gründlichsten
Gesangstudien machte, erschien zuerst 1816 unter dem Personal des *Teatro Valle*
in Rom. Dort schrieb Rossini eigens für ihn die Parthie des Torvaldo in seiner
Oper »Torvaldo e Dorlisca« und bahnte ihm hiermit den Weg zum Ruhme, den er
aber keineswegs in Italien, wo er noch an mehreren Bühnen sang, sondern erst

1822 in Wien fand, welche Stadt er als gefeierter Künstler verliess, um von 1824 bis 1831 in Paris und während der Saison in London aufzutreten. Von 1832 bis 1836 war er wieder ausschliesslich an Theatern in Italien engagirt, worauf er sich nach Bologna in's Privatleben zurückzog. Als Heldentenor galt er für unübertrefflich, und sein Name wird noch jetzt mit der grössten Verehrung genannt.

Doppel-Apostroph nennt man von den Tonzeichen der griechisch-katholischen Kirche beistehendes: ", das gesetzt wird, wenn man die Tonfolge

ausführen soll.   O

Doppelbalg, Widerbläser, beim Positiv (s. d.).

Doppel-B, das (franz.: *double bémol,* engl.: *double flat*), dient in der Notenschrift in der Gestalt ♭♭ um die Erniedrigung eines ohne Versetzungszeichen zu schreibenden Tones um zwei Halbtöne anzuzeigen. Da man früher nur die Anwendung des einfachen ♭ (siehe B) als Zeichen für die Erniedrigung einer Tonstufe um einen Halbton nöthig hatte, so ist es erst bei dem späteren Bedürfniss, eine Erniedrigung um zwei Halbtöne aufzeichnen zu müssen, in Gebrauch gekommen.

Man setzt dasselbe unmittelbar vor die Note   , auf die es sich beziehen soll. Da eine Erniedrigung um zwei Halbtöne nicht gerade häufig vorkommt, und leicht eine rationellere Notirung zu verkennen wäre, so hat man es als Brauch eingeführt, stets dieselbe bei jeder ersten Tonstufe in einem Takte vollständig auszuschreiben, gleich, ob diese Tonstufe laut der Vorzeichnung (s. d.) schon um einen Halbton erniedrigt ist oder nicht. Eine rationellere Notirung wäre es z. B. wenn man in einem Tonstücke, das fünf ♭ vorgezeichnet hat, den um zwei Halbtöne erniedrigten Ton *d* schreiben wollte, vor der Note, die diesen Ton einfach erniedrigt ja schon angiebt, nur ein ♭ setzte, aber, wie gesagt, der Brauch ist nicht so. Was nun die Benennung so erniedrigter Stufen anbetrifft, so ist zu bemerken, dass beim Notenlesen die mit einem D.-B versehenen Noten in der Art benannt werden, dass man der alphabetischen Benennung der Note zweimal die Silbe *es* anhängt. Die Ausnahmen, welche diese Benennungen von Noten mit einem ♭ zeigen, finden auch bei denen mit zwei ♭en statt, so dass man *eses, asas* und ♭♭ statt *eëses, aëses* und *heses* sagt.   2.

Doppel-Kanon, Verbindung zweier verschiedenen Kanons in verschiedenen Intervallen. S. Kanon.

Doppel-Chor, s. Chor.

Doppel-Concert (ital.: *Concerto doppio*), Concert für zwei Soloinstrumente, s. Concert.

Doppel-Dreiklang, seltenere Benennung des Septimen-Accordes, weil er, wie einige Theoretiker lehrten, ursprünglich aus zwei Dreiklängen zusammengesetzt sein soll.

Doppel-Fagott, auch Quint-Fagott genannnt, eine alte Art des Fagott mit F^1 als tiefstem Ton. S. Dolcian.

Doppelflöte (griech.: δίαυλος), nennt man noch heute das antike Blaseinstrument, welches auf Abbildungen aus Assyrien, Aegypten und Griechenland sich häufig dargestellt findet. Dies kurzweg Flöte genannte Blaseinstrument bestand aus zwei getrennten Tonwerkzeugen, die wahrscheinlich stets im Einklang intonirten, doch von einem Spieler nur behandelt wurden. Nach der Tonerregungsart dieser D. unterschied man Blatt- (s. d.) und Lippenflöten. — Ueber die D. genannte Orgelstimme sehe man den Artikel Doiflöte.

Doppelflügel oder **Diplasion** nannte man Tasteninstrumente in Flügelform, die an den zwei sich gegenüber befindlichen Seiten eine oder zwei Claviaturen mit eigenem Bezuge hatten, so dass die nach einer Seite hin befindliche Tastatur eigentlich ein besonderes Instrument war, dessen innerer Mechanismus mit dem der gewöhnlichen Flügel übereinstimmte; die Verwerthung des Tonreiches der D. geschah gewöhnlich durch zwei Spieler. Diese Instrumentgattung ist im 18. Jahrhundert von deutschen Instrumentenbauern erfunden und in verschiedenen Arten gebaut worden. Bekannter sind nur zwei derartig construirte Tonwerkzeuge geworden, das D. oder *Vis-à-vis* genannte, von dem Organisten und Mechanikus Johann Andreas Stein in Augsburg 1758 zuerst gebaut, und das 1779 vom Instrumentenmacher Hofmann in Gotha erfundene. Ersteres Tonwerkzeug war ein wirklicher D. mit nur zwei Claviaturen, dessen Tonreich nur mittelst zweier Spieler zu Gehör gebracht werden konnte; letzteres hingegen, dass an jeder Seite zwei Tastaturen hatte, besass zugleich die Einrichtung, das alle vier Claviaturen gekoppelt werden konnten, so dass selbst ein einziger Spieler beide Instrumente zu behandeln vermochte. Da diese Instrumente wenig Eigenthümliches besassen, grossen Platz einnahmen und Tonwerke, für dieselben gesetzt, auch auf zwei gesonderten Flügeln darstellbar waren, so fielen die derartigen Kunstbemühungen bald der Vergessenheit anheim und Niemand fast ausser den Erfindern baute sie; ein D. aus jener Zeit gehört heute zu den grössten Seltenheiten. 2.

Doppel-Fuge, s. F u g e.

Doppel-Geige wird in Deutschland mitunter die V i o l a d' a m o u r (s. d.) genannt.

Doppelgriffe nennt man eine zwei- oder mehrstimmige Intonation auf Saiteninstrumenten, oder das Angeben zweier oder mehr Töne zu gleicher Zeit, hervorgerufen dadurch, dass deren Saiten durch Griffe der Finger verkürzt werden. Diese Töne können gegen einander natürlich verschiedene Intervalle bilden, von der Secunde an bis über die Octave hinaus, oder auch Accorde. Nach Gerber's Angabe soll der treffliche Violinvirtuose Batiste zu Anfange des 18. Jahrhunderts, ein Schüler von Corelli, der erste gewesen sein, von dem man Doppelgriffe auf der Geige gehört hat. Andere Anzeichen deuten aber darauf hin, dass diese Kunst schon in der zweiten Hälfte des 17. Jahrhunderts bekannt war.

Doppelharfe oder **Davidsharfe** und **Doppel-Pedalharfe,** s. H a r f e.

Doppelhofen, Baron von, guter Violinspieler, der zu Anfange des 19. Jahrhunderts in Wien lebte und auch als Componist von Instrumental- und Vocalwerken im besten Rufe stand. Einige der von ihm componirten Chöre sind in der That beachtenswerth.

Doppel-Klappe. Von einer solchen spricht man in der Orgelbaukunst, wenn man bei der Fertigung der Windlade zwei Ausschnitte mit zwei Klappen für eine einzige Taste construirt, welche Einrichtung gewöhnlich für recht grosse Pfeifen, 10- und 5 metrige, geschieht, damit Wind genug denselben zugehen kann, und die Tasten leichter niederzudrücken sind. Man findet die D. gewöhnlich für ein und eine halbe Octave, seltener für nur eine gebaut. †

Doppel-Korthol oder **Choristfagott,** eine alte Art des Fagotts, welches dem modernen Fagott am meisten entspricht mit *C* als tiefstem und *g* als höchstem Tone. S. auch D o l c i a n.

Doppelkreuz (franz.: *double dièse,* engl.: *double sharp*). In der Notenschrift hat sich durch den Gebrauch die Eigenthümlichkeit eingebürgert, dass man ein mehr zusammengesetztes Zeichen (♯) ein einfaches Kreuz genannt, und ein einfacheres Zeichen (𝄪) in D. Dieser Brauch entstand in der Entwickelungszeit der abendländischen Musik, wo man die Halbtöne einführte. Man suchte in jenen Tagen nicht allein die Theorie der Griechen aufzufinden, sondern construirte auch, um deren Theiltöne notiren zu können, in natürlichster Weise Zeichen für dieselben, welche in dem Artikel *Diesis* dargestellt sind, ohne zu fragen, ob die Praxis deren bedürfe. Die Praxis verschmähte jedoch diese Theiltöne und bedurfte, da sie nur Halbtöne als anwendbar erklärte, eines einzigen Zeichens; sie wählte aus den vier von der Theorie construirten dasjenige, was dem durch Erhöhung erlangten Klange des Halbtons entsprach (♯) und nannte dasselbe ein Kreuz. Erst viel später forderte die grössere Entwickelung der abendländischen Musik auch Erhöhungen, um zwei Halbtöne kurz bezeichnen zu können; man musste dafür ein Zeichen haben. Um nun nicht noch mehr zusammengesetzte Zeichen einzuführen, entschied man sich dafür, diese seltenere Erhöhung um zwei Halbtöne durch das einfachere Zeichen (×) zu kennzeichnen, es aber seiner Bedeutung wegen D. zu nennen. Zwar findet man in frühester Zeit der Einführung des D.'s zuweilen noch verschiedene, eine Erhöhung um zwei Halbtöne andeutende Zeichen in Gebrauch:

✕ oder ⫢ oder ✕ ; dieselben verschwanden jedoch sehr bald

aus der Praxis, da leichte Schreibweise und unverkennbare sofortige Erkennung der Bedeutung für die allgemeine Einführung des × wirkten. In der Praxis findet dieselbe Anwendung statt, wie mit dem Doppel-*b* (s. d.); man notirt stets, gleich ob die Tonstufe schon durch die Vorzeichnung um einen Halbton erhöht ist oder nicht, das D. unmittelbar vor die Note, auf die es sich beziehen soll. Beim Lesen der mit einem D. versehenen Note hängt man dem alphabetischen Namen derselben, welchen sie erhalten würde, wenn gar kein Versetzungszeichen vor derselben stände, zweimal die Sylbe *is* an, dem entsprechend also *d* mit einem D. *disis* genannt werden muss, *e=eisis*, *f=fisis* u. s. w.   2.

Doppelkreuzschlag, eine Schlagmanier bei den Pauken, wenn in schnellster Abwechselung beide Pauken mit beiden Schlägeln zugleich behandelt werden. S. Pauke.

Doppel-Labium, s. unter Doppelflöte.

Doppel-Lade heisst in der Orgel eine solche Windlade (s. d.), die doppelte Cancellen (s. d.) hat, und so eingerichtet ist, dass die Pfeifen, welche von einer oder selbst von zwei Claviaturen behandelt werden, aus derselben genügend mit Wind gespeist werden können.   O

Doppelmayr, Johann Gabriel, ein bekannter deutscher Mathematiker, geboren 1671 zu Nürnberg und gestorben am 1. Decbr. 1750 ebenda als Gymnasial-Professor, dessen nähere Lebensumstände Gerber in seinem »Tonkünstler-Lexikon«. 1812, Band I p. 922 mittheilt, hat auch die Musik Betreffendes in seinem wichtigen Werke: »Historische Nachricht von Nürnbergischen Mathematicis und Künstlern« (2 Bde., Nürnberg, 1730) hinterlassen.   †

Doppel-Oktave (latein.: *Decima quinta*, franz. *Quinzième*), ist ein Intervall von 15 diatonischen Stufen, also der Raum von zwei Oktaven.

Doppel-Pfeife, s. unter Orgelpfeife und Pfeife. — Auch die Doppelflöte der Alten (s. Doppelflöte) wird mitunter D. genannt, weil dieselbe nicht wie die eigentliche, namentlich jetzt gebräuchliche Flöte, sondern wie die gewöhnliche Pfeife geblasen wurde.

Doppelschlag (franz.: *double*), eine der häufigsten und beliebtesten Verzierungen in allen Musikgattungen und auf allen Instrumenten, im Gesange wohl von allen feststehenden Verzierungen (Triller, Pralltriller u. s. w.) die häufigste. Der D. theilt in älteren Werken und Schulen das Schicksal aller der ebengenannten Collegen, in einer Unzahl von Varianten aufzutreten, die alle auseinanderzuhalten eines besonderen Studiums bedarf, und die häufig in kaum bemerkbarer Weise von einander abweichen. In der neueren Zeit hat man sehr vernünftig alle diese Formen auf ihren Kern zurückgeführt, und verlangt, dass jede Variante, auch wenn sie noch so unbedeutend ist, durch Noten- und Werthzeichen genau ausgedrückt werde. Immerhin sind aber auch jetzt noch der Möglichkeiten in der Ausführung des D. und ähnlicher Figuren so viele, dass es das empfehlenswertheste wäre, überhaupt auf die allgemeine Bezeichnung zu verzichten, und alles in Noten mit ihren resp. Werthen auszudrücken, eine kleine Mühe für Autoren und Copisten, die weit aufgewogen würde durch den dem Componisten gesicherten Vortheil, dass alles genau so, wie er es wünscht, zur Ausführung käme. — Der D., dessen Zeichen jetzt allgemein das Aehnlichkeitszeichen (∾) ist, besteht aus vier zunächst in der herrschenden Tonart liegenden Tönen, die so geordnet sind, dass der erste derselben die über dem vorgezeichneten Hauptone liegende Stufe, der zweite der Hauptton, der dritte die unter demselben liegende Stufe und der vierte wieder der Hauptton ist (*a*). Soll gegen die Tonart eine Veränderung der höhe-

ren oder tieferen Stufe eintreten, so bezeichnet man dies durch das über, resp.
unter das ∾ gesetzte betreffende Versetzungszeichen (b).

So weit kann kein Zweifel in der Ausführung entstehen; anders hingegen ist es
mit der Eintheilung. Hier hat man zunächst zu unterscheiden, ob der D. über
oder neben (d. h. rechts) von einer Note steht, und ein ungenauer Druck, noch
mehr ein solches Manuscript, kann schon hier arge Verwirrungen stiften. Steht
der D. über einer Note, so tritt er in schnellster Ausführung an Stelle derselben
in der Art, dass sein erster Ton (die höhere Stufe) die Accentuirung, sein letzter
Ton aber den nach der Ausführung der drei andern noch übrigen Werth der Note
erhält (c). Schon hier wird man häufig auf die fehlerhafte Ausführung bei (d)
stossen, wobei gar nicht ausgeschlossen ist, dass nicht dieser oder jener Componist
eine solche direkt im Auge gehabt hat. Eine andere Variante aber, die von den
älteren Theoretikern (z. B. Türk) als durchaus falsch verworfen wird — wenn sie
nicht ausdrücklich in besonderer Weise, wie bei (f) gefordert war, — hat sich jetzt
derart eingebürgert, empfiehlt sich auch ihrer grösseren Rundung und ihres Wohl-
klangs wegen so, dass man sie unmöglich noch als falsch ansehen kann. Sie ist in
der Ausführung schwieriger als die erste Form und kann in schnellem Tempo
leicht da unmöglich werden, wo diese noch möglich ist, da sie, wie Beispiel (e)
zeigt, einen Ton mehr hat: dem Doppelschlage vorauf geht hier nämlich, aber im
Werthe ganz als Doppelschlagsnote behandelt, der Hauptton.

Dieselben Regeln gelten, wenn der D. über einer dreitheiligen Note steht. Wenn er
hingegen nicht über, sondern (rechts) neben der Hauptnote sich befindet, so sind der
Varianten in der Ausführung noch mehrere. Man hat in diesem Falle zunächst zu unterscheiden, ob die Hauptnote eine zweitheilige ($^1/_1$, $^1/_2$, $^1/_4$, $^1/_8$ u. s. w.) oder eine dreitheilige ($^3/_2$, $^3/_4$, $^3/_8$ u. s. w., Note mit einem Punkt) ist. Bei der zweitheiligen Note ist
die einfachste Eintheilung die gleichmässige Vertheilung der vier Doppelschlagsnoten auf die zweite Hälfte des Werths der Hauptnote (g). Diese Eintheilung
kann auch unter Umständen, wenn der Styl des Ganzen ein sehr pathetischer
oder trauriger ist, in sehr langsamem Tempo oder bei sehr langer Note die beste
sein; meistens wird jedoch in diesem Falle die Bewegung des D. zu schwerfällig
erscheinen und man bringt ihn dann erst zum letzten Viertel oder gar erst zum letzten Langsamkeit wohl gar erst zum letzten Achtel der Hauptnote (h, i). Dagegen kann
bei sehr schnellem Tempo die Ausführung wiederum mit der bei (e) angegebenen
zusammenfallen, mit der naturgemässen Aenderung, dass die letzte Note nicht lang,
sondern ebenso schnell ist, als die übrigen.

14*

Eine dreitheilige Note kann wiederum in zwei Arten auftreten. Entweder füllt sie, wie die ³/₄-Note im ³/₄ oder ⁶/₄ Takte, die ⁹/₈-Note im ³/₈ oder ⁶/₈ Takte einen vollen Takt oder einen ganzen Taktabschnitt aus, oder sie bedarf, wie z. B. die ¹/₈-Note im ²/₄ oder C-Takt noch der Hinzufügung eines den dritten Theil ihres Werthes ausmachenden Werthes, um einen ganzen Takt oder Takttheil zu bilden. Im ersteren Falle schliesst sich die Eintheilung des Doppelschlags der bei zweitheiligen Noten an. Man vertheilt für gewöhnlich die vier Doppelschlagsnoten gleichmässig auf die beiden letzten Theile der Note (*l*), oder, wenn dies zu schleppend ist, bringt man sie auf den letzten Theil (*m*). Dass der Fall bei *k* auch hier Platz greifen kann, ist selbstverständlich.

Steht aber die dreitheilige Note in einer Taktart, wo sie der obenerwähnten Ergänzung bedarf, so bringt man die drei ersten Doppelschlagsnoten gleichmässig (d. h. als Triole) auf den zweiten Theil der Note, während die letzte Doppelschlagsnote den ganzen dritten Theil ausfüllt (*n*). Wird hierbei der D. zu langsam, so braucht die Triole auch erst zur zweiten Hälfte des zweiten Theiles der Hauptnote gebracht zu werden (*o*). Endlich kommt eine noch rapidere Eintheilung in der Weise vor, dass die drei ersten Doppelschlagsnoten als Triole erst zum dritten Theil, resp. der zweiten Hälfte des dritten Theiles der Hauptnote gebracht werden, während die vierte Doppelschlagsnote die folgende Melodienote derart verdrängt, dass sie sich an ihre Stelle setzt, den halben Werth derselben einnimmt, und ihr auch nur noch den halben Werth lässt (*p*).

Diese letztere Eintheilung, die, wie man sieht, incorrect entweder im Spiel oder in der Schreibweise ist, darf jedenfalls nur mit Vorsicht angewendet werden; doch rechnen besonders ältere Componisten hin und wieder auf eine derartige Ausführung. — Dies sind die gewöhnlicheren, jetzt fast allein gebräuchlichen Arten des D.; will man irgend eine Veränderung, so muss dieselbe besonders bezeichnet werden. Früher hatte man für die verschiedenen Abarten des D. auch besondere Namen, von denen die wichtigsten mit der Bezeichnung ihrer Schreibweise und ihrer Ausführung hier folgen; das Zeichen für den D. trat auch stehend ₰ und verkehrt ∞ auf — im letzteren Falle jedoch fast nur für den umgekehrten D. (d. h. D. von unten). — Man unterschied also: 1) der gewöhnliche D., dessen Bezeichnungen man bei (*q*) sieht, und der die Versetzungszeichen, wenn sie nöthig waren, häufig über dem ∞ Zeichen trug, selbst zwei nebeneinander; 2) geschnellter D. oder Rolle (*r*); 3) D. von unten oder geschleifter D. (*s*); 4) prallender D. (*t*); 5) umgekehrter D. (*u*); 6) umgekehrte Rolle (*v*).

O. Eichberg.

Doppelschleifer ist eine Verzierung, welche in einem doppelten Vorschlag vor der Hauptnote besteht, z. B.

Doppel-Sonate nennt man eine für zwei concertirende Instrumente gesetzte Sonate.

Doppelstielig (französ.: *Double queue*), doppelstielige Noten nennt man diejenigen Noten, welche zugleich aufwärts und abwärts gestrichen sind, z. B. ρ δ δ u. s. w. In dieser Art kommen sie da vor, wo zwei verschiedene Stimmen im Einklang gehen, oder wo zwei Instrumente einen und denselben Ton haben; ferner auch in Ripienstimmen für Violine und Viola oder überhaupt in Stimmen für Saiteninstrumente, welche der grösseren Intensität des Klanges wegen auf zwei verschiedenen Saiten, einer offenen (leeren) und einer bedeckten zugleich gegeben werden sollen; z. B. zeigt [ ] auf der Violine an, dass der Ton *d* auf der *G*- und *D*-Saite (also als offener und bedeckter Ton) zugleich angegeben werden soll.

Doppelte Intervalle (französ.: *Intervalles doublés*) oder zweifache Intervalle werden diejenigen Intervalle genannt, welche den Raum der Octave überschreiten und somit als die doppelte Stufe der ersten Octave angesehen werden können. So ist z. B. *g* von *c* die einfache Quinte; wird aber *g* höher gelegt, während *c* unverändert bleibt, so ist *g* von *c* die doppelte oder zweifache Quinte.

Doppelte oder **gerissene Zunge** ist eine Schlagmanier bei der **Pauke** (s. d.).

Doppelter Contrapunkt (latein.: *Contrapunctus duplex*, französ.: *Contrepoint double*) wird diejenige mehrstimmige Setzart genannt, nach welcher zwei oder mehrere Stimmen, ohne dass Fehler gegen die harmonischen Regeln oder den Wohlklang in den Stimmenfortschritten entstehen, so unter einander versetzt werden können, dass die obere, mittlere oder untere Stimme untere, obere, mittlere u. s. w. wird. Diese Art der Versetzung nennt man **Umkehrung** (latein.: *evolutio*, ital.: *rivolgimento*). Besteht der Satz nur aus zwei Stimmen, oder kann in einem mehrstimmigen Satze die Umkehrung nur zwischen zwei Stimmen vol'zogen werden, so heisst der Satz ein d. C. im eigentlichen Sinne; wenn drei Stimmen umgekehrt werden ein dreifacher oder dreifach doppelter Contrapunkt, wenn vier Stimmen ein vierfacher oder vierfach doppelter. S. **Contrapunkt**. Eine eingehende und gründliche Erklärung und Anweisung zur Behandlung dieser in der Musik schwierigsten Setzart bieten: Marpurg, Abhandlung von der Fuge (S. 109), Fux, Gradus ad Parnassum (S. 147), Kirnberger, Kunst des reinen Satzes und E. F. Richter, Lehrbuch des einfachen und doppelten Contrapunkts (Leipzig, 1872).

Doppelter Nachschlag, s. **Nachschlag**.

Doppelter Rhythmus ist eine Verbindung, ein Miteinander von zwei oder mehreren contrastirenden rhythmischen Bewegungsarten. Grossartige Beispiele einer derartigen Zusammenführung findet man im Menuett des ersten Finales aus Mozart's »Don Juan« und im Schluss des zweiten Finales aus Meyerbeer's »Nordstern«.

Doppelter Schlusstakt, ein zweifacher Schlusstakt, der eine für das erste Durchspiel oder Durchsingen, der andere für die Wiederholung. Behufs Kenntlichmachung wird der doppelte Schlusstakt mit dem sogenannten Abweichungszeichen versehen.

Doppeltes Kentema, ‖, heisst vorstehendes Notationszeichen für Töne in der griechisch-katholischen Kirche, das die Klänge [Notenbeispiel] darstellt.   †

Doppeltes Wiederholungszeichen, auch grosses Wiederholungszeichen, s. Wiederholungszeichen.

Doppeltriller, ein Triller zweier Noten zugleich, s. Triller.

Doppeltverkehrter Contrapunkt, s. Verkehrung.

Doppeltverminderter Dreiklang, der Accord, welcher nach der Ansicht einiger Theoretiker seinen Sitz auf der erhöhten vierten Stufe der Molltonleiter hat und aus dem erhöheten Grundton, der verminderten Terz und der verminderten Quinte besteht, z. B. [Notenbeispiel]. Dieser Ansicht entsprechend, wäre vorstehendes Beispiel als zu *A*-moll gehörig, und der D. überhaupt als der Stammaccord des sogenannten übermässigen Sextenaccordes anzusehen, da er in der ersten Verwechselung (mit hinzugefügter Quinte) ergiebt: [Notenbeispiel]. S. Sextaccord.

Doppelvorschlag ist eine Verzierung, welche darin besteht, dass einem Melodietone der höhere und tiefere Nebenton ohne Verbindung durch den Hauptton vorgesetzt wird.

Doppel-Widerrufungszeichen, ♯♮, nennt man das zweifach gesetzte einfache Wiederrufungszeichen (♮), dessen Gebrauch man für nothwendig erachtet, wenn eine Doppel-Erhöhung oder Doppel-Erniedrigung ganz aufzuheben ist.   †

Doppelwirbel, eine Schlagmanier bei den Pauken. S. Wirbel und Pauke.

Doppelzunge nennt man bei der Behandlung einiger Blaseinstrumente, als besondere Art der sonst Zunge genannten, die Eigenart des Gebrauchs der Zunge des Bläsers, welche viel Aehnlichkeit mit dem bei der schnellen Aussprache mehrerer gleicher Sylben hat. Ausführlicheres über D. sehe man im Artikel Zunge. O

Doppert, Johann, Magister und Rector zu Schneeberg, 1671 zu Frankfurt am Main geboren, hat zwei Programme: » *De Musices praestantia et antiquitate*« (1708) und »*Musices cum litteris copulam repraesentans*« (1711) drucken lassen. Er starb am 18. Decbr. 1735.   †

Doppio (ital.) doppelt; *Contrappunto d.* der doppelte Contrapunkt, *Concerto d.*, das Doppelconcert u. s. w.

Doppio movimento (ital.), d. i. die doppelte Bewegung, bedeutet da, wo eine Taktart mit einer anderen wechseln soll, z. B. der Viervierteltakt mit dem Zweivierteltakt, dass bei der zweiten Taktart das Tempo mit dem vorhergehenden ganz gleich, in dem oben bezeichneten Falle also das Viertel ebenso schnell oder langsam genommen werden soll, als beim vorhergegangenen Viervierteltakt. Häufiger wird dafür *l'istesso Tempo* (gleiches Zeitmass) vorgeschrieben.

Doppio pedale (ital.), d. i. doppeltes Pedal, bezeichnet beim Orgelspiel die Verdoppelung der Pedaltöne oder die gleichzeitige Fortbewegung der Füsse in Octaven.

Doppioni (ital.) ist, wie schon Prätorius mittheilt, eine veraltete Gattung von Holzblaseinstrumenten, vielleicht von der Art der Sordunen oder Cornamusen und in drei Grössen: Bass im Umfange von *C* bis *a*; Tenor und Alt von *c* bis *d¹ ;* Cantus von *c¹* bis *d²* im Gebrauch gewesen.

Doppler, Violinvirtuose, geboren 1819 zu Kiew, war ein Schüler des berühmten Lipinski und liess sich 1840 in Warschau als Musiklehrer und Componist nieder, wo er auch Violinstücke, meist im Salonstyl gehalten, veröffentlicht hat.

Doppler, Franz, Operncomponist und Flötenvirtuose, geboren in Lemberg im J. 1822. Sein Vater war später Hautboist am grossen Theater in Warschau und ertheilte seinem äusserst talentvollen Sohne den ersten Musikunterricht. D. machte ausserordentliche Fortschritte, unternahm dann eine Reise nach Wien, wo er die

Compositionslehre studirte, zugleich aber in Concerten aufzutreten begann. Mit seinem Bruder Karl (s. d.) concertirte er in Lemberg, Kiev, Bucharest u. s. w. mit glänzendem Erfolg und nahm zulotzt ein Engagement als erster Flötist am Theater zu Pest an. Hier begann er Opern zu componiren, während sein Bruder als Orchester-Direktor fungirte. Seine erste Oper: »Benjowski« in 3 Akten wurde im J. 1847 gegeben; dann schrieb er die magyarische Oper, »Ilka« welche sich durch ihre ebenso originelle als charakteristische Musik eines grossartigen Erfolges erfreute und im J. 1849 nicht weniger als 40 Vorstellungen erlebte. Die ausgezeichnete La Grange sang im J. 1853 in Pest die Tittelrolle. Nun folgte im J. 1851 die 4aktige Oper: » Wanda« und im J. 1853 die 2aktige komische Oper: »Die beiden Husaren«. Die Opern »Benjowski« und » Wanda« sind im polnischen, » Ilka« und »Die beiden Husaren« im magyarischen Opernstyl geschrieben. Ausser diesen Opern componirte D. noch mehrere Ouverturen für grosses Orchester, 4—5 Ballet- und andere Musikstücke für verschiedene Instrumente, namentlich aber Concertpiecen für die Flöte, von denen das D-moll-Concert für die Flöte gediegen zu nennen ist. Im J. 1856 unternahm er mit seinem Bruder eine Kunstreise über Hamburg nach London, wo ihre Leistungen in den Fachblättern »Musical Gazette«, » Musical World« eine verdiente Würdigung fanden. Im Februar 1858 wurde D. als Soloflötist und 2. Balletdirigent beim Hofoperntheater in Wien angestellt. Im J. 1863 machte er wieder eine Kunstreise, concertirte am 3. und 5. Juni 1863 mit seinem Bruder Karl in Prag, dann in Dresden u. s. w. und feierte überall Triumphe. Das vortreffliche Zusammenspiel beider Virtuosen, die unübertreffliche Uebereinstimmung des auf gleicher Höhe stehenden Vortrags, sowohl der einfachen Cantilenen als des brillanten Passagenwerkes, insbesondere der mannigfaltigen zumeist imitatorisch gehaltenen Phrasen übten eine besondere Wirkung und sicherten beiden Virtuosen die glänzendste Aufnahme. Im J. 1869 trat D. mit einer deutschen, für das Hofoperntheater in Wien geschriebenen grossen Oper »Judith« hervor, die grossen Beifall fand und noch im Decbr. 1871 auf dem Wiener Opernrepertoire war. M—s.

Doppler, Karl, der jüngere Bruder des Vorhergehenden, ebenfalls ein ausgezeichneter Flötist, wurde 1826 zu Lemberg geboren. Er war zuerst Schüler seines Vaters, dann seines Bruders, mit welchem letzteren vereinigt, D. auch seine erste erfolgreiche Kunstreise unternahm. Nach Beendigung derselben wurde D. Musikdirector am Landestheater in Pest und brachte als solcher die von ihm componirten ungarischen Nationalopern »Das Lager der Grenadiere« und »Der Sohn der Wüste« mit grossem Beifall zur Aufführung. Den nachhaltigeren Erfolg seines Bruders vermochte er damit freilich nicht zu erreichen. Ausser Opern hat er noch Ballets und brillante Flötenstücke, letztere zum grossen Theil in Gemeinschaft mit Franz D., componirt.

Dorat, Claude Joseph, französischer Dichter von Operntexten u. s. w. und Musikschriftsteller, am 31. Decbr. 1734 zu Paris geboren und ebendaselbst am 29. April 1780 gestorben, hat in seinem bewegten Leben, das Gerber in seinem Tonkünstler-Lexicon, 1812, Band I p. 922 ausführlicher beschreibt, sich nach vielen Seiten hin bekannt gemacht. In musikalischer Beziehung sind folgende seiner Werke zu nennen: »Le Pouvoir de l'harmonie poëme lyrique, imité de Dryden, et dedié à Mr. le Cheval. Gluck« (vgl. Journ. Encycl. Oct. 1779 p. 114); »La déclamation théâtrale. Poëme didactique, en trois chants«, (Paris, 1758); »Coup-d'oeil sur la Littérature, ou Collection de différens Ouvrages, tant en prose, qu'en vers« (Amsterdam, 1780) und die Broschüre »Recherches sur l'usage et l'abus de la musique dans l'éducation moderne«. †

Dorati oder **Doratus,** Nicolò, italienischer Tonsetzer der venetianischen Schule, der ums Jahr 1590 wahrscheinlich in Süddeutschland wirksam war und sich als vorzüglicher Contrapunktist hervorgethan hat. Von seinen Werken befinden sich in der königlichen Bibliothek zu München noch: *Madrigali* a 5—8 voci (Venedig, 1559) und *Madrigali* a 5 voci (Venedig, 1567). †

Doratius, Geronimo italienischer Contrapunktist, der in Lucca zu Anfang des 17. Jahrhunderts lebte und »*Psalmi vespertini quatuor vocum*« (Venedig, 1609) veröffentlicht hat.   †

Doré, französischer Tonkünstler des 17. Jahrhunderts, geboren zu Arras, lebte als berühmter Componist in seiner Vaterstadt; über ihn weiss man nur, dass er 1683 eine Todtenmesse zum Begräbniss eines natürlichen Sohnes von König Ludwig XIV. componirt und aufgeführt hat, die sich grossen Beifall errang. Vgl. Laborde, *Essai sur la musique.*   0

Dorceus oder **Doricus** soll nach Valer. Flacc. *lib.* 3 *Argonaut.* 159 ein sehr berühmter Kitharist bei den Thraciern gewesen sein, der fast dem Orpheus gleich geschätzt wurde.   †

Dorelli, Antonio, ein trefflicher, italienischer Tenorsänger und Schüler Aprile's, wurde im J. 1788 für die kurfürstl. bayersche Hofkapelle engagirt und sang mehrere Jahre in der Hofkirche sowie in der Oper zu München.

Doremieulx, H. J. L., ein sonst unbekannter französischer Tonkünstler, hat durch die Herausgabe von »*Etudes pour la Flûte*« (Paris, 1802) seinen Namen bis auf die Gegenwart gebracht.   †

Dorfschmid, Georg, berühmter deutscher Contrapunktist des 16. Jahrhunderts, soll nach Draudius, *Bibl. Class.* p. 1653 im J. 1597 zu Augsburg ein *Sacrificium vespertinum quatuor vocum* haben drucken lassen, worin sich alle Antiphonen vierstimmig gesetzt befanden.   †

Dori, Luca, ein italienischer Tonsetzer des 17. Jahrhunderts, von dessen Arbeiten sonst nichts bekannt ist, als was sich in des Stadtrichters Hertzog zu Merseburg Sammlung vom J. 1700 befindet.

Doria, um 1790 als Gesanglehrer in London lebend, hat nach Preston's Catalog *Lessons for the voice* (London, 1797) herausgegeben.

Dorington, Theophilus, englischer Gelehrter, geboren um 1650 zu Wittnesham in der Grafschaft Kent, war von 1686 bis 1712 in seiner Vaterstadt als Rector angestellt und schrieb u. A. »*Discourse on singing in the worship of God*«.

Dorion, berühmter altgriechischer Flötenspieler, angeblich in Aegypten geboren, wird von Athenäus (*lib.* 10) und Plutarch (*de musica*) ausserdem als witziger Kopf geschildert. Er lebte am Hofe Philipp's von Macedonien und stand bei diesem Könige nicht minder wegen seiner Kunstfertigkeit als wegen seiner witzigen Einfälle und glücklichen Wortspiele in grosser Gunst. D. soll auch einen neuen Modus in die Musik für die Flöte, entgegen den Lehren des Antigenides, eingeführt haben, welcher nach ihm der Dorionische genannt wurde und anfangs vielfache Anfechtung fand.

Doriot, Abbé, französischer Tonkünstler, geboren in der Franche-Comté um 1720, war erst Musikdirector in Besançon und seit 1758 Kapellmeister an der *Sainte Chapelle* zu Paris, welche Stellung er noch 1789 inne hatte. Er hat viele Motetten componirt, die unter grossem Beifall in der heiligen Kapelle aufgeführt worden sind und eine *Méthode pour apprendre la composition* nach Rameau'scher Lehrart geschrieben, die leider nicht gedruckt worden ist. Vgl. Laborde *Essai sur la musique.*   †

Dorisch. Dieses Wort spielt in der griechischen Musik und in der Tonkunst des Mittelalters eine äusserst wichtige Rolle; denn man bezeichnete mit diesem Namen stets ein Tonsystem, welches dem auszuführenden Gesängen und Instrumentalstücken zur Grundlage diente. Im griechischen Alterthum unterschied man zwei verschiedene Grundsysteme, welche als die Anfänge der theoretischen Entwicklung zu betrachten sind und zwar 1) das sogenannte »System dizeugmenon«, d. h. »getrenntes System« und, 2) das »System synemmenon«, d. h. »verbundenes System« in folgender Gestalt:

$$1)\ e\ f\ g\ a\ h\acute{c}\ \acute{d}\ \acute{e}$$
$$2)\ e\ f\ g\ a\ \acute{b}\ \acute{c}\ \acute{d}$$

bei deren Betrachtung man erkennt, dass jenes System diezeugmenon zwei getrennte, das System synemmenon aber zwei verbundene Tetrachorde darstellt.

Beide sind bis zu den Zeiten des berühmten Kitharavirtuosen Terpander (800 v! Chr., nicht 600 — 700) zu verfolgen und der Bericht des Nicomachus bei Boetius (vgl. Paul, Boetius u. d. griechische Harmonik S. 25) beweist deutlich, dass sie nebeneinander in der frühesten musikalischen Cultur bestanden. Als man später die Tonsysteme durch die Namen der Völkerstämme unterschied, nannte man das diazeuktische System dorische Octavengattung und das System synemmenon mit zugesetztem *d* (d. h. der alten Hyperhypate) dorische Tonart (d. h. dorische Transpositionsscala), welche man zur Erfüllung der Doppeloctave (des *Disdiapason*) noch um eine Octave ausdehnte, so dass die dorische Tonart bei den Griechen nach Aristoxenischer Ueberlieferung folgende Form erhielt:

$$d\ e\ f\ g\ \underline{a}\ \underline{b}\ \underline{c'}\ \boldsymbol{d'}\ e'\ f'\ g'\ \boldsymbol{a'}\ b''\ c''\ \boldsymbol{d''}$$

Die hier durch fettere Schrift hervorgehobenen Töne waren feststehende, d. h. in allen Klanggeschlechtern unabänderliche, die übrigen jedoch bewegliche, weil letztere je nach dem Bau des chromatischen oder enharmonischen Geschlechts (s. Griechische Musik) vertieft werden konnten. Da aber eigentlich nur das diatonische Geschlecht nationale Geltung behauptete, so ist auch dieses genügend zur Darstellung der betreffenden Tonart, welche noch durch die Einschiebung des Tetrachord synemmenon zum Zwecke der Modulation eine erweiterte Gestaltung erhielt. Mit Hervorhebung der Tetrachorde können wir also das ganze dorische System so ausdrücken:

Proslambanomenos	*d*	Diazeuktischer Ganzton
Hypate hypaton	*e*	
Parhypate hypaton	*f*	Tetrachord
Lichanos hypaton	*g*	hypaton
Hypate meson	*a*	
Parhypate meson	*b*	Tetrachord
Lichanos meson	*c'*	meson
Mese	*d'*	

Trite synemmenon	*es'*	Tetrachord
Paranete synemmenon	*f'*	synemmenon
Nete synemmenon	*g'*	

Paramese	*e'*	
Trite diezeugmenon	*f'*	Tetrachord
Paranete diezeugmenon	*g'*	diezeugmenon
Nete diezeugmenon	*a'*	
Trite hyperbolaeon	*b''*	Tetrachord
Paranete hyperbolaeon	*c''*	hyperbolaeon
Nete hyperbolaeon	*d''*	

Diese dorische Transpositionsscala lag eine reine Quarte höher als die hypodorische (s. d.) und eine reine Quarte tiefer als die mixolydische (s. d.), sie war gewissermassen das mittlere System, welches sich ganz besonders zur Ausführung der nationalen Melodien eignete, daher auch Plato und Aristoteles dieser Tonart die meiste Würde, Kraft und Schönheit beilegen; von diesen bedeutenden Philosophen und griechischen Lehrern wurde sie besonders zur musikalischen Erziehung empfohlen, weil in ihr das rechte künstlerische Maass zu finden sei. — Wie oben bemerkt, nannte man ein System von zwei getrennten Tetrachorden ebenfalls dorisch z. B. *e f g a* $\underline{h}$ *c' d e'*. In jeder Transpositionsscala z. B. in der hypodorischen *A H c d* $\underline{e\ f\ g\ a}$ $\underline{h}$ *c' d e' f' g' a'* finden wir dieses System als mittlere Octavengattung, in welcher die Eintheilungen Quinte— Quarte *e — h — e'* und Quarte— Quinte *e — a — e'* vorhanden sind. (Vergleiche über die harmonische, arithmetische und geometrische Mitte Paul, Boetius u. d. griech. Harmonik Seite 50 ff.). Auch in der dorischen Transpositionsscala von *d* bis *d''* erkennen wir die dorische Octavengattung (das dorische Diapason) in derselben Gestalt, natürlich aber eine reine Quarte höher, als in der hypodorischen; denn *a b c' d'* *e' f' g' a'* hat dieselbe Intervallbeziehung wie *e f g a h c' d e'* und ist mithin in

der Form diesem System gauz gleich. — Die Theoretiker des Mittelalters kehrten
nun die Namen für die Octavengattungen um, weil sie im Boetius, dieser obersten
Autorität vom 6. bis zum 13. Jahrhundert und darüber hinaus, die Angabe gefunden hatten, man könne in den Transpositionsscalen die Octavengattungen auch
umgekehrt zählen. Indem sie glaubten, die Worte des Boetius bezögen sich auch
auf die Namen und nicht blos auf die Folge der Octavengattungen, gelangten sie
zu dem Schluss, *d e f g a h c' d'* sei die dorische Tonart. Die mittelalterlichen Musiker
nahmen ihren Ausgangspunkt von der hypodorischen Transpositionsscala und stellten
die Octavengattungen als selbständige Tonarten auf, während sie die sieben Transpositionsscalen des Claudius, Ptolemaeus und Boetius nur als Intonationsstufen
betrachteten. Die Verwechselung der Octavengattungsnamen ist sogleich zu erkennen, sobald man die griechische und mittelalterliche Bezeichnung gegenüberstellt:

(Von unten nach oben die Namen gesetzt.)	(Von oben nach unten die Namen gezählt.)
A) Griechisch:	B) Mittelalterlich:
Mixolydisch	Mixolydisch
H c d e f g a h	*g a h c' d' e' f' g'*
Lydisch	Lydisch
c d e f g a h c'	*f g a h c d' e' f'*
Phrygisch	Phrygisch
d e f g a h c' d'	*e f g a h c' d' e'*
Dorisch	Dorisch
e f g a h c' d' e'	*d e f g a h c' d'*
Hypolydisch	Hypolydisch
f g a h c d' e' f'	*c d e f g a h c'*
Hypophrygisch	Hypophrygisch
g a h c' d' e' f' g'	*H c d e f g a h*
Hypodorisch oder lokrisch	Hypodorisch
a h c' d' e' f' g' a'	*A H c d e f g a*

Dorisch würde mithin *d e f g a h c' d'*, welche Octavengattung als erster Ton (als
primus Tonus) galt, sein. Auch nachdem Zarlino im 16. Jahrhundert seinen Ausgangspunkt von *c* genommen und das System *c — g — c'* als das Grundsystem unter
dem Namen des ionischen festgestellt hatte, behielt das dorische dennoch seine
mittelalterliche Bedeutung, wie aus der musikalischen Praxis der damaligen Zeit
und aus den Erörterungen des bedeutenden Theoretikers Calvisius hervorgeht,
welcher in Bezug auf das 16. Jahrhundert, die Blüthezeit des Kirchengesanges im
antiken Tonsystem, in seinen lateinischen Schriften Folgendes sagt: Die dorische
Tonart *(Modus dorius)* entsteht aus der zweiten Quintengattung *d e f g a* und
zweiten Quartengattung *a h c d'*. Ihre erste Form ist in der zweiten Octavengattung von *d* zu *d'* enthalten. Im transponirten System jedoch von *g* zu *g'*. Zuweilen überschreitet die Tonart in den Gesängen ihren Umfang um eine kleine
Terz. Dieser Modus wird entweder *Modus Dorius absolutus* oder *Dorius contentus*
oder auch *Dorius authentus* genannt. Gewöhnlich sagt man der erste Ton. Im
regulären System besteht er aus den Tönen *d e f g a h c' d'* (*e' f'*) und bildet gewöhnlich seine Schlüsse auf den Tönen *d — f — a*. Als praktische Beispiele sind zu
erwähnen: Mit Fried und Freud fahr' ich dahin; Christ lag in Todes Banden; Christ
ist erstanden; *Quam laeta perfert nuncia*; Wir glauben all' an einen Gott; Vater unser
im Himmelreich; Christ, unser Herr, zum Jordan kam — (wo das Ende abweicht);
Was in des Allerhöchsten Hut; Ich ruf zu Dir, Herr Jesu Christ; Durch Adams
Fall ist ganz verderbt — (wo ebenfalls das Ende abweicht); O Herre Gott, in
meiner Noth; Hat's Gott versehn, wer will es wehren; *Veni sancte spiritus*. —
Im transponirten System hat er diese Gestalt: *g a b c' d' e' f' g'* mit den Schlüssen
auf *g — b — d'*. Beispiele sind: *Vita sanctorum deus Angelorum*; Erstanden ist der
heilige Christ; Jesus Christus unser Heiland; Erhalt' uns, Herr, bei deinem Wort;
Christ, der du bist der helle Tag; Singen wir aus Herzensgrund; Gleichwie ein

Weizenkörnlein; Es wird schier der letzte Tag herkommen; *Victimae Paschali laudes.* —
Auch im Figuralgesange sind zahlreiche Beispiele vorhanden, deren Aufzählung
zu weit führen würde. Als Muster im Tonsatze sind aber zu erwähnen *»Quare
tristis es anima mea* (a 6 *voc.* von Orlandus Lassus), *»Quid prodest stulto habere divitias*
(a 5 voc. von Orlandus Lassus) und *»Animam meam dilectam«* (a 5 von Orlandus
Lassus). Zum Schluss wollen wir noch bemerken, dass A. B. Marx bei der Harmonisirung der dorischen Tonart (s. Schilling's Encyklopädie Band II S. 470
und 471) ein äusserst willkürliches Verfahren eingeschlagen und der historischen
Wahrheit keinen Dienst geleistet hat. — r

Dorn, Heinrich (Ludwig Egmont), ausgezeichneter deutscher Componist,
vorzüglicher Dirigent und geistvoller musikalischer Feuilletonist, wurde am 14. Novbr.
1804 zu Königsberg in Preussen geboren. Sein Vater, ein wohlhabender Kaufmann, starb früh und seine Mutter verheirathete sich wieder mit dem Rentier
Schindelmeisser. Dieser, ein musikalisch gebildeter Mann, der häufig die ersten
Künstler Königsbergs bei sich vereinigte, sah und begünstigte freudig das auffallend zeitig sich kundgebende Talent seines Stiefsohnes, welches zudem im Umgange und unter dem Einflusse eines Oheims, Johann Friedrich Dorn, eines tüchtigen Musikers, stets frische Nahrung und Anregung fand. Unterricht im Clavierspiel erhielt D. vom Organisten Muthreich, später von K. Kloss, im Gesang von
Sämann und in den Anfangsgründen der Theorie vom Opernsänger und Componisten Jul. Miller. Seine höhere wissenschaftliche Ausbildung ging mit der
musikalischen Hand in Hand, so dass er, obwohl die Wahl seines Lebensberufes
in Rücksicht auf seine musikalische Begabung bereits fest stand, dem Wunsche seiner
Angehörigen entsprechend, noch die juridischen Studien absolvirte und zu diesem Behufe 1823 die Universität seiner Vaterstadt bezog. Nach Vollendung des academi-
schen Cursus begab sich D., um Land und Leute kennen zu lernen, auf Reisen und besuchte besonders die Städte Leipzig, Dresden, Prag und Wien. Er fixirte sich endlich
vorläufig in Berlin, wo er in die angenehmsten und einflussreichsten Verbindungen
kam und bei Ludw. Berger das höhere Clavierspiel, bei Zelter, später bei
Bernh. Klein Theorie und Tonsetzkunst eifrig studirte. Bald trat er auch
mit vollwichtigen Resultaten dieses Studiums vor die Oeffentlichkeit, und als
Hauptwerk der ersten Epoche seiner selbstschöpferischen Thätigkeit ist die
Oper »die Rolandsknappen« zu nennen (deren Text er sich ebenfalls selbst verfasst hatte), welche 1826 auf dem Königstädtischen Theater zu Berlin mit Erfolg
zur Aufführung gelangte und von grossem Talent, sowie von tüchtiger Ausbildung
desselben Musikers, stets frische Zeugniss ablegte. Zu gleicher Zeit wurde er von A. B. Marx zur musikalischen Schriftstellerei herangezogen, und mancher treffliche Aufsatz der damaligen musikalischen Zeitung bewies D.'s hervorragende Befähigung, auch auf
diesem Gebiete seiner Kunst nützlich und nachhaltig wirken zu können. Mit dem
J. 1827 beginnen D.'s musikalische Wanderjahre, deren Früchte eine ansehnliche
Vermehrung seiner Kenntnisse, eine sonst schwer zu erreichende Routine in der
Musikdirektion und Handhabung alles Technischen, sowie die erspriessliche Berührung und Bekanntschaft mit allen angehenden oder bereits anerkannten Kunstgrössen waren. Zunächst folgte er einem Rufe als Hilfslehrer an das Stöpel-
Logier'sche Institut nach Frankfurt a. M., legte aber bereits nach einem halben
Jahre diese ihm nicht zusagende Stelle nieder, um die als Musikdirektor am Theater seiner Geburtsstadt Königsberg anzunehmen. In Königsberg war es, wo 1828
eine neue Oper von ihm, »die Bettlerin,« Text von Holtei, zur Aufführung gelangte.
Von dort aus ging er 1829, ebenfalls mit dem Amte eines Theater-Musikdirektors betraut, nach Leipzig, wo er 1831 eine daselbst componirte, von Bechstein
gedichtete Oper »Abu Kara« in Scene setzte. Damals benutzte auch Rob. Schumann D.'s Unterweisung, um seine Studien im Contrapunkt zu machen. Nach
dreijährigem, überaus thätigem Aufenthalte verliess D. 1832 Leipzig und wurde,
nachdem er eine kurze Zeit hindurch den Kapellmeister Krebs am Hamburger
Stadttheater vertreten hatte, Kapellmeister an der Bühne zu Riga, welche Stellung
er, nach L. Ohmann's Tode, mit der eines Musikdirektors an der Peterskirche ver-

tauschte. Er übernahm daselbst noch einmal den Posten eines Theaterkapell-meisters, als durch R. Wagner's plötzlichen Abgang der Direktion Verlegenheiten erwuchsen. Zwei in Riga componirte Opern: »der Schöffe von Paris« (1838) und »der Banner von England« (1841) gelangten daselbst auch unter seiner Leitung zur Aufführung. Ausserdem ertheilte er vielfach Musikunterricht, hob überhaupt die Musikkultur dort auf eine bemerkenswerth hohe Stufe, und es steht fest, dass sein Aufenthalt der Stadt in nachhaltiger Weise bis auf den heutigen Tag wesent-lich zu Gute gekommen ist. Im J. 1843 folgte er einem Rufe nach Köln und übernahm als Nachfolger Konradin Kreutzer's das Amt eines Kapellmeisters am Stadttheater und städtischen Musikdirektors daselbst. Seine Wirksamkeit in Köln war eine überaus fruchtbare. Er dirigirte die Niederrheinischen Musikfeste von 1844 und 1847, gab Compositions-, Clavier- und Gesangunterricht, begründete 1845 die Rheinische Musikschule u. s. w. Im J. 1847 erhielt er den Titel eines »königlichen Musikdirektors« und wurde zwei Jahre später, nach dem Tode seines Landsmannes Otto Nicolai, zum Kapellmeister an der königl. Oper in Berlin er-nannt. In diesem Wirkungskreise entwickelte er gleichfalls eine ebenso grosse Thä-tigkeit, wie Umsicht und trat mit der grossen Oper »die Nibelungen« (1854), welche längere Zeit Repertoirewerk war und auch in Weimar und Breslau mit Beifall gegeben wurde, sowie mit der komischen Oper »Ein Tag in Russland« (1856) hervor. Als Instrumentalcomponist zeigte er sich von Zeit zu Zeit in von ihm veranstalteten Orchesterconcerten und fand noch Musse, auch musikalischen Unterricht zu ertheilen. Mitten in seiner erfreulichen Kunstthätigkeit wurde D. (gleichzeitig mit seinem Collegen W. Taubert) in noch nicht aufgeklärter Weise am 1. Januar 1869 der Operndirektion am königl. Theater enthoben und, obwohl noch bei voller körperlicher und geistiger Rüstigkeit, plötzlich pensionirt, um dem Kapellmeister K. Eckert Platz zu machen. D. erhielt zugleich unter ehrender Anerkennung seiner grossen Verdienste den Titel eines königl. Professors. Er hat sich seitdem mit bedeutendem Erfolge wieder mehr der Lehr- und der schrift-stellerischen Thätigkeit zugewandt und ist in letzterer Beziehung, als stehender Musikreferent der Berliner Zeitung »Die Post«, gegenwärtig einer der sachkundig-sten und geistreichsten Kritiker der deutschen Kaiserstadt. — D.'s Compositionen bestehen ausser in den sieben bereits angeführten Opern, in Kirchenwerken (darunter eine 1851 in Berlin aufgeführte *Missa pro defunctis*), ferner in Cantaten, Sinfonien und anderen Orchesterstücken, Claviersachen, ein- und mehrstimmigen Liedern und Gesängen. Wie D. überhaupt ein Künstler voller Energie ist, so zeigt sich in den grösseren dieser Werke unverkennbar ein Zug zum Grossartigen. Gleich allen männlichen Naturen hat er seine Lust an gesunder Sinnlichkeit und an einem lebensfrischen Colorit; mit den grossen Anlagen seines Naturells geht eine tüchtige Ausbildung derselben Hand in Hand. Andererseits offenbaren die kleineren Clavier- und Gesangstücke die Befähigung ihres Componisten, von seiner urwüchsigen, markirten Anlage sich mit Glück zu lieblicheren Weisen herabzu-lassen. Als Dirigent zählt Dorn zu den Ersten der Gegenwart; sein Fleiss und seine Genauigkeit im Einstudiren ist musterhaft, die Receptivität seines Gehörs bewundernswerth. Als Musikschriftsteller endlich zeichnet er sich durch Geist, Schärfe und Gewandtheit aus; vorzügliche Artikel seiner Feder enthalten ausser der »Post«, die letzten Jahrgänge der »Neuen Berliner Musikzeitung,« der »Garten-laube« und des »Hausfreundes«. Bemerkenswerthe Data aus seinem erfahrungs-reichen, bewegten Leben lieferte er in einem grösseren Werke, betitelt: »Aus meinem Leben« (2 Bde., Berlin, 1870). — Sein Sohn und Schüler Alexander (Julius Paul) D. hat sich in musikalischer Beziehung gleichfalls vortheilhaft, seines Namens würdig, hervorgethan. Geboren wurde derselbe am 8. Juni 1833 zu Riga. Mit seinem Vater, der ihn sowohl im Clavierspiel wie in den theore-tischen Kenntnissen unterrichtete, war er von 1843 bis 1849 in Köln, von da an in Berlin. Da sich Anlagen zur Brustkrankheit bei ihm einstellten, so wurde er 1855 nach Cairo geschickt, wo er sieben Jahre lang blieb und sodann nach Alexan-drien übersiedelte. Der zehnjährige Aufenthalt in Aegypten war körperlich wie geistig für D. von grossem Vortheil, nicht minder für die Musikzustände, mit denen er in Zusammenhang trat. Er ertheilte Clavierunterricht, gründete und leitete in beiden Städten deutsche Männergesangvereine und componirte vielerlei; an grösseren Werken drei Messen für Männerchor und Orchester, welche unter seiner Leitung aufgeführt wurden. Seine Verdienste um die Kunst wurden vom Vicekönig von Aegypten durch Verleihung des Medjidie-Ordens anerkannt. Im J. 1865 kehrte D. nach Deutschland zurück, war zunächst drei Jahre hindurch Musikdirektor in Crefeld als Nachfolger Karl Wilhelm's und fixirte sich endlich, 1868 zum königl. Musikdirektor ernannt, in Berlin, wo er zunächst Lehrer am Tausig'schen Clavierinstitute war, dann aber Anstellung an der neugegründeten königl. Hochschule der Tonkunst erhielt, ein Amt, das er noch gegenwärtig inne hat. D. ist ein gründlich gebildeter und geschickter Componist und hat sich als solcher vortheilhaft hervorgethan. Kammermusikwerke aller Art und grössere Chor- und Orchestercompositionen von ihm sind unter grossem Beifall in Crefeld und Berlin aufgeführt worden. Im Druck erschienen sind kleine, von ihm auch selbst gedichtete Operetten, die in gesellschaftlichen Kreisen viel Aufsehen machten, ferner Lieder, Transcriptionen arabischer Originalmelodien für Pianoforte u. s. w. Besondere Erwähnung verdient noch D.'s Clavierspiel, welches ebenso fertig und geschmackvoll als von seltenem Reize ist.

Dorn, Jacob, Virtuose auf dem Waldhorn und der Guitarre, geboren am 7. Januar 1809 zu Lichtenau im Grossherzogthum Baden, trat schon 1825 in das Militair-Musikchor zu Karlsruhe und wurde dann bei der Hofkapelle angestellt, woselbst er den Unterricht des berühmten Hornisten Schunke mit grösstem Vortheil genoss. Auf einer Kunstreise verweilte er 1832 in England, wurde aber nach Karlsruhe zurückberufen und als wirklicher Hofmusiker angestellt. Seitdem liess er sich nur noch in kleinerem Umkreise auf Ferienreisen hören und bewundern. Als Componist ist er mit einigen recht gelungenen Compositionen für die Guitarre aufgetreten, ein Instrument, welches er gleichfalls ebenso fertig als geschmackvoll spielt.

Dornaus, die Gebrüder, **Philipp** der ältere, geboren ums Jahr 1769 zu Koblenz, und **Peter** der jüngere, geboren 1770, waren schon in frühen Jahren Virtuosen auf dem Waldhorn. Im achten Lebensjahre liess der ältere sich mit Concerten von Punto öffentlich hören, und im J. 1783 machten beide Brüder eine Kunstreise nach Paris, auf der sie durch ihre Fertigkeit und schöne Tonführung die allgemeine Aufmerksamkeit auf sich zogen. Nach Deutschland zurückgekehrt, traten sie zunächst in die gräfl. Bentheim-Steinfurt'schen Dienste, aus welchen sie sich 1790 nach Koblenz als churfürstlich Trier'sche Kammermusiker begaben. Auch in Deutschland (wenigstens von dem älteren steht es fest, dass er 1801 in Berlin concertirte) scheinen die Brüder Kunstreisen gemacht zu haben. Beide sind auch als Componisten bekannt, der ältere durch ein 1802 zu Offenbach erschienenes *Concert p. 2 Cors Nr. 1* und der jüngere durch *VI Petit Pièces p. Flût. et 2 Cors, op 1* und *VI Petit Pièces p. 2 Clarinett., 2 Cors et Basson, op. 2,* beide ebenfalls in Offenbach erschienen. Philipp D. ist auch als Musikschriftsteller zu nennen; man findet im dritten Jahrgange der Leipz. mus. Zeitung S. 308 von demselben »Einige Bemerkungen über den zweckmässigen Gebrauch des Waldhorns«, worin er über dessen Einrichtung, über die beste Art es spielen zu lernen und über das, was ein Componist von jedem Hornisten fordern darf, sich ausführlicher auslässt. Nach 1802 hat man weder über Philipp noch über Peter D. weitere Nachrichten. †

Dornel, Antoine, französischer Organist und Componist, geboren 1695, war zuerst an der Madeleinekirche, dann an der Abtei Ste. Geneviève in Paris angestellt und starb im J. 1762. Von seinen Compositionen erschienen Claviersuiten, Motetten und unter dem Titel *»Les caractères de la musique«* und *»Le tombeau de Clorinde«* (Paris, 1727) Trios für zwei Violinen und Generalbass und Cantaten. Vgl. Boivius, Catalog vom J. 1729. Weder als Orgelspieler noch Componist war er von irgend welcher Bedeutung.

Dorothea, geborene Prinzessin von Anhalt, die Mutter des Herzogs Anton Ulrich von Braunschweig-Lüneburg, soll in der Composition wohl bewandert gewesen sein. Zeugniss dafür legen die Melodien ab, welche sie zu dem von ihrem Sohne verfassten »Christ-Fürstlichen Davids-Harffen-Spiele« (Nürnberg, 1667) componirt hat. Vgl. Wetzel's *Hymnopoeograph. T. I p.* 66.   †

Dorsch, Joseph, französischer Componist, gab 1780 sechs Trio's für Flöte, Violine und Bass zu Paris heraus.

Dorsonville, französischer Componist, 1785 als *Pensionnaire du Roi* aufgeführt, hat in Paris veröffentlicht: *»L'Inconstante ou la Femme à la Mode, nouvelle Romance av. Acc. de V. et B. suivie de 2 Menuets p. V. et B.«*   †

Dorstin, Johann von, gelehrter Theologe, geboren zu Recklinghausen, war um 1475 Augustinermönch zu Erfurt und verfasste als solcher: *»De monochordo liber unus«* und *»De modo bene cantandi liber unus.«*

Dorus, Vincent Joseph, genannt van Steenkiste, französischer Flötenvirtuose, geboren am 1. März 1812 zu Valenciennes, wurde 1822 Zögling des Pariser Conservatoriums und dadurch ein Schüler Guillon's. Von 1828 bis 1830 fungirte er als erster Flötist im Orchester des Variété-Theaters, von 1834 an als erster Solobläser der Grossen Oper. Daneben wurde er Mitglied der Concertgesellschaft des Conservatoriums, Solist der Privatmusik des Kaisers Napoleon und 1858 als Nachfolger Toulou's Professor am Conservatorium. Verschiedene seiner Flötencompositionen sind in Paris erschienen. — Seine Schwester, Frau Julie Aimée D.-Gras war bis zur Mitte des 19. Jahrh. hin eine der berühmtesten und ausgezeichnetsten Coloratursängerinnen ihrer Zeit. Geboren ist dieselbe 1813 zu Valenciennes, trat noch vor ihrem Bruder in das Pariser Conservatorium und erschien zuerst, Aufsehen machend, auf der Opernbühne zu Brüssel. Von dort wurde sie 1830 für die Grosse Oper in Paris engagirt, deren Zierde sie bis 1850 in allen leichten volubilen Parthieen war. Im J. 1833 verheirathete sie sich mit dem Violinisten Gras und zog sich 17 Jahre später in das Privatleben zurück.

Dorval, Philippe, Gesanglehrer in Versailles, ist der Verfasser eines Buches, betitelt: *»L'art de la prononciation appliquée au chant«* (Paris 1850).

Dosdupla di crome (ital.), s. Dodecupla.

Dothel, Nicolas, deutscher Flötenvirtuose, geboren zu Anfange des 18. Jahrhunderts und um 1750 in der grossherzoglichen Kapelle zu Florenz angestellt. Er hat sich musikgeschichtlich dadurch hervorgethan, dass er in einer der Quantz'schen Manier entgegengesetzten Weise ohne den Gebrauch der Zunge die Flöte blies und blasen lehrte, worüber Ausführlicheres Cramer in seinem »Magazin über Musik« 1. Jahrgang S. 686 berichtet. Auch als Componist hat D. sich bemerkbar gemacht. Man kennt von ihm sechs Flötenduos (Amsterdam, 1763), ferner *»Studj per il Flauto in tutti i tuoni e modi«* nebst einem besonderen Bass (Paris), sowie im Manuscript neun Flötenconcerte und sieben Quatuors.   †

Dotzauer, Justus Johann Friedrich, einer der ausgezeichnetsten deutschen Violoncellisten sowie Componist und Lehrer seines Instruments, wurde am 20. Januar 1783 zu Hässelrieth bei Hildburghausen geboren und war der Sohn eines Predigers. Anlage und Vorliebe für die Musik traten schon frühzeitig bei ihm hervor und bewogen den Vater, ihm beim Kammermusicus Heuschkel in Hildburghausen Clavier- und beim Musikdirektor Gleichmann ebendaselbst Violinunterricht geben zu lassen; dazu trat später das Studium des Generalbasses und der Composition, dem er beim Organisten Rüttinger, einem Schüler Kittl's, oblag. Nebenbei noch unterrichtete ihn der Hoftrompeter Hessner, der bei Schlick gelernt hatte, auf dem Violoncello, und diesem Instrumente wandte D. so sehr seine Vorliebe zu, dass sein Vater einsah, sein Sohn sei zum Violoncellisten bestimmt und ihn demzufolge zu Kriegck nach Meiningen, dem anerkannten Virtuosen damaliger Zeit, brachte. Von diesem in ausgezeichneter Weise gefördert, konnte D. schon 1801 in die herzogl. Meiningen'sche Hofkapelle treten, in der er bis 1805 blieb und dann, um seinen künstlerischen Gesichtskreis zu erweitern, nach Leipzig zog. Dort trat er in angenehme Verbindungen, die es denn auch ermöglichten, dass er 1806 nach Berlin gehen und den Meister Bernhard Romberg mit dem grössten Erfolg hören und studiren konnte. Zu einem eigentlichen Unterrichte bei demselben, wie er allerdings beabsichtigt war, kam es nicht, aber ein enormer Gewinn für D.'s Spielmanier blieb dennoch nicht aus. Im J. 1811 wurde D. in die königl. sächsische Hofkapelle gezogen und lebte seitdem, einige grosse und erfolgreiche Kunstreisen durch Deutschland und die Niederlande abgerechnet, in Dresden, als fleissiger Componist in fast allen Gattungen der Musik hochgeachtet und als ausgezeichneter Lehrer von weither aufgesucht. Von seinen Schülern sind als die hervorragendsten zu nennen: Kummer, Drechsler, Karl Schuberth, sowie sein Sohn Louis D. — D.'s Thätigkeit als Componist bezeichnen vor allen Dingen werthvolle Arbeiten für Violoncello, bestehend in Concerten, Studien, Fantasien, Variationen u. s. w., ferner Duos für zwei Violoncelli, für Violine und Violoncello, für Violoncello und Clavier, endlich Messen, Sinfonien, Ouvertüren und die 1841 in Dresden aufgeführte Oper »Graziosa«. Ausserdem ist er der Verfasser einer trefflich angelegten und brauchbaren Violoncello-Schule. Seit 1850 pensionirt, starb D. am 6. März 1860 in Dresden. — Von seinen Söhnen, die gleichfalls tüchtige Musiker sind, lebte der ältere, Justus Bernhard Friedrich D., geboren am 12. Mai 1808 zu Leipzig, seit 1828 in Hamburg und ist dort einer der geschätztesten Clavierlehrer. Der jüngere, Karl Ludwig D., ist am 7. Decbr. 1811 zu Dresden geboren, wurde von seinem Vater schon frühzeitig zu einem vorzüglichen Violoncellisten ausgebildet und machte mit demselben, sowie mit seinem Bruder mehrere Kunstreisen, auf denen seine Virtuosität ebenfalls grosse Anerkennung fand. Seit 1819 gehört er, noch von Spohr engagirt, als erster Violoncellist der Hofkapelle in Kassel an.

Douay, Charles, um das Jahr 1799 Bratschist im Orchester der Grossen Oper in Paris, ist als Componist nur durch 3 Duos concert. für 2 Violinen op. 2 Paris, 1795) bekannter geworden. — Um so mehr machte zu verschiedenen Zeiten sein Sohn, Emil D., geboren 1802 zu Paris, von sich reden. Derselbe war auf dem Pariser Conservatorium zum Violinisten ausgebildet worden und hatte bei Reicha Compositionslehre studirt. Einige Jahre hindurch fungirte er als Concertmeister am *Théâtre du Gymnase dramatique*, gab aber diese Stelle 1831 auf und lebte zurückgezogen und fast vergessen seinen Studien, bis er plötzlich 1842 mit einer grösseren Aufführung eigener Compositionen, meist für Orchester, vor die Oeffentlichkeit trat, um sodann abermals auf einige Jahre zu verschwinden. In dieser auffälligen Art erschien und verschwand er im Laufe der Zeit mehrmals, immer ohne Glück und Erfolg, da seine Instrumentalstücke durch ihre abenteuerlichen, ausschweifend-romantischen Stoffe, Titel und Programme von vornherein ungeniessbar gemacht waren und statt ernst und tragisch nur komisch wirkten.

Doublé (französ.), der Doppelschlag (s. d.), auch der Doppelvorschlag (s. Vorschlag).

Double bémol (französ.), das ♭♭ oder Doppel-*b* (s. d.).

Double cadence (französ.), der doppelte, wiederholte Triller (s. d.)

Double corde (französ.), der Doppelgriff (s. d.).

Double croche (französ.), die Sechzehntheilnote. *D. liées*, die verbunden, *d. separées*, die getrennt geschriebenen Sechzehntheilnoten.

Double dièse (französ.), das ♯♯ oder × oder Doppelkreuz (s. d.).

Doubles (französ.) bezeichnet, besonders in älteren Compositionen so viel wie Variationen (französ. *Variations)* in der Art, wie sie die alte Sarabande, desgleichen die Spielarie u. s. w. sehr häufig und mitunter in beträchtlicher Anzahl bei sich haben. Sie sind mehr durch Figuren, Diminutionen, Läufe u. dergl. ausgeschmückte und mannigfaltig gemachte Wiederholungen der Melodie, als wirklich durchbildete Variationen im modernen Sinne; daher wohl auch der Name D., der bezeichnend mit Doppelungen deutsch wiedergegeben werden könnte. — Sodann nennen die Franzosen auch die stellvertretenden Künstler für die ersten Fächer in der Oper, im Ballet und Schauspiel D. An grossen Bühnen giebt es sogar *Doublures*, welche, wenn auch die D. am Auftreten verhindert sind, die

Stelle der letzteren vertreten. Eine Oper u. s. w. doubliren heisst daher, die Hauptfächer zweifach besetzen, so dass die Ersatzkräfte (D.) im Falle der Verhinderung der ursprünglichen Künstler eintreten, damit die Aufführungen des Werks nicht unterbrochen werden; man sagt jedoch von den Kunstkräften, dass sie alterniren, wenn beide Faktoren regelmässig einander abwechseln.

Double-triple (französ.), der $^3/_2$ Takt.

Doublette (französ.) nennt man in Frankreich ein 0,6metriges Prinzipal- (s. d.) oder ein Oktavregister (s. d.) der Orgel. In Deutschland hat diese Benennung auch für eine Orgelstimme Eingang gefunden, und zwar für ein gleichgebautes zweichöriges auf einem Stocke befindliches Register; zuweilen gehören diese Chöre selbst getrennt zu zwei Manualen. Die zu einem Manual gehörigen D.n werden in neuester Zeit fast gar nicht mehr gebaut, da bei dergleichen Pfeifen genaueste Stimmung schwer dauernd zu erzielen ist und dadurch neben dem Orgelklange sich Schwebungen (s. d.) störend bemerkbar machen. D.n jedoch für verschiedene Manuale auf einem Stocke, obgleich sie in Abt Vogler einen heftigen Gegner fanden, werden noch jetzt öfter gearbeitet.   0

Doubraw, Johann van, ein holländischer Orgelbauer, wahrscheinlich in den Niederlanden auch ansässig, hat 1512 ein für jene Zeit prächtiges Werk in der Fugger'schen St. Anna-Kapelle zu Augsburg gebaut. Vgl. Stetten, Kunstgeschichte S. 159.   †

Douchan (aus dem Hebräischen), die Singbühne, hiess bei den alten Hebräern der Platz am Ende des Vorhofs der Priester, wo die Leviten bestimmte Tempelgesänge abzusingen hatten.

Douet, Alexandre, französischer Priester und Kapellmeister an der Kathedrale St. Hilaire zu Poitiers, dessen Lebenszeit in die Mitte des 17. Jahrhunderts fällt. Er hat veröffentlicht: »*Missa sex vocum ad imitationem moduli: Consolamini*« (Paris, 1676).

Douland oder **Dooland,** John, s. Dowland.

Dourlen, Victor, verdienstvoller französischer Theoretiker und Componist, geboren 1779 zu Dünkirchen, wurde 1797 auf das Pariser Conservatorium gebracht und studirte daselbst bei Mozin Clavierspiel, bei Catel Harmonielehre und bei Gossec Contrapunkt. Im J. 1806 war er Sieger bei der Bewerbung um den grossen Staatspreis und ging in Folge dessen als Stipendiat der Regierung zu einem Studienaufenthalt nach Italien. Ehe er dorthin abreiste, liess er auf dem Theater Feydeau seine Erstlingsoper »*Philoclès*«, ein zweiaktiges Werk, nicht ohne einigen Erfolg aufführen. In Rom componirte er u. A. ein grosses »*Dies irae*« und ein »*Te deum*«, welche sehr günstige Beurtheilungen erfuhren. Im J. 1808 kehrte er nach Paris zurück und brachte bis zum J. 1822 mit grösserem oder geringerem Beifall folgende sieben Opern auf verschiedene Bühnen: »*Linnée*«, »*La cupe de son art*«, »*Cagliostro*« (mit Reicha gemeinschaftlich gearbeitet), »*Plus heureux que sage*«, »*Le frère Philippe*«, »*Marini*« und »*Le petit souper*«. Schon 1816 wurde er zum Professor der Harmonielehre am Pariser Conservatorium ernannt und schrieb für den praktischen Gebrauch dieses Instituts ein »*Tableau synoptique des accords*« und ein »*Traité d'harmonie, contenant un cours complet tel qui est enseigné au Conservatoire de Paris*« (Paris, 1834). Im J. 1846 liess er sich pensioniren und starb am 8. Januar 1864 zu Batignolles bei Paris. Ausser den bereits genannten grösseren Werken sind von seinen Arbeiten noch erschienen: Trios für Clavier, Violine und Violoncello, Duo-Sonaten für Clavier und Violine und für Clavier und Flöte, Sonaten und Fantasien für Clavier u. s. w.

Douth, Philipp, englischer Schriftsteller des 17. Jahrhunderts, der 1674 ein Gedicht über die Musik »*Musica incantans*« verfasste und drucken liess. Vgl. Lipenii *bibl. philos.*

Douwes, Claas (Nicolas), Küster und Organist zu Tzum in Friesland, geboren 1668 zu Leuwarden, hat durch eine »*Verhandling van de Musicq en van de Instrumenten*« (1696), die 1762 neu gedruckt worden ist, sich bekannt gemacht. Vgl. Krit. Briefe B. II S. 465.   †

Douze-quatre (französ.), der $^{12}/_4$-Takt; *douze-huit*, der $^{12}/_8$-Takt; *douze-seize*, der $^{12}/_{16}$-Takt.

Douzième, (französ.), die Duodecime (s. d.).

Douzaine (französ.) oder *Dulciana* (s. d.) hiess, vom 11. bis 15. Jahrhundert etwa, ein aus dem oberen Theil des Hautbois (s. d.) hervorgegangenes, nur auf wenige Centimeter Länge zurückgeführtes Tonwerkzeug, das je nach den Land-strichen, in Frankreich »*Courtant*« (s. d.) oder »*Sourdeline*« (s. d.) und in Italien »*Sambogna*« (s. d.) genannt wurde. 2.

Dowland, John, berühmter englischer Lautenspieler und Componist, beson-ders von Songs und Madrigalen, geboren 1562 zu London, gestorben ebendaselbst im J. 1615, wurde 1588 mit Morley zugleich Baccalaureus der Musik zu Oxford. Er hat ein bewegtes Leben geführt, das Gerber in seinem Tonkünstler-Lexikon p. 728 bis 930 ausführlicher beschreibt und u. A. auf sehr erfolgreichen Kunstreisen fast den ganzen Continent und Dänemark besucht. In Gerber's Lexicon findet man auch ein Verzeichniss von seinen Werken, die Dr. Burney Vol. III p. 139 und 140 sowie Hawkins Vol. III p. 323 unbegreiflicher Weise als Compositionen mit leichter, oberflächlicher Harmonie bezeichnen. — Sein Sohn, Robert D., scheint auch die Musik als Lebensberuf erwählt zu haben; wir besitzen von demselben nach Hawkins Vol. IV p. 25 eine Sammlung mehrstimmiger Gesänge, betitelt: »*Musical Banquet*« (London, 1610). †

Doxologia (latein., aus dem Griech.), die Doxologie oder das Gloria im Kirchen-gesange. Zunächst bezeichnet dieser Ausdruck einen Ausruf oder einen Lobspruch, welche Bedeutung in der Kirchensprache auf jede Formel zur Verherrlichung Gottes oder der Dreieinigkeit überging. Ihre Stelle fand die D. im römisch-katholischen Cultus stets zum Beschluss der Gesänge, Gebete oder Predigten. In solcher Art sind die Schlussstrophen der meisten Kirchenlieder und Hymnen Doxologien, ohne geradezu so genannt zu werden. Nach dem alten kirchlichen Sprachgebrauch werden mit dem Namen D. eigentlich nur zwei Verherrlichungsformeln begriffen, einmal das »*Gloria in excelsis deo*«, d. i. der Hymnus der Engel in Christi Geburts-nacht (Luc. 2, 14), welcher die grössere D. (*Doxologia maior*) genannt und an gewissen Tagen und Festen in der Messe gesungen oder gebetet wird; das andere Mal das »*Gloria patri et filio et spiritui sancto*«, welches die kleinere D. (*Doxologia minor*) heisst und am Schlusse des Eingangsspruches im Officium in den Horen, am Schlusse der Psalme und beim Introitus der Messe vorgeschrieben ist. Sobald die Worte »*Gloria patri etc.*« ertönen, sollen die Gläubigen das Haupt entblössen, eine tiefe Verbeugung machen und sich erst bei den Worten »*Sicut erat etc.*« wieder aufrichten. Vom Palmensonntag bis Charsonnabend bleibt übrigens diese Formel in der Messe und im Tages-Officium, mit Ausnahme nach dem »*Domine ad adju-randum*« und den Psalmen ganz weg. Beide Doxologien reichen in das hohe Alter-thum hinauf. Die grössere soll schon in den ersten Zeiten der Kirche als Morgen-gebet gebräuchlich gewesen und in die römische Kirche vom Papst Telesphorus (127—139 n. Chr.) bei der Nachtmesse des Weihnachtsfestes eingeführt worden sein. Fest steht, dass sie gegen das 7. Jahrhundert hin allgemein in der Messe aufgenommen war. Noch älter ist die kleinere D., über die es im Gregorianischen Kirchengesange melodische Formeln in allen acht Tonarten giebt. Auf den Rath des Hieronymus (gestorben 420) wurde dieselbe noch durch den Vers »*sicut erat in principio et nunc et semper in saecula saeculorum*« erweitert, weil die Macedonier ketzerisch behaupteten, das Dogma von der Gottheit des heiligen Geistes sei neu hinzugefügt. Vgl. Prätorius, Syntagma I. 64 und Printz, Histor. Beschreib. der edlen Sing- und Klingkunst S. 93.

Doyagne, Manoël José, hervorragender spanischer Kirchencomponist, ge-boren am 17. Febr. 1755 zu Salamanca, war der Sohn eines Handwerkers und er-hielt seine musikalische Ausbildung als Chorknabe an der Kathedrale seiner Ge-burtsstadt, an welcher Don Juan Martin unterrichtete. Diesem, seinem Lehrer folgte D. auch um 1781 im Amte und componirte nun für seine Kirche, an welcher er auch Canonicus wurde, eine Unmasse von Kirchenstücken aller Art. Daneben hielt er an der Universität musikalische Vorlesungen. Aufsehen in weiteren Kreisen erregte er erst, als er 1813 zur glücklichen Entbindung der Königin von Spanien ein Te deum nach Madrid sandte, dem die Kenner bei seiner Aufführung hohes Interesse schenkten. Der königl. Kapelle wurden nun auch andere Compositionen D.'s zugeführt, die seinen Ruhm als Kirchencomponist vermehrten. Als bewunderte Meisterstücke von ihm galten ein Magnificat für acht reale Stimmen mit Orchester und obligater Orgel und ein Miserere, das 1829 auch Rossini sehr lobte. Im höchsten Alter starb D. am 18. Decbr. 1842 zu Salamanca und hinterliess eine staunenswerthe Menge von Kirchenwerken, von denen viele von entschiedener Bedeutsamkeit sind.

Dozon, Anna, s. Chéron.

Draeseke, Felix, ein talentvoller, aber stark excentrischer Tonkünstler der Gegenwart, geboren 1835 zu Coburg, erhielt seine höhere musikalische Ausbildung auf dem Conservatorium zu Leipzig. Nach Vollendung seiner musikalischen Studien daselbst ging er nach Weimar, wo er mit Liszt und dessen Schülern, besonders mit H. von Bülow, in die engste Verbindung trat und seinen Hang zum Ueberschwänglichen an den Tonwerken der Componisten der neudeutschen Schule nährte. Sodann lebte er längere Zeit hindurch in Dresden, von wo aus er mit grösseren Arbeiten vocaler und instrumentaler Gattung besonders in den Tonkünstlerversammlungen des Allgemeinen deutschen Musikvereins öffentlich hervortrat, jedoch nur in engeren Kreisen unbedingte Anerkennung erfuhr. Ein bedeutenderes Ansehen erwarb er sich als Musikschriftsteller durch einige wenn auch sonderbare, so doch geistreiche Abhandlungen und Aufsätze in der Neuen Zeitschrift für Musik und in den »Anregungen für Kunst, Leben und Wissenschaft«. Von Dresden zog er nach Lausanne, von dort im Februar 1868. von H. von Bülow berufen, nach München, wo er hauptsächlich als Lehrer der königl. Musikschule und als Schriftsteller thätig war. Nach dem Rücktritt v. Bülow's aus seiner amtlichen Stellung in München kehrte D. nach der Schweiz zurück, in der er sein bleibendes Domicil nahm. Im Drucke erschienen sind von D. nur wenige kleinere Arbeiten, bestehend aus Gesängen und Clavierstücken, während grössere Gesang- und Instrumentalwerke, auch eine Oper seiner Composition noch im Manuscript verblieben sind. Der heftige Tadel, welcher D.'s bekannt gewordene Tondichtungen traf, richtete sich besonders gegen den ausschweifenden Inhalt und gegen die mit Rücksichtslosigkeit behandelte Form; jedoch steht zu hoffen, dass wenn die übermüthigen Kraftausbrüche des D.'schen Talentes die Periode der Abklärung erreicht haben werden, von diesem Componisten bedeutendere und werthvollere Werke wohl erwartet werden können.

Dräxler-Manfred, Karl, bedeutender Bühnenschriftsteller und musikalischer Feuilletonist, geboren 1806 zu Wien, trieb neben seinen wissenschaftlichen Studien, mit welchen er den Doctorgrad erreichte, mit ausgesprochener Vorliebe Musik. Nachdem er mit Erfolg die journalistische Laufbahn eingeschlagen hatte, verfasste er u. A. auch Liederdichtungen, Operntexte u. dgl. und hat einige hervorragende Componisten der Gegenwart zu sehr glücklichen Compositionen angeregt. Er lebt und wirkt in geachteter Stellung in seiner Vaterstadt Wien.

Draghetti, Andrea, hiess ein gelehrter italienischer Jesuit, der um 1760 als Professor bei der Universität zu Brera angestellt, zu Ende des 18. und im Anfange des 19. Jahrhunderts wirkte. Er beschäftigte sich u. A. mit verschiedenen physikalischen Untersuchungen über die Tonleiter und veröffentlichte als dahin einschlagendes wissenschaftliches Ergebniss die Schrift: »*Delle Legge di continuità nella scala musica, replica del P. Andr. Draghetti alla Risposta del Padre D. Gioc. Sacchi, della Congreg. di S. Paolo etc.*« (Mailand, 1772). Vgl. Journ. des Sav. Fevr. 1773 p. 375 und Janv. p. 131. †

Draghi, Antonio, italienischer Operncomponist, geboren 1642 zu Ferrara, trat schon in jungen Jahren als Kirchencomponist hervor, 1663 auch mit einer Oper: »*Aronisba*«, welcher bis 1699 nicht weniger als 82 andere Opern und mehrere Oratorien folgten, deren Titel in den Wörterbüchern von Gerber, Fétis u. s. w. verreichnet stehen. Während dieser Zeit war D. kaiserl. Kapellmeister in Wien geworden, ein Amt, welches er 25 Jahre lang verwaltete, worauf er sich in seine Vaterstadt zurückzog, in welcher er 1707 gestorben sein soll. Zu vielen seiner zahlreichen Opern soll er sich auch die Texte selbst verfasst haben. Auf der Dresdener Bibliothek befindet sich das Manuscript einer von ihm componirten Serenata, welche den Titel führt: »*Psiche cercando amore*«. — Sein jüngerer Bruder Giovanni Battista D., kam mit der Prinzessin Maria d'Este, welche den König Jacob II. heirathete, nach England. Derselbe war ein fertiger Clavier- und Orgelspieler sowie tüchtiger Componist. Im J. 1673 componirte er die Oper »*Psyche*« in Gemeinschaft mit Lock, nach dessen Tode er 1677 Organist der Königin und Hofcomponist wurde. Im J. 1706 wurde eine andere Oper von ihm: »*The wonders in the sun, or the Kingdom of birds*« aufgeführt, während man von seinen übrigen Compositionen nur noch ein italienisches Madrigal: »*Qual spaventosa tromba*« und ein Anthem: »*This is the day, that the Lord has made*« kennt. Das Jahr seines Todes, der wahrscheinlich in London erfolgte, ist nicht bekannt geblieben.

Draghi, Baldassare, italienischer Tonsetzer, der zu Ende des 16. Jahrhunderts lebte, hat veröffentlicht: »*Canzonette e vilanelle alla Napoletana*« (Venedig, 1581).

Dragonetti, Dominik, einer der ausgezeichnetsten und berühmtesten Virtuosen auf dem Contrabass, geboren 1763 zu Venedig, zeigte frühzeitig grosse Musikanlagen und erhielt den ersten Unterricht auf dem Violinbasse von seinem Vater. Als er sich eine seltene technische Fertigkeit auf dem schwerfälligen Instrumente erworben hatte, trat er öffentlich in seiner Vaterstadt auf und erzielte einen grossen Erfolg. Nun begann er seine Künstlerwanderung und wurde auf derselben in Trevis auch mit Tommasini bekannt, der ihm eine Stelle als *primo Basso* bei der Capelle von San Marco in Venedig verschaffte. Sein Ruf als Virtuose auf dem Contrabass verbreitete sich immer mehr und mehr, und er liess sich an mehreren Höfen hören, wo er durch sein Meisterspiel Alles entzückte. Im J. 1791 ging er nach London, wo er eine Anstellung im Orchester und als Lehrer fand und hochgeachtet im J. 1846 im hohen Alter starb. Viele der jüngeren Contrabassspieler reisten nach London, um ihn zu hören und seinen Unterricht zu geniessen. Ein Werk über die systematische Behandlung des Contrabasses oder »Vollständige Anweisung zum Spiele des Contrabasses«, welches er einem Freunde anvertraute, ist entweder in Verlust gerathen oder veruntreut worden. D., der sich selbst »Patriarch des Basses« nannte, war übrigens auch ein grosser Sonderling; er sammelte leidenschaftlich Puppen in den Trachten aller Nationen und sprach alle möglichen Sprachen, aber alle uncorrekt und durch einander. Als er einmal Napoleon I. durch sein Meisterspiel, mit dem er die schwersten Violoncello- und Fagottconcerte auf seinem Rieseninstrumente ausführte, entzückt hatte, liess ihn der Kaiser rufen und gestattete ihm, eine Bitte vorzubringen. D. sprach nun ein Gemisch von allen Sprachen, ohne sich jedoch verständlich machen zu können. Napoleon, ungeduldig geworden, rief ihm zu: »Herr D., lassen Sie ihren Contrabass holen, spielen Sie mir vor, was Sie wünschen, dann werde ich Sie gewiss verstehen«. Sein Portrait brachten im J. 1846 die »London Illustrated News« und seine Biographie, von Fr. Caffi verfasst, erschien im J. 1846 in Venedig.   E.

Dragoni, Giovanni Andrea, einer der vortrefflichsten Contrapunktisten der römischen Schule und als solcher Schüler Palestrina's, geboren zu Meldola, einem Flecken im Kirchenstaate, um 1540, war vom Juni 1576 bis zu Ende des Jahres 1598, wo er starb, Beneficiat und Capellmeister zu St. Giovanni im Lateran in Rom. Von seinen Werken sind bekannt: *Madrigali a 5 voci* (Venedig, 1575), wovon ein Exemplar in der Münchener Bibliothek erhalten ist, sowie durch die Santini'sche Sammlung 3 achtstimmige Benedictus, eine vierstimmige kanonische Messe und ein siebenstimmiges Dixit. Baini führt in seiner Biographie Palestrina's noch an: ein Buch vier-, vier Bücher fünf-, und ein Buch sechsstimmiger Motetten, die in den Jahren von 1581 bis 1594 gedruckt wurden, ferner ein Buch fünfstimmiger Villanellen, 1588 erschienen, und ein Buch fünfstimmiger Motetten für alle Fest-

15 *

tage des Jahres, 1578 herausgegeben. Alle vorher angeführten Werke D.'s erschienen in Venedig. Nach D.'s Tode erschien noch 1600 zu Rom, durch das Capitel der lateranischen Hauptkirche veranlasst, ein Buch sechsstimmiger Madrigale
und ein Buch fünfstimmiger Motetten. Dafür, dass D.'s Schöpfungen nicht allein
den Zeitanforderungen genügten, sondern noch lange nach seinem Ableben hoch
geschätzt und auch ausgeführt wurden, spricht, dass zur Zeit Ottavio Pittoni's (1657
bis 1743) noch viele der ungedruckten Werke D.'s gehört wurden, und dass selbst
Baini im Anfange dieses Jahrhunderts noch ein achtstimmiges Benedictus in der lateranischen Hauptkirche zu Rom gehört hat. Kandler, der sich von diesem Werke eine
Abschrift zu verschaffen wusste, spricht sich in seinem Werke über Palestrina p. 197
nur in der anerkennendsten Weise darüber aus. In der k. k. Hofbibliothek zu Wien
befindet sich das 14 Blätter starke Manuscript eines gleichfalls achtstimmigen, im
reinsten Palestrina'schen Dreiklangstyl geschriebenen Benedictus von D.   †

   Drahorad, Joseph, böhmischer Componist, geboren am 5. November 1816
in Bohuslavic in Böhmen, lernte im 6. Jahre seines Alters beim Lehrer Fr. Novák
das Violinspiel, im 7. Lebensjahre bei Mrázek das Klavier und 2 Jahre darnach
bei Stěpan in Jesenic den Gesang und die Klarinette. Während seiner Gymnasialstudien in Königgrätz vernachlässigte er fast gänzlich die Musik und erst im
J. 1835 widmete er sich in Prag als Universitätshörer dem Gesang und dem Violinspiele. Dort besuchte er die Organistenschule, welche unter Rob. Führer stand
und sang als erster Tenor in der Stiftskirche in Strahov. Nachdem er die philosophischen und juristischen Studien absolvirt hatte, trat er im J. 1842 als Prakti-
kant zur Staatsbuchhaltung. Als Beamter hörte er im J. 1845 noch Harmonielehre und Contrapunkt bei Karl Pitsch und studirte die Instrumentationslehre
von H. Berlioz und Marx als Autodidakt. D. hatte zwar schon frühzeitig zu
componiren angefangen, doch es waren nur kleine Versuche. Erst im J. 1848
componirte er eine grosse Messe in D-moll und versah 1871 einen Band böhmischer von Krolmus gesammelter Nationallieder mit geschmackvoller Klavierbegleitung. Bis zum J. 1862 schrieb D. 2 Männerchöre, 3 Gradualien, 5 Offertorien,
2 Hymnen, 1 Vaterunser, 1 Ave Maria, 1 Messe in D-dur, wovon der Hymnus in
G-dur und das Offertorium in F-dur in Augsburg im Druck erschienen sind. Vom
J. 1861 an entwickelte D. eine ungewöhnliche Compositionsthätigkeit, schrieb viele
böhmische Männerchöre, besonders für den kleinseitner Gesangverein »Lumir« in
Prag, dessen Dirigent er einige Jahre hindurch war, componirte eine Romanze für
Pianoforte und Violine, ein Streichquartett in G-moll, arrangirte 40 böhmische
Nationallieder für 2 Violinen, schrieb 4 Kirchenhymnen für gemischte Stimmen,
3 Messen für Knabenstimmen zum Gebrauche der Schüler des kleinseitner Gymnasiums, wo er 3 Jahre als Gesangslehrer fungirte, verfasste eine Gesangschule, welche
4 Auflagen erlebte, componirte eine schwungvolle Cantate »Zaplesej Cechye«,
2 Requiem für 4 Männerstimmen, 3 Messen (F-G-D-dur), 1 Graduale D-moll, 1 Graduale für Sopran und Alt (As-dur), viele böhmische Chöre für Frauen- und gemischte
Stimmen, Lieder u. s. w. D.'s Compositionen zeichnen sich durch hübsche charakteristische Melodien, sorgfältige Faktur und gerundete Form aus. Grosses Verdienst erwarb sich D. als Sammler und gewandter Harmonist der slovakischen
Nationallieder, deren er eine bedeutende Anzahl besitzt.   E.

   Drahtgeige, s. Nagelgeige.

   Drahtharfe (ital.: *Arpanetta*), sonst auch in Deutschland Spitz- oder Flügelharfe geheissen, nennt man eine in Pyramidenform gebaute kleine Harfe mit Drahtsaiten, die an zwei Seiten über den Resonanzboden gespannt sind. Die Saiten derselben werden mittelst eines Plectrums gerissen oder geschlagen.   †

   Drahtsaiten werden zur Unterscheidung von Darmsaiten oder aus Seide gefertigten, diejenigen Saiten genannt, welche aus Metallfäden bestehen. Solche
Fäden, unter dem Namen Draht bekannt, entstehen, wenn Metallstangen gewaltsam durch kleine zweckmässig gestaltete Oeffnungen in harten Körpern dermassen
hindurch gezogen oder gezwängt werden, dass sie im Querschnitte die Grösse und
Gestalt dieser Löcher annehmen, während ihre Länge auf Kosten der übrigen Di-

mensionen sich vergrössert. Da sich die Verdünnung des Metalles nur allmälig
bewerkstelligen lässt, so muss dieses Durchziehen durch fortschreitend kleinere
Löcher so oft wiederholt werden, bis die gewünschte Feinheit des Drahtes erreicht
ist. — Wenn auch bereits bei den Völkern des Alterthumes die Verwendung me-
tallener Fäden zur Besaitung der·Harfen, Lyren, Cymbeln, Zithern und Lauten-
instrumente bekannt und gebräuchlich war, so war ehemals doch die Verfertigung
dünner Metallfäden in angegebener Weise noch unbekannt und man musste dieselben daher entweder durch Schmieden, oder durch Rundhämmern oder Rund-
feilen schmaler Blechstreifen herstellen. Erst im Mittelalter wurde das Ziehen
des Drahtes erfunden. Anfänglich formte man das Metall nur auf Handziehbänken.
Im J. 1351 befanden sich Drahtzieher und Drahtmüller zu Augsburg; in Nürnberg entstand 1360 eine Drahtmühle, 1447 eine solche in Breslau, 1506 in Zwickau.
Gleichzeitig fanden auch die aus Draht bestehenden Saiten häufigere Anwendung
und es begann eine höhere Entwickelung der mit D. bezogenen Instrumente (s.
Saiteninstrumente). — Die zur Tonerregung günstigste Form des Drahtes
ist die cylindrische; gaufrirter oder façonirter Draht wird nicht zu Saiten benutzt.
Der Form nach sind somit alle D. gleich, doch nicht aber in Beziehung auf die Art des
Metalles, sowie auf ihre Feinheit und Festigkeit. Als Material zu D. eignen
sich mehr oder minder alle dehnbaren Metalle, und bilden hinsichtlich ihrer Fähigkeit sich drahtförmig ausziehen zu lassen folgende abnehmende Reihe: Stahl, Eisen,
Messing, Neusilber, Tomback, 14 karatiges Gold, Kupfer, Platin, Zink, 12—14 löthi-
ges Silber, feines Silber, feines Gold, Blei, Zinn. Von diesen Metallen werden
jedoch fast ausschliesslich nur Stahl, Eisen, Messing und Kupfer, seltener auch
Neusilber und Tomback zu Saiten gebraucht. Platindraht, welcher sich durch
besonderes Verfahren bis zu ausserordentlicher Feinheit herstellen lässt, ist nicht
allein für allgemeine Verwendung zu kostspielig, sondern auch weniger elastisch
und klangvoll als namentlich Stahl, und nicht halb so fest als dieser. Versuche,
welche in England damit gemacht wurden, mussten wieder aufgegeben werden.
D. aus Argentan oder Neusilber, welche A. Geitner zu Auerhammer bei Schneeberg verfertigt, haben als Klaviersaiten noch keine weitere Verbreitung gefunden,
obgleich ihnen viele Vorzüge nachgerühmt werden können. — Vollkommen tadel-
loser, zu Saiten brauchbarer Draht muss von durchweg cylindrischer Form, d. h.
an allen Stellen im Querschnitte kreisförmig mit genau demselben Durchmesser,
sein. Er muss auf der Oberfläche glatt, ohne zufällige Furchen oder Risse, im
Innern von gleichförmiger, durchaus zusammenhängender Masse sein, und darf
sich beim Biegen nicht spalten. Ausserdem ist es nöthig, dass er möglichst hart und
dennoch hinreichend biegsam und zähe ist, so dass er bei wiederholtem Hin- und Her-
biegen nicht zu bald bricht, und endlich soll er ein verhältnissmässig sehr bedeutendes Gewicht zu tragen vermögen, ohne sich sehr zu dehnen und zu zerreissen.
Finden sich bei einer Drahtsaite alle diese Eigenschaften vereinigt, dann besitzt sie
zugleich, vorausgesetzt, dass sie sich in richtiger Spannung und auf einem gut gebauten Instrumente befindet, die erreichbarste Klangschönheit. — Von der Feinheit des Drahtes, d. h. dem Grade seiner Dicke, welche wohl auch seine Stärke
genannt wird, nebst seiner wohlberechneten Länge ist die Tonhöhe, welche die
Saite angeben soll, bedingt (s. Besaitung). Draht wird von den verschiedensten
Abstufungen der Feinheit oder Dicke fabrizirt und in seiner Länge je nach den
Dimensionen des Instrumentes, zu dessen Bezug (s. d.) er dienen soll, in einzelne
Saiten getheilt. Es ist beim Klaviere Sache des Fabrikanten, bei anderen Instrumenten aber auch die des Spielers, die zu verwendenden Saiten in einem dem Wohlklange entsprechenden Grade der Dicke zu wählen, wobei ausser den betreffenden
Gesetzen der Akustik (s. d.) ein feines Gehör und ein wohlausgebildeter Geschmack
massgebend sind. — Die vielen Abstufungen der Feinheit der D. werden zur Benennung und Verständigung bei der Fabrikation, dem Verkaufe und der Verwendung mit Nummern bezeichnet, welche für die einzelnen Metalle, sowie in den
verschiedenen Ländern und Fabriken nach willkürlichen Systemen im Gebrauche
sind. Oft wird die kleinste Nummer zur Bezeichnung des dicksten Drahtes ge-

nommen, häufiger aber gibt man den dünnsten Saiten die kleinste Nummer und
die Zahlen steigen mit dem Durchmesser der Saiten. Einige Fabriken bezeichnen
eine mittelstarke Sorte mit No. 1 und zählen von da an sowohl auf- als abwärts,
je nach Verhältniss zur angenommenen mittleren Dicke mit einem Beisatze zur
Nummer weiter. Bei diesem Verfahren lassen sich die Stärkegrads-Nummern beliebig nach beiden Seiten hin nöthigenfalls vermehren, während man bei anderen
Systemen unter Nr. 1 hinab: No. 0, 00, 000, ^{4}/o u. s. w. anzufügen gezwungen ist.
Leicht wäre der für den Handel und Gebrauch so unbequeme Umstand verschiedenartiger Numerirungssysteme zu beseitigen, wenn man das Durchmessermass der D.
als Bezeichnung derselben annehmen würde, wodurch zugleich die Nummern in
allen Fabriken übereinstimmend eine leicht verständliche Bedeutung erhielten. Für
die Stahlsaiten des Klavieres ist das englische Nummerirungssystem ziemlich allgemein gebräuchlich. Die Nummern folgen von der dünnsten Sorte ausgehend:
No. 10, 10^1/$_2$, 11, 11^1/$_2$, 12, 12^1/$_2$ bis No. 25, 26, 27. Für den Bespinnstdraht der
Klaviersaiten sind die gebräuchlichen Nummern bei Kupferdraht: No. 7, 6, 5, 4.
3, 2, 1, ^{1}/o, ^{2}/o, ^{3}/o bis ^{11}/o; für Messingbespinnstdraht: No. 3, 2, 1, ^{1}/o, ^{2}/o, ^{3}/o bis
^{11}/o, ^{13}/o, ^{19}/o; für Eisenbespinnstdraht: No. 5, 4, 3^1/$_2$, 3, 2 und 1. — Zur Messung
des Durchmessers der D. dienen besondere Drahtmasse, gehärtete Platten mit Einschnitten oder Löchern zum Durchstecken des Drahtes, welche Klinken oder Lehren
genannt werden; desgleichen die verschiedenen Arten von Saitenmessern, Chor-
dometern (s. d.). Die Dicke feiner D. wird am besten nach dem Gewichte eines
Stückes von bestimmter Länge festgestellt. — Die Festigkeit der D. wird nach
der Schwere eines angehängten Gewichtes, welches von der Saite, ohne dass sie
zerreisst, getragen werden kann, berechnet. Ein zur Prüfung der Tragkraft der
D. eingerichtetes Instrument, Dynamometer, wurde von Sivers in Neapel construirt; dem gleichen Zwecke dient auch die Saitenwage von Streicher (s. Dynamometer). — Im Allgemeinen ist die Fabrikationsweise von Draht für alle
Metalle dieselbe. In England werden die dickeren Sorten des Eisendrahtes durch
Anwendung eines Walzwerkes angefertigt, bei welchem das Metall in Form von
Stangen zwischen drehbare Walzen gebracht wird, die, auf ihrem Umkreise mit
korrespondirenden Rinnen versehen, bei ihrer Umdrehung die zwischen sie gesteckten Metallstangen fassen und in die Form jener Rinnen pressen. Das gewöhnliche, allgemeinere Verfahren aber besteht in dem Ziehen des Drahtes, wovon die
Fabrikation die Benennung »Drahtziehereia erhielt. — Die meist durch Schmieden
oder Walzen gebildete Stange, aus welcher Draht gefertigt werden soll, wird an
einem Ende mittelst eines Hammers oder einer Feile zugespitzt, durch ein Loch
des aus einer gehärteten Platte bestehenden Zieheisens gesteckt, an der Spitze gefasst und durchgezogen. Hierbei wird vorausgesetzt, dass der Durchmesser der
Stange etwas grösser sei als jener des Loches; der Erfolg des Ziehens besteht also
in der Herstellung eines Drahtes mit verringertem, dem des Loches gleichem
Durchmesser. Um den Draht auf einen bestimmten kleinen Durchmesser herab-
zubringen, was nicht durch einmaliges Ziehen zu bewirken wäre, wird er nach und
nach durch eine Reihe von stufenweise kleineren Löchern gezogen, welche mit
Wachs, Oel oder Talg zur Verminderung der Reibung eingeschmiert sind. Das
Ziehen bewirkt eine Verschiebung der kleinsten Theilchen des Metalles; dieselben
erhalten eine eigenthümliche Lagerung, ein fadiges Gefüge. Damit nun die Lage
dieser Theilchen nicht gestört und das Zerreissen befördert werde, muss der Draht
bei jedem Zuge mit dem nämlichen Ende eingesteckt werden. — Die Zieheisen, in
welchen sich eine Zahl immer kleinerer Löcher befinden, müssen von grösster Härte
sein, damit sie sich so wenig als möglich ausschleifen oder erweitern; sie dürfen aber dabei nicht so spröde sein, dass etwa die Lochränder ausbröckeln. Zum Ziehen ganz feiner
Drähte werden nicht selten durchbohrte Edelsteine an Stelle des Zieheisens gebraucht.
— Völlig runder Draht wird nur dann zu erzeugen sein, wenn die Ziehlöcher richtig
kreisförmig und möglichst glatt sind. Jede Scharte, ja selbst jede kleinere Rauhigkeit lässt ihren Eindruck auf dem Drahte zurück. — Damit der Draht bequem in
die Ziehlöcher einzubringen sei und seine Zusammendrückung beim Durchziehen

nicht allzu plötzlich erfolge, wobei er leicht zerreissen würde, sind die Löcher in Gestalt eines Trichters mit gebogener Wand geformt, so dass jede Kante vermieden ist, welche die Oberfläche des Drahtes abschaben könnte. Das Ziehen muss in gleichmässiger, richtiger Geschwindigkeit erfolgen. — Ein Drahtstück, welches durch das Ziehen auf die Hälfte, ein Drittel, ein Viertel u. s. w. seines ursprünglichen Durchmessers gebracht worden ist, gewinnt an Länge nahezu das Vier-, Neun-, Sechzehnfache u. s. w. Durch die Zusammendrückung findet ausser sehr merklicher Erwärmung eine Verdichtung des Metalles statt, welche eine wesentliche Veränderung der inneren Beschaffenheit desselben zur Folge hat, indem seine Härte und Elastizität bedeutend vermehrt, seine Dehnbarkeit jedoch vermindert wird. Um letztere zum Zwecke ferneren Ziehens wieder herzustellen, muss der hart und spröde gewordene Draht, so oft es nöthig erscheint, durch Ausglühen wieder weich gemacht werden. Dies geschieht in besonderen Glühöfen, in denen der Draht zur möglichsten Vermeidung der Oxydation in luftdichten Behältnissen verschlossen, schwach rothglühend gemacht wird. Wenn sich, was besonders bei Eisen leicht geschieht, Glühspan angesetzt hat, so wird er entweder mittelst einer Beize, oder durch mechanische Behandlung, Scheuern, entfernt; von gröberem Drahte löst man ihn durch Erschütterung auf der Polterbank und Abspülung ab. Eisen- und Stahldraht taucht man zur Vermeidung der Oxydation in einen Brei von Lehm und Wasser, dem manchmal noch etwas Kalk zugesetzt wird, und lässt diesen Ueberzug an der Luft trocken werden, ehe man zum Glühen schreitet. Die weicheren Metalle, Kupfer, Messing u. s. w. brauchen weniger Ziehlöcher durchzugehen und auch weniger oft ausgeglüht zu werden. — Als Kraft zum Ziehen des Drahtes durch die Löcher des Zieheisens wird für feinere Sorten jene des Menschen, bei gröberem Drahte thierische oder Wasserkraft benutzt. Das einfachste Verfahren, den mit seiner Spitze durch das Ziehloch gesteckten Draht mit einer Zange aus freier Hand zu fassen und durchzuziehen, kann nur im Kleinen, auf kurze Stücke Drahtes angewendet werden. Der fabrikmässige Betrieb des Drahtziehens verlangt mechanische Hülfsmittel, Maschinen, theils auf leichtere Ueberwindung des Widerstandes, theils auf Vermehrung der Geschwindigkeit und auf Zeitersparniss berechnet. So lange der Draht beträchtliche Dicke besitzt, wird er mittelst sogenannter Stosszangen auf der Drahtmühle, welche durch Elementarkraft in Bewegung gesetzt wird, gezogen. Zur Vermeidung einer durch nachträgliche unwillkürliche Streckung entstehenden ungleichmässigen Dicke oder gar Zerreissung des gezogenen langen Drahtes muss die Zange öfters zum Zieheisen zurückkehren, verursacht aber dabei Zangenbisse, welche den Draht beschädigen und auch beim ferneren Ziehen fehlerhafte Stellen bilden. Für feine Drahtarten und solche, welche plattirt sind, werden daher vorzugsweise Schleppzangen angewendet, welche nur einmal fassen und ohne Rückkehr bis zu einer Länge von 20 bis 30 Fuss auf einer Unterlage fortgeschleift werden. Sobald der Draht dünn genug ist, um es zu gestatten, wird er mittelst des meist durch Wasserkraft in Bewegung gesetzten Scheibenzuges feiner gezogen. Diese Maschine besteht aus einem Cylinder (Scheibe, Rolle oder Leier genannt), welcher bei fortwährender Umdrehung den Draht zieht und zugleich aufwickelt, wobei die Richtung des Drahtes von der Achse des Ziehloches ausgehend zum Cylinder eine Tangente bildet. Je feiner der Draht ist, desto kleiner Mechanismus ist zum Ziehen nöthig, und da zugleich mit der Dicke der Widerstand beim Ziehen abnimmt, so kann bei diesen feineren Drähten als bewegende Kraft die Menschenhand in Anwendung kommen, wesshalb die kleineren Maschinen Handleiern oder Handscheiben benannt sind. Auf diesen Handscheiben wird von besonders dazu geübten Arbeitern aus einem gröberen Drahte der eigentliche Saitendraht hergestellt, welcher zu seiner Vollendung nicht mehr ausgeglüht wird, damit er die grösste Härte behält. — Zur Verfertigung der Eisendrahtsaiten ist sehr zähes, festes, im Bruche fädiges Eisen das beste. Hartes Eisen giebt festen, elastischen Saitendraht, verlangt aber aufmerksame Behandlung. Der daraus gefertigte Saitendraht muss auf dem Bruche eine hellgraue Farbe und ein zackiges Aussehen haben, weil dunkle

Farbe und konische Erhabenheit der einen Bruchstelle, welcher eine ebenfalls konische Vertiefung an der anderen entspricht, mürbes Eisen charakterisiren. In der neueren Zeit sind Eisendrahtsaiten fast gar nicht mehr im Gebrauche, da sie in allen Eigenschaften von den Stahldrahtsaiten weit übertroffen werden; des Eisendrahtes bedient man sich meist als Bespinnstdraht (s. Bespinnung). Stahldrahtsaiten werden aus Gussstahl gefertigt und zwar in ähnlicher Weise wie Eisendraht, nur muss Stahldraht wegen seiner Härte durch eine grössere Anzahl von Löchern nach und nach fein gezogen werden. Die Güte der Stahlsaiten ist an ihrem weissen, feinglänzenden Aeusseren erkennbar. Sie besitzen bedeutend grössere Tragkraft als Eisendrahtsaiten. Zuerst wurden Stahlsaiten von Webster & Horsfall in Penns bei Birmingham ungefähr im J. 1834 fabrizirt, und noch jetzt zeichnet sich diese Fabrik, sowie jene von Abel Rollason in England, durch ihre Erzeugnisse aus. Seit 1840 liefert die Firma Martin Miller & Sohn in Wien vorzügliche Stahlsaiten, welche, wie eine im J. 1850 vorgenommene Spannkraftprobe ergab, die Webster'schen Saiten an Güte übertreffen und besser als diese die Stimmung halten. Mit den Miller'schen Saiten concurriren erfolgreich die aus Gussstahl von Krupp in Essen gefertigten Stahlsaiten Moritz Pöhlmann's zu Frankenhammer bei Nürnberg. Die Pöhlmann'schen Saiten haben den Vorzug grösster Elasticität und halten ganz ausgezeichnet Stimmung, was daraus nachzuweisen ist, dass sie bei übergrosser Belastung oder Spannung ohne vorhergehende merkliche Dehnung reissen. Bei den vergleichenden Versuchen, welche 1867 auf der Pariser Weltausstellung mittelst der Zerreissungsmaschine von Pleyel, Wolff & Comp. angestellt wurden, zeigte es sich, dass von den Pöhlmann'schen Saiten die No. 14 bei 264 Pfund, No. 18 bei 378 Pfd. Belastung zerriss, während dies bei den gleichen Stärkenummern aus Webster & Horsfall's Fabrik schon bei 214, resp. 274 Pfd. der Fall war. — Die Einzelheiten in der Produktion, welche den Erzeugnissen der hervorragenden Firmen ihre besonderen Vorzüge verleihen, bestehen in Mitteln und Verfahrungsweisen, die nicht allgemein bekannt werden. — Ausser in den genannten Fabriken werden gute D. auch in kärnthnischen, westphälischen und rheinischen Drahtziehereien gefertigt; überhaupt hat dieser Industriezweig grosse Ausbildung und weite Verbreitung erlangt. — Da die Drahtsaitenfabrikation so grosse Fortschritte gemacht hat, dass sie viel festere und haltbarere Saiten liefert, so werden jetzt im Ganzen bedeutend stärkere Nummern Drahtes zur Besaitung der Instrumente verwendet. Zugleich konnte die Klavier-Saitenmensur, besonders für den Diskant, erheblich verlängert werden; der Klang der Saiten wurde in Folge dessen kräftiger, nachhallender und gesangvoller. Diesem Umstande ist hauptsächlich der grosse Aufschwung zu verdanken, welchen sowohl die Bauart des Klaviers, als auch die technische, dynamische und ästhetische Entwickelung seiner Behandlung in der Neuzeit genommen hat. Wie bedeutend die Festigkeit der Saiten auf den alten Instrumenten hinter jener der neueren Klaviere zurückstand, lässt sich daraus erkennen, dass z. B. die Spannung der beiden Saiten für den Ton c auf dem alten Flügel nur 46 Pfd. betrug, die der drei Saiten desselben Tones auf den neueren Flügeln aber 315 Pfd. Spannungsgewicht erfordert; die ganze Zugkraft der Besaitung vermehrte sich von 42½ auf über 300 Centner. — Wie dem Klaviere, so kommen auch den übrigen mit D. bezogenen Instrumenten, wie: Zither, Mandoline u. s. w. (s. unter »Bezug« und »Besaitung«) die Vortheile zu Statten, welche sich aus der verbesserten Qualität der Stahlsaiten, sowie aller übrigen Arten von D. ergeben. — Messingdrahtsaiten geben bei gleicher Dicke mit Stahlsaiten einen im Verhältnisse tieferen Ton. Sie besitzen weniger Festigkeit und dehnen sich in der Wärme fast noch einmal so stark aus als Stahlsaiten, sind also von geringerer Dauerhaftigkeit und gegen Temperaturveränderungen empfindlicher als diese. Ehemals bestand der Bezug der Klavierinstrumente hauptsächlich aus Messingsaiten. Auf den neueren Instrumenten dieser Gattung sind sie nur noch wenig im Gebrauche. Nachdem bereits um das Jahr 1820 die dünnen Messingsaiten des Diskantes durch die damals in Berlin gefertigten Eisendrahtsaiten aus der Klavierbesaitung verdrängt worden waren, für den Bass aber noch einige Zeit hindurch Messingsaiten — namentlich jene aus den damals sehr berühmten Nürnberger Fabriken von Erhard und von Fuchs — in Anwendung blieben, ersetzt man in der Neuzeit auch diese letzteren durch besponnene Stahlsaiten. Für die untersten Oktaven des Klaviers oder für die tiefsten Saiten anderer mit D. bezogener Instrumente würden nämlich glatte Stahl- oder Messingsaiten von so erheblicher Dicke genommen werden müssen, dass diese nicht mehr in richtigem Verhältnisse zur Länge der Saiten stehen würde und dieselben somit unelastisch, steif und klanglos würden. Sie werden deshalb besponnen und die Bespinnung (s. d.), welche die Dicke und das Gewicht der Kernsaite vermehrt, ohne ihre Biegsamkeit sehr zu beeinträchtigen, folgt wie eine elastische Drahtfeder den Schwingungen der Kernsaite und ersetzt dabei vollständig, was derselben an Dicke abgeht. Auf der Zither, Mandoline und anderen Instrumenten, welche D. besitzen, die über ein Griffbrett gespannt sind, sind Messingsaiten für die mittlere Tonlage noch im Gebrauche, da sie als glatte Saiten sich besser für die Applikatur eignen, als besponnene. — Der Messingsaitendraht wird auf Handscheiben hart gezogen und während des Aufspulens polirt, indem man ihn durch ein Stück mit Tripel bestrichenen Leders laufen lässt. Auf ähnliche Weise wie Messingsaiten werden auch die Neusilber- oder Packfong-, die Tomback- und die Kupferdrahtsaiten fabrizirt, welche ebenso wie die ersteren auf manchen Instrumenten Anwendung finden. Häufiger wie als Saiten wird Messing-, Neusilber- und besonders Kupferdraht als Bespinnst von Stahl-, Messing- und anderen Saiten verwendet und zu diesem Zwecke von grösserer Weichheit hergestellt. Vorzügliche Fabriken dafür befinden sich in München, Nürnberg, Berlin und Wien. — Cementirter Kupferdraht, welcher in einem Glühofen durch Zinkdämpfe an der Oberfläche in Messing verwandelt ist und eine glänzende, goldähnliche Farbe hat, lässt sich sehr fein ziehen, wird jedoch selten zu Saiten verwendet, da er leicht oxydirt. — Zum Schutze gegen die Oxydation wird sowohl Eisen-, als Messing- und Kupferdraht, nachdem er bereits gezogen ist, in einer kochenden Zinnauflösung verzinnt. Kupferdraht wird galvanisch versilbert und hierauf polirt. Plattirter, d. h. auf mechanischem Wege versilberter Kupferdraht, wird dadurch hergestellt, dass die Metallstange vor dem Ziehen des Drahtes mit dünn geschlagenen Silberblättern belegt wird, welche mit dem Polirsteine auf die erhitzte Stange festgerieben werden. Um eine stärkere Plattirung zu erzielen, drückt man eine dünne silberne Röhre, im Gewichte von etwa $^1/_{80}$ bis $^1/_{23}$ der Kupferstange, bei Rothglühhitze fest an die Stange an. Derart plattirte Stangen lassen sich sodann zu jeder beliebigen Feinheit ausziehen und der entstehende Draht behält an seiner Oberfläche durchweg eine gleichstarke Silberumkleidung. — Als Bespinnstdraht ist silberplattirter Draht sehr gebräuchlich und bietet auf Instrumenten mit zahlreichen besponnenen Saiten durch seine ihn von den kupferbesponnenen unterscheidende helle Farbe ein Orientirungsmerkmal für den Spieler. — Dünne plattirte Messingsaiten werden vielfach zur Anfertigung von Drahtfedern beim Mechanismus des Klavieres gebraucht. — Echte Silberdrahtsaiten werden ihrer Weichheit wegen nicht angewendet; ungehärteter Silberdraht aber ist, da er nicht oxydirt, der beste Bespinnstdraht für Griffsaiten. — In den Handel kommen die für den Klavierbezug bestimmten stärkeren Sorten von D. in Form mehrfach gewundener Ringe von $^1/_4$, $^1/_2$, ein oder mehreren Pfunden Gewicht, eine unbestimmte Anzahl einzelner Saitenlängen oder Züge enthaltend. Von einer Pariser Fabrik, Dalaudié, werden Klaviersaiten in nachahmenswerther Weise ungerollt in Bündeln versendet. Feinere Sorten von D. sind, ein oder mehrere Lothe an Draht schwer, auf hölzerne Röllchen oder Spulen gewickelt, von welchen die einzelnen Saiten nach Bedürfniss abgemessen werden. Ebenso befindet sich der Bespinnstdraht auf Rollen, damit er während des Spinnens bequemer gehandhabt werden kann. — Beim Aufziehen einer Saite auf das Instrument muss an das eine Ende derselben vorher eine feste Schlinge gedreht werden, welche in den Stift des Saitenhalters eingehakt wird. Hierauf streckt man die Saite unter Verhütung von Einbiegungen oder Knicken aus, und zieht ihr anderes Ende durch die Oeffnung des Wirbels, vermittelst dessen Umdrehung sie in die gehörige Spannung und Stimmung gebracht wird. Da die Saite beim Aufziehen leicht eine Drehung erhält, welche bewirkt, dass ihr Ton unrein erscheint, so ist es rathsam. die Schlinge in derselben Richtung mit der Saitenwindung an dasjenige Ende der Saite zu machen, nach dessen Befestigung sich ihre Spiralwindung beim Strecken so aufrollen lässt, dass ihr anderes Ende wieder in derselben Spirale auf den Wirbel gewunden werden kann. Leichter würde die Verdrehung der Saiten beim Aufziehen zu vermeiden sein, wenn die Saiten in bereits abgetheilter Länge ausgestreckt in den Handel kämen. — Unreinheit des Tones kann ihren Grund auch in der schlechten Beschaffenheit der Saite haben, wenn das Gefüge oder die Dichtigkeit ihrer Masse ungleich ist. Dienen D. als Griffsaiten, so werden sie nach längerem Gebrauche durch Abnützung quintenfalsch und es müssen daher namentlich die weicheren Messingsaiten öfters durch neue ersetzt werden. — An Haltbarkeit in der Stimmung und an Dauerhaftigkeit übertreffen die Metallsaiten alle übrigen aus anderen Stoffen gefertigten Saiten, da sie weniger als diese unter den Temperatureinflüssen leiden. Die grosse Festigkeit und geringe Dehnbarkeit der D. macht sich beim Stimmen dadurch bemerklich, dass eine Drehung des Wirbels grösseren Einfluss auf die Tonhöhe der Saite ausübt, als eine gleiche bei anderen Saitengattungen. Auch leisten sie bei der Intonation wegen ihrer stärkeren Spannung und bedeutenden Härte dem Anschlage viel mehr Widerstand. Ihre grosse Elasticität gestattet zahlreichen Obertönen mitzuklingen und verleiht ihnen einen hellen, durchdringend kräftigen Klang, welcher sich je nach der Metallart, aus der sie bestehen, durch eine besondere Färbung unterscheidet.   Max Albert.

Drakon oder **Draco,** altgriechischer Musiker, der zu Athen lebte und lehrte und u. A. auch Plato zum Musikschüler gehabt haben soll.

Drama (griech.), Handlung, ist ein Wort, mit dem man jetzt mannigfache Begriffe verbindet, über deren Berechtigung noch immer gestritten wird. Im engsten Sinne des Wortes versteht man unter D. nur eine auf der Bühne sichtbar gemachte Handlung, wobei es mit Recht unentschieden bleiben darf, ob die Handlung nur mimisch (durch Bewegungen und Gebehrden) oder auch durch das mit diesen verbundene Wort, gleichviel ob gesungen oder gesprochen, ausgedrückt wird. Durch Uebertragung jedoch versteht man im weiteren Sinne unter D. auch das einer solchen Handlung zu Grunde liegende dichterische Werk und zwar meistens dann nur ein bloss zu sprechendes; erst in der neuesten Zeit auch, wie die Bezeichnung »musikalisches Drama« beweist, das gesungene, die Oper. Das bloss mimische D., das Ballet, hat man bis jetzt noch nicht unter diesen Begriff eingereiht. Dagegen ist man so weit gegangen, das nicht aufgeführte, sondern nur gedruckte Werk mit dem Namen D. zu bezeichnen, was zu vielen Irrthümern verleitete. Man sprach in der Zeit der Romantiker und des jungen Deutschlands sogar von einem »Literatur-Drama«, dessen Natur es sei, überhaupt nicht aufgeführt zu werden. Vom Standpunkt der Musik aus ist es nöthig, gegen die letztere Erweiterung des Begriffs remonstrirend aufzutreten. Von Seiten der neueren Aesthetiker, die durch das von R. Wagner neu eingeführte Musik-Drama angeregt wurden, ist gegen den Versuch gekämpft worden, das D. von seiner Aufführung zu trennen. Es ist mit Recht betont worden, dass ebenso wie eine musikalische Partitur erst Leben durch die Aufführung erhalte, auch das Gedanken-Drama des wahren Lebens beraubt sei, sobald es nicht in der Darstellung dem Hörer entgegenträte. Der Umstand, dass man auch in der Lectüre dichterische Schönheiten geniessen kann, darf nicht als Gegengrund angeführt werden, denn auch dem kundigen Partiturleser belebt sich eine Symphonie, wird aber dennoch nur ausgeführt in voller Wirksamkeit dastehen. Dasselbe ist mit dem D. der Fall; ob das eine leichter, das andere schwerer der Phantasie zugänglich sei, kann hier nicht ins Gewicht fallen. Der Musiker aber muss im Besonderen betonen, dass der Begriff des D.'s an die Bühnenerscheinung gebunden sei, weil, falls man nach alter Sitte das D. nur als eine Form der Poesie hinstellen will, die ganze Berechtigung einer musikalisch-dramatischen Form mit Recht in Frage gestellt werden könnte, wie dies auch von Aesthetikern früherer Zeit geschehen ist. Man hat vordem, wie oben angeführt, ehe man die Bedeutung der Oper für die dramatische Entwicklung erkannte, das D. als eine der drei poetischen Formen hingestellt, und es dem Epos und der Lyrik angereiht. Diese Auffassung ist zuerst von Wagner bestritten und auch von anderer Seite her in Frage gestellt worden. Nach derjenigen Anschauung, die in der Oper eine eben so wichtige Form des D.'s erkennt, als in dem bloss gesprochenen D., liegt allen Künsten die Tendenz der Selbstdarstellung zu Grunde, d. h. das Verfahren, wornach der Mensch sich seiner Glieder, Stimmmittel u. s. w. bedient, um Lebensbilder darzustellen. Der Spieltrieb, der nach Schiller den Ausgangspunkt aller Kunstthätigkeit bildet, ist das bewegende Element, aus dem die Kunsttriebe hervorgehen. Die Selbstdarstellung, die sich gleichfalls in allen Volksspielen, Tänzen u. s. w. findet, ist nun der treibende innere Kern aller Kunstentfaltung. Freilich kommt noch ein zweites Element hinzu, vermöge dessen erst die Kunst es zu festen, lebensvollen Formen bringt. Es ist der Drang, der dazu führt, dass einzelne Momente aus dem wogenden Leben der Selbstdarstellung festgehalten werden, durch welches dem zeitlichen Wechsel das räumlich Gebundene hinzugefügt wird. Man könnte es Semiotik, Zeichengeben, nennen, und würde dann darunter nicht bloss das zufällige Entstehen einer in Bewegung gedachten Gruppe (lebendes Bild) verstehen müssen, sondern auch die Fixirung einer jeden künstlerischen Aeusserung vermöge mechanischer Hülfsmittel, z. B. Kohle-, Kreide-Zeichnung, oder das Herausbilden mit Meissel u. s. w., endlich aber auch das Fixiren eines im Gesange beweglichen und modificirbaren Tones durch Pfeifen oder sonstige Hülfsmittel. Durch dieses Moment der Semiotik ist die bis dahin leicht verwischbare Kunst der Selbstdarstellung zu etwas Monumentanen gebracht, und so setzen sich aus verschiedenen Trieben erzeugt, die Elemente zu Verbindungen zusammen, die die Künste schaffen. Nach dieser Anschauung würde also das D. der Keim aller Künste sein. Aber weil es die keimende Triebkraft ist, erscheint es andererseits im Anfange nur in rohen Umrissen, verdeckt durch die anderen Elemente, die sich aus ihm ausscheiden müssen, und gelangt erst im Verlauf der geschichtlichen Entwicklung zur künstlerischen Höhe, dann nämlich, wenn die plastischen Künste von den redenden sich getrennt haben, und die letzteren selbst nach drei in ihnen wirkenden Seiten: nach Ton, Vorstellung und Bewegung sich zerlegt haben. Dann erst kommt das eigentliche D., zur Vollendung, so dass es sich in vollster Reinheit erst sehr spät ausbilden kann. Diese Auffassung des D.'s lässt nichts destoweniger die alten Grundregeln, wie sie schon Aristoteles für dieselbe entwickelt hat, und wie sie durch Lessing, Solger, Hegel u. s. w. modificirt sind, in ihrer vollsten Berechtigung bestehen. Das vollendete D. ist in der That die Darstellung einer Begebenheit, die einen inneren Gedanken, eine Idee ausdrückt, und die dazu dient, irgend einen allgemeinen Zustand, der das Grundfundament zum D. bildet, uns zur Anschauung zu bringen. Das Gesetz, dass das D. »Reinigung der Leidenschaften« anstrebe, d. h. zu gleicher Zeit Furcht und Mitleid erwecke: Furcht vor dem unabwendbaren Geschicke, das in der sittlichen Weltordnung begründet ist und jede Ausschreitung durch sich selbst bestraft, und Mitleid durch das Gefühl, dass der Einzelne den Verwickelungen ausgesetzt sei, die ihn zur Schuld treiben können, bleibt vollständig bestehen, aber wird nur für die höchste Schöpfung dieser Gattung als Maassstab anzuwenden sein. In den Anfängen des D.'s kommt es natürlich noch nicht zu solchen entscheidenden Gegensätzen. Von der Zeit an jedoch, wo die Griechen die Form aus dem Rohen herausgeschält hatten, lässt sich die Erfüllung dieser Aufgabe bei den bedeutenderen Werken stets nachweisen; dass die untergeordneteren Werke diese Höhe oft nicht erreichten, versteht sich wohl von selbst. — Das Hauptinteresse bei der Feststellung des Begriffs des D.'s muss sich in unseren Tagen hauptsächlich darauf richten, den Nachweis zu liefern, dass die Oper ein nothwendiger Factor in der dramatischen Entwickelung sei, dass sich dieselbe ohne diesen gar nicht denken liesse. Der Beweis hierfür kann vollständig nur geliefert werden, wenn man die ganze geschichtliche Entwickelung dieser Kunst darlegt. Doch werden folgende hier auszuführende Momente schon im Wesentlichen ausreichen. Das D. selbst entsteht

erst, nachdem sich eine Reihenfolge der redenden Künste aus ihm ausgeschieden
haben. Die Selbstdarstellung geht, nachdem bei den gebildeten Völkern der
Sprachreichthum vorhanden ist, in eine singende Recitation, das Heldenlied,
über, und der Rhapsode ist ein Schauspieler, der monologartig eine grosse Begebenheit darstellt. Mit dem Momente, wo das geschichtliche Bewusstsein eines
Volkes dasselbe veranlasst, die früher durch Improvisation gegebenen, dann im
Gedächtniss festgehaltenen epischen Gesänge zu sammeln und zu ordnen, scheidet
sich diese Kunstform von dem allgemeinen Hintergrund der Selbstdarstellung ab
und kann dann auch als geschriebenes, nicht bloss gesungenes Kunstwerk den Werth
behalten und sodann die Basis der Epopöe und aller übrigen daraus entspringenden
epischen Formen bilden, die nun, wie schon angeführt, anderen Grundbedingungen
unterliegen und das Kriterium ihrer Gesetzmässigkeit in richtiger Durchführung
der Begebenheit in allen sie bedingenden Umständen finden müssen. Die Kunst
der Selbstdarstellung zieht sich daher von dieser Form der redenden Kunst zurück
und bleibt nur noch einige Zeit gefesselt an dem bewegten Leben in gesellschaftlichen Kreisen und bei den gemeinsamen Kundgebungen der Lust durch Lieder, die
die Stimmung ausdrücken, sei es nun, dass ein Einzelner sie verkündet und die
Menge einstimmt (Solo mit Refrain), sei es, dass die Menge zusammensingt
(chorisch). Auch hierfür wird eine Zeit eintreten, wo diese Form fixirt und
selbständig festgehalten werden wird. Auf Grund dieser Gesellschaftslieder ist
dann der Anfangspunkt der Lyrik gegeben. Geschichtlich freilich hat sich der
Weg vom Epos zur Lyrik anders vollzogen, nämlich durch die Elegie hindurch,
doch war dies nur eine kleine Modification, deren Gründe sich nachweisen lassen
in der besonderen Disposition des griechischen Volkes. Die Entwickelung der grie-
chisch poetischen Formen zeigt den naturgemässen Vorgang fast an allen Punkten.
Die Zeit des einfachen Genusses und der ersten Entdeckung von technischen
Hülfsmitteln und der damit verbundenen Heroen-Zeit ist nämlich dort, wie auch
anderswo die Zeit, die die Fixirung des Epos vorbereitet, gerade wie die Zeit, die
den Handel schafft, den Reichthum fördert, Gesetze und Staatseinrichtungen ordnet,
das lyrische Element zur Fixirung bringt und von der allgemeinen Form der
Selbstdarstellung ablässt. Gerade wie bei den Griechen hat sich im Christenthum
bei den mittelalterlichen Völkern dieselbe Erscheinung wiederholt. Wie der tro-
janische Krieg im Alterthum, so erzeugten die Kreuzzüge im Mittelalter das
Epos, und wie die Solonische Zeit und die nach der Coloniegründung die Lyrik
frei machten, so ist die Zeit der Ostindienfahrer und die der Ausbildung des nationalen Gedankens im 14. u. 15. Jahrhundert für das Mittelalter die der Schöpfung
der Lyrik. Vorangegangen diesem geschichtlichen Prozesse ist aber offenbar eine
in geschichtlich nicht erkennbaren Zeiten liegende Trennung der plastischen von
den redenden Künsten, und der speziellen Ablösung der Tonkunst und der Mimik
von der Darstellungskunst innerhalb der Poesie. — Das D. im engeren Sinne des
Wortes entsteht freilich erst, wenn die Gegensätze, die in einem Volksleben liegen,
so hart aufeinander drängen, wenn Altes und Neues so miteinander kämpfen, dass
eine strenge Parteischeidung stattfindet. Die Zeit des griechischen D.'s war die
Zeit der persischen und des peloponnesischen Krieges gewesen, für das christlich-
mittelalterliche D. die Zeit der Reformation und Revolution. Das griechische D.
durchlief einen consequenten Gang, der bis zum gewissen Punkte zum Abschluss
kam und löste eine ideelle Aufgabe besonders durch seinen poetischen Inhalt, indem es die Menschheit durch diesen von dem Druck des Gedankens befreite, dass
das Fatum das Schicksal des Menschen bestimme, und indem es zeigte, dass nur
in der Maasslosigkeit der Leidenschaften der Ursprung aller Schuld zu suchen
sei. Insofern ist jene aristotelische Erklärung direkt aus der Entwickelung des
griechischen D.'s entlehnt. Diese führte ferner den Begriff des Helden im dramatischen Sinne ein, welcher der Mittelpunkt des D.'s sein muss, und stellte fest,
dass der Held seinen Gegensatz haben müsse, mit dem er kämpfe und streite.
Diese Entwickelung brachte auch die Nothwendigkeit der Gliederung, die Bedeutung des Conflikts beider Gegensätze im Mittelpunkt des D.'s und der Katastrophe

am Ende zur Geltung und schloss so die Umrisse der Handlung ab. Löste das griechische D. diese Aufgabe in Betreff des Inhalts so vollständig, so hatte es noch eine andere Aufgabe auch in Betreff der Form zu lösen, nämlich den geschichtlichen Nachweis zu liefern, dass die Kunst der Selbstdarstellung, die allmählig zerstückt worden war sowohl durch jene vorgeschichtliche Trennung der plastischen Künste von den redenden, wie auch durch die in geschichtlichen Zeiten geschehene Zerlegung der redenden Künste in die drei neben einander wirkenden, Musik, Ton und Bewegung, sich dennoch wiederherstellen lasse zu einer gemeinsamen Gesammtwirkung, die nun D. genannt wurde. Im griechischen D. sind sämmtliche Künste vereint: die Architektur durch den grossen Grundbau des Theaters; die bildende Kunst sowohl in den das Theater zierenden monumentalen Werken, als auch durch die sich in den Formen der Plastik bewegende Darstellung; die Malerei durch die Ausschmückung des Hauses und durch die angewendeten Bilder der Dekoration, endlich die Musik und die Rede, welche die Basis für die Handlung abgeben und die Bewegung, die der Schauspieler hinzubringt. Diese neue Verschmelzung der Künste äussert ihre Gesammtwirkung auf das Volksleben und greift auf das Innigste in die Kunstentwicklung ein. Sie entwickelt in dem Verlauf der Tragödie nach und nach alle die dem Grundgedanken des Fatums entgegenstehenden Anschauungen, schlägt sodann in eine ihr eigenthümliche Parodie der älteren Komödie um, verliert dann durch diese aber die breite Basis des öffentlichen Lebens, an dessen Stelle bürgerliche Intriguen treten, und giebt damit den eigentlichen Halt auf, der sie im Volksbewusstsein stützt. Hiermit aber ging sie auf griechischem Boden dem Verfall entgegen, den die Römer dann noch consequenter vollziehen, ein Verfall, dem ja alle Künste des Alterthums entgegensteuerten mit dem Augenblick, wo sie sich vom Volksgeiste ablösten. — Nach der Wiedergeburt der Künste im Mittelalter, die wir oben schon angedeutet, trat auch in der Reformationszeit das D. ebenfalls wieder in den Vordergrund. Es hatte aber, wie alle Künste des Mittelalters, jetzt einen doppelten Ursprung. Der Inhalt entstand aus dem Volksgeiste, die Form aber hatte Vorbilder in der aus der Antike überlieferten Literatur. Ersterer wurde durch die Zeitbewegung neu im Volksgeiste geboren und mit neuen Grundrichtungen ausgestattet. Geradeso wie im Alterthume die Tragödie aus dem Bacchosdienst und die Komödie aus der Weinlese entstand, wird im Mittelalter das ernste Schauspiel aus den Mysterien erzeugt, das heitere aus den Fastnachtspossen. Neben diesen selbständig geborenen gehen aber gleichzeitig die Einwirkungen her, die aus den literarischen Ueberbleibseln der Antike zurückwirkten auf das neue Leben. Gerade so wie die Malerei des Mittelalters ihren Inhalt der christlichen Idee entlehnte, aber durch die Antike zur Renaissance erhoben wurde, wirkten jetzt literarisch die alten griechischen Tragödien auf die neue Form des D.'s ein. In der ersten Epoche dieser dramatischen Entwicklung, die vor Allem durch das spanische D. und durch die frühe Blüthe des englischen besonders in Shakespeare charakterisirt ist, wirkt der Einfluss jener Literatur nur theilweise, vor Allem durch Verbesserung des poetischen Ausdruckes und indem der Charakterbildung durch Hinblick auf ihn ein Aufschwung verliehen wird; sonst folgen diese Dichter ihrem eigenen Genius und der durch das Mittelalter gegebenen Richtung. Shakespeare löst nun seinerseits in Betreff des Inhalts eine grosse Aufgabe, welche im Gegensatz zu der griechischen steht. Wurde dort nämlich die Idee des Fatums aufgelöst, so wurde hier die der Sünde und der Ursprung derselben im Bewusstsein des Einzelnen widerlegt. Der Nachweis, dass das Verbrechen des Einzelnen in der Schuld der Gesammtheit ruhe, dass, wie es heisst, etwas faul sei im Staate Dänemark, bildet hier den Mittelpunkt der Tragödien; und die Versöhnung durch die Rückkehr zur Natur und die Ausgleichung der Irrthümer der älteren Generation durch die besseren Thaten der Jugend den Kern der Schau- und Lustspiele. Das in Einklang setzen des Individuums mit der Gesammtheit, ist Mittelpunkt der Shakespeare'schen Weltanschauung, die ihren erklärenden Hintergrund in dem Erwachen der naturwissenschaftlichen Einsicht findet. Das spanische D. steht hierzu nun in solchem

den Reichthum dramatischen Ausdrucks, den Gluck in der Antike gepflegt, zum
ersten Male für das moderne Leben anwendet. Mozart, der dem deutschen Singspiele eine Fülle neuer schauspielerischer Elemente und dramatischer Charaktere
entnimmt, bringt zum ersten Male das dramatische Leben auf der Bühne musikalisch zur vollen Entfaltung und beginnt eine grossartige Reform der Oper, die sich
seit seiner Zeit dem Begriffe des D.'s immer mehr und mehr nähert. Warum diese
Reform nur wenig auf Deutschland wirkt, die Hauptbewegung aber auf franzö-
sischem Boden stehen bleibt und sich durch Salieri, Cherubini und Spontini u. s. w. mehr der Gluck'schen als der Mozart'schen Richtung anschliesst,
ist einleuchtend, wenn man bedenkt, dass das wahre Verhältniss zum Nationalen
erst dann gefunden werden konnte, als die deutsche Literatur soweit gekommen
war, die Quellen unseres deutschen Lebens in der mittelalterlichen Weltanschauung
zu entdecken. Karl Maria von Weber that den entscheidenden Schritt, ein
wirkliches Gesammtdrama zu schaffen. Zuerst in dem Singspiel »Freischütz«.
dann in der »Euryanthe« sind die richtigen Wege eingeschlagen, auch jedes einzelne Moment musikalisch zu illustriren und das Gesammtdrama so zu steigern,
dass Gesehenes und Gehörtes so zusammenwirken, um einen entscheidenden Eindruck zu erzeugen. Nur fehlt diesen das neue Prinzip verkörpernden Schöpfungen
noch das wichtige Moment der Illustrirung der mimischen Bewegung, das ebenfalls durch die Musik erklärt werden müsste. Der Reichthum der in der Zwischenzeit durch Beethoven entwickelten Individualisirung hätte schon eine solche Bewegung erlaubt, aber es schien, als ob erst die Thaten der Nachromantiker,
vor Allem Schumann mit seiner scharfen Individualisirung nöthig gewesen
wären, um den letzten Schritt zu thun. Derselbe ist mit R. Wagner geschehen.
welcher zum ersten Male alle Elemente der Kunst aufnimmt und sie durch die
Tonkunst illustrirt. Somit ist die formale Schauspielkunst wieder auf ihren
Ausgangspunkt zurückgeführt; wir haben jetzt wieder die Vereinigung aller Kräfte,
die durch das Band der Musik zusammengehalten werden. Aber auch in dem Inhalt dürfte Wagner vielleicht den entscheidenden Schritt gethan haben, nämlich
das, was Schiller und Shakespeare vorbereiteten, in der Wurzelanschauung zu verbinden. Mit dem Versuch, in den Mittelpunkt der deutschen Sage einzutreten.
scheint es gelungen, das ganze menschliche Wesen zu erfassen und den Punkt zu
finden, wo Schuld und Verdienst des Einzelnen in der Gesammtheit ruht. »Der
Ring der Nibelungen«, der die Sage der Edda durchführt, wie der Drang nach dem
Golde den Menschen erfasst und maasslos fortreisst, wie Albrich's Fluch wirkt
und wie dieser Fluch nur zu lösen ist durch die freie That desjenigen, der sich fern
hält von dem mit Fluch behafteten Golde, ist in der That die Basis geworden
unserer neuen Anschauung. Aber auch die weitere Seite der Idee, die des Märtyrer-
thums dieser grossen Erscheinung, ist in Siegfried's Erliegen durch Hagen enthalten, der die Frage, wodurch der Neid den Helden bei seiner Schuld zu packen
weiss, durch den Mythus mit dem Trank löst. — Nach dieser Anschauung also
müsste das musikalische D. die Vollendung der dramatischen Entwickelung sein.
Es bleibt dabei nicht ausgeschlossen, dass diese nun neu entstandene Form durch
Nachfolger weit hinaus geführt wird über das, was Wagner angestrebt und erreicht hat, und dass sich neben derselben noch andere Formen geltend machen.
Aber die Grundgesetze des D.'s, welche durch Shakespeare so erweitert wurden,
indem er neben Furcht und Mitleid auch die Versöhnung und Lösung brachte.
werden auch in der neuen Form eine abermalige Erweiterung erhalten müssen, das
ist gewiss. Inwiefern sich der Organismus des D's, die Gliederung nach Acten.
Scenen u. s. f. modificirt, kann nicht hier, sondern muss an anderen Orten beleuchtet
werden. Hier galt es nur den Grundgedanken darzulegen, der das musikalische D.
als Glied der ganzen Entwickelung zeigt.   R. Benfey.

Dramatische Musik nennt man im Gegensatz zur Kammermusik (s. d.)
diejenige Musik, welche die Eigenschaften aufweist, die von Seiten des Theaters
an ein Tonwerk gestellt werden. Hauptforderungen von dieser Seite aus sind:
Bewegung und Lebendigkeit, verbunden mit Anschaulichkeit, Gedrängtheit der

Ausführung und glänzendes Colorit im Allgemeinen, pikante Melodik und Rhythmik, treffende Charakteristik u. s. w. im Besonderen. Analog der Dekorationsmalerei verzichtet die dramatische Musik auf feine und feinste Ausarbeitung und subtile Vertiefungen, die im Theater verloren gehen würden und bestrebt sich, durch Farbenpracht und durch Uebereinstimmung mit dem Stoff der Handlung, mit dem Charakter der handelnden Personen die ihr versagten Eigenschaften zu decken. Sie greift, kurz gesagt, ins Volle, darf aber nicht in das Breite gehen (s. Styl). Die dramatische Musik verbindet sich entweder mit theatralischen Dichtungen, wie bei der Oper (s. d.), dem Singspiele (s. d.) und zum Theil beim Melodrama (s. d.), oder begleitet nur die dramatische Handlung in entsprechenden Tönen wie beim Melodrama und Ballet (s. d.). Inwieweit das Oratorium, die Passion und die Cantate sich mit der dramatischen Musik zu verbinden haben, ist in den einschlägigen besonderen Artikeln dargelegt worden.

Dramma lirico (ital.), lyrisches Drama und

Dramma per musica (ital.), Drama mit Musik, nennen die Italiener die grosse, ernste Oper (*Opera seria*) im Gegensatze zu der komischen Oper (*Opera buffa*). Bei J. S. Bach kommt diese Bezeichnung auch einmal als näherer Titel einer grösseren Cantate mit Chor »Der zufriedengestellte Aeolus« (11. Jahrg. der durch die Bach-Gesellschaft in Leipzig herausgegebenen Werke) vor. Es ist dies aber ein vereinzelter Ausnahmefall.

Dran, Mr. le, ein französischer Tonkünstler, der in der zweiten Hälfte des 18. Jahrhunderts in Paris lebte, gab 1765 ebenda ein Werk heraus, worin er eine »neue Art von Zeichen, die Accorde im Generalbass zu bemerken«, vorschlug. Da diese in der That seichte Methode weiter keine Beachtung fand, so sei auf die Andeutungen über dieselbe in Gerber's »Tonkünstler-Lexikon« 1790, pag. 352 und bei Laborde verwiesen. †

Dransfeld, Justus von, Professor der Theologie zu Göttingen, gestorben daselbst am 16. August 1714, hat sich in einem Schulprogramm, das in Clevesaal's Oration (Göttingen, 1707) erhalten geblieben ist, über den Werth der Musik bei den Alten ausgesprochen. (Vgl. Forkel's Literat.)

Draud, Georg, latinisirt Draudius, der wichtigste musikalische Bibliograph der älteren Zeit, geboren am 9. Januar 1573 zu Davernheim in Hessen, studirte zu Marburg Theologie, wobei er, um seine Studien durchführen zu können, gleichzeitig für eine Buchdruckerei Correkturarbeiten übernehmen musste. Im J. 1594 wurde er Magister, fünf Jahre später Prediger zu Gross-Carben, 1614 zu Ortenburg und 1625 in seinem Geburtsort Davernheim. Die Drangsale des dreissigjährigen Krieges zwangen ihn 1635, von dort nach Butzbach zu flüchten, wo er auch kurze Zeit darauf gestorben ist. Verewigt hat er sich durch Zusammenstellung einer *Bibliotheca classica* (1611, 2. Aufl. 1625), einer *Bibliotheca exotica* (1625), sowie einer *Bibliotheca librorum germanicorum classica* (1625), welche wahrhaft unschätzbare Quellen für die genauere Kenntniss der musikalischen Literatur des 15., 16. und 17. Jahrhunderts sind und deshalb von Walther, Forkel und anderen Lexikographen und Geschichtschreibern fleissig benutzt wurden. In der erstgenannten Bibliothek befindet sich von Seite 1609 bis 1654 (der 2. Aufl.) ein geordnetes Verzeichniss von musikalischen Autoren und deren Werken, wie es in gleicher Reichhaltigkeit und Genauigkeit bis dahin, unserer Kenntniss nach, noch gar nicht vorhanden gewesen ist. Die *Bibliotheca exotica* weist ein besonderes Verzeichniss der in ausländischen Sprachen (belgisch, böhmisch, dänisch, englisch, französisch, italienisch, spanisch, ungarisch u. s. w.) gedruckten musikalischen Werke auf. Die dritte Bibliothek endlich umfasst ausschliesslich die deutsche Literatur und zwar von den ältesten Zeiten an bis auf das Jahr 1625 n. Chr. Geb. Die ersten Ausgaben dieser drei Sammelwerke stehen an Vollständigkeit und Werth gegen die zweiten, in den oben bemerkten Jahren bedeutend vermehrt erschienenen Auflagen natürlich sehr zurück. Beide Ausgaben übrigens sind jetzt höchst selten geworden und finden sich nur in wenigen öffentlichen Bibliotheken noch vor.

D-re ist die guidonische alphabetisch-syllabische Tonbenennung für den unserm *d* entsprechenden Klang in der Blüthezeit der Mutation (s. d.), indem dieser Klang nur in dem einen von *c* zu beginnenden Tetrachord gebraucht werden konnte, und da stets als zweite Stufe *re* genannt werden musste. Eine Vereinigung der schon bekannten alphabetischen und der erst einzuführenden syllabischen Benennung schien um desswegen damals geboten zu sein, weil ein bestimmter Name für unseren, jetzt das »kleine *d*« genannten Ton noch nicht vorhanden war. 2.

Drebenstadius, Paulus, ein im 16. Jahrhundert lebender deutscher Magister. musikalisch bekannt nur durch einen »Hochzeitlichen Gesang von sechs Stimmen etc.« (Helmstädt, 1591). Vgl. Gerber's »Tonkünstler-Lexikon« 1812, pag. 934 und 935.   †

Drechsel, Johann, ein Nürnberger Musiker, der nach Matthesons *Critic. Mus. II p.* 169 deshalb geschichtlich merkwürdig ist, weil er, ein Schüler des berühmten Frohberger, der erste Klavierlehrer des Tonmeisters Joh. Phil. Krieger war.   †

Drechsler, Franz, böhmischer Kirchencomponist, geboren am 25. März 1803 zu Rožmitál, erhielt den ersten musikalischen Unterricht im Gesang und Klavier von dem in Böhmen rühmlichst bekannten Joh. Jak. Ryba und trat, vom Grafen Johann Kolovrat-Krakovský unterstützt, zu seiner weiteren musikalischen Ausbildung als Contrabassschüler in's Prager Musik-Conservatorium, wo er unter Director Dionys Weber die Harmonielehre und den Contrapunkt und unter Prof. Wenzel Hause den Contrabass studirte. D. beschäftigte sich frühzeitig mit der Composition von Kirchensachen, schrieb viele Compositionen dieser Gattung und erhielt von dem Prager Verein zur Veredlung der Kirchenmusik in Böhmen im J. 1833 den zweiten Preis für eine Figuralmesse, im J. 1834 den zweiten Preis für ein *Veni Sancte* und *Te Deum* und im J. 1838 den ersten Preis für seine Pastoralmesse. In den J. 1835—1839 componirte er viele böhmische Lieder, die alle im Drucke erschienen sind und sich durch edle Melodien und gute Charakteristik auszeichnen und schrieb auch einige Concertstücke für den Contrabass. D. lebt zu Prag als Chordirector an der Pfarrkirche zu St. Peter und als Contrabassist beim deutschen Landestheater.   M — s.

Drechsler, Johann Gabriel, deutscher Baccalaureus der Theologie und zuletzt Schulcollege zu Halle, geboren um 1650 zu Wolkenstein im Lande Meissen und gestorben zu Halle am 22. October 1677, promovirte 1670 zu Leipzig mit einer Dissertation: »*De Cithara Davidica*«, die auch dort gedruckt wurde. Man findet diese Dissertation deutsch von Georg. Serpilius in dessen Werke: »*In vitis Scriptorum sacrorum germanice editis*« *pars IX p.* 34 und in der ursprünglichen lateinischen Fassung Ugolini *Thesaur. ant. sacr. T. XXXII p.* 171.   †

Drechsler, Joseph, trefflicher Musikpädagog und Componist, geboren am 26. Mai 1782 zu Vlachovo Březí (Wällisch-Birken) in Böhmen, erhielt den ersten Musikunterricht von seinem Vater, der Cantor und Schullehrer in seinem Geburtsorte war. Im Alter von 10 Jahren kam D. als Sängerknabe nach Passau zu den Franziskanern, dann ins Benediktinerstift zu Florenbach, wo er die Humaniora studirte und unter dem berühmten Organisten Grotius den Generalbass und Contrapunkt erlernte. Von dort kehrte er nach Passau zurück, um die Philosophie zu studiren, ging dann nach Prag und absolvirte die Theologie; da er aber seiner Jugend wegen nicht die Weihen erhalten konnte, studirte er die Rechte. Ehe er dies Studium vollendete, begab er sich im J. 1807 nach Wien, einem Rufe Heusler's folgend, um die Kapellmeisterstelle am Leopoldstädter Theater zu übernehmen. Als er aber die Verhältnisse dieser Bühne näher kennen lernte, nahm er den Antrag nicht an und lebte von Musiklektionen. Im J. 1810 wurde D. zum Correpetitor beim k. k. Hofoperntheater und im J. 1812 zum Kapellmeisteradjunct ernannt. Als Einschränkungen an diesem Theater stattfanden, verlor er seine Stelle, wurde aber bald als Orchesterdirector an den Theatern in Baden und Pressburg engagirt. Müde des Herumziehens nahm er die Organistenstelle bei den Serviten in Wien an und bemühte sich, das gesunkene Orgelspiel zu heben. Darum eröffnete er am 18. März 1815 eine Musikschule zur Ausbildung der Schulcandidaten in der Musiktheorie und im Orgelspiel und ertheilte unentgeltlichen Unterricht. Im J. 1816 wurde er zum Chorregenten bei St. Anna, im J. 1823 zum Kapellmeister an der Universitätskirche und an der Hof-Pfarrkirche ernannt. Ein Jahr früher (1822) hatte er die erste Kapellmeisterstelle am Leopoldstädter Theater angenommen und behielt sie bis zum Jahre 1830, wo die besten Kräfte dieser Bühne: Krones, Lang, Raymund u. s. w. entweder starben oder austraten. Von da an war er nur als Chorregent der Kirche am Hof thätig, setzte aber seinen Unterricht im Generalbass und Orgelspiel bei St. Anna fort. Am 13. Juni 1844 erhielt er nach Gänsbacher's Tod die Stelle des Kapellmeisters am St. Stephans-Dome, wo er bis zu seinem Tode, der am 27. Februar 1852 erfolgte, erspriesslich wirkte. — Als Componist entwickelte D. eine grosse Fruchtbarkeit und hat sich um die Wiener Lokaloper und das Singspiel unbestreitbare Verdienste erworben. Von seinen theoretischen Werken verdienen namentlich angeführt zu werden: eine Orgelschule, Harmonie- und Generalbasslehre, Praktisch-theoretischer Leitfaden zum Präludiren, Pleyel's Clavierschule, verbessert in 2 Abtheilungen; ferner componirte er 10 grosse, 6 kleinere Messen, 1 Requiem, 2 Te Deum, 2 Veni sancte, 20 Gradualien und Offertorien; 6 Opern (»Claudine von Villabella«, »Der Zauberkorb«, »Pauline«, »Die Schauernacht«, »Die Feldmühle«, »Contine«), 25 komische Singspiele, Lokalpossen und Pantomimen, darunter die bekannten: »Diamant des Geisterkönigs«, »Das Mädchen aus der Feenwelt«, »Der Berggeist«, »Der Wunderdoctor« u. s. w. Endlich schrieb er 3 Cantaten, darunter jene zur Einweihung des neuen israelitischen Bethauses, viele Arien, Lieder, Sonaten, Fugen, Quartette, Ouverturen u. s. w. M—s.

Drechsler, Karl, einer der besten deutschen Violoncello-Virtuosen, geboren am 27. Mai 1800 zu Kamenz in Sachsen, erhielt frühzeitig Musikunterricht und zeichnete sich auf dem Violoncello so aus, dass er 1820 bei der Hofkapelle in Dessau eine Anstellung fand. Behufs weiterer und höherer Studien auf seinem Instrumente ging er 1824 auf längere Zeit nach Dresden, wo er einer der ausgezeichnetsten Schüler Dotzauer's wurde und als solcher auf zahlreichen Kunstreisen, die sich bis nach England und Schottland erstreckten, auch glänzend anerkannt wurde. Seine Vorzüge als Solo-, als Orchester- wie als Quartettspieler waren gleich bedeutend und sein nobler glänzender Ton, seine elegante Bogenführung, tadellose Reinheit und Sauberkeit, endlich sein geschmackvoller Vortrag entzückten Kenner und Laien gleichermassen. Im J. 1826 erhielt er zu seiner lebenslänglichen Anstellung in Dessau den Titel eines herzogl. Concertmeisters und zog von allen Seiten her Schüler nach der kleinen Residenzstadt. Die namhaftesten derselben sind neben seinem Sohne Louis die berühmt gewordenen Violoncellisten Cossmann, Espenhahn, Grützmacher, Aug. Lindner u. s. w. — Sein eben genannter Sohn, Louis D., geboren am 5. Octbr. 1822 zu Dessau, vom Vater zunächst zum Violoncello-Virtuosen ausgebildet, trieb in Paris und Italien auch eifrig Gesangstudien und lebt, als Solo- und Quartettspieler, sowie als tüchtiger Musiklehrer hochgeschätzt, in Edinburg.

Dregert, Alfred, deutscher Componist und Operndirigent, Sohn des durch mehrere volksthümliche Compositionen bekannten Polizeiraths D., wurde in Frankfurt a./O. am 26. Septbr. 1836 geboren und zeichnete sich schon in seiner Jugend durch musikalische Begabung, namentlich in der Instrumentalcomposition aus. Nach Berlin behufs seiner musikalischen Ausbildung übergesiedelt, genoss er daselbst den Klavierunterricht H. v. Bülow's und machte erfolgreiche theoretische Studien bei A. B. Marx und R. Wuerst. Seine Compositionen, bestehend in Sinfonien, Ouvertüren, Streichquartetten, namentlich im Drucke erschienene Lieder, bekunden grosse Gewandtheit in Beherrschung der Form, glückliches melodisches Erfindungstalent und nicht selten charakteristische Eigenthümlichkeiten in der Harmonie. Seit 12 Jahren ist D. als Operndirigent thätig gewesen und hat sich in dieser Stellung um die Hebung der Operncultur in mehreren grösseren Städten Deutschlands, als Bamberg, Trier, Rostock u. s. w., verdient gemacht. Auch hat er sich in letzterer Zeit, rein künstlerischen Studien huldigend, mit Erfolg der Militärmusik-Instrumentation gewidmet, was um so mehr anerkannt werden darf, als diese Instrumentalgattung von den Civilcomponisten leider fast gar nicht gepflegt wird und noch sehr der Veredelung bedarf.

Dreher, ein gewöhnlicher walzerartiger, ursprünglich aus Böhmen und Oesterreich stammender Tanz im Dreivierteltakt, von ruhiger, gemässigter Bewegung. Die Musik zu dieser Tanzart besteht gewöhnlich, ähnlich wie die des Ländlers, aus zwei sich wiederholenden Theilen, welche je acht Takte umfassen. Doch ist die Melodie wegen der nicht genau bestimmbaren Figur des Tanzes nicht nothwendig an die Taktzahl gebunden. Wie vom Walzer hat man auch vom D. ganze, zum Behufe dieses Tanzes gesetzte, aus verschiedenen auf einander folgenden Weisen bestehende Suiten. Diese Compositionsgattung ist aber ebenso wie der Tanz selbst jetzt veraltet.

Drehorgel oder **Leierkasten** (latein.: *Organum portabile,* französ.: *Orgue de Barbarie*), ein bekanntes, vulgäres Instrument mit Pfeifenwerk von verschiedener Grösse. Es besteht aus einem meist bequem tragbaren viereckigen Kasten von einer Länge bis zu 1,5 Meter, von einer Höhe bis zu 1 Meter und beinahe gleicher Tiefe, in welchem zwei bis drei Register Pfeifen liegen, die einen Tonumfang von zwei oder drei Oktaven und darüber ergeben. Die Stelle des Spielers vertritt, da das Spiel selbst rein mechanisch betrieben wird, eine Walze mit Stiften, durch welche eine Art Claviatur in Bewegung gesetzt wird. In die Walze eingeschlagene kleine Stifte bestimmen die Melodie und die dürftige Harmonie des vorzutragenden Tonstückes und sind so geordnet, dass diese Stifte, sobald die Walze durch eine aussen, an der rechten Seite des Kastens befindliche Kurbel in Umlauf gesetzt wird, den Clavis desjenigen Tones, der zum Erklingen gebracht werden soll, niederdrücken. Dadurch öffnen sich die Ventile der Windlade für die erforderliche Dauer des Tones und werden die Pfeifen zur Ansprache gebracht, indem nämlich die Walze an dem einen ihrer Enden mit einem kleinen Faltenbalg in Verbindung steht, der zugleich mit ihr durch das Drehen der Kurbel in Thätigkeit geräth. Statt der Kurbel bringt man mitunter auch Gewichte an, welche, wie bei Spieluhren, den Mechanismus in Bewegung setzen. Nicht selten sind auch statt der Pfeifen freischwingende Zungen, nach Art der Physharmonika, die Klangerreger. Natürlich können auf der D. nicht mehr Tonstücke hervorgebracht werden, als gerade auf der Walze durch die eingeschlagenen Stifte geordnet sind. Welches davon nun und mit welchen von den vorhandenen Stimmen im Augenblicke abgeleiert werden soll, bestimmt die Verschiebung und gehörige Stellung der Walze, die durch einen aussen an der rechten Seite des Kastens befindlichen Zapfen geschieht, auf welchem durch Einschnitte die Ordnung der Tonstücke angemerkt ist. Dieses einförmige, gänzlich charakterlose Instrument höchstens bildet bekanntlich einen Bestandtheil der Volksbelustigungen niedrigster Art und wird nur zur Strassenmusik oder zur Tanzmusik in Dorf- oder Winkelschenken benutzt. Die kleinste Gattung der D., von den Franzosen *Serinette* (Vogelorgel) genannt, hat nur ein Register von 9 bis 10 kleinen Kernpfeifen, die in einer beliebigen Tonart diatonisch gestimmt sind und dient den Kindern zum Spielzeug, oder auch dazu, den Singvögeln, welche künstlich abgerichtet werden sollen, kleine Stückchen zu lehren.

Drei. Das Zifferzeichen 3 bedeutet in der Generalbasslehre die Terz, auch den vollkommenen Dreiklang, in welchem Falle jedoch häufiger noch eine 5 darüber gesetzt wird, also: $\frac{5}{3}$. In ausgeschriebenen Stimmen dient es zur Bezeichnung einer **Triole** (s. d.) und in der Clavierapplicatur auch als Vorschrift zum Gebrauch des dritten Fingers.

Dreï, Francesco, ausgezeichneter italienischer Violinvirtuose, geboren 1737 zu Siena, zählte zu den hervorragendsten Schülern Nardini's. Besonders wurde die Art gerühmt, wie er das *Adagio* gesangreich und seelenvoll vorzutragen wusste. Er hat auch Compositionen für sein Instrument veröffentlicht und starb im J. 1801.

Dreiachtel-Takt (französ.: *Trois-huit*) ist diejenige einfache ungerade Taktart, welche drei Achtel als Taktglieder enthält. S. **Rhythmus**; **Takt, Taktart.**

Dreichörig, den Bezug der Saiteninstrumente und die gemischten Orgelstimmen betreffend, oder als aus der Vocal- oder Instrumentalmusik hergenommene Bezeichnung, s. Chor.

Dreidoppelter Contrapunkt, s. Vielfacher Contrapunkt.

Dreieckige Lyra, s. Lyra.

Dreieintel-Takt, in Ziffern dargestellt durch ³/₁ oder zuweilen auch nur durch eine durchstrichene 3, ist eine aus drei ganzen Noten zusammengesetzte, selten vorkommende Taktart. S. Takt, Taktart.

Dreier (latein.: *Numerus ternarius,* französ.: *Rhythme ternaire*), heisst diejenige rhythmische Periode, welche drei Takte umfasst, z. B.:

Vorstehendes Sätzchen weist zwei D. auf (*a* und *b*), d. h. es umfasst zwei melodische Glieder, welche mit je drei Takten einen Abschluss gefunden haben, indem schon im dritten Takte die Cäsur (durch die Viertelpause noch bemerklicher gemacht) befindlich ist. S. auch Rhythmus.

Dreier, Johann Matthias, ein sonst unbekannter deutscher Componist aus der zweiten Hälfte des 18. Jahrhunderts, gab drei *Salve regina* für eine Sopranstimme und vier Instrumente seiner Composition (Speier, 1782) heraus. Auch in der »Blumenlese für Claviere befinden sich einige von ihm componirte kleine Stücke.

Dreifach. Dies Wort gehört mit zu den Fachausdrücken, deren sich die mathematische Klanglehre zu bedienen pflegt, um allgemein die Tonentfernung anzudeuten, in welcher nicht in einer Oktave befindliche, ein Intervall bildende Töne sich befinden müssen; die Oktave wird demgemäss als Maasseinheit betrachtet. Jede Tonentfernung, die über zwei Oktaven gross ist und deren eine Grenze innerhalb der dritten Oktave von der andern entfernt befindlich, nennt man dr.; dem entsprechend redet man von den Klängen *c...g* als einem dr. Intervall, wenn man z. B. den Zwischenraum der Töne *C...g'* angeben will, wie man sagt, dass die Töne *C...G* ein einfaches (s. d.), *C...g* ein zweifaches (s. d.) u. s. f. Intervall bilden. Diese Benennungsweise eines Intervalls hat deshalb einen Werth, weil die einfachen alphabetischen Namen zweier Töne, woran sich gewöhnlich dieser Fachausdruck anschliesst, zwar die eigentliche Tonentfernung kennzeichnen, diese aber in der entferntesten wie engsten Lage, denselben Gefühlseindruck hervorbringend (s. Oktave), durch Töne erzeugt werden können, die von Körperschwingungen herrühren, welche ihrer Zahl nach sehr verschieden sind. Die genaueste Angabe aller Intervalle und somit auch der dr. würde, wie man aus Vorhergehendem ersieht, durch direkte Aufzeichnung der Körperschwingungen der Einzeltöne geschehen. Diese Aufzeichnungsart ist aber in Bezug auf den Fachausdruck dr. durchaus nicht zu befürworten, sondern höchstens in dieser Beziehung zu merken, dass alle dr. Intervalle durch Schwingungszahlen ausgedrückt werden, von denen die eine stets zwischen dem vier- und achtfachen der andern liegen muss; z. B. ein dr.s Intervall von einem durch 120 Schwingungen erzeugten Tone kann nur in der Region der Klänge, welche durch 480 bis 960 Schwingungen hervorgebracht werden, liegen. Die Erklärung hierfür ergiebt sich aus Vorhergehendem von selbst, wenn man die Artikel Oktave und Schwingungen mit zu Rathe zieht. Weit mehr als diese Aufzeichnungsmethode ist die Intervalldarstellung mittelst Proportionen zu empfehlen, da sie, ebenfalls correct, auch für die durch die sprachliche Bezeichnung dr. gekennzeichneten Tonentfernungen eintritt. Wir wissen aus der Verhältnisslehre (s.d.), dass jede Ration grösserer Ungleichheit, die kleiner als 2:1, ein Intervall in der Oktave darstellt, wohingegen jede Proportion, deren Glieder von einander weiter entfernt sind, eine über eine Oktave hinausgehende Tonentfernung bezeichnet. Ein gegebenes Intervall in der Oktave, 3:2 z. B., wird zu einem um eine Oktave erweiterten gemacht, wenn man das erste Glied durch 2 multiplicirt oder das zweite

durch diese Grösse dividirt: 6:2 oder 3:1; man wählt von beiden Erweiterungen
stets die, welche uns die kleinsten Zahlen giebt.   Dieselbe Rechnungsweise muss
bei jeder ferneren Erweiterung um eine Oktave wiederholt werden.   Hiernach ergiebt sich, dass ein jedes Zahlenverhältniss, das zweimal reducirt werden muss, um
eine Proportion, kleiner als 2:1, zu geben, die arithmetische Darstellung eines Intervalles ist, das man dr. nennen muss.   Die folgende Tabelle bietet die gebräuchlichsten Intervalle in Proportionsausdrücken und weist deren Reducirung auf zwei-
und einfache nach:

Die dreifachen Verhältnisse:	einmal reducirt geben die zweifachen:	und diese einmal reducirt die einfachen Intervalle:	deren Namen:
8 : 1 . .	. . 4 : 1 . .	. . 2 : 1 . .	die Oktave.
6 : 1 . .	. . 3 : 1 . .	. . 3 : 2 . .	die Quinte.
16 : 3 . .	. . 8 : 3 . .	. . 4 : 3 . .	die Quarte.
5 : 1 . .	. . 5 : 2 . .	. . 5 : 4 . .	die grosse Terz.
24 : 5 . .	. . 12 : 5 . .	. . 6 : 5 . .	die kleine Terz.
20 : 3 . .	. . 10 : 3 . .	. . 5 : 3 . .	die grosse Sexte.
15 : 2 . .	. . 15 : 4 . .	. . 15 : 8 . .	die grosse Septime.
36 : 5 . .	. . 18 : 5 . .	. . 9 : 5 . .	die kleine Septima.
9 : 2 . .	. . 9 : 4 . .	. . 9 : 8 . .	der grosse Ganzton.
40 : 9 . .	. . 20 : 9 . .	. . 10 : 9 . .	der kleine Ganzton.
64 : 15 . .	. . 32 : 15 . .	. . 16 : 15 . .	der grosse Halbton.
25 : 6 . .	. . 25 : 12 . .	. . 25 : 24 . .	der kleine Halbton.

C. B.

Dreifache Intervalle, s. Dreifach; Zusammengesetzte Intervalle.

Dreiflöte, eine Orgelstimme, deren Pfeifen dreiseitig sind und an jeder Seite
einen Aufschnitt haben.

Dreigestrichen ist der von der alten deutschen Tabulatur (s. d.) herstam-
mende Beiname der fünften Oktave (die Contraoktave abgerechnet) unseres Tonsystems, genauer bezeichnet, der 7. Oktave von $C_2 = 10$ Meter als Grundton aus-
gerechnet.   Die darin enthaltenen Töne werden dreigestrichene Töne oder
Noten genannt, weil sie, wenn durch Buchstaben ausgedrückt, mit drei kleinen Quer-
strichen über den (kleinen) Buchstaben geschrieben werden, z. B. c, d, e, f u. s. w.

In neuerer Zeit pflegt man die Striche meist durch eine
dem Buchstaben rechts oben (oder auch unten) beigefügte
kleine Zahl von gleichem Betrage zu ersetzen, also $c^3, d^3,$
$e^3, f^3,$ oder c_3, d_3, e_3, f_3 u. s. w.   S. Notenschrift.   Auch versteht man unter
dreigestrichenen (oder dreigeschwänzten) Noten zuweilen die Vierund-
sechszigstel-Noten $\left(\mathcal{\beta} \text{ oder } \mathcal{F}\right)$, weil dieselben durch drei Striche oder Quer-
striche (auch Füsse oder Balken genannt) aufgezeichnet werden.

Dreigliederige Taktarten, s. unter Takt, Taktart.

Dreiklang (latein.: *Trias*) heisst im Allgemeinen: ein Accord von drei Tönen.
Ein Accord ist nach meiner Auffassung »ein Zusammenklang von mindestens drei
ihrer Höhe nach wesentlich verschiedenen Tönen, deren gegenseitige Beziehungen
an sich verständlich sind«. »An sich verständlich« sind Beziehungen zwischen den
einzelnen Tönen eines Zusammenklanges, wenn diese Töne — (für sich betrachtet
und ohne Berücksichtigung vorausgehender und nachfolgender Theile eines Tonsatzes)
— in Höhenverhältnissen stehen, die sich in die drei »Grundintervalle« (s.d.),
»reine Oktave«, »reine Quinte« und »grosse Terz« zerlegen lassen. (Siehe »Consonanz«, II. S. 571.)   In diesem Falle aber sind die Töne eines Zusammenklanges

unter einander verwandt. Dr. könnte man daher jeden Zusammenklang nennen, der aus drei wesentlich verschiedenen aber verwandten Tönen besteht. In der Regel bezeichnet man mit diesem Ausdrucke jedoch nur die Grund- und Stammformen der consonirenden Accorde (s. II. S. 572) und die aus drei Tönen bestehenden Stammformen der Hauptdissonanzen (s. II. S. 575 und 581). Unter diesen Formen finden sich nun folgende entsprechende Accorde: A. consonirende: 1. der »Dur-Dr.« (»*Trias harmonica major*«, auch »harter«, »grosser« oder »Haupt-Dr.« genannt, (s. II. S. 572), bestehend aus dem Grundtone, dessen (höherer) grosser Terz und reiner Quint (*a*), 2. der »Moll-Dr.« (»*Trias harmonica minor*«, auch »kleiner« und »weicher« Dr., s. II. S. 572), bestehend aus Grundton, kleiner Terz und reiner Quint (*b*); B. unter den Vorhaltsdissonanzen: 3. der »übermässige« Dr. (*Trias superflua*, s. II. S. 575), bestehend aus Grundton, grosser Terz und übermässiger Quint (*c*); C. unter den Dominantdissonanzen: 4. der »verminderte« Dr. (»*Trias deficiens*« oder »*Trias manca*«, s. II. S. 581), bestehend aus Grundton, kleiner Terz und verminderter Quinte (*d*). — Diese Accorde finden sich in jeder Tonart auf folgenden Stufen (s. II. S. 573, 580 und 586): 1. der »Dur-Dr.« in Dur (*e*) auf der ersten, vierten und fünften, in Moll (*f*) auf der fünften und sechsten; 2. der »Moll-Dr.« in Dur (*g*) auf der zweiten, dritten und sechsten, in Moll (*h*) auf der ersten undvierten; 3. der »übermässige« Dr. in Moll (*i*) auf der dritten; 4. der »verminderte« Dr. in Dur (*k*) auf der siebenten, in Moll (*l*) auf der zweiten und siebenten Stufe. Es sind dieses mit Ausnahme des übermässigen Dr.s dieselben Accorde, die auch Gottfr. Weber (»Versuch einer geordneten Theorie der Tonsetzkunst«, I. S. 199 ff. und II. S. 45) als Stammaccorde annimmt. Aeltere Tonlehrer nehmen noch einen verminderten Dr. auf der »willkürlich erhöhten« sechsten Stufe in Moll (*m*) an. (Ueber die Berechtigung hierzu sehe man unter Consonanz, II. S. 567 nach.) Der übermässige Dr. (*c* und *k*) hat in der Theorie noch nicht seit langer Zeit Bürgerrecht erlangt, seine Annahme ist aber nothwendig und berechtigt (s. II S. 575). Eingehenderes über denselben hat Weitzmann veröffentlicht. M. Hauptmann nimmt in der von ihm sogenannten »Molldurtonart«*) noch einen übermässigen Dr. der vertieften sechsten Stufe (*n*) an. (Siehe M. Hauptmann, »Lehre von der Harmonik«, S. 21.) Die Theoretiker des vorigen Jahrhunderts liessen ausser den beiden consonirenden Dr.n nur noch den verminderten als Stammaccord gelten, den einzelne von ihnen (z. B. Kirnberger) für consonirend hielten. (Ueber die Bezeichnung aller dieser Accorde in der Generalbassschrift sehe man die Artikel »Generalbass« und »Signaturen« nach.)

Der tiefste Ton eines Dr.s heisst der Grundton desselben; den zweiten Ton nennt man Terz, den dritten Quint. Wird einer der beiden zuletzt genannten Töne

*) Näheres über dieselbe findet man unter „Tonart."

tiefster Ton oder Basston, so entsteht eine »Umkehrung« oder eine »Verwechselung« (s. d.) des Dr.s (s. II. S. 572, 575 und 582). Diese Umkehrungen
heissen dann nicht mehr Dr.e, sondern man benennt sie nach den Intervallen, welche
die höheren Töne mit dem jedesmaligen Basstone bilden würden, wenn man die betreffende Form notirte. So erhält man »Terzsexten« oder kurz »Sextenaccorde« (a)
und »Quartsextenaccorde« (b). (Ueber diese Formen findet man Weiteres in den
betreffenden Artikeln und unter »Conson.«) Im Uebrigen kann jeder Ton einmal vorhanden sein (c) oder mehrfach (d, s. »Verdoppelung«), es kann jeder Ton
relativ höchster Ton werden (e, s. »Lagen«), die Töne können dicht bei einander
liegen (f, s. »Enge Harmonie«) oder über einen grösseren Abschnitt der Scala
zerstreut sein (g, s. »Erweiterte Harmonie«, »zerstreute Harmonie«):
sobald nur der Grundton im Basse liegt, so behält ein solcher Accord den Namen
»Dr.«

Notirt man die zuerst angegebene Form der Dr.e, so haben diese letzteren auf dem
Notensysteme, wenn man von den Versetzungszeichen absieht, alle gleiche Gestalt
($=:=$, $=:=$). Dadurch liessen sich viele Theoretiker verleiten, dieses rein äusser-
liche und zufällige Merkmal für das Hauptmerkmal des Begriffes »Dr.« zu halten.
Es war eben die sinnlose Anschauung, als komme es nicht auf den Klang eines
Accordes an, sondern nur auf seine Gestalt bei seiner Notirung, bis in die neueste
Zeit hinein fast allgemein verbreitet (s. II. S. 564 und 567). Man nannte daher
jede Notengestalt von obiger Form, d. h. jeden Zusammenklang, der als Grundton,
beliebige Terz und beliebige Quint notirt wurde, einen Dr. So erhielt man noch
eine weitere Anzahl von Dr.n, die man wohl gar als Grund- oder Stammaccorde
angesehen wissen wollte (s. unter »Accord«, I. S. 24). Diese Dr.e nannte man
»uneigentliche«, während die oben angeführten »eigentliche Dr.e« hiessen. In
der Regel werden noch folgende Dr.e als uneigentliche aufgeführt: 1. der »hartver-
minderte Dr.« (a), 2. der »doppeltverminderte Dr.« (b), 3. der »doppeltübermässige
Dr.« (c), 4. der »weichübermässige Dr.« (d), 5. »doppelalterirte Dr.e« (e). Den
ersten und zweiten dieser uneigentlichen Dr.e gebrauchte man zur Erklärung der
»übermässigen Quartsext« (f) und der »übermässigen Sextaccorde«
(g, s. d. und II. S. 587); die übrigen hielt man zur Begründung solcher Zusammenklänge für erforderlich, die durch Zufügung eines Tones (s. »übervollstän-
dige Accorde« und II. S. 588) oder durch Anwendung einer durch langjährigen
Gebrauch geheiligten musikalischen Orthographie (»alterirte Accorde«, s. II. S. 589)
aus bekannten Accorden entstehen, oder durch »zufällige Dissonanzen« (s. d.
und II. S. 591) gebildet werden.

Alle jene Fälle, welche die Annahme der uneigentlichen Dr.e als Stammaccorde zu
fordern scheinen, haben in dem Artikel »Consonanz und Dissonanz« ihre Erklärung gefunden, ohne dass noch andere als die obengenannten vier Dr.e angenommen zu werden brauchten. Jene naiven Pedanten erschweren daher die Theorie

durch Anwendung eines Verfahrens, das — abgesehen selbst von seiner gänzlichen Sinnlosigkeit — auch vollkommen überflüssig ist. Wollte man in derselben Weise mit Beziehung auf Septimen- und Nonenaccorde u. dergl. consequent fortfahren, so würde man mindestens mit Just. H. Knecht (»Elementarwerk der Harmonie«) 3600 Accorde annehmen müssen, »worunter allein 720 übelklingende Stammaccorde mit den wunderlichsten Namen (»kleinvermindertkleine traurigklingende Terzdecimenundecimennonenseptimenaccorde« u. s. w.) vorkommen und deren noch nicht einmal vollständiges Namenverzeichniss schon allein 15 Quartseiten füllt«. (Gottfr. Weber, a. a. O. I. S. 205.) Weitläufig lässt sich über den Begriff Dr. auch J. B. Scheibe aus (»Ueber die musik. Compos.« I.).   Otto Tiersch.

Dreist, Karl August, trefflich gebildeter Dilettant, geboren am 20. Decbr. 1784 zu Rügenwalde in Pommern, gestorben als Regierungs- und Schulrath am 11. Septbr. 1836 zu Stettin, war ein Schüler Pestalozzi's und veröffentlichte u. A. einen Aufsatz »über die Gesangbildungslehrer nach Pestalozzi'schen und Nägeli'schen Grundsätzen«. Er hat auch Lieder im jugendlichen und im Volkston componirt.

Dreistimmig (triphonisch) oder **dreistimmiger Satz** heisst ein Tonsatz, in welchem sich eine Ober-, eine Mittel- und eine Grundstimme gleichzeitig bei melodischer Verschiedenheit harmonisch vereinigen, sei es nun, dass die Vereinigung auf einem einzigen Instrumente, z. B. auf dem Clavier, oder auf verschiedenen hergestellt wird, in welchem Falle man den dreistimmigen Satz Trio (s. d.) nennt, oder dass drei Singstimmen das dreistimmige Verhältniss ergeben, in welchem Falle die Bezeichnung Terzett (s. d.) gebraucht wird. Die Behandlung der drei Stimmen ist, wie bei jeder mehrstimmigen Setzart, eine verschiedene, entweder so, dass die Oberstimme oder Hauptstimme die Melodie führt und die beiden anderen sich nur ausfüllend oder begleitend verhalten, ein Verhältniss, welches eine vorwiegend harmonische Setzart beansprucht, oder so, dass alle drei auf eine mehr oder minder concertirende Weise sich aussprechen, jede einzelne selbständig melodisch entwickelt und gleichen Antheil an der Durchbildung des Tongedankens nimmt. Letztere Behandlungsart wird polyphon genannt; sie gestattet und verlangt sogar die Anwendung aller Mittel der höheren Setzkunst (Imitation, Kanon, Fuge u. s. w.). In beiden Fällen können sich zu den drei Stimmen noch andere gesellen, entweder einfach verstärkend oder harmonisch füllend, ohne dass dieselben jedoch einen selbständigen Antheil an der Durchführung des Hauptgedankens nehmen dürfen; ja in Vocalsätzen kann den drei obligaten Stimmen eine vierte Füllstimme beigegeben werden. Das Nähere über die Behandlungsart der Stimmen im Trio- und Terzett findet man unter den Specialartikeln, sowie unter Harmonie, Modulation, Polyphonie u. s. w. — Die ältesten, uns noch bekannten Beispiele von dreistimmiger Harmonie, in welcher zwei Stimmen in Terzen, Quarten und Sexten gehen, und der Bass dann und wann die Accorde bestimmt, fallen in das 13. und 14. Jahrhundert unserer Zeitrechnung, und man findet solche z. B. in den Gesängen des Adam de la Hale (1250 bis 1280), des Francesco Landino (1350 bis 1410) u. s. w. — Dreistimmig als Vorschrift für den musikalischen Vortrag wird gewöhnlich durch den italienischen Ausdruck *a tre voci* oder kurzweg *a tre* wiedergegeben.

Dreitaktige Satzbildung, s. Dreier und Periodenbau.

Dreiviertel-Takt (französ.: *Mesure à trois temps*) ist diejenige der einfachen ungeraden Taktarten, welche drei Viertheile als Taktglieder enthält. Er wird durch die Zifferbezeichnung $^3/_4$ dem betreffenden Tonstücke vorgeschrieben. S. Takt, Taktart.

Dreizweitel- oder **Dreihalbe-Takt** (französ.: *Mesure à trois blanches*) heisst die einfache ungerade Taktart, die aus drei halben Noten oder Schlägen zusammengesetzt ist. Er wird durch die Ziffer $^3/_2$ angezeigt. S. Takt, Taktart.

Dreschke, Georg August, Claviervirtuose und Lehrer des Pianofortespiels am königl. Institut für Kirchenmusik in Berlin, geboren ebendaselbst im J. 1798, hat besonders als Erfinder einer neuen Art von Claviatur von sich reden gemacht.

Bei derselben lagen alle Claves in gleicher Fläche, so dass also die Obertasten ganz wegfielen. Ein Instrument dieser Construktion führte D. 1835 öffentlich in einem Concerte in Berlin vor. Die allgemeine Einführung und Verbreitung dieser Erfindung verhinderte die dadurch nicht gewonnene Erleichterung des Spiels und die durch dieselbe gänzlich veränderte Art der Fingersetzung. Ausserdem ist D. als Componist von ein- und mehrstimmigen Liedern und kleineren Claviersachen aufgetreten und hat auch ein »System der acht Kirchentonarten nach Mortimer« (Berlin, 1834) veröffentlicht. Er starb am 6. Aug. 1851 zu Berlin.

Drese, Adam, deutscher Componist, berühmt als Meister im Recitativstyl, geboren um 1630 im Thüring'schen, wurde in seiner Jugend von Herzog Wilhelm IV. von Weimar zu dem berühmten Kapellmeister Marco Sacchi nach Warschau geschickt, um unter dessen Anweisung die Composition zu studiren. Von da zurückgekehrt, wurde D. Kapellmeister in Weimar, später, unter der Regierung Herzog Bernhards auch noch Kammersecretär und Stadt- und Amtsschulze zu Jena. Der Tod des Herzogs beraubte ihn aller dieser Stellen, und in gedrückter Stimmung, wie er war, suchte er Trost im Studium der Schriften der Pietisten, besonders Spener's. Dieser, dem ehemaligen Lebemann, der D. gewesen, gefährlichen Beschäftigung entriss ihn ein Ruf als Kapellmeister nach Arnstadt, wo er wieder eine rege musikalische Thätigkeit entfaltete und 1718 starb. Die Zahl seiner Kirchen- und Kammermusikwerke (auch einige Opern hat er geschrieben) war eine sehr grosse; bis auf Fragmente hin ist aber alles mitsammt den Titeln als verloren gegangen zu betrachten. Was man von seinen Werken noch weiss, beschränkt sich auf Folgendes: D. war Dichter und Componist des heute noch gesungenen Chorals »Seelenbräutigam« (um 1690 entstanden, 1704 in Freylinghausen's Gesangbuch befindlich), sowie der Kirchenlieder »Jesus, Gottes Lamm« und »Jesus, ruf' mich von der Welt«. Ferner hat er schon 1657 die Melodien zu Georg Neumark's »patriotischem Lustwalde«, sowie zu mehreren Liedertexten von Büttner geschrieben. Endlich existirt noch von ihm eine 1772 zu Jena gedruckte Sammlung von Allemanden, Couranten, Sarabanden, Balletten, Arien und Intraden. Mattheson nennt D. auch als Verfasser einer Abhandlung von der Composition, von der sonst nicht das Geringste bekannt ist. Hochgerühmt wurde seiner Zeit die Art und Weise, wie D. das Recitativ musikalisch zu behandeln wusste.

Drese, Johann Samuel, fruchtbarer Componist, Schüler und Verwandter des Vorigen, geboren 1644, war zuerst Hoforganist zu Jena, seit 1683 Hofkapellmeister zu Weimar und starb daselbst am 1. Dechr. 1716. Auch seine Werke sind verloren gegangen. — Sein Sohn, Johann Wilhelm D., war ebenfalls ein in seiner Zeit beliebter und fleissiger Componist und starb 1745 zu Erfurt mit dem Titel eines herzogl. Weimar'schen Vice-Kapellmeisters.

Dresel, H. E., Gesanglehrer am Seminar zu Detmold, ein Schüler Friedr. Schneider's in Dessau, hat ein- und mehrstimmige Lieder, meist Schulgesänge, componirt und eine Sammlung der letzteren, sowie ein Choralbuch veröffentlicht.

Dresel, Otto, trefflicher Pianist und begabter Componist, geboren 1826 zu Andernach am Rheine, machte seine höheren musikalischen Studien bei Ferd. Hiller in Köln und auf dem Conservatorium in Leipzig bei Mendelssohn. Nach des Letzteren Tode verliess er Europa und lebte von 1848 bis 1851 als Musiklehrer in New-York, wo er die ersten grösseren Proben seiner künstlerischen Tüchtigkeit und Gediegenheit ablegte. Im J. 1852 siedelte er nach Boston über und gründete später daselbst ein Musikinstitut. Seine Compositionen bestehen überwiegend in Solostücken für Pianoforte sowohl wie für Gesang; ausserdem hat er grössere Kammermusikwerke, Trios, Quartette u. s. w. geschrieben, welche von competenter Seite her ein vorzügliches Lob erfahren haben.

Dresig, Sigismund Friedrich, musikkundiger deutscher Gelehrter und Pädagog, geboren zu Wolberg um 1680, war in der ersten Hälfte des 18. Jahrhunderts Conrektor und Magister an der Thomasschule zu Leipzig und veröffentlichte u. A. ein Werk von musikalisch-philologischem Interesse, betitelt: »Commen-

tatio critica de Rhapsodis, von alten Meistersängern, *quorum vera origo, antiquitas et ratio ex auctoribus et scholasticis graecis traditur* (Leipzig, 1734).

Dreslerus, Gallus, ein deutscher Magister und erfahrener Kirchencomponist, geboren zu Nebra in Thüringen um 1535, war um 1558 Cantor zu Magdeburg und von 1566 an Diaconus an der Nicolaikirche zu Zerbst. Sein Todesjahr ist nicht bekannt geblieben. Er schrieb gegen 250 vier- und noch mehrstimmige geistliche Cantionen (Canzonen), die in Magdeburg und Wittenberg in verschiedenen Ausgaben im Druck erschienen, ferner eine Sammlung vier- und fünfstimmiger »auserlesener deutscher Lieder« (Magdeburg, 1570; Nürnberg, 1575). Endlich kennt man von ihm noch eine theoretische Schrift, betitelt: *»Elementa musicae practicae in usum scholae Magdeburgensis«* (Magdeburg, 1571).

Dressler, Christoph, deutscher Orgelbauer, der zu Ende des 17. Jahrhunderts zu Leipzig lebte. Von demselben ist bekannt, dass er 1685 das grosse Werk in der St. Johanniskirche zu Zittau baute, welches am 19. August des genannten Jahres eingeweiht wurde. Dies Werk soll im siebenjährigen Kriege durch die Oesterreicher zerstört, 1741 jedoch durch Gottfr. Silbermann neu geschaffen worden und noch heute im Gebrauch sein. Vgl. Dr. Joh. Bened. Carpzovii *Analecta Fastorum Zittaviensium T. I. p.* 61.   †

Dressler, Ernst Christoph, einer der beliebtesten deutschen Sänger des 18. Jahrhunderts und zugleich gründlich gebildeter Tonkünstler, geboren 1734 zu Greussen im Schwarzburg'schen, erhielt seinen ersten musikalischen Unterricht in Sondershausen, schlug aber zunächst die wissenschaftliche Laufbahn ein und studirte an den Universitäten zu Halle, Jena und Leipzig. In letzterer Stadt warf er sich von 1754 bis 1756 wieder mit allem Eifer auf die Musik und galt bald als ein ebenso trefflicher Sänger wie Violinspieler. Um sich bei der berühmten Sängerin Turcotti vollends auszubilden, ging er nach Baireuth, wurde in die dortige Hofkapelle gezogen und dann zum Kammersecretär ernannt. Als der Markgraf gestorben war, kam er 1763 mit denselben Titeln und in gleicher Stellung an den herzoglichen Hof in Gotha, nahm aber 1766 daselbst seinen Abschied, zog nach Wetzlar und wurde 1767 Secretär und Kapelldirector des Fürsten von Fürstenberg. In diesem Amte blieb D. bis 1771 und wandte sich dann nach Wien, wo er sich mit dem grössten Beifall öffentlich, sowie bei Hofe hören liess. Im J. 1775 folgte er einem Rufe als Hofopernsänger nach Kassel und starb daselbst am 6. April 1779. — Sowie als Sänger ist D. als Componist zahlreicher Lieder und Liedersammlungen mit der grössten Auszeichnung zu nennen, nicht minder als Musikschriftsteller, aus dessen Feder man kennt: »Fragmente einiger Gedanken des musikalischen Zuschauers, die bessere Aufnahme der Musik in Deutschland betreffend« (Gotha, 1764), »Gedanken über die Vorstellung der Alceste« (Erfurt und Leipzig, 1774) und »Theaterschule für die Deutschen, das ernsthafte Singspiel betreffend« (Hannover, 1774). Diese Schriften gehören weitaus mit zu dem besten, was die Literatur des vorigen Jahrhunderts auf gleichem Gebiete hervorgebracht hat.

Dressler, Johann Friedrich, zu Halle an der Saale um 1760 geboren, lebte als privatisirender Gelehrter in Magdeburg und gab »Beiträge zu Fischer's Versuchen in der Ton- und Dichtkunst« (Magdeburg, 1791) heraus.   †

Dressler, Raphael, ausgezeichneter deutscher Flötenvirtuose, geboren um 1784 zu Gratz, machte schon als Jüngling durch die Fertigkeit und den Ausdruck, der ihm auf seinem Instrumente zu eigen war, Aufsehen und wurde 1809 als erster Flötist im Orchester des Kärnthnerthor-Theaters in Wien angestellt. Im J. 1817 trat er in derselben Eigenschaft in die königl. Kapelle zu Hannover. Mit Empfehlungen vom dortigen Hofe versehen, ging er 1820 nach England, hatte dort als Virtuose und Lehrer grosse Erfolge und kehrte erst 1834 nach Deutschland zurück. Im Begriff, mit seiner Familie nach Mainz überzusiedeln, starb er an letzterem Orte am 12. Febr. 1835. Als Componist ist D. mit etwa 100 Werken für Flöte mit und ohne Begleitung hervorgetreten, von denen gegen 70, bestehend aus Concerten, Variationen, Etuden u. s. w. im Druck erschienen sind und auf einen Tondichter hinweisen, der es im vollen Maasse verstand, angenehm, gewandt und dankbar zu schreiben.

Dreszer, A. W., talentvoller Componist der Gegenwart, geboren am 28. April 1843 zu Kalisch, erhielt seine musikalische Ausbildung besonders in Dresden, wo er Compositionsschüler des königl. Kapellmeisters Karl Krebs wurde. Selbständig trat er zuerst mit einer Clavier-Sonate hervor, welche mit Recht eine glänzende Beurtheilung erfuhr. Mit Vorliebe warf sich D. in Dresden und bei einem späteren längeren Aufenthalte in Leipzig auf das Studium der Werke der neudeutschen Richtung in der Musik, und unter der Einwirkung derselben sind zwei, ebenfalls im Druck erschienene Sinfonien componirt worden, welche allerdings grosses Talent und Geschick nicht verleugnen, aber nicht frei von Ueberschwänglichkeiten und Ausschreitungen sind und eine Periode der Abklärung ihres Componisten erst in Aussicht stellen. Gegenwärtig lebt und wirkt D. in Halle.

Dretzel, Cornelius Heinrich, deutscher Componist und Orgelspieler, geboren um 1705 zu Nürnberg, stammte wahrscheinlich aus der in Nürnberg seit über 100 Jahren rühmlichst bekannten Musikerfamilie gleichen Namens und war in seiner Vaterstadt nach einander als Organist an der St. Egidien-, an der St. Lorenz- und an der St. Sebaldkirche thätig, in welcher letzteren Stellung er 1773 starb. Von seinen musikalischen Arbeiten sind nur ein Clavierconcert mit dem Separattitel: »Harmonische Ergötzung« und ein Choralbuch erhalten geblieben, dessen vollständiger Titel lautet: »Des evangelischen Zions musikalische Harmonie u. s. w. nebst einem Anhange und einer historischen Vorrede von Ursprung, Alterthum und sonstigen Merkwürdigkeiten des Chorals« (Nürnberg, 1731).

Dretzel, Valentin, deutscher Orgelvirtuose und Tonsetzer, vielleicht ein Vorfahre des Vorigen, war zu Anfang des 17. Jahrhunderts Organist an der St. Lorenzkirche zu Nürnberg und hat eine Sammlung drei- bis achtstimmiger Motetten unter dem Titel: »*Sertulum musicale ex sacris flosculis contextum*« (Nürnberg, 1621) veröffentlicht. — Sein Sohn, Wolfgang D., geboren 1630 zu Nürnberg und ebendaselbst angeblich schon 1660 gestorben, war ein ebenso geschickter wie berühmter Lautenspieler.

Dreux, Jacques Philippe, französischer Flötentraversist, wahrscheinlich in Paris angestellt und daselbst 1730 gestorben, hat bei Roger in Amsterdam 3 Bücher Fanfaren für zwei Trompeten oder Schalmeyen, sowie *Airs pour 2 Clarinettes au Chalumeaux* veröffentlicht. — Sein Sohn, Clavierspieler und Musiklehrer in Paris, hat eine Unzahl damals sehr beliebter Potpourris zusammengestellt und auch eine Clavierschule herausgegeben.

Drewis, F. G., ein deutscher Musikliebhaber, der um die Wendezeit des 18. und 19. Jahrhunderts lebte und 1812 noch nicht verstorben war, ist der Verfasser eines Buches, betitelt: »Freundschaftliche Briefe über die Theorie der Tonkunst und Composition« (Halle, 1797), welches Buch Gerber zwar lobend erwähnt, das er aber auch von dilettantischer Oberflächlichkeit nicht freispricht.

Drexel, Kapellmeister an der Domkirche zu Augsburg bis zu Ende des 18. Jahrhunderts, soll sich auch als Componist zahlreicher Kirchenstücke ausgezeichnet haben. — Ein anderer Tonkünstler, Friedrich D. geheissen, war als Guitarrevirtuose und als Componist für sein Instrument rühmlichst bekannt. Es sind einige 50 Modecompositionen, auch Gesänge von ihm im Druck erschienen.

Dreyer, italienischer Tonkünstler, von deutschen Eltern zu Florenz abstammend, zeigte frühzeitig eine schöne, bildungsfähige Stimme und wurde, der Zeitsitte gemäss, entmannt, damit dieselbe erhalten bliebe. Im J. 1729 war er an der Oper zu Breslau und später in Dresden thätig, wo er auch einige Arien seiner Composition zu Gehör brachte. Burney in seinen musikalischen Reisen Band I, der Florenz 1770 besuchte, fand dort D. als Pater in vorgerückten Jahren noch immer musikalisch thätig und hörte eine Motette seiner Arbeit in der Kirche *Dell' Annunciata* daselbst, an welcher D. damals Kapellmeister war. Vgl. Burney, Musikalische Reise Band I, Seite 182.   †

Dreyer, Johann, ein deutscher Geistlicher, der auch als praktischer wie theoretischer Musiker Ruf besass, in Salzburg angestellt war und daselbst am 6. Octbr. 1667 starb. Von seinen Compositionen ist nichts erhalten geblieben.

Dreyer, Johann Konrad, ein fleissiger deutscher Tonkünstler und guter Sänger, geboren 1672 zu Braunschweig, war der Sohn eines armen Schuhmachers. Als Zögling der Martinsschule unterrichtete ihn der Cantor Günther im Gesange. Schon 1688 musste D. selbständig für seinen Unterhalt sorgen, vermochte aber weder in Blankenburg, noch in Klausthal, wohin er sich wandte, eine wenn auch kümmerliche Existenz sich zu gründen. Endlich wurde er seiner inzwischen hervorgetretenen schönen Tenorstimme wegen im Martinschor in Braunschweig angestellt und erhielt auch beim Kapellmeister Theile Unterricht in der Composition. Dieser empfahl seinen Schüler dem Theater in Hamburg, dessen Oper damals blühte, und dort trat auch D. im J. 1700 zum ersten Male auf. Seine guten musikalischen Kenntnisse verschafften ihm 1709 die Musikdirectorstelle an dortiger Bühne, die er bis 1713 inne hatte, wo die Pest dem Theater ein Ende machte. Er lebte nun als Musiklehrer, bis er 1714 als Cantor und Musikdirektor an die Michaeliskirche nach Lüneburg berufen wurde. Dort wirkte er mit Treue und Eifer für Hebung der Musik und Verfeinerung des Geschmacks durch Hebung der Aufführungen in der Kirche und durch Errichtung eines gut geschulten Orchesters. In dieser Stellung starb er im J. 1745. Als Componist war er in keiner Weise hervorragend.

Dreyer, Johann Melchior, fruchtbarer deutscher Kirchencomponist, geboren um 1765 zu Ellwangen und gestorben ebendaselbt als Domorganist im ersten Viertel des laufenden Jahrhunderts, hat durch den Druck veröffentlicht: zahlreiche Landmessen, 28 Vespern und 24 kurze Hymnen, ferner eine grosse Menge von Offertorien, Tantum ergo, Orgelsonaten u. s. w. Noch lange nach seinem Tode waren seine Compositionen in allen katholischen Kirchenchören Süddeutschlands einheimisch.

Dreyschock, Alexander, einer der vorzüglichsten und berühmtesten Pianoforte-Virtuosen der jüngst verflossenen Gegenwart, wurde am 15. Octbr. 1818 zu Zack in Böhmen geboren, wo sein Vater gräflich Thun'scher Güterdirector war. Früh schon musikalisch unterrichtet, konnte D. sich bereits in seinem achten Jahre öffentlich hören lassen, worauf 1833 seine höhere Ausbildung auf dem Claviere Tomaschek in Prag übernahm, zu dessen besten Schülern er sehr bald zählte. Mit liebevoller Sorgfalt unterrichtete ihn dieser hochgeschätzte Lehrer auch in der Composition, so dass D. mit einer bewundernswürdigen Technik, namentlich auch in der linken Hand, sowie überhaupt mit gediegenen musikalischen Kenntnissen ausgestattet, im December 1838 seine erste überaus erfolgreiche Kunstreise durch Deutschland antreten konnte. Von Prag aus, wo er seinen Wohnsitz nahm und sich auch mit Glück mit der völligen Ausbildung talentvoller Pianisten befasste, reiste er concertirend 1840 bis 1842 nach Russland, sodann nach Belgien, Frankreich und England, 1846 nach Holland, Oesterreich und Ungarn und 1849 nach Dänemark und Schweden, überall Triumphe feiernd und von der Kritik mit Lobsprüchen überhäuft. Namentlich wurde seine Bravour und seine Fertigkeit in der linken Hand, sowie in Octaven-, Sexten- und Terzen-Passagen als unvergleichlich hervorgehoben. Als ihn der greise J. B. Cramer zum ersten Male in Paris hörte, soll er den ehrenvollen Ausspruch gethan haben: »D. hat keine linke Hand, dafür aber zwei rechte Hände!« Im weiteren Verlaufe besuchte D. die schon erwähnten Länder wiederholt, erfreute sich stets der glänzendsten Aufnahme und brachte immer neue Ehrenbezeugungen und Titel mit heim. So wurde er Ritter mehrerer ausländischer Orden, ferner österreichischer Kammervirtuose, hessen-darmstädtischer Titular-Hofkapellmeister, mecklenburgischer Hofcomponist, Ehrenmitglied verschiedener musikalischer Vereine und Gesellschaften u. s. w. Im J. 1862 folgte er einem Rufe als Professor des Pianofortespiels an das neu errichtete Conservatorium in St. Petersburg und wurde zugleich zum Direktor der kaiserl. Theater-Musikschule und zum russischen Hofpianisten ernannt. Das nordische Klima übte jedoch üble Ein-

flüsse auf seinen Körper aus, deren Folgen häufige Urlaubs- und Erholungsreisen
nach Deutschland nicht zu hemmen vermochten. Es entwickelte sich nach und
nach die Miliar-Tuberculose in ihrer bedenklichsten Gestalt, so dass ihn die Aerzte
im Winter 1868 nach Italien schickten. Dort erlag er seinen Leiden am 1. April
1869 zu Venedig. Seine Leiche wurde, dem Willen seiner Familie gemäss, nach
Prag geschafft und dort mit ausgesuchten Ehrenbezeugungen bestattet. — D.'s Compositionen für Pianoforte, bestehend in Fantasien, Variationen, Charakterstücken,
Etuden u. s. w. sind zahlreich und gehören der besseren modernen Salon-Richtung
an. Die Erfindung ist nicht bedeutend, die Ausarbeitung jedoch correct, geschmackvoll und auf eine brillante, glänzende Technik berechnet oder zu einer solchen hin-
leitend. Ausserdem ist von ihm noch eine Sonate, ein Rondo mit Orchester, ein
Streichquartett und eine Ouvertüre für Orchester bekannt geworden, aus denen
Talent auch für den grösseren Styl und ein guter reiner Satz vortheilhaft hervortreten. Auch mit der Composition einer Oper soll sich D. befasst haben, obwohl
er sich sonst in der Vocalcomposition keinen Namen gemacht hat; es ist aber nichts
weiter von einer solchen bekannt geworden.

Dreyschock, Raymund, der jüngere Bruder des Vorigen, ein trefflicher Vio-
lin-Virtuose, geboren am 20. August 1820 gleichfalls zu Zack, erhielt seine höhere
Ausbildung von Pixis in Prag und machte in Begleitung seines Bruders mehrere
Kunstreisen, bis er 1850 einen Ruf als Concertmeister neben Ferd. David für das
Gewandhaus- und Theaterorchester in Leipzig, sowie als Lehrer der Violinklasse
am dortigen Conservatorium erhielt und annahm. In diesen Stellungen wirkte er
geräuschlos, aber Nutzen stiftend bis kurz vor seinem Tode, der am 6. Febr. 1869
zu Stötteritz bei Leipzig erfolgte. — Seine Gattin, Elisabeth D., eine ausgezeichnete Sängerin, welche in Leipzig mit Erfolg als Gesanglehrerin thätig gewesen war
und ein Gesanginstitut errichtet hatte, siedelte mit dieser Anstalt 1870 nach Berlin
über und zählt auch dort zu den besten und geschätztesten Lehrerinnen ihres
Faches.

Dreyssig, Anton, trefflicher Clavier- und Orgelspieler, geboren 1776 zu Ober-
leutensdorf in Böhmen, kam schon 1786 nach Dresden und wurde in der Theorie
und Praxis der Musik ein fleissiger Schüler von Franz Hurka und Arnest. Von
dem Letzteren bevorzugt, wurde er auch dessen Nachfolger als königl. Hoforganist,
als welcher D. am 28. Januar 1815 zu Dresden gestorben ist. Ein besonderes,
musikgeschichtliches Verdienst hat er sich durch die Errichtung der nach dem
Muster der Zelter'schen in Berlin eingerichteten Singakademie in Dresden erworben, die noch heute seinen Namen führt, in Blüthe steht und zuerst von seinem
Nachfolger am Organistenamte Johann Schneider geleitet wurde und jetzt vom
königl. Hoforganisten G. Merkel mit der traditionellen Tendenz, auf die Dresdner
Musikzustände wohlthätig und fördernd einzuwirken, trefflich dirigirt wird.

Drieberg, Friedrich von, deutscher Musikgelehrter und Componist, der sich
namentlich um eine genauere und tiefere Erforschung der altgriechischen Tonkunst,
sowie um Hervorziehung und richtigere Beleuchtung der vom Alterthum aufge-
stellten Systeme ganz besondere Verdienste erworben hat. D. wurde am 20. Decbr.
1780 zu Charlottenburg geboren und erhielt eine Erziehung, die es auf eine möglichst vielseitige Ausbildung seines Geistes und Gemüthes absah. Musik und alte
Sprachen betrieb er mit Vorliebe, und er benutzte seine Universitätsstudien seit
1798 dazu, sich in diesen Disciplinen fest und sicher zu machen. Aristokratischen
Grundsätzen und dem Wunsche seiner Familie gemäss, trat er dann in den Militärdienst, dem er aber sofort nach erlangter Selbständigkeit entsagte, um sich auf
Reisen zu begeben und seine Anschauungen zu bereichern. Im J. 1804 nahm er
einen mehrjährigen Studienaufenthalt in Paris und erhielt im Verlaufe desselben
bei Spontini Compositionsunterricht. Als Erstlingsfrucht seiner musikalisch-anti-
quarischen Bemühungen erschien in der Leipziger allgemeinen musikalischen Zeitung von 1817 No. 51 eine grössere Abhandlung von ihm und bald darauf im Zusammenhange damit das Buch »die mathematische Intervallenlehre der Griechen«
(Leipzig, 1818), welches, trotz vieler dilettantenhaft und oberflächlich begründeten

Ansichten Aufsehen machte, hauptsächlich weil es die Aufmerksamkeit und das Interesse der gelehrten Welt wieder auf ein Gebiet lenkte, das bisher fast brach gelegen hatte. In weiterschreitender Folge auf der mit Glück betretenen Bahn veröffentlichte D. seine »Arithmetik der Griechen« (Leipzig, 1819) und sein Hauptwerk »Aufschlüsse über die Musik der Griechen« (Leipzig, 1819); ferner »die musikalische Wissenschaft der Griechen« (Berlin, 1820), »die praktische Musik der Griechen« (Berlin, 1821) und »die pneumatischen Erfindungen der Griechen« (Berlin, 1822). Wenn auch sehr vieles in diesen Werken sich nach jetziger Einsicht als unrichtig aufgefasst und voreilig interpretirt erweist, so darf man das hohe Verdienst D.'s nicht unterschätzen, andere, ihm überlegene Gelehrte erst auf die weitere und genauere Erforschung der in das Dunkel gehüllten antiquarischen Tonlehre geführt und eine ganz neue Erkenntniss derselben wenigstens vorbereitet zu haben. Bald genug trat er mit den ihm überlegenen Geistern in die literarische Fehde, welche aus dem genannten Grunde für ihn, der meist den Kürzeren zog, keineswegs unehrenvoll zu nennen ist. Seine Aufsätze in der Zeitschrift »Cäcilia«, Jahrg. 1825 »über die Stimmung der griechischen Instrumente« und »über das Monochord« regten den Widerstreit des greisen Chladni an, der in einer Abhandlung in derselben Zeitschrift (Bd. 5, S. 279 u. ff.) »über die Nachtheile der Stimmung in ganz reinen Quarten und Quinten, nebst noch einigen, die ältere und neuere Musik betreffenden Bemerkungen« als wissenschaftlicher Gegner D.'s von akustischem Gebiete aus auftrat. Vorher schon hatte Perne zahlreiche Irrthümer und Oberflächlichkeiten in den Schlüssen und Behauptungen D.'s scharfsinnig aufgedeckt, und die Zahl der Angreifer wuchs, als D. sein »Wörterbuch der griechischen Musik« (Berlin, 1835) herausgab. D. richtete nun seine Hauptthätigkeit darauf, die griechische Musik, wie er sie erkannt und aufgefasst hatte, praktisch in der modernen Kunst zu verwerthen, jedenfalls das schwierigste und unfruchtbarste der Probleme, das er seiner Thätigkeit stellte. Als Ergebniss dieser Richtung ist das erst nach seinem Tode erschienene und ziemlich unbeachtet gelassene Werk zu betrachten, welches den Titel führt: »Die Kunst der musikalischen Composition, ein Lehrbuch für praktische Musiker zum Selbstunterricht nach griechischen Grundsätzen bearbeitet« (Berlin, 1858). Als Componist ist D. mit den grösseren Opern »Don Cocagno« und »der Sänger und der Schneider«, welche letztere nicht' ohne Erfolg aufgeführt wurde, hervorgetreten, ferner mit Singspielen, Instrumentalstücken und Liedern. Auch soll er eine Oper »Alfons von Castilien« hinterlassen haben, in der er die altgriechisch-musikalischen Grundsätze auf die Musik der Gegenwart anwendete. — D. selbst starb hochbetagt als königl. Preussischer Kammerherr am 21. Mai 1856 zu Charlottenburg. — Seine Gattin, Louise von D., war eine gute Dilettantin und hat einige Lieder für eine Singstimme mit Pianofortebegleitung ihrer Composition veröffentlicht.

Driflöte nennt man ein zuweilen in Orgeln vorkommendes Register, dessen Einzelpfeifen dreiseitig gefertigt sind und an jeder Seite einen Aufschnitt (s. d.) haben. Am häufigsten baute der Orgelbauer Schulze, geboren 1793 im Schwarzburgischen, die D., indem er diese Pfeifenbauart besonders für Stimmen von sehr enger Mensur geeignet hielt; durch diese Bauart behauptete Schulze eine leichtere Intonation und eine leichtere und sicherere Ansprache der Pfeifen zu erreichen. Wer zuerst dieses Orgelregister baute, ist bisher nicht bekannt geworden; in neuester Zeit findet man noch selten Jemand, der sich für die Ausführung der D. in Orgeln interessirt. †

Dritta (ital., französ.: *droite*), dasselbe was *destra* (ital., latein.: *dextra*), nämlich die rechte Hand.

Drittelston oder Drittheilston nennt man zuweilen in der mathematischen Klanglehre einen Tonhöhenunterschied, der, wie schon der Name sagt, entsteht, wenn man einen Ganzton in ungefähr drei gleiche Theile zerlegt. Derselbe ist natürlich kleiner als das Intervall, was wir Halbton nennen; die selbständige praktische Verwerthung des D. findet in der abendländischen Musik nicht statt. Der D. ergiebt sich vielmehr nur in der abendländischen mathematischen Klanglehre als Ueberschuss oder Differenz bei der Addition (s. d.) oder Subtraktion (s. d.)

diatonischer oder chromatischer Intervalle. Addirt man z. B. vier kleine durch das Verhältniss 6 : 5 darzustellende Terzen:

$$
\begin{array}{rl}
\text{I.} & 6 : 5 \\
\text{II.} & 6 : 5 \\
\hline
& 36 : 25 \\
\text{III.} & 6 : 5 \\
\hline
& 216 : 125 \\
\text{IV.} & 6 : 5 \\
\hline
& 1296 : 625
\end{array}
$$

so ist das Produkt derselben mit dem Verhältniss der Oktave, 2 : 1, verglichen:

$$\frac{1296}{625} \times \frac{2}{1} \quad 2592 : \left\{ \begin{array}{l} 1296 = \quad 2 : 1, \text{ kleinste Ration,} \\ 1250 = 1296 : 625, \text{ grösste Ration,} \end{array} \right\} \text{ nicht gleich.}$$

Subtrahirt man die kleinste von der grössten Ration:

$$
\frac{2}{1296} \times \frac{1}{625}
$$
$$
\overline{1296 : 1250}
$$

so erhält man die Ration: 2 | 648 : 625, welche Differenz man wohl einen D. zu nennen pflegt. Man nennt in neuerer Zeit den D. nur die grössere Diësis, indem man die Hülfsintervalle in der mathematischen Klanglehre entweder Komma (s. d.) oder Diësis (s. d.) benennt, und es sei um so mehr auf jene Artikel verwiesen, da in denselben das gegenseitige Verhältniss der Hülfsintervalle klar beleuchtet ist. Auch auf den Artikel Arabische Musik (s. d.) mag noch verwiesen werden, weil dort in der Tonlehre nachgewiesen wird, wie der D. der Tontheilung zu Grunde gelegt ist, und dadurch in den verschiedenen Tonleitern eine Tonstufenverschiebung bedingt wird, welche eben die arabischen Melodien uns in ihren Intervallen als falsch erscheinen lässt und umgekehrt. 2.

Drobisch, ein deutscher Tonsetzer der zweiten Hälfte des 18. Jahrhunderts, von dessen Leben nichts und von dessen Arbeit nur das Manuscript eines Magnificats für zehn Stimmen und sechs Duos für Flöte und Violine, op. 1, die 1786 in Berlin gestochen sind, bekannt sind. †

Drobisch, Karl Ludwig, fruchtbarer und nicht unverdienstlicher deutscher Kirchencomponist, geboren am 24. Decbr. 1803 zu Leipzig und gestorben am 20. Aug. 1854 zu Augsburg als freiresignirter Musikdirector der evangelischen Kirche St. Anna daselbst. Die Liebe zur Musik erwachte erst in ihm, als er die Fürstenschule in Grimma besuchte, aber alsbald auch so heftig, dass er dieser Kunst alle freie Zeit widmete, und es ohne Unterricht eines Lehrers, lediglich durch Selbststudium dahin brachte, dass er kleinere Werke, dann auch eine Cantate und Operette componirte. Gründliche und gediegene Unterweisung in der Harmonielehre und im Contrapunkt erhielt er erst vom J. 1821 an, wo er die Universität in Leipzig bezog und den Organisten J. A. Dröbs frequentirte, unter dessen Leitung viele von D.'s Motetten, Cantaten u. s. w. in den Leipziger Kirchen aufgeführt wurden. Im J. 1826 trat D. mit seiner ersten grossen Arbeit »Bonifacius«, Oratorium in zwei Abtheilungen, in einem der Gewandhausconcerte auf, brachte es aber nur bis zu einem sogenannten Achtungserfolg. Im Winter desselben Jahres besuchte er nach einer Reise durch Süddeutschland und Oberitalien München, wo er, einige Reisen nach dem nördlichen Deutschland und nach Ungarn abgerechnet, bis 1837 verblieb. An Ett sich dort eng anschliessend, studirte er auf der Bibliothek die Werke der alten Meister und erwarb sich die gründlichsten Geschichts- und Kunstkenntnisse. Er erhielt 1837 den Ruf als Musikdirector an St. Anna in Augsburg, gab aber diese Stellung bald wieder auf, componirte seitdem ausschliesslich Musikwerke für die katholische Kirche und wirkte als Lehrer der Tonkunst sehr erspriesslich. Er hat über hundert grössere und kleinere Kirchenstücke geschrieben, die auch meist durch den Druck veröffentlicht sind, darunter 12 grosse

Messen, 6 sogenannte Landmessen, 6 Gradualien, 6 Offertorien, 3 Litaneien, 3 Requien, Motetten u. s. w. Dieselben fanden ihres ernsten, religiösen Styls wegen, der allerdings häufig genug an Trockenheit streifte, allseitig, besonders in Baiern, Aufnahme und Anerkennung. A. W. Ambros fertigt sie und nicht ganz mit Unrecht mit der Bezeichnung »Mittelgut« ab. — D.'s Sohn, Theodor D., geboren 1838 in Augsburg, ist seit 1867 Musikdirector in Minden und hat sich als sehr talentvoller Componist durch tüchtige Arbeiten für Clavier, Sologesang und Männerchor ausgezeichnet.

Drobisch, M. W., Professor der Philosophie und Mathematik an der Universität zu Leipzig, veröffentlichte eine werthvolle Abhandlung »über musikalische Temperatur und Tonbestimmung« (Leipzig, 1852), in der er die Tonverhältnisse einer gründlichen Untersuchung unterzog und zu dem Schluss gelangte, dass nicht das System des Zarlino, sondern das reine Quintensystem als die natürliche Grundlage der Musik sich ergäbe.

Dröbs, Johann Andreas, rühmlichst bekannter Orgelspieler und Musiklehrer, geboren 1784 in der Nähe von Erfurt, wurde wissenschaftlich wie musikalisch zuerst von seinem Vater unterwiesen, welcher Schulmeister war. Auf das Gymnasium zu Erfurt gebracht, bildete sich D. hauptsächlich durch fleissiges Selbststudium weiter. Nachdem er schon in Erfurt Musikunterricht ertheilt und vielfach als Organisten-Substitut figurirt hatte, zog er 1808 nach Leipzig und wurde zwei Jahre später daselbst als Organist an der St. Peterskirche angestellt, in welchem Amte er am 4. Mai 1825 gestorben ist. Als Lehrer war er von weither gesucht, und als Componist hat er sich durch einige gute Orgel- und Clavierwerke vortheilhaft bekannt gemacht.

Droite (französ.), s. *Destra* (ital.).

Drolling, Johann Michael, tüchtiger Componist und Musikgelehrter, geboren 1796 zu Türkheim, kam in jungen Jahren nach Paris und wurde ein Schüler Méhul's. Als Musiklehrer lebte er bis zum J. 1839 in Paris, in welchem Jahre er starb. Er hat Claviercompositionen veröffentlicht und eine Harmonielehre im Manuscript hinterlassen.

Dromal, Jean, belgischer Componist des 17. Jahrhunderts, war Cantor an der Kirche des heiligen Kreuzes in Lüttich und veröffentlichte von seiner Composition ein »*Convivium musicum, in quo binis, ternis, quaternis, quinis et senis vocibus, nec non et instrumentis recolitur, cum basso continuo*« (Antwerpen, 1641).

Dropa, Matthias, ein trefflicher deutscher Orgelbauer, der zu Anfang des 18. Jahrhunderts zu Lüneburg lebte und u. A. daselbst die Orgel zu St. Johannis mit 47 Stimmen sowie 1710 ebenda die zu St. Michaelis mit 43 Stimmen gebaut hat. Vgl. Mattheson's Anhang zu Nieten's Mus. Handb. zur Variation des G.-B. p. 190 u. ff. †

Drot, Jean David, ein aus Frankreich stammender Tonkünstler, von dem nichts weiter bekannt ist, als dass er um 1729 in Dresden als königl. Kapellmeister und Kammermusikus angestellt war, wie auch der Dresdener Hof- und Staatskalender vom J. 1729 ergiebt.

Drost oder Trost, deutscher Orgelbauer aus Altenburg, hat in den Jahren von 1726 bis 1730 die Orgel zu Waltershausen mit 58 klingenden Stimmen erbaut. †

Drouaux, Henri Blaise, französischer Tonkünstler, der in der zweiten Hälfte des 17. Jahrhunderts in Paris als Musiklehrer lebte und eine »*Nouvelle méthode pour apprendre le plainchant et la musique*« (Paris, 1687) veröffentlichte.

Drouet, Louis (François Philippe), ausgezeichneter und berühmter holländischer Flöten-Virtuose, der überhaupt zu den allerersten Künstlern seines Faches zählt, wurde im J. 1792 zu Amsterdam geboren. Sein grosses Talent entwickelte sich auf einer Kinderflöte, die man ihm als Spielwerk gab und auf der er sich ohne Unterweisung Melodien einübte. Als er geregelten Unterricht erhielt,

brachte er es in sechs Monaten so weit, dass er sich mit einem Concert von Devienne in Amsterdam öffentlich hören lassen konnte. Sieben Jahr alt, spielte er
im Conservatorium zu Paris und im Saale der Grossen Oper und machte mit seinem
Vater, einem Handwerker, Kunstreisen. In die Heimath zurückgekehrt, war er,
trotz seiner Jugend, von 1807 bis 1810 Solo-Flötist und Lehrer des Königs Ludwig Bonaparte und musikalischer Secretär der Königin Hortense, für welche letztere
er u. A. auch aus einer zusammenhangslos vorgeträllerten Melodie die berühmt gewordene, der Königin zugeschriebene Romanze »Partant pour la Syrie« componirte.
(Vgl. Ein Erinnerungsblatt aus einem Künstlerleben, von L. Drouet, in J. Schuberth's kl. Musikztg. Jahrg. 1872 No. 3 u. 4.) Der ungeheure Beifall, den er 1807
in einem Concerte des Violinvirtuosen Rode in Amsterdam mit einer Flöten-Impro-
visation gewann, regte D. an, sein Instrument noch eingehender und anhaltender
zu studiren, und sein Ruhm verbreitete sich immer mehr. Im J. 1811 wurde er
zum ersten Solo-Flötisten Napoleons I. und zum Secretär der Prinzessin Pauline,
Schwester des Kaisers, ernannt und mit Geschenken und Auszeichnungen überhäuft; erstere Stellung verblieb ihm auch nach der Rückkehr der Bourbonen, am
Hofe Ludwig's XVIII. Seit 1817 unternahm er grosse, überaus einträgliche Kunstreisen durch fast alle Länder Europa's und verweilte auf denselben längere Zeit
nur in Neapel, wo er Generaldirector am San Carlo-Theater und im Haag, wo er
erster Flötist bei der Privatmusik des Königs der Niederlande, dann Theater-
Kapellmeister wurde. Im J. 1836 wurde er als herzogl. Hofkapellmeister nach
Coburg berufen und verwaltete dies Amt bis 1854, wo er sich pensioniren liess und
auf einige Monate nach New-York ging. Aus Amerika zurückgekehrt, lebt er
privatisirend abwechselnd in Gotha und Frankfurt a. M. — Als Flötist besass D.
eine glänzende, fast unübertroffen gebliebene Fertigkeit; besondere Bewunderung
fand sein Spiel in Passagen und mit sogenannter Doppelzunge. Sein Ton soll
nicht immer edel, oft dünn, mitunter scharf gewesen sein. Seine Compositionen,
aus etwa 150 Werken, als Concerte, Fantasien, Variationen, Rondos, Etüden, Duos,
Trios u. s. w. bestehend, sind von den Flötisten noch immer sehr gesucht, obwohl
sie im Allgemeinen den Modestyl an sich tragen und sich nicht über den Salon-
genre erheben.

    Drouet de Maupertuy, ein französischer Gelehrter, geboren um 1650 zu Paris,
war anfangs Jurist, später Mönch. In das musikalische Fach einschlagend, hat er
in den »Mémoires de l'académie française« vom Jahre 1724 eine Abhandlung sur
la forme des instruments de musique veröffentlicht.

    Droz, Pierre Jacquet, berühmter französischer Mechaniker, geboren am
28. Juli 1721 zu Lachaux de Fonds im Fürstenthum Neufchatel, war für den geistlichen Stand bestimmt, verliess aber diese Bahn aus lebhafter Neigung für mechanische Arbeiten und wurde Uhrmacher. Ueber gewöhnliche Handwerksarbeit sich
erhebend, suchte er mit Erfolg einzelne Theile des Uhrwerks zu vervollkommnen;
auch gelang es ihm, in den gewöhnlichen Uhren ein Glocken- und Flötenspiel anzubringen. Seine rastlosen Versuche, das Perpetuum mobile zu erfinden, brachten
ihn auf die wichtigsten Entdeckungen, deren Aufzählung nicht hierher gehört. Er
starb zu Biel am 18. Novbr. 1790. — Sein Sohn, Henri Louis Jacquet D., geboren am 13. Octbr. 1752 zu Lachaux de Fonds, beschäftigte sich von früh auf unter
Anleitung seines Vaters mit Mechanik. Als junger Künstler von 22 Jahren kam
er nach Paris, wo unter anderen von ihm erfundenen Werken ein künstliches Auto-
mat, darstellend ein junges Mädchen, das verschiedene Stücke auf dem Claviere
spielte, athmete, den Notenblättern mit Augen und Kopf folgte, nach geendetem
Spiele aufstand und die Gesellschaft grüsste, allgemeines Aufsehen erregte. Er
starb am 28. Novbr. 1791 in Neapel, wohin er zur Herstellung seiner Gesundheit
gereist war. Seine und seines Vaters Automaten befinden sich jetzt in Amerika.

    Druckbalg nennen die Orgelbauer und Mechaniker einen kleinen Orgelbalg
(Hülfsbalg), der vermöge einer stählernen Feder zusammengepresst und freigelassen
wird, wodurch der Wind nach Belieben verstärkt oder geschwächt werden kann.

S. auch Crescendozug. Den D. brachte zuerst der Mechaniker Kaufmann in Dresden bei seinem Chordaulodion (s. d.) an.

Druckenmüller, Christian Wolfgang, deutscher Tonkünstler, von dem nur bekannt ist, dass er nach 1660 Cantor in Schwäbisch-Hall gewesen und dass er als solcher ein Werk für Violine, Viola und Streichbass unter dem Titel »Musikalisches Tafelconfect« durch den Druck veröffentlicht hat.

Drucker oder Stecher nennt man in der Orgelbaukunst gewöhnlich achteckig gefertigte Stäbchen von Tannen- oder anderem festen Holze, die im Druckwerke (s. d.) verwendet werden. †

Druckfeder nennt man in der Instrumentalbaukunst jede Feder, welche einen anhaltenden Druck auszuüben bestimmt ist; besonders sind die D. an den Hülfsbälgen (s. Balg) und Spielventilen (s. d.) in der Orgel und bei der Dämpfung im Pianoforte als nothwendige mechanische Bestandtheile hervorzuheben. 0

Druckmüller, Johann Dietrich, berühmter deutscher Organist, in der zweiten Hälfte des 18. Jahrhunderts zu Norden in Ostfriesland angestellt, hat sich als Componist durch einige im Druck erschienene Clavierstücke bekannt gemacht. Auch als Lehrer hat er sich grössere Bedeutung erworben; sein hervorragendster Schüler war der als Kirchencomponist hochgeschätzte Adrian Bohlen.

Druckventil, auch wohl Versicherungsventil, nennt man ein Ventil (s. d.) bei der Orgel, das durch Luftdruck geöffnet oder geschlossen wird. 0

Druckwerk heisst in der Fachsprache der Orgelbauer die Art des Regierwerktheils, welche mittelst Druck die Fortpflanzung der Tastenbewegung, um die Oeffnung der entsprechenden Pfeife zu bezwecken, bewirkt, im Gegensatze zum Zugwerk (s. d.). Das D. in der Orgel hat auch eine verschiedenartige Einrichtung, je nachdem es die Umstände erheischen; man unterscheidet ein oberhalb und ein unterhalb der Taste befindliches. Das oberhalb der Taste befindliche D., meist in Manualen angewandt, ist aus einer Drahtschraube, zwei Winkeln (s. d.), dem Drucker (s. d.), der Abstrakte (s. d.) u. s. w. zusammengesetzt. Die Drahtschraube. welche in der Taste befestigt ist, geht durch einen in der Ruhe wagerechten Winkelarm und wird mittelst einer Mutter aus starkem Leder in seiner Länge zum Winkelarme regulirt. Der erste Winkel, in seinem Scheitel um einen Stift bewegbar, ist mittelst eines Drahtstiftes mit dem Drücker zusammenhängend, der wieder vermöge eines andern Drahtstiftes mit dem andern in gleicher Weise beweglichen Winkel, und zwar mit dem in der Ruhelage senkrecht stehenden Arme desselben, verbunden ist. Der wagerechte Arm dieses zweiten Winkels hängt unmittelbar mit der Abstrakte zusammen. Durch diese Zusammensetzung bewirkt das Niederdrücken der Taste das Herabziehen des wagerechten Armes des ersten Winkels, wodurch der vertikale Arm des Winkels den Drücker fortschiebt; dies Fortschieben verursacht die Bewegung des senkrechten Armes des zweiten Winkels aus seiner Ruhelage, durch welche veränderte Lage der wagerechte Arm die Abstrakte herabziehen muss. Die Abstrakte bewirkt mittel- oder unmittelbar die Oeffnung der Canzelle. — Das unterhalb der Taste angebrachte D., meist in Pedalen gebaut, zählt den Drucker, die Welle (s. d.) und die Abstrakte u. s. w. als Bestandtheile. Unmittelbar unter der Taste befindet sich der Drucker, welcher durch eine Drahtschraube mit derselben in Zusammenhang gebracht ist. Zu dieser Verbindung wählt man deshalb eine Drahtschraube, damit man die Entfernung beider Theile von einander nach Bedürfniss stellen kann. Der Drucker ist in gleicher Art mit dem Aermchen einer Welle verbunden, das horizontal an dem vorderen Ende derselben befindlich ist; am hintern Ende derselben Welle, unter der Pedallade, befindet sich ein zweites in gleicher Richtung angebrachtes Aermchen, das mit der Abstrakte in Zusammenhang ist. Das Niederdrücken der Taste bewirkt hier durch den Drucker das Niederdrücken des ersten Wellenarmes, die nach der Seite des Aermchens hin stattfindende Umdrehung der Welle, und dadurch die gleichartige Niederdrückung des zweiten Wellenarmes und das Herabziehen der Abstrakte, welche unmittel- oder mittelbar die Oeffnung der Canzelle veranlasst. — Diese hauptsächlich unterschiedenen Arten der D.e werden nun nach den örtlichen Erfordernissen öfters in vermischter oder erweiterter Form gebaut, von welchen Formen wir hier nur zwei vielfach in der Praxis erscheinende Arten anführen wollen. Eine vermischte Form erlauben wir uns zu nennen, wenn das vorher als ober der Taste anzubringende D. unter derselben gebaut ist, wie dies zuweilen bei Pedalen geschieht. Dieselbe, in ihren Theilen der oben beschriebenen durchaus gleich, unterscheidet sich von derselben nur durch die Stellung der Winkel; diese sind in dieser Bauart nämlich in entgegengesetzter Weise angebracht, d. h. die Horizontalschenkel derselben stehen hier vertikal und umgekehrt. — Eine vermischte Bauart erlauben wir uns diejenige zu nennen, welche man oft bei Pedalen findet, wenn die zu öffnenden Basspfeifen nicht hinter, sondern zu beiden Seiten der Tastatur stehen. Wir finden bei dieser D.art alle Bestandtheile, der oben als unter der Taste zu bauend beschriebenen vor. Unter den Pedaltasten liegt, wie dort, ein Wellenrahmen. An den Wellen sind die ersten Aermchen in oben beschriebener Weise befindlich, die zweiten jedoch, weil sie die Bewegung seitlich fortpflanzen sollen, entweder auf- oder niederwärtsstehend an den Wellen angebracht, und wirken daher wie Winkel. Diese winkelartig wirkenden Aermchen stehen in Zusammenhang mit zweiten Druckern, die die Bewegung auf Aermchen übertragen, welche an unter der Basslade angebrachte Wellen befindlich; durch diese werden die Abstrakten u. s. w. zweckdienlich behandelt. Da, wie vorher bemerkt, die Einrichtungen der D.e stets den örtlichen Verhältnissen angemessen werden und deshalb dieselben sehr verschieden gebaut sein können, so wurde hier versucht, eine systematische Auffassung der möglichen Bauarten in engster Fassung zu geben, so dass Jeder irgend ein ihm vorkommendes D. als zu einer der beschriebenen Arten gehörig leicht erkennen wird. C. Billert.

Drückel und Drücker, s. Krücke und Stecher.

Druellaeus, Christianus, deutscher Kirchencomponist und Prediger zu Kollinghausen im Holstein'schen, hat 29 Concerte, den zehn ersten Psalmen entlehnt, unter dem Titel: »*Psalmodia Davidico-Ecclesiastica*« (Hamburg, 1650) veröffentlicht. †

Druiden (latein.: *Druides*) ist der Name der Priester bei den keltischen Völkern des alten Galliens und Britanniens. In Gallien bildeten sie zu den Zeiten Cäsar's, dessen Buch *De bello gallico* überhaupt als Hauptquelle für die Kenntniss der D. zu betrachten ist, einen geschlossenen Stand, keine erbliche Kaste, der mit dem der Ritter (dem Adel) die Herrschaft über das übrige Volk theilte, selbst vom Kriegsdienst und Abgaben befreit war, vermuthlich mehrere Grade und Abtheilungen in sich schloss und an dessen Spitze ein oberster Druide stand. Als Priester besorgten sie den Dienst der Götter, namentlich die Opfer, zu denen auch Menschenopfer, zumeist in heiligen Hainen, gehörten. Neben ihren priesterlichen und richterlichen Funktionen übten sie auch die Kunst des Gesanges und der Weissagung aus, trugen wie die (sagenhaften) Barden in Deutschland und die Skalden in Scandinavien die Kriegs- und Volksgesänge vor und trieben in einer vor dem Volke geheim gehaltenen Weise die Heilkunde, Astrologie, Astronomie und Schreibkunst, waren also die Gelehrten, Philosophen und Künstler ihrer Nation. Bei den Galliern selbst galt Britannien als die eigentliche Heimath des Druidenthums. Mit der vollständigen Eroberung dieser Länder durch die Römer hörte die politische Bedeutung der D. auf, wenngleich ihre Wissenschaft den Eingeweihten fortgelehrt wurde, unter dem Kaiser Claudius auch ihr Götter- und Opferdienst; heimlich scheint derselbe aber noch lange Zeit fortgedauert zu haben und vielleicht sind einzelne Spuren von ihm noch im Volksaberglauben erhalten.

Druzechi oder **Druschetzky**, Georg, oberösterreichischer Landschaftspauker, der als der bedeutendste Paukenvirtuose seiner Zeit galt, zu Linz, gab daselbst 1783 sechs Violinsolos heraus. Im J. 1787 war er in Pressburg in Diensten des Grafen Grassalkovicz. In dieser Zeit hat er Musik zu den Balletten »Andromeda und Perseus« und »Inkla und Yariko« und eine Schlachtsinfonie für zwei Orchester geschrieben. Später hat D. sich besonders einen ausgebreiteten Ruf durch viele

Compositionen für Blaseinstrumente erworben, denn diese fanden nicht allein Eingang bei den Militärcorps der kaiserl. österreichischen Armeen, sondern auch fast bei allen des übrigen Europa. Hin und wieder finden sich noch von ihm Manuskripte von Concerten für Violine, sowie auch für einzelne Blaseinstrumente. Geburts- und Todesjahr dieses merkwürdigen Tonkünstlers sind bis jetzt leider nicht ermittelt worden. †

Dryden, John, berühmter, im höchsten Grade stylfertiger englischer Dichter, geboren am 9. Aug. 1631 in der Grafschaft Nordhampton, gestorben nach einem sehr bewegten Leben am 1. Mai 1701 zu London und in der Westminsterabtei neben Chaucer begraben. Von Bedeutung für die Musik war er hauptsächlich dadurch, dass er, als unter Karl II. die italienische Oper in England eingeführt ward, die ersten englischen Operntexte, z. B. »*King Arthur*« schrieb und auf die Bühne brachte. Ferner ist er der Dichter der berühmten Ode auf den Cäcilientag »*Alexander's feast*«, welche von Händel 1725 in Musik gesetzt wurde.

D - sol - re nannte man in der Blüthezeit der Solmisation (s. d.) den Klang, welcher ungefähr unserem heutigen eingestrichenen d entspricht. Dieser Klang musste, wenn er in dem auf g gebauten Tetrachord, in dem unser heutiges h als mi erschien, verwerthet wurde, auf *sol* gesungen werden und auf re, wenn das Tetrachord mit c' begann. Die kürzeste Vereinigung der alphabetischen und syllabisch möglichen Benennungen wurde zum Tonnamen in jenen Tagen. O

Du Bain, Freiherr von, Musikliebhaber und unermüdlicher Sammler von künstlerischen Curiositäten und Antiquitäten, lebte zu Ende des 18. Jahrhunderts zu Wien und besass ein ungeheures und, was die Italiener betraf, sogar vollständiges Musikarchiv.

Duben, ein wahrscheinlich deutscher Tonkünstler des 17. Jahrhunderts, von dem man nur weiss, dass er in Stockholm als Kapellmeister angestellt war und daselbst im J. 1670 starb.

Dubitatio (latein.), der Zweifel, die Ungewissheit, nennt man die zuweilen am Schlusse des Hauptsatzes eines grösseren Werkes sich vorfindenden oratorischmusikalischen Figuren von unbestimmter melodischer und harmonischer Anlage, zu dem Zweck angebracht, den Zuhörer für einige Momente über die Absicht des Componisten in Ungewissheit zu lassen und dadurch das Interesse zu steigern.

Dublettregister, s. Doublette.

Dubois, Amedée, vortrefflicher belgischer Violinvirtuose, geboren am 17. Juli 1818 zu Tournay, erhielt daselbst den ersten Violinunterricht von einem gewissen Moreau und trat endlich 1836 in das Conservatorium zu Brüssel, wo Wery sein Violinlehrer wurde. Mit verschiedenen Preisen gekrönt, verliess er 1839 das Institut, reiste nach Paris und gab dort mit Erfolg Concerte, worauf er eine Anstellung als Concertmeister im Orchester des Casino Paganini fand. Nach verschiedenen Kunstreisen durch Frankreich und die Niederlande wurde er um 1851 in seiner Geburtsstadt Tournay als Director der Communal-Musikschule angestellt. Als Componist ist D. mit Violincompositionen an die Oeffentlichkeit getreten, die aber nicht gerade tieferen Gehaltes sind.

Dubois, Charles Victor, guter belgischer Orgelspieler, geboren im J. 1832 zu Lessines, hatte das Unglück, in früher Jugend zu erblinden, in Folge dessen er in die Blindenanstalt in Brüssel gebracht wurde. Dort trug besonders der Musikunterricht bei ihm gute Früchte, und namentlich erlangte er im Orgelspiel, vom Frère Julien unterrichtet, eine ganz bedeutende Fertigkeit. Daneben cultivirte er selbständig und mit besonderer Vorliebe das Harmoniumspiel und zwar mit solchem Erfolge, dass er zum Professor dieses Instrumentes am Conservatorium zu Brüssel ernannt wurde. Einige seiner Compositionen für Harmonium sind auch im Druck erschienen. Neben seiner Stellung am Conservatorium bekleidet D. auch das Amt eines Organisten.

Dubos, Jean Baptiste, einer der vorzüglichsten französischen Aesthetiker, zugleich politischer und historischer Schriftsteller, geboren 1670 zu Beauvais, studirte daselbst und zu Paris, wurde 1695 im Ministerium angestellt und auf diesem

Posten mit verschiedenen wichtigen Missionen in das Ausland betraut. Auf diesen Reisen sammelte er seine Erfahrungen über die Künste, welche er in seinen *»Réflexions critiques sur la poésie, la peinture et la musique«* (Paris, 1719; 6. Aufl., 2 Bde., 1755) aufstellte. Bei vielen falschen Behauptungen erweiterte er doch mit eingreifendem Erfolg, wie der überaus starke Absatz dieses Werkes bewies, den engen Gesichtskreis der französischen Kunstkritik. Die Grundlage seiner Theorie ist ihm das Bedürfniss des Menschen, seine Gemüthskräfte zu beschäftigen und seine Empfindungen in Thätigkeit zu setzen. Zur Belohnung seiner diplomatischen Dienstleistungen erhielt er 1723 eine geistliche Pfründe, nachdem er bereits 1720 beständiger Secretär der französischen Akademie geworden war. Er starb zu Paris am 23. März 1742.

Dubourg, Georges. Unter diesem pseudonymen Namen ist eine vielfach interessante und lehrreiche Monographie, betitelt: »Die Violine und ihre Meister, von der ältesten Zeit bis auf Paganini« (London, 1836) erschienen.

Dubourg, Matthew, einer der ausgezeichnetsten englischen Violinvirtuosen, wurde 1703 in London geboren und war der Sohn des berühmten Tanzmeisters Isaac D. Schon früh erhielt der junge D. Violinunterricht und hatte es bereits zu einer ungeheuren Fertigkeit gebracht, als Geminiani 1714 nach London kam und die Ausbildung D.'s vollendete. Nach Cousser's Tode erhielt D. 1728 dessen Kapellmeisterstelle in Dublin, wurde dann 1735 Kammermusiker beim Prinzen von Wales und starb, ohne England jemals verlassen zu haben, im J. 1765 zu London. Von seinen angeblich sehr zahlreichen Compositionen, bestehend in Violinconcerten, Solo's und Gelegenheitsstücknn, ist nichts im Druck erschienen. Von seinen Schülern ist der Violinist Clegg der bedeutendste und berühmteste geworden.

Dubreuil, Jean, französischer Tonkünstler, geboren 1710 zu Paris und daselbst als bedeutender Klavierspieler bekannt, hat ein *»Manuel harmonique, ou Tableau des Accords pratiques, pour faciliter à toutes sortes de personnes l'intelligence de l'harmonie et de l'accompagnement, avec une partie chiffrée pour le Clavecin et deux nouveaux Menuets en Rondeau«* (Paris, 1767) herausgegeben. D. selbst starb zu Paris im J. 1775.   †

Dubugrarro, französischer Clavier- und Orgelspieler, um die Mitte des 18. Jahrhunderts Organist an der Kirche St. Sauveur zu Paris, hat eine *»Méthode plus courte et plus facile que l'ancienne, pour l'accompagnement du clavecin«* (Paris, 1754) und *»Etrennes à la jeunesse«* (Paris, 1760) veröffentlicht.   †

Dubuisson, französischer Tonkünstler, lebte im Anfange des 18. Jahrhunderts, und wahrscheinlich als Gesanglehrer und Gesangcomponist in Paris, wie man aus einem in dem *Recueil d'airs serieux et à boire* (Paris, 1710) enthaltenen *Rondeau serieux* für zwei Soprane und Bass seiner Composition annehmen darf.   †

Duc, le, der ältere (*l'ainé*), trefflicher französischer Violinist, auch Componist, war längere Zeit hindurch Primospieler, dann Director der berühmten *Concerts spirituels* in Paris und starb daselbst im J. 1777. Von seinen Violincompositionen befand sich mehr in seinem Nachlasse, als im Druck erschienen ist. — Sein Sohn, genannt le D. der jüngere, war ebenfalls einer der hervorragendsten Solo- und Orchester-Violinisten der *Concerts spirituels*, entsagte aber 1780 der öffentlichen Ausübung der Kunst, als ihn eine vortheilhafte und vornehme Heirath in eine gesicherte Lebenslage brachte.

Duc, Philippe de, ein niederländischer Componist der zweiten Hälfte des 16. Jahrhunderts, der sich in Italien niedergelassen zu haben scheint. Verschiedene, in Venedig 1570, 1586 und 1595 erschienene Sammlungen von Madrigalen zu 4. 5 und 6 Stimmen tragen seinen Namen.

Duca, G., italienischer Tonkünstler, der sich 1848 in Paris als Gesanglehrer niederliess und dort eine Schrift, betitelt: *»Conseils sur l'étude du chant«* veröffentlicht hat.

Ducancel, Charles Pierre, französischer Rechtsgelehrter, gestorben 1835 als Unterpräfect des Departements de l'Oise, ein eifriger Musikfreund, der sich sogar musikgeschichtlich um das Pariser Conservatorium und um die *Opéra comique* verdient gemacht hat. Seine Schrift: »*Mémoire pour J. F. Lesueur, un des inspecteurs de l'enseignement au Conservatoire de musique, en réponse à la partie d'un prétendu recueil de pièces, imprimée soi-disant, au nom du Conservatoire, et aux calomnies dirigées contre ce cit. Lesueur, par le cit. Sarette, directeur de cet établissement etc., contenant en outre quelques vues d'amélioration et d'affermissement, dont le Conservatoire paroit susceptible, par C. P. Ducancel*« (Paris, 1802) ist um so bemerkenswerther, als dieselbe die Aufmerksamkeit Napoleons I. auf sich zog und dadurch Lesueur zu seinem Rechte verhalf und das Pariser Conservatorium vor grossem Schaden wahrte.

Ducci, Gebrüder **Antonio** und **Michele Augusto,** italienische Orgelbauer von Ruf, deren Kunstwerkstätte sich in Florenz befindet, in Verbindung mit welcher sie 1862 eine Musikalien- und Instrumentenhandlung etablirten. Auf der Industrieausstellung zu London 1851 hatten sie u. A. eine kleine, mit bedeutenden Verbesserungen versehene Orgel aufgestellt, welcher der goldene Preis zuerkannt wurde. Um das Musikleben der Stadt Florenz haben sie sich gleichfalls Verdienste erworben, indem sie 1868 einen Concertsaal erbauen liessen und der öffentlichen Benutzung der Künstler übergaben.

Ducerceau, Jean Antoine, französischer Musikgelehrter, geboren um 1670 und von seinem Schüler, dem Prinzen Conti, im J. 1730 durch einen unvorsichtigen Schuss getödtet, hat sich mit mehr Fantasie als wissenschaftlicher Gründlichkeit auch mit der Musik der Alten und des Mittelalters beschäftigt und nach dieser Richtung hin einige polemische Artikel veröffentlicht, in denen die alten *Modi* der Musik in ganz verkehrter, unhaltbarer Art aufgestellt und dargelegt sind.

Duchambge, Madame Pauline, vortreffliche und berühmte französische Musiklehrerin, Componistin und einflussreiche Verehrerin der Kunst, geboren 1778 zu Martinique, lebte und wirkte zu Paris, wo sie in den beiden ersten Jahrzehnten unseres Jahrhunderts mit allen bedeutenderen, Frankreich besuchenden Musikern in Verbindung stand. Sie hat viele anerkannte Pianisten und Sängerinnen gebildet und mit Erfolg in die Oeffentlichkeit geführt. Auch als Componistin von Romanzen war sie ausserordentlich beliebt und hatte einen bis in das Ausland verbreiteten Ruf. Ueber 300 derselben sind im Druck erschienen.

Duchamp, Marie Catharine Césarine, vorzüglich gebildete französische Contr'altistin und ausgezeichnete Gesanglehrerin, geboren am 14. Mai 1789 zu Paris, besuchte seit dem J. XIII der französichen Republik das Pariser Conservatorium, wo Plantade ihr Hauptlehrer war und vollendete 1807 ihre Studien bei Garat. Ihre Stimme sowie vorzügliche Schule erregten das grösste Aufsehen, und sie glänzte in fast allen bedeutenderen Concerten der Jahre 1813 bis 1817. Eine sich zunehmend vergrössernde Taubheit nöthigte sie in ihrer Blüthezeit, auf eine weitere öffentliche Laufbahn zu verzichten und sich lediglich der Ausbildung von Gesangschülerinnen zu widmen. Auch als Componistin von Romanzen hat sie sich in ihrer Zeit Beliebtheit erworben; viele derselben sind mit Clavierbegleitung in Paris herausgekommen.

Duchemin, Nicolas, einer der bedeutendsten und bekanntesten französischen Notendrucker älterer Zeit, geboren um 1510 zu Provins, errichtete in Paris eine Notendruckerei und einen Musikalienverlag, dessen Grösse und Umfang von keiner derartigen Anstalt übertroffen wurde und Gegenstand der Bewunderung der Zeitgenossen war.

Ducis, Benedictus, häufig auch nur Benedictus genannt, einer der hervorragendsten Componisten der ersten Hälfte des 16. Jahrhunderts, dessen Vaterland und dessen eigentlicher Name sogar noch immer in Dunkel gehüllt und Gegenstand des Streites der musikalischen Historiker ist. Fest steht nur, dass er von Geburt ein Deutscher oder ein Niederländer gewesen ist. Für ersteres Land trat Kiesewetter ein; er hält D.'s Namen für eine Latinisirung des deutschen Namens Herzog; Fétis dagegen, der ihn mit vielen Anderen in den Niederlanden geboren sein lässt, meint, D.'s ursprünglicher Name sei flamländisch Hertochs gewesen und identificirt ihn mit dem von Gesner, Walther, Gerber u. s. w. mit Dux aufgeführten

Tonsetzer, welchen letzteren wiederum Burney als Benedictus von Appenzell
bezeichnet. Dafür, dass D. Niederländer gewesen sei, spricht in hervorragender
Weise die Genitivform Ducis (von Dux), da die Niederländer allgemein in solcher
Weise latinisirten. Darüber, dass er gänzlich oder wenigstens lange Zeit in Ulm
gelebt und gewirkt habe, würde kaum ein Zweifel sein, wenn die Identität von D.
und Dux unumstösslich wäre. Für seine Herkunft aus Appenzell ist Burney die
einzige Autorität. Abgesehen von diesen Ungewissheiten ist D. ein so hochbe-
deutender Tonsetzer seiner Epoche, dass er fortgesetzte biographische Untersuchungen beanspruchen darf. Nach Fétis ist er um 1480 zu Benges in den Niederlanden geboren, war in Antwerpen Organist und ging 1515 nach England. Er
wird auch als ein Schüler Josquin's genannt und zwar auf die Thatsache hin, dass
er einen Trauergesang auf den Tod jenes Meisters componirt hat. Sonst verewigen
seinen Namen in der Musikgeschichte: eine Messe, eine Motette, vierstimmige
Chansons und einzelne Gesangsätze, die sich im Manuscript auf der Bibliothek zu
Cambrai befinden, nebst anderen, die in den Sammlungen Susato's (Antwerpen,
1545 und 1546) enthalten sind. Den Namen Dux dagegen tragen einige Melodien
in Hans Walther's Cantionale, sowie »Harmonien über alle Oden des Horaz für drei
und vier Stimmen, der Ulmer Jugend zu Gefallen in Druck gegeben u. s. w.«
(Ulm, 1539). (Vgl. Gessner, *Bibl. univ.*) Tonsätze endlich, die den Namen Benedict's von Appenzell, auf den Burney hindeutet, tragen, befinden sich in dem ersten
Buche der »*Ecclesiarum cantionum quatuor vocum, quas vulgo Moteta vocant, tam ex
veteri, quam novo testamento, ab optimis quibusque huius aetatis musicis compositorum*«
(Antwerpen, 1553) und dann auch in Salblinger's *Concentus* (Augsburg, 1545).

Ducka, s. Duda.

Duclos, französischer Uhrmacher, lebte in der Mitte des 18. Jahrhunderts in
Paris und erfand um 1788 einen Rhythmometer (s. Metronom), der von den bisher
gebräuchlichen erheblich abwich, in seinen Einzelheiten aber nicht näher mehr bekannt ist.

Duclos, Charles Pineau, französischer Historiograph und Charakteristiker,
beständiger Secretär der Akademie der Wissenschaften, war zu Dinaut in der Bretagne am 12. Febr. 1704 geboren und starb am 26. März 1772 zu Paris. Derselbe
schrieb u. A.: »*Mémoire sur l'art de partager l'action théâtrale, et sur celui de noter
la déclamation, qu'on prétend avoir été en usage chez les Romains*«, die in den *Mém.
de l'Acad. roy. des Inscript. Tom. XXI* p. 191—208 der Quartausgabe enthalten ist.
Auch im *Dict. Encyclopédique* kommt ein Artikel: »*Déclamation des Anciens*« von
D. vor, der den Antheil der Musik an der griechischen Declamation ausführlich
behandelt.   †

Ductus (latein., griech.: ἀγωγή), die Führung, die Gangart (der Melodie). Man
unterscheidet: D. *rectus*, d. *reversus* oder *revertens* und d. *circumcurrens*. S. Agoge.

Duda, Dudka, Ducka, Dudotka oder **Schweran** nennen die Russen ein ihnen
eigenthümliches Blaseinstrument, welches aus zwei Schallröhren von verschiedener
Länge besteht; dasselbe wird mittelst eines Mundstücks behandelt. Die D. ist
jedenfalls der alten Doppelflöte entsprossen, nur dass dieselbe, da sie Schallröhren von verschiedener Länge, jede mit drei Tonlöchern versehen, führt, gleichzeitig zwei verschiedene Töne zu geben vermag. Somit kann man auf der D. dem
modernen harmonischen Tongefühle entsprechende zweistimmige Sätze ausführen.
Dies Instrument, das wir deutsch seiner durch Blätter stattfindenden Tonzeugung
halber Rohrflöte oder Rohrpfeife nennen könnten, war seit ältester Zeit hier in
ganz Russland bei den Landleuten sehr beliebt und häufig zu finden, da die Bauern
sich dasselbe stets selbst fertigten. Die Kunst hat bisher noch nicht Veranlassung
gefunden, von der D. Notiz zu nehmen, so dass der vordringende Gebrauch abend-
ländischer Tonwerkzeuge dieselbe immer mehr in die weniger cultivirten Gegenden
des Ostens, wie Hochrussland und Sibirien, zurückgedrängt hat.   2.

Dudelsack (ital.: *Cornamusa*), s. Sackpfeife.

Dudey ist der alte Name einer besonderen Art der Sackpfeife, welche drei
Stimmen: es¹, b¹ und es² hatte. Vgl. Prätorius, Syntagma II. 42.

Dudreux, Emanuel, unrichtig in deutschen Wörterbüchern häufig Ducreux geschrieben, guter französischer Flötenvirtuose (nicht Fagottist) und Posaunist, geboren 1765 in Paris, trat 1789 in das Orchester des *Théâtre français* und starb im J. 1812 zu Paris. Er hat Sinfonien und Duette für Flöte und Violoncello, auch für zwei Flöten veröffentlicht, von denen auch in Deutschland 6 Duos für Anfänger als *Op.* 3 (Offenbach, 1798) erschienen sind.

Dülken, Johann Daniel, deutscher Clavierbauer aus Hessen, der sich etwa 1750 in Antwerpen niedergelassen hatte. Nach Burney (Reisen Bd. 3) hat er sehr vorzügliche Instrumente gebaut. — Noch berühmter wurde in demselben Fache sein Sohn, Johann Ludwig D. Derselbe war am 5. Aug. 1761 zu Amsterdam geboren, erlernte die Fabrikation bei seinem Vater und schwang sich zum berühmten Meister empor. Im J. 1781 siedelte er mit seiner Werkstatt nach München über, wo er vom Kurfürsten von Baiern zum Hof-Instrumentenmacher ernannt wurde. Seine Gattin, eine Tochter des berühmten Oboevirtuosen Lebrun, war in ihrer Jugend eine weitberühmte Clavierspielerin gewesen und wurde später die Lehrerin ihrer drei Töchter, von denen die beiden älteren ebenfalls als ausgezeichnete Pianistinnen glänzten (s. Bohrer), die jüngste aber, Violande D., treffliche Sängerin wurde. Sie ist 1810 zu München geboren, studirte auf dem Pariser Conservatorium und war 1833 und 1834 in Basel als Concertsängerin engagirt. Nach dieser Zeit kehrte sie in das elterliche Haus in München zurück, und es ist seitdem nichts weiter von ihr bekannt geworden.

Dünnewald, Freiherr von, ein geistreicher und gebildeter deutscher Edelmann, der viele Eigenthümlichkeiten pflegte, die ihn zu Ausserordentlichem befähigten, lebte zu Mainz und erfand dort ein Tasteninstrument, das verschiedene Saiten- und Blaseinstrumente nachahmte. Ueber das Instrument ist nichts weiter bekannt geworden und scheint dasselbe mit D.'s 1790 erfolgtem Tode auch der Vergessenheit anheim gefallen zu sein. Vgl. Schubart's Chronik, Jahrg. 1790 S. 279 oder Gerber's »Tonkünstler-Lexikon« Theil I Seite 948.			O

Düple nennt man ein Zeichen, ⁊, für den Rhythmus in der Tonnotirung der griechisch-katholischen Kirche; es entspricht unserer halben Note.			O

Düringer, Philipp Johann, deutscher Schauspieler und guter Musikdilettant, geboren am 23. Juli 1807 zu Mannheim und von wohlhabenden Eltern umsichtig erzogen. Zum Arzte bestimmt, besuchte D. seit 1824 die Heidelberger Universität. Dort widmete er sich jedoch hauptsächlich belletristischen und Literatur-Studien. Wider Willen seines Vaters betrat er als Schauspieler 1825 die Bühne zu Mainz, wurde sodann in Freiburg im Breisgau engagirt und endlich, nach mehreren Engagements und Kunstreisen, 1835 als Regisseur beim Stadttheater in Leipzig angestellt. Nachdem er dort noch Ober-Regisseur geworden war, wurde er als Regisseur der königl. Schauspiele nach Berlin berufen und avancirte 1861 zum technischen und artistischen Direktor derselben, in welcher Eigenschaft er Ende 1869 in den Ruhestand trat und am 12. Mai 1870 in Coburg starb. Er hat Lieder mit Clavierbegleitung componirt und veröffentlicht, von denen eines, »Des Mädchens Klage«, allgemein bekannt und beliebt geworden ist. Ausserdem hat er die Biographie seines Freundes Albert Lortzing geschrieben, welche unter dem Titel »Albert Lortzing, sein Leben und Wirken« (Leipzig, 1851) im Druck erschienen ist.

Dürrius, Michael, deutscher Tonkünstler, geboren zu Weissenbach am 27. Aug. 1594, wurde später Conrektor und Cantor zu Nürnberg.			†

Dürrner, J. Rupprecht, trefflicher deutscher Gesangscomponist, geboren am 15. Juli 1810 zu Ansbach, war in der Composition ein Schüler Friedr. Schneider's in Dessau und fungirte seit 1831 an der Stadtkirche seiner Geburtsstadt als Cantor. Im J. 1842 begab er sich nach Leipzig, wo er von Neuem und zwar bei Hauptmann und Mendelssohn eingehende theoretisch-musikalische Studien machte. Zwei Jahre später folgte er einem Rufe nach Edinburg, wo er hochgeachtet als Musikdirektor und Musiklehrer wirkte und am 10. Juni 1859 starb. Von seinen Compositionen sind besonders die Lieder sehr gelungen und stimmungsvoll zu nennen; ganz vorzüglich werden seine Männerchor-Gesänge als in seltener Art gediegen noch jetzt in den besseren Vereinen Deutschlands gepflegt. Eine von ihm zusammengestellte Sammlung schottischer Lieder hat ebenso sehr artistischen wie historischen Werth.

Duett (ital.: *Duetto*, franz.: *Duo*) heisst ein Tonstück, welches für zwei Stimmen componirt ist, von denen jede an der Entwickelung und Durchbildung des musikalischen Hauptgedankens einen gleichen Antheil hat. Ist dasselbe für zwei Singstimmen bestimmt, so kann man es im eigentlichen Sinne vorzugsweise D. nennen und es durch diese Bezeichnung vom zweistimmigen Instrumentalsatz unterscheiden, den man D u o (s. d.) heissen könnte. Eine derartige Unterscheidung ist als nothwendig schon oft anerkannt, aber niemals streng aufrecht erhalten worden, so dass beide Begriffe nicht scharf getrennt erscheinen und aus dem Sinne des Ganzen erst erkannt werden kann, ob nicht einer für den andern eintritt. Den Unterschied anerkannt, hat man das D. wiederum vom blossen zweistimmigen Gesange oder vom Zwiegesange zu unterscheiden; der letztere stellt nur eine Hauptstimme auf, welcher von einer zweiten Stimme harmoniefüllend oder verstärkend secundirt wird, während das eigentliche D. jede Stimme individuell und gleichberechtigt, mit durchaus selbständigem Tongang und Rhythmus entwickelt, mit einem Worte p o l y p h o n ist. Demnach stellt es, sei es lyrisch oder dramatisch, zwei Personen dar, die über den Gegenstand, der sie erregt, entweder verschieden empfinden und also auch einen verschiedenen Ausdruck selbstverständlich finden müssen; oder die zwar in einer Empfindung übereinkommen, aber sich individuell frei und selbständig, keine der anderen untergeordnet, aussprechen. Man unterscheidet zwei Hauptarten des D.'s, nämlich das fast rein lyrische K a m m e r d u e t t und den d r a m a - t i s c h e n D i a l o g. — 1. Das Kammer- oder Kunstduett, die feinste und kunstvollste aller mehrstimmigen Soloformen, entwickelte sich aus dem älteren bloss zweistimmigen Satze und gewann erst um die Mitte des 16. Jahrhunderts eine feststehende Gestalt. Hinsichtlich der Form trat es entweder ein- oder mehrsätzig auf. Einsätzig nahm es sich die A r i e (s. d.) fast genau zum Muster und zeigte wie diese ein *Da capo* oder auch nicht. Die mehrsätzigen sind unter dem Gesichtspunkte der Gesangscenen oder der Cantaten zu betrachten, da ihre Bindeglieder Recitative oder Soli sind. Der Text derselben ist meistentheils lyrisch, cantatenartig, selten nur dramatisirend, und dem entsprechend auch die musikalische Behandlung, welche den feinsten Geschmack und die grösste Vertrautheit mit der Kunst des Satzes verlangt, um, bei völliger Einheitlichkeit der musikalischen Ausgestaltung, doch jeder Stimme bezüglich ihrer individuellen Charakteristik gerecht werden zu können. Ohne ausreichendes Beherrschungsvermögen gegenüber der Kunst der Polyphonie ist es unmöglich, auch nur zwei Hauptstimmen richtig harmonisch zu vereinigen und ohne hoch ausgebildeten und verfeinerten Geschmack nicht minder unmöglich, diesen Hauptstimmen genügenden ästhetischen Werth zu verleihen und sie dem besonderen Charakter der Personen gemäss zu gestalten. Das Kammerduett existirt entweder als reines Vocalstück, kann aber auch durch die Begleitung eines (Bass oder Clavier u. s. w.) oder mehrerer Instrumente bis zum vollen Orchester hinauf unterstützt und gehoben werden. Die beiden Gesang- als Hauptstimmen müssen aber gleichwohl stets durchsichtig hervorstechen, dürfen keine mangelhaften Zusammenklänge darbieten und sollen, auch wenn die Begleitung fortgenommen würde, in wohlklingenden und verständlichen harmonischen Verhältnissen sich mit und gegen einander bewegen. — Das d i a l o g i s i r e n d e (dramatische) D. ist von der Situation abhängig, unter der es auftritt; diese allein hat zu entscheiden, wie weit es dem Kammerduett in der künstlichen und breiten Durchbildung der Tongedanken sich nähern, oder wie weit es blosser Dialog, d. h. Wechselspiel von Rede und Gegenrede, Frage und Antwort sein wird. In der Oper kommen beide Gestaltungen unter dem Namen D. vor; jene haben eine arienartige, diese gar keine bestimmte, sondern stets durch Inhalt und Umstände gebotene Form. In den übrigen musikalisch-dramatischen Tongattungen als Oratorium, Passion, Cantate kommen für gewöhnlich keine Dialoge, sondern nur die grösseren arienartigen Zwiegesänge vor; die wechselweise Recitation, die nicht selten im Oratorium zu finden

ist, kann nicht unter den Begriff D. fallen. — In die Kategorie D. gehört endlich noch
naturgemäss die Arie mit einem oder mehreren obligaten Instrumenten, wie sie sich
mit höchster Kunst und grösster Bedeutsamkeit zuerst bei J. S. Bach, Händel und
den Meistern aus gleicher Zeit findet. Das concertirende oder duettirende Instrument ist daselbst ein in jeder Hinsicht selbständig durchgeführter Gesang für sich,
der denselben Antheil an dem Gesammtausdruck hat, wie die Gesangsstimme. Die
berühmte Altarie mit obligater Violine »Erbarme dich, mein Gott« aus Bach's
Matthäus-Passion ist als ein werthvolles Muster dieser Form zu bezeichnen. Man
nennt solche Arien deshalb nicht Duette, weil das D. für beide Stimmen Klangwerkzeuge derselben Art voraussetzt. — Für welche Gesangsstimmen- (oder Instru-
menten-) Gattungen aber ein D. componirt werden soll, lässt sich nicht vorschrei-
ben. Denn es kommt dabei nicht auf die Gleichheit und Ungleichheit oder Höhe
und Tiefe der Stimmen, sondern auf eine den gewählten Stimmen angemessene gute
Anlage des Ganzen an. Sie dürfen demnach, sobald bei der Auswahl nur den
ästhetisch-physiologischen Anforderungen Rechnung getragen ist, gleichen oder
verschiedenen Gattungen angehören, der Sopran und Alt ebensogut mit dem Tenor
wie mit dem Bass oder einem zweiten Soprane oder Alte u. s. w. zum Duett sich
verbinden. S. auch die Artikel Zweistimmig, Dreistimmig, Duo, Terzett,
Trio, Polyphonie u. s. w. — Geschichtlich betrachtet, wird Paolo Quagliati
(1600) als der Erste genannt, welcher das D. in der Kirchenmusik und in der
Oper zu Rom zur Anwendung brachte; vervollkommnet und selbständiger ausgestaltet findet es sich zuerst durch Landi in dessen musikalischem Drama »Il santo
Alessio« (1634), während über ein Jahrhundert später Piccini die im Wesentlichen
noch jetzt gültige moderne Gestaltung feststellte.

Duettino (ital.), ein Duett (s. d.) von eng begränzter Anlage und geringem
Umfange.

Due volte (ital.) zwei Mal, ist identisch mit *Bis* (s. d.). S. auch Wiederholungszeichen.

Dufay, Guillaume oder Guglielmo und Guilelmus, auch Du Fay geschrieben, der älteste geschichtlich anerkannte eigentliche Contrapunktist und berühmte Mitbegründer der niederländischen Tonschule, ist nach den in dieser Beziehung sehr verdienstvollen Forschungen Fétis' etwa um 1350 oder 1355 zu Chimay im Hennegau geboren. Vor Fétis wurde er allgemein für einen Franzosen gehalten. Von 1380 an war er Sänger in der päpstlichen Kapelle zu Rom und starb
in genannter Stadt hochgeachtet und geehrt im J. 1432. D. gehörte mit seinen
künstlerischen Zeitgenossen Binchois, Brasart, Eloy, Faugues, Regis zu denjenigen
Meistern, welche in ihren Werken schon eine vollkommen entwickelte Contra-
punktik und selbst schon manche der Künste des Contrapunkts aufweisen, die man
bis auf Baini und Kiesewetter immer dem viel später lebenden Ockenheim als Erfinder zuzuschreiben oder doch wenigstens erst aus dessen Zeitepoche zu datiren
gewohnt gewesen war. Ausserdem befinden sich bei D. bereits kurze Kanons in der
Octave, die Augmentation und auch rein äusserlich die weissen Noten, die erst
Anfangs des 14. Jahrh. in allgemeinen Gebrauch kamen. Einsicht und Kenntniss
von D.'s Schreibart ist durch fünf seiner Messen zu gewinnen, welche sich als Manuscripte im Archive der päpstlichen Kapelle zu Rom befinden; Fétis kannte und
beschrieb auch eine im Privatbesitz befindliche Sammlung von Motetten und französischen Chansons, deren Autor D. sein sollte. Einiges aus den zuerst genannten
Messen findet man in Kiesewetter's »Geschichte der europäisch - abendländischen
oder unserer heutigen Musik«, in der zugleich specielle und interessante Einzelheiten über die ganze Epoche des D. entwickelt sind, ebenso in A. W. Ambros' Geschichte der Musik 3. Bd.

Dufort, Charles de, französischer Kirchencomponist der Gegenwart, geboren
1803 zu Sens, erhielt seine Ausbildung auf dem Pariser Conservatorium und war
Musikdirektor an mehreren Kirchen zu Paris. Er hat zahlreiche religiöse Tonwerke (Messen, Gradualien, Hymnen u. s. w.) geschrieben und aufgeführt, die auch
zum grossen Theile im Druck erschienen sind.

Dufresne, Ferdinand, französischer Componist und Dirigent, geboren 1783 zu Paris, trat 1806 in das Orchester der *Opéra comique* und ging bald darauf als Kapellmeister nach Nantes. Von dort 1809 zurückgekehrt, ertheilte er in verschiedenen Pariser Musikinstituten Unterricht. Er veröffentlichte von seiner Composition Trios, Duos, Violinconcerte und Potpourris.

Dugazon, Louise Rosalie Lefèvre, talentvolle und berühmte französische Künstlerin, geboren 1753 zu Berlin, kam, acht Jahr alt, nach Paris und trat schon 1767 als Tänzerin an der *Comédie italienne*, der späteren *Opéra comique*, auf. Gleichzeitig erhielt sie Gesangunterricht, wenn auch in mangelhafter Art und debütirte 1774 als Sängerin. Als solche schwang sie sich bis zur gefeierten Grösse empor, mehr durch die anmuthige, naturwahre Empfindung ihres Vortrags und die Grazie ihrer Darstellung, als durch ihre Technik und Schule. Im J. 1792 zog sie sich einige Jahre vom Bühnenleben zurück, erschien aber bereits 1795 wieder und enthusiasmirte das Publikum noch bis 1806, wo man sie nur ungern für immer scheiden sah. Als Pensionairin der *Opéra comique* starb sie am 22. Septbr. 1821 zu Paris. — Ihr Sohn, Gustave D., der seine Mutter nicht lange überlebte, war ein fleissiger Componist. Geboren ist derselbe 1782 in Paris und ausgebildet daselbst auf dem Conservatorium, wo er bei Berton Harmonielehre und bei Gossec Composition studirte. Im J. 1806 erhielt er den zweiten Compositionspreis und ertheilte im weiteren Verlaufe der Zeit Musikunterricht. Seine erste Arbeit für die Bühne war die Musik zu einem Ballet, betitelt: »Naëmi«. Eine dreiaktige Oper von ihm: »*Marguérite et Waldemar*« wurde 1812 aufgeführt, und dieser folgten: »*La noce écossaise*« (1814) und »*Le chevalier d'industrie*« (1818), letztere gemeinschaftlich mit Pradher componirt. Mehr Erfolg hatte er mit der Musik zu den Ballets »*Les fiancées de Caserte*«, »*Alfred le grand*« (worin er theilweise die Musik des Grafen von Gallenberg benutzte) und besonders mit der in Gemeinschaft mit seinem Lehrer Berton geschriebenen Oper »*Aline*«. Ausserdem veröffentlichte er noch Duos für verschiedene Instrumente, Clavierstücke, Tänze, Romanzen u. s. w. D. starb zu Paris zu Ende des Jahres 1826.

Duguet, l'Abbé, französischer Componist zahlreicher Messen, Motetten u.s.w., die von Meraux in einem 1774 an Abt Gerbert gerichteten Briefe besonders gerühmt werden. Er führte u. A. 1767 im Pariser *Concert spirituel* eine vollstimmige Motette seiner Arbeit mit grossem Beifall auf. Damals war er Musikmeister an der Kirche *St. Germain l'Auxerrois*. Im J. 1780 wurde er in gleicher Eigenschaft an der Notredame-Kirche angestellt, deren Bibliothek auch die meisten seiner Kirchenwerke im Manuscript besitzt. Ferner soll er auch »*Pensées sur les spectacles*« veröffentlicht haben, von denen jedoch nichts mehr zu ermitteln war.

Duhem, Hippolite Jean, berühmter französischer Trompetenvirtuose belgischer Herkunft, geboren 1828 zu Paris, wurde 1860, nachdem er vorher in fast allen Ländern Europa's mit grösstem Erfolge sich hatte hören lassen, zum Lehrer seines Instrumentes am Conservatorium zu Brüssel ernannt.

Duhm, Christian Conrad, Prediger an der Katharinenkirche zu Magdeburg, hat eine Predigt über das Thema: »Wie werth uns alles das sein muss, was die Andacht weckt und befördert«, herausgegeben, die er bei Einweihung der neu gebauten Orgel am 13. Trinitatis-Sonntage 1798 gehalten; dieselbe enthält manches Localmusikgeschichtliches.   †

Dujavuty oder **Dayâvatî** heisst in Indien der ungefähr zu unterst unseres Halbtons *h—c* gelegene *Sruti* (s. d.).

Dulfoprugcar, Gaspard, einer der berühmtesten Lauten- und Saiten-Instrumentenmacher des 16. Jahrhunderts, der 1514 in Wälschtyrol geboren war und sich nach vielen und weiten Reisen und längerem Aufenthalte in Bologna und Paris bleibend in Lyon niederliess. Ein von ihm erhalten gebliebenes Bildniss beschreibt Gerbert in seinem Tonkünstlerlexicon 1812 Theil I. S. 947.

Dulflöte, s. Doppelflöte.

Dukâh heisst im Arabischen die vierte Saite des *Eúd* genannten Instruments, auf der der Zeige-, Mittel- und vierte Finger der linken Hand zur Hervorbringung der Scalatöne in folgender Art angewendet werden:

Wenige *Eüd*spieler benutzen auch den kleinen Finger der linken Hand, dem es dann obliegt die reine Quarte zu greifen. †

Dulcan, Dolzain, s. Dulcian.

Dulcefloit und **Dulceflüt,** s. Dolzflöte.

Dulceon, s. Dulcian.

Dulcian, ein Orgelregister, dessen Name nicht allein in sehr verschiedener Art im Gebrauche vorkommt, z. B. *Dulcan, Dulcina, Dulciana, Dulcino, Dulcinus, Dulcin, Dulceon, Dulcisonans, Dolce suono, Dulzain* etc., sondern auch unter der Benennung **Portonen** oder **Portunen** (s. Bordun) und in England unter **Korthol** geführt wird, von sanftem Klange, erhielt seine Benennung von einem veralteten Blaseinstrument, *Dolcino* (s. d.) oder *Dulcino*, das zur Erfindung des Fagotts (s. d.) führte und in seiner Klangstärke dem ähnlich gewesen sein soll. In früherer Zeit, wie Adlung berichtet, findet man dies Register auch als Fagott bezeichnet. Diese Orgelstimme, ein Rohrwerk (s. d.), wurde seit frühester Zeit 2,5metrig im Manuale und 5- oder 10metrig im Pedale geführt, erhielt einen gefütterten Schnarrkasten, wurde eng mensurirt aus hölzernen Körpern gefertigt, die, gewöhnlich gedeckt, eine dünne ziemlich lange Röhre in sich bargen und unter der Verspundung der Pfeifenmündung auf jeder Seite ein rundes, 2 Centimeter grosses Loch besassen. Zuweilen, wie z. B. in der Neu-Ruppiner Orgel, findet man die Körper des D. auch aus englischem Zinn offen gebaut. Der Klang dieser Orgelstimme ist ähnlich, doch viel sanfter, als der der Posaune oder Trompete, und hat, wenn man ihn mit einem der heutigen Blaseinstrumente vergleichen will, mit dem des Fagotts die nächste Klangverwandtschaft. Der Gebrauch des D.'s ist besonders bei farbenreichem Spiele und Melodieführungen zu empfehlen. Schliesslich mag noch bemerkt werden, dass man es nicht mit dem *Dolcian* (s. d.) genannten Register verwechseln darf. Näheres findet man in der »Musikal. Handl. zur Variat. des G. B.« von Niedt S. 110.   2.

Dulciana ist der Name einer Art des alten schalmeiartigen Blaseinstruments, das in seiner Gattung *Calamus* (s. d.) benannt wurde. Man nannte wahrscheinlich jede nicht die höhere Tonregion vertretende Schalmei D. Die früheste Spur des Vorhandenseins dieser Abart des *Calamus* finden wir in einem aus dem 9. Jahrhundert erhalten gebliebenen Manuscript des Aymeric de Peyrac, das in der Staats-Bibliothek zu Paris unter den Nummern 5944 und 5945 aufbewahrt wird. Vom 10. bis zum 15. Jahrhundert fand in den Formen dieses Tonwerkzeuges eine Umwandlung und festere Bestimmung statt, so dass dasselbe später von bestimmter Grösse gefertigt wurde und neben dem früheren Namen auch einen besonderen: *Douzaine* oder *Dulcino* führte, aus welcher festeren grossen Schalmeigestalt sich das Fagott (s. d.) entwickelte. S. auch Dolcian.   2.

Dulcian-Regal, eine Orgelstimme, welche noch sanfter als das gewöhnliche Regal klingen sollte und vom Orgelbauer Schnetzler, der noch 1760 in London lebte, erfunden worden war.

Dulcino s. Dulciana.

Dulcino, Giovanni Battista, italienischer Tonsetzer, aus Lodi im Mailändischen gebürtig, hat »*Cantiones sacrae 8 vocibus, una cum Litaniis beatae Mariae Virginis et Magnificat cum basso continuo*« (Venedig, 1609) veröffentlicht. †

Duleba (spr. Dulemba), Joseph, polnischer Pianofortevirtuose, geboren am 28. Decbr. 1842 in Neu-Sandez, stammt aus einer altadeligen polnischen Rittergutsbesitzer-Familie D. von Alabandos. Er erlernte in seinem 7. Lebensjahre bei dem Pianisten F. Hollmann in Krakau die ersten Anfangsgründe der Musik und machte so aussergewöhnliche Fortschritte im Pianofortespiel, dass er schon nach Ablauf seines zweiten Unterrichtsjahres in einem Concerte seines Lehrers mit grossem Erfolge mitwirken konnte. D. verliess nun bald die wissenschaftliche Studienbahn, um sich völlig der Musik zu widmen. Nach tüchtiger Durchbildung concertirte er für Wohlthätigkeitszwecke in Krakau, Tarnow, Lemberg und erntete vielen Beifall. Um sich noch mehr zu vervollkommnen, trat er 1858 ins Pariser Conservatorium, wo er den Unterricht der Professoren Marmontel und Maldan genoss. Nach Verlauf von 2 Jahren kehrte er nach Krakau zurück und gab in Lemberg und Krakau mit dem glänzendsten Erfolge Concerte. In Krakau studirte er sodann die Harmonielehre bei Mirecki und in Prag bei Jos. Krejči. Die politischen Ereignisse des Jahres 1863 in Russisch-Polen führten aber seine Rückkehr von Prag und seinen Eintritt mit Lieutenants-Range in den Dienst der Aufständischen unter Langiewicz, Jeziorański und Kruk herbei. Nach dem Abschlusse dieser politischen Katastrophe begab sich D. nach Krakau und concertirte daselbst im J. 1865 mit dem günstigsten Erfolge, ebenso in Warschau im März 1866 und in St. Petersburg. In Warschau veranstaltete er auch in den J. 1867, 1868 und 1869 selbstständige Concerte, welche von Seite des Publicums und der Kritik ungetheilten Beifall fanden. D. starb am 1. Juni 1869 in Folge eines Duells. D. hatte den Vorzug vor den meisten anderen Pianisten, dass sein natürliches, jede Effecthascherei meidendes Spiel durch elegante Tournure gehoben war. Er gehörte zu jenen Virtuosen, die dem seelenlosen Instrumente Innigkeit, Leben und Empfindung und dem Tone reiche Nuancirung zu geben wussten. Dabei gebot er noch über eine grosse Stufenleiter von Tonschattirungen, vom breitesten *Martellato* bis zum sanft verklingenden *Sospirando*. Sein Portrait brachte schon 1867 die Warschauer illustrirte Zeitung.   E. M.

Dulich, Philipp, latinisirt Dulichius, tüchtiger deutscher Tonkünstler und Tongelehrter, geboren 1563 zu Chemnitz, war in den Anfangsjahren des 17. Jahrhunderts am Gymnasium zu Stettin als Professor angestellt und hat besonders durch zwei Werke sein Andenken erhalten, nämlich: »*Centuriae 7 et 8 vocum etc.*« (Stettin, 1607) und »*Opus musicum, continens dicta insigniora ex Evangeliis dierum dominicalium et festorum totius anni desumta*« (Leipzig, 1609). Erstangeführtes, aus drei Theilen bestehendes Werk erschien im Jahre 1619 nochmals zu Danzig und Leipzig; so berichtet Draudius in seiner *Bibl. Class. p.* 1614 und 1617. D. selbst starb 1631 zu Stettin.   †

Duling, Anton, latinisirt Dulingius, war im Anfange des 17. Jahrhunderts Cantor zu Magdeburg und gab unter dem Titel: »*Cithara melica*« (Magdeburg, 1620) eine Sammlung lateinischer 8- und 12stimmiger Motetten heraus.   †

Dulken, Louise, geborene David, eine ausgezeichnete deutsche Pianistin, geboren am 29. März 1811 zu Hamburg, war eine Schwester des berühmten Concertmeisters David. Ihren musikalischen Unterricht erhielt sie bei Schwenke und später bei Grund, dessen Schülerin sie bis zu ihrer Verheirathung blieb. Schon in ihrem zehnten Jahre liess sie sich in Hamburg öffentlich hören; im J. 1823 erregte sie in Berlin Bewunderung und 1825 spielte sie neben ihrem Bruder mit dem grössten Beifall in Leipzig, von wo aus sie noch andere grössere Städte Deutschlands kunstreisend besuchte. Ihre Heirath führte sie 1828 nach London; dort wurde sie Pianistin der Herzogin von Kent und Lehrerin der Kronprinzessin Victoria, die sie nach ihrer Thronbesteigung zur Hofpianistin ernannte. Auf einigen weiteren Kunstreisen trat sie noch in Russland (1833) und in den Niederlanden (1839) auf, wo ihrer grossen Virtuosität gleichfalls gehuldigt wurde. Sonst aber lebte sie auch fernerhin in London, sehr erfolgreich mit Musikunterricht beschäftigt. Dort starb sie bereits am 12. Apr. 1850.

Dulken, Sophie und Isabella, zwei Schwestern und vortreffliche englische Virtuosinnen, die erstere, geboren 1836, auf dem Pianoforte, die andere, geboren 1837, auf der im Concertsaal nur selten gehörten Concertina. Nachdem sie als Wunderkinder in ihrem Vaterlande das grösste Aufsehen gemacht hatten, bereisten sie, Concerte gebend, in den Jahren 1851 und 1852 Deutschland und feierten besonders in Hamburg, Wien, Berlin und Leipzig u. s. w. seltene Triumpfe. Hierauf kehrten sie nach England zurück, wurden noch in den nachfolgenden Saisons als Concertgeberinnen rühmlichst genannt, scheinen aber seit 1856 vom öffentlichen Schauplatze sich zurückgezogen zu haben. Von Isabella D. wurde gerühmt, dass sie nicht blos die von Componisten in England für ihr Instrument geschriebenen Concertstücke, sondern auch die schwierigsten Violinsachen von Artôt, Bériot und Vieuxtemps auf der Concertina vorgetragen und in deren Ausführung mit den fertigsten und geschmackvollsten Violinisten gewetteifert habe.

Dulon, Friedrich Ludwig, berühmter blinder Flötenvirtuose, geboren am 14. Aug. 1769 zu Oranienburg in der Mark Brandenburg, verlor schon in der ersten Woche seines Lebens durch einen ungeschickten Arzt das Augenlicht. Da er früh musikalisches Talent und Geschicklichkeit bekundete, so unterrichtete ihn sein Vater, ein ehemaliger Accisebeamter, im Flötenspiel. Schon in seinem 13. Jahre konnte der junge D. verschiedene Kunstreisen antreten und gewann überall Beifall. Auch auf dem Claviere besass er damals schon so viel Fertigkeit, dass er u. A. Bach'sche Fugen ganz correct spielte; überhaupt war sein Gedächtniss so ausgebildet, dass er ein ihm unbekanntes Flötenconcert in Zeit von wenigen Stunden auswendig nachspielte und als Mann von vierzig Jahren über 250 Concertstücke inne und jeden Augenblick zur Hand hatte. Selbst componirt hatte er schon in seinem neunten Jahre, wo ihn der Organist Angerstein in Stendal in der Composition unterrichtete. Von Stendal aus bereiste er von 1783 an unter Führung seines Vaters fast ganz Europa; in St. Petersburg wurde er 1796 als kaiserl. Kammermusiker angestellt. Zwei Jahre später liess er sich, begleitet von seiner Schwester, da der Vater inzwischen gestorben war, wieder in Deutschland hören. In seinen letzten Lebensjahren lebte er in Würzburg und starb daselbst am 7. Juli 1826. Seine gedruckten Compositionen bestehen in Concerten, Capricen, Duos für Flöte und Violino u. s. w. Ausserdem hat er eine Autobiographie theils dictirt, theils erzählt, die Wieland unter dem Titel: »Dulon's des blinden Flötenspielers Leben und Meinungen von ihm selbst bearbeitet« (2 Bde., Zürich, 1807—1808), herausgegeben hat.

Dulsick, Johann, im Jahre 1772 Organist zu Czaslau in Böhmen, wird von Burney als einer der besten Orgelspieler in jener Zeit genannt. Vgl. dessen Reisebericht Band III. †

Dulzain (franz.), s. Dulcian.

Dulzflöte, s. Dolzflöte.

Dumanoir, Guillaume, französischer Violinist in Diensten des Königs Ludwig XIII., wurde von demselben 1659 seiner hervorragenden Virtuosität halber zum »König der Geiger« (s. d.) ernannt. Diese Ernennung berechtigte D., in jeder Provinz des Reiches gegen Auflegung einer Abgabe Jemanden zum Meister zu erklären, mit welcher Erklärung einige Gerechtigkeiten verbunden waren. Vgl. Marpurg's Beiträge Band I Seite 470. D. veröffentlichte auch ein Werk, betitelt: »Le mariage de la musique et de la danse« (Paris, 1664), dessen in der Hist. du théâtre de l'acad. roy. de musique Erwähnung geschieht. O

Dumas, Mr., französischer Tonkünstler, gab eine »Méthode du Bureau typographique pour la Musique« (Paris, 1753) heraus, worin von den Anfangsgründen der Musik überhaupt und des Gesanges insbesondere die Rede ist. †

Dumas, Jean, Ende des 18. Jahrhunderts französischer Prediger an der reformirten Kirche zu Leipzig, gab heraus: »Cantiques tirés en partie des Pseaumes et en partie des poësies sacrées des meilleurs poëtes françois, avec des airs notés« (Leipzig, 1774). †

Dumenil, Mr., französischer Altist und Opernsänger zu Paris, Schüler Lully's, der zuerst 1677 auftrat und 1715 starb, hat nach dem Urtheile der damaligen Kritiker trotz seines berühmten Lehrers nichts Hervorragendes geleistet. Vgl. Ehrenpf. 180. †

Duminil, französischer Clavierspieler und Componist, lebte zu Paris und gab daselbst bei Imbault »*VI Romances tirées de Victor ou l'enfant de la Forest en Musique, p. le Clav. op. 7*« heraus.   †

Dumolin, Jean R., niederländischer Organist und fruchtbarer Kirchencomponist, geboren um 1495, war in der ersten Hälfte des 16. Jahrhunderts als Organist an der Johanniskirche zu Malingen angestellt.

Dumonchau, Charles François, gefälliger französischer Componist und tüchtiger Musiklehrer, geboren am 11. Apr. 1775 zu Strassburg, begann seine Musikstudien bei seinem Vater, dem Violoncellisten Joseph D., während er später bei Berg noch Harmonielehre und bei Baumeyer Clavierspiel trieb. Diese erfolgreich begonnenen Studien unterbrachen die Wirren der Revolution, und er nahm dieselben erst wieder auf, nachdem er eine Stelle beim Kriegsfuhrwesen in Paris gefunden hatte. Dort besuchte er dann einige Zeit das Conservatorium, zog es aber bald vor, bei Wölfl Privatunterricht zu nehmen. Er blieb noch bis nach 1805 in Paris, worauf er nach Strassburg zurückkehrte, 1809 nach Lyon als Musiklehrer übersiedelte und daselbst am 21. Decbr. 1820 starb. Bedeutend als Musiklehrer, war er als Componist geschätzt. Man kennt von ihm Clavier-Sonaten und Concerte, Fantasien, Rondos, Variationen, sowie Duos für Clavier und Violine oder Flöte, Trios u. s. w., auch eine Oper »*L'officier cosaque*«, die 1805 nicht ohne Erfolg zur Aufführung kam. — Sein Sohn, Silvain D., war wie sein Grossvater ein tüchtiger Violoncellist, spielte aber auch das Pianoforte mit Fertigkeit und Geschmack und hat während seiner Laufbahn als Musiklehrer in Strassburg Mancherlei für Violoncello sowohl wie für Clavier (Sonaten u. s. w.) componirt und veröffentlicht. Berühmter als er war seine Gattin Antoinette Sophie D., eine gebore Malade und zwar als ausgezeichnete Harfenspielerin. Dieselbe war 1789 in Paris geboren, Schülerin des dortigen Conservatoriums und starb am 13. Apr. 1833.

Dumont, Henri, angesehener belgischer Organist und Kirchencomponist, geboren 1610 in der Nähe von Lüttich, in welcher Stadt er das Orgelspiel unter so erfolgreichen Aussichten erlernte, dass ihn seine Eltern zur weiteren Ausbildung nach Paris schickten. Dort wurde er 1639 Organist zu St. Paul und nicht lange darauf wegen der Vortrefflichkeit seiner Compositionen einer der vier Hofkapellmeister. Im J. 1674 nahm er seinen Abschied mit Pension und starb 1684 in Paris. Man kennt und besitzt von ihm 5 Messen, 2 Collectionen zwei-, drei-, vierund fünfstimmiger *Cantica sacra* mit Instrumentalbegleitung, ferner Motetten, Orgelstücke u. s. w.

Dun, eine französische Musikerfamilie in Paris, welche von 1670 ab ein ganzes Jahrhundert der Pariser Oper Sänger, Sängerinnen und Orchestermusiker stellte, die zum Theil, wenn auch nicht hervorragend, so doch recht verdienstvoll wirkten. Am bekanntesten von ihnen war Henry D., der in den Jahren von 1715 bis 1741 Baritonist bei genannter Oper war, aber 1752 das Violoncello im Orchester derselben übernahm. — Sein jüngerer Bruder war von 1748 bis 1762 Violinist ebendaselbst und scheint nach dieser Zeit ausschliesslich als Lehrer und Componist gewirkt zu haben. VI Violinsolos seiner Composition sind 1770 in Paris erschienen.

Duncombe, englischer Tonkünstler und Musiklehrer aus der letzten Hälfte des 18. Jahrhunderts, war Herausgeber zweier musikalischer Sammelwerke. Der Titel des ersten ist: »*Set of XII progressives Lessons, etc., composed and compiled from the best Masters, four young Performers*«; auch das zweite enthält die gleiche Zahl Uebungsstücke. Vgl. Bland's Catal. 1789.   †

Duadhi ist der noch jetzt im Orient bekannte Name eines altindischen Musikers.   †

Dunecken, eine veraltete Orgelstimme, wie sie sich nach den Mittheilungen des Prätorius noch in der Orgel der Marienkirche zu Danzig befand.

Duni, Egidio Romoaldo, (in Frankreich Duny geschrieben), einer der ausgezeichnetsten italienischen Operncomponisten des 18. Jahrhunderts, geboren am 9. Febr. 1709 zu Matera bei Otranto im Königreich Neapel, war der Sohn eines

Kapellmeisters. Neun Jahr alt, wurde D. Zögling des Conservatoriums *dei poveri di Giesù Cristo* in Neapel und dadurch Compositionsschüler D u r a n t e's. Nach vollendeter Ausbildung ging er 1735 nach Rom, wo er den »*Nerone*« componirte, eine Oper, welche bei ihrer Aufführung die concurrirende Oper Pergolese's »*Olimpiade*« besiegte und D.'s Ruhm begründete, der selbst jedoch laut die musikalische Superiorität jenes Meisters anerkannte. In Privatgeschäften eines Cardinals reiste er darauf nach Wien, wo er sich nebenbei ebenfalls höchst vortheilhaft als Componist bekannt machte. Nach Neapel zurückgekehrt, wurde er Kapellmeister an der Kirche *San Nicola di Bari* und schrieb als solcher mehrere Opern, u. A. »*Catone in Utica*« und »*Artaserse*«. Nach einem kürzeren Aufenthalte in Venedig und Paris, war er 1744 auch in London, eilte aber von dort bald nach Holland, um seine stark angegriffene Gesundheit bei dem berühmten Arzte Boerhave wiederherstellen zu lassen, was auch gelang. Auf der Rückkehr in seine Heimath wurde er unweit Mailand von Banditen überfallen, und der Schreck darüber erschütterte seine kaum befestigte Gesundheit von Neuem und bis zu seinem Tode nachhaltig. In Genua, wo er mit seiner Oper »*Tordinona*« grossen Erfolg hatte, machte er die Bekanntschaft des Infanten von Parma, Don Philipp, der ihn als Musiklehrer seiner Tochter Isabella 1746 an den Hof von Parma zog. Dort herrschte französische Sitte so ausschliesslich, dass D. von da an nur noch französische Opernbücher in Musik setzte, so »*Ninette à la cour*«, »*Le peintre amoureux*« und »*La chercheuse d'Esprit*«, die auch in Paris Glück machten. Darauf hin siedelte er selbst 1757 nach Paris über, schrieb noch dort nicht weniger als 18, zum Theil berühmt gewordene französische Opern und starb auch daselbst, von einem bösartigen Fieber ergriffen, am 11. Juni 1775. — Von seinen italienischen und französischen Opern sind noch anzuführen: »*Bajazet*«, »*Cirou*«, »*Ipermnestra*«, »*Demofonte*«, »*Allessandro*«, »*Adriano*«, »*Didone*«, »*Demetrio*«, »*Olimpiade*«, »*Le docteur Sangrado*«, »*La veuve indécise*«, »*La fille mal gardée*«, »*Nina et Lindor*«, »*L'Isle des fous*« (1760), »*Mazet*«, »*Le retour au village*« (Manuscript dieser zweiactigen Partitur befindet sich auf der Wiener Hofbibliothek), »*La plaideuse et le procès*«, »*Le milicien*«, »*Les chasseurs et la laitière*«, »*Le rendez-vous*«, »*L'école de la jeunesse*«, »*La fée Urgèle*«, »*La clochette*«, »*Les moissonneurs*«, »*Les Sabots*« und »*Thémire*«. Ausserdem erschienen von D.'s Composition noch ein und mehrstimmige Gesänge; sechs angenehme, melodiöse, sonst aber musikalisch ziemlich unbedeutende Duette von ihm im Manuscript, 67 Blätter stark, besitzt die Hofbibliothek in Wien. D.'s Styl im Allgemeinen war zierlich und fein und für die heitere Oper ganz vorzüglich geeignet, woher es auch kam, dass er gerade in Frankreich unbedingte Anerkennung fand, die komische Opernbühne damals eine Zeit lang mit beherrschte und vortheilhaft auf die Componisten der folgenden Periode einwirkte, sogar auch auf die Entwickelung des Singspiels in Deutschland.

Dunkel, F r a n z, hervorragender deutscher Violinvirtuose und tüchtiger Componist, geboren 1769 in Dresden, wo er auch musikalisch ausgebildet und 1788 als kurfürstlicher Kammermusikus angestellt wurde. Seine Lehrer waren sein Vater, ebenfalls Mitglied der Hofkapelle, und in der Theorie der Musikdirektor W e i n l i g gewesen, bei welchem letzteren er u. A. die grossen Cantaten »der Frühling«, »das Lob Gottes« und »das Lob der Tonkunst« componirte. Im weiteren Verlaufe seiner künstlerischen Laufbahn schrieb er noch das Oratorium »die Engel am Kreuze Jesu«, die Musik zum Schauspiel »Kein Faustrecht mehr« (1798 in Weimar aufgeführt), ferner Sinfonien, Quintette, Quartette, Trios, Concerte für Violine und für Violoncello, Arien, Lieder, Balletmusiken u. s. w., Werke, die grosse Gediegenheit documentiren.

Dunstable, J o h n, auch D u n s t a b b l e und D u n s t a p l e geschrieben, vom Fürstabt Gerbert als D u n s t a v u s aufgeführt, altenglischer Musikgelehrter und Tonsetzer, geboren um 1400 in dem schottischen gleichnamigen Flecken, nach Anderen in der Nähe von Bedford in England, wird von den Musikschriftstellern des 15. und 16. Jahrhunderts wegen seiner grossen und wichtigen Verbesserungen in Bezug auf Harmonie und Notirung neben Dufay und Binchois gestellt; Tinctoris schreibt ihm sogar, aber erwiesenermassen irrthümlich, die Erfindung des Contrapunktes zu. D. starb, wie sein Leichenstein in der Kirche zu Walbrook darthut. im J. 1458; die Inschrift auf demselben bezeichnet ihn als berühmten Astronomen, Mathematiker und Musiker. Gafori theilt in seiner »*Practica musicae*« (1496) als Probe von D.'s Compositionsart ein »*Veni, sancte spiritus*« mit, die aber nicht eben zum Vortheil ihres Tonsetzers sprechen würde, der darin den Contrapunktisten Dufay und Binchois gegenüber sehr untergeordnet erscheint. Derselbe Gafori und wohl nach ihm noch Andere, erwähnen D.'s auch als musikalischen Schriftstellers; es ist aber bis jetzt noch nicht gelungen, von den D. zugeschriebenen Abhandlungen und Tractaten auch nur die geringste Spur aufzufinden.

Dunstan, der Heilige, Erzbischof von Canterbury, ein in den Künsten sehr bewanderter und namentlich für die Musik sehr thätiger Mann, der zuerst die mehrstimmige Musik in England eingeführt haben soll. Geboren wurde er aus vornehmem englischen Geschlecht um 925 und führte unter den verschiedenen damaligen Königen seines Landes ein reich bewegtes Leben, bald mit höchster Gewalt bekleidet und in die politischen Verhältnisse mit grosser Anmassung eingreifend, bald verbannt und des Landes verwiesen. Im J. 960 reiste er nach Rom, wo er vom Papste Johann XII. sehr huldvoll aufgenommen wurde. Er stiftete in England nicht weniger als 48 Klöster, die er, so lange sein Einfluss am Hofe währte, auch reich dotirte. Sein musikalisches Wirken war ohne Zweifel sehr bedeutend, besonders als er die Musikzustände in Rom kennen gelernt hatte, allein es ist schwer, das wenige Wahre von dem Sagenhaften, was über ihn im Schwange ist, auszuscheiden. So soll er nicht blos die mehrstimmige Musik eingeführt, sondern die Orgel erfunden und Harfen gebaut, Glocken gegossen und Kirchengesänge componirt haben. Sein ältester und zuverlässigster Biograph, der Benedictinermönch Osbert oder Osbern (um 1020) weiss von dem Allen gar nichts, sondern bemerkt nur, dass D. mehrere Instrumente gespielt und einige Antiphonien, um dieselben vor dem Vergessenwerden zu bewahren, notirt habe. D. selbst starb im J. 988.

Duo (ital.) nennt man vorzugsweise jeden Tonsatz für zwei obligate Instrumente, und unterscheidet einen solchen dadurch vom Vocalduett (s. Duett), welches für zwei obligate Singstimmen geschrieben ist. Da letzteres mit ersterem in Bezug auf die Anforderungen polyphoner Stimmenführung völlig gleichartig ist, so lese man zuvor das über das Duett Gesagte nach. Der Hauptunterschied zwischen Instrumentalduo und Vocalduett beruht lediglich in der Verschiedenheit von Gesangstimme und Instrument als Klangwerkzeuge; ist jene mehr auf unmittelbaren Gefühlsausdruck, so dieses mehr auf vermittelnde Darstellung angewiesen, somit auch die Melodiebildung, wenngleich auf demselben Prinzipien reiner Vocalität beruhend, in vielen Fällen bei beiden eine ganz andere. Das Instrument kann und darf in der Darstellung seine grosse Beweglichkeit in Bezug auf Figuren und Passagen ungehemmt zum Ausdruck bringen, gleichsam das, was die Gesangstimme nur einfach wiederzugeben vermag, umschreibend und verzierend. Es kann sich in dieser Art auch bis auf die Stufe der Virtuosität begeben, in der es in erster Linie auf nichts anderes, als auf Entfaltung und Verwerthung seiner technischen Besonderheiten und Vorzüge abgesehen ist, ohne darum ähnlich unnatürlich und abgeschmackt zu werden, wie etwa eine instrumental behandelte Gesangstimme. Die letztere aber besitzt schon an und für sich bei Weitem geringere Beweglichkeit und macht auch von der ihr in Wahrheit inne wohnenden Volubilität (oder sollte ihn wenigstens nicht machen) keinen bis zu der Gränze reichenden Gebrauch, die bereits in das instrumentale Gebiet hinübergreift. — Man unterscheidet das D. in sich nach der Stellung, welche seine beiden Stimmen gegen einander einnehmen, nämlich 1. die fast durchgehend homophone Gattung, die kaum etwas anderes als ein Solo ist, dem eine mehr oder weniger figurirte zweite Stimme harmonisch secundirt und den Gesang zwar wechselweise mit der Hauptstimme führt, denselben aber nicht verarbeitet. Das Verhältniss ist dasselbe, wie das des einfach zweistimmigen Gesanges zum wirklichen Duett (s. d.). Eine Unterart dieser Gattung sind die kurzen, gewöhnlich Bicinien (s. d.) genannten Tonsätze für Hörner oder Trompeten. 2. Das eigentliche D. besteht aus zwei, das ganze Tonstück hindurch obligat gehaltenen Hauptstimmen, von denen keine der anderen gegenüber untergeordnet dasteht und die schon in ihrer kunstvollen Verbindung so reich an Mannigfaltigkeit der Harmonie sind, dass sie einer Grundstimme behufs Vervollständigung oder Unterstützung kaum bedürfen, dieselbe sogar häufig als Zwang ausübend, zurückweisen. Die Kenntniss des doppelten Contrapunktes, überhaupt der höheren Setzkunst ist für das eigentliche D. unerlässlich. Der Form nach ist es entweder, wie früher ganz gewöhnlich, eine Sonate ohne alle weitere Begleitung, auch ein Concert mit Orchester, oder es schliesst sich den kleineren phantasie-, etüden-, tanzartigen und dergl. Formen an. Ueber die Wahl der Instrumente, ob derselben oder verschiedenen Gattungen zugehörig, entscheidet die Bedürfnissfrage oder die besondere Absicht des Componisten. Treffliche Bemerkungen über die Beschaffenheit der Instrumentalduos gab Quantz in der Vorrede zu sechs Duetten (Berlin, 1759). 3. Instrumentalsätze für ein harmonisches und ein melodisches Instrument oder zwei harmonische Instrumente. Sehr häufig wählt man zwei Claviere, oder Clavier (Orgel) und ein monodisches Instrument (Violine, Viola, Violoncello, Flöte, Horn u. s. w.). Auch beim D. rechnet man wie beim Trio und den verwandten mehrstimmigen Solosätzen das harmonische Instrument, wenn auch noch so vielstimmig behandelt, doch nur für eine, da von einem Spieler ausgeführte Hauptstimme oder Parthie. 4. Clavierstücke, die auf einem und demselben Instrumente aber von zwei Spielern (vierhändig, französ.: à quatre mains) ausgeführt werden.

Duodecima (lat.) oder **Duodecime**, in älteren Lehrbüchern in der Vermischung des Griechischen mit dem Lateinischen *Diapente cum diapason* genannt, ist ein Intervall von zwölf Tonstufen, das aus Quinte und Octave zusammengesetzte Intervall, also die Doppelquinte vom Grundtone oder die Quinte der Octave. So ist

[Notenbeispiel] die einfache Quinte, aber [Notenbeispiel] die D. In Wirklichkeit sind die zusammengesetzten, d. h. die um eine oder mehrere Octaven von ihrem Grundtone entfernten Intervalle den einfachen in harmonischer Beziehung ganz gleich und werden daher auch wie die einfachen benannt und behandelt, und so unterscheidet man für gewöhnlich auch die D. nicht von der Quinte, gleichviel ob das Intervall fünf (f—^1c), zwölf (f—c^2) oder auch neunzehn (f—c^3) Stufen vom Grundtone entfernt ist. Nur im doppelten Contrapunkt der D. betrachtet man sie in Bezug auf die Umkehrung als selbständiges Intervall, weil daselbst das zur Octave, Septime u. s. w. wird, was im Contrapunkte der Quinte zum Unisonus, zur Secunde, Terz u. s. w. sich gestaltet. — Als Orgelregister bezeichnet der Name D. oder Duodez eine jetzt ziemlich veraltete Quintenstimme, die um eine Octave höher stand, als die gewöhnliche Quinte.

Duodecimole nennt man eine aus zwölf verschiedenen Klängen bestehende Tonverzierung, deren rhythmische Einreihung dem vorgeschriebenen Takte abnorm ist, weshalb man, um dem Ausführenden dies sofort kenntlich zu machen, alle Noten als gleiche Zeittheile zu verbinden und eine 12 darüber zu setzen pflegt. Gewöhnlich ist die Anzahl 12 für acht Töne eingetreten (*a*) und notirt man dieselben deshalb auch in der Art, wie man acht Töne aufzeichnen würde, die in gleicher Zeit ausgeführt werden müssten (*b* oder *c*), also:

In Bezug auf die Unterbetonungen, da wir doch alle Tongaben nur in Gruppen zu
zweien oder zu dreien darzustellen vermögen, ist nur zu bemerken, dass die mit der
D. erklingende Harmonie darüber entscheidet, ob die zwölf Klänge in zwei Hauptgruppen, jede zu zweimal drei Tönen, oder in drei Abschnitten, jeden zu zweimal
zwei, zu geben ist. Ja, es können selbst noch Varietäten dieser Vortragsweisen der
D. von Tonsetzern in einzelnen Compositionen gewünscht werden, welche Vortragsweisen jedoch, da sie eben selten vorkommen und subjektiv sind, nur durch
Tradition weiter gefördert werden müssen. Auf die Vorführung solcher Abnormi-
täten darf hier verzichtet werden.   2.

Duodrama, s. Melodrama.

Duolo (ital.), der Schmerz; als Vortragsbestimmung in Verbindung mit der
Präposition *con* (s. d.).

Duparc, Elisabeth, eine gefeierte französische Sängerin, die ihren Ruhm
auf den Opernbühnen Italiens begründete, wie sie denn auch in Italien den Namen »*La
Francesina*« (die Französin) erhielt. Im J. 1736 wurde sie nach London berufen
und feierte namentlich in Händel's Opern grossartige Triumphe. Wahrscheinlich
von Händel dazu bestimmt, entsagte sie nach einigen Jahren der Bühne und sang
von 1745 an ausschliesslich in Händel's Oratorien.

Duphly, französischer Tonkünstler, geboren zu Rouen, Schüler d'Agin-
court's, war seit 1750 in Paris ansässig und als Clavierspieler und Componist
sehr geachtet. Von seinen Arbeiten kennt man vier Bücher Clavierstücke, deren
erstes 1768 eine zweite Auflage erlebte. Vgl. Marpurg's Beitr. Band I. S. 459.
                                                                               †

Duphont, Pierre Charles, ein französischer, in Paris lebender Tonkünstler, ist durch die Herausgabe von *VI Quatt. à 2 Viol., A. et B. op.* 1 (Wien) und
Lettre en prose l'Heloise et Abeillard pour Clavessin et Violon (Paris, 1793) bekannter geworden.   †

Dupierge, Felicien Tiburce Auguste, französischer Violinvirtuose, geboren am 11. Apr. 1784 zu Courbevoye bei Paris, war auf seinem Instrumente und
in der Composition ein Schüler seines Vaters und bis 1815 Mitglied des Orchesters
der Pariser *Opéra comique*. In dieser Zeit siedelte er nach Rouen über, wo er Musikunterricht ertheilte. Seinen Compositionen wird von seinen Landsleuten viel
Gutes nachgerühmt. Sie bestehen in Violin-Concerten, Duo-Sonaten für Violine
und Clavier, Solostücken, Duos für zwei Violinen u. s. w., die im Druck erschienen
sind, ebenso eine Violinschule.

Dupius, Sanders, englischer Tonkünstler, geboren 1733 zu London, machte
tüchtige musikalische Studien zunächst als Königl. Kapellknabe bei Gates, dann
bei Travers, die ihn befähigten, die Doctorwürde zu erwerben. Im J. 1779, als
Dr. Boyce starb, wurde D. als Componist und Organist, dann als Musikdirektor
bei der königl. Kapelle angestellt. Er schrieb und veröffentlichte zahlreiche Compositionen für Orgel, für Clavier, für Harfe und für Gesang. Besonders bekannt
machte ihn die Composition und die Aufführung einer grossen Trauermusik zu
Ehren Händel's.

Dupla (sc. *proportio* oder *ratio*, lat.), d. i. das Verhältniss des Doppelten zum
Einfachen, z. B. 2:1, 4:2 u. s. w. Als Intervall bezeichnet es die Octave. — *D.
sexquialtera*, ein Verhältniss zweier Zahlen, von welchen die grössere Zahl die
kleinere zweimal und ausserdem noch einen aliquoten (ohne Rest aufgehenden)
Theil derselben enthält, z. B. 5:2, 10:4 u. s. w. D.'s. ist auch der Name für eine
in alten Orgeln häufig, jetzt aber gar nicht mehr vorkommende Terzstimme. —
D. superbipartiens, Verhältniss zweier Zahlen, von welchen die grössere die

kleinere zweimal, ausserdem aber noch einige, nicht aufgehende Theile enthält, z. B. 8 : 3, 12 : 5 u. s. w.

Duplessis. Unter diesem Namen kommen zwei französische, in Paris lebende Operncomponisten vor, von deren Lebensverhältnissen man nichts Genaues mehr weiss. Der ältere führte in Paris 1734 seine Oper *»Les fêtes nouvelles«* auf und der jüngere ebendaselbst 1800 eine ebensolche, betitelt: *»L'amour, enchainé par Diane.«*

Duplicatio (lat.), die Verdoppelung zunächst in Bezug auf die Intervalle (s. Verdoppelung) dann aber auch in Betracht von Kirchengesängen, wo der Ausdruck eine Manier bedeutet, welche in der Verdoppelung der vorletzten Note des Gesanges besteht, im Falle nämlich diese höher liegt, als die Schlussnote selbst.

Dupont, A u g u s t e, gediegener belgischer Pianofortevirtuose und trefflicher Componist, geboren am 9. Febr. 1828 zu Ensival in der Provinz Lüttich, wurde zuerst von seinem Vater, einem anerkannten, tüchtigen Musiker, im Clavierspiel unterrichtet und musikalisch gut vorbereitet auf das Conservatorium zu Lüttich gebracht, wo er sich besonders unter J a l h e a u's Leitung weiter ausbildete. Nach Vollendung seiner Studien, seit 1844, lebte er in seinem Heimathsorte, Unterricht ertheilend und eifrig fort arbeitend. Im J. 1850 besuchte er auf erfolgreichen Concertreisen Brüssel, England und Deutschland und legitimirte sich auch in jeder anderen Beziehung so vortheilhaft, dass ihm 1853 das Brüsseler Conservatorium eine der Professorstellen für Pianoforteunterricht antrug, die er annahm und noch jetzt bekleidet. Seit 1856 unternahm er noch weitere Kunstreisen nach Holland, Frankreich, Deutschland u. s. w. und fand überall die ehrenvollste Anerkennung. Nicht minder bedeutend ist D. als Componist; für seine hohe Begabung und vorzügliche Durchbildung legen Streichquartette, Claviertrios und Sonaten, Etüden, Salonstücke u. s. w. für Pianoforte ein günstiges Zeugniss ab.

Dupont, F. A., trefflicher holländischer Violinist und gründlicher und geschickter Componist, geboren 1822 zu Rotterdam, wo er auch seine erste musikalische Ausbildung erhielt. Zur Vollendung seiner Studien begab er sich 1843 an das neu gegründete Conservatorium in Leipzig, wo er während dreier Jahre mit dem besten Erfolge den Unterricht M e n d e l s s o h n's in der Composition und den Ferd. D a v i d's im höheren Violinspiel genoss. Hierauf trat er in seinem Vaterlande als Componist von grossen Orchester- und Vocalwerken in vortheilhafter Weise hervor, begab sich sodann nach Deutschland, lebte 1857 und 1858 längere Zeit in Hamburg und trat 1862 (wie schon 1856 in Linz) in die Funktion eines Theater-Kapellmeisters in Nürnberg. Dort und später in Warschau und Moskau hat er sich als Dirigent einen ausgezeichneten Ruf erworben. Die meisten seiner Werke sind, wohl ihres bedeutenden Umfangs wegen, Manuscript geblieben, obwohl ein preisgekröntes Claviertrio und Quartett sein grosses Talent ausser Zweifel stellten. Eine Oper von ihm »Bianca Siffredi« ist mit Beifall 1856 in Linz zur Aufführung gelangt.

Dupont, J e a n B a p t i s t e. französischer Violinist und Componist, war von 1750 bis 1773 einer der besten Violinisten im Orchester der Pariser Oper und hat verschiedene seiner Arbeiten durch den Druck allgemeiner bekannt gemacht, so: »*Principes de Musique*« und »*Principes de Violon*«, Abhandlungen in Frage und Antwort, ferner zwei Violinconcerte über Opernarien.   †

Dupont, P i e r r e, französischer Volksdichter und Componist, geboren 1821 in der Nähe von Lyon, war anfangs Seminarist, dann Schreiber bei einem Notar, hierauf Baukcommis und endlich Laureat der Akademie, als welcher er sich bei der Redaktion des grossen Lexicons der französischen Akademie betheiligte. Musikalisch bekannt ist er als Dichter und Componist zahlreicher beliebt gewordener ländlicher Oden, die er voller Natur und Gemüth auch zu singen wusste. Er starb am 26. Juli 1870 zu St. Etienne.

Duport, zwei Brüder, ausgezeichnete und hochberühmte französische Violoncellisten, die ihren Ruf weithin getragen haben. Der ältere, J e a n P i e r r e, D. war zu Paris am 27. Novbr. 1741 geboren und verdankt seine Ausbildung zu enormer Virtuosität seinem Lehrer B e r t a u t, dem berühmten Gründer der französischen Violoncelloschule. Aufsehen erregte D. 1761, wo er sich im Pariser *Concert spiri-*

tuel hören liess und in Folge dessen eine mehrjährige Anstellung beim Prinzen von Conti fand. Im J. 1769 reiste er zu Concerten nach England, 1770 nach Spanien und erhielt 1773 einen Ruf als Concertmeister an den königl. Hof zu Berlin, den er auch bis zu seinem Lebensende nicht wieder verliess und an welchem er in der Folge als Surintendant der Kammermusik und Lehrmeister des kunstsinnigen Königs Friedrich Wilhelm II. die grösste Auszeichnung genoss, die ihm auch noch bei dessen Nachfolger zu Theil wurde, bis er sich 1805 pensioniren liess. Er starb zu Berlin am 31. Decbr. 1818. Sein Ton soll wunderbar schön und edel, seine Fertigkeit enorm und sein Vortrag voller Schwung und Kraft gewesen sein. Von seiner Composition sind Concerte, Duos, Doppel-Sonaten und Doppel-Variationen im Druck erschienen. Sein Bruder, Jean Louis D., geboren am 4. Octbr. 1749 zu Paris, hatte sich bereits zum Violinisten ausgebildet, als er sich dem Violoncello, angeregt durch seines Bruders grosse Erfolge, zuwandte und auch dessen Schüler wurde. Nachdem er in Frankreich und England sich einen berühmten Namen fest begründet hatte, trat auch er 1789 in die königl. Hofkapelle zu Berlin. Diese Stellung verliess er nach Friedrich Wilhelm's II. Tode, machte wieder Concertreisen und war 1806 in Paris, ohne dass er, trotz des Enthusiasmus, den er erregte, ein festes Engagement zu finden vermochte, bis ihn endlich der Ex-König von Spanien, Karl IV., welcher damals zu Marseille residirte, an seinen Hof zog. Dort blieb er bis 1812, wo der König Karl nach Rom ging, worauf D. nach Paris zurückkehrte und nun endlich Solo-Violoncellist in Napoleon's Kapelle, Mitglied der Kammermusik der Kaiserin Maria Louise und Professor am Pariser Conservatorium wurde. Auch in der Restaurationszeit behielt er seine Stelle in der Hofkapelle und starb am 7. Septbr. 1819 in Paris. — Hinsichtlich der Fertigkeit und Schönheit des Tones stand er hinter seinem älteren Bruder nicht zurück; in Bezug auf Eleganz und Gefühl des Vortrags war die Superiorität des Einen oder des Anderen sogar Gegenstand des Streites. Im Druck erschienen sind von dem jüngeren D.: Concerte, Sonaten, Duos, Variationen für Violoncello, Nocturnes für Violoncello und Harfe (gemeinschaftlich mit Bochsa componirt), Variationen für Violoncello und Violine (mit Giarnovichi zusammen gearbeitet) u. s. w.

Duprato, Jules Laurent, geachteter französischer Componist der Gegenwart, geboren am 20. Aug. 1827 zu Nimes, trat in seinem 17. Lebensjahre in das Pariser Conservatorium und studirte daselbst hauptsächlich unter Leborne, der sein Compositionslehrer war. Im J. 1848 gewann er mit seiner Composition der Cantate »Damoclès« den grossen Preis und benutzte das damit verbundene Stipendium der Regierung, um mehrere Jahre hindurch in Italien und Deutschland sich weiter auszubilden und seinen musikalischen Gesichtskreis zu erweitern. Nach Paris zurückgekehrt, trat er besonders als Componist kleinerer komischer Opern auf, deren er nach und nach eine ganze Reihe schrieb und die von feinem Geschmack und Geschick zeugten. Einige derselben hatten einen ziemlich bedeutenden Erfolg, als: »Les trovatelles« (1854), »Paquerette« (1856), »Monsieur Landry« (1857) u. s. w.

Dupré, Mr., französischer Violinist an der Pariser Oper, 1754 pensionirt und 1784 gestorben, hat 2 Werke 1763 zu Paris drucken lassen; jedes enthält sechs Claviertrios mit Violine.   †

Duprez, Gilbert Louis, berühmter französischer Tenorsänger und Gesanglehrer, wurde am 6. Decbr. 1806 zu Paris geboren. Als Sohn eines wenig bemittelten, gleichwohl mit elf Kindern gesegneten Kaufmanns, wuchs er heran, von einem Freunde der Familie musikalisch ein wenig unterrichtet. Da er im neunten Jahre bereits bewundernswerth taktfest und treffsicher war, so brachte man ihn mit dem zehnten Jahre in das Pariser Conservatorium und 1817 in die Musikschule des berühmten Choron; sein musikalisches Talent wurde dort zwar anerkannt, der Beruf zum Sänger ihm aber abgesprochen. Einer Liebschaft wegen schickte man ihn 1825 nach Italien, von wo er jedoch, da er in Mailand kein Engagement zu finden vermochte, schon nach sechs Monaten zurückkehrte und nun am Odéon unter sehr bescheidenen Verhältnissen sang. Er heirathete 1827 die an demselben Theater engagirte Sängerin Marie Duperron und ging mit derselben, als der Direktor des Odéon fallirte, nach Italien, wo das Ehepaar an kleinen Bühnen sang, bis D. zur Carnevalsaison 1829 in Venedig und einige Monate später am Scalatheater in Mailand angestellt wurde, ohne jedoch auch nur entfernt den Beifall zu gewinnen, wie sein mächtiger Vorgänger Rubini. Anders gestaltete sich sein Künstlerloos in Turin, wohin er zunächst ging. Dort feierte er urplötzlich, namentlich in der grossen Oper, eine Kette von Triumphen. Als Mitglied der Lanari'schen Gesellschaft, zu der u. A. auch die Ungher und Coselli gehörten, sang er in Lucca, Florenz, Triest, Siena und Bologna, 1834 auch in Rom und Neapel und überall war sein Erfolg ungeheuer. Mit einem grossen Namen geschmückt, kehrte er 1836 nach Frankreich zurück und debütirte nun in der Grossen Oper als Arnold in Rossini's Tell. Seitdem war er bis zum J. 1849, wo er der Bühne entsagte, die Hauptstütze des Instituts und wurde mit Gunstbezeugungen überhäuft. Seine Stimme war überaus mächtig und reichte bis zum c^2 als Brust- und e^2 als Falsettton. Dabei war er durch und durch dramatischer Sänger, dem Ausdruck, Reinheit der Intonation, Portamento, vollendete Recitation und Declamation zu Gebote standen, ferner ein feiner, ächt musikalischer Geschmack und die sorgsamste Schattirung in allen Nüancen des Vortrags. Die Leichtigkeit, mit der er die Uebergänge von Brust- und Kopfstimme auszugleichen wusste, stempelt ihn mit allen genannten Eigenschaften zu einem Sänger allerersten Ranges. Da man früher in Frankreich solche oder ähnliche Vorzüge an ihm gar nicht entdeckt hatte, so ist anzunehmen, dass er in Italien noch eifrig studirt und dort erst seine Stimme zu ihrer natürlichen Reife und Entwickelung gebracht haben muss. Seit 1842 war D. bereits Professor des höheren Sologesanges am Pariser Conservatorium gewesen und hatte als solcher eine gute Gesangmethode, betitelt »L'art du chant« (Paris, 1845, Berlin, 1846) veröffentlicht. Diese Stellung gab er jedoch 1850 auf und begründete zu dieser Zeit eine Privat-Gesangschule, verbunden mit einem kleinen Uebungstheater. Während des Krieges von 1870 siedelte er mit dieser Anstalt nach Brüssel über und lebt und wirkt auch noch jetzt daselbst. Sein Unterricht wird sehr gerühmt, jedoch behauptet man, dass ihm nur robuste und kräftige Stimmen anvertraut werden könnten, da andere die bis zur Uebertreibung gehenden Ansprüche seiner Methode nicht ohne Gefahr für Leben und Gesundheit auszuhalten vermöchten. Auch als guter Musiker und Componist ist übrigens D. nicht ohne Bedeutung. Ausser Romanzen und mehrstimmigen Gesängen schrieb er u. A. die Opern »Joanita«, »La lettre au bon dieu« und »Samson« (1856), Text von Alex. Dumas und Ed. Duprez, welche letztere auch in Berlin, unter Leitung des Componisten, am 1. Octbr. 1857 im Concertsaale mit Beifall zur Aufführung gelangte. — Seine Tochter, Caroline D., jetzige Frau Vandenheuvel, geboren 1832 in Florenz, bildete er zur vorzüglichen Sängerin aus. Sie betrat 1849 zuerst die Bühne, als ihr Vater nach seinem Abgange von der Grossen Oper mit einer eigenen Gesellschaft in den französischen Provinzialstädten Opernvorstellungen gab. Ein Jahr später sang sie bei der italienischen Oper in Paris, dann die Saison über in Brüssel und London. Seit 1852 ist sie ganz in Paris geblieben, wo sie zuerst am Théâtre lyrique, 1856 auf fünf Jahre mit 30,000 Francs Jahresgage an der Opéra comique und 1861 an der Grossen Oper engagirt wurde. Dem Zuge ihres Herzens folgend, der sie hochadelige Titel und Würden verschmähen liess, verheirathete sie sich im Sommer 1856 mit dem unbemittelten aber geschätzten Musiker Vandenheuvel.

Dupuis, Ericius, ein zu Guido von Arezzo's Zeiten lebender Tonkünstler, soll nach Kardinal Bona's Bericht zum Gesange sieben Sylben empfohlen haben, um die Schwierigkeiten der Solmisation zu beseitigen.

Dupuis, Jacques, ausgezeichneter belgischer Violinvirtuose, geboren 1831, hat sich auf Kunstreisen in Belgien, Frankreich, England und Deutschland einen vortrefflichen Namen gemacht. Nach seiner Rückkehr wurde er Professor des Violinspiels am Conservatorium zu Lüttich und starb als solcher am 20. Juni 1871.

Dupuit, Mr., ein 1754 zu Paris ansässiger Organist und Tonsetzer, hat nach

Marpurg's Beiträgen Band I. S. 462 vor dieser Zeit mehrere Compositionen für Clavier und andere Instrumente herausgegeben.

Dupuy, ein französischer Gelehrter, der um die Mitte des achtzehnten Jahrhunderts lebte und im sechsten Bande seiner *Amusemens du coeur et de l'esprit* (Haag, 1740) eine die Musik betreffende Abhandlung, betitelt *Lettre sur l'origine et les progrès de l'Opéra en France* mit herausgab.

Dupuy, Jean Baptiste Eduard Louis Camille, oder Du Puy, ein vielseitig gebildeter französischer Musiker, geboren 1773 in dem Dorfe Corselles bei Neufchatel, wo sein Vater Vorsteher der Bergwerke war. Von diesem wurde D. seinem Oheim in Genf übergeben, bei dem er eine gute Erziehung erhielt. Von 1786 an studirte er in Paris bei Chabran Violin- und bei Dussek Clavierspiel und zwar mit solchem Erfolge, dass er drei Jahre später schon bei der Rheinsberger Kapelle des Prinzen Heinrich von Preussen als Concertmeister Anstellung fand. Bei seinem häufigen Aufenthalte in Berlin unterrichtete ihn Fasch in der Harmonielehre und Composition. Nach vierjährigem Aufenthalte an dem prinzlichen Hofe gab er in Deutschland und Polen Concerte, 1793 auch in Schweden, wo er die zweite Concertmeisterstelle in der königl. Kapelle erhielt und bald darauf auch als Hofopernsänger angestellt wurde. In gleichen Eigenschaften war er seit 1799 auch in Kopenhagen. Als 1801 die Engländer unter Nelson gegen die dänische Hauptstadt operirten, trat D. in ein frei organisirtes Vertheidigungscorps, dem er auch 1807 während des Bombardements angehörte, wo er wegen seiner Unerschrockenheit und Einsicht zum Lieutenant ernannt wurde. Seine musikalische Stellung hatte er gleichzeitig pflichtgetreu ausgefüllt. In den Jahren 1809 und 1810 war er in Paris, ging dann wieder nach Schweden, theils in Schonen, theils in Stockholm sich aufhaltend und wurde 1812 als königl. Hofkapellmeister, Sänger und Professor angestellt. In diesen angesehenen Aemtern starb er völlig unerwartet am 3. Apr. 1822 zu Stockholm am Schlagfluss. — Ebenso wie als höchst angenehmen Sänger und Violinisten rühmt man ihn als tüchtigen Orchesteranführer und gefälligen Componisten. Seine französischen Opern *Une folie* und *Félicie* und die nachgelassene schwedische Nationaloper *Björn Jaresida* haben vielen Beifall gefunden und ebenso sind seine Begräbnissmusiken auf Karl XIII. und dessen Gemahlin sehr geschätzt. Im Druck erschienen sind ausserdem von seinen Compositionen: Duos und eine Polonäse für Violine, Tänze, Märsche für Militärmusik, ein Flötenconcert, mehrstimmige Gesänge u. s. w.

Duquesnoy, ein Sänger und zugleich Componist, der zu Ende des 18. Jahrhunderts am französischen Theater zu Hamburg angestellt war. Ausser seinen Sinfonien, Arien u. s. w. hat besonders eine Cantate: *Le Voeu des Muses reconnoissantes* betitelt, die 1795 zuerst aufgeführt wurde, gefallen; dieselbe erlebte viele Wiederholungen. †

Dur (vom latein. *durus* d. i. hart; ital.: *maggiore*, französ.: *majeur*, engl.: *major*), wird in der Fachsprache der modernen abendländischen Musiktheorie zur Bezeichnung des einen der beiden Tongeschlechter (s. d.) angewandt, und zwar desjenigen Geschlechtes, in dem die Klänge derselben Art stets in unveränderter Gestaltung Verwerthung finden. Fasst man diese Unveränderheit der Einzelklänge derselben Durtonart als eine Starrheit (Härte) der Elemente derselben auf, so wird man die Einbürgerung dieses Kunstausdrucks erklärlich finden können. Der Gebrauch der Bezeichnung D. entsprang aus der Anwendung vno *durus* (s. d.); und hing eng mit der Nothwendigkeit des Gebrauchs des *b durus* als Elementarton einer Tonreihe zusammen, aus welcher Anwendung sich allmälig der tonische obere Abschluss der Scala herausbildete und aus dem für stufenweise Melodienabschlüsse die Schlussnothwendigkeit durch das *Subsemitonium modi* (s d.) sich entwickelte. Wie diese Schlussnothwendigkeit in der modernen abendländischen Musik, durch die Entdeckung und Ausbildung der Zusammenklänge befördert, sich in allgemein verständlicher Weise nur über zwei Oktavgattungen. die jonische und aeolische, auszubreiten vermochte, ist in dem Artikel *Moll* ausführlicher behandelt. Wenn nun diese Bezeichnung D. für ein Klanggeschlecht auch erst neueren Ursprungs ist, so sollen nach dem Ausspruche Gottfried Wil-

helm Fink's in seinem Werke »Erste Wanderungen der ältesten Tonkunst etc.«
(1831) alle arischen Völker ihre meisten Melodien dem Wesen dieses Klang-
geschlechtes entsprechend gebildet haben. Obgleich Fink, ohne Gründe dafür
anzugeben, durch Allgemeinfolgerungen zu diesem Ausspruche gelangte, so erwähnen
wir desselben gleichwohl, da das Wesen dieses Tongeschlechts, falls es in frühester
Zeit in der That sich bei den arischen Völkern kundgab und dies nachzuweisen
möglich, von zu hoher Bedeutung für die Entwickelungsgeschichte der modernen
abendländischen Musik ist. Mögen noch einige andere Thatsachen, die für diese
Anschauung zu sprechen scheinen, folgen. Tonverbindungen des Alterthums,
welche wahrscheinlich in nicht sehr früher Zeit dem babylonischen Boden entkeimten, müssen die Töne c, e, g in höchster Reinheit bedurft haben, da die erhalten
gebliebene Flöte (s. Babylonische Musik) nur diese Töne zu berichtigen fähig
war. Selbst die durch Feststellung der kleinsten Intervalle sehr künstlichen arabischen Tongänge verwerthen in der Tonart »Rast« (s. d. und Arabische
Musik) eines unserem D.geschlecht gleiche Klangauswahl, wenigstens wird auch
das geübteste Ohr einen Unterschied der Elemente schwerlich leicht wahrnehmen.
Kommen mit unseren Tonschlüssen gebaute Tongänge in der Tonart Rast vor, so werden
dieselben von Jedem wohl nur als D. sich bewegende erkannt werden. Griechische
Tonfolgen (vgl. Drieberg's Wörterbuch der griechischen Musik S. 169 und noch
neuere Forscher auf diesem Kunstgebiete) weisen eine Bevorzugung dieses Klang-
geschlechtes auch dort auf. Wenn nun in der christlichen Zeit der Höhenpunkt
der griechischen Musik als Muster gesucht und die Einführung der Kirchentonarten (s. d.) als Grundstufe einer ferneren musikalischen Entwickelung für geboten erachtet wurde; wenn ferner die Aufstellung dieser Oktavgattungen, durch
den Gebrauch der Paramese der Griechen, die dynamischen Klänge in einer
Oktave, wenigstens in einer Folge, zu verändern gestattete und später die Erfordernisse der modernen Harmonie die pythagoräische Feststellung der Terzen
den Anforderungen entsprechend zu verändern geboten: so lässt es sich wohl
erklären, dass man, als man diese Urfolge, in der das b durus gesetzlich
gebraucht werden musste, auch auf anderen Tonstufen nachzubilden sich bemühte
und diese Nachbildungen als Arten betrachtete, die der D. genannten Gattung
angehörten. Die Möglichkeit solcher Nachbildungen konnte jedenfalls erst im
Laufe des 16. Jahrhunderts stattgefunden haben, da in dieser Zeit zuerst sämmtliche Halbtöne in der Oktave als in der Musik verwendbar aufgezeichnet wurden.
Vgl. G. Zarlino »Sopplimenti musicali« Lib. IV cap. 30 (Venedig, 1589). Trotz
der Kenntniss aller Halbtöne fand jedoch der bevorzugte Gebrauch der jetzt D. und
Moll genannten Tongeschlechter erst im 17. Jahrhundert im Abendlande Aufnahme, und es wird behauptet, dass ein Franzose, dessen Namen jedoch bisher
nicht bekannt geworden ist, dazu die Anregung gegeben. In Deutschland, so viel
man weiss, hat sich zuerst J. A. Werkmeister, 1645 bis 1706 lebend, um die
allgemeine Aufnahme dieser beiden Tongeschlechter verdient gemacht. Somit wird,
da man im Laufe des 16. Jahrhunderts jedes Tonstück, das in der Aufzeichnung
Kreuze als Vorzeichnung erhielt als aus dem cantus durus gehend bezeichnete, der
Gebrauch des Kunstausdruckes D. in unserm Sinne erst im Laufe des 17. Jahrhunderts sich eingebürgert haben. Das Wesen des D. genannten Tongeschlechts
besteht in der Eigenthümlichkeit seiner Elemente, Klänge, und seiner
Melodiebeendigungsnothwendigkeiten. Die Elemente, wie Eingangs
erwähnt, sind in D. in derselben Tonart stets in unveränderter Gestaltung zu verwerthen; die Zahl derselben ist sieben in der Oktave, die in der leicht übersicht-
lichen Aneinanderreihung in einer Oktave (s. Durtonleiter) in aufsteigender
Ordnung in festbestimmten Zwischenräumen von einander erscheinen. Ein Vergleich der D.-Elemente mit denen in Moll, der in den ersten fünf Klängen vom
Grundton aufwärts möglich, da diese auch in Moll unwandelbar sind, ergiebt, dass
die Terzen der Tonleiter verschieden sind; in D. ist eine grosse und in Moll eine
kleine Terz. Diese Verschiedenheit in den Elementen ist bei der bevorzugten
Stellung der Harmonie in der abendländischen Musik mit der Zeit als durch das

Gefühl scheidbar erachtet worden und von den Aesthetikern dem Erscheinen der grossen Terz die Erweckung einer harten und dem der kleinen die einer weichen Empfindung zugeschrieben worden. In wie weit die Anwendung der Worte *durus* und *mollis* in der Fachsprache für ähnliche in der früheren Tonleiter befindliche Intervallverhältnisse auf diese Empfindungsbezeichnung eingewirkt hat, mag dahingestellt bleiben; nur das Ergebniss ist nothwendig zu bemerken: dass in neuester Zeit besonders dieser Intervallunterschied als Eigenheit der Tongeschlechter hervorgehoben wird. Es sei noch hervorgehoben, dass das Wort D. bei Benennung der verschiedenen Arten des Geschlechts mit dem Namen der Art eng verbunden wird, wie in dem Artikel D u r t o n a r t näher erläutert ist.

C. B i l l e r t.

Duraccord heisst der aus Grundton, grosser Terz und Quinte einer D u r t o n - leiter (s. d.) bestehende Zusammenklang. S. A c c o r d.   †

Duran, D o m i n i c u s M a r c u s, gelehrter spanischer Tonkünstler, zu Alconetar in der Provinz Estremadura um die Mitte des 16. Jahrhunderts geboren, ist der Verfasser der 1590 zu Toledo erschienenen Abhandlung über den *Cantus planus:* »*Lux bella del Canto Llano*«, sowie eines über dieselbe 1598 zu Salamanca erschienenen Commentars. Vergl. Antonii *Bibl. Hisp.*   †

Duran, J., spanischer Kirchentonsetzer, der um 1525 Kapellmeister zu Santiago war, hat zahlreiche Werke componirt, die für classisch gelten und zum Theil noch jetzt in Spanien aufgeführt werden.

Duran, A u g u s t F r i e d r i c h, eigentlich **Duranowski** geheissen, genialer und berühmter polnischer Violinvirtuose, geboren um 1770 zu Warschau, wo sein Vater Hofmusikus des letzten Königs von Polen war und dem Sohne den ersten Musikunterricht ertheilte. Ein polnischer Edelmann nahm den jungen D. 1787 mit nach Paris und liess ihn bei Vi o t t i weiter bilden. Eigene Concerte gab D. 1794 und 1795 in Deutschland und Italien und erregte Staunen und Bewunderung, nahm aber um 1800 an den französischen Feldzügen Theil und ergriff erst um 1810 wieder die Violine. Bis 1814 hielt er sich nun längere Zeit in Leipzig, Prag, Dresden, Kassel, Warschau, Frankfurt a. M. und Strassburg auf, in letzterer Stadt als erster Violinist am Concert- und Theaterorchester. Als solcher fungirte er daselbst noch 1834 und machte auch noch von Zeit zu Zeit Concertreisen nach Frankreich und Deutschland. — D. war ein Geigentalent ersten Ranges und wurde von Paganini selbst als solches erklärt. Er hätte noch mehr leisten können, wenn er mehr Ausdauer und Fleiss besessen hätte und weniger unstät gewesen wäre. Für sein Instrument hat er zwar sehr viel (Concerte, Duos, Fantasien, Capricen, Variationen, Potpourris u. s. w.) geschrieben, aber nichts, was auf Kunstwerth auch nur den allergeringsten Anspruch erheben könnte.

Durand, F r a n ç o i s L o u i s, französischer Musiklehrer, der in Paris lebte und eine nicht werthlose »*Petite grammaire musicale*« (Paris, 1837) veröffentlicht hat.

Durand, G. L., französischer Flötist, liess »*Gammes pour la petite Flûte lydienne ou grand Flageolet et Suite des Airs arrangés, avec Acc. de Violon. Liv. I*« (Paris, 1793) im Druck erscheinen.   †

Durandus, im 11. Jahrhundert Mönch zu Fesscamp und später zu Coarne. soll nach der *Hist. litter. Franc. p.* 240 und Abt Gerbert's Geschichte viele Compositionen für die Kirche geschaffen haben.

Durandus, C a s p a r C h r y s o s t o m u s, ein Componist des 17. Jahrhunderts, der 1667 ein »*Exultans Halleluja*« zu Dresden herausgegeben hat.   †

Durant, P. C., Lautenist und Kammermusiker in markgräflich baireuthischen Diensten, hat sich auch als Componist durch mehrere Sammlungen von Lautensolos, Trios und Concerten 1762 hervorgethan; dieselben sind jedoch nicht im Druck erschienen.   †

Durante, A n g e l o, italienischer, aus Bologna gebürtiger Tonsetzer, welcher eine Messe und fünfstimmige Madrigale seiner Composition (Venedig, 1580) herausgegeben hat.

Durante, Francesco, einer der grössten italienischen Kirchencomponisten und Tonlehrer aller Zeiten und nebst Leonardo Leo Begründer der berühmten neapolitanischen Schule, die mit seinem Auftreten die Weltherrschaft in der Musik gewann. So wichtig dieser Meister für die Musikgeschichte immer sein wird, so wichtig und corrumpirt erscheinen bis in die neueste Zeit hinein und wie es scheint, vielfach noch darüber hinaus, die wenigen biographischen Aufzeichnungen, die sich, durch Tradition immer mehr entstellt, erhalten haben. Die Ungenauigkeiten beginnen mit seinem Geburtsort, Geburtstag, ja sogar Geburtsjahr und ziehen sich durch sein übriges Leben bis zu seinem Tode. Obgleich nun die richtigsten Daten in neuester Zeit unumstösslich festgestellt sind, so bleibt doch der historischen Forschung noch viel zu thun übrig, aber es steht zu erwarten, dass die bereits gefundene richtige Spur zu weiteren Aufschlüssen führen wird. — D. wurde am 15. März 1684 zu Frattamaggiore im Königreich Neapel geboren. Bereits als Knabe wurde D. für die musikalische Kunst bestimmt und zu diesem Zwecke auf das *Conservatorio dei poveri di Gesù Cristo* in Neapel gebracht, wo Gaëtano Greco sein Lehrer wurde. Nachdem diese Lehranstalt aufgehoben worden, wurde er dem Conservatorium von St. Onofrio ebendaselbst überwiesen, dessen Zierde als Tonlehrer Alessandro Scarlatti war. Gemäss der Organisation dieser Institute muss D. einen langjährigen Cursus durchgemacht haben, ehe er als gereifter Künstler entlassen wurde. Als solcher soll er, was vorläufig dahingestellt, ja sogar bezweifelt werden muss, nach Rom gezogen sein und noch fünf Jahre lang Gesangstudien bei Pitoni und contrapunktische bei Pasquini gemacht haben. Jedenfalls war D. ein schon allgemein anerkannter Meister, als er um 1718 zum Kapellmeister seiner ehemaligen Lehranstalt von St. Onofrio ernannt wurde. In dieser Stellung blieb er bis 1742, wo er als Nachfolger Porpora's an das Conservatorium Santa Maria di Loretto in Neapel berufen wurde, welchem Amte er in allen Ehren bis zu seinem Tode, am 13. August 1755, vorstand. — Zunächst bezeichnet eine lange, glänzende Reihe der ausgezeichnetsten und berühmtesten Schüler, die zum Stolz der neapolitanischen Schule wurden und dieser während des 18. Jahrhunderts die Obergewalt sicherten, die einflussreiche Lehrthätigkeit D.'s. Die leuchtendsten Sterne derselben nur seien hier aufgeführt; es sind: Duni, Guglielmi der Aeltere, Jomelli, Paisiello, Pergolese, Piccini, Sacchini, Terradeglias, Traëtta und Vinci. D.'s Thätigkeit als Componist ist von kunstgeschichtlicher hoher Bedeutung, obwohl er nur Kirchen- und Kammermusik schrieb. Im Vocalstyle wurde er von keinem der grossen zeitgenössischen Meister übertroffen und im Chorsatze dürfte er nur Händel zum ebenbürtigen Rivalen gehabt haben. Die vollständigste Sammlung der D.'schen Werke besitzt, ein Geschenk des neapolitanischen Kunstfreundes Selvaggi, die Bibliothek des Conservatoriums in Paris; ein Verzeichniss derselben findet sich in Fétis' *Biographie univ.* Einen nicht minder bemerkenswerthen Schatz von Manuscripten D.'s bewahrt die Hofbibliothek in Wien, vor Allem seine Lamentationen des Propheten Jeremias, 167 Blätter stark, und eine höchst originell zu nennende vierstimmige Pastoralmesse, ferner zwei Requiem, zwei Magnificat, zwei *Laudate pueri*, 12 Duette, eine fünfstimmige Motette, ein fünfstimmiges Miserere, ein *Salvesregina* für zwei Bässe, ein achtstimmiges *Misericordias domini*, ein *Dixit*, ein *Beatu vir* und einen Psalm: *Nisi dominus*. Ausserdem kennt man von ihm ein Oratorium, Solfeggien, Litanien, sechs Claviersonaten u. s. w. Auch für die Instrumentirung gab er den Impuls zum Höheren und Werthvolleren, indem er die Art, das Orchester beim Gesange zu benutzen, wie sie schon Scarlatti angewandt hatte, mehr in's Feinere, Zartere und Anmuthigere ausbildete.

Durante, Giuseppe, angeblich ein italienischer Componist des 18. Jahrhunderts, von dem sich jedoch nichts weiter vorfindet, als ein vorzüglich gearbeitetes Madrigal, welches die Wiener Hofbibliothek besitzt. Es ist aber fast als erwiesen anzunehmen, dass dieses Stück, trotz der im Vornamen abweichenden Aufschrift, von dem berühmten Francesco Durante herrührt.

Durante, Ottavio, ein gelehrter Tonkünstler aus Rom. von dem man nur weiss, dass er sich 1614 auf einem bei Viterbo liegenden Landgute aufhielt. Man kennt von ihm noch: »*Arie devote, le quali contengono in se la maniera di cantar con grazia l'imitazioni delle parole, et il modo di scriver passaggi ed altri affetti*« (Rom, 1608), eine Gesangschule mit Beispielen, die kaum mehr als historischen Werth hat. Ein Exemplar davon befindet sich auf der Wiener Hofbibliothek.

Durante, Silvestro, ein tüchtiger italienischer Componist, der um die Mitte des 17. Jahrhunderts Kapellmeister in Trastevere war und von dessen Werken sich einige Messen und Motetten von vortrefflicher contrapunktischer Arbeit erhalten haben. Eine dieser fünfstimmigen Messen bewahrt die Bibliothek in Wien. †

Durantis, Joannes Stephanus, französischer Staats- und Musikgelehrter, geboren 1534 zu Toulouse, war in seinen Mannesjahren Oberpräsident des Parlaments in seiner Vaterstadt und hat ein Werk: »*De Ritibus Ecclesiae catholicae*« (Paris, 1624) geschrieben, in dessen 13. Kapitel ersten Buches von den verschiedenen Orgelarten, von der Zeit ihrer Einführung in die Kirche und dem Gebrauch und Missbrauch derselben, wie auch von der Einführung des Kirchengesanges abgehandelt wird. †

Durart, s. **Durtonart**.

Durastanti, Margherita, eine ihrer Zeit berühmte italienische Sängerin war 1719 bei der Oper in Dresden und ein Jahr später bei dem Händel'schen Unternehmen in London engagirt. Dort sang sie auch noch im J. 1733 mit bereits stark reducirten Stimmmitteln. Von da an fehlen alle weiteren Nachrichten über sie.

Durchcomponirt nennt man diejenige musikalische Liedform, in der nicht sämmtliche Strophen des Gedichts nach einer und derselben Melodie gesungen werden, sondern einige oder alle Strophen mit besonderen, ihrem Inhalte, ihrer Wortführung und Interpunktion angemessenen Melodien versehen sind. S. **Lied**

Durchdringende Mensur, s. **Mensur**.

Durchführung nennt man im Allgemeinen die thematische Verarbeitung eines Tongedankens mit Hülfe des einfachen oder doppelten Contrapunkts, der Imitation des Kanons u. s. w., die Zerlegung desselben in seine einzelnen Bestandtheile und die Bildung neuer Perioden aus diesen Stücken und Stückchen. Ueber das Verfahren selbst und die dabei zu verwendenden Mittel handelt der besondere Artikel **Thematische Arbeit** (s. d.). — Im Besonderen bezeichnet D. diejenigen Theile grösserer Tonsätze, in denen eine thematische Verarbeitung der Hauptgedanken seine Stelle zu finden hat, in der Sonatenform z. B. im Mittelsatz oder zweiten Theil. S. **Sonate**. Ebenso bedeutet in der Fuge der Ausdruck D. die auf die Exposition folgenden Nachahmungen und Zergliederungen des Hauptsatzes in allen zur Verwendung kommenden Stimmen. S. **Fuge**. Auch in kleineren Tonformen kann die D. mit Erfolg vollzogen werden, z. B. im zweiten Theile des Scherzo und Trio. S. **Sonate**.

Durchgang, auch **Durchgangston**, **durchgehende Note** genannt (lat. *transitus*, franz.: *note de passage*). Einige Theoretiker (so z. B. auch Gottfr. Weber) verstehen darunter im Allgemeinen jeden nicht zur Harmonie gehörigen Ton. Sie rechnen daher zu den Durchgängen auch die »Neben«- und »Hülfstöne« (s. d. und Bd. II. S. 591), ja sogar die Vorhalte, insofern nämlich alle diese Töne zu ihrem Hauptione fortschreiten; statt des Namens D. gebraucht man in diesem Falle auch die Ausdrücke »fremde Note«, »Nebenton« u. s. f. Nicht zur Harmonie gehörige Töne (was im strengen Satze gleichbedeutend mit unvorbereiteten Dissonanzen ist) durften früher nur auf der leichten Taktzeit angewendet werden; die auf leichter Taktzeit stehenden Töne nannte man »durchgehende Noten«, im Gegensatz zu den auf schwerer Taktzeit stehenden Tönen, welche anschlagende Noten (s. d.) hiessen. Den Ausdruck D. übertrug man dann auf alle nichtaccordlichen Töne, ganz abgesehen davon, auf welcher Taktzeit sie erschienen. So entstand der weitere Sinn des Begriffes D. Zur Bezeichnung der nichtharmonischen Töne auf leichter Taktzeit gebraucht man bei dieser Auffassung den Ausdruck »regelmässiger D.« (*transitus regularis*), während man einen auf schwerer Taktza stehenden unharmonischen Ton einen »unregelmässigen D.« *(transitus irregularis)*, oder auch wohl eine »Wechselnote« (s. d. und Bd. II. S. 592) nannte. — Ursprünglich verwendete man aber den Namen D. nur im engeren Sinne für diejenigen Töne, welche berührt werden, wenn man von irgend einem Tone aus zu einem andern (höher oder tiefer liegenden) Tone stufenweise fortschreitet; in diesem engeren Sinne wird das Wort auch jetzt noch bei den meisten Theoretikern gebraucht, und diesem ganz richtigen Gebrauche habe ich mich hier angeschlossen. Gottfr. Weber und andere Schriftsteller nennen diese D.e »eigentliche D.e«, während sie andere nicht harmonische Töne (Neben- und Hülfstöne u. s. f.) »uneigentliche D.e« nennen. Treten diese eigentlichen D.e auf schwerer Taktzeit auf, so bleiben sie immer noch D.e, sie werden aber in diesem speciellen Falle zu den Wechselnoten (s. d.) gezählt. — Die Berechtigung zur Anwendung von D.n ist im Allgemeinen schon unter Consonanz und Dissonanz (Bd. II. 593) nachgewiesen, jedoch nur insofern, als durch diese D.e dissonirende Zusammenklänge ohne Accordcharakter entstehen können. Hiermit ist der Begriff D. aber noch nicht erschöpft, — denn es können auch D.e erscheinen, ohne dass solche dissonirende Zusammenklänge entstehen (a), ja man spricht selbst im einstimmigen Satze von D.n. — Die D.e wurden in dem angeführten Artikel zu denjenigen Tönen einer melodischen Wendung gezählt, welche für Harmonie, Tonartwesen und Modulation (s. d.) unwesentlich sind, indem sich ihre Verwandtschaft zu den anderen Tönen einer solchen Wendung — vorzugsweise — auf die »Nachbarschaft in der Tonhöhe« (s. d.) gründet (Bd. II. 591). Ein D. erscheint darnach immer als Nebenton zu zwei verschiedenen Tönen, zwischen denen er liegt; die Verwandtschaft durch Nachbarschaft in der Tonhöhe ist also bei diesen nichtharmonischen Tönen eine doppelte (Bd. II. 593), und daher eine um so innigere. — Man theilt die D.e ein in »diatonische« und »chromatische«, je nachdem die betreffenden Töne der im Ohre liegenden Tonart (s. d.) als leitereigene Töne angehören oder nicht. Die diatonischen D.e sind in den meisten Fällen schon durch das Tonartwesen an sich berechtigt, sie werden aber durch die Verwandtschaft durch Nachbarschaft in der Tonhöhe in noch engere Beziehungen zu ihren Haupttönen, zwischen denen sie stehen, gesetzt; die Anwendbarkeit chromatischer D.e dagegen basirt einzig und allein auf der letzteren Art von Tonverwandtschaft*), weshalb diese bei ihnen eine möglichst enge sein muss (s. Bd. II. S. 591—592). — Von chromatischen D.n spricht man schon innerhalb einer Melodie, während alle in einer Melodie vorkommenden diatonischen Töne als wesentliche Bestandtheile der Melodie aufgefasst werden — (selbst bei Tonartverbindungen oder Modulationen) —, deren gegenseitige Verwandtschaft durch das stufenweise Fortschreiten nur eine engere wird. Melodische Tonverbindungen, welche sich in stufenweiser Folge innerhalb der wesentlichen Töne

---

*) Dass diese Töne wirklich einer anderen Art von Tonverwandtschaft, die namentlich auf Gewöhnung basirt, die Möglichkeit ihrer Einführung verdanken, erkennt man daraus, dass das Volkslied derartige Töne nie anwendet, und dass Kindern und unmusikalischen Personen ihre Ausführung sehr schwer fällt, während doch alle auf einer anderen Verwandtschaft beruhenden Töne sehr leicht getroffen werden, auch wenn sie an der betreffenden Stelle scheinbar chromatisch sind. Folgendes mag als Beweis für die letzte Behauptung angeführt werden. Die seinerzeit bis zum Ekel abgeleierte Wendung bei *a)* wird von Kindern und unmusikalischen Leuten noch immer wie bei *b)* gesungen, während doch Wendungen wie bei *c)* gar keine besonderen Schwierigkeiten machen. Diese Thatsache lässt sich nur auf die angedeutete Weise erklären.

einer **Tonart** (s. d.) bewegen, sind unter allen Bedinguugen an sich berechtigt,
sobald ihr Anfangs- und ihr Schlusston Haupttöne der Tonart sind und sie selbst
melodisch möglichst vollkommen cadenziren (s. **Cadenz**). In *C*dur und *C*moll sind
also Leitern wie die bei *b*, Tonverbindungen einheitlichen Charakters, die als selbständige Bestandtheile in einem Tonsatze auftreten können. Zu jedem wesentlichen
Tone einer solchen Tonleiter können nun auch die durch Nachbarschaft in der
Tonhöhe mit dem ersteren verwandten Töne treten, ohne dass das Wesen und der
Charakter dieser Leiter wirklich geändert wird. Zwischen je zwei Tönen einer
solchen Leiter kann somit ein nicht zur Tonart gehöriger, also chromatischer, Ton
eingeschoben werden, ja zwischen der sechsten und siebenten Stufe in Moll können
sogar zwei solche chromatische Töne einander folgen (s. *o* bei *c*). Die chromatischen
Tonleitern und alle aus ihnen entstehende Wendungen sind also innerhalb einer
melodischen Tonartcharakterisirung unter bestimmten Bedingungen vollkommen
berechtigt. Bei ihnen hängt es lediglich von dem Anfange und Schlusse, und allenfalls noch von einzelnen durch ihre rhythmische Stellung und Geltung besonders
hervorragenden Tönen ab, welcher Tonart eine solche Fortschreitung angehört.
Die eingeschobenen Töne heissen D.e oder auch wohl **Zwischentöne** (s. d.).

In mehrstimmigen Sätzen, mögen dieselben nun durch Verbindung mehrerer melodischer Wendungen entstehen, oder dadurch, dass eine melodische Wendung zu
einem ausgehaltenen Tone oder Accorde resp. zu einer Accordverbindung erscheint.
bezeichnet man auch diatonische Töne als D., und zwar erhalten diesen Namen
alle diejenigen Töne, welche bei stufenweiser Fortschreitung zu den betreffenden
angedeuteten oder wirklich vorhandenen Accorden nicht als wesentliche Bestandtheile gehören. Von den obigen Tonleitern können z. B. mehrere gleichzeitig erklingen, wenn jede für sich eine Einheit bildet und alle am Anfange, am Schlusse
und auf rhythmisch hervortretenden Punkten harmonisch zusammen treffen (*a*).
An denjenigen Stellen, an welchen ein solches harmonisches Zusammentreffen
nicht statt hat, betrachtet man die einzelnen Töne als D.e. So kommt es bei der
Wendung bei *b*) nur auf die harmonische Bedeutung der bei *c*) angegebenen
Töne an; Alles, was zwischen diesen Tönen liegt, kann als D. aufgefasst werden,
wenn es zwischen zwei verschieden hohen Tönen liegt.

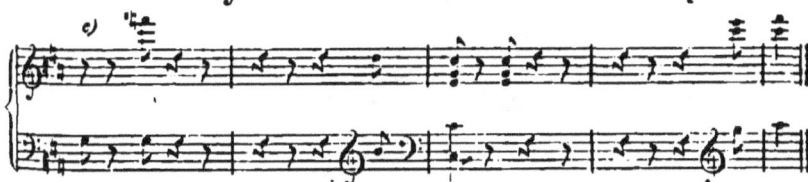

In diesen Bildungen müssen sich alle Stimmen selbständig von einander abheben, was sich durch strenge Parallelität, am besten aber durch Gegenbewegung erreichen lässt. Je mehr einzelne Stimmen auftreten, desto leichter stellt sich Unklarheit ein und desto vorsichtiger muss man sein. Jede solche melodische Wendung muss ferner als ein selbständiges Glied des Ganzen auftreten, denn nur in dieser Beziehung stehen die einzelnen Bestandtheile einer solchen Wendung zum ganzen Tonsatze. Daher dürfen Anfang und Endpunkt auch der Zeit nach nicht zu weit auseinander liegen; es werden deshalb innerhalb eines Taktes oder doch wenigstens innerhalb eines zweitaktigen Abschnittes die Haupttöne in ihrer harmonischen Bedeutung erscheinen müssen. Dazu kommt noch, dass der physische Klang der entstehenden Zusammenklänge bei längerem Anhalten auf dem einzelnen Zusammenklange, der entstehenden Schwebungen (s. »Akustik«,) wegen, viel unleidlicher wird, als bei raschem Vorüberrauschen; das letztere ist bei Anwendung der Gegenbewegung zu berücksichtigen, da man ja bei paralleler Fortschreitung in Terzen und Sexten auf Zusammenklänge gar nicht kommt, die starke Schwebungen erzeugen. — Sind aber diese Wendungen berechtigt, so sind es, freilich nur in geringerem Grade, auch diejenigen, welche durch Anwendung der aus jenen diatonischen Leitern entstehenden chromatischen Tonleitern gebildet werden (a). Bei solchen Wendungen ist aber noch grössere Vorsicht anzuwenden, und die eben angegebenen Beschränkungen haben hier noch viel strengere Geltung als dort. Die in den einzelnen chromatischen Leitern als D.e bezeichneten chromatischen Töne treten hier als Nachbartöne zu anderen Durchgangstönen auf, und man bezeichnet dieselben als »D.e zweiten Grades«, oder man nennt sie Zwischentöne (s. d.). Die neueren Tonsetzer machen von diesen Fortschreitungen einen immer umfang-reicheren Gebrauch, und namentlich bei Rich. Wagner treten sie ziemlich häufig auf. Es lässt sich gegen ihre Anwendung nichts Berechtigtes vorbringen, namentlich, wenn die entstehenden Zusammenklänge keine allzustarken Schwebungen erzeugen. Sind diese Wendungen auch nicht besonders geistreich und interessant, so haben sie doch als Mittel des Ausdrucks ihre Berechtigung, mindestens aber sind sie nicht unschöner als die ähnlichen Wendungen bei diatonischer Fortschreitung der einzelnen Stimmen, die ja doch bei Mozart und Beethoven nicht allzu selten sind. Alle diese Wendungen können übrigens noch mannigfaltig modificirt werden. So entstehen z. B. durch Brechung (s. d.) der entstehenden Zusammenklänge gar verschiedenartige Bildungen (b und c); es können ja in diesem Falle noch weitere D.e u. s. f. eingeschoben werden, wie denn z. B. die Wendung unter b bei d.r Brechung der Zusammenklänge unter d neue Durchgangstöne einführt.

Rich. Wagner, Rheingold (Clavierausz. S. 153).

Beethoven (Op. 2. No. III).

Rich. Wagner (Rheingold).

Wie in diesen Tonleitern und Tonleiterverbindungen D.e entstehen und angewendet werden können, deren Erscheinen nur durch den melodischen Zusammenhang einzelner Stimmen erklärlich und berechtigt ist, so entstehen ähnliche D.e mit demselben Rechte in allen Wendungen, die aus den besprochenen Bildungen hervorgehen, indem sie entweder geradezu nur Theile dieser Tonleitergebilde sind, oder doch stellenweise eine ähnliche Fortschreitung haben. In den Beispielen bei *a* finden sich Wendungen, die aus Theilen von diatonischen oder chromatischen Leitern entstanden sind. In dem Artikel »Consonanz« ferner finden sich in verschiedenen Beispielen (s. Bd. II, S. 600 und 601). D.e, welche durch das gleichzeitige Erklingen mehrerer selbständiger Melodien entstanden sind, die wenigstens stellenweise Fortschreitungen in diatonischer oder chromatischer Leiterform haben.

Wie endlich diese Leitern und die aus ihnen entstehenden und auf sie gegründeten Wendungen gleichzeitig gegen einander erklingen können, so können sie auch einzeln und in Verbindung mit einander gegen einen ausgehaltenen Ton oder Accord, resp. gegen eine Accordverbindung auftreten (*a*).

Dass auf diese Weise sich noch mancherlei Anwendungen von Durchgangstönen ergeben, wurde schon in dem Artikel »Consonanz und Dissonanz« nachgewiesen, wie denn überhaupt jener Artikel noch näher in Betracht zu ziehen ist.

O. Tiersch.

Durchgehende Accorde (»Durchgangsaccorde«). Aehnlich wie bei dem Ausdrucke Durchgang nehmen auch hier verschiedene Theoretiker den Begriff im weiteren Sinne. Diese Theoretiker nennen alle diejenigen Zusammenklänge d. A., welche durch Einwirkung der melodischen Verwandtschaft, oder durch rhythmische Verschiedenheit in den einzelnen Stimmen, also ganz in derselben Weise entstehen, wie dieses unter »Consonanz und Dissonanz« im 2. Bande von S. 591 ab für die sogenannten »zufälligen Dissonanzen« nachgewiesen wurde. Sie zählen daher zu den d. A. alle Zusammenklänge, welche entweder durch Anwendung von Durchgängen und Zwischentönen (II. 593), von Wechselnoten (II. 592), von Neben- und Hülfstönen (II. 592), von angehängten Noten (II. 595), von Vorhalten und Vorausnahmen (II. 596), von Orgelpunkten und liegenden Tönen (II. 599) u. s. f.

hervorgebracht werden, oder dadurch entstehen, dass mehrere selbständige
Melodien resp. eine Melodie und eine Harmoniefolge oder mehrere selbständige Harmoniefolgen gegeneinander erklingen (II. 600). Wurde die Art und Weise, in welcher
durch die Anwendung dieser Mittel Zusammenklänge ohne Accordcharakter entstehen,
auch schon an dem angeführten Orte im Allgemeinen dargelegt, so kam es doch dort
weniger auf die Betrachtung der enstehenden Zusammenklänge an, als vielmehr
auf die störenden Elemente selbst, von welchen die entstehenden Zusammenklänge
erst eine Folge sind. Ausserdem aber wurden diese Vorgänge nur in so weit in
Betracht gezogen, als aus denselben sich Zusammenklänge ergaben, die für sich betrachtet keine Aehnlichkeit mit wirklichen Accorden hatten. Es können durch die
Einwirkung der angegebenen Momente aber auch solche Zusammenklänge entstehen, die ganz wie wirkliche consonirende und dissonirende Accorde aussehen,
und doch nicht als solche aufgefasst werden dürfen, weil die harmonischen Beziehungen, in welchen ihre Töne unter einander zu stehen scheinen, gar nicht in
Betracht kommen. Diese Zusammenklänge entstehen eben ganz in derselben Weise
wie die zufälligen Dissonanzen, nämlich lediglich durch Einwirkung des
Melodieprinzips (s. d.). Endlich können derartige Zusammenklänge auch durch
gleichzeitiges Anwenden mehrerer von den angeführten verändernden Bedingungen
hervorgebracht werden. Es bliebe deshalb noch immer nöthig, die auf diese Weise
entstehenden Zusammenklänge näher zu betrachten. S. den Artikel Scheinaccorde, woselbst ich den Begriff d. A. enger fasse und im Anschlusse an andere
Theoretiker, die in ihren Bezeichnungen consequenter sind, alle auf die angegebene
Weise entstehenden Zusammenklänge als »Scheinaccorde« bezeichne. Die d. A.
sind bei dieser Auffassung nur eine besondere Art von Scheinaccorden, und zwar
heissen alle diejenigen Scheinaccorde so, die lediglich oder doch vorzugsweise durch
die Anwendung von »Durchgängen« (s. Durchgang) hervorgebracht werden (a),
während z. B. Scheinaccorde, die durch Anwendung von »Neben«- und »Hülfstönen« (s. d.) entstehen (b), »Hülfsaccorde« (s. d.) genannt werden. — D. A.
können auf verschiedene Weise entstehen. So können Durchgänge in mehreren
Stimmen gleichzeitig angewendet werden (c); von den auf diese Weise entstehenden Zusammenklängen sind die meisten nur als d. A. berechtigt. Ferner können
Durchgänge in einer Stimme oder in mehreren Stimmen gleichzeitig gegen einen
ausgehaltenen Ton oder Accord auftreten (d). Der Hauptsache nach wurde dies
Alles schon in den Artikeln »Consonanz und Dissonanz« und unter »Durchgang« nachgewiesen; noch nähere Mittheilungen auch über diese specielle Art
von »Scheinaccorden« befinden sich in dem betreffenden umfassenderen Artikel.
In dem letztgenannten Artikel wird auch noch erwähnt, wie durch gleichzeitige Anwendung verschiedener Momente der melodischen Veränderung von Harmoniefolgen, durch harmonische und stimmige Brechung (s. d.) u. dgl., oft sehr complicirte und schwererkennbare derartige Fälle entstehen; ferner wird dort angedeutet,
wie die Scheinaccorde auf die Gestaltung von Harmonieverbindungen und
Modulationen einwirken können und wo in den einzelnen Fällen die Grenze liegt,
innerhalb derer man einen Zusammenklang als wirklichen Accord oder als Scheinaccord aufzufassen hat. Hier sind nur noch einige andere Gesichtspunkte hervorzuheben, welche den Gegenstand klarer stellen.

Rungenhagen (Stabat mater).   Rich. Wagner („Rheingold").

Kenn ich dich dummen Dieb
f P

c)

Angst schlägt meinen Muth dar - nie - der.

d)   Mozart (Don Juan).

wie Spreu ver - ja - gen.

Bei der Betrachtung der Zusammenklänge, welche durch die Anwendung von Durchgängen enstehen, findet man scheinbare Accorde, die die frühere Theorie auf anderem Wege nicht zu erklären wusste. So entsteht bei *a* scheinbar der »übermässige Dreiklang« (s. d.), bei *b* dagegen der Accord der »übermässigen Sexte« (s. d.), wenn man in der Oberstimme (*a*) oder in allen Stimmen (*b*) Durchgänge anwendet. Man glaubte hiermit eine Begründung für diese Formen gefunden zu haben und hat ihre Entstehung thatsächlich auf diesem Wege zu erklären gesucht. Es war dieses jedoch ein vollkommen missglücktes Unternehmen. Entständen diese Formen wirklich nur mittelst der Durchgänge, so wären es gar keine wirklichen Accorde, und die Aufnahme derselben in die Reihe der Accorde wäre daher ganz durch überflüssig; die Durchgänge beruhen auf rein melodischer Grundlage, und auf die Einrichtung der durch ihre Anwendung entstehenden Zusammenklänge kommt es nur in soweit an, als der allzu unangenehme physische Klang dieser Zusammenklänge, der durch Häufung von zu starke Schwebungen (s. Akustik) zeugenden Intervallen entsteht, bei ihnen zu umgehen ist. Werden diese Formen aber als wirkliche Accorde verwendet, — (und das ist wohl durch die unter »Consonanz- und Dissonanz« gegebenen Beispiele unbestreitbar nachgewiesen), — so genügt jene Erklärung durchaus nicht, um ihren Gebrauch zu rechtfertigen. — Auch andere wirkliche Accorde können bei Anwendung von Durchgängen entstehen. So ist z. B. bei *c* der Quartsextaccord nur als d. A. aufzufassen, weil er nur durch die Durchgänge *c"* und *es"* entstanden ist. Solche Wendungen sind sehr häufig; es lassen sich daher oft eine ganze Reihe von Accorden auf einen einzigen Accord, oder doch auf eine geringere Anzahl zurückführen. So geht die Accordverbindung unter *d* aus der weit einfacheren unter *e* hervor, wenn man die angekreuzten Accorde als durchgehende Accorde auffasst. Dadurch wird manche scheinbar sehr zusammengesetzte Wendung bedeutend vereinfacht, und es erklären sich hieraus vielfach sonderbare Fortschreitungen von und zu consonanten und dissonanten Accorden (s. Auflösung, Fortschreitung). Näheres hierüber wolle man unter »Scheinaccord« nachsehen. — Ferner schreiten auch bei Verbindung wirklicher Accorde die einzelnen Stimmen sehr oft stufenweise, also durchgangähnlich, fort. Man kann daher in vielen Fällen auch wirkliche Accorde als Durchgangsaccorde auffassen, wie denn zum Beispiel bei *f* die angekreuzten Accorde diese Auffassung zulassen; es ist dieses noch viel häufiger möglich, wenn man den Begriff d. A. im weiteren Sinne nimmt. Thatsächlich nennt man auch fast jeden Accord, der auf minder hervortretenden Taktzeiten steht, einen durchgehenden. Ueber die Berechtigung hierzu und deren Grenze bringt, wie schon erwähnt, der Artikel »Scheinaccord« näheren Aufschluss. —

Wie man hier alle Zusammenklänge, welche dadurch entstehen, dass Durchgänge gegen ausgehaltene Töne und Accorde auftreten, als d. A. auffassen kann, so glaubte man auf ähnliche Weise auch bei »Orgelpunkten« und »liegenden Stimmen« (s. d.) verfahren zu dürfen. Man nannte alle Zusammenklänge, welche in diesen Fällen mit den ausgehaltenen Tönen und Accorden, gegen die sie auftreten, nicht harmonisch zusammentreffen, d. A. In dem Artikel »Consonanz und Dissonanz« wurde nun bereits nachgewiesen, dass bei diesen Bildungen die ausgehaltenen Töne und Accorde nur bei ihrem Eintritte und bei ihrem Fortschreiten zu anderen Tönen und Accorden zur Harmonie gehören, während sie im übrigen Verlaufe auf die gegen sie auftretenden Harmoniefolgen gar keinen wesentlichen Einfluss haben. Somit sind diese Töne oder Accorde das eigentlich störende Element, und man kann daher in solchen Wendungen nur diejenigen Accorde durchgehende nennen, welche ohne Berücksichtigung der liegenden Töne durch Anwendung von wirklichen Durchgängen entstehen. Hierüber sehe man noch die Artikel »liegende Töne«, liegende Stimmen« und »Orgelpunkt« nach. — Schliesslich mag noch bemerkt werden, dass d. A., ebenso wie die Durchgänge, auch auf schwerer Taktzeit auftreten können, dass man aber in diesen Fällen für sie keinen besonderen Namen hat.   Otto Tiersch.

Durchgehende Ausweichung (»durchgehende Modulation«) ist eine Ausweichung (s. d.) aus einer Tonart in eine andere, welche nur den Zweck hat, nach kurzer Zeit in die ursprüngliche Tonart zurückzuführen, oder die Ausweichung in eine andere Tonart einzuleiten und vorzubereiten. Sie tritt also nur vorübergehend auf. Oft erscheinen mehrere derartige Ausweichungen schnell nach einander, ehe die weitere Entwickelung des Tonsatzes in der beabsichtigten Tonart eintritt. Man benutzt die d. A. besonders dazu, um die Härten bei Ausweichungen in entferntere Tonarten zu vermitteln und zu verdecken. Näheres findet man unter »Modulation«.   Otto Tiersch.

Durchgehende Noten, s. Durchgang.

Durchgehende Stimmen, s. Orgelstimmen.

Durchschlagende Zungen, auch durchspielende Zungen nennt man in der Fachsprache solche Zungen (s. d.), welche bei ihrer Vibration nicht auf den Rand der Rinne (s. d.) aufschlagen. Im Zustande der Ruhe steht die Zunge etwas nach Aussen, so dass sie unten klafft. Die Ausschnittränder der Rinne sind sorgfältig so geschliffen, dass die Zunge beim Schwingen den Ausschnitt zeitweise gerade schliesst ohne den Rand des Ausschnitts zu berühren. Die durch

d. Z. erzeugten Töne haben dieselbe Klangfarbe als die durch aufschlagende Zungen hervorgebrachten, sind jedoch viel sanfter und reiner klingend, da das durch den Aufschlag der Zunge auf die Rinne entstehende Geräusch bei dieser Tonzeugung wegfällt. Die d. Z. sind eine Erfindung der Chinesen (s. Scheng) und der Orgelbauer Kratzenstein, Ende des 18. Jahrhunderts zu Petersburg lebend, hat das Verdienst, dieselben zuerst im Abendlande in den Gebrauch gezogen haben.   †

Durchschnittene Noten nennen einige ältere Tonlehrer, sogar noch Türk u. A., bisweilen die syncopirten Töne. Man sehe daher den Art. Syncopiren.

Durchstechen des Windes nennt man bei der Orgel das Miterklingen fremder Töne beim Spiel des Instrumentes im Gegensatz zu dem Heulen (s. d.), welches eine Klangzeugung der Orgel ist, die entsteht, sobald Wind im Kasten und ein Register gezogen ist, ohne dass man eine Taste berührt. Eine erschöpfende Auseinandersetzung über die Ursachen des D.'s zu geben, ist eine schwierige Aufgabe, weil die Entstehung desselben auf sehr verschiedene Orgelfehler zurückzuführen ist. Wir beschränken uns deshalb hier nur auf Andeutungen, deren Kenntnissnahme jedoch, die Grundursache des D.'s überhaupt klar legend, leicht zur baldigen Erkenntniss des gerade vorliegenden Falles befähigen wird. Das D. entsteht hauptsächlich durch ein Verschleichen des Windes. Dasselbe kann, wie erwähnt aus mehrfachen Gründen geschehen, und ist dessen Abhülfe am besten dem Orgelbauer zu überlassen, indem dazu gewöhnlich Reparaturen erforderlich sind. Verschleicht sich z. B. der Wind, weil die Lade schadhaft, so ist das einzig richtige Mittel das, eine neue zu fertigen, da alle Nothhülfen, wie: Stiche oder Striche zur Ableitung des Windes, Löcher in den Pfeifenfüssen, Erweitern des Labiums der Pfeifen, die mitklingen etc., nur das Uebel verdecken, doch nicht beseitigen und leicht noch mehrere andere Unbequemlichkeiten verursachen. — Geschieht das Verschleichen durch das Abheben der Stöcke (s. d.) von den Registern, so ist ein stärkeres Aufschrauben auf die Parallelen wohl wirksam, doch da dies Abheben gewöhnlich in Folge von Witterungswechsel geschieht, so thut man, wenn es irgend auszuhalten ist, besser, man wartet bis sich das D. von selbst giebt. — Sollten aber die Parallelen aus andern als Witterungsveränderungsgründen nicht gehörig decken, so würde ein Anziehen der Schrauben zu empfehlen sein. — In alten Orgeln, wo Parallelen ohne Dämme neben einander liegen, schleppt oft die eine beim Anziehen die andere etwas mit, wodurch die entsprechenden Spundlöcher theilweise geöffnet sind, und unrein heulende Nebenklänge entstehen. Dies D. wird zur Unmöglichkeit, wenn man die Registerzüge mit einem Kerb versieht, mit dem sie bei der Ruhelage in einen Zapfen einfassen; die Herstellung dieses Kerbes verursacht selbst bei alten Orgeln nur geringe Mühe. — Zuweilen hat das D. auch andere sehr leicht zu beseitigende Gründe, z. B. geschieht es wohl, dass eine kleinere Pfeife eine andere, wenn dieselben etwas enge und mit den Labien einander zugewandt stehen, durch das Labium anbläst. Hier ist die Abhülfe leicht durch ein Andersstellen der Pfeifen zu bewirken; man stellt nämlich dieselben dann so, dass alle Labien nach derselben Richtung hin gewendet sind. 2.

Durchziehen oder **Durchschleifen** (des Tones), (ital.: *tirare*, französ.: *tirer* sc. *la voix* oder *le son*), eine bei Sängern, Spielern von Streichinstrumenten, auch bei Bläsern vorkommende Vortragsmanier, welche darin besteht, dass der Vortragende beim Uebergange von einem Tone zum andern noch Zwischentöne hören lässt. Die Töne werden also nicht einfach *legato* intonirt, sondern der vorangehende wird zum folgenden durch eine Reihe von Durchgangstönen hinübergeschleift. Diese Durchgangstöne sind so klein, dass sie weder durch Noten ausgedrückt, noch überhaupt als Intervalle unterschieden werden können, sondern nur als ein allmäliges Steigen oder Sinken des Tons bis zu dem nächsten zu erreichenden Melodietone erscheinen. Gewöhnlich ist das D. mit einem *crescendo* oder *diminuendo* verknüpft. Auf Bogeninstrumenten wird es hervorgebracht, indem der Finger auf der niedergedrückten Saite fast unmerklich bis zu der Stelle des folgenden Tones fortgleitet. Wirksam kann unter Umständen und selten angewendet diese Vor-

tragsmanier allerdings sein, erfordert aber, um nicht in ein unschönes Geheul aus-
zuarten, eine gute Ausführung, da sie schon an sich viel Weichliches hat und durch
geschmacklose Sänger und Spieler, welche ungesunde Ueberschwänglichkeit für
Gefühl halten, unerträglich gemacht werden kann.

Durdreiklang, s. Duraccord.

Durell, John, ein 1625 auf der Insel Jersey geborener berühmter englischer
Gottesgelehrter, der um die Mitte des 17. Jahrhunderts eine »*Historia rituum*«
herausgab, in welcher im 27. Capitel von der 314. bis 323. Seite die Kirchenmusik
und besonders die Beibehaltung der Orgeln gegen die Presbyterianer vertheidigt wird.   †

Duret, Anne Cécile, geborene **Dorlise,** gefeierte französische Opernsängerin, geboren 1785 zu Paris, war die Tochter der Sängerin und Schauspielerin
Mad. Saint-Aubin und wurde auf dem Pariser Conservatorium, besonders bei
Garat, ausgebildet. Im J. 1805 betrat sie die Bühne der *Opéra comique* und fand
dort zwar Anerkennung bezüglich ihrer Stimmmittel, aber auch Bemängelung in
Bezug auf ihre Art zu singen. In Folge dessen trat sie in das Conservatorium
zurück und arbeitete mit Ernst und Eifer an ihrer völligen Ausbildung. Als sie
hierauf 1808 wieder in der *Opéra comique* erschien, war ihr Erfolg ein ungetrübter
und glänzender, und sie war eine Zierde der Anstalt bis 1820, wo sie asthmatische
Beschwerden zum Rücktritt von der Bühne nöthigten. Isouard hat die Haupt-
parthien mehrerer seiner Opern eigens für sie geschrieben.

Durgeschlecht oder Durgattung. Zum D. gehören alle Tonarten (s. d.),
welche in gleicher Weise sieben bestimmte Klänge in der Oktave zu verwerthen
gestatten. Die heutige Feststellung unseres Tonsystems (s. d.) bietet innerhalb
der Oktave — da bei theoretischen Auseinandersetzungen die an die temperirten
Intervalle (s. Temperatur) anknüpfenden Regeln bisher ausreichten und kleine
durch die Ausführenden eintretende klangliche Tonwandlungen ausser Acht gelassen wurden — in der That zwölf Klänge; da jeder derselben aber doppelt benannt werden kann, nominell 24. Indem jeder dieser Klänge als Grundton einer
Art angenommen werden kann, so umfasst das D. 24 Arten. Das Verhältniss der
sieben Klänge des D. tritt am klarsten in der Aneinanderreihung derselben vor
Augen, welche in dem Artikel Durtonleiter erläutert ist, weshalb auf diesen verwiesen wird. Was den Toncharakter des D.'s anbetrifft, so ist zu bemerken, dass
selbst in der Blüthezeit der musikalischen Aesthetiker, wo man jeder Tonart
einen Sonderausdruck zusprach, man dem D. keine eigene Empfindung zuschrieb.
Vgl. »Musik und Poesie« von P. J. Schneider, Bonn 1835, Band 1 Seite 295.
           †

Durlen, französischer Musiklehrer, der gegen Ende des 18. Jahrhunderts in
Paris lebte, hat daselbst eine von ihm verfasste Gesang- und eine Violinschule
veröffentlicht.

Duron, Sebastian, hochangesehener spanischer Kirchencomponist, war um
1705 Hofkapellmeister in Madrid. Von seinen Compositionen sind nur ein
Requiem und einige Cantica sacra erhalten geblieben; alles Uebrige ist bei dem
grossen Schlossbrande im J. 1734 mit untergegangen.

Durquartsextaccord nennt man wohl den Dreiklang, in dem zum Grundtone
die Quarte und die grosse Sexte ertönt. Der D., gewöhnlich nur Quartsextaccord (s. d.) genannt, ist die zweite Versetzung eines Duraccordes, dessen
Grundton eine Quinte tiefer liegt als der eigene. Siehe Versetzung der
Accorde.   †

Durrius, eigentlich **Dürre, Michael,** ein Schullehrer der am 18. März 1718
im 82. Lebensjahre starb, soll sechzig Jahre lang, nach Dr. Zeltner's Aussage, als
vorzüglicher Musiker zu Nürnberg gewirkt haben. Siehe Will, Nürnberg's Gelehrten-Lexikon.

Dursextaccord nennt man zuweilen einen Zusammenklang von drei Tönen,
der zum eigenen Grundton die kleine Terz und kleine Sexte bietet. Der D. ist die
erste Versetzung eines Duraccordes, dessen Grundton eine Durterz (s. d.) tiefer

liegt als dessen eigener und ist bekannter unter dem Namen Sextaccord (s. d.).
Siehe Versetzung der Accorde. †

Durst, Matthias, vorzüglicher Violinist, geboren am 18. August 1815 zu Wien, bildete sich im Conservatorium seiner Vaterstadt, besonders bei Hellmesberger und Böhm auf seinem Instrumente zum tüchtigen Künstler aus und wurde im Orchester des Burgtheaters, 1841 in der k. k. Hofkapelle angestellt. Später wurde er zugleich zum Professor beim Kirchenmusikverein ernannt. Als Solo-, besonders aber als Quartettspieler war D. sehr geachtet; als Componist ist er mit Ouverturen, Quartetten, Duos und Solos für Violine, die zum Theil im Druck erschienen sind, hervorgetreten.

Durtartre, s. Dutartre.

Durters nennt man den dritten dynamischen Klang der aufwärtsschreitenden Durtonleiter (s. d.) einer Durtonart (s. d.); dieselbe wird in reiner Weise durch den ⁴/₅-Theil der Saite (natürlich von gleicher Stärke, Dichtigkeit und Spannung) erzeugt, die den Grundton giebt, und ist als wesentlicher Bestandtheil des Duraccords (s. Accord) ein Hauptkennzeichen des Durgeschlechts (s. d.).
†

Durtonart (als kürzer und dem gebräuchlichen Fachausdrucke Durgeschlecht nachgebildet erscheint die Bezeichnung Durart empfehlenswerth) nennt man jede dem Durgeschlecht (s. d.) angehörende Species. Wie im Artikel Durgeschlecht erwähnt, sind die Elemente, Töne, welche in einer D. verwerthet werden, stets in dem gleichen Verhältniss zu einander, wie in jeder andern; nur die Verschiedenheit des Grundtons (d. h. insoweit derselbe durch mehr oder weniger Schwingungen erzeugt wird, was man allgemein durch die Bezeichnung höher oder tiefer auszudrücken pflegt), der aus den zur Kunst als verwendbar angenommenen Klängen gewählt werden muss, kennzeichnet die Art. Der alphabetische oder syllabische Name des Grundtons mit dem Zusatz »dur« ist die in Deutschland gebräuchliche Artenbenennung, dem entsprechend man von *C-dur, Ges-dur, Cis-dur* etc. spricht, als der D., deren Tonverhältnisse sich von dem *C, Ges, Cis* oder anders genanntem Klange aus regeln. Die Zahl der möglichen D.en bestimmt sich nach der Zahl der in einer Oktave adoptirten Klänge, deren wir in der temperirten Aufstellung, welche die meisten Tasteninstrumente vertreten, zwölf zählen;

his	**c**	somit müsste man annehmen, dass auch nur zwölf D. möglich.
h	*ces*	Jeder dieser zwölf Klänge kann jedoch zweifach benannt werden, und
ais	**b**	ist diese zweifache Benennung nicht ohne Einfluss auf die Musik
a	*heses*	(s. Blasinstrumente, Bogeninstrumente, Gesang), ein Ein-
gis	**as**	fluss, der am bedeutendsten sich fühlbar macht, wenn ein Klang
g	*asas*	Grundton einer D. Hiernach ergiebt sich, dass theoretisch das Dur-
fis	**ges**	geschlecht aus 24 D.en besteht. Die Praxis hat jedoch diejenige
f	*geses*	dieser 24 D.en, welche zu ihrer Notirung vieler Versetzungszeichen
. **e**	*fes*	bedürfen, bisher fast gar nicht in Gebrauch gezogen, sondern be-
dis	**es**	schränkt sich auf Anwendung von nur dreizehn der verschiedenen
d	*eses*	D.en. In nebenstehender Aufzeichnung zeigen die mit fetter Schrift
cis	**des**	gedruckten Namen die dreizehn Grundtöne der in der Praxis ge-
c	*deses*	bräuchlichen D.en. Was den Empfindungsausdruck anbetrifft, den

frühere Aesthetiker den D.en zuschrieben, so ist zu bemerken, dass sie jeder D. eine besondere abzuempfinden wähnten, worüber die Artikel der einzelnen D.en das Nähere bringen. 2.

Durtonleiter, statt welches Ausdrucks als kürzer der der gebräuchlichen Fachbezeichnung Durgeschlecht nachgebildete: Durleiter zu empfehlen wäre, ist die stufenweise Aneinanderreihung sämmtlicher in einer Durart vorkommenden Klänge. Die Aneinanderreihung durch eine Oktave festgestellt (in jeder anderen erscheint dieselbe ebenso, s. Oktave) besteht aus sieben dynamischen Klängen (s. d.), denen sich als Schlusston die Oktave zugesellt, welche Klänge vom Grundtone ab stets in einer bestimmten Entfernung erscheinen. Die Entfernung der Einzeltöne vom Grundtone ab, die man je nach ihrer Folge durch die den lateinischen Zahlwörtern nachgebildeten Benennungen: Prime, Secunde, Terz etc. kennzeichnet, und die in früherer Zeit manche Wandlungen erlebt hat, worüber die Artikel: Akustik der Alten, Alphabet, B, System etc. das Weitere bieten, findet in der Gegenwart in zweifacher Art Verwerthung, nämlich in der diatonischen (s. d.) und gleichtemperirten Folge. Diese gleichzeitig ver- werthbaren zweifachen Tonfolgen, nur eine Eigenheit der abendländischen Kunst, hat, um mit K. Chr. Fr. Krause (»Anfangsgründe der allgemeinen Theorie der Musik«, S. 19 und folgende, Göttingen, 1838) zu sprechen, darin ihre Begrün- dung, dass die abendländische Musik ein bestimmtartiges Leben ist, und dass sie das ganze Leben des Gemüths in ihrem eigenthümlichen Leben, im Leben der Töne, darbildet. Wenn die diatonische Folge, Produkt der mathematischen Klanglehre, in gewissen Tonbreiten verwerthet, auch den angenehmsten Eindruck auf das Ohr macht und deshalb stets das Ideal der Darsteller sein wird, so tritt bei einer Ausdehnung der zu verwerthenden Klangzahl eine Unmöglichkeit ein, besonders durch die moderne Harmonie bedingt, solche Folge in ihrer Reinheit anzuwenden. Nach vielen Versuchen stellte man neben der diatonischen Folge die gleichtemperirte (s. d.) auf, und überlässt es nun den Darstellern je nach ihrem Vermögen und der Eigenthümlichkeit ihrer Mittel in ihren Gaben eine gefühlte, einander zugeneigte Verrückung der Elementarklänge beider theoretischen Folgen in der Praxis zu bieten. Die Tondarstellung, also auch die der D., durch die Notenschrift und deren Benennung vermag keine Verschiedenheit in der Ton- folge, zu geben, weshalb diese hier nur wenig in Betracht zu ziehen ist. Die noch jetzt in der Praxis genügende Tondarstellungs- und Benennungsart, welche durch die geschichtliche Entwickelung unseres Tonsystems mit beeinflusst ist, ist in der *C-dur* genannten Durart am einfachsten, weshalb die Form derselben als Musterform betrachtet wird. Die Elemente werden durch Noten ohne Ver-

setzungszeichen dargestellt: und mittelst

einfacher Sprachlaute: C, D, E, F, G, A, H und c, benannt. Die Tondarstellung und Benennung ist in der Folge in allen D.en dieselbe, nur dass Veränderungen um einen Halbton in derselben durch Zusätze (Versetzungszeichen einer- und Sylben andererseits) bemerkbar gemacht werden. Dieser Allgemeinauffassung der D. in der Darstellungs- und Benennungsweise entsprechend, hat man auch in der Praxis eine Allgemeinauffassungart der Tonentfernungen eingeführt, indem man sagt, dass zwei Ganztöne, ein Halbton, drei Ganztöne und ein Halbton in unmit- telbar steigender Folge die Stufen einer D. geben. Diese Allgemeinfeststellung lehnt sich an die theoretische der gleichtemperirten D. gleichsam an, und sieht ganz davon ab, dass selbst die Ganztöne unter sich ungleich, was (da der Dar- steller durch Beachtung solcher Ganztonunterschiede doch nur beirrt würde) bei der in der Praxis gefühlt zu übenden Verrückung der zwei unterschiedenen Ton- folgen von bedeutendem Werthe ist. Um die Einfachheit dieses Gebrauchs in den drei Beziehungen klarer zu geben, so wie deren genügende Hervorhebung der Stufenveränderungen und deren Kennzeichnung, mögen folgende Beispiele hier einen Platz finden:

u. s. f. im Quintenzirkel (s. d.) und bei der *Fis*-D. die enharmonische Ver
änderung. Alle D.n, auf jeden in der Kunst verwendbarem Klang in dieser Weise
nachgebildet, zeigen, wie selbt für die schwierigsten Klanghervorbringungen diese
Tondarstellung, Tonbenennung und Stufenentfernungsangabe genügt, um den
Ausführenden als sicherer Führer zu dienen. — Die übersichtlichste theoretische

Benennung der Intervalle je zweier aufeinanderfolgender Töne.	Grösse der Intervalle der aufeinanderfolgenden Töne.	Namen der Intervalle in Bezug auf den Grundton.	Verhältniss in Decimalbrüchen.	in ganzen Zahlen.	der Schwingungszahlen.	der Saitenlängen.	Namen der Töne romanisch.	deutsch.	gleichtemperirte Durtonleiter. Schwingungszahlen in Decimalbrüchen.	Der diatonische.	Benennung nach der Höhe.	Der gleichtemperirte.
		Grundton	1	24	1	1	C	ut	1	262,5	c^1	262,5
grosser Ganzton	$^9/_8$											
		Secunde	1,125	27	$^9/_8$	$^8/_9$	D	re	1,122	295,3	d^1	294,61
kleiner Ganzton	$^{10}/_9$											
		Terz	1,250	30	$^5/_4$	$^4/_5$	E	mi	1,259	329,125	e^1	330
Halbton	$^{16}/_{15}$											
		Quarte	1,333	32	$^4/_3$	$^3/_4$	F	fa	1,334	349,99	f^1	350,39
grosser Ganzton	$^9/_8$											
		Quinte	1,500	36	$^3/_2$	$^2/_3$	G	sol	1,498	393,75	g^1	393,3
kleiner Ganzton	$^{10}/_9$											
		Sexte	1,667	40	$^5/_3$	$^3/_5$	A	la	1,681	437,5	a^1	437,5
grosser Ganzton	$^9/_8$											
		Septime	1,875	15	$^{15}/_8$	$^8/_{15}$	H	si	1,887	492,18	h^1	495,53
Halbton	$^{16}/_{15}$											
		Oktave	2	40	2	$^1/_2$	C	ut	2,000	525	c^2	525

Feststellung der diatonischen und gleichtemperirten D.n, welche uns die Element
der entsprechenden Durart zeigen, giebt ebenfalls eine Darstellung der Entfernungs
lage der Einzelntöne in einer Art am erschöpfendsten, da alle andern ja in diese
Beziehung derselben gleich sein müssen. Diese Entfernungslage kann in zweifache
Weise ausgedrückt werden: durch Angabe der Länge der Saiten, welche be
gleicher Dicke, Dichtigkeit und Spannung den Ton geben, und durch Angabe de

Körperschwingungen, welche denselben hervorbringen müssen. Beide Angaben in Zahlenausdrücken gegeben, werden, da uns die Grundtöne der D.n überall in gleicher Höhe darzustellen nicht möglich ist, gewiss das verständlichste Mittel sein, dem zugleich eine direkt nach Schwingungen berechnete Zufügung der C·D., deren Grundton nach dem Pariser Kammerton, $A = 437,5$ Schwingungen. festgestellt ist, als Brücke zur allgemein angestrebten gleichen Höhe der künstlerisch verwendbaren Klänge und den D.n auf denselben dienen mag. Verrückungen der Töne beider D.n, zu welchen die Tonwerkzeuge zwingen, schaffen eine Folge und Verschmelzung von Klanggaben, die nur, wie schon erwähnt, der abendländischen Musik zu eigen und als Bedürfniss bei höchsten Kunstleistungen erachtet wird. Die genaueste theoretische neben der praktischen Erkenntniss der D.n, wie hieraus hervorgeht, ist gewiss für jeden gebildeten Musiker somit eine Nothwendigkeit, die nicht genug demselben empfohlen werden kann.

C. Billert.

Durus (latein), d. i. hart, ist, als die lateinische Sprache die herrschende in der Gelehrtenwelt war, in musikwissenschaftlichen Werken zuerst als Beiwort in Bezug auf den in der Mitte des zu verwerthenden Tonreiches *b* genannten Ton (s. *B*) gebraucht, aus welchem Gebrauche sich die Lehre vom *cantus durus* (s. d.) etc. entwickelte. Siehe ferner den Artikel Dur. †

Durutte, belgischer Mathematiker und Componist, geboren 1803 im Flandrischen, hat sich in eingehender Art mit mathematischen Untersuchungen über musikalische Gesetze beschäftigt und auch verschiedene eigene Compositionen veröffentlicht.

Duryer, Amand Charles, vorzüglicher französischer Contrabassist, geboren 1827 zu Paris, erhielt seine Ausbildung auf dem dortigen Conservatorium und war später eine der tüchtigsten künstlerischen Kräfte im Orchester der *Opéra comique*. Er hat auch eine gute Schule für den Contrabass geschrieben und in Paris herausgegeben.

Dusanbass ist der Name einer Orgelstimme, die in früherer Zeit öfter gebaut wurde, deren Klang wie Bauart jedoch nirgend beschrieben und daher nicht mehr bekannt ist. Prätorius erwähnt noch einen D. in der Orgel zu Lübeck, der 5metrig gebaut war. †

Dusch, Alexander von, begabter, geistreicher Dilettant und Musikschriftsteller, geboren am 27. Jan. 1789 zu Neustadt an der Haardt, studirte zu Heidelberg die Rechts- und Staatswissenschaften und kam dort und in Mannheim in die freundschaftlichsten Beziehungen zu Abt Vogler, Gänsbacher, Meyerbeer, Gottfried Weber, der später sein Schwager wurde und besonders zu K. M. von Weber, der auch eigens für ihn, da D. ein fertiger Violoncellospieler war, die dankbaren Variationen (K. M. v. Weber's Nachlass No. 9) geschrieben hat. Ein nicht minder inniges Freundschaftsband verknüpfte D. mit F. E. Fesca, für den er den Text zur Oper »Cantemire« dichtete und dessen Mitspieler beim Quartett er jahrelang war. Für die Kammermusik überhaupt lebte und wirkte D. mit begeisterter Vorliebe und hat in allen Städten, wohin ihn seine Staatsstellung führte, besonders in Karlsruhe, Zürich, Bern, München, Frankfurt a. M., auf eine sorgfältigere Pflege dieser Musikgattung mit eingewirkt. Hochbetagt lebt er jetzt als grossherzogl. badenscher Staatsminister a. D. in Karlsruhe. — Bemerkenswerth ist, dass D. auch einige tüchtige Musikschüler ausgebildet hat, so den vortrefflichen Violoncellisten Klüpfel in Frankfurt a. M. u. s. w.; ferner hat er für die Leipziger allgemeine musikalische Zeitung, für die Cäcilia, das Stuttgarter Morgenblatt und andere Kunstjournale treffliche Aufsätze und Abhandlungen über Musik geschrieben.

Dusek auch **Duschek**, Franz, Componist und Klaviervirtuose, geboren am 8. December 1736 zu Chotěborky in Böhmen, wo ihn sein damaliger Grundherr Johann Karl Graf von Spork auf seine Kosten in den Wissenschaften und in der Musik unterrichten liess. D. studirte einige Jahre in Königgrätz, gab aber, als er durch einen unglücklichen Fall zum Krüppel wurde, das academische Studium auf und widmete sich ausschliesslich der Musik. Sein Gönner verliess ihn auch damals nicht. Er berief ihn nach Prag, liess ihn dort völlig musikalisch ausbilden und schickte ihn endlich nach Wien zu G. Ch. Wagenseil, wo D. sich im Pianofortespiel allseitig vervollkommnete. Nach Prag zurückgekehrt, galt er bis zu seinem Tode für den besten Meister und Lehrer dieses Instrumentes. Reichardt rechnet ihn überhaupt zu den besten Clavierspielern jener Zeit (1773), »der ausserdem, dass er die Bach'schen Sachen sehr gut ausführt, auch noch eine besondere, zierliche und brillante Spielart für sich hat«. D. war einer der Ersten, die in Prag das Leichte und Angenehme im Clavierspiel einführte, zugleich war er der Verbesserer des Musikgeschmackes und des Klavierspiels jener Stadt, indem er zuerst den richtigen Fingersatz, Feinheit und Ausdruck im Vortrage nach Prag brachte und lehrte. Daher wurde sein Unterricht sehr gesucht, namentlich von dem böhmischen Adel und angehenden Musikern, die sich zu tüchtigen Tonkünstlern ausbilden wollten. Leop. Koželuh, Vinc. Maschek, J. N. Witasek, Friedrich von Nostic, sowie seine Gattin Josepha u. s. w. waren seine Schüler. Auch als Componist war D. seiner Zeit berühmt. Er schrieb viele Symphonien, Quartette, Trios, Clavierconcerte, Sonaten, Lieder, wovon jedoch nur folgende im Drucke erschienen: Sonate für's Clavier (Leipzig 1773), Sonate (Prag 1774), Sonate (Paris 1774), Charakteristische Sonate für's Clavier (Wien 1799), Klavierconcert Op. 1 (Amsterdam) und Fünf Lieder für Kinder (gemeinschaftlich mit V. Maschek). Seine Compositionen athmen den sanften Geist, der ihn in seinem ganzen Leben auszeichnete. Er war ein Freund und Rathgeber eines jeden Künstlers, der sich an ihn wandte. W. A. Mozart verkehrte bei ihm wie in seinem väterlichen Hause. D. starb am 12. Februar 1799 in Prag.   M—s.

Dušek, Josephine, geb. Hambacher, Gattin des Vorigen, eine berühmte Sängerin, geboren im J. 1756 in Prag, erhielt in ihrer Vaterstadt die musikalische Bildung und spielte so vortrefflich Clavier, dass sie für eine Virtuosin gelten konnte; jedoch ihre Hauptstärke war der Gesang. Sie besass eine schöne, volle und runde Stimme und zeichnete sich, wie Reichardt behauptet, »durch ihren grossen, ausdrucksvollen Vortrag«, der besonders im Recitativ vortrefflich war, aus. Mit Leichtigkeit überwand sie die Schwierigkeiten des Bravourgesanges, ohne ein schönes Portament vermissen zu lassen und wusste Kraft und Feuer mit Gefühl und Anmuth zu vereinigen. Im J. 1777 reiste sie nach Salzburg, wo sie ihre Freundschaft mit W. A. Mozart, der für sie damals wahrscheinlich die Sopranarie »Andromeda« schrieb, begründete. Im J. 1786 machte sie eine Kunstreise nach Dresden, wo ihr die Auszeichnung zu Theil wurde, dass sie der Kurfürst 1787 in Lebensgrösse malen liess, ferner nach Berlin und im J. 1788 nach Weimar, wo sie mit ihrem Gesange, wie Fr. Schiller in einem Briefe an F. Körner schreibt, »ziemliches Glück gemacht hatte«. Körner, der sie in Dresden hörte, sprach ihr aber die Anmuth des Gesanges ab. Im J. 1787 schrieb Mozart in Prag für sie die Concertarie: »Bella mia fiamma«. Im J. 1804 sang sie noch im Oratorium »der Messias«, wobei ihr zu Ehren ein Lobgedicht vertheilt wurde. Sie lebte noch im J. 1815 und starb hochbetagt in Prag in der ersten Hälfte des 19. Jahrhunderts.   M—s.

Dussek, Johann Joseph, trefflicher Orgelspieler und Kirchencomponist, geboren 1739 zu Wlazowicz in Böhmen, kam als zehnjähriger Knabe in die Schule seines Oheims Johann Wachs, wo er auch seine musikalische Ausbildung erhielt. Bereits sechs Jahre später wurde er selbst Elementarlehrer zu Langenau und nach ferneren drei Jahren Musiklehrer an der öffentlichen Schule zu Chumecz. Im J. 1759 erhielt er seines vorzüglichen Orgelspiels halber die Organisten- und Chordirektorstelle zu Czaslau, die er bis drei Jahre vor seinem Tode, der im J. 1811 erfolgte, inne hatte. Seine Compositionen, bestehend in Messen, Litaneien, sowie in anderen Kirchen- und in Orgelstücken, sind nicht im Druck erschienen. Noch besonders berühmt ist er als der Vater der beiden folgenden Künstler.

Dussek, Franz (Seraphin Joseph), seiner Zeit angesehener Componist, der jüngere Sohn des Vorigen, geboren laut Taufschein am 22. März 1765 zu Cáslav in Böhmen, wurde von seinem Vater musikalisch ausgebildet und spielte bald vortrefflich Violine, Violoncello und Clavier. Während der Abwesenheit seines Vaters vertrat er oft dessen Stelle als Organist. Um sich in der Musik zu vervollkommnen, wurde er nach Prag geschickt, und als er dort seine Musikstudien beendigt hatte, trat er als Musikmeister in die Dienste der Gräfin von Lützow, die er auch später auf einer Reise nach Italien begleitete. Hier gab er einige Concerte mit günstigem Erfolge und erhielt zu Mortara die Organisten- und Musikdirektorstelle. Später wurde er Accompagnateur am Theater *San Benedetto* in Venedig und zuletzt an der Scala zu Mailand. Im J. 1790 ging er nach Laibach als Musiklehrer und Organist an der Kathedrale und lebte dort einige Jahre in dieser Eigenschaft. Im J. 1808 nahm er eine Kapellmeisterstelle bei dem k. k. österr. Infanterie-Regimente Davidović, das sich in Venedig befand, an. Während seines Aufenthaltes in Italien schrieb er eine bedeutende Anzahl Opern. Es sind: »*La Cafettiera di spirito*«, »*La Feudataria*«, *L'Impostore*«, »*Voglia di dote e non di moglie*«. »*Il trombetta*«, »*Matrimonio e divorzio in un sol giorno*«, sämmtlich komischen Genres; ferner: »*Roma salvata*«, ernste Oper, »*Il fortunato successo*«, *L'Incantesimo senza magia*«, »*La ferita mortale*«, »*L'ombra ossia il ravedimenta*«, welche letztere Farce er im J. 1815 für Venedig schrieb und dafür vielen Beifall erntete. Ausserdem componirte er ein Oratorium: »*Gerusaleme distrutta*«, ein Trio für 3 Flöten, 1 Sonate für Clavier und Violine, Violin- und Pianoforteconcerte, hübsche Canzonetten, sowie einige Kirchen- und Instrumentalmusiken. Er war überhaupt ein sehr talentvoller Componist und besass ein ausserordentliches musikalisches Gedächtniss. Ueber seine Compositionsweise sprach sich der italienische Operncomponist Orlandi folgendermassen aus: »D. hat Ouverturen am nämlichen Tage, wo die Oper gegeben wurde, ganz aus dem Stegreife geschrieben, und zwar ohne sie in Partitur zu setzen; sondern er hat sie gleich in Stimmen gesetzt und so dem Orchester übergeben«. Dies bestätigte auch Giov. Pacini im J. 1816 wie folgt:: Er (Dussek) hat in meiner Gegenwart ganze Arien für seine Oper so componirt, dass er sie gar nicht in Partitur, sondern gleich aus dem Stegreife in die Orchesterstimmen setzte.« Seit 1816 fehlen weitere Nachrichten über D.   M—s.

Dussek, Johann Ludwig, der ältere Bruder des Vorhergehenden, einer der berühmtesten Pianofortespieler und Componisten für sein Instrument, der in beiden Eigenschaften den Platz dicht neben Clementi und J. B. Cramer behauptet und in seinen Compositionen, die sich durch schöne Erfindung, Gemüthsreichthum und geistvolle Behandlung des Inhalts wie des Technischen auszeichnen, noch heute hochgeschätzt wird. Er wurde am 9. Febr. 1761 zu Czaslau (Cáslav) in Böhmen geboren und von seinem Vater sowohl wissenschaftlich wie musikalisch unterrichtet, so dass er in seinem fünften Lebensjahre ziemlich fertig Clavier und im neunten Orgel spielte. Hierauf Chorknabe zu Iglau in Mähren, unterrichtete ihn der Chordirektor Pater Spenar in dem wissenschaftlichen Theile der Musik, bis D. Organist in Kuttenberg wurde, woselbst er zwei Jahre lang blieb und dann in Prag Philosophie studirte. Von dort aus nahm ihn Graf Männer mit nach den Niederlanden, wo er in Mecheln und Berg-op-Zoom als Organist fungirte und in Concerten zu Amsterdam und im Haag seine ersten Lorbeern als Claviervirtuose einerntete. In letzterer Stadt erschienen auch seine ersten Compositionen, bestehend in drei Concerten und 12 Sonaten im Drucke. Von ernstem Streben geleitet, begab er sich 1783 nach Hamburg, um von Philipp Emanuel Bach zu profitiren. Ein Jahr später feierte er in Berlin Triumphe sowohl als Pianofortewie auch besonders als Harmonikavirtuose, welches letztere Instrument er schon seit längerer Zeit ebenfalls eifrig cultivirt und sogar auch verbessert hatte. Bemerkenswerth ist besonders, dass die Klaviaturharmonika, deren er sich bediente, sich von der gewöhnlichen dadurch unterschied, dass die Glocken durch einen Fusstritt in Bewegung gesetzt wurden und an drei nebeneinander befindlichen Wellen sich befanden. Von Berlin aus ging D. nach St. Petersburg, wo ihn der Fürst Karl von Radziwill engagirte und auf seine Güter nach Lithauen führte.

Diese Stellung behielt D. bis 1786, verliess sodann Russland und trat gegen Ende desselben Jahres mit ausserordentlichem Beifall in Paris bei Hofe auf. Hierauf bereiste er Italien, kehrte aber 1788 wieder nach Paris zurück, um daselbst längere Zeit zu bleiben. Die ausbrechende Revolution trieb ihn jedoch nach London, wo er sich verheirathete und in Verbindung mit seinem Schwiegervater Domenico Corri (s. d.) eine Musikalienhandlung und Notenstecherei begründete, bei welchen Etablissements er nicht blos sein Vermögen zusetzte, sondern sich auch in Schulden stürzte, so dass er, um seinen Gläubigern zu entgehen, sich im J. 1800 heimlich nach Hamburg begeben musste. Dort lernte er eine hochgestellte Dame kennen, mit der er zwei Jahre lang in einem sehr intimen Verhältnisse auf einem Gute an der dänischen Gränze lebte. Nach Verlauf dieser Zeit reiste er nach seiner Heimath, um nach 25 Jahren der Trennung seinen Vater wieder zu sehen. Auf der Rückreise aus Böhmen wurde er in Magdeburg dem durch sein grosses Musiktalent, sowie später durch seinen Heldentod bekannt gewordenen Prinzen Louis Ferdinand von Preussen vorgestellt, der ihn mit sich nach Berlin nahm und als Lehrer, Vertrauten und Begleiter bei sich behielt. Nach dem Tode dieses Prinzen erhielt D. alsbald eine Anstellung als Hof- und Hausmusiker beim Fürsten von Isenburg, und ein Jahr später beim Fürsten von Talleyrand, mit dem er nach Paris ging. Er starb am 20. März 1812 zu St. Germain en Laye. — D. war nicht blos ein ausgezeichneter, allseitig anerkannter und gefeierter Künstler, sondern auch ein intelligenter, gemüthvoller und liebenswürdiger Mensch, allerdings voller Sorglosigkeit und Leichtsinn, wodurch er sich wiederholt in die ernstesten Verlegenheiten brachte. Mit zunehmendem Alter hatte sich bei ihm eine unförmliche körperliche Beleibtheit verbunden mit einer aussergewöhnlichen Schlaffheit entwickelt, die ihn bewog, nur wenige Stunden des Tages das Bett zu verlassen. Durch den übermässigen Genuss stimulirender geistiger Getränke beschleunigte er unter solchen Umständen seinen Tod. — Die Zahl seiner Clavierwerke ist sehr gross; auch wurden sie fast durchgehend mit dem grössten Beifall aufgenommen. Sie bestehen in einer concertirenden Sinfonie für zwei Claviere, 12 grossen Concerten, einem Quintett und Quartett für Pianoforte mit Streichinstrumenten, 10 Werken Trios, 30 Sonaten mit Violine, 9 vierhändigen Sonaten, 3 vierhändigen Fugen, 53 Sonaten für Pianoforte allein und einer grossen Menge von Rondos, Fantasien, Variationen und Tänzen. Eine Gesammtausgabe dieser Werke ist bei Breitkopf und Härtel in Leipzig erschienen. Als Componist zeigte er viel Eigenthümlichkeit, reiche Erfindung und ein Feuer des Gefühls, welches auch in seinem vorzüglichen, sicheren und eigentlich grossen Spiele unverkennbar war. Bekannt ist von ihm insbesondere noch die mit Pleyel herausgegebene »*Méthode nouvelle pour le Piano et notamment pour le doigter*« (London, 1796 und öfter). In England hat er ausserdem zwei seiner Opern aufführen lassen, die aber sehr geringen Erfolg hatten. Auch Kirchenwerke verschiedener Gattung, meist Jugendarbeiten, sollen sich noch in Böhmen von ihm vorfinden. — Seine Schwester war die Claviervirtuosin Veronica Cianchettini (s. d.) und seine Gattin die ältere Tochter des italienischen Gesanglehrers Domenico Corri, eine vorzügliche Concertsängerin, Pianistin und Harfenspielerin. Dieselbe war 1775 zu Edinburg geboren. Nach D.'s Tode verehelichte sie sich zum zweiten Male und zwar mit einem gewissen Moralt, mit dem sie nach Paddington zog, wo sie ein musikalisches Lehrinstitut errichtete. Sie ist auch als Componistin aufgetreten und hat verschiedene Clavier- und Harfenstücke veröffentlicht. — Auch ihre und D.'s Tochter, Olivia D., 1799 in London geboren, erwarb sich als Clavier- und Harfenvirtuosin grosse Achtung und hat Mehreres für diese Instrumente componirt und herausgegeben.

Dustmann, Louise, geborene Meyer, weshalb sie auch unter dem Namen Meyer-Dustmann bekannt ist, eine berühmte und ausgezeichnete Opern und Concertsängerin, wurde 1832 zu Aachen geboren und erhielt ihren ersten Gesangunterricht von ihrer Mutter, die selbst eine geschätzte Bühnensängerin war. Ihre weitere Ausbildung genoss sie in Wien, wohin sie frühzeitig kam. Nach 1848

trat sie mit günstigem Erfolge im Josephstädter Theater auf, verliess aber bald
Wien, um sich mit ihren Eltern in Breslau zu vereinigen, von welcher letztereu
Stadt aus sie an das Hoftheater zu Kassel kam, an dem sie zwei Jahre lang
unter Spohr's Leitung als erste dramatische Sängerin wirkte. Auf Gastspielreisen
errang sie hierauf in Braunschweig, Hamburg und besonders in Berlin grosse Erfolge, wurde in Dresden engagirt, folgte aber, da sie dort von Theaterkabalen verfolgt wurde, bald einem Rufe nach Prag, woselbst sie sich zum Liebling des
Publikums emporschwang. Von dort aus unternahm sie 1856 glänzende Gastspielreisen nach Stuttgart, Strassburg und Wien, in Folge dessen sie 1857 das
Engagement als k. k. Hofopernsängerin der Wiener Bühne erhielt, welche Stellung sie nach immer erneuerten Contrakten noch bis 1875 inne hat. Im weiteren
Verlaufe wurde sie auch zur k. k. Kammersängerin ernannt. — Trotz vorge-
schrittenen Alters ist sie noch immer eine Hauptzierde der Hofopernbühne in
Wien sowie des Concertsaals. Ihre Stimme, ein kräftiger, metallreicher Sopran
von grossem Umfange, ist besonders in der Mittellage von reinstem Schmelz; ihre
Intonation ist musterhaft rein und ihr Vortrag und Spiel stets auf der Höhe der
dramatischen Aufgabe. Dabei ist ihr Repertoire ein staunenswerth reiches und
umfasst nicht blos alle dramatischen, sondern auch alle ersten Soubretten-
Partbien; nur der eigentliche Coloraturgesang liegt ihrer gewichtigen, volltönenden Stimme fern. Wahrhaft Grandioses leistet sie mit der Summe dieser
Vorzüge als Fidelio, als Donna Anna und als Valentine (in den Hugenotten),
musterhaft Anmuthiges als Susanne im »Figaro«. Andere Rollen, die sie immer
mit dem glänzendsten Erfolge ausgeführt hat, sind Pamina, Norma, Jessonda,
Mathilde (Tell), Amalia (Maskenball), Elisabeth (Tannhäuser), Elsa (Lohengrin),
Euryanthe, Agathe, Armide u. s. w.

Dutartre, Jean Baptiste, französischer Gesangcomponist und Musiklehrer,
der zu Paris lebte und daselbst 1749 starb. Zwei Operetten seiner Composition,
nämlich: »*L'amour mutuel*« und »*Le divertissement de la paix*« wurden im J. 1729
zu Paris aufgeführt. In dem von Ballard herausgegebenen »*Recueil d'airs sérieux
et à boire*« (Paris, 1710) befindet sich auch ein Chanson D.'s mit Flöte und
Generalbass.

Dutillieu, Pierre, richtiger **Ditillieu** (s. d.). Die an letzterem Orte unvoll-
ständigen Notizen holen wir hier nach. D. ist im J. 1756 zu Lyon geboren,
erhielt seine höhere Musikbildung in Italien und kam 1790 nach Wien, wo er sich
mit der damals sehr beliebten Sängerin Irene Tomeoni verheirathete und eine
Anstellung als k. k. Hoftheater-Compositeur erhielt. Als solcher starb er zu
Wien am 28. Juni 1798 und liegt auf dem St. Marxer Friedhof beerdigt. Von seinen
Opern sind zu nennen: »*Antigono ed Enone*«, »*Il trionfo d'amore*«, »*Nannerina e
Pandolfino, ossia gli sposi in cimento*«, »*Gli accidenti della villa*« und »*La superba
corretta*«; von seinen Balletmusiken: »*I Curlandesi*«, »*Maggia contra maggia*«,
»*Arminio*«, »Die Freiwilligen«, »Der Jahrmarkt«, »Die Macht des schönen Ge-
schlechts«. Ausserdem sind noch von ihm Violin-Duette und Concerte, Trios,
Gesänge u. s. w. vorhanden.

Dutka oder **Schweran,** s. Duda.

Duval, Edmond, französischer Violoncellist und Musikforscher von zweifel-
hafter Bedeutung, wurde am 22. August 1809 zu Enghien im Hennegau geboren,
erhielt den ersten Musikunterricht in seiner Geburtsstadt und trat 1828 in das
Pariser Conservatorium, wo Vaslin im Violoncellospiel, Boilly im Contrapunkt
und Millault seine Lehrer wurden. Nebenbei versah er die Stelle eines ersten
Violoncellisten im Orchester des Odeon-Theaters. Auf Antrag seiner Lehrer
Vaslin und Fétis wurde er wegen Unpünktlichkeit 1832 vom Conservatorium
verwiesen und kehrte in seine Vaterstadt zurück. Dort beschäftigte er sich, auf
Anregung des Abbé Janssen, näher mit dem Kirchengesange (*plain-chant*) und
erhielt in Folge dessen sogar vom Erzbischof von Mecheln den Auftrag, die
Kirchengesangbücher der Diöcese zu revidiren und zu reformiren. Behufs gehöri-
ger Vorarbeiten dazu wurden D. die Mittel zu einer Reise nach Rom verabfolgt.

Nach seiner Rückkehr ging er in Verbindung mit dem Abbé de Voghi, welcher den Text besorgte, an die ihm übertragene Aufgabe und veröffentlichte ein »*Graduale romanum juxta ritum sacrosanctae romanae ecclesiae etc.*« (Mecheln, 1848) und ein »*Vesperale romanum cum psalterio ex antiphonali romano fideliter extractum etc.*« (ebendas.). Beide Werke, nicht verbesserte, sondern nur leichthin veränderte und sogar corrumpirte Ausgaben, riefen heftige Angriffe der Sachkenner hervor, die D. jedoch nicht verhinderten, in ganz gleicher Weise ein »*Manuale chori ad decantandas parvas horas*« (Mecheln, 1850), ein »*Processionale ritibus romanae ecclesiae accomodatum*« (ebendas., 1851), ein »*Rituale romanum Pauli V.*« (ebendas., 1854) und ein »*Pastorale Mechliniense rituali rom. accomod. etc.*« (ebendas., 1852) herauszugeben. Daneben liefen verschiedene auf seine und Anderer musikalisch-liturgische Arbeiten bezügliche polemische Schriften und endlich ein »*Traité d'accompagnement du plain-chant par l'orgue d'après les règles des théoriciens du 13. et du 14. siècle*«, eine Arbeit, die ebenfalls schwach und voller grober Irrthümer ist.

Duval, François, französischer Violinspieler, gestorben 1738 zu Paris, war der erste französische Componist, der gemäss italienischem Vorbilde, Sonaten für Violine gesetzt hat. Man besitzt davon im Ganzen sieben Bücher von ihm, die in Paris erschienen sind. Vgl. Boivius, Catal. von 1729.

Duval, Mdme., eine gewandte französische Opernsängerin, Componistin und musikalische Schriftstellerin, die in den Jahren von 1720 bis 1760 als Mitglied der Pariser Oper sehr geschützt war. Sie ist die Componistin des Ballets »*Les génies*«, das 1737 zur Aufführung gelangte und Herausgeberin der: »*Méthode agréable et utile pour apprendre facilement à chanter juste et avec goût etc.*« (Paris, 1741). Sie selbst starb im J. 1769 zu Paris. †

Duvernoy, französische Musikerfamilie, von der sich drei Mitglieder rühmlich hervorgethan haben. — Frédéric D., geboren am 16. Octbr. 1765 zu Montbéliard, war ein ausgezeichneter Hornvirtuose, der seine sehr bedeutende Fertigkeit auf diesem Instrumente und sogar auch die Composition ganz ohne Lehrer erlernt hat. Im J. 1788 war er als Mitglied des Orchesters der *Comédie-italienne* in Paris angestellt und wurde bei der Gründung des Pariser Conservatoriums zum Professor für die Hornklasse berufen, ein Amt, das er bis 1815 versah. Gleichzeitig war er erster Hornist der Grossen Oper. Er hatte einen sehr schönen und edlen Ton und eine vorzügliche Vortragsart, doch verschmähte er es, die höchsten und tiefsten Töne des Instrumentes in Anspruch zu nehmen. Von ihm rührt auch die Bezeichnung *Cor mixte* (s. d.) her und für dasselbe hat er auch eine als gut anerkannte Schule geschrieben. Componirt hat er 12 Concerte, 3 Quintette für Horn und Streichinstrumente, Trios für Horn, Violine und Violoncello, Duos für zwei Hörner und für Clavier und Horn, endlich Sonaten, Etuden, Solos u. s. w. für Horn. D. starb zu Paris am 17. August 1838. — Sein jüngerer Bruder, Charles D., geboren 1766 zu Montbéliard, war trefflicher Virtuose auf der Clarinette, deren Behandlung er von einem Militär-Musikmeister erlernt hatte, welcher ihn selbst auch bei einer Regimentskapelle unterbrachte. Im J. 1790 begab sich D. nach Paris, wo er erster Clarinettist im Orchester des *Théâtre de Monsieur*, später am *Théâtre Feydeau* wurde. Im J. 1824 wurde er pensionirt und starb am 28. Febr. 1845 zu Paris. Wie sein Bruder war er übrigens einer der allerersten Professoren des neu gegründeten Pariser Conservatoriums trat aus dieser Stellung aber schon im J. X der Republik zurück. Von seinen, Compositionen erschienen Sonaten für Clarinette mit Bassbegleitung und Variationen für zwei Clarinetten. — Sein Sohn, Henry Louis Charles D., geboren am 16. Nov. 1820 zu Paris, erhielt eine vorzügliche musikalische Bildung. Neun Jahr alt wurde derselbe in das Conservatorium gebracht und studirte daselbst nicht weniger als 16 Jahre hindurch fast alle Zweige der Tonkunst, besonders Clavierspiel bei Zimmermann, Contrapunkt und Fuge bei Halévy. Im J. 1848 wurde D. selbst Professor einer Elementarklasse dieses Instituts und versah gleichzeitig Organistenstellen an mehreren protestantischen Bethäusern. Componirt und veröffentlicht hat er zahlreiche geschätzte leichtere Claviersachen, brauchbare musikalische Elementarwerke und Choralgesangbücher für die reformirten Kirchen Frankreichs, an denen er Duprato und seinen Oheim Georg Kuhn zu Mitarbeitern hatte.

Duvernoy, J e a n B a p t i s t e, französischer Claviercomponist und Elementar-Musiklehrer, lebt in Paris, stammt aber nicht aus der Familie der Vorhergehenden. Seine überaus zahlreichen Compositionen und Arrangements, meist seichtesten Gehalts, waren lange Zeit gesuchte Modeartikel der Dilettanten und angehenden Clavierschüler. Für die letzteren hat er jedoch auch manches instructiv Branchbare geschrieben, besonders seine »*Ecole primaire du pianiste*«. Ein anderes Etudenwerk: »*Ecole du mécanisme*« kann auch von vorgeschritteneren Pianisten mit vielem Vortheil benutzt werden.

Dux (latein.), d. i. F ü h r e r (s. d.), Hauptsatz der Fuge. S. F u g e.

Dux, B e n e d i c t u s, s. D u c i s.

Dux, P h i l i p p u s, ein flandrischer Contrapunktist, der wahrscheinlich in den ersten Jahrzehnten des 17. Jahrhunderts lebte, hat fünf- und sechsstimmige Madrigale herausgegeben. Siehe Sanderus, *de Script Flandr.-p.* 140.   †

Duyschot, J o h a n n und R u d o l p h, zwei holländische Orgelbauer, die von 1670 bis 1715 einen ausgezeichneten Ruf hatten und viele bedeutende Werke in ihrem Vaterlande gebaut haben, deren vier Gerber in seinem Tonkünstler-Lexikon Seite 973 erwähnt. Vgl. ferner Hess, *Disposit.*   †

Duysen, J e s L e w e, einer der bedeutendsten und angesehensten deutschen Pianofortefabrikanten der Gegenwart, dessen Geschäft, welches seinen Sitz in Berlin hat, in Bezug auf Ausdehnung, Umfang und solideste Art des Betriebes mit zu den allerersten gehört. D. selbst wurde am 1. August 1821 zu Flensburg geboren. Im Hause seines Vaters, der ein eifriger Musikfreund war und auch selbst die Violine ziemlich fertig spielte, wurde des jungen D. Neigung zur Musik geweckt und genährt, und in Rücksicht darauf, sowie auf seine Vorliebe für technische Beschäftigungen wurde er, als die Berufsfrage an ihn herantrat, für den Instrumentenbau bestimmt. In der gut renommirten Pianofortefabrik von Hansen in Flensburg verbrachte hierauf D. von 1837 bis 1841 seine Lehrjahre und fand sich schon dort zu selbstständigen Beobachtungen und eigenem Schaffen mächtig angeregt. Die erworbenen tüchtigen Kenntnisse vervollkommnete und bereicherte er auf Reisen nach Hamburg, Braunschweig, Göttingen, Kassel, Erfurt, Weimar, Leipzig, Dresden u. s. w., woselbst er in den bedeutendsten und anerkanntesten Fabriken arbeitete. Schliesslich ging er nach Berlin, wo er seine Ausbildung bei dem Hof-Instrumentenmacher Voigt (Firma B. Voigt und Sohn) vollendete. Im Januar 1860 eröffnete er in Berlin eine eigene Fabrik in zu diesem Zwecke gemietheten Räumen, und es gelang ihm überraschend schnell, durch seine klangschönen und peinlich sorgfältig und gewissenhaft gebauten Instrumente die Aufmerksamkeit und das Interesse der Kenner, und sodann auch des grösseren Publikums auf sich zu ziehen. Auf ferneren Reisen bis nach Wien, London und Paris war er unablässig darauf bedacht, von allen hervortretenden Erfindungen und Verbesserungen in Bezug auf Flügel und Pianinobau an Ort und Stelle Kenntniss zu nehmen und dieselben, sobald sie brauchbar und wesentlich, zu adoptiren. Im J. 1867 hatte das Geschäft D.'s bereits eine solche Ausdehnung gewonnen, dass D., um allen an ihn gestellten Anforderungen zu genügen, zum Erwerb eines eigenen grossen Grundstücks und zu umfangreichen Bauten schreiten musste, deren innere Einrichtung ebenfalls von dem überaus praktischen Sinn ihres Erbauers Zeugniss ablegt. Aber auch diese ausgedehnten Räume genügen jetzt schon, gegenüber dem immer mehr gesteigerten Betriebe nicht mehr und werden bald eine bedeutende Erweiterung erfahren müssen. In denselben befindet sich Alles, was nur irgend in das Fach schlägt; nur ein Theil der Mechaniken wird, ihrer Vortrefflichkeit wegen, aus Paris und Hamburg bezogen. In ihrem gegenwärtigen Umfange beschäftigt die Fabrik an 200 Arbeiter und liefert wöchentlich zwei Flügel und zehn Pianinos. Die eigenen Erfindungen und Verbeserungen, mit denen D. seine Instrumente zu deren grösstem Vortheil ausstattete, bestehen hauptsächlich in einer rationelleren Eisenconstruction für die Flügel und einer wirksameren Dämpfungsart an Pianinos. Die Instrumente selbst zeichnen sich, wie auch glänzende und ehrenvolle Atteste C. Tausig's, Th. Kullak's, Clara Schumann's, des Berliner Tonkünstlervereins u. s. w. anerkennen, durch schönen, vollen Ton in allen Lagen, durch bequeme und leichte Spielart und durch grösste Solidität und Dauerhaftigkeit in der Bauart aus. Lediglich durch diese Vorzüge selbst ist es gekommen, dass D., der selbst den Schatten der sonst üblichen Reclame verschmäht, sich zu den Ersten seines Fachs emporgeschwungen hat und weit über Deutschland hinaus, in der Schweiz, Holland, England, Spanien, Russland, Italien, Nord- und Südamerika, sowie in anderen überseeischen Ländern, wohin seine Instrumente gehen, das grösste Ansehen wohlbegründet geniesst. Seine Flügel namentlich werden im Concertsaale von den grössten Pianofortevirtuosen mit besonderer Vorliebe benutzt.

Dwight, John S., einer der besten Musikkritiker Nordamerika's, geboren 1820, lebt in Boston, wo er seit Jahren ein von ihm trefflich redigirtes englisches Musikjournal (*Dwight's Journal*) herausgiebt.

Dygon, John, englischer Benediktiner und zugleich ein vorzüglicher Contrapunktist, wie noch mehrere seiner in England befindlichen Arbeiten beweisen. Nach Battely, *Antiques of Canterbury P. II p.* 160 wurde D. 1497 zum Abt des Klosters von St. Augustin in Canterbury erwählt und ist als solcher 1509 gestorben. Demgegenüber melden die *Fasti Oxon.*, dass D. 1512 den Grad eines Baccalaureus der Musik erhalten habe. Hawkins (*Hist. vol II p.* 519) hat von D. eine Motette für zwei Tenöre und Bass aufgenommen.   †

Dynamik (aus dem Griech.) d. i. Kraftlehre, ist in der musikalischen Fachsprache die Lehre, welche sich mit dem Klang hinsichtlich der Wirkungen durch verschiedene Masse, Stärke und Schattirung desselben beschäftigt; das Zu- und Abnehmen der Klangstärke und Fülle, die Contraste höherer und niederer Stärkegrade sind dynamische Wirkungen. Die D. befasst sich aber nicht blos mit dem Klang an und für sich, sondern auch mit dem Rhythmus, hinsichtlich seiner Bewegung und des Gewichtes seiner Accentuation bezüglich ihrer grösseren oder geringeren Energie und Intensität. Nägeli zuerst in seiner Gesangmethode hat eine eigene Lehre von den Modificationen der Töne nach Stärke und Schwäche aufgestellt und damit der Wichtigkeit des Gegenstandes Ausdruck gegeben. S. Dynamische Tonqualität. Allein diese Lehre ist noch weit davon entfernt, erschöpfend und unanfechtbar zu sein, da die Kraft der Töne. akustisch das Produkt der Tonwellenhöhe (Amplitüde), bisher noch nicht zu messen entdeckt worden ist und deshalb eine feste Lehre in diesem Kunstfelde vorläufig eine Unmöglichkeit sein dürfte. Das Vorhandensein einer mehr oder minderen Tonstärke ist jedoch eine Wahrheit und fordert gerade in der Musik der Neuzeit Beachtung. Da dieselbe, wie gesagt, aber positiv noch nicht in Erwägung gezogen werden kann, so spricht man über die D. der Töne nur vergleichend und hat sich in dieser Beziehung befleissigt, dieselbe in den einzelne Töne von verschiedener Stärke besprechenden Artikeln nach Möglichkeit und Erforderniss zu beleuchten. Siehe Portamento, Crescendo, Decrescendo, Forte, Piano u. a. — Auch noch in Bezug auf die Zahl und Lage der musikalisch werthbaren Töne spricht man von einer D., welche fordert, dass z. B. in der diatonischen Oktavfolge nur sieben Klänge möglich, die deshalb dynamische genannt werden. S. dynamische Klänge. Auch diese mehr durch Uebereinkommen und Gewohnheit nur durch die Produkte bekannt gewordene D. entbehrt bisher jeglichen positiven Anhaltes. O

Dynamis (griech.: δύναμις), die Kraft, war in der musikalischen Fachsprache der Griechen nach Ptolemaeos *lib.* 2 *c.* 5 der Name, unter dem die Beziehung der Klänge zu irgend einem andern verstanden wurde. Auch den Klang selbst, Hauptklang (s. d.), auf den sich in einem Tongang alle andern bezogen, nannten die Griechen D., in welchem Sinne wir bei Euclides p. 18 und 19 in Bezug auf alle in der Kunst anwendbaren Klänge folgende Auslassung finden: »die Mese (s. d.)

ist die D. der Klänge, indem sie die Lage aller übrigen dynamischen Klänge bedingt.« In der abendländischen Musik, wo sich die Nothwendigkeit entwickelt hat. dass der Hauptklang, Grundton (s. d.) oder Tonica (s. d.) genannt, stets als Schlusston eines Tonstücks erscheinen muss, und jede stufenweise Aneinanderreihung der der Tonart (s. d.) eigenen Klänge von diesem aus festgestellt wird, könnte man deshalb den Grundton jeder Tonart auch ganz bezeichnend deren D. nennen, welcher Ausdruck sich jedoch nur sehr selten angewandt findet.   O

Dynamische Klänge nannten die Griechen alle zu demselben Hauptklange (s. d.) gehörigen Töne, und hatten den Grundsatz aufgestellt, dass es zwar unendlich viele Klänge gäbe, dynamische jedoch nur in jedem Geschlecht die Quarte (4). die Quinte (5), und die Oktave (8) besässen. Dies Gesetz in Bezug auf die Oktave wurde auch in der abendländischen Musik massgebend und man spricht in derselben von den acht dn. Kln. einer Tonart oder einer Klangleiter (s. d.). O

Dynamische Klangleiter nennt man jede nur aus dynamischen Klängen gebildete Tonleiter (s. d.).

Dynamische Tonqualität nennt H. G. Nägeli in seiner Pestalozzi'schen Gesangbildungslehre Seite 7 und 9 (Zürich) eine der drei Decorationen der Zeitmomente in Bezug auf die Verbindung successiver Töne, rücksichtlich des Gewichts, des Grades der Erschütterung, der Stärke und Schwäche. Dieselbe entsteht durch Verbindung ungleich starker Töne und kann nach den Graden der Stärke festgestellt werden. Da die Grade der Stärke (s. Dynamik und Intensivität) jedoch absolut nicht festzustellen sind, so liefern die einzelnen diese Toneigenschaft behandelnden Artikel, als Portamento, Crescendo u. a. das hierbei zu Ergänzende.   O

Dynamometer (aus dem Griech.), Kraftmesser*), nennt man ein Instrument, durch welches mittelst Gewichte das Mass der Kraft festgestellt werden kann, welches zur Spannung von Saiten angewendet wird. Das D. erfüllt somit ähnliche Zwecke wie das Monochord (s. d.), und gleicht diesem auch im Allgemeinen. Hauptsächlich jedoch wird es zur Prüfung der Festigkeit oder Tragkraft der Saiten, insbesondere der Drahtsaiten (s. d.) benützt. Unter den mancherlei als D. gebräuchlichen Apparaten zeichnet sich jener aus, welchen G. F. Sievers in Neapel construirte und in seinem Werke: »*Il Pianoforte, guida pratica per construttori, accordatori, dilettanti e possessori di pianoforti*« (*Napoli, Benedetto Pellerano* 1868), beschrieb. Dieses D. besteht aus zwei parallel laufenden, starken, als Zargen dienenden Leisten, zwischen denen sich ein schmaler Resonanzboden befindet. Auf dem oberen Theile des Resonanzbodens liegt eine verschiebbare Querleiste, die an den Seiten der Zargen an mehreren, beliebigen Stellen durch Haken befestigt werden kann. Am unteren Theile befindet sich ein festes Querholz, welches mit einem Stege versehen ist. In der Mitte der Breite des Resonanzbodens ist eine griffbrettähnliche lange Leiste angebracht, auf welcher sich ein verschiebbarer Bund oder Sattel zur Abgrenzung des in Schwingung zu versetzenden Theiles der Saite befindet, sowie ein Massstab, welcher die Hälfte, $\frac{1}{4}$, $\frac{1}{8}$ der Länge der Leiste andeutet. Der ganze Apparat wird wie eine Leiter schräg gegen eine Wand, in der sich ein paar Haken befinden, gestellt und festgehakt. Nachdem die zu prüfende Saite an einem Stifte in der oberen Querleiste befestigt und über den Sattel und Steg gezogen worden, hängt man an das Ende derselben eine Wageschale und belastet diese allmälig mit immer mehr Gewichten so lange, bis die Saite reisst. Das hierzu mit Einschluss jenes der Wageschale gebrauchte Gewicht gilt als Mass für die Tragkraft der Saite. — Eine andere Art von D. construirte J. B. Streicher in Wien und nannte sie Saitenwage. Dieselbe besteht aus einem auf zwei Füssen ruhenden, mit Steg und verstellbarem Sattel versehenen Resonanzkörper, über welchen die Saite gezogen und mit einer Hebelvorrichtung in Verbindung gesetzt wird. Ein verschiebbares Gewicht, welches an dem durch eine

---

*) Bemerkt sei, dass ein D. in Bezug auf Intensität des Tones, welcher für die Kunst von grösster Bedeutung sein würde, noch nicht erfunden ist.   D. Red.

Scala eingetheilten und an seinem Scheitelpunkte beweglichen Hebel hängt, zeigt durch seine Stellung, welche es beim Zerreissen der Saite auf der Scala einnimmt, das Aequivalent der angewendeten Kraft an. Ausführlicheres über Streicher's Saitenwage ist in den »Verhandlungen und Mittheilungen des Niederösterr. Gewerbevereins«, 1862, Heft 10, S. 417 sowie im »Polytechn. Centralblatt«, 1863, S. 35, enthalten. — Nicht nur zur Ermittelung der Tragkraft der Saiten ist das D. anwendbar, sondern auch zur Feststellung des Gewichtes, welches erforderlich ist, um eine Saite von gegebener Länge und Dicke in solche Spannung zu bringen, dass sie bei ihrem Schwingen den entsprechenden Ton angiebt. Ausserdem noch lässt sich durch Verschiebung des beweglichen Sattels bei gleichbleibender Spannung der Saite die Mensurlänge derselben für jede Tonhöhe wie auf einem Monochorde auffinden. M. A.

Dystonie (aus dem Griech.), die Tonverstimmung. S. D e t o n i r e n.

Dzondi, K a r l H e i n r i c h, Professor der Medizin an der Universität zu Halle, starb daselbst am 1. Juni 1835. Er ist der Verfasser des Buches: »Die Funktionen des weichen Gaumens beim Athmen, Sprechen, Singen, Schlingen u. s. w.« (Halle, 1834). Durch dieses, sowie durch seine wissenschaftliche Polemik mit G. Nauenburg über die Organisation der Schallmündungen in der Lpz. allgem. musikal. Ztg. (1831 und 1832) und a. O. hat er sich auch musikalisch bemerkbar gemacht.

E.

E (ital. und französ.: *mi*),' der fünfte Laut in der deutschen Lautaufstellung, wird in der alphabetischen Tonbenennung als Name, so wie dessen Buchstabe als Zeichen für die dritte diatonische Stufe der steigenden C-durleiter gebraucht. Bei den Griechen, deren Tonreich ebenfalls durch Lautzeichen bezeichnet und mit dem A genannten Tone beginnend angenommen wurde, wie in der frühesten christlichen Zeit, die dieselbe Tonbezeichnung pflegte, war somit E, der fünfte Buchstabe des Alphabets, das Tonzeichen für den fünften Klang der aufsteigenden Tonfolge, welcher Klang dem heute durch *e* gekennzeichneten als gleich zu erachten ist. Siehe A l p h a b e t. Alle Oktaven (s. d.) eines *e* genannten Tones heissen unter den diesem Tonreiche angehörigen Klängen ebenfalls *e*, werden jedoch in der Schreib- und Benennungsweise genau unterschieden, welche Unterschiede wir entweder allgemein durch kleine Zusätze ausdrücken, oder durch Angabe der Körperschwingungen in einer Secunde, die gerade den *e* genannten Ton hervorrufen, welchen man zu kennzeichnen beabsichtigt. Beifolgende Uebersicht aller *e* zu nennenden Töne unseres Tonreiches, welche den pariser Kammerton $\bar{a}=437,5$ Schwingungen in der Sekunde als den die Schwingungen der *e* zu nennenden Klänge bestimmenden annimmt, diene als kürzeste Zurechtweisung:

Schreibweise	Benennungsweise	Schwingungszahl
e^4 oder $\overset{\equiv}{e}$	viergestrichenes E	2433
e^3 oder $\overset{\equiv}{e}$	dreigestrichenes E	1216,5
e^2 oder $\overset{=}{e}$	zweigestrichenes E	658,25
e^1 oder $\overset{-}{e}$	eingestrichenes E	329,125
e	kleines E	164,5625
E	grosses E	82, 28125
E^1 oder E	Contra-E	41,140625

Im abendländischen Musikkreise finden für den von uns *e* genannten Ton noch manche andere Benennungsarten statt, die hier noch andeutungsweise aufzuzeichnen sind. In der romanischen Tonbezeichnung wird derselbe Klang durch *mi* (s. d.) benannt, welche syllabische Benennung in der Mutation (s. d.) einzig keine andere werden kann. Die Namen der beiden *e* zu nennenden Töne in der Guidoni'schen Solmisation (s. d.) sind *e-mi* oder *e-la-mi* und *e-la-mi*, und später *e-la-fa*, worüber diese Artikel das Nähere berichten. Die sonstigen syllabischen Bennenungen des jetzt *e* genannten Tones, die in der Bebisation (s. d.) durch *me*, in der Bocedisation (s. d.) durch *di* und in der Damenisation (s. d.) durch *ni* bezeichnet sind, kommen nur noch musikgeschichtlich in Beachtung. — Das mathematische Verhältniss (s. d.) endlich des *e* genannten Tones zu dem in der Neuzeit als allgemeinen Grundton angenommenen Klang *C* (das einer Durterz), behandelt der Artikel Durterz.   2.

Eager, John, englischer Tonkünstler und Componist, geboren 1782 zu Norwich, spielte fast alle damals gebräuchlichen Instrumente mit Fertigkeit und hat auch, von Bedrängniss getrieben, ein Clavierconcert und Lieder seiner Composition veröffentlicht. Im J. 1820 gründete er eine Musikschule zu Kent, welche sehr verdienstlich auf die Musikbildung in England mit einwirkte.

Earl, Dr. John, gegen die Mitte des 17. Jahrhunderts Bischof zu Worcester und später zu Salisbury in England, gab 1633 ein Werk: »*Microcosmography, or a Piece of the World discovered in Essays and Characteres*« betitelt, anonym heraus; erst die neue Auflage von 1732 trug seinen Namen als Verfasser. In diesem Werke sind Mittheilungen über die schlechten moralischen Charaktere der damaligen Kirchensänger und anderer Musiker enthalten, von denen Hawkins in seiner *History of Music Vol. IV p.* 383 einige Proben mittheilt.   †

Earsden, John, hiess nach Hawkins *History of Music Vol. IV p.* 25 ein englischer Tonkünstler, der zu Anfange des 17. Jahrhunderts lebte und bisher nur dadurch bekannt geworden ist, dass er mit G. Mason zusammen die Musik zu einer Operette schrieb, die unter dem Titel: »*The Ayres that were sung and played at Brougham Castle in Westmoreland, in the King's Entertainment, given by the right honourable the Earle of Cumberland, and his right noble sonne the Lord Clifford*« in London 1618 erschienen ist.

Eastcott, Richard, englischer Componist und Schriftsteller, geboren um 1740 zu Exeter, lebte lange Jahre hindurch in London, wo er u. A. mit den angesehensten Musikern und Musikfreunden lebhafte Verbindung unterhielt. Dort hat er auch von seiner Composition Sonaten und Clavierstücke unter dem Titel »*The harmony of the muses*« herausgegeben. Zum Dechanten erhoben, kehrte er in seine Geburtsstadt zurück und beschäftigte sich dort eifrig mit einer grösseren musikalisch-schriftstellerischen Arbeit, die später unter dem Titel »*Sketches of the origin, progress and effects of music, with an account of the ancient bards and minstrels*« (Bath, 1793) erschien, sich aber nur als eine allerdings nicht ohne Geschmack und Geschick zusammengestellte Compilation aus den musikgeschichtlichen Werken von Burney, Hawkins und Walker erwies.

Ebart, Samuel, deutscher Orgelvirtuose und Tonsetzer, gebürtig aus Wettin, lebte ums Jahr 1679 als Organist zu Halle, woselbst er nach achtjährigem Wirken im 30. Lebensjahre starb.   †

Ebdon, Thomas, englischer Componist und Musiklehrer, lebte gegen Ende des 18. Jahrhunderts zu Durham und hat 1780 zwei Claviersonaten seiner Composition, sowie eine Sammlung von 6 Glee's und 1797 eine Sammlung von Kirchenstücken unter dem Titel »*Sacred music, containing complete services for cathedrals*« veröffentlicht.

Ebel, Jacob Ludwig, deutscher Violinvirtuose, geboren 1718 zu Cüstrin, hat sich durch eigenen Fleiss sowie später unter Anleitung von Raab zu einem hervorragenden Violinisten ausgebildet, der in seinen Blüthejahren Mitglied der Capelle des Prinzen und Markgrafen Karl war. Vgl. Marpurg's historischkritische Beiträge Band I Seite 159.   †

Ebeling, Christoph Daniel, ausgezeichneter deutscher Gelehrter, besonders als Geograph und durch eine Menge Sprachbücher seiner Zeit rühmlichst bekannt, geboren 1741 zu Garmissen im Hildesheim'schen und gestorben, nachdem er in den letzten zehn Jahren seines Lebens völlig taub gewesen war, als Professor der Geschichte und griechischen Sprache am Gymnasium, sowie als Obercustos der Stadtbibliothek zu Hamburg am 30. Juni 1817. Er verband mit einer reichen wissenschaftlichen Bildung auch viel Einsicht und Geschmack in der Musik und hat sich für diese Kunst auch literarisch vielfach thätig gezeigt. So hat er 1772 eine Uebersetzung von Burney's musikalischem Reisewerk unter dem Titel: »Tagebuch einer musikalischen Reise durch Frankreich und Italien u. s. w.« veröffentlicht, ferner eine Uebersetzung von Chastellux's »*Essai sur l'union de la poésie et de la musique*« herausgegeben. Letztere befindet sich im 8. Bande des Hamburger Unterhaltungsblattes und ist daraus von Hiller in den 4. Band seiner »Musikalischen Nachrichten« herübergenommen. Auch selbständig schriftstellerisch ist E. im musikalischen Fache thätig gewesen, wofür sein »Versuch einer auserlesenen Bibliothek« (Hamburg, 1770) und seine Abhandlungen »über die Oper« und »kurzgefasste Geschichte der Oper« (Hannöversches Magazin vom J. 1768) sprechen. Letztere Abhandlung bildet einen besonderen Theil seiner »Geschichte der Deutschen Dichtkunst«. Bekannt ist auch seine Uebersetzung des Textes von Händel's »Messias«.

Ebeling, Johann Georg, deutscher Kirchencomponist, geboren um 1620 zu Lüneburg, war seit 1662 Musikdirektor an der Hauptkirche (als Nachfolger Joh. Crüger's) und Schulcollege an der St. Nicolaikirche zu Berlin, seit 1668 aber Professor der Musik am Carolinengymnasium zu Stettin, in welcher Stadt er 1676 starb. Von seinen zahlreichen, ihrer Zeit rühmlichst bekannten Werken können jetzt nur noch genannt werden: »*Archaeologia orphica sive antiquitates musicae*« (Stettin, 1657), ferner ein Clavier-Concert (Berlin, 1662); Paul Gerhard's geistliche Andachten in 120 Liedern mit 4 Singstimmen, 2 Violinen und Generalbass (2 Hefte, Berlin, 1666 und 1667); dieselben im Clavierauszuge (Berlin, 1669). Am bekanntesten sind seine Kirchenlieder-Weisen, von denen jetzt noch »Ein Lämmlein geht und trägt die Schuld«, »Schwing' dich auf zu deinem Gott«, »Sollt' ich meinem Gott nicht singen« und besonders »Warum sollt' ich mich denn grämen« beim evangelischen Gottesdienste gesungen werden.

Ebell, Heinrich Karl, ein überaus gründlich und vielseitig gebildeter Musikdilettant, geboren am 30. Decbr. 1775 zu Neu-Ruppin, machte schon als Gymnasiast Compositionsversuche. In Halle seit 1795 studirend, fand er durch Türk's Vorlesungen und Concerte, sowie durch fleissiges Selbststudium Gelegenheit, sich musikalisch weiter zu bilden. Als Auscultator 1797 in Berlin, wurde ihm Reichardt Freund und Lehrer, und E. componirte die Opern »Der Schutzgeist«, »Selico und Borissa«, »*Le déserteur*«, »Melidua«, das Oratorium, »die Unsterblichkeit«, ferner Cantaten, Gesänge, Sinfonien, Concerte, Clavierstücke u. s. w. Durch den bedeutenden Erfolg dieser Werke bewogen und durch Reichardt, sowie durch eine eingesandte Oper »Der Bräutigamsspiegel« empfohlen, nahm er 1801 einen Ruf als Theater-Musikdirektor zu Breslau an und stand diesem Amte bis 1803 zu allgemeiner Zufriedenheit vor. Aus dieser Zeit datiren die Opern »Das Fest der Liebe« und »Die Gaben des Genius«, Musik zur Tragödie »Larnassa«, Cantaten, Chor zu den »Hussiten vor Naumburg«, Arien, Lieder, Quartette für Blaseinstrumente, Clavierstücke u. s. w. Vom Theater weg wurde er 1804 Secretär bei der Kriegs- und Domänenkammer in Breslau. Als solcher gründete er den sogenannten philomusischen Verein zur gegenseitigen Belehrung über theoretisch-musikalische Gegenstände und war bis 1806 Vorsitzender desselben. Von 1807 bis 1816 war er wirklicher Regierungssecretär und fand dabei Zeit die Opern »Das Fest im Eichthale«, »Anacreon in Jonien«, das Singspiel »Der Nachtwächter«, eine grosse doppelchörige Messe, Sinfonien, Streichquartette und Cantaten zu componiren. Gleichzeitig lieferte er der Leipz. musikal. Ztg. zahlreiche gediegene Aufsätze. Im J. 1816 stieg er zum Regierungsrath in Oppeln auf.

Schon 1814 hatte er auf einer Spazierfahrt mit Andr. Romberg einen gefährlichen Beinbruch erlitten, dessen Folgen am 12. März 1824 seinen Tod herbeiführten. — Seine Compositionen sind noch immer bemerkenswerth, da sie Ideenreichthum neben Gründlichkeit, Originalität und anmuthiger Frische aufweisen.

Ebenholz ist eine schwarze, sehr harte Holzart, die seit frühester Zeit bekannt und zu Kunstarbeiten, so wie zur Fertigung kleinerer Tonwerkzeuge, besonders Blaseinstrumente, verwendet wurde. Dasselbe, von der schwarzholzigen Lotos (*Diospyrus Ebenus* nach Reetz geheissen) entnommen, hatte seiner Seltenheit wegen einen sehr hohen Werth und wurde aus Indien bezogen. Auch noch heute, wo man nach Farbe und Qualität besonders drei E.arten unterscheidet, die alle in der oben angegebenen Weise gebraucht werden, bezieht man das vorzüglichste — zwei Arten, die oben erwähnte und eine mehr braune vom *Aspalathus Ebenus* stammend — aus Ostindien; eine ähnliche, mehr blauschwarze, ebenfalls E. genannte Holzart jedoch aus Guyana. †

Ebenmass, s. Symmetrie.

Eberhard, Johann August, deutscher Philosoph und ebenso scharfsinniger wie gemüthvoller Schriftsteller, geboren am 31. August 1739 zu Halberstadt, studirte in Halle 1756 bis 1759 Theologie, wurde hierauf Hauslehrer beim Freiherrn von der Horst und dann Conrektor am Gymnasium und zweiter Prediger an der Hospitalkirche in seiner Vaterstadt. Später kam er nach Berlin zum Staatsminister von der Horst, dem Vater seines ehemaligen Zöglings, wurde Prediger am dortigen Arbeitshause und 1774 zu Charlottenburg. Vier Jahre darauf wurde E. Professor der Philosophie in Halle, ausserdem 1786 Mitglied der Berliner königl. Akademie der Wissenschaften, 1805 Geheimrath und 1808 Doktor der Theologie. Hochverehrt starb er in Halle am 6. Januar 1809. Von seinen sehr zahlreichen Schriften berühren folgende das musikalische Interesse: »Theorie der schönen Künste und Wissenschaften« (Halle, 1783; 3. Aufl. 1790), »Handbuch der Aesthetik« (4 Bde., Halle 1803—1805; 2. Aufl. 1807—1820), mehrere Abhandlungen (über das Melodrama u. s. w.) in seinen »vermischten Schriften« (Halle, 1784—1788) und »Fragmente einiger Gedanken zur Beantwortung einer Frage über die Blasinstrumente« (Berl. musikal. Wochenblatt, Jahrg. 1805, S. 97 u. ff.).

Eberhard, Louis, Oboist im landgräfl. hessen-hanauischen zweiten Bataillon zu Hanau, hat 1780 die Musik zu der Operette: »Das tartarische Gesetz oder das grausame Geschick« componirt, welche damals sehr gefiel.

Eberhardt, Franz Joseph, rühmlichst bekannter deutscher Orgelbauer, geboren um 1715 zu Sprottau, lebte um 1750 zu Breslau und hat u. A. die vorzüglichen Werke im evangelischen Bethause seiner Vaterstadt (1750), bei den Franciscanern zu Breslau (1752) und bei den Franciscanern zu Neyss (1754) geliefert.

Eberhardus Frisingensis, ein Benediktinermönch und Tonsetzer des 11. Jahrhunderts, verfasste die beiden Traktate: »*De mensura fistularum*« und »*Regulae ad fundendas notas i. e. organica tintinnabula*«, welche Abt Gerber nach einem Tegenserischen Codex des 12. und 13. Jahrhunderts in dem II. Bande Seite 279—282 seiner Sammlung musikalischer Schriftsteller aufgenommen hat.

Eberl, Anton, deutscher Componist und einer der berühmtesten Clavierspieler seiner Zeit, geboren am 13. Juni 1766 zu Wien, war von seinem Vater, einem vornehmen kaiserl. Beamten, für das Rechtsstudium bestimmt. Schon früh hatte er sich mit Vorliebe dem Clavierspiel zugewendet, so dass er bereits 1773 als fertiger Pianist bekannt war, zehn Jahre später auch als Componist, der als Autodidakt in der Theorie, mit seiner Oper »*La marchande des modes*« doppeltes Aufsehen erregte. Selbst Gluck fand sich nach Kenntnissnahme dieses Werkes bewogen, E. persönlich aufzusuchen und demselben ausschliessliches Studium der Musik dringend anzurathen. Auch Mozart's Freundschaft erwarb sich E. und unternahm später mit dessen Wittwe eine Kunstreise, von welcher zurückgekehrt, ihn eine vortheilhafte Anstellung 1796 nach St. Petersburg rief. Vier Jahre später war er wieder in Wien und componirte für die Hofbühne die Oper »die Königin der schwarzen Inseln«, deren Musik jedoch nur den Beifall der Kenner fand, ebenso ein

Streichquartett, eineSonate undVarationen für Clavier, welche zu seinen werthvollsten Arbeiten gehören. Im J. 1803 liess er sich wieder in Russland hören, 1806 in den bedeutendsten Städten Deutschlands. Ganz unerwartet starb er am Scharlachfieber zu Wien am 11. März 1807. — Von seinen gedruckten Compositionen waren Sinfonien, Quartette, Trios, Concerte, Sonaten, Fantasien, Rondos, Variationen und Gesangstücke zu Anfange des 19. Jahrhunderts noch sehr beliebt. Einige seiner Variationenhefte z. B. »Zu Steffen sprach im Traume«, »Bei Männern, welche Liebe fühlen« u. s. w. erschienen anfänglich unter Mozart's Namen. Seine Opern (»die Zigeuner«, »die Hexe Megüra«, »Graf Balduin« und die schon genannten), ebenso mehrere Sinfonien, Serenaden, ein Sextett, Quintette, Quartette, Concerte für ein und zwei Claviere sind Manuscript geblieben.

Eberle, Johann Joseph, Virtuose auf der Viola d'amore, in Böhmen um 1735 geboren, war ein Schüler des berühmten Ganswind. Er starb im J. 1772, als Meister auf seinem Instrumente anerkannt, zu Prag. Als Componist scheint er nur mit einer Sammlung von Liedern mit Clavierbegleitung (Leipzig, 1762, bei Breitkopf) hervorgetreten zu sein.

Eberle, Johann Ulrich, ausgezeichneter Instrumentenmacher, besonders von Violinen, lebte um die Mitte des 18. Jahrhunderts zu Prag. Seine Geigen, die den cremonesischen Instrumenten fast gleichgeschätzt wurden, tragen gewöhnlich die Inschrift: *Joannes Ulricus me fecit Pragae,* merkwürdiger Weise aber keine Jahreszahl.

Eberlin, Daniel, deutscher Musiker von Ruf und Bedeutung und vielseitig gebildeter Mann, der erste Schwiegervater Telemann's, ist um 1630 zu Nürnberg geboren und hat ein sehr abenteuerliches Leben geführt, aus dem hier hervorgehoben sei, dass er früh in den Soldatendienst trat, päpstlicher Hauptmann in Rom, wo er sich auch musikalisch ausbildete, war, mit gegen die Türken focht, später Bibliothekar in Nürnberg, 1678 als Kapellmeister in Kassel, 1685 als Prinzenerzieher, Kapellmeister, Geheim-Secretair, Münzwardein u. s. w. in Eisenach angestellt wurde und hierauf als Banquier in Hamburg und Altona lebte. Als Hauptmann der Landmiliz starb er 1691 zu Kassel. Mattheson (Ehrenpforte S. 362) und Telemann führen ihn als gelehrten Contrapunktisten und fertigen Violinspieler an. Von seinen Compositionen aber scheinen nur Violintrios unter dem Titel »*Trium variantium fidium concordia, hoc est moduli musici, quos Sonatas vocant, ternis partibus conflati*« (Nürnberg, 1675) erschienen zu sein. Andere seiner Werke sollen sich in Kassel befinden.

Eberlin, Johann Ernst, ausgezeichneter und fruchtbarer deutscher Kirchencomponist, geboren um 1710 zu Jettenbach in Schwaben, war nach dem Titel seiner »*IX Toccate e fughe per l'organo*« (Augsburg, 1747) um 1747 Organist beim Erzherzoge Sigismund zu Salzburg, wurde später daselbst Kapellmeister und Truchsess und starb als solcher um 1776. Er war seiner Zeit als Meister der Tonsetzkunst nach Verdienst hoch geschätzt und wurde, seiner ungemeinen Fruchtbarkeit im Componiren wegen, Telemann der Zweite genannt; auch Marpurg sagt von ihm, dass er einem Scarlatti und Telemann an die Seite zu stellen sei. Das reichhaltigste Verzeichniss von E.'s Werken bietet die »*Biographie universelle*« von Fétis. Derselbe führt zahlreiche Messen, Requien, Motetten, Toccaten und Fugen (40 Nummern) an, sowie 20 lateinische Dramen und dergleichen für die Schüler des Benedictinerklosters in Salzburg componirt, mit den Daten, wann dieselben aufgeführt wurden. Die Proske'sche Bibliothek besitzt 13 Oratorien als Autographen E.'s; das bekannteste davon dürfte das »*Componimento sacro*« sein, welches 1747 zu Salzburg mit ausserordentlichem Beifall aufgeführt wurde. Ausserdem besitzt die königl. Bibliothek zu Berlin ein »Miserere« und ein Offertorium »Misericordias« für Chor und Solostimmen mit Begleitung von Streichinstrumenten und Orgel, ferner die Bibliothek des königl. Kircheninstituts daselbst einen Band Orgelstücke, von welchen Fr. Commer 20 Nummern Toccaten und Fugen der von ihm herausgegebenen »*Musica sacra*« einverleibt hat. Ausser den angeführten Druckwerken ist alles Manuscript und findet sich zerstreut in den Bibliotheken zu München, Wien u. s. w.

Ebers, J o h a n n, Buchhändler in London, wo er 1785 geboren war. Er übernahm 1821 daselbst die Direktion der italienischen Oper, bei der er während seiner siebenjährigen Amtsführung sein ganzes Vermögen zusetzte. Seine Schicksale
und die Erfahrungen, welche er als Direktor gesammelt, hat er in das Buch »*Seven
years of the King's theatre*« (London, 1828) niedergelegt.

Ebers, J o h a n n J a c o b H e i n r i c h, deutscher Tonkünstler, geboren ganz zu
Anfang des 19. Jahrhunderts, lebte zu Breslau und war daselbst einer der Gründer der »Gesellschaft für Kirchengesang«. Auch schriftstellerisch hat er sich durch
ein kleines Buch, betitelt: »Spohr und Halévy und die neueste Kirchen- und
Opernmusik« (Breslau, 1837) bethätigt, in welchem er gegen die neueste Richtung
in der Musik Parthei nimmt.

Ebers, K a r l F r i e d r i c h, ein als Bearbeiter vortheilhafter wie als Componist
bekannt gebliebener deutscher Musiker, ist der Sohn eines englischen Sprachlehrers
und am 25. März 1770 zu Kassel geboren. Noch jung kam er in die Artillerie-
schule zu Berlin, wandte sich aber der Tonkunst zu und wurde Musiklehrer. Im
J. 1799 wurde er, nachdem er einige Zeit hindurch bei wandernden Truppen als
Dirigent fungirt hatte, Vice-Kapellmeister und Kammercomponist in Schwerin.
Als er dort sein Amt verloren hatte, irrte er lange umher, bis er Musikdirektor
am Theater zu Pesth-Ofen wurde. Dort vereinigte er sich mit seinem Vorgesetzten und liess sich hierauf 1814 für die Truppe Joseph Seconda's als Dirigent
engagiren, nach deren Auflösung er kümmerlich von dem Ertrage seiner Compositionen und Musiklektionen lebte. Im J. 1822 wurde er Dirigent bei der Gesellschaft des Direktors Fabricius in Magdeburg, die aber gleichfalls keinen Bestand
hatte, so dass E., der nach Leipzig gezogen war, sich wieder in Bedrängniss sah.
Im J. 1822 siedelte er nach Berlin über, gab daselbst Musikunterricht und arbeitete für das Tagesbedürfniss der Verleger. In den bescheidensten Verhältnissen,
die seine zweite Gattin geduldig mit ihm trug, starb er um 9. Septbr. 1836 zu Berlin. — Seine Arrangements fremder Werke für Pianoforte zwei- und vierhändig,
obgleich keineswegs geschickt, haben sich zum Theil noch erhalten. Gänzlich verschollen sind jedoch seine eigenen Compositionen, bestehend in Opern (»Bella und
Fernanda«, »der Eremit von Formentera«, »die Blumeninsel«, »der Liebescompass«
u. s. w.), ferner in grösseren und kleineren Gesängen und Liedern, in Sinfonien,
Ouvertüren, Entr'acts, Tänzen, Märschen, Trios, Stücken für Blaseinstrumenten,
Sonaten und Clavierstücken kleinerer Form. Nur das kleine Trinklied von ihm
»Wir sind die Könige der Welt« hat es bis zu wirklicher Volksthümlichkeit ge-
bracht.

Ebert, J o h a n n, Componist und Tenorsänger am Hofe zu Eisenach, geboren
am 27. Septbr. 1693 zu Naundorf im Lande Meissen, war ein Schüler der Kreuz-
schule und des mit derselben verbundenen Chors zu Dresden und studirte zu
Leipzig. Nach Vollendung seiner akademischen Studien 1718, wurde er Cantor
in Weissenfels und erhielt 1726 die schon erwähnte Anstellung in Eisenach. Seine
Stimme und seine Art zu singen wurden allgemein bewundert. Von seinen Compositionen sind nur 1729 sechs Sonaten für Flöte und Clavier im Druck erschienen.

Eberwein, eine seit länger als einem Säculum rühmlichst bekannte deutsche
Musikerfamilie thüringischer Abkunft, die noch jetzt in zahlreichen weithin zerstreuten Gliedern den Ruf ihres Namens aufrecht erhält. Der älteste hervorragende Träger dieses Namens ist T r a u g o t t M a x i m i l i a n E., geboren am 27.
Octbr. 1775 zu Weimar, wo sein Vater Hof- und Stadtmusiker war. Bei diesem
lernte er nach damaliger Sitte fast sämmtliche im Gebrauch befindlichen Instrumente spielen und konnte schon als siebenjähriger Knabe im Stadt-Musikchor und
in der Hofkapelle als Violinist mitwirken. Auch seine Compositionsversuche fanden Anerkennung und Aufmunterung. Weiter aus bildete er sich bei S c h i c k in
Mainz im Violinspiel und bei K u n z e in Frankfurt a. M. in der Tonsetzkunst. Am
Hofe zu Homburg hörte ihn 1796 der Fürst von Rudolstadt, der ihn 1797 als
Hofmusicus in seine Residenz berief. Eine längere Ferienzeit 1803 benutzte er,

um als Violinvirtuose eine Kunstreise durch Franken, Baiern und Tyrol nach Italien zu machen, schrieb in Rom seine ersten Quartette und nahm in Neapel bei Fenaroli noch Unterricht im Contrapunkte. Ende 1804 wieder nach Rudolstadt zurückgekehrt, übernahm er 1809 mit dem Titel eines fürstl. Kammermusikers die Leitung der Kapelle, wurde jedoch erst 1817 wirkl. fürstl. Hofkapellmeister. Ausser mehreren kleineren Concertreisen durch Deutschland bis hinauf nach Berlin, machte er auch 1818 eine grössere bis nach Wien und Ungarn und starb am 2. Decbr. 1831 zu Rudolstadt. Er hat über 100, meist treffliche Werke componirt, darunter die Opern: »Claudina von Villabella«, »Pedro und Elvira«, »der Jahrmarkt von Plundersweiler«, »das befreite Jerusalem«, »Firdusi«, »das goldene Netz«; die Singspiele: »das Schlachtturnier«, »die Fischerin«, »das Storchnest«, »die hohle Eiche«; ferner für das Theater eine Unzahl von Entr'acts und eine Ouvertüre zu Shakespeare's »Macbeth«. Ausserdem schrieb er für die Kirche: Cantaten, Hymnen, Psalmen, ein Te deum und eine grosse Messe in As-dur (vielleicht sein bestes Werk). Von seinen übrigen Arbeiten sind endlich zu nennen: Sinfonien, Concertouvertüren, Concerte für verschiedene Instrumente, Stücke für Harmoniemusik und viele Gesänge und Lieder. Seine letzte Arbeit, eine grosse Cantate, betitelt: »der Tod des Alciden« blieb unvollendet. Er hat auch den Ruhm, als einer der Ersten mit an der Verbesserung der socialen Verhältnisse der Musiker gearbeitet zu haben. — Ein jüngerer Bruder E.'s, Ludwig E., geboren 1782 zu Weimar, erwählte, gleichfalls vom Vater unterrichtet, die Oboe zu seinem Hauptinstrumente, wurde in seiner Vaterstadt als Hofmusiker angestellt und starb auch daselbst 1832 als erster Oboist der grossherzogl. Kapelle. — Der berühmteste der Brüder war der jüngste, Karl E., geboren am 10. Novbr. 1786 zu Weimar, ein Zeitgenosse Goethe's, mit dem er auch befreundet war. Auch er erhielt seinen ersten Unterricht von seinem Vater, und als er sich hauptsächlich der Violine zuwandte, von seinem Bruder Traugott Maximilian, den er als Componist in Bezug auf Schwung der Erfindung überflügelte, obwohl er selbst kaum merkbar selbständig aus den Grenzen des Mozart'schen Styls heraustrat. Auch er beschränkte seinen Wirkungskreis auf Weimar, wo er als Künstler und Mensch in der höchsten Achtung stand und grossherzogl. Kammervirtuose und Musikdirektor war. Hochbetagt starb er daselbst am 2. März 1868. Von seinen Compositionen sind hervorzuheben: die Opern »die Heerschau«, »der Graf zu Gleichen«, ferner die überaus populär gewordene Musik zu Holtei's Schauspiel »Leonore« und die zu »Preciosa« (1811) zahlreiche Entr'acts, die Ouvertüre zu Goethe's »Proserpina«, Gesänge, Cantaten und Lieder, endlich ein Streichquartett, ein Flötenconcert, ein Dilettantenconcert für Violine mit Pianoforte, Flöte, Violoncello und zwei Hörnern, Violinduette etc. — Seine Gattin, Emilie E., war eine Tochter Wilhelm Hässler's aus Erfurt und als Hofopernsängerin in Weimar bis 1837 sehr geschätzt, namentlich in hochdramatischen Parthien wie Donna Anna (Don Juan), Fidelio u. s. w. — Der Sohn Beider, Maximilian Karl, hat sich als Pianofortevirtuose ausgezeichnet. Er war ein Schüler Hummel's und trat selbständig als Concertspieler seit 1831 zunächst in Weimar, dann in Leipzig, Dresden, Berlin, Paris, London u. s. w. mit grossem Erfolge auf. Als Componist hat er sich blos durch eine Anzahl kleiner Clavierstücke leichterer Gattung bemerkbar gemacht.

Ebhardt, Gotthilf Friedrich, trefflicher Orgelspieler und musikalischer Theoretiker, geboren 1771 zu Hohenstein im schönburgischen Gebiete, erhielt den Musikdirektor Tag zum Lehrer im Clavier-, Orgelspiel und in der Composition und wurde später Organist und Mädchenschullehrer zu Greiz, von wo er als Hoforganist und Direktor des Singvereins nach Schleiz gezogen wurde. Von seinen compositorischen Arbeiten sind nur Präludien für Orgel (Leipzig, Breitkopf und Härtel) im Druck erschienen, Cantaten, allerlei Kirchenstücke und variirte Choräle für Orgel aber Manuscript geblieben. Ausserdem hat er noch die theoretischen Lehrbücher: »Schule der Tonsetzkunst in systematischer Form u. s. w.« (Leipzig, 1824) und »die höheren Lehrzweige der Tonkunst« (Leipzig, 1830) veröffentlicht.

Ebio, Matthias, deutscher Componist und musikalischer Theoretiker, geboren 1591 zu Husum in Holstein, studirte Philologie zu Jena bis 1616 und wurde
darauf Cantor und Lehrer in seiner Vaterstadt, wo er auch am 20. Decbr. 1676
gestorben ist. Man kennt von ihm eine in deutscher Sprache geschriebene »*Isagoge musica*« (Hamburg, 1651), deren vollen Titel sammt dem mit derselben verbundenen »*Prodomus Cantiorum ecclesiasticarum*« E. L. Gerber in seinem älteren
Tonkünstlerlexikon vom J. 1790 angiebt.

Ébir-Chalid, s. Jésid Haura.

Ebner, Karl, talentvoller Violinvirtuose, geboren 1812 in Ungarn, gelangte
als Knabe nach Wien, wo er seiner Anlagen wegen höheren Violinunterricht erhielt und sich, sehr jung noch, mit grossem Beifall öffentlich hören lassen konnte.
Er machte hierauf eine Kunstreise nach Russland, die bis 1830 währte, wurde,
trotz seiner Jugend, als königl. Kammermusiker und Violinist der Hofopernkapelle
in Berlin angestellt und ging endlich nach Paris, wo er jedoch schon am 15. Juli
1836 starb.

Ebner, Wolfgang, berühmter Orgelspieler, geboren zu Augsburg und ums
Jahr 1655 Hoforganist des Kaisers Ferdinand III. in Wien, schrieb in lateinischer
Sprache Verbesserungen und Erleichterungen zu dem von Viadana erfundenen
Generalbass, die Kapellmeister Herbst ins Deutsche übersetzte und seiner *Arte
prattica e poetica* vom Jahre 1653 anhing. Sonst ist von E.'s musikalischer Thä-
tigkeit noch bekannt, dass er 1648 zu Prag 36 Variationen für Clavier über eine
Arie des Kaisers Ferdinand durch den Druck veröffentlichte, welche 1810 bei T.
Haslinger Wien eine neue Ausgabe erlebten.   †

Ebollimento oder **Ebollizione** (ital.), die Aufwallung, Erregung; *con e.*, Vortragsbezeichnung in der Bedeutung: mit erregtem Ausdruck.

Ebuth, Thahan-el-Kareni hiess ein arabischer Sänger des Kaliphats, der
in der Zeit von 661 bis 754 besonders weithin berühmt war. Vgl. Hammer-
Purgstall, Literaturgeschichte der Araber T. 1 p. 539—570.   †

Ecbole, s. Ekbole.

Eccard, Johann, einer der ausgezeichnetsten Meister der preussischen Tonschule und der kirchlichen Liedform überhaupt, wurde 1553 zu Mühlhausen an
der Unstrut geboren und erhielt daselbst auch, Winterfeldt behauptet es mit
Wahrscheinlichkeit, von Joachim v. Burgk, der sich damals in Mühlhausen aufhielt, den ersten gediegenen Musikunterricht. Von 1571 bis 1574 studirte er in
München bei Orlandus Lassus, mit welchem Meister er auch 1571 in Paris gewesen sein soll. Bis 1578 lebte er hierauf wieder in Mühlhausen, wo er u. A. gemeinschaftlich mit Joachim von Burgk die »*Crepundia sacra Helmboldi etc.*«
(Mühlhausen, 1577, 2. Aufl. ebendas. 1596; neue Ausg. Erfurt, 1608) bearbeitete
und herausgab. Nachdem er sodann in Diensten Jacob Fugger's in Augsburg gestanden hatte, wurde er, als Adjunct des Kapellmeisters Riccius, 1583 Vicekapellmeister und 1599 endlich wirklicher Kapellmeister in Königsberg. Im J. 1608
erhielt er die Berufung als kurfürstl. Kapellmeister nach Berlin, starb aber in diesem
Amte schon im J. 1611. — E.'s Compositionen, die noch immer der würdige Gegen-
stand eifriger Forschungen der Musikgelehrten sind, zeigen einen Schwung der
Ideen, eine Tiefe und Innigkeit der Empfindung und eine Reinheit verbunden mit
Wohlklang der Setzweise, wie man als Complex musikalischer Vorzüge zu seiner
Zeit kaum wieder antrifft. Mit Recht bestrebt sich daher die neueste Zeit, seit
Winterfeldt, die Verdienste E.'s zu beleuchten und nach Gebühr anzuerkennen.
Von seinen zahlreichen Gesängen, Kirchenliedern, deutschen Chorälen und Bear-
beitungen können summarisch genannt werden: »20 *Cantiones sacrae Helmboldi*
5 et plur. vocum« (Mühlhausen, 1574); die oben erwähnte »*Crepundia sacra etc.*«
(Mühlhausen, 1577); 24 deutsche Lieder (die Fugger'schen) mit 4 und 5 Stimmen
(Mühlhausen, 1578); »Newe deutsche Lieder mit 4 und 5 Stimmen ganz lieblich
zu singen, vnd auff allerley musikalischen Instrumenten zu gebrauchen« (Königsberg, 1589); der erste Theil fünfstimmiger geistlicher Lieder auff den Choral oder
gemeine Lieder daraus gerichtet (4 Bde., Königsberg 1597); Preussische Fest-

lieder durch's ganze Jahr mit 5, 6, 7 und 8 Stimmen (Königsberg, 1598). Die zuletzt und zu vorletzt angeführten Sammlungen hat später E.'s Nachfolger im Königsberger Amte, Joh. Stobäus, wieder neu herausgegeben. Ausserdem befinden sich in der von Joachim von Burgk herausgegebenen Sammlung von 30 vierstimmigen geistlichen Liedern Ludw. Helmbold's (Mühlhausen, 1585) auch drei Melodien E.'s, nämlich: »Zu dieser osterlichen Zeit«, »Gen Himmel führt der Herre Christ«, »Der heil'ge Geist vom Himmel kam« und »Ueber's Gebirg' Maria geht«, von denen besonders die letzte von ausgezeichneter Schönheit ist. Endlich existiren noch einzeln viele von E. componirte Hochzeits- und Osterlieder zu 6. 7, 9 u. s. w. Stimmen. Neuerdings haben Neithardt und André in der *Musica sacra* mehrere Gesänge E.'s herausgegeben, z. B. »O Lamm Gottes« fünfstimmig, »O Freude« achtstimmig u. s. w. Hauptsächlich ist man seit Winterfeldt's Vorgange bemüht gewesen, die einfachen Choralweisen E.'s wieder aufzufinden und zusammenzustellen. Das bis jetzt vollständigste Verzeichniss derselben enthält auf Seite 47 G. Döring's »Choralkunde« (Danzig, 1865).

Eccles, Salomon, ein um die Mitte des 17. Jahrhunderts sehr berühmter Violinvirtuose, der, vortrefflich situirt, bis 1658 als Musiklehrer in London lebte, dann aber Quäker wurde und seine grosse Sammlung vorzüglicher Instrumente öffentlich verbrannte. Er gerieth hierauf in die dürftigsten Verhältnisse, unter deren Druck sich sein Verstand zerrüttete, so dass er vielfach öffentliches Aergerniss gab. Ganz heruntergekommen, starb er 1673 zu London, nachdem er vorher noch einen Dialog »über die Nichtigkeit der Musik« (London, 1667) veröffentlicht hatte. Mehrere Variationen seiner Composition enthält die 1693 zu London erschienene Sammlung *»The division violin«.* — Er hatte drei Söhne, die sämmtlich zu ihrer Zeit berühmte Tonkünstler waren. 1. John E., geboren zu London, ein fruchtbarer Tondichter, der schon als kleiner Knabe als Componist von Gesängen und Balletten bekannt war. Namhaft trat er als schaffender Künstler seit 1697 hervor und wurde nach dem Tode des Dr. Staggius, um 1708, Kapellmeister der Königin Anna. Als solcher schrieb er wahrhaft massenhaft für Theater und Kammer und namentlich finden sich Gesänge von ihm, von denen auch Hawkins einige Proben giebt, in allen englischen Sammlungen damaliger Zeit. Von grösseren Werken kennt man jetzt nur noch: die Ode auf den Cäcilientag, Text von Congreve, *»New music for opening of the theatre«,* in London gedruckt, ferner die Opern *»Rinaldo et Armida«* und *»The judgement of Paris«* (letztere in Concurrenz mit Weldon componirt, mit dem er auch den ausgesetzten Preis von 200 Guineen theilte), endlich die Gesänge zu Urfey's Operette »Don Quixote«. Den Rest seines Lebens verbrachte er, von der Kunst zurückgezogen, hauptsächlich mit Angeln beschäftigt, zu Kingston in Surrey. — 2. Henry E. war wie sein Vater Violinvirtuose, begab sich frühzeitig nach Paris, wo er Aufsehen erregte und 1742 als Violinist der königl. Kapelle starb. Als Componist für sein Instrument rühmte ihn Hawkins, der 12 seiner Sonaten für Violine mit Bassbegleitung (Paris, 1720) kannte. — 3. Thomas E., ebenfalls Violinvirtuose und als solcher von seinem Bruder Henry, der ihn zu sich nach Paris genommen hatte, ausgebildet. Auf Händel's Veranlassung kehrte derselbe 1733 nach London zurück, ohne jedoch die von jenem Meister auf ihn gesetzten Hoffnungen zu verwirklichen, da er sich einem lockeren, vagabondirenden Leben hingab.

Eccleston, Eduard, ein englischer Tonsetzer des 17. Jahrhunderts, von dem jedoch nur wenig bekannt ist. Derselbe hat die Musik zu einem »die Freude Europa's bei Gelegenheit des Friedens und der glücklichen Zurückkunft des Königs« betitelten dramatischen Zwischenspiel gesetzt, das auf dem Theater zu klein Lincolns-Inn-Fields aufgeführt und 1697 gedruckt wurde. Ausser diesem Werke ist noch die Oper »Die Sündfluth Noah's oder der Untergang der Welt«, welche 1679 gedruckt erschienen, doch, so viel bekannt, nirgends aufgeführt worden ist, von E. Vgl. Historisch-kritische Beiträge von Marpurg Band 4 Seite 130.

†

Ecclin, englischer Doctor der Musik, hat im Anfange des 17. Jahrhundert durch Composition einer satyrischen Cantate, Text von Swift, welche damalig Tonkünstler parodirte, die Aufmerksamkeit auf sich gezogen. Weiteres von ihr ist nicht bekannt geblieben. †

Echalote (französ.) nennen die französischen Orgelbauer ein kleines Stüc Messingblech, welches gewissen Orgelpfeifen zum Deckel dient und durch sein zitternde Bewegung den **Tremulant** (s. d.) hervorbringt.

Echappement (französ.), eine vom Pianofortebauer Erard in Paris im J. 182 der Claviermechanik hinzugefügte Vervollkommnung, die darin besteht, dass beim schnellen Wiederholen desselben Tones der Finger die Taste nicht ganz in ihr Ruhelage zurücktreten zu lassen, sondern nur ein wenig zu lüpfen braucht, um den Hammer auf's Neue zum Anschlag zu bringen. Der Hammer fällt, nachdem An schlag und Ablösung stattgefunden, nicht ganz herab, so lange die Taste nieder gehalten wird, sondern wird von einer zweiten Stosszunge aufgefangen.

Echeien (aus dem Griech.; latein. *Echaea*), die Wiederhallenden, ware: eherne tonnen- oder vasenförmige Resonanzgefässe, die in den griechischen un römischen Theatern in besonders dazu in den Mauern angebrachten Nischen auf gestellt gewesen sein sollen. Zweck derselber war, die Stimme der Schauspieler den Gesang und die Musik zu verstärken, weshalb sie auch nicht fest mit den Mauern verbunden waren, sondern frei auf dünnen eisernen Klammern schwebend unbehindert mitschwingen konnten. Verschieden gestimmt, sollen sie sich in ihre Anzahl bis auf 28 (für alle Töne der 3 Klanggeschlechter) belaufen haben. Vgl auch Kircher, *Musurg. II.* 287 *(de echaeis sive rasis aeneis)* und Mattheson, Patriot S. 200.

Echelette oder **Claquebois** (französ.) heisst in Frankreich dasselbe Instrument welches man in Deutschland **Strohfiedel** (s. d.) nennt.

Echelle (französ.), das Liniensystem mit Linien und Spatien und in Folge dessen besonders die diatonische **Tonleiter** (s. d.) in ihrer stufenweiser Tonfolge.

Echion, berühmter altgriechischer Musiker, der zur Zeit des Juvenal in Rom lebte und sich als Kitharaspieler besonders der Gunst der römischen Mädchen und Frauen erfreute. Vgl. Juvenal, *Lat. VI.* 76.

Echo (aus dem Griech.; ital.: *ecco*) ist eine Naturerscheinung, der die Men schen schon in sehr früher Zeit ihre Aufmerksamkeit zuwandten, wofür die Perso nification dieser Naturerscheinung in der griechischen Götterlehre als Beweis gel ten darf. Nehmen wir zu diesem Beweise die hebräische Benennung des E.'s. בַּת קוֹל, Tochter der Stimme, und die Auslassung des Virgilius: *Saxa sonant vo bisque offensa resultat imago,* so liesse sich schon daraus auf die Anschauungsweise der Alten über das E. schliessen. Diese Anschauung scheint erst im Mittelalter eine mehr wissenschaftliche Begründung erhalten zu haben, und finden wir als ersten Schriftsteller über das E. den Jesuiten und Professor Jos. Blancanus allge mein genannt, trotzdem Mersenne, von 1588 bis 1648 wirkend, in seinen Werken vielfach sich wissenschaftlich über das E. ergeht. Von Blancanus rührt nämlich ein »*Tractatio de Echo*« (Modena, 1653) her, die sich zuerst mit dem E. eingehend beschäftigt. Im J. 1673 erschien, als zunächst bemerkenswerthestes Werk über das E. vom Jesuiten Athanasius Kircher verfasst, eine Phonurgia, die auch die Gesetze der Natur, welche der E. bildung zu Grunde liegen, in grosser Klarheit durch Wort und Bild darlegt. Seit der Zeit aber, als zuerst durch Sauveur die Benennung »Akustik« statt »Lehre vom Schall« eingeführt wurde, fehlt auch in keiner Akustik eine wissenschaftliche Auseinandersetzung über die Entstehung des E.'s. Die frühesten derartigen Werke zeichnete J. N. Forkel in seiner »allgemeinen Literatur der Musik« (Leipzig, 1792, Seite 239) ziemlich vollständig auf, und es ist auffallend, dass diese Werke sämmtlich einzig und allein die Lehre vom E. behandeln, während in späterer Zeit diese Lehre meist nur in Werken zu finden ist, die von der Akustik überhaupt handeln, wovon wir als neueste »der Schall« von John Tyndall (Braunschweig. 1869) und »die Lehre vom Schall« von R. Radau (München, 1869) empfehlen können. — E. nennen wir die Erscheinung eines voll verständlichen Schalles an einem Orte, dessen Ursache ein kurze Zeit vorher an derselben Stelle hervorgebrachter gleicher Schall ist; beide Schalle unterscheiden sich durch ihre Intensität (das E. ist gewöhnlich schwächer im Klange). Eine solche Naturerscheinung findet ihren Grund in der Brechung der Schallstrahlen und in ihrem nach der Zeit unterschiedenen sich Geltendmachen der gebrochenen Schallstrahlen an der Ausgangsstelle desselben. Die Brechung der Schallstrahlen geschieht nach denselben Gesetzen, wie die der Lichtstrahlen; von glatten ebenen Flächen werden die Strahlen in demselben Winkel nach der entgegengesetzten Seite in der Vertikale zurückgeworfen, in dem sie von der andern eingefallen sind. Natürlich gilt jede zusammengesetzte oder regelmässig gekrümmte Fläche als aus so viel Ebenen bestehend, wie die Einzelntheile der Fläche von einer Ebene abweichen; und als Schallstrahl fasst man die Linie auf, von welcher ab sich die kugelflächenförmigen Schallwellen am weitesten entfernen. Genaueres darüber giebt der Artikel Akustik. Noch ist hier zu bemerken, dass bei weiten Entfernungen statt einer Fläche auch die Brechung von Schallstrahlen durch ein nur theilweise festes oder annähernd flächenartiges Mittel, einen Wald oder eine Wolke, bewirkt werden kann. Alle gebrochenen Schallstrahlen, welche nach dem Orte wiederkehren, wo der Urklang erzeugt wurde, können unter gewissen Bedingungen ein E. erzeugen. Diese Bedingungen liegen in dem Unterschiede in der Zeit, in welcher die gebrochenen Schallstrahlen an dem Ort der Schallquelle erscheinen. Der Schall braucht nämlich um eine gerade Entfernung von 346 Meter zu durcheilen eine Secunde, und den kürzesten Klang, eine Sprachsylbe, nimmt man an, kann man in einer Zehntel-Secunde erzeugen. Hiernach müsste jedes schallbrechende Mittel das 17,3 Meter, d. i. die Hälfte von dem Zehntel der Fortpflanzungsgeschwindigkeit des Schalles in einer Secunde, direkt vom Ausgangspunkt des Klanges entfernt ist, welches die Schallstrahlen direkt zur Ausgangsstelle zurücksendet, ein E., und jedes weitere Mittel ein weiter vom Urklang gesondertes E. erzeugen. Je nachdem nun die Entfernung eines gleich wirkenden Mittels ein Vielfaches von dieser geringsten Weite ist, um so viel mehr Sylben wird ein E. zu erzeugen vermögen. Ein 34,6 Meter entferntes Mittel würde somit ein zweisylbiges; ein 51,9 Meter entferntes ein dreisylbiges u. s. f. hervorbringen. Da nur von der Länge des Schallwellenlaufes die Sylbenzahl, welche ein E. zu geben vermag, abhängig ist, so wird ein vielfach gebrochener Schallstrahl durch direkt der Schallquelle viel nähere Mittel erzeugt, gleiche Wirkungen geben, als ein einfach gebrochener durch ein ferneres Mittel. Diese theoretische Feststellung, so einfach und klar sie ist, erleidet jedoch durch viele Zufälligkeiten Abänderungen, und die Erscheinung und deren Eigenheiten werden deshalb niemals fest vorherbestimmt werden können. Hierzu einige Beispiele. Gay Vernon kannte in seiner Jugend ein schönes Echo, welches scheinbar die Gebäude einer Mühle erzeugten. Nachdem er einige Jahre in Paris zugebracht, kehrte er in sein Dorf zurück. Er suchte sein Echo und fand es nicht mehr. An der Mühle war nichts geändert, es fehlten nur einige Bäume, die früher dort standen. Ein drastischer Fall ist folgender, der als wahr erzählt wird: Ein Engländer, der Italien bereiste, traf irgendwo ein E., welches ihm so gefiel, dass er es kaufte. Dies E. rührte von einem isolirt stehenden Hause her. Der Engländer liess dasselbe abbrechen, numerirte alle Steine und nahm sie mit nach England auf sein Gut, wo er das Haus genau so, wie es gewesen war, wieder aufbauen liess, und zwar an einer Stelle, die von dem Schlosse um die bekannte Entfernung des in Italien beobachteten E.'s abstand. Wie nun alles bereit war, beschloss der glückliche Besitzer für sein E. den Einzugsschmaus zu geben. Er lud sämmtliche Freunde zu einem Festmahl und wollte zu Ende desselben zum Dessert das E. wecken. Ein Pistolenschuss, den er aus einem Fenster abfeuerte, rief jedoch keine Spur eines Wiederhalles hervor und man hat nie erfahren, warum das E. verunglückt war. — Bei vielfachen Brechungen geschieht es nun oft, dass an dem Schallquellorte zu verschiedenen Zeiten zurückkehrende Schallstrahlen eintreffen, wodurch dieselben Sylben dann öfter nach einander erscheinen und auf

den E.wecker den Eindruck hervorrufen, als ob von ve
Weiten her ihm dasselbe nachgesprochen würde. Wir erw
fache 'E. zwischen Koblenz und Bingen am Rhein. Viel
diese einfachen E.erscheinungen sind solche, die nur Sc
wiederholen; diese haben zu allerlei scherzhaften Anek
Cardanus erzählt die Geschichte eines Mannes, der über e
und die Furth nicht fand. Müde vom Suchen, seufzt er: O
Da glaubt er, dass er nicht allein sei, und es entspinnt sich !
Onde devo passar? (Wo muss ich durchwaten?) — *Pa*
(Hier?) — *Quì!* (Hier!) Der Mann sieht, dass er einen ⌐
sich hat, und fragt noch einmal: *Devo passar qui?* (Wat' i
(Wate hier!) war die Antwort. Da wird dem Manne u⌐
denkt bei sich, dass ihn der böse Geist neckt und geht nac⌐
zu passiren. Er erzählte sein Abenteuer dem Cardanus,
und dasselbe erklärte. Dies Verschwinden der Anfangssy⌐
sylbigen E.'s vorkommen, wenn, direkte Schallbrechung vo⌐
renden Wände nicht in gleichmässigen Zwischenräumen
die ferneren immer näher zusammenwirken. Die zweite
ehe die erste verklungen ist; die dritte vor dem Ende der ⌐
in seiner *Phonurgia p.* 45—47 zeigt, wie man diesen Un⌐
um aus einem Worte einen Satz zu bilden. Das Enderge⌐
würde sein, dass, falls jemand ein nach seiner Angabe geba⌐
Tibi vero gratias agam quo clamore? (Wie soll ich dir dan⌐
als Antwort erhielte: *Clamore-Amore-More-Ore-Re* (durch
Lippen und That). — Die Angabe der Mittelentfernung v⌐
wendig zu einer E.bildung wird es wahrscheinlich machen,
senen Räumen, die zu musikalischen Kunstaufführungen ⌐
E. bilden muss, und die Frage: Ob eine E.bildung
erwünscht?. hervorrufen. Darauf wäre zu erwidern, dass ⌐
Nachhalls (s. d.) in Räumen, die zu Musikaufführunger
wünschenswerth, E.bildungen jedoch, als durchaus störe⌐
werden müssen. Deshalb sucht man durch Hindernisse, w⌐
Deckenverzierungen, Aufhängen wollener Stoffe u. s. w. di⌐
strahlen zu zerstreuen, damit nur die direkten nebst einem
den Schallstrahlen auf die Hörer zu wirken vermögen. Di⌐
genannt, hat aber in der Kunst selbst in mehrfacher
Schöpfungen gedient. Zuerst fassten die Instrumentbaue⌐
strebt hatten, alle Naturklänge zum Lobe des Allerhöchst
leiben, den Gedanken, ein eigenes Register, E. genannt, z
wurde im 18. Jahrhundert häufig, in neuerer Zeit jedoch
man benutzt zur Darstellung eines Echos entweder den ⌐
crescendo-Zug (s. d.), wenn derselbe vorhanden, oder e
schwachen Stimmen. J. S. Hallen in seiner Kunst des Or⌐
1789) giebt für das E. genannte Register Seite 346 und 3⌐
wie deren Maasse genau an, worauf hiermit verwiesen sei; ⌐
dass diese Stimme gewöhnlich aus einer Cornettstimme
überdeckten Kasten aufgestellt war. In der St. Michaeli
Thüringen soll noch ein E.register mit der Bezeichnung P.
Pianoforte heissen soll, sich befinden. Auch andere Instr
neuerer Zeit Erfindungen gemacht, um E.nachahmungen ⌐
können; wir nennen von diesen nur das E.fagott (s. d.) und
(s. d.) für Blechblaseinstrumente. Diese Erfindungen wurd
Bedeutung, deren die Nachahmung des E.'s in der mus⌐
sich zu erfreuen hatte, hervorgerufen. Denn früh schon, b⌐
stehung des *crescendo* und *decrescendo* hin, beruhte der G
von Forte und Piano im Wesentlichen auf einer solchen ec⌐

denn auch der Pianovortrag einer Stelle durch das Wort *Ecco* angezeigt
wurde. Effektvolle Echonachbildungen finden sich besonders in der dramatischen
Musik, woselbst solche von jeher bis zur Spielerei ausarteten. Erinnert sei an
die Echoscenen im ersten Akte von Gluck's »Orpheus«, im zweiten Akte von
Mozart's »*Così fan tutte*«, an die Jägerchöre (»Freischütz« und »Euryanthe«) und
den Waldchor (»Preziosa«) von K. M. v. Weber. In vielseitiger Art hat Meyerbeer in fast allen seinen Opern, von »Robert« an bis zur »Afrikanerin«, vom E. Gebrauch gemacht.   C. B.

Echo-Fagott hiess ein im dritten Jahrzehnt des 19. Jahrhunderts in Neapel
erfundenes Instrument, welches von sich reden machte, da auf demselben, wie es
hiess, die menschliche Stimme bis zur vollkommensten Täuschung nachgeahmt
werden konnte. Jedoch ist ausser der enthusiastischen Mittheilung eines damaligen
Berichterstatters weder im übrigen Italien noch in Deutschland etwas Näheres
davon bekannt geworden, und das Instrument selbst darf jetzt als verschollen betrachtet werden.

Eck, Johann Friedrich, deutscher Violinvirtuose, geboren 1766 zu Mannheim, war der Sohn eines aus Böhmen gebürtigen Hornisten der Hofkapelle. Sein
Lehrer war, vom Jahre 1773 an, der Hofmusikus Christ. Danner. Als die
Mannheimer Kapelle 1778 nach München übersiedelte, folgte E. seinem Vater dorthin,
nahm bei Winter Compositionsunterricht und wurde 1780 Hofmusicus, 1788 Concertmeister und bald darauf auch Operndirigent beim Hof- und Nationaltheater. Eine
Kunstreise nach Berlin, wo er sich bei Hofe und in Concerten hören liess, brachte
ihm Ruhm und erweckte ihm in Reichardt einen enthusiastischen Lobredner. Als
er als Wittwer 1801 eine zweite Ehe mit einer Gräfin von Tauffkirchen, geb.
Wahl, einging, sah er sich veranlasst, den kurfürstl. baierischen Dienst zu verlassen
und nach Nancy in Frankreich überzusiedeln, wo er der Kunst vollends Valet
sagte. — Als Compositionen von ihm kennt man 6 Violinconcerte (Offenbach und
Paris) und eine concertirende Sinfonie für 2 Violinen (Leipzig, Breitkopf und
Härtel). — Sein jüngerer Bruder, Franz E., von ihm unterrichtet, war gleichfalls
Violinvirtuose. Derselbe ist 1774 geboren, kam 1778 mit nach München und trat
daselbst später als Violinist in die Hofkapelle. Im J. 1801 musste er wegen eines
Liebesabentheuers mit einer hochgestellten Dame Baiern verlassen und wandte
sich nach Riga, von da nach St. Petersburg, wo er völlig mittellos ankam, da man ihm
seine Baarschaft unterwegs gestohlen hatte. Sein Spiel entzückte jedoch den Kaiser
Alexander in einem Grade, dass er ihn als Solovirtuosen und Direktor der Hofconcerte anstellen liess. Doch von Reue über seine früheren Ausschweifungen
ergriffen, umnachtete sich E.'s Gehirn, und er verfiel in Wahnsinn, so dass ihn der
Kaiser 1803 unter Escorte zu seinem Bruder nach Frankreich schicken musste,
der ihn in ein Irrenhaus nach Strassburg brachte. E. starb daselbst im J. 1804.

Eck, Jacob, ausgezeichneter und berühmter deutscher Pianofortebauer,
dessen Flügel besonders zu ihrer Zeit mit zu den besten Fabrikaten Deutschlands
gerechnet wurden, ist 1804 geboren und besass unter der Firma Eck und Lefèbvre
eine umfangreiche Kunstwerkstätte in Köln, die in den Jahren von 1840 bis 1844
auf dem Höhenpunkte eines weitgehenden Rufes stand. Im letztgenannten Jahre
fallirte E. jedoch ohne seine Schuld und siedelte in Folge dessen nach Zürich über,
wo er im J. 1849 starb.

Eckart, Johann Gottfried, deutscher Claviervirtuose, geboren 1734 zu
Augsburg von armen Eltern, erlernte ohne alle Unterweisung durch Beharrlichkeit und Fleiss das Clavierspiel und brachte es zu bedeutender Fertigkeit. Der
Orgelbauer Georg Andreas Stein nahm ihn 1758 mit nach Paris, und dort bildete
er sich, indem er die Nächte hindurch studirte, am Tage aber des Lebensunter-
haltes wegen malte, zu einem der vorzüglichsten Pianisten seiner Zeit heran, der
als Claviermeister von weit und breit her gesucht war. Als solcher starb er zu
Paris im August des Jahres 1809. Von seinen Compositionen sind im Druck
erschienen: 6 Claviersonaten und eine Menuette mit Variationen, »*Le maréchal de
Saxe*« betitelt.

320

Eckel — Eckert.

Eckel, Christoph, deutscher Musiker aus Nürnberg, war nach Bucelin 1655 Instrumentist am Hofe des Kaisers Ferdinand III in Wien.

Eckel, Hermann, deutscher Tonkünstler aus Lübeck, hiess der 45. von den 53 Organisten, welche zur Abnahme der Schlosskirchenorgel zu Grüningen im Jahre 1596 berufen waren. Vgl. Werkmeister's *Organ. Gruning. rediv.* § II. †

Eckel, Matthias, deutscher Tonsetzer in der ersten Hälfte des 16. Jahrhunderts, componirte in der Zeit von 1530 bis 1540 viele Lieder und Gesänge, die sich, in eine Sammlung zusammengebracht, in der Bibliothek zu Zwickau befinden.

Eckelt, Johann Valentin, deutscher Orgelspieler und Musiktheoretiker, geboren um 1680 zu Werningshausen bei Erfurt, machte sich auf Reisen durch seine Orgelvorträge vortheilhaft bekannt, wurde 1696 als Organist in Wernigerode angestellt und 1703 in gleicher Eigenschaft an die Trinitatiskirche nach Sondershausen berufen, in welchem Amte er 1732 starb. Er scheint auch viel componirt zu haben, jedoch kennt man nur noch eine Passion, mehrere Orgelstücke und eine Sammlung von geistlichen Gesängen und Liedern seiner Composition. Bekannter war er als Musikschriftsteller durch seine *»Experimenta musicae geometrica«* (Erfurt 1715); »Unterricht eine Fuge zu formiren« (1722) und »Unterricht, was ein Organist wissen soll«.

Ecker, Karl, geschickter deutscher Gesangcomponist, geboren am 13. März 1813 zu Freiburg im Breisgau, war der Sohn eines Professors der Chirurgie, der ihn für die Rechtswissenschaften erzog. Während seiner akademischen Studienjahre erwachte in dem jungen E. die Liebe zur Musik, die während eines Erholungsaufenthaltes 1841 in Wien so reichliche Nahrung fand, dass er sich gegen den Wunsch seiner Eltern ganz dieser Kunst zu widmen beschloss und bei Sechter Compositionsunterricht nahm. Im J. 1846 kehrte er nach Freiburg zurück und erwarb sich daselbst als Tonkünstler die grösste Hochachtung. Durch Composition trefflicher Gesänge für Männerchor besonders hat er sich um die deutschen Gesangvereine wahrhaft verdient gemacht. Aber auch auf den übrigen Gebieten des Gesanges hat er als Componist erspriesslich gewirkt. Seine Lieder und Gesänge sind auch grösstentheils durch den Druck verbreitet worden, nicht so seine Orchesterwerke, denen wohl Geschick und gute Arbeit zugesprochen wird, die aber auf den Bezirk seines Wirkungskreises beschränkt blieben.

Eckersberg, Johann Wilhelm, deutscher Orgelspieler und Componist, geboren 1762 zu Dresden, war ums Jahr 1783 Organist an der Sophien- und Garnisonkirche zu Dresden und später an der Kirche zu Neustadt-Dresden und hat durch zahlreiche Lieder, Gesänge und Tänze für Clavier, so wie durch seine 1804 öffentlich aufgeführte Musik zu Schiller's »Glocke« sich Anerkennung erworben. Derselbe starb am 31. August 1821. Sein Sohn **Eduard E.**, geboren zu Dresden 1797, wie der Vater ein guter Spieler, erhielt die Organistenstelle in der Neustadt zu Dresden und hat Tänze seiner Composition veröffentlicht.

Eckert, Karl (Anton Florian), Componist und sehr geschickter Dirigent, geboren am 7. Decbr. 1820 zu Potsdam, war der Sohn eines Wachtmeisters bei den Garde-Uhlanen. Nach dessen frühem Tode nahm sich der als Dichter bekannte Hofrath Friedrich Förster in Berlin des ganz aussergewöhnliches Musiktalent zeigenden jungen E. an und liess ihn bei Rechenberg und Greulich im Clavier-, bei dem Kammermusiker Bötticher, später bei Hubert Ries im Violinspiel unterrichten. Der Erfolg dieser Studien war so überraschend glänzend, dass E. seit 1826 den sogenannten Wunderkindern zugezählt und in den aristokratischen wie künstlerischen Kreisen wahrhaft verhätschelt wurde. Sein Lehrer in der Composition war Rungenhagen, und auch dem schöpferischen Zweige der Tonkunst widmete er sich so glückverheissend, dass er zu allgemeiner Bewunderung 1830 mit der nicht aufgeführten Oper »das Fischermädchen« und 1833 mit dem Oratorium »Ruth« hervortreten konnte. Seit 1839 studirte er noch einige Zeit hindurch unter Mendelssohn's Augen und begab sich, nachdem er noch das Oratorium »Judith« (1841) aufgeführt hatte, von hohen Gönnern unterstützt, auf verschiedene grosse Kunst- und Bildungsreisen, so nach Paris, nach den Niederlanden und Belgien, nach Rom u. s. w. Im J. 1851 erhielt er die Stelle als Accompagnateur bei der italienischen Oper in Paris, begleitete in gleicher Stellung ein Jahr später Henriette Sontag auf ihrer Kunstreise durch die Vereinigten Staaten von Nordamerika und wurde noch 1852 Kapellmeister an der italienischen Oper zu Paris, ein Amt, das er jedoch schon 1853 wieder niederlegte, um nach Wien zu gehen. Dort wurde er im Frühjahr 1854 zum Kapellmeister der k. k. Hofoper, später sogar zum technischen Direktor derselben ernannt und erwarb sich viele Verdienste um das stark zurückgekommene Musikleben in Wien, namentlich dadurch, dass er die von Otto Nicolai begründeten Musterconcerte der Philharmoniker energisch wieder aufnahm und zu neuem Glanze brachte. Ganz unerwartet gab er 1860 seine einflussreichen Stellungen in Wien auf und liess sich 1861 als königl. Kapellmeister an Kücken's Stelle nach Stuttgart berufen. Waren schon die Ursachen dieser Berufung dunkel, so waren es noch mehr die seiner Entlassung im J. 1867, wodurch veranlasst, sich E. privatisirend in Baden-Baden niederliess. Das grösste Aufsehen aber machte es, als er Ende 1868 plötzlich zum ersten Hofkapellmeister in Berlin ernannt und zugleich die beiden dortigen Kapellmeister ohne erfindbare Ursache in voller Rüstigkeit seinetwegen pensionirt wurden. Mit vielversprechender Energie ergriff E. am 1. Jan. 1869 die Zügel der königl. Oper in Berlin, eine Energie, die freilich im Laufe der Zeit wieder stark nachgelassen hat. — E. ist ein in allen musikalischen Dingen sehr geschickter und gewandter Tonkünstler, der namentlich als Dirigent zu den ersten der Gegenwart zählt; die glänzenden Erwartungen, zu denen sein erstes Auftreten berechtigte, hat er gleichwohl bei weitem nicht gerechtfertigt. Namentlich hat er weder Selbständigkeit noch Eigenthümlichkeit erlangt, und die eigentliche Productivität scheint ihm versagt zu sein. Trotz der günstigen Umstände und der Protektion, die ihm immer zur Seite war, haben weder seine Opern »Wilhelm von Oranien« (auch in Berlin aufgeführt), »Käthchen« und »Der Laborant«, noch seine Kirchenwerke (*Domine salvum fac regem*, einige Psalme u. s. w.) eine Spur ihres Daseins zurückgelassen. Nur im kleinen Style ist es ihm geglückt, mit einigen seiner zahlreichen Lieder Erfolg zu haben. In neuester Zeit hat er mit einem trefflichen, gut gearbeiteten Violoncello-Concert die an sich geringe Literatur dieses Instrumentes dankenswerth bereichert.

Eckhard, Karl Friedrich, gegen Ende des 18. Jahrhunderts Regierungskanzlist zu Donaueschingen, hat sich als Componist durch folgende Werke bekannt gemacht: *III Sonat p. le Pf. Op.* 1 (Offenbach); *Variat. sur: »Freut euch des Lebens« p. l. Pf. Op.* 2 (ebenda) und Mischmasch für Klavier und Gesang (1801).

†

Eckmans, Livinus, holländischer Orgelbauer in der ersten Hälfte des 17. Jahrhunderts, hat das grosse Werk in der Kirche zu Alkmar, welches 56 klingende Stimmen enthält, geschaffen.

Eckstein, Anton, deutscher Lautenvirtuose von Ruf und Bedeutung, der zu Ende des 17. und zu Anfange des 18. Jahrhunderts lebte und 1721 zu Prag starb. Baron erwähnt desselben in seinen Untersuchungen des Instruments der Laute S. 76 mit Auszeichnung.

Eclogue (französ.), das Hirtenlied, s. Ekloge.

École (französ.) Schule und École de musique, Musikschule. Zwei grosse, trefflich angelegte Schulen des vorigen Jahrhunderts in Paris, die auch in engen Zusammenhang gelangten, sind einer besonderen Erwähnung werth. Die *E. royale de chant et de déclamation*, die königl. Gesang- und Declamationsschule, wurde 1784 nach dem Muster der italienischen Conservatorien von der Verwaltung der Grossen Oper, als Pflanzstätte für die Sänger und Sängerinnen der *Académie royale*, angelegt und unter die Protektion des Barons von Breteuil gestellt. An dieser Anstalt waren ein Direktor, vier Singemeister, drei sogenannte *Maîtres de Solfèges*, zwei Lehrer für die Declamation, zwei Claviermeister, ein Lehrer des Violinspiels und einer für den Bass angestellt; im J. 1788 sind daselbst 30 Zöglinge unterrichtet worden. Im J. 1793 wurde diesem Institute die

E. de musique pour la garde nationale für Blaseinstrumente eingefügt Letztere Schule, die gegen Ende genannten Jahres zu zweien auf dieselbe zu beziehenden Decreten des Nationalconventes Veranlassung gab, entstand auf die unermüdliche Anregung des französischen Tonkünstlers Gossec hin, der damit eine durchgreifende Verbesserung der französischen Militärmusik bezweckte und auch erzielte. Auf Kosten des Nationalschatzes wurde in derselben der Unterricht au allen gebräuchlichen Blaseinstrumenten ertheilt. Aus beiden Anstalten ging ein der grossartigsten Schöpfungen der ersten französischen Republik, das vom Convent anfangs *Institut national de musique* genannte, 1795 *Conservatoire de musique et de déclamation* umgetaufte Conservatorium hervor. S. Conservatorium.

Ecossaise (franzöe.), ein schottischer Tanz mit einer Tanzmusik von ernstem Charakter und gemessener Bewegung, in ungeradem (Dreizweitel- auch Dreiviertel-) Takt, aus zwei Wiederholungstheilen von je acht Takten bestehend. In Frankreich, Deutschland und anderen Ländern war die E. bis in die jüngste Vergangenheit hinein einer der beliebtesten gesellschaftlichen Tänze, doch, abweichend von der ursprünglichen Art, in geradem (Zwei- auch Vierviertel-) Takt und lebhaft bewegt. Ein Uebergangsstadium von der ehemaligen zur neueren Art bietet die E.n in älteren Sonaten, welche die Stelle unseres heutigen Adagio vertreten aber bereits im $^4/_4$-Takt stehen.

Ede, Richard, ein englischer Canonicus zu Oxford, hat unter Heinrichs VII Regierung zu Oxford um das Prädicat eines Baccalaureus der Musik sich beworben und dasselbe nach erfüllter Aufgabe erhalten. Vgl. darüber Anton a Wood *Histor. et Antiqu. Univers. Oxon. lib. 2 p. 5.*   †

Edel ist das ehrenvolle Epitheton für diejenige Kunstform, welche in allen einzelnen Theilen so harmonisch vollendet ist, dass die Anschauung durch nicht Zweckwidriges und Gemeines beleidigt oder gestört wird.

Edel, Georg, Hofmusikus und Componist zu Wien, der um die Wende de 18. und 19. Jahrhunderts lebte und von seiner Composition eine Suite Variationen (Wien, 1798), zwei Serenaden (Wien und Hamburg) und Clavierstücke veröffentlicht hat.

Edelbauer, Johann Michael, deutscher Violinist, der in den Jahren von 1721 bis 1727 in der Hofkapelle der Kaiserin Amalie Wilhelmine Anstellung hatte.

Edele, Franz, deutscher Tonkünstler, geboren um 1805 in Stuttgart, lebt in Zürich und machte sich durch Anregung und Beispiel um das dortige Musikleben in hohem Masse verdient. Eine Oper eigener Composition: »Rübezahl«, di er 1838 daselbst aufführen liess, fand freundliche Anerkennung.

Edelmann, Johann Friedrich, französischer Clavierspieler und Componist deutscher Abkunft, geboren am 6. Mai 1749 zu Strasburg im Elsass, studirte di Rechte und nebenbei Musik, welcher Kunst er sich, obschon bereits Doctor un Advocat, endlich ganz widmete. Als Clavierspieler fand er 1782 in Paris Beifal nicht minder als Componist der Opern *»Ariadne dans l'île de Naxos«, »Acte du fru* und des Ballets *»Les élémens«*, sämmtlich in der Grossen Oper aufgeführt. Di Revolution stempelte ihn zum Schreckensmann, der in Strasburg zahlreiche Opfe darunter seinen Freund und Wohlthäter, den Maire Dietrich, forderte, bis er selbst am 17. Juli 1794, unter der Guillotine fiel. — Von seinen übrigen zum Theil seb beliebt gewesenen Compositionen erschienen: Clavierconcerte, Duo-Sonaten mi Violine, Clavierquartette, eine lyrische Scene *»La bergère des Alpes«* für Sopra und Bass u. s. w. — Eine Tochter von ihm war als Pianistin gleichfalls sehr geschätzt und hat auch Einiges für ihr Instrument componirt, was bei den damaligen Dilet tanten Anklang gefunden hat.

Edelmann, Moritz, deutscher Tonkünstler aus Greifenberg in Schlesien, hat nach J. C. Trost's »Beschreibung des Orgelwerks auf der Augustusburg zu Weissenfels«, S. 8 und nach des Carpzovius *Analecta Fastor. Zittav. T. 3 c. 4 p. 94* sich als vorzüglicher Orgelspieler hervorgethan. Derselbe war 1673 Hoforganist zu Hal.

und wurde 1676 von dort nach Zittau als Organist und Musikdirektor berufen, woselbst er am 6. December 1680 verstarb. †

Edelsberg, Philippine von, treffliche deutsche Bühnensängerin, geboren 1835 in München, machte sich zuerst auf Kunstreisen als gute Pianistin bekannt, widmete sich aber dann in Rücksicht auf ihre schöne, volltönende Altstimme dem Theater und war bis 1867 bei der königl. Oper in Berlin engagirt. Später sang sie an amerikanischen Bühnen und dann von 1870 bis 1872 am königl. Theater in Brüssel. Für die Frühjahrssaison 1873 ist sie am Scala-Theater in Mailand engagirt. Sie besitzt einen vorzüglich entwickelten Musiksinn, eine gute gebildete Stimme und bedeutendes Darstellungstalent, Eigenschaften, die sie zu einer sehr verwendbaren Sängerin machen. Auch in der Composition von Pianofortestücken und Liedern hat sie sich nicht ohne Glück versucht.

Eder, Anton, ausgezeichneter deutscher Musiker, starb am 16. Decbr. 1813 in Wien als k. k. Hofpauker. Seine geistlichen Compositionen waren sehr geschätzt und Messen von ihm werden noch jetzt aufgeführt.

Eder, Karl Kaspar, deutscher Violoncellovirtuose und Componist, geboren 1751 im Baierischen, studirte die Composition bei Köhler und Lang und wurde in der Kapelle des Kurfürsten von Trier als Violoncellist angestellt. Auf verschiedenen Kunstreisen durch Deutschland fand er grossen Beifall. Er hat 2 Sinfonien und 1 Quintett, ferner für Violoncello 20 Solostücke, 3 Duos, 2 Trios und 14 Concerte componirt.

Eder, Philipp, Pianist und Componist zu Wien um die Wende des 18. und 19. Jahrhunderts, veröffentlichte seit 1803 Variationen, Rondos und Tänze seiner Composition für Clavier, trat aber seit 1807 nicht mehr hervor. — Seine Tochter, Josephine E., geboren 1816 in Wien, bildete sich bei Karl Czerny zu einer vorzüglichen Pianistin aus und machte mehrere sehr erfolgreiche Kunstreisen durch Deutschland. Im J. 1843 liess sie sich in Kassel nieder.

Edgegumbe, Graf Mount, eifriger englischer Musikfreund, geboren um 1752 zu London, ist der Verfasser eines Buches, betitelt: »*Musical reminiscence of an old amateur etc.*«, welches 1838 in dritter Auflage erschien.

Edinthonius, Jean, berühmter französischer Lautenist, der um 1603 in Paris lebte und eines grossen Ansehens genoss.

Edling, Johann, ein vorzüglicher deutscher Clarinettist und gefülliger Componist für sein Instrument, geboren 1754 zu Falken bei Eisenach, war herzogl. Weimar'scher Kammermusicus und starb als solcher schon im J. 1786. Ausser Concerten für Clarinette hat er im Manuscript noch mehrere Sinfonien und die Musik zu Bertuch's Trauerspiel »Elfriede« (1790 zu Berlin im Clavierauszuge erschienen) hinterlassen.

Edlinger, Thomas und Joseph Joachim, Vater und Sohn, in Prag ansässige Lautenmacher, haben sich nach Baron's Unters. des Instruments der Laute S. 96 sehr rühmlich bekannt gemacht, besonders nachdem sie eine Reise nach Italien gemacht hatten. Das Geschäft blühte besonders um 1720. Den Instrumenten des Sohnes gab man vor denen des Vaters allgemein den Vorzug. Gestorben ist Joseph E. (der Sohn) am 30. Mai 1748 zu Prag. †

E-dur (ital.: *Mi maggiore*, französ.: *Mi majeur*, engl.: *Mi major*) ist diejenige Durart (s. Dur), welche auf dem Tone *E* ihren Sitz hat, und deren Grundton die Durleiter von *E* aufweist. Diese Grundtöne weichen von denen der *C*-durleiter durch Erhöhung der *f*, *g*, *c* und *d* geheissenen Klänge um einen Halbton ab, weshalb sie *fis*, *gis*, *cis* und *dis* benannt werden, was in der Notenschrift durch Vorsetzung eines Kreuzes (s. d.) vor der entsprechenden Note gekennzeichnet wird. Da diese Versetzungszeichen bei der Notirung von Tonstücken in *E*-dur aus Sparsamkeitsgründen stets gleich hinter dem Schlüssel zu Anfang jeder Notenreihe aufgezeichnet werden, so sagt man gewöhnlich, *E*-dur hat vier Kreuze vorgezeichnet, und zwar, indem man die allmälige Folge des Erscheinens derselben im Quintencirkel (s. d.) als Nennungsweise anwendet: *fis*, *gis*, *cis* und *dis*, nach welchem letzten Kreuze der Grundton erscheint, wonach die Tonfolge in *E*-dur sich folgendermassen ergiebt: *e, fis, gis, a, h, cis, dis* und *e*. Diese Töne der Tonfolge verhalten sich nach dem jetzt herrschenden temperirten Tonsystem mathematisch wie nachstehend zu einander:

e	fis	gis	a	h	cis	dis	e
1	$\frac{8}{9}$	$\frac{405}{512}$	$\frac{120}{161}$	$\frac{2}{3}$	$\frac{1215}{2048}$	$\frac{135}{256}$	$\frac{1}{2}$

Ausser dieser mathematischen Berechnung der gleichtemperirten Tonfolge kommt in der Praxis jedoch auch die der rein diatonischen in Betracht — deren Unterschied von der gleichtemperirten ein Blick in alle vorangegangenen ähnlichen Artikel klarlegt —, da bei der Ausführung von Tonwerken durch die Menschenstimme, Streich- oder Blaseinstrumente oft zu Gunsten derselben geringe Abweichungen gemacht werden, die in der Blüthezeit der Annahme einer ästhetischen Ausdruckseigenheit jeder Tonart zu dem Endergebniss führte, dass *E*-dur: »lautes Aufjauchzen, lachende Freude und noch nicht ganze und volle Genüsse« darzustellen geeignet sei. Dieser Feststellung Schubert's in seinen »Ideen zu einer Aesthetik der Tonkunst« S. 377 u. fg. fügt J. J. Wagner in seinen »Ideen über Musik« (Leipziger allgemeine musikalische Zeitung, Jahrgang 1823 Seite 713) noch manches Andere hinzu, welches alles jedoch Schilling in seinen Universallexikon der Tonkunst Band II Seite 558 sich noch zu vervollständigen gedrungen fühlte. Derselbe sagt: »Offenbar hat *E*-dur, so wie *H*-dur, unter allen Tonarten die grellste Färbung; es ist zu vergleichen mit dem brennenden Gelbe und der lichten Feuerfarbe, mit welchen durch allerhand Zusatz die verschiedensten Gebilde hervorgebracht werden können; niemals freilich ein solches, was dem Trauergewande und überhaupt einem ernsten, würdig und erhaben stimmenden Colorit sich nähert. Es würde dies auch mit seinem übrigen Wesen, das es zugleich als eine der erregtesten Tonarten erkennen lässt, gar nicht zu vereinen sein.« — In der Neuzeit pflegt man diese Erhebungen als theilweise Täuschungen aufzufassen und sich mehr an das Wirkliche haltend, andere Grundsätze als Leitfäden anzunehmen, wenn man über die Eigenheit der Tonarten spricht. Diese Grundsätze sind gewöhnlich aus der Beachtung, in welche Tonregion der Menschenstimme die am meisten die Harmonie beeinflussenden Töne: Quint, Quart und Terz erscheinen, so wie, wie diese durch die mehr tonlich ungebundenen Instrumente wiederzugeben möglich sind, entsprungen. Durchblicken wir die Grundstufen der *E*-durleiter, so ist vor allem die Lage der Terz *gis* in der höheren Region der Menschenstimme ein harmonisch besonders wirkender Klang, indem er stets dem diatonischen Klange so nahe als möglich intonirt werden wird. Weil dieser Klang noch ausserdem die Eigenheit hat, sich dem Ohre als vorzüglich genehm einzuprägen, scheint er auf die gleiche Intonirung der unteren Oktave zu wirken. Die Darstellungsmittel haben diesen Ton meist nicht in fester Form, sondern lassen eine geringe Veränderung zu Gunsten des Ermessens des Spielers zu, welches Ermessen sich stets bei guten Instrumentisten zu Gunsten des diatonischen Klanges ergeben wird. Diese Eigenheit von *E*-dur wird wohl ein Hauptgrund des früher angenommenen Charakters dieser Tonart sein, die durch die fast reine diatonische Intonirung der Quart und Quint, da sie in einer leicht zu behandelnden Region der Menschenstimme liegen und instrumental nur theilweise fest vertreten sind, Unterstützung findet.   **C. B.**

Edwarts, Richard, einer der frühesten englischen Theaterdichter und auch als Musiker seiner Zeit geschätzt, geboren 1623 in Sommersetshire, wurde 1540 ins *Collegium Corporis Christi* und 1547 ins *Collegium Aedis Christi* zu Oxford als Schüler aufgenommen, später als Lehrer der Musik angestellt und endlich von der Königin Elisabeth in die königl. Capelle aufgenommen. Er starb im J. 1566. Vgl. Ant. a Wood *Hist. et Ant. Univ. Oxon. lib.* 2 *p.* 234 u. folg.   †

Edzeil ist die dritte algierisch-arabische Tonart, deren Leiter:

sich selbst von allen andern arabischen Tonarten durch ihre Quarte unterscheidet. 0

Effect (vom latein. Zeitwort *efficere*), die Wirkung (s. d.).

Effrem ist der Name zweier italienischen Tonkünstler, welche einer und derselben Familie angehörten und in der zweiten Hälfte des 16. Jahrhunderts lebten. Der Eine, Alessandro E., aus Bari im Königreich Neapel gebürtig, hat Madrigale, Villanellen und neapolitanische Canzonen seiner Composition hinterlassen, von denen sich Einiges in einem von de Antiquis herausgegebenen Sammelwerke (Venedig, 1574) befindet. — Der Andere, Muzio E., geboren um 1560 ebenfalls zu Bari, wurde 1622 Kapellmeister des Herzogs von Mantua, nachdem er 22 Jahre lang bei dem Fürsten Gesualdo da Venosa als Madrigalencomponist angestellt gewesen war. Diese wenigen Notizen stammen aus einem seiner sehr selten gewordenen Bücher, betitelt: »*Censura di Muzio Effrem sopra il sesto libro de' madrigali di M. Marco da Gagliano etc.*« (1622), in welchem Buche sich E. zugleich als sehr strenger Kritiker der Madrigalensammlung des Domkapellmeisters Gagliano zeigt und überdies ein selbst componirtes, von grossem Talente zeugendes Madrigal mittheilt. Andere seiner Compositionen (Messen und Motetten) waren als Manuscripte im Besitz des Grossherzogs von Toscana.

Egard, Paul, Prediger zu Norttorp im Holstein'schen seit 1621, veröffentlichte eine kleine Schrift, betitelt: »Schriftmässige Gedanken über das Goldenhorn« (Lüneburg, 1644).

Egedacher, Johann Christoph, auch Egendacker geschrieben, aus der Pfalz gebürtig und im Anfange des 18. Jahrhunderts Orgelbauer in Salzburg, baute neben vielen anderen bedeutenden Werken im Jahre 1706 die dortige Domorgel mit drei Manualen und 44 Stimmen. — Nicht weniger als Meister in der Orgelbaukunst wird sein Sohn Johann Rochus E., ebenda, um die Mitte desselben Jahrhunderts gerühmt, der die Orgel seines Vaters im ebengenannten Dome 1782 reparirte und durch einige Stimmen vergrösserte.

Egeholf, Christian, ein deutscher Dichter und Tonsetzer, geboren 1485 zu Hadamar in Nassau, war Buchhändler und hat Oden von Horaz und Elegien von Ovid in der Ursprache in Musik gesetzt. Vgl. Blankenburg's Zusätze zu Sulzer, Bd. II. S. 434.

Egeppa nannten die alten Mexikaner eine kleine scharftönende Trompete, von der noch im mexikanischen Museum zu Paris sich Exemplare vorfinden, welche in den Ruinen von Palenqué gefunden sind. 0

Eggeling, Eduard, vortrefflicher Musikpädagoge, geboren am 30. Juli 1813 zu Braunschweig, durfte sich erst nach Vollendung seiner akademischen Studien frei der Musik widmen, mit der er sich von jeher eifrig beschäftigt, hauptsächlich unter der Anleitung F. K. Griepenkerl's, der ihm J. S. Bach's Compositionsweise und Art Clavier zu spielen erschlossen hatte. Aus den Bestrebungen nach so gediegener Richtung hin, ging eine Reihe Studienwerke E.'s hervor, die einem soliden Clavierspiel sehr förderlich sind und von allen strebsamen Pianisten gekannt sein sollten. E. lebt und wirkt in seiner Geburtsstadt Braunschweig.

Eggers, Nicolaus, evangelischer Pastor zu Bremen, geboren 1664 zu Lüneburg, schrieb und veröffentlichte zwei Dissertationen über die Glocken (Jena, 1684 und 1685). Vgl. Adelung, fortgesetzt von Jöcher.

Egghard, Julius, pseudonymer Name des Grafen Julius von Hardegen, tüchtiger Pianist und beliebter, geschmackvoll schreibender Saloncomponist der jüngst vergangenen Zeit, geboren am 24. Apr. 1834 zu Wien, wurde im Clavierspiel von Karl Czerny und in der Composition von Gottfr. Preyer ausgebildet. Als Virtuose ist er häufig und zwar mit grossem Beifall vor das Publikum in Wien getreten und auch als Musiklehrer war er sehr geschätzt. Weithin bekannt hat er sich jedoch durch seine zahlreichen Clavierstücke im charakteristischen Style und kleinerer Form gemacht, die noch jetzt grösstentheils von den Dilettanten gesuchte Waare sind. In der Blüthe seines Lebens starb E. am 23. März 1867 zu Wien.

Egidius Zamorensis, altspanischer Franciscanermönch, dessen Lebenszeit in das 13. Jahrhundert fällt, hat eine »*Ars musica*« geschrieben, in [der er hauptsächlich damals gebräuchliche Instrumente beschreibt. Die Bibliothek des Vaticans in Rom ist im Besitz dieses historisch sehr werthvollen Documentes.

Egidius de Murius, ein musikgelehrter Mönch des 15. Jahrhunderts, ist der Verfasser eines »*Tractatus cantus mensurabilis*«, welchen im Manuscript die Vaticanbibliothek in Rom aufbewahrt.

Egli, Johann Heinrich, einer der ausgezeichnetsten schweizerischen Tonkünstler, geboren zu Seegräben im Kirchspiel Wetzikon (Canton Zürich) am 4. März 1742. Er war 15 Jahre alt, als er erst anfing Musik zu üben, und zwar unterwies ihn der Pfarrer Schmiedli in Wetzikon. Grosses Talent und eifriger Fleiss befähigten ihn schon nach drei Jahren, eine Stelle als Musiker in Zürich auszufüllen. Auch sein ferneres Leben hindurch in Zürich thätig, componirte er hauptsächlich Kirchengesänge, die in der Schweiz sehr populär wurden. Er starb um das Jahr 1807.

Eglin, Raphael, gelehrter Theologe, geboren 1559 zu Götz von Münchhof. ist musikalisch bemerkenswerth dadurch, dass er den Kirchengesang in Zürich einführte, in welcher Stadt er um 1592 Diaconus am Münster war. Er starb am 20. Aug. 1622 als Universitäts-Professor in Marburg.

Egressi, B., Pianist und beliebter Componist in Pesth, hat bis jetzt über 50 Compositionen leichten Styls für Pianoforte und für Gesang, zum Theil über Nationalweisen, veröffentlicht.

Ehernes Gebläse (griech.: φύσα χαλχῆ) nannten nach Philon. p. 77 die Griechen diejenige Vorrichtung an der Wasserorgel, welche die Luft zur Tonzeugung in gehöriger Dichtigkeit schaffte; heutzutage würde man sie Luftpumpe oder Cylindergebläse heissen.   O

Ehinger, Gabriel, geboren 1652, war in seinen Mannesjahren Organist an der St. Annenkirche zu Augsburg und hat sich auch als geschickter Kupferstecher einen bedeutenden Ruf erworben.   †

Ehlers, Franz, latinisirt Elerus, aus Uelzen im Lüneburgischen gebürtig. war im 16. Jahrhundert Cantor und Musikdirektor zu Hamburg, wo er ein Werk: »*Cantica sacra etc.*« betitelt, herausgab, dessen vollen Titel Gerber in seinem Tonkünstlerlexikon abdruckt und über welches Werk Scheibe in seiner »musikalischen Composition«, Vorrede S. XXIII u. s. w. sich ausführlicher ausspricht.
                                                                                 †

Ehlers, Joachim, deutscher Pianofortebauer, der in Wien ansässig war und 1825 einen Stimmungsregulator für Claviere erfunden hat.

Ehlers, Martin, deutscher Gelehrter, geboren in der Wilstermarsch im Holstein'schen im J. 1732, war Rektor in Segeberg, dann 1776 Professor der Philosophie zu Kiel und hat in seinen »Betrachtungen über die Sittlichkeit der Vergnügungen« (Flensburg 1779) die Wirkungen der Musik auf die Moral untersucht; die zwanzigste Betrachtung handelt speciell von der Musik und dem Tanzen. Vgl. Forkel's Literatur der Musik p. 464.   †

Ehlers, Wilhelm, berühmter deutscher Bühnensänger und trefflicher Gesanglehrer, geboren 1774 in Hannover, machte gründliche Singestudien und betrat 1796 in Weimar als Debütant das Theater. Dort war er bis 1805 als erster Tenorist engagirt und unternahm hierauf Gastspielreisen, auf denen er hauptsächlich seinen grossen Ruf begründete, vor Allem 1805 in Berlin und 1809 in Wien. wo man ihn auf längere Zeit fesselte. Im J. 1814 war er am Stadttheater in Breslau angestellt, 1821 in Pesth und erhielt endlich 1824 die Berufung als Opernregisseur des neuen königstädtischen Theaters in Berlin, welchem Amte er bis 1826 vorstand. Hierauf war er in derselben Eigenschaft längere Zeit in Stuttgart. darauf in Franfurt a. M. thätig, bis er 1834 Mitdirektor der vereinigten Bühnen zu Mainz und Wiesbaden wurde. Nachdem er schon 1829 eine kurze Zeit hindurch Direktor einer musikalischen Privatanstalt gewesen war, nahm er nach seinem gänzlichen Rücktritt vom Theater die Ertheilung von Gesangunterricht mit

Erfolg wieder auf und starb, auch als tüchtiger, kenntnissreicher Lehrer geachtet, am 29. Novbr. 1845 zu Mainz. Als Componist hat er sich und zwar durch mehrere Hefte im Druck erschienener ansprechender Lieder bekannt gemacht, von denen die Musikweise zu dem Goethe'schen Text »Mich ergreift, ich weiss nicht wie« populär geworden ist. — Als Sänger wie als Darsteller ist seine Bedeutung ausser Zweifel und durch glänzende Zeugnisse competenter Zeitgenossen anerkannt; seine Stimme soll von so selten grossem Umfange gewesen sein, dass er eben so gut Bariton- wie Tenorparthien zu singen vermochte.

Ehlert, Louis, talentvoller Componist und geistreicher ästhetischer Musikschriftsteller, wurde am 13. Jan. 1825 zu Königsberg geboren und widmete sich zuerst, dem Wunsche seiner Angehörigen gemäss, dem kaufmännischen Stande. In Handelsgeschäften kam er als Jüngling nach Moskau und fand sich dort musikalisch so angeregt, dass er mit kühnem Entschlusse 1845 dem bisherigen Lebensberufe entsagte und das Conservatorium in Leipzig bezog. Hauptsächlich aber profitirte er daselbst von dem Musikunterrichte Fink's. Nach vollendeten Studien kehrte er nach Königsberg zurück, von wo aus er grössere Bildungsreisen unternahm, so besonders nach Wien und Berlin. In letzterer Stadt liess er sich 1850, einen zweijährigen Aufenthalt von 1863 bis 1865 in Italien abgerechnet, dauernd nieder und beschäftigte sich daselbst hauptsächlich mit Ertheilung von Musikunterricht, auch dann noch, als ihn eine reiche Heirath in eine vollständig gesicherte Lebensstellung gebracht hatte. Als Mitvorsteher war er bis 1871 an der von K. Taussig gegründeten und geleiteten Schule für höheres Clavierspiel angestellt. — E.'s Compositionen bestehen in Sinfonien, Ouvertüren, Clavierstücken und Liedern von distinguirtem, feinem Gepräge und tragen unverkennbar den Stempel der von Schumann eingeschlagenen eklektisch-romantischen Richtung. Die bedeutendsten und umfangreichsten dieser Werke sind: eine Frühlings-Sinfonie, Hafis-Ouvertüre, Ouvertüre zu Shakespeare's »Wintermärchen« und »Sonate romantique«. Als Schriftsteller hat er ausser einigen trefflichen Aufsätzen, besonders für die Neue Berliner Musikzeitung, ein Buch geschrieben, betitelt: »Briefe über Musik an eine Freundin« (Berlin, 1859; 2. Aufl. 1867), welches sich in ästhetisirend-phantastischer, zum Theil überschwänglicher Sprache über moderne Musikzustände und Componisten ergeht und ein musikliterarischer Modeartikel wurde. Seit mehreren Jahren bereits ist leider keine weitere Arbeit aus E.'s Feder zu registriren.

Ehmann, Konrad, Cantor in Reutlingen, veröffentlichte 1837 eine Brochüre, betitelt: »Die Reform des Kirchengesanges in Würtemberg«.

Ehnn, Bertha, eine der vorzüglichsten unter den dramatischen Sängerinnen und Darstellerinnen der Gegenwart, wurde 1845 zu Pesth geboren und kam, sechs Jahr alt, mit ihren Eltern nach Wien, wo sie, da ihre musikalische Begabung unverkennbar hervortrat, dem Wiener Conservatorium zur Ausbildung übergeben wurde. Daselbst genoss sie u. A. den Unterricht der Gesanglehrerin Frau Andrisen und wurde befähigt, als Solistin in einem der Concerte der Wiener Singakademie 1862 mit grossem Erfolge aufzutreten. Im J. 1864 debütirte sie als Nancy in der Oper »Martha« und wurde sofort nach Nürnberg engagirt, von wo aus sie 1865 an das königl. Theater nach Stuttgart ging. Auf Gastspielreisen 1867 wurde ihr ungewöhnliches dramatisches Gesangstalent in noch weiteren Kreisen bekannt, und namentlich erregte sie in Wien Aufsehen, so dass man ihr die Primadonnenstelle an der k. k. Hofoper darbot. Zu Anfang des Jahres 1868 übernahm sie dieselbe, nachdem sie mit Mühe ihre contraktliche Stellung in Stuttgart gelöst hatte. Seitdem wirkt sie, vom Publikum gefeiert und als Stütze des Repertoirs unentbehrlich geworden, in Wien, das sie hin und wieder zu Gastspielreisen verlässt. Ihr Rollenkreis ist, entsprechend ihrem vielseitigen Talente, ein sehr grosser; meisterhafte Leistungen in Bezug auf Gesang und seelenvolle Darstellung sind ihre Margarethe, Recha (Jüdin), Favoritin, Agathe (Freischütz), Julie (Romeo), Cherubin (Figaro) u. s. w., in erster Reihe aber ihre Mignon und Afrikanerin. Sie besitzt eine prachtvolle, besonders in der hohen Lage mächtig klingende Sopranstimme mit köstlicher Färbung, die sie in technischer Beziehung durch unablässige Uebung ihrem Willen nach und nach völlig unterthan gemacht hat, wie sie denn erst durch die Praxis und durch ihr wahrhaft künstlerisches Streben zur Meisterschaft in der Verbindung der einzelnen Tonregister und im Portamento gelangt ist. Nur eigentliche Coloraturparthien liegen ihr fern; das Feld, auf dem sie fortwährende Triumphe erkämpft, ist eben das der tragischen Oper, woselbst sie das höchste Ziel ihres dramatischen Strebens auch sicher erreichen wird.

Ehrenberg, sehr talentvoller deutscher Componist, starb in jungen Jahren 1790 als Kammermusiker in Dessau. In seinem Nachlasse, aus dem Einiges gedruckt wurde, fanden sich zehn Werke seiner Composition, nämlich: eine Oper »Azakia«. drei Chorgesänge und 6 Kirchenstücke, die von hoher Begabung und feiner musikalischer Bildung Zeugniss gaben.

Ehrenfried, deutscher Flötist, der wahrscheinlich zu Mainz am Ende des 18. Jahrhunderts lebte, hat in den Jahren 1794 bis 1798 unter dem Titel »*Recueil de différentes pièces choisies d'Operas comiques à 2 Fl.*« zehn Hefte herausgegeben und ausserdem 1797 Müller's Zauberzither und Salieri's Palmira für 2 Flöten bearbeitet.   †

Ehrenhaus, Christian, deutscher Theologe, 1627 im Thüringischen geboren, wurde 1659 Diakonus zu Pulsnitz in der Oberlausitz und 1670 Pastor daselbst, als welcher er 1703 verstarb. Unter seinen Schriften ist musikbetreffend zu bemerken: »*Organographia*, d. i. Orgelpredigt über den 150. Psalm« (Erfurt, 1669), weil darin eine Beschreibung der eben vollendeten Orgel seiner Kirche enthalten ist.   †

Ehrenstein, Wolf von, Gesangcomponist, der in Dresden lebte, woselbst er auch 1870 starb. Er fand bei Lebzeiten um so mehr Theilnahme, als er völlig blind war und gleichwohl eine grössere Anzahl warm empfundener, ansprechender Lieder componirte, von denen die meisten im Druck erschienen sind und von Dilettanten gern gesungen wurden.

Ehrlich, Christian Friedrich, trefflicher, aus der classischen Schule hervorgegangener Pianist und tüchtiger Componist, lebt als königl. preussischer Musikdirektor und Gesanglehrer am Pädagogium zu Magdeburg. Geboren am 7. Mai 1810 zu Magdeburg, studirte er das höhere Clavierspiel besonders bei J. N. Hummel in Weimar und trat in thüringischen und sächsischen Städten vielfach als Pianist auf. Seit etwa 1834 fixirte er sich in Magdeburg als Musiklehrer, zeigte sich aber zugleich sehr productiv als Componist von Opern, Orgel- und Pianofortewerken, Liedern und weltlichen und geistlichen Gesängen. Von den ersteren haben »die Rosenmädchen« und »König Georg« an mehreren Mittelbühnen einen schönen Erfolg gehabt. E. ist auch Dirigent der Magdeburger Singakademie und Mitbegründer des dortigen Tonkünstlervereins, dessen Vorsitzender er seit mehr als zwei Jahrzehnten ist.

Ehrlich, Heinrich, ausgezeichneter Pianist und gewandter musikalischer Schriftsteller und Feuilletonist, geboren 1824, hat weite Reisen gemacht, bedeutende Sprachkenntnisse sich erworben und die vielseitigsten Erfahrungen gesammelt. Als Hofpianist des Königs Georg V. wirkte er mehrere Jahre hindurch in Hannover und siedelte etwa 1858 nach Berlin über, wo er sich in Concerten als einer der bedeutendsten Beethovenspieler der Gegenwart erwies. Seit mehreren Jahren ist er erster Lehrer des Clavierspiels am Stern'schen Conservatorium der Musik in Berlin. In früherer Zeit ist er als Componist und geschickter Bearbeiter für Pianoforte hervorgetreten. Der Schwerpunkt seiner Thätigkeit fällt jedoch auf seine schriftstellerischen Arbeiten, die in Form von Aufsätzen und Correspondenzen besonders in der Augsburger Allgemeinen Zeitung, in der Neuen Berliner Musikzeitung und seit 1872 in der »Gegenwart« erschienen. Grössere und zusammenhängende seiner Schöpfungen sind die anonym erschienenen Romane »Kunst und Handwerk« (Frankfurt a. M. in 2 Auflagen) und »Abentheuer eines Emporkömmlings«, sowie die geistvolle Schrift »Lieder und Frauen« (Berlin, 1871).

Ehrmann, Hanns, deutscher Orgelbauer im 17. Jahrhundert, der in Baiern lebte, hat in der Dreifaltigkeitskirche zu Ulm ein Werk mit 24 Stimmen gebaut, worüber Gerber im Anhange (Orgelprospekten) zu seinem Tonkünstlerlexikon vom Jahre 1790 berichtet. †

Ehrnstein, Johann Jacob Stupan von, deutscher Componist, gab 1702 ein *Rosetum Musicum*, sechs Stücke für zwei Violinen und Generalbass enthaltend und 15 Bogen stark, und *XII Sinfonie a Viol. solo e Continuo* heraus. †

Eichberg, Julius, trefflicher Violinvirtuose und geschickter Componist, geboren 1828 in Düsseldorf als der Sohn eines Musiklehrers, erhielt daselbst seinen ersten Violinunterricht und machte so Aufsehen erregende Fortschritte, dass auch Mendelssohn begann, sich für den kaum siebenjährigen Knaben zu interessiren und ihm empfahl, in dem Conservatorium zu Brüssel seine höhere musikalische Ausbildung zu suchen. Diesem Rathe folgte E. und wurde einer der besten Violinschüler von Meerts, während er bei Fétis Harmonie- und Compositionslehre studirte. Mit dem ersten Preise für Violinspiel wie für Composition gekrönt, konnte er schon 1844 dieses Institut verlassen und trat in demselben Jahre als zweiter Concertmeister in das Theaterorchester zu Frankfurt a. M. Im J. 1848 erhielt er einen Ruf als Lehrer des Violinspiels und der Composition an das Conservatorium zu Genf, welche Stelle er auch annahm und pflichtgetreu verwaltete. Als Musikdirektor nach Boston berufen, schiffte er sich 1857 nach Amerika ein und hat seitdem daselbst seinen bleibenden Wohnsitz genommen. Im J. 1867 gründete er in Boston ein Conservatorium nach europäischem Muster, welches sich schnell den Ruhm erwarb, eine der wenigen vorzüglichen Musikschulen der neuen Welt zu sein. Als Dirigent, Violinvirtuose und Lehrer ist E. überaus geschätzt und geachtet und seine Verdienste um die Einführung eines edlen und gediegenen Musiklebens sind sehr hoch anzuschlagen. — Seine Compositionen bestehen meist in Werken für Violine, als: sehr zweckmässigen Etüden, Duos für zwei Violinen, Trios für Streichinstrumente, die zum Theil auch in Europa gedruckt worden sind. Ausserdem hat er zwei in Amerika sehr beliebt gewordene englische Operetten: »*The doctor of Alcandra*« und »*The rose of Tyrol*« geschrieben, von denen die erstere allein in Boston über 50 Mal und später auch in New-York mit grossem Beifall gegeben wurde.

Eichberg, Oscar, talentvoller Componist und tüchtiger Pianist der Gegenwart, geboren am 21. Januar 1845 zu Berlin, ist der Sohn eines Musiklehrers, von dem er auch seinen ersten Unterricht im Clavierspiel und in der Musiktheorie empfing. Bereits in seinem zehnten Jahre liess er sich als Pianist mit grossem Beifall öffentlich hören und gab in Folge dessen auch selbständige Concerte. Um sich in dem praktischen Zweige der Kunst möglichst vollkommen und vielfach auszubilden, nahm er noch bei A. Löschhorn mit vorzüglichem Erfolge Clavierunterricht und widmete sich, ohne das öffentliche Auftreten ganz einzustellen, der musikalischen Lehrthätigkeit. In jungen Jahren schon erwarb er sich wie als Concertspieler, so auch als Lehrer einen bedeutenden Ruf in seiner Vaterstadt, dessen Solidität in Spiel und Methode besonders warm anerkannt wurde. Gleichzeitig vollendete er seine Compositionsstudien bei Fr. Kiel und trat nun selbstschöpferisch zuerst mit Liedern, dann mit Pianofortestücken und Chorgesängen in die Oeffentlichkeit; alle diese Arbeiten zeichnet Talent, Feinheit und eine besonnene, fast eklektische Haltung bei reiner, correkter Handhabung des Stylistischen aus. Im J. 1871 begründete E. einen Gesangverein, der im erfreulichen Aufschwunge begriffen ist, und mit dem er bereits mehrfach Beweise seines edlen, kunstwürdigen Strebens und seiner geschickten Direktion abgelegt hat. Auch als Musikschriftsteller durch Aufsätze in der Musikzeitung »Echo« und in der »Neuen Zeitschrift für Musik« hat sich E. vortheilhaft bemerklich gemacht und gehört nach dieser Seite hin zu den eifrigsten Vorkämpfern für die Einführung der französischen Tantièmeordnung in Deutschland. Als Vorstandsmitglied des Berliner Tonkünstlervereins, sowie als Mitglied des ständigen Ausschusses des Deutschen Musikertages wirkt er mit Erfolg nach diesem Ziele hin.

Eichberger, Joseph, einer der trefflichsten deutschen Bühnensänger der jüngsten Vergangenheit, erschien zuerst im J. 1823 auf dem Theater zu Pesth, von wo aus er nach Wien, Prag und Leipzig ging und grossen Beifall fand. Im J. 1834 gastirte er auf der Berliner Hofbühne und wurde, da er als Helden- wie als Spieltenor gleich verwendbar war, engagirt, hauptsächlich, um mit dem berühmten Bader zu alterniren. In dieser Stellung blieb er bis 1842, wo er durch den ihm überlegenen Mantius in den Hintergrund gedrängt wurde und gastirte darauf in London. Er wurde später für das Stadttheater in Mainz gewonnen, das er aber bald darauf mit dem in Königsberg vertauschte, woselbst er endlich, am 12. Septbr. 1848, Abschied von der Bühne nahm. Er blieb zwar in Königsberg, sang auch hin und wieder noch in Concerten, wirkte aber seitdem hauptsächlich als Gesanglehrer. — In seiner Blüthezeit besass er eine schöne, starke und doch sehr geschmeidige Stimme, die allseitig hohes Lob erfuhr, nicht so seine Gesangsbildung, die vielfach als ungenügend und mangelhaft Anfechtung von der öffentlichen Kritik erfuhr.

Eichenholz verwendet man seiner Dauerhaftigkeit wegen häufig zu Tonwerkzeugtheilen, besonders bei der Orgel. Seltener wird es zu Theilen, die unmittelbar tonzeugend wirken, gebraucht, obgleich seine fortpflanzende Schallgeschwindigkeit, der Faser entlang 3963 Meter, senkrecht gegen die Jahresringe 1581 Meter, und parallel mit den Jahresringen 1327 in der Secunde betragend, in Bezug auf Bildung von Beitönen empfehlenswerth im Vergleich mit vielen anderen Holzarten erscheint. Häufig, ja mit gewisser Vorliebe sogar, findet man E. zu sehr vielen mechanischen Nebentheilen bei Instrumenten verwandt.   †

Eichholz, Friedrich Wilhelm, besonders als Musikliterat bekannt, geboren am 18. Februar 1720 zu Halberstadt, woselbst er am 15. Mai 1800 als königl. preussischer Kammerdirektor starb, hat sich durch Uebersetzung einiger Opern- und Oratorientexte verdient gemacht. Die bemerkenswerthesten derselben sind *»Sancho Pansa«*, Operette, aus dem Französischen übersetzt 1776 und »die heil. Helena am Calvarberge«, Oratorium, nach Metastasio übersetzt und der Hasse'schen Composition untergelegt 1782.   †

Eichhorn, Adelarius, deutscher Musiker, der im Anfange des 17. Jahrhunderts lebte, gab »Schöne ausserlesene gantze newe Intraden, Galliarden vnd Couranten ohne Text, mit vier Stimmen componiret« (Nürnberg, 1615) heraus.
                                                                                  †

Eichhorn, Johann, deutscher Violinspieler und Componist, geboren um 1756, hatte seinen Aufenthaltsort bei häufigem Wechsel besonders in Berlin, Bruchsal u. s. w. und wurde endlich 1807 als Violinist der Hofkapelle in Mannheim angestellt. Als Componist ist er mit Violin-Solos, drei Duetten für zwei Violinen, drei Streichquartetten und einem Quintett hervorgetreten.

Eichhorn, Johann Gottfried, einer der ausgezeichnetsten deutschen Gelehrten, am 16. Oktober 1752 zu Dörenzimmern im Fürstenthum Hohenlohe-Oehringen geboren, war anfangs Rektor zu Ohrdruff, wurde 1775 Professor der Philosophie und morgenländischen Literatur zu Jena, 1778 königl. grossbritannischer Hofrath und ordentlicher Professor und Doctor der Theologie zu Göttingen und starb am 25. Juni 1827. Für die Musik ist die in seiner Einleitung ins alte Testament Theil I § 71 ausgesprochene Ansicht, dass die Accente der alten Hebräer zugleich die musikalischen Tonzeichen dieses Volkes gewesen seien, von Wichtigkeit.   †

Eichhorn, Gebrüder, zwei als Wunderkinder angestaunte und gepriesene Violinvirtuosen, waren die Söhne des in Coburg angestellten Hofmusikus **Johann Paul E.**, der auch denselben den ersten Musikunterricht ertheilte. Der ältere und bedeutendere der Beiden, **Johann Gottfried Ernst E.**, geboren am 30. Apr. 1822 zu Coburg, war ein Geigentalent, wie es in der Geschichte der Virtuosität nur selten vorkommt und besass in seinem 12. Lebensjahre alle Eigenschaften und Vorzüge eines fertig ausgebildeten Künstlers. Bewundernswerth tüchtig, wenngleich minder hervorragend, war auch der jüngere Bruder, **Johann**

Karl **Eduard** E., geboren am 17. Octbr. 1823. Der Vater verstand es, aus dem Talente seiner Kinder Capital zu schlagen und führte dieselben auf grossen und weiten Kunstreisen durch fast ganz Europa von 1829 bis 1835 in epochemachender Weise in die Oeffentlichkeit. Das Aufsehen, welches die beiden kleinen Künstler machten, war beispiellos und der sie begleitende Beifall enorm. Die ihnen zugemutheten Strapazen blieben jedoch nicht spurlos in Bezug auf den älteren, der schon am 16. Juni 1844 starb, nachdem er zugleich mit seinem Bruder Anstellung in der herzogl. coburg'schen Hofkapelle gefunden hatte.

Eichhorst, **Karl**, trefflicher deutscher Clarinettist, geboren 1808 in Berlin, war auf seinem Instrumente ein Schüler des königl. Kammermusikers **Tausch**. Er hat auch componirt, jedoch ist von seinen Arbeiten nur ein Originalthema für Clarinette und Orchester im Druck erschienen.

Eichler, **Ernst**, deutscher Tonkünstler, der sich 1776 in Paris niederliess, wo er 1794 als Musiklehrer starb. Von seiner Composition erschienen 1783 daselbst zwei Hefte mit je 6 Violinquartetten.

Eichler, **Friedrich Wilhelm**, trefflicher deutscher Violonvirtuose, geboren 1809 zu Leipzig, erhielt die letzte Ausbildung auf seinem Instrumente in Kassel bei **Spohr**, zu dessen besten Schülern er mit zählt. Im J. 1832 wurde er Concertmeister im Theaterorchester zu Königsberg. Seit 1847 lebte er einige Jahre in London und siedelte hierauf nach Baden-Baden über. Componirt hat er, so viel man weiss, Mancherlei, doch sind nur wenige seiner Violinstücke im Druck erschienen.

Eichler, **Heinrich**, berühmter Mechanikus, geboren zu Liebstadt bei Pirna im J. 1637, lebte zu Augsburg und fertigte Orgeln und Flötenwerke in eleganter Form, welche bis in die fernsten Länder Verbreitung fanden. Er starb im J. 1719 zu Augsburg. †

Eichler, **Johann Leopold**, deutscher Tonkünstler, geboren zu Voitsdorf in Böhmen, war um die Mitte des 18. Jahrhunderts erster Violinist in der herzoglich sachsen-zeitz'schen Kapelle. Später fungirte er in Leitmeritz als Consitorialkanzlist und Musikdirektor an der Kathedralkirche, in welcher Stellung ·er am 25. Mai 1775 starb. Nach der Statistik von Böhmen Heft VIII soll E. hervorragend in Ausbildung von Sängern gewesen sein. †

Eichmann, **Bernhard**, deutscher Componist, geboren um 1755, lebte in Berlin und hat daselbst im J. 1784 drei Sinfonien seiner Composition zu neun Stimmen veröffentlicht.

Eichmann, **Peter**, deutscher Schulmann, der zu Ende des 16. und im Anfange des 17. Jahrhunderts in Stargard in Hinterpommern angestellt war, woselbst er auch 1623 als Emeritus starb, hat eine »*Oratio de divina origine atque militate multiplici praestantissimae ac nobiliss. artis musicae, habita pro more antiquitus recepto in schola Stargardiensi*« (Stettin, 1600) veröffentlicht. Vgl. Kritische Beyträge Band III p. 61.

Eichner, **Ernst**, deutscher Clavierspieler, lebte in der zweiten Hälfte des 18. Jahrhunders und veröffentlichte von seinen Compositionen in Amsterdam acht Lieferungen Sonaten und zwei grosse Concerte für Clavier. Letztere tragen die Opuszahl 5.

Eichner, **Ernst**, einer der vorzüglichsten und berühmtesten Fagottvirtuosen des 18. Jahrhunderts, geboren am 9. Febr. 1740 zu Mannheim. Um 1770 war er in der herzoglichen Kapelle zu Zweibrücken angestellt, aus der er jedoch heimlich entwich, als man seinem Abschiedsgesuche keine Folge gab. Er war hierauf bis 1772 in London und von da an als Mitglied der kronprinzlichen Hofkapelle zu Potsdam. Dort bildete er vortreffliche Schüler wie Knoblauch, Mast u. s. w. und starb im J. 1777. Neben seiner grossen Virtuosität und seinem Lehrtalente besass er vortreffliche Anlagen zur Composition, und seine Sinfonien, Concerte für die gangbarsten Instrumente, Quartette, Trios, Duos u. s. w. waren ihrer Zeit sehr geschätzt. — Seine Tochter, **Adelheid** E., geboren 1762 zu Mannheim, war eine hervorragende Sängerin mit schön gebildeter, umfangreicher Sopranstimme und grossartig entwickelter Kehlfertigkeit. Sie war 1784 Mitglied der königl. Oper in Berlin, starb aber schon am 5. Apr. 1787 daselbst in Folge von Ueberanstrengung. Sie war auch eine treffliche Clavierspielerin, nicht minder eine begabte Componistin, für deren Talent einige um 1780 erschienene Liederhefte zeugen.

Eidenbenz, Christian Gottlob, gemüthreicher deutscher Componist, geboren 1762 zu Stuttgart, wo er auch als Hofmusikus Anstellung fand und am 20. Aug. 1799 starb. Sein Talent erwarb ihm in seiner Zeit viel Ansehen; besonders geschätzt waren seine Balletmusiken. Im Druck erschienen sind von ihm nur Flötenduos, Clavierstücke und Lieder, von denen das von Hiemer gedichtete Kriegslied »Schön ist's unterm freien Himmel« in E.'s Composition zur Popularität gelangte.

Eidous, Marc Antoine, französischer Musikschriftsteller des 18. Jahrhunderts, geboren 1723 zu Marseille, lebte und starb in Paris.

Eifler, Michael, deutscher Gelehrter, geboren zu Zitten in Preussen am 13. Mai 1601 und gestorben zu Königsberg am 25. November 1657, wo er seit 1630 Professor der Logik und *Inspector Alumnorum* war, schrieb u. A. »*Primordia pansophia*« in der von Seite 136 bis 152 musikalische Gegenstände behandelt werden.

                    †
Eigendorfer, Georg Joseph, deutscher Geistlicher und Lehrer, geboren 1745 im Baierischen, war Prediger und Organist in Landshut und hat mehrere Clavier-Sonaten und Concerte seiner Composition veröffentlicht.

Eigenthümlichkeit, s. Originalität.

Eigentliche Cadenz, gleichbedeutend mit vollkommener Cadenz. S. Cadenz.

Eigentlicher Dreiklang, so viel wie vollkommener, reiner Dreiklang. S. Dreiklang.

Eigentliche Fuge ist die kurze Bezeichnung für eine streng, nach allen Regeln der Kunst gearbeitete Fuge.

Eilen, der Gegensatz von Zögern, Ritardiren (s. d.) ist eine Vortragsart, welche darin besteht, dass das Zeitmass eines Musiksatzes allmählich beschleunigt wird. Bei der Darstellung drängender Empfindungen oder auflodernder Leidenschaftlichkeit kann das E. sehr zweckentsprechend angewendet werden; fehlerhaft und unzweckmässig aber ist es, wenn es aus Mangel an Taktfestigkeit oder an technischer Sicherheit hervorgeht. Die italienischen Vortragsbezeichnungen für den Eintritt einer beschleunigten Bewegung sind: *accelerando* (s. d.) und *stringendo* (s. d.).

Eilfsaitiges Grundsystem (griech.: ενδεκάχορδον) nannten die Griechen das durch Timotheos eingeführte, aus eilf Klängen bestehende System, das derselbe dadurch erhielt, dass er dem achtsaitigen von Hypate aus noch ein verbundenes Tetrachord zufügte. Dies System hatte den Vorzug vor dem achtsaitigen, dass es die vier Quint- und die drei Quart-Gattungen, welche sich durch die Lage der Halbtöne unterschieden, enthielt. Vgl. Boëtius l. 8 p. 20.   O

Ellschov, Friedrich Christian, dänischer Schriftsteller, von der Insel Führnen gebürtig, der im Jahre 1751 im 24. Lebensjahre als hoffnungsvoller Gelehrter starb, ist seiner Schriften wegen: »Leben des Pythagoras« (aus dem Dänischen von Weistritz übersetzt) (Kopenhagen, 1756); »Philosophiske, Historiske og Okonomiske Skrifter« (Kiöbenhavn, 1746), und »Philosophiske Breve« (Ebendas., 1748) unter die Musikschriftsteller zu zählen.   †

Ellschow, Matthias, dänischer Schriftsteller in der ersten Hälfte des 18. Jahrhunderts, gab eine kleine Schrift »*De choro cantico, a Davide instituto, ut templo inserviret*« (Kopenhagen, 1732) heraus, deren in der Vorrede angekündigte Fortsetzung »*de instrumentis, domiciliis et loco canendi, tempore et modo canendi*« jedoch nicht erfolgte.   †

Einbildungskraft oder (dem Lateinischen nachgebildet) Imagination heisst das Vermögen des Geistes, unabhängig von der sinnlichen Empfindung Bilder (Vorstellungen) von Gegenständen oder deren Verhältnissen im Bewusstsein hervorzubringen. Insofern die einzelnen sinnlichen Empfindungen (in der Musik die Töne) nur sich selbst darstellen und die Auffassung der sinnlichen Dinge wesentlich auf der Verknüpfung und bestimmter Verbindung dieser einzelnen Empfindungen beruht, unterscheidet man die E. als Bildungsvermögen von einem Nachbildungsvermögen, d. h. von dem Vermögen, schon gehabte Empfindungen und Vorstellungen vermittels der Phantasie wieder in das Bewusstsein zurückzurufen. Der Verstand als die Kraft des Denkens in Beziehung auf Begriffe vollzieht einen ähnlichen Prozess vermittelst der Erinnerungskraft und des Gedächtnisses, und es ist klar, dass die Phantasie in dem eben genommenen Sinne mit der Erinnerungskraft nahe verwandt ist, ohne doch reproduktiv, wiederholend, mit ihr zusammenzufallen. Denn die reproduktive E. veranschaulicht sich innerlich früher wahrgenommene Gegenstände in der Weise, wie sie dieselben wahrgenommen, ist also eine Art gesteigerter, lebhafter Erinnerungskraft, und von ihr unterscheidet man die produktive, schöpferische E., die man vorzugsweise Phantasie und Dichtungsvermögen nennt und die man bald im weiteren Sinne als das Vermögen, den reproducirten Vorstellungen andere Verbindungen und Formen zu geben, als in welchen sie ursprünglich ins Bewusstsein eintraten, bald im engeren, als das Vermögen einer originalen Produktion auffasst. Obgleich nun keinerlei Thatsache dafür spricht, dass diese Produktion dem Stoffe nach die Gränzen der gegebenen Erfahrung überschreitet, so dass sie etwa die Vorstellungen von Objekten erzeugen könnte, deren Merkmale mit dem schon vorhandenen Vorstellungsmaterial gar keine Aehnlichkeit mehr hätte, so gränzt doch das Phantasiren in der weiteren Verarbeitung dieses Vorstellungsmaterials im Erschaffen, künstlerischen Gestalten u. s. w., vorzüglich wo alles dieses absichtlich geschieht, sehr nahe an geistige Vorgänge und Thätigkeiten, die man sonst mehr dem Verstande, der Urtheilskraft und der Vernunft, oder endlich einem besonderen Vermögen, welches nur einzelnen Individuen zukommen würde, dem Genie nämlich, zuzuschreiben geneigt ist. Am freiesten wirkt die E. in dem Falle, wenn der Künstler ein schönes Kunstwerk entwirft und ausführt, denn dann kann sie alles herbeiziehen, was nur irgend in ihrem Bereiche liegt. Jedoch wird sie, soll sie anders nicht ausschweifend und excentrisch werden, immer der Leitung des Verstandes und der Vernunft sich hingeben müssen. Die Nachweisung der Bedingungen einer absichtlich reflektirenden Phantasie verlangt sehr eingehende und ausführliche Untersuchungen, welche der auf die Anthropologie gestützten Psychologie überlassen bleiben müssen.

Einchörig nennt man jedes Saiteninstrument, welches in Beziehung auf seinen Bezug zu jedem Tone nur eine Saite hat. S. Chor. — Ferner gebraucht man diesen Ausdruck zur Bezeichnung eines mehrstimmigen Tonsatzes für Chor, dessen sämmtliche Hauptstimmen über nur einem Grundbasse liegen, nur einen Chor-Körper ausmachen. So ist z. B. ein achtstimmiges Tonstück einchörig, wenn es nur einen Grundbass hat; mehrchörig hingegen, wenn seine Stimmenmasse sich in mehrere Gruppen theilt, von denen jede auf ihrem eigenen Basse, welcher übrigens nicht immer eine Bassstimme zu sein braucht, sondern auch eine höhere Stimme sein kann, beruht. S. Chor, Doppelchor.

Eindruck oder **Impression** nennt man die länger andauernde Wirkung eines Gegenstandes auf unser Gemüth. Nur was aus dem Gefühle hervorgeht, wird vermögend sein, einen stärkeren oder schwächeren und in Folge dessen einen vorübergehenden oder anhaltenden E. auf das Gefühl des Empfangenden hervorzubringen. Ein Kunstwerk, welches den gehörigen Gefühlsausdruck in sich vereinigt, darf des erforderlichen E.'s auf unbefangene, empfängliche Naturen sicher sein. Jedoch beruht der Werth eines vollkommenen Kunstwerkes nicht auf dem E., den einzelne Theile, sondern den das Werk als Ganzes hervorbringt, nämlich auf dem Totaleindruck.

Einert, Karl Friedrich, kenntnissreicher deutscher Tonkünstler, geboren 1798 zu Lommatsch in Sachsen, wurde 1810 Schüler der Thomasschule in Leipzig, als welcher er sehr eifrig bei Schicht Musik studirte und später, besonders unter Friedr. Schneider's Leitung, sich zum Orgelspieler ausbildete. Selbst dem Contrabass schenkte er seine Vorliebe und nahm auf diesem Instrumente Privatunterricht bei Wach, Mitglied des Leipziger Stadttheater-Orchesters. Bei einer gräflichen Familie aus Polen fand er 1820 Anstellung als Musiklehrer und gelangte mit derselben 1821 nach Warschau, wo E. von da an seinen bleibenden Aufenthalt nahm. Er wurde als Organist an die lutherische Kirche daselbst berufen und erhielt durch den Theaterkapellmeister Kurpinski im Hoftheater-orchester die Stelle als Contrabassist. In diesen Aemtern starb er am 25. Decbr. 1836 zu Warschau an der Lungenschwindsucht, als Musiker wie als Mensch sehr geachtet.

Einfache Accorde heissen alle Accorde, welche innerhalb einer Octave liegen.

Einfache Intervalle nennt man solche Intervalle, die um so viele Stufen, als ihr Zahlname anzeigt, vom Grundtone selbst, nicht von einer der höheren oder tieferen Octaven desselben entfernt liegen. Demnach ist z. B. c—g eine einfache Quinte, denn die Entfernung des g vom Grundton c beträgt in Wirklichkeit nur fünf Stufen; c_1—g_2 und c_1—g_3 hingegen sind zusammengesetzte (doppelte und dreifache) Quinten, denn jene liegt fünf Stufen über der Octave, diese um ebensoviel über der Doppeloctave des Grundtones c_1, oder, anders ausgedrückt, jene ist um eine, diese um zwei Octaven von ihrem Grundton entfernt. Proportionen zwischen 2:1 und 1:1 stellen die einfachen Intervalle dar. S. Intervall und Zusammengesetzte Intervalle.

Einfacher Contrapunkt (latein.: *Contrapunctus simplex*); die Stimmen des Contrapunktes werden nicht umgekehrt. S. Contrapunkt.

Einfacher Doppelschlag, s. Doppelschlag.

Einfache Periode heisst die gewöhnliche achttaktige, aus Vorder- und Nachsatz bestehende Normalperiode, sobald nichts daran verengert oder erweitert ist. Näheres findet man in dem Artikel Periodenbau.

Einfache Sätze. Mit diesem Namen belegt man solche melodische Theile eines Tonstückes, die an thematischem Stoffe nur gerade so viel enthalten, als zum deutlichen Ausdrucke des Gedankens hinreicht, während in den erweiterten Sätzen und Perioden der Inhalt durch weitere Ausführung noch näher bestimmt wird. S. Periodenbau.

Einfache Taktarten bestehen aus nur einer Thesis und einer oder zwei darauf folgenden Arsen. Es giebt zweierlei Arten: eine gerade zweitheilige und eine ungerade dreitheilige. Zu jener gehören der Zweizweitel-, Zweiviertel- und Zweiachteltakt; zu dieser der Dreizweitel-, Dreiviertel- und Dreiachteltakt. S. Accent; Takt.

Einfachheit ist eine ästhetische Eigenschaft der Kunstwerke, die sich sowohl am Gegenstande selbst und der inneren Durchbildung desselben, als auch an der Darstellung kundgiebt. Sie besteht im kunstlosen, gleichwohl strenge Sachlichkeit bezeugenden Zusammenstimmen aller einzelnen Theile eines Kunstwerks zum Ganzen. Alle Mittel verschmähend, wodurch eine stete Rücksicht auf das Gefallen die Aufmerksamkeit an sich zu reissen sucht, giebt sie niemals mehr als der Zweck fordert. Ihre Kunstmittel sind die anspruchslosesten, ihre Anordnung und Verbindung ist die natürlichste und fasslichste; sie ist fern von allem Gesuchten, allem Prunk und aller Ueberladung. Daher ist sie nicht reich und blendet nicht; aber sie ist sicher, tüchtig, wahr und innig. Die E. setzt immer Ursprünglichkeit der Empfindung und Anschauung voraus, dieses auch, wenn der Inhalt an sich schon mannigfach zusammengesetzt ist, und hat stets Klarheit und sachgemäss massvolle Verwendung der Mittel ohne jede Ueberladung des Ausdrucks zur Folge. In der edlen E. besteht die wahre Vollkommenheit eines jeden Kunstwerks, und alle Künste sind des Ausdrucks einer solchen fähig, aber, dem Inhalte jeder Gattung von Kunstformen entsprechend, der sehr zusammengesetzter Art sein kann, nicht überall in gleichem Grade, z. B. die Oper nicht wie die Tragödie, die Sinfonie nicht wie der Choral. Am zweckmässigsten ist sie in der Behandlung feierlich-erhabener und kindlich-unschuldiger Gegenstände, denen gegenüber man für E. sich häufig auch der Bezeichnung Einfalt bedient. Nicht aller Schmuck ist jedoch verwerflich, sondern nur der unwesentliche, nicht am rechten Orte angebrachte; wer nach E. in künstlicher und übertriebener Art ringt, verfällt leicht in's Gesuchte und Trockene. Man kann von der E. wie von der Einfalt wohl sagen, dass sie mit der Unschuld verloren gehe; bei den älteren Meistern war sie unwillkürlich. — Die Darstellung oder Wiedergabe von Tonwerken betreffend, hat auch der Vortragende, insofern das Einfache sich durch einen vorzüglichen Grad des Treffenden der gewählten Mittel auszeichnet, also an sich selbst schon Vollkommenheit und ästhetischen Werth besitzt, aller zufälligen Schönheit aber nicht benöthigt ist, durch solche vielmehr oft beeinträchtigt werden kann, der E. zu huldigen und das, was der Tonsetzer einfach und bestimmt gegeben hat, ebenso darzustellen. Zu starkes Auftragen im Ausdruck und bezüglich der dynamischen Schattirungen, willkürliche Behandlung der Bewegung, Ueberschwänglichkeit des Gefühls und alle die sonstigen Aeusserlichkeiten, welche dem guten Vortrage überhaupt widersprechen, bekunden sich gerade der E. gegenüber als im höchsten Grade störend und wirken meist geradezu verletzend.

Einförmigkeit ist genau genommen Uebereinstimmung der Dinge in ihrer Gestalt. Man nennt aber auch einen einzelnen Gegenstand (eine Gegend, ein Gemälde u. s. w.) oder ein Werk (ein Tonstück, Gedicht u. s. w.) einförmig, wenn ihm die Mannichfaltigkeit ganz oder überwiegend abgeht, also dem Beschauer oder geistig Geniessenden desselben zu wenig Abwechslung im Genusse, zu wenig Unterhaltung gewührt. Eine solche E. hat demnach Langweiligkeit zur Folge. Für E. sagt man auch **Monotonie** und **Eintönigkeit**, und eine Tondichtung wird **monoton**, wenn dieselben Töne oder Klangfarben zu oft wiederkehren, wenn häufige Schlussfälle auf ein und dieselbe Note treffen, wenn gewisse melodische und harmonische Wendungen häufig wiederholt werden u. s. w.

Eingang, s. Introduktion.

Eingelegt nennt man ein zu einem zur Ausführung gelangenden Tonwerke nicht gehöriges Musikstück, welches zwischen den Sätzen oder einzelnen Nummern des ersteren vorgetragen (eingeschoben, eingeschaltet) wird. Gewöhnlich geschieht dies in der italienischen Oper und zwar von Seiten derjenigen Sänger und Sängerinnen, welche glänzen wollen, ohne dass ihnen ihre Parthien genügende Gelegenheit dazu darbieten. Rossini's »Barbier von Sevilla« und Donizetti's »Regimentstochter« erfordern sogar an bestimmten Stellen solche Einlagenummern. Es ist klar, dass die auf diese oder andere Art eingelegten, wenn auch eigens als Einlagen componirten Stücke die Einheit des Kunstwerkes aufheben und dem gebildeten Zuhörer als Unsitte erscheinen müssen, namentlich wenn, wie dies fast immer geschieht, die eingelegten Nummern mit dem Charakter des Hauptwerks contrastiren oder in Form von Bravour- oder Coloraturarien, Variationen oder Virtuosenstückchen lediglich den eitelen Zweck haben, dem Sänger Gelegenheit zu geben, seinen Vortrag oder seine Kunstfertigkeit auf Kosten eines grossen Ganzen und eines vernünftigen Zusammenhanges zu entfalten. Aehnliches gilt von den in früheren Instrumentalconcerten, meist der Vorschrift des Componisten gemäss an bestimmten Stellen gegen den Schluss eines Satzes hin einzulegenden Cadenzen, welche ungeschickt gewählt oder improvisirt, die Totalwirkung vernichten können. Die Qualität der gewählten Cadenzen ist ein Prüfstein für die Intelligenz des ausführenden Künstlers. — Eingelegt heisst auch bei Streichinstrumenten der feine doppelte Streifen schwarzen Holzes, von den Instrumentenmachern Flödel genannt, der, in die Decke eingelassen, um die Peripherie derselben sich herumzieht. Es bleibt zwar auf den Klang selbst ganz ohne Einfluss, ob dieser Streifen wirklich eingelegt, oder blos aufgemalt, oder gar nicht vorhanden, da er nichts als eine äussere Verzierung ist; doch gilt ein eingelegter Flödel immer als ein Kennzeichen sauberer und sorgfältiger Arbeit, da er wirklich gut angefertigten Instrumenten in der That niemals fehlt. Findet er sich nur aufgemalt, so ist von vorn herein Grund zum Verdacht, dass das Instrument von nur geringer Art und keineswegs aus den besten Händen hervorgegangen sei.

Eingespielt, s. Einspielen.

Eingestrichen nennt man die Töne der Oktave, welche, nach dem neuen pariser Kammerton berechnet, durch 2625 bis zu 525 Schwingungen hervorgebracht werden. Diese Endtöne, gewöhnlich *c* genannt, sind die Grenztöne der vierten Oktave über dem Contra-*C* (s. d.). Die Bezeichnung eingestrichen selbst, wahrscheinlich im Laufe des 17. Jahrhunderts eingeführt, hatte in der Gewohnheit, die Töne der Männerstimme durch grosse und kleine Buchstaben zu notiren (s. Tabulatur), ihren Grund, welche auch bei Erweiterung des in der Kunst angewandten Tonreichs beibehalten wurde, so dass man die Töne der nächst höheren Oktave durch ein Abzeichen, einen Strich, den man über dem Buchstaben anbrachte, kennzeichnete. Da später noch höhere Oktaven in Gebrauch kamen, die leicht durch Hinzufügung eines neuen Striches markirt wurden, nannte man die Klänge dieser Oktave ausdrücklich die e.en. In neuester Zeit fügt man dem kleinen den Ton bezeichnenden Buchstaben die Zahl des Oktavenabstandes rechts unten oder oben hinzu, welche der gemeinte Klang von dem gleichen der kleinen Oktave (s. d.) hat, ohne deshalb den Namen der Oktave zu ändern, da die Zahl stets der Anzahl von Strichen gleich. Alle Töne der e.en Oktave werden somit entweder $\bar{c}$, $\bar{d}$, $\bar{e}$ etc. oder c^1, d^1, e^1 etc. notirt. — Zuweilen hört man auch wohl von e.en Noten sprechen, wenn Achtelnoten gemeint sind, weil diese — ♪, ♫ — durch Hinzufügung eines dicken Striches zu dem Viertelnotenzeichen entstehen. Diese Bezeichnung jedoch anzuwenden, ist, da sie überflüssig und zu Irrthümern Anlass giebt, als unstatthaft zu bezeichnen.   2.

Eingreifen der Hände, ein beim Clavierspiel gebräuchlicher technischer Ausdruck, welcher das Verfahren bezeichnet, mit einer Hand einzelne oder mehrere gleichzeitige Töne zu spielen, welche in den Räumen zwischen denjenigen Tönen liegen, die mit der anderen Hand angegeben werden. Beide Hände kommen bei diesem Verfahren so übereinander zu liegen, dass die eingreifende Hand die andere, welche in der Regel ihre Stellung im Wentlichen nicht, oder doch nur unbedeutend verändert, bedeckt. Welche von den beiden Händen die eingreifende und welche die stillstehende sein soll, ist mit Leichtigkeit aus dem Zusammenhange und aus der Figur der betreffenden Noten zu ersehen, welche letztere meistentheils für die rechte Hand nach oben und für die linke nach unten gestielt sind. In zweifelhaften Fällen übrigens pflegt der Componist im Interesse der richtigen Ausführung zu den Noten der eingreifenden Hand die Bemerkung *sopra* (oben) zu setzen oder nur als grössere Verdeutlichung die abgekürzte Bezeichnung *M. D.* oder blos *D.* für *mano destra*, d. i. rechte Hand und *M. S.* oder blos *S.* für *mano sinistra*, d. i. linke Hand beizufügen.

Einhängeloch nennt man in der Instrumentbaukunst jedes Loch eines Tonwerkzeugs, welches zum Einhängen eines anderen Instrumenttheils dient. Vorzüglich kommt dieser Fachausdruck bei den Clavierverfertigern vor, indem sie die Schleife von dem einen Ende der Saite, womit dieselbe an den kleinen Eisenstift gehängt wird, so wie das Loch in der Taste, wo diese auf dem sogenannten Wagebalken (s. d.) ruht, durch welches ein Eisenstift geht, und alle ähnlichen nothwendigen Löcher als E.cher bezeichnen. Die Bestimmung eines E.s bedingt dessen Grösse und Gestaltung. Auch andere Instrumentmacher, wie Orgelbauer, wenden diesen Ausdruck oft an.   †

Einheit (griech.: μονάς) nannten die Griechen den Urbestandtheil der arithmetischen Wissenschaft, ein Begriff, dessen Bedeutung in der mathematischen Klanglehre wesentlich ist.

Einheit, eine der wesentlichsten Eigenschaften eines Kunstwerks, ist die Uebereinstimmung der Theile eines Werkes, d. h. ihre wechselseitige Bestimmung durch einander zu einem eben durch dieses gegenseitige Verhältniss seiner Theile gefallenden Ganzen. Sie darf keiner Production fehlen, welche den Anspruch auf irgend welche künstlerische Bedeutung erhebt, da sie allen einzelnen Theilen Zusammenhang unter sich wie mit der Grundidee des Ganzen verleiht und die innere Nothwendigkeit der Form und des Inhalts, der Charaktere und der Handlung verdeutlicht. Die Hervorbringung eines ungestörten Totaleindrucks, ungeachtet aller von einander verschiedenen Einzelnheiten, ist von der E. vollkommen abhängig, weshalb, streng genommen, eigentlich alles aus der Darstellung hinwegfallen sollte, was nicht zur unmittelbaren Versinnlichung und Umgebung des Hauptgegenstandes im Mittelpunkte der Darstellung gehört. Wie die übrigen allgemeinen ästhetischen Eigenschaften wird auch die E. ebensowohl für den Gegenstand und die Darstellung für sich, als auch für beide im Verhältniss zu einander verlangt. Verstösse gegen die Gesetze der E. können nun bereits in der Anlage des Kunstwerks oder auch in der Ausführung, oder in beiden begangen werden; wo sie aber auch vorkommen, sind sie geeignet, das Verständniss, besonders einer Tondichtung, zu erschweren oder ganz aufzuheben. Die Vermischung mit Fremdartigem und Ungehörigem z. B. muss unbedingt eine Verwirrung des Gefühls im Hörer zur Folge haben; dieses wird von dem Gegenstande abgelenkt und kommt über den störenden Einzelnheiten zu keiner klaren Vorstellung des Ganzen, während eine einheitliche Entwickelung durch ihre stetigen gleichartigen oder ähnlichen Eindrücke das Gefühl in eine bestimmte Richtung lenkt und zu deutlicheren Vorstellungen nöthigt. Das erste und vorzüglichste Mittel einheitlicher Gedankenentwickelung in der Musik ist die Aehnlichkeit, besonders die rhythmische und melodische; doch wird man häufig einheitliche Eindrücke empfangen, ohne eine solche Aehnlichkeit auch wirklich nachweisen zu können. Es waltet eben dann eine innere Beziehung, die verstandesmässig sich nicht erklären lässt. Dass diese E. aber nicht Monotonie sein darf, sondern durch Mannigfaltigkeit, ja selbst durch Contraste belebt sein muss, ist an anderen Orten nachgewiesen, Grundbedingung ist nur die, dass auch diese Elemente als einem einheitlichen Grundgefühl entsprungen, nicht als fremde, von aussen her entgegenstellte Mittel sich erweisen. — Zu weiterem Verständnisse dieses Gegenstandes lese man noch die Artikel Anlage, Ausführung, Contrast, Mannigfaltigkeit, Cyklische Formen u. s. w. nach.

Einicke, Georg Friedrich, deutscher Orgelspieler und Componist, geboren zu Hohlstedt in Thüringen am 16. April 1710, erlernte die Anfangsgründe in den Wissenschaften wie in der Musik bei seinem Vater, der dort Cantor und Organist war, besuchte dann sieben Jahren lang die Schule zu Klosterdondorf und Sangerhausen, worauf er 1732 die Universität zu Leipzig bezog, wo er unter Bach und Scheibe seine musikalische Ausbildung, besonders in der Composition vollendete. Als er auch seine akademischen Studien beendet hatte, trat er in das Amt seines Vaters, der eben gestorben war, welches er bis zum Jahre 1746 verwaltete. In diesem Jahre wurde E. zum Cantor und Musikdirektor nach Frankenhausen berufen und 1757 von dort nach Nordhausen, wo er am 20. Februar 1770 starb. Er hat nach den Kritischen Beyträgen Band II Seite 461 mehre Jahrgänge Concerte und Sinfonien, so wie viele Gelegenheitsmusiken und kleinere Musikstücke geschaffen.   †

Einklang (griech.: *Homophonos*, latein.: *Unisonus* und *Aequisonus*), die reine Prime, nennt man die vollkommene Uebereinstimmung zweier Töne von gleicher Höhe und Tiefe. Nach mathematischer Erklärung würde es heissen: Zwei Töne von gleicher Grösse, im Verhältnisse 1:1, erzeugt von zwei Tonkörpern, die in einer Zeiteinheit eine gleiche Anzahl Schwingungen vollbringen, wozu an Saiten gleiche Länge, Schwere und Spannung erforderlich sind (s. Klang), rufen den E. hervor. Wenngleich Tonidentität und nicht Tonzwischenraum, wird der E. oder die vollkommene (reine) Prime im harmonischen Gebrauche doch als Intervall genommen, auch von den alten Musikschriftstellern für eine Consonanz, mithin für ein Intervall, ja sogar für den Quell und Ursprung aller Consonanzen (»*quem dicunt fontem et originem omnium concordantiarum*« sagt Tinctoris) erklärt. Tinctoris definirt dem entsprechend den E.: »*Est concordantia ex mixtura duarum vocum in uno et eodem loco positarum effecta*« und Gaudentius: »*Homophoni sunt, qui nec gravitate, nec acumine inter se differunt.*« Die Octave als Schwingungsverhältniss 2:1 erscheint durch Halbirung der Saite des E. als seine doppelte Tongrösse, zu ihm wie das Doppelte zum Einfachen sich verhaltend, wird daher auch häufig an seine

Stelle gesetzt oder durch ihn vertreten, oder verdoppelt ihn. Denn beim vierstimmigen Gebrauch der Dreiklänge muss ein Intervall derselben verdoppelt werden
was dann ebensowohl in der Octave als im E. geschehen kann, daher auch beide
E. und Octave, hinsichtlich ihrer Fortschreitung denselben Regeln unterworfen
sind, so dass beispielsweise in zwei verschiedenen Stimmen eines Tonsatzes ebenso
wenig zwei Einklänge wie zwei Octaven in Parallelbewegung unmittelbar aufeinander folgen dürfen. S. Fortschreitung der Intervalle. Daher stammt denn
auch die Annahme, der E. sei ein Intervall. Der Umstand, dass seine Glieder von
Instrumenten oder Stimmen von verschiedener Klangfarbe ausgeführt, deshalb als
Klangverschiedenheit erscheinen können, kommt dabei gar nicht in Betracht, denn
die Klangfarbe hat mit der Tongrösse gar nichts zu schaffen, das c₁ auf der Clarinette und dem Violoncello oder Fagott bleibt ein und dasselbe Tonverhältniss
Vgl. auch Zarlino, *Opere* (1589) I. 183 und 193. Aber die vollkommene Prime
kommt in Theorie und Praxis jeden Augenblick in solche Verbindung mit den
Intervallen, dass man sie in solchen Fällen wenigstens als wirkliches Intervall noth-
gedrungen gelten lassen muss. Der wichtigste Grund dafür ist eben der bereits
angeführte, dass ihre beiden Töne, zwar von einerlei Grösse, doch in zwei verschiedenen Stimmen ebenso gut wie die Octave als Haupttöne einer Melodie oder
Harmonie gebraucht werden können, wobei denn jedes ihrer beiden Glieder seinen
selbständigen Fortgang nehmen muss. — Ueber die durch Erweiterung der vollkommenen Prime um einen halben Ton entstehende übermässige Prime sehe man
den Artikel Prime.

Einlage, s. Eingelegt.

Einleitung, s. Ouvertüre, Introduktion, Intrade, Entrée. Betreffend
die Einleitung in mehrsätzigen Instrumentalstücken sehe man Sonate.

Einleitungsclausel, s. Leitclausel.

Eins. Die Zahl 1 bezeichnet in der Musikschrift: a) die Prime oder den
Grundton; b) die erste oder obere Stimme; c) in der Applicatur der Violine den
Zeigefinger, in der des Pianoforte den Daumen oder ersten Finger und in der der
Orgel den ersten Finger (beziehungsweise den linken Fuss). In englischen Lehr-
büchern und Clavierschulen wird beim Pianoforte der Zeigefinger durch die Zahl
E. angedeutet, der Daumen dagegen durch ein Kreuz oder eine Null; d) die Ab-
weichung beim doppelten Schlusstakt.

Einsaiter, s. Monochord.

Einschlagende Zunge, s. Zunge.

Einschnitte nennt man solche kurze oder fühlbare Ruhepunkte längerer
Melodien, die noch keinen vollständigen Tongedanken begränzen. Auch versteht
man darunter das noch unvollständige melodische Glied selbst. Das Nähere findet
man unter Periodenbau. S. auch Absatz, Abschnitt, Cäsur, Rhythmus.

Einsetzen, s. zunächst Eintritt. Sodann bezeichnet dieser Ausdruck in d…
Orgelpedal-Applicatur das Wechseln der Füsse auf einer und derselben Pedaltast…
jedoch mit dem Zusatze, dass dabei der Ton ununterbrochen fortklingen, oder v…
dem einsetzenden Fusse jedesmal wiederholt angegeben werden soll. Einige Org…
spieler nennen das letztere Verfahren auch Nachrücken, obwohl genau g…
nommen dieser Ausdruck mehr für das erstere gilt.

Einsingen ist sowohl die Uebung des Einzelnen zur Erlangung gehöri…
Festigkeit und Sicherheit im Gesange, als auch das fleissige Zusammenüb…
mehrerer Singenden oder eines Chors zu genauem und richtigem Vortrage v…
Gesangsstücken.

Einspielen. Dieser Fachausdruck wird im Allgemeinen von der ersten v…
bereitenden Behandlung von Streich- und Tasteninstrumenten gebraucht, welch…
Behandlung bei jenen eine gleiche Ansprache aller Töne und bei diesen ein…
gleichmässigen Anschlag zu erzielen bezweckt. Die Art des E.s eines Streich…
instrumentes geschieht in derselben Weise, wie in dem Artikel Anblasen (s. …
die erste Behandlung von Blaseinstrumenten empfohlen ist, weshalb wir h…
darüber hinweggehen. Ueber die inneren körperlichen Vorgänge bei den T…

werkzeugen während des E.s wie Anblasens ist Folgendes zu bemerken: Bei ganz neuen Streichinstrumenten sprechen viele Töne nicht mit der Zartheit und Reinheit an, wie es der Fall ist, wenn ein tüchtiger Künstler längere Zeit jene Instrumente in Behandlung hatte. Die diesen Erscheinungen zu Grunde liegende Ursache ist eine gemeinsame mit der bei Blaseinstrumenten und kann keine andere sein, als die Umänderung, welche die innere Textur der schwingenden Theile, bei den Blaseinstrumenten der Holzwandungen, bei den Streichinstrumenten namentlich des Resonanzbodens, erleidet. Die Kraft, mit welcher eine einzige Schwingung auf die starren Theile der Instrumente wirkt, ist zwar so gering, dass es unmöglich ist, ihr einen irgend bemerkbaren Effekt zuzuschreiben. Aber wenn man bedenkt, dass bei vielen Tönen dieser Einfluss sich in einer Sekunde viele hundert-, ja mehrere tausendmal wiederholt und dass ein Instrument Stunden und Tage lang im Gebrauch ist, so braucht man überhaupt nur die grossen Wirkungen der Summirung kleiner Ursachen kennen gelernt zu haben, damit jene Aenderungen im Gefüge der Instrumentaltheile das Unbegreifliche verlieren. Man ist freilich im gewöhnlichen Leben so wenig an derartige Erfahrungen gewöhnt, dass das Fortrücken, das Drehen und Gleiten der Tische unter dem Einfluss vieler zitternder Finger eine experimentelle Aufregung in der ganzen civilisirten Welt hervorrufen konnte. Es war nöthig daran zu erinnern, dass der Tropfen den Stein aushöhlt, dass Brücken unter dem taktmässigen Schritte von Menschenmassen einstürzten, deren hundertfaches Gewicht, wenn in Ruhe, dem Bauwerk keine Gefahr hätte bringen können. Etwas näher unserm Falle liegen die merkwürdigen Texturveränderungen, welche in der Metallmasse von Maschinentheilen, Eisenbahnschienen, Telegraphendräthen erfolgen, wenn diese Körper lange fortgesetzten Erschütterungen unterworfen sind. Das Eisen, das Kupfer, welche anfangs zäh und geschmeidig waren, werden allmälig unter dem Einfluss jener Bewegungen im Innern krystallinisch und brüchig. Wenn solche Umlagerungen in diesen zähen Substanzen möglich sind, wie soll man annehmen, dass das faserige Gefüge der Hölzer von den heftigen und raschen Erzitterungen, welche das Tönen begleiten, unberührt und unverändert bleiben solle. Wenn man bedenkt, welche zahlreiche Schwingungsarten dem Holze des Resonanzbodens durch die ganze Scala eines Streichinstruments hinauf zugemuthet werden, so leuchtet ein, dass in der aufs Geradewohl gewählten Holzplatte des neuen Instruments manche Faser jenen Schwingungen wiederstreben mag. Schwache Resonanz, also magerer Ton, oder begleitende Geräusche und Misstöne sind die Folge solcher Widerstände, welche aber durch tausendfach wiederholte Proben endlich besiegt werden, indem das Gefüge des Holzes kleine Aenderungen erleidet, welche unserm Gesichtssinne freilich stets unzugänglich bleiben werden. Resonanzböden von geschmeidigem Metall würden allmälig in krystallinische Struktur übergehen, welche auf einer Bruchfläche sehr deutlich gegen die faserige Beschaffenheit frisch geschmiedeten und gewalzten Metalls absticht. Als ähnliche Vorgänge bestätigend ist folgende Auslassung eines in der Behandlung der Streichinstrumente erfahrenen Künstlers anzusehen. Derselbe versicherte, dass bei eingespielten guten Streichinstrumenten der Bogen sogleich beim ersten Ansatz gleichsam innig mit der Saite verwachse und der Ton bei der ersten Berührung rein und klangvoll hervortrete, während bei neuen noch nicht eingespielten Instrumenten ein grösserer Kraftaufwand nöthig sei, um den Ton zum vollen Ansprechen zu bringen, und der Bogen in weniger homogener stetiger Bewegung, gleichsam holpernd, über die Saiten fahre. Der zum E. erforderliche Kraftaufwand sei grösser bei einem neuen Violoncell als bei einer Violine. Wenn nun dieselben körperlichen Vorgänge zwar auch bei den eigentlichen, den guten Ton fördernden Instrumenttheilen (Resonanzboden) der Tasteninstrumente (Pianos etc.) eintreten müssen, so braucht man dennoch den Ausdruck E. bei diesen weniger in Bezug auf die Anbahnung der gleichmässigen Tongaben; man wendet vielmehr denselben an, wenn man die Behandlung eines neuen Instruments in der Absicht vornimmt, ein durchaus flüssiges und gleichmässiges Zugebotestehen der Mechanik zu erzielen. Wie man sächlich E., die Einheit der Mechanik eines Instruments zu erzielen, nennt, so findet dieser Ausdruck auch eine persönliche Anwendung. — Das Bemühen eines Instrumentisten, sich durch Spielen auf einem ihm bisher unbekannten Instrumente mit den Klang- und Behandlungseigenheiten desselben vertraut zu machen, sowie das öftere probeweise Aufführen von Compositionen für mehrere Instrumente, um das beste Zusammenspiel in Bezug auf Rhythmus und Intonation zu erzielen, nennt man ebenfalls E. Erstere Art des E.s angehend, muss man beachten, dass jedes Instrument mehr oder weniger Eigenthümlichkeiten in Bezug auf Ton und Bau besitzt, die kennen zu lernen auch dem grössten Virtuosen nothwendig sind, wenn er die auf dem Instrumente möglichste vorzüglichste Kunstleistung zu geben im Stande sein soll. Um diese jedoch kennen zu lernen, bedarf es nicht allein des Durchgehens aller Klangregionen, sondern eines aufmerksamen Studirens derselben in möglichst allen Zeitmaassen und eines Verbindens der verschiedensten Regionen in gleicher Weise, damit auch ausser den tonlichen Verschiedenheiten dieses Instruments von dem gewöhnlich von dem Künstler behandelten die etwaigen kleinen baulichen Unterschiede demselben nicht unbekannt bleiben. So wichtig nun diese Art des E.s für Virtuosen, ebenso wichtig ist die oben unter zu zweit erwähnte, wenn mehrere Instrumentisten ein bestes Zusammenspiel zu erzielen suchen; E. eines Orchesters etc. Bietet ein streng gemessener Rhythmus den Darstellern auch keine Schwierigkeit, wenn die technische Gewandtheit vorhanden, so werden doch, selbst in älteren Tonschöpfungen vorkommende, zögernde und eilende Stellen ein E. wünschenswerth, wenn auch nicht unbedingt nothwendig machen. Gefordert aber muss dasselbe geradezu werden, wenn neuere Tonschöpfungen, die immer mehr sich einer strengen Zeitbewegung entfremden und oft in sich selbst rhythmisch verschiedene Tonfäden als zeitmaassgebenden Leiter besitzen, ausgeführt werden sollen, indem nur ein vollkommenes E. den einzelnen Ausführenden erst zur richtigen Auffassung seiner Kunstaufgabe befähigt. Ausser diesem taktlichen Theil des E.s ist noch der klangliche von hoher Bedeutung. Mehrere Instrumentisten, die in Gesammtheit einen Tonkörper darstellen sollen, müssen in der Intonation ihrer besondern Tongaben oft zu Gunsten der Harmonie fühlend kleine Aenderungen eintreten lassen, welchen Intonationsvollkommenheiten noch zuweilen sich dynamische (d. h. dass mancher Ton oder Tongang im Verhältniss zu einem andern gleichzeitig erklingenden in geringerer oder grösserer Stärke vorgetragen werden muss) sich beigesellen, müssen somit, um alle diese Erfordernisse eines Kunstwerks kennen und geben zu lernen, zahlreiche Versuche machen oder sich einspielen. Lösen ausführende Sänger oder Instrumentisten die hierin zielenden Kunstaufgaben in hervorragender Weise, so sagt man in der Fachsprache, dieselben hätten sich gut eingesungen oder eingespielt.   2.

Einstimmen oder Accordiren (latein.: *accordare*) nennt man die dem Beginne einer Musik vorangehende genaue Regulirung der Tonhöhe aller dabei betheiligten Instrumente nach einem festen Stimmtone. Besonders betrifft dieses Verfahren die Saiteninstrumente, deren Tonhöhe wandelbar ist; die Blaseinstrumente stehen schon an und für sich im festen Gabeltone, wenngleich sie durch Temperaturwechsel kleine Abweichungen erleiden, und manche Holzblaseinstrumente durch Auszichen (d. i. durch eine geringe Verlängerung der Röhre) ihre Stimmung ein wenig vertiefen können, wozu sich die Instrumentisten jedoch nur ungern verstehen, da die Reinheit ihrer Tonleiter darunter leidet. Die Streichinstrumente müssen daher beim E. nach den Blaseinstrumenten und, wenn auch solche vorhanden, nach Clavier oder Orgel sich richten. S. auch Accordare und Angeben.

Einstimmig oder homophonisch nennt man einen für eine einzelne Stimme geschriebenen Tonsatz, auch dann noch, wenn er mehrfach besetzt ist und im Einklange (s. d.) oder in der Oktave (*all' unisono* oder *all' ottava*) begleitet wird.

Einstudiren nennt man die behufs der Reproduktion auf ein Tonstück verwendete Thätigkeit, welche den Zweck hat, sowohl die darin enthaltenen Schwierigkeiten mit voller Sicherheit und Freiheit zu bewältigen, als auch dasselbe nach seiner geistigen Seite hin so vollkommen zu durchdringen, dass man es der

Mechanik und dem Inhalte nach durchaus sich zu eigen gemacht hat und fertig und mit richtigem Ausdrucke vorzutragen vermag. Hat der einzelne Virtuose, oder der ganze Chor oder das Orchester ein Tonwerk so weit geübt, dass es zum Vortrage reif ist, so sagt man, es sei einstudirt.

Eintritt oder Eintreten (französ. *Entrée*) bezeichnet denjenigen Zeitpunkt, in welchem in einem mehrstimmigen Tonwerke eine Stimme entweder zu Anfange des Tonsatzes oder im Verlaufe desselben nach einer Pause anfängt sich hören zu lassen. Selbstverständlich wird mit dem Eintritte von Haupt- oder Nebenthemen, Haupt- und Füllstimmen, einzelner Instrumente und ganzer anderer Klangcombinationen, anderer Harmonien oder Stärkegrade und was sonst noch vorkommt, jederzeit eine Absicht auf besonderen Ausdruck und bestimmte Wirkung verbunden sein müssen, sonst ist der E. verloren, nichtssagend und bedeutungslos. Am häufigsten kommt der Ausdruck E. bei Fugen oder überhaupt bei Sätzen, die im kanonischen Style componirt sind, vor, weil hier gewöhnlicher als sonst die sämmtlichen Stimmen nicht zugleich anfangen, sondern eine nach der andern eintritt. S. Fuge, Imitation, Kanon, Contrapunkt u. s. w.

Eintrittszeichen oder **Eintretungszeichen**, von welchem an ein Stück zu wiederholen ist, s. Wiederholungszeichen; als Zeichen (§) für die nachahmenden Stimmen im geschlossenen Kanon, s. Kanon.

Eireos (griech.: εἱρμός, lateinisch: *nexus*) hiess in der griechisch-katholischen Kirche eine Composition, die die Sänger mit leichter Mühe unter einander selbst machten und nach welcher die anderen Lieder und Hymnen abgesungen wurden. Schöttgen's *Antiqu. Lex.* O

Eïs (ital.: *mi diesis*, französ.: *mi dièse*) nennt man den um einen Halbton (s. d.) erhöhten *e* genannten Klang, welcher Name aus der Lautbenennung des Urtons *e* und der den Grad der Erhöhung kennzeichnenden Sylbe *is* (s. d.) entstand; diese Erhöhung wird in der Notirung durch Versetzung eines Kreuzes vor der *e* darstellenden Note angezeigt. Der *eïs* genannte Klang, als übermässige Terz von *c* ab durch das Verhältniss 96 : 125 darzustellen, wird in dem gleichtemperirten System, das gewöhnlich die Tasteninstrumente darstellen, durch den sonst *f* genannten Klang vertreten. Dies ist eigentlich falsch, da *f*, von *c* ab durch das Verhältniss 3 : 4 darzustellen, durchaus von *eïs* verschieden klingt. Doch die Eigenheit unseres Ohres, welches kleine Klangunterschiede bis zu einem gewissen Grade hin erträgt, sowie harmonische Anforderungen, die mittelst Tonwerkzeugen mit festen Tönen geleistet werden müssen, liessen diesen Gebrauch des *f* statt *eïs* Platz greifen. In Tongaben durch Instrumente jedoch, welche eine Tonhöhenabwägung gestatten, werden wir stets die *f* und *eïs* notirten Klänge auch von anderer Höhe geben, was besonders hervortritt, wenn *eïs* als Leitton (s. d.) auftritt. 2.

Eisel, Johann Philipp, Rechtsgelehrter und Tonkünstler, geboren 1698 zu Erfurt, war auch in seiner Vaterstadt angestellt und gab eine Schrift heraus, betitelt; »*Musicus autodidactus etc.*« (Erfurt, 1738), welche für die Kenntniss der damals im Gebrauch befindlich gewesenen Instrumente von Wichtigkeit ist.

Eiselt, Johann Heinrich, vorzüglicher Violinist, Schüler Tartini's, war seit 1756 Mitglied der Kapelle zu Dresden und hat seit 1766 verschiedene Violincompositonen geschaffen, die jedoch sämmtlich nur im Manuscript bekannt geworden sind. †

Eisen wird auf die mannigfaltigste Weise bei der Verfertigung von Tonwerkzeugen verwandt, so dass es fast unmöglich ist, über die Einzelverwendung desselben in Kürze nur annähernd zu berichten. Hierzu ist nicht allein die Festigkeit des E.s der Grund, sondern zugleich die bedeutende Schallfortpflanzungsfähigkeit desselben (5600 Meter in einer Sekunde). In grösserer Dicke zu Spreizen verarbeitet, um die Dauerhaftigkeit der zarteren Instrumenttheile zu fördern, ist das E. ein Instrumenttheil, der die Schallfortpflanzungsfähigkeit noch in höherem Maasse besitzt als irgend eine Holzart, und in Drathform zeigt sich diese Eigen-

heit im Verhältniss zu der des Holzes nur wenig geringer. Es ist somit anzunehmen, dass durch diese Eigenheit des E.s die Resonanz viel mehr als durch Anwendung irgend eines andern Metalles gefördert wird. In neuester Zeit hat man
das E. auch als ausschliessliches Material zum Bau von Streich- oder Blaseinstrumenten verwandt; wir nennen das Nagelklavier (s. d.), das Panmelodicon
(s. d.) für ältere Versuche, denen sich die von Violinen (s. d.) und Clarinetten
(s. d.) in neuester Zeit anschliessen.   2.

Eisenhofer, Franz Xaver, vorzüglicher deutscher Liedercomponist, wurde
am 29. Novbr. 1783 zu Ilmmünster in Oberbaiern geboren und war der Sohn
armer Bauersleute, die ihn von vornherein zum Studiren bestimmten. Den ersten
Unterricht erhielt er in dem Benediktinerkloster Scheyern, woselbst er auch
Violinspiel und Gesang, sowie vom 11. Lebensjahre an die Elemente des Generalbasses treiben musste, Studien, die er auch auf dem höheren Gymnasium zu Neuburg später eifrig fortsetzte. In München bezog er darauf die Universität, um
Philosophie zu studiren, und dort machte er zugleich eine gründliche Harmonielehre und contrapunktische Schule bei dem berühmten Theoretiker und Hof-
claviermeister Jos. Grätz durch. Die mit der Philosophie verbundenen theologischen Studien vollendete er in Landshut, worauf er in das Priesterseminar in
München trat. Da ihm aber der geistliche Stand nicht zusagte, trat er während
des zweiten Semesters wieder aus und wandte sich dem Studium der Philosophie
zu. Nach Vollendung desselben wurde er Hofmeister beim Grafen La Rosée und
machte in dieser Stellung mehrjährige Reisen durch die Schweiz, Frankreich und
Italien mit. Im J. 1810 erhielt er eine Anstellung als Unterlehrer in Landshut
und wirkte sodann an den Gymnasien zu Passau, Neuburg und Würzburg als
Lehrer, Oberlehrer und Professor, bis er 1825 in Würzburg zum Studienrektor
ernannt wurde. Sieben Jahre später wurde er Kreisscholarch, 1840 Ehrendoktor
der Philosophie von Seiten der Würzburger Hochschule, 1854 Ritter des baierischen
Michaels-Ordens und starb am 15. August 1855 zu Würzburg.—Von E.'s zahlreichen,
werthvollen Compositionen sind nur 24 Werke, bestehend aus einstimmigen Liedern
mit Clavierbegleitung, drei- und vierstimmigen Männergesängen und einer Ode für
Chor und Orchester, »Die Königsfeier« betitelt, im Druck erschienen. Ganz vorzüglicher Beliebtheit erfreuten sich lange Zeit hindurch seine Lieder für Männerstimmen,
zu denen er, wie zu vielen seiner Cantaten, meist die Texte selbst dichtete. Solcher Cantaten für Männerstimmen, viele Instrumental- und Kirchenstücke u. s. w., welche eine
gewisse locale Bedeutung hatten, fanden sich in seinem Nachlasse im Manuscript.

Eisenhuet, Thomas, deutscher Kirchencomponist aus der zweiten Hälfte
des 17. Jahrhunderts, war um 1676 Musikdirektor beim Fürsten zu Kempten und
zuletzt regulirter Chorherr des Klosters zum heil. Georg in Augsburg. Seine
musikalischen Arbeiten bestehen in vielen mehrstimmigen Concerten, die er unter
dem Titel »Harmonia sacra« (Augsburg, 1675) veröffentlichte, ferner in Messen,
Offertorien, Antiphonien u. s. w. und in einem theoretischen Werke, »Musikalisches Fundament« betitelt, das mehrere Auflagen erlebte.

Eisenmenger, Michael, geschickter und erfindungsreicher Mechaniker, geboren um 1805 in der Pfalz, hat verschiedene sinnreiche mechanische Erfindungen
für Notirung und Instrumente (Notenumwender, Beleuchtungsapparat, tragbare
Musikpulte u. s. w.) gemacht. Im J. 1855 setzte er in Paris eine Pianofortefabrik in Betrieb.

Eisentraut, Wolfgang, deutscher Orgelspieler, geboren 1560, war Organist
in Halle, und gehörte als der 41. zu den 53 Inspektoren, welche im J. 1596 die
Schlosskirchenorgel zu Grüningen abnahmen. E. starb 1629 zu Halle, 69 Jahr alt.
Vgl. Werkmeister's Organum Gruning. rediv. § 11.   †

Eisenvioline oder Nagelgeige, s. Nagelharmonika.

Eiser, Anton, tüchtiger Flötenvirtuose und Lehrer, geboren 1800 in Prag,
besuchte sechs Jahre lang das Conservatorium seiner Vaterstadt, das er als ausgebildeter guter Musiker verliess. Im J. 1832 war er als erster Flötist im Orchester zu Gratz angestellt, doch schon 1833 wurde er als Lehrer an das Prager

Conservatorium berufen und wirkte zugleich als Orchestermitglied am dortigen ständischen Theater. Von seiner Lehrtüchtigkeit zeugen zahlreiche treffliche Schüler, die er gebildet hat. Componirt hat er Mancherlei, jedoch ist nur Weniges davon in weiteren Kreisen bekannt geworden.

Elsert, Johannes, trefflicher Violoncellist, geboren 1775 in Georgenthal bei Rumburg, war als Kammermusiker in der Hofkapelle zu Dresden angestellt. — Sein Sohn, **Johannes E.**, geboren 1810 zu Dresden, erhielt seine höhere musikalische Ausbildung in Wien und trat daselbst während eines fortgesetzt mehrjährigen Aufenthaltes als ungemein fertiger Orgelspieler und gründlicher Tonkünstler in die Oeffentlichkeit. Von dort her wurde er als Hoforganist nach Dresden zurückberufen und wirkte in diesem Amte bis 1864, wo er starb. Seine Compositionen bestehen in Orgelwerken, die meist in Wien erschienen sind und von denen besonders die Fugen als ebenso kunstvoll gearbeitet wie melodisch besonders beachtenswerth gelten dürfen.

Eisfeld, Theodor, einer der tüchtigsten und gediegensten deutschen Tonkünstler der Vereinigten Staaten von Nordamerika, gleich ausgezeichnet als Pianist, Violinist und Theoretiker, wurde 1816 zu Wolfenbüttel geboren und legte den Grund seiner umfassenden Musikbildung in Braunschweig. Dort ertheilte ihm auch Karl Müller einen gründlichen Violin-Unterricht, während später Reissiger in Dresden E.'s Ausbildung in der Compositions- und Harmonielehre vollendete. Schon 1840 erhielt E. einen Ruf als herzogl. nassauischer Kapellmeister nach Wiesbaden, woselbst er jedoch nicht lange verblieb und einen Studienaufenthalt in Paris nahm. Dort wurde er auch Orchesterchef der sogenannten »Concerts Viviennes«. Auch diese Stellung gab er bald auf und bereiste nun Italien, den Gesang gründlich studirend und vielfache Auszeichnungen von Akademien und Gesellschaften entgegennehmend. Im J. 1848 siedelte er nach New-York über und erwarb sich innerhalb 10 Jahre als kenntnissreicher Musiker, Lehrer und Dirigent die allgemeinste Anerkennung und Hochachtung. Auf einer Reise 1858 nach Europa begriffen, verunglückte er mit der vom Brand zerstörten »Austria«, gehörte aber zu den wenigen glücklich Geretteten. In Folge dessen besuchte er erst 1866 auf längere Zeit seine Heimath wieder, von wo zurückgekehrt, er in New-York seine angesehene Stellung wieder einnahm.

Eisner, Karl, einer der hervorragendsten deutschen Waldhornvirtuosen dieses Jahrhunderts, geboren am 19. Juni 1802 zu Pulsnitz in der Lausitz, erhielt seine Ausbildung in der Heimath und ging in seinen Jünglingsjahren nach Russland, wo er Kammermusiker der kaiserl. Kapelle wurde, in welcher Stelle er verblieb, bis er 1836 pensionsberechtigt wieder in das Ausland gehen durfte. Er machte nun eine grössere, sehr erfolgreiche Kunstreise, die ihn über Wien nach Dresden brachte, wo er 1838 als erster Hornist in die königl. Kapelle berufen wurde. Ferienreisen führten ihn noch oft in andere Städte und verbreiteten seinen Virtuosenruf durch ganz Deutschland. Sein Ton war voll, rund und schön, seine Fertigkeit, besonders in Bezug auf Passagen bewundernswerth. Auch als Componist hat er sich in mehreren seiner im Druck erschienenen Compositionen von durchaus vortheilhafter Seite gezeigt.

Eisrich, Karl Traugott, vorzüglicher deutscher Pianist und Violinist, sowie trefflicher Liedercomponist, geboren um 1776 zu Baireuth, lebte als Musikdirektor in Riga und war in den genannten Eigenschaften hochgeschätzt.

Eitner, Robert, verdienstvoller Tonkünstler und Musikgelehrter, geboren am 22. Octbr. 1832 zu Breslau, zeigte von früher Jugend an bedeutende Anlagen für Clavierspiel und Composition. Nach Absolvirung der wissenschaftlichen Bildung auf dem Gymnasium zu St. Elisabeth in Breslau, nahm sich der Domkapellmeister Moritz Brosig des hoffnungsvollen Jünglings an, und unter strenger Zucht und gänzlicher Zurückgezogenheit musste er 5 Jahre hindurch den wissenschaftlichen Musikstudien obliegen. Im J. 1853 siedelte E. nach Berlin über, wo die Sorgen um eine gesicherte Existenz vorläufig seine volle Thätigkeit in Anspruch nahmen. Erst nach einigen Jahren, nachdem er sich dort als Musiklehrer

Vertrauen und Achtung erworben hatte, trat er als Claviervirtuose und Componist, namentlich in von 1857 bis 1859 selbst veranstalteten Concerten, in die Oeffentlichkeit, und errang sich durch fortgesetztes Streben auch die Achtung seiner Kunstgenossen. An Compositionen sind, ausser Clavierstücken und Liedern, aus jener Periode zu nennen: eine Pfingstcantate, ein vierstimmiges Stabat mater *a capella*, eine biblische Oper »Judith« und eine Ouverture zu »Cid«. Durch einen glücklichen Zufall (1860) wurde E.'s Thätigkeit auf das musik-literarische Feld gelenkt. In einem obskuren schlesischen Musikblättchen erschienen seine ersten Artikel unter einem angenommenen Namen. Schon in diesen ersten Anfängen trat das Bestreben hervor, die Gegenwart auf geschichtlicher Grundlage zu betrachten, und durch diese und jene Arbeit immer mehr auf die Geschichte hingewiesen, nahm das Studium derselben endlich alle freie Zeit in Anspruch, während er der praktischen Musik, bis auf Ertheilung von Unterricht, völlig den Rücken kehrte. 1862 erschien in der »Neuen Zeitschrift für Musik« E.'s erste geschichtliche Abhandlung, die über die Entstehung und weitere Ausbildung der Tasteninstrumente handelte und die Aufmerksamkeit der Historiker auf sich zog. Durch weitere Arbeiten immer mehr auf das biographische und bibliographische Feld der Musikgeschichte hingedrängt, betheiligte er sich 1866 an dem Conkurrenz-Ausschreiben des niederländischen Vereins zur Beförderung der Tonkunst in Amsterdam, welcher die Aufgabe stellte, ein biographisch-bibliographisches Lexikon der holländischen Tonkünstler abzufassen. E. errang 1867 damit den Preis und erhielt den Auftrag, die fernere Ausarbeitung der holländischen Musikgeschichte zu übernehmen. In Folge dessen entstand eine Reihe umfangreicher Arbeiten, die in der Bibliothek des genannten Vereines, der ihn 1870 zum correspondirenden Mitgliede ernannte, aufbewahrt werden. Zu erwähnen sind besonders eine Biographie Joh. Peter Sweelinck's, ferner die Partituren einer Messe von Jac. Obrecht (1503), die *Cantiones sacrae*, 5 voc. 1619 von Sweelinck, die vier- und sechsstimmigen Psalmen desselben Componisten, die Herstellung einer modernen Ueberarbeitung der nur im Manuscript vorhandenen Compositionsregeln Sweelinck's und viele andere praktische Musikwerke holländischer Meister des 16. Jahrhunderts. Diese Arbeiten brachten E. in einen regen persönlichen und schriftlichen Verkehr mit den Musikgelehrten Deutschlands und des Auslandes, wie Commer, Kade, Teschner, Weitzmann, Ritter, Bellermann, Chrysander, Fürstenau, Rühlmann, Erk, Rust, Schubiger, Witt u. a. Bei der Isolirtheit der einzelnen Bestrebungen und dem gänzlichen Mangel eines Organs, welches den geschichtlichen Aufgaben Rechnung trug, reifte unter diesen Männern nach und nach der Plan, besonders durch den Musikhistoriker Otto Kade angeregt, eine Gesellschaft für Musikforschung ins Leben zu rufen und eine Fachzeitung zu gründen, welche sowohl die Bestrebungen der einzelnen Mitglieder der Oeffentlichkeit kund gäbe und zur gegenseitigen Unterstützung in Erforschung der Quellen diente, als auch das Publikum mit der Wissenschaft vertraut machen und Interesse bei ihm erwecken sollte. So entstand durch die organisirenden Bemühungen E.'s 1868 die Gesellschaft für Musikforschung, der sich die meisten deutschen Musikhistoriker und viele Musikfreunde anschlossen, und 1869 erschienen sodann unter der Redaktion E.'s die Monatshefte für Musikgeschichte. Die eigenen Arbeiten E.'s bilden hierbei nicht so sehr den Kern seiner Wirksamkeit, als die Gabe der Organisation: die zerstreuten Kräfte zu sammeln, sie für die Sache zu begeistern, die Geldmittel herbeizuschaffen und besonders die Aufgabe stets im Auge zu behalten: das noch vorhandene Material an alten Kunstwerken zu sammeln, zu sichten und das Vorzüglichste der Neuzeit zugänglich zu machen. Da der Gesellschaft nicht genügende Geldmittel zu Gebote stehen, um besonders der letztgenannten Aufgabe grösseren Nachdruck zu geben, traten mehrere Mitglieder der Gesellschaft zusammen und arbeiteten einen Plan aus, um durch eine Subscription die nöthigen Geldmittel zur Herausgabe älterer Werke zu erreichen. Hierdurch entstand die seit Mai 1872 bekannt gemachte Subscription zur »Publikation älterer praktischer und theoretischer Musikwerke, vorzugsweise des 15. und 16. Jahrhunderts«, von der Gesellschaft für Musikforschung eröffnet.

E. nahm auch hier wieder freiwillig die ganze Arbeitslast auf sich, und ihm wird es besonders zu verdanken sein, wenn das grossartige Unternehmen zu Stande kommt. — Zu bemerken ist noch, dass E. 1863 in Berlin eine Clavierschule gründete, welche auf dem Prinzipe des gemeinschaftlichen Unterrichts basirt; durch seine Sorgsamkeit und Unermüdlichkeit, eine geordnete Pädagogik in dieser Methode zu schaffen, hat er schon die besten Resultate erzielt. Im J. 1868 war er eine Zeit lang interimistischer Redakteur an der »Allgemeinen musikalischen Zeitung« in Leipzig und trug während der Leitung derselben Einiges dazu bei, derselben ein interessanteres und lebensfähigeres Gewand zu verleihen. — Von seinen zahlreichen grösseren und kleineren Compositionen sind nur einige kleine Clavierstücke und einige Lieder im Drucke erschienen. Von den musikgeschichtlichen Arbeiten sind, ausser zahlreichen Aufsätzen in den Monatsheften für Musikgeschichte, der Allgemeinen musikalischen Zeitung in Leipzig, der Neuen Berliner Musikzeitung und in anderen Blättern, folgende Werke erschienen: »Johann Peter Sweelinck, Drei Fantasien, drei Toccaten und vier Variationen für Orgel« (Berlin, 1870); »Verzeichniss neuer Ausgaben alter Musikwerke aus der frühesten Zeit bis zum Jahre 1800. Mit einem alphabetisch geordnetem Inhatsanzeiger der Componisten und ihrer Werke« (Berlin, 1871). Aus den Monatsheften sind noch im Separatabdrucke erschienen die Ausgaben von Arnolt Schlick's Spiegel der Orgelmacher und Organisten (Heidelberg, 1511) und desselben Orgelstücke von 1512. Als selbstständiges pädagogisches Werk E.'s ist das »Hilfsbuch beim Clavierunterrichte« (Berlin, 1871) zu erwähnen.

Ekbole (griech.; latein.: *Projectio*) hiess in der altgriechischen Musik nach Aristides das Heraufstimmen (Erhöhen) des enharmonischen Tones eines enharmonischen Tetrachords um fünf Viertelstöne oder enharmonische Diesen auf einmal, wodurch dann das Tetrachord in ein diatonisches verwandelt wurde. In e, $\cdot e$, $f\!-\!a$ z. B. das enharmonische $\cdot e$ um fünf Viertelstöne herauf (nach g) gestimmt, ergiebt dies das diatonische Tetrachord e, f, $g\!-\!a$. — Das Heraufstimmen um nur drei Viertelstöne hiess *Spondeiasmos*, das Herunterstimmen um eben so viel *Eklysis* (latein.: *Dissolutio*). Erhöht man z. B. in dem oben angezogenen enharmonischen Tetrachord $\cdot e$ um drei Viertelstöne durch *Spondeiasmos* nach $\natural f$, so wird das Tetrachord chromatisch: e, f, $\natural f\!-\!a$ und wiederum enharmonisch, wenn man diese Erhöhung durch *Eklysis* aufhebt. Genaueres hierüber findet man in Fr. Bellermann's Tonleitern und Musiknoten der Griechen (Berlin, 1847) S. 81.

Ekhart, Franz Joseph, ausgezeichneter deutscher Clavier-, Orgel- und Harfenspieler, geboren um 1735 zu Teplitz, erlernte seine musikalisch-technischen Fertigkeiten von seinem Vater. Um seine Ausbildung zu vollenden, ging er nach Italien, lebte längere Zeit in Rom, als Organist an der Basilica St. Peter angestellt und vom Papst Clemens XIV. auch als Harfenspieler geschätzt und begünstigt. Auch waren in Rom und im übrigen Italien seine Compositionen hoch angesehen. Dieselben sind jedoch Manuscript geblieben und in Deutschland gar nicht bekannt geworden.

Eklektiker (aus dem Griech.) heisst ein Künstler, der von Allem das, was ihm das Beste scheint, auswählt und für sein Kunstwerk verwendet. Der Eklekticismus setzt eine ganz bestimmte, vorwiegende Verstandesthätigkeit, welche die Phantasie zügelt, ja sogar unterdrückt, bei der Schaffensthätigkeit voraus, woher es kommt, dass der E. stets in Gefahr ist, die künstlerische Consequenz einer subjektiven Vorliebe zu opfern und vielleicht sogar unvereinbare Elemente in einem Kunstwerke zu verbinden. Nach dieser Seite hin wird die Bezeichnung eines Künstlers als E. zum Vorwurf, womit jedoch nicht gesagt sein soll, dass der Eklekticismus ganz und gar aus dem Schöpfungsprozess verbannt werden dürfe. Dem Eklekticismus ist die künstlerische Ekstase entgegengesetzt, d. i. der Zustand phantastischer und schwärmerischer Aufgeregtheit, in welchem man in Gefahr kommt, einer ausschweifenden Phantasie willenlos zu folgen. Die in der Mitte liegende Besonnenheit muss die Ausschreitungen nach jener oder dieser Seite hin zu verhüten wissen.

Ekloge (aus dem Griech.; latein. und ital.: *ecloga*, französ. *eclogue*) ist nach einer ganz allgemeinen Fassung ein ausgewähltes auserlesenes Gedicht oder Lied. Die lateinischen Grammatiker gaben den bukolischen Gedichten des Virgilius und Calpurnius diese Benennung, die bis in die Kaiserzeit hinein nur eine Sammlung oder Auswahl von Gedichten gleichen Inhalts bezeichnete, und seitdem ist auch bei den Italienern, Spaniern und Deutschen der Ausdruck E. von den Hirtengedichten und Schäferliedern irrthümlich beibehalten worden. In dieser Bedeutung findet sich derselbe dann auch häufig als Ueberschrift von Instrumental-Tonstücken.

Eklysis (griech.; latein.: *dissolutio*), s. **Ekbole**.

Ekmeles (griech.) hiessen bei den Griechen die Laute von ungewisser, nicht bestimmbarer Intervallengrösse, welche nicht dem Melos (der Musik), sondern der Sprache angehörten, kurz gesagt also die Sprachtöne. Hiermit nicht übereinstimmend erklärt Adam de Fulda in seiner *Musica* (Gerbert, *script. III.* 349): »*Ecmeles sunt, quae in consonantiarum conjunctione, ut melos effici possit, non recipiuntur, ut est Tritonus et Semidiapentes*. Nach dieser Erklärung wären die E. die in der Stimmführung verbotene übermässige Quarte und verminderte Quinte. — Ekmeleia ist nach erstangeführter Auffassung der Uebergang vom Gesang- zum Sprachton.

Ekstreptou (griech.) nennt man eines der grossen Zeichen aus der Notationsweise der griechisch-katholischen Kirche: τ, das aus einem demotischen Schriftzeichen der alten Aegypter entstanden ist und eine bestimmte Klangfigur andeutet.

O

E-la, s. E-la-mi.

E-la-fa nennt man sächlich in der neueren Solmisation (s. d.) den Ton *es*, der in dem Hexachord (s. d.) von *b* als *fa* erscheint. In der älteren Solmisation, in der der Gebrauch aller Halbtöne noch nicht stattfand, kannte man selbstredend diese Tonbenennung auch nicht; erst mit dem 16. Jahrhundert scheint dieselbe Eingang gefunden zu haben. O

E-la-mi nannte man in der Solmisation (s. d.) zuweilen das kleine *e*, weil in der Mutation (s. d.) nur diese Sylben, und zwar im ersten Hexachorde (s. d.) die Sylbe *la* und im zweiten die Sylbe *mi*, für denselben in Anwendung kommen. Stets aber wurde diese Tonbezeichnung für das eingestrichene *e* angewandt, indem man dadurch eine Correktheit in der Tonbezeichnung erzielen wollte. Zuweilen gebrauchte man, um Verwechselung zu verhindern, nur die Tonbenennung *e-la*, und zwar in der späteren Solmisationszeit, wo dann das grosse *e-mi*. das kleine *e-la-mi* und das eingestrichene *e-la* genannt wurde. O

El Aoud, L'e'oud, Eud oder **Oud** (arabisch) ist die Benennung eines Griffbrettinstruments mit Bünden, das im arabischen Musikkreise sich einer gleichen gesellschaftlichen Verbreitung und Anwendung erfreut, wie im abendländischen das Pianoforte (s. d.). Der Name, das Wurzelwort unseres Instrumentnamens Laute (s. d.), bedeutet so viel als Schaale, Schildkröte, und ist wahrscheinlich zuerst der Urgestalt des Instruments beigelegt worden, die wirklich die Schaale einer Schildkröte als Schallkasten führte, welche Schaalengestalt man noch heute dem Schallkasten der E., aus dünnen Brettern von Ahornholz gefertigt, giebt. Die Schallkastengestalt mag ihre früheste Entstehung der Sage von der Erfindung der Leyer (s. d.) durch Hermes danken, welche jedoch gewiss auch bei den alten Griffbrettinstrumenten der Assyrer und Aegypter (s. assyrische und ägyptische Musik) schon ihre Anwendung, wenn auch nicht stetig, fand. So viel lässt sich mit Gewissheit annehmen, dass die arabische E. eine nationale Ausbildung des alten Griffbrettinstruments der Assyrer und Aegypter ist, deren Erfindung, d. h. deren vollendete Construktion, in der sie im arabischen Musikkreise sich einer steten Pflege erfreut, von dem arabischen Gelehrten Jbn Schahna, dem Philosophen Manes (s. d.) oder Manichaeus, der ums Jahr 270 n. Ch. lebte und der der Sekte der Manichäer den Namen verlieh, zugeschrieben wird. Die frühesten ausführlicheren Beschreibungen des E.s lieferten El Kindi, gestorben 862 n. Chr., und

El Fârâbi, gestorben 950 n. Chr., von welchen Beschreibungen besonders die des letzterwähnten Schriftstellers, in dem von Kosegarten herausgegebenen Werke, Uebersetzung, »*Alii Hispahanensis liber cantilenarum magnus etc.*« *T. I p.* 77—89 allgemeiner zugänglich ist. Man ersieht daraus, dass das E. in seiner ältesten Gestaltung mit vier Saiten bezogen war und dass das Griffbrett nur vier Bünde besass. Mit diesem Instrumente vermochte man somit zwanzig Töne zu erzeugen, die der diatonischen Folge entsprachen. Später erhielt das Griffbrett sieben Bünde, wodurch alle kleineren Intervalle des persischen Musiksystems darstellbar wurden. Endlich fügte man den vier Saiten noch eine fünfte, höchste hinzu und bildete in längeren Zeiten das E. so aus, wie es noch heute in Gebrauch ist. Die grösste Länge der heutigen E.s beträgt 726 Millimeter, wovon zwei Drittheile auf die Länge des Schallkastens kommen. Der Schallkasten des E.s hat auf der Rückseite die Form einer Schaale, und diese ist aus einundzwanzig dünnen Ahornholzplatten 162 Mm. tief gefertigt, welche Platten durch zwanzig dünne Holzadern getrennt erscheinen. Die obere Fläche des Schallkastens besteht aus einem dünnen polirten Tannenholzbrette, das drei Schalllöcher hat. Der Hals des E.s, 224 Mm. lang und 49 Mm. an der obern und 67 an der untern Seite breit, ist dort, wo die Saiten über demselben ruhen, plan, an der Kehrseite jedoch abgerundet. Der Theil des E.s, in dem die Wirbel befindlich sind, ist zu dem Halse in einen Winkel von 50° gestellt und hat in jeder Seitenwandung vierzehn Löcher für die sichere Einfügung der Wirbelstifte. Der Bezug zeigt vierzehn Darmsaiten von ziemlich gleicher Dicke neben einander; je zwei erhalten gleiche Stimmung und zwar:

Wir sehen in dieser Saitenanordnung den tiefsten Klang an der rechten Seite derselben erscheinen, was unserer Gewohnheit durchaus entgegen. Die Saiten des E. reisst man entweder mit einem Plektrum, aus einem dünnen Metall- oder Schildpattplättchen gefertigt, Zackhmeh genannt, oder einer besonders dazu zugerichteten Adlerfeder. Wodurch sich aber besonders das E. der Neuzeit von dem früheren unterscheidet, ist, dass es keine Bünde hat, sondern es einzig dem Spieler anheimfällt, nach seiner Befähigung die kleineren Intervalle zu greifen. Diese Aufgabe des Spielers wird dadurch leichter, dass er nur eine Handlage praktisch kennt und in dieser, nur eine Anwendung des Zeige-, Mittel- und Ringfingers, durch welche er stets die Zwischentöne mit Ausschluss der Quarte zu geben verpflichtet ist. Einzig in Asien wendet man auch noch den fünften Finger zur Tonzeugung auf dem E. an, um die reine Quart zu geben. Die Haltung des E.s beim Spielen ist, als wenn wir in türkisch hockender Weise eine Guitarre im Schoosse haltend spielen würden. Schliesslich noch bemerkt, dass jede Saite des E.s einen besonderen Namen führt, welche, wenn wir der vorher gegebenen Aufzeichnung von der Rechten zur Linken folgen, folgende sind: *Qab-en naud; Rast; Nauâ; Dukâh; O'chyrân; Sykâh;* und *E'raq.*   C. B.

Elaphron (griech.) ist der Name für ein Notationszeichen in der griechisch-katholischen Kirche : ‿ , welches den Tongang andeutet; dasselbe ist aus einem demotischen Schriftzeichen der alten Aegypter entstanden.   O

Elasticität oder **Federkraft** nennt man die Eigenschaft der Körper, welche sie befähigt, wenn durch äussere Kraft eine Aenderung des Raumgehaltes oder der Form derselben bewirkt worden ist, in den früheren Ruhezustand in dem Verhältnisse zurückzukehren, als jene Kraft zu wirken aufhört. Man denke an die dem Auge so kenntlich werdenden Formänderungen, die man in dieser Beziehung an einem Kautschukstreifen, einer Stahlfeder, einem prall gefüllten Luftkissen und andern Dingen durch entsprechende Kraftäusserungen machen kann, ohne die Gestalt dieser Gegenstände, sobald der Ruhezustand wieder eintritt, verändert

zu haben, wenn die Kraft nicht einen gewissen Grad übersteigt. Diese Eigenschaft besitzen alle Körper mehr oder minder, und man kann somit die Materie
der Welt, welche als Ausdehnung und Undurchdringlichkeit habend aufzufassen,
die am untrüglichsten durch das Gefühl, den Tastsinn, erkannt werden, den
Grundbestandtheil nennen, aus dem die rationelle Lehre von Schall und jeder
Theil derselben, also auch die musikalische Kunst, ihre Tempel erbaut, und zwar
letzteren besonders aus dem Theil dieser Materie, der in bedeutendem Maasse die
Eigenschaft der E. offenbart. Diese Materie fasste Laplace (1749 bis 1827) als in
unendlich kleine Körperchen, Moleküle, Partikelchen, Atome zerlegbar auf, welche
von einer Wärmeathmosphäre umgeben sei. An diesen Molekülen machen sich
unzählbare Erscheinungen bemerkbar, die der Wirksamkeit von Kräften entspringen — d. h. unerklärbaren Ursachen einer Bewegung der Moleküle oder
Molekülsysteme, welche nur nach ihren Wirkungen zu schätzen sind und sich in
momentane (Stoss, Schlag u. s. w.) und continuirliche (Vibration) sondern, —
entspringen, deren allgemeinste die Attraction oder Anziehungskraft ist, welche
die Moleküle gegeneinander besitzen. Diese documentirt sich in einer entweder
unendlich kleinen Entfernung der Moleküle von einander, der Molekülarkraft,
Cohäsion; oder einer beliebig grossen derselben, der Gravitation oder Schwere.
Erscheinungen an Gasen und Dämpfen offenbaren als Wirkung der diese Theilchen umgebenden Wärmeathmosphäre die Repulsiv- oder abstossende Kraft, welche
die Theilchen von einander zu entfernen strebt. Auf Molekülarkraft und
ihrem Verhältniss zur Repulsivkraft beruhen die verschiedenen Zustände der
Materie: Aggregatzustände. Ist nämlich in einer Materie die Cohäsion stärker
als die Repulsivkraft vertreten, so nennt man sie einen festen Körper, d. h. einen,
der eine mikroskopische Erkenntniss von Molekülsystemen bis zu einer Ausdehnung von 0,0001steln gestattet; sind beide Kräfte im Gleichgewicht, so heisst
man sie einen tropfbar flüssigen Körper, d. h. einen, der durch den Sehnerv keine
mikroskopische Erkenntniss der Theilchensysteme gestattet; und wenn die Kräfte
im umgekehrten Verhältniss wie in den festen Körpern sich in der Materie geltend
machen: ausdehnsam flüssige Körper, d. h. solche, die bis heute selbst keine
Ahnung zulassen, wie eine Erkenntniss der Partikelchensysteme derselben nur
eine Möglichkeit. Bei festen Körpern lassen die Einwirkung einer mechanischen
Kraft die Veränderungen am besten beobachten, weshalb wir vorläufig unsere
Betrachtungen auf diese beschränken. Diese Einwirkung, falls dieselbe die
Cohäsion übertrifft, macht bleibende Formveränderungen. Ist diese mechanische
Kraft jedoch nicht hinreichend, einen neuen bleibenden Zustand zu schaffen, so
treten die Moleküle unter Einwirkung der Schwere, sobald die Einwirkung der
mechanischen aufgehört hat, in ihre ursprüngliche Anordnung zurück; dies nennt
man die Elasticität der Körper. Die E. ist am schaulichsten und meisten festen
Körpern eigen, die durch allmäliges Erstarren aus dem flüssigen Zustande entstanden und deshalb eine gleichartigere Anordnung der Moleküle besitzen, wie
Metall, Glas, Harz und andere, oder organischen Gebilden, wie Holz, Fellen und
Darmsaiten, weshalb man, da diese Eigenschaft, je mehr sie bei Körpern vorhanden,
diese befähigt, hörbare Erscheinungen zu erzeugen, dieselben vorzüglich zur Fertigung von Tonwerkzeugen anwendet. Besonders weite Elasticitätgrenzen haben
die Darmsaiten, wie sie an den Streichinstrumenten verwendet werden. Während
Metallfäden meist schon reissen, ehe sie sich um $^1/_2$ Procent ihrer Länge gedehnt
haben, vertragen jene eine Dehnung bis zu 5, ja bis zu 12 Procent, und nehmen
dann, wenn die Spannung wegfällt, ihre anfängliche Länge wieder an. Freilich
werden diese Saiten auch mit besonderer Sorgfalt zubereitet, wie in dem Artikel
Darmsaiten (s. d.) ausführlicher berichtet ist. Vorzüglich aber besitzt die, wo
nicht feste oder tropfbar flüssige Körper sie behindern, überall vorhandene ath-
mosphärische Luft eine bedeutende E., die für die Kunst nicht allein um deswegen
von hoher Bedeutung ist, weil sie fast die einzige Mittlerin zwischen der unorgani-
schen Welt und userm innern Tastsinn für hörbare elastische Wirkungen ist,
sondern auch deshalb, weil die Menschen dieselbe, wie die Orgel und alle Blas-

instrumente beweisen, unmittelbar tönend zu erregen gelernt haben. Dass auch tropfbar flüssige Körper geeignet sind, tonzeugend angewandt zu werden (s. Wasserpfeife), bewies Werthheim im Jahre 1848. Diese Erfindung erfreute sich bisher zwar in der musikalischen Kunst keiner Beachtung, scheint jedoch nicht ungeeignet, bei deren Fortentwickelung noch einmal eine Rolle zu spielen. Schiesslich nur noch die Bemerkung, dass die E., gleich welchen Ursachen sie entsprungen, stets denselben Gesetzen folgt, die Galilei 1638 an der schwingenden Lampe im Dom zu Pisa entdeckte und die an jedem Wanduhrpendel Jeder selbst beobachten kann; in dem Artikel Akustik, Band I Seite 89 bis 93 sind dieselben ausführlicher besprochen, so wie in dem Artikel Wellenbewegung (s. d.). Für das Wesen des Schalles aber ist von diesen Gesetzen das für die musikalische Kunst bedeutungsvollste, dass grössere und kleinere Schwingungen in gleichen Zeiten vollendet werden. Sei es, dass man elastische Stäbe dehnt oder biegt, dass man Luft zusammenpresst oder Saiten anzieht, immer findet man, dass die Grösse der Veränderung in der Form, in dem Raumgehalt oder der Lage der Körper in gleichem Verhältnisse mit der angewendeten Kraft wächst. Wenn 500 Gramme, in der Mitte einer Contrabasssaite angehängt, diese um 1 Centimeter aus ihrer Ruhelage entfernen, so bringen 1000 Gramme eine Ausbiegung von 2 Centimeter hervor. Wenn 5000 Gramme eine senkrecht aufgehangene Claviersaite um ^{1}/$_{5000}$ ihrer Länge dehnen, so bringen 50,000 Gramme ^{10}/$_{5000}$ Dehnung hervor. Gerade in diesem Umstande, welcher sich innerhalb der Grenzen bewährt, innerhalb welcher die Kräfte keine dauernde Veränderungen im Gefüge der elastischen Körper erzeugen, ist der Isochronismus grösserer und kleinerer Schwingungen begründet. Denn im gleichen Verhältniss mit der Grösse des Wegs wächst auch die Energie der elastischen Reaction, welche die Massen forttreibt.   C. B.

Elates, s. Stimmkrücke.

Eleganz (latein.: *elegantia*) bezeichnete schon bei den alten Römern die mit Klarheit verbundene Correktheit der Rede, wobei es namentlich darauf ankam, dass der Ausdruck, indem er treu und wahr das Gedachte wiedergab und zugleich grammatisch der richtige sein musste, natürlich, angemessen und treffend war. Diese Bedeutung des Ausdrucks in sprachlicher Hinsicht ist zwar geblieben, wird aber heut zu Tage auch in anderer Beziehung gebraucht, von den Italienern z. B. vorzugsweise von der Anmuth im Vortrage eines Tonstückes. Die E. in der Musik erfordert nicht nur den vollständigen Besitz der gesammten Ausdrucksmittel, sondern auch eine genaue Kenntniss angemessener Verwendung derselben, um das Passende stets mit Sicherheit wählen und gleichsam herausfühlen zu können.

Elegie (latein. u. ital.: *elegia*; französ.: *élégie*) war nach ältester griechischer Anschauung ein aus Distichen (Hexameter und Pentameter abwechselnd) bestehendes Gedicht, ohne Rücksicht auf Inhalt und Umfang. Von den Ioniern nach und nach zu einer besonderen Dichtart ausgebildet, verband sich schon im Alterthum damit der Grundcharakter eines Trauer- und Klagegesanges. Jener Ausdruck mit dieser Bedeutung ist geblieben und auch oft auf Instrumentalstücke ernsten Charakters übertragen worden. Berühmte neuere Tonwerke dieser Art sind die von J. L. Dussek für Pianoforte componirte E. auf den Tod des Prinzen Louis Ferdinand von Preussen und die E. für Violine von Ernst. Auch im griechischen Alterthum wird übrigens bereits ein Nomos (s. d.) von gleichem Charakter für die Flöte rühmend erwähnt. Der Erfinder desselben ist mit Sicherheit nicht mehr zu bestimmen; nach Einigen soll es Terpander, nach Anderen Theokles von Naxos, nach noch Anderen der ältere Olympos gewesen sein.

Elégique (französ., ital.: *elegiaco*), Vortragsbezeichnung in der Bedeutung: klagend, wehmüthig.

Eléments métriques (französ.) ist bei den Franzosen der Name für Taktglieder.

Eler, André, gelehrter französischer Componist und gediegener Theoretiker, geboren um 1764 im Elsass, kam frühzeitig nach Paris und machte sich durch einige gute Compositionen für Blasinstrumente vortheilhaft bekannt. Geachtet, aber in kümmerlichen Verhältnissen, da er sich nicht geltend zu machen verstand. lebte er bis 1816, wo er in Folge der Umgestaltung des Pariser Conservatoriums zum Professor des Contrapunkts an der berühmten Anstalt ernannt wurde. Die sorgenfreiere Stellung gestattete ihm, seinen Privatfleiss darauf zu verwenden, die Compositionen der Meister des 16. Jahrhunderts aus alten Sammlungen zu excerpiren und in Partitur zu setzen. Die sieben eng geschriebenen Foliobände, die er auf diese Art sehr mühsam zusammengebracht hat, erwarb nach seinem in Paris am 21. Apr. 1821 erfolgten Tode die französische Regierung für die Bibliothek des Pariser Conservatoriums, woselbst sie unter dem Namen »Collection Eler« aufbewahrt und vielfach benutzt werden. — Von E.'s zahlreichen, tüchtig gearbeiteten Compositionen können angeführt werden: drei Opern (»Apelle et Campaspe«. »L'habit du chevalier de Grammont« und »La forêt de Brama«, letztere unaufgeführt geblieben), Streichquartette und Trios, eine Ouverture für Harmoniemusik. Quartette und Trios für Blaseinstrumente, ein Horncconcert u. s. w.

Eleutheros, ein griechischer Sänger, der nach Pausanias in *Phoc. lib.* 10 seines vorzüglichen Gesanges wegen in den pythischen Spielen den ersten Preis errang, obgleich er keine eigene Arbeit vortrug. Er soll auch nach Athenäus *lib.* 13 die Gattung von Gesängen, welche man Oinope nannte, zuerst aufgebracht haben. O

Elevatio (latein.) nennt man: a) das Erheben der Hand auf der Arsis des Taktes beim Taktschlagen; b) im Zusammenhange damit die Arsis oder den schlechten Taktheil selbst; c) die Erhebung des **Ambitus** (s. d.) einer Melodie über ihren Finalton; d) eine Motette oder auch sonst ein mehrstimmiges Tonstück, gewöhnlich für Singstimmen allein oder mit Instrumentalbegleitung, welches bei der Messe während der *Elevatio corporis Christi*, d. h. während der Erhebung der Monstranz durch den dem Volke sie zeigenden Altardiener, ausgeführt wird. — *Elevatio vocis* bezeichnet die Erhebung der Stimme.

El Fârâbî, eigentlich *Abu Nosr Mohammed ibn Tarkhan* geheissen, berühmter arabischer Gelehrter und Musikschriftsteller, ist unter dem ersten Namen, den er nach seiner Geburtsstätte Fârâbe, jetzt Otrar, erhielt, als hervorragender Denker und Dichter bekannt. In Arabien nannte man E., der 912 n. Chr. geboren war und 950 n. Chr. zu Damaskus starb, den zweiten Meister der Kunst oder den neuen Aristoteles, und in der That ist sein Werk »Die Lehre der Griechen im Vergleich mit der arabischen Musik«, von dem sich eine Abschrift im Escurial zu Madrid und eine andere in der Bibliothek zu Leyden befindet, von hoher Bedeutung. Ausser diesem soll E. noch zahlreiche andere Werke geschrieben haben.   O

Elford, Richard, ein zu Anfange des 18. Jahrhunderts berühmter englischer Tenorsänger, war als Knabe in dem Chor der Kirchen zu Lincoln und Durham, wo er auch seine musikalische Erziehung erhielt. Seine wundervolle Stimme führte ihn später auf das Theater; seine ungeschickte Gestalt beeinträchtigte jedoch seine Erfolge in solcher Art, dass er es vorzog, die Bühne wieder zu verlassen und in die königl. Kapelle zu treten. Die besten englischen Componisten damaliger Zeit componirten eigens Gesangsstücke für ihn, so u. A. Weldon 6 Anthems für eine Singstimme, und Hawkins versichert, dass E. im ausdrucksvollen Vortrage unübertrefflich gewesen sei.

Elias Salomonis, musikalisch gebildeter Mönch des 13. Jahrhunderts, welcher im Kloster zu St. Astère (Périgord) lebte. Er schrieb eine »Scientia artis musicae«, welche sich in der Ambrosianischen Bibliothek zu Mailand befindet.

Eliason, Eduard, ausgezeichneter Violinspieler und tüchtiger Componist, geboren 1811 in Frankenthal, studirte das höhere Violinspiel bei Baillot in Paris und Composition bei Rinck. Er lebte längere Zeit in London, wo er auch Musikdirektor an der Oper des Drurylane-Theaters war, seit 1842 jedoch in Frankfurt a. M., um dessen Musikleben er sich als Dirigent, Solo- und Quartettgeiger und Musiklehrer sehr verdient gemacht hat.

Ellmos (griech.) ist der Name einer altphrygischen Flöte, von der man nur noch weiss, dass sie aus dem Holze des Lorbeerbaumes verfertigt wurde.

Ellsi, Filippo, ein vorzüglicher italienischer Sänger, der 1750 auf dem

Theater zu London gefeiert war. Burney erwähnt im Tagebuch seiner musikalischen Reise Band I Seite 196 eines Custoden, Abt Elie, im Vatican, den Gerber mit obigem zu verwechseln scheint. †

Elkamp, Heinrich, gediegener und geschätzter Musiklehrer und trefflicher Componist, geboren 1812 zu Itzehoe im Holstein'schen, wurde in Hamburg ein Schüler Clasing's und vollendete seine Studien in Berlin bei Zelter. Er liess sich hierauf bleibend in Hamburg nieder, zog viele vorzügliche Musikschüler überhaupt, Compositionsschüler insbesondere, heran, schrieb Opern- und Concertberichte für die »Hamburger Nachrichten« und huldigte mit Entschiedenheit der dem Idealen zustrebenden Richtung der Musik. Dies zeigt sich besonders in seinen zahlreichen, seit etwa 1834 meist auch im Druck erschienenen Compositionen, deren Reihe mit zwei Streichquartetten (Op. 2 und 3) und einer Clavier-Sonate im gediegenen Style beginnt. In den Jahren 1834 und 1836 liess er in Berlin und Hamburg seine Oratorien »Die heilige Zeit« und »Paulus« aufführen, die Beifall fanden und besonders von den Kennern und der Kritik mit grosser Anerkennung aufgenommen wurden. Im J. 1842 unternahm E. eine Reise nach Russland und hielt sich beinahe zehn Jahre lang in St. Petersburg auf, wo er vielfach ausgezeichnet wurde. Von 1852 an lebte er, ganz seiner früheren erfolgreichen Thätigkeit wieder hingegeben, in Hamburg, woselbst er auch im J. 1868 starb. Ausser den bereits angeführten Werken sind noch Clavierstücke verschiedener Art, eine Ouverture und mehrere Liederhefte seiner Composition vortheilhaft bekannt geworden.

El Kindi, allgemeiner Annahme nach der älteste arabische Musikschriftsteller, lebte im 9. Jahrhundert und starb im J. 862. Es sind von ihm sechs Schriften: »Ueber die Composition«; »Ueber die Ordnung der Töne«; »Instruktionen über die Musikelemente«; »Ueber den Rhythmus«; »Ueber die musikalischen Instrumente«; und »Ueber die Einheit der Musik und Poesie« erhalten geblieben. O

Ella, John, ein tüchtiger englischer Musiker, der sich jedoch besonders als Musikunternehmer einen grossen und weit verbreiteten Ruf erworben hat, ist um 1798 in Nordengland geboren und bildete sich zunächst zum geschickten Violinisten aus. Als solcher wirkte er lange Jahre im Orchester der italienischen Oper und der philharmonischen Gesellschaft in London mit, bis er 1845 die »*Musical Union*« gründete, deren Leitung er auch selbst übernahm. Die Concerte dieser Gesellschaft erwarben sich ebensowohl durch Grossartigkeit, wie durch Begünstigung von schwer aufzuführenden bedeutenden Musikwerken, sowie endlich durch Heranziehung der berühmtesten Künstler und Virtuosen, einen Weltruf, den E. durch grosse Regsamkeit und Betriebsamkeit während seiner Direktionsführung aufrecht zu erhalten wusste und noch gegenwärtig aufrecht erhält.

Eller, Louis, trefflicher deutscher Violinvirtuose und auch Componist für sein Instrument, geboren 1819 zu Graz, widmete sich in seiner Vaterstadt mit solchem Eifer und Erfolge dem Violinspiel, dass er als neunjähriger Knabe bereits mit Beifall sich öffentlich hören lassen konnte. Seine ersten öffentlichen Concerte gab er 1836 in Wien, wo er Aufsehen erregte. Er erhielt zwar eine feste Anstellung in Salzburg, gab jedoch seine Kunstreisen nicht auf und besuchte Ungarn und Croatien, später die Schweiz, Südfrankreich und 1844 zum ersten Male Paris, wo er Bewunderung fand. Nach seiner Heimath zurückgekehrt, gab er in Graz, sodann in Oberitalien sehr erfolgreiche Concerte, wendete sich aber schliesslich wieder nach Südfrankreich und liess sich, nachdem er mit dem Pianisten Gottschalk die ganze pyrenäische Halbinsel besucht hatte, zu Pau nieder. Von dort aus besuchte er noch häufig Paris und auch die bedeutendsten Städte Deutschlands, woselbst sein durch enorme Fertigkeit und feinen Geschmack ausgezeichnetes Spiel die höchste Anerkennung fand. Nicht lange jedoch ertrug sein schwächlicher Körper die ihm zugemutheten Reisestrapazen und nervösen Anstrengungen; E. starb im August 1862 zu Pau. — Von seiner Composition hat man Fantasien und andere kleinere Stücke für Violine.

Ellerton, John Lodge, vortrefflicher englischer Tonkünstler, von bedeutender schöpferischer Begabung, geboren am 11. Jan. 1807 in der Grafschaft

Chester, bekundete schon frühzeitig musikalische Talente, die auch eine Ausbildung nach praktischer Seite hin fanden, musste aber erst seine Universitätsstudien vollenden, ehe er dazu kam, sich eingehender mit der Lehre von der Composition zu beschäftigen. Auf einer Reise über den Continent begriffen, machte er zu diesem Zwecke in Rom Halt und studirte mehrere Jahre lang auf's Eifrigste bei dem Kapellmeister Terriani. Die Frucht dieser Bemühungen waren im Laufe der Zeit etwa 12 italienische Opern, ein Oratorium, Messen und Motetten, Sinfonien, Ouvertüren, verschiedene Quintette, Trios, Sonaten, eine Unmasse von Duos für Gesang und Instrumente u. s. w. Das musikalische Epos »The bridal of Salerno« verschaffte ihm den Doctorgrad der Universität Oxford.

Ellevlou, Jean, berühmter und ausgezeichneter französischer Opernsänger und Schauspieler, wurde am 14. Juni 1769 zu Rennes geboren, wo sein Vater Militärchirurg war. Von Vorliebe für Musik und Theater getrieben, vernachlässigte E. die medicinischen Studien, für die er bestimmt war, spielte auf Privattheatern und entwich endlich heimlich nach Paris, wo er sich beim Theater von la Rochelle engagiren liess. Nach seiner Heimath zurückgebracht, musste er geloben, seine wissenschaftlichen Studien wieder aufzunehmen, zu deren Vollendung er wieder nach Paris gehen durfte. Statt dessen debütirte er bei der Comédie-italienne am 1. Apr. 1790 in der Titelrolle der Oper »Der Deserteur« von Monsigny. Seine bis dahin für einen Bariton gehaltene Stimme entpuppte sich jetzt plötzlich als ein selten schöner Tenor, auf dessen Ausbildung E. nun alle Zeit verwendete. Als er 1792 in Dalayrac's »Philippe und Georgette« auftrat, war sein Bühnentriumph entschieden. Selbst als er bereits in das Revolutionsheer gesteckt worden war, wurde er auf Verwendung eines kunstsinnigen Offiziers und auf sein Bühnentalent hin wieder freigelassen. Damals verwickelte er sich jedoch in gefahrvolle politische Händel, die ihn nöthigten, nach Strassburg zu gehen, wo er einige Male auftrat, sonst aber ungestört an seiner Weiterbildung arbeitete. Nach Paris endlich zurückgekehrt, wurde er jubelnd empfangen. Seine Stimme war nicht allzu stark, aber rein, sonor und metallreich. Diese Vorzüge, sein gewandtes Spiel, seine schöne Figur und Gesichtsbildung erhielten ihn in der Gunst des Publikums, namentlich der Frauen. Bei der Vereinigung der Theater Favart und Feydeau 1801 zur Opéra comique wurde E. einer der fünf Administratoren der Verwaltung. Damals zeigte er sich beflissen, Grétry's durch Méhul und Cherubini etwas zurückgedrängte Opern zu restituiren. Aber als »Richard Löwenherz« war auch E. in der That unvergleichlich, nicht minder als »Joseph« in Méhul's eigens für ihn geschriebener Oper. Seitdem sich E. reich verheirathet hatte, strebte er, der Bühne zu entsagen, deren einzige Stütze er mit Martin war. Um ihn zu erhalten, verstand man sich zu Gehalterhöhungen, so dass er einschliesslich seines Antheils am Gewinne schliesslich 84,000 Frcs. bezog. Als er aber zuletzt 120,000 Frcs. verlangte, da musste man ihn ziehen lassen, und E. nahm am 10. März 1813 in Monsigny's »Felix« und »Dalayrac's »Adolph und Clara« Abschied vom Publikum, dessen Abgott er bis auf den letzten Moment war. Er lebte nun abwechselnd in Paris und auf seinem Gute Roncières bei Tarare im Rhone-Departement, eifrig mit der Cultur des Bodens und seiner Landsleute beschäftigt. Im J. 1815 beim Einmarsch der Alliirten in Paris, errichtete und commandirte er ein Freicorps zur Vertheidigung der Rhone. Wegen seiner Verdienste um sein Departement wurde er zum Mitglied des Generalconscils für dasselbe und zum Ritter der Ehrenlegion ernannt. Unerwartet starb er während eines Aufenthaltes in Paris am 6. Mai 1842. — Auch als Dichter ist E., aber nicht eben mit Erfolg aufgetreten. So schrieb er 1805 das Textbuch der Oper »Delia und Verdican«, die mit Berton's Musik gänzlich durchfiel. Auch an dem Buche zur Oper »Das Wirthshaus von Bagnères«, componirt von Catel, hatte er dichterischen Antheil, und schliesslich soll, nach Fétis, auch der Text zum »Vaisseau amiral« aus E.'s Feder geflossen sein.

Ellig (von Elle) war bisher ein Fachausdruck der Orgelbauer, der wohl jetzt, nach Einführung einer neuen Maassordnung aus dem Gebrauche schwinden wird.

Als Bezeichnung des Tonfussmasses der Pfeifen war er gleichbedeutend mit zweifüssig. So sagte man z. B. Principal ellig, für Principal zweifüssig.

Elliot, der berühmteste englische Orgelbauer der jüngsten Vergangenheit, dessen Firma weltbekannt noch weiter blüht, geboren 1782 in London, hat während der ersten Decennien unseres Jahrhunderts die grossartigsten Werke für Kirchen und Concertsäle geschaffen, welche bisher jemals gearbeitet worden sind.

Ellipsis (griech.) oder **Ellipse,** auch elliptische oder katachrestische Auflösung genannt, ein zunächst aus der Sprachlehre und Rhetorik in die musikalische Fachsprache gelangter Begriff. Nennt man dort die Weglassung eines Wortes, dessen Begriff zur Vervollständigung eines Gedankens hinzugedacht werden muss, E., so analog hier die übergangene Auflösung einer Dissonanz, indem sogleich ein anderer Accord folgt. Die E. macht die Fortschreitung der auf kürzerem Wege zur Consonanz übergehenden Dissonanz kräftiger, gedrängter und eindringlicher.

Ellmenreich, Johann Baptist, s. **Elmenreich.**

Ellrich, Christoph, ein Kunsttischler und Instrumentenmacher zu Augsburg, geboren 1648, der mit Eichler um die Wette Musikinstrumente, besonders Orgeln in Kasten, fertigte. Er starb 1709. Vgl. Stetten's Kunstgeschichte S. 115. †

Ellys, Richard, englischer Senator und Schriftsteller zu Anfang des 18. Jahrhunderts, schrieb eine »*Fortuita sacra*« (Rotterdam, 1727), der ein »*Commentarius de cymbalis*« angehängt ist. †

Elmenhorst, Heinrich, deutscher Theologe und geistlicher Dichter, geboren am 19. Octbr. 1632, studirte in Leipzig und Wittenberg Gottesgelahrtheit, wurde 1660 Diaconus an der Katharinenkirche zu Hamburg; 1673 Archidiakonus und 1697 Pastor am Spital St. Jacobi ebendaselbst. In letzterer Stellung starb er am 21. Mai 1704. Er hat veröffentlicht: »Geistliches Gesangbuch mit Franken's musikalischer Composition«; ferner »*Dramatologia antiquo-hodierna etc.*« (Hamburg, 1688), zum Schutz des Theaters geschrieben, ein für den hervorragenden freisinnigen Standpunkt E.'s sehr bemerkenswerthes Buch. Endlich hat er auch sogenannte geistliche Opernspiele gedichtet, deren Separattitel sind: »Michael und David« und »Charitine«.

Elmenreich, Albert, deutscher Theaterdichter und Schauspieler, gegenwärtig am Hoftheater zu Schwerin engagirt, hat viele artige Singspiele geschrieben und sich neuerdings auch durch die Composition einer Oper »Der Schmied von Gretna-Green« bekannt gemacht.

Elmenreich, Johann Baptist, ein vorzüglicher deutscher Basssänger, geboren 1770 in Neubreisach, erwarb sich seinen grossen Ruf in Frankfurt a. M., wo er von 1792 bis 1800 engagirt war. Er gastirte hierauf in Weimar, Kassel, Leipzig und Amsterdam und machte 1801 in der *Opera buffa* zu Paris in italienischen Intermezzi Furore. Ein Jahr später war er Mitglied des deutschen sogenannten Mozarttheaters unter Direktion des Unternehmers Haselmayer aus Stuttgart in der *Porte St. Martin* zu Paris. Als das Unternehmen schon nach vier Wochen scheiterte, reiste E. mit dem Pianisten Wölffl und blieb endlich in London, wo er nur in Privatcirkeln, aber bei gutem Honorare auftrat. Von London aus wandte er sich wieder nach Paris und von dort Ende 1803 nach Deutschland, wo er in verschiedenen Städten beifallbelohnt gastirte, bis er 1807 als Kammersänger in München dauernd engagirt wurde. — E.'s Stimme war schön, überaus sonor und biegsam bei einem Umfange von Contra-B bis zum g. Auch als Vocal-Componist ist er hervorgetreten, und als zu ihrer Zeit beliebt sind folgende seiner Gesänge anzuführen: »Der Rechenmeister Amor« für Bass mit Begleitung von Pianoforte und Streichquartett, ferner die Arie »Schöne Mädchen, wer euch trauet« mit Pianoforte und endlich die Arie »Das Leben ist ein Würfelspiel« für Bass mit Orchesterbegleitung.

Elmi, Domenico, italienischer Tonkünstler aus Venedig, in hohem Alter 1760 gestorben, soll nach Laborde ein vortrefflicher Kirchencomponist und Bratschenspieler gewesen sein. †

Elouis, Henri, trefflicher französischer Harfenvirtuose, geboren in Genf, lebte in London am Hofe und in Paris als sehr geschätzter Lehrer seines Instrumentes. Er hat auch um 1788 einige Romanzen und Harfenstücke componirt und veröffentlicht.

Eloy, einer der ältesten bekannt gebliebenen Contrapunktisten, der wahrscheinlich zu Ende des 14. Jahrhunderts lebte und ein Franzose oder Niederländer gewesen ist. Alles Biographische über ihn ist in Dunkel gehüllt und von seinen Compositionen existirt nur eine Messe: »*Dixerunt discipuli*«, die sich im Archive der pästlichen Kapelle in Rom befindet. Das »Kyrie« und »Agnus dei« daraus, Stücke von verhältnissmässig reicher und freier Entwickelung, besitzt auch die k. k. Hofbibliothek in Wien. Es sind dies dieselben Nummern, welche Kiesewetter in seiner »Geschichte der europäisch-abendländischen oder unserer heutigen Musik« gedruckt mitgetheilt hat. Tinctoris sagt von E., dass er »hochgeehrt in Anwendung des *modus*« gewesen sei.

Elsberger, Johann Christoph Zacharias, von Gerber Elsperger geschrieben, geboren 1736 zu Regensburg, war anfangs Cantor an der lateinischen Schule zu Sulzbach und starb am 1. Febr. 1790 als geheimer Secretair daselbst. Er hat ganze Jahrgänge von Kirchenmusiken geschrieben, die zu ihrer Zeit sehr geschätzt waren, ferner Sinfonien, Claviersonaten und eine Oper, betitelt: »Der Barbier von Sevilla«.

Elsbeth, Thomas, deutscher Tonkünstler, um 1600 zu Neustadt in Franken geboren, lebte in Frankfurt a. O., später wahrscheinlich in Liegnitz und gab 22 lateinische und vier deutsche Motetten für sechs Stimmen (Frankfurt, 1660), sowie andere geistliche Compositionen heraus. S. W. Dehn hat in der Gymnasialbibliothek zu Liegnitz noch ausserdem 24 sechsstimmige Motetten E.'s aufgefunden.

Elsner, Joseph, fruchtbarer Componist und verdienstvoller Musikpädagoge, wurde am 1. Juni 1769 zu Grottkau in Schlesien geboren und war der Sohn eines sehr kunstfertigen Tischlers, der auch Claviere, Harfen und andere Instrumente baute. Da E. für das Studium der Medicin bestimmt war, so musste er von 1781 an die lateinische Schule in Breslau besuchen. Dort erhielt aber seine schon früh bekundete Vorliebe für die Musik immer mehr Nahrung. Denn seiner schönen Stimme wegen wurde er als Discantist in den Chor der Dominikanerkirche gezogen, späterhin auch aushülfeweise als Violinist und Sänger an das Theater. Dazu gesellten sich Compositionsversuche, die er in Wien, wo er die Universität beziehen sollte, eifrig fortsetzte und mit einem fleissigen Selbststudium verband. Ende des Jahres 1791 übernahm er eine Violinistenstelle in Brünn, die er aber schon 1792 mit der eines Theater-Musikdirektors in Lemberg vertauschte. In diesem Amte componirte er u. A. die polnische Oper »die Amazonen«, die Musik zu mehreren polnischen Schauspielen, ferner Cantaten, Entr'acts, Sinfonien, acht Streichquartette u. s. w. In gleicher Stellung war er bis 1821 am Theater in Warschau thätig, und diese Stadt ist es auch, um die er sich in musikalischer Beziehung unvergesslich verdient gemacht hat. Eine Reise nach Paris, wo er eine Anzahl seiner Werke zur Aufführung gebracht und veröffentlicht hatte, gab ihm für seine Reformen mannigfaltige Anregung. So begründete er 1815 in Warschau einen Verein, der die Subsistenz- und Lehrmittel hergab, um tüchtige, gründlich unterrichtete Musiklehrer für Schulen und Organisten für die Kirchen heranzubilden, an denen in ganz Polen ein fühlbarer Mangel war. Aus dieser trefflich angelegten und geleiteten Anstalt ging 1821 das Warschauer Conservatorium hervor, an dessen Spitze E. in dankbarer Anerkennung seiner Verdienste gestellt wurde. Als Direktor brachte er das neue Institut zu einer ziemlich bedeutenden Höhe, was ihn nicht abhielt, auch nach anderen Seiten des musikalischen Lebens hin unablässig und uneigennützig thätig zu sein, und eine lange Reihe der tüchtigsten Schüler, darunter Fr. Chopin, bezeichnet seine Bahn. Im höchsten Ansehen, verehrt, ja gefeiert starb E. am 18. April 1854 zu Warschau. — Seine sehr zahlreichen Compositionen huldigen der älteren Musikrichtung, die in Klarheit und leichter Fasslichkeit das Ziel künstlerischer Bestrebungen fand und bestehen in ungefähr 20 polnischen Opern, Balletmusiken, mehreren Melodramen, vielen Einlagestücken, Cantaten, Kirchenwerken aller Art, Sinfonien, Quartetten, Clavierstücken, Concerten für verschiedene Instrumente, Gesängen, Liedern u. s. w.

Elst, Johann van der, belgischer Augustinermönch und Musikgelehrter, geboren zu Anfange des 17. Jahrhunderts auf dem Schlosse Meulenakers in Brabant, studirte die Tonkunst in Frankreich, wohin er in jungen Jahren gekommen war. Auch nach seiner Rückkehr in die Heimath beschäftigte er sich in Gent anhaltend mit Musiktheorie und erfand eine neue Notirungsart, welcher er die schwarze Notation des 14. Jahrhunderts zu Grunde legte, sowie eine Notenbenennung für die Solmisation, nach der nur für die sogenannten ursprünglichen oder natürlichen Noten die Namen ut, re, mi, fa u. s. w. beibehalten, für die durch Kreuze erhöheten Noten aber die Sylben it, ri, fi, sil, li und die durch ♭ erniedrigten ra, ma, sal, le, sa vorgeschlagen wurden. Den näheren Erörterungen darüber gab er in dem Schriftchen: »Notae augustinianae sive musices figurae seu notae novae concinnendis modulis faciliores, tabulatis organicis exhibendis aptiores« (Gent, 1657) eine Stelle, ebenso in dem flamländischen Traktate »Den ouden en de nieuwen Grondt van de Musike« (Gent, 1662).

Elster, Dr. Daniel, Gesanglehrer und Componist, geboren in Thüringen, lebte um 1835 in Schleusingen und siedelte später nach Basel über, wo er Unterricht ertheilte und Dirigent eines Gesangvereins war. Er starb am 19. Decbr. 1857 zu Wittingen bei Baden. Componirt hat er ein- und mehrstimmige Gesänge und Lieder und war der Verfasser einer Elementar-Musiklehre, einer Volksgesangschule und anderer instructiver Schriften.

Eltorlein, Ernst von, musikgebildeter Dilettant, dessen Wohnsitz zu Waldheim in Sachsen, ist ziemlich erfolgreich mit folgenden Schriften in die Oeffentlichkeit getreten: »Beethoven's Sinfonien nach ihrem idealen Gehalt, mit besonderer Rücksicht auf Haydn, Mozart und die neueren Sinfoniker« (Dresden 1853; 2. Aufl. 1858) und »Beethoven's Clavier-Sonaten. Für Freunde der Tonkunst erläutert« (Leizig, 1854; 2. Aufl. 1857; 3. Aufl. 1866). Nicht die wirklich musikalisch-exegetische, sondern höchstens die oberflächlich ästhetisirende Literatur hat durch diese Bücher eine Bereicherung erfahren.

Elvey, Dr., vorzüglicher englischer Orgelvirtuose und trefflicher Kirchencomponist, geboren um 1810, erwarb sich 1831 bei der Universität Oxford den Doktorgrad und ist seit einer Reihe von Jahren königl. Organist an der St. Georgeskapelle im Schloss zu Windsor. Er ist der Componist einer Menge von Werken auf dem Gebiete der Kirchenmusik, die jedoch von localer Bedeutung geblieben sind. Im J. 1871 erfuhr er zugleich mit Jul. Benedikt und Sterndale Bennett die Auszeichnung, von der Königin zum Ritter erhoben zu werden, der erste Fall dieser Art in England, der Musiker traf.

Elvezio, Ludovico, ist der italienische Name des Ludwig Senfl (s. d.).

Elwart, Antoine Elie, einer der gelehrtesten französischen Musiktheoretiker der Gegenwart und fruchtbarer Componist, wurde am 18. Novbr. 1808 zu Paris geboren. Seine Eltern waren sehr arm und darauf bedacht, den Sohn, sobald er in seinem 13. Jahre die Schule verlassen hatte, in eine ihn nährende Stellung zu bringen. E. hatte damals bereits einigen Violinunterricht von Ponchard dem Vater erhalten und fasste eine solche schwärmerische Neigung zur Musik, dass er seinem Lehrmeister, einem Kistenmacher, entlief und Tag und Nacht Musik übte, bis er 1823 als zweiter Violinist in einem der Pariser Orchester Anstellung fand. Durch eine Messe, die er ein Jahr später componirte, ohne jemals theoretischen Unterricht empfangen zu haben, gelang es ihm, das Interresse Reicha's auf sich zu ziehen, der ihn nun von seiner besten Schülerin, der Madame de St. Ursule, in der Harmonielehre ausbilden liess. Bei Lesueur setzte E. diese Studien eifrig fort und trat 1818 in das Pariser Conservatorium, wo er 1830 bereits den ersten Preis davontrug. Auch bei der Akademie erlangte er 1831 den zweiten und 1832 den ersten grossen Staatspreis und unternahm demzufolge als Stipendiat der Regierung eine Studienreise nach Italien. In Rom componirte er eine grosse Messe, den grössten Theil einer italienischen Oper und eine Trauercantate »Omaggio alla me-

moria di Vincenzo Bellini, welche im Teatro Valle zur Todtenfeier Bellini's im Novbr. 1835 zur Aufführung gelangte. Im J. 1836 kehrte E. nach Paris zurück und wurde alsbald beim Conservatorium als Professor-Adjunct in Reicha's Klasse angestellt, eine Stelle, die er 1848 mit der wirklichen Professur der Harmonielehre vertauschte. So höchst verdienstvoll nun E. als Lehrer, Componist und Schriftsteller wirkte und in seiner rastlosen Thätigkeit als Muster künstlerischen Fleisses gelten konnte, so wurde er dennoch aus unaufgeklärt gebliebener Ursache sofort nach dem Kriege 1870/71, nachdem Ambroise Thomas die Direction des Conservatoriums übernommen hatte, in den unfreiwilligen Ruhestand versetzt, welche Verfügung den noch in voller Kraft wirkenden Künstler schwer traf. Seitdem hält er in Paris Privatvorlesungen über Musik und zeigt sich auch beflissen, an der Verbesserung der socialen Lage der Musiker in Frankreich mitzuarbeiten. — E.'s Compositionen sind ausserordentlich zahlreich und erstrecken sich über alle Zweige der Tonkunst. In grossem Ansehen stehen seine 11 Messen und vielen Motetten, die vielfach bei feierlichen Gelegenheiten aufgeführt werden. Ferner erschienen von ihm Cantaten, Hymnen, vier Streich-Quintette, einige 30 Streichquartette, viele Trios und Ouverturen, auch Sinfonien und die Opern: *»Les chercheurs d'or«*, *»Les Catalans«* (1840 in Rouen aufgeführt), *»La visière«*, *»Comme l'amour s'en va«*, *»La reine de Saba«*, *»Les trois Jérusalem«*, die Oratorien *»Noé«* und *»La naissance d'Eve«*, das Mysterium *»Les noces de Cana«;* die melodramatische Musik zur *»Alceste«* des Euripides. Auch seine theoretisch-didaktischen Werke bilden eine lange Reihe, aus der zu nennen sind: Ein Lehrbuch des Contrapunktes und der Fuge, mehrere grössere und kleinere Harmonie- und Generalbasslehren. eine Chorgesangschule, eine Transponirungslehre und ein *»harmonisches Testament«* (Paris, 1872), Sammlung praktischer Rathschläge für den Unterricht in der Harmonielehre. Zahlreiche Artikel E.'s finden sich in verschiedenen Zeitungen, besonders in den Pariser Musikjournalen. Auch als Dichter hat sich E. hervorgethan, indem er zu mehreren seiner Cantaten und Opern sich selber die Texte verfasste und auch ein musikalisches Lehrgedicht in vier Gesängen, betitelt *»L'Harmonie musicale«* (Paris, 1853) veröffentlichte.

Elymos, s. Elimos.

Elze, Anna, eine zu grossen Hoffnungen berechtigende Sängerin, geboren 1857 zu Frankfurt a. M., erhielt ihre musikalische Ausbildung beim Gesanglehrer R. Mulder und erregte bei wiederholtem Auftreten in ihrer Vaterstadt ihrer Frühreife wegen grosses Aufsehen. Als Mitglied einer von ihrem Lehrer zusammengestellten Operngesellschaft ging sie Ende 1871 nach New-York und trat dort, sowie in mehreren anderen Städten der Vereinigten Staaten in dramatischen Parthien auf, unter denen besonders die Zerline im *»Don Juan«* allgemeinen Beifall fand.

Elze, Clemens Theodor, trefflicher Clavier- und Orgelspieler und Componist, geboren 1830 zu Oranienbaum im Herzogthum Anhalt-Dessau, empfing den ersten Clavier- und Violinunterricht von seinem Vater. Schon in seinem siebenten Jahre vermochte er den musikalischen Gottesdienst aushülfsweise zu leiten und erweckte durch seine frei improvisirten Vor- und Nachspiele auf der Orgel allgemeine Aufmerksamkeit. Seit 1841 besuchte er das Gymnasium zu Dessau und seit 1849 das Schullehrer-Seminar daselbst. Auf dem letzteren unterrichtete Friedr. Schneider, der E.'s musikalische Anlagen bald erkannte und ihm von der Regierung die Mittel verschaffte, mit denen E. seine Studien am Conservatorium in Leipzig vollenden konnte. Besonders profitirte er daselbst bei Moscheles und Plaidy im Clavier-, bei David und Dreyschock im Violinspiel und bei Hauptmann in der Compositionslehre. Schon 1852 erhielt er einen Ruf als Organist nach Laibach, wo er seitdem auch als sehr geschätzter Musiklehrer wirkt. Geschrieben hat er Sinfonien, Streichquartette, Clavier-Sonaten, ein- und mehrstimmige Gesänge und Lieder. Von seinen gedruckten Compositionen wird eine Sonate für Pianoforte und Violine Op. 10 als bedeutend genannt.

Embach, Charles, holländischer Instrumentenmacher, besonders von Messinginstrumenten, lebt in Amsterdam und erhielt im J. 1824 von der niederländischen Regierung ein Patent auf seine Hörner und Trompeten. — Sein Sohn, **Louis E.,** machte eingehende musikalische Studien, ist aber in Deutschland als Componist nur durch eine grosse Ouverture bekannt geworden, welche im J. 1840 zu Leipzig zur Aufführung gelangte und welche auf Kosten des holländischen Vereins zur Beförderung der Tonkunst im Druck erschien.

Embaterion oder Enoplion (griech.) hiess bei den Griechen ein Kriegslied, das unter Flötenspiel die regelmässige Bewegung der Heerkörper, wenn sie auf dem Marsche waren oder in die Schlacht rückten, erhielt. Thukydides *lib.* 5 c. 70 sagt von demselben: »Die Lakedämonier rücken langsam vor zur Schlacht und nach der Musik zahlreicher **Auletisten** (s. d.), welche nicht in gottesdienstlicher Absicht aufgestellt sind, sondern damit sie beim Vorrücken gleichen Taktschritt halten, und ihre Reihen sich nicht trennen, wie dies grossen Heeren beim Angriff leicht begegnet«. Der Ursprung der E.en soll der frühesten griechischen Vorzeit angehören und scheint eine Eigenthümlichkeit dieses Volkes gewesen zu sein, da bisher sich bei andern Völkern eine ähnliche Anwendung der Musik nicht vorfindet. Beim Einfall der Dorer in den Peloponnes sollen dieselben den Söhnen des Orestes unter Gesang und Flötenspiel entgegengezogen sein, und ihren Sieg diesem Entgegenrücken zu danken gehabt haben. Dieser Erfolg gab Veranlassung zu einem späteren Orakelspruch, der den Angriff des Feindes unter Gesang und Flötenspiel zum Gesetz, **Nomos** (s. d.), erhob. Am berühmtesten wurden in der Folge die anapästischen Lieder des Tyrtäus und Alkman, welche E.en unseren Märschen sicherlich nicht unähnlich waren. 2.

Embouchure (franz.) ist im französischen Sprachgebrauche sowohl das Mundstück bei den Blaseinstrumenten, speciell der Kessel bei den Messinginstrumenten, der Schnabel bei der Clarinette, das Röhrchen bei Oboe und Fagott, als auch der **Ansatz** (s. d.) oder die Art des Anblasens und der erforderlichen Lippenstellung bei diesen Instrumenten. Von der E. hängt es ab, ob der Ton voll oder dünn, angenehm oder hart zum Vorschein kommt. S. **Ansatz.**

Emde, Christian, ein vorzüglicher deutscher Bogeninstrumentenmacher, geboren 1806 im Fürstenthum Waldeck, fand in Spohr einen Verehrer seiner Kunst, von dem bewogen, E. 1836, um einen grösseren Wirkungskreis zu finden, nach Leipzig übersiedelte. Daselbst befindet sich das Geschäft noch gegenwärtig und erfreut sich eines wohl begründeten Rufes, namentlich auch durch die geschickten Reparaturen, welche alte Instrumente erfahren. Noch bei Lebzeiten nahm E. seinen Sohn und Schüler, **Friedrich E.,** geboren 1837 zu Leipzig, als Theilhaber der Firma mit auf und übergab 1866 demselben die Fabrik zu alleiniger Führung.

Emerson, William, berühmter englischer Mathematiker, geboren 1701 zu Hartworth, gehört mit in die Reihe der Musikschriftsteller, da er u. A. eine Akustik und eine mathematische Theorie der Musik verfasst hat. Beide Schriften sind in der »Cyclomathesis« (London, 1770) enthalten.

Emery, berühmter französischer Spinettbauer, der gegen das Ende des 16. Jahrhunderts in Paris lebte und in Ansehen stand.

E-mi nannte man in der Solmisationszeit das kleine *e,* weil in der **Mutation** (s. d.) im zweiten **Hexachord** (s. d.) diese Sylbe als Tonname gebraucht werden musste. Bei der Erweiterung des Tonreichs erhielt das grosse *e* diesen Namen, welcher insofern für dasselbe correcter war als für das kleine *e,* als in der Mutation auf diesem Klange keine andere Sylbe gebraucht werden konnte, während derselbe beim kleinen *e* noch die Sylbe *la* Anwendung findet. Siehe *E-la-mi.* †

Emiolia, s. **Hemiolia.**

Emmeleis (griech.) war bei den Griechen, nach der Eintheilung des älteren Bacchios, die eine der beiden Hauptgattungen, in welche alle Töne zerfallen, nämlich die **singenden,** die zum Gesange und zur Musik dienenden, bestimmt gemessenen und zu festen Intervallen geordneten Töne. Die andere Gattung bilden

die *Pezoi* (lat. *pedestres*), welche als Sprechtöne nicht Inte:
messener Ausdehnung sind. In dieser Beziehung kann man
l e s (s. d.) gegenüberstellen, ebenso die davon abgeleitete I
l e i a, insofern erstere die Modification der Stimme zur
oder des Melos, letztero der Uebergang vom Melos zum S[
l e i a nannten übrigens die Griechen auch die Melodie einer
gödien in Anwendung gekommenen 'Reigentanzes, über
Näheres nicht mehr bekannt ist.

   Emmerig, J o s e p h, deutscher Kirchencomponist, get
in Baiern, erhielt seine wissenschaftliche Ausbildung im K
Regensburg, wo ihn der Pater S e b. P i r n e r gründlich in (
Später wurde E. Seminarpräfekt und Churregent dieses
solcher noch im J. 1811 aufgeführt. Zahlreiche seiner :
gut gearbeitet sind, wurden in weiteren Kreisen bekann
sind davon Vespern mit Orgelbegleitung.

   Emmert, J o s e p h, deutscher Musikpädagoge und (
27. Novbr. 1732 zu Kitzingen in Franken, wurde um 17'
seiner musikalischen Gelehrsamkeit und seiner Verdiens
zum Schulrektor in Schillingsfürst ernannt, mit dem
trag, die Tonkunst durch Heranbildung junger Künstler
gen. Im J. 1773 wurde er als Rektor der lateinischen Sc:
hardt und als Chordirektor an der Universität nach W
1790 nahm er seinen Abschied mit dem Titel eines Kapell
versprechen, alljährlich eine bestimmte Zeit auch ferner d
zu widmen. E. starb am 20. Febr. 1809 zu Würzburg. (
reiche lateinische und deutsche Messen, Vespern, To de
und andere Kirchenstücke, von welchen jedoch nur ein T:
eine Sammlung Messlieder und ein Choralbuch (zu dem 1!
Würzburgischen Gesangbuche) erschienen ist. Ausserdei
Opern »Judith«, »Semiramis«, »Esther«, »Tomyris«, »Eberl
»die geopferte Unschuld«. — Sein Sohn und Schüler, A d ∉
am 24. Decbr. 1765 zu Würzburg, hat, obwohl nicht eigen
burgischer Archivrath, dann als erster Official in dem k. k.
componirt, was seine tiefe und feine musikalische Bildung
Opern »Don Silvio von Rosalva«, welche 1801 zu Ans[
welche 1806 zu Salzburg mit ganz bedeutendem Erfolge ir
Te deum, eine vierstimmige Cantate zur Feier des Wahlta
Salzburg (1799); endlich mehrere Lieder, Gesänge und
musik. Auch von seinen Compositionen ist das wenigste i

   E-moll (ital.: *Mi minore,* franz.: *Mi mineur,* engl.: *E*
jenige der 24 Tonarten unseres modernen Musiksystems, '
als Grundton errichtet ist. Damit ihr Intervalleninhalt d
ten weichen Tonart entspreche, muss in der Scala der Ton
um einen halben Ton erhöht, also in ♯f (*fis*) verwandelt un
parallele Molltonart der Durtonart *G*-dur, mit einem ♯ v
werden. Die Scalatöne von *E*-moll heissen in ihrer Stuf∉
d, c. Dass die siebente Stufe der Molltonart, wenn sie als
erhöht (hier also d in ♯d verwandelt) werden muss, ist in d
handelt. — Das Bestreben der älteren Theoretiker und Ae
Tonarten einen bestimmten Charakter abzuempfinden, hat
der lange aufrecht erhaltenen Annahme geführt, es sei ein
Joh. Crüger nennt sie die traurigste aus der traurigen .
findet die Traurigkeit der Art, dass man sich zu trösten
seinen »Ideen zur Aesthetik der Tonkunst« phantasirt: »:
ter dieser Tonart ist naive, weibliche, unschuldige Liebes
Murren, Seufzer von wenigen Thränen begleitet; nahe Ho

C-dur sich auflösenden Seligkeit. Da dieser Ton von Natur nur eine Farbe (d. i. ein ♯) hat, so könnte man ihn mit einem Mädchen vergleichen, weiss gekleidet, mit einer rosenrothen Schleife am Busen«. Noch Weikert schreibt 1832: »*E*-moll klingt zärtlich, sanft, klagend«. Die Lehre von der Charakteristik der Tonarten gilt gegenwärtig für einen überwundenen Standpunkt.

Empâter lessons (franz.), die Töne impastiren, ist eine französische Metapher · in Bezug auf Vollendung oder grosse Vollkommenheit der Ausführung, wofür man im Deutschen sagen könnte: »etwas wie aus einem Gusse vortragen«.

Empedökles, altgriechischer Philosoph aus Agrigent in Sicilien, lebte um 450 v. Chr. und stand bei seinen Mitbürgern als Arzt, Vertrauter der Götter, Prophet und Beschwörer der Natur in höchstem Ansehen. Durch Gesang soll er u. A. einen irrsinnigen Jüngling geheilt haben.

Empfindung nennt man im Allgemeinen die Auffassung (Perception) des Aeusseren in das Innere oder die Aufnahme eines sinnlichen Ausdrucks in die Seele; im engeren Sinne jede durch ein körperliches Organ vermittelte Vorstellung, indem sie eben jetzt als eintretend betrachtet wird; dann aber auch den Gemüthszustand, insofern er in Lust oder Unlust besteht, sei diese durch äussere oder innere Anregung entstanden, mithin genau genommen das Gefühl (s. d.), von dem die E. im Sprachgebrauche strenger, als dies geschieht, abgesondert sein sollte. E. und Erkenntniss sind Seelenthätigkeiten entgegengesetzter Art, indem letztere die Beschaffenheit des den Eindruck hervorbringenden Gegenstandes untersucht, ferner die Mittel, wodurch jener hervorgebracht wird und das Verhältniss des Objektes zu den dadurch aufgeweckten E.en. Gleichwohl müssen beim verständnissvollen Empfangen eines Kunstwerks E. und Erkenntniss neben einander gehen; jene allein vermag nicht über alle Vollkommenheiten desselben und die organische Einheit aller seiner Theile genaue Rechenschaft sich zu geben, sie hat nur die Vorstellung, dass eine solche Vollkommenheit überhaupt vorhanden ist. Zwar beruht ein sehr wesentlicher Theil der Wirkung des Schönen gerade auf der E. einer dem Erkenntnissvermögen unerklärlich bleibenden Vollkommenheit, die E. eilt eben hier aller Untersuchung und Auseinandersetzung weit voraus. Nichtsdestoweniger bedarf sie der Unterstützung und der Läuterung durch die Erkenntniss, um nicht rein naturalistisch zu schaffen und zu geniessen. Die durch ein Objekt erregten Empfindungen sind sehr verschieden und umfassen alle Grade und Schattirungen von Lust, in welcher das Begehrungsvermögen thätig ist (als z. B. Freude, Heiterkeit, Liebe, Hoffnung), als von Unlust, welche man von sich abzuweisen bestrebt ist (Schmerz, Traurigkeit, Furcht u. s. w.), als endlich von gemischten E.en. Indem es speciell die Aufgabe der Tonkunst ist, E.en und noch weiter hinauf Gefühle und Leidenschaften darzustellen und im Hörer lebhaft hervorzurufen, muss die Beobachtung und das Studium derselben am eigenen Subject und an anderen Individuen für den Tonkünstler eine der wichtigsten Aufgaben sein. Die Theorie der E.en gehört der Psychologie an; über ihre Analogisirung durch Töne und Tonbewegungen handeln eingehender die Artikel Anlage, Bewegung, Cyklische Formen, Musik u. s. w. Die Forderung an den reproducirenden Tonkünstler, dass er empfindungsvoll und mit richtiger E. ein Kunstwerk zur Darstellung bringe, ist in dem Artikel Vortrag behandelt.

Emphäsis (griech.), s. Nachdruck.

Emphysomena oder **Empneusta** (sc. *instrumenta*) ist der antike Name für Blaseinstrumente.

Empirismus (latein., aus dem Griech.) ist diejenige Denkart, welche die Begründung des Wissens in der Erfahrung, also in der Auffassung des thatsächlich Gegebenen sucht. Da nun Begriffe und Gedanken, welche in gar keiner nachweislichen Beziehung zu dem Gegebenen stehen, stets dem Verdachte der Erdichtung ausgesetzt sind, so werden die meisten Gebiete der menschlichen Forschung immer auf einer empirischen Grundlage ruhen. Der Gegensatz des E. ist der Rationalismus, der auf dem Bedürfnisse einer nicht blos beobachtenden Sammlung, sondern denkenden Verarbeitung des Gegebenen beruht.

Enarxis (griech.) nennen die griechisch-katholischen Priester eines ihrer grossen Notationszeichen zur Andeutung einer bestimmten Tonfigur: ![Symbol], das der demotischen Schrift der Aegypter entlehnt ist.   0

Enchiriades, nach des Sigebertus *Chron.* und des Fabricius Bibl. Tonlehrer im 7. Jahrhundert, hat einen »*Dialogus de ratione musicae*« und eine »*Explicatio multiformium musicae regularum*« geschrieben.   †

Enchorda (sc. *instrumenta*) oder **Eutata** (nach Brossard), griech.-lateinischer Name für Saiteninstrumente.

Encke, Heinrich, trefflicher Pianist und Componist, geboren 1811 zu Neustadt in Baiern, erhielt seine höhere Ausbildung im Clavierspiel bei J. N. Hummel in Weimar und lebte sodann in Jena und Leipzig als geschätzter Clavierlehrer. In letzterer Stadt starb er im J. 1859. Seine im Druck erschienenen Compositionen, welche gegen 30 Werke für Clavier im Salonstyle umfassen, sind von keiner Bedeutung. Einen viel höheren Werth beanspruchen seine instruktiven Pianofortestücke, die den erfahrenen durchgebildeten Lehrer bekunden, ganz besonders aber seine als vorzüglich anerkannten Arrangements classischer Werke der Orchester- und Kammermusik für Pianoforte zu vier Händen.

Enckhausen, Heinrich Friedrich, trefflicher deutscher Tonkünstler und talentvoller, geschickter Componist, geboren am 28. August 1799 zu Celle, erhielt von seinem Vater, einem guten praktischen Musiker, den ersten Unterricht und lernte fast sämmtliche gangbaren Instrumente spielen. Im J. 1816 trat er in das Trompetercorps der Garde-Kürassiere in Celle und wagte sich nun auch mit eigenen Compositionen, bestehend in Ouverturen, Solostücken, Märschen und Tänzen, hervor. Auf das Unfertige dieser Arbeiten aufmerksam gemacht, beschloss E. sich gründlicher in der Composition auszubilden. Er begab sich 1826 nach Berlin und studirte dort u. A. noch bei Aloys Schmitt Clavierspiel. Mit diesem Lehrer, der bald darauf die Stelle als Schlossorganist in Hannover erhielt, ging er auch dorthin und brachte es durch Ernst und Eifer soweit, dass er nach Schmitt's Abgange aus Hannover 1829 in dessen Posten einrückte, Dirigent der von Jenem gestifteten Singakademie und Hofpianist wurde. Seitdem veröffentlichte er viele in ihrer Art ganz bedeutende Compositionen, besonders angenehme Orchesterstücke (Ouverturen u. s. w.), sehr brauchbare Claviersachen (Sonaten, Rondos, Variationen und hervorragende instruktive Arbeiten), Kirchenstücke, von denen sich der 130. Psalm für vier Männerstimmen auszeichnet, Gesänge und Lieder. Fluss der Gedanken und solide Arbeit machen E.'s Werke sehr bemerkenswerth.

Encora (ital.; französ.: *encore*), d. i. noch, noch einmal, dasselbe, was *Bis* und *da Capo* (s. d.).

Ende, Johann von, aus Kassel, war nach Werkmeister's *Org. Gruning. redit.* § 11 der 38. von den 53 verschriebenen Organisten, welche das 1596 vollendete Werk in der Schlosskirche zu Grüningen probiren mussten.   †

Endematie (aus dem Griech.), die Melodie eines altargivischen Tanzes, von dessen Beschaffenheit sich in den alten griechischen Schriften nur unbestimmte Andeutungen finden.

Enderle, Wilhelm Gottfried, ausgezeichneter deutscher Violinvirtuose und gründlicher Componist, geboren am 21. Mai 1722 zu Baireuth, war bis zu seinem 14. Lebensjahre Musiklehrling in Nürnberg und bildete sich darauf in Berlin speciell zum Violinspieler aus. Im J. 1748 wurde er erster Violinist in der bischöflichen Kapelle zu Würzburg und 1753 Concertmeister in Darmstadt, in welcher Stellung er 1793 starb. Von seinen zahlreichen gediegenen Compositionen für Violine und für Clavier ist nichts im Druck erschienen.

Enders, S. J., deutscher Clavierlehrer und Componist in Mainz, dessen Lebenszeit in die zweite Hälfte des 18. Jahrhunderts fällt. Von seinen Compositionen erschienen 1791 in Speier Variationenhefte für Clavier und ein Solo für Flöte.

Endigungszeichen, Endzeichen oder Finalzeichen, s. Schlusszeichen.

Endlicher Kanon, s. Kanon.

Endnote, s. Schlussnote.

Endstück, s. Finale.

Endter, Christian Friedrich, vortrefflicher deutscher Orgelspieler und Componist, geboren 1728 zu Hamburg, hatte den Organisten Peiffer daselbst zum Musiklehrer und bildete sich zu einem vorzüglichen Künstler aus. Schon 1745 wurde er als Organist in Buxtehude angestellt und zehn Jahre später in gleicher Eigenschaft an die lutherische Hauptkirche in Altona versetzt. Ende des J. 1792 machte er seiner stark geschwächten Gesundheit wegen eine Reise zu seinem Bruder nach Buxtehude, starb aber während des Aufenthaltes in letzterer Stadt am 26. Mai 1793. Seine Compositionen bestehen grösstentheils in Cantaten und Liedern, von denen er jedoch nur »Lieder zum Scherz und Zeitvertreibe« (Hamburg, 1757) und weniges andere veröffentlicht hat.

Endter, J. N., Componist der Gegenwart und guter Clavierspieler, ist seit 1848 Dirigent der Liedertafel in Kassel und hat sich durch eine Reihe von Clavierstücken, Motetten und ein Oratorium »Der verlorene Sohn« vortheilhaft bekannt gemacht.

Endter, Wolfgang Moritz, eifriger deutscher Musikliebhaber, geboren 1653 zu Nürnberg und gestorben 1722 daselbst als angesehener Buchhändler, erfand 1690 eine neue, eigenthümliche Art von Notendruck mit einer Art beweglicher Typen, bei welcher ihm der berühmte G. C. Wecker, sein Lehrer im Clavierspiel, mit Rath und That zur Hand ging. Bis auf Breitkopf's ungleich zweckmässigere Erfindunghin galten E.'s Drucke für die besten in Deutschland.

Energia (ital.; französ.: *energie*), der Nachdruck, die Kraft, kommt in Verbindung mit der Präposition *con* als Vortragsbezeichnung vor. Ebenso ist das Adjectivum

Energico und das Adverbium *energicamente* die italienische Bezeichnung und Vorschrift für einen kräftigen, nachdrücklichen und markirten Vortrag.

Enfasi (ital., aus dem Griech.), der schwungvolle Nachdruck, in Verbindung mit der Präposition *con* als Vortragsbestimmung gebraucht; in gleicher Bedeutung das Adjectivum *enfatico* und das Adverbium *enfaticamente*.

Enge Harmonie oder **Enge Lage,** s. den folgenden Artikel.

Enge und weite (zerstreute) Lage der Harmonie. Eine »Harmonie« oder ein Accord ist nach der unter Consonanz entwickelten Ansicht (siehe Bd. II S. 571) ein Zusammenklang von mehr als zwei wesentlich verschiedenen, aber unter sich verwandten Tönen. Die harmonische Tonverwandtschaft vermittelt sich nach jener Ansicht an den drei Grundintervallen (reine Octave, reine Quinte und grosse Terz). Zwischen wesentlich verschiedenen Tönen kann die Verwandtschaft nur durch Quinten und Terzen vermittelt werden, weil alle Töne, die mit den Tönen eines Accordes in dem Verhältnisse der Octave stehen, nur Wiederholungen dieser Töne in höherer oder tieferer Lage der Scala sind. Zur Herstellung der Stammaccorde wurden daher auch nur die Verbindungen von Quinten und Terzen verwendet. Durch Einfügung der höheren oder tieferen Octave eines Accordtones zu oder für diesen Ton werden die Beziehungen, in welchen die wesentlich verschiedenen Töne eines Accordes unter einander stehen, nicht geändert, d. h. der Accord nimmt dadurch für unsere Vorstellung keinen wesentlich anderen Charakter an. Durch diese Octavverdoppelungen und Octavversetzungen nun entstehen aus den Grund- und Stammaccorden sowohl die mehr- und vielstimmigen Formen, als auch die verschiedenen Umlagerungen dieser Accorde. Die Art und Weise, wie in den so entstehenden neuen Formen die einzelnen Töne über einander gelagert sind, kann nach verschiedenen Seiten als unterscheidendes Merkmal bei der Eintheilung und Bezeichnung aller aus ein und derselben Stammform entstandenen Umlagerungen benutzt werden. So sieht man bei Bestimmung der Umkehrung oder Verwechselung (s. d.) eines Accordes auf dessen relav tiefsten Ton; bei der Bezeichnung der verschiedenen Lagen (s. d.) eines Accordes ferner hat man zu beachten, welcher Accordton relativ höchster Ton ist. Achtet man aber darauf, ob die wesentlichen Töne eines Accordes eng aneinander liegen, oder weiter von einander entfernt sind, so unterscheidet man die verschiedenen Formen dieses Accordes als dessen »enge« oder »weite Lagen«. Liegen nämlich die wesentlichen Töne eines Accordes als relativ höchste Töne so nahe bei einander, dass kein anderer Accordton zwischen sie eingeschoben werden kann, so sagt man, der Accord hat »enge Lage« oder »enge Harmonie« (a); der Basston, der dann nur eine tiefere Octave eines bereits vorhandenen Tones ist, kann dabei von den anderen Tönen so weit abliegen, als er will. Lassen sich dagegen auch zwischen je zwei der höheren Töne noch andere Accordtöne einschalten, so erscheint der Accord in »weiter« oder »zerstreuter Lage«, in »erweiterter« oder »zerstreuter Harmonie« (b). Die weite Lage wird von Organisten und von Clavierspielern mitunter auch »getheilte Harmonie« genannt, weil bei ihr die Töne jedes Accordes meist gleichmässig auf beide Hände vertheilt sind, während in der engen Lage die linke Hand fast immer nur den Basston zu greifen hat.

A. B. Marx (Lehrb. d. Comp. I S. 144).

Ob ein Accord in enger oder weiter Lage erscheint, das ist sowohl für die Art der Tonhöhenbeziehungen in demselben, also für den Charakter des Accordes, als auch für die Benennung der Umkehrung, in welcher der betreffende Accord auftritt, gleichgiltig. Wohl aber hängt es von der Anordnung der Töne eines Accordes hinsichtlich ihrer gegenseitigen Entfernung von einander ab, wie dieser Accord auf unsere sinnliche Empfindung einwirkt. Die Anwendung weiter oder enger Lagen eines Accordes verändert also den physischen Klang (s. d.) desselben. Wie unter »Consonanz und Dissonanz« bereits angedeutet wurde (s. Bd. II S. 570), ist die Rücksichtnahme auf den physischen Klang der Accorde nicht ohne Einfluss auf die Wirkung eines Tonsatzes, ja es kann der physische Klang sogar geradezu als Mittel des Ausdrucks benutzt werden. Die Theoretiker haben deshalb auch verschiedene Regeln über die Anwendung der engen und der weiten Harmonie und über den Werth oder Unwerth beider Arten aufgestellt. Es muss nun zunächst auf diese Regeln Rücksicht genommen werden. Ueber die Zahl von Tönen, aus welchen ein Accord bestehen darf, lässt sich nicht bestimmt etwas aufstellen, selbst nicht einmal in sofern, als es sich um die Zahl derjenigen Töne handelt, welche das Ohr wirklich einzeln unterscheiden und nach ihren Fortschreitungen zu anderen Tönen erkennen kann; denn auch dieses hängt von der Uebung des Gehörs und von anderen Umständen ab. Die Grenzen sind in dieser Beziehung auch wirklich selten bestimmt gezogen worden. »Es ist jedenfalls Uebertreibung«, sagt Gottfr. Weber, »wenn J. J. Rousseau behauptet und mit gar anscheinender Evidenz darthut und unumstösslich beweist, das Gehör unterscheide höchstens zwei Stimmen«. »Wie vielstimmiger Satz aber überhaupt in der Musik möglich sei, lässt sich wohl nicht im Allgemeinen bestimmen« (G. Weber, »Versuch etc.«, I S. 147). Wie die minder- und vielstimmigen Formen aus den Accorden entstehen, und welche

Töne eines Accordes zu diesem Zwecke am füglichsten ausgelassen oder verdoppelt werden können, das ist bereits unter »Auslassung« angedeutet und wird unter »Verdoppelung« noch näher nachzuweisen sein. Hier ist zunächst auf das noch hinzuweisen, was über die Vorzüge und Nachtheile der einen oder der anderen Art von Accordumlagerungen angegeben worden ist. In löblicher Gründlichkeit geht auf diese Frage Gottfr. Weber ein, dessen Auslassungen im Auszuge hier Platz finden mögen. »Welcher von beiden Arten (der engen oder der weiten Lage) man sich in jedem vorkommenden Falle bedienen will, ist theils blos Sache des Geschmackes, theils hängt es von Umständen ab, welche bald diese, bald jene, engere oder zerstreutere Lage der Stimmen herbeiführen. Im Allgemeinen lässt sich darüber nur folgendes Wenige sagen: »Fürs Erste bringt man tiefe Töne nicht gern anderen tiefen Tönen sehr nahe, weil daraus leicht ein unverständliches Gebrumme entsteht.« »Abweichungen von dieser Vorsichtsmassregel finden eher bei langsamer Bewegung statt, als bei geschwinder*), weil im ersten Falle dem Gehör mehr Zeit übrig bleibt, die gleichwohl einander einigermassen verwirrenden tiefen Klänge dennoch aufzufassen, welche aber bei geschwinderer Bewegung, aus Mangel an Zeit zum Auffassen unverstanden vorübergehen.« »Mit gehöriger Behutsamkeit und am schicklichen Orte angewendet hat übrigens das Zusammenklingen von lauter tiefen Tönen doch auch wieder etwas ungemein Feierliches und Imponirendes.« »In manchen Lehrbüchern findet man die Vorschrift aufgestellt: die beiden tiefsten Töne eines jeden Zusammenklanges müssten jederzeit wenigstens um eine ganze Octave von einander entfernt sein (s. z. B. Kirnberger's »Kunst des reinen Satzes« I S. 144).« »Wäre das Verbot wirklich gegründet, so dürfte man ja schon überhaupt kein Tonstück für solche Sing- und Begleitungsstimmen setzen, so wie auch z. B. keines für vier Männerstimmen allein, weil es da gar nicht thunlich ist, die zwei tiefsten Stimmen immer um acht oder mehr Töne auseinander zu halten. Ja man müsste behaupten, z. B. der Accord G-d-g-h klinge übel, was ja doch das Gehör Lügen straft«. »Indessen gehen die Tonlehrer doch sogar noch weiter, und lehren, der zweittiefste Ton dürfe sich eben so dem dritttiefsten nur bis auf eine Quinte nähern, die höheren Töne aber dürften einander näher kommen u. s. w. (Kirnberger a. a. O. S. 144 ff.).« — »Dass die Regel übrigens unnöthig, und folglich unrichtig sei, beweisen täglich die Arbeiten unserer besten Tonsetzer.« — »Eine zweite Regel ist, dass man die Töne nicht allzu weit von einander entferne, keine allzugrossen Zwischenräume leer lasse, weil allzu entfernte Töne zu sehr ausser Verhältniss gegen einander stehen und nicht recht zu einem Ganzen verschmelzen, z. B. unten bei a« (s. G. Weber a. a. O. I S. 229 ff.).

Unter den neueren Theoretikern tritt nur A. B. Marx der Frage etwas näher. »Jedenfalls soll man jene (die weite Harmonielage) nicht anwenden, wo sie zu unnöthigen Schwierigkeiten oder gar Uebelständen führen könnte. Wollen wir

---

*) Geschwinde Bewegung in tiefer Lage erklärt G. Weber (s. a. a. O. I S. 182) überhaupt für nur ausnahmsweise gestattet, und zwar aus mehreren Gründen, von denen folgende hier einschlagen dürften: 1) ein tiefer Ton macht langsame Schwingungen und „er braucht daher, um nur wenige Schwingungen vollbringen und dadurch vernehmlich und erkennbar werden zu können, auch schon eine längere Zeit", 2) tiefe Töne „sprechen ihrer Natur nach nicht sehr schnell an."

daher irgendwo mit ihr beginnen, so müssen wir zuvor prüfen, ob wir sie auch ohne Unannehmlichkeit durchsetzen, oder wenigstens einen schicklichen Ort finden können, in die enge Harmonielage zurück- oder einzulenken« (A. B. Marx, Lehrb. d. Comp. I S. 143). »Wenn die Stimmen allzuweit auseinander gerathen, so kann damit ihr Zusammenwirken, der Zusammenklang und die Fasslichkeit der Accorde beeinträchtigt werden. Man spiele sich die Accordstellungen bei a und b vor und vergleiche sie mit denen bei c, und man wird das allmählige Schwinden des Zusammenhalts inne werden. Wie weit also dürfen im Allgemeinen Stimmen ohne Gefährdung des Zusammenhalts auseinander treten? »Aus der Vertheilung der Partialtöne eines Klanges (s. d. u. Akustik) über die Scala entwickelt Marx folgende Antwort auf diese Frage: »Wir wollen und müssen die höheren Stimmen enger zusammenhalten, keine derselben, ausser im äussersten Nothfalle, weiter als eine Octave von der anderen entfernen; der Bass dagegen kann sich von der nächsten Stimme unbedenklich weiter als eine, ja anderthalb Octaven entfernen« (Marx, a. a. O. S. 133). An einer anderen Stelle (S. 482) schränkt er jedoch diese Regeln wieder in folgender Weise ein: »So gewiss allzuweite oder allzu häufige Trennung den Zusammenhalt schwächt, so gewiss daher unsere Vorschrift im Allgemeinen und als allgemeine Norm richtig ist: so zeigen sich doch oft gerechtfertigte Abweichungen.« »In Beethoven's grosser Sonate (Op. 106) tritt gleich zu Anfang des ersten Satzes das zweite Thema der Hauptpartie im Umkreise des zweigestrichenen c auf, wird in der höheren Octave wiederholt und geht in der weitesten Entfernung des Basses von den Oberstimmen — durchaus in folgerichtiger Führung — zum Schlusse (d).« »In gleicher Ausdehnung führt Beethoven's E moll-Quatuor (Op. 59) im Schlusse vom eingestrichenen dis—e beginnend aus enger Lage die Stimmen weit auseinander.« »Es giebt kein allgemeines Kunstgesetz, als das: der Idee der Kunst und des besonderen Kunstwerks gemäss zu verfahren.«

Besonders eingehend untersucht Helmholtz in seiner »Lehre von den Tonempfindungen« (S. 272 ff.), soweit es sich um consonante Accorde handelt, den Grad des

Wohlklanges verschiedener weiter und enger Lagen dieser Accorde. Er sucht bekanntlich nachzuweisen (s. Akustik), dass die Rauhigkeit, welche allen Dissonanzen in höherem, manchen Consonanzen in geringerem Grade anhaftet, und von der nur einzelne consonante Zusammenklänge ganz frei sind, durch die Einwirkung der entstehenden Schwebungen und Combinationstöne hervorgebracht wird, und er gewinnt so eine wissenschaftliche Grundlage, mittelst deren er die drei- und vierstimmigen consonirenden Accorde ihrem Wohlklange nach anordnen kann. Man muss nun, wie schon unter »Consonanz« hervorgehoben wurde, zugeben, dass es auf diese Weise gelungen ist, »das Angenehme und Unangenehme einzelner musikalischer Eindrücke so weit zu erklären, als es die bis jetzt noch herrschende vollkommene Unkenntniss des Nervenprocesses nur irgend zulässt«, wenn man auch in den weiteren Folgerungen dem genialen Forscher nicht zustimmen kann, nämlich darin, dass hiermit auch der auf ganz anderen Bedingungen beruhende Unterschied zwischen Consonanz und Dissonanz seine Erklärung gefunden haben soll (s. Bd. II S. 569). Bei der Beurtheilung des physischen Klanges der Accorde ist die Helmholtz'sche Auffassung ein so entschiedener Fortschritt gegen alle früheren Untersuchungen, dass sie nicht übergangen werden kann. Es mögen daher hier einige einschlagende Auszüge aus dem bereits genannten Werke Platz finden: Beim Zusammenklange »von nahezu gleich hohen einfachen Tönen entstehen Schwebungen« (s. d. u. Akustik), deren Anzahl mit der Entfernung der beiden Töne wächst. Diese Schwebungen geben unter gewissen Bedingungen dem Zusammenklange einen rauhen, knarrenden Charakter. Diese Rauhigkeit wächst mit der Anzahl der Schwebungen nur bis zu einem gewissen Grade und nimmt dann wieder ab. Wächst das Intervall der beiden Töne bis zu einer kleinen Terz und darüber hinaus, so verschwindet das Rauhe gänzlich, wenn die Töne wirklich einfach sind. In tieferer Lage der Scala ist die Wirkung der Schwebungen bei gleicher Zahl bemerkbarer als bei höherer Lage. — Sind die gleichzeitig erklingenden Töne nicht einfache Töne, sondern aus Partialtönen (s. d.) zusammengesetzt, so können auch diese Partialtöne unter sich und mit den primären Tönen Schwebungen erzeugen. Daher werden auch weitere Intervalle als die kleine Terz einen rauhen Klang erhalten können. Die Schwebungen, welche durch Obertöne hervorgebracht werden, wirken schwächer als die zwischen primären Tönen entstehenden. »Die Untersuchung der Klangfarben unserer Hauptinstrumente hat uns gezeigt, dass wir für eine gute musikalische Klangfarbe es lieben, wenn die Octave und Duodecime des Grundtones kräftig, der vierte und fünfte Partialton mässig mitklingen, die höheren Obertöne aber schnell an Stärke abnehmen. Eine solche Klangfarbe vorausgesetzt, können wir die Resultate wie folgt zusammenfassen. — Wenn zwei musikalische Klänge neben einander erklingen, ergeben sich im Allgemeinen Störungen des Zusammenklanges durch die Schwebungen, welche ihre Partialtöne mit einander hervorbringen, so dass ein grösserer oder kleinerer Theil der Klangmasse in getrennte Tonstösse zerfällt und der Zusammenklang rauh wird.« »Es giebt aber gewisse bestimmte Verhältnisse zwischen den Schwingungszahlen, bei denen eine Ausnahme von dieser Regel eintritt, wo entweder gar keine Schwebungen sich bilden, oder diese Schwebungen so schwach in das Ohr fallen, dass sie keine unangenehme Störung des Zusammenklanges veranlassen.« Die wenigste Rauhigkeit findet sich in der Octave, der Duodecime und der Doppeloctave, »bei denen der Grundton *) des einen Klanges mit einem Partialtone des anderen Klanges zusammenfällt (a)«. »Demnächst folgen die Quinte und die Quarte, die in jedem Theile der Tonleiter ohne erhebliche Störung des Wohlklanges gebraucht werden können«, weil in ihnen nur die bedeutend schwächeren höheren Partialtöne Schwebungen erzeugen (b). »Bei grosser Terz und grosser Sexte ist die Störung in tiefen Lagen schon sehr merklich, in hohen Lagen ver-

---

*) Die Grundtöne sind durch Halbenoten, die harmonischen Obertöne dagegen durch Viertelnoten angedeutet.

schwindet sie, weil die Schwebungen durch ihre grosse Zahl sich verwischen.« Die
schwebenden Obertöne liegen dann in zu hoher Lage (c). »Kleine Terz und kleine
Sexte sind noch weniger in tiefen Lagen anwendbar als die vorigen« (d). »Bei der
Erweiterung der Intervalle um eine Octave verbessern sich unter den genannten Intervallen die Quinte und grosse Terz (e) als Duodecime und grosse Decime (f).
Schlechter werden Quarte und grosse Sexte (g) als Undecime und Tredecime (h),
am schlechtesten die kleine Terz und Sexte (i) als kleine Decime und Tredecime (k)«.

»Ausser den harmonischen Obertönen können auch die Combinationstöne Schwebungen erzeugen, wenn zwei oder mehrere Klänge gleichzeitig erklingen.« »Der
stärkste Combinationston zweier Töne ist derjenige, dessen Schwingungszahl der
Differenz der Schwingungszahlen jener beiden Töne entspricht, oder der Diffe-
renzton erster Ordnung. Dieser ist es denn auch, welcher hauptsächlich für die
Erzeugung von Schwebungen in Betracht kommt. Schon dieser stärkste Combinationston ist ziemlich schwach, wenn nicht die primären Töne beträchtliche
Stärke haben, noch mehr sind es die Combinationstöne höherer Ordnung und die
Summationstöne (s. d.). Schwebungen, durch diese schwachen Töne erzeugt.
können nur beobachtet werden, wenn alle anderen Schwebungen, welche die Beobachtung stören könnten, fehlen.« »Dagegen die Schwebungen der ersten Differenztöne sehr gut auch neben den Schwebungen der harmonischen Obertöne zusammengesetzter Klänge gehört werden, sobald man überhaupt nur geübt ist, die
Combinationstöne zu hören.« »Die Differenztöne erster Ordnung für sich
allein und ohne Verbindung mit den Combinationstönen höherer Ordnung können
Schwebungen veranlassen: 1) wenn zwei mit Obertönen versehene Klänge zusam-
menkommen; 2) wenn drei oder mehrere einfache oder zusammengesetzte Töne zu-
sammenkommen. »Die ersten Differenztöne zusammengesetzter Klänge geben
nun immer nur dann Schwebungen, und auch immer nur eben so viel Schwebungen, wenn und wie es die Obertöne derselben Klänge thun würden, vorausgesetzt, dass deren Reihe vollständig vorhanden ist. Daraus folgt, dass an den Resultaten, welche wir aus der Untersuchung über die Schwebungen der Obertöne
gewonnen haben, durch das Hinzutreten der Combinationstöne nichts wesentlich

rerändert wird«, soweit es sich um den Zusammenklang zweier Töne handelt.
»Nur die Stärke der Schwebungen wird etwas vergrössert werden können.« Anders
aber verhält es sich, wenn mehr als zwei Töne gleichzeitig erklingen. Denn »wenn
zwei Intervalle zusammengesetzt werden, deren jedes an sich keine, oder wenigstens
keine deutlich hörbaren Schwebungen giebt«, so können doch die »Combinationstöne Schwebungen hervorbringen«. Ausserdem aber passen auch nicht alle Combinationstöne in den Accord, sondern setzen ihm oft etwas Fremdartiges bei. Deshalb sind die Intervalle auch hinsichtlich der entsprechenden Combinationstöne zu
betrachten. »Wir finden zunächst, dass die ersten Differenztöne der Octave,
Quinte, Duodecime, Quarte und grossen Terz nur Octavenverdoppelungen eines
der primären Töne sind (a), also jedenfalls einem Accorde keinen neuen Ton hinzufügen. Die fünf genannten Intervalle können also in allen Arten consonanter
Accorde gebraucht werden, ohne dass eine Störung durch Combinationstöne entsteht.« »Die Doppeloctave bringt als Combinationston eine Quinte hinein (b).
Wird also der Grundton des Accordes in der Doppeloctave verdoppelt, so stört
dies den Accord nicht. Wohl aber würde eine Störung eintreten, wenn die Terz
oder Quinte des Accordes in der Doppeloctave verdoppelt würde.« »Dann finden
wir eine Reihe von Intervallen, welche sich durch ihren Combinationston zum
Duraccorde ergänzen, und deshalb im Duraccorde keine Störung machen, wohl
aber im Mollaccorde. Es sind dies die Undecime, kleine Terz, grosse Decime,
grosse Sexte, kleine Sexte« (c). »Dagegen passen die kleinen Decimen und die
beiden Tredecimen (d) in keinen consonanten Accord hinein, ohne durch ihre Combinationstöne zu stören« (S. a. a. O. 330 ff.).

»Dreistimmige Duraccorde lassen sich so anordnen, dass die Combinationstöne
ganz innerhalb des Accordes bleiben. Es giebt dieses die vollkommen wohlklingenden Lagen der Accorde (a). Um sie zu finden, berücksichtige man, dass keine
kleinen Decimen und keine Tredecimen vorkommen dürfen, dass also die kleinen
Terzen und alle Sexten enge Lage haben müssen.« »Dem Wohlklange der Intervalle nach ist die Reihenfolge dieser Accorde etwa auch die gegebene. Die drei
Intervalle der ersten, nämlich Quinte, grosse Decime und Sexte, sind die besten,
die der letztern, nämlich Quarte, kleine Terz und kleine Sexte verhältnissmässig
die ungünstigsten.« »Die übrigen Lagen der dreistimmigen Duraccorde (b) geben
einzelne unpassende Combinationstöne und klingen auf reingestimmten Instru-

---

*) Die primären Töne (s. d.) sind durch Halbenoten, die Differenztöne durch
Viertelnoten angedeutet. Das Zeichen ⨯ bedeutet eine Erhöhung um etwas weniger als einen
Halbton.

menten merklich rauher als die bisher betrachteten.« »Die Mollaccorde lassen sich
nie ganz frei von falschen Combinationstönen halten, weil man ihre Terz nie in
eine Stellung zum Grundton bringen kann, wo sie nicht einen für den Mollaccord
unpassenden Combinationston hervorbringt.« »Soll dieser der einzige bleiben, so
müssen die beiden Töne *es* und *g* des *C*mollaccordes ihre Lage als grosse Terz behalten,« »und Grundton und Quint müssen das Intervall der Undecime vermeiden«.
»Unter diesen Bedingungen sind nur drei Lagen des Mollaccordes möglich,« nämlich die unten bei (c). »Die übrigen Lagen (d) enthalten zwei und mehr unpassende Combinationstöne,« und »sie klingen daher weniger gut« (S. 383 ff.).

Die Bedingungen, unter welchen vollkommen gut klingende Lagen der vierstimmigen Duraccorde entstehen, fasst Helmholtz in die Regel: »Am wohlklingendsten
sind diejenigen Duraccorde, in denen der Grundton nach oben, die Quinte nach
oben und nach unten nicht über eine . Sexte von der Terz entfernt sind. Nach
unten dagegen kann der Grundton sich soweit entfernen als er will.« »Man findet,«
fährt Helmholtz fort, »die hierher gehörenden Lagen der vierstimmigen Duraccorde,
wenn man von den vollkommensten Lagen der dreistimmigen Accorde je zwei,
welche zwei gemeinsame Töne haben, zusammenfasst« (a). »Die Ziffern unter den
Notenreihen beziehen sich auf die oben angegebenen Lagen der dreistimmigen
Duraccorde.« »Die Sextaccorde müssen ganz eng liegen (Nr. 7); die Quartsext-
accorde dürfen nicht über den Umfang einer Undecime hinausgehen, kommen aber
in allen drei Lagen (5, 6 und 11) vor, welche innerhalb einer Undecime möglich
sind. Am freiesten sind die Accorde, welche den Grundton im Basse haben.« »Es
wird nicht nöthig sein, die weniger gut klingenden Lagen der Duraccorde hier
anzuführen.« »Vierstimmige Mollaccorde müssen, wie die entsprechenden drei-

---

*) Man beachte hier die vorige Anmerkung.

stimmigen, natürlich immer mindestens einen falschen Combinationston haben. Es giebt aber nur eine einzige Lage des vierstimmigen Mollaccordes, welche nicht mehr als einen hat, nämlich die unten bei b mit 1 bezeichnete«. »Die andern unten bei b gegebenen Formen haben nicht mehr als zwei falsche Combinationstöne«. »Es sind nur die falschen Combinationstöne in Viertelnoten angegeben; die, welche in den Accord passen, sind weggelassen«. »Der Quartsextaccord kommt in engster Lage vor (Nr. 5), der Sextenaccord in drei Lagen (9, 3 und 6), nämlich in allen den Lagen, welche den Umfang einer Decime nicht überschreiten, der Stammaccord drei Mal mit verdoppelter Octave (1, 2, 4), und zwei Mal mit verdoppelter Quinte« (7 und 8). —

a) 1. 2. 3. 4. 5. 6. 7. 8. 9. 10. 11.

1+2. 1+3. 1+4. 1+5. 2+4. 2+5. 2+6. 3+4. 3+6. 4+6. 5+6.

b) 1. 2. 3. 4. 5. 6. 7. 8. 9.

1+2. 1+3. 1+7. 2+3. 2+6. 2+7. 2+9. 3+8. 1+6.

Hiermit schliesst Helmholtz die Untersuchungen dieses Gegenstandes ab, indem er nur noch darauf hinweist, »dass das Nachgewiesene mit der Praxis der besten Componisten übereinstimme, namentlich derjenigen, welche ihre musikalischen Studien noch hauptsächlich an der Vocalmusik gemacht haben, ehe die grössere Ausbildung der Instrumentalmusik zur allgemeinen Einführung der temperirten Stimmung zwang«. Er sucht dieses nachzuweisen mit Beziehung auf Compositionen, »welche den Eindruck vollkommensten Wohlklanges erstreben« — (Mozart's: »*Ave verum corpus*« und Palästrina's: »*Stabat mater*«). — Man könnte diese Untersuchungen in Beziehung auf fünf- und mehrstimmige Consonanzen und mit Rücksicht auf die mildesten Dissonanzen (Dominantseptimenaccord) fortsetzen. So würde man fünf- und sechsstimmige gutklingende Duraccorde finden, wenn man von den dreistimmigen immer je zwei verbände, die nur einen oder gar keinen gemeinschaftlichen Ton besitzen (a). Möglichst wohlklingende Dominantseptimenharmonien würde man erhalten, wenn man den wohlklingenden Durdreiklängen die Septimen so einfügte, dass sie möglichst wenig Schwebungen und falsche Combinationstöne erzeugten (b). Das würde aber theils zu weit führen, theils ganz ohne praktischen Nutzen sein. In allen Fällen, in denen der Wohlklang Hauptziel ist, wird man über die Vierstimmigkeit kaum hinausgehen, Dissonanzen aber möglichst selten verwenden, da in diesen die durch den dissonirenden Ton erzeugten Schwebungen auch in günstiger Lage meist so stark sind, dass es auf die durch die Ober- und Combinationstöne der übrigen Töne veranlasste Rauhigkeit kaum noch ankommen kann. Man merke nur, dass man engere Intervalle als die kleine Terz möglichst meiden muss, wenn der physische Klang eines dissonirenden Accordes nicht allzu rauh werden soll; solche Intervalle (Ganz- und namentlich Halbtöne) ergeben, wenn sie zwischen den Tönen eines Accordes auftreten, zu starke Schwebungen. — Fasst man schliesslich Alles zusammen, was sich über die Bildung möglichst wohlklingender enger und weiter Lagen der Accorde sagen lässt, so erhält man folgende Regeln: 1) »Ein Accord soll (ausser in der Stammform) den Umfang von zwei Octaven in der Regel nicht übersteigen« (c). 2) »Von den drei höchsten Tönen eines Accordes sollen je zwei nicht über eine Sexte oder höchstens eine Octave auseinander liegen. Die beiden tiefsten Stimmen dürfen (ausser in der Stammform) sich selten über eine Decime von einander entfernen, aber auch bei tiefer Lage des Zusammenklanges nicht mehr als auf eine Quinte sich eine der andern nähern« (d). 3) »Besonders die Terz des Accordes soll vom Grundtone nach unten, von der Quinte nach oben und nach unten nicht weiter als um eine Sexte abstehen« (e). 4) »Bei Dissonanzen sind die Stimmen so zu legen, dass Intervalle, welche zu starke Schwebungen erzeugen würden (Ganz- und Halbton), möglichst selten, mindestens nicht mehrfach vorkommen (f). — Weiteres findet man noch unter Verdoppelung.

a)　　　　　　b)　　　　c) statt:　　　besser:　　gut dagegen:

1+4.　　1+6.　　1+5.　3+5.

d) statt:　　besser:　　gut: (bei tie-　(bei　e) statt:　　　besser:
　　　　　　　　　　　　fer Lage): hoher L.):

f) statt:　　　　　　　　　　　besser:

Eine Beachtung dieser Regeln ist jedoch nur dann geboten, wenn es darauf ankommt, den möglichst höchsten Grad von Wohlklang zu erzielen. Im übrigen sind die anderen Formen nicht etwa gänzlich zu verwerfen; sie sind im Gegentheil ebenfalls berechtigte Mittel musikalischen Ausdrucks, denn die blosse physische Klangschönheit der Accorde ist nur ein einzelnes Moment — und dabei noch ein ziemlich untergeordnetes — bei Beurtheilung des ästhetischen Werthes von Tonsätzen. Ausserdem aber wirken noch verschiedene andere Bedingungen (Stimmführung, Consequenz u. s. f.) auf die Wahl der Umlagerungen der Accorde ein. »Schon im kleinsten Harmoniegebilde stehen zwei Prinzipe vor uns, das harmonische und das melodische, jedes mit besonderen Ansprüchen, oft unvereinbaren; schon zeigen sich im melodischen Prinzipe abweichende Zielpunkte und wir errathen schon, dass die verschiedenen Organe — Clavier, Quartett, Orchester, Gesang — auch auf Stimmbehandlung die verschiedensten Ansprüche geltend machen. Welches Gesetz, ausser jenem obersten« — (die Rücksichtnahme auf die Idee des Kunstwerkes), — »wäre für so verschiedene Verhälsnisse passend und durchgreifend? und wie eng ist noch ihr Kreis gezogen! Die alte Lehre hat sich diesen Bestrebungen nur dadurch entrückt, weil der Kern ihres Trachtens einseitig und engbegränzt, der sogenannte reine Satz, das heisst harmonischer Wohllaut war. Indess auch der Wohllaut hat, wie überhaupt sinnlicher Reiz, eine Unendlichkeit von Gestalten, Graden und Bedingungen, — daher das Ungenügen, die Fülle von Widersprüchen und Unhaltbarkeiten im Gefolg jener Lehre.« (A. B. Marx, Lehrb. der Comp. I. S. 483). Otto Tiersch.

Engel, David Hermann, einer der geschicktesten Orgelvirtuosen der Gegenwart und gediegener Componist, geboren am 22. Jan. 1816 zu Neu-Ruppin, zeigte schon frühzeitig musikalische Anlagen und erhielt in Folge dessen Clavierunterricht, der jedoch, entsprechend den beschränkten Verhältnissen seiner Vaterstadt, einer bevorzugten Natur nicht genügen konnte. Weit wichtiger waren damals für E. die Unterweisungen des Musikdirektors und Organisten Wilke im Orgelspiel, die es zu Wege brachten, dass er seinen Lehrer beim musikalischen Kirchendienste häufig vertreten konnte. Behufs Fortsetzung seiner Musikstudien wandte sich E. 1835 nach Dessau und besuchte daselbst mit ausgezeichnetem Erfolge bis 1837 die Musikschule Friedr. Schneider's, worauf er bei Ad. Hesse in Breslau seine Ausbildung vollendete und seine ersten Compositionen, bestehend in Orgelstücken, veröffentlichte. Nach fast dreijährigem Studienaufenthalte in Breslau kehrte er nach Neu-Ruppin zurück und beschäftigte sich vorwiegend mit Kunstforschungen und mit Composition. Günstige Aussichten führten ihn 1841 nach Berlin, woselbst er als Musiklehrer wirkte und in Verbindung mit Teschner trat, bei welchem er eingehende und gründliche Gesangstudien machte. Im J. 1848 wurde er als Domorganist und Gesanglehrer am Domgymnasium nach Merseburg berufen, in welcher Stadt er noch gegenwärtig überaus vortheilhaft und anregend für das dortige Musikleben in voller Thätigkeit ist. Für ein vortreffliches, von ihm bearbeitetes Choralbuch, welches in Berlin erschien, erhielt er die grosse goldene Medaille für Kunst und Wissenschaft und für seine Verdienste überhaupt das Prädicat eines königlichen Musikdirektors. Von seinen zahlreichen Compositionen können als im Druck erschienen angegeben werden: Orgel- und Clavierstücke, Psalmen, Lieder und Gesänge u. s. w. Sein Oratorium »Bonifacius« fand, mehrmals aufgeführt, den Beifall der Kenner und des Publikums und eine dreiaktige komische Oper von ihm »Prinz Carneval«, Text nach Zschocke von Gesky, gelangte 1862 in Berlin nicht ohne Erfolg auf die Bühne des Friedrich-Wilhelmstädtischen Theaters. Auch auf musikalisch-literarischem Gebiete hat sich E. vortheilhaft bekannt gemacht, zunächst durch eine Anzahl gediegener, sachkundiger Aufsätze in Musikzeitungen, sodann durch zwei Denkschriften: »Beitrag zur Geschichte des Orgelbauwesens u. s. w.« (Erfurt, 1855) und »Ueber Chor und instructive Chormusik«, welche letztere vom königl. Preussischen Ministerium des Cultus den Schulen und Seminarien des Landes anempfohlen worden ist.

Engel, Gustav (Eduard), einer der vorzüglichsten deutschen Gesanglehrer der Gegenwart, sowie geistvoller musikalischer Schriftsteller und Kritiker, wurde am 29. Octbr. 1823 zu Königsberg i. Pr. geboren. Er besuchte in Danzig das Gymnasium und seit 1843 die Universität in Berlin. Schon in Danzig hatte er mit Vorliebe sich der Musik zugewendet und vom Organisten Bauer Unterricht im Clavierspiel und im Generalbass genossen. In Berlin hörte er die öffentlichen Vorlesungen des Professors A. B. Marx über Musik, trat als ausführendes Mitglied in die Singakademie und 1846 auch in den königl. Domchor. Im J. 1847 bestand er das Examen *pro facultate docendi* und legte sein Probejahr als Lehrer am Gymnasium zum grauen Kloster in Berlin unmittelbar darauf ab. Studien in der Gesangskunst und in der Theorie des Tonsatzes befestigten damals seinen Entschluss, sich ganz der Musik zu widmen, und so trat er denn seit 1849 auf den Gebieten hervor, auf welchen er noch gegenwärtig überaus einfluss- und segensreich wirkt: als Gesanglehrer, musikalischer Schriftsteller und Mitarbeiter mehrerer Fachzeitungen. Die Spener'sche Zeitung ernannte ihn 1853 zu ihrem stehenden musikalischen Berichterstatter, und 1861 trat er in gleicher Eigenschaft bei der Voss'schen Zeitung an die Stelle des kurz zuvor verstorbenen Ludw. Rellstab. Im J. 1863 übernahm er auch den Gesangunterricht an der Neuen Akademie der Tonkunst. — E.'s praktisch-pädagogische Thätigkeit bezeichnet eine lange Reihe von vortrefflich gebildeten Schülern und Schülerinnen, die theils auf der Bühne, theils im Concertsaale die grössten Erfolge errungen haben. Von diesen wirkten und wirken an Hoftheatern: die Damen Flies, Börner, Behr und die Herren Krolop, Gudehus u. s. w. in Berlin, ferner die Damen Nanitz in Hannover und Dresden, Krüger in Gotha, Lorch und Kannenberg in Schwerin, Gutjahr in Hannover, der Baritonist Bulss in Kassel u. s. w. Als Concertsängerinnen haben sich Ruf und Namen gewonnen die Damen Freitag, Avé-Lallement, Heese, Müller, Zinkeisen, Austin u. A. Die zahlreichen literarischen Arbeiten E.'s sind theils didaktischen, theils philosophisch-musikalischen Inhalts. Sie bestehen ausser in unzähligen vorzüglichen, ihren Gegenstand durchdringenden Recensionen in folgenden hervorragenden Werken und Schriften: »Sänger-Brevier, tägliche Singübungen für alle Stimmlagen eingerichtet und theoretisch erläutert« (Leipzig, 1860); »Uebersetzungen und Vortragsbezeichnungen« zu dem classischen Sopran-Album 1. und 2. Folge, Alt-Album und Bass-Album« (Leipzig, Gumprecht); »Die Vocaltheorie von Helmholtz und die Kopfstimme« (Berlin, 1867); Schulprogramme der Neuen Akademie der Tonkunst seit 1863 bis 1872. Die letzteren, sowie seine Recensionen in den oben genannten Zeitungen beweisen, mit welcher gründlich wissenschaftlichen und vorurtheilsfreien Anschauung E. das ganze Gebiet der musikalischen Kunst umfasst, und wie tief er die Lehre des Gesanges insbesondere durchdrungen hat, davon legen vorzüglich auch die diesen Gegenstand berührenden Artikel des vorliegenden Werks, die er fast sämmtlich verfasst hat, Zeugniss ab. In der letzten Zeit beschäftigte er sich sehr eingehend mit Untersuchungen über das Lautverhältniss der Consonanten, deren Ergebnisse er demnächst veröffentlichen wird. — Neben seiner so umfangreichen musikalischen Thätigkeit wirkt E. fortdauernd noch als philosophischer Schriftsteller, wie seine Abhandlungen in den philosophischen Monatsheften, im Rheinischen Museum für Philologie und seine selbstständig erschienenen Schriften, z. B. »Die dialektische Methode und die mathematische Naturanschauung«, »Die Idee des Raumes und der wirkliche Raum« u. s. w. darthun.

Engel, Jacob Karl, Musikdirigent und Componist, gegenwärtig Direktor des Kroll'schen Etablissements in Berlin, wurde am 4. März 1821 zu Pesth geboren und machte seine musikalischen Studien, nachdem er schon frühzeitig gute Anlagen bekundet hatte, auf dem Conservatorium zu Wien, wo besonders Böhm sein Lehrer im Violinspiel war. Schon in seinem 13. und 14. Lebensjahre konnte er mit Erfolg sich öffentlich hören lassen und fungirte nach Vollendung seiner Studirzeit als erster Violinist und als Concertmeister auf den Theatern zu Ofen, Pesth und sodann in einem Concertorchester in Wien. Im J. 1851 wurde er für das Isler'sche Concertunternehmen in St. Petersburg engagirt und verweilte auf der Durchreise dorthin in Berlin, wo er den erkrankten Joh. Gung'l als Dirigent vertrat. Dieser Umstand war Veranlassung, dass ihm die Leitung des nach dem Brande neu erblühten Kroll'schen Etablissements übertragen wurde, woselbst er 1852 auf Veranlassung des Besitzers eine Oper errichtete und führte, bis das Lokal geschlossen wurde. Nach Wiedereröffnung desselben wurde E. als Dirigent der daselbst stattfindenden Concerte eingesetzt und widmete dem Institute in allen den verschiedenen Wandlungen seine Kräfte, bis er 1862 als alleiniger Besitzer und Direktor hervortreten konnte. Als solcher hat er sich durch grosse Umsicht und durch Geschick Verdienste um das Musikleben Berlins im Allgemeinen und um sein Etablissement im Besonderen erworben, welches letztere er in Bezug auf die im Sommer stattfindende Oper zu einem wahren und wirklichen Kunstinstitute erhob. Dem Orchester hat E. von jeher seine besondere Pflege zugewandt und es stets numerisch stark und im hohen Grade leistungsfähig erhalten, so dass es für die Oper ein unerschütterliches Fundament abgiebt. E.'s künstlerische wie humane

Bestrebungen sind durch mehrere Orden anerkannt worden. Als Componist ist er auf dem Gebiete des Marsches und des Tanzes mit einigen, im Druck erschienenen Arbeiten in die Oeffentlichkeit getreten.

Engel, Johann Jakob, einer der vorzüglichsten unter den populär-philosophischen und ästhetischen Schriftstellern Deutschlands, geboren am 11. Septbr. 1741 zu Parchim in Mecklenburg, wo sein Vater Pastor war, studirte zu Rostock, Bützow und Leipzig Theologie und Philosophie und wurde später Professor am Joachimsthaler Gymnasium zu Berlin, Mitglied der dortigen Akademie, dann Lehrer des nachmaligen Königs Friedrich Wilhelm's III. und hierauf Oberdirektor des Berliner Theaters. Letztgenannte Stelle legte er 1794, vielen Verdrusses und Kränklichkeit halber, nieder und zog nach Schwerin. Beim Regierungsantritt seines ehemaligen Zöglings kehrte er auf dessen Einladung nach Berlin zurück und machte sich um die Akademie der Wissenschaften daselbst mehrseitig verdient. Gestorben ist er am 28. Juni 1802 in seinem Geburtsorte, wohin er, um seine Mutter zu besuchen, gekommen war. Die Theorie der Kunst im Allgemeinen und die Kritik des Geschmacks verdanken ihm viel, und seine einschlägigen Schriften enthalten auch manches für den Musiker höchst Interessante; so gehört z. B. seine Abhandlung über musikalische Malerei mit zu dem Besten, was wir über diesen Gegenstand besitzen. Unter E.'s Bühnendichtungen befindet sich auch ein Operettentext: »Die Apotheke«, welche von Neefe in Musik gesetzt worden ist.

Engel, Karl Immanuel, gewandter und trefflich gebildeter deutscher Tonkünstler, geboren um 1740 zu Technitz bei Döbeln, woselbst er auch am 7. Septbr. 1795 starb, war anfangs Organist an der kurfürstl. sächsischen Schlosskapelle in Leipzig und zuletzt Musikdirektor bei der Guardasoni'schen Operngesellschaft. Er war ein fleissiger und fruchtbarer Componist, der jedoch seine Arbeiten fast ausschliesslich für die Bedürfnisse seiner Bühne schrieb. Sonst sind nur einige seiner Claviersonaten, Lieder und Fugen durch den Druck erhalten geblieben.

Engelbert, Karl Maria, ein holländischer Gelehrter, gab nach Forkel's Literatur S. 479 eine »*Verdediging van de eer der Hollandschen Natie; en wellen aanzien van de Musyk*« (1777) und »*Anmerkingen op E. M. Engelberts Verdediging etc.*« heraus. Vgl. *Nederl. Bibl. B.* 8 n. 3. †

Engelbertus, auch Angilbertus genannt, an der Mosel geboren, war ums Jahr 961 Abt am Martinskloster zu Trier und soll ein Manuscript hinterlassen haben: »*De Monochordo*«. Vgl. die *Centuriat. Magdeburg. Cent. XC.* 10. — Ein anderer, später lebender Geistlicher, Namens E., war im 13. Jahrhundert Abt des Klosters Admont in Obersteyer und schrieb vier Traktate über die Musik, welche in der Bibliothek des Klosters in Manuscript vorhanden sind. Abt Gerber hat im zweiten Bande seiner Sammlung musikalischer Schriftsteller p. 287 dieselben mitgetheilt. †

Engelbrecht, Johann, aus Einbeck, hiess der 30. Organist, der zur Abnahme der Grüninger Schlosskirchenorgel 1597 berufenen 53 Sachverständigen. Vgl. Werkmeister's *Org. Gruning. red.* § 11. †

Engelbrecht, Karl Friedrich, guter Orgelspieler und Componist, geboren 1817 zu Kyritz in der Provinz Brandenburg, lebt, angestellt als Hauptorganist, zu Havelberg. Orgelfugen seiner Composition sind in Leipzig im Druck erschienen.

Engelbronner, s. Aubigny von Engelbronner.

Engelhardt, Johann Friedrich, ums Jahr 1790 als sehr geschickter Blaseinstrumentenbauer zu Nürnberg bekannt, fertigte besonders vielgerühmte Flöten mit drei bis sieben Mittelstücken, Kopfschrauben, numerirten Auszügen und 2, 3, 4, 5 bis 6 Klappen. Vgl. *Mus. Korresp.* 1791, S. 373. †

Engelhardt, Johann Heinrich, deutscher Tonkünstler, geboren 1792 zu Hayn bei Stollberg am Harz, wirkte als Musiklehrer am Schullehrer-Seminar zu Soest. Als Componist hat er sich durch Chor-, Grabgesänge und musikalische Arbeiten für Schulfeierlichkeiten bemerkbar gemacht.

Engelhardt, Salomon, Cantor und Schulcollege zu St. Andreas in Eisleben um 1610, hat eine Sammlung Compositionen von Meistern seiner Zeit unter dem Titel »Musikalisches Streit-Kräntzlein« für sechs Stimmen (Nürnberg, 1613) herausgegeben.

Engelmann, Bernhard, bedeutender deutscher Violoncellovirtuose, geboren 1816 zu Querfurt, machte seine Studien bei Kummer in Dresden und wirkte in verschiedenen Theater- und Concertorchestern, einige Zeit hindurch auch in Leipzig.

Engelmann, Georg, deutscher Tonkünstler, geboren zu Mansfeld in der zweiten Hälfte des 16. Jahrhunderts, kam um 1620 als »Universitätsmusikus« nach Leipzig und liess daselbst 1620 ein *Quodlibetum latinum* für fünf Stimmen und ausserdem drei Theile fünf- und sechsstimmiger *Paduanen* und *Gaillarden*, von denen der letzte Theil 1622 erschien, drucken. Vgl. *Draud. Bibl. Class. p.* 1650 *et* 1647.   †

Engelmann, Johann, deutscher Orgelbauer, aus Hirschberg gebürtig, vollendete u. A. 1735 zu Mertschütz im Fürstenthum Liegnitz das Rückpositiv an der dortigen Orgel.   †

Engelstimme, s. Angelica

Engelzug ist ein veraltetes Orgelregister, das seine Wirkung auf in der Orgelfront angebrachte Figuren, Engel mit Posaunen oder Pauken, ausübte und entweder mit den Händen oder Füssen dirigirt wurde. In der Zeit des 17. und 18. Jahrhunderts, wo man der Orgel alles die Sinne des Menschen für die Gottesanbetung Anreizende einzuverleiben sich bestrebte, gab man dem Instrumente auch diese äussere Zierde. Spielte der Organist z. B. an hohen Festtagen fanfarenartige Tonsätze, so zog er den E. und die Posaunen tragenden Engel setzten die Instrumente an den Mund, eben so wie die mit Pauken versehenen diese Tonwerkzeuge zu behandeln schienen, wenn der Spieler eine Paukenfigur im Pedal ertönen liess und den entsprechenden Zug bewegte. Auch mit Glockenspielen versehene Engel sollen in einigen Kirchen (z. B. in der Maria-Magdalenenkirche zu Breslau) in ähnlicher Art benutzt worden sein. Jetzt verschwinden, wenn noch solche Ueberbleibsel der Vergangenheit vorhanden sind, dieselben gänzlich und neue E. werden nicht gebaut, da man den Werth der Orgel nur nach der vollkommensten Art der Tongebung schützt.   2.

Engführung (latein.: *Ristrictio;* ital.: *Ristretto*, *Stretto*) oder »enge Nachahmung« (ital.: *imitazione stretta*) wird in allen Lehrbüchern des Contrapuncts u. s. f. zu den Hauptbestandtheilen einer Fuge gerechnet. Die Antwort (s. d. und unter Fuge) auf das Thema (s. d.) einer Fuge tritt für gewöhnlich in der ersten Durchführung (s. Exposition, Durchführung und Fuge) erst dann auf, wenn das Thema beendet ist, wie unten bei a. Bei den späteren Durchführungen (den Wiederschlägen, s. Repercussion) lässt man dagegen die Antwort oft schon vor dem Ende des Thema's beginnen, wie unten bei b. Dieser frühere Eintritt der antwortenden Stimme heisst E. Man versteht darunter also »das Verfahren, vermöge dessen man den Eintritt der Antwort dem Thema möglichst nähert« (Cherubini, *Cours de Contrep.*, deutsch von Stöpel, S. 105). Es bilden demnach »diejenigen Wiederschläge, welche neben ihren stets zu verrückenden Eintritten noch eine zunehmende Annäherung des Gefährten (Antwort) zum Führer (Thema) enthalten, die verschiedenen E.en einer Fuge« (A. André, Lehrbuch der Tonsetzk. B. II. 3. Abth. S. 16).

a) Thema.

Antwort.

b) Thema. Cherubini (a. a. O. S. 105).

Oft gestattet ein Fugenthema, dass die Antwort vor dem Ende des Thema's an verschiedenen Stellen, bald früher und bald später, eintreten kann. So tritt in den folgenden Beispielen die Antwort bei b, c und d nach und nach immer früher ein, als sie bei a eingetreten ist. Es können daher in einer Fuge verschiedene Grade der Engführung stattfinden.

a) Antwort.
Thema.

b) Antwort.
Thema.

c) Antwort.
Thema.

d) Antwort. A. André (a. a. O. S. 80).
Thema.

»Es ist ausgemacht, dass eine Hauptschönheit der Fuge in den verschiedenartigen und mitunter ganz unerwarteten Eintritten des Führers und Geführten besteht« (A. André, a. a. O. S. 84). »Die E. ist namentlich in grösseren mehrstimmigen Fugen von grosser Wirkung« (Bellermann, Contrap. S. 199). »Es ist dieselbe eines der gewaltigsten Mittel zur Steigerung, da sie alle Stimmen mit dem Hauptinhalte (dem Thema) in nächste Folge zu einander treten lässt, und hierzu oft kühne und unerwartete Wendungen gleichsam von selbst hervorgerufen werden« (A. B. Marx in Schilling's Universallex. der Tonk. unter »Engf.«). »Ihre Wirkung ist oft anziehend und hinreissend« (Cherubini a. a. O. S. 106). — Ihrer Wirkung und ihrem Sinne entsprechend tritt die E. meist vor dem Schlusse der Fuge auf, oder bildet diesen selbst. Erscheinen in einer Fuge mehrere Engführungen, so tritt die engste zuletzt auf. »Die folgenden Wiederschläge einer Fuge sollen deren Führer und Geführten immer näher und näher zusammengerückt und der letzte Wiederschlag die engste E. enthalten« (A. André, a. a. O. S. 110). Von dieser Regel wird aber ein Componist, der die Fugenform für den Ausdruck irgend einer Idee wählt, abweichen dürfen, sobald es seine Intentionen erfordern. So hat z. B. das »*Confiteor unum baptisma*« in Seb. Bachs »Hoher Messe« die E. schon zu Anfang. Tritt die E. erst nahe vor dem Schlusse auf, so erscheint vor ihr oft noch ein Halt (a), um ihren Eintritt bemerklicher zu machen; doch ist dieses nicht unbedingt erforderlich. Auch in Verbindung mit dem am Schlusse der Fuge häufig auftretenden Orgelpuncte (s. d.) wird die E. angewendet.

Weil die E. für die Fugenform ein so wichtiges Kunstmittel ist, so verlangen fast alle Lehrbücher, dass schon »bei der Erfindung eines Fugenthemas darauf Rücksicht genommen werde«, dass solche Engführungen möglich sind. »Ein gutes Fugenthema soll immer ein leichtes und harmonisches Stretto zu lassen; man muss daher bei seiner Anlage schon darauf Rücksicht nehmen«, fordert z. B. Cherubini (a. a. O.); »das Fugenthema muss gleich am Anfange so eingerichtet werden, dass der Geführte dem Führer auf verschiedene Art, bald unten, bald oben, in allerhand Arten und Gattungen der engen Nachahmung nachfolgen könne«, meint Marpurg (»Abhandl. von der Fuge«, I. S. 73). Nur A. B. Marx tritt dem entgegen, weil sonst »der Inhalt nach der Form bestimmt und dem Künstler manches gute Fugenthema geraubt würde« (Schilling a. a. O.). — Ist ein Thema an sich gut und bedeutungsvoll, eignet es sich aber nicht zu Engführungen, so kann man sich oft damit helfen, dass man »einzelne Noten der Antwort und des Thema's der Dauer nach ändert, aber das ist im Thema nur nach Eintritt der Antwort, in der Antwort erst nach Wiederkehr des Thema gestattet« (Cherubini, a. a. O.). In diesem Falle ist es auch gestattet, die E. statt mit dem Führer, mit dem Geführten zu beginnen, um dann erst den Führer folgen zu lassen. Ueberhaupt kann man, um die Engführungen zu vermannigfaltigen, alle Mittel anwenden, welche der Contrapunkt (s. d.) bei der »Nachahmung« (s. d.) gestattet. So kann man das Thema abkürzen, indem man jede Stimme immer nur den ersten Theil des Satzes ausführen lässt, bis eine andere Stimme eintritt. »Die zuletzt eintretende Stimme einer Engführung muss dann das betreffende Thema vollständig vortragen, während die zuerst eintretenden Stimmen sich unterordnen, ja das Thema gar nicht weiter fortzusetzen brauchen« (A. André, a. a. O. S. 82). Ferner kann man das Thema erweitern und verengern (s. d.), man kann es in »gerader«, »verkehrter« und »rückläufiger« Bewegung (s. d.), oder in der »Vergrösserung« und Verkleinerung (s. d.) bringen, man kann die schwere Zeit auf die leichte legen und umgekehrt (s. Beispiel d auf S. 375), und endlich kann man die Nachahmung in jedem beliebigen Intervalle (s. Nachahmung und Contrapunkt) eintreten lassen. So lässt ein und dasselbe Thema oft sehr verschiedene Engführungen zu. Man findet dieselben und lernt ein Thema zu diesem Zwecke einrichten durch die Lehren vom doppelten Contrapunkt und vom Canon (s. d.), weshalb die Kenntniss dieser Lehren für den Fugencomponisten unerlässlich ist. Marpurg theilt (a. a. O. I. Tab. 32) 22 verschiedene Engführungen des folgenden Thema's (a) mit, das Mattheson in seiner grossen »Generalbassschule« (S. 35) als dasjenige Thema aufstellt, dessen Bearbeitung er jedem der vier von ihm zu prüfenden Candidaten zur Domorganistenstelle in Hamburg aufgegeben habe. Das Thema wird in diesen 22 Fällen mannigfaltig verändert und in verschiedenen Intervallen beantwortet, erscheint aber bis zur Nr. 18 immer nur in gerader Bewegung. Die Zahl der Engführungen könnte noch bedeutend vermehrt werden, wenn man alle überhaupt möglichen Hilfsmittel zuziehen wollte. Ein Beispiel für die Einrichtung einer E. aus Seb. Bachs »Wohltemperirtem Claviere« (II., Fuge No. 2 Cmoll) mag hier noch Platz finden. Während zu Anfang dieser Fuge das Thema wie bei b beantwortet wird, entsteht die E. bei c, indem das Thema in der zweiten Stimme in der Vergrösserung, in der dritten Stimme dagegen in »verkehrter Bewegung« auftritt.

a)

b) Thema. Antwort.

c)

Otto Tiersch.

England. Englische Musik, s. Grossbritannien.

Engler, Michael, einer der vorzüglichsten und berühmtesten deutschen Orgelbauer des 18. Jahrhunderts, geboren am 6. Septbr. 1688 zu Brieg, begründete 1722 in Breslau die ein volles Jahrhundert in hohem Ansehen gebliebene Kunstwerkstatt, aus der bis 1751 etwa 25 grosse und kleine Orgeln hervorgingen, von denen die zu St. Elisabeth in Breslau, St. Nicolai in Brieg und im Cistercienserkloster zu Grössau besonders berühmt geworden sind. E. starb am 15. Jan. 1760 zu Breslau. — Sein Sohn, Gottlieb Benjamin E., geboren um 1725 zu Bresbau und am 4. Febr. 1793 zu Zittau gestorben, wie nicht minder sein Enkel, Johann Gottlieb Benjamin E., am 28. Septbr. 1775 zu Breslau geboren und am 15. April 1829 gestorben, waren gleichfalls ausgezeichnete und anerkannte Orgelbaumeister, die ihre Namen in zahlreichen Kirchen Schlesiens verewigt haben.

Engler, Philipp, musikalischer Theoretiker und Componist, geboren am 20. Apr. 1786 zu Seitendorf bei Görlitz, war seit 1809 Rector an der Stadtschule und von 1816 bis 1834 Lehrer der Harmonielehre an dem evangelischen Schullehrer-Seminar zu Bunzlau. Er hat von seiner Composition Orgelstücke, Clavierwerke und Lieder, sowie ferner in zwei Bänden ein Handbuch der Harmonie, oder theoretisch-praktische Präludirschule (Berlin, 1825) veröffentlicht. Ausserdem sind noch von ihm im Manuscript eine Generalbassschule, Cantaten, Motetten, Orgelstücke u. s. w. vorhanden.

Englert, Anton, gründlich gebildeter deutscher Componist, geboren am 4. Novbr. 1674 zu Schweinfurt, wo sein Vater Stadtmusicus war, studirte seit 1693 in Leipzig Theologie und bildete sich zugleich bei Kühnau, Schade und Strunck musikalisch weiter aus. Im J. 1697 wurde er Cantor in seiner Vaterstadt, welche Stelle er 20 Jahre inne hatte, worauf er Conrektor und Rektor des Gymnasiums und Organist an der Hauptkirche wurde und bis zu seinem Tode blieb. Um 1697 hat er verschiedene Jahrgänge seiner Compositionen, meist geistliche Stücke veröffentlicht, welche von seinen gründlichen musikalischen Kenntnissen Zeugniss ablegen.

Englische Mechanik ist bei den Clavierbauern der Name für eine innere Einrichtung, die sich durch das Getrenntsein des Hammers von der Taste kenntlich macht. Eine solche Trennung hatten zuerst Cristofali (1711) und Silbermann (gestorben 1753) praktisch ins Leben geführt; in ihrer Reinheit jedoch finden wir diese E. erst in den berühmten Wiener Flügeln, die Streicher im Anfange dieses Jahrhunderts baute. Der Name hat seinen Grund darin, dass Streicher diese Bauart direkt einem englischen Muster entnahm. In Deutschland war dieselbe in Vergessenheit gerathen, indem man sich dort allgemein der Stein'schen Mechanik (s. Mechanik) bediente, in England fand dieselbe jedoch seit dem Jahre 1794 allgemein Eingang. Eine Theateranzeige aus dem Jahre 1767 sagt: »*Miss Brickler will sing a favourite song from Judith, accompanied by Mr. Dibdin on a new instrument, called Pianoforte*« (Vgl. Fischhof's »Geschichte des Claviereanes«, Wien 1853, S. 15). Von dort aus, wie erwähnt, nahm Streicher seine Muster und daher entstand der Name E. Die Hämmer befinden sich in dieser Mechanik alle an einer besonderen Leiste befestigt und sind nur durch den Stösser (s. d.), der zugleich die Auslösung (s. d.) verrichtet, welcher am Hinterende der Taste angebracht ist, mit dieser in Zusammenhang. Der Stösser, dessen unteres Ende mittelst eines Pergamentblättchens innig mit der Taste verbunden ist, wird durch eine Drahtfeder gegen ein gepolstertes Holzplättchen, das mit dem Hammerstiel, dem Hammer am fernsten, in zweckentsprechender Weise fest verbunden, gedrückt. Der Stösser hat in der Mitte eine Durchbohrung, durch welche sich frei ein Drahtstift bewegt, der die Bewegung desselben regelt. Beim Tastenniederdruck hebt der Stösser mittelst der Polsterplatte den Hammer und schleudert ihn, dem Kraftaufwande des Spielers entsprechend, gegen die Saite. Die Abbildung in Zamminer's »Akustik« S. 93 giebt diese Mechanik in deutlichster Form, und ist zur näheren Kenntnissnahme zu empfehlen.   2.

Englisches Horn oder **Alt-Oboe** (ital.: *Oboe da caccia*, moderner *Corno inglese*; französ.: *Cor anglais*), ein wie das Bassethorn (s. d.) in der Tonröhre gebautes Tonwerkzeug mit oboeartigem Mundstück, dessen Erfinder nicht mehr bekannt ist. Zu J. S. Bach's Zeiten war dasselbe unter der Benennung *Oboe da Caccia* im Gebrauch und fand häufige Anwendung in der Musik. Die Blüthezeit desselben ist jedoch in den sechsziger und siebziger Jahren des vorigen Jahrhunderts zu finden, nach welcher Zeit es allmälig ausser Gebrauch kam, bis es Rossini (Tell), dann Meyerbeer in sehr effektvoller Art im »Robert« (Gnadenarie) u. s. w. wieder in die Oper einführten, welchem Vorgehen u. A. Halévy in der »Jüdin« und in neuester Zeit R. Wagner folgten. Das E. ist, wie die Oboe, ein Holzblaseinstrument, nur dass sie, der Grösse ihrer Tonröhre halber, in der Mitte plötzlich gebogen ist, damit der Spieler sie mit Leichtigkeit zu behandeln vermag. Diese Biegung bedingt, dass die Röhre nicht gebohrt, sondern ausgestochen wird und zwar in den zwei Theilen derselben, welche zusammengeleimt und mit Leder überzogen werden. Diese Ausschneidung der Röhre, die bei grösster Sorgfalt doch nie die innere Flächenebenheit erzielen lässt, wie eine Ausbohrung, verleiht dem Klang ein eigenthümliches Gepräge; derselbe hat etwas Düsteres und Geheimnissvolles trotz seiner überraschend schönen Klangfarbe. Die Mensur der Schallröhre ist etwas weiter als bei der Oboe, was seinen Grund in seinem eine Quinte tiefer liegenden Umfang hat; das E. führt chromatisch die Töne von f^1 bis c^3, von denen jedoch nur die Klänge bis a^2 gewöhnlich in Anwendung kommen. Die Applicatur desselben ist der der Oboe gleich und die Anblaseart ebenfalls; nur der ein klein wenig gebogene längere Stiefel des Rohres soll bedingen, dass das Mundstück mehr mit den Lippen gefasst wird. Die Notirung für dies Instrument geschieht im Violinschlüssel und zwar in *C*-dur. Da es nun eine Quinte tiefer steht, so müssen alle von demselben zu gebenden Tongänge dem entsprechend aufgeschrieben werden. Noch ist zu bemerken, dass, da die Tonangabe langsamer und schwieriger als auf der Oboe stattfindet, dasselbe schnelle Passagen nicht gut ausführen kann und deshalb meist nur zur Darstellung langsamer, getragener Melodien angewandt wird.   2.

Englische Tänze (engl. *Countrydances, Ballads, Hornpipes*), s. **Anglaise** (französ.). — **Englische Giguen**, s. **Giga**.

Englisch Violet war ehedem in zweierlei Bedeutungen im musikalischen Sprachgebrauch. Es bezeichnete zuerst ein jetzt total veraltetes Saiteninstrument, ganz ähnlich der älteren Art der Viole d'amour, als letztere nämlich noch unter dem Stege liegende mitklingende Drahtsaiten hatte. Die Verschiedenheit beruhte nur darin, dass das E. V. seine über dem Griffbrett liegenden sieben Darmsaiten anders stimmte und mehr mitklingende Darmsaiten (14) unter dem Griffbrett führte. — Sodann bezeichnete der Ausdruck eine eigenthümliche, sehr tiefe Stimmung der Violinen (in e, a, $\overline{c}$, $\overline{a}$), welche die Ausführung mancher Art von Doppelgriffen und Arpeggiaturen erleichterte und wahrscheinlich auch den Ton des zuerst genannten alten Instruments nachahmen sollte. Allerdings musste in Rücksicht auf die tiefe Stimmung durch die schlaffere Spannung der Saiten der Violinton bei dieser Umstimmung eine merklich andere Klangfarbe als gewöhnlich erhalten.

Engmann, Christoph, hiess ein Prediger zu Ober-Wiera, der 1680 zu Nürnberg ein »Biblisches Gesangbüchlein oder Lieder nach bekannten christl. Melodien, da jedes Capitel der H. Schrift in einen Vers oder Reimzeile verfasset ist«, herausgegeben hat. Vgl. Choralkunde von G. Döring Seite 139, Anmerkung 1. †

Engramelle, Pater Marie Dominique Joseph, französischer Gelehrter, geboren am 24. März 1727 zu Nédouchal in Artois, gestorben 1781 zu Paris, war Mönch im Augustiner-Kloster der Königin Margaretha zu Paris und hat daselbst 1775 ein Werk, »La Tonotechnie ou l'Art de noter les cylindres etc«. betitelt herausgegeben, worin die Kunst, die Stifte in den Walzen zu Musikwerken (Spieluhren, Drehorgeln u. s. w.) zu setzen entschleiert wurde. Auch hat E. im J. 1779 der Akademie der Künste zu Paris ein Instrument zur Prüfung vorgelegt, das die geometrische Theilung der Töne und die vollkommen reine Stimmung der Instrumente sehr erleichtern sollte; dasselbe ist nicht bekannter geworden. Die von Laborde E. zugeschriebene Erfindung einer Maschine, welche auf dem Claviere gespielte Sachen sogleich notirt, ist jetzt als hinlänglich widerlegt zu betrachten, da schon 1747 der englische Geistliche Creed und 1753 der Hofrath J. F. Unger in Braunschweig über denselben Gegenstand eigene Abhandlungen herausgegeben haben. †

Engstfeld, Peter Friedrich, deutscher musikalischer Pädagoge und Schriftsteller, geboren am 6. Juni 1793 zu Heiligenhaus im Reg.-Bez. Düsseldorf, war seit 1811 als Organist an der St. Salvatorkirche und seit 1820 als Musiklehrer am Gymnasium zu Duisburg angestellt und hat als solcher folgende instruktive Musiklehrbücher veröffentlicht: »Kurze Beschreibung des Tonziffern-Systems und Versuch einer Vertheidigung desselben. Ein kleiner Beitrag zur Gesangsbildung in Volksschulen« (Essen, 1825); »Kleine praktische Gesangschule, ein Uebungsbuch für Ziffersänger« (Ebendas.); »Grundzüge des Generalbasses nebst Aufgaben für angehende Choralspieler« (Ebendas., 1829); »Gesangfibel für Elementarschulen oder 500 methodisch geordnete kurze musikalische Sätze in Tonziffern mit untergelegten Texten« (Ebendas., 1831); »Gesangfibel für höhere Bürgerschulen und Gymnasien oder 460 musikalische Sätze mit untergelegten Texten« (Ebendas.). Ausserdem hat er noch eine Reihe einzelner Clavierstücke, sowie Chorgesänge zum kirchlichen Bedarfe für Ziffersänger nach Natorp's Methode herausgegeben. — Nach einem sehr thätigen, wenn auch äusserlich wenig bewegten Leben starb E. am 4. Octbr. 1848 zu Duisburg.

Enharmonisch (vom griechischen ἐν (in) und ἁρμόξω oder ἁρμόττω (ich füge zusammen). Gebräuchlich ist dieser Ausdruck immer dann, wenn die Aufmerksamkeit auf Töne gelenkt werden soll, die in unserem heutigen, dem gleichschwebend temperirten zwölfstufigen Tonsysteme gleiche Tonhöhe bei ungleicher Benennung haben (cis und des, dis und es, e und fes, eis und f, cisis und d, deses und c). Das Wort selbst ist der antiken griechischen Tonlehre entnommen. Die Einrichtung der uralten fünfstufigen Tonleiter (s. Tonleiter), nach welcher der dritte und der siebente Ton unserer heutigen Durtonartleiter nicht berührt wurden, übertrugen die Griechen auf ihre verschiedenen Leitern (s. Griechische Musik). Hierdurch entstanden aus den verschiedenen Tetrachorden (s. d.), aus denen man die Leitern zusammensetzte, verschiedene Trichorde (s. d.), da in jedem Tetrachorde der dritte Ton ausfiel. So entwickelte sich aus dem jonischen Tetrachorde: $c\ d\ e\ f$ das Trichord $c\ d\ f$,

  »   » phrygischen   »   : $d\ e\ f\ g$ »   » $d\ e\ g$ und

  »   » dorischen   »   : $e\ f\ g\ a$ »   » $e\ f\ a$.

Auf die dorische Tonleiter (s. dorisch) soll diese Einrichtung durch Olympos, einen jüngeren Zeitgenossen des Terpander, übertragen worden sein. Das Trichord des Olympos unterscheidet sich von den andern dadurch, dass es zuerst einen Halbtonschritt statt eines Ganztonschrittes hat. Dasselbe hiess zum Unterschiede von den beiden andern »enharmonisch«. — Wie man nun durch Halbirung des ersten Schrittes in den beiden ersten Trichorden ($c\ d\ f$ und $d\ e\ g$) neue Tetrachorde erhielt ($c\ cis\ d\ f$ und $d\ dis\ e\ g$), die man zum Unterschiede von den drei oben angegebenen diatonischen Tetrachorden chromatisch (s. d.) nannte, so ergab auch die Halbirung des Halbtonschrittes im enharmonischen Trichorde ($e\ f\ a$) ein neues Tetrachord, das sich etwa in folgender Weise bezeichnen liesse, wenn man durch das Sternchen bei e eine Erhöhung um die Hälfte eines Halbtones andeuten wollte:

$$e \qquad e^{*} \qquad f \qquad a$$
$$\tfrac{1}{4} \quad \tfrac{1}{4} \quad\ 2.$$

Die beiden ersten Schritte betrugen also in diesem Tetrachorde je einen Viertelston, der letzte Schritt dagegen umfasste zwei Ganztöne. Ein so eingerichtetes Tetrachord nannte man nach dem Trichorde, aus dem es entstanden, »enharmonisch«. — Ueber die Entstehung und die Einrichtung dieses Tetrachordes, sowie über die Enstehung des Namens selbst sind übrigens die mannigfachsten Vermuthungen aufgestellt worden. Diese Vermuthungen gehen noch jetzt genau so weit auseinander, soweit diejenigen über das enharmonische Klanggeschlecht (s. d.) und dessen Wesen und Anwendbarkeit von einander abweichen. Das hier Gegebene schliesst sich den Folgerungen an, die Helmholtz (Lehre von den Tonempfindungen S. 404) aus den von ihm benutzten Quellen ableitet. Ganz anderer Meinung sind z. B. Mattheson (»Grosse Generalbassschule«) und A. André (Lehrbuch der Tonsetzkunst Bd. I.). Der erstere meint, das enharmonische Tetrachord wäre nur unvollständig bezeichnet worden, gleichsam durch eine Abkürzung; in demselben sei auch der übrige Theil in lauter Vierteltöne zerfallen, es sei aber nur die Zerfällung des ersten Halbtonschrittes angedeutet. André dagegen nimmt an. der Ausdruck »enh.« habe nur dasjenige bezeichnen sollen, was wir jetzt gleichschwebende Temperatur nennen. — Näheres gehört in die Artikel »Griechische Musik« und »Klanggeschlecht«; was hier zur Verständlichkeit der verschiedenen Fälle erforderlich ist, in denen der Ausdruck »enh.« angewendet wird, lässt sich aus dem Mitgetheilten ableiten. Es ist klar, dass in dem enh. Tetrachorde zwischen die beiden Töne des grossen Halbtons ($e\ f$) noch ein dritter Ton eingeschoben wurde. Hieraus ergiebt sich, dass man den Ausdruck »enh.« immer dann mit Recht anwenden darf, wenn zwischen je zwei einen Ganztonschritt bildenden Tönen noch zwei oder mehr Töne liegen, welche von beiden ursprünglichen Tönen abgeleitet sind und sich von diesen so wie unter einander nach Tonhöhe und Namen, oder doch nach dem Namen, unterscheiden. Weil nun endlich in unserem Tonsysteme je zwei zwischen den Tönen eines Ganztonschrittes ($c\ d$) liegende »enh.« Töne (cis und des) gleiche Tonhöhe haben, so fasst man den Begriff »enh.« auch so auf, dass er anzuwenden sei zur Bezeichnung von Tönen, Accorden, Tonleitern, Tonarten u. s. f., wenn diese dem Klange nach gleich und in der Benennung verschieden sind. Ueber die Art und Weise der Anwendung in den einzelnen Fällen werden die folgenden Artikel Aufschluss geben.

    Enharmonische Accorde (richtiger: **enharmonisch-verschiedene Accorde**) sind Accorde, die in unserem — dem gleichschwebend-temperirten zwölfstufigen — Tonsysteme dem Klange nach gleich, in der Bezeichnung einzelner oder aller ihrer Töne aber verschieden sind, wie z. B. folgende Formen des verminderten Septimenaccordes: $h\ d^{1}\ f^{1}\ as^{1}$, $h\ d^{1}\ f^{1}\ gis^{1}$, $h\ d\ eis\ gis$, $ces\ d\ f\ as$. Die Zahl derjenigen Zusammenklänge, die in unserem Tonsysteme dem Klange nach gleich und nur in ihrer Notirung verschieden sind, ist oft sehr gross. Man würde die verschiedenen Zusammenklänge, welche von einem bestimmten Accorde nur enharmonisch verschieden sind, finden, wenn man nach und nach einzelne, mehrere und alle Töne des betreffenden Accordes enharmonisch umnennen wollte (a, s. »enh. Umnennung«). So würde sich ein vierstimmiger Duraccord etwa auf 60fach verschiedene Weise darstellen lassen. Bei den Septimen- und Nonen-accorden und deren Umlagerungen ist die Möglichkeit noch viel mannigfaltiger. Wer die Zahl der verschiedenen Stammaccorde kennt, — der Artikel »Consonanz und Dissonanz« giebt über dieselbe Aufschluss, — der wird zugeben, dass die Zahl der möglichen Umnennungen unbegrenzt ist. Jede dieser Möglichkeiten in der Notirungsweise von Zusammenklängen lässt sich unter bestimmten Bedingungen rechtfertigen. Es wirken nämlich auf die Notirung gar mancherlei und sehr verschiedenartige Rücksichten verändernd ein, wie dieses in dem Artikel »enh. Umnennung« sich zeigen wird. Den älteren Theoretikern und namentlich denjenigen unter ihnen, welche nicht nur jeden Zusammenklang accordisch auffassten (s. Consonanz und Dissonanz), sondern ausserdem auch bei Classificirung und Erklärung ihrer zahllosen Accorde nur nach deren zufälligem Aussehen auf dem Liniensysteme fragten, ergab sich durch diese »enh. Umnennung« eine Unzahl von Accord-gebilden, deren Erklärung nicht gelingen wollte oder doch zu ganz wunderlichen Combinationen führen musste. Diese Zusammenklänge vermehrten die Zahl jenes »harmonischen Gesindels«, welches unter dem Namen von »alterirten Accorden« gar manchen Harmoniker ausser Athem gebracht hat. — Unter diesen von einem Accord nur enharmonisch verschiedenen Zusammenklängen finden sich nun bisweilen auch solche, die in anderen Tonarten, als zu denen der Ausgangsaccord gehört, wesentliche Harmonien bilden. So ist der Accord *fes-as-ces¹* in anderen Tonarten heimisch als *e-gis-h*. Ferner gleicht der Dominantseptimenaccord (s. d.) einer Tonart dem Klange nach dem »übermässigen Quintsextaccorde« (s. »Consonanz und Dissonanz) einer anderen Tonart (b). So ist weiter der Accord mit der »übermässigen Quarte« und »übermässigen Sexte« in einer Tonart nur enharmonisch verschieden von einer Umkehrung des gleichen Accordes einer anderen Tonart (c). Dasselbe gilt endlich von den übermässigen Dreiklängen« (d), und ähnliches wurde oben schon mit Beziehung auf die »verminderten Septimen-accorde« angedeutet. Solche nur enharmonisch verschiedenen Accorde können daher in unserem Tonsysteme auch unter Bedingungen für einander eintreten, von welcher Möglichkeit man in den enharmonischen Ausweichungen (s. folgenden Artikel) Gebrauch macht.

Bisweilen haben Theoretiker den Ausdruck »enh. Acc.« auch angewendet, um solche Accorde zu bezeichnen, in denen entweder ein und derselbe Ton in verschiedener Notirungsweise vorhanden ist, wie oben bei (e), oder in denen doch zwei Töne vorkommen, die von ein und demselben Stammtone abgeleitet sind, wie oben bei (f). In beiden Fällen ist die Anwendung des Ausdruckes »enh. Acc.« aber unzutreffend, da mit demselben immer nur das Verhältniss zwischen mehreren Accorden angedeutet werden kann.

Enharmonische Ausweichung. Bisweilen ist es schwer, aus einer Tonart in eine bestimmte andere zu gelangen, weil beide Tonarten zu wenig gemeinschaftliche Töne oder Accorde haben. In diesen Fällen kann man sich oft dadurch helfen, dass man einige Töne oder einen ganzen Accord enharmonisch umnennt (s. »enh. Umnennung«), um so scheinbar formverwandte Accorde in nahe Berührung zu bringen. Im Beispiele a 1 unten wird zu diesem Zwecke das *ges* des Basses in *fis* verwandelt, bei a 2 wird *des* in *cis* und *as* in *gis* umgenannt, bei a 3 wird aus »*eis*« der Ton »*fu*«, bei a 4 wird aus *ais* der Ton *b*, nachdem schon vorher statt *eis* der Ton *f* gesetzt worden war, und bei a 5 wird der ganze Accord des ersten Tactes im zweiten umgenannt. Auf diese Weise verbindet sich in a 1 *As*dur mit *G*dur, in a 2 *Des*dur mit *E*dur, in a 3 *Fis*moll mit *C*dur, in a 4 *H*dur mit *B*dur und in a 5 *As*moll mit *E*dur leicht und bequem. Oft macht man von diesen Umnennungen auch bei Verbindung von ziemlich nahe verwandten Tonarten Gebrauch, um frappantere Modulationen zu erzielen. So wird im Beispiele b die Verbindung zwischen *C*moll und *D*dur vermittelt, in dem die Septime *as* des verminderten Septimenaccordes der 7. Stufe von *C*moll in *gis* verwandelt wird, um durch den verminderten Septimenaccord *gis-h-d-f* den Dominantaccord v. *D*dur, und somit diese Tonart selbst vorzubereiten. Einen solchen Uebergang aus einer Tonart in die andere (s. »Ausweichung« und »Modulation«), der durch enharmonische Umnennungen erreicht wird, nennt man »enh. Ausweichung«. — Bei solchen enh. Ausweichungen kann die Umnennung auch ausgelassen werden, weil der Klang ja doch derselbe ist. So hätte im Beispiele a 3 das *gis* des Basses eigentlich *as* heissen müssen, und im Beispiel c 1 geht man ohne weitere Umnennung aus *B*dur nach *H*dur, während im Beispiel c 2 auf den Accord des ersten Tactes ebenfalls ohne alle Umnennung statt des *B*durdreiklanges der *E*durdreiklang eintritt. Weiteres hierüber findet man unter »enh. Umnennung«. — Der Gebrauch dieser enh. Ausweichung ist bei Mozart und Haydn noch ziemlich selten, tritt aber bei Beethoven und namentlich auch bei den neueren Componisten immer häufiger auf. Ihre Anwendung ist in unserem Tonsysteme vollkommen gerechtfertigt. Anders aber würde es sich mit dieser Berechtigung im reinen Quintensysteme (s. Tonsytem) gestalten, und auch das natürliche Tonsystem (s. Tonsystem) würde derartige Ausweichungen nicht zulassen. In beiden Systemen sind die enharmonisch verschiedenen Töne und Accorde auch in der Tonhöhe verschieden. Es würde daher bei jeder enh. Umnennung eine plötzliche Veränderung der Tonhöhe eintreten, die jedenfalls sehr unangenehm auffallen würde. Sollte eines dieser Systeme für die Ausführung von Tonsätzen, in denen solche enh. Ausweichungen vorkommen, verwendet werden, so müssten diese Tonsätze erst umgeschrieben werden, und zwar entweder bis zu Ende, oder doch bis zu einer Stelle, an welcher eine genau umgekehrte Modulation erschiene. Dasselbe würde erforderlich sein bei Anwendung des sogenannten vereinfachten natürlichen Tonsystems, welches Helmholtz in seinen »Tonempfindungen« empfiehlt und für welches neuerdings mehrfach plaidirt worden ist. Dass in dem letztgenannten Tonsysteme auch bei einfacheren Modulationen andersartige und an sich berechtigte Umnennungen häufig nothwendig werden würden, wird in den Artikeln »enh. Umnennung« und »enh. Tonsysteme« zu erörtern sein.

a. 1.

Jos. Haydn, Son. Esdur. *a. 2.*

dolce.

crescend. dimin.

Beethoven, Son. Op. 110. (Asdur)

a. 3.

cresc. cresc.

Ped.

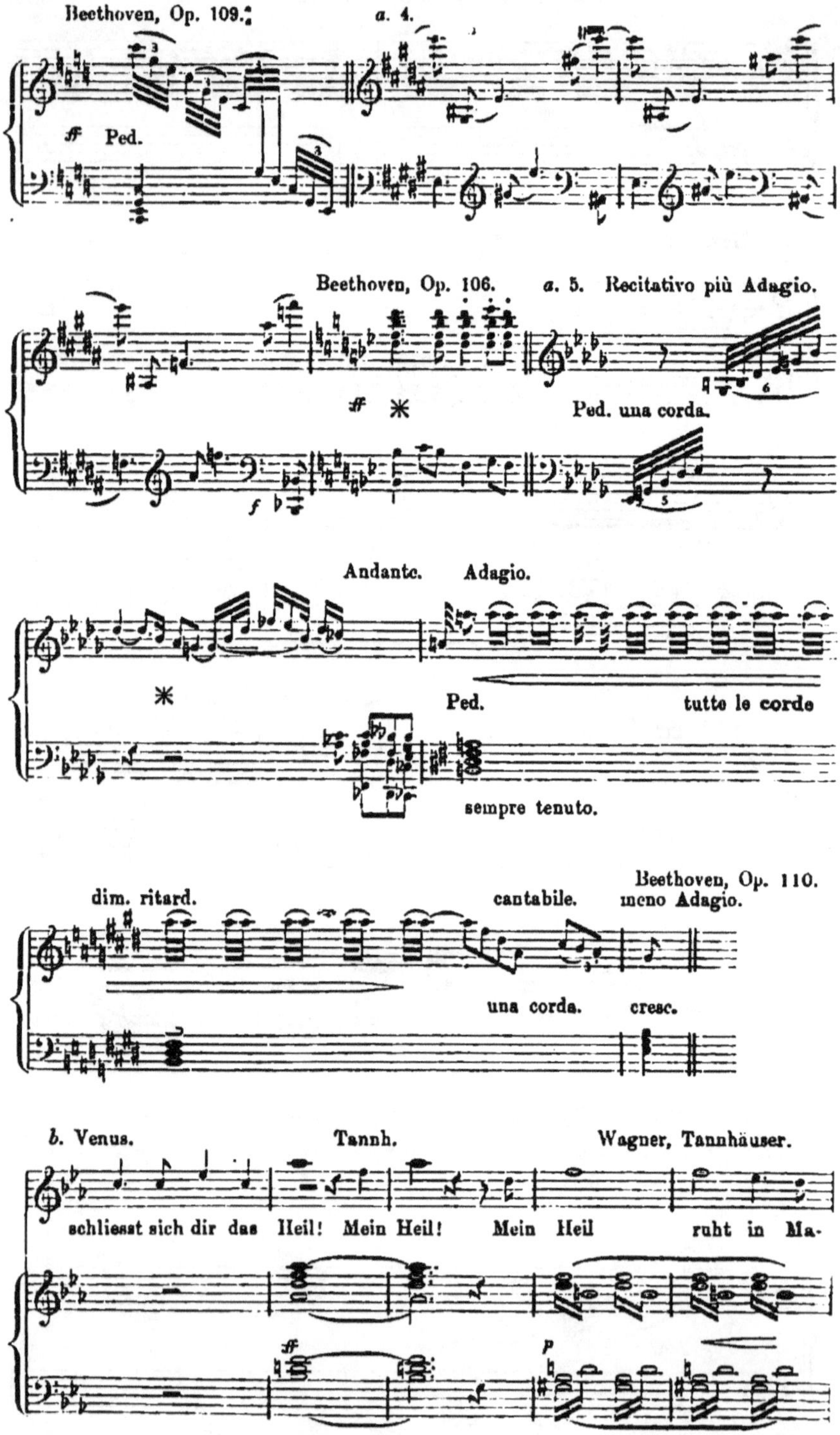
Beethoven, Op. 109.
a. 4.
ff Ped.
Beethoven, Op. 106.
a. 5. Recitativo più Adagio.
ff *
f
Ped. una corda.
Andante. Adagio.
*
Ped.
tutte le corde
sempre tenuto.
Beethoven, Op. 110.
dim. ritard.
cantabile.
meno Adagio.
una corda.
cresc.
b. Venus.
Tannh.
Wagner, Tannhäuser.
schliesst sich dir das Heil! Mein Heil! Mein Heil ruht in Ma-
ff
p

Wagner, Tannhäuser.   *c.* 1. Landgraf.

ri · · · · a!   . die hol · de Kunst, sie

werde jetzt zur That!   (Trompeten im Burghofe).

Allegro.   Wagner, Tannhäuser.

c. 2. Tannh.   Wagner, Tannhäuser.

Gelieb · · · · ter flieht!

Enharmonische Bewegung. Der Schritt von einem Tone zu einem andern nur enharmonisch von ihm verschiedenen Tone (z. B. von *cis* nach *des*), also der Schritt der verminderten Secunde, könnte eine »enh. Bew.« oder eine »enh. Fortschreitung« genannt werden (Gottfried Weber). In unserem Tonsysteme ist dieses indessen kein wirklicher Schritt, da die Tonhöhe je zweier solcher Töne gleich ist. Man nennt diesen Vorgang daher besser »enh. Rückung« (s. d.).

Enharmonische Choräle würden Choralbearbeitungen sein, in denen vielfach enharmonische Ausweichungen und Umnennungen (s. d.) auftreten. A. André (»Lehrb. der Tonsetzk. I S. 357) führt »der Sonderbarkeit wegen« einige enh. Chor. von M. Weissbeck an, die er Bossler's »Musikalischer Realzeitung« entnommen hat. Er bezeichnet dieselben allzu nachsichtig als »für den kirchlichen Gebrauch unanwendbar«.

Enharmonische Diesis, s. Diesis.

Enharmonische Fortschreitung, s. enh. Bewegung.

Enharmonische Intervalle (oder besser enharmonisch - verschiedene Intervalle) sind Intervalle, die dem Klange nach einander gleich, in der Be-

zeichnung aber verschieden sind, wie diejenigen unten bei a. Das Beiwort »enh.«
hat hier also dieselbe Bedeutung wie bei dem Ausdrucke »enh. Accorde«. Ueber
die ·Bildung und Verwerthung der »enh. Interv.«, sowie über die Berechtigung
zu dieser Verwerthung, geben die unter »enh. Accorde« mitgetheilten Einzelnheiten
Aufschluss, auf welche daher verwiesen wird. Die moderne Harmonielehre macht
ein weiteres Eingehen auf das Wesen der »enh. Interv.« nicht nöthig; in ihr ist
die Intervallenlehre überhaupt nebensächlich, indem für sie alle Intervalle nur als
Bestandtheile von Accorden Bedeutung haben. Man sehe auch den Artikel alterirte Intervalle nach.

a.

Enharmonisches Klanggeschlecht und **Klangsystem**, s. Enharmonisches
Tongeschlecht und Tonsystem.

Enharmonische Mehrdeutigkeit. In den Artikeln enharmonische Accorde und Intervalle wurde schon darauf hingewiesen, dass in unserem Tonsysteme mehrfach Töne, Accorde und Intervalle gleichen Klang bei ungleicher
Bezeichnung haben, da die Art der Bezeichnung abhängig ist von den Gesetzen
der Modulation, der Stimmführung und von anderen Bedingungen, die nicht immer von dem Klange des einzelnen Tones oder Accordes bestimmt werden. Hört man
nun solche Klänge oder Klangverbindungen ausser Zusammenhang mit den vorhergehenden oder nachfolgenden Klängen, so lässt sich nicht sofort erkennen, in
welcher Weise sie aufzufassen und zu bezeichnen sind. Solche Klänge und Klangverbindungen sind daher »enh. mehrdeutig«, d. h. sie lassen verschiedene Bezeichnungsweisen zu und können demnach verschiedenen Tonarten angehören. Den
Ausdruck enh. Mehrd. hat übrigens G. Weber zuerst angewendet. — Es können
nun sowohl einzelne Töne und Accorde, wie auch Tonfolgen, Tonleitern, Tonarten und Accordfolgen mehrdeutig sein. So ist im Beispiel a 1 der dritte Ton
noch mehrdeutig, denn es kommt erst auf den in a 2 und a 3 vorhandenen vierten
Ton an, ob der dritte Ton als *b* eine Ausweichung nach *F*dur andeutet, oder als
ais bloser Nebenton von *h* ist. Die Tonfolge im Beispiel b 1 kann auch wie bei
b 2 aufgefasst werden, und sie würde demnach das erstemal in *As*dur, *Des*dur und
*B*moll, das zweitemal in *Gis*dur oder *Cis*dur möglich sein. Auch Tonarten, Tonartleitern können »enh. mehrdeutig« sein; sie können eben verschiedene Bedeutung
erhalten, je nachdem man ihren Grundton enharmonisch umnennt (s. »enh. Paralleltonarten« und »Tonartleitern«). Ja selbst ganze Abschnitte erscheinen
in Tonsätzen nicht selten in dieser Mehrdeutigkeit. So bezeichnet Fr. Chopin in
dem Nocturno Op. 27 Nr. 2 das *des'''* des 33. Tactes im 34. Tacte als *cis'''*, und er
bewegt sich nun anscheinend in *A*- und *Cis*dur (c 1), während er vorher in *Des*dur
sich befand. Im 41. Tacte (c 2) nennt er die Töne *fis, dis* und *his* wieder um als
ges, es und *c* und geht dann im 46. Tacte (c 3) ohne Weiteres wieder nach *Des*dur
zurück, obwohl er noch in den Tacten vorher die Töne *ges* und *des* als *fis* und
cis notirt. Der ganze Abschnitt von Tact 34—41 steht demnach eigentlich nicht
in *A*- und *Cis*dur, sondern in *B*- und *Des*dur. Er hätte aber auch wirklich als *A*-
und *Cis*dur aufgefasst werden können, und so ist er »enh. mehrdeut.« Noch weit
mannigfaltiger ist jedoch die »enh. Mehrdeutigkeit« bei einzelnen Accorden, besonders aber bei dem »verminderten Septimenaccorde«, dem »Hauptseptimenaccorde« und dem »übermässigen Sext- und Quintsextaccorde« (s. »Consonanz«).
So tritt im Beispiele d der verminderte Septimenaccord der 7. Stufe von *Cis (his-
dis-fis-a)* bald als *c-dis-fis-a*, bald als *c-es-fis-a* auf, um so mit dem Accorde *gis-h-d-f*
in Beziehung treten zu können, während er im letzten Tacte wieder in seiner
ersten Gestalt erscheint. Im Beispiel e dagegen tritt der Hauptseptimenaccord
e-gis-h-d' auf; derselbe ist nur enh. verschieden vom übermässigen Quintsextaccorde *fes-as-ces'-d'*. Es konnte daher auf den obigen Accord, weil er die zweite

Deutung zulässt, der Quartsextaccord von *As*dur folgen. — Diese »enh. Mehrdeut.«
der Klänge macht dem Componisten die »enh. Ausweichung« (s. d.) möglich,
indem sie demselben gestattet, irgend welche Klänge oder Klangverbindungen statt
in der eigentlichen Bedeutung, in der sie auftreten müssten, in einer andern nur
enharmonisch verschiedenen erscheinen zu lassen. Sie ist nach Gottfr. Weber
(Versuch einer geordneten Theorie, Bd. I) »Mittel und Quelle harmonischen
Reichthums, leichter harmonischer Wendungen und wirkungsvoller Vielseitigkeit
des harmonischen Gewebes«.

Fr. Chopin, Op. 27. Nr. 2.

Chopin, Op. 15. Nr. 3.

25*

Chopin, Op. 27. Nr. 1.

sosten.

ff

Ped.

Enharmonische Paralleltonarten und Paralleltonartleitern. Die Tonarten und die Tonartleitern je zweier nur enharmonisch verschiedener Grundtöne sind auch nur enharmonisch verschieden (s. »enh. Tonarten und Tonartleitern«). Es kann daher eine für die andere eintreten, eine die andere ablösen. Man könnte solche Tonarten und Tonartleitern (wie *Cis*dur und *Des*dur, *Fis*moll und *Ges*moll, *Ces*dur und *H*dur u. s. f.) »enharmonisch parallel« nennen (vgl. Gottfried Weber's »Versuch« Bd. I).

Enharmonische Rückungen entstehen, wenn in einer Stimme auf irgend einen Ton der nur enharmonisch von ihm unterschiedene Ton folgt (a), was bei verschiedenen Fällen enharmonischer Umnennung (s. d.) nicht selten eintritt. Ein eigentlicher melodischer Schritt nach unseren Begriffen würde dieses in keinem einzigen Tonsysteme sein; man nennt diesen Vorgang daher auch nur eine »Rückung«. In unserem Tonsysteme ist es eigentlich auch nicht einmal eine Rückung, sondern nur eine »enharmonische Umnennung« desselben Klanges.

a. Chopin, Op. 15. 3.   *pp*   a tempo.

Ped.

Enharmonisches Tetrachord und **Trichord**, s. unter »Enharmonisch«, »Tetrachord«, und »Trichord«.

Enharmonische (richtiger: enharmonisch-verschiedene) **Tonarten** und **Tonartleitern** sind Tonarten oder Tonartleitern, die dem Klange nach dieselben Töne und dieselben Tonverbindungen haben, in der Bezeichnung und Benennung dieser Töne und Tonverbindungen aber verschieden sind (*Cis*dur und *Des*dur, *E*moll und *Fes*moll). Der Ausdruck bezeichnet also dasselbe, was oben durch enharmonisch-parallel angedeutet wurde. — Bei unserm zwölfstufigen Tonsysteme giebt es demnach nur 12 Dur- und 12 Molltonarten, die dem Klange nach verschieden sind, obgleich man der Bezeichnung nach mindestens 24 Dur- und 24 Molltonarten haben könnte. Es sind nur enharmonisch verschieden:

*C*dur resp.	*C*moll von	*His*dur resp.	*His*moll und von	*Deses*dur resp.	*Deses*moll,		
*Cis*dur «	*Cis*moll «	*Des*dur «	*Des*moll,				
Ddur «	*D*moll «	*Cisis*dur «	*Cisis*moll «	«	*Eses*dur «	«	*Eses*moll,
*Dis*dur «	*Dis*moll «	*E*sdur «	*E*smoll,				
*E*dur «	*E*moll «	*Fes*dur «	*Fes*moll,				
*F*dur «	*F*moll «	*Eis*dur «	*Eis*moll,				
*Fis*dur «	*Fis*moll «	*Ges*dur «	*Ges*moll,				
*G*dur «	*G*moll «	*Fisis*dur «	*Fisis*moll «	«	*Asas*dur «	«	*Asas*moll,
*Gis*dur «	*Gis*moll «	*As*dur «	*As*moll,				
*A*dur «	*A*moll «	*Gisis*dur «	*Gisis*moll «	«	*BB*dur «	«	*BB*moll,
*Ais*dur «	*Ais*moll «	*B*dur «	*B*moll,				
*H*dur «	*H*moll «	*Ces*dur «	*Ces*moll.				

Auch bei der Bezeichnung beschränkt man sich übrigens meist auf zwölf Tonarten, und man benutzt von mehreren nur enharmonisch verschiedenen Tonarten eine einzige, und zwar diejenige, welche die wenigsten Versetzungszeichen nöthig macht. So beschränkt man sich bei der Vorzeichnung meistens auf 6 Versetzungszeichen für folgende Tonarten:

G-dur.   D-dur.   A-dur.   E-dur.   H-dur.   Fis-dur.

C-dur.   E-moll.   H-moll.   Fis-moll.   Cis-moll.   Gis-moll.   Dis-moll.

A-moll.   F-dur.   B-dur.   Es-dur   As-dur.   Des-dur.   Ges-dur.

D-moll.   G-moll.   C-moll.   F-moll.   B-moll.   Es-moll.

Bei den Tonarten jedoch, bei denen die Zahl der Versetzungszeichen nahezu gleich ist (*Ges*dur und *Fis*dur, *Des*dur und *Cis*dur, *H*dur und *Ces*dur) wendet man beide Bezeichnungsweisen an. Auch noch in einzelnen andern Fällen beschränkt man sich nicht auf die Zahl 6, nämlich dann nicht, wenn die Widerrufungszeichen mit den neuen Versetzungszeichen mehr ausmachen würden, als die Versetzungszeichen derselben Art, wie z. B. bei a (s. auch »Tonart«).

a. statt   besser

(♮=×)

Enharmonisches Tongeschlecht. In der griechischen Tonlehre wird von einem »enh. Ton- oder Klanggeschl.« gesprochen. Die Hypothesen über die Einrichtung dieses Tongeschlechts, sowie über dessen Entstehen, Werth und Anwendbarkeit, sind in den Artikeln »Griechische Musik« und »Klanggeschlecht« zu finden. Hier ist nur soviel mitzutheilen, dass man durch den Ausdruck »Klanggeschl.« die Art und Weise andeuten wollte, wie die Töne des Tetrachords auf die Entfernung der Quarte vertheilt waren, und dass es also zweierlei enh. Klanggeschl. geben musste, dasjenige des Olympos und das neuere (s. »Enharmonisch«). — Bei unserer Auffassung des Begriffes »Tongeschl.« als einer Einheit von unter sich verwandten Tönen (s. »Tonart«) kann von einem »enh. Tongeschl.« gar nicht die Rede sein. Darnach giebt es überhaupt nur zweierlei Tongeschlechter, das Durgeschlecht und das Mollgeschlecht, weil nur in diesen die verwandtschaftlichen Beziehungen zwischen den einzelnen Bestandtheilen wirklich einheitlich sind. Alle anderen sogenannten Tongeschlechter und Tonarten sind entweder nur unvollständige Darstellungen von Tongeschlechtern, oder aber Verbindungen verschiedener Tonarten desselben oder verschiedenen Geschlechts.

Enharmonische Tonleiter. Von einer solchen kann man nur dann sprechen, wenn man den Begriff Tonleiter im weiteren Sinne auffasst: als eine Reihe von Klängen, die nach ihrer Tonhöhe geordnet sind, wenn man also Tonleiter von Tonartleiter (s. d.) unterscheidet (s. auch den vorhergehend. Artikel). — Die enh. Tonl. entsteht, wenn man die Töne eines enharmonischen Tonsystems (s. d.) nach ihrer Höhe anordnet. Aus der Kenntniss der enharmonischen Tonsysteme selbst ergiebt sich, dass die enh. Tonleitern sehr verschieden sein können. Gewöhnlich bezeichnet man mit diesem Ausdrucke jedoch eine bestimmte Tonleiter, und zwar diejenige, in welcher neben den Stammtönen (s. d.) noch die einfach erhöhten und vertieften Töne vorkommen, wie in der folgenden:

c cis des d dis es e eis fes f fis ges g gis as a ais b h his ces′ c′.

Enharmonische Tonsysteme. Dieser Ausdruck bezeichnet nach der heutigen

Bedeutung des Wortes »enharmonisch« diejenigen Tonsysteme, in denen zwischen je zwei Stufen eines Ganztones noch zwei oder mehr Töne sich befinden, die in der Tonhöhe oder in dem Namen, oder in Tonhöhe und Namen von einander abweichen. Unter Tonsystem (s. d.) versteht man bekanntlich eine nach bestimmten Principien getroffene Auswahl von Tönen. Diese Principien können nun keine anderen sein, als diejenigen, auf welche sich der tonische Zusammenhang zwischen den einzelnen Tönen der Tonstücke gründet. Man hat deshalb auch in der That zur Construction von Tonsystemen bereits seit langer Zeit dieselben drei Grundintervalle (reine Octave, reine Quinte und grosse Terz) verwendet, welche in dem Artikel »Consonanz und Dissonanz« und an anderen Orten zur Erklärung des tonischen Zusammenhanges zwischen einzelnen Klängen und Klangverbindungen benutzt worden sind. Freilich konnte man sich früher die Gründe hierfür nicht in dem Umfange klar machen, wie dieses nach den angeführten Auseinandersetzungen des Verfassers möglich sein wird. Jetzt wird sich kein Mensch mehr verwundern dürfen, warum man zur Systemconstruction gerade jene Intervalle verwenden musste. Eingehenderes hierüber, so wie die Erklärung der Thatsache, dass man bald das eine, bald das andere dieser drei Intervalle auslassen konnte, ist unter »Tonsystem« nachzulesen. — Zunächst benutzte man bei Herstellung von Tonsystemen nur Quinten oder deren Umkehrungen (Quarten) und Octaven. So erhielt man das »reine Quintensystem oder das System des Pythagoras«. Die Octaven können auch unberücksichtigt bleiben, wenn man nur die wesentlich verschiedenen Töne eines solchen Systems aufsuchen will. Geht man von einem bestimmten Tone (etwa von c) aus und misst reine Quinten nach oben und nach unten ab, so erhält man eine unbegrenzte Kette von Tönen, deren keiner einem anderen in irgend einer Octave gleich ist

bb fes ces ges des as es b f C g d a e h fis cis gis dis ais eis his fisis.

Nach je zwölf Quinten gelangt man in diesem Systeme zu einem Tone, dessen Tonhöhe einer Octave des Ausgangstones nahezu, aber nicht ganz gleich ist, und der im Namen von dem Ausgangstone abweicht. So gelangt man z. B. von c aus aufwärts zu *his*, abwärts zu *deses*. Man findet also mit der zwölften Quinte einen Ton, der vom Ausgangstone enharmonisch verschieden ist. Ueber den Unterschied zwischen je zwei solchen Tönen sehe man Genaueres unter »Tonsystem« nach. — Verlegt man die Töne des reinen Quintensystems in dieselbe Octave, so findet man zwischen je zwei Tönen, die einen Ganztonschritt bilden, mehrere enharmonisch verschiedene Töne z. B.

C deses cis des cisis D.

Das System selbst ist also ein vollkommen enharmonisches. — Im Mittelalter bestimmte man die Töne des Tonsystems ebenfalls nach reinen Quinten, construirte und benutzte von dem so zu findenden System indessen längere Zeit nur einen Theil, nämlich die Töne

es b f c g d a e h fis cis gis.

Dieses System ist kein eigentlich enharmonisches System, aber doch wenigstens ein Theil eines solchen. — In der späteren Zeit setzte man die Tonhöhe des nach zwölf Quinten gefundenen Tones einer Octave des Ausgangstones gleich, behielt aber den Namen bei. Wollte man den enharmonisch verschiedenen Tönen jedoch gleiche Tonhöhe geben, so wurde die zwölfte Quinte um das Intervall $^{74}/_{73}$, oder um ein pythagoräisches Komma, zu eng. Diesen Fehler vertheilte man, um ihn unmerklich zu machen, auf mehrere Quinten, und zwar zunächst auf nur einzelne von den zwölf Quinten ungleich, dann aber auf alle zwölf gleichmässig. Man stimmte also jede von diesen Quinten um einen bestimmten Theil des pythagoräischen Komma zu eng, man »temperirte« sie. Die so entstehenden Tonsysteme heissen deshalb »temperirte«. Wenn der Fehler nur auf einige Quinten vertheilt wurde, so entstanden die ungleich schwebenden Temperaturen; dagegen sind in unserem gleichschwebend temperirten Tonsysteme mit gleichen Stufen alle zwölf Quinten gleichmässig unrein gestimmt, und zwar eine jede um den zwölften Theil des pythagoräischen Komma. In diesen temperirten Tonsystemen kehren von der

zwölften Quinte an alle Töne der Tonhöhe nach wieder, aber nicht in der Bezeichnung. Diese Systeme haben in der Octave nur zwölf dem Klange nach verschiedene Töne, und sie sind also eigentlich nur **chromatisch** (s. d.), da sich nur die
chromatische Tonleiter auf ihnen wirklich herstellen lässt; der Bezeichnung nach
sind sie aber vollständige und unbegrenzte enharmonische Systeme, wie dasjenige
des Pythagoras. — Verschiedene andere gleichschwebend temperirte Systeme, von
denen Opelt (»Allgemeine Theorie der Musik« S. 43) solche mit 19, 22, 31, 34, 43
und 50 gleichgrossen Stufen in der Octave als möglich nachweist (s. **Tonsystem**),
sind ebenfalls enharmonische Systeme, die nur in der Bezeichnung vollständig, dem
Klange nach aber mehr oder minder vereinfacht sind. — Der erste Tonlehrer,
welcher die grossen Terzen zur Construction von Tonsystemen verwendete, war
Zarlino. Derselbe entwickelte aber nur die für ein diatonisches System nothwendigen Töne auf diese Weise. Weitergehend benutzte Mor. Hauptmann (»Natur
der Harmonik und Metrik«) die grossen Terzen zur Systemconstruction. In dem
reinen Quintensysteme sind nämlich alle grossen Terzen um das Intervall $^{81}/_{80}$ zu
gross. Aehnlich verhält es sich auch in den temperirten Tonsystemen, in denen
freilich die Abweichung von der Reinheit eine etwas andere ist. Hauptmann zog
aus diesem Grunde zu jedem Tone des reinen Quintensystems dessen höhere grosse
Terz zu. Die Töne des ersten Quintensystems bezeichnete er mit grossen Buchstaben, die gefundenen Terztöne dagegen mit kleinen wie folgt

. . *f c g d a e h fis cis gis dis ais* . .
. .*Des As Es B F C G D A E H Fis* . .

Die Terztöne bilden unter sich ein neues reines Quintensystem, dessen einzelne
Töne um das Intervall $^{81}/_{80}$ niedriger sind als die gleichnamigen Töne des mit
grossen Buchstaben bezeichneten Quintensystems. Das Hauptmann'sche Tonsystem besteht demnach aus zwei vollständig enharmonischen Systemen. Hauptmann nannte dieses System das »natürliche« (s. d.). Dasselbe ist jedoch vollkommen unvollständig und nur ein Theil des wirklichen natürlichen Tonsystems
mit lauter reinen Intervallen. Denn zunächst fehlten Töne, welche den tieferen
Terzen der mit grossen Buchstaben bezeichneten Töne entsprachen; ferner hatte
er auch keine höheren grossen Terzen zu den mit kleinen Buchstaben bezeichneten
Terztönen u. s. f. Hierauf machte schon E. Naumann aufmerksam, und nach ihm
Helmholtz und Andere; auch in des Verf. »System und Methode« wurde dieses
nachgewiesen. Das vollständige natürliche Tonsystem würde also ein viel umfang-
reicheres sein. Bezeichnet man die Töne des Quintensystems, von dem man aus-
geht, mit Buchstaben ohne Exponenten, und deutet man dann jede Erhöhung oder
Vertiefung um das Intervall $^{81}/_{80}$ dadurch an, dass man den Notennamen +1, +2,
+3 u. s. f. resp. —1, —2, —3 u. s. f. als Exponenten anhängt, so würde das
natürliche Tonsystem in folgender Weise darzustellen sein:

. . . .
$d(-2)\, a\,(-2)\, e\,(-2)\, h\,(-2)\, fis-2\, cis(-2) gis(-2) dis(-2) ais(-2) eis(-2) his(-2)$ . .
$^{-1)}b(-1)\, f(-1)\, c\,(-1)\, g\,(-1)\, d\,(-1)\, a\,(-1)\, e\,(-1)\, h\,(-1)\, fis(-1) cis(-1) gis(-1) dis(-1)$.
ges   des   as   es   b   f   c   g   d   a   e   h   fis   cis
$bb(+1) fes(+1) ces(+1) ges(+1) des(+1) as(+1) es(+1)\, b\,(+1)\, f(+1)\, c\,(+1)\, g\,(+1) d(+1)$.
$eses(+2) bb\,(+2) fes(+2) ces(+2) ges(+2) des(+2) as\,(+2)\, es(+2)\, b(+2)$.
. . . .

Die Punkte auf allen Seiten deuten an, dass das System nach keiner Seite hin eine
Grenze hat. Jede höhere Reihe enthält die höheren grossen Terzen der dicht
darunter stehenden Reihe in natürlicher Stimmung. Jede Reihe bildet unter sich
ein unbegrenztes reines Quintensystem. Das ganze natürliche Tonsystem besteht
also aus einer unbegrenzten Anzahl von unbegrenzten enharmonischen Systemen,
da jeder Ton des enh. Tonsystems in jeder Reihe vorkommt. Dasselbe hat unzählige ungleiche Stufen in der Octave. — Eine Vereinfachung erzielte für dieses
Tonsystem Helmholtz, indem er einen den arabisch-persischen Musikern abge-

lauschten Kunstgriff anwendete. Die höhere Terz eines Tones der ersten Terzen-reihe (mit dem Exponenten —1) hat nämlich nahezu gleiche Tonhöhe mit dem nur enharmonisch von ihm verschiedenen Tone aus dem ersten Quintensysteme (ohne Exponenten); die tiefere Terz zu einem Tone der ersten Quintenreihe dagegen (es sind dieses die Töne mit dem Exponenten +1) ist fast gleich dem nur enhar-monisch von ihm verschiedenen Tone aus der ersten höheren Terzenreihe (mit dem Exponenten —1). Helmholtz macht nun je zwei solcher Töne gleich (*cis* (—2)=*des*, *des* (+1)=*cis* (—1), indem er jede der zwischen ihnen liegenden Quinten um ein bestimmtes Intervall unrein stimmt. So reducirt sich das natürliche Tonsystem auf zwei enharmonische Systeme, deren jedes für sich unbegrenzt sein würde, die aber Helmholtz bis auf 30 oder 24 Stufen für die Octave beschränkte, indem er das System nur für eine beschränkte Anzahl von Tonarten einrichtete. Dieses System würde sich, wenn man die eine Quintenreihe durch grosse, die Terztöne aber durch kleine Buchstaben bezeichnen wollte, wie folgt darstellen lassen:

as es b f c g d a e h fis cis
As Es B F C G D A E H Fis Cis

Man würde in diesem Systeme sehr häufig enharmonische Umnennungen (s. d.) nöthig haben, was seine Anwendung in der Praxis sehr erschweren würde. — Auch das arabisch-persische Tonsystem mit 17 Tönen in der Octave ist ein enharmoni-sches, da in ihm Erhöhungen und Vertiefungen desselben Tones zu gleicher Zeit vorkommen. — Eingehenderes über die Einrichtung der verschiedenen Tonsysteme und über die Vorzüge und Nachtheile der einzelnen Systeme sehe man im Artikel »Tonsystem« nach.

Enharmonischer Tonwechsel oder enharmonische Tonverwechselung findet statt bei enharmonischer Umnennung (s. d.) eines Tones oder einer Ton-verbindung.

Enharmonische Umnennung heisst derjenige Vorgang, durch welchen an die Stelle von Tönen, Intervallen, Accorden, Tonarten, Tonleitern und Accordfolgen andere nur enharmonisch von jenen verschiedene Töne, Intervalle, Accorde, Ton-arten, Tonleitern und Accordverbindungen gesetzt werden. Diese Umnennung wird nur möglich durch die »enharmonische Mehrdeutigkeit« (s. d.). — Die Veranlassung zu enh. Umnennungen ist in den einzelnen Fällen sehr ver-schieden. Sehr häufig wird sie zu dem Zwecke verwendet, eine Ausweichung in eine entfernte Tonart zu vermitteln. Hierüber findet man Eingehenderes unter »enharmonische Ausweichung«. Eine zweite noch häufiger auftretende Ursache zu enh. Umnennungen entspringt daraus, dass man in der Schreibweise auf mög-lichste Bequemlichkeit, Einfachheit und Uebersichtlichkeit Rücksicht zu nehmen hat. Sehr oft werden sowohl selbständige Tonsätze und ganze Abschnitte aus denselben, als auch einzelne Töne und Accorde enh. umgenannt, ohne dass andere Veranlassungen dazu vorlägen, als jene rein praktischen Rücksichten. Lediglich aus diesem Grunde schreibt z. B. Beethoven das Allegretto seiner *Cis*mollsonate (Op. 27 Nr. 2) in *Des*dur statt in *Cis*dur. Aehnlich verhält es sich in dem Bei-spiele unten bei a, wenn die Töne des ersten Tactes: *ces*, *as* und *es* im zweiten Tacte als *h*, *gis* und *dis* auftreten, wodurch eine Ausweichung nach *E*- und *H*dur statt zu finden scheint, während in Wirklichkeit doch nur eine Ausweichung nach den mit *As* moll nahe verwandten Durtonarten von *Fes* und *Ces* vorhanden ist. Beethoven benutzt jene Umnennung nur, weil die Bezeichnung in *E*- und *H*dur einfacher ist als in *Fes*- und *Ces*dur, und weil er ausserdem im 8. oder 9. Tacte nach der neuen Vorzeichnung doch eine enh. Umnennung anwenden müsste, um den Accord *G-h-d-f* vorbereiten zu können. — Aus ähnlichen Gründen werden an der angekreuzten Stelle im Beispiele b die Töne *asas* und *fes*, wie sie consequenter Weise — (man sehe unter *c* die Uebertragung dieses Beispiels nach *D*dur) — heis-sen müssten, als *g* und *e* notirt. Ferner liegt auch im Beispiele *d* der Umnennung des Tones *eis* in *f*, durch welche der übermässige Quintsextaccord von *Fis*dur in den Hauptseptimenaccord von *C*dur verwandelt wird, keine andere Ursache zu Grunde. Hätte bei der dann folgenden Figuration des verminderten Septimenaccordes *eis-h-d*

— (dem die Terz *gis* fehlt) wirklich *eis* geschrieben werden sollen, so hätte der Nebenton dieses Tones als *disis* bezeichnet werden müssen, was viel weniger einfach und
übersichtlich gewesen wäre. — Bei Orchestersätzen werden oft noch aus anderen
rein praktischen Gründen enh. Umnennungen nothwendig. Für gewisse Orchesterinstrumente sind manche Wendungen bei fremdartigen Modulationen in der richtigen Schreibweise unausführbar oder doch zu befremdend und unnatürlich; man
notirt diese Wendungen daher in einer der Eigenthümlichkeit des Instruments
entsprechenden Weise, indem man die einzelnen Töne enh. umnennt. So würde
z. B. bei den Hörnern der Ton *ais* befremden, weshalb man diesen Ton immer als
b zu notiren hat. (Man sehe hierüber auch die Artikel über die einzelnen Instrumente nach.) — Ueber den Ort, an welchem diese Umnennung in jedem einzelnen
Falle am schicklichsten eintritt, lässt sich Allgemeingiltiges nicht aufstellen. Nur
soviel lässt sich sagen, dass es immer da zu geschehen hat, wo es am bequemsten
und natürlichsten geschehen kann, und dass die Umnennung immer nur so weit
hinzuschreiben ist, soweit es ohne Erschwerung der Auffassung nothwendig ist.
Bei Ausweichungen tritt die Umnennung in der Regel bei dem Ausweichungs-
accorde oder kurz vor demselben ein. Eigentlich müsste der umgenannte Ton
oder Accord immer in beiden Gestalten geschrieben werden, wie dieses im Beispiele *a* 5 auf S. 384 der Fall ist. Dies würde aber in vielen Fällen viel zu umständlich sein, ohne irgend welchen besonderen Nutzen zu bringen. — Einen
weiteren Einfluss auf die Bestimmung des Ortes, an welchem die Umnennung eintritt, hat der Umstand, dass in den einzelnen Stimmen der Zusammenhang nicht
ohne Noth zerstört oder zu schwer erkennbar gemacht werden darf. Das gilt besonders in Beziehung auf Singstimmen. Es kommt deshalb nicht selten vor, dass
in einer Stimme die Umnennung viel später eintritt, als in den anderen Stimmen
(e), und dass daher bisweilen derselbe Ton gleichzeitig in enharmonisch-verschie-
dener Bedeutung auftritt. — Eingehender unterrichtet man sich über diesen Gegenstand noch unter »Orthographie«, am vollständigsten aber durch das Studium
tüchtiger Meister. — Sehr häufige enh. Umnennungen würden, wie schon unter
enh. Tonsysteme angedeutet wurde, nothwendig werden, wenn das von Helmholtz
und wiederholt auch von anderen Physikern zur Einführung empfohlene verein-
fachte Tonsystem wirklich zur praktischen Anwendung gelangen sollte. Die gewiss sehr einfache Modulation bei *f* würde in natürlicher Stimmung nach der auf
S. 391 angegebenen Benennung folgende Gestalt annehmen:

$$(e'\text{-}gis\,(-1)'\text{-}h'\text{-}e'')+(a\text{-}a'\text{-}c\,(+1)''\text{-}e'')+(d'\text{-}a'\text{-}c\,(+1)''\text{-}fis(-1)'')+$$
$$(g\text{-}g\text{-}h'(-1)\text{-}g').$$

Für das 24stufige Tonsystem von Helmholtz (s. S. 392) würde dieses Sätzchen
wie bei g zu notiren sein, wenn man die blosen Quinttöne durch unausgefüllte, die
Terztöne durch ausgefüllte Noten darstellen wollte, wobei noch zu bemerken ist,
dass die Töne *Ges* und *Ces*, als Vertreter der höheren Terzen von *d* und *g*, gar nicht
vorhanden sind. Hieraus einen Schluss auf die Anwendbarkeit dieses Systems zu
ziehen, mag jedem Leser überlassen bleiben.

a. Beethoven, Op. 57.

b. Beethoven, Op. 57.

c.

d. Beethoven, Op. 78.

e. R. Wagner, Rheingold.

Fasolt: Was sagst du?   ha!   Sinnst du Ver-rath? Ver-rath am Ver-trag?

Enharmonischer Unterschied ist das Intervall, um welches zwei enharmonisch verschiedene Töne von einander abweichen (s. Diesis). **Otto Tiersch.**

Enicelius, **Tobias**, hervorragender Tonkünstler, geboren um 1620 zu Leskow in Böhmen, war ums Jahr 1655 Cantor zu Flensburg, kam von dort als solcher nach Tönningen und 1660 nach Hamburg. In der musikalischen Composition war E. nicht unbewandert, wofür die in Hamburg erschienene Cantate: »Die Friedensfreude, bey angestelltem öffentlichen Dankfeste, in einer musikalischen Harmonie, als fünf Vocalstimmen, zwei Clarinen und zwei Violinen zu musiciren« und seine Musik zu Opitz's »Sonntags- und Festepisteln« Zeugniss ablegen. Vgl. Ehrenpforte S. 59. †

Enke, s. Encke.

Enkhausen, s. Enckhausen.

Enkomiastisch (aus dem Griech.), wörtlich lobrednerisch, wurde von den Griechen der bei Lobgesängen statthafte und üblich gewordene schwungvolle Styl genannt. S. Melopöie. In demselben Sinne hat sich auch im modernen Sprachgebrauch dies Wort als nähere Bezeichnung gehobener musikalischer Schreibweise erhalten.

Ennelin, **Sebastien**, hervorragender französischer Kirchencomponist, geboren um 1650 oder 1655 in oder bei St. Quentin, in welcher Stadt er anfangs Chorknabe war und tüchtigen musikalischen Studien zugeführt wurde. Im Jahre 1680 wurde er als Nachfolger des Antoine Gras im Chordirektoramt an der Kapelle St. Louis angestellt und wird noch 1719 unter den lebenden französischen Meistern angeführt. Er hat zahlreiche, sehr bemerkenswerthe Kirchencompositionen geliefert, von denen sich noch viele Manuscripte in St. Quentin befinden.

Enno, **Sebastiano**, italienischer Componist, dessen Lebenszeit in die Mitte des 17. Jahrhunderts fällt, erhält dadurch eine erhöhte Wichtigkeit, dass er allem Anschein nach der erste Tonsetzer ist, der in seinen Compositionen die zu Kunstausdrücken gewordenen Vorschriften: *adasio* (d. i. *adagio*), *affettuoso*, *allegro*, *da capo se piace* und *presto* anwandte. Das einzige Werk, welches von ihm noch übrig geblieben ist, sind: »*Ariose Cantate, libro II.*« (Venedig, 1655.) Vgl. Burney, *Hist. of Mus. vol. IV. p.* 140. *Not.*

Enoplion (griech.), s. Embaterion.

Enscheder, **Jo.**, holländischer Notendrucker, welcher in der Mitte des 18. Jahrhunderts zu Haarlem lebte und dessen Typen später auch die Notendruckerei von Breitkopf und Härtel noch lange mit Vortheil in Anwendung brachte.

Ensemble. Ein aus dem Französischen aufgenommener Ausdruck zur Bezeichnung des Zusammenwirkens verschiedener Singstimmen oder Instrumente, daher ist, wie hieraus hervorgeht, Mehrstimmigkeit des betreffenden Tonwerkes erste Voraussetzung. Hiervon abgeleitet, spricht man von Instrumental-E., Gesang-E., Solo-E., E-Gesang, E.-Spiel, E.-Wirkung etc. Man fasst in solchem Falle nicht die einzelnen Theile sondern die Totalwirkung ins Auge, welche das Ganze als solches macht. Im Gesange versteht man wohl auch speziell im Gegensatz zum Chor unter E., jede Vereinigung selbstständigerer Solostimmen. Endlich versteht man unter E. das betreffende Tonstück selbst, also jedes Musikstück, welches von einem Verein selbstständigerer Gesang- oder Instrumentalstimmen auszuführen ist. Haupterforderniss eines guten E. ist einheitliches Zusammenwirken, resp. Unterordnen jeder einzelnen Stimme. Beim E.-Studium ist daher jedes Mal zunächst festzustellen: 1) an welchen Stellen alle Stimmen lediglich zu einem Totaleindruck zusammenwirken sollen, und 2) an welchen Stellen und in wieweit einzelne Stimmen hervortreten müssen. Wo Letzteres geschehen soll, muss solches Hervortreten überall mit ausgeprägtem Ausdruck und deutlichem Verständniss der hervorzuhebenden Stimme oder Stimmen geschehen, und müssen sich die übrigen E.-Stimmen gebührend unterordnen, d. h. insoweit schwächer singen oder spielen, dass sie die Prinzipalstimme nicht unterdrücken, und ist namentlich auf solche Stellen Rücksicht zu nehmen, wo die Hauptstimme in ungünstiger Lage liegt, in welcher sie nicht zu wirken vermag; andrerseits darf solches Unterordnen aber auch nicht zu weit getrieben werden, sondern haben die Neben- (Ripien-) Stimmen, natürlich einheitlich untereinander zu abgerundetem E. verschmolzen, sich in soweit zur Geltung zu bringen, dass sie die vom Componisten beabsichtigte Folie für die Prinzipalstimme auch wirklich genügend herstellen. Ueberhaupt sind alle Erfordernisse guten Accompagnements (s. d. Art.) zugleich die eines guten E., also vor Allem rhythmische Nachgiebigkeit seitens des E., damit sich die Solostimmen mit entsprechender Freiheit bewegen können, energisches Unterstützen jener bei kräftigen Accenten, ohne deshalb durch zu massigen Ton zu überladen, und entschlossenes Angreifen, wo sich die E.-Stimmen zu wirksamem Tutti vereinigen sollen. Handwerksmässige Disciplin, Abrichtung und Einschulung genügt hier keineswegs, obgleich sie erste unerlässliche technische Bedingung, sondern es muss sich hierzu innere Uebereinstimmung von Geist und Empfindung gesellen. Zur Herstellung eines guten E. gehört daher hinreichendes Einleben der Betheiligten 1) in die zu durchdringende und darzustellende Aufgabe, 2) untereinander, folglich hinreichende Zeit und Uebung, um sich gegenseitig miteinander einzusingen oder einzuspielen. Nur bei durchgängiger Uebereinstimmung von Empfindung und Auffassung ist ein gutes E. möglich; diese Uebereinstimmung ist aber wie gesagt fast immer erst das Resultat längeren vertrauten gegenseitigen Ineinander-Einlebens, und aus diesem Grunde ist ein wirklich gutes E. verhältnissmässig so selten. Jeder an einem E. sich Betheiligende muss nicht nur seine eigene Stimme correct etc. ausführen, sondern auch die Gabe besitzen, zugleich auch mit feinfühligster Aufmerksamkeit fortwährend den anderen Hauptstimmen zu folgen, und überall, wo die seinige nicht hervortreten soll, mit den anderen nachgiebig zu verschmelzen. Die Hauptstimmen eines E. dagegen müssen dasselbe entschlossen anführen, z. B. die erste Violine eines Streichquartetts. Auch der Begriff des Unisono's ist aus vorstehenden Gründen gleichbedeutend mit dem des E., und bildet eine Spezialität der höheren Virtuosität, z. B. wenn zwei Spieler ein und dasselbe zweihändige Tonstück zu gleicher Zeit auf zwei Flügeln mit so bewunderungswürdigem E. spielen, dass man nur einen Spieler zu hören glaubt.   Z.

Enslin, Philipp, tüchtiger Clavierspieler und geschätzter Componist, geboren zu Neustadt an der Aisch um 1758, wo sein Vater Organist und Musiklehrer war. Er hatte bei J. G. Vogler und Kreuser (Kreusser) seine musikalischen Studien gemacht und kam zur Zeit des Reichskammergerichts nach Wetzlar, wo er sich als »Klaviermeister« (nicht Kapellmeister, wie im Schilling und Gerber zu lesen) aufhielt und in den ersten Familien daselbst Clavier- und Gesangunterricht ertheilte. Beim Grafen Oettingen-Wallerstein (dem obersten Richter beim Kammergericht) und beim Grafen von Reichersberg war er so beliebt, dass ihm dieselben eine lebenslängliche Pension aussetzten, als er (nach Auflösung des Reichskammergerichts) sich als Lehrer der Musik des Fürsten von Nassau nach Weilburg wandte, wo er auch im J. 1821 (oder 1822?) starb. — E. ist von mütterlicher Seite Oheim von Diesterweg's Gattin, die aus Wetzlar stammt; und mit dem Bruder Enslin's, der auch Musiklehrer in Wetzlar gewesen, war L. Erk's Mutter Schwester verheirathet. — In J. G. Vogler's Betrachtungen der Mannheimer Tonschule (1779, S. 49) ist schon E.'s als Clavierspieler — in Verbindung mit dem berühmten Instrumentenmacher Greiner in Wetzlar (dem Erfinder des Bogenklaviers) — gedacht. Auch 1780, in Vogler's Betr. d. Mannheimer Tonschule, werden Variationen für Clavier, von E. componirt, besprochen. In v. Eschstruth's Musikal. Bibliothek (Marburg und Giessen, 1784) werden S. 48, 49. Claviervariationen, Lieder (in der Speierschen Blumenlese von Bossler) wie auch Sonaten angezogen. 1786 erschienen von E. zu Frankfurt a. M. 3 Clavierquartette mit 2 Violinen und Violoncello (gestochen). Ein *Divertimento p. le Clav. acc. d'un Violon* besitzt L. Erk im Manuscript. In den von Ambrosch und Böheim herausg. ›Freimaurer-Liedern mit Melodien,‹ 2 Theile (Berlin, 1793), finden sich mehrere Compositionen von ihm. Ebenso im Becker'schen Taschenbuch zum gesell. Vergnügen (1782). Es soll auch eine besondere Sammlung von Freimaurerliedern von E. gedruckt erschienen sein. Eine Sonate für zwei Claviere (wahrscheinlich als Nachahmung der bekannten Mozart'schen in *D*-dur) erschien in Offenbach bei J. André, ebendaselbst auch ein (oder 2?) Liederheft. Endlich sind noch im Handbuch der musikal. Literatur (Leipzig, 1817, S. 325) eine vierhändige Sonate, Op. 8, und ein Marsch als von E. componirt und in München bei Falter erschienen, aufgeführt.   L. Erk.

Ent, Georg, englischer Arzt, geboren 1603, gestorben 1683 zu London, wird von Forkel in dessen Literatur der Musik, Seite 461, als Musikschriftsteller aufgeführt, da er eine Schrift: »*An Essay tending to make a probable conjecture of temper, by the modulations of the Voice in ordinary discourse*« verfasst und veröffentlicht hat. Vgl. Philos. Transact. Vol. XII. p. 1010.   †

Enthusiasmus (französ. *enthousiasme*, ital. *entusiasmo*), s. Begeisterung.

Entr'acte oder **Entre-acte** (französ.), der Zwischenakt, resp. die Musik in den Zwischenakten der dramatischen Werke. S. Zwischenakt, auch Intermezzo.

Entrada oder **Intrada** (ital.), der Eingang, das Vorspiel, s. Intrada, Introduction.

Entrée (französ.), der Eingang, die Einleitung, kommt in verschiedener Bedeutung vor und bezeichnet: 1) Ein veraltetes kleines, marschmässig gehaltenes Tonstück, das als Einleitungssatz zu Balletten, Aufzügen, auch grösseren Musikwerken diente. Aus zwei Reprisen von gleicher Länge bestehend, war die E. nicht an eine so strenge Symmetrie der Rhythmen und Takte wie der Marsch gebunden. Sie stand im ⁴/₄ Takt und war von ernsthaftem gravitätischen Charakter. Der Anfang wurde häufig der Oberstimme allein gegeben, während der Bass erst nach einer Pause imitirend einsetzte. 2) Die Ouverture in Form des ersten Sonatensatzes, aber ohne Wiederholung des ersten Theiles vor der Durchführung; das einleitende Tonstück zu dramatischen Vorstellungen. 3) Der kurze Einleitungssatz von ernstem Charakter und langsamer Bewegung ohne eigentlich bestimmte Form, der bei manchen Sonaten (Beethoven, *Sonate pathétique* u. s. w.) und Sinfonien (Beethoven, 1., 2., 7. Sinfonie u. s. w.) vor dem ersten Allegro steht. S. Sonate. 4) Der Eintritt resp. das Eintrittsgeld zu Musikaufführungen und anderen öffentlichen, gegen einen zu zahlenden Eintrittspreis veranstalteten Productionen. — Endlich verstehen die Franzosen noch unter E. das Eintreten oder Einsetzen einer Stimme.

Entusiastico (ital.), Vortragsbezeichnung in der Bedeutung: enthusiastisch, mit Begeisterung.

Envallsson, Karl, Advokat und Mitglied der musikalischen Akademie zu Stockholm, gab 1802 bei Marquard ebenda ein: »*Svenskt musikaliskt Lexicon efter Grekiska, Latinska, Italienska och Franska Språken*« heraus, welches wohl das erste schwedische musikalische Lexicon gewesen ist.   †

Enzian, Gisbert, ausgezeichneter deutscher Pianist, der aus den Rheinlanden stammt und seine höhere musikalische Ausbildung dem Conservatorium in Köln verdankt. Seit 1871 hat er sich als Musiklehrer in London niedergelassen und vertritt als Solospieler in den Concerten der Saison die edelste Richtung des Clavierspiels und der Clavierliteratur.

Enzina, Joannes de la, spanischer Tonkünstler, aus Salamanca gebürtig, lebte ungefähr ums Jahr 1520, soll einige Zeit hindurch päpstlicher Hofkapellmeister in Rom gewesen und für geleistete Dienste später Prior in Leon geworden sein. Eine Reise, die E. nach dem gelobten Lande machte, beschrieb er in Versen. Vgl. das comp. Gelehrtenlexicon.   †

Epaminondas, der um 368 v. Chr. berühmte thebanische Held, wird auch als

vorzüglicher Citherschläger, Flötist und Sänger gepriesen, und Cornelius Nepos c. ?
sagt, dass ihn Dionysius, Olympiodorus und Orthagorus in diesen Künsten unterrichtet hätten. Vgl. Athenaeus lib 4. c. ult.   †

Epegerma heisst eins der grossen Notationszeichen in der griechisch-katholischen Kirche: *Ul*, welches, einem demotischen Schriftzeichen der alten Aegypter
nachgebildet, einen festen Tongang bezeichnet.

Ephesien oder Ephesische Spiele, auch Artemisien genannt, waren altgriechische Feste, gefeiert zu Ehren der Diana zu Ephesus in Kleinasien, wo der
Prachttempel der Göttin (das Artemision) stand. Die Abhaltung auch musikalischer Wettstreite dabei war ausdrückliche Vorschrift. Zur Zeit des Kaisers Ves-
pasianus traten die sogenannten Barbilleen (s. d.) an die Stelle der E.

Ephraem, Syrus, ein Kirchenlehrer des 4. Jahrhunderts, geboren zu Edessa
in Syrien, war ums Jahr 380 Diaconus daselbst. Er soll die harmonische Modulation erfunden haben, worunter Cardinal Bona versteht: er habe mit den Melodien
der alten Griechen die christlichen Kirchengesänge bereichert und besondere Ge-
sangszeichen oder Noten erfunden, die Gesänge aufzuschreiben. Vgl. *Hederich's
Notit. Auctorum Med. p.* 68; *Theodoretus lib.* 4. *c.* 19. *Hist. Eccl.; Nicephorus
lib.* 9. *c.* 19. und *Bona § III.*   †

Epi, griechische Präposition in der Bedeutung «auf», »über«, wird sehr häufig
an Stelle der Präposition *hyper* bei Benennung der aufwärtsgerechneten Intervalle
gebraucht. So sagt man: *Epidiatessaron,* — *diapente,* — *diapason* für *Hyperdiates-
saron,* — *diapente,* — *diapason* d. i. also die Oberquarte, Oberquinte, Oberoctave.
Kanon in Epidiatessaron ist demnach ein Kanon in der Oberquarte u. s. w. —
Epiproslambanomenos (lat. *superassumtus, sc. tonus*), der, nach der Tiefe hin
gerechnet, noch über den Proslambanomenos hinausgehende, die nächsttiefere Stufe
zu ihm ausmachende Ton G. Es war dies der tiefste Ton des altgriechischen
Tonsystems.

Epicedion (griech., latein.: *epicedium*), der Trauer- oder Klagegesang, eine
eigene Gattung von Gelegenheitsliedern der Alten, welche dem Inhalte und Vers-
masse nach mit der Elegie am nächsten verwandt waren und während der Zeit der
Ausstellung der Leiche gesungen wurden.

Epiditonos (griech.), war im altgriechischen Tonsystem der Name für die
Oberterz.

Epiglottis (griech.) ist der anatomische Name für Kehldeckel, womit man
einen Theil des Kehlkopfes bezeichnet. S. Stimmorgan. Ausserdem bezeichnet
man mit E. auch die Zungen in den Tangenten der Spinette und Clavicymbeln.

Epigonion (griech.), ein Saiteninstrument der alten Griechen, mit 40 Saiten
bezogen und von Epigonus (s. d.) erfunden. (Vgl. Printz, Histor. Beschr. S. 77).

Epigonus, mitunter auch Epigonius geschrieben, ein berühmter, aus Am-
bracia in Epirus gebürtiger Musiker des alten Griechenlands. Die längste Zeit
seines Lebens über wirkte er in Sikyon, wo er das nach ihm genannte Epigonion
(s. d.) erfand. Von diesem vierzigsaitigen Instrumente weiss man nur, dass nicht
jede Saite ihren eigenen Ton hatte, sondern, wie auch bei dem 35saitigen Simikon,
immer mehrere Saiten im Einklang gestimmt waren.

Epikles, berühmter altgriechischer Kitharöde, der um 478 v. Chr. lebte und
besonders als Gesellschafter des Themistokles erwähnt wird.

Epilenion (griech.), ein ländlicher Singtanz, den die Griechen beim Keltern
des Weines zu Ehren des Bacchos aufzuführen pflegten.

Epimylion (griech.), das Müllerlied, nannten die alten Griechen einen Gesang,
dessen Text das Müllergewerbe verherrlichte und der deshalb von den Müllern bei
der Arbeit gesungen wurde.

Epine, Margaretha de l', s. Pepusch.

Epinette oder Espinette (französ.), das Spinett (s. d.). — *E. sourde* oder
E. muette, ein Clavichord (s. d.).

Epinikion (griech.), ein Siegeslied, mit dem die alten Griechen die preisgekrönten Wettkämpfer begrüssten.

Epiodion (griech.), der Trauer- oder Klagegesang der Hellenen, welcher direkt bei dem Begräbniss ausgeführt und dadurch vom Epicedion (s. d.) unterschieden wurde.

Epiparodos (griech.), der zweite Auftritt des Chors in den altgriechischen Dramen.

Epipanpeutika (griech.), Festlieder und Gesänge, wie sie für die feierlichen Aufzüge der Griechen vorgeschrieben waren.

Epiproslambanomenos (griech.), s. Epi.

Episch, Epischer Styl. Episch ist eine Bezeichnung, die ziemlich häufig auch bei musikalischen Werken angewendet wird, um die die Tondichtung durchziehende Stimmung zu bezeichnen. Wie in allen anderen Künsten hat man auch hier die von der Poesie entlehnten Kategorien episch, lyrisch und dramatisch angewendet, die den drei Richtungen der Kunstformen entsprechen. Ueber den Ursprung und die Bedeutung dieser Kunstausdrücke ist in dem Artikel »Drama« nachzulesen; hier braucht nur die Frage erörtert zu werden, für welche musikalische Formen das Wort »episch« mit Recht anzuwenden sei, und mit welchen Mitteln die mit ihm bezeichnete Stimmung zu erreichen. Die wesentliche Stimmung des Epos ist nun bekanntlich die der Ruhe und des behaglichen Aufnehmens. Als solche trat sie zuerst in der Poesie auf, in welcher sie von dem Erzähler durch die Art seines Vortrags geweckt wurde, nämlich dadurch, dass dieser nie zur direkten Leidenschaft überging, wenigstens nicht in den vollendeten Kunstformen dieser Art, und demgemäss alles Auszumalende nicht durch Mimik und Action, sondern nur durch Worte übermittelte, wodurch die Ruhe bei dem Aufzunehmenden schon von selbst bedingt war. Auf Grund dieser Thatsache nun hat man ebenfalls alle Kunstwerke, als Bilder, plastische Werke, Schöpfungen u. s. w., die eben eine Empfindung der Ruhe erwecken, episch genannt im Gegensatz zu den bewegteren dramatischen Kunstwerken, und hat u. A. das »Stillleben« und das »Genrebild« mehr zu den ersteren, die »Historie« dagegen und das leidenschaftliche »Social-Bild« zu der letzteren Gattung gerechnet.

Bei der Musik, die von vornherein stets vorherrschend erregender Natur ist, fällt es schwer, eine nur auf Beruhigung hinzielende Stimmung als von ihr erzeugt zu denken, und man sah sich deshalb genöthigt, den Begriff des Epischen in dieser Kunst zu modificiren und nur dann anzuwenden, wenn neben dramatischen und ähnlichen Elementen zugleich auch Elemente vorkommen, die an das anklingen, was sonst im Epos die Ruhe erzeugt. Darum bezeichnet man besonders solche Elemente, wie z. B. die des Evangelisten in den Passionen, wo die erzählende Vortragsweise in den Vordergrund tritt, als episch, obgleich auch hier die leidenschaftliche Durcharbeitung der Accente sehr wohl einen scharfen dramatischen Charakter annehmen kann. Darum rechnete man die ganze Gattung, in welcher solche erzählende Elemente häufig vorkommen, zu den epischen Formen und übertrug diese Bezeichnung darum auch selbst auf das Oratorium, in welches doch entschieden dramatische Bewegung gelegt werden kann und auch von den bedeutendsten Meistern seit Händel gelegt worden ist. Die Bezeichnung »episch« ist also in dieser Kunst nur relativ gebraucht, ist gewissermassen nur ein Grenzbegriff. Er bedeutet »etwas weniger dramatisch als sonst« und ist durchaus verschieden von der umfassenderen Bedeutung desselben in der Poesie. Der Begriff »episch« hat hier dieselbe Beschränkung, wie der Begriff »dramatisch« auf dem Gebiet der plastischen Künste, wo derselbe nur bedeutet »weniger episch als sonst in den bildenden Künsten«.

Was nun die Mittel betrifft, epische Wirkungen in der Musik zu erzeugen, so bestehen diese nach der textlichen Seite hin vorzugsweise in dem Hineinziehen von betrachtenden, und zwar besonders lyrischen Momenten innerhalb einer sonst dramatischen Handlung. So sind es z. B. in den Passionen vor Allem die eingefügten Choräle, die die epische Stimmung erzeugen. Hier, wo die Gemeinde sich dazu erheben soll, den Gesammteindruck, den die Situation erzeugte, zu verkünden, entstehen im Hörer diejenigen Eindrücke, welche die epische Stimmung bedingen, nämlich das Auf hören des unmittelbaren Eindrucks der Handlung und das Festhalten des Bleibenden im Wechsel. In ähnlicher Weise könnte und dürfte dem Chore innerhalb der späteren Händel'schen Oratorien eine ähnliche Stellung angewiesen werden, besonders wenn er in der künstlerischen Form verwickelten Periodenbaues, in Imitation und Variation, vor Allem aber in der allervollendetsten dieser Formen, in der der F u g e oder gar der Doppelfuge erscheint. Alle diese Kunstformen nöthigen von vornherein, von der dramatischen Stimmung abzusehen und sich rein in den Genuss der augenblicklichen, lyrischen Empfindung hineinzuversetzen. Aber auch selbst in den O p e r n wurde in dieser Weise oft eine epische Stimmung erzeugt, manchmal mit Absicht des Componisten, freilich oft auch gegen den Willen desselben. Hier war es meist falsche Verwerthung des Textes in grossen Arien, bei leidenschaftlichen Situationen, die Raschheit der Handlung forderten, die eine n i c h t beabsichtigte epische Stimmung erzeugte. Wenn z. B. ein Chor immer an unpassender Stelle von fliehen spricht und sich dabei nicht von der Stelle bewegt, so erzeugt dieses eine epische Stimmung, wenn auch nicht zu Gunsten des Werkes, da diese oft sogar ins Komische umschlagen kann. An anderen Stellen verwendeten dagegen grosse Meister solche episch-lyrische Betrachtungsweisen in Arienformen als Ruhepunkte innerhalb des dramatischen Lebens mit grossem Vortheil. So könnte man z. B. die Octavio-Arien im »Don Juan«, die zwar die Handlung selbst nicht fördern, wohl aber innerhalb der leidenschaftlich strömenden Wellen der Handlung uns Ruhepunkte der Sammlung und Vertiefung gewähren, für ein meisterhaft verwandtes episches Mittel erklären, die uns wieder Fassung gewinnen lassen, um die später folgende höhere dramatische Steigerung desto unbefangener zu geniessen. — Was nun die Stellung der eigentlichen O r a t o r i e n zum Epos anbetrifft, so würde eine scharf prüfende Aesthetik wohl die meisten Händel'schen für mehr dramatisch als episch erklären und nur etwa den »Messias« wegen seines sowohl nach textlicher als vor Allem nach musikalischer Seite vollendeten epischen Aufbaues als ein abgeschlossenes, nach allen Richtungen hin durcharbeitetes Epos, gewissermassen als das Muster eines musikalischen Epos bezeichnen können. Nach andrer Seite hin als Musterform epischer Ruhe für weltliche Darstellung bleiben neben Händel'schen Pastoralen die beiden Haydn'schen Meisteroratorien: die »Schöpfung« und »Jahreszeiten«, Vorbilder von streng durchgeführter epischer Haltung durch textliche und musikalische Mittel. Das letztgenannte Werk scheint vor Allem desshalb charakteristisch, weil es trotz weit reicherer dramatischer Gegensätze, als etwa die »Schöpfung« enthält, — erinnert sei nur an die Jagdchöre des dritten Theiles und an die Spinnstube des vierten, die zu viel lebensvolleren dramatischen Bildern übergehen als etwa die Gesänge Adam's und Eva's in der Schöpfung — dennoch diese Aufgabe so vollendet löst, dass uns, bei aller Lebendigkeit nie die epische Stimmung verlässt. — In der neueren Zeit muss, bei dem immer grösseren Zurücktreten der kirchlichen Richtung die Frage von Neuem ans Publikum herankommen: »Lassen sich epische Formen ebenfalls auf weltlichem Boden festhalten?« Es war dieses um so wichtiger in einer Zeit, wo die Musik mit allen Kräften strebte, selbst ihre instrumentalen Elemente mit dramatischem Eindruck zu durchtränken, und einem Geiste, wie Schumann konnte diese Aufgabe nicht fremd bleiben. In dessen »Paradies und Peri« und in der »Pilgerfahrt der Rose« einerseits und andrerseits in den chorisch gestalteten mit Soli versehenen Cantaten, wie auch bei dem Versuche, in dem Melodrama eine epische Stimmung zu erwecken, geschah nun der erste Schritt zur Lösung. Man hat hier oft die Frage aufgeworfen, worin eigentlich in diesem Falle das epische Element bestanden hätte, da ja, besonders bei der »Pilgerfahrt der Rose« fast durchweg dramatische Scenen mit den Chören abwechseln. Auch hier muss eine unbefangene Forschung das epische Element vor Allem daran erkennen, dass die Vorgänge die eine schon abgeschlossene, dauernde Stimmung ausdrücken, wie das Begräbniss, das Knappenlied in der Mühle, ferner der Elfengesang im Anfang in breiteren Formen auftreten, als die eigentlich bewegteren Momente, die spärlich vorkommen, nur angedeutet erscheinen und eben nur würzen, wie z. B. die kleinen dramatischen Vorgänge, etwa die Frage nach dem Passe u. s. f.; diese eilen stets rasch vorüber. Das Breitere, einheitlich Gehaltene überwiegt, und so bezeichnen diese Lebensbilder, die Schumann in seiner gewohnten Weise, neue Richtungen in den musikalischen Bestrebungen aufzufinden, mit kecken Farben hingeworfen hat, den Anfangspunkt einer neuen Richtung des Epischen in der Musik. Die Vollendung dieser Richtung ist nun in den einschlägigen Arbeiten von Franz Liszt zu erkennen, der diese Aufgabe der Neuzeit vollständig löst. Wer »die heilige Elisabeth« nach den dargelegten Grundsätzen untersucht, wird finden, dass trotz der realsten Ausmalung aller leidenschaftlichen Gegensätze (man betrachte nur die dramatische Scene, wo Sophie die Elisabeth verstösst, das Gespräch der Kinder bei dem Betreten der Wartburg), dass trotz aller dieser Gegensätze die Scenen, die den Stimmungscharakter ruhiger Beschaulichkeit athmen, dennoch mehr in den Vordergrund treten und dem ganzen Werke das Gepräge geben. Vor Allem zeigte sich hier Liszt's grossartige Begabung als Epiker darin, dass er gewisse Bilder, die sonst der Dramatiker mit Lust und Liebe selbst ausmalt, nur so spärlich, doch so charakteristisch andeutete, dass er uns zwingt, sie in der von ihm angedeuteten Weise zu erzeugen. So lebhaft ist die Charakteristik der Motive von ihm gewählt, dass wir nothwendig Alles ergänzen müssen, und zwar nach der von ihm gewollten Richtung. Mit welch zwingender Kraft z. B. nöthigt uns das Motiv: »In's heil'ge Land, in's Palmenland«, sofort Bilder des Orients in uns wachzurufen! Wer die Lebendigkeit ferner beobachtet, mit welcher in dem Kinderchor des ersten Theils fast jegliche Bewegungsweise beim Spiele sogleich durch eine kleinere musikalische Andeutung des Rhythmus beim Hörer erzeugt wird, der wird zugeben, dass die Aufgabe des Epischen innerhalb der Musik hier wahrscheinlich den höchsten Grad der Vollkommenheit erreicht hat. Der »Christus«, von dem bis jetzt nur der erste Theil aufgeführt ist, scheint nach Anlage des Textes noch mehr Stoff für Durchführung dieser Gedanken zu bieten. — Inwiefern die Motette das epische Element, mit berücksichtigt und warum sie vorherrschend mehr zu den lyrischen als zu den epischen Richtungen zu zählen sei, trotz der durchgreifenden Erweiterung des Grundgedankens, kann hier nicht untersucht, sondern muss bei Lyrik und speciell bei Motette besprochen werden. *R. Benfey.*

Episcopus, Melchior, deutscher Theologe, war um 1600 Pastor und Superintendent zu Coburg und hat als solcher auch eine sechsstimmige Passionsmusik »*Christi agonizantis* etc.« componirt und (Coburg, 1608) herausgegeben.

Episode (griech.: *episodion*, italien.: *episodio*) bezeichnet, nach Aristoteles, in den antiken Tragödien, wo ursprünglich der Chor die Hauptsache war, diejenigen Theile oder Handlungen, welche zwischen den Chorgesängen eingeschaltet wurden, also den »Dialog«; dann erst überhaupt alle Nebenhandlungen im Epos und Drama, welche der Dichter an die Haupthandlung angeknüpft hat und die nicht wesentlich zu ihr gehören, sondern ein kleineres Ganze für sich bilden. Die neueren Kunstrichter haben die technische Bedeutung dieses Worts auch in der Tonkunst auf die letztere allein eingeschränkt. Bei guten Dichtern und Componisten sind die Episoden nicht unnöthige, nur erweiternde Anhängsel oder Ausfüllungen, sondern stehen im engen Zusammenhange mit der Idee des Ganzen und mit den entwickelten Hauptgedanken, die sie, wenn auch nur contrastirend, beleuchten und mit herausheben. Die E. darf daher im Kunstwerke keine unmotivirte Abschweifung von dem Hauptgegenstande sein, in welcher Art man in der Redeweise des gewöhnlichen Lebens den Ausdruck versteht, sondern die Zusammengehörigkeit mit dem Ganzen gehörig durchblicken lassen. — In den Formen des Oratoriums, der Cantate, der Oper, Ballade u. s. w. fällt der dichterische mit dem musikalischen Begriff natürlich zusammen. Auf dem Gebiete der reinen Instrumentalmusik seien von überaus zahlreichen Beispielen als musikalische Episoden nur angeführt: das kleine Andante aus der Ouvertüre zu »Belmonte und Constanze« von Mozart, die Wiederkehr des Scherzomotivs im letzten Satze der *C-moll* Sinfonien von Beethoven, das langsame Sätzchen zu Anfange der Ouvertüre zur »Stumme von Portici« von Auber,

die Cantilene mit Harfenbegleitung in der Ouvertüre zum »Nordstern« von Meyerbeer u. s. w.

Epistanium (griech.-latein.), s. S p e r r v e n t i l.

Epistrophe (griech.), die Rückkehr, Wiederkehr, Wiederholung der Schluss-
melodie des ersten Satzes eines cyklischen Tonwerks am Ende anderer Sätze.

Episynaphe (griech.) hiess in der griechischen Musik die Verbindung dreier
nach einander folgender Tetrachorde, z. B. die Folge der Tetrachorde *Hypaton*,
Meson und *Synemmenon*.

Epithalamion (griech., latein.: *epithalamium*) hiess bei den Griechen und Römern
das Hochzeitslied, welches, und zwar gewöhnlich chorweise, vor oder in dem Braut-
gemache (*thalamos*) Neuvermählter abgesungen wurde, wie der Hymenäus bei der
Heimführung der Braut. Die Sitte, das E. zu singen reicht bis in das heroische
Zeitalter hinauf. Ueberreste von Epithalamien hat man jedoch nur noch von
Sappho, Anakreon, Stesichorus, Pindar u. s. w., sowie von dem römischen Dichter
Catullus; gesammelt findet man sie in Wernsdorf's *»Poetae lat. minores* (Bd. 4.
Th. 2).

Epitritos (griech.) kommt in der alten Musiklehre in verschiedener Bedeutung
vor, je nachdem es auf Intervallen-, rhythmische oder metrische Verhältnisse bezogen
wird. Es ist nämlich: 1. das später *Proportio sesquitertia* genannte Intervallenverhältniss, dessen grössere Zahl die kleinere einmal und noch den dritten Theil derselben in sich fasst, also 4:3 d. i. die reine Quarte (griech.: *diatessaron*). S. auch
P r o p o r t i o n. 2. Eine Rhythmengattung aus ungradzahligen Theilen (1:3) bestehend, ähnlich dem neuerdings dann und wann versuchten, aber als unbrauchbar
verworfenen $^7/_4$ oder $^7/_8$ Takt. Die alten Griechen schon wandten diesen Rhythmus äusserst selten an; Aristoxenos bezeichnete ihn sogar als unrhythmisch und
verbot seine Anwendung. 3. Ein metrischer Fuss aus einer kurzen und drei langen Sylben; ist die erste kurz, so heisst er *E. primus*, ist es die zweite, *E. secundus*.
die dritte *E. tertius* u. s. w.

Epizeuxis (griech.) bezeichnet als rhetorische und musikalische Figur die unmittelbar oder doch wenigstens bald hinter einander folgende Wiederholung desselben Wortes oder Redetheiles oder eines musikalischen Motivs, um den Nachdruck dadurch zu heben, z. B. »Heilig, heilig, heilig ist der Herr Zebaoth«, »Aufersteh'n, ja aufersteh'n wirst du, mein Geist« u. s. w.

Epodos (griech.), die Epode, der Nach- oder Schlussgesang, hiess bei den Alten
derjenige Theil eines lyrischen Chorgesanges, welcher auf die Strophe und Gegen-
strophe (Antistrophe) folgt, sein eigenes Sylbenmass enthält und aus einer willkürlichen Anzahl von Versen bestehen kann. Die meisten Hymnen des Pindar
und viele Chorgesänge der altgriechischen Dramatiker geben Beispiele von solchen
Gesängen. — Ausserdem bezeichnet man mit E. eine vom Archilochus erfundene
und von Horaz auf römischen Boden verpflanzte Gattung lyrischer Gesänge, in
denen ein längerer Vers mit einem kürzeren, gewöhnlich ein längerer Jambus mit
einem Dimeter, abwechselt. S. S t r o p h e.

Epogdous (griech.) hiess bei den Alten das Intervallenverhältniss, bei welchem
die grössere Zahl (der Nenner) die kleinere (den Zähler) einmal und ausserdem
noch den achten Theil derselben in sich fasst, wie der grosse ganze Ton 9:8 Vgl.
Regino, *Epist. de harm.*, de Muris, III. 309, Gerbert, *script. I.* 238. (*Est numerus,
qui intra se habet minorem, et insuper ejus octavam partem, ut* 9:8. *Appellant autem
hunc numerum arithmetici s e s q u i o c t a v u m*).

Epos (griech.) s. Ep i s c h.

Epp, F r i e d r i c h, ausgezeichneter deutscher Tenorsänger, geboren zu Neuen-
heim bei Heidelberg im J. 1747, erlernte die Elemente der Musik von seinem Vater,
der in genanntem Orte Schullehrer war. Von Noth gezwungen, musste E. in die
Armee treten und erwarb sich ein dürftiges Taschengeld, indem er im Chor der
Garnisonkirche in Mannheim mitsang. Bei dieser Gelegenheit entdeckte der Hofsänger Franz Hartig E.'s selten schöne Stimme und übernahm deren Ausbildung.
sodass als E. 1777 den Militärdienst verlassen durfte, er alsbald auch eine Anstel-

lung bei der Mannheimer Oper erhielt. Er schwang sich nun schnell zum Liebling des Publikums empor und sang bereits 1780 alle ersten Parthien. Im J. 1797 erhielt er ein sehr vortheilhaftes Engagement in Stuttgart, wo er ebenfalls durch seinen schönen Gesang Alles zur Begeisterung hinriss und dadurch sogar sein mangelhaftes Spiel vergessen liess. Er erwarb sich damals den Ruhm, der grösste Mozartsänger seiner Zeit zu sein. Von einer Gemüthskrankheit erfasst, musste er schon 1801 seine ehrenvolle Stellung in Stuttgart aufgeben; er ging nach Mannheim zurück, starb aber daselbst ungeheilt schon im J. 1802.

Epp, Matthäus ist der Name eines im 17. Jahrhundert zu Strassburg lebenden sehr berühmten Lautenmachers, der selbst aus Elfenbein einige Instrumente fertigte. Vgl. Baron, Untersuch. S. 95. †

Eppinger, Heinrich, einer der vorzüglichsten deutschen Violinspieler und zugleich trefflich gebildeter Musiker, obwohl er die Kunst nur als Liebhaber betrieb, lebte um die Wende des 18. und 19. Jahrhunderts in Wien und stand bei allen Tonkünstlern dieser Stadt in grosser Achtung. Er war ein Schüler Zissler's gewesen, der ihn, wie in allen übrigen Einzelheiten der Kunst, so auch zum ausgezeichneten Quartettspieler ausgebildet hatte. Von 1796 an sind auch von ihm mehrere Compositionen, namentlich Variationen für Violine und Tänze im Druck erschienen, die angenehm in der Erfindung, aber ohne tiefere künstlerische Bedeutung sind.

Eppinger, Joachim, ein aussergewöhnlich geschickter deutscher Mechaniker, war ein Bauersohn aus Baiern und übte sein Talent anfänglich als Autodidakt an hölzernen Uhren. Er liess sich 1760 als Uhrmacher in Augsburg nieder, lernte daselbst den Instrumentenmacher Stein kennen und gewann durch diese Bekanntschaft ganz neue Zielpunkte für seine Bestrebungen. So fertigte er 1764 ein selbstspielendes Orgel-, 1768 ein eben solches Clavierwerk an, die durch einen Uhrmechanismus in Bewegung gesetzt, mit der grössten Präcision mehrere Tonstücke hören liessen. Von seinen Automaten gelangte ein Pan, welcher an einen Baum gelehnt, auf einer Pfeife von neun Röhren verschiedene Pastoralen mit richtigster Intonation und Accentuirung spielte, zur Berühmtheit, ebenso seine singenden und sich dabei bewegenden Kanarienvögel. Er starb um das J. 1800 in Augsburg.

Epstein, Julius, einer der hervorragendsten Pianisten und der geachtetsten Clavierlehrer Wiens, über dessen Umkreis er so gut wie gar nicht hinausgekommen ist, wurde am 14. Aug. 1832 zu Agram in Croatien geboren. Den ersten musikalischen Unterricht erhielt er im zehnten Lebensjahre und zwar bei dem Regens Chori in der Domkirche seiner Vaterstadt, Ignaz Lichtenegger. Um seine tonkünstlerischen Studien zu vollenden, begab er sich 1850 nach Wien, nahm bei Ant. Halm Pianoforte- und bei Joh. Rufinatscha Compositionsunterricht und trat 1852 zum ersten Male vor die grosse Oeffentlichkeit, indem er mit H. Lorenz Schubert's vierhändige Variationen in *E-moll* mit grösstem Beifall vortrug. Seitdem hat er sich Jahr für Jahr theils durch selbstständig gegebene Concerte, theils durch Mitwirkung in denen anderer, zum erklärten Liebling des Publikums unter sämmtlichen Pianisten Wiens emporgeschwungen. Nicht allein seine sehr bedeutende Technik, welche namentlich in Zartheit und Abrundung, in Klarheit der Details (z. B. im ausserordentlich gleichmässigen Triller) dominirt, hat dies zu Wege gebracht, sondern auch die liebevolle Sorgfalt, welche E. auf das schwierigste wie auf das einfachste von den Virtuosen oft mit Unrecht verschmähte Tonstück verwendet und die Pietät, mit welcher er es sich angelegen sein lässt, das mit Unrecht Vergessene wieder aus dem Staube hervorzuziehen. Auch in pädagogischer Hinsicht erwarb er sich einen vorzüglichen Ruf, dem er es mit verdankte, dass er 1867 zum Professor am Conservatorium zu Wien ernannt wurde, in welchem Amte er noch jetzt mit Hingebung, Treue und mit der ihm im besonderen Masse eigenen Liebenswürdigkeit und Bescheidenheit segensreich wirkt. Vermählt ist E. seit dem Juni 1865 mit der sehr geschätzten Pianistin Amalie Mauthner.

Eptacorde (französ., ital.: *ettacordo*, latein.- griech.: *Heptachordum*), d. i. der Siebensaiter, bezeichnet eine diatonische Tonfolge von sieben Stufen und desgleichen das Intervall der Septime. In letzterer Bedeutung ist: *E. majeur (maggiore)* die grosse Septime und *E. mineur (minore)* die kleine Septime. S. Heptachord.

Equabilmente (ital.), Vortragsbezeichnung in der Bedeutung: auf gleiche Art, wenn eine bestimmte Vortrags- oder Anschlagsmanier fortgesetzt werden soll. Häufiger jedoch bedient man sich zu diesem Zwecke des Ausdrucks *simile* (s. d.).

E'râq oder **Irak** ist im persisch-türkischen Musikkreise der Name für eine Tonart, welche etwa nachstehende Tonfolge besitzt;

$$1 \quad 3 \quad 6 \quad 8 \quad 10 \quad 13 \quad 15 \quad 17 \quad 18$$

dieselbe ist nach Villoteau's Angabe die 69. von den 84 verschiedenen arabischen Tonarten. S. Arabische Musik Bd. 1. Seite 275 die Abbildung, wo man die Zahlenausdrücke auf *C* transponirt verzeichnet findet. Um die ebenda auf *C* angegebene Tonfolge Irak mit obiger in Einklang zu bringen, muss man die festen durch grosse Buchstaben angegebenen Klänge und die unsern Tönen nur ähnlichen durch kleine Buchstaben angedeuteten, nach den Zahlenausdrücken als durch Drittelstöne modificirte, beachten. Wie man bei uns jede Tonart auf einem beliebigen Tone nachbaut, so auch die Araber. Wir haben der Uebersichtlichkeit wegen es als besser erachtet, in allen Specialartikeln die Scaladarstellung auf *A* zu wählen, trotzdem der *E.* genannte Modus auf dem ungefähr unserm

entsprechenden Klange, der sechs Drittelstöne über *A* liegt, basirt, welcher Klang deshalb selbst den Namen *E.* trägt. Der tiefern Oktave dieses Tones geben die Araber den Zusatz Qab (s. d.), um denselben als tieferen Grundklang zu kennzeichnen, wonach also der Ton *Qab-el-e'râq* genannt wird. — Aus gleichem Grunde nennt man auch die siebente Saite des *El Aoud* (s. d.) genannten Tonwerkzeuges, welche zur Hervorbringung der Töne:

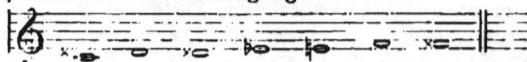

dient, ihrer Grundstimmung wegen *E.*, so wie die 6., 13. und 20. Saite des *Qânon* (s. d.), welche Saiten die Töne vertreten. 2.

E'râqyeh nennen die Araber eines ihrer verbreitetsten Holzblasinstrumente, das aus einem Stücke ohne Schallbecher gefertigt wird. Der Name deutet auf die persische Provinz Irak oder E'râq als Erfindungs- oder Hauptpflegestätte desselben hin. Die Länge des ganzen Instruments beträgt 325 Millimeter; 244 Mm. davon ist die Schallröhre lang, der andere Theil ist Mundstück. Die Bohrung der Schallröhre, durchschnittlich ungefähr 26 Mm. im Durchmesser, ist theilweise parabolisch, theilweise cylindrisch; trotzdem oktavirt das *E.* wie die Oboe oder Flöte. Die Vorderseite der Schallröhre zeigt sieben und die Hinterseite zwei Tonlöcher. Das Mundstück ist verhältnissmässig von grosser Ausdehnung, denn es besitzt neun Centimeter Höhe. Dasselbe wird aus zwei von Stechginster geschnittenen Blättern, die theilweise entborkt und abgeschabt sind, gebildet. Die Blätter werden in der Mitte durch ein starkes Band so zusammengeschnürt, dass deren dem Anblaseende entgegengesetzter Theil luftdicht in die Schallröhre einzufügen geht. Das Tonreich des *E.* erstreckt sich durch eine Oktave und eine Sexta, in welchem Bereiche es, dem persischen Musiksysteme entsprechend, alle Vierteltöne, unsere Halbtöne in der Oktave unverletzend, zu geben vermag. Wer genauere Angaben über die Theile des *E.* kennen lernen will, der studire *Villoteau, Description de l'Egypte* 2. *partie Ch. II. art. II.*, und wer die Tabulatur des *E.* einzusehen wünscht, lese *Fétis Histoire générale de la Musique Tom. II. pag.* 152 nach, da dieselbe vom Autor selbst nach eigener Probe verzeichnet ist. Ein *E.* aus dem Nachlasse *Fétis'* ist dem Museum in Brüssel einverleibt worden. 2.

Erard, Sebastien, der berühmteste· französische Pianoforte- und Harfenfabrikant der Neuzeit, dessen Arbeiten unangefochten lange Jahre hindurch die Muster ihrer Art waren und dessen Name noch jetzt den besten Klang auf dem Gebiete des Instrumentebaues hat, wurde am 5. April 1752 zu Strassburg geboren, wo sein Vater Tischler war. Die Familie selbst soll deutscher Abkunft gewesen sein und den Namen Erhard geführt haben. Der junge E. zeichnete sich schon als Knabe durch sein mechanisches Geschick aus und fand als Lehrling seines Vaters Gelegenheit, dasselbe wenigstens nach einer Seite hin zu vervollkommen. E. war 16 Jahr alt, als er seinen Vater verlor, nach Paris ging und in die Werkstatt eines Clavierbauers trat, woselbst er sich in seinem Elemente fühlte und zu selbstständigen Verbesserungen und Erfindungen vorschritt. Diese erregten in immer weiteren Kreisen Aufmerksamkeit und Interesse und bewirkten es, dass die Herzogin von Villeroy E. unter Protektion nahm und ihm um 1777 in ihrem Palais sogar eine Kunstwerkstätte einrichtete. Die erste grosse That E.'s war nun die Einführung des kunstvoll gebauten Pianofortes (Hammerclaviers) in Frankreich, woselbst bis dahin noch keines gebaut worden war. Bald darauf, um 1780, trat er mit der Construktion seines *Clavecin mécanique* vor die Akademie und das Land und bewies dadurch einen Erfindungsgeist, der die Franzosen zur Bewunderung hinriss. Der Aufschwung, den um gleiche Zeit das Harfenspiel nahm, bewog ihn, auch diesem Instrumente seine Aufmerksamkeit zu schenken und demselben vielfache Verbesserungen angedeihen zu lassen, die als wesentlich anerkannt wurden. E. gründete, als sein Geschäft immer mehr den Charakter der Grossartigkeit annahm, in Gemeinschaft mit seinem Bruder Jean Baptiste E. (gestorben im April 1826) um 1785 die berühmte Fabrik zu Paris, welche noch immer mit an der Spitze derartiger Etablissements steht. Während der Revolutionsjahre war E. in London, wo er ein zweites Geschäft begründete und um so schneller in Aufschwung brachte, als er demselben in jener unruhigen Zeit seinen ganzen Eifer ausschliesslich widmete und mit den Vortheilen des englischen Systems bereicherte. Als er 1796 nach Paris zurückgekehrt war und ganz neu construirte Pianofortes und Harfen aufwies, erregte er ungeheures Aufsehen und begründete eine ganz neue Epoche der Instrumentenfabrikation und des Clavier- und Harfenspiels. Von seinen zahlreichen wichtigen Erfindungen seien als weltbewegende nur die der Repetitionsmechanik am Pianoforte und die des *Double mouvement* an der Harfe angeführt. Mit diesen Erfindungen, in Verbindung mit den unausgesetzt betriebenen Verbesserungen wurde nach und nach eine Mechanik geschaffen, welche noch jetzt unübertroffen dasteht und allen Anforderungen des modernen Virtuosenthums entspricht. Die E.'schen Instrumente durchzogen siegreich die ganze Welt, wurden überall als mustergültig anerkannt und mehr oder weniger geschickt nachgebildet. — E. selbst lebte seit 1808 abwechselnd in London und Paris, um den colossalen Betrieb der von ihm geschaffenen Riesenfabriken, so viel es anging, persönlich zu überwachen und starb am 5. Aug. 1831 auf seiner Villa *la Muette* bei Paris, nachdem er noch kurz vor seinem Ableben die sogenannte *Orgue expressif*, die in Frankreich nachmals ein überaus beliebtes Instrument wurde, erfunden hatte. — Sein Neffe und Universalerbe, Pierre E., führte die umfangreichen Geschäfte genau nach den bisherigen Prinzipien fort. Derselbe war 1796 in Paris geboren und von seinem Oheim schon früh in die Londoner Kunstwerkstätte gezogen, woselbst er eine umfassende Ausbildung erhielt. Nach Antritt seiner Erbschaft zog er 1834 nach Paris, besuchte aber London sehr häufig, um sich auch dort nicht überflügeln zu lassen. Er starb im August 1855 zu Paris. Das grossartige Geschäft blühte auch nach seinem Tode weiter und geniesst noch jetzt fast unvermindertes Ansehen, allein der Vorzug, unübertroffen und einzig in seiner Art dazustehen, konnte nicht länger aufrecht erhalten werden, als in dem fünften und sechsten Jahrzehent dieses Jahrhunderts andere betriebsame und erfindungsreiche Meister des Claviebaues wetteifernd nach allen Richtungen hin weiter arbeiteten.

Eräto, eine der griechischen neun Musen und zwar die der lyrischen Dichtkunst im Allgemeinen, der erotischen im Besonderen. Ihr wird die Erfindung des Hymnengesanges und der Kunst zu tanzen zugeschrieben. Die alten Bildwerke und Abbildungen zeigen sie mit einer Kithara in der Linken, worauf sie mit dem Plektron spielt und dazu singt und tanzt.

Eratosthenes, griechischer Gelehrter aus Cyrene, woselbst er 276 v. Chr. geboren war, studirte zu Athen und wurde als Custos der grossen Bibliothek nach Alexandrien durch Ptolomäus Euergetes berufen, ein Amt, dem er bis zum 81. Lebensjahre vorstand. Derselbe soll unter andern auch ein musikalisches Werk, ἁρμονίκα betitelt, geschrieben haben, das jedoch verloren gegangen ist. In der Schrift *»Katasterismen«* (Sternbilder), von Schaubach 1795 übersetzt, dem einzig übrig gebliebenen seiner vielen Werke, schreibt er auch über Musik, namentlich über die Beschaffenheit der alten Lyra. Diese Schrift, die als Quelle unserer Kenntniss der Organisation jenes Kunstwerkzeugs dient und die Fragmente der verloren gegangenen gab am vollständigsten Bernhardy unter dem Titel *»Eratosthenica«* (Berlin, 1822) heraus.

Erba, Giorgio, italienischer Violinvirtuose aus Mailand, der in der ersten Hälfte des 18. Jahrhunderts zu Rom lebte und von dessen Compositionen übrig geblieben sind: *»10 Sonate da camera«* (Amsterdam, 1736). Er war vielleicht ein Sohn des Dionisio E., der um 1690 als Componist in Mailand hochgeachtet war und dessen Werke den besten seiner Zeit zugezählt wurden.

Erbach oder **Erbacher,** Christian, deutscher Kirchencomponist, geboren in der zweiten Hälfte des 16. Jahrhunderts zu Algesheim in der Pfalz, war um 1600 Organist des reichen Patriciers Marx Fugger in Augsburg, dann an der Domkirche daselbst und schliesslich sogar (um 1628) Mitglied des hohen Rathes dieser Stadt. Er war ein fruchtbarer Componist, dessen sehr bemerkenswerthe Arbeiten sich in der Domkirchenbibliothek zu Augsburg befinden. Ausserdem erschienen noch bei seinen Lebzeiten Sammlungen seiner Kirchengesänge zu Augsburg unter dem Titel: *»Modi sacri seu cantus musici ad ecclesiae catholicae usum vocibus 4, 5, 6, 7, 8 et pluribus ad omne genus instrumenti musici accommodatis.«*

Erbach, Georg Eginhard, Graf zu, Sprössling des alten fränkischen Geschlechts, das seinen Stammbaum bis auf Eginhard und Emma, Tochter Karl's des Grossen, hinaufführt, war ein begabter Dilettant und eifriger Beschützer und Beförderer der Kunst. Geboren im J. 1764, hatte er bei Schröder Violinstudien gemacht und es zu anerkannter Virtuosität gebracht. Er wurde der Gründer von Liebhaberconcerten auf seinem Gebiete, starb aber noch in jungen Jahren, am 11. Septbr. 1801, gerade als er den ersten Satz einer Haydn'schen Sinfonie mitgegeigt hatte, von mächtigster Gefühlsaufwallung ergriffen, die in einen Schlagfluss auslief.

Erbach, Kaspar, ein deutscher Componist des 17. Jahrhunderts, von dessen Arbeit verschiedene Orgelstücke in einem 1673 geschriebenen Tabulaturbuche enthalten sind, das 1812 im Besitze E. L. Gerbers war.   †

Erbeb (arab.), s. Rebâb.

Erben, Balthasar, um 1612 Kapellmeister zu Danzig, wird als guter Componist gerühmt. In Georg Neumarks Sammlung *»Fortgepflanzter Musikalisch poetischer Lustwald«* etc. (Jena, 1657) befinden sich drei Tonsätze E.'s. —   †

Erck, Ludwig, ein vorzüglicher deutscher Oboevirtuose neuester Zeit, der nach Holland ging und sich in Amsterdam niederliess, woselbst er häufig öffentlich sich hören liess. Von seinen Compositionen haben mehrere den Preis bei dem holländischen Verein zur Beförderung der Tonkunst davongetragen und sind von dem Verein auch durch den Druck veröffentlicht worden.

Ercolani, Giuseppe, ein italienischer Componist, der sich 1790 zu Neapel befand und daselbst die Musik zu dem Ballet *»Il ben ed il male, ossia i due geni«* zur Aufführung brachte. Vgl. *Indice de' Spett. teatr.* (Milano, 1790).   †

Ercoleo, Marzio, auch **Erculei** geschrieben, ein angesehener schaffender und ausübender italienischer Tonkünstler, wurde 1623 zu Otricoli im Kirchenstaate geboren, erhielt seine musikalische Ausbildung in Rom und trat in noch jugendlichem Alter in die Kapelle des Herzogs Franz I. von Modena. Nach einigen Jahren zog er es vor, in den Priesterstand zu treten, bewarb sich hierauf um eine Präbende an der Kathedralkirche zu Modena und zog sich, als er eine solche nicht

---

erhielt, nach Cherici in das Priesterhaus der Congregation des heiligen Karl zurück, woselbst er eine Schule für den Kirchengesang errichtete und leitete. Hochbetagt starb er am 5. Aug. 1706. Von seinen Arbeiten sind bekannt geworden: ein Oratorium »Il battesimo di San Valeriano« (Modena, 1682), eine Abhandlung über den Kirchengesang unter dem Titel »Il musico ecclesiastico« (Modena, 1686), ein Buch Officien für die heilige Woche (Modena, 1688) und ein Lehrbuch unter dem Titel »Primi elementi di musica« (Modena, 1689).

Erdmannsdörfer, Max, ein hervorragender Dirigent und tüchtiger Componist der Gegenwart, wurde am 14. Juni 1848 zu Nürnberg geboren, wo sein Vater städtischer Concertmeister war. Beide Eltern widmeten dem ersten Musikunterricht des überaus talentvollen Knaben die grösste Sorgfalt, und seine Fortschritte waren so bedeutend, dass er in seinem 10. Jahre bereits mit Mozart's D-moll-Clavierconcert sich erfolgreich öffentlich hören lassen konnte. Seinem Drängen, höhere musikalische Studien machen zu dürfen, nachgebend, sandte ihn der Vater 1863 auf das Conservatorium zu Leipzig, wo im Clavierspiel Moscheles und Reinecke, im Violinspiel David und Dreyschock, in der Composition Reinecke und in der Harmonielehre Hauptmann und Richter seine Lehrer wurden. Nach dreijährigem Aufenthalt daselbst wurde er mit vorzüglichen Zeugnissen entlassen, und da er sich der Dirigentenlaufbahn zu widmen beschlossen hatte, so studirte er noch, während des Winters 1868 und 1869, bei Dr. Jul. Rietz in Dresden Instrumentation und Direktion. Durch unausgesetzten Fleiss körperlich angegriffen, nahm E. darnach zunächst eine Stelle als Lehrer des Clavierspiels und der Theorie in seiner Vaterstadt an und brachte daselbst 1870 sein erstes Instrumentalwerk, eine Ouvertüre zu »Gustav Wasa«, mit durchschlagendem Erfolg zur Aufführung. Bald darauf, im Januar 1871, erhielt er einen Ruf als Hofkapellmeister und Amtsnachfolger M. Bruch's nach Sondershausen. In dieser Stellung wirkt E. noch jetzt mit einem höchst bemerkenswerthen Geschick und mit hervorleuchtender Intelligenz; nicht blos in Bezug auf die vollkommene Art der Ausführung, sondern auch in Bezug auf Auswahl und Zusammenstellung der Programme sind die von ihm dirigirten Concerte mustergültig geworden und haben die Aufmerksamkeit und das Interesse der gesammten deutschen Kunstwelt auf sich gezogen. Unter den im Druck erschienenen tondichterischen Arbeiten E.'s ragt als die bedeutendste das Märchen »Prinzessin Ilse« für Soli, Chor und Orchester hervor, dem sich in ähnlicher Faktur das noch nicht vollendete »Sneewittchen« anschliessen wird. Ausserdem sind noch Clavierstücke, Albumblätter für Pianoforte und Violine und Lieder von E. bekannt geworden. Jedenfalls darf die Kunst von diesem jungen Meister noch das Grösste erwarten, da er so glücklich begonnen hat und in seltenem Masse begabt, strebsam und fleissig ist.

Erdmann, Fr., eigentlich Elias Häseler geheissen, schrieb und veröffentlichte unter ersterem Namen eine kleine Schrift, betitelt: »Die hohe Wichtigkeit von S. B. Logier's erfundenem Musikunterricht« (Hamburg, 1830).

Erdtmann, Fabricius, ein deutscher Musiker, der nach Bucelin's Mittheilung als Instrumentalist 1655 in der Hofkapelle des römisch-deutschen Kaisers Ferdinand III. in Wien angestellt war.

Eredia, Pietro, ein spanischer Tonkünstler, der um die Mitte des 16. Jahrhunderts lebte, wird von Vincenzo Galilei in seinem »Fronimo« ein tüchtiger Componist genannt. †

Eremita, Giulio, ein vorzüglicher Organist und hochangesehener Componist zu Ferrara, der im 16. Jahrhunderte lebte und in seinem 50. Jahre starb, hat drei Bücher seiner fünf- und sechsstimmigen Madrigale in den J. 1597, 1599 und 1600 zu Venedig und Antwerpen herausgegeben, von denen jedoch nur ein einziges, welches für sechs Stimmen gesetzt enthält (Antwerpen, 1600) erhalten geblieben ist. Vgl. Superbi, Apparato degli Huomini illustri della Città di Ferrara, p. 132 und Draudii Bibl. Exot. p. 267. Ausserdem findet man einzelne Stücke E.'s in den Sammlungen von Schad, Bodenschatz und Domfridus, sowie in anderen niederländischen und italienischen Sammlungen von Madrigalen.

Ereti, Francesco, italienischer Tonsetzer und Kirchenkapellmeister zu Ravenna in der ersten Hälfte des 17. Jahrhunderts, veröffentlichte von seiner Composition »*Salmi e vespri a 5 voci*« (Venedig, 1632).

Erfindung oder (dem Griechischen entnommen) Heuristik ist diejenige Thätigkeit des menschlichen Geistes, mittels deren er auf eine eigenthümliche Weise etwas bis dahin noch nicht Vorhandenes in Stoff oder in Form, oder in beiden zugleich, hervorbringt. Sie zeigt sich in der Wissenschaft und in der Kunst im weiteren Sinne des Wortes, ja Wissenschaft und Kunst an und für sich sind selbst erst Erfindungen des menschlichen Geistes. Der Klang des Metalls, der Gesang der Vögel, der Wunsch, die menschliche Stimme auch noch mit anderen Tönen zu begleiten, liess die Musik erfinden, und schon früh entstanden Saiten- und Blaseinstrumente. Diese ersten Erfindungen zogen Verbesserungen und weitere Erfindungen nach sich, deren Erfolge immer bedeutender wurden. Wie die Kunst selbst, ist auch das Kunstwerk ein Erzeugniss der E., das in mehr oder weniger bedeutender eigenartiger Gestalt zu Tage treten kann. Bei demselben kommt es nicht allein auf das Erfinden an und für sich an, sondern auch auf die Art und Weise, wie das Erfundene bearbeitet erscheint. Näheres nach dieser Richtung hin bieten die Artikel Genie und Talent.

Erfurt, Karl, trefflicher deutscher Tonkünstler, geboren 1807 zu Magdeburg, bildete sich in seiner Vaterstadt, besonders unter Mühling's Leitung zu einem guten Pianisten und gründlichen Componisten heran. Nachdem er viele Jahre hindurch in Magdeburg als Musiklehrer thätig gewesen war, erhielt er einen Ruf nach Hildesheim als Musikdirektor, in welcher Stellung er noch jetzt wirkt. Als Componist ist er mit tüchtigen Arbeiten für Gesang wie auch besonders für Pianoforte in die Oeffentlichkeit getreten, und von den letzteren sind es besonders Rondos, Variationen u. s. w., die sich als brauchbarer Unterrichtsstoff erwiesen haben.

Erhaben (latein.: *sublime*) bezeichnet das Hervortreten der Idee des Unendlichen in der Erscheinung, was sich durch eine bedeutende Grösse der in den Erscheinungen wirkenden Kraft ankündigt. Die Wirkung des Erhabenen vereinigt das Gefühl der Beschränktheit unserer sinnlichen und endlichen Natur mit der dadurch erwirkten Erhebung unserer vernünftigen und übersinnlichen Natur. Ursprünglich ist der Begriff des Erhabenen im Bereiche des Sichtbaren heimisch, ein über das Gewöhnliche sich Erhebendes bedeutend, von da aus aber auf alles Analoge im Seelenleben übertragen, wie wir denn ebensowohl von erhabenen Gefühlen, Ideen, Vorstellungen, wie von gleichartigen Erscheinungen der sinnlichen Aussenwelt sprechen. Das Erhabene ist übrigens dem Schönen nicht entgegengesetzt, obwohl beides nicht immer nothwendig Hand in Hand geht, sondern ersteres ist eine Modification des letzteren; die erhabne Schönheit ist eine besondere Kategorie des allgemeinen Schönheitsbegriffes. Ausserdem aber kann im Erhabenen die Idee so mächtig sein, dass die Form, deren sie zum vollen Ausdruck bedarf, die Möglichkeit überschreitet, von unseren Sinnen als jene Harmonie, welche jeder Schönheit unabweislich nothwendig ist, erfasst und begriffen zu werden. Von den ausführlichen Schriften und Untersuchungen über diesen Gegenstand verdienen Kant's »Beobachtungen über das Gefühl des Schönen und Erhabenen« (Königsberg, 1764) obenan genannt zu werden. — Speciell am Tonwerke äussert sich die ästhetische Eigenschaft des Erhabenen durch grosse und grossartige Formen, die sich zu einer prächtigen Fülle der Harmonie und in einer festen, energischen Bewegung gestalten, und denen hauptsächlich eine einfache, klare Gliederung bei Abwesenheit aller kleinlichen Verzierungen eigen sein muss. Im Vortrage erfordert das Erhabene dem entsprechend pathetische Sonorität des Klanges, hervorstechende Betonung der rhetorischen Accente, überhaupt einen gesteigerten würdevollen Ausdruck.

Erhard, Daniel Johann Benjamin, zu Ende des 18. Jahrhunderts Besitzer einer berühmten Claviersaiten-Fabrik in Nürnberg, hat 1795 daselbst eine Schrift: »Kurze Anweisung zum Gebrauch eines zweckmässigen Bezugs für Clavierinstrumente« herausgegeben, welche jedoch der Idee nach von seinem Vater Jacob

Reinhard E. herrührt, der Drahtzieher in Nürnberg war, sich aber gleichfalls schon viel mit der Verfertigung von Claviersaiten beschäftigt hatte. Der zuerst genannte E. ist übrigens ein durch seinen Lebensgang wie als scharfsinniger Denker gleich merkwürdiger Mann. Geboren am 5. Febr. 1766 zu Nürnberg in dürftigen Verhältnissen, übte er das Gewerbe seines Vaters bis nach dessen Tode 1787, worauf er Medicin studirte, während der ersten französischen Revolution politische, dann auch theologische und medicinische Abhandlungen schrieb und endlich am 28. Novbr. 1827 als Obermedicinalrath in Berlin starb. Denkwürdigkeiten aus E.'s Leben gab Varnhagen von Ense (Stuttgart, 1830) heraus.

Erhardi, Laurentius, deutscher Musiklehrer und Magister, geboren am 5. Apr. 1598 zu Hagenau im Elsass, war Cantor am Gymnasium zu Frankfurt a. M. und hat als solcher verschiedene Compositionen und theoretische Werke veröffentlicht. Von den letzteren nennt Walther in seinem musikalischen Lexicon ein *Compendium musices latino-germanicum* (Frankfurt a. M., um 1640) und ein harmonisches Choral- und Figural-Gesangbuch (Ebendas., 1659).

Erhöhung nennt man in der musikalischen Fachsprache jede Tonveränderung, welche in der Weise bewirkt wird, dass man statt eines bestimmten Tones den nächst gebräuchlichen, durch mehr Schwingungen erzeugten Klang der chromatischen Tonleiter (s. d.) setzt und demselben einen Namen gibt, der an die Grundstufe erinnert. Diese Art der E. nennt man eine einfache. Wenn man den schon erhöhten Ton noch einmal in derselben Weise verändert und die Benennung des Klanges sich auf die erste Grundstufe beziehend bleibt: eine doppelte. Am anschaulichsten wird die E. durch Erklärung an einem Tasteninstrument. Die Untertasten führen für gewöhnlich die einfach alphabetischen Namen: c, d, e, f, g, a und h. Die einfache E. der von diesen Tasten vertretenen Töne findet statt, wenn man statt einer derselben die nächste nach rechts befindliche greift und den Namen dieser Taste durch Abänderung des Namens der ersten bildet; die nächst nach rechts liegende Taste, ähnlich benannt, gibt die doppelte E. Eine einfache E. kennzeichnet man durch Anhängung der

Erhöhungssylbe *is* an den alphabetischen Grundklangsnamen und die doppelte durch Anhängung von zwei E., wonach die Namen der einfach erhöhten Klänge sich als: *cis, dis, eis, fis, gis, ais* und *his*, und die der doppelt erhöhten als: *cisis, disis, eisis, fisis, gisis, aisis* und *hisis* ergeben. In der Notirung wendet man, um die einfache Erhöhung anzudeuten, als

Erhöhungszeichen ein Gitter (♯) an, das man vor die Note stellt und nennt dasselbe ein einfaches oder spanisches Kreuz (s. Kreuz); das E., was eine doppelte Erhöhung kennzeichnet, ist ein wirklich einfaches Kreuz (×), man nennt es aber Doppelkreuz (s. d.). 2

Erich XIV., König von Schweden, der Sohn und Nachfolger Gustav Wasa's, kam 1560 im 27. Lebensjahre zur Regierung, musste dieselbe jedoch 1569 niederlegen und in's Gefängniss wandern, in welchem er am 25. Februar 1577 an Gift, das er von seinem Bruder Johann erhalten hatte, starb. Er hat nach *Scheffer's Srecia literata p.* 29. einige lateinische Lieder: *In te Domine speravi ; Cor mundum crea in me Deus* etc. für vier Stimmen componirt. †

Erich, Daniel, vortrefflicher deutscher Orgelspieler, ein Schüler Buxtehude's, war um 1730 Organist zu Güstrow und hat mehrere seiner Claviercompositionen herausgegeben. †

Erichlus, Nicolaus, Cantor zu Jena, hat zur Feier des 29. August 1622 den ersten Psalm Davids für sechs Stimmen componirt und daselbst herausgegeben.
†

Erlers, Thomas, französischer Dichter und Musiker, dessen Lebenszeit in das 13. Jahrhundert fällt. Von seinen Liedercompositionen sind noch 12 vorhanden; fünf davon werden in der Staatsbibliothek in Paris aufbewahrt.

Erk, Adam Wilhelm, geboren zu Herpf in Sachsen Meiningen am 10. März 1779, wirkte als Lehrer und Organist von 1802 bis Ende 1811 in Wetzlar, 1811 bis 1812 in Worms (an der »Lutherkirche«), 1812 bis 1813 zu Frankfurt a. M.

und endlich bis zu seinem am 31. Januar 1820 erfolgten Tode zu Dreieichenhain bei Darmstadt. Seine Ausbildung erhielt er in Gemeinschaft mit Ch. H. Rinck im Lehrerseminar zu Meiningen. Er lebte in innigem Verkehre mit seinen Jugendfreunden Rinck und Joh. Balth. Spiess (dem berühmten Pädagogen); auch mit Aloys u. Jak. Schmitt, Xaver Schnyder von Wartensee, A. André, Schelble und Dr. A. Diesterweg war er befreundet, und er wurde von diesen Männern sehr hoch geschätzt. E. war ein trefflicher Orgelspieler; Rinck gestand demselben eine grössere Fertigkeit als sich selbst zu, wie denn auch L. Erk (der Sohn W. E.'s) noch im Besitze von Orgelconcertanzeigen ist, nach denen W. E. in den Jahren 1811 und 1812 in Mannheim öffentlich concertirte. Auch als Componist war E. thätig. Erhalten sind von ihm: »Acht leichte Orgelstücke« (neu herausgegeben von L. Erk Mühlheim a. Rh., J. W. Schmachtenberg, 1832; Originalausgabe: Worms, G. Kreitner, 1812; angezeigt in Hofmeisters »Handbuch der mus. Literatur«, 1817, S. 486 unter dem Namen Erck, wie man früher schrieb) und mehrere allgemein beliebt gewordene Melodien zu Schulliedern (in L. Erk's »Liederkranz«, »Kindergärtchen« u. s. f.). Eine zweite in Mannheim oder Karlsruhe gedruckte Sammlung von Orgelstücken ist nicht mehr aufzufinden. Im Manuscripte besitzt L. Erk noch eine ziemliche Anzahl von Lied- und Orgelcompositionen seines Vaters.

Erk, Friedrich Albrecht, Sohn des Vorigen und Bruder von L. Erk, geboren zu Wetzlar am 8. Juni 1809, besuchte von 1820—1829 das Gymnasium zu Wetzlar und bildete sich später zum Lehrer aus (von 1830—1832 war er Schüler A. Diesterwegs in Mours). Er war Lehrer in Mühlheim an der Ruhr und dann Hauslehrer; seit 1838 ist er Lehrer an der Realschule zu Düsseldorf, wo er neben anderen Unterrichtsfächern auch den Gesangunterricht, und zwar diesen mit vorzüglichem Erfolge, leitet. Ausserdem ist er amtliches Mitglied der Prüfungs-Commission der im dortigen Regierungs-Bezirk befindlichen Lehrerinnen. — Von seinen Werken sind zu nennen: »Allgemeines deutsches Commersbuch« von Fr. Silcher und Fr. Erk (Lahr, bei M. Schauenburg, 5. Aufl. 1859) und »Allgemeines deutsches Turnliederbuch« mit Melodien herausgegeben von Fr. Erk und M. Schauenburg (Lahr, 2. Aufl., 1861). Beide Werke sind jetzt in vielen weiteren Auflagen erschienen. Ferner erschien von ihm ein »Freimaurer-Liederbuch« (Düsseldorf). Ausserdem war er thätig als Mitarbeiter an dem Erk-Greef'schen Sängerhaine u. s. f. (s. Ludw. Erk).

Erk, Ludwig Christian, Sohn von Ad. Wilhelm E., Königlicher Musikdirektor, »ordentliches Mitglied des Gelehrtenausschusses beim Germanischen Museum in Nürnberg« u. s. f., wirkt seit 1835 zu Berlin als Musiklehrer am Königl. Seminar für Stadtschulen, als Dirigent zweier grosser Gesangvereine, als Componist, als Forscher auf dem Gebiete der Musikgeschichte (speciell der Geschichte der deutschen Choral- und Liedkunst) und als Schriftsteller. Seine zahlreichen schriftstellerischen Arbeiten stehen in innigster Beziehung zu seinem anderweitigen Wirken; sie umfassen methodische Schriften sowie Bearbeitungen und Sammlungen von Chorälen, Volksliedern und Claviercompositionen für den unterrichtlichen Gebrauch, mehrstimmige Bearbeitungen von Volksliedern und Chorälen und Sammlungen von Chorgesängen weltlichen und geistlichen Inhalts zum Gebrauche für Sängerchöre, Arrangements und Clavierauszüge classischer Werke und endlich Schriften und Sammlungen historisch-kritischen Inhalts. Verschiedene seiner Werke haben eine ungemeine Verbreitung gewonnen, denn sie sind in vielen Tausenden, ja in Hunderttausenden von Exemplaren abgesetzt. Ausserdem hat auch das literarische Freibeutertthum noch zur Verbreitung beigetragen, freilich meist ohne die Quellen anzugeben, wodurch doch wenigstens der Anstand gewahrt worden wäre. Nicht blos viele Melodien, die E. oft erst aus den verschiedensten Lesarten herausbilden musste, sondern selbst E.'s Harmonisirungen sind vielfach als herrenloses Gut betrachtet worden. — L. E.'s Bedeutung für die Pflege von Kunst und Wissenschaft muss daher hoch veranschlagt werden. Er hat nicht blos durch Ausbildung seiner zahlreichen Schüler zu tüchtigen Elementar-Gesanglehrern und durch seine Thätigkeit als Dirigent für bessere musikalische Bildung des Vol-

kes zu sorgen gewusst, sondern er hat dem letzteren auch durch seine schriftstellerischen Arbeiten für den Schulgebrauch und für Sängerchöre sowohl nach textlicher wie nach musikalischer Seite hin eine gesunde Kost geboten, die zu allen
Zeiten, namentlich aber in den Perioden politischer und kirchlicher Reaction von
nicht genug zu schätzendem Nutzen gewesen ist. Man vergleiche nur miteinander
E.'s erste Veröffentlichungen und die Schulliedersammlungen mit mehr kindischen
als kindlichen Texten und trivialen Melodien, wie sie damals gang und gebe waren,
oder man stelle seine späteren Arbeiten und die von ihm inspirirten (namentlich
die von seinem Bruder Fr. E. und seinem Schwager Greef) in Parellele zu den ungesunden Producten der Regulativpädagogik, und man wird, was oben angedeutet
wurde, sofort erkennen. E. hat ferner durch seine Leistungen auf dem Gebiete des
Chorgesanges den Sinn für Einfachheit und Natürlichkeit in den weitesten Kreisen
geweckt und gestärkt, was gegenüber jener überschwänglichen Sentimentalität und
naiven Trivialität, die sich auf diesem Felde leider noch immer allzubreit macht,
nothwendig genug ist. Seine wissenschaftlichen Werke endlich haben nicht nur
vielfach zur Aufklärung über dunkle Punkte in der Musikwissenschaft beitragen
helfen, sondern sie sind auch für die Sprachforschung nützlich geworden, was z. B.
die Gebrüder Grimm wiederholt anerkannt haben, und unter andern auch in der
Vorrede zu ihrem berühmten Wörterbuche, zu dem L. E. Beiträge geliefert hat.
— Von L. E.'s Werken mögen die wichtigern nach ihren Titeln in chronologischer
Reihenfolge hier aufgeführt werden, und zwar an der Hand eines von E.'selbst »für
Freundeshand« angefertigten, gegen 100 Nummern umfassenden Verzeichnisses
(Berlin und Leipzig, 1867): 1. »Sammlung ein-, zwei-, drei- und vierstimmiger
Schullieder« (Essen, Bädeker), drei Hefte und ein Supplementheft (1828, 29, 29,
1834). An dessen Stelle trat später der »Liederkranz« (Nr. 6.). — 2. »Sammlung
drei- und vierstimmiger Gesänge ernsten Inhalts von verschiedenen Componisten«
(Essen, Bädeker, 1832); später ersetzt durch »Sängerhain« (Nr. 14.) II. und III.
Heft und durch »Siona« (Nr. 23.). — 3. »Mehrstimmige Gesänge für Männerstimmen« (Essen, Bädeker), 2 Hefte (1833 und 1835); von Heft I. sind auch die
Einzelstimmen (1847, 5. Aufl. 1870) erschienen. — 4. »Methodischer Leitfaden
für den Gesangunterricht in Volksschulen«, I. Theil (Crefeld, J. H. Funcke, 1834,
vergriffen). — 5. »Die deutschen Volkslieder mit ihren Singweisen« Heft 1—6 als
Band I. (in Gemeinschaft mit Wilh. Irmer, Berlin 1838—41); als Fortsetzung
erschien von E. allein: »Neue Sammlung deutscher Volkslieder mit ihren eigenthümlichen Singweisen«, 6 Hefte (als II. Band, Berlin 1841—44) und, »des dritten Bandes erstes Heft« (Berlin 1845). — 6. »Liederkranz. Auswahl heiterer und
ernster Gesänge für Schule, Haus und Leben« (in Gemeinschaft mit W. Greef),
3 Hefte (Essen, Bädeker, 1839, 1841 und 1841, neue Auflagen — 43., 16. und 5. —
1872). — 7. »Singvögelein. Sammlung ein-, zwei-, drei- und vierstimmiger Lieder
für Schule, Haus und Leben« (in Gemeinschaft mit W. Greef), 6 Hefte (Essen,
Bädeker, 1842, 44, 45, 48, 55 und 67, neue Auflagen zu je 6000 Ex. — 46., 33.,
24., 18., 11. und 3. — 1872). — 8. »Volkslieder, alte und neue, für Männerstimmen«, 2 Hefte (Essen, Bädeker, 1845 und 46); von Heft I. auch die Einzelstimmen (1847). — 9. »Vierstimmige Choralsätze der vornehmsten Meister des 16. und
17. Jahrhunderts«, I. Theil (in Gemeinschaft mit Fr. Fielitz, Essen, Bädeker, 1845).
— 10. »Deutscher Liedergarten. Sammlung von ein-, zwei- und dreistimmigen
Liedern für Mädchenschulen« (in Gemeinschaft mit Aug. Jakob), 3 Hefte (Essen,
Bädeker, 1846, 46 und 47; neue Auflagen — 6., 7. und 6. — 1872). — 11. »Die
bekanntesten und vorzüglichsten Choräle der evang. Kirche, dreistimmig gesetzt
für 2 Soprane und 1 Alt nebst untergelegten Texten«, 3 Hefte (Essen, Bädeker,
1847, 47 und 66; neue Auflagen — 8., 5. und 2. — 1872). — 12. »Hundert Schullieder von Hoffmann von Fallersleben«, 3 Hefte (Leipzig, Engelmann, 1848; neue
verbesserte Auflage). — 13. »Musikalischer Jugendfreund«, Heft I. (in Gemeinschaft mit A. Jakob, 79 Lieder mit Clavierbegleitung für das zartere Jugendalter,
Essen, Bädeker, 1848). — 14. »Sängerhain. Sammlung für Gymnasien, Real- und
Bürgerschulen« (in Gemeinschaft mit Fr. Erk und W. Greef), 3 Hefte (Essen,

Bädeker, 1849, 50 und 51; neue Auflagen — 21., 19. und 8. — 1872). — 15. »Johann Seb. Bachs mehrstimmige Choralgesänge und geistliche Arien. Zum erstenmal unverändert nach authentischen Quellen mit ihren ursprünglichen Texten und mit den nöthigen kunsthistorischen Nachweisungen herausgegeben«,*) 2 Theile (Leipzig, C. F. Peters, 1850 und 1865, Heft I. auch in Einzelstimmen). — 16. »Volksklänge. Lieder für den mehrstimmigen Männerchor«, 7 Hefte (1851, 52, 52. 54, 56, 56 und 60; theilweise auch in Einzelstimmen erschienen). — 17. »Auswahl ein- und mehrstimmiger Lieder für die Volksschulen der Provinz Brandenburg« (in Gemeinschaft mit W. Greef), 3 Hefte (Essen, Bädeker, 1852; neue Auflagen — 19., 23. und 15. — 1872). — 18. »Auswahl kleiner leichter Uebungstücke (von verschiedenen Componisten) für den ersten Unterricht im Pianofortespiel« (in Gemeinschaft mit C. E. Pax), 3 Hefte (Leipzig, Peters, 1852, 52, und 54). — 19. »Des Knaben Wunderhorn von L. A. von Arnim und Cl. Brentano, vierter Band, nach A. v. Arnims handschriftlichem Nachlass« (Berlin, Arnims Verlag, 1854). — 20. »Sangesblüthen. Lieder für gemischten Chor«, 4 Hefte (Berlin, 1854, 56., 60. und 64). — 21. »Blätter und Blüthen. Lieder alter und neuer Zeit«, 2 Hefte (Berlin, 1854 und 56). — 22. »Deutsches Volksgesangbuch« (Berlin, Janke, 1855, 2. Aufl. 1867); auch erschienen als: »Germania. Deutsches Volksgesangbuch. Neue verbesserte und mit Melodien versehene Ausgabe« (Berlin, O. Janke, 1868, 363 Lieder enthaltend). — 23. »Siona. Chorāle und andere religiöse Gesänge (für gemischten Chor) in alter und neuer Form« (in Gemeinschaft mit Fr. Erk und W. Greef), 2 Hefte (Essen, Bädeker, 1855 und 57). — 24. »Deutscher Liederhort. Auswahl der vorzüglichsten deutschen Volkslieder aus der Vorzeit und der Gegenwart mit ihren eigenthümlichen Melodien.« Band I. (Berlin, A. Enslin, 1856) enthält nur Lieder, die noch jetzt im Munde des Volkes leben. Ein 2. Band, welcher die Volkslieder vom 13—17. Jahrhundert enthält, liegt druckfertig vor. — 25. »Bibliothek ausgewählter classischer Compositionen« (in Gemeinschaft mit C. E. Pax), 46 Hefte (Berlin, Leo's Verlag, bis 1856). — 26. »Frische Lieder und Gesänge für gemischten Chor« (in Gemeinschaft von Fr. Erk), 3 Hefte (Essen, Bädeker, 1857, 59 und 67). — 27. »Deutscher Liederschatz.« (Für Männerstimmen), 5 Hefte (Berlin, A. Enslin, 1859, 59, 60, 65 und 72; alle Hefte in Stereotypie); Ergänzung und Fortsetzung mit Nr. 3. Heft VI. erscheint noch 1872. — 28. »Chorgesänge berühmter Meister der Vorzeit und Gegenwart, in dreistimmiger Bearbeitung für 2 Soprane und Alt« (in Gemeinschaft mit C. E. Pax), 3 Hefte (Berlin, Enslin, 1860, 60 und 64). — 29. »Vierstimmiges Choralbuch für evangelische Kirchen.« (In Gemeinschaft mit E. Ebeling und Frz. Petreins, Berlin, A. Enslin, 1863.) Enthält einen Anhang mit historischen Notizen. — 30. »Turnliederbuch für die deutsche Jugend.« (Berlin, Enslin, 1864). — 31. »Chorāle für Männerstimmen (in alter und neuer Melodieform). Für höhere Schulen und Singvereine.« (In Gemeinschaft mit C. E. Pax). I. Heft (Essen, Bädeker 1866). — 32. »Jugend-Album. Volksthümliche Jugendlieder für 1 und 2 Singstimmen mit Pianofortebegleitung.« (In Gemeinschaft mit A. Jakob, Leipzig, C. F. Peters, 1871; Nr. 983 der Ed. Peters). — 33. »Neue Liederquelle. Periodische Sammlung von ein- und mehrstimmigen Liedern für Schule und Leben.« (In Verbindung mit Mehreren herausgegeben von L. Erk und Benedict Widmann), 3 Hefte (Leipzig, C. Merseburger, 1868, 69 und 69). — Druckfertig liegen ausserdem vor: der bereits erwähnte II. Band des Liederhort und noch folgende wichtige Werke: 1. »Auswahl von Choralmelodien der evang. Kirche, nach ihrer Originalform mitgetheilt, nebst kritischer Beleuchtung der daraus hervorgegangenen neueren Lesarten« (gegen 300 Nummern umfassend). — 2. »Deutsches Kinderbuch. Enthaltend die aus dem Munde des deutschen Volks aufgezeichneten Kinderliedchen und Kinderreime, mit ihren eigenthümlichen Melodien.« (Aehnlich dem »Deutschen Kinderbuch« von

---

*) Hiervon erschien eine wohlfeile Ausgabe bei Peters, aber gegen Erk's Wunsch ohne Vorrede und ohne Quellenverzeichniss, daher verschlechtert; in Aussicht steht eine neue Ausgabe in Originalgestalt.

K. Simrock). — 3. »Sammlung von Volkstänzen aus dem 16., 17. und 18. Jahrhundert.« — Neben dieser grossen Zahl von wichtigeren Werken finden sich nun noch Arrangements, Clavierauszüge (»Zauberflöte« und »Requiem« von Mozart u. s. w.), Partitur- und Stimmausgaben von Werken anderer Meister (»Dorfmusikanten« von Mozart, »Religiöse Gesänge« von Bernh. Klein), viele kleinere Choral- und Liedsammlungen und einzelne Lieder, sowie zahllose Beiträge (Notenbeilagen, Abhandlungen, Recensionen, Biographien u. s. f.) zu verschiedenen Sammlungen, wissenschaftlichen und lexicalischen Werken und zu Zeitschriften. Dieselben sind der Mehrzahl nach einzeln aufgeführt in dem oben erwähnten »Chronologischen Verzeichnisse« für Freundeshand und in Ledeburs »Tonkünstlerlexicon Berlins« (Berlin, 1861). — Zum Schluss mögen einige biographische Nachrichten folgen, und zwar im engsten Anschlusse an die Notizen, welche L. E. »zur Berichtigung falscher Angaben in G. Schilling's Universallexicon der Tonkunst, wie auch in mehreren ähnlichen Werken und Zeitschriften«, eigenhändig verfasst hat. Ludwig Christian E. ist geboren am 6. Januar 1807 zu Wetzlar, wo sein Vater, Adam Wilhelm E. (s. d.), als erster Lehrer an der Stadtschule und zugleich als Cantor und Organist am Dome angestellt war. Seine Ausbildung verdankt er dem damals berühmten Erziehungsinstitute von Joh. Balth. Spiess in Frankfurt a. M. In der Musik förderte ihn zunächst der Unterricht seines Vaters, sodann J. B. Spiess und L. Reinwald (s. d.). Die Orgel spielte E. schon als 11jähriger Knabe. Ausserdem wirkte auf ihn noch ein der persönliche Umgang mit folgenden Männern: A. André, Ch. H. Rinck, Aloys und Jak. Schmitt, Dr. G. W. Fink, Prof. J. W. Dehn, Ludw. Hellwig, Prof. Dr. A. B. Marx, Joh. Christ. Markwort (in Darmstadt), Prof. Dr. Hoffmann von Fallersleben und Fr. Fielitz (früher in Berlin, später in München). Den beiden letzteren trat E. näher durch seine Studien auf dem Gebiete des deutschen Volks- und Kirchenliedes. — Am 2. November 1829 wurde L. E. als Musiklehrer am Königl. Seminare zu Meurs (wo A. Diesterweg Direktor war) — fest angestellt, nachdem er dort vorher eine Zeitlang (seit Ende Mai 1826) provisorisch gearbeitet hatte. Während seines Aufenthaltes am Rhein begründete E. in Gemeinschaft mit dem Lehrer W. Schlösser in Hilden die grossen bergischen Lehrer-Gesangfeste, deren erstes am 9. October 1834 in Remscheid stattfand. — Im October 1835 folgte er, wie ein Jahr früher A. Diesterweg, einem Rufe an das Königl. Seminar für Stadtschulen zu Berlin. — In Berlin übernahm E. im Jahre 1836 die Leitung des Liturg. Chores in der Domkirche; dieselbe gab er jedoch bereits Ende 1838 an A. Neithardt ab, weil mit den damals vorhandenen Kräften und Mitteln — (die Tenoristen und Bassisten erhielten gar kein Honorar und die Sopran- und Altsänger nur wenige Groschen monatlich) — ein kunstgerechter Gesang nicht zu erzielen war. — Jetzt ist E., wie schon erwähnt, Dirigent zweier grösserer Gesangvereine: 1. des »Erk'schen Männergesangvereins« (seit 1843 ohne und seit 6. Juni 1845 mit Statuten begründet) und 2. des »Erk'schen Gesangvereins für gemischten Chor« (seit 3. Juli 1852). Der Männergesangverein zählt gegenwärtig über 100 Mitglieder. — In den Jahren 1836—38 wirkte E. als Musiklehrer in der Familie des Prinzen Karl von Preussen. — Sein Patent als Königl. Musikdirektor erhielt E. am 7. Febr. 1857, und zwar auf Antrag von Meyerbeer, Rungenhagen, Dehn, Fr. Kugler u. s. f. — Nachrichten über E.'s Leben und Schriften finden sich in folgenden Werken und Schriften: 1. Dr. G. Schilling, »Universal-Lexicon« (Stuttg., 1835—42. Supplementband S. 118 und im Anhang von Gassner S. 110). — 2. Dr. Schilling, »Musikalisches Europa« (Speier, 1842. S. 86). — 3. (Dr. W. Koner) »Gelehrtes Berlin im Jahre 1845« (Berlin, 1846. S. 82). — 4. »Revue et gazette music. de Paris« 1849. Nr. 41 (von Fétis). — 5. F. J. Fétis, »Biographie universelle de Musiciens« (Deuxième édit. Paris, 1860. T. I. p. 196. T. III. (1862) p. 150.) — 6. J. B. Heindl, »Galerie berühmter Pädagogen« (München, 1859. I, 126). — Ferner in den verschiedensten lexicalischen Werken und in musikalischen und anderen Zeitschriften. O. T.

Erkel, Franz, der bedeutendste und berühmteste ungarische Tondichter der Gegenwart, der sich ebenso sehr durch Fruchtbarkeit als durch Popularität auszeichnet, wurde am 7. Novbr. 1810 zu Gyula geboren und wegen seines sich schon früh äussernden musikalischen Talentes zunächst auf das Clavierspiel hingewiesen. Umfassendere Studien in allen Zweigen der Tonkunst machte er nach Absolvirung wissenschaftlicher Curse zu Klausenburg in Siebenbürgen und liess sich hierauf in Pesth nieder, wo er sich alsbald in zahlreichen Concerten den Ruf eines ausgezeichneten Pianisten, dann auch den eines trefflichen Musiklehrers erwarb. Weiter strebend, war er besonders auf die Pflege der vaterländischen Musik bedacht, der er eine möglichst hohe Stellung in der Kunstwelt erobern wollte. Zur Erreichung dieses edlen Ziels setzte er sein ganzes, an der Classicität in der Musik genährtes Talent und seine ausgezeichnete Arbeitskraft ein. Unterstützt wurde er nach dieser Richtung hin, als er 1837 die Stelle eines ersten Kapellmeisters am neuen Nationaltheater in Pesth erhielt und ein Jahr später antrat, ein Amt, das er als Schöpfer eines ausgezeichneten Orchesters, als Dirigent und als Componist in vorzüglicher und hervorragender Weise ausfüllte und dem er mit dem Titel eines General-Musikdirektors noch gegenwärtig vorsteht. Als solcher wirkte er nach zwei Seiten auf seine Nation ein: durch Composition zahlreicher Lieder und Gesänge, welche das Glück hatten, allgemein bekannt und beliebt zu werden, da sie den Charakter ungarischer Volksweisen verschmolzen mit den Erfordernissen des modernen höheren Musikstyls an sich trugen, und dann besonders durch seine Opern, die meist mit Enthusiasmus aufgenommen wurden und von denen besonders »Hunyady Laszlo« (1844) einen ungeheuren, bis jetzt unübertroffen gebliebenen Erfolg hatte. Diese Oper gilt noch immer als die ungarische Nationaloper im hervorragenden Sinne des Wortes, ähnlich wie in Deutschland »der Freischütz«, in Frankreich »die Stumme von Portici« u. s. w.; sie vereinigt in sehr geschickter und gefälliger Art den deutschen und italienischen Musikstyl mit der eigenthümlichen Melodik und Rhythmik, welche in Ungarn als nationale Eigenart gepflegt wird. Von E.'s übrigen Opern sind noch als mit allgemeinem Beifall aufgenommen zu nennen: »Bathóry Mária« (1840), »Ersébet« (1857), »Sarolta« (1862), »Bank Bán« (1861), E.'s Meisterwerk, und »Dózsa György« (1867). Eine nationale Auszeichnung erfuhr E. 1868 in Folge des grossen ungarischen Sängerfestes in Debreczin, dessen Oberleitung er führte; er wurde zum lebenslänglichen Oberkapellmeister aller Gesangvereine Ungarns ernannt. Von anderen gediegenen Compositionen E.'s, der ein begeisterter Verehrer der deutschen Tonmeister bis hin zu Meyerbeer ist, sind noch ein preisgekrönter Hymnus und seine Krönungscantate für Franz Joseph zu erwähnen.

Erl, Joseph, berühmter deutscher Bühnensänger, geboren 1811 zu Wien, war mit einer vorzüglichen Altstimme begabt, die sich in den Jünglingsjahren in einen Tenor von seltener Schönheit umwandelte. Als Chorist trat er in die k. k. Oper am Kärnthnerthor ein und blieb in dieser untergeordneten Stellung bis 1834, versäumte aber nicht, währenddem höheren Gesangstudien bei Binder und Ciccimara obzuliegen. Nachdem er 1835 in Pesth engagirt gewesen, gastirte er mit Erfolg am Josephstädter Theater in Wien, folgte 1836 einem Rufe an das Königstädter Theater in Berlin und endlich 1838 einem solchen an die Hofoper in Wien. Dort gehörte er neben Staudigl, Frau Hasselt-Barth u. s. w. lange Zeit zu den Zierden der Gesangbühne, bis er durch den jüngeren Ander mehr und mehr in den Hintergrund gedrängt wurde. Im J. 1842 wurde E. zum k. k. Hofkapellsänger ernannt.

Erlach, Friedrich von, deutscher Flöten- und Claviervirtuose, geboren am 2. Aug. 1708 als der Sohn eines preussischen Gardeofficiers, war von Jugend auf blind und warf sich daher mit dem grössten Eifer auf die Erlernung musikalischer Instrumente, auf denen er zum Theil bis zur Meisterschaft brachte. Componirt soll er fast täglich haben; jedoch ist von derlei Arbeiten nichts im Druck erschienen. Um 1730 lebte er in Eisenach, kehrte aber später nach Berlin zurück und starb daselbst, nach Einigen 1752, nach Anderen 1757, nach Schilling aber erst im J. 1772.

Erlanger, Max, trefflicher Violinspieler und Dirigent, geboren um 1810 zu Frankfurt a. M., studirte die Musik in seiner Vaterstadt besonders unter Leitung des Kapellmeisters Guhr und versuchte sich als Dirigent zuerst in Halle, wo er kurze Zeit hindurch Musikdirektor war. Im J. 1844 kehrte er nach Frankfurt zurück und liess sich endlich in Moskau nieder, wo er das Musikblatt »Musikalny Westnik« redigirt.

Erlebach, Philipp Heinrich, angesehener deutscher Componist und Dirigent, geboren am 25. Juli 1657 zu Essen, erhielt seine musikalische Ausbildung in Paris, wohin er frühzeitig gebracht worden war. Im J. 1683 wurde er Kapellmeister des Fürsten von Schwarzburg-Rudolstadt und starb als solcher am 17. April 1714 zu Rudolstadt. Bei seinen Zeitgenossen stand er als Tonsetzer in hohem Ansehen und seine Ouvertüren, Sonaten für Streichinstrumente, mehrstimmige Gesänge, Arien und Cantaten für eine Singstimme mit Viola- und Orgelbegleitung galten für Meisterwerke, nicht minder seine Orgelstücke, von denen Eckold in seinem Tabulaturbuche (1692) einige mittheilt.

Ermel, Louis Constantin, trefflicher belgischer Pianist, Componist und Musiklehrer, geboren am 27. Decbr. 1798 zu Gent, erhielt in seiner Vaterstadt den ersten Musikunterricht und wurde darnach auf das Pariser Conservatorium gebracht, wo er bei Zimmermann Clavierspiel, bei Lesueur Composition und bei Eler Contrapunct studiren musste. Mit der Cantate »*Thisbé*« erwarb er sich 1823 den grossen Staatspreis und unternahm auf Kosten der französischen Regierung die übliche dreijährige Studienreise nach Italien und Deutschland. Zunächst kehrte er nach Paris zurück, ging aber endlich wieder in sein eigentliches Vaterland und erhielt 1834 für die Cantate »*le drapeau belge*« den von der Regierung ausgeschriebenen Preis. Später liess er sich abermals in Paris als Musiklehrer nieder und zog sich bei herannahendem Alter nach Clermont zurück. Dort starb er auch am 3. Octbr. 1871. Von seinen als tüchtig gerühmten grösseren Compositionen ist nur noch eine Ouvertüre bekannt geworden, welche er 1826 in Wien, während seines Studienaufenthalts in dieser Stadt, aufgeführt hat.

Ermengardus, auch Ermengandus geschrieben, ein Kirchenvater aus dem 12. oder 13. Jahrhunderte, hat einen Traktat mit dem Titel »*de cantu ecclesiastico*« geschrieben, welcher sich in der Bibliothek des Pères in Paris befindet.

Ernemann, Moritz, guter Clavierspieler und gewandter Componist, geboren 1800 zu Eisleben, wurde zu seiner kaufmännischen Ausbildung nach Berlin geschickt, gewann aber dort eine solche Leidenschaft für die Musik, dass er dem für ihn bestimmten Berufe untreu wurde und sich bei Ludwig Berger, zu dessen vorzüglichsten Schülern er bald gehörte, eifrigen Pianoforteübungen hingab. Der kunstsinnige Fürst Radziwill zog ihn 1820 nach Polen, und dort lebte er mehrere Jahre hindurch in den angenehmsten Verhältnissen, zuletzt im Hause des Fürsten Zamoiski in Warschau. Hierauf wurde er Lehrer am Warschauer Conservatorium und verheirathete sich als solcher mit der Tochter eines reichen russischen Finanzmannes. Seitdem betrieb er die Kunst nur noch zu seinem Vergnügen, lebte von 1833 bis 1836 in Breslau und hierauf wieder in Warschau, woselbst er zahlreiche Arbeiten seiner Laune veröffentlichte. Er starb am 8. Aug. 1866 zu Breslau. — Seine Compositionen überhaupt bestehen in Sonatinen, Variationen, Rondos und Divertissements für Pianoforte, sowie in ein- und mehrstimmigen Liedern u. s. w. Sein Clavierspiel war zwar fertig und sehr ausdrucksvoll, aber keineswegs glänzend und virtuosenhaft nach modernen Begriffen.

Erniedrigung, die, eines Tones findet statt, wenn man an seiner Stelle den nächsten durch weniger Schwingungen hervorgebrachten Klang der chromatischen Tonfolge (s. d.) anwendet, und dies in der Benennung und in der Notirung durch Beziehung auf den Grundklang markirt. Man unterscheidet eine einfache, die eben beschriebene, und eine doppelte E. Doppelt heisst eine E., wenn die Klangveränderung noch um eine Stufe der chromatischen Tonleiter über die einfache hinaus abwärts unter gleichen Bedingungen stattfindet. Eine E. wird gewöhnlich nur als solche erachtet, wenn sie eine der *c, d, e, f, g, a* oder *h* genannten Grundstufen betrifft, und fügt man diesen Tonnamen bei einfacher E. die

Erniedrigungssylbe: *es* zu. Die einfach erniedrigten Grundtöne heissen hiernach: *ces*, *des*, *cës* (wofür *es* in Gebrauch), *fes*, *ges*, *aës* (wofür *as* in Anwendung), und *hes*. Die E. zweimal an den alphabetischen Klangnamen gehängt, kennzeichnet eine doppelte Erniedrigung: *ceses*, *deses*, *eses* (Ausnahme), *feses*, *geses*, *asas* (Ausnahme) und *heses*. Ueber die von der Regel abweichenden Benennungen belehrt der Artikel **Alphabet** (s. d.). Um die Erniedrigung eines Tones bei der Notirung zu vermerken, bedient man sich des

Erniedrigungszeichens, des Be's (♭) für die einfache und des zweifach gesetzten Be's (♭♭) für die Doppelerniedrigung, welche Zeichen stets vor die Noten gestellt werden, auf die sie sich beziehen sollen.   2.

Ernst II., seit 1844 regierender Herzog zu Sachsen-Coburg-Gotha, im deutschen Reiche ebenso als patriotischer Förderer der Einheitsbestrebungen des Volkes, wie als Tondichter und Kunstkenner gerühmt, ist in jeder Beziehung eine in dem Herrscherstande, besonders was die musikalische Kunst anbetrifft, seltene Erscheinung. Am 21. Juni 1818 wurde dieser Fürst zu Coburg geboren als Sprosse eines Herrscherhauses, das seit langer Zeit schon zur Musik vor allen anderen Künsten sich hingezogen gefühlt hatte. Der Vater E.'s, dem die reiche musikalische Begabung seines Erben, die sich schon früh bemerkbar machte, nicht entging, wandte der Ausbildung derselben wie der wissenschaftlichen des Prinzen, die grösste Sorgfalt zu. Frühzeitiger Unterricht im Clavierspiel und in der Harmonielehre, die oft der Vater selbst controllirte, regelten das zum Schaffen drängende Talent des Prinzen, von dem selbstgedichtete und componirte Lieder noch heute Zeugniss ablegen; bei Colburn in London erschien eine Sammlung derselben, aus der »die Aeuglein« und »Lass' mich nur einmal dich beschauen« gegenwärtig noch immer Verehrer finden. Auch in der ferneren Erziehung des Prinzen blieb die Musik ein hervorragender Faktor. In Bonn, während seiner akademischen Studien, vertraute sich E. dem Rathe des Professors Breidenstein an, und in der kunstsinnigen Residenz Dresden, wo er vorzüglich seiner militärischen Ausbildung oblag, dem Kapellmeister Reissiger. Ausserdem ward ihm hier der Verkehr mit Männern wie Mendelssohn, Moscheles, Meyerbeer, Wagner, Liszt, Thalberg u. A., welcher auf seine musikalische Entwickelung in förderndster Weise mit einwirkte. Er befasste sich in dieser Zeit vielfach mit der Composition von kleineren, besonders der Kammermusik angehörigen Werken, die jedoch von der Zeit überfluthet worden sind, um so mehr, als der Drang, im Felde der dramatisch-musikalischen Schöpfung sein Talent zu offenbaren, ihn bald zu grösseren Thaten anspornte. Als erste Frucht dieses Dranges ist die Cantate für Gesang und Orchester: »Immer Liebe« zu verzeichnen, der bald eine zweite: »Aller Seelen« betitelt, folgte; beide erlebten wiederholte Aufführungen am Hofe zu Coburg. Auf Liszt's mehrfache Anregung schuf E. dann sein erstes dramatisch-musikalisches Werk, die Oper »Zaire«, welche über viele Bühnen Deutschlands ging. Diesem ersten Werke folgten in kurzen Zeiträumen die Opern: »Tony«, »Casilda«, 1854 »Santa Chiara« und 1858 »Diana von Solange«. Wenn »Santa Chiara« besonders genaue Kenntniss und Einwirkung der wagner'schen Muse dokumentirt, so scheint die letztere Oper dazu bestimmt gewesen zu sein, einem den sich heftig befehdenden Extremen organisch entkeimten neuen Style Bahn zu brechen. Alle grösseren Werke E.'s, besonders letztgenanntes, befinden sich noch gegenwärtig auf dem Repertoir der Bühnen Deutschlands und der bedeutenderen des Auslandes. Gedruckt sind von E.'s Werken ausser sämmtlichen Opern mehrere Hefte Lieder, wovon als sehr bekannte: »Wenn deine Lieben von dir gehen«, Quartett; »Heinrich«, Lied für Bariton; »In die Ferne«, Declamation mit Piano- und Violoncellbegleitung zu nennen sind; so wie viele Instrumentalcompositionen, von denen besonders die »Fantasie für Piano, Violoncell und Aeolodion;« und der »Fackeltanz« für grosses Orchester und Blechmusik zur Vermählungsfeier des Grossherzogs von Baden hervorzuheben sind. Am verbreitetsten und bekanntesten ist wohl die Hymne für Männerchor und Blechmusik: »Die deutsche Tricolore«, welche viele Auflagen erlebte und in neuester Zeit im Auslande mit anderem Texte sich Verehrer gewann, in Belgien und Frankreich kennt man sie als: »*Hymne à la paix*«, als welche sie bei dem Preisgesangsfest in

Dreux gekrönt wurde. Wenn ein regierender Fürst neben seinen Berufsgeschäften eine solche Zahl der verschiedenartigsten musikalischen Kunstschöpfungen, wie sie manche Musiker von Fach nicht aufzuweisen vermögen, geschaffen und noch in der Lebensvollkraft steht, so lässt sich annehmen, dass derselbe in der Kunst noch nicht das letzte Wort gesprochen hat. Deshalb muss die Darlegung der künstlerischen Bedeutsamkeit E.'s seinem späteren Biographen anheim gestellt bleiben.

B.

Ernst, Christian Gottlob, deutscher Orgelspieler, Componist und verdienstvoller Lehrer zahlreicher Organisten Schlesiens, geboren am 2. Febr. 1778 zu Silberberg in Schlesien, wo sein Vater Rathsdiener war, fand bis zum 18. Jahre hin keinen anderen Musikunterricht als den nothdürftigen, den die öffentliche Schule seiner Vaterstadt gewährte, und erst in Landshut, wo er in den Stadt-Singechor und in die Schule trat, entdeckte der Cantor Bürgel eine ganz besondere musikalische Anlage in E. und bemühte sich, dieselbe zur Entwickelung zu bringen. Aber erst seit 1796, wo E. in das Schullehrerseminar zu Breslau aufgenommen wurde, fand er bei Neugebauer und Berner eine regelrechte künstlerische Ausbildung, der er schon 1798 seine Anstellung als Organist an der evangelischen Kirche in Ohlau dankte. Hier erwarb er sich um die Erweckung eines musikalischen Sinnes und eines regeren Kunstlebens enorme Verdienste. So richtete er stehende Concerte ein, an deren Ausführung sich die Musiker der Stadt ebenso wie die Dilettanten betheiligten und gründete ferner eine musikalische Vorbereitungsschule für das Schullehrerseminar. E. wird als ein gründlicher Tonkünstler und als guter Orgelspieler gerühmt und hat auch einige Compositionen veröffentlicht, besonders Sonaten für Pianoforte und Violine, mehrere Psalmo u. s. w.

Ernst, François, oder Ernest, französischer Violinist und Instrumentalcomponist, war in der Grossen Oper zu Paris von 1786—1800 als Bratschist angestellt und gab 1792, als die Harmoniemusik zu höherer Bedeutung von Staats wegen erhoben wurde, eine sehr bedeutende Zahl von Suiten und Arrangements für zwei Clarinetten, zwei Hörner und zwei Fagotts heraus.

Ernst, Franz Anton, vorzüglicher Violinvirtuose und gediegener Componist für sein Instrument, wurde am 3. Decbr. 1745 zu Georgenthal in Böhmen unfern der sächsischen Grünze geboren und erhielt seine Erziehung und mit dieser den ersten Violinunterricht von seinem Grossvater, nach dessen Tode er in Kreibitz neben musikalischen auch wissenschaftliche Studien trieb und endlich noch beim Stadtorganisten in Warndorf Unterricht nahm. Ein Besuch bei einem Verwandten im Kloster Neuzell veranlasste ihn, sich daselbst als Chorsänger engagiren zu lassen und in dieser Stellung ein Semester hindurch zu bleiben, worauf er zu den Jesuiten nach Sagan ging, dort vier Jahre lang sich für die Universität vorbereitete und endlich in Prag den Rechtsstudien oblag. Als Syndicus wurde er nun in seiner Vaterstadt angestellt, folgte aber bald dem Rufe des Grafen von Salm, der sein Violinspiel bewunderte und ihn als Privatsecretär an sich zog. In dieser Stellung hörte E. in Prag den Meister Lolli, nahm Unterricht bei demselben und begab sich, von ihm ermuntert, auf Kunstreisen. In Strassburg war es Stad, der auf E.'s bewundertes ausdrucksvolles Spiel einen nachhaltigen Einfluss ausübte. Im J. 1773 kehrte E. nach Prag zurück und wurde 1778 als herzoglicher Concertmeister in Gotha angestellt. Dort starb er am 13. Januar 1805, nachdem er sich in der letzten Zeit nur noch mit dem Violinbau und dessen Verbesserung beschäftigt hatte. Die Leipz. allgem. musikal. Zeitung verdankt ihm nach dieser Richtung hin mehrere wichtige Aufsätze. Von seinen zahlreichen Compositionen für Violine ist nur wenig im Druck erschienen, darunter jedoch sein Meisterwerk, ein Violinconcert in Es-dur.

Ernst, Heinrich Wilhelm, einer der ausgezeichnetsten und berühmtesten Violinvirtuosen der jüngsten Vergangenheit, der in Bezug auf edlen, schönen Ton und seelenvollen Ausdruck unübertroffen geblieben ist, wurde im J. 1814 zu Brünn geboren und offenbarte bereits in früher Jugend so hervorragendes Talent für die Musik, insbesondere für das Violinspiel, dass man ihn seiner Neigung folgen liess und ihn zu höherer Ausbildung auf das Conservatorium zu Wien brachte. Dort wurde er sehr bald der beste Schüler Böhm's, während ihn in der Composition Seyfried gleichfalls mit Erfolg unterrichtete. Schon 1830 konnte er, zum vollkommenen Künstler herangereift, seine erste Kunstreise unternehmen, die über München, Frankfurt a. M., Stuttgart u. s. w. ging und sich bis Paris erstreckte, woselbst er längere Zeit verweilte und noch bei Ch. de Bériot studirte. In letzterer Stadt wurde er gefeiert und bewundert, was ihn jedoch nicht abhielt, sich immer mehr zu vervollkommnen, bis er sich zur wirklichen Meisterschaft empor geschwungen hatte. Seine Concertreisen führten ihn hierauf von 1834 an bis 1850 durch fast ganz Europa, und erst in London nahm er seit 1844 stets längeren Aufenthalt. Ein Rückenmarksleiden erschütterte jedoch seit 1857 seine Gesundheit unter langsamen aber gefährlichen Fortschritten in dem Masse, dass er sich in den letzten Jahren sogar von seiner Violine trennen musste. Als die Aussicht, sein Leben zu erhalten, bis auf einen Schimmer herabgesunken war, wurde ihm der Aufenthalt in Nizza verordnet, und dort starb er unter furchtbaren Qualen am 14. Octbr. 1865. — E.'s Spiel war ein ausserordentlich fertiges und technisch ausgeglichenes, die Art seines Vortrags war schwungvoll, elegant und liess deutlich erkennen, dass ein tiefes und volles Gemüth sich aussprach. Dem entsprechend waren auch seine Compositionen: sehr schwer und auf Virtuosität berechnet, aber doch angenehm, in ihrer Art dankbar und vorzugsweise zum Herzen sprechend; grossen Erfolg hatten von ihnen und haben noch immer »die Elegie«, die Fantasie über Rossini's »Othello« und »der Carneval von Venedig«, eine Nachbildung der Paganini'schen gleichnamigen Composition.

Eroico (ital., französ.: *heroïque*), heroisch, Vortragsbezeichnung in der Bedeutung: heldenmässig, mit gesteigerter Kraft und mit Schwung. Beethoven benutzte dies Wort zur Bezeichnung des Charakters seiner dritten (*Es*-dur) Sinfonie.

Erotica (griech.-latein.), Liebeslieder, s. Erotisch.

Erotidien (aus dem Griech.) waren Feste alten Ursprungs, welche die Griechen auf dem Berge Helikon bei der Stadt Thespia in Böotien alle fünf Jahre dem Liebesgott Eros (Amor) zu Ehren feierten und bei denen auch Preise für musikalische Wettstreite angeordnet waren.

Erotisch (aus dem Griech.) nennt man Alles, was auf den Gott der Liebe (griech. Eros) oder auf die Liebe selbst Bezug hat. Erotische Lieder oder Erotica sind demnach so viel wie Liebeslieder, eine leichtere lyrische Gattung, die nichts als das Gefühl der Liebe zum Gegenstand hat und sich daher in ihrer Art mehr zu Spiel und losem Scherz als zum Ernst neigt. S. Melopöie.

Errars, Jean, altfranzösischer Dichter und Musiker des 14. Jahrhunderts, von dessen Dichtung und Composition noch 24 Gesänge in der Staatsbibliothek zu Paris befindlich sind.

Ersch, Johann Samuel, der Begründer der neueren deutschen Bibliographie, geboren zu Gross-Glogau am 23. Juni 1766, zeigte von früh an entschiedenen Sinn für Bücherkunde, welchem Sinne später mühevolle aber höchst wichtige Werke für Bibliographie und Statistik entsprossten. Im J. 1800 wurde er Universitätsbibliothekar zu Jena, drei Jahre später ordentlicher Professor der Geographie und Statistik zu Halle und 1808 daselbst auch Oberbibliothekar. Dort unternahm er u. A. mit Gruber die »Allgemeine Encyklopädie der Wissenschaften und Künste« (Leipzig, 1818 fg., 4), jenes Riesenwerk, welches in Bezug auf mögliche Vollständigkeit, Genauigkeit, Anordnung und innere Einrichtung auf immer als ein Muster dasteht; die ausführlicheren, die Musik betreffenden Artikel darin stammen aus den Federn von Rochlitz, Fink, Gottfr. Weber, Marx, Lobe, Reissmann u. a. Dies grossartige Unternehmen leitete E. mit Umsicht und enormer Thätigkeit bis zu seinem Tode, der am 16. Januar 1828 zu Halle erfolgte.

Ersellus, Johann Christoph, um 1768 Organist am Dom und an der Kirche St. Jakob zu Freiberg, wurde von Agricola für einen der hervorragendsten Orgelspieler Deutschlands erklärt. Vgl. Adlung, Music. mech. Theil I. Seite. 229.

†

Erste Stimme (latein.: *prima pars*), bezeichnet in Musikwerken aller Art stets die höchstliegende Stimme. Im gemischten oder allgemeinen Chor z. B. ist der Sopran, im vierstimmigen Männergesang der erste Tenor die erste Stimme; ebenso ist bei Terzetten, Duetten u. s. w. diejenige Stimme die erste, welche dem Klange nach die höchste ist. Dasselbe gilt auch für Orchester- und mehrstimmige Instrumentalwerke, wo man jedoch auch diejenige Hauptstimme die erste nennt, welche concertirend auftritt. In der Regel hat die erste Stimme die Melodie zu führen und wird in Beziehung darauf dann auch **Hauptstimme** genannt.

Ertel, Sebastian, ein Benediktinermönch zu Weihenstephan bei Freising im Anfange des 17. Jahrhunderts, später im Kloster Gersten in Oberösterreich, gab *Symphoniae sacrae* für sechs bis zehn Stimmen (München, 1611) und ein achtstimmiges Magnificat (München, 1615) heraus. Vgl. Draudii Bibl. Class. p. 1617 und 1631. Ausserdem erschienen von ihm: »6 *Missae,* 7, 8 et 10 *voc. ad organum accomodatis*« (München, 1613). †

Erthel oder **Ertl,** Augustin, gelehrter und kunstgebildeter Augustinermönch, geboren am 7. Octbr. 1714 zu Wülfershausen im Bisthum Würzburg, empfing seine umfassende wissenschaftliche und künstlerische Bildung im Benediktinerkloster zu Fulda, dem er schon früh zugeführt wurde. Er ist der Verfasser des »*Rituale Fuldense*«, vom J. 1765, das in der Dichtung wie in der Musik Geist, Gefühl und ein andächtiges Gemüth bekundet. E. sowohl wie sein Bruder Placidus E. galten ausserdem noch für ausgezeichnete Waldhornbläser. Dass der erstere es selbst in mechanischer Geschicklichkeit weit gebracht haben muss, beweist der Umstand, dass er sich auch selber einige musikalische Instrumente, darunter einen Pantaleon, verfertigte. Hochgeachtet starb er zu Fulda am 18. Octbr. 1796.

Erweiterte Harmonie, s. Enge und weite Lage.

Erweiterte Sätze sind melodische Theile eines Tonstücks, deren Sinn durch eine weitere Ausführung und Entwickelung des bereits im knapperen Umfang Gegebenen näher bestimmt ist. Dies kann durch Wiederholung melodischer Phrasen, durch Transposition derselben, durch Fortführung einer bloss metrischen Formel, durch Anhänge, Aufhaltungen u. s. w. geschehen. S. Periodenbau.

Erweiterung des Themas in der Fuge heisst die Verwandlung eines Intervalls des Themas in ein grösseres, z. B. einer Quinte in eine Sexte u. s. w. Diese Verwandlung ist unter gewissen Umständen zur richtigen Beantwortung des Führers nothwendig. S. Fuge.

Erythräus, Gotthard, hochverdienter Componist von geistlichen Gesängen, geboren zu Strassburg um 1560 wurde 1587 Magister zu Altdorf, 1595 Cantor und Lehrer der Musik am Gymnasium daselbst und erhielt 1609 das Rektorat der Stadtschule, dem er bis 1617, wo er starb, vorstand. Von demselben sind »*Psalmi et Cantica varia, ad notas seu Tonum musicum adstricta*«. (Nürnberg, 1608) und »Dr. M. Lutheri, und anderer gottesfürchtiger Männer Psalmen, und geistliche Lieder in vier Stimmen gebracht durch etc.« (Nürnberg, 1608) erschienen und zwar nach der Vorrede des erstgedachten Werkes, dasselbe in der zweiten Ausgabe. S. Will's Nürnberg. Gelehrt. Lexicon. — Nicht mit diesem um die Beförderung der Kunst hochverdienten Mann ist der noch gelehrtere Giovanni Vittorio Rossi (s. d.) zu verwechseln, der zu gleicher Zeit unter dem Namen Janus Nicius E. pseudonym mehrere interessante musikalische Werke veröffentlichte. †

Es, s. Erniedrigungssylbe.

Es (ital.: *mi bemolle,* französ.: *mi bémol,* engl.: *E flat*), heisst die erniedrigte Terz der C-durleiter, welche eigentlich *ees* genannt werden müsste, aber gegen die Regel (s. Alphabet), der Kürze wegen, diese Benennung erhalten hat. Es steht zu c in dem Verhältniss 5:6, welches reine Verhältniss jedoch sehr selten in der Ausführung diesem Klange zu Theil wird. Die mathematische Feststellung von *es* für die gleichtemperirte Tonfolge geschieht durch die Proportion 27:32, findet durch alle Tasteninstrumente ihre Vertretung und erhält in dieser Gestaltung oft den Namen *dis.* In der Praxis schwankt bei den eine kleine Tonhöhenänderung gestattenden Instrumenten die wirkliche Tonhöhe des *es* zwischen

27*

beiden mathematischen Feststellungen, bedingt durch Fä
und die Anforderung der Harmonie. Die diatonisch-chro
wärts von *c* führt *es* als vierte Stufe. In der Notenschrift wi
eines Bes (♭) vor *e* vermerkt.

Es (französ.: Bocal), nennt man die enge abwärts gel
der Flügelröhre des Fagotts (s. d.), an welche das Blattmur
sen man das Instrument intonirt, gesteckt wird; die deutsch
wohl aus der Aehnlichkeit der Form dieser Röhre mit dem l
staben S. Die französische Benennung ist, weil sie eigentli
falsch, indem das Mundstück dieses Tonwerkzeugs ein dur
derter Instrumenttheil ist.

Eschalotte (französ.) wird die Zunge der Orgelrohrwei

Eschborn, Karl, trefflich gebildeter deutscher Tonk
Concertmeister in der Kapelle des Hoftheaters zu Mannhei
in Köln und 1845 Operndirektor in Aachen. Im J. 1847 f
eine Oper eigener Composition, betitelt: »Bastards oder
ohne Beifall auf. Ausserdem hat er sich durch artige Ge
— Seine Gattin erwarb sich unter dem Namen Frassin
auf verschiedenen deutschen Opernbühnen einen geachtete

Eschenbach, Johann Tobias, ein geschickter deutsche
war um 1800 Thürmer zu St. Michael in Hamburg und bes
Verbesserung von Instrumenten, in welchem Bestreben
Erfindungen, so auf die des Aeolodion (s. d.) kam.

Eschenbach, Wolfram von, einer der vorzüglichsten l
schwäbischen Zeitraums der deutschen Geschichte, wurd
12. Jahrhunderts aus einem adeligen Geschlechte geboren
Städtchen Eschenbach bei Ansbach seinen Namen führte.
nachgeborner Sohn, keinen Theil an den Besitzungen sein
selbst öfters und nicht ohne Bitterkeit über seine Armuth l
wohl oder übel sein Dichtertalent, das er seinem ritterliche
Geringschätzung erwähnt, vor Noth und Mangel schützen,
glänzendere Verhältnisse bringen, als er zu Hause finden
gebigkeit der Fürsten lebend, zog er wie die fahrenden
zum anderen. Im J. 1204 kam er an den Hof des Landgra
ringen, wo er unter den »Singern« beim sogenannten Wartl
Landgrafen Hermann Nachfolger, Ludwig der Heilige, sc
und Freigebigkeit bewiesen zu haben, als jener, daher si
seines Lebens vom thüringischen Hofe zurückzog. Er st
1225 und wurde im Frauenmünster zu Eschenbach begra
bei einem edlen Ritter der damaligen Zeit nicht anders e
keine gelehrte Bildung erhalten; er konnte sogar weder les
gegen hatte er im Leben sich mancherlei Kenntnisse, unt
zösischen Sprache erworben, mit welcher er oft und gern gl
seiner Werke sind allerdings epischer Form, nämlich »Parz
»Wilhelm von Orange« und der unvollendete »Titurel«, all
Gesänge, obwohl in jeder Beziehung denen seines Zeitge
Vogelweide weit nachstehend, sind von Werth und Bed
haupten, dass sein Talent mehr zur inneren Beschaulicl
klaren objektiven Auffassung des Epos sich hinneigte. Sei
zu derjenigen Gattung, welche man »Tageweisen« oder »W
deren Erfinder er sogar gilt. Wahrscheinlich ist es zwar,
französischen Gesänge ähnlicher Art auf die Erfindung de
men ist, aber auf jeden Fall hat er den Wächter auf der Z
benden zuerst eingeführt. E.'s Tageweisen sind seinen M
zichen; erstere zeichnen sich durch Reichthum an Reimei
handlung derselben und durch Wohllaut der Sprache aus. —

gänzlich vergessen, und erst die Kritiker der neuesten Zeit erhoben ihn auf den ihm gebührenden hervorragenden Platz, nachdem die Romantiker einen widerlichen Cultus mit ihm getrieben hatten (Fr. Schlegel entblödete sich sogar nicht, ihn für den grössten deutschen Dichter überhaupt zu erklären). Allerdings erscheint E. ganz vorzüglich als Wahlverwandter der Dichter der neudeutschen romantischen Schule, denn er theilt mit diesen in auffallender Weise alle Vorzüge und alle Mängel. Er kann demnach als das Urbild aller Romantik gelten, die sich zwar auch bei anderen Minnesängern derselben Zeit in einzelnen Zügen, aber nur bei ihm entschieden ausgesprochen findet.

Eschenburg, Johann Joachim, ein ausgezeichneter deutscher Literator, geboren am 1. Decbr. 1743 zu Hamburg, studirte zu Leipzig und war in der Folge Professor am Carolinum zu Braunschweig, sodann Geheimer Justizrath und Senior des Cyriacusstifts daselbst. Gestorben ist er am 29. Febr. 1820 zu Braunschweig. Deutschland im Allgemeinen und die deutsche Musikerwelt im Besonderen verdankt ihm die Bekanntschaft der vorzüglichsten englischen Schriftsteller im Gebiete der Aesthetik, die von ihm übersetzt und mit zum Theil trefflichen und sehr lehrreichen Anmerkungen begleitet wurden. So Brown's »Betrachtung über die Poesie und Musik« (Leipzig, 1769); Webb's »Betrachtung über die Verwandtschaft der Poesie und Musik« (Leipzig, 1771); Burney's »Abhandlung von der alten Musik« (Leipzig, 1781); »Ein Brief über Jomelli's Leichenfeier« (aus dem Italienischen, im deutschen Museum Bd. I. pag. 464); Burney's »Nachricht von Händel's Lebensumständen und seiner Gedächtnissfeier« (Berlin, 1785); Burney's »Versuch über musikalische Kritik« (im musikal. Wochenbl. pag. 73) u. s. w. Seine eigenen hierher gehörigen Arbeiten sind: »Abhandlung über die Cäcilia« (Hannov. Magaz. St. 94 ff.); »Ueber die kürzere Dauer des Wohlgefallens an dem Spiel der Blaseinstrumente« (musikal. Wochenbl. pag. 155—162); »Theorie und Literatur der schönen Wissenschaften, nebst einer Beispielsammlung dazu« (8 Bde. Berlin, 1788—1795); ferner zahlreiche kleinere musikalische Aufsätze und Recensionen in verschiedenen Zeitschriften. Schliesslich sind noch zu erwähnen E.'s deutsche Bearbeitungen der Texte zu »Judas Maccabäus« von Händel, zu den »Pellegrini« von Hasse, zu »Robert und Caliste oder der Sieg der Treue« von Guglielmi u. s. w.

Eschenholz wird seiner Härte wegen häufig zu Tonwerkzeugtheilen benutzt; seltener findet man es zu Instrumenten selbst angewandt, trotzdem seine fortpflanzende Schallgeschwindigkeit, der Faser entlang 4809 Meter und senkrecht gegen die Jahresringe 1434 Meter in der Secunde, auch in dieser Beziehung gute Erfolge erwarten liesse.   O

Escherny, François Louis, Graf d', französischer Gelehrter, der Freund Rousseau's, war in Neufchatel am 24. Novbr. 1733 geboren. Er führte ein merkwürdiges Leben, zum Theil in toller Lebenslust verschwärmt, zum Theil mit ascetischer Strenge wieder der Kunst und der Wissenschaft gewidmet. So verkehrte er an den Höfen von Wien, Potsdam, Warschau, St. Petersburg und Stuttgart und war überall willkommen und beliebt. Musikalisch zeichnete er sich als Bratschist und als Quartettspieler aus und unter seinen literarischen Arbeiten befinden sich auch *Fragments de la musique*, die jedoch keinen höheren Werth beanspruchen können. E. starb im J. 1815 zu Paris.

Eschmann, Julius Karl, talentvoller und tüchtiger Tonkünstler, der als Componist seinen Kunstsinn mit Gestaltungskraft vereinigt, geboren um 1825 zu Winterthur, lebte bis 1852 zu Kassel, wo er treffliche didaktische und Saloncompositionen für Pianoforte, für Pianoforte und Violine u. s. w. herausgab, welche sich mit Geschick in der von Rob. Schumann eingeschlagenen Richtung bewegen. Von Kassel siedelte er nach Zürich über, wo er als geschätzter Lehrer des Pianoforte wirkt, aber die musikalische Production aufgegeben zu haben scheint.

Eschstruth, Hans Adolph Freiherr von, kunstgebildeter deutscher Dilettant, geboren am 28. Januar 1756 zu Hamburg und gestorben am 30. Apr. 1792 zu Kassel als wirklicher Regierungsrath, war ein sehr fertiger Clavierspieler und hatte auch die Composition auf's Gründlichste beim Concertmeister Hupfeld in

Marburg und beim Organisten Vierling studirt. Componirt und veröffentlicht hat
er Clavierstücke, ein- und mehrstimmige Gesänge, 22 Märsche mit einer Vorrede
über Geschichte, Literatur und Theorie dieser Musikgattung u. s. w. In seinem
Nachlasse befanden sich einige druckfertige theoretische Werke, die jedoch auch
späterhin nicht erschienen, nämlich: »Uebersetzung von Rousseau's Anleitung,
die Musik in Partitur und Stimmen zu setzen«; ein »Lehrbuch der höheren Musik
mit besonderer Beziehung auf ihre Literatur und Aesthetik« und eine Biographie
Phil. Eman. Bach's.

Escobedo, Bartolomeo, s. Scobedo.

Escovar, Andre de, ein spanischer Tonkünstler, der seine Jugend in Indien
zugebracht hatte, wurde nach seiner Rückkehr in der Kathedralkirche zu Coimbra
angestellt, in welcher Stellung er eine *Arte Musica para tanger o instrumento da
Charamelinha* schrieb. Vgl. Machado Bibl. Lus. Th. I, p. 146.   †

Escovar, Joaõ de, portugiesischer Dichter und Tonkünstler, lebte zu Anfang des 17. Jahrhunderts und veröffentlichte eine Sammlung von ihm componirter
Motetten (Lissabon, 1620). Auch ein theoretisches Werk von ihm *»Arte de musica
theorica y pratica«* befindet sich auf der königl. portugiesischen Bibliothek.

Escribano, Juan, spanischer Sänger und Tonsetzer, der in ersterer Eigenschaft bei der päpstlichen Kapelle in Rom gegen Ende des 15. Jahrhunderts angestellt war. Im Archive genannter Kapelle befinden sich auch noch einige seiner
Kirchengesänge.

Escudier, Gebrüder Marie und Leon, französische Musikkritiker, wurden,
der erste und ältere am 29. Juni 1819, der letztere am 17. Septbr. 1821 zu Castel-
nandary geboren. In Toulouse erzogen, gründeten sie daselbst gemeinschaftlich
eine Buchhandlung und Druckerei, siedelten jedoch später nach Paris über, wo sie
anfangs für verschiedene Zeitschriften, auch musikalische Fachblätter, arbeiteten,
dann aber einen Musikverlag anlegten und eine eigene musikalische Zeitung *»la
France musicale«* herausgaben. Nach beiden Seiten hin offenbarten sie das Bestreben, die neuitalienische Musik zur Anerkennung und Herrschaft in Paris zu bringen und die Einbürgerung der deutschen Musik zu unterdrücken. In diesem ten-
denziösen Kampfe beharrten sie auch, als sie sich 1855 trennten und Marie E. ein
neues Musikblatt *»l'Art musical«* begründete. Gemeinschaftlich verfasst und veröffentlicht haben beide Brüder auf musikalischem Gebiete: *»Etudes biographiques
sur les chanteurs contemporains etc.«* (Paris, 1840); *»Dictionnaire de musique après
les théoriciens, historiens et critiques les plus célèbres«* (2 Bde. Paris, 1844, umge-
arbeitete Auflage 1854); *«Rossini, sa vie et ses oeuvres«* (Paris, 1854); *»Vie et
aventures des cantatrices célèbres, précédées des musiciens de l'empire, et suivies de
la vie anecdotique de Paganini«* (Paris, 1856).

Es-dur (ital.: *Mi bemolle maggiore*, französ.: *Mi bémol majeur*, engl.: *E flat
major*) ist eine der vierundzwanzig Durarten des modernen abendländischen Tonsystems, die in neuerer und neuester Zeit sich besonders häufig verwendet findet.
Die Klänge, welche in dieser Durart verwerthet werden, unterscheiden sich in ihrer
Höhe von den Grundklängen der *C*-Durart (s. d.) durch Erniedrigung der *e*, *a*
und *h* genannten Töne, deren Erniedrigung durch die Abwechselung der Ganz-
und Halbtöne in der Durleiter bedingt wird. Die Grundklänge von *Es*-dur heissen
hiernach: *es*, *f*, *g*, *as*, *b*, *c* und *d*, deren mathematisches Verhältniss nach der diatonischen wie gleichtemperirten Stimmung die Zahl der Schwingungen jedes Tones
dieser Durart im Tonreich leicht ergiebt. Folgende Tabelle zeigt nicht nur die
mathematischen Verhältnisse beider Arten von Klängen dieser Durart, sondern auch
deren Schwingungszahlen in einer Octave nach dem Kammerton *a'*, durch 437,5
Körperschwingungen erzeugt, berechnet; einfache Multiplication oder Division
führt zu den Schwingungszahlen der verschiedenen Octaven dieser Klänge.

Namen der Klänge	es^1	f^1	g^1	as^1	b^1	c^2	d^2	es^2
Verhältnisszahlen der diatonischen Folge	1	$9/8$	$5/4$	$4/3$	$3/2$	$5/3$	$15/8$	2
Schwingungszahlen der diatonischen Folge	315	354,375	393,75	420	472,5	525	590,6	630
Verhältnisszahlen der gleichtemperirten Folge	1	$9/8$	$81/64$	$4/3$	$3/2$	$27/16$	$243/128$	2
Schwingungszahlen der gleichtemperirten Folge	315	354,375	398,66	420	472,5	531,56	597,78	630

Die häufigere Anwendung von Es-dur bei Tonstücken für Tasteninstrumente hat ihren Grund in der nicht zahlreichen Vorzeichnung (s. d.), so wie in der Applicatur derselben; der Daumen wird stets auf die nach einer Obertaste folgenden Untertaste genommen. Weniger häufig findet man Sätze für Streichinstrumente in Es-dur gesetzt, weil auf diesen Instrumenten der Grundton wie die anderen Hauptklänge, indem fast keiner durch eine freie Saite vertreten ist, leicht eine ungleiche Intonation erleiden. Am häufigsten jedoch werden Tonwerke für Blasinstrumente in Es-dur geschrieben, indem die Grundtöne dieser Instrumentgattung, vorherrschend es und b, mit Leichtigkeit die reinste Intonation aller Klänge dieser Tonart gestatten. Da nun besonders die Blasinstrumente in der Kriegsmusik seit der frühesten Zeit Anwendung fanden, und man auch zeitweise die Signale (s. d.), in dieser Durart blies, so nannte man Es-dur auch den Feldton (s. d.), welche Benennung jedoch jetzt als veraltet zu erachten ist. Gesangstücke, besonders für Männerstimmen, werden in dieser Tonart gern verzeichnet, da der höhere Grundton es^1, in der höchsten und nächsthöheren Männerstimme der Schlussklang eines Registers ist, das in seinen Klängen stets sichere Intonation und gleiche Klangfarbe besitzt, und mit dem nächstwichtigsten, demselben Register angehörigen Klange, b, der Intonation aller andern Scalatöne eine Festigkeit ertheilt, die den Darstellungen in Es-dur ausgeführter Tonsätze eine Umwandelbarkeit des Eindrucks verleiht, welcher vielen anderen Tonarten nicht allein mangelt, sondern in der Weise, wie dieser, keiner anderen eigen ist; das Es der tiefen und das es und b der hohen Bässe theilen durchaus die Tonarteigenheiten der erstangeführten Klänge. Diese durch die Tonfarben der Register der Männerstimme bedingte Intonation der Einzelnklänge der verschiedenen Tonarten, welche bis heute noch nicht durchaus klar zu legen möglich war, wurde schon im vorigen Jahrhundert von Vielen empfunden, die solchem Empfinden dadurch Genüge thaten, dass sie jeder Tonart ästhetische Eigenheiten zuschrieben. Mit der Zeit erhielt die ästhetische Charakterfeststellung der Tonarten eine allgemeine Gleichheit, welche in kürzester und bestimmtester Fassung Schubart in seinem Werke: »Ideen zu einer Aesthetik der Tonkunst« p. 377 u. ff. uns gegeben hat. Nachdem er die Tonarten in solche ohne Vorzeichnung, mit Kreuzen und mit Been als Gattungen aufgestellt, und letzterer Gattung die Eigenheit beigemessen hat, »sanfte und melancholische Gefühle« zu malen, so behauptet er von der Art Es-dur, dass sie »den Ton der Liebe, der Andacht, des traulichen Gesprächs mit Gott darzustellen sich eigne und durch ihre drei b die heilige Trias ausdrücke«. Fast die ganze erste Hälfte dieses Jahrhunderts hindurch galt Vielen der Ausspruch der Aesthetiker über Tonartencharakter als Evangelium; erst in neuester Zeit wurde diese Charakterfeststellung angezweifelt; der Anhänger dieser Kunstanschauung wurden immer weniger, bis jetzt nur noch Kunstjünger einige Zeit in ihrer Entwickelungsperiode denselben Anerkennung zollen. 　　　　　　　　　　　　　　　　　　　　　C. B.

Esensa, Salvadore, auch Essenga geschrieben, Tonkünstler spanischer Abkunft und ausgezeichneter Tonlehrer, der um 1540 zu Modena gelebt und Madrigalo unter dem Titel *Il primo libro de' madrigali a 4 voci* (Venedig, 1566) herausgegeben hat. Erchelango Gherardini und Orazio Vecchi waren seine Schüler.

Esercizio (ital., französ.: *exercice*), s. Etude.

Es-es, Sylbenname desjenigen Tones, der als mittels des Doppelboe (??) (s. Notenschrift) vollzogene doppelte Erniedrigung des Tones *E* um zwei halbe Töne, oder als nochmalige Erniedrigung des schon erniedrigten Tones *E♭* um einen zweiten halben Ton erscheint, und auf gleichschwebend temperirten Instrumenten mit dem Tone *D* auf einer Taste zusammenfällt.

Eslava, Miguel Hilario, einer der ausgezeichnetsten spanischen Componisten und Tongelehrten der Gegenwart, wurde am 21. Octbr. 1807 zu Banlada, einem Dorfe bei Pampeluna, geboren und erhielt als Chorknabe an der Kathedralkirche der letztgenannten Stadt seine erste musikalische Ausbildung, die sich, während er im Seminar sich zum Priesterstande vorbereitete, mit Glück zu immer tieferen Studien neigte. Als seine Lehrer werden u. A. Julian Prieto und Francisco Seccanilla genannt. Schon 1828 konnte er die Kapellmeisterstelle am Dome zu Ossuna übernehmen und wurde zugleich Diaconus, nachdem er die Priesterweihe erhalten hatte. Vier Jahre später wurde er in gleicher Stellung an die Domkirche zu Sevilla berufen, woselbst er bis 1844 verblieb, in welchem Jahre er zum Hofkapellmeister der Königin ernannt wurde und nach Madrid übersiedelte. E. ist nicht blos einer der vorzüglichsten, sondern auch einer der vielseitigsten Componisten Spaniens und hat neben zahlreichen sehr geschätzten Kirchenwerken aller Art auch italienische und spanische Opern, so z. B. *»il solitario«*, *»la tregua di Ptolemaide«*, *»Pedro el pana«* u. s. w. geschaffen. Ausserdem veröffentlichte er einige Sammlungen von Kirchencompositionen verschiedener älterer und neuerer spanischer Tonmeister, nämlich eine: *»Lira sacro-hispana«* und ein *»Museo organico español«* und gab zwei Jahrgänge (1855 und 1856) des Fachblatts *»Gaceta musical de Madrid«* heraus. Die *Revue de musique sacrée* (Paris, 1862) endlich enthält einen geistvollen und interessanten Abriss der kirchlichen Musikgeschichte Spaniens aus seiner Feder.

Es-moll (ital.: *Mi bemolle minore*, französ.: *Mi bémol mineur*, engl.: *E flat minor*), kommt als selbstständige Tonart fast gar nicht in Gebrauch, da es, sechs Versetzungszeichen (s. d.) führend, in der Darstellung zu oft eine Ungleichheit der gleichnamigen Klänge zeigen würde, weshalb wir jede Auslassung über deren Scalatöne etc. unterlassen. Man schreibt in *Es*-moll gedachte Tonsätze stets in *Dis*-moll (s. d.). Im Laufe der Modulation, besonders bei für Gesang oder Blasinstrumente gesetzten Tonstücken, begegnet man jedoch dieser Tonart zuweilen, z. B. in dem Chor »Selig sind die Todten« in dem Spohr'schen Oratorium »Die letzten Dinge« u. s. w.   2.

Espace (französ., latein.: *spatium*, ital.: *spazio*), der Zwischenraum im Notenliniensystem.

Espagne, Franz, kenntnissreicher Musikgelehrter, geboren 1828 zu Münster. studirte den theoretischen Theil der Musik von 1851 bis 1854 in Berlin bei S. W. Dehn und wurde 1858 Musikdirektor zu Bielefeld. In dieser Stellung war er nur kurze Zeit, da ihm, bald nach Dehn's Tode das Amt als Custos der musikalischen Abtheilung der königl. Bibliothek zu Berlin übertragen wurde, welches er gegenwärtig noch führt. Ebenso ist er als Chordirigent an der katholischen St. Hedwigskirche in Berlin angestellt. — E. hat sich besonders um die Beethoven-Literatur Verdienste erworben; bei der Breitkopf und Härtel'schen Gesammtausgabe von Beethoven's Werken besorgte er die Herausgabe des gesanglichen Theils und veröffentlichte ausserdem: »Volkslieder für eine und für mehrere Stimmen, Violine, Violoncello und Pianoforte von L. van Beethoven, mit einer Vorrede« (2 Hefte, Leipzig, 1861), sowie vier Sinfonien für Orchester von Ph. Em. Bach.

Espenholz wird selten zu Tonwerkzeugen oder zu Theilen derselben verwandt, was wahrscheinlich mehr zufällig als absichtlich geschieht, da seine fortpflanzende Schallgeschwindigkeit in der Secunde der Faser entlang 5236 Meter und senkrecht gegen die Jahresringe 1663 Meter betragend, grösser als die der meisten anderen Holzarten ist, was auf eine unseren Anforderungen sehr befriedigende Tonzeugungsfähigkeit schliessen lässt. O.

Espenmüller, Matthäus, geschickter deutscher Tonkünstler, geboren 1780 zu Kaufbeuren, war Organist zu Ravensburg und Direktor der dortigen Winterconcerte und Kirchenmusik, in welcher Stellung er sich viele Verdienste erworben hat.

Espinais, ein altfranzösischer Dichter und Musiker aus der zweiten Hälfte des 13. Jahrhunderts, von dessen Gesängen sich noch einige in der Staatsbibliothek zu Paris befinden.

Espinel, Vicente, berühmter spanischer Dichter und Tonkünstler, wurde am 28. Decbr. 1551 zu Ronda im Königreiche Granada geboren und stammte aus einer altadeligen, aber verarmten Familie. Statt des Namens seines Vaters Francisco Gomez nahm er, gemäss einem damals herrschenden Missbrauche, den seiner mütterlichen Grossmutter, Espinel, an. Er studirte zu Salamanca die Wissenschaften und die Musik, liess sich aber von der Sucht nach Abenteuern, einer Modekrankheit seiner Zeit, verlocken, Kriegsdienste zu nehmen und durchzog nun als Soldat einen grossen Theil Spaniens, Frankreichs und Italiens. Schon damals musste er sich als Dichter und Musiker einen Namen erworben haben; denn als zu Ende des Jahres 1580 für die Gemahlin Philipp's II., Anna von Oestreich, feierliche Exequien zu Mailand veranstaltet wurden, erhielt E. den Auftrag, Text und Musik dazu zu componiren, und seine Arbeit wurde der des Anibale Tolentino vorgezogen. Reich an Erfahrungen und Kenntnissen, aber auch an Jahren und arm an irdischen Gütern, kehrte er in seine Heimath zurück, trat in den geistlichen Stand und erhielt ein Beneficiat in seiner Vaterstadt Ronda und später die Stelle eines Kapellans am dortigen königlichen Hospital. Auch genoss er, wie sein Freund Cervantes, eine Pension von D. Bernardo de Sandoval y Rojas, ohne dass er es, wie ebenfalls Cervantes, jemals zu einer sorgenfreien Existenz bringen konnte, eine Schuld seiner Tadelsucht und bissigen Laune. Die letzten Jahre seines Lebens verbrachte er zu Madrid in der Zurückgezogenheit des Klosters von Santa Catalina de los Donados, wo er auch 1634 starb. — Als Dichter ist er der Verbesserer der Decimen, zehnzeiliger Strophen achtsylbiger Verse, denen er eine geregelte Form und Reimstellung gab und die daher seitdem den Namen Espinelas tragen. Aber auch als praktischer Musiker gebührt ihm in der Kunstgeschichte ein bedeutender Platz; denn er war Virtuose auf der Guitarre, welcher er die fünfte Saite beifügte.

Espinosa, Juan, spanischer Tonsetzer, geboren im letzten Drittel des 15. Jahrhunderts, ist im Cataloge der königl. portugiesischen Bibliothek als der Verfasser folgender zwei Traktate aufgeführt: »*Tractado de principios de musica pratica y theorica*« und »*Retractaciones de los errores y falsedades, que escrivó Goncalo Martinez de Biscargui en el arte de canto llano«*.

Espirando (ital.), selten vorkommende Vortragsbezeichnung in der Bedeutung »ausathmend«, »dahinsterbend«, identisch mit *perdendosi*.

Espressivo, abgekürzt: *express.* oder *con espressione*, abgekürzt: *c. express.* (ital.), sehr häufig vorkommende Vortragsbestimmung in der Bedeutung »ausdrucksvoll«, dient sowohl für einzelne Stellen, die mit besonderem Nachdruck hervorgehoben werden sollen, als auch in Verbindung mit anderen, meist ein langsames oder gemässigtes Zeitmass ankündigenden Bezeichnungen für ganze Tonsätze und Stücke, z. B. *Andante espressivo, Adagio express.* u. s. w.

Essacordo (ital.) die Sexte. *E. maggiore*, die grosse, *e. minore*, die kleine Sexte.

Essenga, Salvadore, s. Esensa.

Esser, Heinrich, trefflich gebildeter deutscher Tonkünstler und allgemein bekannter und beliebter Liedercomponist, geboren am 15. Juli 1818 zu Mannheim. Er erhielt eine tüchtige Ausbildung im Violinspiel und in der Composition und wurde bereits mit 20 Jahren Concertmeister des Theaters in seiner Vaterstadt und wenige Jahre darauf Musikdirektor. Als Componist ein- und mehrstimmiger Lieder und Gesänge, besonders für Männerchor, erwarb er sich damals bereits einen immer weitergehenden Ruf, aber es verdient hervorgehoben zu werden, dass er sich nicht mit diesen Errungenschaften begnügte, sondern sich immer höher liegenden Aufgaben erfolgreich zuwandte. Nachdem E. einige Jahre hindurch Dirigent der Liedertafel in Mainz gewesen war, wurde er im J. 1847 als Kapellmeister am k. k. Hofoperntheater nach Wien berufen, wo er den nach Berlin gegangenen Otto Nicolai ersetzen sollte und trat dieses Amt am 1. Juli genannten Jahres an. Obwohl er sich bereits in der Operncomposition nicht ohne Erfolg versucht hatte, so benutzte er dennoch seine Stellung nicht, um auf diesem Gebiete weiter zu experimentiren, sondern lebte in geräuschloser Weise seinen Pflichten als Dirigent der Oper und der Sinfonieconcerte des Philharmonischen Vereins, welche letzteren Functionen er später an K. Eckert abtrat. In Anerkennung seiner Verdienste wurde er 1867 zum Beirath der obersten Verwaltung des Hofoperntheaters ernannt, reichte aber, seiner erschütterten Gesundheit wegen, schon 1869 sein Entlassungsgesuch ein. Er zog sich, ehrenvoll pensionirt, hierauf mit seiner Familie nach Salzburg zurück, wo er am 3. Juni 1872 starb. Seine Wittwe und minderjährigen Kinder bedachte der Kaiser von Oesterreich mit einer Extra-Pension. — E. war als Componist ein hochbegabter, feinfühliger, den edelsten Intentionen folgender Künstler. der, wenn ihm mehr Musse für eigene Produktion verstattet gewesen, gewiss dem Höchsten in der Kunst nahe gekommen wäre. Seine bekannt gewordenen Arbeiten bestehen ausser in Liedern und Gesängen, in einer Sinfonie, einer Suite, einem Psalm, einigen Kammermusikwerken und mehreren trefflichen Orchesterbearbeitungen älterer Kammermusikstücke. Von seinen schon erwähnten Opern wurde die erste, »Silas«, 1839 in Mannheim gegeben; 1843 kam »Riquiqui« in Aachen und 1844 »die beiden Prinzen« in München, letztere auch anderwärts, auf die Bühne.

Esser, Karl Michael Ritter von, ein von seinen Zeitgenossen gefeierter deutscher Violinvirtuose, geboren um 1736 zu Aachen, war seit etwa 1756 erster Violinist in der Hofkapelle zu Kassel und trat 1759 eine Kunstreise an, die von kurzer Dauer sein sollte, aber in Folge der enthusiastischen Aufnahme, die er überall fand, zu einer vieljährigen wurde und sich beinahe über ganz Europa erstreckte. Im J. 1772 war er in Rom, wo ihn der Papst zum Ritter vom goldenen Sporn erhob; zwei Jahre später entzückte er durch sein Meisterspiel Paris und 1775 und 1776 erwarb er sich durch seine Concerte in London Reichthümer. Im J. 1777 hielt er sich in Bern, 1779 in Basel auf und machte um 1786 eine Triumphreise nach Spanien. Seit 1791, wo er eine Oper »die drei Pachter« schrieb, ist er aus der Oeffentlichkeit zurückgetreten und verschollen. Man kennt von ihm noch Violin-Solos, Trios, Quartette und Sinfonien, die jedoch von wenig Belang und auch nicht im Druck erschienen sind.

Essex, Dr., englischer Clavierspieler und Modecomponist, geboren 1779 zu Coventry in der Grafschaft Warwick, hat zu Anfange des 19. Jahrhunderts zahlreiche Rondos geschrieben und veröffentlicht.

Essiger, Musikdirektor in Lübben, componirte in den Jahren 1797 und 1798 folgende Opern: »Sultan Wampum oder die Wünsche«, dreiaktig, und »der Barbier und der Schornsteinfeger«, einaktig, welche sich beide mehrerer Aufführungen erfreuten.

Est oder Este, Michael, englischer Tonsetzer, war in der zweiten Hälfte des 16. Jahrhunderts Baccalaureus der Musik und Lehrer der Chorknaben an der Hauptkirche zu Lichfield und hat zahlreiche Anthems und Madrigale seiner Composition veröffentlicht. Andere seiner Gesänge enthält die von Thomas Moore herausgegebene Sammlung »The triumphs of Oriana, to five and six voices« (London, 1601). — Von Thomas E., den man für den Vater Michael's hält, erschien das Psalmenwerk »The whole book of psalmes, with their wonted tunes etc.« (London, 1594), welches Gesänge von Allison, Blancks, Dowland, Farmer, Hooper u. s. w. enthält.

Estève, Pierre, französischer musikalischer Schriftsteller, Mitglied der Akademie zu Montpellier, in welcher Stadt er zu Anfange des 18. Jahrhunderts geboren wurde, hat u. A. mehrere Bücher verfasst und veröffentlicht, deren wissenschaftlich-musikalischer Werth aber ein sehr geringer ist, so: »*Problème, si l'expression que donne l'harmonie est préférable à celle que fournit la mélodie*« (Paris, 1750), worin er die Harmonie auf Kosten der Melodie, die nur conventionelle Formel sei, hervorhebt, während die Harmonie in der Natur begründet sein solle. Dieselbe Doctrin durchzieht auch seine Schrift: »*Nouvelle découverte du principe de l'harmonie, avec un examen de ce que Mr. Rameau a publié sous le titre de démonstration de ce principe*« (Paris, 1751). Ferner trägt seinen Namen das Werk »*l'Esprit des beaux-arts*« (Paris, 1753, 2 Bde.), welches sich auch mit antiquarischen, besonders altgriechischen Kunstbestrebungen befasst, während ein anderes Buch von ihm: »*Nouveaux dialogues sur les arts*« (Paris, 1755) anonym erschien. E.'s Todesjahr fällt wahrscheinlich in die Sturmperiode der Revolution; wenigstens war er 1780 noch am Leben.

Estiacus, altgriechischer Musiker aus Kolophon, soll der Leier des Hermes eine zehnte Saite hinzugefügt haben.

Estinguendo (ital.), verlöschend, häufiger in der Participialform der Vergangenheit: *estinto* d. i. erloschen vorkommend, ist eine Vortragsbezeichnung, welche ungefähr dasselbe wie *calando*, *morendo*, selbst wie *diminuendo* (s. diese Art.), mit denen ein Abnehmen der Klangstärke verbunden ist, bedeutet.

Estocart, Paschal de l', ein französischer Tonsetzer des 16. Jahrhunderts, von dessen vielen gedruckten Werken bekannt geblieben sind: »*Octonaires de la Vanité du monde à 3, 4, 5 et 6*« (Lyon, 1582); »*CXXVI Quatrins du Pibra, mis en musique, à 2, 3, 4—6 part.*« (Lyon, 1582) und »*Cent cinquante Pseaumes de Darid*« (Lyon, 1583 in fünf Büchern). Letzgenanntes Werk befand sich vor dem 1794 stattgefundenen Schlossbrande im Musikarchive zu Kopenhagen.   †

Estrée, Jean de, französischer Tonkünstler, war in der zweiten Hälfte des 16. Jahrhunderts als königl. Kammermusiker in Paris angestellt und ist der Verfasser der historisch interessanten »*Quatre libres de danseries etc.*« (Paris, 1564).

Estrem, Mutil., ein Contrapunktist des 16. Jahrhunderts, ist nur durch einige Gesangcompositionen bekannt, die von de Antiquis in seinem »*Primo Libro a 2 voci de diversi Autori di Bari*« (Venedig, 1585) aufgenommen sind.   †

Estrinciendo (ital.), selten vorkommende Vortragsbezeichnung in der Bedeutung »mit kräftigem Ausdruck«.

Estwick oder **Eastwick,** Sampson, englischer Tonkünstler, war in seiner Jugend einer der ersten Chorknaben, die nach der 1660 stattgefundenen Restauration in der königlichen Kapelle eine Anstellung erhielten und unter Henry Cook erzogen wurden. Er wurde später Kapellan in der Christkirche und als solcher mit Dr. Aldrich eng befreundet. Nach dessen 1710 erfolgtem Tode kam E. nach London, wo er zuletzt Kardinal an der St. Paulskirche wurde, welches Amt er bis zu seinem im Februar 1739 im 90. Lebensjahre erfolgten Tode verwaltete. Bis dahin war er auch stets beim Kirchengesange mit seiner schönen tiefen Bassstimme thätig und soll auch verschiedene Werke für die Kirche componirt haben, von denen jedoch nichts bis auf uns gekommen ist. Vgl. Hawkins, Histor. of Music Vol. V.

Estwick, Samuel, eifriger englischer Musikfreund, der in der zweiten Hälfte des 17. Jahrhunderts zu London lebte und um 1690 Vorsteher des dortigen Dilettantenvereins war.

Eszterházy (Familie). Der österreich-ungarische Adel weist, vor allem am Schlusse des 18. Jahrhunderts, eine grosse Anzahl von Geschlechtern auf, die sich um Förderung der Musik sehr verdient gemacht haben. Unter diesen ragt allen voran das ungarische Magnatengeschlecht der E. hervor. Ihm gebührt auch ein Platz in einem musikalischen Lexicon. Was wäre z. B. der Altmeister Haydn ohne die fürstliche Familie E., vor allem ohne den Fürsten Nicolaus Joseph? Nicht mit Unrecht vergleicht ein Musikkritiker die Genossenschaft Eszterházy-Haydn

mit gewissen berühmten Handelsfirmen des Mittelalters. In der folgenden kurzen
Uebersicht über das ganze E.'sche Geschlecht soll denn auch vor allen Dingen der
vier Fürsten gedacht werden, unter denen Joseph Haydn lebte und arbeitete. — Die
E.'s sind ein altes Magnatengeschlecht, das erste Ungarns nicht bloss an Alter und
Verdienst, sondern besonders an Reichthum ihres Besitzes, in letzter Beziehung
vielleicht das erste in ganz Europa. Ueber das 10. Jahrhundert lässt sich die Genealogie der E.'s, wie überhaupt jede ungarische Genealogie, nicht hinaufführen,
wenn auch eine apokryphe Urkunde von 1225 es versucht hat, dieselbe bis Nimrod
und sogar bis Cham zurückzuleiten. Die ersten sicheren urkundlichen Nachrichten
treffen wir erst bei dem Jahre 1238. In diesem Jahre theilten die Söhne Salo-
mons, Peter und Elias, die in der Insel Schütt gelegenen Besitzungen ihres Vaters;
jener erhielt Zerház, dieser Illyeshaz. Von diesen Besitzungen gingen 2 Ge-
schlechter aus, die sich nach denselben benannten. Bis zum Jahre 1584 nannten
sich die Nachkommen Peters: Zerhasy. Erst Franz, Vicegespan des Presburger Co-
mitats verwandelte den Namen in E. und fügte demselben, zugleich in den Freiherren-
stand erhoben, den Namen Galantha wahrscheinlich von seiner Mutter her, einer
gebornen Bessenyi von Galantha, hinzu. Freiherr Franz von E.-Galantha (gestorben 1595) hinterliess 4 Söhne: Gabriel, Daniel, Paul und Nicolaus, von denen der
Stamm des ersteren bald ausstarb, die andern 3 aber die Ahnherren der 3 Häuser
zu Czesznek, Altsohl und Frakno oder Forchtenstein wurden. Die ersten beiden
Linien erlangten 1683 die gräfliche Würde und blühen beide heute noch fort.
Welche Pflege die Musik bei ihnen genossen hat, ist uns nicht überliefert. Nicolaus, der Stifter der Forchtensteiner Linie, war von protestantischen Eltern geboren, trat aber später zur katholischen Kirche über. Ueberwiegend Soldat, wie
die meisten E.'s, zeichnete er sich vor allem im 30jährigen Kriege, namentlich gegen Bethlen aus. Er erhielt daher 1625 die Palatinswürde und wurde 1626 für
sich und seine männlichen Erben in den Grafenstand erhoben, nachdem er schon
1622 die Herrschaft Forchtenstein von Ferdinand II. zum Geschenk erhalten hatte.
Er starb 1645 und hinterliess 3 Söhne, von denen der eine 1652 in einer Schlacht
fiel, die anderen beiden aber, Paul und Franz, die Stifter zweier Nebenlinien wurden,
in die sich die Forchtensteiner Hauptlinie theilte, nämlich der fürstlichen und der
gräflichen. Franz, der Stifter der gräflichen Nebenlinie (gestorben 1683), hatte
3 Söhne, von denen aber nur der jüngste, gleichfalls Franz genannt (gest. 1758),
den Stamm fortsetzte. Auch dieser hatte wieder 3 Söhne, Nicolaus, Carl und Franz.
Der zweite Sohn Carl wurde Bischof in Erlau und der Erzieher des späteren Fürsten Nicolaus (s. weiter unten). Mit Nicolaus und Franz theilte sich diese Linie
wieder in 2 Nebenzweige. Des ersteren, Nicolaus (gestorben 1764), Söhne sind es,
die in der musikalischen Welt sich einen Namen gemacht haben, Graf Johann
Nepomuk und Graf Franz E. Graf Johann Nepomuk (geboren 1748) spielte fertig
die Oboe und war vor allen Dingen ein treuer Freund und Beschützer Mozarts.
Bei ihm wurde am 26. Februar und 4. März 1788 das Oratorium »Auferstehung
und Himmelfahrt Jesu«, von Ph. Em. Bach zuerst aufgeführt. Sein Orchester bestand aus 80 Personen, der Chor aus 30 Personen, und Mozart war es, der die
Aufführung dirigirte. Auch Graf Franz E. (geboren 1758) war ein grosser Musikfreund. Er gab zu gewissen Zeiten des Jahres grosse Academien, in denen Sachen
von Händel, Ph. Em. Bach, Pergolese u. a. aufgeführt wurden, und wobei sich
immer eine Auswahl der besten Virtuosen einfanden. Er wurde später Botschafter
in Venedig und starb ohne Erben, während in den Nachkommen seines Bruders
der Zweig noch fortlebte. Auch der andere, von Franz dem Aelteren ausgehende
Nebenzweig der gräflich Forchtensteiner Linie blüht heute noch fort, ohne dass
eines seiner Glieder sich besonders ausgezeichnet hätte. Die grösste Bedeutung
für die Musik erhielt dieses Geschlecht in der fürstlichen Linie Forchtenstein,
von der nunmehr ausführlicher zu sprechen ist. Der Stifter derselben Paul, der
andere Sohn des ersten Grafen Nicolaus, war 1635 geboren und gleich seinem
Vater Palatin. Er war vor allen Dingen ein grosser Feldherr und gewandter
Staatsmann und hat alle Schlachten von 1663 bis 1686 mitgekämpft, so wie spä-

ter noch einmal bei der Niederwerfuug der Racoczy'schen Unruhen (1701—1711) mitgewirkt. Am 6. December 1687 wurde er in Anerkennung seiner Verdienste zum Fürsten des heiligen römischen Reiches erhoben. Er widmete sich fortan mehr den friedlichen Bedürfnissen des Vaterlandes und war wohl der erste E., der sich auch die Pflege der Wissenschaften und Künste angelegen sein liess. Er war der Erbauer von Eisenstadt, der Hauptwirkungsstätte von Joseph Haydn. Eisenstadt hat 1400 Einwohner und besteht aus 3 Complexen, die weit aus einander liegen, der Bergstadt, die fürstlich, der eigentlichen Eisenstadt, die eine königliche Freistadt, und dem fürstlichen Schlosse nebst Zubehör, die wieder eine Gemeinde für sich bilden. Das Schloss ist ein prachtvoller Bau, Viereck mit 6 Thürmen, 2 Stock hoch und auf jeder Seite 15 Fenster, ausserdem mit prächtigem Garten und Lusthäusern ausgestattet. Fürst Paul ist ferner der Erbauer vieler Kirchen und als Wohlthäter der Armen bekannt. Als solcher hinterliess er, als er 1713 in seinem Schlosse Eisenstadt starb und auch dort begraben wurde, ein segensreiches Andenken. Von Fürst Paul demnach·ging der Antrieb aus, der dann in seinen Enkeln reife Früchte treiben sollte. Von Paul's 3 Söhnen pflanzte der dritte, Joseph Anton, Oberster eines Husarenregiments, allein die Linie fort, die im Laufe der Zeit eine der reichsten Familien Europa's geworden war. Ausser einigen Herrschaften in Deutsch-Oesterreich, Steiermark und Baiern besassen sie allein in Ungarn einige 30 Herrschaften mit 21 Schlössern, 60 Marktflecken, 414 Dörfern und 207 Praedien. Diese Besitzungen erstreckten sich über den grössten Theil des Königreichs Ungarn und waren von ungeheurer Ergiebigkeit. Der jährliche Ertrag wird auf 1,800,000 Silbergulden geschätzt. — Fürst Joseph Anton (gestorben 1721) hinterliess 2 Söhne, Paul Anton, geboren 22. April 1711, und Nicolaus Joseph, geboren am 18. Decbr. 1714. Beide hatten eine vorzügliche Erziehung im Elternhause genossen. Der Aeltere hatte mehrfache Reisen unternommen und machte schon 1734 als Volontair den Feldzug am Rhein mit, wie überhaupt er und sein Bruder sich in den österreichischen Feldzügen der folgenden Jahre bis zum 7jährigen Kriege hin auszeichneten. Beide wurden Ritter des goldenen Vliesses, k. k. Kämmerer, geheime Räthe, Feldmarschälle, sowie oberste Kämmerer des Königreichs Ungarn. Paul Anton ging 1758 als Gesandter an den neapolitanischen Hof, ob als ausserordentlicher oder stehender Gesandter, ist nicht gesagt. Jedenfalls war er 1760 wieder zurückgekehrt. Neben den kriegerischen Thaten vernachlässigten Paul Anton, ebensowie sein Bruder, vor allem die Musik nicht. Bei Paul Anton zeigte sich allerdings die Vorliebe für Musik in sehr primitiver Art. Die besondere Liebhaberei des Fürsten war das Marionettenspiel. Er besass ein eigenes Marionettentheater, ein ziemlich geräumiges Gebäude, jedoch ohne Logen und Gallerie, mehr einer Grotte als einem Theater ähnlich. 4 Sänger, 2 Männer und 2 Frauen, sassen vor der Bühne und sangen, während die Drahtpuppen oben auf den Brettern hin und her spazierten und gesticulirten und die Kapelle, die der Fürst eigen hielt, dazu spielte. Fürst Paul Anton war u. a. auch befreundet mit dem Grafen Morzin, der ebenfalls eine Musikkapelle hielt, an deren Spitze seit 1759 Joseph Haydn stand. Hier hörte Fürst Paul Anton einstmals, im Jahre 1760, eine neu componirte Symphonie von Haydn und gedachte, da der Graf Morzin Schulden halber seine Kapelle auflösen musste, Haydn, dessen Symphonie ihm gefallen, in seine Dienste zu nehmen. Indessen hatte Fürst Paul Anton sein Versprechen nur zu bald wieder vergessen. Es waren Monate vergangen, als ein gewisser Friedberg, der auch in der Kapelle des Fürsten angestellt und zugleich Freund und Verehrer Haydn's war, diesen beredete, eine neue Symphonie zu schreiben, die am 22. April 1761, dem 50. Geburtstage des Fürsten, in Eisenstadt aufgeführt werden sollte. So geschah es denn auch; der Fürst erinnerte sich bald seines Versprechens und schon vom 1. Mai 1761 datirt das Anstellungsdecret Haydns. Fürst Paul Anton lebte indess nur noch ein Jahr. Er starb 1762, wie wohl aus der Trauer- und Trostrede auf den Tod des Fürsten E. von Georg Primes, die in jenem Jahre in Oedenburg erschien, zu entnehmen ist. Da er kinderlos war, so folgte ihm sein Bruder, Fürst Nicolaus Joseph, dessen allgemeine militärische

Verhältnisse schon vorhin erwähnt sind, so dass nur weniges nachzutragen ist. In der Schlacht bei Collin erwarb er sich das Ritterkreuz des Maria Theresienordens; 1765 bei Stiftung des Commandeurkreuzes desselben Ordens wurde er zum Commandeur desselben ernannt. 1783 endlich erhielt er von Kaiser Joseph II. die Ausdehnung der fürstlichen Würde auf die gesammte männliche und weibliche Descendenz. Unter diesem Fürsten gewann nun die Musik eine weitaus grössere Bedeutung als unter seinem Bruder, und es wird schwer, über diesen Fürsten zu sprechen, ohne zugleich in die Biographie Haydns einzugreifen. Fürst Nicolaus Joseph war nicht bloss Musikliebhaber, sondern mehr Musikkenner, ja sogar ausübender Musiker. Er spielte ziemlich gut Violine und Bariton, ein Saiteninstrument, auch Viola di bordone genannt, das im vorigen Jahrhundert sehr beliebt war, später aber ganz aus der Reihe der Instrumente verschwand (vgl. Art. Bariton I. 468). Anfangs behielt der Fürst noch das Marionettentheater in der ursprünglichen Form bei, später wurde es allmählig zur geistlichen und weltlichen Operette umgewandelt, bis sich endlich der Fürst entschloss, ein eigenes Opernhaus zu bauen. Hier wurde denn tagtäglich sowohl italienische Opera seria und buffa, wie deutsche Comödie gespielt, denen der Fürst regelmässig beiwohnte. Auch die Kapelle, die unter seinem Bruder noch schwach war (sie wird 1762 höchstens 15—18 Mann betragen haben), wurde allmählig mit Ausnahme des Sängercorps auf 30 Köpfe gebracht, wie aus dem Verzeichniss hervorgeht, das Gerber als Bestand der Kapelle im J. 1790 beim Tode des Fürsten angiebt. Die Vermehrung der Kapelle begann schon bald nach dem Regierungsantritt des Fürsten; denn schon 1770, bei dem später zu erwähnenden Feste in Kittsee wird die Zahl des fürstlichen Chors mit den Sängern auf 36 angegeben. Im nächsten Jahrzehnt erfährt die Kapelle keine weitere Vergrösserung. Aus dem J. 1782 ist uns nämlich in Forkels Musikalischem Almanach von 1783 p. 101. ein Verzeichniss der Mitglieder der Kapelle erhalten. Sie bestand danach ausser Haydn aus 22 Musikern und 12 Sängerinnen, zusammen also 35 Mann. Da 1790, wie vorher erwähnt, die Musikkapelle 30 Mann betrug, so ist dieselbe in den folgenden 8 Jahren nur um 8 Mann vermehrt worden. Es dürfte wohl nicht ohne Interesse sein, beide Verzeichnisse hier nebeneinanderzustellen.

Forkel (1782).	Gerber (1790).
Violini: Tomasini, Panur, Mestrino, Ungricht, Hirsch, Fux, Menzl, Hofmann, Oliva, Polzelli,	1. *Violini:* Tomasini, Panur, Ungricht, Leopold und Zacharias Hirsch, Weber.
	2. *Violini:* Griso, Oliva, Czervenka, Polzelli, Fux,
Viole: Speck, Burgsteiner,	*Viole:* Burgsteiner, Speck.
Violoncelli: Kraft, Pertoja,	*Violoncelli:* Kraft, Tauber,
Contrabassi: Schiringer, Diezel,	*Contrabassi:* Schiringer, Diezel,
Oboi: Schnudick, Mayer,	*Oboi:* Czervenka, Majer,
Fagotti: Perzival, Stainer,	*Fagotti:* Perzival, Heiner,
Corni: Rupp, Makoweiz.	*Corni:* Chiesa, Richl.
	Ausserdem: 1 *Pauker,* 2 *Trompeter,* 2 *Clarinettisten* und 2 *Fagotti.*

Mitglieder der Kapelle liessen sich sogar öffentlich hören. Aus einem Verzeichnisse von Virtuosen, die in den Jahren 1768—1792 in Leipzig auftraten, findet sich am 4. Februar 1788 Carl Franz aus der E.'schen Kapelle auf dem Bariton, auf welchem er die von Joseph Haydn für dies Instrument gesetzte Musik zu dem Gedicht: Deutschlands Klage über den Tod Friedrich des Grossen vortrug. Die Unterhaltung der Musik und der Opern kostete dem Fürsten jährlich 40,000 Fl., wobei in Betracht zu ziehen ist, dass der Eintritt in beide Theater Jedermann frei stand. Daneben verschlangen die Bauten des Fürsten und die grossen Festlichkeiten ungeheure Summen. Noch im Anfange der Regierung des Fürsten Nicolaus Joseph stand an der Stelle des jetzigen Schlosses nur ein mittelmässiges Gebäude, im übrigen nichts als Wiesen, Aecker, Gebüsche und Waldungen. Erst in den Jahren 1766—1769 liess der Fürst das neue Schloss mit fürstlicher Pracht und fürstlichem Aufwand erbauen. Das Schloss liegt am Neusiedlersee im Oedenburger Comitate, in einer damals grade nicht gesunden Gegend. Der Neusiedlersee bildet nämlich meilenlange Moräste, die mit Schilf und Rohrgebüschen bewachsen sind. Ausserdem war das umliegende Land vielfach Ueberschwemmungen ausgesetzt. Um solchen Uebelständen zu steuern, liess der Fürst in den Jahren 1780 und 1781 auf eigene Kosten einerseits von dem Dorfe Pamaggen aus einen auf beiden Seiten mit Bäumen bepflanzten Damm über den Morast des Sees schlagen, der bis zum Schloss E. reicht und 4300 Klafter lang ist, andererseits den Morast überhaupt abzapfen und 3 Kanäle graben, deren grösster wenigstens auf kleinen Schiffen befahren werden konnte. Trotz dieser ungesunden Lage wurde das Schloss alljährlich von Hunderten und Tausenden wegen seiner unzähligen Sehenswürdigkeiten im Innern, wie in der äusseren Umgebung besucht. Bot sich dem Auge einerseits fast in jedem der 162 Zimmer, die das Schloss in seinen 3 Stockwerken enthält, besonderes Seltenes dar, so fesselte andererseits vor Allem der grosse Garten und Park mit Springbrunnen, Cascaden, Alleen, Tempeln und Statuen. Alljährlich waren daher auch im Sommer grosse Festlichkeiten, bei denen es an hohen Besuchen nicht fehlte. Erwähnt werden vor allem im J. 1769, höchstwahrscheinlich zur Einweihung des neuen Schlosses, 3 grosse Feste, das erste für den französischen Gesandten, das zweite für die Kaiserin Maria Theresia, das dritte für den Erzherzog Ferdinand und seine Gemahlin. Vor allem glänzend waren die letzten beiden. Ein jedes dauerte 3 Tage. Als die Kaiserin anwesend war, war am ersten Tage Aufführung einer neuen Haydn'schen Oper, danach Souper und Ball. Am zweiten Tage war Concert, in dem sich auch u. a. ein Musiker auf dem Pianoforte hören liess, nachher wieder Ball. Am dritten Tage war Marionettenoper von Haydn, grosses Feuerwerk und Illumination, der der Hof in einem eigens auf einer Terrasse hergerichteten Tempel zusah. Unterhalb desselben war das ganze fürstliche Orchester aufgestellt und unterhielt die Gäste; zum Schluss war ländlicher Tanz. Aehnlich verlief das erste und dritte Fest. Es war gleichfalls alle 3 Tage Ball und ausserdem entweder Oper oder Comödie. — Als im J. 1770 in Presburg ein Landtag abgehalten wurde, bei dem Kaiser Joseph II. und Kaiserin Maria Theresia mit dem ganzen Hofe anwesend waren, gab der Fürst Nicolaus Joseph am 25. Juli ein grosses Fest, bei dem auch die Haydn'sche Kapelle sowie einige hohe Dilettanten mitwirkten. Um 5 Uhr Nachmittags gingen die hohen Herrschaften von Presburg aus nach dem Schloss Kittsee, wohin eine lange Allee führte. Am Eingang in das Schloss hatte sich mittlerweile, wie berichtet wird, das ganze fürstliche Musikcorps, 36 an der Zahl, aufgestellt. Zunächst fanden einige Cavallerie-Manoeuvres statt und um 8 Uhr begann der Ball, der bis zum Morgen dauerte. — Im September 1773 war die Kaiserin Maria Theresia wieder in Schloss E. anwesend, um der ersten Aufführung von Haydns Possenspiel »L' *infedeltà delusa*« beizuwohnen, wie sie denn noch öfter in den folgenden Jahren sich einfand, die neuen Haydn'schen Marionettenopern zu hören. Selbst ernsteren Stücken noch im Marionettentheater zuzuhören, verschmähte die Kaiserin nicht. Im J. 1779 war auch Kaiser Joseph II. in E., um der ersten Aufführung von Haydns Dramma giocoso: »*La vera costanza*«, die in Wien durch Intriguen vereitelt worden war, anzuwohnen. Ueber die Festlichkeiten der 80er Jahre ist keine Ueberlieferung zu uns gedrungen. Im Winter 1782 soll der Fürst, einigen Nachrichten zu Folge, nach Paris gereist sein und sich dort etwa 1 Jahr aufgehalten haben. Ob er aber zu dem Zweck, wie zugleich berichtet wird, seine Kapelle reducirte, mag dahingestellt bleiben. Es hätte sich höchstens um die Entlassung von 8 Mitgliedern gehandelt, da von den 22 Mitgliedern des Jahres 1782, sich 14 noch 1790 in der Kapelle befinden. Hochbetagt, im Alter von 76 Jahren, starb der Fürst am 28. September 1790, nachdem ihm seine Gemahlin, eine geborne Gräfin Weissenwolf, mit der er 3 Jahre vorher die goldene Hochzeit gefeiert, am 25. Februar desselben Jahres vorangegangen

war. Fürst Nicolaus Joseph hatte seinem Kapellmeister Haydn eine lebenslängliche Pension von jährlich 1000 Gulden bestimmt, der sein Sohn und Nachfolger im
Majorate, Fürst Paul Anton, freiwillig 400 Gulden noch beifügte. Im Uebrigen war
Fürst Paul Anton (geboren 1738) wieder durchweg Soldat. Er hatte den 7jähri-
gen Krieg mitgemacht, dann den Dienst quittirt, war aber später wieder eingetreten und 1784 zum Feldmarschall ernannt worden. Als solcher machte er den Tür-
kenkrieg mit und wurde am Ende desselben zum Capitain der ungarischen Leib-
garde und Ritter des goldenen Vliesses ernannt. Es war daher fast natürlich, dass
er theils aus persönlicher Abneigung gegen Musik, theils auch aus ökonomischen
Rücksichten, die Kapelle gleich nach dem Tode seines Vaters auflöste, nur Haydn
allein den Titel eines Kapellmeisters belassend. So hat denn die kurze Zeit der
Regierung Paul Antons gar keine Beziehung zu dem Musikleben der Zeit, war
doch Haydn selbst den grössten Theil davon in England abwesend. Als Haydn
dann im Juli 1792 zurückkehrte, hatte Fürst Paul Anton eben den Befehl über
ein Corps im Breisgau erhalten. Zu Anfang 1794 wieder in Wien eingetroffen,
überraschte den Fürsten der Tod schon am 22. Januar, nachdem wenige Tage
vorher Haydn seine zweite Reise nach England angetreten hatte. So, kann man
sagen, hatten Fürst Paul Anton und Haydn fast in gar keinen näheren Beziehungen zu einander gestanden. Anders wurde dies Verhältniss wieder unter dem Fürsten
Nicolaus, dem Sohne Paul Antons (geboren 1765) und dabei doch so ganz verschieden von dem, wie es unter Nicolaus Joseph bestanden hatte. Es ist nicht
leicht, ein genaues Bild vom Fürsten Nicolaus zu geben, das sowohl gegen den
früheren Fürsten, wie gegen die günstigen Schilderungen absticht, die über das
Verhältniss desselben zu Haydn und zur Musik überhaupt in den biographischen
Notizen vorzukommen pflegen. Ich folge hier dem trefflichen Aufsatze über die
E.'s von Dr. L. in Bagge's deutscher Musikzeitung 1862, dem die folgende Schil-
derung entnommen ist. Seine Jugend brachte Fürst Nicolaus bei dem Grafen
Carl E., Erzbischof von Erlau, von der gräflich Forchtensteiner Linie (s. vorher).
einem der tugendhaftesten und wohlthätigsten Menschen zu. Darnach trat er Reisen durch fast ganz Europa an, auf denen er Ueppigkeit, Verschwendung und vor
allem das Prunken mit Kunstschätzen kennen lernte. Als er zurückgekehrt war,
wurde er vielfach zu diplomatischen Sendungen verwendet; so war er z. B. 1792
Wahlbotschafter in Frankfurt a. M., wo es ja galt, die grösste Pracht zu entfalten.
Nach diesen Antecedentien begreifen sich einigermassen die scheinbar unvereinbaren Gegensätze im Charakter des Fürsten. Seinem Cultus so ergeben, dass er
tagtäglich zweimal dem Gottesdienste beiwohnte, war er doch dabei der liebenswürdigste Weltmann und entfaltete eine fast orientalische Pracht des Hofhaltes,
der nach und nach sein grosses Vermögen verschlang. Zur Zeit der Herbstjagden
vor allem fanden sich oft 40—50 Cavaliere aus den ersten Häusern Europa's in
Eisenstadt zusammen. Fürst Nicolaus liebte nämlich besonders den Aufenthalt in
Eisenstadt. Während so das Schloss E. allmählig verfiel, restaurirte der Fürst
dagegen das Schloss in Eisenstadt und legte daselbst auch den grossen englischen
Garten an. Hiernach leuchtet ein, welche Bewandtniss es mit dem Kunstleben des
Fürsten, besonders in Bezug auf Musik hatte. Auch hier galt es nur, zu prunken
und als der erste Cavalier Europa's zu erscheinen. Seine Vorliebe für die Kirchencompositionen Mich. Haydn's und Anderer war wohl nichts weiter, als, wie Dr. L.
richtig sagt, eine »aus Erlauer Jugenderinnerungen datirende Marotte, bei einem
Mann, der weder für Palestrina, Bach, Händel noch für Jos. Haydn, Sinn und
Empfänglichkeit hatte, überhaupt in Bezug auf Kunst und Wissenschaft nur die
oberflächliche Bildung eines Weltmannes besass. Weniger Kunst- als Prunkliebe
war es auch, die ihn eine der reichsten und kostbarsten Gemäldegallerien, meist
spanische Gemälde enthaltend, anlegen, die ihn ferner in Eisenstadt einen Tempel
der Tonkunst und Botanik gründen liess, der seltene Schätze aus beiden bewahrte.
Eben demselben Umstande verdankte seine berühmte Kapelle ihr Entstehen, eine
Kapelle, wie sie kein Privatmann je besessen. Schon ein halbes Jahr nämlich nach
dem Tode seines Vaters benachrichtigte der Fürst Haydn von Neapel aus, wo er

ss er die ganze Kapelle wieder herstellen wolle und ihn zum

In der Zeit ihrer höchsten Blüthe war sie 80 Köpfe stark
uter Virtuosen, so dass sie einzelne Opern besser als das
fzuführen vermochte. Vor allem genannt zu werden verdie-
qua, die beiden Tomasini, die beiden Prinster, Hyrtl, Forti,
liebende Cavaliere pflegten mitzuwirken, wie Fürst Rasu-
amberg etc. Der Fürst war so stolz auf die Kapelle, dass
ron auswärts herbeigerufene Musiker aufspielten, während
elle als geladene Gäste erschienen. Bei besonderen Gelegen-
neue Compositionen von ihnen aufzuführen, musikalische
nstadt ein, wie Salieri, Abt Vogler, Gyrowetz, Kreutzer,
lichen Dirigenten waren Fuchs für die Kirchenmusik, und
n. Haydn dirigirte nur seine eigenen neuen Compositionen
· Eitelkeit des Fürsten Nicolaus bleibt doch immerhin die
, dass Haydn nicht das Ansehen und den Einfluss genoss,
rarten liess; aber sie ist wahr und wird von noch lebenden
ganze Benehmen des Fürsten, der sich die geringste Klei-
an liess, besagt es nicht minder, wie Haydn's beredtes
Fürsten. Je mehr aber Haydn mit Aeusserungen zurück-
lten die Texte seiner Canons mit halbverdeckter Satyre auf
fürstlichen Hofes an, die genug errathen lassen. Um nur
nen, liess der Fürst Haydn die weiten Wege in Eisenstadt
nd dem Kammerdiener die Equipage zur Verfügung stand.
Haydn's noch zeigte der Fürst, dass er Haydn's Musik nicht
h, dass er verschiedene Manuscripte an vornehme Verehrer
'apiere sind dann verschleppt worden bei der Sequestration,
verfiel in Folge der Verschwendung, die er ja allüberall
g er aber während dieser Zeit noch eine Jahresrente von
dieser Sequestration war ferner, dass die berühmte Kapelle
te, um nie wieder mehr so zusammen zu kommen. Indess
en zeigte sich hierbei in so glänzendem Maasse, dass sämmt-
ilhaftes Unterkommen bei Hofkapellen und reichen Adeligen
endlich bequemte sich der Fürst, und das auch erst auf An-
zen, Joseph Haydn ein Grabdenkmal in Eisenstadt zu er-
Haydn's selbst liess er allerdings wieder mit grossem Pompe
kmal war einfach, ja geradezu ärmlich zu nennen. Eine ge-
e, eingefasst mit einem ordinären Sandsteinquader, dem man
: Farbe den nothdürftigsten Anschein von Granit zu geben
her Abstand zwischen dem Fürsten Nicolaus und seinem
ng auf die Musik überhaupt wie speciell auf Haydn! Das
cheint auch allmählig ganz aus dieser Familie geschwunden
igstens in der Folgezeit nichts mehr davon. — Fürst Nico-
sen Jahre in Como in Italien, woselbst er am 25. November
dieses Fürsten, der im Majorate nachfolgte, Paul Anton
e sich ganz der diplomatischen Laufbahn. In den 40er Jah-
ts war er Oesterreichs Vertreter am englischen Hofe und
1866. Sein Nachfolger, das gegenwärtige Oberhaupt der
er einzige Sohn, Fürst Nicolaus, der 1817 geboren ist und
er hat. So blüht denn diese Familie noch in zahlreicher
t, wenngleich wohl nie eine Zeit wiederkehren wird, wie die
enger begrenzt von 1761—1790, während welcher eine so
ischen einem Fürstenhause und einem Componisten bestand,
t Unrecht den Vater der neueren Instrumentalmusik nennt
t dazu bildeten.   F. J.

ital.: *estensione*, latein.: *ambitus*), bezeichnet bei den roma-
annweite der Intervalle von einem Gliede zum anderen, so-

dann auch den Umfang der Singstimmen und Instrument
fang der überhaupt gebräuchlichen und möglichen Tons
Diapason (s. d.) in diesem Sinne.

Ethan, ein.Sohn Kusaja's, hiess nach der Bibel ein
Davids, der, geübt im Cimbel-, Harfen- und Trompeten
Seite der Bundeslade stehenden Chor leitete. Siche 1. P
Ps. 89 v. 1; 1. Reg. 4 v. 31; 1.Paral. 2 v. 6—8; C. 7 v. 42
wie Till's Dicht-, Sing- und Spielkunst Seite 181.

Etherldge oder Edryeus, Georg, englischer Tonkü
Dichter, geboren zu Thame bei Oxfordshire, studirte 15
seiner ausgezeichneten Kenntniss der griechischen Sprac
fessor derselben ernannt, welche Stellung er nach der l
und sich ferner vom Unterricht in der Musik, Mathemati
musste. Antony Wood und andere ältere Musikschrifts
sehr talentvollen Musiker, der auch in der Composition ni
Hawkins Hist. Vol. II. p. 531.

Etlenne, Charles Guilleaume, Pair von Frankr
tischer und politischer Schriftsteller, wurde am 6. Jan. 1778
tement der Ober-Marne geboren. Im J. 1796 kam er no
des Herzogs von Bassano und 1810 Censor aller Zeitsch
er nach der zweiten Rückkehr der Bourbonen verlor. D
Kenntnisse und Redegewandtheit von dem öffentlichen
schlossen. Seit 1822 wurde er wiederholt in die Deputirt
präsidenten gewählt, worauf er 1837 zum Pair erhob
13. März 1845. Unter seinen Theaterstücken sind die Te
ponirten Opern »*Cendrillon*« (Aschenbrödel) und »*Jocon*
geeignet E.'s Namen noch lange zu erhalten. Den erste
nicht allein, sondern in Gemeinschaft mit Nanteuil gearb

Ett, Kaspar, vorzüglicher Orgelspieler, Kirchenco
Theoretiker und Pädagog, geboren am 5. Jan. 1788 zu E
sees in Baiern, offenbarte schon in frühester Jugend Lieb
ernsteren Studien, weshalb er als neunjähriger Knabe ei
in der Benediktinerabtei Andechs fand. Ein dreijährigen
reitete ihn tüchtig für das Gymnasium vor und bildete i
und Generalbass bis zu einer höheren Stufe aus. Er kam
Seminar zu München und genoss daselbst die Unterwe
fessors Joseph Schlett im Orgelspiel und des gelehrten I
Contrapunkt. Von so ausgezeichneten Lehrern zur kün
keit geführt, schlug er denn bald auch eigene Wege ein.
Kirchenmusikstyl, der sich kaum merklich von der th
unterschied, war dem feinen und religiösen Sinne E.'s zuw
Gedanken auf die Frage, ob hier keine gründliche Abhül
lich sei. Eine Folge solcher Erwägungen war, dass er
alten Musikwerke des Seminars vergrub und dort in e
vermisste Kraft, Weihe und Erhabenheit der kirchlich
namentlich in den mit Unrecht verschollenen Schöpfunge:
u. s. w. Solche gelehrte Forschungen und Untersuchunge
geräuschlos fort, als er bereits längst in wissenschaft
Zeugniss der Reife entlassen worden war; seine ganze Ze
und der Beschäftigung mit classischer Literatur und Spr
es, dass er erst 1816 eine feste Anstellung erhielt und
Hofkirche St. Michael in München, welchem Amte er
Tode ununterbrochen vorstand. Von jener Zeit an wu
auch für die Aussenwelt segensreich und fruchtbar. Nic
sich mit der alten und mittelalterlichen Tonkunst beschi
gen an seiner Kirche erschienen bald genug die frommen

lenen E. auch in seinen Compositionen möglichst nahe zu
e Welt verfolgte mit Interesse diese gediegenen Bestrebun-
i nicht isolirt blieben. So verdienstvoll E. für die Wieder-
ung der alten Meisterwerke heiliger Musik, ebenso segens-
hrer und Componist; seine Thätigkeit nach allen diesen
te seinem ganzen Vaterlande zum Vortheil und zur Ehre.
sind Muster des mehr- und vielstimmigen Satzes und schö-
führung, ohne dass sie der Anmuth und sogar einer gewis-
wie sie mit religiöser Würde wohl zu vereinbaren ist. Fern
es rein äusserliche Wirkungsmittel, welches man eher in
haften Instrumentirung finden könnte, und man kann be-
Compositionen ein ächt kirchlicher Geist durchwehe. Nach
aber von grösster Bedeutung gewordenen Leben starb er
.'s Werke grösseren Umfangs belaufen sich auf etwa hun-
um geringsten Theile im Druck erschienen. Von den Ma-
irbeiten befinden sich in der Bibliothek der St. Michaels-
u. A.: vier Messen mit Orchesterbegleitung, drei ebensolche
a capella; vier Requiem; ein acht- und vierstimmiges Mise-
e Stabat mater; zwei instrumentirte Litaneien und solche
imen; die grosse neunstimmige Cantate »die neun Engel-
n, Offertorien und Motetten zu vier und acht Stimmen
iine, ebenfalls Manuscript gebliebene Compositionslehre ist
in gedruckt erschienenen Sammelwerken E.'s sind zu erwäh-
· die Sonn- und Festtage des Jahres« (München, bei Aibl)
um studiosae juventutis« (München, 1840).
.el Ernst, Doktor und Professor der Medicin zu Leipzig,
ust 1673 geboren war und am 25. September 1732 starb.
irken findet sich auch eins von musikalischem Interesse, be-
usicae in hominem« (Leipzig, 1714).   †
10, einer der bedeutendsten italienischen Tenorsänger sei-
740, stand 1770 in kurpfälzischen Diensten, hielt sich so-
Zeit auf und begab sich von dort 1771 nach Stuttgart, wo-
ben Jahre starb.   †
l. i. Studienstück, ist der Name von Musikstücken für die
aente, deren nächste Bestimmung technische Uebung und
s ist. Hauptsächlich wird darin eine Figur, Passage u. s. w.
nen Wendungen durchgeführt, damit der Studirende sie in
a frei beherrschen lerne. Der Uebungsstoff ist jedoch in der
Tonformen entstehen, welche dem Spieler zugleich Nahrung
sein Gefühl geben. Durch diese Verschmelzung des didak-
n ästhetischen hat die E. in neuerer Zeit immer mehr und
:deutung erlangt. Indem man nämlich das ausschliessliche
n Figur oder Passage, theils zu einer charakteristischen Fär-
olich schönen Klangwirkungen benutzte, dem Ganzen aber
nung und Formenrundung gab, erhob man die E. zur Gel-
gen Kunstgattung, bei der der ursprünglich instruktive
r beibehalten ist. Es sind dies die sogenannten Vortrags-
den bedeutendsten Schwierigkeiten steigen, und, von guten
meist wirklichen musikalischen Gehalt besitzen, sodass sie
i zur Entfaltung ihrer Bravour in Concerten benutzt wer-
iu dieser Kategorie gehören u. A. auch Rob. Schumann's
Clavierstudien über ein gegebenes Thema, sowohl hinsicht-
it, als auch der Technik und des Vortrages in einem höhe-
ch gegen eine solche Vervollkommnung der E. auch nichts
iuch andere Gattungen, z. B. Tänze, zu einer künstlerischen
rden, die über den Namen und ursprünglichen Zweck weit

hinausgeht, so ist doch nicht zu verkennen, dass von V
componisten, die E. bis jetzt mit einer Vorliebe behan(
Beeinträchtigung anderer Gattungen geblieben ist. —
die Studienstücke, welche sich ausschliesslich mit der M(
auf Erlangung technischer Fertigkeit hinzielen, ohne dat
ein gefühltes, charactervolles und geistbelebtes Tonstück
man *Exercices* oder Uebungsstücke.

Euchero, Pastore Arcade, ist der angenommene
Gesanglehrers, der unter dem Titel: *»Riflessioni sopra al.
vasi nell' apprendere il canto con l'uso di un Solfeggio di
il frequente uso de gl'accidenti«* (Venedig, 1746) eine G

Eud oder Oud (arab.), die Laute, s. El Aoud.

Eudes, Mönch von Cluny, war nach Fauchet *livre .*
gelehrteste Tonkünstler Frankreichs im 9. Jahrhundert.

Eugen, Friedrich Karl Paul Ludwig, Herzog
zeichneter russischer General, wurde am 8. Januar 178t
boren und war der Sohn des 1822 verstorbenen preus
Eugen Friedrich Heinrich. E. wurde frühzeitig von seine»
Russland, in Dienst genommen. Er nahm an den Feld»
Ostpreussen und 1810 in der Türkei Theil, commandirte
mit Auszeichnung eine Division und 1828 gegen die
Nachdem er sich vom Militärdienst zurückgezogen hatt«
kunstsinniger, in der Biographie K. M. von Weber's b
seiner Herschaft Karlsruhe in Schlesien und starb auch
— Herzog E. war ein vorzüglicher Musikdilettant, von d
Iustrumentalstücke und Opern z. B. »die Geisterbraut«
den sind.

Eugenius, Traugott, ein ums Jahr 1490 als Can:
Musiker, der als einer der ältesten deutschen Contrap
denen Arbeiten gedruckt worden sind. Nach dem Rei
Seite 538 heisst der Titel eines erhalten gebliebenen
Lieder, herausgegeben von Cothenius, genannt der He
setzt etc. und anno 1502 wieder vom neuen aufgelegt«.

Euklides, der Vater der Mathematik, geboren zu ¿
studirte zu Athen unter Platon und lehrte dann in 1
Ptolemäus Soter, die Geometrie. In seinen Schriften he
Strenge der Methode und des Systems. Wie fast alle altg
hat er sich auch eingehend mit Musik, hauptsächlich
tischen Feststellungen beschäftigt, und es werden ihm a
den Werke »Εἰσαγωγὴ ἁρμονική« (*Introductio harmonic(
Musik*) und »Κατατομή κανόνος« (*Sectio canonis*), die von
Klanggeschlechtern u. s. w. handeln, zugeschrieben, ab
dieselben nur als Auszüge aus Aristoxenos anzusehen si»
Manuscripten dem Kleonides zugeschrieben werden.

Eule, C. D., gewandter und gefälliger deutscher Co
Hamburg, erhielt schon früh eine musikalische Ausbildu
als Componist mehrerer Clavierstücke und 1779 mit d«
Werber« in die Oeffentlichkeit treten konnte und gro»
wurde er als Musikdirektor des Theaters seiner Vaterst:
nirte für dasselbe verschiedene Schauspielmusiken, sowie di
»Giaffar und Zaide« und »das Amt- und Wirthshaus«, 1
gemein bekannt und beliebt wurde, die anderen in Hamb
ten, aber wohl nicht auf andere Bühnen gelangt sind. A
öffentlichte er noch ein Concertino, Sonaten, Rondos, Var

für Pianoforte, die sehr dankbar und ansprechend sind. E. selbst starb zu Hamburg im J. 1827.

Eulenstein, Anton Heinrich Edler von, kunstgebildeter Musikdilettant, geboren 1772 in Wien, war in seinen Mannesjahren k. k. Beamter, hatte aber von jeher der Tonkunst sich mit Lust und Eifer gewidmet und sogar eine kurze Zeit hindurch den Unterricht Mozart's genossen. Sein Hauptinstrument war die Violine, die er mit Fertigkeit und Geschmack spielte. Als Componist hat er sich durch Quartette, Sonaten, Gesänge, komische Singspiele (»die Wanderschaft«, »der gebesserte Lorenz«, »Vetter Damian«, »der Perrückenmacher« u. s. w.) bekannt gemacht. Ausserdem war er Dirigent eines Wiener Dilettantenorchesters. Gestorben ist er zu Wien am 14. Novbr. 1821.

Euler, Leonhard, einer der grössten Mathematiker und Akustiker, geboren am 15. Apr. 1707 zu Basel, studirte auf der Hochschule seiner Vaterstadt und genoss daselbst den Unterricht Joh. Bernouilli's, dessen ausgezeichnete Söhne Daniel und Nicolas seine Freunde waren. Durch die beiden letzteren, die Katharina I. nach St. Petersburg berufen hatte, wurde auch E. veranlasst, dorthin zu gehen und wirkte als Professor der Physik und der höheren Mathematik an der Universität und an der Akademie. Im J. 1741 folgte er einem Rufe des Königs Friedrich II. an die Akademie der Wissenschaften zu Berlin, kehrte aber 1766 nach Petersburg zurück und starb daselbst am 7. Septbr. 1783 als Direktor der mathematischen Klasse der Akademie, nachdem er die letzten Jahre in völliger Blindheit verlebt hatte. Sein Fleiss und seine Fruchtbarkeit, von denen 45 grosse Werke und 700 Aufsätze zeugen, sind staunenswerth. Die mathematische Theorie der Musik behandeln u. A. folgende seiner Schriften: »*Dissertatio de sono*« (Basel, 1727); »*Tentamen novae theoriae musicae ex certissimis harmoniae principiis dilucide expositae*« (Petersburg, 1729, 2. und 3. Aufl. 1734 und 1739); »*Conjectura physica circa propagationem soni ac luminis*« (Berlin, 1750); viele Abhandlungen über Fortpflanzung des Schalles, über Schwingungsverhältnisse von Saiten, Glocken, Paukenfellen, Stäben, der Luft u. s. w.; in seinen »*Lettres à une princesse d'Allemagne*« (3 Bde., Berlin, 1768—72, deutsch von Kries, 3 Bde., Leipzig, 1792—94) handeln mehrere Briefe vom Schalle und dessen Geschwindigkeit, von den Con- und Dissonanzen, von den 12 Tönen des Claviers, von der Aehnlichkeit zwischen Farben und Tönen u. s. w. Dass er sich hierbei auch oft sehr widerlegbaren und in der Praxis unhaltbaren Hypothesen hingab, darf nicht in Erstaunen setzen; gleichwohl sind seine Forschungen auch auf diesem Gebiete scharfsinnig, tief und geistreich. — Von seinen dreizehn Kindern kam Johann Albert E., geboren am 27. Novbr. 1734 zu Petersburg, gestorben als russischer Staatsrath am 18. Septbr. 1800, als gründlicher und gewandter Mathematiker seinem Vater am nächsten.

Eumolpus, berühmt als Sänger der Periode vor dem trojanischen Kriege, war der Sohn des Poseidon und der Chione, soll aus Thracien in Attika eingewandert sein, mit den Eleusiniern den König Erechtheus bekriegt und die eleusinischen Mysterien gestiftet haben. Von diesem E. unterscheidet man andere gleiches Namens, den Sohn des Musäus und Schüler des Orpheus u. s. w. Der Name ist überhaupt einer aus der Reihe jener uralten priesterlichen Sänger, welche durch Gründung religiöser Institute unter den rohen Bewohnern von Hellas Cultur und Gesittung verbreiteten. Von dem Gründer der eleusinischen Mysterien hatte ein vornehmes Geschlecht in Athen den Namen der Eumolpiden, aus dem die Priester der Demeter in Eleusis gewählt wurden.

Euneos, Sohn Jasons und der Königin der Insel Lemnos, Hypsipyle, war ein sehr berühmter altgriechischer Kitharist im alten Griechenland. Derselbe erhielt u. den nemeischen Spielen den Preis und ordnete an, dass alle seine Nachkommen sich der Kunst des Citherspiels widmen müssten. Lange Zeit hindurch hatten sie als Zunft einzig die Musik bei den Opfern in Athen auszuführen und noch länger daraus nannte man die Kitharöden daselbst, selbst wenn sie keine Nachkommen ??? waren, Euniden. †

Euuike, Friedrich, ein vortrefflicher deutscher Tenorsänger, geboren zu

Sachshausen bei Oranienburg am 6. März 1764, war der
eines Cantors. Zum Studium der Theologie bestimmt, kon
erhoffte Unterstützung nicht fand, dieses nicht durchfüh
die Präfektenstelle beim Berliner Currende-Chor, die er au
Stimme erregte damals Aufsehen und verschaffte ihm 178
Schwedt'schen Kammersänger, in welcher Stellung er au
Bühne betrat. Im J. 1788 erhielt er ein Engagement in :
ter ein solches in Mainz; 1792 und 1793 war er bei der I
von dort zur deutschen Operngesellschaft nach Amsterdar
furt a. M., überall ausserordentlichen Beifall gewinnend.
ben ihn 1796 aus Frankfurt und glücklicher Weise nach :
stätte seines Ruhms finden sollte. Denn beim königl. Thea
Jahre er in den Pensionsstand trat, angestellt, trat er in a
des damaligen Repertoirs auf und war der Liebling des I
eine Zierde. Hochbetagt starb er zu Berlin am 12. Sep
fertigen Sänger besonders zu Statten kam, waren seine gr
Kenntnisse, die ihn auch befähigten, als Componist mit L
vorzutreten und Clavierauszüge von Opern, u. A. den zur
tigen. — E. war zweimal verheirathet, und seine Gattinn
nahmen eine hervortretende Stelle in der musikalischer
Gattin Henriette, geborene Schüler, geboren 1772 zu Dö
ihm seit 1796, aber kaum ein Jahr an, da er sich von ihr
einen Dr. Meyer und auch von diesem 1805 geschieden, de
Schütz heirathete. Sie war zwar auch Bühnensängerin, a
spielerin und machte als Frau Händel-Schütz durch ihr
torische und Mimisch-Plastische bis 1820 das grösste Auf
gezogen von der Bühne, starb sie zu Cöslin am 4. März 1
sich 1797 abermals und zwar mit Therese, Tochter
Schwachhofer. Dieselbe war am 24. Novbr. 1776 zu
schon seit 1789 der Bühne an und war in Mainz, Amster
engagirt gewesen. Auch sie war 1796 nach Berlin gekon
des Hoftheaters in der Gattung der komischen Oper, auch
war. Seitdem pensionirt, starb sie am 16. März 1849 z
E. entstammt zunächst die wegen ihrer herrlichen hohen S
würdigen Persönlichkeit gefeierte Johanna E., geborer
von 1812—1825, in welchem Jahre sie den berühmten :
Krüger heirathete, der Berliner Hofbühne als ausgezeichr
und am 28. Aug. 1856 starb. — E.'s jüngere Tochter, F
1823 zuerst in Concerten zu Berlin als Sängerin höre
königstädtischen Theater engagirt wurde. Von dort aus '
dem Violinisten Mühlenbruch, ging mit demselben 18:
nach Schwerin und starb in letzterer Stadt im J. 1842.

Eunomius oder Eunomos, ein altgriechischer Kitharö
Landsleute eine Statue setzten, die ihn mit der Lyra, auf d
darstellte. Nach der Sage nämlich soll in dem Augenblick
musikalischen Wettstreites eine Saite sprang, eine Heu
strument niedergelassen und durch ihren Gesang den fehl
tiger Folge ersetzt haben.

Eunuch, im Allgemeinen gleichbedeutend mit Castr
ders die entmannten Wächter genannt, denen im Orient d
eines Harems anvertraut ist.

Euouae (Evovae) ist eine Zusammenstellung der se
den Wörtern *seculorum amen*, auf welchen im Kirchenge
der Doxologie oder dem *Gloria patri* am Schlusse eines je
Tropen mit ihren Differenzen beschlossen wurden. Der
Gesang, der dem Anfang und Ende, sowie der Modulatio

er angehörte, entsprach (S. Tropen); die Differenzen dagegen waren verschiedene melodische Abweichungen von den ursprünglichen Formeln der Tropen.

Euphon, dem griechischen εὐφωνία (s. Euphonie) nachgebildet, nannte Chladni ein von ihm erfundenes, 1790 am 8. März zuerst fertig gewordenes Tonwerkzeug, in welchem mittelst Glasstäben, die man durch Streichen mit genässten Fingerspitzen in Längsschwingungen versetzte, eng damit verbundene Eisenstäbe tönend erregt wurden. Die innere Einrichtung dieses Instrumentes, lange Zeit vom Erfinder geheim gehalten, beschrieb derselbe hinterher selbst in einer Broschüre: »die Theorie und Anleitung zum Bau des Clavicylinders (s. d.) und damit verwandter Instrumente« (Leipzig, 1821). Später vervollkommnete Chladni den Bau dieses Instruments noch, liess die Beschreibung dieser Vervollkommnung im 24. Jahrg. der Leipz. musikal. Zeitung (1822, Seite 789, 805 und 821) abdrucken, und gab zum besseren Verständniss eine Kupfertafel bei. Dies E. hatte in seiner im Juli 1822 zuerst dargestellten vollendetsten Form die Gestalt eines Kastens von 80,4 Cm. Länge, 49,4 Cm. Breite und 15 Cm. Höhe. In dem Kasten befanden sich auf dem mit schiefer Oberdecke gearbeiteten Resonanzboden in horizontaler Ausbreitung die eisernen Klangstäbe nebeneinander befestigt. Diese Befestigung geschah bei jedem Stabe an zwei gleichweit von der Mitte desselben entfernten Schwingungsknotenstellen, die man vermöge Bestreuung des Stabes mit Sand vor dessen tönender Erregung fand. Die Klangstäbe waren an ihren Enden aufwärts gebogen. Zwischen den gebogenen Enden derselben waren die gläsernen Streichstäbe, alle von ziemlich gleicher Länge (34 bis 39 Cm.) und Thermometerröhren nicht unähnlich, fest eingeklemmt, so dass sie die Klangstäbe vertikal theilweise deckten. Die Streichstäbe wurden an ihren Enden von einem Rahmen bedeckt, der die Einklemmung derselben dem Auge verbarg und der zugleich an einer Seite mit Wasser gefüllte Behälter besass, die zum Anfeuchten der Fingerspitzen vor und während des Spielens dienten. Zwischen beiden Stabarten wurde von der rechten Aussenseite des Kastens ein mit Tuch bespannter Rahmen geschoben. Diese Vorrichtung sollte die Klangstäbe vor den öfter den nassen Fingerspitzen entfallenden Wassertropfen schützen, welche leicht ein Rosten derselben veranlassen konnten. Die Streichstäbe, zu den Ganztönen der C-durleiter von blauem und zu den Halbtönen von milchweissem Glase gefertigt, welche von dem Spieler behandelt wurden und dem Auge allein sichtbar waren, mussten jeden Nichtkenner des E.'s zu der Annahme bringen, dass sie die Tonerzeuger seien, weshalb es Chladni auch leicht fiel, die innere Einrichtung des E.'s lange Zeit als Geheimniss zu wahren. Uebrigens sei hier noch nebenbei bemerkt, dass durch Streichung gläserner oder anderer elastischer Stäbe mit nassen Fingern, harzigen Handschuhen oder einer ähnlich construirten Mechanik nach der Länge hin einen Klang hervorzubringen, so wie, das Wesentliche des E., die Einwirkung einer solchen Streichung auf andere mit den gestrichenen Stäben innig verbundene, zuerst von Chladni entdeckt wurde. Er selbst sagt hierüber in oben angeführter Schrift Seite 17. »Die Idee, einen klingenden Körper, der transversale Schwingungen macht, durch longitudinales Streichen eines daran in die Quere angebrachten Stabes in Bewegung zu setzen, habe ich zuerst 1790 an meinem E. ausgeführt, und mit dem ist sie auch von einigen Andern zu einer Art von E. angewendet worden, und ganz neuerlich auch in Frankreich von Herrn Savart zu einigen theoretischen Versuchen.« Zu den Andern, welche eine Art von E. baueten, deren Erzeugnisse weitere Beachtung fanden und die somit Chladni's Verdiensten Gefahr zu bringen drohten, ist besonders Dr. Quandt in London zu rechnen, der bald nach Chladni's erstem Auftreten mit dem E. mit einem auf dieselbe Theorie basirenden Tonwerkzeug vor die Oeffentlichkeit trat. Chladni berichtet, um sich die Erfindung der Theorie zu wahren, über sein Verhältniss zu Quandt in oben erwähnter Schrift Seite 158 folgendermassen: »Dr. Quandt, der damals (vor 1790) in Jena studirte, hernach praktischer Arzt zu Niesky in der Oberlausitz war und vor mehreren Jahren gestorben ist, bauete 1790, durch Erzählungen von einem zu Anfange desselben Jahres zu Stande gebrachten E. veranlasst, ein Instrument, wo an den kürzeren Schenkeln einer Gabel der Streichstab (wozu er sich schmaler Glasstreifen bedient.' rechtwinklich angebracht war. Als er es im Journale des Luxus und der Mode bekannt machte, waren einige Aeusserungen so, als ob er sich die eigentliche Er findung zuschriebe. Ich hielt also für nothwendig, einiges dagegen zu erwidern er erklärte hierauf im Intelligenzblatte desselben Journals, er habe nie geleugnet dass er mir die erste Idee seines Instruments zu verdanken habe; wodurch als dieser Streit schneller, als sonst gewöhnlich literarische Fehden, geendet war.« – Das Tonreich, welches Chladni dem E. gewöhnlich einverleibte, bot chromatisch die Klänge von *c* bis *f³*, und nur wenige umfangreichere, die Töne von *F* bis *f* führende E.'s sind überhaupt gebaut worden. Diese Grenzen sind jedoch nicht ge boten, vielmehr vermag man bis in die tiefsten Contratöne und in die viergestrichen Oktave gehende E.'s zu fertigen, allein die Klänge unter *C* sind von nicht aus reichender Kraft, und die über *f³* hinausgehenden von unschöner Wirkung. – Die Applicatur auf dem E., welche Chladni in seiner Schrift § 103 eingehend behandelt, ist der auf dem Pianoforte nicht unähnlich, wenn man statt des Nieder drückens der Taste sich ein ruhiges Fortbewegen der Finger auf den Glasstäbch denkt, welche im Raum einer Spanne die Töne einer Oktave bieten. Dieser Tech nik jedoch fremd ist die von dem Erfinder später angewandte und empfohlen Praxis, öfter, wenn man zwei oder mehrere einander benachbarte Töne anzugeb hat, mit demselben Finger von einem Streichstabe zum andern fortzurutsch Diese Praxis, besonders auf chromatische Gänge in der Höhe angewandt, gestatt gebundene und gestossene Tongänge zu machen, die auf andere Weise gar nicht au zuführen möglich sind. Man kann auch bisweilen durch ein solches Fortrutsch bei einem Läufer den Fingern eine bequemere Lage verschaffen, so dass in manche Fällen der Vortheil erwächst, als wenn man noch einen Finger mehr hätte. — Di Tonstücke, welche auf diesem Instrumente die dankbarste Darstellung zu erhoffe haben, müssen in langsamer Bewegung geführte Tongänge enthalten, die in d Tonführungsweise ihre höchste Aufgabe suchen, denn je nach dem wechselnd Druck der Finger bei der Streichung der Stäbe entströmen den Klangstäben di Töne in einer Klangweise, wie sie ausser dem E. nur die Glasharmonika (s. d zu geben vermag. Die Klänge des E. sind jedoch nicht so nervenerschütternd Natur, wie die der Harmonika, und deshalb länger zu ertragen, was wohl in ge wisser Beziehung als ein Vorzug des E. zu betrachten ist. Diesem Vorzuge gesel sich noch der bei, dass auf dem E. auch schnellere Tonsätze und Läufer ausführb sind, wodurch dasselbe sich als mehr concertfähig ergibt. Trotz aller vorzügliche Eigenheiten des E. ist dasselbe nur von seinem Erfinder in Concerten vorgeführ nach dessem Ableben, so viel bekannt, nirgend mehr gebaut worden und ganz ausse Gebrauch gekommen. Ob sich bis zur Jetztzeit noch E.'s erhalten haben, ist bish ebensowenig festgestellt worden. Viel zu dem Verschwinden des E.'s aus dem Kreis der Tonwerkzeuge mag wohl die der menschlichen Gesundheit zuweilen schädlic Tonerregungsart beigetragen haben. Ein langanhaltendes Streichen der Stäb welches sich, wenn man eine Fertigkeit auf dem E. erhalten will, nicht umgeh lässt, muss im Uebermass einen Reiz auf die Nerven ausüben, welche sich bekan termassen auf der inneren Fläche der Fingerspitzen zur Verstärkung des Tastsi nes in kleine Wärzchen enden. Die Vibration der Streichstäbe erzeugt selbst b gesunden Spielern schon mit der Zeit ein Kribbeln in den Fingerspitzen, was, b geringem Unwohlsein desselben sich oft in lästigster Weise bemerkbar macht. B solchen Einwirkungen auf das Nervensystem des Spielers lässt sich wohl annehme dass das E. sehr bald immer mehr gemieden wurde, da sich in der abendländisch Musikentwickelung auch nicht einmal die Nothwendigkeit der Pflege desselb herausgestellt hatte. C. Billert.

Euphonie (griech.: εὐφωνία), d. i. Wohllaut der Töne, bezieht sich auf d Klang oder die Qualität des Tons, z. B. der Stimme, ohne Rücksicht auf deren äu sere Erscheinung in irgend einem Verhältnisse. Erst die späteren mittelalterlich musikalischen Schriftsteller, wie Tinctor (*Term. mus. diffin.*) erklären die E. f gleichbedeutend mit Harmonie (»idem est quod armonia«). Andere ältere

Marchettus, Lucidarium cap. III. (Gerbert, script. III. 81) übersetzen E. ganz
sprachgemäss mit »Wohlklang« (*bona sonoritas*) oder wie Isidorus (ibid. I. 21) mit
»Wohllaut der Stimme« (»*Euphonia est suavitas vocis.*«). E., vereinigt mit
Eurhythmie (s. d.), erhoben bei den Griechen ein Tonstück erst zum Kunstwerke.

Euphonion ist der Name eines in der Militairmusik gebräuchlichen, vom Instrumentenbauer Sommer 1843 erfundenen, chromatischen Baritoninstrumentes von
Blech mit drei Ventilen, das in *C-*, *B-* und *A-*Stimmung geführt wird; die Klangfarbe der Töne desselben ist denen des Tenorhorns nicht unähnlich. Das E. wird
in gleicher Weise wie der Bariton (s. d.) und wie das Tenorhorn verwerthet, zur
Darstellung der Mittelstimme, bassverstärkend oder melodieführend. Zuweilen
findet man auch in Harmoniemusiken zwei E. an Stelle der Fagotte in Gebrauch.
Die Töne für das E. notirt man gewöhnlich im Bassschlüssel; die höheren, wie
beim Tenorhorn, im Tenor- oder Violinschlüssel. Viele Instrumentfertiger haben
sich mehrfache Verbesserungen an dem E. erlaubt, unter welchen jedoch keine so bemerkenswerth ist, als die von Červený in Königgrätz, indem der letztere durch dieselben bei dem E. einen noch volleren Ton zu erzielen wusste. Nach Zamminer's
Akustik (1855, Seite 313), war das von Sommer construirte E. das erstgebaute
Ganzinstrument (s. d.). C. B.

Euphonikon ist ein von Beale in London erfundenes Musikinstrument, das
aber wahrscheinlich wieder in Vergessenheit kam. Es hatte die Eigenschaften des
Pianoforte mit denen der Harfe vereinigt, umfasste 7 Oktaven und hatte zugemacht
die Grösse eines Spieltisches, nur etwas länger. Die Basssaiten traten oben offen
hervor; ein dreifacher Resonanzboden unterstützte die Klangwirkung. M-s.

Euphorion, ein altgriechischer Tonkünstler, soll Gesänge mit Begleitung des
Psalteriums, der Pandura und Sambuka componirt haben. Vgl. Laborde. †

Euphranor, ein pythagoraeischer Philosoph und Musiker, Zeitgenosse des
Platon, soll ein Buch περὶ αὐλῶν (von den Flöten) geschrieben haben; bis auf uns
ist dasselbe nicht gekommen. Vgl. Athen. Lib. IV. †

Euporistus (latein., griech.: ἱεραυλής), nannte man jeden der geweihten Priester
zu Rom, welcher am 14. Juni beim Fest der Flötenweihe im Tempel der Minerva
betheiligt war. Till's Sing-, Dicht- und Spielkunst I. 1. †

Euremont, Charles de Saint, oder **Charles de Saint Denis,** ein französischer Edelmann aus der Niedernormandie, der sich grösstentheils in England
aufhielt, wo er auch am 20. September 1703 im 92. Jahre starb, hat in seinen
Oeuvres meslées Tom. III. p. 579—591 auch über die Oper damaliger Zeit geschrieben. †

Eurhythmie (aus dem Griech.) heisst seit dem klassischen Alterthume her das
richtige Verhältniss, das Ebenmass in der Bewegung, z. B. im Tanze, im Takte der
Musik und in der Poesie. Nicht blos in den bewegten Formen, sondern auch in
den unbewegten kann übrigens in Rücksicht auf das erwähnte Erforderniss von E.
die Rede sein. Sonst nennt man auch mehr im Allgemeinen jede schöne Uebereinstimmung der einzelnen Theile zum Ganzen E., namentlich in einem Kunstwerke, das, um vollkommen zu sein, auch der Euphonie (s. d.) bedarf.

Euripides, neben Aeschylus und Sophokles der vorzüglichste altgriechische
Tragiker, geboren am 5. Octbr. 480 v. Chr., gerade am Tage des berühmten See-
sieges seiner Landsleute über des Xerxes Uebermacht, hatte eine treffliche Kunst-
und philosophische Bildung erhalten und war mit Sophokles innig befreundet.
Von seinen dramatischen Stücken, deren Zahl auf 75, von Einigen sogar auf 120
angegeben wird, sind nur 19 auf uns gekommen. Er starb im J. 407 v. Chr. während eines Besuchs beim Könige Archelaus von Macedonien, der Sage nach in
Folge eines Hundebisses.

Eustachio, Luca Antonio, italienischer Edelmann aus Neapel und ums
Jahr 1605 Kämmerer des Papstes Paul V., erfand eine dreichörige Harfe, die jedoch keine weitere Verbreitung fand. Vgl. Furetière, Dictionnaire, Art. Harpe.
†

Eustachische Röhre oder **Trompete** (latein.: *tuba Eustachii*), nennt man einen Kanal, welcher die Trommelhöhle mit der Mundhöhle verbindet, wodurch die Luft in ersterer mit der Atmosphäre in Verbindung steht. Die Leichtigkeit, mit welcher das Trommelfell die Schallgeschwindigkeit der Luft aufnimmt, hängt wesentlich von dem Grade seiner Spannung ab. Eine zu starke Spannung desselben könnte leicht entstehen, wenn die Trommelhöhle vollständig abgeschlossen wäre. Gase und Dämpfe, welche sich im Inneren der Höhle entwickeln, verbunden mit einer Abnahme der Spannung der äusseren Luft, müssten das Trommelfell nach Aussen drücken; entgegengesetzte Ursachen nach Innen. Solchen Uebelständen ist durch die E. vorgebeugt. Wird dieser Kanal durch Krankheit verstopft, so tritt jedesmal Schwerhörigkeit ein. Den Namen erhielt diese Röhre nach dem italienischen Anatomen Bartolomeo Eustachio, der dieselbe zuerst beschrieb. Siehe Gehörwerkzeuge.   0.

Eustathius, der berühmte griechische Erklärer des Homer und anderer alter Klassiker, war anfangs Diakonus und Lehrer der Rhetorik in seiner Vaterstadt Konstantinopel, aber seit 1155 Erzbischof von Thessalonich, wo er 1198 starb. Sein Commentar zum Homer (4 Bde., Rom 1542—50, Fol.; 4 Bde., Leipzig, 1825 bis 1828, 4.) ist eine wahre Fundgrube philologischer Gelehrsamkeit und enthält auch viele werthvolle antiquarische Mittheilungen über Musik.

Euterpe, eine der neun Musen, und zwar im eigentlichen Sinne die der Musik, war, der Sage nach, die Tochter des Zeus und der Mnemosyne, die Ergötzerin, Freudespenderin, und vom Flussgotte Strymon Mutter des Rhesos. In antiken Darstellungen sieht man sie mit der von ihr erfundenen Flöte sitzend oder stehend, zuweilen auch nur mit einer Rolle in der Hand, in Ambrakia sich auflehnend, ja auch tanzend.

Euthia (griech.), eine von der Tiefe zur Höhe aufsteigende Tonfolge, als Gegensatz von Anakamptos. S. Melopöie.

Eutilius, Augustin, Minorit, Sänger und Componist, befand sich 1643 in der merkwürdigen und berühmten Kapelle des Polenkönigs Wladislaus IV. Einen besonders künstlich gesetzten dreistimmigen Canon von E. findet man in Scacchi Cribro p. 209.

Evacuant (latein.), auch **Windauslasser, Windabführer** und ähnlich genannt, ein mechanischer Zug an der Orgel, der eine Klappe im Windkanal öffnet, um den nicht mehr gebrauchten Wind hinauszulassen.

Evander, griech. **Euandros,** war, der Sage nach, ein Heerführer der Arkadier, der etwa sechzig Jahre vor dem trojanischen Kriege nach Italien gekommen und auf der Stelle, wo später Rom erstand, am palatinischen Berge, dessen Namen man von der arkadischen Stadt Pallantium ableitete, eine Niederlassung gegründet und griechische Gesittung, Götterdienst, Musik und musikalische Instrumente zuerst in Italien eingeführt haben soll.

Eve, Alfonso d', ein zu Anfang des 18. Jahrhunderts zu Paris lebender Tonkünstler, von dessen Composition daselbst *»Airs serieux et à boire«* (1710), Trios für verschiedene Instrumente und *Misse a* 1, 2, 3 *voci e* 5 *stromenti* erschienen sind.

Evellon, Jacques, französischer Geistlicher, geboren zu Angres 1582 und ebenda als Domherr der Stiftskirche und Grossvicar des Bischofs im December 1651 gestorben, hat unter vielen von ihm herausgegebenen Schriften auch eine die Musik berührende: *»De recta psallendi ratione«* (Flexiae, 1646) veröffentlicht. Vgl. Gerber, Tonkünstlerlexikon Th. 1. p. 392.   †

Evers, Karl, trefflicher Pianofortevirtuose und Componist, geboren am 8. Apr. 1819 zu Hamburg, erhielt mit 6 Jahren in Jacques Schmitt seinen ersten Musiklehrer und machte als Pianist so gewaltige Fortschritte, dass er sich, 12 Jahr alt, in seiner Vaterstadt öffentlich mit grossem Beifall hören lassen konnte und ermuntert wurde, nicht lange darauf eine erfolgreiche Kunstreise durch Dänemark und Schweden zu machen. Im J. 1837 begab er sich nach Hannover, wo er beim Organisten Zieger Unterricht in der Theorie der Musik nahm. Nach Hamburg zurückgekehrt, studirte er Composition bei Karl Krebs und empfing während eines Aufenthalts in Leipzig 1839 noch einige Unterweisungen Mendelssohn's. Die Frucht dieser Studien waren einige grössere Compositionen, Quartette, Sonaten u. s. w., die noch stark dem Formalismus huldigten. Von Leipzig aus wandte sich E. zu mehrjährigem Aufenthalte nach Paris, sodann nach Wien und liess sich endlich in Gratz nieder, wo er 1858 eine Musikhandlung gründete, Unterricht ertheilte und auf ein gediegeneres Kunstleben sehr vortheilhaft einwirkte. Seit 1872 lebt er als Musiklehrer wieder in Wien. — Unter seinen Compositionen ragen Clavierstücke im Salonstyl, mehrere Etüden, sowie einige Lieder und Gesänge durch mehr als vorübergehenden Werth hervor. — Seine Schwester, Kathinka E., geboren am 1. Juli 1822 zu Hamburg, hat sich als Sängerin grossen Ruf erworben. Von Hamburg aus, woselbst sie ihren Gesangunterricht erhalten hatte, ging sie nach Hannover, wo sich kein Geringerer als H. Marschner ihrer völligen musikalischdramatischen Ausbildung widmete. Von diesem Meister empfohlen, wurde sie 1838 für das Stadttheater in Leipzig engagirt und sang 1840 an der Wiesbadener und 1846 an der Stuttgarter Hofbühne. Von Stuttgart aus begab sie sich nach Italien, woselbst sie an einigen grösseren Opernthheatern mit Beifall auftrat. Seit etwa 1856 scheint sie der öffentlichen Laufbahn ganz entsagt zu haben.

Eversio oder **Evolutio** (latein., italien.: *rivolgimento*), die Umkehrung der Stimmen im doppelten Contrapunkte. S. Contrapunkt und auch Inversio.

Evirato (italien.) ist identisch mit Castrat (s. d.).

Evius ein altgriechischer Flötenbläser aus Chalcis, der auch auf der Hochzeit Alexanders des Grossen sich als Bläser und Chorleiter hervorthat. Vgl. Athen. lib. 12 und Plutarch. †

Evovae, s. Euouae.

Ewflr ist in der persisch-türkischen Musik eine Tempo- und Rhythmusbenennung zu gleicher Zeit. Dieselbe zeigt an, dass das Tonstück sich im Allegrettotempo bewegen, im fünf Achteltakt geschrieben sein, und jedes der Achtel oft vier Zeittheile zeigen muss. 0

Ewidoch nennen die Türken den ungefähr unserem *f* entsprechenden Klang ihrer Grundtonleiter, welche Tonleiter der unserigen in *A*-moll bis auf die Töne *h* und *f* durchaus gleich ist; *h* erklingt etwas tiefer und *f* etwas höher als bei uns. Die Türken deuten diese Grundtöne auch mittelst Farben an (s. Farbenscala), in welcher Andeutungsweise für den Ton E. schwarz eintritt. 0

Ewzát heisst in der türkischen oder persisch-türkischen Musik eine Zeitbestimmung für ein Tonstück, dessen genaue Erkenntniss bei uns bisher noch nicht bekannt ist. Wahrscheinlich bewegt sich ein in E. geschriebenes Tonstück nach unserer Angebungsart im Allegrettotempo, hat dreizehn Achtel in einem Takte oder in einer Periode, von denen jedes Achtel zwei gleiche Zeittheile zeigt. 0

Exaudet, Joseph, französischer Tonkünstler, geboren zu Rouen um das Jahr 1710, war vom Jahre 1749 bis zu seinem Tode 1763, erster Violinist im Opernorchester zu Paris. Ein Menuett seiner Composition erfreuete sich in Frankreich sehr grosser Beliebtheit und wurde nach E. benannt; über dasselbe wurden viele Variationen, Trios u. s. w. geschrieben. †

Excellentes (*sc. voces, claves*, latein.) ist der Name: a) der drei obersten Töne (f^1, g^1, a^1) des Tetrachordes Hyperboläon im griechischen Tonsystem. S. Tetrachord; b) der vier höchsten Töne *bb-ee* (auch zuweilen der Töne *e-aa*) im System der Hexachorde. S. Solmisation.

Excellentium extenta (latein.), die dritte Saite des Tetrachordes Hyperboläon (*Paranete hyperbolaeon*) im griechischen Tonsysteme, die unserem g^1 entspricht. S. Tetrachord.

Exclamatio (latein.), d. i. der Ausruf, eine oratorische Figur, welche in der Musik durch das Aufwärtssteigen oder Springen consonirender oder dissonirender Töne, je nachdem der herrschende Ausdruck diese oder jene verlangt, ausgeführt, oder eigentlich mehr nachgeahmt wird.

Exclusus oder **Summus sonus** (latein.), die Quinte, als der zu oberst liegende

Bestandtheil der *Trias harmonica*, oder des Dreiklangs (Grundton, Terz und Quinte).

Executirung (französ.: *Exécution*), s. Ausführung.

Exequiae (latein.), die Exequien, bei den Römern der Leichenzug, nannte man in der alten Kirche alle Feierlichkeiten, welche bei der Beerdigung gebräuchlich waren. Dahin gehörten das Absingen von Psalmen, Antiphonen und Responsorien und hin und wieder auch die Feier des Abendmahls. Im Allgemeinen bezeichnet in der katholischen Kirche noch gegenwärtig das Wort E. dieselben Bestattungsceremonien, hauptsächlich aber die Seelenmessen, welche einige Tage oder Wochen nach dem Begräbniss für den Verstorbenen abgehalten werden. Die ganze Trauerfeierlichkeit ist folgendermassen angeordnet: a. die Empfangnahme (Aussegnung) der Leiche Seitens der Kirche zum Begräbniss, wobei die Antiphone »*Si iniquitates*« mit dem Psalm »*De profundis*« im siebenten Ton angestimmt wird, an die Sündhaftigkeit der Menschen und das Gericht Gottes mahnend; nach einigen Versikeln und Responsorien empfiehlt der Priester die abgeschiedene Seele der Barmherzigkeit des Höchsten. Darnach beginnt derselbe die Antiphone »*Placebo domino*« und der Chor führt mit dem Psalm »*Miserere*« fort, während man zur Grabstätte zieht. Hierauf folgt die Antiphone »*Subvenite angeli*«, ein Zuruf an die Engel, die Seele des Bruders den Wohnungen der Seligen zuzuführen. Am Grabe selbst wird das »*Requiem aeternam*« gesungen, und nachdem der Priester die Leiche in das Grab eingesegnet hat, beginnt er die Antiphone »*Ego sum*« und singt mit dem Chor abwechselungsweise das Canticum Zachariae »*Benedictus*« im zweiten Kirchenton, das Vertrauen auf die Erlösung vergegenwärtigend. Am Schluss wird die Antiphone »*Ego sum resurrectio*« (»Ich bin die Auferstehung«) ganz abgesungen, und einige Versikel, Responsorien und die Oration beschliessen diesen Theil der E. — Zu den Begräbnissfeierlichkeiten gehört aber noch b. die Seelenmesse für die Verstorbenen, Requiem (s. d.) genannt, von dem ersten Worte dieser Art von Gebeten. Ehemals wurde es vor dem Begräbniss, in Gegenwart des in der Kirche niedergesetzten Leichnams abgehalten. Solche Messen für die Seelenruhe der Verstorbenen werden auch am 3., 7. und 30. Tage abgehalten, bei hohen, besonders fürstlichen Personen noch weiterhin an den Jahrestagen ihres Todes. Bei den E. der letzteren wird zugleich ein *Castrum doloris* errichtet, eine feierliche Musik aufgeführt, die Kirche schwarz ausgeschlagen u. s. w.

Exercice (französ., ital.: *esercizio*), das technische Uebungsstück. S. Etude.

Eximeno, Antonio, gelehrter spanischer Jesuit, geboren 1732 zu Balbastro in Arragonien, trat in den Jesuitenorden ein, nachdem er zu Salamanca bei den Geistlichen dieser Gesellschaft studirt hatte. Später wurde er Professor der Mathematik bei der neu errichteten Militärschule zu Segovia, musste aber nach Aufhebung seines Ordens Spanien verlassen und ging nach Rom, wo er 1798 starb. Zwei seiner Werke beschäftigen sich mit Musik. In dem Buche »*Dell origine e delle regole della musica*« (Rom, 1774) untersucht er sehr scharfsinnig die Systeme des Pythagoras, Galilei, Euler, Tartini, Rameau u. s. w. und sucht zu beweisen, dass die Musik mit der Mathematik nichts zu schaffen habe, sondern eine auf Melodie mehr wie auf Harmonie beruhende Sprache der Empfindung sei. Wie schon in diesem Werke, so in gesteigertem Grade bekämpft E. in der Schrift »*Dubbio di D. Antonio Erimeno sopra il saggio fondamentale pratico di contrappunto del R. Padre Martini*« (Rom, 1775) die Existenzberechtigung des Contrapunkts und antwortet zugleich auf die tadelnden Bemerkungen, welche Pater Martini gegen das zuerst angeführte Buch veröffentlicht hatte.

Exner, Gustav Hermann, trefflicher Orgelspieler und Componist, geboren am 28. Octbr. 1815 zu Berbisdorf bei Hirschberg in Schlesien, erhielt seinen ersten Musikunterricht von seinem Vater, einem Cantor, und bildete sich wissenschaftlich und musikalisch in Hirschberg, Jauer und Bunzlau völlig aus. Als Organist und Dirigent von musikalischen Vereinen wirkte er von 1841—1845 zu Goldberg und kam dann in gleicher Eigenschaft nach Sagan, um dessen Musikleben er sich durch bemerkenswerthe Aufführungen sehr verdient machte. Als Componist ist E. mit kleineren und grösseren Werken für Männerstimmen und mit Kirchenstücken verschiedener Art hervorgetreten und hat auch ein Choralbuch herausgegeben.

Extempore (latein.), das ohne Vorbereitung, aus dem Stegreif Gespielte oder Gesungene. **Extemporiren** ist demnach so viel wie frei phantasiren.

Extemporir- oder **Phantasirmaschine** nennt man eine Maschine, die, mit einem Pianoforte in innigen Zusammenhang gesetzt, mittelst gewisser mechanischer Einrichtungen musikalische Themata darstellen und über dieselben Combinationen auszuführen vermag, welche der freien Phantasie eines Künstlers ähnlich erscheinen. Die innere Construction dieser E. ist leider nicht bekannter geworden, ebenso wenig der Name des Erfinders. Eine andere Art E., auch wohl Copirmaschine genannt, ist in dem Artikel M e l o g r a p h (s. d.) ausführlicher abgehandelt. †

Extension (französ.), die Ausdehnung, besonders bei der Applicatur von Streichinstrumenten.

Eybler, J o s e p h v o n, vortrefflicher deutscher Kirchencomponist, geboren am 8. Febr. 1765 (laut Grabstein) zu Schwechat unfern Wien, wurde zuerst von seinem Vater, dem Schullehrer und Regens chori des Ortes, in der Musik unterrichtet und kam durch einen Gönner, den k. k. Beamten Jos. Seitzer, in das Musik-Seminar zu Wien, hierauf (von 1777—1779) zu Albrechtsberger, bei dem er sich dem Contrapunct und der Composition widmete. An der Fortsetzung juridischer Studien, denen er gleichfalls oblag, durch Unglück, welches seine Eltern betraf, gehindert, musste er durch sein musikalisches Wissen und Talent sich sein Fortkommen zu sichern suchen, wobei ihm der freundschaftliche Verkehr mit Haydn und Mozart sehr zu Statten kam. Für den letzteren hielt er die Clavierproben zur Oper »*Cosi fan tutte*« ab, während Mozart selbst noch mit dem Partitur-Satze beschäftigt war. Wie innig die gegenseitige Freundschaft war, bewies auch E.'s liebevolle und ausdauernde Pflege, die er Mozart in seiner letzten Krankheit widmete. Im J. 1792 erhielt E. die Chordirektor-Stelle an der Carmeliter-Pfarrkirche, 1793 auch die am Schottenstifte. Von diesen Aemtern aus verschaffte er sich endlich durch seine Messen und sonstigen Kirchenwerke auch als Componist einen Namen und Ansehen, sodass er 1801 an den Hof als kaiserl. Musiklehrer berufen, 1804 zum Hof-Vicekapellmeister und nach Salieri's Tode zum ersten k. k. Hofkapellmeister befördert wurde. Nachdem ihn im J. 1833 während der Direktion von Mozart's Requiem ein Schlaganfall getroffen und zur Niederlegung seines Amtes genöthigt hatte, lebte er noch 13 Jahre im Pensionsstande und starb am 24. Juli 1846. Begraben liegt er auf dem Währinger allgemeinen Friedhof zu Wien neben seiner Gattin Theresia. Kaiser Franz hatte seine Verdienste durch seine Erhebung in den Adelstand geehrt. — Der grösste Theil von E.'s überaus zahlreichen Compositionen besteht aus Werken für die Kirche; es sind: zwei Cantaten, die Oratorien »die Hirten an der Krippe« und »die vier letzten Dinge«, 25 meist solenne Messen, 7 Te deen, ein grosses Requiem, 34 Graduales, 26 Offertorien, Vesperhymnen, Litaneien und viele andere Kirchenstücke. Sie sind ernst in der Harmonie aber sehr beweglich, doch niemals unedel in der Melodie; die Instrumente sind gleichfalls sehr volubil gehalten und lassen den Gesang oft zurücktreten. Ausser den genannten kirchlichen Werken sind noch von E. vorhanden: die Oper »das Zauberschwert«, Sinfonien, Claviersonaten, Quintette, Quartette, Trios, Violinduette, Concerte, Tänze, vier italienische Scenen, eine Pantomime »die Mutter der Gracchen« u. s. w.

Eyckeu, v a n d e r, s. Q u e r c u.

Eyken, J o h a n n e s A l b e r t v a n, hervorragender holländischer Orgelvirtuose und sehr talentvoller Componist, geboren am 26. Apr. 1823 zu Amersfoort in Holland, wurde von seinem Vater G e r h a r d v a n E., einem tüchtigen Organisten und Musikdirektor, unterrichtet. Höhere Musikstudien machte er 1845 und 1846 auf dem Conservatorium zu Leipzig und widmete sich, auf den Rath Mendelssohn's hin, noch eingehender beim Hoforganisten Joh. Schneider in Dresden dem höheren Orgelspiele. Im J. 1847 gab er in Holland, Aufsehen machende Orgelconcerte und wurde 1848 Organist an der Remonstrantenkirche in Amsterdam, welche Stelle er 1853 mit der an der Zuyder-Kirche und der eines Professors an der Musikschule in Rotterdam vertauschte. Im J. 1854 als Organist an die reformirte Hauptkirche nach Elberfeld berufen, starb er daselbst am 24. Septbr. 1868. Die Compositionen dieses tüchtigen Tonkünstlers bestehen in Sonaten, Variationen und Choralvorspielen für Orgel, in den 150 Goudimel'schen Psalmen der reformirten Kirche für Chor und Orgel, mit Vor-, Zwischen- und Nachspielen, in Liedern und Gesängen, Hymnen für Männerchor mit Blechinstrumenten, Clavierwerken u. s. w. Die holländische Gesellschaft für Beförderung der Tonkunst hat von denselben ein Clavierquartett, zwei Orgelsonaten, die · Musik zu dem holländischen Drama »Lucifer«, vierstimmige Männerchöre und eine Sonate für Pianoforte und Violine mit dem Preise gekrönt. — Nicht minder tüchtig ist sein Bruder und Schüler Gerhard Isaac van E., geboren am 5. Mai 1832, der genau dieselbe Schule durchmachte, nur dass er von 1851—1853 auf dem Leipziger Conservatorium und dann bei Joh. Schneider war. Auch er gab Orgelconcerte und liess sich endlich in Utrecht nieder, wo er als sehr geschätzter Clavierlehrer noch gegenwärtig lebt und wirkt. Veröffentlicht hat er Lieder und Gesänge, zwei Clavier-Sonatinen und eine Sonate für Pianoforte und Violine.

Eykens, Jean Simon, talentvoller belgischer Componist und Dirigent, geboren am 13. Octbr. 1812 zu Antwerpen, woselbst auch der Organist Ravets sein erster Clavierlehrer war, bis er in das Lütticher Conservatorium treten und bei Jalheau und Daussoigne-Méhul weiter studiren konnte. Schon 1829 trat er mit der in Lüttich aufgeführten Operette »le départ de Gretry« als Componist in die Oeffentlichkeit und wirkte seitdem wieder in Antwerpen als Musiklehrer und Dirigent mehrerer Vereine. Man kennt noch von ihm die Opern »le bandit« und »la clé du jardin«, ferner Kirchensachen, Cantaten, Männergesänge, Clavierstücke u. s. w.

Eylenstein, Gregori Christoph, trefflicher deutscher Violoncellist, geboren am 28. Octbr. 1682 zu Gelmroda bei Weimar, lernte in Weimar 1696 die Stadtpfeiferkunst und trat mit dem Jahre 1706 als Kammermusiker in herzogliche Dienste. — Er scheint der Vater von Adam E. gewesen zu sein, der am 11. Mai 1705 zu Weimar geboren, seit 1724 bei dem Instrumentenmacher Joh. Heinr. Ruppert in Erfurt den Geigenbau erlernte, 1731 Hofinstrumentenmacher in Weimar wurde und als solcher einen grossen Ruf erlangte. — Aus derselben Familie jedenfalls war auch J. F. E., gegen Ende des 18. Jahrhunderts herzogl. weimar'scher Hofmusiker, der 1788 eine Sammlung von Liedern seiner Composition veröffentlichte. †

Eymar, Anna Marie, Graf von, Musikdilettant, geboren um 1740 zu Forcalquier in der Schweiz, hat sich durch das Buch »Anecdotes sur Viotti etc.« (Mailand, 1801) einen Namen gemacht.

Eysel, Johann Philipp, ein eifriger Musikliebhaber und Componist, geboren 1698 zu Erfurt und gestorben daselbst 1763, war zwar Advokat, galt aber zugleich für einen fertigen Violoncellisten. Dass er auch in der Composition gut gebildet war, beweisen seine im Druck erschienenen Cantaten, Motetten und zahlreichen Violin- und Flötensolos mit Generalbass. E. soll auch der Verfasser des anonym gedruckten Werkes »Musicus autodidactus« sein, welches besonderen Werth hat wegen der u. A. darin enthaltenen Beschreibung von 24 Arten von Instrumenten mit beigegebenen Abbildungen.

Eytelwein, Heinrich, deutscher Componist aus dem Anfange des 16. Jahrhunderts, von dem sich noch einige Melodien in einer auf der Bibliothek zu Zwickau bewahrten, 1548 gedruckten Sammlung vierstimmiger weltlicher Lieder erhalten haben.

F.

F ist in der alphabetischen Tonbenennung (s. Alphabet) der Name für die vierte Stufe oder Quarte in der C-durfolge vom Grundtone ab aufwärts, die in der diatonisch-chromatischen Tonleiter sich als die sechste ergiebt; in der Solmisation wird dieser Klang fa, auch f fa ut genannt. Siehe Solmisation. Das Klangverhältniss von f zu c als Quarte ist durch die Proportion 3:4, und das Saitenverhältniss durch die umgekehrte Ration 4:3 darzustellen. Siehe Verhältniss. Die absolute Tonhöhe, nach dem pariser Kammerton a^1 durch 437,5 Schwingungen entstehend, berechnet, ergiebt sich für f^1 als dessen Unterterz, die zu a^1 im Verhältniss von 5:4 steht, als einen Klang, welcher durch 350 Schwingungen in der Secunde erzeugt wird, von welcher Feststellung leicht durch Vervielfältigung oder Theilung alle anderen f geheissenen Klänge des Tonreiches zu berechnen sind. Alle F genannten Töne des Tonreiches kennzeichnet man, je nach der Oktave in der sie vorkommen, durch kleine, dem Buchstaben zugefügte Zeichen (s. Alphabet). Da jeder f genannte Klang stets durch halb oder doppelt soviel Schwingungen entsteht, als einer seiner zunächst gelegenen, so kann man leicht anschaulich darstellen, wie jedes f des Tonreichs genannt und notirt wird, so wie, durch wie viel Schwingungen dasselbe erzeugt wird. (S. die Tabelle)

Name	Notirung	Schwingungen in d. Sec.
f^4		2800
f^3		1400
f^2		700
f^1		350
f		175
F		87,5
F_1		43,75

C. B.

Fa war in der aretinischen Solmisation (s. d.) die Tonbenennung für die Quarte in der diatonischen Folge, welche gewöhnlich dem jetzt f genannten Klange zufiel, jedoch in der Mutation (s. d.) auch anderen zuertheilt werden musste. Nach Einführung der Tonbenennung si (s. d.) für den jetzt h genannten Klang in der Solmisation war fa die feste Benennung unsers heutigen f. †

Faa, Orazio, italienischer Tonsetzer, geboren zu Casale di Monferrato in der ersten Hälfte des 16. Jahrhunderts, hat mehrere Bände Psalme und Magnificat geschrieben.

Fa bémol (franzős., ital.: *Fa bemolle*, engl.: *F flat*), ausländischer Name der Note *Fes*.

Faber, Benedict, angesehener deutscher Kirchencomponist, geboren zu Ende des 16. Jahrhunderts zu Hildburghausen, befand sich in seinen Mannesjahren in den Diensten des Herzogs von Coburg und schuf zahlreiche Werke, von denen man noch kennt: achtstimmige Psalme, vier- bis achtstimmige geistliche Lieder, eine Hymne, betitelt: »*Triumphus musicalis in victoriam resurrectionis Jesu Christi, septem vocibus compositus*« (Coburg, 1611) und ein »*Gratulatiorum musicale sex vocum*« (Coburg, 1613). Viele andere seiner Arbeiten befinden sich noch jetzt in der Bibliothek zu Coburg.

Faber, Daniel Tobias, deutscher Orgel- und Clavierspieler, war zu Anfang des 18. Jahrhunderts als Organist zu Craylsdorf im Ansbach'schen angestellt und hat seinen Ruf dadurch erhalten, dass er der erste war, welcher ein durchaus bundfreies Clavier mit drei Veränderungen anfertigte. Durch die erste derselben wurde der Ton einfach gedämpft, durch die zweite erwirkt, dass der Ton dem Klang einer Laute und durch die dritte, dass er dem eines Glockenspiels nahe kam.

Faber, Gregor, deutscher Musikgelehrter, war um die Mitte des 16. Jahrhunderts Professor der Musik zu Tübingen. Man kennt von ihm eine »*Institutio musices, sive musices practicae Erotematum lib. II.*« (Basel, 1552 und 1553), welches Werk wegen der darin enthaltenen Vocalsätze von Josquin, Brumel und Ockenheim wichtig ist.

Faber, Heinrich, Magister zu Braunschweig, dann Musiklehrer in Wittenberg, gestorben im August 1598 als Rector zu Quedlinburg, schrieb das bemerkenswerthe Lehrbuch: »*Compendiolum musicae pro incipientibus conscriptum ac nunc denuo, cum additione alterius compendioli, recognitum*« (Braunschweig, 1548), welches Werk seiner Klarheit und Fasslichkeit wegen gerühmt wurde und im Original, sowie in's Deutsche übersetzt, viele Auflagen und Nachdrücke erlebte. — Zeit-, Namens- und Standesgenosse dieses F. war Heinrich F., geboren zu Lichtenfels im sächsischen Voigtlande, der um 1550 als Magister und Schullehrer zu Naumburg wirkte, und vermuthlich um 1571 starb. Dieser ist der Verfasser des Lehrbuchs: »*Ad musicam practicam introductio, non modo pra ecepta, sed exempla quoque ad usum puerorum accommodata, quam brevissime complectens*« (Nürnberg, 1550), welches gleichfalls öfters aufgelegt wurde und auch in Leipzig (1558), in Mühlhausen (1569) und in Augsburg (1591) erschien.

Faber, Jacobus, eigentlich Jacques Febvre geheissen, französischer musikalischer Schriftsteller der letzten Hälfte des 15. und der ersten Hälfte des 16. Jahrhunderts, war ein Schüler von Jacob Labinius und Jacob Turbelinus und erhielt zu seinem lateinischen Gelehrten- noch den Beinamen Stapulensis. Er starb 1547 zu Paris in dem seltenen Alter von 101 Jahren. Seine Werke »*Introductio in arithmeticam speculativam Boëthii*« und »*Elementa musicae*« erschienen zuerst im J. 1496, dann noch in mehreren späteren Auflagen in Paris und wurden in damaliger Zeit viel studirt.

Faber, Johann Adam Joseph, Kirchen-Musikdirektor zu Antwerpen, woselbst er um 1755 angestellt war. Von seinen Compositionen kennt man zwei Messen, welche sich im Archive der Kirche Notredame zu Antwerpen befinden.

Faber, Joseph, berühmter deutscher Orgelbauer, lebte um die Mitte des 16. Jahrhunderts zu Augsburg und hat für Kirchen daselbst und der Umgegend mehrere Werke gebaut. Er wird auch unter dem Namen Fabri aufgeführt.

Faber, Nicol, der älteste bekannte deutsche Orgelbauer, war seines Standes Priester und verlieh dem Dome zu Halberstadt 1361 eine grosse, von ihm selbst angefertigte Orgel, die Prätorius noch kannte und in ihrer Schwerfälligkeit und Unvollkommenheit beschreibt. Dieselbe hatte 20 Riesenbälge, 3 Zoll breite und $^1/_2$ Zoll von einander entfernte Tasten und musste mit Fäusten traktirt werden. Auch dieser F. wird vielfach unter dem Namen Fabri aufgeführt.

Faber, Nicolas, ein Musikgelehrter, der zu Ende des 15. Jahrhunderts zu Botzen geboren war und »*Rudimenta musicae*« (Augsburg, 1516) veröffentlichte.

Faber, Peter, eigentlich Pierre du Faur geheissen, französischer Rechtsgelehrter und Musikforscher, geboren um 1540 zu Sanjore, gestorben 1600 als Präsident des königl. Senats zu Toulouse, schrieb ausser verschiedenen juristischen Büchern das archäologische Werk »*Agnosticon etc.*« (Lyon, 1592), in dem er über die Musik der Alten handelt

Fableor (im Plural *Fablière*, von dem latein.: *fabulari, fabellare*, d. i. sprechen oder erzählen) hiessen in der Kunstsprache der nordfranzösischen Dichter des Mittelalters (s. Trouvères) Diejenigen, welche blos zum Sagen und nicht auch zum Absingen bestimmte Gedichte verfassten, oder auf diese Weise vortrugen, im Gegensatze zu den Chanteor, oder eigentlichen Sängern, welche nicht nur zum Sagen, sondern auch zum Singen bestimmte Gedichte verfassten oder vortrugen.

Fabre, André, französischer Gesangcomponist, geboren um 1765 zu Rietz, einem Städtchen im Departement der *Basses-Alpes*, lebte als Musiklehrer zu Paris und hat daselbst mehrere Sammlungen Romanzen mit Clavier- und auch mit Harfenbegleitung veröffentlicht, unter ihnen das weithin populär gewordene Lied: «*Ce mouchoir, belle Raymonde*«.

Fabre d'Ollivet, Antoine, rühmlichst bekannter französischer Orientalist und Schriftsteller, geboren zu Ganges im J. 1768, lebte und wirkte in Paris und hat sich auch als Componist durch einige Gelegenheitscompositionen auf Napoleon I. bemerkbar gemacht.

Fabri, Annibale Pio, mit dem Beinamen Balino, ausgezeichneter italienischer Tenorsänger, geboren 1697 zu Bologna, genoss den vortrefflichen Unterricht Pistocchi's. Er war an mehreren Höfen seines Vaterlands und Deutschlands engagirt und erhielt endlich einen Ruf an die königl. Kapelle zu Lissabon, woselbst er am 12. Aug. 1760 starb. Da er auch Componist war, so wurde er bereits 1719 zum Mitglied der berühmten philharmonischen Gesellschaft seiner Vaterstadt aufgenommen und war sogar zu verschiedenen Zeiten Präsident derselben.

Fabri, Honorius, italienischer Jesuitenpriester, der 1688 als Oberbeichtiger zu Rom starb, ist der Verfasser einer Abhandlung, welche den Titel führt: »*De vibratione chordarum*«.

Fabri, Stefano. Zwei berühmte italienische Kirchencomponisten und Zeitgenossen (angeblich sogar Brüder) führen diesen Namen. F., genannt der Aeltere, war von 1599 bis 1601 Kapellmeister am Vatican zu Rom, soll dann ein Jahr in Deutschland gewesen sein und erhielt bei seiner Rückkehr 1603 die Kapellmeisterstelle an San Giovanni in Laterano, welche er bis 1607 inne hatte. Seine weiteren Lebensumstände sind nicht mehr bekannt geblieben. Von seinen Compositionen erschienen im Druck: »*Duodecim modi musicales, tricinis sub duplici texto lat.-germ. concinne expressi*« (Nürnberg, 1602) und »*Tricinia sacra juxta duodecim modorum seriem concinnata*« (Nürnberg, 1607). — F. der Jüngere, 1606 zu Rom geboren, war ein Schüler des Bernardo Nannini und 1648 Kapellmeister an San Luigi de' Francesi in Rom. Im J. 1657 erhielt er dasselbe Amt an Santa Maria maggiore, starb aber schon am 27. Aug. 1658. Von seinen Compositionen werden genannt: Motetten zu 2, 3, 4 und 5 Stimmen (Rom, 1650) und nach seinem Tode erschienene »*Salmi concertati a cinque voci*« (Rom, 1660).

Fabriano, Sebastiano, italienischer Componist, lebte in der Mitte und zweiten Hälfte des 16. Jahrhunderts und war Camaldulenser-Mönch. Er hat eine Sammlung fünf- und sechsstimmiger Messen seiner Composition (Venedig, 1593) herausgegeben.

Fabrice oder **Fabrizio,** Geronimo, latinisirt: Hieronymus Fabricius, nach seinem Geburtsorte im Kirchenstaate *ab Aquapendente* genannt, war ein gelehrter und berühmter italienischer Anatom und Chirurg. Geboren 1537, studirte er zu Padua, lehrte seit 1562 daselbst und starb am 23. Mai 1619, wahrscheinlich an Gift. Seine zahlreichen Beobachtungen und Entdeckungen berührten auch das physiologisch-musikalische Gebiet; in seiner Schrift »*De visione, voce audituque*« wird zum ersten Male auf Grund anatomischer Untersuchungen von der Stimme und deren Mechanismus gehandelt. Seine Forschungen in diesen Beziehungen sind als die Grundlage aller ferneren Entdeckungen für den Physiologen noch immer von grosser Wichtigkeit.

Fabrici, Gaëtano, italienischer Musiker, geboren um 1530, war in seinen Mannesjahren Kapellmeister beim Herzog von Guise in Paris und erhielt im Jahre 1577 für die Composition des Gedichts *»C'est mourir mille fois le jour«* einen Preis.

Fabrici, Pietro, italienischer Geistlicher, lebte im 16. Jahrhundert zu Florenz und hat eine Schrift, betitelt: *»Regole di canto fermo«* verfasst.

Fabricius, Albin, deutscher Tonsetzer, geboren um die Mitte des 16. Jahrhunderts in Steiermark, gab von seiner Composition: *»Cantiones sacrae sex vocum«* (Gratz, 1595) heraus.

Fabricius, Bernhard, Organist in Strassburg in der zweiten Hälfte des 16. Jahrhunderts, hat eine Sammlung für seine Zeit guter Compositionen unter dem Titel: *»Tabulaturae organis et instrumentis inservientes«* (Strassburg, 1577) herausgegeben, welche Sammlung jetzt sehr selten geworden ist. F.'s Compositionsstyl hat eine auffallende Aehnlichkeit mit dem des Claudio Merulo.

Fabricius, Georg, verdienter deutscher Schulmann, berühmt als Dichter, Componist und Kritiker, hiess eigentlich Goldschmied und war am 23. April 1516 zu Chemnitz geboren. Er studirte zu Leipzig, war als Hofmeister eines jungen Adeligen in Rom, privatisirte sodann in Strassburg und wurde endlich Rector an der Fürstenschule zu Meissen, in welcher Stellung er, verehrt und geliebt von seinen Schülern, bis an seinen Tod, am 13. Juli 1571, segensreich wirkte. In seinen Mussestunden beschäftigte er sich eifrig mit Naturkunde, Musik und Poesie, wie er denn wegen seiner Verdienste um die letztere von Kaiser Maximilian II. zum Dichter gekrönt und in den Adelstand erhoben wurde. Von seinen in das musikalische Fach schlagenden Werken sind nur noch bekannt seine *»Disticha de quibusdam musicis etc.«* (Strassburg, 1546) und sein lateinischer Commentar über die alten christlichen Lieder (Basel, 1564), worin er auch mehrere musikalische Terminologien erklärt.

Fabricius, Werner, deutscher Rechtsgelehrter, Schriftsteller, Orgelvirtuose und Componist, geboren am 10. Apr. 1633 zu Itzehoe, woselbst er auch von seinem Vater, einem dort angestellten Organisten, den ersten Musikunterricht empfing. Höhere Studien, bei Sellius in der Composition und bei Heinrich Scheidmann im Orgelspiel, betrieb er, als er in Hamburg das Gymnasium besuchte. Im J. 1650 bezog er die Universität zu Leipzig, um Theologie, Philosophie und die Rechte zu studiren und wurde daselbst auch Advokat, während er zugleich nach einander an verschiedenen Kirchen der Stadt als Organist fungirte. Er starb am 9. Januar 1679 zu Leipzig. Als Schriftsteller und Organist stand er bei seinen Zeitgenossen in hohem Ansehen und seine Pavanen und Sarabanden waren sehr beliebt. Ausserdem schrieb er Allemanden, Couranten, geistliche Arien, eine Anleitung zum Generalbass, eine Unterweisung in der Orgelprobe u. s. w. — Sein Sohn, Johann Albert F., der berühmte deutsche Polyhistor, wurde am 11. Novbr. 1668 zu Leipzig geboren, wo er auch Philosophie, Medicin und Theologie studirte. Als Professor am Gymnasium zu Hamburg starb er, nachdem er mehrere auswärtige, sehr ehrenvolle Rufe abgeschlagen hatte, am 30 Apr. 1736. Er umfasste fast alle Zweige des menschlichen Wissens, besass eine unglaubliche Belesenheit, einen unerschöpflichen Schatz besonders philologischer und literarhistorischer Kenntnisse und verstand es, diesen Reichthum auf das Vielseitigste zu benutzen. Von seinen zahlreichen Werken, Mustern der Gründlichkeit, Vielseitigkeit und Fülle der Gelehrsamkeit, berühren auch das musikalische Gebiet: *»Bibliographia antiquaria«* (Hamburg, 1713; neue Aufl. von Schafshausen, 1760), in deren 11. Capitel er ausführlich von der alten Kirchenmusik handelt; ferner seine *»Bibliotheca latina«* (Hamburg, 1697) und *»Bibliotheca mediae et infimae aetatis«* (5 Bde. Hamburg, 1734), in welchen sich viele Notizen von den Lebensumständen und Werken der berühmtesten musikalischen Schriftsteller aus dem Alterthum und Mittelalter befinden. Mit Hinweglassung des nicht musikalischen Inhalts erschien die letztgenannte Bibliothek auch unter dem Titel: »*Elenchus brevis scriptorum medii aevi latinorum de musica cantuque ecclesiastico*«, wovon vier Auflagen herauskamen. In seinem »*Thesaurus antiquitatum hebraicarum*« (Hamburg, 1713) findet sich im 6. Bande die Dissertation Salomon von Till's, über die Musik der Hebräer in's Lateinische übersetzt, sowie die Dissertation von Zoëga »*De buccina Hebraeorum*. Von einer »*Bibliotheca graeca*« erschienen seit 1705 nach einander 14 Bände mit zahlreichen Nachrichten über griechische musikalische Schriftsteller; dieselbe ist aber erst von Harless fortgesetzt und zu Ende geführt worden (Hamburg, 1790 bis 1809) und erhielt 1838 den sehr nothwendigen Index.

Fabrini, Giuseppe, italienischer Componist der zweiten Hälfte des 17. Jahrhunderts, welcher nur durch ein im Druck erschienenes Werk sich bekannt gemacht hat; betitelt ist dasselbe: »*Coeli cives etc., Mot. a Basso solo con instrumenti*« (Bologna, 1695). †

Fabrizi, Vincenzo, italienischer Operncomponist, um 1765 in Neapel geboren und wahrscheinlich auf dem damals hochberühmten Conservatorium seiner Vaterstadt gebildet, hat zahlreiche und zwar überwiegend komische Opern geschrieben und mit grossem Erfolg auf die Bühnen seines Vaterlandes gebracht. In Deutschland ist, soviel bekannt, nur eine Oper von ihm: »*La necessità non ha legge*« näher bekannt geworden, welche schon 1786 zu Dresden aufgeführt worden ist; die Partituren zweier anderen im Manuscript, nämlich: »*Li castellani burlati*« und »*La sposa invisibile*« befinden sich auf der Bibliothek zu Dresden. Ausser den eben genannten sind noch von seinen 36 Opern anzuführen: »*I puntigli di gelosia*«, »*L'incontro per accidente*«, »*La moglie capricciosa*«, »*La contessa di nova luna*«, »*La nobilità villana*«, »*Gli amanti trappolieri*«. Nähere Lebensumstände und Todestag dieses Componisten sind nicht bekannt geworden.

Fabrizio oder **Fabrizzi**, Paolo, italienischer Operncomponist der Gegenwart, geboren um 1812 zu Nola in Campanien, machte auf dem Conservatorium zu Neapel und zwar hauptsächlich bei Zingarelli seine Compositionstudien und trat schon 1831 mit einer Oper »*Il giorno degli equivoci*« in Neapel an die Oeffentlichkeit. Dieser folgten bis 1847: »*La vedova d'un vivo*«, »*La caravana del Cairo*«, »*Il conte di Saverna*«, »*Il portatore d'aqua*« und »*Lara, o il cavaliere verde*«. Zu längerer Lebensdauer oder grösserer Verbreitung hat es keine derselben gebracht.

Fabroni, Angelo, ein berühmter italienischer Biograph, geboren am 7. Sept. 1732 zu Marradi in Toscana, gebildet zu Faenza und Rom, das er aber später der ihm feindlich gesinnten Jesuiten wegen verliess. Er wurde hierauf Curator der Akademie zu Pisa, war seit 1773 Erzieher der Söhne des Grossherzogs Leopold von Toscana, machte dann mehrere Reisen in's Ausland und starb am 22. Septbr. 1803. Seine in gutem Latein geschriebenen »*Vitae Italorum doctrina excellentium, qui saeculo XVII. et XVIII. floruerunt*« (20 Bde., Pisa, 1778—1805) gehören unter die vorzüglichsten Arbeiten dieser Art und umschliessen einen Schatz von Gelehrsamkeit. Als musikalische Musterbiographie ragt aus dem 9. Bande hervor die Lebensbeschreibung des Meisters Benedetto Marcello, welche auch apart in einer italienischen Uebersetzung 1788 zu Venedig erschien, aber auffallender Weise den Namen Fontana's als den des Autors trägt.

Fabry, Michel, französischer Sänger und Componist, um 1540 in der Provence geboren, befand sich als Sänger in den Diensten Katharina's von Medicis und erhielt für seine Kirchencompositionen zwei Mal den Preis von Evreux.

Façade (franzö.), die Aussenseite oder äussere Ansicht eines Bauwerks; in Bezug auf die Orgel, s. Orgelfront.

Façaden-Pfeifen, s. Frontpfeifen.

Faccho, Padre Agostino, italienischer Tonsetzer, war in der zweiten Hälfte des 17. Jahrhunderts Organist zu Bologna. Von ihm: »*Motetti a due e tre voci*« Bologna, 1674).

Faccini, Giovanni Battista, ein italienischer Componist, der um die Mitte des 17. Jahrhunderts lebte und »*Salmi concertati a 3 de 4 voci*« (Venedig, 1644) eröffentlichte. †

Facciola, Fabrizio, ein italienischer Tonsetzer des 16. Jahrhunderts, von dem nur wenige Arbeiten bekannt geblieben sind. *De Antiquis* hat einige derselben in sein »*Primo libro di 2 voci a div. Autori di Bari*« (Venedig, 1585) aufgenommen †

Facco, Giacomo, italienischer Instrumentalcomponist, der zu Anfange der 18. Jahrhunderts lebte, hat zwölf Concerte für drei Violinen, Alt, Violoncell und B. C. 1720 zu Amsterdam erscheinen lassen. †

Faces d'un accord (französ.) nennen die Franzosen die verschiedenen Lager eines Accords.

Facile (französ. und ital.), leicht und *facilement* (französ., ital.: *facilmente*) in leichter Art, Bezeichnungen in Rücksicht auf die technischen Anforderungen eines Tonstücks; in ähnlicher Art die Substantiva: *Facilité* (französ.) und *facilità* (ital.) die Leichtigkeit.

Facio oder **Fasio, Anselmo,** latinisirt **Fatius,** ein Augustinermönch zu Enna in Sicilien, war zugleich Componist und lebte in der letzten Hälfte de 16. Jahrhunderts. Von seiner Composition erschienen: »*Motetti a cinque voci* (Messina, 1589) und »*Madrigali a cinque voci*« (Ebendas.).

Facius, J. H., wahrscheinlich Violoncellist, der zu Wien um die Wende der 18. und 19. Jahrhunderts lebte, gab 1799 drei Duos für zwei Violoncelli bei Artaria in Wien und drei Violoncellsolos als op. 2 im J. 1802 ebenda heraus. †

Fackeltanz (französ.: *Marche des flambeaux*), ein in alten Zeiten sehr übliche ceremonieller Tanz im Marschcharakter, begleitet von feierlicher, prächtiger Trom petenmusik, während dessen Dauer die Tänzer Fackeln in den Händen trugen Seinen Ursprung findet der F. unzweifelhaft in den Hochzeitfeierlichkeiten de alten Griechen; als Hofceremonie wurde er durch Konstantin den Grossen, nachdem derselbe seine Residenz von Rom nach Byzanz verlegt hatte, im 4. Jahrhunder eingeführt. In späteren Zeiten wurden F. ein Theil der Turniere, womit Kaise und Könige ihre Hochzeiten verherrlichten. Als das Turnierwesen ein Ende hatte blieb der F. als ein Denkmal der Ritterzeit, und noch gegenwärtig werden an eini gen Höfen, z. B. in Preussen, bei Vermählungen Fackeltänze gehalten. Dieselben bestehen aus Rundgängen in Polonaisenart, unterbrochen von Verbeugungen welche die Tanzenden vor dem Königspaare zu machen haben, welches letztere au den Thronsesseln sitzend, der Ceremonie zuschaut. Die Musik ist demzufolge in feierlichen Marschrhythmus und polonaisenartig im $^3/_4$ Takte geschrieben. Da fanfarenmässige Hauptmotiv kehrt immer (drei- oder viermal) wieder, sobald die Verbeugung auszuführen ist; die im cantablen Style componirten Trios begleiten die Umgänge. Das Orchester besteht aus Messinginstrumenten und Pauken. Musi kalische Kunstwerke in dieser Gattung haben Spontini und besonders Meyer beer für die verschiedenen Vermählungsfestlichkeiten am Preussischen Hofe ge schaffen, der letztere deren vier, welche sich mit Recht als feine, charakteristische und melodische Tonstücke einer grossen Beliebtheit erfreuen.

Factur (aus dem Latein.) nennt man die Art und Weise, wie ein Tonstück zusammengesetzt ist, mit besonderer Rücksicht auf seinen inneren Bau. Abweichend hiervon bezeichnen die Franzosen mit dem Worte *Facture* die Orgelregister in Be zug auf die Länge und Weite der Pfeifen, also der Mensur. So sind z. B. *les jeux de grosse facture* die weit mensurirten und *les jeux de petite facture* die eng mensu rirten Register.

Fa dièse majeur (französ., ital.: *Fa diesis maggiore*), *Fis*-dur (s. d.).
Fa dièse mineur (französ., ital.: *Fa diesis minore*), *Fis*-moll (s. d.).

Fadini, Andrea, italienischer Instrumentalcomponist, der um 1710 lebte und von dem zwölf Sonaten für zwei Violinen, Violoncello und Orgel in Amsterdam er schienen sind.

Fadschek, Bernhard, zuweilen auch Fattscheck und Fatscheck geschrieben, ein geschickter, wahrscheinlich aus Böhmen stammender Harfenvirtuose, wel cher um 1830 als königl. Kammermusiker in der Hofkapelle zu Stockholm ange stellt war und 1833 und 1834 auch erfolgereiche Concertreisen durch Deutschland, Holland und Frankreich unternommen hat.

Fänger nennen die Instrumentbauer beim Pianoforte und Flügel eine mit weicherem Leder beklebte schmale Leiste, welche in der Nähe der vorderen Seite des in der Ruhelage befindlichen Hammerkopfes angebracht ist; wenn die Taste horizontal liegt, berührt der Hammerkopf den Fänger gar nicht, weshalb derselbe dem Hammer beim Aufgang auch kein Hinderniss bereitet. Der niederfallende Hammer würde vermöge der Elasticität, welche bei dem Stoss von Holz gegen Holz immer ins Spiel tritt, in eine hüpfende Bewegung gerathen, welche die Präcision · eines rasch nachfolgenden zweiten Anschlags gefährden könnte. Dieser Uebelstand wird durch den F. gehoben. 2

Fagnani, Francesco Maria, aus Mailand gebürtig, war nach Laborde in den Jahren von 1670 bis 1680 in Italien als vorzüglicher Sänger bekannt. †

Fago, Lorenzo, italienischer Kirchencomponist des 17. Jahrhunderts, der zwar sehr geschickt und thätig in seinem Fache gewesen sein soll, von dessen Arbeiten aber nichts im Druck erschienen ist. Was von ihm noch übrig geblieben, reducirt sich auf ein vierstimmiges *Kyrie cum Gloria* mit Orchester und ein fünf stimmiges *Credo*, Compositionen, die sich in der Sammlung des Abbate Santini befinden.

Fago, Nicolò, hervorragender italienischer Componist, geboren um 1675 zu Tarent (weshalb er auch *il Tarentino* genannt wurde), erhielt seine musikalische Aus bildung auf dem Conservatorium *della pietà de' Turchini* zu Neapel, wo Provenzale sein Lehrer in der Composition war. Diesem Meister folgte er auch um 1700 im Lehramte an demselben Institute. F. hat Opern, von denen »*l'Eustachio*« als die be kannteste zu nennen ist, sowie zahlreiche tüchtig gearbeitete Cantaten und Kirchen sachen geschaffen. Von den letzteren besitzt die Bibliothek des Pariser Conserva toriums im Manuscript mehrere Messen, Motetten, Litaneien, Credos, zwei Magni ficat und ein Benedictus. In der Breitkopf'schen Manuscriptensammlung befand sich von ihm eine Cantate für Sopran mit Clavierbegleitung: »*Tra cento belle sola mia bella* u. s. w.«, sowie eine Arie: »*Perchè amarmi*«, welche letztere Reichardt in sein **Kunstmagazin** Heft 6 aufgenommen hat.

Fagott (ital.: *Fagotto*, französ.: *Basson*) ist der Name eines Holzblaseinstru mentes, das die tiefere Region des Tonreichs von *D* bis *g'* vertritt. Die italienische Benennung *Fagotto* d. i. Bündel, der die deutsche nachgebildet, soll dies Tonwerk zeug der Anordnung seiner Bestandtheile wegen erhalten haben; zwei ungleich gestaltete Röhren bilden, dicht nebeneinander gelegt, einem Stangenbündel nicht unähnlich, die Haupttheile desselben. Andere behaupten, dass die Eigenheit dieses Instrumentes, dass man es seit der frühesten Zeit her in ziemlich gleich grosse Theile zerlegen konnte, und diese, um dasselbe leichter zu transportiren, zusam menband, demselben den Namen F. zuwandte. Die Franzosen nannten dies Instru ment, weil ihm stets die Bassparthie zu den Oboen zuertheilt wurde: *Basson (sc. d'hautbois)*. Die Erfindung des F.'s fällt in die früheste Zeit der Entwickelung der noch jetzt gebräuchlichen abendländischen Tonwerkzeuge. Man berichtet, dass ein Canonicus zu Ferrara, Afranio (s. d.), im J. 1539 dasselbe als seine Erfindung vorführte. Den frühesten Bericht hierüber bringt Ambr. Tes. Albonesio in seiner Schrift »*Introductio in Chaldaicam linguam*« (Pavia, 1539) nebst einer Abbildung des Instruments. Für diese Zeit der Erfindung, so wie dafür, dass in sehr kurzer Zeit dies Instrument sich einer weiten Verbreitung erfreute, zeugen ferner Dop pelmaiers »historische Nachrichten von Nürnberg'schen Mathematikern und Künst lern« (Nürnberg, 1730), die berichten, dass der Instrumentbauer Siegmund Schnitzer, zu Nürnberg 1578 gestorben, vorzügliche F.'s baute, die nicht allein durch schöne Drechslerarbeit und reine Intonation sich auszeichneten, sondern auch durch leichte Tonansprache, besonders in der Höhe, weshalb seine Fabrikate im Vaterlande wie in Frankreich und Italien sehr gesucht waren. Halten wir die ser Nachricht die des Prätorius in seiner *Syntagma* (Wolfenbüttel und Witten berg, 1614 bis 1618), entgegen, so scheint es fast, als ob später in und ausser

Deutschland das F. weniger gepflegt worden sei, denn das in einer Abbildung jenes Werkes vorgeführte Instrument zeigt nur acht offene Tonlöcher und zwei Klappen, und erweckt nicht eine so hohe Vorstellung von der Vollkommenheit und der Reinheit der chromatischen Töne desselben, als jene historischen Nachrichten von dem früheren. Gleiche Nachrichten bringt auch Kircher in seiner *Musurgia* (Rom, 1650) aus Italien über die Beschaffenheit des F.'s. Nach dieser Zeit aber lässt sich nach der Benennungsweise der Einzeltheile desselben und dem Baue annehmen, dass das F. sich in Deutschland besonders einer hervorragenden Beachtung erfreute. Jedem der vier Theile desselben gibt der deutsche Musiker einen fast poetischen Namen. Der Untertheil, in den zwei Schallröhrenenden eingesteckt werden, wird Stiefel (s. d.) genannt; der eine in den Stiefel gesteckte Schallröhrentheil, durch den das Instrument angeblasen wird, heisst seiner mittleren Verbreiterung halber: der Flügel (s. d.); der andere: die Stange (s. d.); und der der Stange eingefügte Endtheil der Schallröhre: Haube (s. d.). — Der Bau des F.'s hat nach letzterwähnter Zeit eine stete Verbesserung ohne Veränderung der Aussenform, durch Hinzufügung von Klappen erfahren. In Ozi's Fagottschule (Paris, 1788) finden wir als gebräuchlich ein F. abgebildet, das acht offene Tonlöcher und sieben Klappen zeigt, und später erlitt, je nach den Anschauungen der Instrumentenmacher, das Instrument vielfach verschiedene Umgestaltungen in Bezug auf Zahl und Anordnung der Tonlöcher und Klappen, bis endlich sich eine feste Form mit sieben Tonlöchern, zwölf geschlossenen und vier offenen Klappen als die ausgebreitetste herausstellte. Diese letztgedachte feste Form verdanken wir dem deutschen Fagottvirtuosen und Instrumentbauer Almenräder (s. d.), der, gestützt auf die Grundsätze, welche Gottfr. Weber in seiner Akustik der Blasinstrumente aufstellte, den Klappen einen bestimmten Platz gab und eine bessere Anordnung der Tonlöcher construirte, wodurch ein grösserer Tonumfang und eine möglichste Gleichheit der Klänge erzielt wurde. Vgl. in der Zeitschrift »Cäcilia« Band 2, p. 123 u. w. und Band 9, p. 128 u. f. — Um von der Lage der Tonlöcher und Klappen beim F. doch eine annähernde Beschreibung zu geben, wollen wir hier die Anordnung derselben, wie sie an den Einzeltheilen des Instruments sich befinden, verzeichnen, und zwar deren Namen in der Folge von unten nach oben. Der Stiefel des F.'s zeigt auf seiner Vorderseite ausser den drei offenen Tonlöchern, welche die Töne a, h und c geben und mittelst des Zeige-, Mittel- und Ringfingers behandelt werden: drei Klappen, die durch den kleinen und den Ringfinger derselben Hand regiert werden; die *gis*-, *f*- und *b*-Klappe. Auf der Rückseite des Stiefels befindet sich ein offenes Tonloch, das *E*-Loch benannt, das ebenso wie die beiden Klappen, doppel-*gis*- und *fis*-Klappe geheissen, mit dem Daumen der rechten Hand gegriffen werden. — Der Flügel hat auf seiner Vorderseite die drei offenen, die Töne d, e und f gebenden Tonlöcher, welche mit dem Zeige-, Mittel- und Ringfinger der linken Hand gedeckt werden und zwei Klappen, die *cis*- und *dis*-Klappe, von denen erstere mit dem kleinen und letztere mit dem Ringfinger gegriffen wird. Auf der Rückseite hat der Flügel dem Es (s. d.) zunächst drei Klappen, die *a*-, *c*- und *es*-Klappe, welche durch den Zeige- und Mittelfinger der linken Hand behandelt werden. — Die Stange hat im Ganzen fünf Durchbrechungen, auf der Vorderseite eine, die mit der *es*-Klappe gedeckt (diese Klappe wird mittelst des kleinen Fingers der linken Hand behandelt), und auf der Rückseite vier. In der Mitte der Rückseite der Stange befindet sich ein offenes Tonloch, das mit dem Daumen gedeckt wird; dem unteren wie dem oberen Stangenende zunächst befinden sich Tonlöcher, die durch die *d*- und *b*-Klappe gedeckt werden, und deren Klappenschwänze, nahe dem Mittelloche endigend, durch dem Daumen ebenfalls regiert werden. Im oberen Theile der Rückseite der Stange befindet sich dann noch eine durch die *des*-Klappe gedeckte Oeffnung, welche mittelst des auf der Vorderseite der Stange endigenden Klappenstiels durch den Mittelfinger der linken Hand behandelt wird. — Die Haube hat nur ein Tonloch und zwar auf der Rückseite, dasselbe wird durch die *h*-Klappe gedeckt, welche durch einen Hebel, der bei dem Mittelloche auf der Rückseite der Stange endigt, regiert wird, dessen Behandlung ebenfalls dem Daumen der linken Hand zufällt. — In allerneuester Zeit ist es öfter vorgekommen, dass Solospieler sich ein F. mit noch mehr Tonlöchern bauen liessen, jedoch hat keine solche Construktion sich bisher einer Verbreitung erfreut. Die vier zuvor genannten Theile des F.'s werden gewöhnlich aus Ahornholz gefertigt und an den Enden, ausser denen der Haube, der Haltbarkeit wegen durch breite Messingbänder eingefasst. — Die Intonirung des Instruments geschieht durch ein Rohrblattmundstück, **Fagottrohr** (s. d.) genannt, welches mit einer **Es** (s. d.) oder **Bocal** (s. d.) genannten Messingröhre verbunden ist, die in den Flügel luftdicht eingesteckt wird. Dies Es und die Schallröhre des Holzkörpers bilden einen Conus, der zu Anfang 4,36 und am Ende 50,14 Millimeter Durchmesser zeigt. Diese eigenthümliche Gestaltung der ganzen Schallröhre ist. von wesentlichem Einflusse auf die Bildung der Schwingungen in derselben. Wenn, wie Zamminer in seiner Akustik (Giessen, 1855) Seite 305 u. w. ausführlicher auseinandersetzt, eine solche Röhre mittelst eines Fagottrohrs intonirt wird, so ist die Wirkung zwar wie die einer theilweise gedeckten Röhre, deren Tongabe sich wissenschaftlich nicht genau feststellen lässt, doch das **Ueberschlagen** (s. d.) derselben geschieht in die Oktave und nicht in die Duodecime, wie bei der **Clarinette** (s. d.). Deshalb ist die Applicatur auf dem F. bedeutend einfacher, als die auf der Clarinette, und kann leicht durch Selbststudium mit Hilfe einer Tabelle erlernt werden. Die tiefsten unter D liegenden Töne, D bis B_1, sind voll und stark, aber von etwas rauhem Klange, und werden, wie die über g^1, noch bis über c^3 hinausreichenden vorhandenen selbst von Virtuosen nicht angewandt. Sonst ist die Klangfarbe der Fagotttöne in der grossen Oktave ziemlich gleichmässig, stark und voll; in der kleinen jedoch dumpfer, dem Gesange mit geschlossenem Munde ähnlich; höher hinauf wird der Ton wieder stärker, gewinnt aber bei e^1 und f^1 ein gepresstes Wesen, das sich je höher je mehr steigert. ·Der eigenen Klangfarbe der verschiedenen Oktaven des F.'s halber ist dies Instrument im Orchester am besten geeignet die Bassstimme nicht allein markiger zu gestalten, sondern besonders deren nächste Deckung in zartester Weise zu bezwecken, indem die Mitteltöne desselben vorzüglich tauglich sind, durch gehaltene Klänge ein sonst nicht erreichbares Kolorit zu schaffen; die höheren Klänge des F.'s werden meist melodieverdoppelnd angewandt und sind, in dieser Weise gebraucht, oft von sehr überraschender Wirkung. Seltener findet man das F. allein zu Passagen verwendet, indem es hierzu zu schwach im Klange ist; nur Gänge, die vom Violoncell oder sonst einem kräftiger tönenden Instrumente in der mittleren Tonlage ausgeführt werden, lässt man, um denselben noch etwas Kraft hinzuzufügen, vom F. mitspielen. Diese Klangeigenheiten des F.'s haben dahin geführt, dass man in neuerer und neuester Zeit in Orchestern gleichzeitig zwei, auch drei F. führt, indem man so jedem eine der vorerwähnten Missionen zuzuertheilen und ausserdem zu einem accordischen Wirken der Holzblasinstrumente die klanglich geeignetsten Grund- und Mittelklänge zu geben vermag. In frühester Zeit, als Nachwirkung der durch die zur Blüthezeit des Vorgängers des F.'s, das **Pommer** (s. d.), herrschenden Sitte, von jeder Instrumentart einen **Accord** (s. d.) zu schaffen, finden wir ausser dem noch gebräuchlichen F. zwei in der Bauart ihm durchaus gleiche, in der Stimmung jedoch von demselben unterschiedene Tonwerkzeuge vor: das **Quartfagott** (s. d.), dessen Grundton eine Quarte tiefer, und den **Quintfagott** (s. d.), Tenorfagott oder **Fagottino** genannt, dessen Töne um eine Quinte höher erklangen als die des unsrigen. Notirt wurden die Klänge aller dieser Instrumente im Bassschlüssel, nur wenn sie die Region desselben zu weit überstiegen, im Tenorschlüssel. Der Reiz der tieferen Fagottklänge und der Mangel an Holzblasinstrumenten dieser Gattung führte schon frühe, 1619, vgl. *Syntagma mus.* T. II, p. 23 von Prätorius, zur Erfindung des **Contrafagotts** (s. d.), das sich bis heute in Gebrauch befindet. — Aus Vorhergehendem wird es einleuchtend sein, dass dass F. wenig geeignet ist, in langen Tonwerken als anhaltendes Soloinstrument sich Verehrer zu erringen, obgleich in kurzen Sätzen dessen Wirkung oft von überaus grossem Erfolge sein kann, besonders wenn es abwechselnd mit der Clarinette, Oboe und Flöte verwerthet wird. Wir finden deshalb auch viele hervorragende Virtuosen, von denen nur genannt seien: Almenräder, Bürmann, Böhmer, Czerwenka, Czeyka, Delcambre, Duvernoy, Ernst, Gebauer, Hirth, Kummer, Michel, Neukirchner, Ozi, A. Romberg, Steiner u. A., aber wenige noch brauchbare Lehrbücher. Ozi, *Méthode nouvelle et raisonnée pour le Basson* (Paris, 1788, deutsch: Leipzig, Breitkopf und Härtel) und Abhandlung über die Verbesserung des Fagotts, mit zwei Tabellen von Carl Almenräder (Mainz bei Schott) sind von diesen die bekannteren: indem die meisten Schüler sich mit der einfachen Applicaturtabelle behelfen und ihre spätere Ausbildung dem Leben anheim geben. C. B.

Fagott, die dem gleichnamigen Blasinstrumente nachgebildete Orgelstimme, auch **Fagottzug** (s. auch Pedale) genannt, ist ein sanftes Schnarrwerk, das gewöhnlich 5 oder 2,5 metrich im Manual wie Pedal geführt wird; man nennt dasselbe auch wohl Dulcian (s. d.). Die Bauart dieses F.'s ist verschiedenartig. Man fertigt den Körper desselben sowohl rund von Metall wie viereckig von Holz an und giebt demselben gewöhnlich eine cylindrische Form. Zuweilen baut man dieselben jedoch auch oben erweitert, theilweise oder ganz gedeckt. Die ganz gedeckten Körper erhalten, wie die der Rohrflöte, im Deckel eine kleine Röhre. Der Klang dieser Orgelstimme ist durchweg gleich, dem Posaunen- und Trompeten-Register ähnlich, nur sehr schwach im Verhältniss zu diesen. C. B.

Fagottino, s. Fagott.

Fagottrohr nennt man das Mundstück des Fagotts. Dasselbe besteht aus zwei Rohrblättchen, die vorn in zwei schwachgewölbte, breite Platten endigen, und an der anderen Seite zu einem cylindrischen Röhrchen zusammengeschnürt sind. Letzteres wird mit dem *Es* (s. d.) eng verbunden und die Platten nimmt der Spieler zwischen die Lippen, um durch deren schmalen Spalt blasend, das Fagott erklingen zu lassen. 2

Fagottgeige, ein Streichinstrument, welches nach Leopold Mozart's Beschreibung an Grösse und Besaitung von der Bratsche in etwas unterschieden ist. — »Einige nennen es auch Handbassl; doch ist das wirkliche Handbassl noch etwas grösser als die F. Man pflegt den Bass auf derselben zu vertreten, allein nur zu Violinen, Zwergflauten und anderen hohen Oberstimmen.«

Fahle ist im Allgemeinen eine der musikalischen Bezeichnungen, welche in der persisch-türkischen Kunst zugleich über den Takt, die Zahl der Takttheile und die Bewegungsart derselben Auskunft ertheilt. F. besonders bezeichnet eine Melodie, die sich in zwei Vierteln fünf Takte hindurch in ziemlich langsamer Art bewegt. Siehe Persisch-Türkische Musik. †

Fahnenmarsch oder **Fahnentrupp** heisst beim Militair derjenige Marsch, welcher beim Abholen und Zurückbringen der Fahne aus und nach ihrem Quartiere vom Musikcorps gespielt wird. Es ist dies kein bestimmt vorgeschriebenes Stück aus dem Marschrepertoir, jedoch bezeichnet der Präsentirmarsch (s. d.) den Anfang und das Ende des Aufzugsakts. Nur die Tambour- und Trompeten-corps haben für das Abholen oder Abbringen der Fahnen und Standarten einen nach gewissem Rhythmus geschlagenen oder geblasenen Marsch, der auch bei sogenannten Leichenparaden ausgeführt wird, wenn das Begleitungscommando den Kirchhof verlässt.

Fahrbach, Joseph, trefflicher deutscher Flötenvirtuose, Guitarrespieler und Musiklehrer, geboren am 25. Aug. 1804 zu Wien, verdankt seine tüchtigen musikalischen Kenntnisse und die sehr bedeutende Fertigkeit auf seinem Instrumente lediglich dem eigenen Trieb und Streben, wodurch er endlich in den Stand gesetzt wurde, seine arme Familie sorgenfrei hinzustellen. In zahlreichen Concerten hat er sich Ruf und Ruhm erworben und wurde als erster Flötist im k. k. Hofopernorchester zu Wien angestellt. Als Componist für sein Instrument hat er sich durch Solocompositionen und Transscriptionen wenn auch nicht hervorragend, so doch ehrenvoll bemerkbar gemacht. Auch eine Flötenschule hat er veröffentlicht. — Sein von ihm theilweise mit ausgebildeter Sohn, Wilhelm F., geboren 1838 zu Wien, schwang sich zu einem sehr beliebten Tanzcomponisten empor, dessen Ruf weit über den Umkreis Oesterreichs hinausging. Derselbe war zugleich Dirigent eines eigenen Orchesters, welches in Wien Unterhaltungsconcerte gab. Er starb in jungen Jahren 1866 in seiner Vaterstadt.

Fahsius, Johann Justus, deutscher Gelehrter zu Anfange des 18. Jahrhunderts, in dessen Schriften sich auch Musikalisches befindet. So in seinem »*Atrium eruditionis*« (Gosslar, 1718) auf sieben Seiten (380—387) Betrachtungen über die Wichtigkeit der Musik im Bildungsgange der Menschen und an deren Ende des Kaspar Calvörs gelehrte Vorrede zu Sinns Temperatur »*De arcanis musicis*.

Faidit, Anselmo oder Gancelm, provençalischer Jongleur, d. h. fahrender Dichter, Sänger und Componist, geboren zu Uzerche im Limousin um 1150, hat sich seinen Ruhm durch seine Monolog- und Gesprächdichtungen erworben, die er selbst in Musik setzte und mit seiner Gattin, einer von ihm aus einem Kloster zu Aix entführten Nonne, an den Tafeln hoher Herren vortrug. Besonders gelangte F. bei König Richard, als dieser 1180 als *Count of Poitou* in der Provence residirte, in hohe Gnaden, wie er denn auch diesem Könige auf dessen Kreuzzug nach Palästina folgte. Burney theilt in seiner Hist. of Music vol. II, p. 242 das Gedicht und die Melodie mit, welche F. 1198 auf den Tod seines königlichen Gönners verfasst hatte, und Signorelli führt in seiner Geschichte des Theaters eines von F.'s Gesprächen, das unter dem Titel »*Heregia dels Preyeres*« bekannt war, an. In der Geschichte der Trobadors wird F. als provençalischer Sänger genannt, der es verstanden habe, *des bons mots et des bons sons* zu fertigen. Im J. 1220 soll F., der nach dem Tode Richards an den Höfen der Marquis von Montferrat und des Raymond d'Agoult lebte, gestorben sein.

Faignient, Noë, ein hervorragender belgischer Componist, geboren um 1570 zu Antwerpen, lebte als Musiklehrer in seiner Vaterstadt und ahmte in seiner Eigenschaft als Componist den Styl des Orlandus Lassus so treu und geschickt nach, dass er in der Musikerwelt damals *Simia Orlandi*, d. i. Affe des Orlandus, genannt wurde. Erhalten geblieben sind von ihm mehrere Bücher vier- bis achtstimmiger Motetten und Madrigale, sowie Chansons.

Fairfax oder **Fayrfax**, Robert, Professor der Musik, Organist und Componist, aus edler Familie in Yorkshire entstammend, wurde nach Bischof Tanner zu Bayford in der Gegend von Hertford (um 1460) geboren, zu Cambridge 1504 zum Doktor der Musik creirt und 1511 von der Universität Oxford zum Mitglied und lehrenden Professor ernannt. Lange Jahre war er gleichzeitig als Sänger und Organist zu Oxford an der St. Albanskirche thätig, welche Thätigkeit, nach seinem Grabmal daselbst zu schliessen, erst mit seinem Tode um 1514 endigte. Von seinen Compositionen haben sich nur sehr wenige erhalten. Bisher kannte man nur die, welche als Manuscripte in der sogenannten Thoresby'schen Sammlung zu London sind und aus der Hawkins eine dreistimmige Motette »*Ave summe aeternitatis*« für Alt, Tenor und Bass entnahm, die er in seiner *Hist. of Music* vol. II. p. 516 und 517 abdruckte. Ferner vgl. noch Burney, *Hist. of Mus.* vol. II. p. 546 und 561. — Aus F.'s Familie stammte der nachmals so berühmte Lord Thomas F., General der Parlamentstruppen, der 1611 geboren war und 1671 starb. †

Faisst, Immanuel (Gottlob Friedrich), ausgezeichneter deutscher Orgelvirtuose, tüchtiger Theoretiker und Componist, geboren am 13. Octbr. 1823 zu Esslingen im Königreich Würtemberg, trieb schon in früher Jugend, obwohl er für das Studium der Theologie bestimmt war, musikalische Uebungen, namentlich das Orgelspiel, mit grösstem Eifer und solchem Erfolge, dass er mit neun Jahren schon selbstständig Organistendienste aushülfsweise versah und auch componirte. Im J. 1836 bezog er das Seminar zu Schönthal und 1840 das sogenannte Stift in Tübingen, wo er Musikschüler Silcher's wurde. Der letztere Umstand fachte von Neuem seine Vorliebe für die Tonkunst in einem Grade an, dass er beschloss, sich derselben ausschliesslich zuzuwenden und das weitere Studium der Theologie fallen zu lassen. Die würtembergische Ober-Kirchenbehörde unterstützte sein Vorhaben dadurch, dass sie ihn auf Staatskosten im Interesse der Kirchenmusik auf Reisen gehen liess. F. wandte sich in Folge dessen gegen Ende des J. 1844 nach Berlin, um in die Zahl der Schüler des von ihm hochverehrten Mendelssohn zu treten. Da dieser Meister aber gerade damit beschäftigt war, Berlin für immer zu verlassen, so musste sich derselbe darauf beschränken, F. mit Rathschlägen für seine Selbststudien zu unterstützen. Dieser wandte sich nun an S. Dehn, der ihn theoretisch bis auf die höchste Stufe brachte, während die Organisten Thiele und Haupt seinem Orgelspiel die letzte Feile verliehen. Ganz wesentlich bereichert in seinem Wissen und Können konnte er um die Mitte des J. 1846 in sein Vaterland zurückkehren. Auf der Reise dorthin trat er in verschiedenen Städten als Orgelvirtuose auf und erregte durch seine Vorträge grosses Aufsehen; auch seine Compositionen für dieses Instrument fanden die ehrenvollste Anerkennung. Er liess sich gänzlich in Stuttgart nieder, gründete und leitete 1847 eine Organistenschule, verbunden mit einem Verein für die Pflege der klassischen Kirchenmusik, erhielt bald dazu noch die Direktion des Liederkranzes, welche er zehn Jahre lang führte, sowie 1849 die Oberleitung des damals neu begründeten Schwäbischen Sängerbundes. In demselben Jahre wurde er auch Gesanglehrer des Katharinenstifts und in Folge einer grösseren Abhandlung: »Beiträge zur Geschichte der Claviersonate« (Band 25 und 26 der Musikzeitschrift »Cäcilia«) von der Universität Tübingen zum Doctor der Philosophie ernannt. Im J. 1857 betheiligte sich F. an der Gründung des Stuttgarter Conservatoriums, dem er seit 1859 in verdienstvoller Weise als Director vorsteht. Seit 1865 ist er auch Organist und Musikdirektor des Chors an der Stiftskirche und führt, gemäss besonderer Verleihung, den Titel eines Professors der Musik. Aus allen diesen Berufungen ist bereits zu ersehen, einen wie bedeutenden Einfluss F. nach einer bestimmten Seite hin auf das Musikleben Stuttgarts und ganz Würtembergs gewonnen hat, und der Aufschwung in der edlen Pflege der Tonkunst daselbst verdankt ihm besonders die Hauptanregung. — Als Componist, hauptsächlich von kirchlichen Werken und weltlichen Chorgesängen, war und ist noch F. sehr fruchtbar. Gediegene, kunstreiche und interessante Arbeit zeichnet Alles aus, was er geschrieben hat, weit weniger dagegen Originalität und Selbstständigkeit der Erfindung. Man kennt von ihm zahlreiche Orgelstücke, Motetten, Psalme, Männerchöre, Lieder u. s. w. Was davon im Druck erschienen ist, reducirt sich auf Weniges, nämlich auf ein Heft Gesänge und ein Heft Lieder ohne Worte (Jugendarbeiten), sodann mehrere Männerquartette und Orgelstücke (in Sammlungen) und endlich eine grosse Doppelfuge für Clavier, welche sich in der Pianoforteschule von Lebert und Stark befindet. Erwähnt sei noch, dass sein »Gesang im Grünen« 1865 beim grossen Sängerfeste in Dresden und seine Composition von Schiller's »die Macht des Gesanges« 1866 vom Schlesischen Sängerbunde mit dem Preise gekrönt worden ist.

Fakir, im Arabischen überhaupt ein Armer, nennt man in mohammedanischen Ländern auch die Derwische (s. d.), in Indien die Büssenden oder Sanjassis, eine Kaste, die sich der Selbstpeinigung und Kasteiung gewidmet hat.

Fa la, bei den Italienern Ausdruck tändelnden Lallens, ist der Gattungsname von Arietten und Volksliedern geworden, die mit einem derartigen Refrain endigen. Muzio Clementi war, allem Wissen nach der Erste, welcher in seiner Anleitung zum Clavierspielen das Fa la in die Literatur führte.

Falandry, Alexis Germain, französischer Kirchen- und Kammercomponist, geboren am 28. Apr. 1798 zu Lavalette im Departement de l'Aude, war von 1821 bis 1827 Schüler des Pariser Conservatoriums, in der Composition speciell der von Fétis. Sofort nach seinem Austritt aus dem Institute erhielt er eine Kapellmeisterstelle in Südfrankreich und starb 1853. Von seiner Composition erschienen in Paris Kirchen- und Orgelstücke aller Art und zahlreiche Romanzen.

Falb, P. F., Remigius, Mönch zu Fürstenfeldbrück, gab 1747 zu Augsburg: »Sutor non ultra crepidam, seu Simphoniae VI a 2 Viol. et Basso« heraus.   †

Falbetti, Eleonore und Elisabeth, wahrscheinlich Schwestern, hiessen zwei berühmte italienische Sängerinnen, die in den Jahren von 1650 bis 1670 in Italien wirkten.   †

Falck, G e o r g, der Aeltere, auch **Falke** geschrieben, deutscher Musiker in der zweiten Hälfte des 17. Jahrhunderts, war Cantor und Organist zu Rothenburg an der Tauber und hat veröffentlicht: »*Idea boni cantoris etc.*« (Nürnberg, 1688).

Falckenhagen, s. **Falkenhagen.**

Falco, F r a n c e s c o, italienischer Violinvirtuose, um die Mitte des 18. Jahrhunderts geboren, kam im J. 1773 nach Paris und fand in der Kapelle des Königs Anstellung. Er hat u. A. ausser Violin-Solos (London) noch »*Solfeggi di scuola italiana con i principi della musica vocale*« veröffentlicht. — Ein M i c h e l e F., italienischer Componist und seinem Musikstyle nach Zeitgenosse des Alessandro Scarlatti, ist in der Bibliothek des Pariser Conservatoriums durch ein »*Oratorio di Santo Antonio*« vertreten, sonst aber nicht weiter mehr bekannt.

Falcon, M a r i a C o r n e l i e, berühmte französische Bühnensängerin, geboren am 28. Januar 1812 zu Paris, gewann seit 1827, zuerst als Schülerin des Pariser Conservatoriums, sowie weiterhin durch Privatstudium bei Bordogni und Nourrit eine vorzügliche musikalisch-dramatische Gesangbildung, mit der sie 1830 zur Bühne ging und von 1832 bis 1837 eine Zierde der Grossen Oper ihrer Vaterstadt, an die sie Meyerbeer gebracht hatte, war. Ihre Stimme, ein Mezzosopran, war von grosser Schönheit und Fülle und ihr Vortrag von hinreissender Macht. Meyerbeer rühmte von ihr, dass sie die lebhafteste Verkörperung seiner Ideen gewesen sei, und dass keine der späteren Sängerinnen Europa's sie auch nur annähernd erreicht habe. Ihre Meisterrolle war daher auch die Valentine in Meyerbeer's »Hugenotten«, eine Parthie, in der sie von der ersten Aufführung des Werks (1836) an bis zu ihrem frühen Abgange von der Bühne die grossartigsten Triumphe feierte. Zu Ende des Jahres 1837 stellte sich als Folge einer vorhergegangenen Krankheit eine solche Alteration ihres Organs ein, dass sie das Singen ganz einstellen und ihrer ehrenvollen Stellung entsagen musste. Keine Sängerin der Folgezeit hat sie genügend zu ersetzen vermocht.

Falcone, A c h i l l e, italienischer Contrapunktist zu Ende des 16. Jahrhunderts, welcher als Kapellmeister zu Caltacirone angestellt war, aber schon am 8. Novbr. 1600 zu Cosenza noch im Jünglingsalter starb. Baini erzählt nach dem Manuscript Pitoni's die Einzelheiten eines langwierigen gelehrten Streites, welchen F. mit dem spanischen Contrapunktisten Sebastian Raval, Kapellmeister des Vicekönigs von Sicilien, führte, dessen letzte Entscheidung F. aber nicht mehr erlebte. Die ausführlichste Beschreibung dieses merkwürdigen Haders findet man in der Vorrede zu einem Madrigalenwerke F.'s, welches dessen Vater drei Jahre nach dem Tode des Sohnes in Venedig herausgab und ebenso in einer Sammlung Motetten, die Raval schon 1601 zu Palermo veröffentlicht hatte.

Falconi, s. B o c h k o l t z - F a l c o n i.

Falconi, G i a c o m o, berühmter und verdienstvoller italienischer Notenstecher, der um 1767 zu Venedig lebte und wirkte.

Falconieri, G., italienischer Componist, der zu Anfange des 17. Jahrhunderts in Neapel lebte.

Falconio, mit dem Mönchsnamen P l a c i d u s F a l c o n i u s, ein Benediktiner, der 1549 zu Brescia in den Orden trat und zu Asola um 1530 geboren war. Er hat sich als vorzüglicher Tonsetzer hervorgethan, wie folgende seiner im Druck erschienenen Werke beweisen: *Missae seu Introitus per totum annum* (Venedig, 1575); *Passio, seu Voces Hebdomadae S.* (Ebenda, 1580); *Responsoria in Hebdomada S. canenda* (Ebenda, 1580) und *Magnificat octo tonorum* (Ebenda, 1588). Vgl. Ziegelhauer's *Hist. lit ord. S. Bened.* Th. IV. Seite 314. Er starb zu Anfang des 17. Jahrhunderts. †

Falengio, T e o f i l o, italienischer Componist, geboren zu Mantua 1494 und gestorben nach einem sehr bewegten Leben, als Benediktinermönch zu Campasio am 9. December 1544, hat sich musikalisch bemerkbar gemacht. Pater Martini führt eins seiner musikalischen Werke, welches 1520 und 1692 zu Amsterdam gedruckt sein soll, an. Vgl. Speyer'sche mus. Zeitung 1789 Seite 394. †

Falgara, kurfürstl. baierischer Kammermusiker und Hofcomponist um 1790, hat sich durch Composition mehrerer pantomimischer Ballets seiner Zeit bekannt gemacht, Compositionen, die mit Beifall auf der Münchener Bühne aufgeführt wurden, und unter welchen man besonders »die Schäferstunde« rühmte.　　†

Falkenhagen, Adam, deutscher Virtuose auf der Laute, geboren am 17. Apr. 1697 zu Gross-Döltzig bei Leizig, erlernte die Anfangsgründe der Musik bei seinem Vater, einem Schullehrer, gründlichere Studien in Kunst und Wissenschaften später bei einem Prediger in dem benachbarten Knauthayn betreibend. Den letzteren verliess er in seinem 18. Jahre als ein fertiger Clavier- und Lautenspieler, der es hierauf bei dem berühmten Lautenisten Graf in Merseburg bis zur Virtuosität brachte. Er wirkte hierauf als Lehrer beider Instrumente in Leipzig, war von 1721 bis 1725 herzogl. Weissenfels'scher Kammermusiker und machte bis 1727, wo er in die Weimar'sche Hofkapelle trat, Kunstreisen, die ihm einen grossen Ruf verschafften. Im J. 1729 wurde er, gleichfalls als Kammermusiker, nach Baireuth gezogen, woselbst er bis zu seinem Tode im J. 1761 blieb, nachdem er 1750 auch noch Brandenburg-Kulmbach'scher Kammersekretair geworden war. Von seinen Compositionen sind Variationen und geistliche Gesänge mit Variationen für die Laute sowie Solos und Sonatinen für letzteres Instrument sehr beliebt gewesen.

Falkner, Rudolph, ein deutscher Tonkünstler, der um die Mitte des 18. Jahrhunderts in England wirkte, gab »*Instructions for playing the Harpsichord, Thorough-Bass, fully explained, and exact rules for Tuning the Harpsichord*«, im J. 1762 oder 1760 zu London heraus. Vgl. Blankenburg's Zusätze zu Sulzer, Band II, Seite 178.　　†

Fallani, Domenico, ein neapolitanischer Componist, welcher in der letzten Hälfte des 18. Jahrhunderts Kapellmeister in Puzzuoli war und zahlreiche Kirchenstücke geschrieben hat. Als ein Meisterwerk in Bezug auf schönen, charakteristischen Ausdruck wird seine »*Orazione di Geremia a canto solo con stromenti*« gerühmt.

Fallen kommt als Kunstausdruck in verschiedenen Bedeutungen vor; zunächst zur Bezeichnung der unmittelbaren Ausweichung durch die Dreiklangs-Harmonie auf die erste Stufe der neuen Tonart, als sogenannter **fallender Schluss,** weil hier in dem Dominanten-Accorde nothwendig die Quinte und in dem folgenden Dreiklange über die Tonica die Octave in der Melodie liegen muss. Sodann wenn von einer an Höhe und Stärke abnehmenden Stimme die Rede ist. S. **Abfallen.** Endlich zur Bezeichnung des stufenweisen Herabsteigens der Töne einer Leiter, als sogenannte **fallende Intervalle,** z. B. Secunde, Terz u. s. w.

Faller, Charlotte, geborene Thiele, angesehene deutsche Sängerin, geboren am 14. Octbr. 1758 zu Hubertsburg, verheirathete sich 1782 zu Ansbach.

Fallouard, Pierre Jean Michel, französischer Tonkünstler und Musikschriftsteller, geboren am 11. Juli 1805 zu Honfleur, erhielt schon in früher Jugend musikalischen Unterricht, auf welcher Basis ihn seit 1821 Delaporte, der Organist an der Katharinenkirche zu Honfleur, im Orgelspiel und in der Harmonielehre weiter bildete. Die letzten Studien im Orgelspiel machte er beim Organisten Godefroid in Rouen. Im J. 1825 wurde er zum Nachfolger seines Lehrers Delaporte in Honfleur ernannt und wirkte seitdem als Organist wie als Lehrer sehr vortheilhaft. — Von seinen Compositionen erschienen Werke für Gesang und für verschiedene Instrumente, von seinen schriftstellerischen Arbeiten: »*Notices, biographies et variétés musicales*« (Honfleur, 1855) und »*Les musiciens normands etc.*« (Honfleur, 1859).

Falsch wird in der praktischen Musik immer dann als Beiwort gebraucht, wenn es sich darum handelt, das Abweichen von allgemein logischen und ästhetischen oder von speciell musikalischen Gesetzen, Regeln und Gewohnheiten zu bezeichnen. Es bedeutet dann stets soviel als »fehlerhaft«, »unwahr«, »unlogisch«, »inconsequent«, »ungesetzlich«, »ungenau«, »unrein« u. s. f. Man spricht deshalb von »falschem Ausdruck«, »falschem Pathos«, »falscher Deklamation«, »falscher Auffassung«, »falschem Vortrage«, »falscher Intonation«, »falschem Tempo«, »falschem Takt«, »falscher Betonung«, »falschen Tönen«, »falscher Stimmung«, »fal-

scher Temperatur«, »falschen Fortschreitungen«, »falschen Auflösungen«, »falschen
Vorbereitungen«, »falscher Modulation«, »falscher Stimmführung« u. s. f. Wann
bei diesen Einzelnheiten das Beiwort »falsch« anzuwenden ist, ersieht man aus
den betreffenden Specialartikeln: »Ausdruck«, »Pathos« u. s. f. — In ganz demselben Sinne ist der Ausdruck F. auch aufzufassen, wenn einige Theoretiker die v o r-
b o t e n e n Q u i n t e n und die v e r b o t e n e n O c t a v e n (s. d. und Q u i n t e n p a r a l-
l e l e n, O c t a v e n p a r a l l e l e n) unrichtiger Weise »falsche Quinten« und »falsche
Octaven« nennen.

Falsche Quinte (lat.: *quinta falsa*, französ.: *fausse quinte*) bedeutet bei einigen
Theoretikern soviel als v e r m i n d e r t e Q u i n t e (s. d.); diese Theoretiker verstehen
darunter also eine Quinte (*h—f*, *cis—g*), welche um einen kleinen Halbton enger
ist als die reine Quinte (*h—fis*, *c—g*). Consequenter und klarer ist hier jedenfalls
der Ausdruck »vermindert«, denn erstlich ist die ü b e r m ä s s i g e Q u i n t e (s. d.)
auch keine reine, sondern eine unreine, also eine »falsche«, zweitens aber müsste
man dann mindestens auch die v e r m i n d e r t e O c t a v e (s. d.) »falsch« nennen. Der
Gebrauch des Ausdrucks »falsche Quinte« für »verminderte Quinte« hat aber doch
wenigstens einige historische Berechtigung, da man früher die »verminderte Quinte«
nur »*quinta falsa*« d. h. »falsche Quinte« nannte. Ganz unrichtig ist es dagegen,
wenn einige Tonlehrer die Bezeichnung »falsch« oder »vermindert« nur für diejenigen verminderten Quinten in Anspruch nehmen wollen, welche zwischen leitereigenen und chromatischen Tönen stattfinden (in *C-dur*: *c—ges*, *cis—g* u. s. f.),
während sie diejenigen »verminderten Quinten«, welche zwischen den Tönen einer
und derselben Tonartleiter möglich sind (*h—f* in *C-dur*, *d—as* in *C-moll*) »kleine
Quinten« nennen. Die nähere Bestimmung derjenigen Intervalle, welche nicht
n a t ü r l i c h e I n t e r v a l l e (s. d.) sind, deren höhere Töne also nicht in der *Dur*-
tonartleiter der tieferen vorkommen, erfolgt immer nur auf Grund einer Vergleichung mit den betreffenden natürlichen Intervallen. Die natürlichen Intervalle
heissen nun theils »gross« (bei Secunde, Terz, Sexte und Septime), theils »rein«
(bei Prime, Quarte, Quinte und Octave). Der Ausdruck »vermindert« bedeutet
aber in Beziehung auf »rein« nur soviel, als: »einen Halbton enger als rein«. Die
Quinte *h—f'* ist nun aber um einen Halbton kleiner als die reine Quinte (*h—fis'*),
ebenso wie die Quinte *c—ges* um einen Halbton kleiner ist als die reine Quinte
(*c—g*). In beiden Fällen muss also die betreffende Quinte eine »verminderte«, oder
will man für »vermindert« den Ausdruck »falsch« setzen, eine »falsche Quinte«
heissen.

Falsche Saiten sind Darmsaiten, deren Fäden ungleichmässig zusammenge-
sponnen sind, so dass sich bei der Bewegung dieser Saiten zu deren regelmässigen
und natürlichen Schwingungen noch unregelmässige Schwingungen gesellen, welche
den Klang unbestimmt und klirrend machen. Auch hier könnte man wohl von
»falschen Quinten« sprechen, da man im gewöhnlichen Leben für die *e''* Saite der
Geige den Namen »Quinte« gebraucht.

Falsche Stimme (französ.: *voix fausse*) nennt man ein menschliches Stimmorgan, welches die Töne nicht vollkommen rein angiebt, sondern »aus Mangel an
gehörig fester Organisation der Stimmwerkzeuge« bald zu hoch, bald zu tief.
                                                                    O. T.

Falset (französ.: *fausset*, ital.: *falsetto*), die K o p f s t i m m e (s. d.) oder Fistel.

Falsetisten, italienisch auch *Alti naturali* oder *Tenori acuti* genannt.
S. *Alti naturali*.

Falso bordone (ital., französ.: *Faux-Bourdon*) bezeichnet zunächst eine besondere Art des O r g a n u m s oder der D i a p h o n i e (s. d.), welche vor und während
der Entwickelungsperiode des »Discantus« oder »Déchant« in den französischen
Kirchen im Gebrauche war. Bei dieser Art der Diaphonie begleiteten die organisirenden Stimmen den Tenor in Terzen- und Sextenparallelen, während das ältere
Organum nur die vollkommenen Consonanzen (Quarten, Quinten und Octaven) zu-
liess. Die drei Stimmen eines solchen F. b. schritten also in Sextenaccorden fort,
nur mit der Abweichung, dass zu Anfang und zum Schluss die höchste Stimme

mit dem Tenor eine Octave bildete, während die Mittelstimme die Terz oder die Quinte des Tenors zu singen hatte. Im Wesentlichen sind diese *Falsi bordoni* ebenso mechanisch entstanden, wie die »Diaphonie« des Hucbald, nur sind sie dem Ohr erträglicher. Erwähnt wird diese Art des mehrstimmigen Gesanges bei Tinctoris, Gafor und bei anderen Schriftstellern. Tinctoris sagt von ihr (»Contrapunkt«) folgendes: »Während des ganzen Verlaufes desjenigen Gesanges, welchen man »Faux-Bourdon« nennt, wird die Quarte zugelassen, oft wird ihr aber die (tiefere) Quinte und noch öfter die (tiefere) Terz (des tiefsten Tons) beigefügt.« Bei Ambros (»Geschichte der Musik, II. S. 313) findet sich das folgende von Tinctoris gegebene Beispiel eines zweistimmigen Faux-Bourdon (a). Franch. Gafor, von welchem Ambros (S. 314) das unter b zufindende Beispiel eines dreistimmigen *Falso bordone* mittheilt, spricht sich über den F. b. wie folgt aus: Wenn der Tenor und der Cantus in einer oder mehreren Sexten fortschreiten, dann wird die Mittelstimme, nämlich der Contratenor, immer unter dem Cantus die Quarte einhalten und gegen den Tenor die höhere Terz; diese Gattung Contrapunkt nennen die Musiker »Faux-Bourdon« (Ambros, a. a. O. S. 314).

In Italien fand diese Art des mehrstimmigen Gesanges erst später Eingang, und er wurde dort »*Falso bordone*« genannt. Ueber die Entstehung des Namens sind die Ansichten getheilt. Prätorius (»Syntagma«) giebt mehrere Ableitungen. Einmal meint er, dass diesem Gesange dieser Name gegeben sei, weil Bordone oder »Bourdon« »eine grosse Hummel bedeute, welche daher rauschet, summet und brummet«, und weil solche Art zu singen »keine liebliche, sondern rauschende, summende Harmonien« gebe. Weiter meint er, dass man den Namen deshalb gebraucht habe, weil in diesen Gesängen der Tenor, der auch Bordone heisse — (von Bordon — ein Ständer, eine Stütze, ein Stab, oder von Bordonale — ein Träger) — nicht die eigentliche Grundstimme der Harmoniefolge, sondern die höhere Terz derselben singe, also ein falscher Tenor, ein Falso-bordone sei. Andere Schriftsteller haben noch andere Ableitungen gegeben. Am meisten Anklang hat die zweite Erklärung des Prätorius gefunden, und daher ist wohl die Auffassung am weitesten verbreitet, dass jene Singeweise geheissen habe: »Psalmodiren mit dem Falso bordone oder Faux-Bourdon, d. h. mit der uneigentlichen Grundstimme, eben weil nicht die eigentliche Grundstimme der Harmoniefolge, sondern ihre umgekehrte Terz den Bass abgab, während jene in der Oberstimme lag« (A. v. Dommer, »Handbuch der Musikgesch.« S. 67). — In späteren Zeiten kommen aber unter dem Namen Falsi bordoni einige ganz andere Arten mehrstimmigen Gesanges vor. Baini führt in seinem Werke über Palestrina noch zwei verschiedene Arten von Falsi bordoni an. Zunächst verstehe man darunter eine Art von regelmässigen Compositionen, aber ohne bestimmten Rhythmus, worin eine der vier Stimmen den Can-

tus firmus bringe, während die drei anderen Stimmen Contrapunkte seien, welche aus lauter Consonanzen mit nur einigen Ligaturen in den Cadenzen beständen. Diese Falsi bordoni sind auch von bedeutenderen Tonsetzern angewendet worden und haben sich noch bis heutigen Tages in der Uebung erhalten. (Die Antworten des Chores in der Liturgie sind solche Falsi bordoni.) Ambros führt (a. a. O. S. 314) folgendes Beispiel an, das er Battista Rossi's »*Organo de cantori*« (Venedig, 1618) entnommen hat.

Domine me festina ad adjuvandum.   Gloria patri et filio, et spiritui sancto.   Sicut erat in principio et nunc et semper et in saecula saeculorum.

Al - le - lu - - - ia.

Die einzelnen auf einen Ton auszusprechenden Silben mussten die Sänger selbstständig einer guten Deklamation entsprechend vertheilen. Man bezeichnet daher auch wohl das in der Psalmodie übliche Sprechen von mehreren Silben auf ein und demselben Tone als »Psalmodiren mit dem Falso bordone«. — Eine weitere Art des Falso bordone, welche Baini angiebt, und welche in Rom im 17. Jahrhundert beliebt gewesen sei, soll nach v. Dommer (a. a. O. S. 67) darin bestanden haben, »dass die Psalmodie als Grundstimme oder Tenor auf der Orgel gespielt wurde, während vier Singstimmen, Sopran, Alt, Tenor und Bass, von Vers zu Vers abwechselnd, einen Contrapunto alla mente (s. d.) mit allerhand Passagen und Fiorituren darüber ausführten.« — Wie das Wort F. b. zur Bezeichnung so verschiedenartiger Dinge hat verwendet werden können, ist nicht »begreiflich, wenn es nicht mit der Zeit ein Allgemeinausdruck für die verschiedenen Arten mehrstimmig zu psalmodiren, geworden ist«.   O. T.

Falster, Christian, Conrektor zu Ripa in Jütland, veröffentlichte u. A. ein Werk »*Questiones romanae, sive idea historiae literariae Romanorum*« (Leipzig und Flensburg, 1718), in welchem sich auch einige Untersuchungen über antike Musik befinden.

Faltenbälge nennt man die in den Werkstätten der Schmiede und Schlosser angewandten Bälge, bei denen die Platten durch Leder verbunden sind, das beim Sinken der Oberplatte mehrere Falten bildet. Diese Faltenbälge fanden sich in früherer Zeit in der Orgelbaukunst in Gebrauch, wurden aber zu Ende des 6. Jahrhunderts durch die Span- oder Spahnbälge (s. d.) ersetzt, die später in einer Bauart, wenn nämlich durch mehrere mittelst Leder verbundene Spähne mehrere Falten bedingt wurden, um eine grössere Luftmasse aufnehmen zu können, ebenfalls F. genannt wurden; diese noch jetzt gebräuchlichen F. wurden zuweilen auch Spahnbälge geheissen. Siehe Balg.   2.

Fa-mi ist die in der Mutation (s. d.) gebotene Tonbenennung in der abwärts gehenden Folge für die Stufen des Halbtons, gleichviel ob dieselbe sich von selbst ergab oder nicht. Siehe Hexachord.   †

Fanart, L. S., französischer Tonkünstler, geboren um 1810 zu Rheims, ist in seiner Vaterstadt als Organist angestellt und hat sich auch durch Veröffentlichung einiger musikalischen Schriften bekannt gemacht.

Fandango (spanisch) ist, wie der Bolero (s. d.) ein alter spanischer National-tanz im $^3/_4$ Takte von weichem, zärtlichen Charakter. Die meist in der Molltonart gesetzte Melodie desselben hält eine mässige, ziemlich langsame Bewegung fest und wird meist auf der Zither, Guitarre und ähnlichen Instrumenten gespielt, während die Tänzer selbst, gewöhnlich nur zwei Personen beiderlei Geschlechts, durch Castagnetten den Rhythmus markiren. Auf dem Lande in Spanien wird er, häufig auch mit Gesang untermischt, am graziösesten getanzt, zugleich aber auch so lei-denschaftlich geliebt, dass, alles Eiferns der Geistlichkeit ungeachtet, er niemals ganz unterdrückt werden konnte. Durch die Spanier ist der F. auch in Süditalien und Südfrankreich bekannt und beliebt geworden, woselbst er jedoch nicht in der reinen Form seiner Heimath ausgeführt wird, sondern vielfach fremdartige Elemente in sich aufgenommen hat.

Fanelli, Cola Vincenzo, ein italienischer Contrapunktist des 16. Jahrhun-derts, von dessen Lebensumständen nichts und von dessen Arbeit nur die wenigen Tonsätze bekannt geblieben sind, welche de Antiquis im *primo libro a 2 voci di diversi Aut. di Bari* (Venedig, 1585) mittheilt.

Fanfare (französ.) nennt man ein kleines für die Reiterei bestimmtes Tonstück von zugleich schmetterndem und schallendem Charakter, das sich meist in den am prächtigsten klingenden Naturtönen der Blechinstrumente bewegt; ursprünglich wurde es nur für Trompeten und Pauken, jetzt jedoch auch für alle bei der Reiterei gebräuchlichen Instrumente gesetzt. Ein interessantes, die Art genau charakteri-sirendes Trompetenstück dieser Gattung findet sich im 2. Akte des »Struensee« von Meyerbeer. Der Ursprung der F. überhaupt ist in Frankreich zu suchen. — Auch kurze bei der Jagd eingeführte Signale (s. d.) nennt man F. sowie denselben nachgebildete Tonstücke, meist munteren Charakters, sich im $^6/_8$ Takt bewegend, die auch unter der Bezeichnung Horn-Bicinien (s. d.) bekannt sind. — Das durch freies accordisches Ergehen auf Blasinstrumenten gebräuchliche Begleiten eines ausgebrachten Hochs bei festlichen Gelegenheiten nennt man mitunter auch wohl eine F.; gebräuchlicher hierfür ist aber der Name Tusch (s. d.). — Das in der preussischen Armee F. genannte Signal

auch: »Marsch! Marsch!« (Carrière) genannt, hat den Zweck, das schnellste Fort-bewegen der Truppe zu bewerkstelligen. In der französischen Militairsprache be-zeichnet F. ausserdem die Cavalleriemusik überhaupt, welche laut Dekret von 1872 aus einem Trompeten-Major und zehn Trompetern besteht.   2.

Fang-hiang heisst ein in China 1679 durch den Kaiser Kang-hi gesetzlich eingeführtes Musikinstrument, bei welchem die klingenden Körper 16 Holzstücke bilden, die in der Ordnung der Steinplatten des King (s. d.) aufgehängt und mit einem Klöpfel tönend erregt werden.   0

Fangventil nennt man ein in der unteren Balgplatte der Orgel eingesetztes Ventil (s. d.), das nicht weit vom hinteren Ende in der Mitte derselben befindlich ist. Hebt man, mittelst Niedertreten des Calcantenclavis (s. d.) die Oberplatte eines Balges, so heben sich durch die Verdünnung der Luft im Balge die Klappen des F.s nach dem Innern des Balges zu, und gestatten der Aussenluft freien Ein-gang; wird diese Thätigkeit eingestellt, so drückt die geschöpfte Luft die Ventil-klappen nieder und es wird somit die in den Balg eingedrungene Aussenluft durch dies Ventil abgeschlossen oder gefangen.   2.

Fanna, Antonio, trefflicher italienischer Clavierspieler, sowie tüchtiger Leh-rer seines Instruments und fleissiger Componist für dasselbe, geboren 1793 zu Venedig und gestorben daselbst am 15. März 1845. Seine zahlreichen Claviersachen aller Art, sowie Romanzen und Canzonetten von ihm erschienen bei Ricordi in Mailand, und seine Lebensbeschreibung verfasste Pasquale Negri unter dem Titel: »*Cenni biografici sopra Antonio Fanna*« (Venedig, 1845).

Fantasie (aus dem Griech.), s. P h a n t a s i e.

Fantasiren, s. P h a n t a s i r e n.

Fantasirmaschine, scherzhafte Benennung für M e l o g r a p h oder N o t e n - s c h r e i b m a s c h i n e (s. d.). S. auch E x t e m p o r i r m a s c h i n e.

Fantastico (ital., französ.: *fantastique*), Vortragsbezeichnung in der Bedeutung phantastisch, überschwänglich. — Vielen neueren Compositionen wird diese Bezeichnung gleichfalls beigelegt, z. B. einer Sonate, Sinfonie u. s. w., um anzudeuten, dass der Inhalt sowie die durch diesen bedingte Form von dem Ueblichen abweichen, also recht eigentlich Neues und Eigenthümliches bringen.

Fante, A n t o n i o d e l, italienischer Kirchencomponist und Kapellmeister, gestorben im März 1822 zu Rom, war seit 1817 daselbst Dirigent der Musik an der Kirche Santa Maria Maggiore. Ueber seine geistlichen Compositionen, deren er sehr zahlreiche im Manuscript hinterliess, fällt Kandler das Urtheil, dass sie einen viel zu weltlichen Beigeschmack haben und ohne die erforderliche religiöse Würde und Einfachheit geschrieben sind.

Fantini, C a t e r i n a, berühmte italienische Sängerin, deren Blüthezeit auf den Bühnen Italiens nach Laborde in die Jahre 1680—1690 fällt.

Fantini, G e r o n i m o, berühmter italienischer Trompetenvirtuose, geboren um die Wendezeit des 16. und 17. Jahrhunderts zu Spoleto, wirkte von 1621—1670 als Hoftrompeter des Herzogs Ferdinand II. von Toscana. Er zog auch auf Kunstreisen die allgemeine Bewunderung auf sich, so um 1642 zu Rom; es ist sogar mit Wahrscheinlichkeit anzunehmen, dass er sich zwischen 1635 und 1640 auch in Deutschland hat hören lassen. Daselbst erschien wenigstens sein Werk »*Modo per imparare a suonare di tromba di guerra*« (Frankfurt, 1638), eine Art Trompetenschule mit 100 Stücken verschiedenen Charakters, welche von grösstem historischen Interesse für die Jetztzeit ist. — Nach Pater Mersenne's Zeugniss (vgl. dessen lib. 2 *de instrumentis harmon.* pag. 109) war F. im Stande, auf seinem Instrumente alle chromatischen Töne mit der grössten Sicherheit anzugeben, eine Kunst, die ihn zum grössten Virtuosen seiner Zeit erhob.

Fanton, N i c o l a s, Abbé, französischer Kirchencomponist, war erst Kapellmeister an der Kathedralkirche zu Blois und dann an der Sainte-Chapelle zu Paris, wo er im J. 1755 (oder 1757) starb. Zahlreiche Kirchenstücke, im Style ähnlich denen Lalande's, gingen aus seiner Feder hervor, von welchen Motetten mit ganz besonderem Beifall im *Concert spirituel* zu Paris zur öfteren Ausführung gelangten.

Fantocci, A n g e l o, hervorragender italienischer Baritonsänger, geboren um 1760, trat zuerst 1783 auf der Opernbühne zu Venedig auf und war 1789 in Genua, 1790 in Brescia und 1791 in Mailand engagirt. Von dort kam er im folgenden Jahre an die italienische Oper zu Berlin, wo er bis 1802 seiner schönen und hohen Stimme wegen sehr geschätzt war. Spätere Nachrichten über ihn fehlen. — Noch berühmter als er war seine Gattin, M a r i a F., geborene M a r c h e t t i, welche 1767 zu Neapel geboren und 1788 verheirathet, mit ihrem Manne, nachdem sie an verschiedenen Theatern ihres Vaterlands geglänzt hatte, 1792 nach Berlin gekommen war. Die letzten Nachrichten von ihr fallen in das J. 1807, wo sie in St. Petersburg mit abgenutzter Stimme und deshalb ohne Erfolge auftrat.

Fantozzi, J o s e p h i n e, s. W e i x e l b a u m.

Fantuzzi, G i o v a n n i, Graf von, italienischer Kunstgelehrter, geboren um 1740 zu Bologna, war Mitglied der Akademie seiner Vaterstadt und veröffentlichte »*Notizie degli scrittori bolognesi*« (9 Bde., Bologna, 1781—1794), in denen wichtige biographische Mittheilungen über Artusi, Banchieri, Bottrigari, Padre Martini, Penna, Spataro und andere ausgezeichnete Tonkünstler Bologna's sich befinden, sowie auch eine historische Abhandlung über die philharmonische Akademie dieser Stadt.

Fauzago, Francesco, Abbate und Rector des Collegiums zu Padua, gab eine von ihm am 31. März 1770 in der Servitenkirche zu Padua gehaltene Lobrede auf Giuseppe Tartini: »*Orazione delle lodi di G. Tartini etc.*« (Padua, 1770) heraus, welche Schrift auch Tartini's Bildniss enthält.

Farabi, El- oder **Alfarabi,** dessen ursprünglicher Name **Abunasr Mohammed ben Mohammed** war, ist einer der ältesten arabischen Musikschriftsteller; er wirkte im Anfange des vierten Jahrhunderts nach der Hedschira. Bekannt mit den Werken der griechischen Philosophen und Mathematiker, übertrug er davon viele ins Arabische, so u. A. die des Aristoteles über Musik. Ausserdem schrieb F. auch ein selbstständiges grösseres Werk über Musik in zwei Theilen, dessen erster Theil aber leider bis jetzt noch nirgends wieder aufgefunden ist; derselbe enthielt nach F.'s eigener Angabe Kunstabhandlungen älterer Musikgelehrten. Von dem zweiten Theil dieses Werkes, welcher in Bagdad geschrieben wurde, befinden sich Abschriften in der Bibliothek des Escurial und in der zu Leyden, die den Titel: »die theoretische und praktische Musik« tragen. Ausführlicheres über den Inhalt dieses Theiles des F.'schen Werkes giebt Fétis in seiner *Hist. de la Musique* Tom. II. p. 167—169. - F. starb im Jahre 339 der Hedschira (943 n. Chr.). 2.

Faraday, Michael, einer der berühmtesten englischen Chemiker und Physiker, geboren um 1790, war zuletzt Direktor des Laboratoriums der *Royal Institution* zu London. Er erregte seit 1820, wo er als Schriftsteller mit den interessantesten und wichtigsten Entdeckungen auftrat, ein ungemeines Aufsehen in der ganzen gebildeten Welt. Auch über den Ton hat er überaus scharfsinnige Untersuchungen veröffentlicht.

Farandole oder **Farandoule** (französ.), ein provençalischer Nationaltanz von munterem und fröhlichen Charakter und rascher Bewegung, dessen Musik gewöhnlich im $^6/_8$ Takt steht.

Farant, Richard, gelehrter englischer Kirchencomponist, geboren im letzten Viertel des 15. Jahrhunderts, war Organist in Windsor und starb als solcher im J. 1545.

Farben, die, sind seit den frühesten Zeiten her mit den Tönen in Beziehung gebracht worden. Schon die Chinesen verwandten zu ihrem ältesten umfangreichsten Saiteninstrumente, dem Ke (s. d.), farbige Stege. Diese Stege erhielten stets die gleiche Farbe in der gleichen Tonregion, nämlich: die ersten fünf Stege waren blau, die zweiten fünf roth, die dritten gelb, die vierten weiss und die fünften schwarz. Diese Gleichheit der Stege in ihrer Farbe, wie die Uebereinstimmung aller chinesischen Musikschriftsteller darüber, dass jeder Theil des Ke Lehre sei. und in demselben das All des Seins in seinen Einzelntheilen versinnbildlicht werde, lässt annehmen, dass auch die F. der Stege symbolischen Darstellungen dienen. Ob diese Anwendung der F. in der Kunst, welche in China 3000 v. Chr. schon gepflegt sein soll, später auf den assyrischen Musikkreis einwirkte und so vielleicht die griechischen ähnlichen Ideenverbindungen, so wie die persischen veranlasste, ist bisher, noch nicht nachgewiesen. Wenn nun die neueste Forschung eine sehr frühe gegenseitige Beeinflussung der asiatischen Musikkreise sehr wohl annehmen lässt, so ist es auch wahrscheinlich, dass über Assyrien hin Persien und Griechenland Kunde über die chinesische Anwendung der F. in ihrer Kunstausübung erhielten, diese Kunde ihnen jedoch so mystisch vorkam, dass sie in ihrer Weise empfindend, sich mit der Zeit die selbstständige Ausbildung einer sinnigen Beziehung der F. zu den Tönen befleissigten. Dieser Voraussetzung entsprechend, finden wir die F. im persischen Musikkreise für Töne in Gebrauch, und zwar für den Ton *a,* Grün; für *h,* Rosa; für *c,* Blauschwarz; für *d,* Violet; für *e,* Gelb; für *f,* Schwarz und für *g,* Hellblau. — Die Griechen nannten ein Tongeschlecht **chromatisch** (s. d.), welche Bezeichnung, dem Worte χρῶμα, Farbe, entstammend, ohne eine Farben und Töne in Beziehung bringende Reflexion der alten Griechen kaum erklärbar ist. Für die Annahme, dass diese Reflexion durch Kunde über Assyrien angeregt worden, spricht der Umstand, dass Aegypten, sonst als Quelle

aus der alle griechische Weisheit und Kunst entkeimte, angenommen, hierfür keine
Anknüpfungspunkte bietet. — Auch im Mittelalter fanden in der Tonnotirung
farbige Linien Anwendung. Siehe Notation und Tabulatur. Diese Anwendung ist jedoch nicht das Produkt einer Reflexion über einen inneren Zusammenhang der Farben und Töne gewesen, sondern entstand aus rein praktischen Gründen. Auch sind die Musikgelehrten darüber einig, dass diese Linien nichts dazu
beitrugen, dass die griechische Bezeichnung chromatisch in der abendländischen
Fachsprache Eingang fand.   C. B.

Farbenclavier, Augenclavier oder Augenorgel (französ.: *Clavecin oculaire*)
nannte der Jesuit Louis Bertrand Castel (s. d.) zu Paris ein von ihm erfundenes
Tasteninstrument, das, dem Claviere nicht unähnlich, beim Niederdrücken der
Tasten bestimmte Farben dem Auge vorführte. Alle Farben wurden durch sieben
Haupt- und fünf Nebenstufen in der mittleren Oktave geboten, welche Farben in
den höheren Oktaven heller und in den tieferen dunkler, sonst in gleicher Anordnung wiederkehrten. Die Anordnung der Farben in der Oktave geschah von
dem Erfinder nach bestimmten, von ihm selbst hinterlassenen Grundsätzen. Er
lässt sich darüber folgendermassen aus. »Erstens giebt es einen festen Ton,
Stammton, den wir c nennen wollen; es giebt auch eine feste, tonische und gründliche Farbe, die allen Farben zum Fundament dient, das ist Blau. Zweitens hat
man drei wesentliche Klänge, die, von diesem Stammtone abhängend, mit ihm eine
vollkommene und ursprüngliche Zusammenstellung ausmachen, nämlich: c, e und
g; man hat auch drei ursprüngliche Farben, welche, dem Blau anhängend, aus
keiner anderen Farbe zusammengesetzt sind und die anderen alle hervorbringen,
nämlich: Blau, Gelb und Roth. Blau ist also der Grundton, Roth die Quinte und
Gelb die Terz — alle drei geben den Dreiklang. Drittens finden sich fünf tonische
Saiten, nämlich: c, d, e, g und a, und zwei halbtonische f und h; es finden sich
auch fünf tonische Farben, worauf sich gemeiniglich die übrigen beziehen: Blau,
Grün, Gelb, Roth und Violett, und man hat zwei zweideutige Farben: Aurora
und Violant, welches ein etwas brennendes Blau ist. Viertens besteht aus fünf
ganzen und zwei halben Tönen die sogenannte diatonische Tonleiter: c, d, e, f, g,
a und h; auf gleiche Weise entspringen aus fünf völligen und zwei halben Farben
die natürlichen Stufen der aufeinanderfolgenden Farben: Blau, Grün, Gelb, Aurora,
Roth, Violett und Violant, denn das Blau leitet zum Grünen, welches halb blau
und halb gelb ist; das Grüne leitet zum Gelben, das Gelbe zum Aurora u. s. w.
und das Violant, welches fast ganz blau ist, leitet wieder zum reinen, aber um die
Hälfte helleren Blau, so dass mit der erhöhten Oktave alle vorhergehenden Farben
in eben derselben Ordnung, wie die Töne, also nur um die Hälfte heller, zum Vorschein kommen.« Um nun die Klänge, welche durch die Farben vertreten werden
sollten, dem Gefühle gleichzeitig vorzuführen und so, die Uebereinstimmung des
Eindrucks der Farben und Töne documentirend, ein wärmeres Empfinden dafür
zu wecken, fügte Castel dem Instrumente Orgelpfeifen zu, die die entsprechenden
Töne beim Tastenniederdruck angaben und zu der Benennung Augenorgel führten.
Dies Instrument, 1725 von seinem Erfinder zuerst öffentlich vorgeführt, machte
anfangs bedeutendes Aufsehen und man unterzog die Empfindungsbereitung Castel's
fast überall einer Probe, doch da die Erfolge weit hinter den Erwartungen zurück-
blieben, so gerieth dasselbe sehr bald ganz in Vergessenheit und wird jetzt wohl
schwerlich noch irgendwo ein Exemplar desselben sich erhalten haben; auch hat
sich bisher ausser dem weiter unten Genannten Niemand veranlasst gefunden, ein
ähnliches Instrument zu construiren. Wenn die Grundsätze Castel's auch annähernd, was die harmonische Anordnung von Farben betrifft, um desswillen, weil
des Menschen Auffassung nicht gleichzeitig über drei Vorstellungen hinausgreifen
kann, mit denen der Tonharmonien übereinstimmen, so hat er leider unerwogen
gelassen, dass nicht allein diese Empfindungsgattungen in durchaus verschiedener
Weise dem Geiste zum Verständniss gelangen — die Töne in mehr sinnlicher, dem
Anatomen theilweise erklärbarer Weise durch Vibrationen, welche nach Zehnern
oder höchstens nach Tausenden in der Secunde zählen, und die Farben durch

Schwingungen entstehen, deren Vorhandensein die Wissenschaft nur ahnt, welche in der Secunde zu 400 bis 800 Billionen stattfinden; — sondern dass auch die Farben sehr viel mehr dem Menschen deutlich unterscheidbare Momente bieten, als die Töne. Schon Goethe giebt in seiner Farbenlehre ein gewisses Uebereinstimmen der Farben mit den Tönen zu, doch glaubt er demselben durch beispielsweise Darstellung nur ein Verständniss bereiten zu können. »Gleich zwei Flüssen sind Farben und Töne«, sagt er, »die auf einem Berge entspringen, aber unter ganz verschiedenen Bedingungen, in zwei ganz entgegengesetzte Weltgegenden laufen so dass auf dem beiderseitigen Wege keine einzelne Stelle der anderen verglichen werden kann. Beide sind allgemein elementare Wirkungen nach dem allgemeinen Gesetze des Trennens und Zusammenstrebens, des Auf- und Abschwankens des Hin- und Wiederwogens wirkend, doch nach ganz verschiedenen Seiten, auf verschiedne Weise, auf verschiedene Zwischenelemente, für verschiedene Sinne. Ausser Castel hat sich übrigens, so viel bekannt, nur noch ein Engländer um den Bau des F.'s ein Verdienst erworben, wovon eine bei Gooper and Morley in London von demselben im J. 1757 veröffentlichte Schrift, »*Explanation of the ocular Harpsichord*« betitelt, Zeugniss giebt. Der Verfasser derselben, dessen Name unbekannt geblieben, schreibt im ersten Theile der Schrift die Geschichte des F. und im zweiten die Bewerkstelligung desselben. In der Geschichte hebt er hervor, dass Kircher schon die Aehnlichkeit der Farben und Töne bemerkt; dass ferner Newton diese Vergleiche weiter gefördert, und dass endlich Castel 1725 die Idee eines F.' gefasst und veröffentlicht, ohne deshalb die Absicht gehabt zu haben, ein solches Instrument zu bauen. Trotzdem arbeitete er mehrere Jahre an der Herstellung eines F.'s, ohne es zu Stande bringen zu können, weshalb er, oft deshalb angegriffen sich öffentlich rechtfertigte. Im J. 1754 machte Castel den letzten Versuch, der den Zuschauern jedoch mehr gefallen haben soll als ihm selber. Der Verfasser eben gedachter Schrift, nach eigener Aussage, ein Schüler Castel's, bauete auch ein F., das folgendermassen beschaffen war. Das Instrument war wie ein Schrank gestaltet, der 1,778 Meter hoch, 1,045 Meter breit und 0,627 Meter tief war. Derselbe stand perpendiculär auf dem vorderen Theile eines Claviers, welches die Basi davon war. Der Boden enthielt in einem Raume von einem Quadratmeter fünfhundert Gläser und eben so viele Lampen. Der vorderste Theil zeigte dem Zuschauer sechzig gefärbte Gläser. Ein jedes dieser Gläser hatte einen Farbenton der mit dem Klange des Schalles überein kam, welcher zu derselben Zeit das Ohr berührte, wenn das gefärbte Licht das Auge ergötzte. Da die Bewegung des Schalles langsamer als die des Lichts ist, so wurde der Ton zuerst erzeugt, und die Erscheinungsintervalle so geordnet, dass sie gleichzeitig auf die Sinne der Beobachter einwirkten. Die gefärbten Gläser waren durchsichtige Emaillen von elliptischer Gestalt, 6,5 Centimeter im Durchmesser. Noch ist von dem Verfasser obiger Schrift zu bemerken, dass er die harmonische Anordnung der Farben anders als Castel einrichtete.   C. B.

Farce (französ., ital.: *farsa* d. i. gestopft) nennt man ein dramatisches Gaukelspiel, eine Posse, in welcher das niedere Komische herrscht und für welche viele Nationen eigene stehende Charaktere haben, die Spanier z. B. den Gracioso, die Italiener den Arlechino (Harlekin), Scaramuz u. s. w., die Deutschen den Hanswurst, Kasperle u. s. w. Die F. steht noch einen Grad tiefer als die Burleske (s. d.) und lässt sich häufig auf die unterste Stufe des Niedrigkomischen und Unwahrscheinlichen herab. Was die Deutschen F. nennen, heisst bei den Engländer einfach Burleske, und man bezeichnet dort mit dem Namen F. jedes kleine Füllstück komischen Charakters. Ein Hauptbestandtheil der F. mit Musik ist das Couplet, dessen Witze und Anspielungen auf Personen und Zustände häufig massgebend für den Erfolg solcher Stücke sind. — Während Adelung meint Farse sei ursprünglich eine Art Gesänge zwischen den Gebeten gewesen, mithin bedeute F. einfach Intermezzo oder Zwischenspiel, und während der Provença Abbate Paolo Bernardy das Wort von einem provençalischen Gerichte herleitet liegt die Ableitung von dem italienischen *farsa* und weiterhin von dem lateinische *farsum*, d. h. gestopft, wohl näher, weshalb auch Lessing dasselbe im Deutschen Farse geschrieben haben wollte.

Farcion, zwei Brüder, wahrscheinlich aus der Provence gebürtig, waren zu ihrer Zeit berühmte Musiker und standen um 1422 als Menestrels in den Diensten des Königs Karl VI. von Frankreich.

Faria, Henrique de, portugiesischer Kirchencomponist des 17. Jahrhunderts, geboren zu Lissabon, war zuletzt Kapellmeister zu Erato in Portugal. Er war aus der Schule des berühmten Duarte Lobo hervorgegangen und hat viele Compositionen hinterlassen, die sich jedoch zerstreut in portugiesischen Klöstern befinden und noch nicht näher bekannt geworden sind. Vgl. Machado, Bibl. Lus. Tom. II. p. 448.   †

Farina, Carlo, italienischer Violinist, geboren gegen Ende des 16. Jahrhunderts zu Mantua, kam als Virtuose und Componist ums Jahr 1626 an den kurfürstlichen Hof in Dresden und gab daselbst 1628 eine Sammlung von Pavanen und Sonaten heraus.   †

Farinelli, der Oheim des berühmten Sängers Carlo Broschi (s. d.), war als Violinist wie Componist zu seiner Zeit ungemein berühmt und lebte, nach Hawkins, erst in Frankreich, dann, angestellt als Concertmeister, um 1685 zu Hannover. Auf einer Kunstreise, die ihn von dort aus zunächst nach Kopenhagen führte, wurde er in den dänischen Adelsstand erhoben und in London vom König Georg I. von England zum Residenten in Venedig ernannt. Weitere Nachrichten über ihn fehlen. Von seinen Compositionen ist nur eine einfache Melodie, *la follia* genannt, bekannt geblieben, und auch nur deshalb, weil sowohl Corelli wie Vivaldi Variationen für Violine über dieselbe geschrieben haben.

Farinelli Giuseppe, italienischer Operncomponist, geboren am 7. Mai 1769 zu Este unweit Padua, wo er auch die Anfangsgründe der Musik unter dem Maëstro D. Domenico Lionelli erlernte und darauf zu Venedig bei dem Maëstro Martinelli weiter studirte. In einem Alter von 16 Jahren kam er nach Neapel, wo er im Conservatorio della Pietà de' Turchini unter dem Maëstro Fago, genannt il Taranino, den Generalbass, unter dem Maëstro La Barbiera, il Siciliano genannt, den Gesang, unter dem Maëstro Nicolò Sala die Composition und unter dem Maëstro Giacomo Tritto die Instrumentation trieb. Nachdem er vom J. 1804 an sich in verschiedenen Städten Italiens aufgehalten und für deren Theater Opern componirt hatte, erhielt er im J. 1815 die Kapellmeisterstelle in Turin, blieb aber dort nur zwei Jahre im Amte und wurde im J. 1817 zum Kapellmeister an der Domkirche und am grossen Theater in Triest ernannt. F. war ein äusserst thätiger Operncomponist; er schrieb ernste Opern: »*Adriano in Siria*« (1815), »*Scipione a Cartagine*« (1815), »*Zoraida*« (für Venedig, 1816), »*Annibale in Capua*« (1810), »*I Riti d'Efeso*« (1804), »*Attila*« (1808), »*Il trionfo d'Emilia*«, »*La Climene*«; dann die komischen: »*L'inganno non dura*« (1804), »*La donna di Bessarabia*« (1819), »*Ginevra degli Amieri*« (1818), »*La locandiera*« (1812), »*Il matrimonio er concorso*«, »*Bandiera d'ogni vento*«, »*Amor sincero*«, »*Oro senza oro*«, »*L'amico dell' uomo*« (1817), »*La finta sposa ossia il Barone burlato*«, »*Chiarino*« (für Mailand, 1816), endlich die Operetten: »*Il testamento ossia 600,000 franchi*« (1816), »*La Pamela maritata*«, »*Odoardo e Carlotta*«, »*Un effetto naturale*« (1817), »*L'arrivo inaspettato*«, »*Il finto sordo*« (1822), »*Annetta*«, »*La tragedia finisce in una commedia*«, »*La Giulietta ossia le lagrime di una vedova*«, »*Teresa e Claudio*«. Ausserdem componirte er einige Gelegenheitscantaten, 2 Messen zu Neapel, einige Orarien u. s. w. und starb am 12. Dezember 1836 zu Triest. Als einer der letzten Zöglinge der grossen Meister Sala, Fenaroli und Picini gehört er noch der alten neapolitanischen Schule an, der er sein ganzes Leben treu geblieben; der modernen Musik, wie sie durch Rossini gestaltet worden ist, war er abhold. Sein Styl ist rein und fliessend.   E.

Farmer, John, ein englischer Tonsetzer des 16. Jahrhunderts zu London, dessen Arbeiten würdig erachtet wurden, in die Sammlung fünf- und sechsstimmiger Gesänge mitaufgenommen zu werden, die 1601 zu London zu Ehren der

Königin Elisabeth unter dem Titel: »Die Triumphe der Oriane« herauskamen.
Er hat ausserdem noch manches Bedeutende veröffentlicht, von dem man das bekannt Gebliebene in Gerber's Tonkünstler-Lexikon vom J. 1812 verzeichnet findet.
†

Farmer, Thomas, englischer Tonkünstler des 17. Jahrhunderts, der seinen
bedeutenden Ruf lediglich sich selbst und seinem gediegenen Streben verdankt.
Denn er lebte anfangs in London als gewöhnlicher Musikant, brachte es aber in
Folge fleissigen Selbststudiums und dadurch, dass er sich den Meistern der Kunst
anschloss, dahin, dass er 1684 die Prüfung in Cambridge bestand und zum Baccalaureus der Musik ernannt wurde. Er componirte zahlreiche Gesänge, die sich
noch in grösseren Sammelwerken damaliger Zeit befinden, ausserdem auch Ouvertüren, Concerte und andere Instrumentalwerke und starb um 1696. Purcell hat
eigens eine Ode auf F.'s Tod componirt, die in dem »*Orpheus britannicus*« erschienen ist.

Farnaby, Giles, englischer Vocalcomponist, geboren zu Trury in Cornwall
wurde 1592 am Christkirchencollegium zu Oxford Baccalaureus der Musik. Vor
seinen Schöpfungen sind nur wenige erhalten: Canzonetten zu vier Stimmen und
ein achtstimmiger Gesang (London, 1598) und einige Psalmenmelodien, London
1633 in Ravenscroft's Sammlung. Vgl. Hawkins, *Hist. of Music* III, p. 367.
†

Farnik, Wenzel, ausgezeichneter Clarinettenvirtuose, geboren 1769 in Do-
buzichowitz in Böhmen, erlernte bei einem Schullehrer Singen, sowie etwas Violin-
und Clavierspiel und trat, zwölf Jahre alt, als Chorknabe in das Kreuzherrenstift
zu Prag. Dort blieb er fünf Jahre und wandte sich dem Selbststudium der Oboe
und Clarinette zu, für welche Instrumente ihn das Anhören tüchtiger Künstler
begeistert hatte. Als er sich endlich als Clarinettist an die Oeffentlichkeit wagte
gefiel er so sehr, dass er sofort eine Anstellung in der gräflich Pachta'schen Kapelle fand, aus welcher er später als erster Clarinettist an die ständische Theater
in Prag kam. Alsbald nach Errichtung des Prager Conservatoriums im J. 1810
wurde er zum Professor dieser Anstalt ernannt. Als solcher hat er zahlreiche treffliche Schüler, darunter den berühmten Franz Thaddäus Blatt, herangebildet. Hoch
verehrt starb F. am 30. Novbr. 1838 zu Prag.

Farrant, Richard, englischer Kirchencomponist, geboren um 1530, war
Geistlicher, Chormeister und Organist an der königlichen St. Georgenkapelle zu
Windsor. Vor dieser seiner Amtsstellung, die er im J. 1564 einnahm, war er Mitglied der königlichen Kapelle gewesen, in welche er 1569 zum zweiten Male berufen wurde und in der er bis 1580 verblieb, worauf er wieder in sein geistliches
Amt eintrat, das er bis zu seinem Tode, 1585, verwaltete. Mehrere seiner sehr
feierlich geschriebenen, contrapunktisch interessanten Compositionen sind in Bar-
nard's Sammlung von Kirchenstücken und Dr. Boyce's »*Cathedral Music*« abgedruckt. Sein Anthem »*Lord, for thy tender mercie's sake*« wird noch heute gesungen, und Dr. Crotch, der es in seiner Compositionslehre mitgetheilt hat, rühmt sein
schönen Effekte, bei aller Strenge der contrapunktischen Arbeit. Vgl. Hawkins,
Hist. of Music III, p. 279. — Sein Sohn Daniel F., welcher ums Jahr 1600 sch
bekannt war, scheint sich ganz der weltlichen Musik zugewandt zu haben. Er w
einer der Ersten in England, der Stücke im Bänkelsängerton, als eine Nachahmung
der alten englischen Laute und Bandore, für die Gambe setzte. Vgl. Hawkins
Hist. of Music V. p. 18. — Ebenfalls als Tonkünstler wirkten um dieselbe Zei
ein gewisser John F., Organist zu Salisbury und ein anderer John F., Organis
am Christhospital in Newgate. Ueber beide sehe man Hawkins, *Hist. of Music*
Vol. III, p. 422. —
†

Farrenc, Jacques Hippolyte Aristide, französischer Flötist und Componist für sein Instrument, geboren am 9. Apr. 1794 zu Marseille, trieb, obwohl
er in den Kaufmannsstand zu treten bestimmt war, seit seinem 13. Jahre Flöten-
studien. Aus Liebe zur Musik ging er 1815 nach Paris und trat ein Jahr später
in das Conservatorium, wo ihn Guillon auf der Flöte und Vogt auf der Oboe

unterrichteten; nebenbei versah er den Dienst eines zweiten Flötisten im Orchester der Italienischen Oper. Als Lehrer der Flöte und Componist für dieselbe erwarb er sich hierauf einen guten Ruf und errichtete auch eine Musikalienhandlung, der er bis 1848 vorstand. Er starb Anfang 1865 zu Paris, nachdem er die Herausgabe des berühmten Sammelwerks »le trésor du pianiste« begonnen hatte. — Seine Gattin, Jeanne Louise F., geborene Dumont, eine vorzügliche Pianistin, hat zugleich den Ruf, die kenntnissreichste und gediegenste Componistin Frankreichs zu sein. Geboren am 31. Mai 1804 zu Paris, genoss sie den Unterricht der besten Clavierlehrer, als Moscheles, Hummel u. s. w. Seit 1815 studirte sie bei Reicha Harmonielehre, später die höhere Composition. Mit F. verheirathete sie sich 1821 und begab sich mit demselben auf Kunstreisen in die französischen Departements. Als Lehrerin war sie in Paris bald so gesucht und berühmt, dass man sie 1842 für den Unterricht am Conservatorium gewann. Sie hat als Componistin in allen Musikgattungen sehr Bemerkenswerthes geleistet und mehrfach Compositionspreise davongetragen. Man kennt von ihr Sinfonien, Ouvertüren, ein Nonett, ein Sextett, Quintette, Quartette, Trios, Sonaten, Clavierstücke und Unterrichtswerke, sowie Gesangssachen, von denen Vieles im Druck erschienen ist. — Die Tochter der beiden Vorgenannten, Victorine Louise F., geboren am 23. Febr. 1826 zu Paris, strebte mit Glück ihrer Mutter und Lehrerin nach. Sie trat mit Erfolg in vielen Concerten zu Paris und Brüssel auf und machte sich durch einige ihrer im Druck erschienenen Romanzen und Clavierstücke vortheilhaft bekannt. Ihr schwächlicher Körper war jedoch den Anstrengungen künstlerischer Ausübung nicht gewachsen. Sie starb am 3. Jan. 1859 zu Paris nach zwölfjährigen Leiden.

Fasch, Johann Friedrich, Vater des berühmten Stifters der Singakademie zu Berlin, Carl Friedrich Christian F., war ebenfalls ein vorzüglicher und kenntnissreicher Musiker. Geboren am 15. Apr. 1688 zu Buttelstädt im Weimar'schen, entwickelte sich sein musikalisches Talent zu Ruhla, wo sein Vater 1693 Rector geworden war; dort musste er als Sopranist an den Kirchenmusik-Aufführungen fleissig Theil nehmen. Da aber sein Vater früh starb, kam er zu seinem Oheim, einem Kaplan in Teuchern, und von dort als Sängerknabe der herzoglichen Kapelle nach Weissenfels. Der Cantor Kuhnau zog ihn auf die Thomasschule nach Leipzig, und dort bildete er sich zum guten Clavierspieler und durch Studium Telemann'scher Partituren auch zum Componisten heran, der sich durch einige Ouvertüren und durch Composition der Hunold'schen Cantaten schon damals bekannt machte. Als Student der Theologie in Leipzig errichtete er 1707 einen musikalischen Cirkel, der sich sonntäglich zur Einübung und Ausführung grösserer und kleinerer Werke vereinigte. Im J. 1710 wurde er zur Composition und Direktion von Opern und Cantaten an den herzoglichen Hof zu Naumburg gezogen, von wo aus ihn die Herzogin auf eine Studienreise nach Italien schickte. Nach seiner Rückkehr studirte er ein halbes Jahr hindurch beim Kapellmeister Graupner in Darmstadt auf's Eifrigste die Composition, wurde 1715 Secretair und Kammerschreiber zu Gera und 1720 Organist und Stadtschreiber zu Zeitz. Ein Jahr später folgte er dem böhmischen Grafen Morzin als Componist und Privatsecretair, nahm aber schon 1722 die fürstliche Kapellmeisterstelle in Zerbst an, die er, viele ehrenvolle Berufungen ausschlagend, bis zu seinem Tode, im J. 1759 (nach Zelter schon 1758) bekleidete. Als Componist war er daselbst überaus thätig, denn er schuf ein Oratorium sowie die Oper »Berenice«, Passionen, Messen, Motetten, Concerte für Flöte, Oboe und andere Instrumente, endlich 42 Ouvertüren, die damals alle deutschen Orchester gern ausführten und in denen, wie überhaupt auch in F.'s Vocalwerken, die Behandlung der Blaseinstrumente eine bemerkenswerth musterhafte, seine Zeit fast überflügelnde, war. Der Breitkopf'sche Verlag in Leipzig erstand viele dieser Werke aus dem Nachlasse, ohne jedoch etwas davon zu veröffentlichen. — Sein Sohn, der bereits genannte Carl Friedrich Christian F., wurde am 18. Novbr. 1736 zu Zerbst geboren, seiner Schwächlichkeit und Kränklichkeit halber aber jeder anstrengenden Beschäftigung entzogen. Sein musikalisches Ta-

lent wurde erst entdeckt, als er kleine, selbst erfundene und selbst eingeübte Stücke
auf dem Claviere spielte. Er erhielt hierauf beim Concertmeister Höckh auch
Violinunterricht und durfte den Aufführungen bei Hofe und in der Kirche bei-
wohnen, während der Vater ihn im Orgelspiel und der Theorie unterwies. Häufiger Landaufenthalt musste ihn für die Fortbetreibung dieser Studien stärken.
Im J. 1750 wurde er nach Strelitz zu dem Concertmeister Hertel gebracht, der F.'s
weiteren Unterricht sorgfältig förderte. Auch in wissenschaftlicher Beziehung
blieb jedoch F. nicht zurück, da er noch die Schule zu Klosterbergen bei Magdeburg besuchen musste. Nach Zerbst zurückgekehrt, lebte er gänzlich der Musik,
bis er 1756, auf Franz Benda's Empfehlung, als zweiter Cembalist (neben Phil.
Eman. Bach) und Nachfolger Nichelmann's mit 300 Thalern Gehalt an den Hof
Friedrichs des Grossen nach Berlin berufen wurde. Hier musste er, von vier zu
vier Wochen abgewechselt von Ph. E. Bach, täglich die Flötenübungen des Königs
auf dem Flügel begleiten. Diese Thätigkeit wurde nur zu bald durch den siebenjährigen Krieg unterbrochen, und F. sah sich lediglich auf den kärglichen Ertrag
von Unterrichtsstunden angewiesen. Dieser Zustand machte ihn im höchsten
Grade muthlos, grüblerisch und hypochondrisch; seine damaligen Arbeiten
waren meist ein Resultat sich selbst peinigender mühsamer Speculation, die sich
besonders im Anfertigen von Kanons gefiel, unter denen ein fünffacher zu 25 Stimmen als wahres Ungeheuer hervorragt. Endlich, im J. 1774, nach Agricola's Tode,
erhielt er wieder eine bestimmte Thätigkeit, indem man ihm die musikalische
Direktion der königl. Oper übertrug, aber schon 1776, als der neu ernannte Kapellmeister Reichardt in sein Amt trat, hörte dieselbe wieder auf, und F. überliess
sich wieder dem unfruchtbarsten Grübeln und Brüten. Mittlerweile war Reichardt
in Italien gewesen und hatte u. A. von dort 1783 die als Wunderwerk angestaunte
sechszehnstimmige Messe von Orazio Benevoli mitgebracht. F. copirte sich dieselbe
und fasste sofort den Vorsatz, eine gleiche Arbeit zu unternehmen, die er denn
auch in wenigen Wochen zu Stande brachte. In den Jahren 1784 und 1785
machte er vergebliche Versuche mit den königl. Sängern in Berlin und Potsdam,
sein kunstvoll ausgeklügeltes Riesenwerk zur Aufführung zu bringen. Die Schwierigkeit der Aufgabe machte alle Anstrengungen scheitern, und selbst angesehene
Musiker bezeichneten eine solche Arbeit als unfruchtbare Künstelei und als ver-
fehlt. Erst nach Jahren war es ihm vergönnt, den Beweis zu liefern, dass seine
Messe wohl aufführbar sei. Im Hause seiner Schülerin, der Geheimräthin Milow,
hatte sich nämlich seit 1789 ein Kreis Berliner Dilettanten zusammengefunden,
die sich an Musikübungen ergötzten, und für diesen setzte F. vier- bis sechsstimmige Gesangsachen. Die Gesellschaft vergrösserte sich immer mehr, fing an sich
regelmässig zu versammeln, und constituirte sich, nachdem ihr 1792 ein Saal im
Akademiegebäude bewilligt worden war, zu einem geschlossenen Vereine, der sich
die Berliner Singakademie nannte und Vorbild vieler ähnlicher, sich über
ganz Deutschland verbreitender und segensreich wirkender Vereine wurde. F. selbst,
als artistischer Direktor angestellt, opferte dem neuen Unternehmen freudig alle
seine Musikstunden, componirte eifrig, studirte ein, dirigirte, ja componirte sogar
für seine Akademie und hatte endlich die Genugthuung und Freude, sein für unausführbar erklärtes Meisterwerk mit selbsterzogenen Sängern und Sängerinnen
öffentlich vorführen zu können. F. starb am 3. Aug. 1800 zu Berlin, und sein
Schüler Zelter wurde sein in der That würdiger Nachfolger. Derselbe hat die Verdienste seines Amtsvorgängers in einer eigenen biographischen Schrift (Berlin, 1801)
ausführlich gewürdigt. — In F.'s Werken, die der stets nach höchster Vollkommenheit strebende Urheber leider noch vor seinem Tode zum grösseren Theile verbren-
nen liess, zeigte sich im vielstimmigen Satze eine seltene Gewandtheit; mit der
tiefsten Kenntniss der musikalischen gelehrten Kunst verknüpfte sich der verstän-
digste Sinn und der innigste Ausdruck. Sein Schoosskind, die berühmte sechszehnstimmige Messe zu veröffentlichen, hinterliess F. seinem Nachfolger 300 Thlr.;
die Herausgabe dieses Werks, sowie anderer erhalten gebliebener F.'scher Compositionen erfolgte aber erst 1839 durch die Singakademie zu Berlin in sieben Liefe-

rungen. Verschiedene Cantaten, Motetten u. s. w. dagegen befinden sich handschriftlich auf der königl. Bibliothek zu Berlin.

Fasching, Joseph, Violinist, war in den Jahren von 1721—1727 in der
kaiserl. Hofkapelle zu Wien angestellt.

Fasciotti, Giovanni Francesco, italienischer Castrat, geboren zu Bergamo
um die Mitte des 18. Jahrhunderts, begann seine Laufbahn als Kirchensänger in
Pisa, ging aber dann zur Bühne. Nachdem er zuerst an den kleineren Theatern
Italiens Erfolge errungen hatte, wurde er auch nach Neapel, Turin, Genua, Mailand u. s. w. berufen und wegen seines ausdrucksvollen Vortrags, der Biegsamkeit
und Geschmeidigkeit seiner Stimme gefeiert.

Faselt, Christian, zuletzt Superintendent zu Liebenwerda, schrieb 1668, als
er noch Magister zu Wittenberg war, »*Disputationes ex Physicis*«, deren erstes
Capitel »*de Auditu*« handelt. Er starb am 26. April 1694 im 56. Lebensjahre. †

Fa-sol, die gewöhnliche Benennung in der Mutation (s. d.) für die vierte und
fünfte Stufe der aufwärtsgehenden diatonischen Tonfolge, trat aussergewöhnlich
in der Folge mit *h c* ein, indem *a b* auf *mi-fa* (s. d.) gesungen werden musste, und
dies für das nachfolgende, sonach *h fa* zu nennende *c*, die Benennung *sol* bedingte.
Um diese aussergewöhnliche Benennung des *c* anzudeuten, vor dem *b* gewesen
sein musste, bediente man sich der durch die Mutation für beide bedingenden Töne
erforderlichen Tonsylben *fa* und *sol* als Namen des *c'*. Richtiger, doch nur selten,
findet man *fa-sol* als Namen für das *c²*, weil nur diese beiden Sylben im sechsten
und siebenten Tetrachord für diesen Klang Anwendung finden können, während
man dann dem entsprechend *c'*: *ut-fa-sol* und *c*: *ut-fa* genannt findet.   O

Fasolo, Giovanni Battista, italienischer Organist und Componist, zugleich
auch Geistlicher, in der ersten Hälfte des 17. Jahrhunderts, hat nach Parstorffers
aus. Catal. (München, 1653) unter dem Titel: »*Annuale organistico etc.*« Orgelstücke herausgegeben, die beim katholischen Gottesdienste dem Chore als Antwort zu spielen sind. Ausserdem sind von ihm noch »*Arie spirituali*« (1659) im
Druck erschienen.   †

Fassmann, Auguste von, eine der bedeutendsten deutschen dramatischen
Sängerinnen der jüngsten Vergangenheit, geboren 1814 zu München, war die
Tochter eines Steuerbeamten, der, frühzeitig auf ihre schöne Stimme aufmerksam
gemacht, der Tochter einen trefflichen Gesangunterricht, zuletzt bei der Sängerin
Pellegrini angedeihen liess. In Concerten erregte sie schon um 1831 Aufsehen
und Bewunderung und wurde bald darauf für die Münchener Hofbühne gewonnen.
Der Abgang des Kapellmeisters Chelard von München, der ihre letzte Ausbildung
u die Hand genommen hatte, veranlasste sie, diesem ihrem Lehrer nach Augsburg
u folgen. Von dort, wo sie alsbald engagirt wurde, ging sie im Sommer 1834
astirend nach Stuttgart, wo man sie glänzend aufnahm und kehrte dann wieder
n den Verband des Hoftheaters in München zurück. Im J. 1836 sang sie als Gast
u Berlin und fand einen so ungeheuren Erfolg, dass man sie, von 1837 angefangen,
ort fesselte. Ihre Stimme war ein überaus klangvoller und umfangreicher Mezzo-
opran, ihre Ausdrucksweise und ihre Darstellung von edelster innigster Art.
Leider bekundeten ihre herrlichen Mittel schon von 1844 an eine immer bedeu-
endere Abnahme, und 1848 musste sie pensionirt werden. Sie hatte sich 1840
mit einem Herrn von Seckendorf verheirathet, von dem sie jedoch getrennt werden
musste, worauf sie die Gattin des Hauptmanns von Held wurde. Nach ihrer
Pensionirung nahm sie ihren Aufenthalt in Colberg, woselbst sie in Zurückgezo-
enheit noch gegenwärtig lebt.

Fassmann, Franz, ein deutscher Orgelbauer zu Elnbogen in Böhmen, woher
er auch gebürtig war, baute u. a., unter Pater Loheli's Aufsicht, 1746 die schöne
Orgel im Stifte Strahow zu Prag, welche 33 klingende Stimmen, 3 Manuale und
Pedal hatte und von der Loheli eine ausführliche Beschreibung gegeben und veröffentlicht hat.   †

Fastenzeit (lat.: *Quadragesima*), so genannt mit Beziehung auf das vierzig-
tägige Fasten Jesu in der Wüste, heisst diejenige Zeit, welche von der katholischen

Kirche der Busse und Trauer gewidmet ist und die Vorbereitung auf das Fest der Auferstehung (Ostern) bilden soll. Die F. nimmt vorschriftsmässig seit dem 8. Jahrhundert am sogenannten Aschermittwoch (*Dies cinerum*) ihren Anfang. Von der aus dem Judenthum, wo sie das Zeichen der Trauer war, herübergenommenen Sitte, Asche den Gläubigen auf das Haupt zu streuen, schreiben die Liturgisten des 12. und 13. Jahrhunderts als einer schon alten Ceremonie. Die Vollziehung dieser Aschenweihe ist mit Gesang verbunden; vorher singt der Chor die Antiphone *»Exaudi nos domine«*, welcher ein Psalmvers mit *»Gloria patri«* und Repetition der Antiphone (wie beim Introitus der Messe) folgt. Nach der Weihe und be Aufstreuung der Asche führt derselbe zwei Antiphonen: *»Immutemur«* und *»Inte vestibulum«* mit dem *»Emendemus«* aus, denen sich die Messe, jedoch ohne *»Gloria«* und *»Credo«* anschliesst. Bei den Messen und Aemtern der F. ist der Gebrauch der Orgel und der Instrumentalmusik streng verpönt; ausgelassen wird das *»Gloria in excelsis«* und das *»Ite missa est«*, sowie das *»Alleluja«*, an dessen Stelle beim Graduale der Tractus, im Officium nach *»Deus in adjutorium«* der Lobspruch *»Laus tibi, domine, rex aeternae gloriae«* tritt. Nur der vierte Sonntag in der F., Lätare genannt, macht eine Ausnahme; an ihm ist der Gebrauch der Orgel erlaubt, we im Introitus wie in der Epistel und im Evangelium an die himmlischen Freude erinnert wird, um die Gläubigen zur beharrlichen Ausdauer in Busse und Faste aufzumuntern. — Die sogenannten Vespern werden in der F. täglich, Sonntags jedoch nicht vor Mittag abgehalten, da in der ursprünglichen Kirche an Fasttage die Mahlzeit erst nach Sonnenuntergang eingenommen wurde. — Am Freitag in der vierten Fastenwoche, also unmittelbar vor dem Passionssonntage, feiert die katholische Kirche das Fest *septem dolorum* (der sieben Schmerzen Mariä), wobei die Sequenz *»Stabat mater«* sowohl in der Messe, als auch statt des Hymnus im Officium und zur besonderen Abendandacht zur Ausführung gelangt.

Fastnachtsspieler hiessen seit dem Mittelalter die dem Handwerksstande an gehörigen Männer, welche sich damit befassten, alljährlich in den letzten Tage und Nächten vor Anfang der Fastenzeit (s. d.) unter allerlei Mummenschanz Gasthöfen und Privathäusern scenische Vorstellungen heiteren, ausgelassene Charakters zu geben. In Nürnberg gehörten sie von 1540 an zur Zunft der Meistersinger, hatten ihre eigenen Herbergen, ihre Altgesellen, ihren eigenen Gruss und seit 1550 sogar ihr eigenes dafür gebautes Theater, freilich ohne Dach. Die ersten geschriebenen Fastnachtsspiele, noch jetzt wichtig als Spiegel dama liger Sitten und Gebräuche, verdanken wir dem Meistersinger Hans Rosenplüt Ausserdem sind noch als Dichter von Fastnachtsspielen bekannt der Barbier Hans Folz, Probst, Jacob Ayrer und besonders Hans Sachs, der gerade in dieser Gattung seine besten und witzigsten Sachen geschrieben hat.

Fastolphe, Richard, gelehrter englischer Mönch, geboren zu York in Nor england, lebte anfänglich als Präcentor und Cistercienser-Abt zu Clairvaux, dan zu Fontaines in Burgund und war um's Jahr 1150 vertrauter Freund des heilig Bernhard. Er schrieb unter vielen anderen Werken eines *»De harmonia cœl musica«* betitelt, welches jedoch nicht mehr vorhanden ist. †

Fastoso (ital.), Vortragsbezeichnung in der Bedeutung prachtvoll, mit pomphaftem Ausdrucke.

Fatius, Anselmus, s. Facio.

Fatken, Johann August Ludwig, trefflicher Dilettant des 18. Jahrhunderts, war Secretair und Archivar des regierenden Grafen von Bentheim und li 1772 sechs Quartette für Flöte, Violine, Bratsche und Bass als op. 1 zu Amsterdam im Stich erschienen. †

Fatscheck und **Fattscheck**, s. Fadscheck.

Fattorini, Gabriele, Componist der römischen Schule, wahrscheinlich Faenza im Römischen geboren, lebte zu Anfange des 17. Jahrhunderts und veröffentlichte 1608 zu Venedig *Concerti a 2 voci*, sowie auch Ricercari f. Org Vgl. Walther's musik. Lexikon. Baini spricht von einem Componisten gl gleichen Namens, der aber schon im 15. Jahrhundert zu Rom gelebt habe. V dem letzteren F. sollen sich Messen, Vespern und andere Stücke auf der Bibliothek zu Lissabon befinden.

Fatusi, Michele, Geistlicher zu Rom, welcher in der zweiten Hälfte des 17. Jahrhunderts lebte, veröffentlichte: »*Responsoria hebdomadae sanctae etc.*« (Rom, 1684).

Faubel, Joseph, deutscher Clarinettenvirtuose, geboren am 12. Juni 1801 zu Aschaffenburg, genoss auf der Clarinette den Unterricht seines Vaters, eines Militair-Musikdirektors, mit solchem Erfolge, dass er, erst zehn Jahre alt, bei der Hofmusik des Grossherzogs von Frankfurt in Aschaffenburg angestellt wurde. Das Jahr 1813, welches diesem Staate ein Ende machte, führte F. in das Hautboisten-corps eines Regiments der Stadt Frankfurt, und er machte als Clarinettist den Feldzug gegen Frankreich mit. Hierauf widmete er sich eingehenderen Studien und liess sich mit dem grössten Beifall 1816 in Frankfurt zum ersten Male öffent-lich hören. Auch in München gefiel er 1818 so ausserordentlich, dass er als Hof-musiker in die königl. Kapelle gezogen wurde. Hier wurde Bärmann sein grosses Vorbild, dem er mit rastlosem Eifer nachstrebte, sodass er später in Concerten zu Paris und Wien einstimmige Anerkennung fand. F., der noch immer in München lebt, ist auch als Componist für sein Instrument mit Duos, Variationen u. s. w. hervorgetreten.

Fauconnier, Benoit Constant, belgischer Pianist, Componist und Musik-lehrer, geboren am 28. Apr. 1816 zu Fontaine-l'Evèque im Hennegau, war der Sohn eines Musikers, von dem unterrichtet, er schon im 6. Jahre sich als Pianist, im 8. auch als Orgelspieler bemerkbar machte. Er studirte seit 1833 auf dem Conservatorium zu Brüssel, und zwar bei Michelot Clavierspiel, bei Fétis Compo-sitionslehre. Im J. 1839 heirathete er die Sängerin Guelton und machte mit dieser und mit dem Harfenisten Godefroid eine Concertreise bis nach Süddeutsch-land, worauf er sich 1840 als Musiklehrer in Paris niederliess und, einen Studien-aufenthalt 1846 in Italien abgerechnet, geblieben ist. — Von seinen vielen musi-kalischen Arbeiten sind zahlreiche Romanzen und Clavierstücke der verschiedensten Art (darunter ein Quartett und Sextett mit Streichinstrumenten und Clarinette), ferner ein »*Guide de l'organiste des petites villes et de la campagne*« im Druck er-schienen. Seine komische Oper »*la pajode*«, 1859 in Paris aufgeführt, scheiterte hauptsächlich an der Unzulänglichkeit des Textbuches.

Faugues oder **Fauques,** Vincent, auch als **Fagus** und **La Fage** aufgeführt, niederländischer Contrapunktist, gilt als unmittelbarer Nachfolger von Dufay, Binchois und Dunstable. Obwohl ihn Tinctor in seinem »*Proportionale*« an ver-schiedenen Stellen mit den drei ersten Namen, aber mit dem Vornamen Wilhelm citirt, so behauptet doch Baini mit Bestimmtheit die Identität aller dieser Namen mit einem und demselben alten Meister. Seine Messen und dergl. erschienen in den zur Zeit des Papstes Nicolaus V. (zwischen 1447 und 1455) geschriebenen Musikbüchern der päpstlichen Kapelle. Aus seiner dreistimmigen Messe »*de l'homme armé*« theilte Kiesewetter das Kyrie, aus seiner Messe »*Unius*« Tinctor eine zweistimmige Stelle mit. F. selbst zeigte in Bezug auf schöne melodische Füh-rung der Stimmen und auf ausdrucksvollen Gesang einen dem Dufay besonders nahe verwandten Zug.

Faulstich, Friedrich Clemens, im Jahr 1770 Musikdirektor und Organist an dem reichen Cistercienserkloster zu Eborach, wird in Gerbers Tonkünstlerlexi-kon (1790) als sehr hervorragend in seiner Kunst gerühmt.   †

Faulstimme nannten die zünftigen Trompeter den zweiten Aliquotton (s. d.) ihres damals gewöhnlich in *C*-Stimmung geführten Instruments, das kleine *g*, welches in Tonsätzen sehr oft erst lange nacheinander Verwerthung fand; die Stimme war somit, auf diesen Ton gekommen, gewöhnlich faul in ihrer Fort-bewegung.   2.

Faure, David, französischer Gesanglehrer zu Limoges, ist der Verfasser einer 1844 erschienenen Chorgesangschule, betitelt: »*Nouvelle méthode de plaint-chant*«. — Denselben Namen führt einer der ausgezeichnetsten und berühmtesten Bühnensänger der Gegenwart, der Baritonist F., Mitglied der Grossen Oper in Paris. Geboren um 1833 war er ursprünglich für das Orchester ausgebildet worden und hatte als Contrabassist Verwendung gefunden. Schon damals erregte seine geschmeidige, bis in die Tenorhöhe emporragende Baritonstimme Aufsehen und F. wurde veranlasst, behufs Ausbildung derselben das Pariser Conservatorium zu besuchen. Sofort nach Beendigung seiner Studienzeit erhielt er 1858 die Stelle als Solosänger an der *Opéra comique* und fand daselbst Gelegenheit, namentlich als er ein Jahr später die Rolle des Hoël in Meyerbeer's Oper »Dinorah« schuf, seinen Ruhm fest zu begründen und bis nach London auszudehnen, in welcher Stadt er mehrere Saisons hindurch mit dem grössten Beifall sang. Nur in Berlin, wohin er 1861 auf Meyerbeer's Empfehlung als Gast berufen worden war, gefiel er, seines Tremolirens wegen, so wenig, dass er in keiner zweiten Rolle dort auftrat. Ebenfalls auf Meyerbeer's Wunsch, der ihm die Parthie des »Nelusco« in der »Afrikanerin« zugedacht hatte, ging F. von der Komischen zur Grossen Oper über, deren Zierde er noch gegenwärtig ist, obwohl er seine Pflichten zwischen Paris und Brüssel theilen muss, da er während des französischen Krieges 1871 die erste Gesangklasse am Brüsseler Conservatorium übernommen hatte. Seit 1859 ist F. mit der gleichfalls berühmten Sängerin L e f è b v r e verheirathet. — Seine überaus umfangreiche Stimme ist im seltenen Maasse geschmeidig und für den getragenen, wie Coloratur-Gesang wohlgeschult, seine Darstellung gewandt und edel.

Fauriel, Claude Charles, französischer Philologe, geboren am 21. Octbr. 1772 zu Paris, gestorben daselbst am 15. Juli 1844, hat viel über Musik geschrieben und auch eine Sammlung neugriechischer Gesänge veröffentlicht.

Fausse (französ.), falsch (s. d.). F. **Quarte** und **Quinte** die falsche (verminderte) Quarte und Quinte. F. **relation,** falsches Verhältniss. S. Q u e r s t a n d.

Fausse córde (französ.), nennen die Franzosen eine falsch klingende, nicht rein gestimmte Saite, während umgekehrt *corde fausse* eine untaugliche, nicht rein zu stimmende Saite bedeutet.

Fausset (französ.), wohl richtiger *Faucet*, als von dem lat. *fauces*, d. i. die Kehle abgeleitet, zu. schreiben, ist in Frankreich der Name für F a l s e t oder F i s t e l. S. K o p f s t i m m e.

Faust, K a r l, einer der beliebtesten deutschen Tanzcomponisten der Gegenwart, geboren am 18. Febr. 1825 zu Neisse in Schlesien. Seine musikalische Ausbildung erhielt er seit 1836 auf dem Militairknaben-Erziehungsinstitut zu Annaberg, wo der Musikdirektor Herrling sein Lehrer war. Im J. 1853 trat er als Musikmeister beim 36. preuss. Infanterie-Regiment, welches damals in Luxemburg stand, ein und ging 1859 in gleicher Eigenschaft zum 11. Infanterie-Regiment, welches anfangs in Frankfurt a. O., später in Breslau garnisonirte. Im J. 1865 nahm er seinen Abschied vom Militair und übernahm die Direktion einer schlesischen Concertkapelle, bis er 1869 zum städtischen Musikdirektor in Waldenburg ernannt wurde, welche Stellung er noch gegenwärtig inne hat. Die Zahl seiner lediglich aus Tänzen und Märschen bestehenden Compositionen übersteigt 200; dieselben sind, namentlich in Norddeutschland, ihrer leicht fasslichen Melodik und Rhythmik wegen beliebt und populär. Mit den Tänzen Wiener Componisten halten sie keinen Vergleich aus, denn es fehlt ihnen höhere Anmuth, edlere Gestaltung und feinere pikante Harmonie.

Faustina, s. H a s s e.

Fa-ut ist die Benennung der M u t a t i o n (s. d.), in welcher auf dem Tone *cf* oder *c* die Folge *ut* statt *fa* zu singen gebot, z. B.

ut   re   mi   ut(fa) re   mi   fa   sol.   O.

Faux-bourdon (französ.), s. F a l s o b o r d o n e.

Fauvel, André Joseph, genannt *l'aîné*, tüchtiger französischer Violinist und Bratschist, geboren 1756 zu Bordeaux, war Mitglied des Opernorchesters zu

Paris und hat in der Zeit von 1798—1802 Streichquartette und Trios für zwei Violinen und Bass, sowie Uebungsstücke für Violine veröffentlicht.

Favalli, ein italienischer Sänger, Kastrat, kam 1674 nach Paris und zog durch seinen schönen Gesang u. A. auch die Aufmerksamkeit des Königs Ludwig XIV. in so hohem Maasse auf sich, dass derselbe ihm besondere Gunstbezeugungen zuwandte und, wie Laborde mittheilt, ihm z. B. die Berechtigung ertheilte, in allen königlichen Forsten, selbst im Park von Versailles, jagen zu dürfen.   †

Favarger, René, französischer Pianist und Componist, dessen Saloustücke zum Theil über Frankreich hinaus auch in Deutschland bei den Dilettanten beliebt waren. Höheren Werth kann keine seiner Compositionen beanspruchen. F. selbst starb im Septbr. 1868 zu Etretat bei Paris.

Favart, Charles Simon, ein fruchtbarer französischer Opern- und Lustspieldichter und in dieser Eigenschaft der feineren französchen komischen Operndichtung Bahn brechend, wurde am 13. Novbr. 1710 zu Paris geboren und war der Sohn eines Pastetenbäckers. In dem Collége Louis XIV. gebildet, warf er sich schon früh auf die Poesie und gewann durch seine Jugendarbeit *»la France livrée par la pucelle d'Orléans«* einen Preis bei den *Jeux floraux,* worauf er begann, für die kleineren Pariser Theater, später auch für die Komische Oper, zu schreiben. Im J. 1745 heirathete er eine ausgezeichnete, geistreiche Sängerin dieses Theaters und berühmte Schönheit, welche selbst einige Stücke, z. B. *»Annette et Lubin«* verfasst hat. Sie hiess eigentlich Marie Justine Benedicte Duronceray, war am 15. Juni 1727 zu Avignon geboren und die Tochter eines Kammermusikers des polnischen Königs Stanislaus Lesczinski und der Hofsängerin Perrette Claudine Bied. Im J. 1744 nach Paris gekommen, hatte sie zugleich als Schauspielerin, Sängerin und Tänzerin auf dem Theater der Komischen Oper Aufsehen erregt. Von ihr war der erste Versuch ausgegangen, Soubretten und Landmädchen nicht, wie bis dahin gebräuchlich gewesen war, im Putze der Hofdamen, sondern in dem diesen Rollen entsprechenden Costüm zu spielen. Nachdem die Komische Oper im J. 1745 aufgehoben worden war, übernahm F. die Direktion der Schauspielertruppe, welche der Marschall von Sachsen auf seinen Feldzügen nach Flandern mit sich führte. Seine Gattin begleitete ihn, wurde aber, als sie sich weigerte, den sinnlichen Wünschen des Marschalls Folge zu leisten, in ein Kloster gesperrt und erst nach Jahr und Tag wieder in Freiheit gesetzt. Mit ihrem Manne kehrte sie hierauf nach Paris, wo sie Mitglied der italienischen Oper wurde und sich wiederum des allgemeinsten Beifalls erfreute, zurück, während F. fortfuhr, Opern zu schreiben. Unter seinen einschlägigen Dichtungen, an denen seine Frau und sein Freund, der Abbé Voisenon, zuweilen Antheil nahmen, sind die ausgezeichnetsten *»Le coq du village«, »la fille mal gardée«* und *»Ninette à la cour«,* wonach Ch. F. Weisse sein *»Lottchen am Hofe«* dichtete. Nachdem seine Gattin am 20. Apr. 1772 gestorben war und den Ruhm einer geistreichen, ausgezeichneten Künstlerin und liebenswürdigen Frau hinterlassen hatte, folgte er ihr am 12. März 1793. Die sämmtlichen Werke der beiden Gatten erschienen unter dem Titel: *»Théâtre de Monsieur et Madame Favart«* (10 Bde., Paris, 1763—1772), woraus später ein Auszug gemacht wurde (3 Bde., Paris, 1810). — Auch sein Sohn, Charles Nicolas F., geboren 1749, gestorben am 1. Febr. 1806 zu Paris, hat einige recht gelungene Stücke geschrieben, war indessen doch mehr als Sänger auf dem italienischen Theater, denn als Dichter ausgezeichnet.

Faverius oder **Favoraeus,** Johannes, ein zu Ende des 16. Jahrhunderts lebender Componist, der seinen Namen durch folgende Werke erhalten hat: *»Canzonette napolitane a 3 voci, Libro 1«* (1593); *»Teutsche Lieder mit 4 Stimmen, auff Neapolitanische Art componirt«* (Köln, 1594) und *»Opus Cantionum mutarum 4 et 5 vocibus«* (Köln, 1606). Vgl. Draudii Bibl. Class.   †

Favi, Andrea, italienischer Componist aus Forli, brachte 1791 zu Florenz laut *»Indice de' spettac.«* seine *Opera buffa: Il creduto pazzo* auf's Theater.   †

Favilla, Saverio, ein berühmter Sänger am Hofe zu Neapel, starb am 8. Februar 1787 gerade, als er vor dem versammelten Hofe eine Arie vortrug.   †

Favorito (ital.), s. **Chorus recitativus.**

Fawcett, John, englischer Componist und Organist zu London, hat eine Sammlung von geistlichen Gesängen herausgegeben, die jedoch keine Jahreszahl tragen.

Fay, Etienne, französischer Opernsänger, doch bekannter als Operncomponist, geboren im J. 1770 zu Tours, erhielt als Singknabe an der Kathedrale seiner Vaterstadt die musikalische Ausbildung. Achtzehn Jahre alt, verliess er Tours, um sich eine Kirchen-Musikmeisterstelle zu suchen; der Ausbruch der Revolution von 1789 vereitelte jedoch seinen Wunsch, und er trat deshalb als Tenorist bei einem Theater in Paris ein. Aber weder dort, wo er schliesslich sogar bei der Grossen Oper engagirt wurde, noch auf den Theatern in der Provinz und in Holland hatte er grösseren Erfolg, da seine Stimme ebenso wenig, wie seine Darstellung für ihn einnahmen. Weit mehr Glück hatte er als Operncomponist und von seinen Werken sind: »*Flora*«, grosse Oper, »*les rendez-vous espagnols*«, |»*Emma ou le soupçon*« und »*Clémentine ou la belle-mère*«, seine beste Partitur (1799), mit grossem Beifall aufgeführt worden; von den übrigen sind bekannt geworden: »*le projet extravagant*« (1791), »*le bon père*«, »*Julie*« und »*la famille savoyarde*«. Nachdem er der Bühne ganz entsagt hatte, lebte er in Zurückgezogenheit zu Versailles und starb daselbst am 16. Decbr. 1845.

Faya, Aurelio della, italienischer Madrigalencomponist des 16. Jahrhunderts. lebte als Kapellmeister angestellt in der kleinen Stadt Lanciano. Von ihm: Madrigale für fünf Stimmen (Venedig, 1564).

Faydit, s. **Faidit.**

Fayolle, François Joseph Maria, französischer musikalischer Schriftsteller, geboren am 15. Aug. 1774 zu Paris, machte seine wissenschaftlichen Studien im *Collége de Jeuilly* und im polytechnischen Institut und trieb nebenbei Violoncellospiel bei Barny und Harmonielehre bei Perne. Nachdem er bis 1809 Sammlungen französischer Dichterwerke veröffentlicht hatte, gab er mit Choron einen »*Dictionnaire historique des musiciens artistes et amateurs morts et vivants etc.*« (2 Bde., Paris, 1810 und 1811) heraus, welchem unbedeutenden Werke Choron aber nur die Einleitung und einige wenige Artikel geliefert hat. Ferner schrieb F. eine Monographie unter dem Titel: »*Notices sur Corelli, Tartini, Gaviniés, Pugnani et Viotti, extraits d'une histoire du Violon*« (Paris, 1810). Um 1815 ging er nach London, wo er Unterricht in der französischen Literatur ertheilte und mit journalistischen Arbeiten sich befasste. Nach Paris 1829 zurückgekehrt, veröffentlichte er eine Brochüre: »*Paganini et Bériot*« (Paris, 1830), in der er die Spielweise dieser Virtuosen parallelisirt. Seitdem war er hauptsächlich journalistisch thätig und lieferte nur noch einige Artikel über Musiker für Michaud's »*Biographie universelle*«. F. starb am 2. Decbr. 1852 zu Chaillot.

Fayrfax, s. **Fairfax.**

Fazzini, Giovanni Battista, italienischer Kirchencomponist, geboren zu Rom, kam 1774 als Sänger in die päpstliche Kapelle und fungirte späterhin als Kapellmeister an den Kirchen Santa Cecilia, Santa Margherita und Santa Apollonia in Trastevere. Die Sammlung des Abbate Santini weist von ihm mehrere Messen zu vier und fünf Stimmen, ein achtstimmiges Requiem und ein dreistimmiges »*Christus factus est*« auf, die für künstlerisch werthvoll gelten.

F-dur (ital.: *Fa maggiore*, französ.: *Fa majeur*), ist eine der am häufigsten angewandten von den 24 Tonarten des modernen abendländischen Tonsystems. weil die Tonleiter dieser Durart, die durch Veränderung nur einer der Grundstufen unserer *C-durleiter* (s. d.) geschaffen wird, das Lesen von Tonstücken in dieser Durart leicht macht, und der Ausführung derselben durch Blas- und Streichinstrumente manche Vortheile gewährt, die andere Tonarten weniger bieten. Auch die Tasteninstrumente gestatten eine annähernd reine Darstellung von Tonstücken in F., da dieselben gewöhnlich eine zufriedenstellende Stimmung der Haupttöne in C-dur erhalten, welche alle auch, ausser einem einzigen in F. Verwerthung finden. Letzterer, *h*, muss nach der Durregel um einen Halbton zu *b* erniedrigt werden;

die Grundklänge von F. geben somit die Tonfolge: *F, G, A, B, c, d, e* und *f*.
Diese grosse Gleichheit mit den am meisten angewandten Klängen von *C*-dur, dann
zugleich die Lage der Töne dieser Durart in der Menschenstimme, wie in dem Tonreiche überhaupt, ermöglichen eine leichte, gleiche und feste Wiedergabe der
festen Töne (s. d.) derselben nicht allein, sondern auch fast aller derer Grundtöne. Was die Lage des Grundklanges von F. in der Menschenstimme anbetrifft,
so charakterisirt dieselbe bereits in gewisser Beziehung die Auslassung der Chinesen in grauer Vorzeit schon, welche das *f* als den mittleren Sprachton erkennend
(s. Chinesische Musik), in ihrer symbolischen Erklärung der Klänge, diesen als
den Kaiser im Tonreich auffassten. Diese symbolische Erklärung ist jedenfalls das
Produkt einer langen Beobachtung der Weisesten jener mit uns fast in gleicher
Zone des Erdballs wohnenden Mongolen, welche, falls sie auf Wahrheit beruht,
jedenfalls durch Erscheinungen in unserer Tonentwickelung eine Bestätigung erhalten müsste. Verfolgen wir nun die Geschichte unserer Tonentwickelung, so
lassen sich wohl mehrere Momente aufzeigen, die als ähnliche Empfindungsauffas-
sungen der Töne angesehen werden können. Nachdem sich in den ersten Jahrhunderten n. Chr. der durch Griechenland, wahrscheinlich aus Aegypten überkommene Mittelton des Tonreichs, *a*, allgemein im Abendlande Anerkennung verschafft
hatte, that sich zuvörderst das Bestreben kund, das Tonreich der Menschenstimme
bis zu seiner tiefsten Grenze hin zu erweitern. Als Grenze entdeckte man *C*, welche
Entdeckung, wissenschaftlich auch als die höhere Oktave der möglichst tiefsten
Grenze des Tonreichs überhaupt bestätigt, zu der noch heute gebräuchlichen Noti-
rungs- und Auffassungsweise der Tonarten führte und selbst den Bau der gebräuchlichsten Instrumente beeinflusste. Hierfür sprechen die frühesten Stimmungen der Blasinstrumente, welche, vorzüglich zu kriegerischen Zwecken gebraucht,
C als Grundton erhielten. Nachdem so der Drang zur Entdeckung der tiefsten
Grenze der Menschenstimme, so wie der des Tonreiches überhaupt, durch gleichartige Resultate Befriedigung erhalten hatte, empfand man bald, dass dieser Grenz-
klang und dessen nächstgelegene Töne nur ausnahmsweise in der Kunst sich verwerthen liessen. Man begnügte sich deshalb damit, das Tonreich zum Kunstgebrauch
mit dem allgemein klar und ebenmässig harmonisch instrumental leicht darstellbaren F. zu beginnen. Es scheint fast, als wenn man die tiefste Grenze des Ambitus (s. d.) der früheren Tasteninstrumente, so wie die der mehrstimmigen
Tonsätze für Gesang als Frucht solcher Allgemeinempfindung anzusehen habe,
dem sich alle die Tonwerkzeuge zugesellen würden, deren Tonreich in der Tiefe
mit F., oder dessen Oktave, oder dessen unmittelbarem Nebentone beginnen. Von
den bekannteren sind dies die Harfe (s. d.) das Bassethorn (s. d.), der Contrabass (s. d.), die Posaune (s. d.), die Basstuba (s. d.), die Pauke (s. d.), und
das tiefste Horn (s. d.). Auch kann man die nach der bei Blechblasinstrumenten
herrschend gewesenen *C*-Stimmung allmählig stattgefundene Erhöhung des Grundtons der am häufigsten angewandten Arten dieser Instrumentgattung fast nur
gleichen Gründen zuschreiben, welche Erhöhung, sind unsere Beobachtungen
richtig, erst dann ihr Ziel erreicht haben wird, wenn allgemein von diesen Instrumenten nur die in *F*-Stimmung gebraucht werden. Beachten wir ausser diesen
jedem wahrnehmbaren gleichen Ergebnissen in der Aussenwelt noch das wahrscheinliche Verhältniss der Klänge von F. zu dem Tonerkennungsvermögen der
Menschen im Allgemeinen, so ist es wahrscheinlich, dass dies Verhältniss der Klänge
dieser Durart das leichtest erfassbarste Verständniss verheisst. Wie der Mensch
durch Beachtung der äusseren Gefühlseindrücke, welche ihm werden, ermessen
kann, in welcher Weise er solche Mitmenschen bereiten kann: so scheinen auch die
inneren direkten Gefühlseindrücke, welche Töne hervorbringen, gleichen Bedingungen unterworfen zu sein. Diese Annahme auf die Durart F. angewandt ergiebt,
dass dieselbe, weil der mittlere Grundton derselben auch in der Mitte des vom
Menschen unmittelbar darstellbaren Tonreichs liegt und die von demselben gleich
weit entfernten Grundklänge, so wie die festen Töne, Quarte und Quinte, in ähnlichem Abstande von demselben sich befinden, und deshalb, was Intensität wie

Klangzeugung anbelangt, ihrer Lage entsprechende Vor- und Nachtheile den Er
zeugungs- wie Erkennungsorganen bereiten: in ihren Einzeltheilen den inneren
Gefühlsorganen, die höchste klar empfundene Wonne bereiten muss. Zu diesen
mehr praktisch zu nennenden Erläuterungen bieten die ästhetischen Erklärungen
von F., deren Zahl übergross und von denen wir in Schubarts »Ideen zu einer
Aesthetik der Tonkunst« p. 377 u. s. w. im gedrängtesten Ausdruck Kenntnis
erhalten (er sagt nämlich: F. malt Gefälligkeit und Ruhe), eine in anderer
Weise erstrebte Erkenntniss dieser Durart, die nur dem gleichen Empfinden ent
sprossen zu sein scheint. Vgl. hierzu noch »Leipziger allgem. musikal. Zeitung
Jahrg. 1823, S. 714 und Schilling's Univ.-Lex. d. Tonk.   C. B.

Fe war in der Bebisation (s. d.) der alphabetisch-syllabisch f genannte Ton
Fébure, s. Lefébure.

Febvre, s. Faber.

Fèbvre le, s. Lefèbvre.

Fedo, Giuseppe, berühmter italienischer Sänger und Componist aus Pistoj.
war 1662 als Sänger in der päpstlichen Kapelle, später als Kapellmeister an der
Kirche San Marcello zu Rom angestellt. Seine dort aufgeführten Compositionen
rühmt Abbate Ruggiero Gaëtano in seinen »Memorie dell' anno santo« 1675, und
von seinem Gesange sagt Berardi in seinen »Raggionamenti musicali«, dass derselb
wegen seines Ausdrucks die Zuhörer oft zu Thränen gerührt habe. — Sein jün
gerer Bruder, Francesco Maria F., ebenfalls zu Pistoja geboren und dann a
Sänger in der päpstlichen Kapelle, war später Kapellmeister an der Kirche San
Margherita in Trastevere. Von seinen Compositionen sagt der vorhin genann
Abbate Ruggiero Gaëtano, dass dieselben melodiereicher als die aller seiner Zei
genossen gewesen seien.

Fedele, Daniele Teofilo, s. Treu.

Fedeli, Giuseppe, italienischer Geistlicher und Musikgelehrter, geboren u
1720 zu Cremona, war daselbst Canonicus am Collegium der heiligen Agata, un
hat eines der besten Werke über den gregorianischen Kirchengesang veröffentlich
betitelt: »Regole di canto fermo orvero gregoriano« (Cremona, 1757).

Fedeli, Ruggiero, ein in Deutschland berühmt gewordener italienisch
Componist, geboren um 1660, war in seinen zwanziger Jahren Kapellmeister de
Landgrafen von Hessen-Kassel und wurde 1691 in gleicher Eigenschaft in Berli
angestellt. Nach 1708 war er wieder in Kassel, woselbst er 1722 starb. Ausse
Opern, deren Titel man nicht mehr kennt, hat er eine Trauermusik zum Leichen
begängnisse der Königin von Preussen (1705) geschrieben und aufgeführt, fern
den 110. Psalm und ein Magnificat mit Orchester. Andere seiner Manuscripte be
sitzt die königl. Bibliothek zu Berlin.

Feder, Otto, deutscher Guitarrevirtuose, geboren 1819 in Darmstadt, se
1857 in den Vereinigten Staaten Nordamerika's ansässig, hat eine trefflich
Guitarreschule verfasst.

Federauge nennt man die Mitte einer Feder aus Draht, wenn diese mehre
Male um einen Stift gewickelt wurde, um den Drahtenden eine erwünschte
Elasticität zu geben. Die dadurch entstehende runde Oeffnung in der Mitte de
Feder nennen die Instrumentenbauer F.   2.

Federclavier, s. Spinett.

Federfuss nennt man die kurzen Umbiegungen der Federschenkel (s. d.
welche in die Instrumenttheile eingefügt werden, auf die sie wirken sollen. 2.

Federhaken nennen die Tasteninstrumentenmacher ein Werkzeug, aus zw
starken Drähten bestehend, das ungefähr 0,4 Meter lang ist. Die Drähte desselb
sind an einem Ende mit einem Griffe versehen, am anderen rechts und links so ev
gebogen, dass man damit bequem über das Federauge (s. d.) weg die zu b
handelnden Federenden erfassen und zusammendrücken kann. Durch das F. w
das Herausnehmen und Einsetzen der Feder leicht bewirkt.   2.

Federici, Francesco, italienischer Priester und Tonsetzer, welcher in
zweiten Hälfte des 17. Jahrhunderts in Rom lebte und von dessen Arbeit 24 Ar

mit Clavierbegleitung sowie zwei Oratorien: »*Santa Cristina, oratorio con stromenti*« (1676) und »*Santa Caterina di Siena, oratorio a cinque voci con stromenti*« (1676) übrig geblieben sind. Im 4. Bande seiner Musikgeschichte hat Burney zwei Arien aus diesen Oratorien mitgetheilt und zugleich die Behauptung aufgestellt, F. sei der erste Componist wirklicher, regelmässiger Oratorien im modernen Begriffe des Wortes gewesen. Die von F. benutzten Instrumente waren das heutige Streichquartett.

Federici, Vincenzo, italienischer Operncomponist, geboren 1764 zu Pesaro, erhielt, da er für Rechtsstudien bestimmt war, erst im 13. Lebensjahre Clavier- und bei dem Musiklehrer Gadani aus Bologna etwas Generalbass-Unterricht. Nach seines Vaters Tode 1780 ganz frei und unabhängig, begab er sich auf Reisen nach England und Nordamerika und liess sich endlich in London als Musiklehrer nieder. Das Studium Händel's und älterer italienischer Componisten regte ihn dort zu seinen ersten Compositionsversuchen an, die den Beifall der Kenner fanden. Als Cembalist bei der Londoner italienischen Oper lernte er auch Cimarosa's, Paesiello's und Sarti's Werke genau kennen, jedoch fühlte er sich hauptsächlich von der Beschäftigung mit Haydn's Sinfonien angezogen, die ihm seine eigenen Mängel bemerkbar machten. Er kehrte um 1785 nach Italien zurück und holte bei Bianchi aus Cremona eifrig nach, was er versäumt hatte. Für Turin schrieb er hierauf seine erste Oper »*l'Olimpiade*« (1790), ging aber 1792 wieder nach London, wo seine ferneren Opern »*Demofonte*«, »*la Zenobia*«, »*la Nitetti*«, »*la Didone*« und zahlreiche Vocal- und Instrumentalstücke entstanden. Im J. 1802 war er wieder in Italien und schrieb daselbst bis 1809 die Opern: »*Castore e Polluce*«, sein bestes Werk (1803), »*il giudizio di Numa*«, »*Oreste in Tauride*« (1804), »*la Sofonisba*« (1805), »*Idomeneo*« (1806), »*la conquista delle Indie*« (1808), »*Ifigenia in Aulide*« (1809). Seit 1809, in welchem Jahre er die Stelle als Professor des Contrapunkts am Conservatorium zu Mailand erhielt, trat er nur noch selten, höchstens mit einer kleineren Arbeit, hervor, war aber ein um so eifriger Lehrer. Er starb am 26. Septbr. 1827 zu Mailand. In seinem Nachlasse fanden sich noch einige Claviersachen und Cantaten.

Federleiste nennt man in der Orgel eine ungefähr 2,6 Centimenter hohe und breite ausgekehlte Leiste, in der sich die **Federleistenschlitze** (s. d.) zur Bergung der Federn befindet; dieselbe ist dicht hinter dem **Pulpetenbrette** (s. d.) oder auf diesem befestigt. **2.**

Federleistenschlitze nennt man die in der **Federleiste** (s. d.) von oben nach unten laufenden Einschnitte, deren so viel sein müssen, als die Tastatur der Orgelabtheilung, zu der sie gehören, Tasten haben. Die Ausdehnung dieser F. muss der Art sein, dass der untere Spielventilfederschenkel in gerader Richtung darin Raum hat, und beim Hinein- und Herausbewegen unbehindert ist. **2.**

Federn aller Art finden in der Instrumentbaukunst ihre Anwendung. Bei Tasteninstrumenten fertigt man die F. gewöhnlich aus hartem Messingdrahte an, und giebt ihnen die verschiedensten Formen, die die Instrumentbauer denselben den Zwecken entsprechend für nöthig erachten. Sehr ausführlich behandelt die Anfertigung solcher Federn Joh. Samuel Hallen in seinem Werke »die Kunst des Orgelbaues« vom Jahre 1789, Seite 71—73. — Auch bei den Blasinstrumenten sind Federn, welche die Klappen stets wieder in die Ruhelage versetzen, eine Nothwendigkeit, doch kann auch über diese nichts Besonderes berichtet werden, da sie je nach den Zwecken verschieden geformt und angebracht werden. **2.**

Federschenkel sind die von den **Federaugen** (s. d.) bis zum **Federfusse** gehenden geraden Theile der Feder. **2.**

Federzange nennt man in der Instrumentbaukunst eine schwache Zange, die eine gleiche Bestimmung wie der **Federhaken** (s. d.) hat. **2.**

Fedi, berühmter italienischer Sänger, der um 1700 zu Rom wirkte und von Buontempi in dessen Geschichte der Musik (1695) sehr gerühmt wird, indem er die erste römische, bald stark besuchte Singschule errichtete. Um seinen Schülern gerügte Fehler recht klar zu machen, machte er mit denselben häufige Spaziergänge in die Umgegend Roms nach Orten, wo Echo waren; hier liess er sie singen, damit sie an dem Wiederhall ihre Fehler herauserkennen sollten. Vgl. *Arteaga, storia* Bd. II. S. 31.   †

Fedrigotti, Giovanni, italienischer Operncomponist, geboren zu Roveredo und gestorben im J. 1827, lieferte den kleineren italienischen Theatern eine Menge von komischen Opern, Operetten und Farcen, deren Frische, Humor und leichte Melodik ihrer Zeit gerühmt wurde. In Mailand und Venedig musikalisch gebildet, lebte er später meist in Florenz.

Fehr, Franz Joseph, deutscher Orgelvirtuose und Componist, geboren am 6. Mai 1746 zu Lauffenburg unweit Schaffhausen, war der Sohn eines Müllers und für den geistlichen Stand bestimmt, weshalb er in das Kloster Maria Stein bei Basel gebracht wurde. Dort unterrichtete ihn der Benediktiner Felix Tschupp auch in der Musik. Bereits Noviz, musste er wegen Kränklichkeit in das Elternhaus zurückkehren. Von dort ging er nach Ravensburg, wo er Violoncello- und Orgelspiel trieb, Organist und sogar Stadtprocurator wurde. Sein schmales Einkommen, mit dem er eine zahlreiche Familie ernähren sollte, nöthigte ihn, noch eine Instrumentenfabrik zu errichten, die er zu Ruf brachte. Er starb bald nach 1800, gerühmt als Meister des Orgelspiels und fleissiger Componist, von dessen Arbeiten Chöre zu Lanassa und ein Te deum höheren Werth beanspruchen dürfen.

Fehr, Joseph Anton, deutscher Geistlicher und zugleich trefflicher Musiker, geboren 1765 zu Grönenbach im Illerkreise, erhielt seine wissenschaftliche und musikalische Bildung in den Klöstern zu Memmingen und Dillingen, worauf er im Kloster zu Kempten als Vicekapellmeister und Basssänger wirkte. Als Pastor zu Durach bei Kempten seit 1800 war er eifrig für die Hebung des heruntergekommenen Kirchengesanges thätig, sodass er, als Kempten bairisch wurde, die Ernennung zum Musikdirektor und Schulinspektor des ganzen Kreises erhielt. Er starb 1807 zu Durach. Er hat hauptsächlich Kirchengesänge componirt, welche zum Theil, ebenso wie weltliche Lieder mit Clavierbegleitung und Elementarwerke im Druck erschienen sind.

Fehre, Organist zu Dresden ums Jahr 1758, hat sich besonders durch viele vorzügliche Kirchencompositionen hervorgethan. Von seinen sonstigen Arbeiten haben sich nur Manuscripte weniger Gesangsachen und einiger Concerte für die kleine Flöte und Oboe erhalten.   †

Fehre, ein tüchtiger deutscher Clavierlehrer, der ungefähr bis zum Jahre 1792 zu Mietau thätig war. — Sein Sohn, J. A. F., anfangs in Mietau ebenfalls als Clavierlehrer wirkend, ging nach Müthel's Tode nach Riga, und hat verschiedene Compositionen für sein Instrument veröffentlicht.

Fehser, Johann Jacob, Schuldirektor zu Korvig, geboren am 24. Juni 1789, ist der Herausgeber eines Choralbuchs.

Feierlich, ein mit dem Erhabenen nahe verwandter Begriff der Alles umfasst, was Ehrfurcht erweckend, aus der Sphäre des Gemeinen hervortretend, uns mit Ernst und Rührung erfüllt und die Einbildungskraft in erwartungsvolle Spannung versetzt; ein Gefühl, welches bei der Feier von religiösen Festen an geweihter Stelle, von wichtigen Begebenheiten und Zeitabschnitten erweckt wird, wovon es denn auch den Namen trägt. Das Feierliche haftet am Gegenstande; nur Dinge oder Wesen von Grossartigkeit und Idealität, welche das Gefühl eines hoch über die persönlichen Interessen des Einzelnen sich erhebenden Allgemeinen hervorrufen, vermögen so auf das Gemüth zu wirken, dass es aller Leidenschaftlichkeit und sonstiger subjektiver Beschäftigung sich entäussert, und erfüllt wird von Empfindungen der Ehrfurcht, Demuth, begeisterter Bewunderung, von denen auch die Freude, sowie von der Darstellung die Pracht, nicht ausgeschlossen bleibt. Das Feierliche hat den eigenthümlichen Charakter von Ruhe und Langsamkeit, der aber todte Stille und Einförmigkeit ausschliesst. Unser Gemüth erwartungsvoll zu spannen und feierlich zu erregen, ist unter allen schönen Künsten die Tonkunst vorzüglich geeignet. So grosse Kraft der feierliche Ton auch besitzt, wenn der Gegenstand als selbst grossartig und erhaben ihn erweckt, so schlägt er in den komischen Gegensatz um, wird possenhaft und grotesk, sobald er auf an sich geringfügige Dinge übertragen wird, und in der That dient er in solcher Verwendung dem Komischen überaus häufig.

Feige, Johann Gottlieb, deutscher Violinist, Sänger und Componist, geboren 1748 zu Zeitz, trieb von früh auf die Musik theoretisch und praktisch, wurde 1766 Sänger am Theater in Strelitz, dem er später auch als Inspektor, dann als Direktor vorstand. Bald nach 1780 trat er als Violinist in das Orchester zu Breslau und componirte fleissig, u. A. auch die Operetten »die Kirmess« und »der Frühling«, welche sehr beliebt wurden. Er starb um 1802. — Sein jüngerer Bruder, Gottlieb F., geboren 1751 zu Zeitz, bildete sich bei seinem Vater zum trefflichen Violinspieler aus, trat aber 1771 in's Militair und stieg 1775 zum Unterofficier auf, als welcher er in Danzig stationirt war. Um 1786 quittirte er den Dienst und machte erfolgreiche Concertreisen durch Deutschland und Russland. Von Patriotismus getrieben, trat er 1806 als Trompeter in ein preussisches Cuirassierregiment und wurde in der Schlacht bei Auerstädt der Retter des Generals Blücher, dem er unter Lebensgefahr für ein unter dem Leibe erschossenes Pferd sein eigenes gab. Nach dem Tilsiter Frieden trat F. als Violinvirtuose eine zweite Kunstreise an und wurde 1810 erster Violinist am Theater zu Breslau. Den Feldzug von 1813 bis 1815 machte er als Blücher's Stabstrompeter mit und erhielt für seine Tüchtigkeit als Soldat und Künstler den russischen St. Georgsorden. Er trat hierauf in seine frühere Stellung in Breslau zurück und starb daselbst am 24. Mai 1822.

Feige, ein vorzüglicher deutscher Violinspieler der zuerst Concertmeister des Herzogs von Kurland zu Mietau, ums Jahr 1787 jedoch Theaterdirektor und Orchesterdirigent zu Riga war, wo er durch den Vortrag Viotti'scher und Eck'scher Violinconcerte sich viele Verehrer erwarb. Ums Jahr 1800 war er noch daselbst.

†

Feigerl, Wenzel, vortrefflicher deutscher Violinspieler, geboren 1815 in Wien und auf dem dortigen Conservatorium gebildet. Zuerst im Orchester des Josephstädter Theaters angestellt, kam er bald in das der Hofoper, ging aber schon 1834 nach Ungarn und von dort nach Moskau, wo er sich niederliess und grosse Achtung als solider, fein gebildeter Künstler erwarb.

Feillée, François de la, ein französischer Priester, hat nach Laborde zu Paris im Jahre 1745 eine »*Méthode pour apprendre les règles du Plein-chant et de la Psalmodie*« und andere Gesang-Unterrichtswerke veröffentlicht. †

Fein ist in ästhetischer Beziehung alles das, was einen bestimmten, klaren, aber nicht heftigen Eindruck hervorruft, zu dessen Wahrnehmung besondere Schärfe des Geistes oder der Organe gehört. Es steht im Gegensatz zu dem Groben, das leicht gefühlt und daher auch leicht gefasst werden kann. Es giebt eine Feinheit des Stoffes und der Form, die in allen schönen Künsten im Charakter und im Ausdruck besteht. Das Mächtige, das Erhabene, Pathetische, kurz alles das, was auf Effekt und starke Wirkung angelegt ist, muss meistentheils auf Feinheit verzichten, welche letztere dafür bei den kleineren Kunstgattungen ein trefflicher Ersatz für die mangelnde Grösse ist.

Feind, Barthold, einer der ältesten deutschen Operndichter, ist 1678 zu Hamburg geboren, wo er sich auch nach vollendeten Universitätsjahren eine Zeitlang aufhielt, aber durch einige satyrische Schriften in Verwickelungen gerieth, in Folge deren dieselben öffentlich durch Henkershand verbrannt wurden. Nachdem er hierauf Italien und Frankreich bereist hatte, trat er in schwedische Dienste, wurde aber, weil er gegen die dänische Regierung geschrieben hatte, bei einem Besuche in Schleswig im J. 1717 verhaftet und bis zu seinem Tode, der 1721 erfolgte, in Rendsburg gefangen gehalten. — F. war, wie auch aus dem Vorangegangenen hervorgeht, ein sehr merkwürdiger Mann, der sich durch Kenntnisse, Erfahrungen, Geschmack und Tiefe des Geistes auszeichnete und nähere Berücksichtigung verdient, als er bis jetzt gefunden hat. Seine fünf, für die Hamburger Bühne geschriebenen Opern, darunter »Masagniello«, in welchen auch italienische Arien eingemischt sind, zeigen ein überlegtes Bestreben, in Anlage und Ausführung den

ihm vorschwebenden Gesetzen der Kunst zu genügen, und wenn er darin auch nicht
immer glücklich war, so finden sich doch im Einzelnen häufig gute und kräftige
Gedanken, besonders in den Arien, die zudem nicht ohne Wohllaut sind. Wichtiger als seine Opern und seine übrigen Gedichte (Gesammtausgabe: Stade, 1708)
ist die Vorrede »Von dem Temperament und Gemüthsbeschaffenheit eines Poeten
und Gedanken von der *Opera*«, welche höchst interessant ist und nicht blos von
physiologischen und psychologischen Einsichten, sondern auch von Scharfsinn, von
Welt- und Menschenkenntniss, sowie von grosser Belesenheit, namentlich in der
schönen Literatur der Alten und Neueren zeugt. Sein Urtheil, speciell über das
Wesen der Oper ist so gut und begründet, dass es noch heute gelten darf. Wie
später Gottsched, so müssen schon damals sich Stimmen gegen die Oper erhoben
haben, man muss namentlich dieselbe als unnatürlich dargestellt haben. Darauf
geht F.'s denkwürdige Behauptung in der erwähnten Vorrede, welche lautet: »Was
ist wohl das Singen anders, als die Erhöhung der Rede und Stimme mit der
höchsten Kraft und Nachdruck? Eine erhöhte Rede aber bleibt darum doch eine
Rede, ob sie gleich in einem anderen Tone *recitirt* wird, und gar nicht etwas un-
natürliches.« In diesen wenigen Worten, denen er noch die Bemerkung beifügt,
dass das Unnatürliche von den schlechten Schauspielern herrühre, ist die Berechtigung der Oper für alle Zeiten glücklich vertheidigt. Wenn er auch nicht geradezu
erklärt, dass er nur solche Opern für berechtigt halte, in welchen das poetische
Element nicht hinter dem musikalischen zurücktritt, sondern nur diejenigen,
welche auch ohne musikalische Begleitung ein in sich abgeschlossenes, vollendetes
Kunstwerk bilden, so geht dies schon aus seiner mitgetheilten Aeusserung hervor,
noch entschiedener aber aus anderen seiner Bemerkungen. Nur ist dies im vollen
Umfange freilich von keiner einzigen Oper damaliger Zeit zu rühmen, und es sind
deren sogar überhaupt nur sehr wenige, welche sich solchen Anforderungen nur
einigermassen nähern.

    Feininger, Karl Wilhelm Friedrich, trefflicher Violinvirtuose und Com-
ponist, geboren 1844 in Durlach, erhielt den ersten Violinunterricht im elterlichen
Hause und besuchte von 1861—1863 das Conservatorium zu Leipzig, wo er bei
Ferd. David das höhere Violinspiel, bei Richter Harmonie und Composition studirte.
Als Componist ist er mit Orchesterwerken hervorgetreten, die jedoch Manuscript
geblieben sind.

    Feithius, Eberhard, ein um die Musik verdienter Philologe des 17. Jahr-
hunderts, war aus Elburg in Geldern gebürtig, studirte in Bern und lehrte darauf
die griechische Sprache in Frankreich. Räthselhaft ist die Art seines Todes geblieben, über die Walther in seinem musikalischen Lexikon (1732. pag. 241) das
Bekannte mittheilt. F. schrieb u. A.: »*Antiquitatum Homericarum Libr. IV*«.
(Lugd. Bat., 1677; Amsterdam, 1725 und in späteren Ausgaben), worin das
4. Kapitel des IV. Buches »*de Musica*« von den zu Homer's Zeiten üblichen Instrumenten handelt.   †

    Fel, ein vorzüglicher französischer Organist, der im Anfange des 18. Jahr-
hunderts zu Bordeaux lebte. — Seine Tochter, Marie F., geboren 1716 zu Bordeaux, bildete er zu einer ausgezeichneten Sängerin aus, die sowohl in der französischen wie italienischen Sprache ihre Rollen durchzuführen vermochte und seit
1733 eine Zierde der Grossen Oper in Paris war. Im J. 1759 verliess sie das
Theater mit einer Pension von 1500 Livres und starb 1784 zu Paris. — Ihr Bruder, geboren 1715 zu Bordeaux, war von 1737—1753 Bassist der Pariser Grossen
Oper und ein vortrefflicher Tonkünstler. Er verfiel in Wahnsinn starb in der Heil-
anstalt zu Bicêtre. Er hat Gesangsachen veröffentlicht, wie er denn auch in seiner
Blüthezeit einer der gesuchtesten Gesanglehrer in Paris gewesen war.

    Felbinger, Jeremias, Rektor in Cöslin, wurde 1640 als Professor der Mu-
sik nach Stettin berufen, und begab sich kurze Zeit darauf, weil er arianischer
Lehrer geworden, nach Holland, Vgl. Oelrich, v. d. Akadem. Würden.   †

    Feld oder **Flachfeld** (Pfeifenfeld), eine in der Orgelfront in gerader Ab-
theilung aufgestellte Pfeifenreihe. Im Halbkreise geordnete Prospektpfeifen, sodass

sie nach dem Mittelpunkt der Abtheilung hin immer weiter vorspringen, bilden einen sogenannten **Thurm.**

Felddrommel ist ein veralteter Name für ein Orgelregister, das unserer **Trompete,** 5 Meter gross, gleich ist; dies Register findet sich nur noch im Manuale einer Orgel zu Lübeck. 2

Felden, Johann von, Professor der Mathematik zu Helmstädt, hat daselbst nach Frobe's Bericht in seiner Lebensbeschreibung, öffentliche Vorlesungen über Musik gehalten; er zog später auf sein Gut Neukirchen, um dort eine Akademie zu gründen und starb 1668 in Halle in hohem Alter. †

Feldflöte, Feldpipe, Feldpfeife (französ.: *Flûte allemande*), früher auch **Bauernflöte** oder *Fistula rurestris* genannt, hiess ein Orgelregister, das die kleine Querflöte der Soldaten nachahmen sollte. Jetzt baut man die F. meist aus Holz, seltener aus Metall, von sehr enger Mensur 0,3 oder 0,6, nur sehr selten 0,9 metrich und intonirt sie nach oben scharf. Man findet die F. jetzt meist im Manual, während die früher unter dem Namen **Bauernflöte** (s. d.) bekannte im Pedal geführt wurde. Siehe auch **Schweizerflöte.** 2.

Feldmayer, Johann, deutscher Orgelspieler und Componist, geboren 1759 zu Geisenfeld in Baiern, war um 1600 Organist in Berchtesgaden und hat zu Augsburg (1607) und zu Dillingen (1611) Sammlungen vierstimmiger Motetten veröffentlicht.

Feldmayer, Johann Georg, deutscher Flötenvirtuose und Componist, geboren 1757 zu Pfaffenhofen an der Ilm, besuchte das Kloster Ilmersdorf, wo ihm auch eine musikalische Ausbildung zu Theil wurde, die er später als Musikdirektor des Fürsten von Oettingen-Wallerstein durch Selbststudium vollendete. Um 1800 bereiste er auch als Flötenvirtuose die deutschen Länder und liess sich 1802 als Musiklehrer in Hamburg nieder, woselbst er 1818 noch lebte. Ausser einem Flötenconcert, als op. 1 in Offenbach erschienen, sind nur wenige seiner Compositionen in den Druck gekommen.

Feldmusik, s. **Militairmusik.**

Feldpfeife, s. **Feldflöte,** auch **Querflöte.**

Feldpipe, s. **Feldflöte.**

Feldstücke oder **Signale** nennt man in der deutschen Armee alle militairischen Tonstücke, welche mit der Trompete oder dem Signalhorn einstimmig geblasen werden, um den Truppen dadurch bestimmte Befehle zu ertheilen. Früher hatte man für solche Befehle oft verschiedene Tonstücke, **Posten** genannt, die sich in tiefe (welche sich nur in den Tönen *c* und *g* bewegten) und hohe (die sich auch noch höherer Töne des Instruments bedienten) theilten. In neuerer Zeit jedoch, wo man zwar auch noch für manche F. verschiedene Posten hat, unterscheiden sich diese gar nicht durch die in ihnen verwertheten Töne, sondern nur durch Melodie und Rhythmus. Von der Melodie der F. ist zu bemerken, dass sie nie die Töne über dem *c'* ihrer Schreibweise verwerthen, weil die Klänge bis dahin durchdringender, schmetternder und weitertragender wirken, als höhere, und von den zu F. verwandten Instrumenten, dass dieselben früher in *C*-Stimmung standen, jetzt jedoch meist nur in *Es*- oder *F*-Stimmung gebraucht werden, weil deren Klang weiter hörbar ist. Die F. haben bei jedem Volke eine eigene Melodie, selbst unter den Deutschen ist erst seit neuester Zeit darin eine Gleichheit geschaffen. Der Ruf der französischen Kriegskunst in der ersten Hälfte dieses Jahrhunderts hatte zur Folge, dass auch die Namen der F. französische wurden, welcher Gebrauch jedoch seit einiger Zeit immer mehr in Abnahme kommt. Diese französischen Namen der F., deren man fünf für grössere und mehrere für kleinere hatte, waren folgende: *Portez-selles* oder *boute-selle; à cheval; le marche* oder *cavalquet; la retraite;* und *à l'etendart; — alarme; appel; ban; charge; fanfare; touche; guet* und das Tafelblasen. Siehe die besonderen Artikel. Jetzt zeichnen sich in der deutschen Armee dadurch, dass sie länger sind und in mehrere Posten zerfallen, folgende F. aus: »Wecken« (*boute-selle*) mit drei Posten; »Abendruh« (*retraite*) mit drei Posten; »Feuerlärm« mit zwei Posten; Alarm oder »Ausrücken« mit vier Posten und

»Parademarsch« bei der Cavallerie mit vier Posten. Alle anderen F. sind viel kürzer und meist unter deutscher Benennung bekannt, wie: Putzen, Futterholen, Füttern. Satteln, die verschiedenen Rufe zur Wachparade, zum Gebet, für Officiere etc., Trab, Aufsitzen u. a., worüber man ebenfalls in den entsprechenden Artikeln das Wesentlichste mitgetheilt findet. Im Dienst pflegt man zweierlei F. zu unterscheiden, solche die im Quartier, Lager und Bivouac ihre Verwerthung finden, wie: Wecken, Putzen, Futterholen, Füttern, Abendruhe, Feuerlärm, Satteln, Alarm nebst den verschiedenen Rufen, und solche, die bei der Waffenübung in Gebrauch kommen: Trab, Galopp, Schritt, Halt, Front, Kehrt, Gewehr ab, Marsch, Zurück. Entwickeln, Oeffnen, Aufmarschiren, Aufrücken, Parademarsch, Aufsitzen, Absitzen, Halb rechts u. A.   C. B.

Feldton wird bisweilen die Tonart *Es*-dur (s. d.) genannt, weil die bei der Militairmusik gebräuchlichen Instrumente (Trompeten, Hörner, Clarinetten, Pauken u. s. w.) meist auf diese Tonart eingerichtet sind.

Feldtrommel, s. **Felddrommel.**

Feldtrompeter, s. **Trompeter.**

Feldtrummet heisst bei Virdung eine lange Trompete mit drei parallelen Biegungen.

Feldwebelruf nennt man nachfolgendes Feldstück, das im Quartier, Lager und Bivouac in der deutschen Armee geblasen wird, wenn der Feldwebel auf den Rufplatz beschieden werden soll:

Felice, Agostino di, ausgezeichneter italienischer Sänger, geboren um 1630 zu Piperno im Kirchenstaate, um 1662 am kaiserlichen sowie am bairischen Hofe angestellt. Vgl. Teod. Valle, »*la Città di Piperno*« (Neapel, 1646).   †

Felici, Bartolomeo, ein italienischer Componist, geboren um 1730 zu Florenz, schrieb u. A. die Opern »*l'Amante contrastato*« (1768) und »*Amore soldato*« (1769), so wie einige Violinquartette und Psalme. Seine Werke haben sich jedoch nur als Manuscripte verbreitet. Im J. 1770 eröffnete F. zu Florenz eine Schule für Contrapunkt, welche einigen Ruf gewann. Das Manuscript seiner Oper »*l'amore soldato*« befindet sich in der Bibliothek zu Dresden.

Feliciani, Andrea, ein italienischer Contrapunktist des 16. Jahrhunderts, hat zwei Sammlungen *Madrigali a 5 voci* (Venedig, 1579 und 1584) veröffentlicht. Das 1579 erschienene Werk findet sich noch in der Münchener Bibliothek vor.

Felinus, Marcus, Canonikus an der Kathedralkirche zu Cremona und als solcher im Mai 1579 gestorben, soll nach *Arisii Cremona literata* p. 45 ein bedeutender Instrumentalist gewesen sein.   †

Felis, Johann, ein um 1538 berühmt gewesener Contrapunktist, von dessen Gesängen Pet. Phalesius und Christ. Plautinus zu Antwerpen einige in Sammelwerken drucken liessen. — **Steffano F.,** vielleicht ein Verwandter des Vorigen, zu Bari um die Mitte des 16. Jahrhunderts geboren, war daselbst Domkapellmeister und veröffentlichte mehrere seiner Compositionen. Bekannt sind von denselben geblieben: Das fünfte Buch seiner fünfstimmigen Madrigale (Venedig, 1583) und Messen (Prag, 1588). Eine fünfstimmige, in ihrer Technik imponirende Messe besitzt im Manuscript die k. k. Hofbibliothek im Wien.'   †

Felix meritis (latein.) ist der Name eines musikalischen Nationalinstitutes zu Amsterdam, welches 1780 von Weddik gegründet wurde und sich um die Pflege der Musik in Holland durch Vorbild und Aneiferung sehr verdient gemacht hat. In der Anstalt befindet sich zugleich der räumlich grösste Concertsaal Amsterdam's. welcher etwa 1500 Personen zu fassen vermag und der zu Kunstzwecken, gegen Erlegung eines gewissen Honorars (gegenwärtig 100 holländ. Gulden), jederzeit bereitwilligst hergeliehen wird. Die Concerte der Gesellschaft selbst sind noch heute gediegen und berühmt.

Fell, John, latinisirt **Fellus,** gelehrter englischer Geistlicher, geboren 1625 zu Sunningwell in Berkshire, diente zuerst in einem Milizcorps als Partheigänger für die Sache Karl's I., wurde aber später Geistlicher, stieg immer höher hinauf und starb am 10. Juli 1686 als Professor und Bischof zu Oxford. Er hat einer 1672 zu Oxford veröffentlichten Ausgabe des Aratus einige mit den altgriechischen Tonzeichen notirte selbstcomponirte Hymnen beigegeben. Die eine derselben (Fragment des Pindar) hat auch Kircher in seine »*Musurgia*« aufgenommen. Die übrigen musikalischen Werke, welche F. verfasst haben soll, sind verloren gegangen.

Felsen, musikalische, nennt zuerst in der Cäcilia Bd. I, Seite 130 Michaelis einige F. oder Felsstücke, die zuweilen Töne hören lassen. Der am Orinoko in Südamerika liegende Fels, *Piedra de Carichana Vieja* geheissen, ist einer von denen, wo, wie Alex. v. Humboldt in seiner Relation hist. T. VI, p. 377 sagt, Reisende von Zeit zu Zeit, um Sonnenaufgang, unterirdische Töne, gleich Orgelklängen, gehört haben. Er selbst war zwar nicht so glücklich, etwas von dieser geheimnissvollen Musik zu vernehmen, glaubt jedoch an ihre Wirklichkeit, und schreibt die Töne dem Unterschiede der Temperatur zwischen der unterirdischen und der äusseren Luft zu, welche um Sonnenaufgang ihren höchsten Grad erreicht, oder in dem Augenblicke, welcher zu dieser Zeit von der Periode des höchsten Grades der Hitze vom vorhergehenden Tage am entferntesten ist. Der Luftstrom, der durch die Spalten herausgeht, mag, wie er glaubt, jene Töne hervorbringen, welche man hören soll, wenn man, auf den Felsen liegend, das Ohr an den Stein hält. — Der Ton, welcher zu gleicher Tageszeit zuweilen aus der Memnonssäule in Aegypten sich hören liess, aber nachdem die Figur einen Sprung bekommen, verschwunden ist, wird ähnlichen Ursachen zugeschrieben. Dagegen ist die Ansicht über die Entstehungsart der Klänge des F.'s Nakuhs am Berge Sinai getheilt. Das durchdringende Getöse dieses Ortes bei anhaltend trockener Witterung, welches nach Seetzen (v. Zach's monatliche Correspondenz Blatt 26, Seite 395) anfangs dem Tone einer Aeolsharfe gleicht, dann später dem eines Hohlkreisels ähnlich ist und zuletzt eine solche Stärke erreicht, dass die Erde zu beben scheint, wird, seiner Ansicht zufolge, durch das Herabrutschen des grobkörnigen, von der Sonne ausgedörrten Sandes bewirkt; eine Ansicht, die von Ehrenberg, der 1823 gleichfalls diesen Ort besucht hat, getheilt wird, während der englische Reisende Gray, der diese Gegend 1818 besuchte, das Rutschen des Sandes nicht für die Ursache, sondern für die Wirkung des Getöses ansah, dasselbe als vulcanischer Natur betrachtete und somit für ein unterirdisches hielt. Vgl. Poggendorf's Annalen Band 15 (91) Seite 312. Neuere Gelehrte, welche jene Gegend besuchten, unter ihnen auch O. Fraas, schliessen sich jedoch der ersteren Ansicht über die Entstehungsart des Getöses des F.'s Nakuhs an.   2.

Felstein, Sebastian von, auch unter dem latinisirten Gelehrtennamen **Felstinensis** bekannt, war ums Jahr 1530 Professor der Musik zu Krakau und hat viele Werke hinterlassen, unter denen sich »*De musicae laudibus oratio*« (Krakau, 1540) und »*Opusculum utriusque musicae tam choralis quam etiam mensuralis etc.*« (Krakau, 1597) befinden. Von letzterem Werke befindet sich eine wahrscheinlich frühere Ausgabe, »*Opusculum musicum pro institutione adolescentium in cantu simplici seu gregoriano*« betitelt, ohne Jahreszahl, auf der königl. bairischen Bibliothek zu München.   †

Felton, William, ein englischer Geistlicher aus Hereford gebürtig und daselbst als Canonikus angestellt, that sich um 1751 als Orgel- und Clavierspieler sowie auch als Componist hervor. Er bemühte sich in seinen Arbeiten besonders, den Style Händel's zu imitiren. Dieselben, unter denen auch Clavierstücke, sind sehr selten geworden. In Preston's Catalog findet man von F.'s erschienenen Werken: »*Concertos for the Harpsich. op. 1, Sonatas for the Harpsich. op. 3* und *Sonatas for the Harpsich. op. 6,* aufgeführt. Namentlich wurden aber F.'s Orgelconcerte gerühmt.
†

Feltre, Alphons Clarke, Graf von, sehr begabter französischer Componist, geboren am 27. Juni 1806 zu Paris, war der dritte Sohn des Marschalls Herzog von F. Im J. 1824 trat er in die Musikschule der königl. Pagen, wurde 1826 Lieutenant in dem Cuirassier-Regiment Berry, nahm aber schon 1829 seinen Abschied und starb am 3. Decbr. 1850 zu Paris. Von jeher hatte er vorzügliche Musikanlagen bekundet und deshalb von 1825 an bei Boieldieu und Reicha intimere Compositionsstudien gemacht. Seine vielen grösseren und kleineren Clavierstücke, Romanzen und andere Gesangstücke sind zum Mindesten interessant, nicht minder seine Opern »*le fils du prince*«, »*le capitaine Albert*«, »*l'incendio di Babilonia*«, »*une aventure de St.-Foix*« und »*le garde de nuit*«, von denen die zuerst genannte zur Aufführung gelangt und mit den beiden folgenden auch im Druck erschienen ist.

Feltz, Louis, französischer Orgelvirtuose und Componist, war als Organist in Langres angestellt und hat sich besonders durch instructive Werke für sein Instrument bekannt gemacht.

Fémy, François, trefflicher belgischer Violinspieler, geboren am 4. Octbr. 1790 zu Gent, studirte auf dem Pariser Conservatorium und wurde speciell Kreutzer's Schüler. Im J. 1807 erhielt er den ersten Preis der Violinklasse, war dann einige Jahre erster Violinist im Orchester des Theaters *des Variétés* und unternahm hierauf Concertreisen durch Frankreich und nach Deutschland. Im J. 1827 liess er sich im Orchester zu Frankfurt a. M. anstellen und brachte 1828 die deutsche Oper »der Raugraf« und später eine Sinfonie seiner Composition zur Aufführung. Seit 1834 lebte er in Rotterdam. Man hat von ihm mehrere Concerte, Variationen, Duos und Quartette für Violine. Einige Sinfonien von ihm sind in Holland im Druck erschienen. — Sein jüngerer Bruder, Henri F., im Februar 1792 geboren, trat 1805 in's Pariser Conservatorium und studirte besonders bei Baudiot Violoncellospiel. Er erhielt 1808 den ersten Preis und liess sich hierauf vielfach in Concerten hören. Im J. 1815 ging er nach Amerika, woselbst er verschollen zu sein scheint. Als Componist hat er sich durch mehrere im Druck erschienene Streichtrios bekannt gemacht.

Fenaroli, Fedele, italienischer Componist und Musikgelehrter von Bedeutung, geboren 1732 zu Lanciano in den Abruzzen, besuchte das Conservatorium *di San Onofrio* zu Neapel, wo er ein Schüler Durante's war und wurde nach beendigten Studien als Lehrer des Generalbasses am Conservatorium *Santa Maria di Loreto* in Neapel angestellt, welche Stelle er später mit einer eben solchen am *Conservatorio della pietà de' Turchini* ebendaselbst vertauschen musste. Dieser Anstalt blieb er in allen ihren Wandelungen treu bis zu seinem Tode, der am 1. Jan. 1818 erfolgte. Während seiner langjährigen Laufbahn als Professor der Musik hat er eine grosse Menge guter und berühmt gewordener Schüler gebildet, unter ihnen auch Cimarosa und Zingarelli, wie denn überhaupt seine einfache und klare Unterrichtsmethode allgemein lobend hervorgehoben wurde. Ausser einigen Kirchenstücken, welche mehr durch gediegene Arbeit als durch Erfindung hervorragen, hat F. besonders durch Herausgabe einer Anweisung zum Generalbasse sich ein Verdienst erworben. Dieselbe ist betitelt »*Regole per i principianti di Cembalo*«, behandelt in fasslicher Darstellung die Generalbasslehre und enthält zur Anwendung viele bezifferte Bassbeispiele (*partimenti*). Die Wiener Hofbibliothek besitzt von seinen Compositionen im Manuscript: ein vierstimmiges »*Dixit*« mit Instrumentalbegleitung (1751), sowie ein ebenso gesetztes liebliches »*Ave Maria*«.

Fenton, Miss, berühmte englische, auch im 2. Bande von Hillers Nachrichten erwähnte Sängerin zu London, die sich 1727 einer enormen Beliebtheit namentlich in der Parthie der Polly in Gay's Bettleroper (s. d.) erfreute. †

Fenzi, italienischer Violoncellovirtuose und Componist für sein Instrument, geboren um 1788 zu Neapel, kam als fertiger Künstler 1807 nach Paris und liess sich in Concerten daselbst mit bedeutendem Erfolge hören. Auf Concertreisen besuchte er hierauf Deutschland und Russland und ist im April des J. 1827 zu Moskau gestorben. Als Componist ist er mit Concerten, Variationen, Duos u. s. w. für Violoncello hervorgetreten. — Sein jüngerer Bruder, Giuseppe F. war ebenfalls zum Violoncellisten ausgebildet worden und versah als solcher viele Jahre hindurch den Dienst im Orchester des Opernteaters San Carlo in Neapel. Auch er hat Mehreres für sein Instrument componirt. Seine Gattin war die Sängerin Erminia F., welche bis 1834 auf den Bühnen ihres italienischen Vaterlandes, (1824 auch in München) sehr gefiel.

Feo, Francesco, vortrefflicher und berühmter italienischer Opern- und Kirchencomponist und Mitbegründer der sogenannten Neapolitanischen Schule; geboren 1699 zu Neapel, war in Gesang und in der Composition ein Schüler Gizzi's und im Contrapunkt der Pitoni's. Nachdem er bei dem letztgenannten Meister in Rom seine Studien vollendet hatte, trat er mit der Oper »*Ipermnestra*« in die Oeffentlichkeit und liess in der Zeit von 1728—1731 »*Arianna*«, »*Arsace*« und »*Andromeda*« mit grossem Erfolge folgen. Im J. 1740 wurde er seines Lehrers Gizzi Nachfolger an der von diesem gestifteten berühmten Gesangschule in Neapel, welche Stellung er bis zu seinem Tode, im J. 1752, inne hatte. — Ausser Opern hat man von F. mehrere Messen, darunter eine zehnstimmige mit Orchester, und Psalme, Litaneien, ein Requiem und andere Kirchenstücke. Ein Oratorium von ihm: »*la distruzione del esercito de' Cananei con la morte di Sisara*«, für das Kloster der Kreuzherren in Prag componirt, wurde in jener Stadt 1739 aufgeführt. Die Wiener Hofbibliothek besitzt an Compositionen F.'s im Manuscript zwei vierstimmige »*Dixit*« mit Instrumentalbegleitung und sehr geistreiche »*Duetti a Soprano e Basso*«. F. war gross an Erfindung, Reinheit der Harmonie und für die damalige Zeit in Benutzung der Blaseinstrumente; in Folge dessen war sein Styl dem Erhabenen zugeneigt und die technische Arbeit die eines Meisters ersten Ranges.

Feo, S(imone?) italienischer Contrapunktist aus Florenz, lebte um die Mitte des 14. Jahrhunderts und war ein Zeitgenosse des Francesco Landino, Jacopo di Bologna, Nicolò del Proposto u. A. Auf der Staatsbibliothek zu Paris befinden sich drei von ihm gesetzte Stücke im Manuscript.

Ferabosco, Alfonso, italienischer Componist, geboren zu Anfange des 16. Jahrhunderts, kam frühzeitig aus Italien nach England, lebte erst in Greenwich, dann in London, woselbst er wahrscheinlich auch endete. Neben Cyprian Rore und Bird war er der angesehenste Componist seiner Zeit in England; seine Motetten und Madrigale finden sich nur noch in Sammelwerken, so in Schad's »*Promptuarii musici*«, in des Besardus »*Thesaurus harmonicus*« und in Pervenage's »*Harmonia celeste*« (Antwerpen, 1593). — Sein Sohn und Schüler, gleichfalls Alfonso F. geheissen, geboren in Greenwich, war ebenfalls ein in England geschätzter Componist. Aus einer seiner Sammlungen von Gesängen mit Begleitung der Laute, 1609 in London erschienen, theilt Burney im 3. Bande seiner Geschichte eine Probe mit. — Derselben Familie gehört noch John F., zu Ende des 17. Jahrhunderts lebend, an, von dem jedoch nur noch ein Hymnus, welchen man jetzt noch in einigen Hauptkirchen Englands singt, bekannt ist.

Ferabosco, Constantino, italienischer Componist liess nach Draudii bibl. class. p. 1612 im J. 1591 vierstimmige Canzonetten zu Venedig drucken, auf deren Titel er sich als *Bolognese, Musico di S. M. Cesarea* bezeichnete. — Als sein Zeitgenosse wird ein Tonsetzer aus Bologna, Namens Matteo F. aufgeführt. Derselbe war einige Zeit in Diensten des deutschen Kaisers und liess ebenfalls 1591 zu Venedig *Canzonette a 4 voci* drucken, wie aus des Draudius Bibl. exot. p. 267 hervorgeht. Ob dieser Matthias und Constantin F. ein und dieselbe Person gewesen, was das gleichzeitige und an demselben Orte stattgefundene Erscheinen der Werke fast für gewiss annehmen lässt, ist bisher nicht ermittelt. †

Ferandeiro, Fernand, spanischer Guitarrevirtuose, der um 1800 zu Madrid sehr angesehen und beliebt war. Derselbe hat eine Schule für sein Instrument unter dem Titel »*Arte de tocar la guitarra*« (Madrid, 1799) herausgegeben. Gerber und Lichtenthal schrieben ihn irrthümlicher Weise Ferandiero, welcher Druckfehler mehrfach nachgedruckt wurde.

Ferandini, Giovanni, auch oft als Ferrandini aufgeführt, tüchtiger italienischer Tonkünstler, war zu Anfang des 18. Jahrhunderts zu Venedig geboren und musikalisch besonders von Antonio Biffi gebildet worden. Er kam in jungen Jah-

ren an den Münchener Hof, woselbst er sich als Sänger sowie als Oboist auszeichnete und die Titel Musikdirektor, kurfürstlicher Rath und Truchsess erwarb. Man
kennt von ihm Sonaten. für Flöte, 1730 zu Amsterdam als sein erstes Werk gedruckt, und Manuscript gebliebene Stücke für Altviola und Laute (1760), sowie
die Opern: »*Berenicea*, »*Adriano in Siria*«, »*Demofoonte*«, »*Artaserse*«, »*Catone in
Utica*«, »*il festino*« (Text von Goldoni, 1756 für den Hof zu Parma geschrieben),
»*Diana placata*«, »*Talestri*«, endlich ein »*Componimento dramatico per l'incoronazione
della sacra cesarea e real maestà di Carolo VII.*« und zahlreiche Cantaten, von denen
sich dreissig handschriftlich in der Bibliothek zu Dresden befinden. F. selbst starb
1793 hochbejahrt in München. Unter seinen zahlreichen Schülern befand sich auch
der berühmte Tenorist Raff. — Ebenfalls F. hiess ein italienischer, sonst nicht
weiter bekannt gebliebener Tonkünster aus Mailand, von dessen Arbeit ungefähr
ums Jahr 1799 ein Scherz: »*Quartetto armonioso, senza digiti, per 3 Viol. e Vcllo.*«
zu Mailand und Augsburg erschien. Näheres darüber berichten eine Recension in
der allgem. literar. Zeitg. des J. 1799, S. 783, und Gerber in seinem Tonkünstler-
lexikon von 1812.

Ferber, Georg, tüchtiger und berühmter deutscher Basssänger und Tonkünstler, geboren 1649 zu Zeitz, trieb neben theologischen auch eifrig musikalische
Studien. Von der Universität zu Kiel aus, die er 1670 bezogen hatte, wurde er
1673 als Cantor nach Husum berufen, welche Stelle er 1678 mit der eines Cantors
und Chordirektors in Schleswig vertauschte. In letzterer Stadt starb er 1692.

Ferdinand, Prinz von Preussen, s. Louis Ferdinand.

Ferdinand III., römisch-deutscher Kaiser von 1637—1657, geboren am
13. Juli 1608 zu Grätz, war ein leidenschaftlicher Liebhaber, Kenner und Beförderer der Musik, trotzdem seine Regierung in die an Drangsalen reichste Zeit des
dreissigjährigen Krieges fiel. Er gewährte u. A. dem nachmals berühmt gewordenen
Frohberger die Mittel, nach Italien zu reisen und bei Frescobaldi weiter zu studiren. Kircher führt in seiner Musurgia den Kaiser F. als Componist verschiedener
Litaneien an und theilt auch (Th. I. pag. 685) ein vierstimmiges Stück desselben
mit Generalbass unter dem Titel »*Melothesia caesarea*« mit.

Ferdinandi, Franz, ein bedeutender Clavierspieler, Organist und Componist,
geboren 1752 zu Dobrawicz in Böhmen, lebte als Musiklehrer zu Prag und hat
nach den Jahrbüchern der Tonkunst, Seite 115 und 146, verschiedene Clavierwerke
componirt.   †

Ferebe, George, angesehener englischer Tonkünstler, geboren in der Grafschaft Glocester um die Mitte des 16. Jahrhunderts, war im J. 1595 Magister und
Untergeistlicher des Bischofs Canning am Magdalenencollegium zu Oxford und
starb als Hofcapellan des Königs Jacob I. Vgl. Hawkins *History of Music*, Vol. III
p. 381.   †

Fergusio, Giovanni Battista, italienischer Componist aus Savigliano in
Piemont, liess zu Anfange des 17. Jahrhunderts Motetten seiner Composition in
Druck erscheinen.   †

Feri-mahame nennt man in der persisch-türkischen Musik eine Melodie, die
sich in zwei Vierteln acht Takte lang in ziemlich schneller Bewegung darstellt.
Siehe Persisch-türkische Musik.   O

Ferini, ein Kastrat zu Rom, der ums J. 1680 sich als vorzüglicher Sänger
einen Namen gemacht hat, wozu besonders seine ausserordentliche Geschicklichkeit
Frauenrollen auf dem Theater'darzustellen, beigetragen haben soll. Vgl. Berliner
musikal. Monatsschrift S. 67.   †

Ferlendis, eine berühmte italienische Virtuosenfamilie, deren Glieder sich besonders als Oboisten ihren weitverbreiteten Ruf erworben haben. Als der älteste
tritt Giuseppe F. hervor, der 1755 zu Bergamo als der Sohn eines Musiklehrers
geboren, eine gute musikalische Ausbildung, besonders eben auf der Oboe erhielt
Um 1775 kam er als erster Oboebläser nach Salzburg, woselbst er während eines
zweijährigen Aufenthalts. sich u. A. mit der gründlichen Verbesserung des englischen Horns beschäftigte, eine Verbesserung, die allgemein als praktisch aner-

kannt und adoptirt wurde. Bis 1793 war er darauf in Oberitalien, anfangs in Brescia, dann in Venedig und ging mit Dragonetti zu Concerten nach London. Nach mehrjährigem Verweilen daselbst liess er sich 1802 in Lissabon nieder, wo er 1833 starb. — Sein Sohn und Schüler, Angelo F., geboren 1781 zu Brescia, war bis 1801 in mehreren deutschen Hofkapellen als erster Oboebläser angestellt und ging dann in gleicher Eigenschaft nach St. Petersburg. — Dessen Bruder und Mitschüler Alessandro F., geboren 1783 zu Venedig, lebte bei seinem Vater in London und Lissabon und heirathete an letzterem Orte die rühmlichst bekannte Sängerin Barberi, die 1778 zu Rom als die Tochter eines Architekten geboren, von Moscheri und später von Crescentini für die Bühne ausgebildet worden war. Mit ihr war F. 1803 in Madrid, dann in Italien und 1805 in Paris, wo er besonders als Virtuose auf dem englischen Horne Aufsehen machte, während seine Gattin auf dem Theater glänzte. Nach einer Kunstreise durch die Niederlande und einem wiederholten Aufenthalte in Paris bis zum J. 1810 kehrten beide Gatten nach Italien zurück, und seitdem fehlen alle Nachrichten über sie. Alessandro F. ist auch als Componist hervorgetreten und hat Concerte für Flöte sowie Etüden und andere Stücke für Oboe und englisches Horn veröffentlicht.

Fermate (ital.: *Fermata*, französ.: *Point d'orgue* oder *Point d'arrêt*). Dieses Wort stammt vom lateinischen: *fermare*, d. h. schliessen oder anhalten. Das Zeichen der F. (von den Italienern: *Corona*, von den Franzosen: *Couronne* genannt) ist ein Bogen, welcher einen Punkt umschliesst: ⌒ oder ⌣. Zeichen wie Ausdruck haben zu verschiedenen Zeiten verschiedene Bedeutungen gehabt. Man wendet sie auch jetzt noch verschiedenartig an, obwohl die meisten Musikschriftsteller nur die eine Bedeutung und Anwendung angeben, nach welcher die mit einer F. bezeichneten Noten und Pausen länger auszuhalten sind, als ihr Werth angiebt.' — Ursprünglich wurde das Zeichen der F. nur über die letzte Note eines Tonstückes gesetzt, und es hatte dann keine andere Bedeutung, als das Ende des Tonstückes anzuzeigen. Ein längeres Aushalten der Schlussnote war damit nicht unbedingt verbunden. In dieser Bedeutung (als Schlusszeichen) wendet man die F. noch jetzt an; man setzt sie in diesem Falle aber in der Regel über das Schlusszeichen selbst (*a*), oder doch über die vorhergehende Pause (*b*). Aber auch in dem Falle, wenn die F. über der Schlussnote selbst steht, findet ein längeres Aushalten nur dann statt, wenn es der Charakter des Stückes erfordert, wenn es also auch ohne die F. stattfinden müsste. Kommt die F. als Schlusszeichen im Verlaufe eines Tonstückes vor, was bei Anwendung von Wiederholungszeichen u. dergl. oft der Fall ist, so sollte man sie stets nur über das Schlusszeichen setzen (*c*). Steht sie mitten in einem Stücke über einer Note oder Pause, so wird sie als Schlusszeichen aufgefasst, wenn das Wort *Fine* (Ende) beigefügt ist (*d*). In diesem Falle spielt man ohne Aufhalt im Takte über die F. weg und beachtet sie erst am Ende des Stückes als Schlusszeichen (*e*).

(Türk).

D. S.   *fine*   D. S.

Auch im Choral hat die F. nur die Bedeutung eines Schlusszeichens; sie deut[et] hier nichts weiter an, als eine Endigung der Verszeilen. Ein Aushalten der b[e-]zeichneten Note über ihren Werth hinaus ist nur dann damit verbunden, wenn d[ie] Bedeutung der Endsilbe ein längeres Aushalten des Tones erfordert. Ehe man d[ie] heutige Anwendung unseres Taktstriches kannte, benutzte man diesen Strich i[m] Choral lediglich dazu, die Grenzen der einzelnen Verszeilen anzudeuten (a). Nac[h] dem jedoch der Taktstrich seine heutige Bedeutung gewonnen hatte, ersetzte m[an] ihn in seiner ursprünglichen Bedeutung (etwa um 1650) durch Anwendung d[er] F. (b). In dieser Bedeutung hat man die F. im Chorale noch heute aufzufassen.

Die Organisten füllten später die zwischen dem Ende der einen und dem Anfan[g] der anderen Verszeile entstehende Pause durch die sogenannten Zwischenspie[le] aus, deren Ausführung ihrem Einfallen überlassen blieb. Daher mag es gekomm[en] sein, dass man auch in anderer Musik das Zeichen der F. über diejenigen Tö[ne] setzte (a), welche die Sänger oder Spieler mit beliebigen Verzierungen versehe[n] sollten (b). Die Einrichtung und Ausdehnung dieser Verzierungen blieb dem Au[s-] führenden überlassen und wurde von den Componisten nicht vorgeschrieben. D[a-] her zeigte die F. hier zugleich einen Aufhalt im Takte an.

In ähnlicher Bedeutung wurde dieses Zeichen dann bei den sogenannten verzierte[n] Cadenzen (siehe »Cadenza«) angewendet. Türk (Clavierschule S. 309) spricht si[ch] über die Entstehung derselben folgendermassen aus: »Ehedem brachte man v[or] den Tonschlüssen blos solche kleine Verzierungen an, welche kein Aufhalten d[es] Taktes erforderten, wie etwa in dem nachstehenden Beispiele.«

»Diese sogenannten figurirten Cadenzen gefielen vermuthlich, man vergrösser[te] daher die Zusätze, und band sich dabei nicht mehr so streng an den Takt. D[ie] Begleiter waren so gefällig, ein wenig nachzugeben (zu verweilen), bis endlich na[ch] und nach (um 1710—1716) unsere verzierten Cadenzen daraus entstanden sind[.] Die Anwendung der F. zu ihrer Bezeichnung ist hieraus erklärlich. Auch hi[er] war die Ausdehnung der Verzierung dem Belieben des Ausführenden anheim[ge-] gestellt, und die begleitenden Sänger oder Spieler mussten das Ende abwarte[n.] So bezeichnete die F. auch bei der verzierten Cadenz ein Anhalten im Takte. -[] Wurden die mit einer F. bezeichneten Töne nicht verziert, so mussten sie wenigste[ns] länger ausgehalten werden, als ihre Noten angaben. Jetzt überlassen die Comp[o-]

nisten die anzubringenden Verzierungen nicht mehr den Ausführenden, sondern sie schreiben dieselben wenigstens der Tonhöhe nach bestimmt vor (*a*). Die F. hat daher neben der Bedeutung als Schlusszeichen nur noch die Aufgabe, einen Aufhalt im Takte anzuzeigen. Die mitten in einem Stücke mit einer F. bezeichneten Noten oder Pausen müssen also länger ausgehalten werden, als ihre Gestalt angiebt.

Ueber die Bedeutung und Dauer dieser F. sind die Ansichten immer sehr getheilt gewesen. Türk (»Clavierschule«) spricht sich in folgender Weise aus: »Wie lange man bei einer F. verweilen (innehalten) soll, lässt sich nicht ganz genau bestimmen, weil hierbei vieles auf die jedesmaligen Umstände ankommt, ob man z. B. allein, oder mit mehreren Personen zugleich spielt; ob das Tonstück einen muntren oder traurigen Charakter hat; ob die F. verziert wird oder nicht u. s. w. Wenn man auf dergl. zufällige Umstände keine Rücksicht zu nehmen hätte, so würde ich rathen, in langsamer Bewegung bei Noten mit dem Ruhezeichen ungefähr noch einmal so lange zu verweilen, als ihre eigentliche Dauer beträgt, folglich bei einem Viertel mit dem ⌢ etwa eine halbe Taktnote etc. In geschwindem Zeitmaasse wäre diese Verzögerung zu kurz, daher könnte man bei einem Viertel ungefähr die Dauer von vieren abwarten. Bei längeren Notengattungen mit einem ⌢ braucht man nur etwa noch einmal so lange zu verweilen, als die Dauer der Note beträgt. Steht das Ruhezeichen über einer kurzen Pause, so kann man ungefähr drei bis vier Viertel lang über die vorgeschriebene Geltung innehalten, wenn nämlich das Zeitmaass geschwind ist; in langsamer Bewegung aber wäre es mit der Hälfte genug. Quanz setzt hierbei die Regel fest, man solle 'in allen Tripeltakten, wie auch im Allabreve- und Zweivierteltakte, ausser dem Takte, worüber das Ruhezeichen steht, noch einen Takt pausiren'. (In einigen Fällen möchte dieses wohl zu viel sein.) 'Bei dem gemeinen geraden Takte hingegen soll man sich nach den Einschnitten richten, und wenn sie in das Aufheben fallen, noch einen halben Takt, fangen sie aber im Niederschlage an, noch einen Takt mehr pausiren'. Gesetzt, Quanz hätte etwas zu allgemein geschrieben, so verdient er doch dessenungeachtet für diese Bemerkungen Dank«. »Bei den Pausen nach der F., es mag ein ⌢ darüber stehen, oder nicht, wird gemeiniglich auch länger verweilt, als es die bestimmte Dauer der Pause erfordert. Wie lange? kann man aus dem, was oben deswegen erinnert worden ist, ungefähr beurtheilen« (a. O. . 121). — Jetzt beschränkt man sich meist auf eine noch einseitigere Regel, als sie Quanz aufgestellt hat. Man behauptet nämlich, alle mit einer F. versehenen Noten müssten etwa über die doppelte Dauer ihrer Geltung gehalten werden. Wie irrig diese Ansicht ist, beweist R. Wagner (»Ueber das Dirigiren«) in Beziehung auf die ermaten Beethovens. Die betreffende Stelle mag hier Platz finden, da wohl kein vernünftiger Mensch R. Wagner ein »leidliches« Verständniss Beethoven'scher Musik absprechen wird. Sie betrifft den Anfang der C-moll-Sinfonie (*a*) und lautet: »Ueber die F. des zweiten Taktes gehen unsere Dirigenten nach einem kleinen Verweilen hinweg, und benutzen dieses Verweilen fast nur, um die Aufmerksamkeit der Musiker auf ein präcises Erfassen der Figur des dritten Taktes zu concentriren. Die Note *Es* wird gewöhnlich nicht länger ausgehalten, als bei einem achtlosen Bogenstriche der Saiteninstrumente ein Forte andauert.« Wagner lässt nun die Stimme Beethovens aus dem Grabe einem Dirigenten zurufen: »Halte du meine lange und furchtbar! Ich schrieb keine F.n zum Spass oder aus Verlegenheit, um mich auf Weiteres zu besinnen; sondern, was in meinem Adagio der ganz und voll aufzusaugende Ton für den Ausdruck der schwelgenden Empfindung ist, dasselbe werfe ich, wenn ich es brauche, in das heftig und schnell figurirte Allegro als wonnig oder schrecklich anhaltenden Krampf. Dann soll das Leben des Tones auf seinen letzten Blutstropfen ausgesogen werden: dann halte ich die Wellen

meines Meeres an, und lasse in seinen Abgrund blicken; oder ich hemme den Zug der Wolken, zertheile die wirren Nebelstreifen, und lasse einmal in den reinen blauen Aether, in das strahlende Auge der Sonne sehen. Hierfür setze ich F.n, d. h. plötzlich eintretende lang auszuhaltende Noten in meine Allegros. Und nun beachte Du, welche ganz bestimmte thematische Absicht ich mit diesem ausgehaltenen *Es* nach drei stürmisch kurzen Noten hatte, und was ich mit allen den im Folgenden gleich auszuhaltenden Noten gesagt haben will.« — Hieraus wird klar geworden sein, dass sich bestimmte Gesetze nicht aufstellen lassen, am wenigsten so einfache, wie das oben erwähnte. Die Fermaten Beethoven's haben natürlich eine andere Bedeutung als diejenige eines untergeordneten Componisten. Im Adagio sind sie wieder anders aufzufassen als im Allegro. »Ihre Anwendung finden sie ja bei Stellen, wo Verwunderung und Erstaunen ausgedrückt werden soll, oder wo die Empfindung sich durch ihre völlige Ergiessung erschöpft zu haben scheint; in vielen Tonstücken jedoch verdanken sie ihr Dasein nur dem wohlwollenden Zufall, und sie haben eben so viel Bedeutung als das ganze Tonstück selbst.« Ja, in Fugen erscheinen sie vor der Engführung oft nur, »um den Sängern Zeit zu geben, die Kraft der Stimme wieder zu sammeln, oder um auf den Hauptschluss desto feierlicher vorzubereiten«. (Gathy.) Darum gilt hier, wie bei so vielen Dingen in der Kunst, des Dichters Wort: »Wenn Ihr's nicht fühlt, Ihr werdet's nie begreifen.«
O. Tiersch.

Fermoso, Joaõ Fernandes, hervorragender portugiesischer Kirchencomponist geboren zu Lissabon um 1510, war Kapellan und Kapellmeister des Königs Johann III. Er veröffentlichte auf Befehl des Königs zum Gebrauch in der königlichen Kapelle ein »*Passionario da Semana santa*« (Lissabon, 1543). Seine sonstigen zahlreichen Arbeiten für die Kirche sind Manuscript geblieben.

Fernandès, Antonio, portugiesischer Tonkünstler, geboren zu Souzel in der Provinz Alentejo zu Ende des 16. Jahrhunderts, lebte als Presbyter und Chormeister an der Kirche Santa Catarina zu Lissabon, als die Abhandlung »*Arte da Musica, de Canto, de Orgaõ, e Canto Chaõ, e proporçoens da Musica dividida harmonicamente*« (Lissabon, 1625) von ihm erschien. Andere seiner theoretischen Werke, auf der Lissaboner Bibliothek befindlich, sollen bei dem grossen Erdbeben mit vernichtet worden sein. †

Fernandez, Don Pedro, spanischer Componist, von dessen Lebensumständen nichts weiter bekannt geblieben, als dass er um.1500 in Andalusien geboren und 1589 hochbetagt gestorben ist.

Fernandus, Johannes, ein Tonkünstler, der zu Ende des 15. Jahrhunderts. wahrscheinlich in der königl. Kapelle zu Paris angestellt, lebte. Laire (II. 137) verzeichnet ein Werk von ihm, welches um 1495 gedruckt sein muss und den Titel führt »*Horae divae crucis per Joannem Fernandum, musicum regium*« (Paris, Baligaud). Weder Fétis, noch Gerber, noch Schilling u. s. w. erwähnen F.'s oder dieses Werks.

Ferner, s. Förner.

Ferni, Virginia und Carolina, zwei Schwestern, um 1845 in Como geboren, welche als Violinvirtuosinnen seit 1858 auf ihren Kunstreisen, die sich 1859 auch über Deutschland und Russland erstreckten, Aufsehen und Beifall erregten, wie er in ähnlichem Maasse nur den Schwestern Milanollo zu Theil geworden war. In frühester Jugend hatten sie auf Jahrmärkten Oberitaliens debütiren müssen. wo ihr Vater Luigi F. ein Marionettentheater sehen liess. Nach und nach fanden sie ihren Weg in die ersten Cafés in Mailand und Venedig und von dort in den Concertsaal. Die jüngere und talentvollere Schwester Carolina wandte sich später mit Glück als Sängerin der italienischen Opernbühne zu, der sie noch jetzt angehört. — Ein anderes Geschwisterpaar gleichen Namens, ebenfalls italienische Violinvirtuosen, nämlich Angelo und Teresa F. hatten gleichfalls 1859 in Concerten zu Paris grossen Erfolg und werden vom dortigen Hofe ausgezeichnet.

Fernwerk, s. Cornett-Echo.

Feroce (ital.), Vortragsbezeichnung in der Bedeutung wild, ungestüm.

Feroce, G., italienischer Componist, der um 1770 zu Florenz, seiner Geburtsstadt, wirkte, hat viele geistliche Werke geschrieben, von denen Burney eine Messe ebenda hörte, die von Geschmack und Fantasie Zeugniss ablegte. Vgl. Burney's Tagebuch einer musikal. Reise, Bd. I. S. 177. †

Ferodellas, italienischer Operncomponist, dessen Partituren um die Mitte des 18. Jahrhunderts sehr beliebt waren. Einige seiner Arien haben damals ihren Weg auch nach Deutschland gefunden. †

Féron, Madame, hervorragende Sängerin der italienischen Schule, geboren um 1800, debütirte im J. 1818 in der der Catalani unterstellten italienischen Oper zu Paris und wurde wegen der immensen Geläufigkeit ihrer Stimme allgemein bewundert. Auf Kunstreisen, die sie darnach mit ihrem Lehrer Pucitta unternahm, besuchte sie auch 1819 Deutschland, war 1824 auf mehreren Opernbühnen Italiens mit Erfolg thätig und 1832 am San-Carlotheater zu Neapel als Primadonna engagirt.

Ferrabosco, Constantino und Matteo, s. Ferabosco.

Ferrabosco oder **Ferraboschi,** Domenico Maria, geachteter italienischer Tonsetzer und Sänger, war von 1547—1548 Singemeister der Knaben in der Capella Giulia (Vatican) zu Rom, worauf er Kapellmeister an der Kirche San Petronio in Bologna wurde. Im J. 1550 als Sänger der päpstlichen Kapelle zu Rom angestellt, musste er 1555 wegen seiner Verheirathung diesen Posten wieder aufgeben. Sein weiteres Leben ist in Dunkel gehüllt. Man kennt von ihm tüchtig gearbeitete Motetten und Madrigale, die sich in Gardano's Sammelwerke (Venedig, 1554—1557) befinden. Andere sehr schätzbare Manuscripte von ihm werden im Archiv der päpstlichen Kapelle aufbewahrt. Ein berühmtes Lied F.'s »Io mi son giovinetta« theilt Galilei in seinem »Fronimo« (pag. 27) in der Lautentabulatur mit; dasselbe befindet sich auch auf der Bibliothek des Pariser Conservatoriums im 1. Bde. der »Collection Eler«.

Ferradini, Antonio, auch unter dem Namen Ferrandini aufgeführt, vortrefflicher italienischer Componist, geboren 1718 zu Neapel, woselbst er auch seine gründliche musikalische Ausbildung erhielt, kam nach Prag, wo er an 30 Jahre lebte und ein sorgenvolles Leben führte, bis ihn der Tod 1779 im Armenhospitale erlöste. Ein kurz vor seinem Ende von ihm geschriebenes Stabat mater wurde 1780 öffentlich aufgeführt, als Meisterwerk anerkannt und 1781 als das einzige seiner vielen Werke in Prag gedruckt. Die Wiener Hofbibliothek besitzt von ihm ein 1739 componirtes vierstimmiges Credo, das als reich ausgearbeitetes werthvolles Tonstück Beachtung verdient; ebenso bewahrt die Dresdener Bibliothek fünf seiner Arien und vier seiner Duette.

Ferrandini, s. Ferandini.

Ferranti, Marco Aurelio Zani de, berühmter italienischer Guitarrevirtuose und Kunstschriftsteller, geboren 1802 zu Bologna, soll ein Abkömmling der venetianischen Familie der Ziani gewesen sein. Wissenschaftlich auf dem Liceo seiner Vaterstadt und im Violinspiel von einem gewissen Gerli ausgebildet, versprach er in jeder Beziehung Bedeutendes. Seit 1818 wandte er sich ausschliesslich der Guitarre zu, hatte jedoch, als er sich 1820 auf derselben zu Paris hören liess, keinen besonderen Erfolg. Von dort ging er direkt nach St. Petersburg, wo er erst Bibliothekar des Senators Miatleff, dann Secretair des Fürsten Narischkin war. Im J. 1824 trat er als Guitarrist mit Beifall in Hamburg auf und war bis 1827 in Brüssel, Paris und London, wo er sich theils durch Musik, theils durch Schriftstellerei zu erhalten suchte. Sehr zurückgekommen nahm er Ende 1827 seinen bleibenden Wohnsitz in Brüssel, wo er sich verheirathete und Unterricht auf der Guitarre und in der italienischen Sprache ertheilte. Als er nach langer Pause 1832 in Brüssel wieder öffentlich auftrat, bewunderte man die neuen Effekte, die er seinem mangelhaften Instrumente abgewann und namentlich das schön gebundene Cantabile, welches zu erzielen, man für unmöglich bisher gehalten hatte. Auf Kunstreisen nach Holland, England und Frankreich vermehrte er nun schnell seinen Ruhm. Componirt und veröffentlicht hat er Fantasien, Variationen u. s. w.

für Guitarre, angekündigt seiner Zeit eine Sammlung seiner sämmtlichen Compositionen, sowie seiner Gedichte, welche Absicht jedoch, wie es scheint, nicht zur Ausführung gekommen ist.

Ferrarese, Ludovico Agostino, italienischer Tonsetzer, veröffentlichte 1571 und 1572 Madrigale seiner Composition.

Ferrari, Benedetto, berühmter italienischer Operncomponist und Dichter, geboren 1597 zu Reggio in der Lombardei, zeichnete sich anfangs als Virtuose auf der Theorbe aus, weshalb er den Beinamen *»della Tiorba«* erhielt. Frühzeitig scheint er sich in Venedig niedergelassen zu haben, und dort wird er auch als der Erste angegeben, der die Oper eingeführt habe. Er dichtete nämlich den Operntext »Andromeda«, welchen Francesco Manelli in Musik setzte, worauf F. das Ganze auf seine Kosten und unter seiner persönlichen Mitwirkung 1637 zur Aufführung brachte. Durch den Beifall der Venetianer angefeuert, widmete er sich der musikalisch-dramatischen Composition. Zunächst erschien von ihm ein Gesangwerk unter dem Titel: *»Musiche varie a voce sola«* (Venedig, 1638), merkwürdig deshalb, weil darin nach Burney's Behauptung zum ersten Male die Gattungsbezeichnung *»Cantata«* vorkommen soll, während zwanzig Jahre später Barbara Strozzi die Erfindung dieser Art von Poesien für sich in Anspruch nahm. Ein Jahr später erschien die erste von F. auch in Musik gesetzte Oper, betitelt *»Armida«*, 1641 ebenso *»la ninfa avara«*, 1642 *»il pastor reggio«* und 1643 *»il principe giardiniero«*, welches letztere Werk seinen Ruhm bis über die Alpen nach Deutschland trug und den kunstsinnigen Kaiser Ferdinand III. veranlasste, ihn an den Wiener Hof zu ziehen. Dort war F. von 1644 an thätig und brachte seine Opern zur Aufführung. Er folgte 1653 dem Kaiser auf den Reichstag nach Regensburg und überraschte die versammelten Fürsten mit der Aufführung seiner Oper *»l'inganno d'amore«*, welche sehr gefiel und den Anstoss gab, dass sich das neue musikalische Drama überhaupt über ganz Deutschland verbreitete. F. selbst ging hierauf als Kapellmeister nach Modena, woselbst er hochbetagt am 22. Octbr. 1681 starb, nachdem er noch 1656 in Venedig seine *»Amori d'Alessandro magno e di Rossana«*, 1664 zu Ferrara *»Licasta«* und 1666 ebendaselbst *»Gara degli elementi«* hatte aufführen lassen.

Ferrari, Carlo, bedeutender italienischer Violoncellovirtuose und Instrumentalcomponist, geboren um 1730 zu Piacenza, erwarb sich seinen grossen Ruf 1758 in Paris, wo er im *Concert spirituel* mit enormem Erfolg sich hören liess und auch seine ersten Violoncello-Solostücke veröffentlichte. Im J. 1765 trat er in die Dienste des Hofes zu Parma und starb daselbst 1789. Er soll der erste Virtuose in Italien gewesen sein, der im Vortrage den Daumeneinsatz verwendete. — Sein Bruder, **Domenico F.,** war einer der hervorragendsten Violinisten seiner Zeit und als solcher einer der besten Schüler Tartini's. Geboren gleichfalls zu Piacenza, lebte er seit etwa 1748 zu Cremona, ging 1754 nach Paris und errang im *Concert spirituel* glänzenden Erfolg, namentlich durch die von ihm zuerst benutzte verzierte Flageoletverwendung und durch sein Passagenspiel in Octaven. Im J. 1757 war er auf einer Kunstreise in Deutschland und erhielt 1758 vom Herzog von Würtemberg eine Anstellung, der er bis um 1770 vorstand, worauf er wieder in Paris lebte. Dort starb er 1780, als er gerade zu einer Concertreise nach England abgehen wollte. Die näheren Umstände seines Todes sind in Dunkelheit gehüllt geblieben, und das allgemein verbreitete Gerücht, er sei das Opfer künstlerischer Eifersucht geworden, hat keine triftige Widerlegung gefunden. Er hat sechs Werke Violin-Sonaten mit Bassbegleitung componirt und veröffentlicht.

Ferrari, Carolina, italienische Componistin der Gegenwart, geboren zu Lodi, war die Tochter eines unbemittelten Elementarlehrers daselbst. Im J. 1857 schrieb sie die Oper »Ugo«, welche am 24. Juli 1857 auf dem Theater Santa Radagonda in Mailand aufgeführt wurde. Die Componistin musste die grössten Opfer bringen und der Theaterleitung 1000 Zwanziger zahlen, damit die Oper in Scene gehe, da bekanntlich in der Regel kein Impresario bei einem Debut die Kosten zu zahlen pflegt. Die Oper hat einen vollständigen Erfolg erlangt.   E.

Ferrarl, Francesco Bernardino, italienischer gelehrter Theologe, geboren 1577 zu Mailand, gestorben 1669 ebendaselbst, hat u. A. über die Musik der Alten geschrieben, enthalten in den sieben von ihm verfassten Büchern »*De veterum acclamationibus et plausu*« (Mailand, 1620).

Ferrarl, Franzisca, vortreffliche und berühmte norwegische Harfenvirtuosin, geboren um 1800 zu Christiania, erregte auf ihren Kunstreisen durch ganz Deutschland seit etwa 1825 das grösste Aufsehen und wurde als Meisterin ihres Instruments gepriesen. Leider starb sie schon am 3. Octbr. 1828 zu Gross-Salzbrunn in Schlesien.

Ferrarl, Giovanni Battista, italienischer Operncomponist aus Venedig, der am 14. Aug. 1845 daselbst als hoffnungsvoller Künstler in der Blüthe seiner Jahre gestorben ist, hat sich seit 1840 durch seine Opern »*Maria d'Inghilterra*«, »*Saffo*«, »*Candiano IV.*« und »*Gli ultimi giorni di Suli*« nicht unvortheilhaft bekannt gemacht.

Ferrarl, Jacob Gottfried (Giacomo Gotifredi), trefflicher und kenntnissreicher italienischer Tonkünstler, geboren 1759 zu Roveredo, war der Sohn eines Kaufmanns, der ihn zwar neben den Schulstudien in Verona Musik treiben liess, aber endlich ganz in sein Geschäft zog. Da aber der junge F. nur der Kunst nachhing, so wurde er nach dem Kloster Mariaberg bei Chur gebracht, wo er zugleich mit Erlernung der deutschen Sprache sich kaufmännischen Studien zuwenden sollte. Dazu war aber dieses Kloster der ungeeignetste Platz, da daselbst die eifrigste Musikpflege ihre Stätte hatte, was F. veranlasste, sich fleissig an derselben zu betheiligen und bei einem der Pater Contrapunkt zu studiren. Wider Willen kehrte er nach zwei Jahren in das Vaterhaus zurück und sah sich erst nach weiteren drei Jahren, als sein Vater starb, völlig frei. Er ging nun nach Rom, dann nach Neapel, wo er auf Paisiello's Empfehlung hin noch zwei Jahre lang bei Latilla Contrapunkt trieb, während Paisiello selbst ihn mit Rathschlägen betreffs der Operncomposition unterstützte. Mit dem Haushofmeister der Königin von Frankreich, Namens Campan, kam er hierauf nach Paris, wo er Gesanglehrer Maria Antoinette's werden sollte, welches Vorhaben jedoch der Ausbruch der Revolution vereitelte. F. musste sich 1791 mit der Stelle eines Accompagnateurs am Theater Feydeau begnügen. Als solcher schrieb er viele beifällig aufgenommene Einlagestücke und für das Theater Montansier, bei dem er Anstellung gefunden hatte, als 1793 die italienische Gesellschaft des zuerst genannten Theaters aufgelöst worden war, die Oper »*les evènemens imprévus*«. Er ging hierauf nach den Niederlanden, wo er als Clavierspieler Concerte gab, worauf er sich in London als Gesanglehrer niederliess. Dort schrieb er u. A. die Opern »*la vilanella rapita*«, *i due Svizzeri*«, »*l'eroina di Raab*« und die Ballets »*Borea e Zeffiro*« und »*la dama li spirito*«. Im J. 1804 verheirathete er sich mit der Pianistin Miss Henry, wurde 1809 in Folge einer Krankheit blind, erlangte aber 1812 das Augenlicht wieder und besuchte nun von 1814—1816 sein Vaterland und seine Geburtsstadt wieder. Mit Ausnahme einer Reise, die er 1827 nach Paris unternahm, lebte er seitdem ununterbrochen in London, wo er im Decbr. 1842 starb. — Seine zahlreichen übrigen Compositionen sind wie die schon angeführten angenehm melodisch und bestehen in Romanzen, Canzonetten, Canons, Duetten, in vielen Claviersonaten mit und ohne Begleitung, Variationen für Clavier und für Harfe, Harfensonaten u. s. w. Ausserdem hat er eine Gesangschule und Solfeggien, ein Elementarwerk »*Studio i musica teorica e pratica*« und Memoiren unter dem Titel »*Aneddoti piacevoli e interessanti occorsi nella vita di G. G. Ferrari*« (2 Bde., London, 1830) herausgegeben.

Ferrarl, Ottavio, italienischer Gelehrter, geboren am 20. Mai 1607 zu Mailand und gestorben am 7. März 1682 zu Padua als Professor der Rhetorik und Kritiker, gab an letzterem Orte ein Werk »*Origines linguae Italiae*« heraus, in welchem viele italienische musikalische Kunstausdrücke eine Stelle fanden. Vgl. Gerber's Tonkünstlerlex. vom J. 1812 (unter Ferrarius). †

Ferraro, Antonio, italienischer Tonsetzer, geboren in der zweiten Hülfte des 16. Jahrhunderts zu Polizzi in Sicilien, war Carmelitermönch und Organist des Klosters zu Catania. Er veröffentlichte von seiner Composition ein- bis vierstimmige Gesänge (Rom, 1617) und in gleicher Art eine »Ghirlanda di sacri fiori« (Palermo, 1623). Sein Styl soll in den einstimmigen Kirchengesängen reich bewegt und bunt gewesen sein, wie denn F. zu den Ersten gehört haben soll, die sich der Achtel- und Sechszehntel-Noten (Cromen und Semicromen) bedient haben.

Ferrazzi, Giovanni Battista, italienischer Gesangcomponist, von dessen Composition Arien (Venedig, 1652) im Druck erschienen sind.

Ferreiu, Antoine, französischer Mediciner, geboren zu Frespech in Angenois am 25. Octbr. 1693, starb als sehr berühmter Arzt zu Paris am 28. Februar 1769. Unter seinen Schriften befindet sich eine »sur l'organe immédiat de la voix et sur ses différens tons« (1741), die für seine Forschung auf diesem Wissensfelde zeugt. Agricola hat Seite 38 in seiner Uebersetzung von Tosi's Anleitung zur Singkunst die Forschungen und Hypothesen F.'s ausführlicher mitgetheilt. Vgl. ferner Gerber's Tonkünstlerlex. von 1812. †

Ferreira, Cosmo Baëna, portugiesischer Tonsetzer des 16. Jahrhunderts aus Evora, wo er auch als Chorknabe seinen musikalischen Unterricht empfing. Später war er Kapellmeister und Professor der Musik zu Coimbra und Prior von St. João de Almedina ebendaselbst. Machado (Bibl. lus. I. pag. 599) führt folgende Werke von ihm an: »Enchiridion missarum et vesperarum«, »Officium hebdomadae sanctae« und »Responsorios de officio de defuntos«.

Ferreira da Costa, Rodrigo, portugiesischer Gelehrter zu Lissabon, Mitglied der dortigen Academie, Ritter des Christus-Ordens u. s. w., veröffentlichte in 2 Bänden (der vervollständigende dritte ist nicht erschienen) Untersuchungen über das Mathematische und Physikalische der Musik, Abhandlungen über Takt, Notation, Melodie, Harmonie, Contrapunkt u. s. w. Der Titel des Werkes ist: »Principios de musica, o exposiçao methodica das doctrinas da sua composiçao e execuçao« (Lissabon, 1820—1824).

Ferrel, Jean François, französischer Tonkünstler und musikalischer Schriftsteller, lebte im 18. Jahrhunderte in Paris und hat sich durch Streitschriften über verschiedene Gegenstände der Musik und des damaligen musikalischen Lebens einen Namen gemacht.

Ferretti, Giovanni (von Draudius unter dem Namen Ferresti, von Walther als Feretus und Ferresti aufgeführt), venetianischer Tonsetzer, geboren in der ersten Hälfte des 16. Jahrhunderts, hat in der Zeit von 1567—1588 zu Venedig mehrere Sammlungen von fünfstimmigen Canzoni alla napoletana und sechsstimmigen Madrigalen seiner Composition veröffentlicht, die sich durch eine für ihre Zeit merkwürdige Leichtigkeit der Factur auszeichnen. Mehrere davon findet man in der Bibliothek zu München.

Ferri, Baldassaro, hochgefeierter italienischer Sänger, geboren am 9. Decbr. 1610 zu Perugia, trat mit 11 Jahren als Sopranist in die Dienste des Cardinals Crescenzio, Bischofs von Orvieto, der ihn in der Gesangkunst und in der Theorie der Musik zu Rom und zu Neapel von den besten Meistern ausbilden liess. Im J. 1625 ging er an den polnischen Hof, und 1655 zog ihn der musikliebende Kaiser Ferdinand III. in seine Dienste nach Wien. 1675 kehrte er nach seiner Vaterstadt Perugia zurück und starb daselbst im hohen Alter am 8. Septbr. 1680. Seine Stimme und der mit derselben verbundene ausdrucksvolle Vortrag sollen unübertrefflich und über alle Beschreibung wunderbar schön gewesen sein. In Folge dessen erfuhr er allenthalben ausgesuchte, ja ausschweifende Huldigungen, und nach seinem Tode wurde eine Denkmünze auf ihn geschlagen, während die hervorragendsten Dichter wetteiferten, ihn zu besingen. Die Geschichte der Musik nennt ihn als denjenigen, der angeblich die Veranlassung zur Einführung des da Capo in der Arie gegeben habe. Man vergl. hierüber Arteaga, Gesch. d. Oper vor Forkel II. 262.

Ferri, Francesco Maria, italienischer Tonsetzer, geboren um 1680 zu Marciano im Kirchenstaate, trat in seinem 15. Lebensjahre in das Kloster des hei-

Franciscus zu Bologna, wo ihn Pater Passerini in Composition und Contrapunkt unterrichtete. Im J. 1713 wurde er Kapellmeister dieses Klosters und starb im J. 1720. Er veröffentlichte »*Antifone della beata vergine Maria a due voci*« (Rom, 1719) und »*Solfeggi a due voci per li principianti*« (Rom, 1719).

Ferrier, Friedrich Wilhelm, trefflicher deutscher Tonkünstler, geboren 1826 zu Waldniel bei Düsseldorf, zeigte von früh auf bedeutende Anlagen zur Musik, sodass er mit bestem Erfolge Clavierunterricht erhielt und später die bereits eingeschlagene wissenschaftliche Laufbahn mit der musikalischen vertauschte. Seine letzte Ausbildung fand er auf dem Conservatorium zu Köln, wo Clavier- und Orgelspiel, Composition und Direktion sein Hauptstudium bildeten. Mit den vorzüglichsten Kenntnissen ausgerüstet, begab er sich als Musikdirektor nach Essen und übte auf das Musikleben jener Stadt im Allgemeinen und auf die Hebung des Chorgesanges im Besonderen den wohlthätigsten Einfluss aus. Als Dirigent und Musiklehrer hochgeachtet, wirkt er noch daselbst. Seine Compositionen sind, da sie nicht veröffentlicht wurden, auswärts nicht bekannt geworden.

Ferrier, Michel, französischer Tonkünstler, aus Cahors gebürtig, hat Marot's Davidische Psalmen in Musik gesetzt und in Paris bei Nicolas du Chemin herausgegeben. Vgl. Verdier Bibl. †

Ferrier, Paul Jacques, französischer Orgelvirtuose und Componist, war in der Mitte des 18. Jahrhunderts in Paris als Organist angestellt.

Ferrini, Antonio, italienischer Sänger, der um 1690 in den Diensten des Grossherzogs von Toscana stand, später aber in die kaiserl. Hofkapelle zu Wien Anstellung fand. In den Listen dieser Kapelle vom J. 1727 wird er als Pensionist aufgeführt.

Ferris, Lambert, altfranzösischer Dichter und Musiker, dessen Lebenszeit in die Regierung Ludwig desHeiligen fällt.

Ferro, Marco Antonio, italienischer Componist, der um die Mitte des 7. Jahrhunderts in Deutschland lebte und den Titel eines Ritters vom goldenen Sporn führte. Zuerst war er in Diensten des Kurfürsten von der Pfalz, sodann Kammermusiker des Kaisers Ferdinand III. zu Wien. Mehrere Jahre lebte er auch in Prag und schrieb daselbst verschiedene Kirchenmusiken. Gedruckt sind von einer Arbeit »*Sonate a 2, 3 e 4 stromenti*« (Venedig, 1649).

Ferronati, Ludovico, italienischer Violinspieler und Componist, der zu Anfange des 18. Jahrhunderts lebte und von seiner Arbeit »*Sonate per camera a Violino e Cembalo*« (Venedig, 1715) veröffentlicht hat.

Ferroni, Piedro, italienischer Gelehrter, war um 1800 Professor der Mathematik und hat als solcher viele auf die Musik bezügliche wissenschaftliche Forschungen und Untersuchungen angestellt und deren Resultate veröffentlicht.

Ferté, Charles la, französischer Violinspieler und Componist, lebte 1743 zu Bordeaux und gab daselbst von seiner Arbeit Sonaten für Violine heraus.

Fes (ital.: *fa bemolle,* franzöz.: *fa bémol,* engl.: *f flat*), heisst in der alphabetisch-syllabischen Klangbenennung die um einen Halbton erniedrigte *f* genannte Klang, dessen Notirung durch Vorsetzung eines Bees (♭) vor die Note *f* geschieht, und ist dasselbe die fünfte diatonisch-chromatische Stufe unseres modernen abendländischen Tonsystems, als welche sie sich von der reinen Durterz von *c* (*e*) nur durch die Schreibweise unterscheidet. In der That ist jedoch *fes* zu *c* in dem Verhältniss von $^{39}/_{32}$, während *e* im Verhältniss von $^{4}/_{3}$ steht, also um die Diesis $^{125}/_{128}$ tiefer, welcher geringe Klangunterschied bei Tongaben durch moderne Tasteninstrumente nicht darzustellen möglich ist. Grund dafür, dass diese ungenaue Angabe jetzt allgemein in Gebrauch ist, trotzdem man in der Mitte des vorigen Jahrhunderts hiergegen schon Maassnahmen zu treffen gesucht hat, ist: dass das Ohr zwar diesen kleinen Tonunterschied wohl bemerken kann, doch nicht gerade angenehm berührt wird, wenn man demselben einen Klang statt des anderen bietet. In Tonstücken jedoch, welche ihre Ausführung durch Streichinstrumente erhalten, wird der reinen obenangeführten Tonhöhe des *fes* stets annähernd Rechnung getragen, und in richtig geschriebenen Tonstücken, die ihre Darstellung durch die Menschenstimme finden, kann man fast immer annehmen, dass zwischen *e* und *fes* der Klangunterschied bestimmt heraustritt. — Wenn nun schon die Feststellung des *fes* genannten Tones in der Zahl der in unserer Kunst verwandten Klänge durch die vorhandenen Mittel sehr erschwert ist, so ist es fast ganz unmöglich, eine auf *fes* gebaute Tonfolge in Reinheit darzustellen, weshalb man auch niemals *fes* als den Grundton eines Accordes, viel weniger als den einer Tonart antrifft.   C. B.

Fesca, Friedrich Ernst, tüchtiger Violinvirtuose und gediegener Instrumentalcomponist, wurde am 15. Febr. 1789 zu Magdeburg geboren und war der Sohn eines Magistratssecretärs, der fertig Violine und Violoncello spielte, während seine Mutter Mariane, geborene Podleska, eine Schülerin Hiller's, vordem Kammersängerin der Herzogin von Curland gewesen war. Der Mutter sang er schon in seinem vierten Jahre alle ihm vorgesungenen Lieder nach, die er auch, nebst anderen kleinen Stücken, auf dem Clavier zu spielen lernte. Als er neun Jahre alt war, erhielt er bei Lohse, Vorgeiger des Magdeburger Theaterorchesters, Violinunterricht, und bei schnellen Fortschritten wandte er sich von den damaligen Modesachen ab und dem Studium Haydn'scher und Mozart'scher Solowerke und Quartette zu. Bereits von seinem neunten Jahre an war er ein ganz tüchtiger und gern gehörter Concertspieler in den Abonnementsconcerten der Freimaurerloge der mit Solostücken und Violinconcerten häufig auftrat. In der Musiktheorie unterrichtete ihn damals zuerst Zachariä, Musikdirektor an der Altstädter Kirche und später besonders gründlich und erfolgreich der Theater-Musikdirektor Pitterlin, der aber 1804 starb, weshalb sich F. im Juni 1805 nach Leipzig begab, um bei Aug. Eberhard Müller die höheren Musikstudien fortzusetzen. Mit besonderem Fleisse wendete er sich dort dem Studium der älteren Kirchenmusik zu. Selbst schöpferisch versuchte er sich damals mit Violinconcerten, den ersten und einzigen welche er überhaupt geschrieben und die von ihm vorgetragen, vielen Beifall fanden. Im Herbst 1805 wurde er als erster Violinist des Leipziger Theater- und Concertorchesters angestellt, allein er blieb nicht lange, da ihn schon im Febr. 1806 der Herzog von Oldenburg, der gerade in Leipzig war, in seine Hofkapelle zog. Auf Empfehlung des französischen Marschalls Victor trat er im Frühjahr 1808 als Solospieler in die königl. westphälische Kapelle in Kassel, woselbst er hoch angesehen und in brillanten Verhältnissen seine glücklichsten Tage verlebte, obwohl ihn, von 1810 an bereits Krankheitsfälle heimsuchten. Von Kassel aus zuerst überraschte er die Welt mit grossen, in sich fertigen Werken, bestehend in sieben Streichquartetten und zwei Sinfonien, welche Aufsehen erregten. Nach Auflösung des Königreichs Westphalen begab sich F. im Januar 1814 nach Wien, wo ein Bruder von ihm lebte. Sein Gesundheitszustand erlaubte ihm aber nicht mehr öffentlich aufzutreten, und er beschränkte sich darauf, als Quartettspieler sein Streichquatuors in Privatkreisen bekannt zu machen, wo sie sowohl wie sein Spiel grossen Beifall fanden. Der badische Hoftheater-Intendant, Baron von Ende, vermittelte F.'s Berufung in die grossherzogl. Kapelle zu Karlsruhe, in der er alsbald 1815 vom ersten Violinisten zum Concertmeister aufstieg. In seinen Compositionen fing er damals an, sich wieder mehr dem Kirchenstyle zuzuwenden. Seit 1822 stellten sich höchst gefährliche Anfälle von Blutsturz bei ihm ein, die zwar noch gehoben wurden, ihn aber einer langsamen Abzehrung entgegenführten, welche ihn verhinderte, vortheilhaftere Berufungen anzunehmen. Dazu traten Enttäuschungen und bittere Erfahrungen, die ihn menschenscheu machten und in die Einsamkeit trieben, in die ihm nur wenige begünstigte Freunde zeitweise folgen durften. Die und die Kunst allein vermochten es, ihn etwas zuversichtlicher zu stimmen, ja in seinen letzten Werken lassen sich unschwer Spuren von Heiterkeit und Humor entdecken, wie sie ihm vorher gar nicht zu eigen waren. Die Heilbäder von Ems äusserten 1825 eine anscheinend günstige Wirkung auf F., der noch eine Ouvertüre für Orchester und sein letztes Quartett mit Flöte componirte. Ein verstärkter Krankheitsanfall im Januar 1826 führte ihn der Auflösung entgegen, und er starb am 24. Mai 1826. Sein Begräbniss bekundete die allgemeine Achtung und Liebe

deren er sich erfreut hatte. — Als Violinspieler gehörte F. zu den wenigen ausgezeichnetsten und gediegensten Künstlern, die nicht mit einer glänzenden Aussenseite mühsam erlernter Fertigkeit prunken, sondern diese einem stets schönen,
edlen und warmen Ausdruck unterordnen; namentlich soll er im Vortrag des
Adagio unvergleichlich seelenvoll gewesen sein. Seine compositorische Thätigkeit
bildete eine durchaus harmonische Ergänzung zu dieser Art von Virtuosität, und
seine Hauptarbeiten waren demnach jene kostbaren Quartette, von denen man in
Paris sogar eine sehr prachtvolle Gesammtausgabe veranstaltete. In diesen sowie
in seinen übrigen Werken zeichnete er sich weniger durch einen eigenthümlich
charakterisirten Styl als vielmehr dadurch aus, dass er, nach den besten Mustern
gebildet, jene schöne Gleichförmigkeit, jenes Mass und ordnende Gesetz vorwalten
liess, die einer gesuchten, nur durch das Abweichen vom allgemeinen Gesetze allein
bemerkbaren Originalität stets weit voranstehen. Ein verwandter Zug mit Spohr,
auch mit K. M. v. Weber ist überall unverkennbar; wie der erstere besonders huldigt er einem weichen, sanft elegischen Stimmungstone, aus dem er sich mitunter
wohl zu Pathos und Leidenschaftlichkeit emporrafft, um aber schliesslich wieder
in's Sanfte und Klagende zurückzufallen. Ausser 20 Quartetten und fünf Quintetten für Streich- und Blaseinstrumente hat er auch drei gründlich gearbeitete
Sinfonien und die Opern »Cantemira« (1819) und »Omar und Leila« (1823) geschrieben, in denen indessen mehr eine schöne Anordnung der Ideen und das Vermeiden alles Geschmackwidrigen vorherrschen, als dass die Erfindung selbst blü-
hend oder gar bedeutend herausträte. Die übrigen Compositionen F.'s bestehen in
vier Ouvertüren, vier Potpourris für Violine, einem Rondo für Waldhorn, einem
»Vater Unser« für Solostimmen, Chor und Orchester, mehreren Psalmen und vielen
ein- und mehrstimmigen Liedern und Gesängen. — Sein zweiter Sohn, Alexander Ernst F., geboren den 22. Mai 1820 zu Karlsruhe, hatte das grosse Talent
seines Vaters, aber nicht zugleich dessen künstlerische Gewissenhaftigkeit und
ernstes Streben geerbt. Er wandte sich bei trefflichen Lehrern besonders dem
Clavierspiele zu und konnte sich schon seit 1831 mit Erfolg öffentlich hören lassen.
Als er vierzehn Jahr alt war, wurde er nach Berlin gebracht, wo er bei A. W. Bach,
Rungenhagen und J. Schneider Theorie und Composition und bei W. Taubert
Clavierspiel weiter fortstudirte. Nach Karlsruhe zurückgekehrt, brachte er 1838
sein Erstlingswerk, die einaktige Oper »Marietta« zur Aufführung. Mit grossem
Beifall concertirte er in den Wintern 1839 und 1840 als Pianist, zuerst in Norddeutschland, dann auch in Baiern, Oestreich und Ungarn. In Karlsruhe liess er
darauf 1841 seine dreiaktige Oper »die Franzosen in Spanien« aufführen und wurde
zum Kammervirtuosen des Fürsten Egon von Fürstenberg ernannt. Bald darauf
liess er sich in Braunschweig bleibend nieder, wo seine letzte Oper »der Troubadour«
sehr beifällig aufgenommen wurde, und wo er für seine Werke einen Verlagsplatz
fand. Er starb daselbst leider schon am 22. Febr. 1849, in Folge eines unregelmässigen Lebenswandels, ohne zu der wünschenswerthen künstlerischen Abklärung
gelangt zu sein. Seine Compositionen bestehen in vielen Liedern (von denen 48,
in eine Sammlung vereinigt, 1872 erschienen), Salonstücken und Trios, welche
Talent, leichtes Schaffen und gewandte Arbeit bekunden, aber aller Tiefe und
grösseren Gehaltes baar sind. Ihrer Gefälligkeit wegen waren sie lange Zeit beim
grossen musiktreibenden Publikum sehr beliebt; seine sang- und dankbaren, obwohl dem Gewöhnlichen meist nicht fremden Lieder haben sein Andenken bei den
Dilettanten sogar bis auf den heutigen Tag unverwelkt erhalten.

Fescenninen oder Fescenninische Gesänge, von der im Süden Etruriens gelegenen Stadt Fescennium so genannt, bilden einen Theil der altitalienischen Volks-
poesie. Sie waren im saturnischen Metrum verfasst und bestanden in Wechsel-
gesängen, mit denen sich bei festlichen Gelegenheiten, wie bei Hochzeiten, die lied-
und weintrunkene Jugend vergnügte und neckte. Sehr bald jedoch arteten sie in
muthwilligen Spott und selbst in unzüchtige Witze aus, sodass die *licentia Fescen-
ina* bei den Römern sprüchwörtlich wurde und die weitere Ausbildung dieser
Poesie eine gesetzliche Beschränkung erfuhr.

Fesch, s. Defesch.

Fessel, Johann Heinrich Ernst, hervorragender
geboren am 17. Apr. 1764 zu Wernigerode am Harz, übe
beim Orgelbauer Braun in Quedlinburg, trat aber darnach
Horn'sche Instrumentenfabrik in Dresden. Im J. 1791 e
Clavierwerkstätte in Dresden, deren Fabrikate sich als solid
einen guten Namen in Deutschland erworben.

Fesser, Johann, Magister und Pädagog aus Arnstei
in Augsburg eine »Kindliche Anleitung oder Unterweis
Musica heraus.

Fessy, Alexandre Charles, französischer Orgelvir
componist, geboren am 18. Octbr. 1804 zu Paris, wurde sch
Conservatorium gebracht, wo anfangs Clavierspiel und T
Benoist Orgelspiel, seine Haupt-Lernfächer waren. Als er
klasse bis zum ersten Preise gebracht hatte, erfolgte sein
nist an der Kirche de l'Assomption, in welchem Amte er
sehr pflegte und den Musikalienmarkt mit der seichtesten,
Kunstwaare, die starken Absatz fand, überschwemmte. S
Variationen u. s. w., meist über beliebte Opernthema's, zähl
Gemeinschaft mit Berr hat er in ähnlicher Art auch D
Clarinette herausgegeben.

Festa, Costanzo, Palestrina's berühmter Vorgänger
römischen Schule, wie der gelehrte Baini rühmt, war in Fl
1517 als Sänger in die päpstliche Kapelle in Rom. In
am 10. Apr. 1545. Er war ein ebenso gediegener wie fl
von dessen Arbeiten, bestehend in Messen, Motetten, Madri
allerdings nur das Wenigste gedruckt ist, nämlich: Dreisti
dig, 1543), dreistimmige Madrigale (Venedig, 1556, andere
(München, 1583) und ein Te deum (Rom, 1596), welches l
Schönheit sein soll und noch jetzt sowohl bei der Papi
Ueberreichung des Hutes an neu ernannte Cardinäle, al
Frohnleichnamstage, wenn die Procession in die Basilica d
dem Sängerchor der sixtinischen Kapelle ausgeführt wir
F.'s finden sich in den Archiven der päpstlichen Kapelle
lungen damaliger Zeit zerstreut. Schon Burney übrigens l
(III. 244 und 246) F., übereinstimmend mit Baini, für de
tisten der vorpalestrina'schen Musikepoche erklärt.

Festa, Francesca, ausgezeichnete italienische Säng
Violinvirtuosen Giuseppe F. (s. d.), war 1778 zu Neapel ge
Gesangstudien bei Aprile gemacht und wurde von Pacchi
Opernbühne ausgebildet. Nachdem sie mit Erfolg zuerst
Vaterlandes gesungen hatte, kam sie nach Paris und debüt
es ihr gelang, die Triumphe der gleichzeitig auftretender
J. 1811 kehrte sie nach Italien zurück, verheirathete si
Maffei und sang ununterbrochen an den Hauptbühnen des
1829 war sie noch als Signora Festa-Maffei eine Zierde
zu St. Petersburg und starb daselbst im Januar 1836.

Festa, Giuseppe, italienischer Violinvirtuose und tüch
geboren 1771 zu Trani im Königreich Neapel, erhielt de
der Violine von seinem Vater und die höhere Ausbildung
in Neapel, woselbst auch Gargano und Fenaroli ihn im Co
In seinem 28. Jahre und schon im Besitze eines bedeutende
italien, ging er mit Lord Hamilton, dem englischen Gesandt
von Neapel aus nach Constantinopel, das er jedoch nach ei
worauf er seinen Aufenthalt in Mailand nahm. Im J. 1802
direktor in Lodi angestellt, kehrte aber 1805 nach Ne

Vorgeiger in das Orchester des San Carlo-Theaters. Im J. 1812 besuchte er auf
längere Zeit Paris und wurde, von dort zurückgekehrt, in Neapel als Orchesterdirigent am San Carlo-Theater sowie an der Hofkapelle und der Privatmusik des
Königs angestellt. In dieser Eigenschaft starb er geachtet und geschätzt am
7. Apr. 1839 und hinterliess den Ruf eines sehr guten Violinisten und vortrefflichen Dirigenten. Componirt und veröffentlicht hat er nur Violinsachen.

Fester Gesang, s. *Cantus firmus.*

Feste Klänge (griech.: ἑστῶτες), nannten die Alten (s. Eucl. p. 6) die Grenz-
klänge der Tetrachorde in der Oktave, welche in nachfolgendem Beispiele durch
halbe Noten verzeichnet sind:

weil in allen Gattungen diese unwandelbar erscheinen. Auch in der abendländischen Musik noch pflegt man diese Klänge, Tonica (s. d.), Subdominante
(s. d.) und Dominante (s. d.) ebenso zu nennen.   0

Feste Körper lieferten bisher in der Kunst die verschiedensten zum Tonbil-
den angewandten Mittel. Es scheint, als wenn die F., welche die grösste Schallfortpflanzungsgeschwindigkeit besitzen, sich zur Anfertigung von Tonwerkzeugen
am meisten geeignet zeigen, indem nicht allein dieselben tonbildend, sondern auch
den Ton multiplicirend bei eigener wie bei anderer Körper Tonzeugung eine Nothwendigkeit sind. Diese Eigenheiten der verschiedenen F. veranschaulicht folgende
Tabelle, die zugleich erkennen lässt, dass die Verwendung F., deren Auswahl bisher nur empirisch stattfand, sich bald einem Punkte nähern wird, wo man wissenschaftlich eine Bestimmung über deren Gebrauch aufzustellen vermag.

Stoffname.	Geschwindigkeit in der Sek. in Meter.	Vergleichung der Geschwind. des Schalls mit der in der Luft.
Zinn	2550	$7^1/_3$
Silber	3060	$10^3/_3$
Messing	3624	12
Kupfer	4080	$16^2/_3$
Stahl	5664	17
Glas	5664	17
Fischbein	2266	$6^3/_3$
Eichenholz	3624	12
Tannenholz	6120	18

Diese Schallfortpflanzungsgeschwindigkeit in einfacher Weise zu berechnen hat
zuerst Chladni 1796 entdeckt und in Voigt's Magazin für den neuesten Zustand der
Naturkunde Band 1, Stück 1 veröffentlicht; später fand sie in seinem zu Leipzig
1802 erschienenen Werke »Akustik« Seite 265 § 226 eine Stelle. S. ferner den
Art. Akustik (Band 1, Seite 110 und 111).   0.

Festing, Michael Christian, englischer Flötist, war als solcher um 1727
in dem Händel'schen Opernorchester zu London angestellt. — Sein Sohn John F.
hat sich als Violinist und Instrumentalcomponist ausgezeichnet. Sein erster Lehrer war Rich. Jones, der Orchesterdirektor am Drurylane-Theater; später übte er
bei Geminiani. Lange Zeit war F. erster Violinist der philharmonischen Gesellschaft und dirigirte die Concerte, welche in der Crown-Tavern und in Ranelagh-
House stattfanden. Verschiedene seiner Compositionen sind um 1780 im Druck
erschienen, nämlich acht Violinconcerte, vier Doppelconcerte für zwei Flöten und
vierzehn Doppelconcerte für zwei Violinen. Vgl. Hawkins, *Hist. of Music,*
Vol. V. 363.

Festività (ital.), die Festlichkeit; daher *festivamente* als Vortragsbezeichnung in der Bedeutung feierlich, festlich, ebenso das Adjectivum *festivo*

oder *festoso*. Meist liegt dem italienischen Begriff des I
Nebenbedeutung des Heiteren zu Grunde.

Festoni, G., italienischer Violinist und Componist, hat :
London durch Vortrag eines ungedruckt gebliebenen Violi:
macht. Nach Preston's Catal. vom J. 1797 sind jedoch zwe
linen und Bass seiner Arbeit daselbst im Verlag erschienen.

Festspiel bezeichnet eine jetzt immer mehr ausser Geb
tung von Schauspielen mit, auch ohne Musik, wie sie ehemal
Oper, besonders in der letzten Hülfte des 17. und durch das ;
bei festlichen Gelegenheiten üblich waren. Dergleichen ge
scenische Stücke wurden hauptsächlich bei vorkommenden
geführt und waren meist auf Bestellung, von eigens dazu o
gearbeitet. Sie verdrängten die noch aus der Ritterzeit st
solchen Festlichkeiten gebräuchlichen Turniere, Ringelren
Schon 1591 auf dem zweiten Beilager des Herzogs Friedrich
mit der Pfalzgräfin zu Weimar wurde eine Komödie von Nic
Geschichte der Grafen von Gleichen behandelte, aufgeführt;
den bei Gelegenheit der Vermählung der Schwester des Ku:
nore, mit Georg, Landgrafen von Hessen-Darmstadt, das von
Kapellmeister Schütz componirte Singspiel »Daphne«. Vo:
Aufführungen zu den eigentlichen F., d. h. zu eigens bestell
dichten und Texten, in denen der Gegenstand des Festes
rischer Form dargestellt wurde. Zu der allgemeinen Noth
Elend, welches der Dreissigjährige Krieg über Deutschland
die mit grösster Pracht und üppiger Verschwendung bes
Fürstenhöfen Deutschlands, die mit dem glänzenden Hoflebe
eifern wollten, ausgestatteten F. mit Schäfern und Schäferi:
altären, Transparenten, bengalischem Feuer, Grazien, Musen
Fanfaren und Gesängen einen schneidenden Contrast. Seh
die herumziehenden Schauspiel-Truppen die Hoffeste zu I
Publikum herbeizulocken. Allmälig verschwanden indesser
wurden wenigstens geschmackvoller, wie denn Schiller's F
Künste« sogar als ein selbstständiges poetisches Werk gel
Art hat die neueste Zeit nach dem französischen Kriege vc
rere ziemlich werthvolle Produkte hervorgebracht. Durch l
Kotzebue's F. »die Ruinen von Athen« zu einiger Berühmt
ist aber bei Gelegenheit der Säcularfeier des Geburtstags
Otto Devrient in Bezug auf die Dichtung umgestaltet word
noch am 17. Decbr. 1872 im Hoftheater zu München mit gr
führung gelangt. Als Curiosität darf das von dem unzeitge
digenden König Friedrich Wilhelm IV. von Preussen ang(
werden, welches unter dem Titel »das Hoffest von Ferrara«
beer 1842 im königl. Schlosse zu Berlin in Scene ging. D:
gedeuteten engen Anwendung auf eine specielle Tagesfeier o(
gewisser Personen verschwindet übrigens immer mehr; man
Festrede (Prolog), einer eigens zu der betreffenden Feier c
oder Festmarsch u. s. w. — Zu einer neuen, von der moder:
ten Bedeutung scheint Rich. Wagner das F. erheben zu w
nicht auf das Mittelalter, sondern direkt auf das griechische
alle scenischen Aufführungen eigentlich F. waren, insofern
Zeitperioden und an bestimmten Festtagen stattfanden. I:
Wagner, durch längere Zeiträume getrennt, gewisse, eigens f
und componirte Werke in besonderen Theatern aufgefüh:
einen Anziehungs- und Sammelpunkt für die ganze Nation
Trilogie von Musikdramen »die Nibelungen«, welche er ausd:
mit Erbauung eines für dieses Werk eigens hergerichteten

welches zur Zeit der Sommer-Sonnenwende 1874 eingeweiht werden soll, hat er den Versuch angebahnt, seine Ideen praktisch einzuführen.

Fétis, François Joseph, einer der ausgezeichnetsten, scharfsinnigsten und fleissigsten Musikgelehrten aller Zeiten, gründlicher und kenntnissreicher Theoretiker und hervorragender Componist und Musikpädagog, wurde am 25. März 1784 zu Mons in Belgien geboren, wo sein Vater, Antoine F., der in dem Orte Organist, Musiklehrer und Concertdirigent war, seinen ersten Musikunterricht selbst leitete und überwachte. Sehr frühzeitig drang unter solcher Pflege der kindliche Geist des jungen F. in fast alle Geheimnisse der Musik, sodass er mit dem neunten Jahre bereits geschmackvoll und ziemlich fertig Clavier, Orgel und Violine spielen und zeitweise seinen Vater in dem adligen Capitel Sainte-Wandra als Organist vertreten konnte. Nicht viel später begann er mit Compositionsversuchen für diese Instrumente. Gleichzeitig wurden anderweitige Studien, ganz besonders in alten und neueren Sprachen eifrig betrieben, was ihm für seine späteren tiefgehenden Forschungen in der Geschichte der alten Musik bei Griechen, Römern, Italienern, Deutschen u. s. w. sehr zu statten kam. Diese Studien erlitten auch keine Unterbrechung, als die zweite Invasion der Franzosen in Belgien alle Schulen und Kirchen schloss, was F. veranlasste, sich durch Selbststudium zu vervollkommnen. Im J. 1800 endlich durfte er zu seiner weiteren Ausbildung in Kunst und Wissenschaft nach Paris abgehen, wo er Aufnahme im Conservatorium fand und Harmonielehre bei Rey studirte, während Boieldieu und Pradher seine Lehrer im Clavierspiel wurden. Der Streit, welcher gerade damals, gelegentlich der Veröffentlichung der Harmonielehre Catel's, zwischen den Schülern dieses Meisters und den Anhängern des alten Rameau'schen Systems von Neuen entbrannte, machte auf F. einen mächtigen Eindruck, scheint ihn zuerst zu einer tieferen selbstständigen Ergründung der Musik angeeifert und seine ganze auf das kritische Eindringen in den wissenschaftlichen Theil der Kunst gehende Richtung überhaupt veranlasst zu haben. Als er 1803 trefflich ausgebildet das Conservatorium verlassen durfte, begab er sich auf seine ersten Forschungsreisen, von denen er eine ziemlich umfassende und gründliche Kenntniss der kirchlichen und weltlichen Meisterwerke italienischer und deutscher Componisten, sowie der theoretischen Schriften und Systeme beider Nationen mit nach Paris zurückbrachte. Nachdem er 1806 eine reiche Heirath gethan, widmete er sich um so anhaltender und gründlicher der weiteren Verfolgung dieser oft sehr kostspieligen Forschungen, sowie der Theorie der Musik, nebenbei auch dem Selbstschaffen; namentlich studirte er damals den altrömischen Kirchengesang und den Zustand der Musik im Mittelalter. Aus dieser für sein Streben so glücklichen Unabhängigkeit riss ihn das J. 1811, in welchem er durch den Sturz eines der angesehensten Pariser Geschäftshäuser, bei dem er einen grossen Theil der Mitgift seiner Gattin hinterlegt hatte, sowie durch gleichzeitige schlechte Speculationen von Verwandten seiner Frau das ganze Vermögen verlor. In drückender Sorge sah er sich in Folge dessen genöthigt, Paris zu verlassen und lebte fast drei Jahre lang resignirt und still, in Arbeit vergraben, auf dem Lande im Departement der Ardennen, indem er die unfreiwillige Musse durch Componiren, Beschäftigung mit der Philosophie und Untersuchungen über die Tonkunst ausnützte. Im Decbr. des J. 1813 endlich nahm er die Stelle eines Organisten zu Douai und Lehrers an der Musikschule in dieser Stadt an, in welchen Stellungen er bis zum J. 1818 überaus thätig war, worauf er wieder nach Paris zog. Dort componirte er bis 1821 Instrumental- und Vocalwerke; es war dies besonders auch seine wenig glückliche Opernperiode. In dem letztgenannten Jahre wurde er als Eler's Nachfolger Professor am Pariser Conservatorium und bekleidete dieses Amt bis 1833, eine rastlose Thätigkeit und Gewissenhaftigkeit documentirend. Ausser seiner Lehrthätigkeit und der Veröffentlichung mehrerer vortrefflicher Unterrichtswerke gründete er in dieser Zeit die *Revue musicale*, die bald eine Art classischer Autorität wurde, noch heute die bedeutendste Musikzeitschrift von Paris und ganz Frankreich ist und deren erste fünf Jahrgänge er ganz allein bewerkstelligte; ferner errichtete er die sogenannten historischen Concerte, in denen Stücke oder ganze Werke aus ver-

schiedenen Epochen der Tonkunst in chronologischer Folge und auf den zu jeder
Zeit üblichen Instrumenten vorgeführt wurden, eine Einrichtung, die seitdem in
Belgien, England, Deutschland, zuletzt auch in Italien beifällig aufgenommene
Nachahmung fand; endlich hielt er Vorlesungen über Geschichte und Philosophie
der Musik, welche die Grundlage für seine späteren, in dieses Fach schlagenden
Veröffentlichungen bilden. Unermüdlich und unerschöpflich aber war und blieb er
in der Herausgabe guter und wichtiger Lehrschriften. Im J. 1833 wurde er zum
Kapellmeister des Königs der Belgier und zum Direktor des königl. Conservatoriums der Musik in Brüssel ernannt und folgte diesem ehrenvollen Rufe, welcher
den Kreis seiner Thätigkeit noch bedeutend erweiterte. Wie gründlich ernst er
auch diese seine neue Stellung nahm, davon ist das rasche Aufblühen des Brüsseler Conservatoriums, welches erfolgreich mit dem Pariser zu rivalisiren begann,
ein Beweis. Die ganze Organisation des wichtigen Instituts, die wie noch heute
ersichtlich, durch ihn auf eine durchaus gediegene Grundlage gestellt ist, ist F.'s
Werk; vom Conservatorium aus wurde, was am meisten sagen will, das ganze Land
musikalisch befruchtet, sodass Belgien später eine angesehene Stellung in der
künstlerischen Bewegung der neuesten Zeit einnehmen und behaupten konnte.
Schon im Winter 1833 organisirte F. nach Pariser Muster die Brüsseler Conser-
vatoriums-Concerte, welche noch immer ununterbrochen fortbestehen und an
Trefflichkeit der Programme und Gediegenheit der Ausführung nichts zu wünschen
übrig lassen. Ebenso entwarf und ordnete er bis in's Kleinste den Lehrplan seines
Instituts und sorgte für die Anstellung tüchtiger und berühmter Lehrer. Dass
besonders die belgische Violinschule einen so bevorzugten Rang in der Kunstwelt
einnimmt, darf hauptsächlich mit als sein Werk gelten, da er die bedeutenden
Kräfte des Landes zu sammeln und für die Lehre der jüngeren Generation nutzbar
zu machen wusste. In seiner Stellung war und blieb F. übrigens ein Anhänger
und eiserner Verfechter der strengen classischen Richtung, welche sich auch in
allen seinen Compositionen für Kirche und Theater aussprach, die allerdings weniger Anerkennung als seine geschichtlichen und theoretischen Werke fanden. Ein
langes, ehrenvolles Leben unterstützte die Ausführung und das Gelingen seiner
stets auf das Grosse gerichteten Pläne und Einrichtungen; der Ehrenstuhl des
Präsidenten im Musikconservatorium diente ihm niemals zum Ruhesitz, um Lorbeern zu sammeln und damit in wohlverdienter Behaglichkeit sich zu schmücken.
Im Gegentheil verharrte er bis zum letzten Augenblicke in der ernstesten, eifrigsten
und einer bewundernswerth vielseitigen Thätigkeit; er starb in Folge der Aufregung, in welche ihn das Dirigiren eines Conservatoriumsconcerts unter Betheili-
gung des berühmten Baritonsängers Faure aus Paris versetzt hatte, am 26. März
1871 zu Brüssel. Seine mühsam mit dem Studiumeifer eines Gelehrten gesam-
melte und musterhaft geordnete Bibliothek kaufte der belgische Staat 1872 für das
Brüsseler Conservatorium an und übergab sie der öffentlichen Benutzung. — Es
erübrigt noch, einen genaueren Blick auf F.'s überaus reiches künstlerisches Schaffen zu werfen, und dabei sei auch der begründeten Vorwürfe gedacht, die der verdienstvolle Mann in den verschiedenen Zweigen seiner Thätigkeit gefunden hat.
welche Vorwürfe aber trotzdem nicht schwer genug wiegen, um seine grosse Wichtigkeit und Bedeutung für die gesammte Musikgeschichte wesentlich zu schmälern.
Die zahlreichen Tonschöpfungen F.'s sind gewissermassen localisirt geblieben und
nicht in fremde Musikkreise gedrungen, weil sie zwar nach allen Regeln der Kunst
verfertigt, aber steif, trocken und ohne besondere Eigenthümlichkeit sind. Jedoch
ist die Compositionsthätigkeit bei ihm ja überhaupt eigentlich erst in zweiter Reihe
zu nennen, da er vor Allem Kritiker, Musikschriftsteller und Lehrer war. Als
Kritiker gesteht man ihm einstimmig scharfes und präcises Urtheil, Vielseitigkeit
und enorme Belesenheit zu; auf der anderen Seite beschuldigt man ihn der Parthei-
lichkeit und allzu starren Festhaltens an Principien, welche nur die historische
Berechtigung für sich hatten. Hier ebenso wie als Forscher, habe er es niemals
verschmäht, wo seine Gründlichkeit nicht ausgereicht habe, sich nicht zu entschuldigender Seichtigkeit hinzugeben, die den Werth mancher seiner Untersuchungen

ernstlich in Frage stellen. Die Phantasie, welche seinen Tonschöpfungen allzu empfindlich mangele, spiele dagegen in seinen schriftstellerischen Arbeiten eine unberechtigte Rolle, indem sie da, wo F. selbst keinen logischen Zusammenhang herzustellen vermochte, keck ihre luftigen Brücken baue. Dazu träten vielfache, besonders philologische Ungenauigkeiten, welche bei Benutzung seiner Werke für Weiterforschung grösste Vorsicht nothwendig erscheinen lassen. Alle diese Mängel und Fehlbarkeiten zugegeben, sind dieselben doch nicht ausreichend, F.'s Lichtseiten wesentlich zu verdunkeln. Hätte er der Welt nichts wie seine achtbändige *Biographie universelle de musique et bibliographie générale de la musique* geschenkt, so würde er sich bereits ein unvergessliches Denkmal gestiftet haben. Dieses einzige Werk umfasst eine riesige Thätigkeit, die um so höher anzuschlagen ist, als F. sich die Quellen zu demselben erst auf's Mühsamste aufsuchen und eröffnen, die Materialien mit dem äussersten, hartnäckigsten Fleisse sammeln musste, während lediglich in Folge seiner Bemühungen alle späteren musikalischen Lexicographen den Hauptstoff fertig vorfanden, grossentheils in dem F.'schen Werke selbst. Wenn man das wohl erwägt, muss letzteres trotz aller kleinen Mängel und Fehlbarkeiten als ein unvergleichliches Muster von Gründlichkeit, Belesenheit und Vielseitigkeit bezeichnet werden, das noch für lange Zeit unentbehrlich sein wird. Nicht anders verhält es sich mit seiner Musikgeschichte, die leider nicht über ihre grossartigen Anfänge hinausgedichen ist, da ihn bei dieser mühsamen Arbeit, für die gesammte musikalische Welt viel zu früh, der Tod überraschte. Seine Verdienste als Musikschriftsteller sind aber ausserdem weit grösser, wie theilweise der hier folgende dürre Ueberblick seiner im Druck erschienenen selbstständigen historischen, didaktischen und kritischen Werke beweist: *Méthode élémentaire et abrégée d'harmonie et d'accompagnement, suivie de basses chiffrées* (Paris, 1824); *Traité de la fugue et du contrepoint* (Paris, 1825). Es sind dies, namentlich das letztere, ganz vorzügliche Lehrbücher, die eigens für das Pariser Conservatorium verfasst sind und daselbst noch jetzt benutzt werden. *Traité de l'accompagnement de la partition* (Paris, 1829); *Solfèges progressifs avec accompagnement de Piano précédés de l'exposition raisonnée des principes de musique* (Paris, 1827); *la Revue musicale, année 1827—1834* (mit zahlreichen Abhandlungen, Aufsätzen, Recensionen u. s. w.); ferner die von der niederländischen Akademie (zugleich mit Kiesewetter's gleichbetitelter Abhandlung) gekrönte Preisschrift: *Quels ont étés les mérites des Néerlandais dans la musique, principalement aux 14., 15. et 16. siècles, etc.* (Amsterdam, 1829); *La musique mise à la portée de tout le monde, exposé succint de tout ce qui est nécessaire pour juger de cet art et pour en parler sans l'avoir étudié* (Paris, 1830 und in späteren Auflagen; in's Deutsche übersetzt von C. Blum); *Curiosités historiques de la musique, complément nécessaire de la musique mise à la portée de tout le monde* (Paris, 1830); das schon oben erwähnte, bereits 1806 begonnene Hauptwerk *Biographie universelle des musiciens et bibliographie générale de musique, précédée d'un resumé philosophique de l'histoire de cet art* (8 Bde., Brüssel und Paris, 1834—1844); *Manuel des principes de musique, à l'usage des professeurs et des élèves de toutes les écoles, particulièrement des écoles primaires* (Paris, 1837); *Traité du chant en choeur* (Paris, 1837); *Manuel des jeunes compositeurs, des chefs de musique militaire et des directeurs d'orchestre* (Paris, 1837); *Méthode des méthodes de Piano, analyse des meilleurs ouvrages qui ont été publiés sur l'art de jouer de cet instrument* (Paris, 1837; deutsch übersetzt von Grünbaum). Es ist dies eine der am grossartigsten angelegten Clavierschulen, an der F. den theoretischen, Moscheles den praktischen Theil besorgte; die berühmtesten Claviercomponisten der damaligen Epoche, als Mendelssohn, Chopin, Liszt, Thalberg u. s. w. beeiferten sich, werthvolle Beispiele ihrer Arbeit dazu zu liefern. Zur Vervollständigung des hiermit eröffneten Gebietes lieferte F. alsbald darauf die allerdings minder wichtige und bedeutende *Méthode des méthodes de chant, analyse des principes des meilleures écoles de l'art de chanter* (Paris, 1838) und *la science de l'organiste*, eine grosse Orgelschule, bereichert durch Abhandlungen über die Harmonik und allgemeinen Philosophie der Musik, sowie durch einen Abriss der

Geschichte der Harmonik (Paris, 1840). Seitdem folgten: »*Esquisse de l'histoire de l'harmonie*« (Paris, 1840, nicht in den Buchhandel gelangt); »*Méthode élémentaire du plain-chant*« (Paris, 1843); »*Traité complet de la théorie et de la pratique de l'harmonie*« (Paris, 1844; von da bis 1862 in sechs ferneren Auflagen); »*Notice biographique de Nicolo Paganini etc.*« (Paris, 1851); »*Traité élémentaire de musique etc.*« (Paris, 1851); »*Antoine Stradivari, luthier célèbre, connu sous le nom de Stradivarius etc.*« (Paris, 1856; nicht in den Buchhandel gelangt); »*Histoire universelle de musique etc.*« (Bd. 1, Paris, 1869; Bd. 2, 1870, Bd. 3, 1872). Ausserdem verfasste er viele Memoires und Rapporte für die Akademie in Brüssel, Abhandlungen, Uebersetzungen und Kritiken in vielen musikalischen Fachblättern u. s. w. Ueber seinen Antheil an der theatergemässen Einrichtung von Meyerbeer's »Africanerin«, die er, dem letzten Willen des Componisten entsprechend, besorgte, schrieb er eine Abhandlung, betitelt: »*Préface de l'Africaine*« (Paris, 1865), welche seine Pietät für diesen Componisten kennzeichnet. — Die Compositionen F.'s bewegen sich auf allen erdenklichen Gebieten musikalischer Produktion und bestehen in Oratorien, Messen, Motetten, Requien (darunter eines mit Begleitung von Messinginstrumenten), Litaneien, Antiphonien, Misereres, den Klageliedern »Jeremiae« für sechs Singstimmen mit Orgel, Cantaten u. s. w.; von allen diesen Arbeiten ist aber nur ein Miserere für drei Männerstimmen *a capella* im Druck erschienen. Ferner: Sinfonien, Ouvertüren, Stücke für achtstimmige Harmoniemusik, Sonaten, Fantasien, Präludien, Variationen für Pianoforte; endlich Sextette, Quintette u. s. w. entweder für Streichinstrumente oder für Pianoforte und begleitende Instrumente und etwa acht Opern (entstanden in der Zeit von 1820—1832), von denen »*L'amant et le mari*«, »*Marie Stuart en Ecosse*«, »*le bourgeois de Rheims*«, »*la vieille*«, »*les soeurs jumelles*« und »*le mannequin de Bergame*« zwar aufgeführt wurden, aber keinen bleibenden Platz im Opernrepertoir zu behaupten vermochten. Eine andere Oper »*Phidias*« ist unaufgeführt liegen geblieben. — F. hinterliess zwei Söhne, die dem Ansehen ihres Vaters einen hervorragenden Platz in der Kunst und im bürgerlichen Leben verdanken. Der ältere und bedeutendere, Eduard (Louis François) F. glänzt als Musikschriftsteller und Feuilletonist. Geboren am 16. Mai 1812 zu Bouvignes an der Maas, machte er zu Paris umfangreiche wissenschaftliche Studien und folgte 1835 seinem Vater nach Brüssel, woselbst er alsbald Redakteur des Feuilletons im *Indépendant*, der grössten und wichtigsten belgischen Zeitung (der jetzigen *Indépendance belge*) wurde und bis heute geblieben ist. In dieser Beziehung war und ist er der Mittelpunkt der gesammten Musikkritik Brüssels und vertritt in dem Kampfe des vlämischen gegen das gallische Element in Belgien den französischen Standpunkt. Später wurde er ausserdem Custos der königl. Bibliothek, Mitglied der belgischen Akademie u. s. w. und erfuhr auch von landesherrlicher Seite viele Auszeichnungen. Ausser unzähligen Artikeln für belgische und französische Journale hat er eine vollständige belgische Musikgeschichte, betitelt: »*Les musiciens belges*« (2 Bde., Brüssel, 1848) verfasst und versprochen, mit den bereits vorhandenen reichen Materialien die grosse Musikgeschichte seines Vaters fortzusetzen und zum Abschluss zu bringen. — Sein jüngerer Bruder, Adolphe (Louis Eugène) F., geboren am 20. Aug. 1820 zu Paris, widmete sich ausschliesslich der praktisch-musikalischen Laufbahn. Er machte seine musikalischen Studien zuerst unter den Augen seines Vaters auf dem Conservatorium in Brüssel, sodann in Paris bei Henri Herz für Clavierspiel und bei Halévy für Composition. Nach Vollendung der Studienzeit ertheilte er selbst in Brüssel, dann auch in Antwerpen Musikunterricht und liess sich zu gleichem Zwecke 1856 in Paris dauernd nieder. Von seiner Composition sind bekannter geworden: Solocompositionen für Pianoforte, Romanzen und die Operette »*le major Schlagmann*«, welche nicht ohne Beifall 1859 in dem Theater der *Bouffes parisiens* zur Aufführung gelangte.

  Fetter, Michael, Magister und Pastor primarius zu Görlitz, gestorben am 28. December 1694, hat eine »*Organo-praxis mystica*, oder geistliche Orgel« (Görlitz, 1689) herausgegeben.   †

Feuerlärmsignal. Dasselbe wird bei der preussischen Armee, in zwei sogenannte Posten eingetheilt, folgendermassen gegeben:

1. Post.

2. Post.

2.

Feuerlein, Konrad, Cantor und Organist zu Nürnberg, ist der Herausgeber
des 1676 erschienenen »Nürnbergischen Gesangbuchs«.

Feum, Antonius, s. Fevin.

Feussner, Heinrich, Gymnasiallehrer zu Hanau, hat sich in eingehender
Art mit der Musik des classischen Alterthums beschäftigt und die Resultate seiner
Untersuchungen durch mehrere Schriften veröffentlicht.

Fevin, Antoine, latinisirt Antonius Feum geschrieben, ein französischer
Contrapunktist, der zu Ende des 15. Jahrhunderts zu Orleans geboren und der
nach Glarean's Zeugniss ein geschickter Nachahmer Josquin's war. Es finden sich
noch von ihm drei Messen, mitgetheilt in der Sammlung »Motets et messes de la
couronne« und drei andere in der Sammlung des de Antiquis »Libri quindecim
missarum electarum etc.« (Rom, 1516). Aus der ersten der letztgenannten drei
Messen hat Glarean in seinem »Dodecachordon« das «Pleni sunt coeli« als Compo-
sitionsprobe angeführt. — Ein Zeit- und Kunstgenosse F.'s, Robert F., ist nur
durch eine vierstimmige Messe (1515) bekannt.

Fevre, Denis le, französischer Componist, war Musikmeister zu Roye in der
Picardie und hat 1660 Hymnen und Cantica seiner Composition veröffentlicht. —
Ein älterer französischer Tonkünstler, Jacques le F., lebte zu Anfange des
17. Jahrhunderts, als königl. Kammermusikus angestellt, zu Paris und hat daselbst
um 1613 mehrere drei-, vier- bis siebenstimmige Gesangstücke componirt und herausgegeben. Von seiner Arbeit finden sich einige Arien im »Essai« des Laborde. —
Endlich ist auch noch ein um die Mitte des 18. Jahrhunderts in Paris angestellt
gewesener Organist le F. bekannt, der im Pariser Concert spirituel einige sehr geschickt gearbeitete Motetten seiner Composition aufführen liess. — Noch andere
Tonkünstler Namens le F. findet man unter Lefevre.

Ferret, de Saint-Méhin, französischer Kirchencomponist, geboren 1652
zu Dijon, gestorben daselbst 1733, hat Litaneien componirt und 1706 daselbst
herausgegeben.

Fevrier, Henri Louis, um 1755 Organist am königl. Jesuitencollegium zu
Paris, liess zwei Bücher seiner Clavierstücke drucken, in denen schöne Fugen in
Händel'scher Manier vorkommen. Vgl. Marpurg's Beiträge I. 459.   †

Feydeau (französ.), Benennung des zweiten Pariser Operntheaters, der berühmten Opéra comique, später, ebenfalls nach der Strasse, in der es sich befand,
oft auch Théâtre- (oder Salle-) Ventadour genannt. Seit 1832 befindet es sich auf
dem Börsenplatze zu Paris. Es wurde, nachdem die komischen Opern seit 1757
auf dem kleineren sogenannten Jahrmarkts-Platz, in dem späteren italienischen
Theater gegeben worden waren, im J. 1789 in der Strasse Feydeau erbaut, um den
Tonsetzern sowohl wie den ausübenden Künstlern einen dem mächtigen Aufschwung, wie ihn die komische Oper in Frankreich damals nahm, entsprechenden

erweiterten Spielraum zu verschaffen. Die Orchesterstimmung des Theaters F. wurde in früherer Zeit, als noch kein unwandelbarer Normal-Kammerton gesetzlich eingeführt war, sehr häufig als Norm der akustischen Orgelberechnungen angenommen.

Feyer, Karl, tüchtiger deutscher Violinspieler und Componist, lebte zu Ende des 18. und im Anfang unseres Jahrhunderts in Berlin und hat sich zu seiner Zeit in beiden Eigenschaften einen Namen gemacht. Von ihm erschienen op. 1. *Concert p. le Viol.* in Paris bei Imbault und Berlin bei Hummel 1791 und op. 2. *Concert p. le Viol.* in Berlin und Offenbach (1792). †

Feyerabend, Gottfried, deutscher Orgelspieler zu Anfange des 18. Jahrhunderts, wird von Mattheson als um 1720 an der Schlosskirche zu Königsberg in Preussen angestellter Organist aufgeführt. Vgl. Mattheson's Anhang zu Niedten, Seite 186.

Feyertag, Moritz, deutscher Musiklehrer, geboren um die Mitte des 17. Jahrhunderts in Franken, war im J. 1690 Ludi Rector und Instructor exercitii musici, desgleichen Procurator Iud. Eccl. Mogunt. zu Duderstadt im Hannöver'schen und gab in deutscher Sprache eine »*Syntaxis minor* zur Singekunst« (Duderstadt, 1696) heraus. †

Feyjoo y Montenegro, Benito Geronimo, spanischer Geistlicher und ausgezeichneter Musikgelehrter, geboren am 16. Febr. 1701, trat 1717 zu Oviedo in den Benedictinerorden und starb als Abt des betreffenden Klosters daselbst am 16. Mai 1764, nach Anderen sogar als General des Ordens zu Madrid 1765. Von seinen höchst bedeutenden Schriften schlagen in das musikalische Fach: »*Musica della chiesa*«; »*Chartas eroditas y curiosas*« (5 Bde., Madrid, 1742), in deren erstem Bande sich eine geistreiche Vergleichung der alten und neuen Musik befindet. Ferner: *El delcyte de la musica accompanado de la virtud hace la tierra el noviciado del cielo*«, wovon sich deutsch ein Auszug unter dem Titel «Ueber den Einfluss der Musik auf das menschliche Herz« in dem Hamburg. Unterhalt. Bd. 1, S. 526 u. s. w. befindet; und vor Allem endlich sein: »*Teatro critico universal o discursos varios en todo genero de materias para deseniano de errores communes*« (Madrid, 1738—1746), welches Werk zahlreiche Auflagen erlebte, mehrfach in das Französische und Deutsche übersetzt wurde und in der That wichtige und interessante Abhandlungen über Musik enthält.

Feyton, Abbé, französischer Musikgelehrter, geboren 1751 zu Langres, war einige Zeit hindurch Redacteur der »*Encyclopédie méthodique*«, deren musikalischen Theil er speciell besorgte.

FF. oder ff., allgemein gebräuchliche Abkürzung von *Fortissimo* (s. d.). Der höchst denkbare Stärkegrad wird auch durch die Abbreviatur *FFF.* oder *fff.* (d. i. Forte-Fortissimo) ausgedrückt.

F-fa-ut, Solmisations-Sylbenname des Tones *f* im System der Hexachorde, weil beim Solmisiren auf diesen Ton bald die Sylbe *fa*, bald *ut* fiel. Modulirte der Gesang im 2. und 5. *Hexach. naturali*, dessen tiefster Ton *c* ist, so bildete *f* die vierte Stufe des Hexachords oder das obere Glied des Halbtons, auf welchem jederzeit die Sylbe *fa* gesungen werden musste, also: $\begin{smallmatrix} c & d & e & f & g & a \\ ut, & re, & mi, & fa, & sol, & la. \end{smallmatrix}$ Gehörte aber die Melodie dem *Cantus mollis* des 3. und 6. Hexachords an, so war *f* der Grundton desselben und hiess als solcher *ut*, also: $\begin{smallmatrix} f & g & a & b & c & d \\ ut, & re, & mi, & fa, & sol, & la. \end{smallmatrix}$ S. auch Solmisation. In der modernen Solmisation der Italiener und Franzosen wird, da die Mutation durch Einführung einer siebenten Sylbe (*si*) beseitigt ist, der Ton *f* stets *fa*, der *F-Schlüssel Clef de Fa* genannt.

Fi nannte man in der Bebisation (s. d.) den in der alphabetisch-syllabischen Tonbenennung durch *fis* gekennzeichneten Klang. Noch ist hier zu bemerken, dass Hammer 1727 die Sylbe *fi* als Namen für den später in der Solmisation *si* (s. d.) genannten Ton empfahl; diese Tonbenennung ist jedoch niemals allgemeiner geworden. †

Fiala, Joseph, vorzüglicher Virtuose auf Oboe und Violoncello und guter Instrumentalcomponist, wurde im J. 1749 zu Lobkowitz in Böhmen als der Sohn eines Schullehrers geboren und erhielt, als er früh grosses Talent zeigte, von dem Vater den ersten Musikunterricht. Da er geborener Leibeigener war, musste er seiner stolzen Gebieterin, der Gräfin Netolitzgin, noch ganz jung als Bedienter nach Prag folgen. Nur in seinen Freistunden durfte er sich daselbst, und ohne weiteren Unterricht, in der Musik zu vervollkommnen suchen. Auf diese Art brachte er es besonders im Oboeblasen zu ganz bedeutender Fertigkeit und trachtete nun darnach, den für ihn doppelt unwürdigen Verhältnissen sich zu entziehen. Mit dem Koch des gräflichen Hauses machte er einen Fluchtversuch, der jedoch vereitelt wurde und ihm ein hartes Gefängniss brachte, aus dem ihn endlich die angerufene kaiserliche Gnade befreite. F. wurde zu seiner Freude ganz unabhängig erklärt und fand auch sofort eine Stelle als Kammermusiker des Fürsten von Wallerstein. Von dort wurde er 1777 als erster Oboist in die kurfürstliche Hofkapelle nach München gezogen, woselbst er sich mit der Tochter eines Hofmusikers verheirathete, aber nur ein Jahr blieb, um dann in die fürstbischöfliche Kapelle in Salzburg zu kommen und in den lehrreichen Verkehr der beiden Mozart, Mich. Haydn's u. s. w. zu treten. Durch Wolfgang Amadeus Mozart fand er 1786 in Wien in den angesehensten Häusern die beste Aufnahme und brachte auch ein Concert zu Stande, in welchem er auch als Virtuose auf der Viola da Gamba glänzte, welches schon beinahe ganz verschwundene Instrument ihn ein Domherr in Salzburg kennen und spielen gelehrt hatte. Von Wien aus nahm ihn der russische Graf Besborodko als Kapellmeister mit nach St. Petersburg; als solcher fungirte er sodann auch beim Grafen Orloff, und schon winkte ihm eine vortheilhafte Berufung in die Kapelle des Kaisers, als ihn das Heimweh seiner Gattin vermochte, nach Deutschland zurückzukehren. Mit grossem Erfolge überall concertirend, kam er 1792 auch nach Donaueschingen, liess sich daselbst als fürstl. fürstenberg'scher Kammermusiker fesseln und starb als solcher im J. 1816. Ausgenommen eine 1804 zum Geburtstag seines Fürsten componirte Messe, hat er nur Instrumentalcompositionen geschrieben, nämlich Sinfonien, Concerte für verschiedene Instrumente, Quartette, Trios, Duette u. dergl.

Fiasco (ital.), eigentlich die Flasche, ein aus der Theatersprache der Italiener auch in die der Franzosen, Spanier, Deutschen und Engländer übergegangener Kunstausdruck, womit man, im Gegensatz zu dem Furore (s. d.), das Nichtgefallen einer Oper, eines Stücks, eines Sängers oder Schauspielers bezeichnet, ohne dass man wüsste, wie das Wort, aus seiner ursprünglichen Bedeutung heraus, dazu gekommen ist. In Italien ist der Ausdruck F. übrigens im Kunstleben viel häufiger und daher auch minder schroff als bei uns. Dort hört man wenigstens den Ruf »Olà, olà fiasco!« selbst schon dann, wenn der Sänger auch nur ein Ton zufällig versagt.

Fibel oder **Fibelbrett,** eine zuweilen noch vorkommende Benennung des Monochords (s. d.).

Fibich, Anton, s. Fiebich.

Fibletti, im J. 1770 Abbate zu Florenz, hat sich nach Burney's Zeugniss (Tageb. I. 177) als guter und wohlgebildeter Tenorsänger hervorgethan.

Ficher, Ferdinand, eigentlich Ficker geheissen, trefflicher deutscher Tonkünstler, geboren 1821 zu Leipzig, woselbst er sich zunächst zu einem guten Pianisten ausbildete. Im J. 1847 liess er sich in New-York als Musiklehrer und Componist nieder und machte sich besonders dadurch vortheilhaft bekannt, dass er bei einem Liedcompositions-Preisausschreiben den Preis erwarb. Er veröffentlichte eine Reihe von Saloncompositionen für Pianoforte, die hinsichtlich ihres Werthes zu einer besseren Klasse gehören, sowie eine umfassende und brauchbare Pianoforteschule für Anfänger. Inmitten einer erfolgverheissenden Thätigkeit starb er 1865 in New-York.

Fichet, Alexandre, gelehrter französischer Jesuit, geboren 1588, gestorben am 30. März 1659, hat auch über Musik geschrieben.

Fichtholdt, Hans, vorzüglicher deutscher Lautenspieler und Lautenmacher, der um 1612 lebte und nach Baron's »Untersuchung der Laute« seine Instrumente nach italienischer Manier baute.

Ficino, Marsilio, italienischer Zithervirtuose, geboren am 19. Oktober 1433 zu Florenz, ein Zwerg von Gestalt, studirte Medicin und Musik und starb 1499. In seinen zu Paris 1641 gedruckten Werken, besonders in den Episteln, findet man Vieles über Musik. Vgl. Ehrenpforte Seite 61.   †

Ficker, Wahlfried, ums Jahr 1730 Orgel- und Instrumentbauer zu Zeitz, hat durch Fertigung vorzüglicher Gambenwerke nach der Erfindung von Hans Hayden in Nürnberg, sich einen Namen gemacht.   †

Ficta musica (latein.), eine nicht in der natürlichen Tonlage der alten diatonischen Tonarten ausgeübte, sondern auf andere Tonstufen transponirte Musik, wobei dann Versetzungszeichen selbstverständlich in Anwendung kommen mussten. Solche transponirten Tonarten hiessen *Toni ficti,* daher in einer solchen transponirten Tonart notirte Musik: *Mus. ficta.* S. auch Tonart und Notenschrift.

Fidanza, Pietro, italienischer Violinist lebte um 1770 zu Leipzig, dann zu Prag und hat um 1780 Sonaten für Violine und sechs Duos für zwei Violinen von seiner Composition veröffentlicht. — Seine Gattin war die um 1785 als hervorragend gerühmte Sängerin der Bondini'schen Operngesellschaft.

Fiddel (englisch-deutsch), Spottname für Geige (s. Fiedel). Fiddler nennen die Engländer jeden Violinisten, ja sogar Violinvirtuosen ohne die verächtliche Nebenbedeutung, welche dieser Ausdruck in Deutschland hat. *Fiddle-stick* (engl.) der Violinbogen; *Fiddle-string* die Violinsaite; *Fiddle-faddle,* andere Bezeichnung für Musik.

Fides (latein.), die Saite; *fidicinia (sc. instrumenta),* Saiteninstrumente; *fidicula* (s. d.) (ital. *Ribecchino*), die Violine, Discantgeige.

Fidicen (latein., abgeleitet von *fides* oder *fidis,* d. i. die Saite, das Saiteninstrument) nannten die alten Römer jeden Cyther- oder Lautenspieler, überhaupt denjenigen, der ein Saiteninstrument spielte (*qui fidibus canit*). Eine Cyther oder Laute spielende Frau hiess bei ihnen *fidicina.*

Fidicula (latein.), wird von Cicero ein römisches Saiteninstrument genannt, dessen Saiten mit einem Stäbchen (Plectrum) geschlagen wurden. Aus dieser Instrumentbenennung entstand das später im Abendlande gebräuchliche »*Fiedel*«.
                                    †

Fiducia (latein. und ital.), das Vertrauen, die Zuversicht; als Vortragsbezeichnung: *con f.* d. i. mit Zuversicht, mit Keckheit.

Fiebich, Anton Friedrich, vortrefflicher Trompeten- und Paukenvirtuose und in ersterer Eigenschaft über 20 Jahre zu Prag an der Metropolitankirche und im Theaterorchester angestellt. Als Componist war er Schüler des berühmten Organisten Seegert, der nachmals auch sein Schwiegervater wurde. Er starb am 16. Novbr. 1800 zu Prag und hinterliess mehrere Messen und andere Kirchenstücke im Manuscript. Gegen Ende seines Lebens soll er sich angelegentlich mit Verbesserung der Pauken beschäftigt und auch eine neue Art, sie zu stimmen erfunden haben. Näheres ist jedoch darüber nicht bekannt geworden.

Fiebig, Johann Christoph, deutscher Kirchencomponist, geboren gegen Ende des 17. Jahrhunderts in Böhmen, war zuletzt Chordirektor und Schulrektor zu Aussig an der Elbe und starb in den besten Jahren am 28. Mai 1724. Er hat mehrere Messen, Litaneien und ein *Salve regina* componirt und im Manuscript hinterlassen.

Fiebiger, Ignaz, ein böhmischer Tonkünstler aus der zweiten Hälfte des 18. Jahrhunderts, ist besonders als Componist eines Oratoriums »der verlorene Sohn«, welches 1794 in Prag zur Aufführung gelangte, bekannt geblieben.

Fiedel, vom lat. *Fidicula* (s. d.) hergeleitet, ist in seiner ältesten Bedeutung wahrscheinlich der Name für ein Saiteninstrument, das mittelst eines Plectrums tönend erregt wurde. Man findet den Namen F. in dieser Art noch im 10. Jahrhundert n. Chr. im Gebrauch. Vgl. Hefner, »die Trachten des christlichen Mit-

telalters«, 1. Abtheil. Tafel 53 und 74. Auf diese Bedeutung muss auch der von
Otfried ums Jahr 860 in seiner Evangelienharmonie:

sih thas ouh al ruarit, thaz organa fuarit,
lira, ioh fidula, ioh managfaltu suegala.

(Da rührt sich auch Alles, was Instrumente führt:
Leyer und Fiedel und mannichfaltige Pfeifen.)

gebrauchte Ausdruck »*fidula*« zurückgeführt werden. Eine solche Urbedeutung
des Wortes F. findet auch noch heutzutage einen Beleg in dem Namen »Strohfiedel« (s. d.) für ein Tonwerkzeug, dessen tongebende Körper mit Hämmern geschlagen werden. Erst in der Zeit zwischen dem 11. und 13. Jahrhundert scheint
die Benennung F. für ein damals noch sehr unvollkommenes Bogeninstrument in
Gebrauch gekommen zu sein, wofür eine Stelle der Braunschweiger bemalten
Chronik vom Jahre 1203 und eine des Niebelungenliedes, wo es heisst, dass
Volker, der Fiedler, den Bogen führte, Zeugniss geben. Die Missachtung, in
welcher die Instrumentalisten in frühester Zeit überhaupt, und die Spieler der
Bogeninstrumente insbesondere standen, veranlasste schon früh, mit der Benennung »Fiedler« den Nebenbegriff eines nicht achtbaren Musikers zu verbinden,
welcher Nebenbegriff mit der Vervollkommnung der Bogeninstrumente und deren
veränderter Benennung, als Viola (s. d.), Geige (s. d.) etc., sich immermehr steigerte. In der Jetztzeit findet der Name F. nur noch für sehr schlechte Geigen
Anwendung, und Fiedler nennt man Violinspieler der niedrigsten Art, deren
Thätigkeit man durch diese Benennung dem Spotte überweist.   C. B.

Fiedler, C. H., um 1800 in Hamburg als Guitarrevirtuose gerühmt, hat »ein
musikalisches Würfelspiel« (Hamburg, 1801) herausgegeben, das damals als »uner-
schöpflicher Ecossaisen-Componist für's Clavier« Musikern in kleinen Städten und
auf dem Lande empfohlen ward. Sonst kennt man nur noch ein um dieselbe Zeit
in Hamburg erschienenes Lied seiner Composition »Wahnsinn aus Liebe« betitelt.
                                                                        †

Fiedler, Restitutus, ein Minoritenmönch, welcher um 1760 als Organist seines
Klosters zu Leitmeritz in Böhmen angestellt war. Er war ein Schüler des vortreff-
lichen Bohuslav Czernohorsky gewesen und hat als gut und tüchtig anerkannte
Orgelcompositionen geschrieben, die jedoch nicht im Druck erschienen sind.

Field, John, einer der ausgezeichnetsten und bedeutendsten Clavierspieler,
die England jemals hervorgebracht hat, vielleicht nach mehr als einer Seite hin der
vorzüglichste der jüngst vergangenen Musikepoche überhaupt, gegen den, was singenden Ton und Anschlag betraf, selbst Hummel und später Thalberg zurück-
stehen mussten, wurde zu Dublin im J. 1782 geboren und war der Sohn eines
Musikers, der im Theaterorchester jener Stadt Anstellung als Violinist hatte. Den
ersten Clavierunterricht des schon frühzeitig grosse Begabung für Musik zeigenden Knaben übernahm dessen Grossvater, ein Organist in Dublin, und als der Vater, in Folge einer Berufung in eines der Londoner Orchester, sich mit der ganzen
Familie in der englischen Hauptstadt niederliess, hatte der junge F. das Glück, dem
berühmten Clementi als Pianoforteschüler zugeführt zu werden. Durch Eifer und
Fleiss erwarb er sich die besondere Liebe dieses Meisters, der F.'s Ausbildung sich
denn auch vor Allem angelegen sein liess und ihn wiederholt mit nach Paris nahm,
wo er selbst ihn zuerst der Oeffentlichkeit vorführte. Auch auf der grossen Kunstreise Clementi's 1802 durch Frankreich und Deutschland nach Russland, durfte F.
nicht fehlen und erregte als Clavierspieler bedeutendes Aufsehen, diesmal aber
ganz vorzüglich in Paris durch den Vortrag Seb. Bach'scher Fugen. Nachdem er
in Clementi's Gesellschaft auch in Wien glänzend aufgenommen worden war, beabsichtigte dieser, ihn dort zurückzulassen, damit er bei Albrechtsberger endlich einmal auch gründlichen theoretischen Studien obläge. Auf F.'s dringende
Bitten aber, der sich von seinem Lehrer nicht zu trennen vermochte, wurde dieser
Plan aufgegeben, und F. durfte mit nach St. Petersburg reisen, wo er sich nach
und nach einen glänzenden Namen erwarb. Clementi selbst soll allerdings damals
darauf bedacht gewesen sein, seinen Schüler nicht allzusehr in das Vordertreffen

kommen zu lassen. Während er selbst reich honorirte Unterrichtsstunden gab und fürstlich belohnt Abends in den Häusern der Vornehmen spielte, musste F. in seiner einfachen, ja ärmlichen Wohnung unablässig üben und litt an Kleidung und Nahrung Mangel. Von dem beispiellosen Geize des reichen Clementi überhaupt giebt Spohr in seiner Selbstbiographie einen Begriff, welcher mittheilt, dass er eines Tages damals in St. Petersburg den Meister und seinen Schüler am Waschtroge überrascht habe, wo sie eigenhändig ihre schmutzige Wäsche reinigten. Erst als der Termin der Abreise Clementi's heranrückte, liess derselbe es sich angelegen sein, seinem Begleiter alle die glänzenden Lectionen und Bekanntschaften zuzuwenden, deren er sich erfreut hatte, und nun begann für F. eine glückliche Periode. Er liess sich zum ersten Male in St. Petersburg öffentlich hören, wurde selbst von den Damen hoch gefeiert und erhielt jede Unterrichtsstunde nicht unter 25 Rubel bezahlt; auch seine Persönlichkeit und seine Umgangsart gewann ihm Aller Herzen. Von Petersburg aus wurde er nach Riga, Mitau, 1812 auch nach Moskau gezogen, erregte überall ein ungeheures Aufsehen und musste längere Zeit daselbst seinen Aufenthalt nehmen. Nach dieser Zeit verheirathete er sich in Petersburg mit einer Französin Namens Charpentier. Der Hang zu einem ungeordneten, ausschweifenden Leben aber war bei F. schon zu tief eingewurzelt, als dass seine Ehe hätte eine glückliche sein können; sie musste deshalb endlich aufgelöst werden. Seit 1820 nahm F. bleibenden Wohnsitz in Moskau, wo er mit Enthusiasmus empfangen wurde. Man drängte sich zu seinem Unterricht, und seine Concerte, von denen das erste allein 6000 Rubel ihm eintrug, wiesen den denkbar glänzendsten Erfolg auf. Thatsache ist jedoch, dass er auch mit den reichsten Einnahmen nicht mehr auszukommen vermochte und sich einer unsicheren Zukunft entgegenführte. Auf den Rath seiner Freunde, seinen Ruhm nicht auf Russland zu beschränken, reiste er 1831 zuerst nach seiner englischen Heimath, wo er noch seine Mutter wiedersah, dann nach Paris. Sein Concerterfolg daselbst war noch immer überaus bedeutend, aber erreichte nicht mehr den Grad wie ehemals, wohl aber fand er in dem südlichen Frankreich, in der Schweiz, in Süddeutschland und besonders in Wien die höchste Bewunderung und Anerkennung, nicht minder 1834 in Mailand und den übrigen tonangebenden Städten Italiens. Aber sein Körper hielt den Reisestrapazen und dem unmässigen Lebensgenuss nicht mehr Stand, und er brachte es in Neapel zu nur einem Concerte, während er die übrigen Monate krank im Hospitale darnieder lag. Eine russische Familie entriss ihn dem drohenden Elende und brachte ihn nach Moskau zurück, woselbst noch einmal auf kurze Zeit sein Stern leuchtete und die alte Anhänglichkeit ihm entgegentrat. Aber schon 1836 befiel ihn ein unheilbarer Husten, der einen Unterleibsbrand herbeiführte und am 11. Januar 1837 seinem Leben ein Ende machte. — F. hatte als Pianist den höchsten Grad der Vollkommenheit auf seinem Instrumente unter den Zeitgenossen erreicht; die Ausbildung seiner Finger war eine erstaunliche, so dass er alle Arten von Passagen mit vollendeter Sauberkeit und Klarheit hervorbrachte. Dabei war sein Vortrag natürlich, ungezwungen und wenn auch lebendig, so doch völlig frei von anspruchsvollen Virtuosenmanieren; besonders charakteristisch war für denselben ein im höchsten Grade seelenvoller, eigenthümlich zarter und inniger Ausdruck, wie man ihn in gleich bestrickendem und zu Herzen sprechendem Reize auf dem Claviere bis dahin noch nicht gehört hatte. Diese Art des Ausdrucks bildet als Specialität auch den Grundzug seiner Compositionen, welche Gründlichkeit der Ausbildung im Tonsatze zwar vermissen lassen, aber überaus phantasiereich und edel, besonders nach der Seite singender und schmelzender Melodik hin, sind. Daher kommt es, dass seine grösseren Compositionen, als Concerte und Sonaten, nicht die wichtigeren sind. Dieselben enthalten zwar meist liebenswürdige und schöne Motive, aber die Verarbeitung und Durchführung ist mangelhaft, was auch Ursache war, dass sie keine grössere Verbreitung fanden und von seinen sieben Concerten nur zwei (das in As-dur und Es-dur) zeitweilige Berühmtheit erlangten. Mit grösserer Gewandtheit und Sicherheit bewegte er sich in den kleineren Formen des Claviersatzes, und seine Rondos und Nocturnes haben ihm auch einen Componistenruhm geschaffen, besonders die letzteren, die graziösen Muster der Chopin'schen, über welche Fr. Liszt eine eigene Schrift (Leipzig, 1859) verfasst und der von ihm redigirten Gesammtausgabe derselben vorangesetzt hat. Der Zahl nach kennt man von F.'s Werken: 7 Pianoforteconcerte, sechs Sonaten (vier davon für Clavier zu vier Händen), 40 Rondos, Fantasien, Uebungsstücke, Romanzen und Tänze, Variationen über russische und englische Lieder, einen vierhändigen Walzer, 3 Quintette für Pianoforte, zwei Violinen, Viola und Violoncello u. s. w. und vor Allem jene 16 viel nachgeahmten und nie erreichten Nocturnes, welche eine neue Gattung der Claviermusik begründeten. — Ein Sohn F.'s, geboren um 1815 noch in St. Petersburg und von der Mutter erzogen, nach welcher er sich denn auch Charpentier nannte, war noch zu Anfang der 1840er Jahre als Tenorist unter dem Namen Leonoff beim kaiserl. Theater in seiner Vaterstadt angestellt, hat sich aber in keiner Beziehung hervorgethan. — Ein anderer Pianofortespieler, Henry F., aus Bath gebürtig, erregte um 1822 in London durch Vortrag Hummel'scher Compositionen ein vorübergehendes Aufsehen.

Fielitz, s. Filitz.

Fiennes, Henri du Bois de, belgischer Pianist und Componist, geboren am 15. Decbr. 1809 in der Nähe von Brüssel, hat sich durch Claviercompositionen einen Namen in seinem Vaterlande gemacht.

Fiennus, Joannes, eigentlich flamländisch Jean Fyens geheissen und von seiner Vaterstadt in Brabant auch J. de Turnhout genannt, ein berühmter Arzt und geschickter Tonkünstler in der zweiten Hülfte des 16. Jahrhunderts, starb am 2. Aug. 1585 zu Dortrecht. Von ihm erschienen: *Madrigali* (Douay 1559); *Madrigali a 6 voci* (Antwerpen, 1589) und *Cantiones sacrae* 5, 6 e 8 vocum (1600). Vgl. Valer. Andreae *Bibl. Belg.* und Draudii *Bibl. Class.* Auf der königlichen Bibliothek zu München befindet sich von diesem Tonsetzer noch ein Werk: *Madigali a 6 voci* (Antwerpen, 1580). — F.'s älterer Bruder, Gérard de Turnhout, starb als Kapellmeister des Königs von Spanien. Von ihm erschienen zwei Bücher dreistimmiger Gesänge (Löwen, 1565). †

Fiero (ital. Adjectivum) und *fieramente* (Adverbium), Vortragsbezeichnung in der Bedeutung stolz, trotzig.

Fiesco, Giulio, italienischer Lautenspieler und Componist, zu Ferrara 1519 geboren, war in Diensten der Herzöge Hercules II. und Alphons II. von Este und gab zu Venedig folgende seiner Werke heraus: *Madrigali a 4, 5 e 6 voci* (1563); *Due Dialoghi a 7 e due Dialoghi a 8 voci; Madrigali a 5 voci* (1567); *Madrigali a 4 voci* (1554) und *Musica nouva a 5 voci* (1569). Letztgenannte beide Werke befinden sich zu München in der königlichen Bibliothek. Vgl. Draudii *Bibl. Class.* p. 1629 (Fiescus) und Ag. Superbi *Apparat. degli huom. illustri della c. di Ferrara* p. 130., woselbst F. Fies genannt ist. F. selbst starb im J. 1586. †

Fifre (franz., ital.: *piffaro*), die kleine Querflöte (s. d.), welche auch Schweizer- oder Feldpfeife genannt wird, ist die kleinste der gebräuchlichen Flötenarten, mit sechs Tonlöchern. Sie kommt am häufigsten in der Kriegsmusik in Verbindung mit den Trommeln vor, in welcher Zusammenstellung sie schon von Arbeau, Orchesographie (1588) erwähnt wird.

Figaro, eine poetische Figur, die durch den französischen Dichter Beaumarchais in dem »*Barbier de Sevilla*« und in »*Mariage de Figaro*« zuerst auf die Bühne kam und in diesen Stücken grossen Beifall fand, später sogar durch die berühmten gleichnamigen Opern Rossini's und Mozart's gleichsam verewigt wurde, gilt seitdem als der Typus gutmüthiger Verschlagenheit, Intrigue und Gewandtheit.

Figueiroa, Diego Ferreira de, portugiesischer Dichter und Tonkünstler, geboren 1604 zu Arruda bei Lissabon, starb am 19. Mai 1674 zu Lissabon als Hofkantor an der königlichen Kapelle, nachdem er mehrere seiner Werke herausgegeben hatte. †

Figueroa, Bartolomé Cairasco de, spanischer Geistlicher, geboren 1540 auf der Insel Canaria, wo er auch, zuletzt Prior an der Kathedralkirche, hochbetagt starb, hat durch seine Dichtungen: »*Templo militante, flos Sanctorum y* *triumphos de las Virtudes*« (4 Bde. Madrid, 1609) sich hervorgethan. Im 2. Bande steht u. A. ein Gedicht zum Lobe der Musik. Vgl. de Yrearte, *La Musica.*

†

Figulus, Wolfgang, eigentlich **Töpfer** geheissen, deutscher Tonkünstler, geboren zu Naumburg, seit 1551 Nachfolger Michael Voigt's als Kantor an der fürstl. Landschule zu Meissen und wahrscheinlich 1593 daselbst gestorben, hinterliess verschiedene Werke, welche sein Schwiegersohn Magister Friedr. Birk unter dem Titel »*Hymni sacri et scholastici cum melodiis et numeris collecti*« (Leipzig, 1594, nicht 1605, wie sonst angegeben) herausgab. Früher hatte F. selbst veröffentlicht: »*Cantiones* 4, 5, 6 et 8 *vocum*« (Leipzig, 1575) und eine didaktische Schrift »*Elementa musica*« (Leipzig, 1555). Ausserdem findet man noch Stücke von F. in dem Sammelwerke: »*Vetera et nova carmina sacra et selecta de natali Christi*, 4 *vocum a diversis compisita*« (1575).

Figur (lat.: *figura*), als Ausdruck im musikalischen Sinne, bezeichnet die Zusammenstellung einer Anzahl Noten zu einer Gruppe in der Art, dass entweder eine melodische Hauptgruppe in mehrere oder viele kleinere Theile (Diminutionen) zerlegt wird und man diese Theile in einem genau bestimmten Metrum erklingen lässt, oder dass mit einer Hauptnote auf einer und derselben harmonischen Grundlage Neben- und Wechselnoten vereinigt werden. Erstere Art könnte man füglich **rhythmische**, letztere **melodische Figuren** nennen. Reihen sich beide Arten an einander, Figur zu Figur, so entstehen Figuren-Reihen und man spricht von **Figurirung** oder **Figuration**, wie sie uns u. A. unzählige Clavierwerke in ihren Gängen, Läufen und Passagen und vor Allem die meisten Etüden, Exercices und instructiven Stücke aller Art aufweisen. Solche Figuren dienen gewöhnlich als Mittelglied im Organismus eines Ganzen zur Verbindung von Haupt- und Nebengedanken (dies ist der eigentliche Kunstzweck der Figuration) oder als brillantes Schmuckwerk, welches sowohl bloss in einer melodieführenden Hauptstimme, als auch in der begleitenden und in der Bassstimme vorkommen kann. **Harmonische Figuren** könnte man, analog der eben entwickelten Entstehungsart der rhythmischen und melodischen Figuren, als dritte Gattung wohl diejenigen Notengruppen nennen, welche aus der blossen Brechung von Accorden entstehen. — Gewisse aus dem gewöhnlichen rhythmischen Tonbau eines Satzes oder Stücks auffallend sich hervorhebende rhythmische und melodische Gruppen haben besondere Namen erhalten, als **Triolen**, **Quintolen**, **Decimolen** u. s. w., die **Syncopen**, das **Tremolo**, der **Triller**, **Vorschlag**, **Doppelschlag** (s. die Separat-Artikel) und deren Abarten, welche sämmtlich man auch mit dem Namen Figuren belegt. — Ferner wird auch die Bezeichnung F. in einem rhythmischen Sinne, gleichbedeutend mit Redefigur, gebraucht, und man versteht darunter eine besondere Form des Ausdrucks als z. B. die **Gradation**, die **Wiederholung**, die **Parenthese** (s. diese Art.), welche sämmtlich in der Musik ebenso wie in der Redekunst ihre Anwendung finden. — Endlich ist der Ausdruck F. die allgemeine Benennung der in der Notation gebräuchlichen Zeichen, als (insbesondere) der Noten, aber auch der Pausen, Schlüssel, Taktzeichen u. s. w.

Figural-Gesang oder **Figuralmusik** (lat.: *Cantus figuralis;* ital.: *Canto figurato*; franz.: *Chant figuré*), s. **Mensuralgesang**.

Figura muta (lat. und ital.), die Pause.

Figuration, **figurirter Gesang** oder Styl, s. **Figur**.

Figurirter Choral bezeichnet die contrapunktische, in allen oder in einzelnen Stimmen melodisch bewegte (figurirte) Ausgestaltung des Chorals, sowohl für Gesang mit oder ohne Orchester als auch insbesondere für die Orgel. Die einfachste Art wird von guten Organisten zur Begleitung des Gemeindegesangs angewendet und besteht in freien Bewegungen der Mittelstimmen und des Basses mittels durchgehender Noten, Vorhalte u. s. w. zu der in der Ober- oder einer Mittelstimme liegenden oder wohl auch im Pedal genommenen Choralmelodie. Der f. Ch. höherer Art hat aber seinen Zweck in sich selbst, ist selbstständiges Kunstwerk und kommt für Gesang und Instrumente in grösseren Tonwerken vor oder wird.

für Orgel gesetzt, als einzelnes Tonstück entweder zum Concertvortrage oder als Präludium beim Gottesdienste gebraucht. Geschickte Organisten pflegen eine kunstvoll contrapunktirende Behandlung derjenigen Choralmelodie, welche nachher von der Gemeinde gesungen werden soll, dem Gemeindegesange selbst vorauszuschicken, weshalb dieser figurirte Orgelchoral auch Choralvorspiel genannt wird. Joh. Seb. Bach, der grösste Meister im f. Ch., hat diesen auf überaus mannigfaltige Art behandelt. Entweder liegt die Melodie als *Cantus firmus* in einer der vier Stimmen und die anderen contrapunktiren dagegen, meist mit einer festgehaltenen thematischen Figur; oder zwei Stimmen führen die Melodie im Kanon, die anderen contrapunktiren thematisch dagegen oder sind freie Füllstimmen; oder endlich eine Stimme trägt die Melodie vor und zwei andere machen einen Kanon dazu. Letztere beide Arten sind Choralkanons. Häufig wird auch die Choralmelodie selbst, als Thema, meist melodisch und rhythmisch bereichert, mit fugenartigen Einsätzen und Imitationen von allen Stimmen verarbeitet (es ist dies der fugirte Choral), mitunter aber auch durchaus figurirt, gleichsam als eine freie Melodie über den Choral als Grundlage. Bestimmt abgrenzen lässt sich ein eigentlicher Begriff der Choralfiguration nicht recht, denn er umfasst eben jede Behandlung des Chorals mit bewegten Stimmen, die in ihrer Form durch die Verse der Melodie bedingt ist.

Figurirter Contrapunkt heisst ein Contrapunkt, dessen Noten kleiner sind als die des *Cantus firmus;* die verschiedenen Arten desselben s. unter Contrapunkt.

Filer le son (franz.; ital.: *filar il tuono*), wörtlich: den Ton ausspinnen (vom latein. *filum*, d. i. Faden), bezeichnet das an Tonhöhe und Klangstärke vollkommen gleichmässige Fortspinnen eines ausgehaltenen Tons, eines der Grunderfordernisse des sogenannten *bel canto*, oder der Kunst, schön zu singen, im Gegensatze zum Tremolo, dem Zittern oder Beben der Stimme.

Filesac, Jean, franz. Theologe starb als Doktor der Sorbonne im Jahre 1638 zu Paris und hinterliess (nach Gerbert's Geschichte) in seinen *»Mélanges choisies«* mehrere die Musik betreffende Aufsätze. †

Filiberi, O r a z i o, italienischer Tonkünstler, um die Mitte des 17. Jahrhunderts Kapellmeister in Montagnana, gab 1649 *»Salmi concertati a 3, 4, 5 — 8 voci, con 2 Violini«* heraus. †

Filipowicz, E l i s e, geborene M a y e r, rühmlichst bekannte Violinspielerin und Componistin für ihr Instrument, geboren 1794 zu Rastadt, verdankte den höchsten Grad ihrer Ausbildung dem Meister S p o h r. Auf verschiedenen Concertreisen machte sie Aufsehen und erntete zugleich grossen Beifall.

Filippi, G a s p a r o, italienischer Tonkünstler des 17. Jahrhunderts, hat sich, nach Walther, durch die Herausgabe von »Sing-Concerten für 1, 2 bis 5 Stimmen« bekannt gemacht.

Filippini, S t e f a n o, mit dem Beinamen l'Argentino, fleissiger italienischer Kirchencomponist, war in der zweiten Hälfte des 17. Jahrhunderts Augustinermönch und Kapellmeister an San Giovanni evangelista in Rimini. Von seinen vielen Compositionen sind gedruckt: *»Salmi concertati a 3 voci con 2 Violini«* (Bologna, 1685). Viele halten ihn für identisch mit Stefano A r g e n t i n i (s. d.).

Filipucci, A g o s t i n o, auch **Filipuzzi** geschrieben, italienischer Kirchencomponist und Lehrer im Gesang, Orgelspiel und Contrapunkt, war 1635 zu Bologna geboren und um die Mitte des 17. Jahrhunderts als Kapellmeister an San Giovanni in Monte und als Organist an der Kirche der Madonna in Galiera zu Bologna angestellt. Als op. 1 hat er *»Messa e Salmi per un vespro a 5 voci con 2 Violini e ripieni«* (Bologna, 1665) veröffentlicht; andere eben solche Compositionen erschienen 1667 und 1671.

Filitz, F r i e d r i c h, trefflicher, um Erforschung der älteren Kirchenmusik besonders verdienter Gelehrter, geboren am 16. März 1804 zu Arnstadt in Thüringen, studirte Philosophie und brachte es in dieser Facultät bis zum Doctorgrad. Seit etwa 1843 lebte er in Berlin, seit 1848 privatisirend in München und starb am 28. November 1860 zu Bonn. Mit dem Ritter Karl von Bunsen befreundet,

hat er in dessen Auftrage zu dem Bunsen'schen Allgemeinen evangelischen Gesang-
und Gebetbuch zum Kirchen- und Hausgebrauch (Hamburg, 1846) bearbeitet und
herausgegeben: »Vierstimmiges Choralbuch zum Kirchen- und Hausgebrauch«
(Berlin, 1847), welches Werk auf 38 Seiten eine sehr lesenswerthe sachkundige
Einleitung des Bearbeiters enthüllt. Ferner veröffentlichte er in Gemeinschaft mit
Ludw. Erk: »(150) Vierstimmige Choralsätze der vornehmsten Meister des 16. und
17. Jahrhunderts« (Essen, 1845), worin sich auch neue Choralmelodien von F.'s
Composition befinden. Schöberlein's Schatz des liturgischen Chor- und Gemeindegesangs (3 Bde., Göttingen, 1864—1868) verdankt F. viele Beiträge, ebenso lieferte
er den Zeitschriften Cäcilia, Euterpe, Zimmermann's Darmstädter Schulzeitung
und A. Diesterweg's Rheinischen Blättern Aufsätze über Kirchengesang. Endlich
erschien noch als selbstständige grössere Schrift von ihm: »Ueber einige Interessen
der älteren Kirchenmusik« (München, 1853).

Fillet, Jacob, kaiserl. Kammermusiker in Wien, der 1727 als im Pensionsstande befindlich in den Listen der Wiener Hofkapelle aufgeführt wird.

Filomarino, Fabrizio, vorzüglicher neapolitanischer Lautenist, den Capaccio
1634 in seinem Werke »*Forastiero Giornata*« I. p. 7 erwähnt.   †

Filpen nennt man das fistulirende Ueberblasen mancher Orgelstimmen, welches
entsteht, wenn unbeabsichtigt Pfeifen nicht den Ton, den sie ihrer Grösse nach
geben müssten, sondern einen höhern Aliquotton (s. d.), die Oktave, Decime oder
Duodecime, hören lassen, was man, wenn es beabsichtigt geschieht, entsprechender
Ueberblasen, Uebersetzen oder Ueberschlagen (s. d.) nennen sollte. Dies
F. geschieht leicht, wenn der Kern (s. d.) der Pfeife etwas zu hoch eingesetzt ist,
oder wenn bei eng mensurirten Pfeifen der Wind zu stark gegen den Aufschnitt
(s. d.) getrieben wird, oder wenn das Oberlabium (s. d.) verbogen ist.   2.

Filtz, Anton, tüchtiger Violoncellist und Instrumental-Componist aus der
Mitte des 18. Jahrhunderts, war um 1763 in der Mannheimer Capelle 1. Violoncellist und starb als solcher 1768 in frühen Jahren. Er erfreute sich auch als Componist eines bedeutenden Rufes. Seine hinterlassenen gedruckten Werke, nämlich:
sechs Symphonien für acht Stimmen, op. 1; sechs Klaviertrios mit Violine und
Bass, op. 2 und sechs Violintrios, op. 3; nicht minder seine Manuscripte (verschiedene Concerte für Violoncello, Flöte, Oboe und Clarinette, sowie viele Duos und
Solos für Violoncello) sind hervorragende, von vollkommener Reife zeugende
Schöpfungen, die den frühen Heimgang F.'s sehr bedauern lassen.

Filum (latein.) eigentlich der Faden, dann die Saite; auch der senkrechte auf-
oder abwärtsgehende Strich (lat. virgola, franz. queue) an der Note. *F. ferreum*
war ehemals die technische Benennung der Stimmkrücke bei den Orgelrohrwerken.

Filz, ein durch Walken von Wolle, Baumwolle oder Haaren bereiteter Stoff,
findet in der Neuzeit, besonders im Pianofortebau starke Verwendung, doch fast
ausschliesslich nur aus Wolle gefertigter, selten der aus Hasenhaaren. Im Handel
kennt man englischen, französischen und leipziger F. von verschiedener Farbe, besonders weiss, grau, blau, grün und roth, der gewöhnlich in bis 1 Meter langen
und breiten Tafeln von der verschiedensten Dicke gearbeitet ist; von diesen Fabrikaten wird letzteres in Deutschland am meisten gefordert. Ueber die Verwendung
des F. theilt der Artikel Befilzen das Nothwendigste mit.   2.

Fin (franz.), s. *Fine*.

Finalcadenz bezeichnet im Allgemeinen den letzten Schluss in der Haupttonart am Ende eines Satzes oder Tonstücks, in der Regel also einen Ganzschluss,
mitunter auch einen Halbschluss (s. Ganzschluss, Halbschluss, Trugschluss); oder im Besonderen die in Instrumentalconcerten von den Solisten auf
der gegen das Ende des Satzes hin gebräuchlichen Fermate eingelegte Fantasie.
S. Concert und Fermate.

Finalclausel, s. *Clausula finalis*.

Finale (ital.) ist in seiner Hauptbedeutung der letzte Satz eines cyclischen
Instrumentalwerks (s. Cyclische Formen), also der Suite, Sonate, Sinfonie,
Partite, des Concerts, oder auch das Schlussstück eines Opernakts. — In ersterer

Bedeutung ist es der Inhalt, der poetische Hintergrund des ganzen Tonwerks, welcher den Charakter, den der letzte Satz haben soll, bestimmt. In der älteren, noch immer mustergültigen Sonaten- (Sinfonie-) Form, wie sie besonders Haydn hingestellt hat, ist das F. fast ausnahmslos ein leicht bewegtes munteres Tonstück heiteren, selbst humoristischen Charakters, welches die in den vorangegangenen Sätzen etwa ausgedrückten ernsteren und tieferen Gemüthsbewegungen beruhigt, oft sogar hinwegspottet und eine befriedigende Lösung herbeiführt. Die Ausarbeitung hält sich im Einklang mit diesem Inhalte, ist leicht dahinfliessend, auf natürliche Gestaltung basirt und verzichtet daher auf kunstvollere und kunstvollste Gestaltung. Jedoch findet man bereits bei Haydn, noch häufiger bei Mozart Schlusssätze, deren Fassung klar beweist, dass ihre Componisten sich wohl bewusst waren, nicht jede Gedankenfolge, nicht jeder musikalische Inhalt sei typisch auf eine heitere, gefällige und anmuthig spielende Art zum Abschluss zu bringen. Bei Beethoven schon sind die kurz abfertigenden, ohne grössere Tiefe dahintänzelnden Schlusssätze ganz unterdrückt; sie sind kunstvoll ausgestaltet, bedeutend in Bezug auf Inhalt und Form und entweder durch heitere Anmuth, Humor, Lebhaftigkeit, ja Leidenschaftlichkeit die in den vorangegangenen Sätzen ausgesprochene ähnliche Stimmung noch gewaltig steigernd und abschliessend, auch etwaige Conflikte ausgleichend; oder den mächtigen Höhepunkt eines ernsten und grossartigen Ideengangs und einer dem entsprechenden Tonbewegung bildend, wie besonders in der C-moll-Sinfonie, mehreren seiner Quartette und Claviersonaten. Die gewöhnliche äusserliche Form des F. ist das Rondo (s. Sonate), welches in seiner Ausgestaltung wesentlich des einen, als Hauptgedanken hingestellten Themas das ganze Werk zu einem um so einheitlicheren Abschlusse bringt; nicht selten, wenn eine sehr nachdrückliche oder würdevolle Breite des letzten Satzes nothwendig erscheint, wird auch die Sonatenform mit oder ohne kürzere Introduktion, mit erstem und zweitem Thema, Wiederholung des ersten Theils und auch angehängtem Schlusse aus einem neuen Motive angewendet. In Concerten ist das F., der inneren Anlage, aber auch nicht minder dem äusserlichen, der Virtuosität dienenden Zwecke entsprechend, fast immer überaus lebendig und brillant und mit glänzendem Passagenwerk reich ausgestattet, um abschliessend noch einmal die technischen Eigenschaften und Vorzüge des betreffenden Instruments in das hellste und vortheilhafteste Licht zu stellen. — Im musikalischen Drama, der Oper, gestaltet sich das F. zu einer Gruppe zusammenhängender in einander übergehender Scenen mit mehreren, gewöhnlich mehr- und vielstimmigen Sätzen von verschiedener Tonart, Ton- und Taktbewegung, darauf berechnet, die Handlung schneller fortzurücken und zu der längst vorbereiteten Katastrophe zu drängen. Gemäss soll die Empfindung und die Handlung im dramatischen F. von jeder grösseren Ausbreitung und von längerem Verweilen absehen und nur darauf bedacht sein, dem gesteigerten Interesse und der Spannung des Beobachters an der Entwicklung des Ganzen Rechnung zu tragen. Grosse Arien, welche eine umständliche Darlegung des individuellen Empfindungsausdrucks bedingen, sowie andere breit angelegte lyrische Ergüsse sind daher ganz ausgeschlossen. Das F. enthält immer bedeutende Momente, entweder Verwickelung oder Entwickelung der Handlung und bietet dem Dichter wie dem Tonsetzer Gelegenheit, die mannigfaltigsten Empfindungen der verschiedenen Personen in aufeinanderfolgenden kurzen Solo- und Ensemblesätzen darzustellen und Conflicte herbei- oder zur Lösung zu führen. Ist dem Verfasser hiermit eine ausserordentlich schwierige, ja die schwierigste Aufgabe gestellt, welche sowohl umfassende Kenntniss der dramatischen Gesetze als auch völlig freie Beherrschung der tonlichen Ausdrucksmittel fordert, so ist die Lösung derselben doch ebenso interessant wie höchst dankbar. Zur Geschichte des Opern-F. ist zu bemerken, dass bis über die Mitte des 18. Jahrhunderts hinaus die grosse Oper (*Opera seria*) gar keine Nummern hatte, die dem, was man jetzt F. nennt, entsprechen, und dass nachweislich zuerst Nicolo Logroscino (um 1745) in der *Opera buffa* den Versuch machte, den lyrischen Scenen durch die verschiedenartige dramatische Behandlung der Singstimmen ein gesteigertes Interesse zu verleihen; Piccini jedoch erst führte in seiner »*Cecchina*« die ausgeführteren, reicher entwickelten, eigentlich vielstimmigen Musikstücke als Aktschlüsse ein, die bei Mozart, aber erst seit dem »*Figaro*«, zu ihrer höchsten Vollkommenheit gelangten. Ihm folgten denn auch bis auf Meyerbeer, diesen eingeschlossen, alle Operncomponisten der Folgezeit. Nur bei Wagner, der bis jetzt freilich noch vereinzelt in seinen Versuchen dasteht, ist vom F. und den meisten der bisherigen Opernerfordernissen keine Rede mehr; dieselben zeigen sich nur noch in Rudimenten, z. B. in den drei Aktschlüssen der »*Meistersinger*«, oder gar nicht (»*Tristan und Isolde*«, »*Nibelungen*«). Es bleibt abzuwarten, ob die Neigung der Zerstörung alles inneren selbstständigen Musiklebens in der Oper die Oberhand behält oder nicht. Im ersteren Falle würden Opern wie »*Don Juan*«, »*Fidelio*« u. s. w. zu höchstens nur noch historisch werthvollen Kunsterscheinungen herabsinken. — Noch ist zu erwähnen, dass der Ausdruck F. von den Italienern auch kurzweg als Name des Schlusstons der letzten Noten eines Tonstücks gebraucht wird, und von den Franzosen, als der der Tonica eines Satzes, weil auf derselben, vorausgesetzt, dass es ein Ganzschluss ist, der letzte Schluss gemacht wird; beim Halbschlusse, mit dem ein Tonsatz ebenfalls endigen kann, cadenzirt der Bass bekanntlich nicht auf der Tonica, sondern auf der Dominante. S. Ganzschluss; Halbschluss. — Endlich auch noch dient den Italienern der Ausdruck F. als Bezeichnung der starken, senkrechten Doppellinie, mit welchem der Schluss eines Musikstücks graphisch angezeigt wird.

Finalis (latein.), Adjectivum, welches in Zusammensetzungen mit *accentus* und mit *tonus* (oder *nota*) vorkommt.

F. accentus, s. *Accentus ecclesiasticus*. — *F. tonus* bezeichnet den Endton des Stücks oder Satzes, die Tonica. In den Kirchentonarten hatten der authentische Haupt- und sein plagalischer Nebenton denselben Finalton. S. Tonart.

Finalnote, s. *Finale* (zu Ende des Artikels).

Finalzeichen, s. *Schlusszeichen*.

Finatti, Giovanni Pietro, italienischer Componist aus der Mitte des 17. Jahrhunderts, gab eine Sammlung Messen, Motetten, Litaneien seiner Composition sammt ihren vier solennen Antiphonien für 2, 3, 4 und 5 Stimmen und Instrumente heraus. †

Finazzi, Filippo, italienischer Sopransänger (Castrat) und geschickter Componist, geboren 1710 in Bergamo, sang im Jahre 1728 bereits als Mitglied der italienischen Operngesellschaft in Breslau und trat dann als Kirchen- und Kammersänger in die Dienste des Herzogs von Modena. Um 1737 kehrte er gut bemittelt nach Deutschland zurück und kaufte sich zu Jersbeck bei Hamburg an. Dort erwarb er sich den vertrauten Umgang mit dem dänischen Geheimrath Baron von Ahlefeld und mit dem Dichter Hagedorn, welche ihn ganz besonders zur Composition anregten. Diese und andere seiner Freunde, sowie seine Untergebenen rühmten laut die ihm eigene Uneigennützigkeit, Rechtlichkeit und seine Talente. Im J. 1758 hatte er das Unglück, beide Beine zu brechen, in welchem hülflosen Zustande ihn die Wittwe eines Dorfschmieds treu und aufopfernd pflegte, weshalb er F. zur Gattin nahm und ihr sein ganzes Vermögen vermachte. Er starb auf seinem Landgute am 21. April 1776. Gedruckt sind von ihm sechs vierstimmige Sinfonien (Hamburg, 1754), und hinterlassen hat er die Oper »*Temistocle*«, das Intermezzo »*la pace campestre*«, eine Cantate und viele Gesänge.

Finck, Heinrich, ein tüchtiger deutscher Tonkünstler, dessen Lebenszeit in die letzte Hälfte des 15. und in die erste des 16. Jahrhunderts fällt, stammte aus Sachsen und war Kapellmeister der Könige Johann Albrecht (1492) und Alexander (1501 bis 1506) am Hofe in Warschau. Er scheint sich später nach Wittenberg zurückgezogen zu haben und dort gestorben zu sein, in Folge dessen sich sein Leben und seine Werke für die Forschung vielfach mit denen seines Neffen Hermann F. (s. weiter unten) vermengen, mit dem er auch bis in die neueste Zeit hinein vielfach für eine und dieselbe Person gehalten worden ist. — In Salblinger's »*Concentus*« (Augsburg, 1545) befinden sich einige seiner Compositionen, und ein vierstimmiges »*Veni redemptor gentium*« von ihm steht im »*Liber primus sacrorum hymnorum*, 134 *hymnos continens etc.*« (Wittenberg, 1542). Endlich besitzt die Bibliothek in Zwickau eine um 1550 gedruckte Sammlung von 55 Liedern, betitelt: »Schöne auserlesene Lieder des hochberümpten Heinrici Finckens, sampt anderen newen Liedern von den Fürnehmsten dieser Kunst gesetzet, lustig zu singen vnd auff die Instrument dienlich.« — F.'s schon erwähnter Neffe, Hermann F., nicht minder tüchtig und in seiner Zeit berühmt, ist, nach neueren Ergebnissen in Pirna geboren, lebte als Musiker in Wittenberg und erhielt um 1506 von August I. von Polen die Stelle seines Oheims in Warschau. Seit 1553 lebte er wieder in Wittenberg, woselbst von ihm Hochzeitsgesänge (Wittenberg, 1555), welche von S. W. Dehn zuerst und zwar in Liegnitz wieder aufgefunden wurden, erschienen sind; ferner kennt man noch ein Werk von ihm, betitelt: »*Practica musica, exempla variorum signorum, proportionum et canonum, judicium de tonis ac quaedam de arte suaviter et artificiose cantandi continens*« (Wittenberg, 1557), von dem die Pariser Bibliothek ein Exemplar besitzt. Lange Zeit wurde auch F. die Choralmelodie »*Was Gott will, das g'scheh'* allezeit« zugeschrieben; jetzt steht aber fest, dass diese Weise von ihm nur auf deutschen Boden verpflanzt worden ist und ursprünglich zu dem französischen Liede »*Il me suffit de tous mes maux*« gehörte. Ebenso soll er die noch jetzt gesungene Choralweise »Ach bleib' mit deiner Gnade« (*c h a g a f e*) verfasst haben, obwohl die Textworte erst aus dem Jahre 1630 stammen.

Finck, Johann Georg, geschickter Orgelbauer aus Saalfeld, der um 1700 wirkte und sich besonders durch die Orgel zu Gera in der Stadtkirche und zu Schwarzburg einen Namen gemacht hat. Die Dispositionen dieser beiden Werke sind enthalten in Adlung's *Music. Mechan.* Bd. I. Seite 230 und 272; in demselben Werke Band II. Seite 9 findet man auch noch diese Werke betreffende historisch interessante Mittheilungen. †

Finckelthaus, Gottfried, ein als lyrischer Dichter, Musiker und Lautenspieler gerühmter Stadtrichter zu Leipzig, der in den Jahren von 1634 bis 1657 daselbst im Amte war und dessen H. Schütz und Dedekind in dem Vorberichte zu ihren Liedern erwähnen, gab einige Werke unter dem Namen Greger Federfechter von Lützen heraus, in denen sich auch manches die Musik betreffende vorfindet. Als Poet charakterisirt ihn die mehr volksthümliche Weise, in der er im Gegensatz zu seinen Zeitgenossen dichtete, wobei er freilich oft das Komische mit dem Platten verwechselt. Es lässt dies um so mehr einen Schluss auf seine compositorische Thätigkeit zu, als Melodien von ihm nicht mehr vorhanden sind. †

Fine (ital., franz.: *Fin*), das Ende, der Schluss. Man setzt dieses Wort gewöhnlich zu Ende eines aus mehreren Sätzen bestehenden Tonwerks, wo es keinen anderen Zweck hat, als anzuzeigen, dass die Tondichtung nun aus ist und kein Satz weiter folgt. Nothwendig und von besonderer Bedeutung war das F. in den Arien der früheren Zeit und ist es noch in Tonsätzen, die aus einem ersten Theile und aus einem längeren oder kürzeren Mittelsatze zusammengesetzt sind und in denen der erste Satz bis zum Mittelsatz wiederholt werden soll. Alsdann schreibt man an das Ende eines ersten Theils das Wort F. oder setzt statt dessen auch das Schlusszeichen ⌢ oder ⌢), wodurch also der Schluss des ersten Theils als der wirkliche Schluss des ganzen Satzes hingestellt wird. Am Ende des Mittelsatzes (des Trios in Scherzo oder Menuett der Sonate, Sinfonie u. s. w.) pflegt man auf die Repetition des ersten Theils durch die Worte *Da capo sin' al Fine* (oder *sin' al* ⌢), auch einfach durch die Abkürzung *D. C.*, oder wenn von einem bestimmten Zeichen an wiederholt werden soll, durch *Dal segno* (s. d.) aufmerksam zu machen.

Finé, Oronce, französischer Mathematiker, geboren 1494 zu Briançon, kam sehr jung nach Paris, wo er studirte und später von Franz I. zum Professor der Mathematik am königlichen Collége royal ernannt wurde, als welcher er 1555 am Octbr. starb. In seinen beiden Werken »*Protomathesis, seu opera mathematica*«

(Paris, 1532) und »*De rebus mathematicis hactenus desideratis libri IV*« (Paris, 1556) handelt er auch von Musik.

Finetti, Giacomo, italienischer Tonkünstler, geboren zu Ancona, war 1611 in seiner Vaterstadt Franziskanermönch und als Componist, wie als Kapellmeister rühmlichst bekannt, in welcher letzteren Eigenschaft er später an die Marcuskirche nach Venedig berufen wurde, wo er auch verschiedene seiner Werke zum Druck befördert hat, die Gerber in seinem Tonkünstlerlexikon, 1812, Band I., p. 124 aufführt, als »*Psalmi vespertini* 8 *vocum*« (Venedig, 1611), »*Concerti a 4 voci*« (Venedig, 1615) u. s. w.

Fingal, Fin Mac Coul oder Fianghal, der berühmte Held der gälischen Nationalsage, war zugleich Dichter und Sänger und lebte als Fürst von Morven (Morbhein) in Schottland, einer Provinz des alten Caledonien im 3. Jahrhundert n. Chr. Er soll seinen Sitz zu Selma gehabt, sich besonders in den Kämpfen der Römer in Britannien ausgezeichnet und seine Seezüge bis nach den Orkney's, Schweden und Irland ausgedehnt haben, wo er noch jetzt in alten Sagen lebt. Besonders aber tragen in allen Theilen des schottischen Hochlandes Ruinen und Höhlen (s. Fingalshöhle) seinen Namen. Sein Sohn war der berühmteste aller nordischen Barden, Ossian (s. d.), auf den F. seine Sangeskunst vererbte und der ihn auch besonders in seinen epischen Gesängen »Fingal« und »Temora« verherrlicht hat, in denen er F.'s Charakter als den edelsten schildert und u. A. auch seinen Tod besingt, ohne jedoch die näheren Umstände desselben anzugeben.

Fingalshöhle, eine der schönsten und auch in musikalischer Hinsicht naturmerkwürdigsten Grotten Europa's, an der Südwestseite der Hebriden-Insel Staffa in Schottland, wahrscheinlich nach dem alten Bardenkönige Fingal (s. d.) benannt. Sehr regelmässig von der Natur gebildete und perspectivisch geordnete Basaltsäulen tragen das Gewölbe, während der Boden vom Meere bedeckt ist. Sie hat eine Länge von 370 Fuss, ist am Eingange gegen 120, am Ende gegen 70 Fuss hoch und ungefähr 50 Fuss breit. Die im Innern herabträufelnde Feuchtigkeit bildet ganz eigenthümliche, überaus melodische Töne, die Mendelssohn, der diese Grotte 1828 besuchte, anregten, unter dem Namen F. eine seiner schönsten und poetischsten Tondichtungen, die »Ouvertüre zu den Hebriden« zu componiren.

Finger, Gottfried, ausgezeichneter Claviervirtuose und trefflicher Kammermusik-Componist, geboren in der letzten Hälfte des 17. Jahrhunderts zu Olmütz in Mähren, ging 1685 als fertig gebildeter Künstler nach London und fand Anstellung als Kapellmeister am Hofe Jacob's II. In dieser Periode seines Lebens componirte er die englische Oper »*The judgement of Paris*«, viele einzelne Stücke für die Londoner Bühne und Instrumentalstücke verschiedener Art. Jedoch verliess er im Jahre 1700 England, erwarb sich in Deutschland den Titel eines kurpfälzischen Kammermusikus und hielt sich als solcher einige Zeit hindurch in Breslau auf. Sein Ruf war damals auch in Norddeutschland so bedeutend, dass er eigens nach Berlin berufen wurde, wo er zur Feier der im December 1706 vollzogenen Vermählung des preussischen Kronprinzen, nachmaligen Königs Friedrich Wilhelm I., die Opern »Der Sieg der Schönheit über die Helden« und »Roxane« componirte und bei Gelegenheit der damaligen Hoffeste aufführte. Im J. 1717 wurde er fürstl. anhalt'scher Kapellmeister und in der letzten Zeit seines Lebens auch noch kurpfälzischer Kammerrath. Sein Todesjahr ist nicht mehr bekannt geblieben. — Unter den Tonkünstlern seiner Zeit wurde er in erster Reihe und mit grösster Achtung genannt. Man hat von ihm noch Solos für Flöte und für Violine, Quartette für drei Violinen und Viola, sowie für drei Violinen und Bass, endlich noch Violin- und Flöten-Sonaten, welche meist in London und bei Roger in Amsterdam im Stich erschienen sind.

Fingersatz oder **Fingersetzung** ist die allgemeine Bezeichnung für die Art und Weise des Gebrauches der Finger bei musikalischen Instrumenten. Während man sich aber bei den Saiten- und Blaseinstrumenten überwiegend des Begriffes »Applicatur« (s. d.) zu diesem Zwecke bedient, ist bei den Tasteninstrumenten Begriff F. der allgemein gebräuchliche, ohne dass darum in dem einen oder dem andern Falle die Anwendung des nicht allgemein gebräuchlichen Ausdruckes verpönt oder wohl gar unverständlich wäre. Wir besprechen demgemäss hier nur den F., soweit er in seiner eigentlichen Benennung für Tasteninstrumente, speciell für das Clavier, vorkommt und verweisen in Bezug seiner Anwendung bei anderen Instrumenten auf den Artikel **Applicatur** und auf die Specialartikel der einzelnen Instrumente. Die Lehre vom F. ist bis jetzt, so ernst sich auch alle Meister des Clavierspieles nach pädagogischer Seite hin damit beschäftigt haben, noch keineswegs bis zu der Höhe emporgestiegen, dass man für sie den stolzen Namen einer »Wissenschaft« beanspruchen könnte, dennoch haben die neuesten Phasen der Entwicklung des Clavierspieles der Ausbildung der zu einer systematischen Darstellung dieser Lehre nöthigen Factoren eine solche Vollendung gegeben, dass man wohl behaupten darf, die eigentliche Basis für die Lehre des F. in systematischer Form sei gewonnen. Der F. bildet in **Gemeinschaft mit der Mechanik die Technik**, d. h.: die vermittelst des F. bestimmten Zwecken in der Praxis des Clavierspieles angepasste Mechanik ist die Technik. Eine vollendete Technik begreift daher ebensowohl eine durch und durch entwickelte Kunstfertigkeit der Hand mit ihren Gelenken, wie auch eine vollkommene Beherrschung des F. in sich; nur unter solchen Bedingungen wird es möglich sein, jede überhaupt ausführbare Schwierigkeit den Anforderungen der Kunst gemäss zu überwinden. Ob dabei die Grundidee bei der Einrichtung der Tasteninstrumente nach Ober- und Untertasten stets gewahrt bleibe, dass nämlich die Obertasten im Allgemeinen nur für die längeren Mittelfinger, den 2., 3. und 4. bestimmt sein sollen, kann für die vollendete Technik ganz gleichgiltig sein, wie denn auch der moderne F., wie er durch Chopin, Schumann und vor Allem Liszt angewendet worden, längst mit der traditionellen Regel gebrochen hat: den Daumen und 5. Finger bei Obertasten gewöhnlich zu vermeiden oder doch nur auf die alleräussersten Nothfälle zu beschränken. Durch diese Meister ist uns die allernothwendigste Basis für eine etwa mögliche systematische Darstellung der Lehre vom F. gegeben, die nämlich der absolut freien, durch keine ängstliche Rücksichten eingezwängten Bewegung der Hand und der Finger. Diese wiederum ist bedingt durch die vollendete mechanische Ausbildung der Hand, und dass die moderne Technik diese erreicht hat, unterliegt wohl keinem Zweifel. Wir wollen versuchen auf Grund jenes Principes der Freiheit in der Bewegung der Hand und ihrer Glieder diejenigen Grundsätze zu entwickeln, welche als systematisch d. h. allgemein giltig festgestellt werden können, müssen aber vorher, um den Anschauungen der Neuzeit sowohl ihre Berechtigung wie auch den ihnen gebührenden Werth zu verleihen, einen kurzen historischen Ueberblick über das Wesen des F. geben. Die vorher aufgestellte Behauptung, dass der vollkommen entwickelte F. auch eine vollendete Mechanik voraussetze, ist gewiss ebenso begründet, wie die Beobachtung, dass der F. im Allgemeinen auf allen Stufen seiner Entwicklung jederzeit von dem Grade der mechanischen Ausbildung der Hand abhängig war, ja, dass derselbe sogar durch die Handhaltung im Wesentlichen bedingt wurde. Es lassen sich überhaupt drei besonders hervorstechende Phasen in der Gestaltung des F. von der Zeit an, wo man über ihn unterrichtet ist, bis auf die Jetztzeit wahrnehmen; alle drei beziehen sich auf den Gebrauch des Daumens und 5. Fingers, woraus sich ergiebt, dass in ihrer richtigen Verwendung eigentlich der Kernpunkt für die Lehre vom F. zu suchen sei. Unsere Kenntniss über diesen Gegenstand reicht nicht über das 16. Jahrhundert zurück; von da bis zu J. S. Bach, also bis zum Anfang des 18. Jahrhunderts, finden der Daumen und der 5. Finger entweder gar keine Verwendung oder doch nur eine sehr beschränkte. Bedenkt man, dass sich in der ersten Zeit des Clavierspieles Ellenbogen und Hände unter der Claviatur befanden, später dann die Hände zwar mit den Fingern in einer Linie liegen sollten, diese aber steif ausgestreckt gehalten werden muss, so verbietet sich ein Gebrauch des Daumens und 5. Fingers, also der kürzeren Finger, fast von selbst. Beide Gattungen der Handhaltung fallen noch in die Zeit vor J. S. Bach. Interessant ist es dabei, die Beobachtung zu machen, wie der Deutsche Ammerbach schon in seiner 1571 zu Leipzig erschienenen »Orgel- und Instrument-

Tabulatur« bei Aufstellung der Regeln vom F. eine Ahnung vom Gebrauche des
Daumens bei der Tonleiter zeigt, während der Italiener Lorenzo da Penna fast
100 Jahre später in seinem 1656 zu Bologna in erster Auflage erschienenen Werke:
»*Li primi albori musicali*« noch keine Spur davon zeigt. Ammerbach führt als »erste
Regel von der Application der rechten Hand« folgendes an: »So ein Gesang ordentlich und gleich hinaufsteiget, so rührt man den ersten Clavem mit dem fördersten Finger, dem Zeiger genannt, welcher vorgezeiget wird durch die Ziffer 1.
Den andern Clavem mit den mittlern Finger, so durch die Ziffer 2 bedeutet wird.
Also fortan einen Finger um den andern hinauf umgewechselt. So aber der Gesang
wieder heruntergeht, so hebt man den ersten Clavem mit dem Goldfinger, welcher
mit der Ziffer 3 gezeichnet wird, wieder an; den andern Clavem schlägt man mit
dem mittlern, den dritten mit dem fördersten Finger und läuft also fortan mit dem
zweiten fördersten Finger einen um den andern herab, als Exempli gratia:

$$\begin{array}{cccccccccccc|ccccccc}
f & g & a & b & c & \overline{d} & \overline{e} & \overline{f} & \overline{g} & \overline{a} & \overline{b} & a & g & f & \overline{e} & d & c \\
1 & 2 & 1 & 2 & 1 & 2 & 1 & 2 & 1 & 2 & 3 & 2 & 1 & 2 & 1 & 2 & 1«
\end{array}$$

»Die andere Regel von der linken Hand lautet: Wenn ein Gesang hinaufsteiget,
geschieht die Application in der linken Hand also: Der erste Clavis wird geschlagen mit dem Goldfinger 3, der andere mit dem Mittler 2, der dritte mit dem Zeiger
1, der vierte mit dem Daumen 0 und also fort mit dem Goldfinger wieder angefangen. Wenn sich aber der Gesang wieder heruntergiebt, hebt man mit dem Zeiger an, und folgt mit dem Mittlern, also einen um den andern, bis zu Ende der
Coloratur:

$$\begin{array}{cccccccccccc|ccccccc}
f & g & a & b & \overline{c} & \overline{d} & \overline{e} & \overline{f} & \cdot\overline{g} & \overline{a} & \overline{b} & a & g & f & \overline{e} & d & c \\
3 & 2 & 1 & 0 & 3 & 2 & 1 & 0 & 3 & 2 & 1 & 2 & 1 & 2 & 1 & 2 & 3«
\end{array}$$

Wir finden in dem letztern Beispiele für die linke Hand zwei Mal den Daumen 0
angewendet, bei *b* und *f*, aber nur beim Aufwärtssteigen in der Tonleiter, beim Ab-
wärtssteigen dagegen tritt im Wesentlichen der F. ein, wie er in dem Beispiele für
die rechte Hand gebraucht worden. Den 5. Finger, den Ammerbach mit 4 bezeichnet, lehrt er nur bei den Intervallen Quarte, Quinte und Sexte in Verbindung mit
dem Zeiger 1, also z. B. *c—a* mit 1 und 4, bei den Intervallen Septime, Octave,
None und Decime in Verbindung mit dem Daumen 0 also z. B. *f—a* mit 0 und 4.
— Der Italiener Lorenzo da Penna giebt über die Applicatur folgende Regeln:
»Aufsteigend bewegen sich die Finger der rechten Hand einer nach dem andern,
zuerst der mittlere, dann der Ringfinger, wieder der mittlere, und so laufen sie abwechselnd fort, wobei wohl zu beachten, dass die Finger nicht zusammenschlagen.
Im Herabsteigen aber bewegen sich der mittlere, dann der Zeigefinger, wieder der
mittlere u. s. w. Die linke Hand verfahre beim Aufsteigen umgekehrt, d. h. sie
nehme erst den mittleren, dann den Zeigefinger und sofort, beim Herabsteigen aber
den mittlern, dann den Ringfinger u. s. w. Dasselbe lehrt der Verfasser noch in
der 5. Auflage seines Werkes (Antwerpen, 1690), also fast noch unmittelbar vor
der tiefeinschneidenden Wirksamkeit J. S. Bach's. — Zu der richtigen Beurtheilung des F. dieser ersten Periode dürfen wir nicht vergessen, dass die gleichschwebende Temperatur für die Tasteninstrumente noch nicht eingeführt, dass also
von Obertasten nur *b* und *b* existirte, wodurch freilich der Entwicklung des F. ein
engbegrenztes Feld angewiesen war. Eine eigenthümliche Erscheinung bildet der
F. des Franzosen François Couperin (1668—1733) von seinen Landsleuten »le
Grand« genannt, ein F., den man zum Theil genial, zum Theil sinnlos kühn und
planlos, jedenfalls aber in einer Sturm- und Drangperiode befindlich nennen könnte.
Couperin war seiner Zeit der hervorragendste der französischen Clavierspieler, und man darf deshalb seine Lehren als massgebend für den Standpunkt des
französischen Clavierspieles ansehen. Aus diesem Grunde geben wir auch aus seiner Schule »*L'art de toucher du clavecin*« (Paris, 1717) ein Beispiel seines F., wie
er ihn ausdrücklich für eine Stelle seiner Composition »*Le Moucheron*« gebraucht
wissen will. Das Beispiel beweist gleichzeitig, wie Couperin sich schon einer tem-

perirten Stimmung bedient hat, weshalb denn auch dieser F. gegenüber dem planvollen, durchdachten eines J. S. Bach besonders interessant ist. Das angeführte
Beispiel ist folgendes:

Couperin steht an der Grenze jenes Abschnittes, den wir als die erste jener drei
wesentlich von einander verschiedenen Phasen in der Gestaltung des F. zu bezeichnen haben. Der überraschende Gebrauch des Daumens und 5. Fingers, der aber
nirgends eine eigentliche Regel erkennen lässt, bildet gewissermassen den Uebergang zu dem zweiten Abschnitte in der Entwicklung des F., dessen Begründer
J. S. Bach ist. Ob Bach mit den Werken und der Lehrmethode Couperin's bekannt gewesen, wird nicht mitgetheilt, obgleich eigentlich anzunehmen ist, dass
Bach sich mit den hervorragendsten Erzeugnissen der Vergangenheit, soweit sie
ihm, freilich bei damals schwierigen Verhältnissen, zugänglich gewesen, vertraut
gemacht hat. Wie dem auch sei, wir wissen von J. S. Bach (besonders durch
das verdienstliche Werk seines Sohnes Philipp Emanuel: »Die wahre Art das
Clavier zu spielen«, in welchem dieser der Nachwelt die Schule seines Vaters aufbewahrt hat), dass er durch Einführung der sogenannten »gleichschwebenden«
Temperatur und damit der Eintheilung der Octave des Claviers in 7 Unter- und
5 Obertasten eine gänzliche Revolution in der Composition für dieses Instrument,
wie auch in der Behandlung desselben beim Spiel hervorgebracht hat. Für den
F. führte er den Gebrauch des Daumens und des 5. Fingers als Regel ein, wenn er
auch mahnte, sich dieser kürzeren Finger für die Obertasten nur »im Nothfalle«
zu bedienen. Nur mit Durchführung dieser Regel war es ihm möglich, seine schwierigen und complicirten stets polyphonen Sätze mit der Leichtigkeit vorzutragen,
wie sie an ihm gerühmt wird. Das mehrstimmige Spiel in einer Hand hat in J.
S. Bach seinen eigentlichen Urheber. — Bach's Söhne, und unter ihnen vorzüglich
Friedemann und Philipp Emanuel, haben in Bezug auf das Clavierspiel nur des
Vaters Methode fortgeführt; von ihnen haben die Zeitgenossen und Nachfolger
gelernt, so dass die Regeln des F. sowohl bei Clementi, der ja noch ein vieljähriger
Zeitgenosse Ph. E. Bach's gewesen, wie bei Mozart und dessen Schüler Hummel
im Wesentlichen dieselben geblieben sind. Jeder von diesen Meistern hat mit Bei-
behaltung des obenangeführten J. S. Bach'schen Grundsatzes für den Gebrauch
des Daumens und 5. Fingers je nach seiner Eigenthümlichkeit die Regeln über den
F. specialisirt und nach seiner Art dargestellt; wesentlich Neues lässt sich von
ihnen darüber nicht melden. So wollen wir den vortrefflichen Grundsatz, welchen
Clementi an der Spitze seines *Gradus ad Parnassum* aufstellt:

> »Der einfachste F. ist zugleich der regelmässigste und daher auch der beste,
> besonders bei Uebung der Tonleitern, wenn sie mit grosser Schnelligkeit
> gespielt werden sollen,«

gern als einen auch für unsere Zeit und für alle Zeit gemeingiltigen Satz annehmen; wir müssten staunen, dass Clementi ihn schon ausgesprochen, wenn wir nur
nicht wüssten, dass im Hinterhalte die ängstliche Vermeidung des Daumens und

---

*) Soll wohl heissen 5 4 5.

5. Fingers bei Obertasten verborgen läge. Hummel bringt sein »Fingersystem«, wie er es nennt, unter folgende 10 Gesichtspunkte (Th. II S. 115 seiner grossen Clavierschule):

> »1) Fortrücken mit einerlei Fingerordnung bei gleichförmiger Figurenfolge.
> 2) Untersetzen des Daumens unter andere Finger und Ueberschlagen der Finger über den Daumen.
> 3) Auslassen eines oder mehrerer Finger.
> 4) Vertauschen des einen Fingers mit dem andern auf demselben Tone.
> 5) Spannungen und Sprünge.
> 6) Gebrauch des Daumens und 5. Fingers auf den Obertasten.
> 7) Ueberlegen eines längern Fingers über einen kürzeren und Unterlegen eines kürzern unter einen längern.
> 8) Abwechselung eines oder mehrerer Finger bei wiederholtem Tonanschlage auf Einer Taste, und wiederholte Anwendung Eines Fingers auf zwei oder mehreren verschiedenen Tasten.
> 9) Eingreifen der Hände in einander und Ueberschlagen einer Hand über die andere.
> 10) Stimmvertheilung unter beide Hände und Fingerordnungslicenz beim gebundenen Styl.

Unter diesen 10 Rubriken ist so ziemlich Alles enthalten, was beim F. im Allgemeinen vorkommen kann, dennoch beschränkt sich alles dabei Angeführte auf specielle Regeln, die freilich durch Beispiele erläutert sind, ohne dass aber bestimmte Grundprincipien aufgestellt werden, die doch für ein System des F. unumgänglich nothwendig wären. Wenn Hummel sagt: »Ich betrachte diesen Gegenstand (die Lehre vom F.) als einen der wichtigsten meiner Lehre«, so finden wir nur eine Bestätigung unsrer Behauptung darin, dass für die vollendete Technik die vollkommene Beherrschung des F. einer der wichtigsten Factoren sei. — Die um die Pädagogik des Clavierspieles so verdienten Zeitgenossen Hummel's: J. B. Cramer, L. Berger, Fr. Kalkbrenner u. a. haben ebenfalls den Boden des J. S. Bach'schen F. verlassen. Carl Czerny, der wie François Couperin auf der Grenzscheide des ersten und zweiten Abschnittes stand, so den Uebergang vom zweiten zum dritten bildet, der hochverdiente Meister so vieler Heroen des Clavierspieles und auch des grössten, Franz Liszt, der fruchtbarste Autor pädagogischer Werke für's Clavier, den es je gegeben, der gewiss mit allen eigenthümlichen Maximen des F. der vergangenen und seiner Zeit vertraut, steht doch fast noch mit beiden Füssen im Felde seiner Vorgänger und macht nur hin und wieder, wir möchten fast sagen schüchtern, Versuche, welche an die Neuzeit erinnern, ja, ähnlich wie Couperin experimentirt er mit dem F. in unbegreiflicher Weise, wie folgt (2. Theil Etude 15 Heft II Schule der Geläufigkeit):

während er im Allgemeinen sich ganz dem Hummel'schen F. anschliesst. Ignaz Moscheles, der denkende musikalische Pädagog, lehrt zwar in seinen Etudenwerken durchgängig einen planvollen durchdachten F.; ob aber die häufig doppelt angegebene Fingersetzung, die einmal modern, einmal die hergebrachte classische ist, nicht doch eine Art Schwanken in der Ueberzeugung verräth, welcher Gattung der Vorzug zu geben sei, wollen wir bei einem so hervorragenden Lehrer nicht entscheiden; jedenfalls kennzeichnet sich darin der Uebergang zu den allgemeinern und freiern Anschauungen der Neuzeit, die wir nunmehr in den folgenden Zeilen auseinandersetzen wollen. Friedrich Chopin und Franz Liszt sind, wie schon erwähnt, diejenigen Meister, welche durch ihre genialen Leistungen sowohl in der Claviertechnik wie in der Vortragsweise, der Eine mehr nach der Seite des Poesievollen, Zarten, der andere mehr nach der Seite des Gewaltigen, Gigantischen h.. neue Bahnen eröffnet haben. Wenn wir bei Chopin die poetische, zarte Seite seiner

Spielweise herausheben, so ist damit keineswegs gesagt, dass er nicht auch Momente der Kraft und gewaltigen Leidenschaft böte, ebensowenig bei Liszt, dass er nicht reich an zarten Momenten sei; hier kommt es aber darauf an, die wirklich eigenthümlichen und massgebenden charakteristischen Eigenschaften der Meister in den Vordergrund zu stellen. Es ist wohl unzweifelhaft, dass die Technik der Neuzeit, wie sie durch diese beiden Männer gestaltet worden, eine wirklich vollendete ist, d. h. eine solche, der nichts Mögliches unmöglich ist; damit ist die allseitige Ausbildung der Hand mit ihren Gliedern und Gelenken ausgesprochen. Die absolut freie Hand mit absolut freien, selbstständigen Fingern ist der Factor, mit welchem wir jetzt bei der Technik oder speciell für unsern Zweck, beim F. zu rechnen haben. In einer derartigen Mechanik erkennen wir die oberste Vorbedingung für die ganze Lehre vom F. Ist so jede zärtliche Rücksicht, jede Beschränkung für den Gebrauch des einen oder andern Fingers, wie des Daumens oder 5. Fingers überflüssig, so ist der oben angeführte Clementi'sche Grundsatz: »Der einfachste F. ist zugleich der regelmässigste und daher auch der beste u. s. w.« eine vollständige Wahrheit, weil er jetzt eben rückhaltlos zu nehmen ist. Dernach allen Richtungen hin absolut freigestellte Gebrauch des Daumens und fünften Fingers, den nur die bequeme Lage der Hand, nicht aber ängstliche Regeln bestimmen, bezeichnet in der Entwicklung des F. die dritte Phase, von der auch um der Allgemeinheit willen wohl zu erwarten ist, dass sie dauernd sein werde, es müsste denn die organische Construction unsrer heutigen Claviere geändert werden; ein Fall, der immerhin bei der rastlos sich entwickelnden Industrie eintreten kann, wenn man sich auch schon an die Construction der Tasten der Clavierinstrumente wie an eine unfehlbare gewöhnt hat. — Wir geben nun hier in Kürze auf Grund der Erfahrungen und Errungenschaften der neuesten Zeit unsere Anschauungen über die Lehre vom F. Diese ist in zwei Haupttheile zu zerlegen, den theoretischen und den praktischen Theil.

I. Der theoretische Theil lehrt die allgemeinen Grundsätze für die gesammte systematische Anordnung des F. Die Betrachtung fusst, wie oben erwähnt, auf dem Grundprincip der vollkommen in allen ihren Bestandtheilen, soweit sie zum Clavierspiel erforderlich sind, mechanisch entwickelten Hand, deren Lage man sich in natürlichster Form und durchaus ruhiger Haltung zu denken hat, und zwar im Allgemeinen mit derartiger Stellung der Finger, dass diese gekrümmt mit ihrer Fleischspitze die Untertasten treffen, etwas gestreckt aber die Obertasten berühren. Ueberträgt man diese allgemeine Lage auf eine dreifache Spannung der äussersten Finger, des Daumens und 5. Fingers, so dass diese entweder das Intervall einer Quinte oder einer Octave oder einer Decime greifen, während der Mittelfinger (der dritte) immer parallel der unter ihm befindlichen Taste gedacht wird, so lässt sich innerhalb dieser drei Lagen, der Quinten-, Octaven- und Decimenlage jeder F. construiren, der überhaupt in Betracht kommen kann. Es muss hier gleich im Voraus bemerkt werden, dass es sich zunächst darum handelt, die Grundlehren für den einfachen F. Einer Tonreihe, nicht für mehrstimmige Sätze, in ein und derselben Hand aufzustellen. Jederzeit bleibt die natürliche Folge der Finger die massgebende, mag die Lage sein, welche sie wolle. Um zu beurtheilen, welche Lage bei der Construction des F. zu Grunde zu legen sei, wird die Kenntniss der Harmonielehre unbedingt nothwendig sein. Jede Figur oder Passage gründet sich entweder auf die Tonleiter oder auf einen Accord. Der F. für die Tonleiter gehört absolut in die Quintenlage; denn die Tonleiter auf einer Octave besteht aus einer ganzen Quintenlage und einem Theile einer solchen. Da man als Schlussfinger im Allgemeinen den 5. wählt, so wird nach gewöhnlichem Brauch zuerst der nur aus drei Tönen bestehende Theil der Quintenlage vorausgeschickt, mit der vollständigen, vom Daumen bis zum 5. Finger, geschlossen; die auf mehr als eine Octave fortgesetzte Tonleiter lässt sich jederzeit auf systematisch wiederkehrende Theile von Quintenlagen zurückführen. Dass man bei den mit Obertasten beginnenden und resp. schliessenden Tonleitern den 5. Finger bisher nicht gebraucht, mit dem Daumen nicht anfängt und auf Obertasten denselben nicht untersetzt, ist nach alter Lehre sanctionirt, keineswegs aber unumgänglich nothwendig. Würde man sich an den für C-dur gebräuchlichen F. für alle Tonleitern gewöhnen, und dies ist nur Sache der Uebung, so wäre dadurch das System für den F. der Tonleiter mit einem Schlage fertig. Wie vortheilhaft aber die consequente Anwendung der Quintenlage bei der Tonleiter ist, das möge ein fertiger Spieler beurtheilen, wenn er irgend eine Tonleiter auf 2 Octaven durch Anwendung der dreimaligen vollständigen Quintenlage ausführt; in keiner andern Weise wird ihm die dadurch erreichte Geschwindigkeit möglich sein, und doch ist das Untersetzen unter dem fünften Finger und das Uebersetzen mit demselben allein Sache der Gewohnheit d. h. der Uebung. Will man aber bei den mit Obertasten beginnenden Tonleitern dennoch den Grundsatz des traditionellen Gebrauches festhalten, so lässt sich auch dieser unter das Princip der Theile von Quintenlagen bringen, man darf hier nur als Merkmal aufstellen, dass die Grenze des Theiles einer Quintenlage immer durch eine Obertaste bestimmt wird. Für Passagen und Figuren, die aus Tonleitern bestehen, lässt sich der F. auf Grund obiger Erörterungen systematisch entwickeln. Werfen wir jetzt einen Blick auf Figuren, welche auf Grund irgend welcher Accorde des Accordsystems gebildet sind, so finden wir hier die Quinten-, die Octav- und Decimenlage reichlich vertreten. Alle Dreiklänge mit ihren Umkehrungen, ebenso die Septimenaccorde mit ihren Umkehrungen sind auf die Quintenlage zurückzuführen, doch ist dabei wohl zu beachten, dass hier, wo es sich um örtliche Entfernungen handelt, nur solche Septimenaccorde in Betracht kommen können, deren Septime höchstens als eine grosse zu bezeichnen ist, ein Accord wie *c e gis his* (also mit übermässiger Septime) ist nicht hierher zu rechnen. — Die Quintenlage des F. gilt für den Umfang einer Quinte, Sexte und Septime, d. h. so lange, wie die inneren Finger, der 2. 3. und 4., mit den Tasten parallel nebeneinander liegen können, während die äusseren, der Daumen und der 5., die Enden des Intervalles berühren, und dies zwar bei einer Hand von gewöhnlicher Spannkraft, d. h. einer solchen, welche mit dem Daumen und 5. Finger bequem und leicht eine None, mit einiger Anstrengung eine Decime greifen kann. Die Quintenlage z. B. von *c* bis *g* (für die rechte Hand) ist die allernaturgemässeste; hier ruht jeder Finger auf einer Taste, alle Finger liegen parallel der Lage der Tasten. Ob in dieser Lage nun einer der natürlichen Töne durch ein Zeichen verändert wird, kann im Wesen der Lage nichts ändern, denn z. B. *des* statt *d* wird mit einer geringen Streckung des 2. Fingers ebenso leicht erreicht, wie *d* mit dem gekrümmten Finger, ebenso bei den übrigen. Daraus folgt, dass alle Combinationen, welche von Figuren innerhalb dieser Position möglich sind, ohne Schwierigkeit ihren geordneten F. finden. Eine Sextenlage entsteht aus der Quintenlage zunächst durch einige Seitwärtsstreckung des Daumens nach Aussen, während die übrigen Finger in vollkommen normaler Position bleiben; diese kann aber auch erreicht werden, indem der 1. bis 4. Finger in normaler Position ruhen, während der 5. eine Seitwärtsbewegung macht; auch andere Combinationen der Seitwärtsbewegung, wie z. B. mit dem 4. und 5. Finger gemeinschaftlich, während die 3 übrigen normal ruhen, sind möglich. Die Septimenlage entsteht äusserlich zunächst durch Seitwärtsrücken des Daumens und 5. Fingers, während die 3 innern normal bleiben, dann auch in jeder andern Form, innerhalb jener äussersten Position der äusseren Finger, beständig aber so, dass der Mittelfinger wie auch bei allen späteren Lagen immer eine mit den Tasten parallele Position behält, so dass er gewissermassen das Perpendikel bildet, von dessen Spitze aus sich die übrigen Finger strahlenförmig unter mehr oder minder spitzen Winkeln entfernen. In der Octavlage entfernt sich der Daumen um eine neue Streckung von der Position, die er in der Septimenlage eingenommen, während der 5. seine dortgehabte Spannung behält und die inneren Finger sich je nach der Combination nebeneinander befinden oder ebenfalls irgend eine Spreizung machen, wodurch sie sich dann dem einen oder dem andern äusseren Finger mehr nähern. Die Decimenlage endlich erfordert die äusserste Spreizung des Daumens und 5. Fingers, ebenso eine grössere oder geringere der inneren Finger. Während nun die Nonenlage unter die Octavlage

rubricirt werden kann, ist die noch mögliche Undecimenlage (z. B. a $\overline{d}$ $\overline{fis}$ $\overline{a}$ $\overline{d}$)
allerdings der Decimenlage anzufügen, wird aber nur von bevorzugten Händen in
ruhiger Lage erreicht werden können. Um für Figuren dieser verschiedenen
Lagen den normalen F. zu bestimmen, ist freilich von vornherein nothwendig, dass
der Spieler sofort die richtige Lage festzustellen wisse; er kann diesen Blick nur
aus der gründlichen Kenntniss der Harmonielehre schöpfen, wird aber auf Grund
dieser Wissenschaft jederzeit sicher operiren. Eine Combination der verschiedenen
Lagen oder eine Fortsetzung einer und derselben für mehrere Octaven kann in
dem System des F. nichts ändern. Es tritt dabei das sogenannte Ueber- und Untersetzen ein, welches aber, genau betrachtet, nur ein schnelles Versetzen derselben Lage ist, daher weder in der normalen Haltung der Hand, noch in dem normalen F. etwas ändern kann. Die 11. Etude A-moll aus Op. 25 von Fr. Chopin
bietet für die Betrachtung und Bestätigung der hier gegebenen Erörterungen
reichhaltiges Material. Obgleich, wie oben erwähnt, diese Andeutungen für einen
systematischen F. zuerst auf das Spiel Einer Tonreihe in derselben Hand zu beziehen
sind, so lassen sie sich doch auch weiter auf Doppelgriffe ausdehnen. Diese werden im fortlaufenden Spiele schwerlich das Intervall einer Octave überschreiten,
meist in Terzen oder Sexten oder Octaven bestehen; dementsprechend wird der F.
dafür jederzeit auf die Quinten- oder Octavlage zurückzuführen sein und sich aus
der Combination zweier Finger innerhalb der betreffenden Lage herstellen lassen.
Das mehrstimmige Spiel in derselben Hand wird ebenfalls nicht mehr als den Umfang einer Octave erfordern, wohl aber sich in allen möglichen kleineren Intervallen bewegen; im Allgemeinen wird dabei in der einen Stimme entweder der Daumen oder der 5. Finger als Ruhepunkt gedacht werden müssen, der für die Bewegung der andern Stimmen alsdann fehlende Finger wird durch den doppelten
Gebrauch eines der übrigen 4 Finger ersetzt. Wo irgend möglich, soll auch hierbei stets die natürliche Fingerfolge beibehalten werden; sind hinter einander mehr
als die vier Finger nothwendig, so tritt eine Lagenvertauschung nach Massgabe
der noch zu besetzenden Töne ein.

II. Der praktische Theil der Lehre vom F. zerfällt in zwei Unterab-
schnitte: a) in die Lehre des F. für die allgemeine Schule der Technik, b) in die
Lehre des F., soweit er in bestimmten Fällen rhythmischen oder logischen Gesetzen,
welche sich in einem Musikstücke geltend machen, oder gewissen Gesetzen des
Vortrages unterworfen werden muss. a) Die allgemeine Schule der Technik begreift einmal sämmtliche Dur- und Molltonleitern und die chromatische Tonleiter mit allen möglichen Combinationen, dann auch die Arpeggien aller Accorde
des gesammten Accordsystemes ebenfalls mit allen möglichen Combinationen in
sich, lehnt sich also aufs Innigste an die Harmonielehre an. Der F. für diese Passagen und Figuren lässt sich nach den im theoretischen Theile besprochenen Grund-
anschauungen ohne Mühe bestimmen, nur für die chromatische Tonleiter ist hier
noch eine Bemerkung hinzuzufügen. Diese Tonleiter besteht eigentlich, wenn man
sie z. B. auf einer Octave von h bis ais betrachtet, aus zwei vollständigen und einer
unvollständigen Quintenlage, und zwar engen Quintenlagen, d. h. solchen, wo die
Finger auf nebeneinanderliegenden Tasten in unmittelbarster Folge ruhen. Man
hat von h bis $\overline{dis}$ den 1. 2. 3. 4. 5. Finger, von e bis $\overline{gis}$ ebenfalls den 1. 2. 3. 4. 5.,
für a und $\overline{ais}$ endlich den 1. u. 2.; dies ist der eigentliche, der systematische F.;
die fernere Octave würde dann nur die Wiederholung desselben F. bringen. Der
hergebrachte F. lautet freilich anders, aber nur deswegen, weil der 5. Finger noch
nicht in seiner universellen Brauchbarkeit eingeführt ist. (Weiteres über diesen
interessanten Punkt geben wir an einer andern Stelle dieses Werks). Um den F.
für die allgemeine Schule der Technik, ja möglichst erschöpfend zu behandeln, ist
es von grossem Nutzen, die von dem hochverdienten Lehrmeister Hummel aufge-
stellten 10 Punkte seines Fingersystems (s. Seite 526) der näheren Betrachtung
zu unterwerfen und zu erwägen, wie weit dieselben bereits durch die im theoretischen Theile gegebenen Erörterungen erledigt sind, wie weit sie der Schule

noch Neues hinzufügen. b) Ein eignes, wichtiges Kapitel bildet diejenige Lehre
vom F., welche sich an gewisse Erscheinungen in den Musikstücken knüpft. Hier
kann eine systematische Lehre nicht gegeben werden, da eben die möglichen Fälle
eines eigenthümlichen F. sich ganz entschieden nicht in bestimmte Kategorien
bringen lassen. So kann der Rhythmus innerhalb eines Taktes erfordern, dass die
fortlaufende Reihe der Finger plötzlich unterbrochen werde, und zwar kann dies
sowohl durch den Rhythmus, soweit wir ihn auf die Wertheintheilung der Taktglieder beziehen, wie durch den Rhythmus, welcher die Anordnung der Taktglieder
nach logischen Gründen bestimmt, geschehen. Man sehe sich Ausgaben J. S. Bach'-
scher oder Ph. Em. Bach'scher Werke an, wie sie unter der scharf kritischen Feder
Hans von Bülow's hervorgegangen sind, und man wird zahlreiche Beispiele dafür finden. Noch häufiger sind aber die Fälle, wo durch das Eintreten des musikalischen Komma's der normale F. gestört werden muss, wo also eine Gedanken-
trennung auch eine Veränderung der Handlage in der Ausführung bedingt und
damit ein anderer als der regelmässige F. herbeigeführt wird. In allen diesen Fällen wird die Kenntniss des musikalischen Satzbaues, der Formenlehre, die richtigen
Wege zeigen. — Dieser Theil der praktischen Fingersatzlehre bildet, wenn wir
uns so ausdrücken dürfen, den syntaktischen Theil der ganzen Lehre, also den
schwierigsten, weil er, mit scharfem und feinsinnigem Urtheil gehandhabt, oft dem
strengen Systeme spottet. Ein Gleiches dürfte noch von denjenigen Eigenthümlichkeiten des F. gelten, welche durch gewisse Vortragsweisen von den Meistern
eingeführt sind. So bedient sich Chopin bei zarten Stellen in der chromatischen
Tonleiter des 4. und 5. Fingers, dieses für die Untertasten, jenes für die Obertasten,
wahrscheinlich nur deshalb, weil die sogenannten »schwachen« Finger der Zartheit
die meiste Garantie bieten. Aehnlich bedient man sich ein und desselben Fingers
bei einer fortlaufenden Reihe von kurzen oder getragenen Noten, entweder eines
der »schwachen« im Piano oder eines starken im Forte. Da indessen dergleichen
Fälle zu den Besonderheiten zu rechnen sind, so erschüttern sie ebensowenig das
allgemeine System des F., wie die subtilen Wendungen einer Sprache die allgemeine Grammatik derselben illusorisch machen; sie berechtigen vielleicht um so
mehr zu der Hoffnung, dass der freie Gebrauch aller Finger immer mehr zum Gesetz erhoben wird. Denn dadurch allein wird der F. der von der neueren Schule
geforderten absoluten Mechanik ebenbürtig werden und wird sich in ein absolutes,
allgemein gültiges System bringen lassen.   Dr. J. Alsleben.

Fingerschneller und Fingerspanner, zwei von Leonhard Mälzel in Wien 1836
und 1837 erfundene Maschinen, durch welche der zum Clavierspielen nöthige
Fingermechanismus, besonders in Bezug auf einen runden schnellen Triller und
auf die Spannfähigkeit beider Hände gefördert werden sollte. Zu grösserer Verbreitung sind diese Hülfsmittel jedoch nicht gelangt und daher jetzt verschollen.

Fini, Michele, italienischer Operncomponist, geboren zu Anfang des 18.
Jahrhunderts in Neapel, hat nach Laborde zu Venedig in den Jahren 1731 und
1732 eine grosse Oper *»Gli Sponsali d'Enea«* und zwei Intermezzos *»Jericca«*
Varrone« und *»I dei birbi«* in Musik gesetzt.   †

Fink, Christian, vortrefflicher deutscher Orgelvirtuose und Musiktheoretiker,
geboren am 9. Aug. 1831 zu Dettingen bei Heidenheim (Württemberg), war der
Sohn eines Schullehrers. Neben seinen Studien in den alten Sprachen erhielt er
den Unterricht in der Musik bis zu seinem 15. Jahre vom Vater. F. versah im
11. Jahre häufig den Organistendienst des Vaters und spielte im 13. Jahre bereits
die grosse *A*-moll-Fuge von S. Bach. Während der Jahre 1846—1849 hielt sich
F. in Stuttgart auf, durchlief daselbst das Waisenhaus-Seminar und hatte nebenbei
theoretischen Unterricht bei dem dortigen Musikdirektor Dr. Kocher. Noch im
J. 1849 als Musikgehülfe an das königl. Seminar zu Esslingen berufen, setzte er
seine Musikstudien in umfassendster Weise privatim fort, so dass er nach erstan-
dener Prüfung im J. 1853 sofort in die Oberklassen des Leipziger Conservatoriums
eintreten konnte. Nach anderthalbjährigem Aufenthalt daselbst ging er mit der
ersten Censur — »sehr vorzüglich« — nach Dresden, wo er sich mehrere Monate

lang unter Joh. Schneider's Leitung im Orgelspiele fortbildete. Auf kurze Zeit 1855 in sein Vaterland zurückgekehrt, zog es ihn unwiderstehlich wieder nach Leipzig, wo er vorzugsweise im Hauptmann'schen und Richter'schen Hause viel des Anregenden und Angenehmen erlebte. Als Orgelvirtuose betheiligte sich F. bei verschiedenen Kirchenconcerten in Leipzig z. B. bei Aufführung der Liszt'-schen Graner Messe (I. Tonkünstlerversammlung) etc.; von 1856 bis 1860 über-nahm er sämmtliche Orgelvorträge in den Riedel'schen Concerten und wurde 1860 zum Ehrenmitglied des Riedel'schen Vereins ernannt. Nach fast 7 jährigem Auf-enthalte in Leipzig liess F. sich bestimmen, den wiederholt an ihn ergangenen Ruf auf die Stelle eines Hauptlehrers und Musikdirektors am königl. Seminar in Ess-lingen, verbunden mit der Musikdirektor- und Organisten-Stelle an dortiger Haupt-kirche, anzunehmen. Nach zweijähriger Wirksamkeit in diesen Stellungen erhielt er den Titel und Rang eines Professors. Unter F.'s Leitung steht auch der dortige Oratorienverein, dessen Leistungen unter ihm allerseits wärmste Anerkennung ge-funden haben, zumal auch die gediegensten Programme die Aufführungen dieses Vereins auszeichneten. — Als Componist ist F. gleich ausgezeichnet wie als Vir-tuose und Lehrer. Er hat gegen 50 Werke bis jetzt geschrieben und veröffentlicht, nämlich 4 Orgelsonaten, viele Orgeltrios, Fugen, Präludien, 4 Claviersonaten u. s. w., Psalmen mit Orchester oder Orgel, für gemischten oder Männerchor, ein- und mehr-stimmige Lieder, Duette u. s. w. Viele dieser Werke zählt die Kritik mit Recht zu den besten der Neuzeit, da sie Talent und gediegenes Wissen bekunden.

Fink, Gottfried Wilhelm, deutscher Componist und Dichter, sowie musi-kalischer und theologischer Schriftsteller, wurde am 7. März 1783 zu Sulza an der Ilm geboren. Nach dem um 1790 erfolgten Tode seines Vaters nahm ihn mit seiner Mutter und seinen beiden Brüdern seine Grossmutter in ihr Haus, wo er eine gute bürgerliche Erziehung erhielt. Der Cantor Gressler unterrichtete den Knaben im Clavier- und Orgelspiel, der als Schüler der lateinischen Stadtschule in Naumburg wegen seiner schönen Sopranstimme und seiner Sicherheit im Treffen sehr geschätzt war. Gleichfalls früh entwickelte sich seine Vorliebe zur Dichtkunst und ebenso zur Composition; eifriges Selbststudium von Türk's Unterweisung im Generalbassspielen ging damit Hand in Hand, und seine Kunstversuche fanden freundliche Aufnahme und Aufmunterung. Von 1804 bis 1809 studirte er in dem ihn mächtig anregenden Leipzig Theologie und Philosophie, beschäftigte sich mit geschichtlich - musikalischen Forschungen und dichtete und componirte Lieder, welche ihn vortheilhaft bekannt machten. Ein theoretischer Artikel von ihm »Ueber Takt, Taktarten und ihr Charakteristisches«, auf Anregung Aug. Apel's geschrie-ben, erschien 1808 in der Leipz. allgem. musikal. Zeitung. Im J. 1809 trat er das Predigtamt an und war von 1810 bis 1816 der Vertreter des kränklichen refor-mirten Pastors Petiscus in Leipzig. Gleichzeitig gründete er (1812) eine Er-ziehungsanstalt und stand derselben als Direktor bis 1827 vor. Fünf Kinder, die er aus zwei Ehen, mit Charlotte Nicolai und deren Schwester Henriette, hatte, gingen ihm im Tode voran. Im J. 1827 wurde ihm die Redaktion der Leipziger allgemeinen musikalischen Zeitung übertragen, ein Amt, das er überaus gewissen-haft und ehrenvoll, aber allerdings weniger energisch und geschickt und deshalb nicht frei von Anfeindungen, bis zum J. 1841 führte, worauf er, seit 1842, an der Leipziger Universität, deren Musiklehrer er war, Vorlesungen über Musik hielt, die ihrer Klarheit, Frische und Tiefe wegen zahlreiche Zuhörer herbeizogen und nicht minder wie seine vielen Schriften anregend wirkten. Er starb am 27. Aug. 1846 zu Leipzig und hinterliess den Ruf eines edlen, liebenswürdigen und durch-aus bescheidenen Mannes, dessen anspruchsloses Streben und Wirken als Muster gelten darf und von der Leipziger Universität durch Verleihung des Ehrendoktor-Diploms, von der Akademie der Künste in Berlin und zahlreichen musikalischen Gesellschaften durch die üblichen Auszeichnungen anerkannt worden war. — Es ist noch ein Blick auf F.'s ausgebreitete Thätigkeit, soweit sie die Musik berührt, zu werfen. Seine im Druck erschienenen Compositionen datiren seit 1806 und be-stehen in: Stücken für Clavier und Violine; Liedern und Balladen in thüringischer

Mundart; vielen mehrstimmigen Gesängen; den älteren »häuslichen Andachten«
(3 Hefte, Leipzig, 1810); Liederheften, theils mit theils ohne seinen Namen, zum
Besten der in den Freiheitskriegen Verwundeten; mehreren Heften Liedern von
Goethe und anderen Dichtern; dem »musikalischen Hausschatz der Deutschen«,
einer Sammlung von 1000 Liedern und Gesängen (Leipzig, 1843 und in späteren
Aufl.); fünf Terzetten für Sopran, Alt und Bass; der »deutschen Liedertafel«, einer
Sammlung von vierstimmigen Männergesängen u. s. w. Mehrere seiner Dichtungen
wie seiner Melodien sind Eigenthum des deutschen Volkes geworden, was am besten
für deren Gemüthlichkeit, Innigkeit und Fasslichkeit spricht, so z. B. »Das Wunder-
kraut« (Wider alle Wunden etc.), von ihm gedichtet und »Das Abendläuten« (Aus dem
Dörflein da drüben, vom Thurme herab etc.) von ihm gedichtet und componirt. — Die
musiktheoretischen und geschichtlichen Werke F.'s sind: »Erste Wanderung der
ältesten Tonkunst, als Vorgeschichte der Musik« (Essen, 1831); »Musikalische
Grammatik oder theoretisch-praktischer Unterricht in der Tonkunst« (Leipzig,
1836; 2. Aufl. Langensalza, 1862); »Wesen und Geschichte der Oper« (Leipzig,
1838); »Der neu-musikalische Lehrjammer« (Leipzig, 1842); »System der musikalischen Harmonielehre« (Leipzig, 1842); »Der musikalische Hauslehrer« (Pesth,
1846; 2. Aufl. Leipzig, 1851) und »Musikalische Compositionslehre mit Rücksicht
auf praktische Anwendbarkeit u. s. w.«, nachgelassenes Werk (Leipzig, 1847).
Daran reihen sich zahlreiche Aufsätze und Artikel von ihm in der allgem. musikal.
Zeitung, in der Encyklopädie von Ersch und Gruber, in Schilling's Lexikon der
Tonkunst und in Brockhaus' Conversations-Lexikon, dessen 8. Auflage er in ihrem
musikalischen Theile redigirte, Dank welcher Mühewaltung die 9. Auflage die
Biographie des bescheidenen Privatgelehrten schuldig blieb.

    Fink, L e o n h a r d, ein vortrefflicher deutscher Basssänger, geboren am 7. Juli
1787 zu Göttweich, war Ordensgeistlicher der Benedictiner, Capitularkämmerer
und Kanzleidirektor im Domstifte Melk.

    Finke, Johann Georg, s. Fincke.

    Finno, J a c o b, wirkte als Prediger zu Abo in der letzten Hälfte des 16. Jahr-
hunderts und hat sich als Musikverständiger durch folgende Werke erwiesen:
*»Cantiones piae Episcoporum veterum in regno Sueciae, praesertim magno Ducatu
Finlandiae usurpatae, cum notis musicalibus«* (Greifswald, 1582 und Rostock, 1625)
und *»Hymni ecclesiastici Finnici idiomatis auctis«.*   †

    Finold, A n d r e a s, auch Finnolt geschrieben, deutscher Tonsetzer, geboren zu
Neuhausen in Thüringen, lebte als Schulmeister, nach Walther sogar nur als Schul-
diener zu Schloss Heldrungen im Anfange des 17. Jahrhunderts und hat folgende
seiner Compositionen veröffentlicht: *»Magnificat Genethliacum 8 voc.«* (Erfurt, 1616);
»Prodromus musicus, oder 3 *Magnificat 8 voc.«* (Erfurt 1620) und »Die fröhliche
Auferstehung Jesu Christi, mit 1, 2, 3 und 4 Stimmen gesetzt« (Erfurt, 1621).
Vgl. *Draudii Bibl. Class.* p. 1631.   †

    Finot, D o m e n i c o, ein wahrscheinlich italienischer Kirchencomponist des
16. Jahrhunderts, hat nach Draudii Bibl. Class. im J. 1549 *Modulationes* unter
dem Titel *»Fructus«*, 1563 vierstimmige Psalme nebst 2 *Magnificats* und 1564
und 1565 zwei Theile fünfstimmiger Messen zu Venedig drucken lassen.   †

    Finth, deutscher Lautenmacher von Ruf, dessen Tüchtigkeit auch in Paris,
woselbst er 1765 bis 1780 eine Werkstätte hatte, grosse Anerkennung fand.

    Finto, (ital.) der Trugschluss (s. d.).

    Fiocchi, V i n c e n z o, französischer Componist italienischer Abkunft, geboren
1767 zu Rom, war Schüler Fenaroli's auf dem Conservatorio della Pietà de'Turchini
zu Neapel und nahm 1802 seinen Aufenthalt in Paris, nachdem er in seinem Vaterlande mit 16 Opern, aber ohne bleibenden Erfolg hervorgetreten war. Kein besseres
Resultat erzielte in Paris seine nach einem Goldoni'schen Texte gearbeitete Oper
»Le valet de deux maîtres«, welche auf dem *Théâtre Feydeau* zur Aufführung gelangte, und F. beschränkte sich in Folge dessen darauf, Gesang- und Compositionsunterricht zu ertheilen. Im J. 1807 gab er in Verbindung mit Choron *»Principes
d'accompagnement des écoles d'Italie«* heraus, und ein Jahr später erschienen von

ihm zwei- und dreistimmige Ricercati mit Generalbass. Erst 1811 versuchte er es nochmals mit einer Oper, betitelt *Sophocle*, abermals jedoch ohne bedeutenderen Erfolg, worauf er noch mehrere komische Opern folgen liess, welche entweder keinen Anklang fanden, oder gar nicht erst aufgeführt wurden. Er starb zu Paris im J. 1843.

Fiocco, Pietro Antonio, italienischer Componist, geboren zu Venedig um die Mitte des 17. Jahrhunderts, lebte zu Anfange des 18. Jahrhunderts zu Brüssel als Kapellmeister an der Liebfrauenkirche von Sablon und liess *Sacri Concerti a una e più voci* (Antwerpen 1691) und *Missa e Motetti a* 1, 2, 3, 4 e 5 voci, con 3, 4 e 5 *Stromenti* bei Roger in Amsterdam drucken. Viele andere Kirchenstücke im Manuscript von F.'s Composition befinden sich noch jetzt zu Brüssel, Antwerpen und Gent. — Sein Sohn Joseph Hector F., der unmittelbare Amtsnachfolger seines Vaters, geboren zu Brüssel, liess 1730 *Motetti a 4 voci, con 3 Strom.* und zu Augsburg bei Lotter *Adagio et Allegro pour le Clavecin* drucken. Er lebte noch im J. 1752 und wurde auch als fertiger Clavierspieler gerühmt. — Von einem Domenico F. befinden sich auf der Pariser Staatsbibliothek eine Messe und Psalmen im Manuscript. Die näheren Lebensumstände dieses Tonsetzers haben sich aber nicht ermitteln lassen.

Fiochetto (ital.) etwas heiser, rauh. — *Fiochezza*, die Heiserkeit. — *Fioco*, heisser, rauh, schwach.

Fiodo, Vincenzo, italienischer Kirchencomponist, geboren 1782 zu Bari, machte seine musikalischen Studien auf dem unter Paisiello's Leitung stehenden Conservatorium zu Neapel und liess sich 1812 als Musiklehrer in Pisa nieder. Er hat zahlreiche Arbeiten für die Kirche geliefert.

Fioravanti, Valentino, berühmter italienischer Componist, der für den Abschluss der älteren italienischen komischen Oper von hoher Bedeutung geworden ist. Im November 1770 zu Rom geboren, wurde er daselbst Musikschüler Jannaconi's und wandte sich zu seiner höheren Ausbildung später nach Neapel, wo die Erinnerung an Scarlatti auf dem Conservatorio della pietà de'Turchini, welches er bezog, in der höchsten Lebendigkeit sich erhalten hatte. Beeinflusst von dem strengen regelrechten Gesetz der älteren italienischen Oper, strebte er in seinen frühesten Arbeiten vor Allem nach festen und klaren Umrissen in den Tonformen. Die erste Oper, welche man als aufgeführt von ihm kennt, war *Con i matti il savio la perde, ovvero le pazzie a vicenda* (Florenz, 1791). Bald darauf nach Turin berufen, ergriff ihn der Zug der Zeit nach Ausbildung der von Pergolese angeregten Richtung der komischen Oper und liess sein lebendiges Talent für frische komische Skizzirung und seine Fähigkeit, in der Musik das Element der sprachlichen Gegensätze nachzubilden, hier im vollsten Lichte erscheinen. Im J. 1797 veröffentlichte er dort *Il furbo contra il furbo* und bald darauf *Il fabro pariginо*. Da zu derselben Zeit Cimarosa in Wien durch seine *Heimliche Ehe* einen Aufschwung innerhalb der italienischen Oper anstrebte durch strengeres Anlehnen an die von Mozart angebahnte geistvollere Art des musikalischen Dialogs, so versuchte auch F. sich einige Zeit in dieser Richtung. In seinen nun folgenden Opern *La capricciosa pentita*, die 1805 in Paris ungeheuren Beifall fand, wie auch in späteren Arbeiten, so in seiner vorletzten Oper *Gli amori di Comingio e d'Adelaide* (für Neapel) hielt er diesen Standpunkt inne. Mittlerweile war F. selbst in Lissabon als Intendant der königl. italienischen Oper thätig gewesen, hatte dort u. A. die Oper *Camilla* componirt und kehrte 1807 nach Paris, dem Hauptschauplatz seiner Triumphe, zurück. In letztgenannter Stadt machte sich nun sein Streben nach Seite des Burlesken und Possenhaften hin Luft, und das kleine Komödiantenwesen, die Wanderbühne wurde damals Gegenstand seines musikalischen Witzes. Bei dem grossen Reichthum Italiens an kleinen Bühnen konnte er eine Menge komischer Figuren finden, die er mit grossen drastischen Effekten ausstattete. Seine *Virtuosi ambulanti* (die reisenden Komödianten) wurden in Paris 1807 mit ungeheurem Beifall aufgenommen und zogen selbst für Augenblicke die Aufmerksamkeit des Publikums von den Siegen ab, die Napoleon gerade damals in Ostpreussen erfochten hatte. Nach Deutschland drangen mit fast beispiellosem Erfolg seine *»Cantatrice villane«* (die Dorfsängerinnen) vor, das gelungenste und zierlichste Werk, das er geschaffen und in welchem der in reiferen Jahren gewonnene, an Cimarosa erinnernde Dialog sich paart mit den frischen übermüthigen Affecten und den komischen Lichtern, die seine Jugend liebte. Mit F. war nun die komische Oper Italiens, die aus dem strengeren formalistischen Styl der früheren Opera seria herausführte, an den Punkt gekommen, wo alle Effekte derselben im reichsten Masse sich verwerthen liessen. Indem sie jetzt nur das eigentliche Bühnentreiben persifflirte, gleichsam ihren eigensten Stoff der komischen Handlung unterbreitete, fühlte man, dass der Drang nach höheren Formen zum Durchbruch kommen musste. Von den *»Dorf-sängerinnen«* brauchte man nur einen Schritt weiter zu gehen und man sah sich genöthigt, zu den reicheren Mitteln zu greifen, wie sie die deutsche Oper bot. Als Rossini nach dem Durchbilden der reinsten italienischen Melodik im *»Tancred«* sich ebenfalls zur komischen Oper wandte, war er genöthigt, zu Mozart zurückzu-greifen, und der *»Barbier von Sevilla«* ist der Schritt, der von F. weiter leitet zu der Regenerirung der italienischen Oper, die den Namen Rossini so hoch gestellt hat. Ehe es dahin kam, war F. von Paris nach Neapel zurückgekehrt, wo ihn schon früher König Ferdinand I. zum Ehrenbürger ernannt hatte. Dort entstanden die mit grossem Beifall aufgenommenen Opern: *»I raggiri ciarlataneschi«*, *»Raoul de Crequi«* und, wie schon erwähnt, *»Gli amori di Comingio«.* Einen Ruf Napoleon's, die kaiserl. Privatkapelle in Paris einzurichten und zu dirigiren, lehnte er, alten Grundsätzen getreu, ab. Die Lorbeeren des Schwanes von Pesaro aber fingen an, auf den frischen Geist F.'s drückend zu wirken. Als Rossini in Italien Mode ge-worden, hörte F. auf, komisch zu schreiben und wandte sich von da ab, zumal ihn der Papst 1816 zum Kapellmeister an St. Peter ernannte, der kirchlichen Compo-sition zu, kehrte also zu der Musikgattung zurück, aus der sich die italienische Opern-Musik überhaupt erst entwickelt hatte. Die Studien seiner Jugend, das Element der Scarlatti'schen Schulung, gaben ihm Kraft, auch hier mit Geist zu wirken. Nur einmal noch hat er dem allgemeinen Drängen nachgegeben und für Neapel eine letzte Oper *»Il Ciabattino«* geschrieben. Er sah noch die Weiterentwick-lung der italienischen Oper unter Rossini bis zu dem Punkte hin, wo sie sich im *»Tell«* mit Mitteln deutscher und französischer Musik auf's Innigste verband und erlebte auch, während er eine Menge von Messen, Offertorien und anderen Kirchen-werken componirte, dass sein Rival, Rossini, schliesslich schwieg. Durch Alter und Krankheit hinfällig geworden, wollte F. im Sommer 1837 das gesündere Klima von Neapel wieder aufsuchen, starb aber auf der Reise dahin, vom Schlagfluss er-eilt, am 16. Juni genannten Jahres zu Capua. — Ausser seinen die Zahl 50 er-reichenden Opern hat auch eine Reihe von in der That reizenden Liedern mit Pianofortebegleitung seiner Composition in Italien und im Auslande lebhaften und nachhaltigen Beifall gefunden, die denn auch noch jetzt vielfach gepflegt werden. F. überhaupt war, alle seine Vorzüge zusammengefasst, ein feinsinniger Musiker, mit gewandtem Blick und lebendigem Geiste, dazu voller Begabung, gegebene Formen weiter zu bilden, aber nicht von genügender Frische und Individualität, um das-jenige energisch und reformatorisch einzuleiten, was der italienischen Oper noth that. Er bildete allerdings für Rossini die Staffel vor, aber dieser erst wusste die Reform auch durchzuführen. R. Benfey.

Fioravanti, Vincenzo, Sohn des Vorigen, geboren um 1810 zu Neapel, war ebenfalls Operncomponist und als Kirchenkapellmeister in seiner Vaterstadt ange-stellt. Seine erste Oper *»La scimia portentosa«* erschien daselbst 1831 auf der Bühne, und es folgten in einem Zeitraume von ungefähr zwanzig Jahren noch etwa [zwölf andere, von denen *»I due caporali«*, *»Un matrimonio in prigione«*, *»L dame ed il zocolajo«*, *»Il notaro d'Ubeda«*, *»Non tutti i pazzi sono all' ospitale«* sämmtlich komischen Inhalts, nicht ohne Erfolg aufgeführt wurden. Seinen be-rühmten Vater jedoch, der zugleich sein Lehrer war, hat F. in keiner Beziehung erreicht.

Fioravanti, Pietro, ein römischer Componist, brachte im J. 1787 ein Intermezzo »*Il rè de'Mori*« zu Rom mit von ihm dazu gelieferter Musik zur Aufführung; die Musik gefiel, jedoch das Stück nicht.   †

Fiore ist der Name einiger von den hervorragenderen italienischen Tonkünstlern. Der älteste, ein Contrapunktist, dessen Aufenthaltsort wie Vorname unbekannt, hat sein Andenken nur durch »*Motetti a 4 voci*« (Lugduni, 1532) erhalten, welches Werk sich in der königl. Bibliothek zu München befindet. — **Angelo Maria F.** lebte zu Turin ums Jahr 1700 und wird von Hawkins als einer der besten Violoncellisten der damaligen Zeit bezeichnet. Von demselben sind als op. 1 16 Violoncello-Soli unter dem Titel »*Trattenimenti da Camera*« 1701 bei Roger in Amsterdam erschienen. — **Stefano Andrea F.**, aus Mailand gebürtig, lebte ums Jahr 1726 als königl. sardinischer Kapellmeister und Mitglied der philharmonischen Academie zu Turin, und wurde von Quantz damals zu den guten Kirchencomponisten Italiens gezählt. Von seinen Werken sind erhalten: »*XII Sonate da Chiesa a 2 Viol., Vcllo. e Basso contin. op. 1*«, welche Walther künstlich nennt, ferner »*Il pentimento generoso*«, *Opera* (1719) und endlich »*Cantata a voce sola: Tortorella imprigionate etc. con Cemb.*« (im Manuscript). Letztgenanntes Werk befindet sich im fürstl. Sondershausen'schen Schlossarchiv.   †

Fioretta oder **Fioritura** (ital.), die Ausschmückung eines Gesanges durch Auflösung melodischer Hauptnoten in eine grössere oder geringere Anzahl an Gesammtwerth ihnen gleichgeltender kleinerer Noten. S. *Figur*. Irrthümlicher Weise wird mitunter Fioritur geradezu für Coloratur gebraucht. — *Canto fiorito*, *Contrappunto fiorito*, ein mit Diminutionen ausgeschmückter Gesang oder Contrapunkt. Ebenso *Cadenza fiorita* u. s. w.

Fiorillo, **Ignazio**, geschickter italienischer Componist, geboren am 11. Mai 1715 zu Neapel, erlangte seine musikalische Ausbildung bei den Meistern Leo und Durante und machte sich schon frühzeitig durch Composition von Opern (»*Artamene*«, »*Demofoonte*«, »*Il vincitor di se stesso*«, »*Mandane*« u. s. w.) in seinem Vaterlande bekannt, so dass er 1752 einen Ruf als Kapellmeister nach Braunschweig erhielt, wo er namentlich durch seine Musikbegleitungen zu den berühmten Nicolini'schen Pantomimen zu grossem Rufe kam. Es wird übrigens, jedoch ohne schlagende Beweise behauptet, diese Arbeit stamme von einem Zeitgenossen und Landsmann F.'s, dem Violinvirtuosen **Fiorelli** her, von dessen Leben und Werken nichts weiter bekannt ist, als dass ein ungedruckt gebliebenes Violinconcert existiren soll. Ebenfalls in der Stellung eines Kapellmeisters wirkte F. von 1762 bis 1780 in Cassel, worauf er pensionirt wurde und im Juni 1787 zu Fritzlar bei Cassel starb. Was er in Cassel geschrieben, befindet sich auf der dortigen Bibliothek, nämlich die Partituren der Opern »*Artaserse*«, »*Andromeda*«, »*Diana ed Endimione*« und »*Nitetti*«, sowie Messen, ein Requiem, Psalme, drei Tedeon, zwei Miserere und zwei Magnificat. Auserdem war F. der Componist mehrerer Ballets und zahlreicher Gesangscenen für die berühmte Contr'altistin Morelli. Alle seine bekannt gebliebenen Werke zeigen den Styl und die Manieren Hasse's. — Zu wirklicher Berühmtheit brachte es sein Sohn **Federigo F.**, geboren 1753 zu Braunschweig, der anfangs auf der Mandoline, später auf der Violine als Virtuose glänzte. Auf einer Kunstreise, die er 1780 durch Polen und Russland unternahm, liess er sich bis 1785 in Riga als Musikdirektor fesseln, worauf er nach Paris ging, concertirte und viele Compositionen veröffentlichte. Nach zwei- bis dreijährigem Aufenthalte in Paris siedelte er nach London über, wo er 1794 zum letzten Male vor die Oeffentlichkeit trat und dann nichts weiter von sich hören liess. Erst 1823 erschien er abermals, aber als Patient des Chirurgen Dubois in Paris; bald darauf mag er in London gestorben sein. Seine zahlreichen Compositionen bestehen in Violinconcerten, Duos, Trios, Quartetten und Quintetten für Streichinstrumente (auch für Blaseinstrumente), concertirenden Sinfonien, Sonaten für Violine und Clavier, für Clavier allein u. s. w., Alles veraltet und vergessen mit alleiniger Ausnahme seiner unvergleichlichen Studien und Etüden für Violine, die neuerdings noch Ferd. David in einer revidirten Ausgabe dem Studium aller Violinisten empfohlen hat.

Fiorini, **Ippolito**, trefflicher italienischer Tonsetzer der älteren Zeit, ge-

boren um 1540 zu Ferrara, erwarb sich schon als kleiner Knabe seines schönen
Gesanges wegen den Beinamen »L'angioletto«. In sorgfältiger Art in der Musik
ausgebildet, wurde er Kapellmeister des Herzogs Alphons II. von Ferrara und
veröffentlichte als solcher mehrere Sammlungen von Messen, Motetten, Psalmen
und Madrigalen. Einzelne Stücke von ihm enthält auch die Sammlung »Il lauro
verde, Madrigali a 6 voci, composti da diversi eccelentissimi musici« (Venedig, 1586
und Antwerpen, 1591).

Fiorino, Gasparo, italienischer Componist aus Rossano im Neapolitanischen,
hat 1574 und 1577 (Lyon) zwei Bücher drei- und vierstimmiger Canzonetten
alla Napoletana herausgegeben.   †

Florito (ital.), verziert und Floritur, s. Fioretta.

Floroni, Giovanni Andrea, einer der vorzüglichsten italienischen Kirchen-
componisten des 18. Jahrhunderts, geboren 1704 zu Pavia, erhielt seine musika-
lische Ausbildung in Neapel und war dort, wie es heisst, 15. Jahre lang Schüler
Leo's. Als Kapellmeister wirkte er im weiteren Verlaufe seines Lebens an einer
Kirche zu Como, zuletzt am Dom zu Mailand und starb im J. 1779. Für seine
Tüchtigkeit sprechen Messen, Vespern für acht reale Stimmen und viele andere
Kirchenwerke seiner Composition, die sich im Domarchiv zu Mailand, sowie sein
»Veni sancte spiritus a due cori con due Organis, »Invenit David, Offertorium in
missa sancti Ambrosii a 5 voci« und »Christus factus est a 4 voci«, welche Werke
sich im Manuscriptenschatze der Hofbibliothek zu Wien befinden.

Flottole (ital.), abgeleitet von fiotto, d. i. die Fluth, die Welle, ist die nicht
allgemein gebräuchliche Bezeichnung für Schifferlied, Barcarole.

Firnhaber, J. C., tüchtiger deutscher Clavierspieler, geboren in Hildesheim
um 1750, lebte als Musiklehrer und Componist zumeist zu St. Petersburg und
veröffentlichte zwei Clavierwerke, jedes mit drei Divertissements von Violine und
Violoncello (Berlin, 1779); ferner fünf Claviersonaten mit obligater Violine und eine
Sonate für vier Hände, op. 3 (Frankfurt, 1784), Arbeiten, die voller Seltsamkeiten
und harmonische Ungereimtheiten sein sollen.   †

Fis (ital.: fa diesis, franz.: fa dièse, engl.: f sharp) ist der um einen Halbton
erhöhte f genannte Klang unseres Tonsystems, der als Zeichen seiner Erhöhung
vor seinem sonstigen Notirungszeichen ein Kreuz (s. d.) vorgesetzt erhält, und
dessen Name durch Verbindung des den Urklang benennenden Sprachtons f mit
der Erhöhungssylbe (s. d.) is gebildet worden ist. Dieser fis zu nennende Klang
ist von c aufwärts der siebente in der diatonisch-chromatischen Folge, steht zu
demselben als übermässige Quarte in dem Verhältniss 32 : 45 und muss eigentlich
auch zu d als dessen Terz im Verhältniss von 4 : 5 und zu h als Quinte 2 : 3 stehen.
wird also jenachdem bei Modulationen Veranlassung zu geringen Klangverschiebun-
gen geben müssen, wie selbige in Bezug auf den ais (s. d.) genannten Klang eingehender erörtert worden sind. Man nennt die siebente diatonisch-chromatische
Stufe von c ab aufwärts auch wohl ges (s. d.). Der so genannte Klang steht genau berechnet zu c in dem Verhältniss von 45 : 64, und ist somit in der That von
dem fis genannten verschieden. Der geringe Höhenunterschied beider Klänge hat
jedoch in der Praxis dazu geführt, dass man bei Tasteninstrumenten nur einen
Klang, den der gleichtemperirten Tonfolge, für beide in Anwendung bringt, weil
das Ohr durch diese Ausführung nicht verletzt wird. Bei Streichinstrumenten
tritt jedoch, der Schreibweise gemäss ein wirklicher Unterschied ein, der bei grossen
Instrumenten (Violoncello, Bass) selbst dem Auge kenntlich zu werden vermag.
weshalb eine richtige Schreibweise dieser Töne den Componisten nicht genug anempfohlen werden kann.   2.

Fisch, William, einer der ausgezeichnetsten Oboevirtuosen, geboren um 1775
zu Norwich, hat sich zugleich durch zahlreiche, noch jetzt geübte Compositionen
um die Literatur seines Instruments verdient gemacht.

Fischel, Julius, ein reich begabter Dilettant, geboren um 1810 zu Königsberg, studirte bei Spohr in Kassel das höhere Violinspiel und die Composition mit
trefflichem Erfolge und lebt als Kaufmann zu Berlin. Seine Violincompositionen,

namentlich seine Streichquartette legen Zeugniss von Talent und Geschicklichkeit ab.

Fischer. Von den zahlreichen, zum Theil ausgezeichneten Tonkünstlern dieses Namens führen wir zunächst diejenigen auf, deren Vornamen nicht mehr bekannt sind. Zwei Brüder F. werden von Prätorius in der Syntagma mus. Th. 2 S. 17 als Zeitgenossen Orlando Lasso's (1569 bis 1594) erwähnt. Dieselben hatten Anstellung in der Hofkapelle zu München und waren ihrer tiefen Bassstimmen wegen berühmt. — Gleichfalls F. hiess ein zu seiner Zeit vielfach bewunderter Organist zu Schmalkalden, der, 1719 geboren, von Seb. Bach selbst Unterricht im Orgelspiel und in der musikalischen Composition erhalten hatte. F. hat nicht allein durch Composition vieler geschätzter Orgel- und Claviersachen sich seines grossen Lehrers würdig erwiesen, sondern auch viele tüchtige Musiker, worunter Vierling, in gleichem Geiste herangebildet. Später verfiel er in Wahnsinn; in einem Wuthausbruche zertrümmerte er sein eigenes Instrument und starb kurze Zeit darauf 1770 in diesem Zustande. — Ein anderer F. lebte als Musikdirektor und Componist im Jahre 1795 beim Grossmann'schen Theater zu Hannover und schrieb u. A. die daselbst aufgeführten Stücke: »Musikalischer Prolog zum Geburtstage der Königin« im Jahre 1795 und: »Das Fest der Grazien«. (Vgl. Rhein. Mus. Band IV, Seite 179.) — Ein jüngerer F., muthmasslich sein Sohn, war 1790 Cembalist am Theater zu Moskau.   †

Fischer, Anton, talentvoller und geschickter deutscher Componist, geboren 1777 zu Ried in Schwaben (nicht 1782 zu Augsburg), wandte sich, nachdem er die erste Unterweisung in der Musik von seinem älteren Bruder, welcher als Chorregent an der katholischen Kirche zu Augsburg angestellt war, erhalten hatte, nach Wien. Um vorläufig dort wenigstens bestehen zu können, nahm F. eine Stelle im Chor des Josephstädter Theaters an, die er jedoch schon 1800 mit einer bessern für kleine Tenorparthien an der Schikaneder'schen Bühne (Theater an der Wien) zu vertauschen vermochte. Hier fing er an, sich der Composition grösserer Werke zu befleissigen, die ihm bald zur Stellung eines zweiten Kapellmeisters am Orchester dieser Bühne verhalfen. Seine Arbeiten, ziemlich bedeutend an Zahl, verrathen zwar kein Originaltalent, bekunden jedoch grosse Formengewandtheit und eine anmuthige Empfindungsweise in dem Geschmacke der damals in Wien das Theater beherrschenden Tonsetzer Cherubini, Méhul, Dalayrac, Elsner und Mozart. Vielleicht hätte F. sich noch zu einer originelleren Schreibweise zu erheben vermocht, wenn nicht ein schneller Tod, am 1. Decbr. 1808, ihn ereilt hätte. — Ausser zwei Gelegenheitscantaten componirte er die Singspiele und Opern: »Lunara, Königin des Palmenhains«; »Die arme Familie«; »Die Entlarvten«; »Die Scheidewand«; »Die Verwandlungen«; »Der travestirte Aeneas«; »Das Hausgesinde«; »Swetard's Zauberthal«; »Das Singspiel auf dem Dache«; »Die Festung an der Elbe«; »Das Milchmädchen von Perçy«; »Theseus und Ariadne«; ferner eine Pantomime: »Der wohlthätige Genius« und ein Kinderoperettchen. Endlich hat er noch die beiden Gretry'schen Opern »Raoul der Blaubart« und »Die beiden Geizigen« für die Aufführungen am Theater an der Wien modernisirt.   †

Fischer, Christian Friedrich, deutscher Tonkünstler von gediegenem Wissen und Können, geboren am 23. Oktbr. 1698 zu Lübeck, war auf dem dortigen Gymnasium während seiner Schuljahre gleichzeitig Chorsänger und Schüler des berühmten Organisten Schieferdecker in der musikalischen Composition. Im Jahre 1725 ging F. nach Rostock, um auf der dortigen Universität sich dem Rechtsstudium zu widmen. Nachdem er hier zwei Jahre den juristischen und musikalischen Studien obgelegen hatte, begab er sich auf die Universität nach Halle, wo er jedoch, seines schönen Wuchses halber, auf arglistige Art bewogen wurde, sich bei den Soldaten anwerben zu lassen, welcher Stellung F. sich erst nach ungefähr neun Monaten wieder zu entziehen vermochte, um 1729 einem Rufe als Cantor nach Plön zu folgen. In diesem Amte, in welchem er u. A. ein ausgezeichnetes »vierstimmiges Choralbuch« mit einer vorzüglich geschriebenen Vorrede über Choral- und Kirchenmusik verfasste, das bisher noch ungedruckt geblieben ist, verblieb F. bis zum J.

1740, wo er eine gleiche Stellung in Kiel annahm, die er bis zu seinem 1752 erfolgtem Tode gewissenhaft verwaltete. Im Jahre 1748 hatte ihn die Mitzler'sche Societät zu ihrem Mitgliede ernannt. Zuweilen findet man noch hier und da von diesem F., dem Mattheson in seiner »Ehrenpforte« nur Rühmliches nachzusagen weiss, eine gediegene Schrift: »Zufällige Gedanken von der Composition« betitelt. abschriftlich vor.   †

Fischer, Chrysander, deutscher Orgelvirtuose und Kirchencomponist, geboren 1718 und gestorben 1759, lebte als Franciscanermönch zu München. Seine musikalischen Arbeiten, von denen ein Requiem mit ganz besonderem Lobe hervorgehoben wurde, sind sämmtlich Manuscript geblieben.

Fischer, Ernst Gottfried, vorzüglicher Musikkenner und Physiker, geboren am 17. Juli 1754 zu Hoheneiche bei Saalfeld, war nach Vollendung seiner Studien auf der Halle'schen Universität zuerst als Lehrer am Pädagogium im Waisenhause zu Halle angestellt, von wo aus er einen Ruf als Lehrer der Naturwissenschaften am Gymnasium zum grauen Kloster in Berlin erhielt, eine Stellung, der er so würdig und ehrenvoll vorstand, dass er zum Mitglied der königl. Akademie der Wissenschaften ernannt wurde und das Prädicat eines Professors erhielt. Ausser mehreren physikalischen Schriften verfasste er einen »Versuch über die Schwingung gespannter Saiten, besonders zur Bestimmung eines sicheren Massstabes für die Stimmung«, der in den Abhandlungen der königlichen Akademie der Wissenschaften und auch 1824 besonders gedruckt erschien. Den Werth dieser Abhandlung beleuchtet Chladni in der Leipziger allg. mus. Zeitung Jahrg. 1825 p. 501 und 705 in einer sehr für dieselbe sprechenden Weise. F. selbst starb angesehen und geehrt am 21. Jan. 1831 zu Berlin. — Sein Sohn Gottfried Emil F. trat ganz in die Fusstapfen seines vielfach mit ihm verwechselten Vaters. Geboren am 28. Novbr. 1791 zu Berlin, beschäftigte er sich von Jugend auf eifrig mit Musik und genoss darin von 1810 bis 1813 auch Zelter's Unterricht. Im J. 1817 wurde er als Lehrer der Mathematik an der Kriegsschule zu Berlin angestellt, welche Stelle er 1825 niederlegte. um ausschliesslich Gesangunterricht zu ertheilen, nachdem er schon seit 1818 dieser Disciplin am Berlinischen Gymnasium zum grauen Kloster vorgestanden hatte. Als vortrefflicher Gesanglehrer an dieser Anstalt, der er bis zu seinem Tode, am 14. Febr. 1841, treu blieb, hoch verehrt, erhielt er ebenfalls den Titel eines Professors. Unter seinen zahlreichen Schülern befand sich auch der nachmalige Liedercomponist Ferd. Gumbert. F.'s Compositionen bestehen in Motetten, Chorälen, mehrstimmigen Schulgesängen und einstimmigen Liedern mit Pianofortebegleitung, die nach seinem Tode zum Theil in einer vom Direktor Bellermann besorgten Ausgabe im Druck erschienen. zum anderen Theile als Manuscripte der Bibliothek des grauen Klosters verblieben sind. Zu F. H. von der Hagen's »Minnesinger« hat F. selbst bei Lebzeiten Melodien herausgegeben. Auch als musikalischer Schriftsteller hat sich der verdienstvolle Mann ausgezeichnet und seine Abhandlungen sind der den Musikunterricht fördernden Literatur zuzuzählen. Bekannt sind von denselben ein Aufsatz »Ueber die Einführung des vierstimmigen Chorals in den evangelischen Gottesdienst« in der Leipz. allgem. musik. Zeitung Jahrg. 1817 (Seite 5 u. s. w.), ferner das Buch »Ueber Gesang und Gesangunterricht« (Berlin, 1831), das, so klein es ist, einen reichen Schatz geschichtlicher Kenntnisse, eine tiefe, geläuterte, dabei echt praktische Kunstansicht offenbart und endlich die Abhandlung »Ueber die zur musikalischen Composition geeigneten Gedichte« in F. H. von der Hagen's neuem Jahrbuche der Berliner Gesellschaft für deutsche Sprache und Alterthumskunde (Berlin, 1836, Bd. 1). F.'s Verdienste eingehender würdigender Nekrologe brachte die Leipz. allgem. mus. Zeitung in einer ihrer Septembernummern 1841 und das damalige Schulprogramm des Gymnasiums zum grauen Kloster.

Fischer, Ferdinand, Hof- und Stadtmusikus zu Braunschweig, ein guter Violinspieler und beliebter Componist, geboren 1723 zu Braunschweig, gab daselbst 1763 sechs zum Gebrauch für den damaligen Erbprinzen componirte Violintrios heraus, denen 1765 sechs Symphonien für neun Stimmen folgten. Ausser diesen gedruckten Compositionen F.'s kennt man noch sechs Quatuors für zwei Violinen, Viola und Bass in Manuscript, und weiss, dass er 1800 in hohem Alter noch zum Geburtstage des russischen Kaisers Paul eine Cantate für Blasinstrumente schrieb, die ihm eine ehrenvolle Anerkennung von Seiten des Herrschers einbrachte. Am 17. Aug. 1803 brachte er noch zu Braunschweig ein grosses Concert seiner Composition für Blasinstrumente, Janitscharenmusik, Trompeten und Pauken zur Aufführung, woran er 26 Jahre gearbeitet hatte. Ungeachtet diese seltsame Arbeit durch die dazu verwandten Mittel und das beigegebene bizarre Programm grosses Aufsehen machte, fand sie bei den Kunstkennern nur Missbilligung. F. selbst starb bald darauf, 1805 (?) zu Braunschweig. †

Fischer, Friedrich, ausgezeichneter deutscher Basssänger, geboren 1809 zu Pressburg, war für das Studium der Theologie bestimmt, wandte sich aber als Student, von allen Seiten ermuntert, seiner schönen tiefen Stimme wegen zur Oper. Am kaiserl. Theater in Wien engagirt, heirathete er die damals bereits rühmlichst bekannte Sängerin Karoline Achten (s. Fischer-Achten), mit der zusammen er reiche Lorbeeren, wie in Wien, so besonders in Frankfurt a. M., auf grösseren Kunstreisen, endlich während einer langen Reihe von Jahren am Hoftheater zu Braunschweig erntete. Als pensionirter Braunschweig'scher Hofopernsänger zog er sich endlich nach Graz in das Privatleben zurück, woselbst er auch am 10. Apr. 1871 nach nur kurzem Krankenlager starb.

Fischer, Georg Nicolas, deutscher Tonkünstler, um die Mitte des 18. Jahrhunderts Organist zu Karlsruhe, gab daselbst 1762 das »Baden-Durlacher Gesangbuch« heraus, welches später in Leipzig durch den Verlag von Breitkopf eine neue Auflage erfuhr, die 154 Melodien enthielt. †

Fischer, Georg Wilhelm, im J. 1789 Hofmeister beim Baron von Firks zu Volkstedt bei Eisleben gab »Versuche in der Tonkunst und Dichtkunst« (Leipzig, 1784), ferner »Zwölf leichte Tänze für Clavier« (Leipzig, 1787), »Leichte Clavier- und Singstücke« (Leipzig, 1788), »Musikalische Feierstunden für Liebhaber leichter Clavierstücke« (Hamburg, 1796) und »Sechs Walzer für Clavier« (Hamburg, 1799) heraus. †

Fischer, Johann, deutscher Violinvirtuose und Componist in der Mitte des 17. Jahrhunderts in Schwaben geboren, widmete sich schon in frühen Jahren der Kunst und brachte es im Violinspiel und Componiren zu einer für seine Zeit so bemerkenswerthen Höhe, dass er sich einer fast allgemeinen Anerkennung zu erfreuen vermochte; sein unstätes Leben forderte zudem geradezu, dass sein Kunstvermögen vielfach abgeschätzt wurde. Wer F. im Geigenspiel unterrichtet hat, ist unbekannt geblieben; über seine Behandlung dieses Instruments weiss man, dass er zur Ausführung von virtuosenmässigen Vorträgen die Umstimmung der Saiten liebte, weil viele seiner Tonschöpfungen für Violine wie für Bratsche dafür Zeugniss geben. In der Composition war er ein Schüler des Kapellmeisters Capricornus in Stuttgart. Der Unterricht bei diesem scheint sich jedoch nur auf die Anfänge beschränkt zu haben, da man F. frühzeitig in Paris bei dem berühmten Lully als Notisten trifft, dessen Satzweise, nach F.'s Werken zu schliessen, sich von nachhaltigem Einflusse auf seine Compositionsweise erwies. Von hier aus scheint F. sich auf Reisen begeben zu haben, auf denen er die erste Rast in Augsburg 1681 gemacht hat, wo er an der Barfüsserkirche eine Anstellung fand. Schon im nächsten Jahre jedoch war F. wieder unterwegs, durchzog Deutschland und Kurland nach allen Seiten, bis er 1701 die Stelle eines Kapellmeisters in Schwerin annahm, der er jedoch ebenfalls nur wenige Jahre vorstand. Dann wandte er sich nach dem Norden und durchwanderte Dänemark und Schweden. In Kopenhagen, sodann in Stockholm verweilte er einige Zeit und machte sich dann über Stralsund wieder nach Deutschland auf, um er endlich zu Schwedt in Pommern als markgräflicher Kapellmeister einen Ruheposten fand, den er bis zu seinem im 70. Lebensjahre erfolgten Tode einnahm. — Nur wenige seiner Compositionen scheinen sich noch erhalten zu haben, von denen einige Tafelmusiken, Ouvertüren, Tänze, Madrigale, Menuette, Violinsolos und Variationen für Violine oder Bratsche über beliebte

Thomas bekannter geworden sind. Auch mehrere Gesänge und eine Cantate für
Alt und vier Instrumente fand man früher noch hier und da in Abschrift. Vgl.
Walther's musikal. Lexikon von 1732, Lotters Musik-Katalog und Dunkels historische Nachrichten von verstorbenen Gelehrten. In seinen Instrumentalwerken
bevorzugte F. die Bratsche, für die sich stets bedeutende Solos finden.   †

Fischer, Johannes, ein für seine Zeit achtungswerther deutscher Musiker,
über den G. Döhring in seinem Werke: »Zur Geschichte der Musik in Preussen«,
Seite 189 u. s. w. Einiges mittheilt.   †

Fischer, Johann Abraham, einer der vorzüglichsten Violinspieler seiner
Zeit, geboren 1744 in London, erhielt in der Musik und in den Wissenschaften
eine treffliche Ausbildung, die ihn befähigte, sich den Doctortitel zu erwerben. In
England als Virtuose gefeiert und auch auf dem Continente in Folge häufiger
Concertreisen, besonders um 1785, anerkannt, gelang es ihm auch, als Componist
sich Anerkennung zu verschaffen. Er schrieb u. A. zwei Opern, Concerte und
Solos für Violine, 9 Clavierconcerte, 4 Oboeconcerte, Streichtrios, Divertissements
für 2 Flöten und Lieder, von denen Einiges auch in Deutschland erschienen ist.
F. selbst starb im J. 1801 zu London.

Fischer, Johann Christian, einer der berühmtesten, vielleicht sogar der
grösste Oboebläser und Componisten für dies Instrument im ganzen 18. Jahrhundert. Geboren 1733 zu Freiburg im Breisgau, begann er seine Künstlerlauf-
bahn, so weit bekannt, im J. 1760 in der Hofkapelle zu Dresden, ging aber zu
seiner grössern Ausbildung 1765 nach Italien. Nach Vollendung seiner Studien
und Concertreisen daselbst wandte er sich nach England, wo er 1780 eine dauernde
Anstellung als Kammervirtuose in der Kapelle der Königin fand, die ihm bei einer
Verpflichtung, wöchentlich zweimal im Hofconcerte mitzuwirken, eine Einnahme
von 1200 Thlr. sicherte. Von 1786 an war er auf Kunstreisen wieder in Deutschland, seit 1790 aber bleibend in London. Im königl. Palaste daselbst traf ihn am
29. April 1800 beim Vortrag eines Solo's ein Schlagfluss, der seinen Tod nach
einer Stunde zur Folge hatte. — Viele seiner damals sehr beliebten Tonschöpfungen, die von den Verlegern oft für hohe Summen erstanden wurden, haben sich bis
jetzt noch im Gebrauche erhalten; die genauen Titel dieser und der übrigen führt
Gerber's Tonkünstlerlexikon von 1812 auf. Sie bestehen in Quartetten für Flöte,
Violine, Viola und Violoncello, ferner in zehn grösseren Oboeconcerten, 6 Duetten
für zwei Flöten, 10 Solo's für Flöte und endlich einem Clavierconcert und einem
Rondo für Clavier.   †

Fischer, Johann Georg, deutscher Schulmann und Tonkünstler, geboren
um 1630, war erst Conrector in Clausthal, übernahm aber 1674 die Cantorstelle
zu Göttingen, woselbst er im Aug. 1684 starb. Von seinen Arbeiten ist nur ein
Werk über Gesangmusik bekannt geblieben, welches im Druck erschien und den
Titel trägt: »Manuductio latina-germanica ad musicam vocalem« (Göttingen, 1680).

Fischer, Johann Gottfried, gründlicher und gediegener deutscher Tonkünstler, geboren am 13. Septbr. 1751 zu Naundorf bei Freiberg in Sachsen, besuchte in Freiberg das Gymnasium und studirte von 1774 bis 1777 zu Leipzig
Theologie, Philologie und Musik. Ueberwiegende Neigung zur Kunst bewog ihn
nach Vollendung seiner Studien, diese zum Lebensberufe zu erwählen und 1777
Stellung als Organist an der Andreaskirche zu Eisleben anzunehmen, worauf er
nach einem Jahre daselbst zum Musikdirektor und vierten Lehrer am Gymnasium
ernannt wurde. Nachdem er diese Stellen 21 Jahre lang pflichttreu verwaltet hatte
und durch Erbauung einer Schulorgel in seinem Gymnasium, deren Kosten er aus
dem Erwerb von Concerten bestritt, sich daselbst ein bleibendes Denkmal geschaffen hatte, nahm er 1799 das Amt eines Musikdirektors und vierten Lehrers in
Freiberg an, dem er bis zu seinem Lebensende, am 7. Septbr. 1821, mit grösster
Gewissenhaftigkeit vorstand. — Neben seiner hervorragenden musikalischen Begabung und seinen reichen Kenntnissen besass F. eine fast übergrosse Bescheidenheit, so dass man in der Oeffentlichkeit nur durch wenige gedruckte Clavierstücke
und Orgelfugen von ihm Kenntniss erhielt, wogegen er es vorzog, durch stille

Schaffen und unmittelbare Einwirkung auf die ihm näher Stehenden seine Vorzüge zu verwerthen. Von seiner stillen Thätigkeit zeugen viele grössere und kleinere
Kirchenmusiken, ein Vaterunser (Text von Mahlmann), zwei Oratorien zum Charfreitage, mehrere Psalme u. a. Werke, die er in Manuscript hinterlassen hat und
von denen besonders die Oratorien den Beifall der Kenner erhalten haben. †

Fischer, Johann Gottlieb, deutscher Lehrer und Tonkünstler, geboren am
24. April 1800 zu Zölling bei Freistadt, erhielt seine Ausbildung auf der Bürger-
schule und auf dem Seminar zu Freistadt, worauf er als evangelischer Schullehrer
zu Grabig bei Gross-Glogau angestellt wurde. Als solcher ist er mit mehreren
pädagogischen Schriften über den Gesang in Volksschulen hervorgetreten.

Fischer, Johann Karl Christian, deutscher Tonkünstler und Schriftsteller, geboren 1752, muss in seiner Jugend eine gute wissenschaftliche Bildung
erhalten, scheint aber entweder aus phantastischen oder andern Gründen einem
geregelten Lebensberufe entsagt zu haben, da er schon in jüngeren Jahren als
reisender Schauspieler thätig war. Durch Talent und Bildung brachte er es dahin,
dass er von 1791 bis 1795 sogar Direktor der schweriner Hofschauspielergesell-
schaft war. In dieser Stellung scheint F. so viel Mittel erworben zu haben, dass
er dieser Lebensweise zu entsagen vermochte und sich, seinem Hange entsprechender, ganz den Künsten und Wissenschaften zuwenden konnte. Er wählte zu seinem
ferneren Aufenthalte Güstrow und machte sich durch schriftstellerische Arbeiten
weit hin einen Namen, welchen besonders seine »Schauspielerpredigten« und seine
»Mecklenburgischen Geistergeschichten« begründeten. Da er gleichzeitig im näheren
Kreise durch Lehre und Ausübung in der Musik sich nützlich erwies und als geschmackvoller Clavier- und Orgelspieler sich hervorthat, wählte man ihn 1800 zum
Organisten an der Hauptkirche zu Güstrow, als welcher er mehrere musikalische
Werke vorbereitete, die aber seines am 30. Septbr. 1807 schnell erfolgten Todes
halber unvollendet blieben. †

Fischer, Johann Kaspar Ferdinand, einer der grössten deutschen Clavierspieler der ersten Hälfte des 18. Jahrhunderts, war um 1720 markgräfl. badischer
Kapellmeister und hat sich um die Verbreitung des guten musikalischen Geschmacks,
sowie seines Hauptinstruments bedeutende Verdienste erworben. Auch als Componist war er nicht unbedeutend, wofür eine Menge noch vorhandener Werke, deren
Titel Gerber in seinem Tonkünstlerlexikon vom J. 1812 einzeln aufführt, sprechen.
Dieselben bestanden in Clavier- und Orgelwerken aller Art, sowie in grösseren und
kleineren Kirchenstücken. †

Fischer, Karl August, einer der ausgezeichnetsten Orgelvirtuosen der Ge-
genwart, geboren 1829 zu Ebersdorf bei Chemnitz, besuchte das Seminar zu Frei-
berg und genoss daselbst mit besonderem Vortheil den Unterricht Anacker's im
Orgelspiel. Von 1852 bis 1855 unternahm er, nachdem er vorher längere Zeit in
Zurückgezogenheit privatisirt und studirt hatte, grössere Kunstreisen, welche ihm
den Ruf eines höchst bedeutenden Orgelspielers eintrugen und ihm endlich die feste
Stellung eines Organisten an der Waisenhaus- und an der englischen Kirche in
Dresden verschafften, welche Stellung er noch gegenwärtig sehr ehrenvoll ausfüllt.
Von seinen gediegenen Compositionen, meist für die Orgel geschrieben, ist bis jetzt
leider nur Weniges von ihm veröffentlicht worden. Eine Oper »Lorelei« und eine
Sinfonie für Orgel und Orchester sind ebenfalls nicht herausgekommen.

Fischer, Karl Ludwig, deutscher Violinvirtuose und Dirigent von Ruf, geboren 1816 zu Kaiserslautern, bekundete schon frühzeitig ein bedeutendes Talent
für Musik, welches eine treffliche Ausbildung erfuhr, so dass er bereits mit acht
Jahren als Violinspieler unter aufmunterndem Beifall mit einem Rode'schen Concert auftreten konnte. Sechzehn Jahre alt studirte er auf's Eifrigste beim Kapellmeister Eichhorn in Mannheim Musiktheorie und Composition, in Folge dessen er
darauf als Musikdirektor an den Theatern in Trier, Köln, Aachen, Nürnberg und
Würzburg mit Auszeichnung fungiren konnte. Im J. 1847 erhielt er die Kapellmeisterstelle in Mainz, welche er bis 1852 inne hatte, zu welcher Zeit er einen
Ruf als Kapellmeister neben Marschner an das königl. Hoftheater zu Hannover

erhielt. Nach Marschner's Pensionirung im J. 1859 übernahm er die Funktionen eines ersten Kapellmeisters, die er noch gegenwärtig mit hervorragendem Geschick ausfüllt. Auch als Componist brachte er es zu mehr als localer Beliebtheit: Instrumental- und grössere Gesangwerke von ihm, darunter »Meeresstille und glückliche Fahrt« und »Kriegerscene«, aber ganz besonders seine einstimmigen Lieder und Compositionen für Männergesang wurden weithin in Deutschland vortheilhaft bekannt.

Fischer, Ludwig, hochgefeierter deutscher Opernbassist und Stammvater einer berühmten Sängerfamilie, wurde 1745 zu Mainz geboren. Er war der Sohn eines Mehlhändlers, Namens Adam F., der aber schon 1753 starb. Der junge F. kam mit zehn Jahren in eine Jesuitenschule, woselbst auch seine schöne Mezzosopranstimme einige Pflege fand. Diese mutirte 1761 in einen Tenor und zwei Jahr später in einen Bass. Als Bassist trat F. in die Kapelle des Kurfürsten Emmerich Joseph von Mainz. Dort hörte ihn der berühmte Raff, der ihn nach Mannheim zog und sorgfältig unterrichtete. Sehr bald wurde ihm dort auch Gelegenheit, am Hoftheater seine Stimme zu verwerthen, und fest engagirt, siedelte er nach eilf Jahren, 1778, als der Hofhalt verlegt wurde, zugleich mit dem Bühnenpersonal und der Kapelle mit nach München über. Sein Ruf war jedoch in dieser Zeit schon so verbreitet, dass er vielfach mit glänzenden Anträgen von anderen Bühnen bestürmt wurde, bis er endlich dem an das kaiserl. Nationaltheater zu Wien Folge leistete. Hier blieb er vier Jahre lang, ging dann 1783 nach Paris, 1784 nach Italien, dessen grössere Theater er fast sämmtlich betrat und kehrte im Anfange des Jahres 1785, mit Ruhm und klingendem Erfolg reich belohnt, nach Deutschland zurück. Nun fesselte ihn zuerst der Fürst von Thurn und Taxis, bis er 1788 einem Rufe nach Berlin folgte, wo er bald in ein lebenslängliches Engagement mit 2000 Thlr. Gehalt und den vortheilhaftesten Nebenbedingungen trat. Von Berlin aus machte er auch noch ferner verschiedene erfolgreiche Kunstreisen, bis er von 1812 bis 1815 nur noch seltener auftretend, dann pensionirt, sich ganz von der Bühne zurückzog und 1825 am 10. Juli zu Berlin starb. Die Triumphe, welche F. überall, selbst in Paris und London, feierte, dankte er ebenso seiner aussergewöhnlich starken und sonoren Stimme, welche einen Umfang von D bis a^1 in vollster Klanggleichheit hatte und der ihm in vollendetster Virtuosität zu Gebote stand, wie seinem ausgezeichneten dramatischen Darstellungsvermögen. — Seine Gattin, **Barbara F.,** geborne **Strasser,** wurde zu Mannheim 1758 geboren und war als Sängerin und Schauspielerin nicht unbedeutend. Ihren musikalischen wie dramatischen Unterricht hatte sie von dem Sänger und Musiklehrer Giorgetti in Mannheim erhalten und war schon 1772 als kurpfälzische Hofsängerin angestellt worden, von wo sie 1773 einem Rufe an den zu Ludwigsburg residirenden württembergischen Hof folgte. Bereits 1774 aber kehrte sie wieder in ihre erste Stellung zurück und siedelte 1779 mit dem Hofe mit nach München über, wo sie sich verheirathete und mit ihrem Gatten an demselben Kunstinstituten wirkte, bis sie 1789 in Folge einer Brustkrankheit dem Theater gänzlich entsagte. Dennoch war sie auch später noch, die Fasch'schen Aufführungen in der Singakademie zu Berlin unterstützend, künstlerisch thätig. Ihrem Gatten schenkte sie drei Kinder, zwei Töchter und einen Sohn. — Der Sohn, das älteste Kind dieser Künstlerehe, **Joseph F.,** wurde 1780 zu Wien geboren, und zeigte, im Besitz einer schönen Sopranstimme, frühzeitig auch bedeutendes Talent zur Musik. Im Gesange erhielt er von den Eltern und in den Sprachen und Wissenschaften, wie in der Musik überhaupt von den besten Lehrern, selbst auf Reisen, Unterricht. Nachdem er in Berlin einige Male in Concerten öffentlich gesungen hatte, trat F. zuerst 1801 zu Mannheim als erster Bassist im Theater auf und wurde daselbst sofort engagirt. Der grosse Ruf des Vaters eröffnete dem Sohne überall die Pforten des Ruhmes, den er sehr bald selbst, als seine hervorragenden Mittel weithin bekannt wurden, durch gleich grosses Geschick rechtfertigte. Im J. 1803 folgte F. einem Rufe als Sänger und Opernregisseur nach Kassel und zwei Jahre später trat er eine grosse Kunstreise an, die ihn zuerst nach Paris und dann durch Deutschland nach Italien führte, wo er den grössten

.ünstlerlebens als Sänger und als Theater-Unternehmer zu-
r Impresario in Palermo und zog sich dann, mit Ruhm und
., mit seiner Gattin, einer ehemaligen Gräfin von Ottweiler,
:, wo er bis zu seinem Tode, im Oktober 1862, lebte. Dieser
ch auch als Componist versucht, und zehn bis zwölf Lieder-
ieselben erheben sich jedoch nicht über den damaligen Zeit-
flege- und Adoptiv-Tochter dieses F.'s, Anna F., ein Kind
auspielers und Regisseurs Miedke zu Stuttgart, geboren
zerin in Paris, Italien und endlich zu Cadix unter dem Na-
.) viele Verehrer erworben. — Die älteste Schwester Joseph
Vien, hatte sich ebenfalls als Sängerin unter dem Namen
:utenden Anerkennung zu erfreuen. Dieselbe zog es jedoch
genderziehung zu widmen und gründete um 1835 zu Wien
ge Mädchen, die sehr zahlreich besucht wurde. — Deren
lhelmine F., hat als vorzügliche dramatische Sängerin an
bis sie mit dem Freiherrn von Welden sich verheirathete
.loss Möhringen bei Stuttgart zog, wo sie in Zurückgezogen-
)ens zubrachte.   †
:, deutscher Orgelspieler und Componist, geboren 1801 zu
·stadt im Eichsfelde, amtirte seit 1832 als Cantor und Or-
1en Kirche zu Jena, worauf er 1836 zum Cantor und Musik-
sämmtlichen katholischen Schulen zu Erfurt ernannt wurde.
onen Compositionen bestehen in Liedern und in Rondos,
. dergl. für Pianoforte.
.s, vorzüglicher deutscher Organist, geboren am 26. Novbr.
chen Oberdonau-Kreise, wurde wissenschaftlich und musi-
heiligen Kreuzes in Augsburg erzogen, woselbst er zugleich
·te mit 20 Jahren die Mönchsgelübde ab. Er wurde hierauf
)sters und 1810 als Musikdirektor an der St. Georgskirche
sein Orgelspiel wurden seine Compositionen für die Kirche
tholischen Kirchen Baierns vielfach gepflegt.
1 Gotthardt, ausgezeichneter deutscher Organist und
dem Dorfe Alach bei Erfurt am 3. Juni 1773, wurde behufs
84 nach Erfurt gebracht und fand dort in dem Sängerchore
·egen Aufnahme. Da er den Volksunterricht als Lebens-
ste er später das dortige Lehrerseminar besuchen, woselbst
usikanlagen zeigte, in der Kunst des Orgelspiels und des
.ndsätzen einer der bewundertsten direkten Schüler J. S.
ttel unterrichtete und ihn näher an sich heranzog. Wie die
1 dieser jetzt fast abhanden gekommenen strengen Art der
1 F. in Zurückgezogenheit seine Werke aus besondern An-
willen und vermochte nicht allein dieselben in einer dem
itsprechenden Form, zugleich aber auch in einem der Zeit
e zu gestalten, sondern wirkte auch, weil er fast der einzige
[usiker war, durch seine Werke auch auf die Nachwelt noch
es keinen strebsamen Orgelspieler geben möchte, der nicht
ennte und sich bemüht hätte, deren Geist in sich aufzu-
wahrscheinlich als Volks- und Musiklehrer, kurze Zeit in
als Hässler 1790 nach Russland ging, von dem damaligen
tatthalter zu Erfurt, dem kunstsinnigen Freiherrn von Dal-
:, Organist an der Barfüsserkirche und Dirigent der Winter-
rückberufen. Später vertauschte er diese Organistenstelle
an der Predigerkirche und fügte seinen Aemtern noch 1816
eneralbass und Orgelspiele am dortigen Seminar hinzu, ob-
seine Gesundheit zu wanken begann. Ein heftiges stetig
.n, die Folge des Kirchendienstes in kalten Wintertagen,

machte seine fernere Lebenszeit nicht allein zu einer sehr qualvollen, sondern verhinderte ihn auch an der Ausübung seiner Kunst, bis ihn am 12. Januar 1829 der Tod wahrhaft erlöste. Die zwei Tage darauf stattgehabte feierliche Beerdigung wurde seinem Wunsche gemäss durch Aufführung seiner beiden letzten, eigens hierfür geschriebenen Compositionen: des Figuralgesanges »Meine Lebenszeit verstreicht« und der Motette »Die richtig vor sich gewandelt haben«, Seitens seiner Seminaristen verherrlicht. F.'s Compositionen, theilweise durch die Winterconcerte theilweise durch seine Kirchenthätigkeit hervorgerufen, sind sämmtlich bis auf die Orgelstücke aus dem Gebrauche verschwunden, trotzdem sie ihrer Zeit sich des grössten Lobes der Kenner wie der Nichtkenner erfreuten. Die vorzüglichsten ausser den etwa 50 Orgelwerken sind: Zwei grosse Quartette für 2 Violinen, Viola und Violoncell, op. 1 (Offenbach, 1799); Sinfonie in *C* zu 14 Stimmen (Hamburg bei Lau); Gr. Sonate p. le Clav., op. 3 (Erfurt bei Rudolphi); XII Orgelstücke Kittel gewidmet, erster Theil des op. 4 (Erfurt, 1802); IV Sinfon. in *C B E* und *D*, für 11 und 14 Stimmen; fünf Motetten; 4 Arien für Singchöre; evangelisches Choral-Melodienbuch, vierstimmig ausgesetzt mit Vor- und Zwischenspielen; Quintett für 2 Violinen, 2 Bratschen und Violoncell; ein Concert für Fagott mit Orchester in *F*; ein Concert für Clarinette oder Oboe und Fagott mit Orchester; acht Choräle mit begleitenden Kanons verschiedener Art für die Orgel und zwölf Gesänge zur geselligen Freude mit Begleitung des Pianoforte, denen noch eine grosse Zahl von Arbeiten hinzuzufügen wäre, die sich zerstreut in Handschriften vorfinden. C. B.

Fischer, Abt **Paul**, der in der zweiten Hälfte des 18. Jahrhunderts zu Prag als Hofcapellan des Grafen Hartig lebte, hat sich als Musiker durch verschiedene in den Hafner'schen *Oeuvres melées* enthaltene Compositionen, so wie durch bei Breitkopf in Leipzig 1768 herausgekommene sechs Claviersonaten bekannt gemacht.
†

Fischer, Paul, trefflicher deutscher Tonkünstler, geboren am 7. Decbr. 1834 zu Zwickau im Königreich Sachsen, bereitete sich trotz fleissiger Musikübung auf dem Gymnasium seiner Vaterstadt für die wissenschaftliche Laufbahn vor und studirte seit 1853 in Leipzig Philologie und Philosophie. Vom Leipziger Musikleben aber mächtig angezogen, beschloss er, seine reichen Kenntnisse ganz der Tonkunst zu widmen und fand in Franz Brendel, der F.'s tüchtige Kräfte erkannte und ihn alsbald als Mitarbeiter an die »Neue Zeitschrift für Musik« zog, einen eifrigen Förderer seines Vorhabens. Dieser, seiner ersten öffentlichen musikalischen Thätigkeit, hat F., ausser durch zahlreiche wissenschaftlich-musikalische Artikel durch ein mit grosser Umsicht und Fleiss gearbeitetes »Inhaltsverzeichniss zur Neuen Zeitschrift für Musik 1. bis 25. Band (Jahrg. 1834 bis 1859), nebst einer historisch-kritischen Einleitung« (Leipzig, 1860—1867) ein wahrhaftes Denkmal gesetzt. Leider sind jedoch von diesem auf 5 Lieferungen berechneten, für den Verleger allerdings mehr kostspieligen als nutzenbringenden Unternehmen nur die ersten drei Lieferungen erschienen. F. selbst erhielt 1860 eine Stelle als Gesanglehrer am Gymnasium seinerVaterstadt, woselbst er eine gediegenere Musikpflege vorzubereiten begann, seine Thätigkeit nach diesem Ziele hin aber bald einstellen musste, da er 1862 als Cantor und Musikdirektor an das Gymnasium zu Zittau berufen wurde. Was er schon längst im Interesse des öffentlichen Kunstlebens geplant hatte, konnte er in diesem erweiterten Wirkungskreise glänzend ausführen. Er gründete ein ständiges grosses Concertinstitut, welches er für die höchsten tonkünstlerischen Aufgaben tüchtig machte und erwarb sich mit Hülfe desselben bleibende Verdienste um Zittau. Von F.'s musikalischen Arbeiten sind als im Druck erschienen bekannt geworden: ein »Zittauer Liederbuch« (Zittau, 1864) und eine nach System und Anordnung treffliche »Liedersammlung für höhere Lehranstalten«.

Fischer, **Vitus**, ein gegen Ende des 17. Jahrhunderts zu Gailsdorf in Franken wirkender Lehrer, hat u. A. die 64 Melodien zur »Andächtigen Hauss-Kirche« von Joh. Heinr. Calisius (Nürnberg, 1676) gesetzt, worunter manche, wie die des Liedes »Ach wie hat das Gift der Sünde« (*c h c d e a gis gis*) auch eine weitere Verbreitung fanden. Vgl. Wetzl's Liederhistorie Bd. I S. 146. †

Fischer, Volbert, Harfen- und Claviervirtuose des 18. Jahrhunderts, geboren zu Tabor in Böhmen, erhielt den ersten Unterricht auf der Harfe und dem Clavier von seinem Vater, war darauf Zögling eines Jesuitenklosters und wandte sich von dort nach Prag und Lemberg. In der letzteren Stadt blieb er sieben Jahre lang, besonders um sich in der musikalischen Composition und in der künstlerischen Behandlung seiner Lieblingsinstrumente zu vervollkommnen. Später machte er eine lohnende und sehr erfolgreiche Reise durch Italien, die Schweiz und Frankreich. Von da an verliert sich aber jede fernere Nachricht über ihn, weshalb man annimmt, dass er sehr bald nach seiner Ankunft in Frankreich gestorben sei. †

Fischer, Zacharias, geschickter und berühmter deutscher Geigenbauer, geboren zu Würzburg am 5. November 1730, erregte grosses Aufsehen, als er im J. 1786 als Hofinstrumentenmacher bekannt machte, dass er nach einer neuen Erfindung Geigen baue, die den alten von Straduari und Steiner gefertigten gleich kämen. Die hohen Preise, welche man seitdem stets für seine Fabrikate zahlte, rechtfertigten diese Behauptung, trotzdem Einige erklärten, dass die F.'schen Geigen nicht das flötenartig Singende besitzen, was die Amati-Geigen so hochgeschätzt macht. Von seinen Instrumenten sind noch viele vorhanden, da er bis in sein hohes Alter thätig war. Er starb am 27. Novbr. 1812 zu Würzburg. †

Fischer-Achten, Caroline, treffliche deutsche dramatische Sängerin, war die Tochter eines österreichischen Militärbeamten Namens Achten und ist um 1808 zu Wien geboren. Von dem Schuldirektor Plöck und dessen Gehilfen Beinhofer in Stockerau bei Wien, wo ihr Vater nachmals stationirt war, erhielt sie während der Jahre 1823 bis 1827 den ersten Gesang- und Musikunterricht und machte so bedeutende Fortschritte, dass sie als Solosängerin in Kirchenmusiken vielfach mit grossem Beifall mitwirken konnte. Ihre Schönheit und edle Gestalt bewogen die Kunstfreunde ihr zu rathen, dass sie ihr mehr als gewöhnliches Stimmmaterial dramatisch verwerthen solle. Am 18. Dechr. 1827 betrat sie in Folge dessen in Wien unter dem Namen Achten zum ersten Male als Rosa in dem »blinden Harfner« die Bühne und zwar mit aussergewöhnlichem Beifall, der jedoch mehr ihrer Erscheinung, als ihrem dramatischen Gesange gezollt wurde. Nachdem sie darauf einige Zeit noch bei Männern wie Röckel, Demmer, Gottdank und Ciccimara studirt hatte, machte sie im J. 1830 eine Kunstreise. Auf derselben lernte sie den Wiener Hofopernsänger Friedrich Fischer (s. d.) kennen, verheirathete sich mit demselben und begab sich mit ihm als Frau Fischer-Achten durch Süddeutschland nach Paris. Dort hatte sie zuerst ziemlich bedeutenden Erfolg, wurde aber bald darnach durch die Schröder-Devrient, welche gleichfalls dort eintraf, völlig verdunkelt. Im J. 1831 sang sie in Pesth und ging ein Jahr später, in Linz, Stuttgart und Karlsruhe mit Beifall gastirend, nach Frankfurt a. M., wo sie auf längere Zeit mit ihrem Gatten engagirt wurde. Von dort aus erhielt das Künstlerpaar 1840 einen Ruf an das Hoftheater zu Braunschweig, dem es folgte, aber auf häufigen Gastspielreisen auch ferner noch die Theater Deutschlands besuchte. Im J. 1855 zog sich Caroline F.-A. gänzlich von der Bühne zurück und lebte privatisirend zu Braunschweig und Graz. In ihrer Blüthezeit war sie im dramatischen, wie im lyrischen und munteren Fache gleich verwendbar und glänzte daher durch ein bedeutendes Rollenrepertoir. Ihr dramatisches Darstellungsvermögen war dagegen mangelhaft, und ihrer Coloratur fehlte Biegsamkeit und Geschmeidigkeit. — Ihr Sohn, der sich nach der Mutter gleichfalls F.-A. nannte, ist ein geschätzter Bühnentenorist, der an mehreren Theatern Deutschlands, im Januar 1873 auch in München, gesungen hat und gegenwürtig in Augsburg engagirt ist.

Fischer-Schwarzböck, Beatrix, eine vorzügliche deutsche Bühnensängerin, wurde am 6. Febr. 1809 zu Temesvar in Ungarn geboren. Kaum zwei Jahr alt verlor sie ihren Vater, welcher Macher hiess und in Diensten des Erzherzogs Ferdinand von Este stand. Durch abermalige Heirath ihrer Mutter erhielt sie in dem Oberregisseur und Chordirektor Ludw. Schwarzböck vom Theater an der

Wien zu Wien einen zweiten Vater. Früh brachte man sie zur Bühne, zuerst als
Choristin, dann als Schauspielerin. Nach günstig ausgefallenem Debut als »Käthchen von Heilbronn« wurde sie als Mademoiselle Schwarzböck für dramatische
Parthien.1824 im Theater an der Wien fest engagirt. Ueber ihren Beruf zur
Sängerin entschied der Umstand, dass sie einst unvorbereitet aushülfsweise die
Frauenrolle in der Operette »die Ochsenmenuett« übernahm und trefflich durch-
führte. Ihr Versuch, die Emmeline in der »Schweizerfamilie« zu geben, fiel 1825
nicht minder günstig aus, und von da ab begann sie, Gesangsstudien sich zu unterziehen und das gangbare Opernrepertoir sich zu eigen zu machen. Noch im J. 1825
verheirathete sie sich mit dem Schauspieler Karl Fischer, mit dem sie, als bald
darnach das Theater an der Wien fallirte, in Teplitz, Prag und Leipzig, hierauf in
Pesth und Pressburg gastirte. Im J. 1826 wurde sie in Brünn und 1827 am Hofoperntheater in Wien engagirt. Dort gefiel sie in Folge ihrer mangelhaften Gesangsbildung nicht und wurde nur in Nebenrollen beschäftigt. Gern folgte sie daher einem Rufe des Directors Bethmann nach Aachen, wo sie denn auch bei dem
rühmlichst bekannten Gesanglehrer Röckel das Versäumte eifrig und gründlich
nachholte. In den Jahren 1829 und 1830 bereits war sie eine anerkannte Stütze
des deutschen Opernunternehmens in Paris und fand endlich 1831 als grossherz.
Badische Opernsängerin einen ihr zusagenden Wirkungskreis. Schon 1835 wurde
ihr Engagement in Karlsruhe in ein lebenslängliches verwandelt, und wie sie noch
lange als Zierde des dortigen Hoftheaters galt, so erwarb sie sich auch auf häufigen
Gastspielreisen, die sich sogar bis nach London und bis in die englischen Provinz-
Hauptstädte erstreckten, als Sängerin von ächter dramatischer Begabung und Bedeutung reiche Anerkennung. Sie entsagte der Bühne im J. 1854 und trat in den
Pensionsstand.

Fischhof, Joseph, vortrefflicher Pianist und Musikpädagoge, geboren am
4. Apr. 1804 zu Butschowitz in Mähren von israelitischen Eltern, verband mit
tüchtigen Schulstudien, da er zum Mediciner bestimmt war, auf dem Gymnasium zu
Brünn eine fleissige Clavierübung bei einem gewissen Jahelka und bei dem Kapellmeister Rieger. Im J. 1822 bezog er die Universität zu Wien, wo ihm seine
grossen musikalischen Anlagen in Constantin von Gyika einen Gönner verschafften, der ihn auf seine Kosten bei Ant. Halm weiter ausbilden liess. Die nächste
Folge war, dass F.'s Name als Concertspieler bald allgemein bekannt wurde. Immer enger mit der Musik verbunden, studirte er auch bei Ignaz von Seyfried
Composition und entsagte endlich, als sein Vater 1827 plötzlich starb, ganz der
Medicin. Zunächst wirkte er als einer der geschätztesten und gesuchtesten Clavierlehrer Wien's, bis er 1833 eine Stelle als Professor des Clavierspiels am Wiener Conservatorium erhielt, der er mit grosser Auszeichnung und hochgeachtet als
Künstler wie als guter, trefflicher Mensch, bis zu seinem am 28.Juni 1857 erfolgten Tode vorstand. — Sein Spiel war im höchsten Grade fertig und ausdrucksvoll
und seine gediegene wissenschaftlich-musikalische Bildung bezeugen das treffliche
Buch »Versuch einer Geschichte des Clavierbaues u. s. w.« (Wien, 1853), sowie
mehrere Artikel und Aufsätze in musikalischen Journalen. Componirt hat er Rondos, Fantasien, Variationen, Tänze und Märsche für Pianoforte, Variationen für
Flöte mit Pianoforte-, Guitarre- oder Quartettbegleitung, ein Streichquartett, Gesänge und Lieder u. s. w. Als Lehrer soll F. zuerst in Wien den gemeinschaftlichen
Unterricht mehrerer Schüler an einem Claviere eingeführt haben.

Fischietti, Domenico, italienischer Operncomponist, geboren zu Neapel 1729,
studirte im Conservatorio di San Onofrio seiner Vaterstadt die Musik, und wurde
später nach Dresden berufen, wo er als Kirchencomponist Anstellung erhielt, die er
am 2. Juli 1766 mit Aufführung einer neuen, von den Kennern mit Beifall aufgenommenen Messe antrat. Von dort aus folgte er einem Ruf nach Salzburg als
Kapelldirektor des Erzbischofs, mit welcher Stellung er seine Kunstthätigkeit abgeschlossen zu haben scheint. Ausser mehreren Kirchensachen hat er auch verschiedene Opern, theils in Italien, theils in Deutschland, componirt, von denen:
»Il Signor Dottore« (1758); »Il Mercato di Malmantile« (1766); »Il Malmantile«

»*Solimano*« (1754); »*La Speciale*« (1755); »*Ritorna da Londra*« (1756); »*Il Siface*« (1761) und »*La Molinara*« (1768) anzuführen sind. Die drei zuerst genannten Opern nebst einem Intermezzo »*Les métamorphoses de l'amour*« und neun Arien seiner Composition, sämmtlich im Manuscript, befinden sich auf der königl. Bibliothek zu Dresden. F. selbst, der 1810 noch lebte, muss bald nach dieser Zeit gestorben sein.

Fischietti, Giovanni, italienischer Operncomponist, lebte als Kapellmeister in der ersten Hälfte des 18. Jahrhunderts zu Neapel. Reichardt erwähnt ihn als den Componisten der Oper: »*La Constanza*«, welche 1737 ebendort aufgeführt sein soll. Vielleicht war er ein Verwandter des vorhergenannten Giovanni F. †

Fis-dur (ital.: *Fa diesis maggiore*, franz.: *fa dièse majeur*, engl.: *F sharp major*), heisst diejenige der 24 Tonarten unseres abendländischen Tonsystems, welche die um einen Halbton erhöhte Stufe *f*, also *fis*, zu ihrem Grundton erhält, wodurch nach der Regel der Durgattung (s. Dur) noch fünf Klänge der C-durleiter, deren Stufen in der Tonbestimmung und Klangbenennung als zuerst festgestellte angenommen werden, um einen Halbton erhöht werden müssen. Die Elemente der Dur-art F. heissen somit in aufsteigender Folge: *fis, gis, ais, h, cis, dis, eis* und *fis*. Diese Grundklänge werden in der diatonischen Folge von *fis*[1], das durch 364,5 Schwingungen in der Sekunde entsteht, theoretisch, wie beifolgende Tabelle zeigt, anders als in der gleichtemperirten und noch anders in der ungleichtemperirten Stimmung gefordert. Die gleichtemperirte Stimmung ist diejenige, die man sich befleissigt, allen Tasteninstrumenten zu geben, und von der sich ihrem Vermögen nach Blase- und Streichinstrumente der diatonischen Stimmung je nach dem Erkennen des Spielers zuwenden. Dies gefühlte Abändern der Stimmungsmomente, das eingehender in den Artikel B- und C-dur (s. d.) schon besprochen, ist die Eigenheit der abendländischen Kunst, welche derselben vor allen andern den Vorrang erstreitet, obgleich die Ausübung dieser Kunst unendlich viele Schwierigkeit bietet, die leider nicht durch Wissen, sondern alle nur durch instinktives Handeln in vollendetster Art zu überwinden möglich ist. In F. zeigt nun schon die Benennung der Tonstufen,

Namen der Klänge.	Schwingungen der		
	diatonischen	gleichtemperirten	ungleichtemperirten Tonfolgeklänge.
fis[1]	364,5	364,5	364,5
gis[1]	410,5	444,7	410,5
ais[1]	455,6	458,9	455,6
h[1]	484,8	486,2	484,8
cis[2]	546,7	546	546,7
dis[2]	605,0	612,7	611,2
eis[2]	683,4	688,0	683,4
fis[2]	729,0	729,0	729,0

dass Tonsätze in dieser Tonart durch Instrumente, welche durch jedesmalige feste Abgrenzung der Saite erst den Ton bilden (Streichinstrumente), schwerer rein auszuführen sind, als Stücke in Tonarten, die freie Saiten zu Vertretern einiger Scalatöne haben. Diese Schwierigkeit, die der Darstellung der Elemente dieser Tonart eigen, eröffnet trotzdem der orchestralen Darstellung darin gesetzter Tonstücke durch talentvolle Musiker die Anwartschaft auf die grösste harmonische Reinheit, so wie die bei den Modulationen geeignetsten Tonmodificationen, während durch weniger tüchtige Darsteller die Elemente dieser Tonart oft sehr ungenau ohne besondere Veranlassung gegeben werden. Grund dafür ist, dass die festen Töne (s. d.) von F. von der Mitte des Tonreichs gleich entfernt (s. F-dur) durch die Erkennungsorgane leicht abwägbar sind, und somit stets mitbestimmend selbst auf die andern Scalatöne zu wirken vermögen. Für Tasteninstrumente findet man selten in F. geschriebene Stücke, indem die am häufigsten vorkommende Modulation Cis-dur noch schwerer lesbar als die Tonikatheile derselben. Statt in dieser Tonart schreibt man darin gedachte Tonstücke in der enharmonisch glei-

chen Tonart *Ges*-dur (s. d.), weil in dieser sich die Lessohwierigkeit nach der
Seite hin mindert, wo sie sich in F. mehrt, und weil die Applicatur dieser Tonart,
fast die der Hand angemessenste, der Ausführung musikalischer Gedanken in dieser
Tonart sehr förderlich. — Der theilweisen Wandelbarkeit der Elemente von F.
entsprang wahrscheinlich auch die mystische ästhetische Erklärungsweise derselben,
die im Anfange dieses Jahrhunderts und später beinahe als Evangelium angesehen
wurde. Da selbst noch die Jetztzeit viele Verehrer für diese Tonauffassungen aufweist, so sei hier die allgemein anerkannte von F. wiedergegeben, welche auch zugleich für *Ges*-dur galt, nur dass man F. heller und schärfer klingend fand als *Ges*-
dur. Schubart in seinen »Ideen zu einer Aesthetik der Tonkunst« p. 377 u. f.
sagt nämlich: »Die Tonart F. ist geeignet, wilde und starke Leidenschaften darzustellen; Triumph in der Schwierigkeit, freies Aufathmen auf überstiegenen Hügeln,
Nachklang einer Seele, die stark gerungen und endlich gesiegt hat, liegt in allen
Wendungen dieser Tonart«. Noch eingehendere ästhetische Erklärungen von F.
findet man in der Allgem. musikal. Zeit. Jahrgang 1823 Nr. 43 und in Schilling's
Universal-Lex. der Tonkunst unter Fis-dur.   C. Billert.

Fisfis, s. Fisis.

Fisher, John Abraham, s. Fischer (Johann Abraham).

Fisin, James, englischer Componist, geboren 1755 zu Colchester, hat mehrere Sammlungen englischer Songs, Balladen, Duette, Sonaten u. s. w. veröffentlicht.

Fisis oder **Doppel-Fis** nennt man nach der im Artikel Alphabet erläuterten
Regel die um zwei Halbtöne erhöhte Tonstufe *f*, welche man von Einigen auch
falscher Weise *fisfis* nennen hört. Dieser Klang, welcher dadurch notirt wird.
dass man vor die Note *f* ein Doppelkreuz (s. d.) setzt, fällt in der gleichtemperirten Scala, die meist alle Tasteninstrumente führen, mit dem gewöhnlich *g* genannten zusammen. Im Gebrauch findet man den F. geheissenen Ton am häufigsten als Leitton (s. d.), gar nicht als Grundton (s. d.).   2.

Fismann, Franz, trefflicher Violinist und Kirchencomponist, geboren 1722
zu Altsedlitz in Böhmen, studirte Wissenschaften und Musik zu Prag und trat
1742 daselbst in das Kloster der barmherzigen Brüder, wo er seine Compositionsstudien bei den Kapellmeistern Seuthe und Tuma fortsetzte, sich im Violinspiel
weiter ausbildete und später selbst als Kapellmeister fungirte. Als Violinist liess
er sich bei Hofe in Wien und auch in Italien hören, das er in Geschäften seines
Ordens besuchte, nachdem er in Wien zum Kloster-Superior ernannt worden war.
Als Kapellmeister in Prag hat er zahlreiche Kirchenwerke aller Art componirt,
die sich im Manuscript noch jetzt dort und in Wien vorfinden. F. starb am 15.
Juni 1774 zu Wien.

Fis-moll (ital.: *Fa diesis minore,* franz.: *fa dièse mineur,* engl. *F sharp minor*).
ist eine der am häufigsten in Gebrauch befindlichen Mollarten unseres modernen
Tonsystems, weil sie, um ihre Klänge nach der Mollregel (s. Moll) festzustellen,
nur zwei Erhöhungen der *A*-mollleitertöne ausser dem erhöhten Grundtone bedingt, wonach die Stufen der F.leiter: *fis, gis, a, h, cis, d, e* und *fis* heissen müssen.
Tonstücke in dieser Tonart finden auf Streichinstrumenten mehrere ihrer Grundklänge durch freie Saiten vertreten, und deshalb in 'diesen eine leicht zu gebende
Gleichheit, welche den festen Tönen (s. d.), durch die im Artikel *Fis*-Dur er-
erwähnten Lagen ebenfalls eigen. Dadurch gewinnt diese Tonart eine
überwiegende Zahl von Grundklängen in durch die Mittel geforderter Gleichheit.
welche den menschlichen Tonauffassungsorganen durch ihre Gleichheit ihre Aufgabe auszuführen, in ungetrübtester Weise zu lösen gestatten. Durch die der Moll-
art eigene mehrfache Umwandlungsweise der in der Oberquarte der Scala befindlichen Grundtöne aber (s. A-moll) bekommen diese Organe eine schwerere Lösung ihrer Aufgabe, indem alle diese Töne dann von der Begabung des Spielers
abhängig werden und sehr schwer in der nothwendigen Reinheit darstellbar sind.
Gerade ihrer kleinen Abstände halber in einer dem Ohre sehr scharf erkennbaren

Tonregion sind diese Töne, wie bei-
stehende Tabelle zeigt, um so mehr
geeignet, auf das Gefühl jede Unruhe
der Intonation zu übertragen. Bei
den durch Blasinstrumente ausgeführten Sätzen in F. werden die Vor-
und Nachtheile der Darstellung, wenn
auch viel geringer, hervortreten, wie
bei den durch Tasteninstrumente
auszuführenden. — Auch die früher
gegebenen Bemerkungen über den
psychischen Charakter von F. können
in ihren Grundzügen, die Schubart
in seinen »Ideen zu einer Aesthetik
der Tonkunst« p. 377 u. s. w. aus
der Blüthezeit dieser Erklärungswei-
sen her bewahrt hat, als eine Bestä-

Namen der Klänge	Schwingungen der Klänge.		
	diatonisch	gleich temperirt.	ungleich temperirt.
*fis*¹	364,5	364,5	364,5
*eis*¹	341,7	344,0	341,7
*c*¹	327,6	324,4	322,5
*dis*¹	302,5	306,3	305,6
*d*¹	291,6	289,2	287,9
*cis*¹	273,3	273,0	273,3

tigung dessen erscheinen, was man damals mystisch und bilderreich malend den
Tonverhältnisseigenheiten dieser Tonart nahe zu kommen suchte, die weiter oben
auf rein materielle Art zu entziffern gesucht wurde. »F.«, sagt Schubart, »ist
eine gefärbte Tonart, und geeignet wilde und starke Leidenschaften auszudrücken.
Es ist dieser Ton insbesondere ein finsterer: er zerrt an der Leidenschaft, wie der
bissige Hund am Gewande. Groll und Missvergnügen sind seine Sprache. Es
scheint ihm ordentlich in seiner Lage nicht wohl zu sein: daher schmachtet er
immer nach der Ruhe von *A*-dur, oder nach der triumphirenden Seligkeit von *D*-
dur hin.« Mehr über solche Tonanschauungen bietet auch das Werk »die Musik
und Poesie« von P. J. Schneider (1835), ferner Wagner in seinen »Ideen
über Musik« sowie andere Schriftsteller aus den zwanziger Jahren dieses Jahrhunderts.   C. B.

Fissner, Wilhelm, Clavierlehrer in Minden, veröffentlichte 1848 eine »Clavierschule für Kinder«.

Fistel oder Falset, s. Kopfstimme.

Fistula (lat.), d. i. Röhre, Pfeife, wird in der Fachsprache der Orgelbauer
allein oder mit Beifügung des Wortes *organica* als Name für eine Orgelpfeife gebraucht und hat häufig bei Benennung von Orgelstimmen mit Hinzufügung entsprechender Bestimmungswörter Anwendung gefunden. So nannte man *f. largior*
oder *f. minima* das Flageolet (s. d.), *f. militaris* die Feldpfeife (s. d.), *f. pasto-
ralis* oder *f. pastoritia* die Hirtenpfeife oder Schalmey (s. d.), *f. rurestris* die
Bauerflöte (s. d.), *f. vulgaris* die Blochflöte (s. d.), *f. helvetica* die Schwei-
zer- oder Querflöte (s. d.), und *f. panos* die Pansflöte (s. d.) oder Syrinx, wie
man auch die gedeckte oder mit einem Hut versehene Pfeife mit *f. pileata* zu bezeichnen pflegte. Diese Gewohnheit einer Zeit, in welcher man in der Gelehrtenwelt die lateinische Sprache als einziges, klar die Begriffe bezeichnendes Verkehrs-
mittel pflegte, entstammt, hat in neuerer Zeit der deutschen Benennungsweise das
Feld fast geräumt, weshalb man die Erklärungen dieser lateinischen Ausdrücke in
den entsprechenden deutschen Artikeln zu suchen hat. S. auch Galaubet. Vgl.
ferner Praetor. *Synt. T. I P.* 2. *c.* 3. *p.* 326.   2.

Fistuliren nennt man bei der männlichen Stimme das Singen und Sprechen
durch die Fistel (s. Kopfstimme) oder überhaupt mit einer sehr dünnen und
hohen anstatt mit der normalen männlichen Stimme. Bei Orgelpfeifen bezeichnet
dieser Ausdruck das Ueberspringen des Tones in die Ueberblasung, also genau
dasselbe wie Filpen (s. d.)

Fite, de la, war Hofkapellmeister im Haag und starb als solcher 1781 daselbst.
— Seine Gattin Marie Elisabeth de la F., geborene Roue, wird von dem Verfasser der Ephemeriden in der Speyer'schen musikalischen Zeitung des Jahres 1789

Seite 269 unter die musikalischen Schriftstellerinnen gezählt, welchen Ruf sie ihrer Thätigkeit an der *Bibl. des sciences et des beaux arts* verdankt. †

Fl., Abkürzung für Flauto oder Flöte, mitunter auch für **Flageolet**.

Flaccia, Matteo, italienischer Componist aus der Mitte des 16. Jahrhunderts, veröffentlichte »*Madrigali a* 4 *e* 5 *voci*« (Venedig, 1568), von denen sich ein Exemplar in der Bibliothek zu München befindet.

Flaccomio, Giovanni Pietro, italienischer Kirchencomponist, aus Milazzo gebürtig, widmete sich dem geistlichen Stande und war zuerst als Priester auf Sicilien thätig, dann als Kapellmeister des Königs Philipp III. von Spanien und zuletzt als Almosenier des Herzogs von Savoyen angestellt. Er starb 1617 zu Turin. Nach Mongitor's *Bibl. Sic. Tom.* I *p.* 395 ist von seinen Compositionen eine Sammlung gedruckt erschienen, die folgenden Titel führt: »*Concentus in duos distincti Choros, in quibus Vesperae, Missae, sacraeque cantiones in Nativitate beatae Mariae virg. aliarumque virginum festivitatibus decantandae continentur*«. †

Flaccus, ein Tonkünstler des alten Rom, wird als der Sohn des Claudius und als derjenige genannt, welcher zu den Komödien des Terenz die erforderliche Flötenmusik gesetzt habe.

Flacé, Réné, geboren zu Noyon am 28. Novbr. 1530 und zu Ende des Jahrhunderts zu Mans als Priester gestorben, war wegen seiner wissenschaftlichen und Musikkenntnisse berühmt. Vgl. Jöcher's Gelehrten-Lexikon.

Flachfeld, s. Feld.

Flachflöte heisst eine Flötenstimme der Orgel, die meist 2,5 oder 1,25 metrig vorkommt, seltener 0,6 Meter gross, mit kegelförmigen Körpern. Die Körper der F. sind oben etwas enger als unten, doch nicht so eng als die der Spitzflöte (s. d.) gebaut, erhalten breite Labien (s. d.) und nicht sehr enge Aufschnitte. †

Flackton, William, englischer Instrumentalcomponist, gab 1770 zu London sechs Violoncellsolos seiner Composition heraus. Ausserdem sollen noch sechs Violintrios und sechs Claviersuiten von ihm vorhanden sein. †

Flad, Anton, oder **Fladt**, berühmter deutscher Oboe-Virtuose, geboren um 1775 zu Mannheim, erhielt schon frühzeitig auf seinem Instrument den Unterricht des berühmten Ramm mit so bedeutendem Erfolge, dass er 1790, nach Lebrun's Tode, als Hofmusiker der Münchener Kapelle angestellt werden konnte. Seine erste, 1793 unternommene Concertreise verschaffte ihm in Regensburg, Wien, Graz, Laibach, Klagenfurt und den bedeutendsten Städten Italiens wahrhafte Triumphe und einen gefeierten Namen, welcher sich bis nach London verbreitete, wo er u. A. 1798 in den Hofconcerten solche Erfolge hatte, dass ihm der Prinz von Wales, nachherige König Georg IV., eine glänzende Stellung anbot, wenn er in England bleiben wollte. F. kehrte auf seinen Posten nach München zurück, von wo aus er jedoch, bis in das J. 1818 hinein, noch häufige überaus erfolgreiche Kunstreisen durch Deutschland, Böhmen, Ungarn und Frankreich machte. Seitdem und noch lange wirkte er ausschliesslich in München als königl. Kammermusiker und zog sich erst 1842 völlig in das Privatleben nach Landshut zurück.

Fladdern, besser vielleicht **Flattern**, bezeichnet dasselbe wie **Blarren** (s. d.).

Flageolet (franz., ital.: *flagioletta*), ein Kunstausdruck, der in der Musik für Mancherlei gebraucht wird; in allen Fällen handelt es sich jedoch um die Hervorbringung eigenthümlich erzeugter und besonders tönender hoher Klänge unseres Tonsystems. Am häufigsten kommt seit längerer Zeit der Name Fl. für durch Streichinstrumente erzeugte Töne in Anwendung, die nur, wenn die freie oder verkürzte Saite an einem ihrer Theilungspunkte berührt wird, hervorzubringen möglich sind. Man nennt diese Töne französisch *sons harmoniques* und italienisch *suoni armonichi* und setzt über Töne, die in dieser Art erzeugt werden sollen, eins dieser Ausdrücke oder das Wort *flautino*, letzteres wahrscheinlich, weil man in diesen und den Klängen der Flöte eine Aehnlichkeit fand, oder eine O. Die Kunst, derartige Töne den Streichinstrumenten zu entlocken, besonders der Geige, ist wahrscheinlich im Anfange des 18. Jahrhunderts entdeckt worden, jedoch erst in die Kunstwelt eingeführt und bekannter durch den Violinspieler Domenico Ferrari

(s. d.) geworden, der um die Mitte jenes Jahrhunderts in Italien, Frankreich und Deutschland durch dieselben seinem Spiele viele Verehrer zuwandte. Allgemein aber staunte die musikalische Welt über Paganini's (s. d.) Benutzung der F.töne auf der Geige, die er mit einer an Verschwendung grenzenden Freigebigkeit in melodischer Aneinanderreihung zu geben verstand, und seine Neuerung zog sich erst allmählig den lauten Tadel der Kunstliebhaber zu, als die diesen Virtuosen nachahmenden Violinisten wie Pilze aus der Erde schossen und seine Tonabwechselung bis zum Ueberdruss missbrauchten. Die F.töne, wie die Akustik lehrt, entstehen nicht durch Erzittern nur eines Körpertheils, sondern durch gleichzeitig bewirktes mehrerer noch auf einander einwirkender gleich grosser. Ein Körper nämlich, von welcher Art Substanz, Gestalt oder Elasticitätsvermögen derselbe auch sein mag, kann sowohl in seiner Masse schwingen, wodurch der Grundton des Körpers entsteht, als auch in mehreren Abtheilungen, wodurch je nach der Zahl der Theile besondere höhere Töne, Obertöne (s. d.) genannt, sich hören lassen. Bei einer Saite ist die Theilung nach der Länge massgebend, welche man, wie oben angedeutet, durch sanftes Berühren des ersten der Theilungspunkte vom Sattel ab bewirkt. Wenn dieser Punkt sicher berührt und dann auf der Saite in der Mitte des congruenten Theiles vom Stege ab ein etwas schneidender Bogenstrich geführt wird, so lässt sich der der Theilung entsprechende F. sofort hören. Indem das sofortige Treffen der Theilungspunkte, wie der Bogenstrichstellen Bedingung ist, wenn man F.töne in der Kunst verwerthen will, so ist in Uebungen dieselben häufig anzubringen zu empfehlen, da dadurch die Sicherheit des Lernenden sehr gesteigert wird, obgleich das höhere Tonebenmass durch ungeschickte Benutzung der F.töne in Tonsätzen leicht verletzt werden kann, da alle um ein Geringes höher im Klange erscheinen als die durch einen Aliquottheil der Saite erzeugten gleich hohen Töne. Weil nämlich die Theilung mittelst der Fingerspitze veranlasst wird, jede durch einen Körper derartig veranlasste Theilung jedoch eine Breite fordert, so wird sie keine der idealen gleichkommende sein, sondern stets etwas kürzere Theile schaffen; deshalb erscheinen die F.töne stets zu hoch, also unrein zu den durch Bogenstriche auf festabgegrenzte Saitentheile entstehende Klänge. Auf allen Streichinstrumenten werden, trotzdem wohl noch andere F.töne durch dieselben zu erzeugen möglich sind, gewöhnlich nur die bis zur Fünftheilung der Saite entstehenden gebildet, um in der Kunst Verwerthung zu finden. Die vier Saiten der Violine stellen somit bis zu dieser Saitenabtheilung folgende F.töne ihrer Entstehung nach zur Verfügung, wie sie nachstehende Tabelle angiebt:

	Grundton.	Obertöne.			
Abtheilungen.	1	2	3	4	5
Saitenname.	g	g^1	d^2	g^2	h^3
	d^1	d^2	a^2	d^3	fis^3
	a^1	a^2	e^3	a^3	cis^4
	e^2	e^3	h^3	e^4	gis^4

Aus der ein- so wie zweigestrichenen Octave sehen wir hier je vier Klänge: g, a, d und e, aus der dreigestrichenen fünf Töne: d, e, fis, a und h und aus der viergestrichenen nur drei: cis, e und gis darin, die, wenn man mehrere davon im melodischen Zusammenhange vorführt, von bedeutender Wirkung sich ergeben können, da diese Töne unter sich rein sind, wenn die Uebergänge zu und von den durch fest abgegrenzte Saitentheile hervorgebrachten Klängen geschickt gewählt sind. — Ferner nennt man F. das kleinste aller flötenartigen Instrumente, dass meist aus Elfenbein oder Ebenholz gedreht, mit sechs oder sieben Tonlöchern versehen, wie eine Flöte à bec (s. d.) am Mundstück gebaut ist und auch wie diese angeblasen wird. Als Erfinder dieses Instruments wird von Burney »Sieur Juvigny« genannt, der um 1580 gelebt haben soll. Gewiss ist nur, dass das F. zu Ende des 16. Jahrhunderts bekannt war und später selbst als Concertinstrument gebraucht wurde, aus welchem Gebrauche es jedoch durch die lieblicher klingende Flöte allmälig verdrängt wurde und endlich nur sich noch als Volksinstrument in Holland, dem Schwarzwalde und der Schweiz häufiger zeigte, wo es bei ländlichen Belustigungen und beim Abrichten der Singvögel seine Verwerthung fand. Im Anfange dieses Jahrhunderts wandte der englische Instrumentbauer Bainbridge zu London dem F. seine Aufmerksamkeit zu und bot es 1802 in verbesserter Form, in Scala und Tonfarbe sich direct der Flöte anschliessend und in allen Tonarten leicht behandelbar, der Kunstwelt dar, damit die Harmoniemusik durch dasselbe eine Bereicherung erhalte; ja, er construirte sogar ein Doppelflageolet. Letzteres ist jedoch nicht weiter bekannt geworden, sondern hat nur als Kinderinstrument einige Beachtung gefunden; ersteres aber lenkte allgemeiner die Aufmerksamkeit wieder auf das F., und veranlasste die Herausgabe von P. Leroy's und Collinet's F.schulen. Besonders war es jedoch A. Sax, der dem F. den Weg in die Militärmusikcorps eröffnete und dadurch ihm wieder die Aufmerksamkeit der Instrumentenmacher zuwandte, die demselben eine Vollendung im Ausbau verliehen, welche der jedes andern in der Kunst angewandten Tonwerkzeugs ebenbürtig ist. Dennoch hat sich bisher das F. nicht über die Grenzen von Belgien und Frankreich Eingang zu verschaffen vermocht, weil deren Umfang von d_2 bis d_1 durch den der kleinen Flöte, der von h^2 bis a^1 geht, überboten und letzterer als ausreichend zur Darstellung dieser Tonregion erachtet wird. — In der Orgel bezeichnet F., corrumpirt deutsch Flaschenet, Flaschinett und Flasnet, ferner auch *fistula minima, fistula largior* oder Vogelpfeife genannt, ein Register, das der Flöte (s. d.) ähnlich 0,3 oder 0,6 Meter gross gebaut wird, und den Ton des gleichnamigen Blasinstruments nachahmen soll. Die Pfeifen dieses Registers werden aus Metall gefertigt, erhalten Principalmensur und sehr niedrigen Aufschnitt. Diese Stimme findet man nur im Manual angebracht.　　　C. B.

Flageolettöne, s. **Flageolet.**

Flahuta ist der Name eines Tonwerkzeugs, das in dem Manuscript des Aymeric de Peyrac, welches die Pariser Staatsbibliothek besitzt, Nr. 5944 und 5945, und aus dem 9. Jahrhundert sein soll, erwähnt wird. Wahrscheinlich war dies der Name einer Flöte. Siehe Galoubet.　　　　　　　2.

Flamand-Grétry, Louis Victor, französischer musikalischer Schriftsteller, geboren am 25. Novbr. 1764 zu Paris, gestorben 1843 ebendaselbst.

Flamändische, Flämische oder **Flamländische Musik,** Schule u. s. w., s. Niederlande.

Flamel, Nicolas de, französischer Philosoph und Mathematiker aus Pontoise, lebte ums J. 1400 zu Paris, woselbst er auch am 22. März 1418 starb, schrieb u. A. ein Werkchen, betitelt: »*La musique chimique*«. Forkel vermuthete, dies bisher unbekannte Werk, von dessen Inhalt man keine Ahnung hat, sei in dessen *Sommaire philosophique* zu finden.　　　　†

Flamini, Flamino, italienischer Tonsetzer und Ritter vom Orden des heiligen Stephan, schrieb und veröffentlichte »*Villanelle a 1, 2 e 3 voci con stromenti e chitarra spagnola*« (Rom, 1610).

Flammen, singende, nennt man solche Flammen, die in einer offenen Röhre, an gewissen Stellen derselben befindlich, die daselbst vorhandene Luft in tönende Schwingungen versetzen. Diese Schwingungen treiben, wenn die Flamme an bestimmten Stellen einer entsprechenden Röhre brennt, in solcher Mächtigkeit, dass sie den Fussboden eines grossen Zimmers zu erschüttern vermögen. An anderer Stelle rufen sie eine Rückwirkung der Schallwellen hervor, die die Flamme auslöscht und dabei einen dem Pistolenschuss gleichen Knall hervorruft. Zuerst beobachtete Dr. Higgins 1777 diese Naturerscheinung an einer Wasserstoffflamme und de Luc suchte sie zu erklären. Chladni wies 1802 auf diese Erklärung als eine unrichtige hin und meinte, dass die Töne der F. von der offenen Röhre, welche dieselbe umgiebt, herrührten. Ferner machten diese Forschung betreffende Experimente zu derselben Zeit G. de la Rive und 1818 Faraday, denen in der Mitte des 19. Jahrhunderts Graf Schaffgotsch und John Tyndall nachfolgten. Die Erfahrung des Letztgenannten findet man dargestellt in dessen Werk »der Schall« (Braunschweig, 1869), von Seite 258—274. In der Kunst ist diese Tonerzeugung bisher noch nicht zu verwerthen gewesen; nur die Wissenschaft hat derselben einige Lichtblicke zu danken. — Mehr Aufklärung über die Schwingungen der Luft jedoch als den singenden F. verdankt die Wissenschaft den freien schallempfindlichen F. Wenn Gas durch einen Fischschwanzbrenner, mittelst starken Drucks getrieben, eine flackernde F. giebt, so vermag der Schall dem nicht brennenden Gase seine Erschütterungen mitzutheilen und bewirkt dadurch eine Flammenbildung, die auch sehr kleine Schwingungsverschiedenheiten dem Auge sichtbar werden lässt. In neuester Zeit hat Dr. König diese Erfahrung benutzend, einen Flammenzeiger construirt, der im ersten Theil dieses Werkes in dem Artikel Akustik Seite 89 näher beschrieben und abgebildet ist. Derselbe erzeugt überraschende Darstellungen von Luftschwingungen. Aus seiner reichen Sammlung durch Klänge beeinflusster F.abbildungen hat R. Radau in seiner »Lehre vom Schall« Seite 281 das Bild der F.gestaltungen gegeben, wenn die Vocale U, O oder A auf den Tönen C, G oder c gesungen werden, worauf sich hierfür Interessirende aufmerksam gemacht seien. Man sehe ferner J. Tyndall, »der Schall« Seite 274 bis 303.   O.

Flammenzeiger, s. Flammen.

Flandrus, Dr. Arnold, ein nicht weiter bekannt gebliebener Tonsetzer zu Anfang des 17. Jahrhunderts, von dessen Compositionen als gedruckt erschienen Draudius (Bibl. Class. S. 1629 und 1634) ein fünfstimmiges Madrigalenwerk und eine *»Si fortuna favet«* betitelte siebenstimmige Messe (Dillingen, 1608) verzeichnet hat.   †

Flannel, Egide, genannt *l'enfant*, altfranzösischer Componist, wird von Baini als einer der bemerkenswerthesten Tonsetzer des ganzen 14. Jahrhunderts bezeichnet.

Flaschenet, auch **Flaschinet** und **Flasnet**, corrumpirte Wortbildungen für Flageolet (s. d.).

Flaschenorgel nannte 1816 der damals zwei und zwanzigjährige blinde Wilhelm Engel in Berlin ein selbst erfundenes Tonwerkzeug, das, wie ein Tafelclavier gestaltet, sich von anderen Musikinstrumenten dadurch unterschied, dass bei ihm mittelst einer Tastatur die Luft in gläsernen Flaschen tönend erregt wurde. Im inneren Raume eines anscheinenden Tafelclaviers waren nämlich soviel Flaschen befindlich, als zu den Tönen von F_1 bis zum c^4 erforderlich, die nach ihrem zu gebenden Klange der Grösse nach verschieden waren. Auf der rechten Seite des Instruments befand sich ein Tritt, durch dessen Niederdrücken man zwei Bälge mit Luft füllen konnte, von denen aus die Luft, wie in einer Orgel, bis zu den Flaschenhälsen geleitet wurde, um dort nach dem Ermessen des Spielers verwandt zu werden. Die Verwendung des Windes geschah durch Oeffnung von Ventilen mittelst der Tastatur. Die den geöffneten Ventilen entströmende Luft brachte den Luftraum der davor befindlichen Flaschen so zum Ertönen, wie das Blasen mit dem Munde die Hohlräume mancher Schlüssel. Dies F. genannte Musikinstrument, das niemals weit verbreitet gewesen, kennt man jetzt nur noch dem Namen nach.
                                                                                      2.

Flaschner de Ruhberg, Gotthilf Benjamin, deutscher Theologe, geboren am 21. Decbr. 1761 in der Nähe von Zittau, gab mehrere Sammlungen von Liedern seiner Composition heraus.

Flasca, Joseph Ignaz, ausgezeichneter Oboe-Virtuose, geboren am 20. Juli 1706 zu Opoczna in Böhmen, trieb bei den Jesuiten in Gitschin wissenschaftliche Studien und Musik und absolvirte in Prag einen Cursus der Philosophie. Dort trat er auch als Oboist in das Musikcorps eines Regiments und brachte es, seiner hervorragenden Kenntnisse wegen, bis zum Musikmeister desselben, worauf er eine Stellung an der Metropolitankirche zu Prag annahm. Er starb daselbst am 24.

Decbr. 1772. F. hat viele Stücke für Harmoniemusik, Oboeconcerte u. dgl. componirt, die aber sämmtlich Manuscript geblieben sind.

Flat (engl.), das Erniedrigungszeichen ♭, z. B. *D flat = Des*, *E flat = Es* u. s. w.

Flath, Peter, englischer Flötenvirtuose, geboren 1763 zu Southampton, lebte zu Anfange des 19. Jahrhunderts in Paris und hat 6 Quatuors für Flöte, Violine, Alt und Bass, sowie mehrere Hefte Duette für zwei Flöten componirt und veröffentlicht.

Flatter-C, s. **Flatterton.**

Flattergrob nannten die zünftigen Trompeter älterer Zeit den gewöhnlich als tiefsten Klang beim Blasen erscheinenden ersten **Aliquotton** (s. d.) ihres damals meist in *C*-Stimmung geführten Instruments, welcher unserm heutigen kleinen *c* entsprach.   2.

Flatter la corde (franz.), mit sanftem, zartem Ausdruck oder Piano spielen.

Flatterton. Bei engmensurirten, meist cylindrisch gebauten Blasinstrumenten, z. B. bei der Trompete, spricht der eigentliche Grundton so gut wie gar nicht an, und die tiefsten für gewöhnlich in Gebrauch gezogenen Klänge derselben fangen erst mit dem ersten **Aliquotton** (s. d.), der eine Octave höher erklingt, an. Der Grundton selbst erscheint nur bei sehr geschickter Behandlung des Instruments, als beinahe unvernehmbarer, **flatternder** Hauch, weshalb er den Namen F. oder **Flothoton** erhalten hat. Diese Klangbenennung stammt aus der Zeit, in welcher die Trompeter noch eine besondere Zunft bildeten. Weil die Trompete nun in jener Zeit meist *C*-Stimmung hatte, so nannten die Trompeter den Grundton, *C*, ihres Tonwerkzeugs, dieses Kunstprodukt, das nur den zünftigen Musikern hervorzubringen möglich war, das **Flatter-*C*** oder **Flotho-*C***.   2.

Flautando (ital.), Vortragsbezeichnung in der Bedeutung flötend, flötenartig, kommt, jedoch nur selten, als besondere Strichart auf Bogeninstrumenten vor. Die Saite wird, wo diese Vorschrift steht, viel weiter entfernt vom Stege als gewöhnlich angespielt, also entweder nahe am Griffbrett, oder, wenn das Instrument ein langes Griffbrett hat, über dem unteren Ende des letzteren. Je weiter vom Stege nämlich die Saite gestrichen wird, desto leichter ist sie in Vibration zu bringen und desto mehr Spielraum haben ihre Schwingungen, was stets, besonders auch deshalb, weil die Vibration der Saiten sich nicht so unmittelbar wie nahe am Stege dem Resonanzboden mittheilen kann, einen viel sanfteren, flötenden Ton zur Folge haben muss. Das Verhältniss der Vibration der Saite zum Resonanzboden bewirkt übrigens auch, dass wenn die Saite zu weit vom Stege entfernt angespielt wird, fast gar kein Ton mehr zum Vorschein kommt, wenigstens kein verwerthbarer, weil dann nur die Saite für sich und nicht der Körper des Instruments und die darin enthaltene Luft mitklingt.

Flautbass, eine 2,5- zuweilen auch 5 metrige eng mensurirte gedeckte Flötenstimme im Pedale der Orgel, welche vorzüglich zur Begleitung sanfter Manualstimmen gebraucht wird. Der Stoff ihrer Pfeifen ist ausschliesslich hartes Holz.

Flautino (ital.), Diminutivum von *Flauto*, bezeichnet sowohl eine kleine Gattung der Flöte oder **Flöte à bec** (s. d.), als auch das **Flageolet** (s. d.).

Flauto (ital.), die Flöte, war bis in die Mitte des 18. Jahrhunderts hinein in den Musikwerken stets die Bezeichnung der **Flöte à bec** (s. d.), während die jetzt allein gebräuchliche Querflöte *Traversa* oder *Flauto traverso* hiess. — In der Orgelbausprache sind die Wörter F., Flet, Fletna, Flöte, Flöthe, Flut, Flüte generelle Bezeichnungen aller 2,5- und 1,25 metrigen lieblich klingenden Labialstimmen. Dieselben werden in verschiedene Arten eingetheilt, welche sodann einen Beinamen erhalten, der entweder von einem Instrumente, dem sie im Klang ähneln sollen oder von ihren Eigenschaften hergenommen ist und der sie unter sich wieder von einander unterscheidet. Alles Nähere findet man unter **Flöte**; hier seien nur die allgemeiner gebräuchlichen dieser Flötenstimmen genannt. Es sind folgende:

Flauto amabile (ital., franz.: *Flûte d'amour*, deutsch oft **Lieblichflöt**). So findet man eine Orgelstimme benannt, die als **Flöte** (s. d.) 1,25 Meter gross, sehr oft gebaut wird. Sie wird aus offenen, auch aus gedeckten Körpern, die eine etwas weite Mensur erhalten, gefertigt. 2.

Flauto cuspido (ital.) oder schlechtweg *Cuspido* (s. d.), eine Spitzflötenart älterer Orgelbauer.

Flauto dolce (franz.: *Flûte à bec* oder *Flûte douce*), die Dolzflöte (s. d.) nennt man eine Flötenstimme der Orgel (s. Flöte), die, aus Holz gebaut, 2,5 oder 1.25 Meter gross vorkommt. Diese Stimme ist meistens oben enger im Körper als am Labium (s. d.) und zum Theil gedeckt; selten findet man die F. ganz gedeckt. Die Pfeifen dieser Orgelstimme erhalten einen etwas weiten Aufschnitt und werden vollklingend intonirt. 2.

Flauto duplo oder **Flöthe dupla** findet sich nach Adlung 2,5 Meter gross in der Orgel zu Waldershausen. Dieselbe ist wahrscheinlich zweichörig und aus hölzernen weit mensurirten Pfeifen gebaut. 2.

Flauto italico findet man zuweilen eine 2,5 Meter grosse gewöhnliche Flöte (s. d.) in der Orgel benannt.

Flauto major, eine 2,5 metrige Orgelstimme, die im Manual geführt wird und die mit weit mensurirten Holzkörpern gefertigt ist. Man findet eine so genannte Stimme auch zuweilen im Pedal 5 Meter gross. 2.

Flauto minor, eine der *Flauto major* (s. d.) durchaus ähnlich gebaute, jedoch im Manual wie im Pedal nur halb so grosse Orgelstimme.

Flautone, d. i. die grosse Flöte, s. Dolzflöte und Flötenbass.

Flauto piccolo, d. i. kleine Flöte oder Octavflöte (s. Flöte).

Flauto stoccato, eine für die Hauptkirche zu Erlangen 1771 gebaute Orgelflöte von unbekannt gebliebener Struktur.

Flauto traverso (franz.: *Flûte traversière* oder *Flûte allemande*), die Querflöte, häufige Bezeichnung der einfachen Flöte (s. d.) in der Orgel.

Flavianus, Patriarch zu Antiochien, gestorben 404 n. Chr., führte mit seinem Amtsgenossen Diodorus beim Psalmengesang zuerst wieder die ursprüngliche Antiphonie ein, indem er denselben von zwei Chören wechselweise ausführen liess. Vgl. Thierfelder »*De Christianorum psalmis et hymnis*« (Leipzig, 1870) S. 10.

Flebile (ital.), Vortragsbezeichnung in der Bedeutung kläglich, traurig.

Flecha, Matthaeus, auch italienisirt Fleccia geschrieben, spanischer Carmelitermönch und Componist, geboren um 1520 zu Prades in Spanien, wurde Kapellmeister des Kaisers Karl V. und hielt sich als solcher längere Zeit in Ungarn und Böhmen auf. Im J. 1599 kehrte er nach Catalonien zurück und starb daselbst in der Benediktiner-Abtei zu Solsona am 20. Februar 1604. Unter seinen vielen Arbeiten, die theils in Frankreich, theils in Spanien erschienen sind, befinden sich Motetten, eine Psalmensammlung fürs Completorium, ein Salve regina und ein »*Libro de Musica de punto*« (Prag, 1581). Auch hat er eine Sammlung der musikalischen Werke seines gleichnamigen Oheims und Lehrers, geboren 1481 zu Prades, herausgegeben.

Fléché, Jean André, geschickter französischer Musikdilettant, geboren am 23. April 1779 zu Marseille, woselbst seine trefflichen Anlagen zur Musik eine gute Ausbildung erfuhren. Während des Consulats kam er nach Paris, bildete dort seine angenehme Tenorstimme weiter aus und wurde der Secretair und Vertraute Jerôme Napoleons, der später als König von Westphalen ihn unter dem Titel eines Kammerherrn nach Kassel zog. Für das dortige Hoftheater schrieb F. 1811 die zweiaktige Oper »*Le Troubadour*« und ausserdem noch eine patriotische Hymne »*L'amour paternel*«. Sonst kennt man von ihm noch Fantasien und Variationen für Pianoforte, ebenso für Violine und eine grosse Anzahl von Romanzen mit Clavier oder Guitarre.

Flechsen werden die Fusssehnen von Thieren genannt; diejenigen der Rosse oder Hirsche gebrauchen die Orgelbauer bei der Verbindung von Balgtheilen an Bewegungsstellen anstatt der früher dazu angewandten Pergamentstränge oder Hanfschnüre; erstere zerreissen schneller und letztere dehnen sich aus und werden immer lockerer. Für den Gebrauch werden vorher mit einem Holzhammer zu Fäden

zerklopfte F. genommen, die zu einem so starken Strange gedreht werden, als erforderlich ist, um die Verbohrungen, welche zum Aufnehmen der Stränge gemacht
sind, ganz auszufüllen. Die F. werden mit Leim getränkt in die Verbohrungen
eingetrieben und endlich mit einem in heissen Leim getauchten hölzernen Keile
fest eingezwängt.   †

Fleck, Georg, gegen Ende des 16. Jahrhunderts Magister, Theologe und
Organist in Tübingen, war, wie er selbst in seinen *Annotat. ad lib. 6 Germano-
Graecia* p. 272 anmerkt, der Musiklehrer, bei welchem der berühmte Martin Crusius
in seinen alten Tagen, 1584, noch Clavier zu lernen anfing.   †

Fleischer, Friedrich Gottlob, tüchtiger Clavier- und Orgelspieler und
Componist, geboren am 14. Jan. 1722 zu Cöthen, kam 1747, als herzogl. Kammermusiker angestellt, nach Braunschweig, woselbst er im Laufe der Zeit auch Organist
an der Martins- und Aegidienkirche, sowie Hofpianist und Clavierlehrer der Prin-
zessinnen wurde. Dort starb er auch mit dem Rufe, einer der grössten Clavierspieler der Bach'schen Schule gewesen zu sein, am 4. April 1806. Als Componist
war er besonders durch Claviersonaten bekannt und anerkannt; ausserdem schrieb
er zahlreiche Lieder und Gesänge, meist auf treffliche Texte von Zachariä, ferner
Cantaten (1763), sowie das Singspiel »Das Orakel«, Text von Gellert, und die Musik
zu dem Drama »Comala«, von welchem letzteren Clavierauszüge erschienen sind.

Fleischer, Johann Christoph, geschickter und erfindungsreicher deutscher
Instrumentenbauer, um 1700 in Schlesien geboren, lebte mit dem Rufe eines guten
Claviermachers in Hamburg. Er ist der Erfinder eines von ihm Lautenclavier ge-
nannten Lautenclavicymbel (s. d.) und des Theorbenflügels (s. d.), ganz
sinnreichen Verbesserungen der Claviermechanik, die aber ohne Nachahmung und
Verbreitung geblieben sind.

Fleischmann, Christoph Traugott, gewandter Orgelspieler und tüchtiger
Tonkünstler, geboren 1777, wahrscheinlich zu Neustadt an der Orla, wo sein Vater
Cantor war, erhielt seine Musikbildung durch den Kapellmeister Hiller zu Leipzig,
liess sich bleibend in Leipzig nieder und war nach dem Adress-, Post- und Reise-
kalender dieser Stadt im J. 1803 Substitut des Organisten Adolph Heinrich Müller
an der St. Nicolaikirche, von 1805 bis 1811 Organist an der St. Petrikirche und
von 1812 bis zu seinem Tode Organist an der Thomaskirche daselbst. Seine Beerdigung auf dem neuen Kirchhofe daselbst fand am 10. Januar 1813 statt. Compositionen von ihm sind nicht bekannt geworden. — Eine in manchen Biographien
F.'s erwähnte Composition »Die Wollust« ist vom Magister Johann Christ.
Fleischer, Dom- und Stadtcantor in Meissen.   †

Fleischmann, Friedrich, deutscher musikalischer Schriftsteller und Com-
ponist von Ruf, geboren am 18. Juli 1766 zu Heidenfeld im Würzburg'schen, be-
suchte von 1774 bis 1782 das Gymnasium zu Mannheim, wo er als Autodidakt auch
Musik, besonders Clavierspiel trieb. Er bezog hierauf die Hochschule zu Würzburg
als Student der Rechte und Philosophie und erlangte 1786 die philosophische
Doctorwürde, sowie eine Anstellung als Privatsecretair bei dem fürstl. Thurn und
Taxis'schen Regierungs-Präsidenten v. Welden in Regensburg. Auf einer grösseren
Landes-Inspectionsreise mit Herrn v. Welden entwickelte und verfeinerte sich sein
Kunstsinn dadurch, dass er die Theater Baierns, Frankens und Schwabens besuchte
und berühmte Tonkünstler kennen lernte, immer mehr und fand die mächtigste
Anregung zu selbstschöpferischer Bethätigung, als F. 1789 Cabinetssecretair des
Herzogs von Meiningen und 1790 zugleich Director der Hofkapelle wurde. Als
solcher schrieb er 1796 die Oper »Die Geisterinsel«, Text von Gotter, und entwickelte
überhaupt eine eminente Fruchtbarkeit als Componist, wie er ausserdem auch Mozart'sche Opern für achtstimmige Harmoniemusik zum Behufe der herzogl. Tafel-
unterhaltung arrangirte. F. starb schon am 30. Novbr. 1798 zu Meiningen an
Nervenfieber. — Seine Compositionen, von denen ausser dem Clavierauszuge der
genannten Oper Vieles im Druck erschienen ist, bestehen in mehreren Sinfonien,
Stücken für Harmoniemusik, Clavierconcerten, zwei- und vierhändigen Claviersonaten, einem Doppelconcert für Pianoforte und Violine, Variationen, Liedern

und Gesängen. Von seinen übrigen musikalischen Arbeiten kennt man zwei theoretische Abhandlungen im ersten Jahrg. der Leipz. allgem. musikal. Zeitung.

Fleischmann, Johann Georg, deutscher Violoncello-Virtuose und Componist, war erst Solospieler des Herzogs von Kurland, dann Kammermusiker der Hofkapelle in Berlin. König Friedrich Wilhelm II. schätzte ihn und seine Compositionen, die jedoch nicht im Druck erschienen sind, so hoch, dass F. als Accompagnist den Feldzug am Rhein 1792 mitmachen musste. F. starb 1810 zu Berlin.

Fleming, Alexander, schottischer Geistlicher und Musikkenner, lebte um 1800 zu Neilston. Er ist der Verfasser zweier Schriften über die Einführung der Orgel in die Kirche St. Andreas zu Glasgow, die als bemerkenswerth zu bezeichnen sind.

Flemming, Friedrich Ferdinand, ein musikkundiger Mediciner, geboren am 28. Febr. 1778 zu Neuhausen bei Freiberg in Sachsen, studirte von 1796 bis 1800 die Heilkunde zuerst in Wittenberg, dann in Jena und vollendete seine Ausbildung in Wien und Triest. Als praktischer Arzt nahm er endlich in Berlin seinen bleibenden Wohnsitz und schenkte der dortigen musikalischen Bewegung einen regen Antheil; namentlich war er ein überaus thätiges Mitglied der berühmten, von Zelter gestifteten Liedertafel, für die er selbst auch viele Gesänge und Tafellieder componirte. Männerquartette und einstimmige Lieder von ihm sind auch im Druck erschienen; von den ersteren hat sich die Melodie auf den Horaz'schen Odentext »*Integer vitae*« einen dauernden Platz in der Gesangliteratur erworben. Verehrt und hochgeachtet, fand F. leider einen frühen Tod am 27. Mai 1813 zu Berlin.

Flemming, Wilhelm, Musiklehrer in Breslau von 1806 bis 1820 und dann in gleicher Eigenschaft in Glogau, gab eine von Erfahrung und Gründlichkeit zeugende Schrift, betitelt »System des Elementarunterrichts der praktischen Musik u. s. w.« (Breslau, 1817), sowie beifällig aufgenommene Lieder heraus.

Flet oder **Fletna,** s. Flauto.

Fleurtis (altfranz., lat.: *Floridus*), d. i. der verzierte Contrapunkt (ital.: *Contrappunto fiorito*). Im Mittelalter bei den Franzosen war der F. auch eine Art *Contrappunto alla mente* oder *Falso bordone*. S. die betreffenden Artikel.

Fleury, Francois Nicolas, französischer Tonkünstler, geboren um 1630 zu Châteaudun, war seit 1657 Kammermusiker und Theorbenspieler des Herzogs von Orleans in Paris. Als solcher hat er veröffentlicht: »*Airs spirituels*« (Paris, 1660); eine Theorbenschule, betitelt »*Méthode pour jouer du Théorbe*« (Paris, 1678); »*Carte des principes de musique*« (Paris 1677) und »*Carte des accords de musique*« (Paris, 1678).

Fliegenschnäpper, s. Durchstecher.

Fliehender Tonschluss, seltenere Benennung für Trugschluss (s. d.)

Flies, Bernhard, Doctor der Medicin, trefflicher Clavierspieler und Musikdilettant, geboren um 1770 zu Berlin von jüdischen Eltern, wurde daselbst 1798 getauft. Das rege musikalische Leben im elterlichen Hause und seine vorzügliche wissenschaftliche und musikalische Erziehung wirkten zusammen, dass F. noch jung Achtenswerthes für Clavier und Gesang schaffen konnte. Bekannter ist von F.'s gedruckten Arbeiten geworden: »Fragen ohne Antwort«, Text von Meyer, zum Singen beim Clavier (Berlin, 1796); »*Menuet de Don Juan av. variat. p. le Clav.*« (Zerbst, 1796); »*VI Canzonette ital. in Musica p. Cemb.*«, op. 3 (Zerbst, 1799) und »Die Regatta von Venedig oder die Liebe unter den Gondolieren«, eine Operette, welche 1798 in dem Berliner Nationaltheater nicht ohne Erfolg ausgeführt wurde.

†

Fliessend, eine der Anlage und Form des Kunstwerks nothwendige ästhetische Eigenschaft. Sie besteht in einer leichten, gefälligen, zusammenhängenden Darstellungsweise von sanfter, gleichmässiger Bewegung, im Gegensatz zum Schroffen, Stockenden. Mangel an klarem Fluss wirkt daher auch in leichten, angenehmen Compositionen empfindlicher, als in Werken, deren Wesen Erhabenheit, Pathos und Leidenschaftlichkeit ist, da letztere die Empfindung des Beobachters so stark erregen, dass gewisse Unebenheiten in Anlage und Form fast unbemerkt bleiben.

Gleichwohl muss auch in solchen Werken die Gedankenfolge ungezwungen sein, und selbst jähe Contraste dürfen nicht so unvermittelt neben einander treten, dass der Zusammenhang gewaltsam unterbrochen erscheint. Der Contrast soll eben in solchen Fällen ein einheitlicher sein, die veränderte Bahn, welche sich der Strom der Leidenschaft bricht, muss im erkennbaren Zusammenhange mit dem Vorangegangenen stehen. Mangel an Fluss zeugt von Ungeschicklichkeit und Unbeholfenheit in der Fortspinnung der Gedanken und Benutzung der Ausdrucksmittel, jedoch giebt das Fliessende selbst noch keinen Ausschlag für den Werth eines Kunstwerks, sondern erst in Verbindung damit der bedeutende, gehaltreiche Inhalt.

Flinsch, Julie, geborene Orwil, eine ausgezeichnete Gesangs-Dilettantin, welche ihre höheren Studien in Italien gemacht hat, lebt seit 1864, dem Jahre ihrer Verheirathung, in Leipzig. Mit ihrer vortrefflichen Sopranstimme ist sie als Solistin, wie als zuverlässiges Mitglied dortiger Gesangvereine sehr geschätzt.

Flitner, Johann, von Einigen auch Flittner geschrieben, deutscher Theologe und Componist von Choralweisen, geboren am 1. Novbr. 1618 zu Suhla im Henneberg'schen, war der Sohn eines angesehenen Bergwerkbesitzers, der diesen zwar sorgfältig musikalisch ausbilden liess, ihn aber dennoch für den geistlichen Stand bestimmte. F. studirte demnach zu Wittenberg, Jena, Leipzig und Rostock, wurde 1644 Cantor zu Grimmen bei Greifswald, 1646 Prediger daselbst und starb als Diaconus am 7. Jan. 1678 zu Stralsund. Er ist der Verfasser von interessanten theologischen Werken. In seinem »Suscitabulum musicum, d. i. musikalisches Weckerlein«, dem fünften Stück des »Himmlischen Lustgärtleins« (Greifswald, 1661), befinden sich ausser anderen von ihm gedichteten und mit Musikweisen versehenen geistlichen Liedern, auch die noch jetzt gesungenen Choräle: «Ach, was soll ich Sünder machen« ($d\ d\ f\ f\ g\ g\ \underline{a}\ a$), »Jesu, meines Herzens Freud'« ($g\ a\ h\ \overline{c}\ a\ a\ a$) und »Selig, ja selig u. s. w.« ($f\ a\ c\ a\ g\ f\ g\ a\ b\ a\ a$). Vgl. G. Döhring's Choralkunde (1865) S. 103.

F-Löcher nennt man die beiden Schalllöcher in dem Resonanzboden der Geigeninstrumente, die einem geschriebenen grossen deutschen F ähnlich geschnitten sind. Die Gestalt dieser Schalllöcher ist zufällig entstanden, doch die verschiedensten Versuche haben bisher stets gelehrt, dass diese Form zur besten Klangwirkung ein wesentlich mitwirkender Faktor ist, der durch keine andere hat ersetzt, viel weniger übertroffen werden können. Selbst die gelehrtesten Akustiker sind über die Form dieser Schalllöcher nicht zu einer gleichen Ansicht gekommen, denn man findet z. B. von Savart in seinem *»Mémoire sur la construction des instruments à cordes et à archet«* eine Umgestaltung der F. befürwortet, während C. E. Pellisow, in den neuen Jahrbüchern der Chemie und Physik Band 7 S. 17 in einer Abhandlung »Berichtigung eines Fundamentalsatzes der Akustik«, sich folgendermassen ausspricht: »Auch die sogenannten F-Löcher an den Geigen bedingen gerade durch ihre Gestalt und ihre Stelle Klang, Fülle und Dauer des Tones, und eine viereckige Geige nach Savart's Vorschlage mit geraden F-Löchern ist ein Unding, durch das sich nur der curiose Dilettant betrügen lassen kann. Man versuche es nur, und gebe Paganini oder Lafont eine solche Geige in die Hand, lasse sie in einem Odeon spielen und höre dann ihr Urtheil und das des Publikums. Gerade den eigenthümlichen, glänzenden, schwellenden, fliessenden, dauernden, gläsernen Geigenton, der eine ächte Amati oder Guarneri charakterisirt, kann solch ein Instrument nie bekommen, es bleibt immer eine Schachtel.« Es lässt sich demnach annehmen, dass die F. noch lange nur in dieser Form als beste Schalllöcher bei Geigeninstrumenten in Anwendung kommen werden.   †

Flödel, s. Eingelegt.

Flörke, Friedrich, musikkundiger Theologe, geboren um 1760 zu Bützow, studirte zu Rostock und war 1802 Prediger zu Kittendorf in Mecklenburg. Als Candidat schon hat er »Oden und Lieder von verschiedenen Dichtern mit Melodien« (Bützow, 1779) veröffentlicht.

Flöte (ital.: *Flauto,* franz.: *Flûte*) ist die vom lateinischen Zeitworte *flare*

d. i. blasen abgeleitete Benennung eines Blasinstruments, das in seiner Urform nicht allein als ältestes dieser Gattung von Tonwerkzeugen, sondern wohl als erstes Musikinstrument überhaupt zu betrachten ist. Die Gattung dieser Tonwerkzeuge unterscheidet sich von andern durch die Art ihrer Tonerregung. Der unmittelbar gegen eine S c h e i d e (s. d.) geführte Hauch des Menschen setzt die abgeschlossene Luft in einer Röhre in hörbare Schwingungen. Die erste derartige Tonzeugung, wahrscheinlich von den Menschen der Natur selbst abgelauscht, indem ein Windzug über ein hohles Rohr streichend, die in demselben stehende Luftsäule tönend erregte, führte zur Aneinanderreihung ungleich langer Röhren, deren Klänge den ersten naiven Musikansprüchen genügten. Diese F. darf hier ausser Acht bleiben (man sehe jedoch die Artikel: *Syrinx, Pansflöte, Koang-tse, Siao* und *Huara-puara*), weil sie als Tonwerkzeug, wie gesagt, nur im Anfange der Kunst gepflegt wurde, weil sie ferner unsern gleichnamigen Musikinstrumenten in der Form durchaus unähnlich, und endlich, weil sie in der Jetztzeit unter dieser Benennung nicht geführt wird. Ein bedeutender Fortschritt im Bau der F. musste stattfinden, als man entdeckte, dass man auch mit e i n e m Rohre verschiedene Töne angeben konnte, wenn man demselben mehrere T o n l ö c h e r (s. d.) gab, die man mittelst der Fingerspitzen deckte und in fester Folge nach einander öffnete. Diese F.n, welche zu fertigen und zu behandeln bereits eine Summe von Erfahrung und Wissen nachweisen, in ihrer Form den jetzt F.n genannten Musikinstrumenten meist ähnlich, wurden schon in sehr früher Zeit gebaut. Wenn alle andern Tonwerkzeuge sich mehr oder weniger auf eine erste Stelle, wo ihre Erfindung stattfand, zurückführen lassen, so lehrt die Geschichte d e r M u s i k bis heute, dass dies Instrument in mehreren älteren Culturgebieten in eigener Form angefertigt wurde, welche Form auf eine Ursprünglichkeit hinzuweisen scheint; dem entsprechend wurde auch die Erfindung desselben einem der Sage angehörenden Musikheroen zugeschrieben und die Benennung eigenartig geschaffen. Wenn somit die Erfindung der F. an allen Orten mit Gewissheit an der äussersten Grenze unserer geschichtlichen Zeit anzunehmen ist, so haben in neuester Zeit gemachte Funde diese Zeit noch bedeutend in die vorhistorischen Perioden vorgerückt. Die bedeutendsten derartigen Funde wurden im letzten Jahrzehnt bei Ausgrabungen in Europa gemacht, von denen einige hier angeführt seien. In einem Dolmen bei Poitiers entdeckte man eine aus einem Stück Hirschgeweih gefertigte F. nebst Waffen und andern Geräthen aus der Steinzeit; Abbildung und Beschreibung findet man in *Fétis, Hist. génér. de la Musique Tome I*, p. 26 u. 27. Bemerkenswerth bei dieser F. ist, dass es eine Querflöte, dass ferner das Anblaseloch in fast vollkommenster Art gemacht und dass die Tonlöcher, drei an Zahl, in gleichen Abständen von einander gefertigt, die obere Hälfte der Röhre theilen. Diese F. gab also, da sie eine offene war, vier verschiedene Töne an, die, nach der Tonlöcherlage zu urtheilen, eine Theilung der Oktave in grösseren Intervallen hervorbringen. Elie Massenat fand 1869 am Flusse Vezère in den Ablagerungen der Angerie-Basse in der Dordogne neben vielen sculptirten und gravirten Rennthiergeweihen z w e i F.n aus Rennthierknochen mit Tonlöchern, über deren Beschaffenheit leider bis heute nichts bekannt geworden ist. Schliesslich sei noch erwähnt, dass bei Bloslegung von Pfahlbauten oft auch Reste von F.n aus Knochen mit Tonlöchern gefunden zu Tage traten, jedoch bisher nicht näher untersucht wurden. Diesen wenigen Funden werden hoffentlich sich noch mehrere zugesellen, die dann wohl durch Vergleichung Aufschluss darüber geben werden, ob diese Erfindung von F.n mit Tonlöchern in frühester Zeit allgemeiner in gleicher Art verbreitet war, was wahrscheinlich, und ferner, was aber kaum anzunehmen ist, ob die von diesen F.n erzeugten Klänge ein gleiches Verhältniss der Intervalle besassen. Sollten auch für letzteres sprechende Facta sich vorfinden, so würde dadurch ein Argument geliefert, das auf eine früheste mongolische Bevölkerung Europa's schliessen liesse, welche bisher von den Alterthumskundigen als unwahrscheinlich angenommen ist. Wie die bisher erwähnten F.n, deren Material schwer eine weit verbreitete gleiche Tonauswahl ermöglichte, wenigstens den Beweis liefert, dass in vorgeschichtlicher Zeit schon vielfache Kunstbestrebungen Platz gegriffen haben, so giebt die Sagenzeit dafür Belege, dass man vielfach die ersten Formentdeckungen der F. zu modificiren sich bemühte, jedoch stets den F.n eine festbestimmte Tonauswahl zu geben als höchste Pflicht erachtete. Diese Bemühungen waren in letzter Beziehung zwiefacher Natur, indem an asiatischen Culturstätten man sich bestrebte, den F.n nur eine Eintheilung der Oktave zu geben, Aegypten und Griechenland hingegen hauptsächlich die Tetrachorddarstellung mittelst der F. aufsuchten. Dies führte in asiatischen Culturstätten zur Erfindung sehr verschiedener F.n in Bezug auf akustische Tonzeugung, deren Klangauswahl jedoch höchstens in der Zahl verschieden, in der Tonhöhe aber in sich gleich war, während in beiden letztgenannten Ländern nur F.n gebaut und erfunden wurden, die durchaus verschiedene Tonreiche gaben und nach diesen Tonreichen verschiedene Namen erhielten. Die in erster Art verschiedensten, ein sehr hohes Alter verrathenden F.n finden wir in China; Grund dafür war, dass die Chinesen in fester Weise im ganzen Reiche die gleiche Tonhöhe jedes Klanges zu erhalten sich bemühten, weil dies ihnen von höchster Wichtigkeit in ihrer Kunst war. Nachdem man mit ziemlicher Genauigkeit die Röhrenmaasse, Durchmesser wie Länge der Schallröhre, welche die zur Kunst zu verwendenden Klänge hervorbrachten, staatlich festgestellt, und die Möglichkeit entdeckt worden war, mit einer mit Tonlöchern versehenen Röhre gleiche, von dem Gesetz geforderte Klänge erzielen zu können, so wahrte man auf diese Erfindung auch in eigener Art, die sich bis heute erhalten hat, und von manchen Völkern nachgeahmt, eine frühe Beeinflussung von hier aus verräth. Man fertigt in China nämlich die Tonlöcher so tief an, dass die halbe Peripherie der innern Röhre ausgeschnitten ist und nur die Röhrenlänge sich als tonbestimmend ergiebt, während bei uns die Gestaltung der Tonlöcher selbst tonhöhenbeeinflussend wirkt. In ihrer Tonzeugungsart verschieden, findet man in China seit der frühesten Zeit (nach chinesischen Berichten seit der Regierung des Kaisers Hoang-ty, d. i. seit 2637 v. Chr.) drei durchaus von einander verschiedene F.n in Gebrauch. Die einfachste derselben ist die *Yo* (s. d.) genannte, eine aus Bambusrohr gefertigte, deren beide Enden offen sind. Das eine Ende, an der einen Seite als Scheide geschärft, dient als Anblaseloch. Tonlöcher hat diese F. drei, und zwar auf dem untern Röhrentheil; sie giebt somit vier Grundtöne. Die zweite aus Bambus gefertigte, von weit vorgeschrittener akustischer Erfahrung zeugende F. ist die *Tsche* (s. d.) genannte, deren Alter ebenso hoch angegeben wird. Dies ist eine eigenartig gedeckte Querflöte, deren beide Rohrenden geschlossen sind. Das Anblaseloch befindet sich in der Mitte, und an jeder Seite desselben befinden sich in gleichen Abständen von demselben drei Tonlöcher; auch sie giebt also nur vier Grundtöne. Die bemerkenswertheste aber der chinesischen F.narten ist die *Hinen* (s. d.) genannte, die in zwei, einer grösseren und einer kleineren Species, aus Thon geformt, als noch älter gerühmt wurde. Sie gleicht einem kleinen Zuckerhute, dessen Spitze das Anblaseloch ist. Fünf im Körper befindliche Tonlöcher, von denen zwei mal zwei in gleicher Höhe von dem Schallloche und eins am fernsten vom Anblaseloch ist, scheinen nur ebenfalls die Hervorbringung von vier Klängen in der Oktave gestattet zu haben. Ausser den oben angeführten ist noch von einer eigenartig construirten F. zu berichten, deren Bau von einer langen Vorperiode in der Kunst bedingt ist. In dem Artikel Babylonische Musik ist Abbildung und Beschreibung derselben gegeben. Es ist eine aus Thon in Glockengestalt geformte gedeckte F., welche nach *Fétis* die Töne c^2, e^2 und g^2 gab. Da der indische Musikkreis nur eine Pflege der F. *à bec* (s. d.) kannte, so wenden wir uns nach dem frühesten Tummelplatze der aus dem Hochlande Asiens sich nach Süden und Westen hin ergiessenden Völker, nach Assyrien, und finden hier als neue Erscheinung im Bereich der F.: die Doppelflöte (s. d.), als deren Erfindungsstätte Phönizien anzunehmen ist. Dieselbe bietet in ihrer frühesten Gestaltung nichts Neues, ausser, dass man zwei gleich lange Röhren, jede mit drei Tonlöchern, gleichzeitig oder gesondert tönend erregte. Die späteren Bewohner dieses Landes, Araber, Perser, so wie Türken, pflegten besonders eine *Nay* (s. d.) genannte F.ngattung, die eine Darstellerin der in sehr kleine Intervalle getheilten Oktave, welche Gattung, da diese Intervalle in den ver-

-chiedenen Modi nur theilweise Verwerthung fanden, in viele Arten zerfiel. Die Intonirung dieser F.ngattung geschah in einer Weise, die der, wie das *Yo* der Chinesen angeblasen wurde, nicht unähnlich war. **Aegypten** (s. d.) war seit frühester Zeit in Besitz der langen, aus Bambus oder Lotos gefertigten F.n, *Man* oder *Men* (s. d.) geheissen, so wie der Querflöte, *Sebe* oder *Sebi* (s. d.) benannt. Erstere wurde ähnlich dem *Yo* der Chinesen angeblasen und gab, wie die Querflöte, in frühester Zeit eine unvollständige diatonische Tonfolge der Oktave. Später erfand man die Kunst, erstgenannte F.ngattung mittelst Blätter zu intoniren, betrachtete die Oktaveintheilung als höheres Musikwissen, dessen sich nur die Hierophanten erfreuen konnten, und fand volklich die Tetrachorddarstellung durch F.n als den allgemeinen Anforderungen am entsprechendsten in Gebrauch. Von den **Griechen** (s. d.), deren Musikentwickelung von Osten und Süden aus beeinflusst wurde, kennen wir eine überreich wissenschaftliche Tetrachordgestaltung, deren Darstellung, weil sie bei ihren Volksfesten vorzugsweise die F. als Leiterin der Gesänge anwandten, eine grosse Anzahl F.arten bedingte. Alle diese F.n erhielten nach ihrer Form, ihrem Stoffe und der Tongabennatur, oder ihrem Ursprunge, oder ihrem besondern Gebrauche eigene Namen, wovon uns einige dreissig erhalten sind. Nach der Form, dem Stoffe und der Natur des Tones nämlich unterschied man dreizehn Arten: *Monaule* (s. d.), *Calamaule* (s. d.), *Plagiaule* (s. d.), *Diope*, eine F. mit nur zwei am Ende der Schallröhre befindlichen Tonlöchern, *Hemiope* (s. d.), *Photinge* oder *Lotos* (s. d.), *Elyme*, nach Fétis aus Buchsbaum gefertigt mit nach innen umgebogenem Ende der Schallröhre oder aufgesetztem Kuhhorne, *Hypotrete* (s. d.), *Skytale* (s. d.), *Paranie* (s. d), *Bombykos* (s. d.), *Gingrine* s. d.) und *Pykne* (s. d.). Nach ihrem Ursprunge zählte man zehn F.narten: die phrygische F., eine *Elyme*, welche die phrygische Tonart vertrat, die thebanische F., gefertigt aus einem Beinknochen des Esels und am Ende mit einem umgebogenen Messingansatz versehen, die böotische F., ein *Bombykos*, die libysche F., eine *Photinge*, die dorische F., die dorische Tonart, die lydische F., die lydische Tonart vertretend, die argische F., deren Form und Stoff unbekannt ist, die ägyptische F., eine Querflöte, die phönizische F., eine *Gringine*, die in Phönizien *Adonime* genannt wurde und die griechische F., welche Benennung auch wohl für alle F.n der Griechen gefunden wird. Nach dem besondern Gebrauch finden sich folgende vierzehn Namen in griechischen Werken vor: die **Knaben**-**flöte**, klein, zur Führung des Knabengesanges, die *Parthene* (s. d.), die *Andrie*, eine grosse, den Männergesang leitende F., die *Spondia* (s. d.), die pytische F. (s. d.), die *Kitharistris*, mit welcher das Spiel der Kithara zugleich gepflegt wurde, die *Chorike*, beim dithyrambischen Gesang zu verwenden, *Paratrites* (s.), *Embaraterie*, eine zum Marsch der Krieger erklingende F., die dactylische ., zum Tanze verwerthet, die **Hochzeitsflöte**, eine ungleiche Doppelflöte, deren Schallröhren Oktaven gaben, die **tragische F.**, zu den Chören der Tragödien gespielt, die *Lysiode* (s. d.) und die *Hemiope* (s. d.). — Die .n der Griechen, den ägyptischen nachgebildet, zeigen nur die eigene Vervollkommnung: Anwendung von Klappen zur Deckung von Tonlöchern, neben dem häufigeren Gebrauch von Blättern zum Anblasen der Röhre. Auch die Doppelflöte war im alten Aegypten wie in Griechenland in Gebrauch und erlebte an letzterer Stätte manche Umformung; dieselben berührten jedoch die ursprüngliche F.natur derselben wenig. Der chinesische Gebrauch der Tonwerkzeuge als Vertreter der Naturkräfte, die alle nacheinander zur Ehre des höchsten Wesens erst einen Ton geben mussten, ehe die Menschenstimme mit dem einsylbigen erläuternden Worte vereint, den Klang in genauester Höhe zu geben die Aufgabe hatte, führte zur Erfindung mehrerer eigenartig gebildeter F.n als verschiedene Repräsentanten von Naturkräften. An den andern Culturstätten genügte eine geringere Gattungszahl der F.n, deren Artenzahl jedoch bedeutender wurde, weil in der Kunst Tonfolgen, deren Elemente Beziehungen zu einander besassen, gedacht, von den F.n dargestellt und von der Menschenstimme mit Worten vereint, nachgesungen wurden, die zusammenhängend gegeben werden mussten. Mit der Ausbreitung des Christenthums

wurde der Gesang auf lange Zeit fast ausschliessliches Eigenthum der Kirche, und
ein Gesangkundiger übernahm die Aufgabe, welche der F. bei den Griechen oblag.
Dadurch verloren im Abendlande die daselbst bisher bekannten Instrumente der
Griechen ganz ihre bisherige Anwendung und ihren Werth. Alle Arten der F.
verschwanden nach und nach, und von den Gattungen blieben nur zwei erhalten.
Die gerade unmittelbar anzublasende F. der Griechen freilich gerieth zuerst, wahrscheinlich der schweren Tonzeugungsart wegen, im Abendlande in Vergessenheit,
aber es erhielt sich und dem Musiksinn der Zeit genügte auch die sehr leicht zu
intonirende *F. à bec* (s. d.). Die gerade mittelst Blätter zu intonirende F., deren
Klang leichter zu erzielen war, und die eine interessante Tonschattirung bot, erhielt sich volklich in einer in ihrer Construktion sehr vereinfachten Art: der
Schalmey (s. d.), die später zur Erfindung anderer ähnlicher Instrumente z. B.
der Oboe (s. d.), des Fagotts (s. d.) etc. führte. Die Querflöte scheint ebenfalls im Abendlande ausser Gebrauch gekommen zu sein, denn sie verlor gänzlich
ihre frühere Vollkommenheit. Dies beweisen auch die musikgeschichtlichen Nachrichten aus der frühesten christlichen Zeit. Cassiodor im 5. und Isidor von Sevilla
im 7. Jahrhundert führen noch die F.n als bekanntes Blasinstrument an, doch schon
im 12. und 13. Jahrhundert kennen weder die Kirche, noch die Menetriers, die
Troubadours und Minnesänger die F.n als brauchbares Tonwerkzeug in der Kunst.
Nur die »varenden Leut«, jene von Burg zu Burg zu den Festlichkeiten der Dienst-
leute ziehenden Spielleute, schätzten und verwendeten auch wohl noch zuweilen
die F. Erst mit der Entstehung stehender Heere gewahrt man die Querflöte wieder allgemeiner in Gebrauch kommen, wo sie, fast als neue Erfindung betrachtet,
in einfachster Gestalt zuerst in Frankreich bei den Schweizerregimentern mit der
Trommel vereint, zur Marschmusik Anwendung fand, und in Folge dessen den
Namen »Schweizer-Pfeife« (s. d.) erhielt. Diese Benennung, wie die gleichzeitige französische: »*Flûte allemande*«, beweisen, dass man in beiden Ländern
glaubte, mit einer neuen Instrumenterfindung zu thun zu haben, über deren Erfindungsstätte man jedoch in Zweifel war. Bald hierauf scheint man der F. wieder
mehr Beachtung auch von Seiten der Kunst zugewandt zu haben, denn obwohl
von S. Virdung und M. Agricola im Anfange des 16. Jahrhunderts noch die Schweizer-
Pfeife genannt wird, giebt der erstere in seiner 1511 zu Strassburg erschienenen
Schrift: »Gesang aus Noten in die Tabulatur der Flöten etc. transferiren zu lernen«
schon Nachricht über die damals gebräuchlichen F.n. Ferner wurde um diese Zeit
in Italien eine Anweisung die F. zu spielen gedruckt: »*S. G. del Fontegara la quale
insegna di suonare di Flauto etc.*« (Venedig, 1535). Jene Zeit hatte die Eigenheit,
von jeder Instrumentgattung kleine und grössere Arten zu schaffen, um damit
Harmonien von gleicher Klangfarbe hinzustellen, auch auf die F. ausgedehnt und
für den Kunstgebrauch Discantflöten (s. d.), deren Tonreich mit d^1 begann,
Alt- und Tenorflöten (s. d.) (wahrscheinlich nur in der Mensur verschieden)
deren tiefster Ton g war, und Bassflöten (s. d.), welche die Klänge von d bis d'
boten, geschaffen. Die Schweizer-Pfeife wurde Anfangs in einem Stück aus Buchsbaum oder Ebenholz gefertigt, erhielt sechs Tonlöcher und gab eine diatonische
Tonfolge von d^2 bis d^3 und die *fis²*, *gis²* und *cis³* genannten Klänge neben f^2, g^2
und c^3 durch Gabelgriffe (s. d.), welche Klänge alle eine Oktave tiefer notirt
wurden. Den sechs Tonlöchern fügte man in Frankreich zuerst, dem Schallloche
zunächst, ein siebentes hinzu, das mittelst einer Klappe, die der kleine Finger der
rechten Hand regierte, behandelt wurde. Da diese Form der F. aus einem Stück
unbequem zu transportiren war, so fertigte man sie bald aus drei Theilen an: dem
Kopfstücke, dem Mittelstücke und dem Füsschen genannt, von welchem
letzteres das Loch mit der Klappe besass; später theilte man noch das Mittelstück
in zwei Hälften. Um nicht allerorts gleiche Stimmung regte dazu an, ein Mittel
zu finden, ohne Nachtheil für die Intonation dasselbe Instrument für jede Stimmung
brauchbar zu machen. Man hatte entdeckt, dass ein Ausziehen der Mittelstücke
in Bezug auf Erniedrigung der Stimmung sich oft als ausreichend erwies, aber
doch ebenso oft die Intonation wankend machte, weshalb man sich zur Veränderung

der Stimmung in der Länge verschiedener Mittelstücke zum Einsetzen, ähnlich dem Bogen der Hornbläser, bediente, welche an Zahl mit der Zeit zunahmen, so dass Trommlitz in der zweiten Hälfte des 18. Jahrhunderts deren sieben als nothwendig erachtete. Gleichzeitig fast hatte man auch entdeckt, dass man durch ein am Fussstücke eingeschobenes Röhrchen, Register genannt, durch welches nach Wunsch die Schallröhre etwas verlängert werden konnte, die Stimmung der F. in Reinheit zu erniedrigen vermochte. Ganz abweichend von diesen Mitteln, eine kleine Veränderung der Stimmung einer F. zu bewirken, war die zu diesem Zweck von dem Flötenvirtuosen Quantz 1752 entdeckte und empfohlene Pfropfschraube (s. d.). So nennt man einen im Kopfende der F. befindlichen Pfropf, der mittelst einer Schraube nach Belieben in seinem Verhältniss zum Anblaseloch gestellt werden kann. Sie ist auch noch heute, da Wissenschaft und Praxis ihre Wirkung als durchaus zuverlässig bestätigt haben, als einziges Mittel zur Intonirung der F. in Gebrauch. Die Wissenschaft nämlich hat es zum Gesetz erhoben, dass das Rohr einer Querflöte oberhalb des Anblaselochs noch eine Schallröhrenverlängerung haben muss, die in einem bestimmten Verhältniss zu dem mit Tonlöchern versehenen Theile stehen muss, wenn eine reine Stimmung erzielt werden soll. Dies richtige Verhältniss lässt sich durch die Pfropfschraube leicht aufs Genaueste feststellen: beim Gebrauch kürzerer Mittelstücke stellt man den Kork ferner und bei der Anwendung längerer näher dem Anblaseloch und betrachtet die Stellung des Korks als richtig, wenn die Töne d^1, d^2 und d^3 rein klingen. In vollendetster Form freilich wäre die reine Intonation der F. durch eine Pfropfenschraube nur dann zu erzielen, wenn das ganze Schallrohr derselben sich ausziehen liesse, wie Kautschuck, so dass auch jedes Tonloch sich in verhältnissmässiger Weise vom Anblaseloch entfernte. Da jedoch das Ohr für sehr kleine Tonabweichungen unempfänglich, so ist diese vollendetste Form zu erreichen gerade keine Nothwendigkeit. Auch die Anwendung verschiedener Mittelstücke, um die Stimmung der F. nach Wunsch zu ändern, ist in neuester Zeit aus dem Gebrauch geschwunden, welche zu ersetzen man von dem Kopfende, dem Mittelstücke zunächst, das Röhrentheil so einrichtet, dass es durch Ausziehen verlängert werden kann; diesen Röhrentheil nennt man Ziehkopf (s. d.). Die F.n in neuester Zeit bestehen somit aus vier grösseren Theilen: dem Kopfstück, zwei Mittelstücken und dem Füsschen. Von diesen Theilen werden öfter das untere Mittelstück und das Füsschen als ein Stück gebaut, besonders wenn die F. tiefer als bis d^1 geht; das Kopfstück aber ist immer in drei Theile zerlegbar: in die Pfropfschraube, das Röhrentheil mit dem Anblaseloch und den Ziehkopf. Wenn man die Schweizer-Pfeife schon mit einer Klappe, der dis-Klappe, sehr frühe antrifft, so währte es doch lange Zeit, was theilweise in der Musikentwickelung im Abendlande, theilweise in der Bedeutung der F. in der Kunst überhaupt seinen Grund hatte, bis man zur Anbringung noch mehrerer Klappen bei der F. schritt. Einige Autoren schreiben sogar die Erfindung der dis-Klappe erst dem Virtuosen Quantz (1720—73 in Blüthe) zu, was jedoch bestimmt als Irrthum zu betrachten ist. In welcher Folge die Klappen bei der F. und durch wen dieselben erfunden sind, ist theilweise unbekannt, nur scheint es, als wenn die Vorliebe des Königs Friedrich II. von Preussen für die F. der Vervollkommnung dieses Instruments besonders förderlich gewesen wäre, und dass seitdem besonders die F.nvirtuosen ihr Instrument mit Klappen bereicherten. Als derartige Erfindung vor dieser Zeit wird nur berichtet, dass J. J. Quantz in Paris im Jahre 1726 eine zweite Klappe an der F. angebracht habe (vgl. Burney's musikalische Reisen Band III, Seite 137), dass ferner G. Hoffmann 1740 eine neue Klappe an der F. erfand und J. Wilde um dieselbe Zeit eine Klappe der F. zufügte, die den Ton derselben dem einer Schalmey ähnlich machte. Besonders aber trat eine Bereicherung der F. mit Klappen in den siebziger und achtziger Jahren des 18. Jahrhunderts ein, in welcher Zeit vor allen sich J. H. Ribock und der englische Virtuose J. Tacet durch ihre Bestrebungen hervorthaten; ersterer durch Verbesserung der Klappen überhaupt, worüber er auch belehrende Schriftchen: »Bemerkungen über die Flöte und Behandlung derselben« und »Ueber die bessere Einrichtung der Flöte« betitelt, herausgaß, und letzterer durch die Erfindung der *gis-*, *fis-*, *b-* und *c*-Klappe, nebst einer längeren *c-* und *cis*-Klappe. Auch die Bemühungen des Virtuosen und Flötenbauers J. G. Trommlitz, 1760, der der F.nconstruktion ebenfalls eine ausserordentliche Aufmerksamkeit zuwandte, fallen in's Gewicht, obgleich nicht gerade eine bestimmte Erfindung demselben zugeschrieben wird. Im 19. Jahrhundert kamen ausser der später aufgeführten von Th. Böhm tief in die F.nfabrikation eingreifenden Verbesserung, auch manche absonderliche Bestrebungen in Bezug auf die F. und deren Behandlung zu Tage, die jedoch meist mit der Zeit wieder der Vergessenheit anheimfielen, wie die Erfindung einer F., die mit einer Hand gespielt werden konnte. Dieselbe wurde im J. 1815 vom ersten Oboisten der Carlsruher Hofkapelle, Ehrhard, der zugleich Instrumentbauer war, gemacht. Diese Erfindung ist wahrscheinlich nur einem zufälligen Bekanntwerden mit einer früher gebräuchlichen derartigen F. zuzuschreiben. In Flandern und Burgund hatten nämlich in der zweiten Hälfte des 18. Jahrhunderts einige Regimenter Trommlercorps, die mit einer Hand die Trommel und mit der andern eine F. behandelten, welche F. einer noch jetzt in Südfrankreich vom niedern Volke seit sehr früher Zeit her gepflegten F. mit drei Tonlöchern nachgebaut gewesen sein soll. Als Erfindung anderer Art wäre ferner zu verzeichnen, dass Anton Bayr, Professor an dem Conservatorium zu Wien, in den dreissiger Jahren, Doppeltöne auf der F. hervorbringen erfand. Auch von der Erfindung einer zu seiner Zeit als ganz neu erachteten F. wird berichtet, die F. N. Kappeller, Mitglied des Münchener Hoforchesters, im J. 1810 machte; C. M. v. Weber beschreibt und rühmt dieselbe in der Leipziger allgemeinen musikalischen Zeitschrift des Jahres 1811 p. 377. Noch mag hier erwähnt werden die Erfindung eines Flöten-Patent-Mundstücks von W. Wheatstone, worüber G. Weber in der Cäcilia Band 9 p. 126 Nachricht giebt, so wie die Empfehlung Biot's, den Aufschnitt der F. mittelst eines beweglichen Labiums zu verkleinern. In demselben Bande der Cäcilia p. 120 findet sich auch ein Aufsatz über die *c²-* und *b¹*-Klappe der F. von demselben Autor. Wenn auch noch ausser diesen theilweisen positiven Bemühungen, die F. zu verbessern, manche dasselbe anregende Aufsätze im Laufe dieses Jahrhunderts in Fachblättern eine Stelle fanden, wie z. B. in der Leipziger allgemeinen musikalischen Zeitung des Jahres 1803 p. 609 u. f.: »Ueber die Fehler der bisherigen F.n, nebst Vorschläge zu ihrer Verbesserung«; ebenda 1807 p. 97 u. f.: »Bruchstücke aus einem noch ungedruckten philosophisch-praktischen Versuche über die Natur und das Tonspiel der deutschen F.« von Dr. Joh. H. Liebeskind; ebenda 1825 p. 709 u. f.: »Etwas über die F. und das F.nspielen« von Fürstenau; ebenda 1828 p. 97 u. f.: »Für F.nspieler bemerkenswerthe Stellen aus dem Buche: *A word or two on the Flute etc.*«, übersetzt und mit Anmerkungen versehen von L. Greuser und andere, so hat doch nichts auf die Gestaltung der jetzt gebräuchlichen F.n einen solchen Einfluss geübt, als die akustische Reorganisation derselben durch Th. Böhm (s. d.). Die noch zu Lebzeiten Böhm's durch Chladny (s. d.) als besondere Wissenschaft gelehrte Akustik (s. d.), mit deren Gesetzen derselbe sich vertraut gemacht hatte, befähigte ihn mehr wie irgend einen seiner Vorgänger, Verbesserungen an der F. vorzunehmen. Einige der von Böhm verwertheten akustischen Gesetze und deren Einwirkung auf die neuere Bauart der F. seien hier angeführt. Böhm machte während seines letzten Aufenthalts in London, in den dreissiger Jahren, die Bekanntschaft des berühmten englischen F.nvirtuosen Nicholson, und fand, dass der Ton seiner F. weniger Kraft besass, als der von Nicholson's ganz gleich construirten F.; die seinige war aus Ebenholz, die Nicholson's aus Kokosholz. An seiner Behandlung der F. lag dies nicht, denn auf dem englischen Instrumente brachte er dieselben markigen Klänge hervor wie Nicholson. Er fertigte deshalb später seine vorzüglichsten Instrumente aus Kokosholz an und glaubte den Grundsatz daraus herleiten zu müssen, dass je härter das Material, desto kräftiger der Ton. Auch in Bezug auf die Beschaffenheit der Röhrenwände fand er, dass deren Stärke von hervorragendem Einfluss auf die Tonbildung sei, denn aus gleichem Holz, nur wenig dicker als zur besten Tonzeugung nöthig, gefertigte Röhren gaben dumpfe, etwas dünnere als die nor malen, schreiende Töne. — **Die Bohrung der Schallröhre,** welche man im Alterthume nur so kannte, wie sie die Natur gab, d. h. also beinahe cylindrisch, war im Abendlande, besonders in Frankreich und Deutschland verschieden. Im ersten Lande gab man den F.n eine enge Mensur und eine etwas konische Bohrung, um dadurch die höheren Töne des Instruments und die Ueberschlagungen leichter zu erzielen. In Deutschland hingegen fertigte man weiter mensurirte F.n, um den tieferen Klängen derselben mehr Kraft zu verleihen, an. Möglich, dass dadurch die Benennung *Flûte allemande* entstand. So lange die F. als Soloinstrument vorzüglich beliebt war, wurden die deutschen den französischen F.n vielfach vorgezogen, doch als dies Instrument immer mehr auf die Stellung im Orchester seinen Schwerpunkt legen musste, verschwand der Unterschied der Mensur und Bohrung, indem man überall dahin strebte, von der zweiten Oktave ab bis zur Höhe hin die Klänge der F. recht voll zu erhalten. Man gab deshalb der F. überall eine mittlere Mensur und eine konische Bohrung; dem Anblaseloch zu war die Weite des Conus. Geschichtlich wird der Instrumentbauer Denner in Nürnberg, gestorben 1707, als derjenige genannt, der diese dem S c h w e g e l (s. d.) oder der S c h w e i z e r - P f e i f e entlehnte Bohrung zuerst einführte. Quantz, Trommlitz und alle späteren Flöten-Virtuosen und -Fertiger erklärten, dass diese Bohrung die dem Instrumente vortheilhafteste sei; in neuerer Zeit ist dieselbe ebenfalls ausschliesslich im Gebrauch. Böhm machte auch in dieser Beziehung selbstständige Versuche, indem er eine F. mit cylindrischer Röhre baute, die nur oberhalb der Tonlöcher nach dem Mundloche hin sich etwas verjüngte. Auf solchem Rohre brachte er mittelst gleichweiter Tonlöcher die Klänge hervor und erzielte dadurch, dass nicht allein die Töne voller und kräftiger als auf anders construirten F.n erschienen, sondern dass auch die Tonnüancirungen, ohne dass die Tonfarbe oder Stimmung sich änderte, bei gleicher Anblasung viel reicher erschienen. Schafhäutl in seinem Bericht über die musikalischen Instrumente auf der londoner Ausstellung 1865 äussert sich in Bezug hierauf über Böhm's Fabrikate: »Es klingt nach dem Urtheil Sachverständiger eine Holzflöte nach altem System neben einer Böhm'schen Metallflöte, wie ein alter Wiener Flügel neben einem Broadwood'schen«. Und dennoch hat die Neuzeit diese Vorzüge zu bewahren nicht für nothwendig erachtet. Eine Einführung Böhm's jedoch ist von nachhaltigerer Wirkung geblieben. Aeltere F.n gaben, die sechs Tonlöcher von unten herauf geöffnet, die Klänge e^1, fis^1, g^1, a^1, h^1 und cis^2. Um f^1 zu geben, öffnete man das fis^1 gebende Tonloch und schloss das für e^1. Durch ähnliche Griffe, G a b e l g r i f f e (s. d.) genannt, wusste man auch die Töne gis^1, b^1 und c^2 herauszubringen, indem man zugleich durch etwas stärkeres Blasen den Ton ein wenig trieb, oder durch grössere Deckung des Mundlochs mit den Lippen etwas tiefer zu geben verstand. Die neueren F.n haben für alle chromatischen Töne ebenfalls Tonlöcher, die so lange durch Federdruck mit Klappen geschlossen erhalten werden, bis der Ton hervorgebracht werden soll. Die Tonzeugung ist dadurch vereinfacht und der Ansatz nicht mehr so oft zu ändern nöthig, sodass nur in sehr seltenen Fällen ein Künstler die älteren Griffe in Anwendung bringen wird. Die **Stellung der Tonlöcher** hängt bis heute noch von einer gewissen Willkür des Fertigers ab, indem ein Tonloch dem Mundloch näher gerückt und enger gebohrt dieselbe Wirkung hervorbringt, als wenn eines weiter gebohrt und dem untern Ende der F. näher gerückt wird. Stärker und heller erklingt jedoch der Ton einer F., wenn dieselbe weite Tonlöcher hat, weshalb schon G. Weber vorschlug, das e^1-Loch tiefer zu rücken und weiter zu machen, um diesem Tone seine Dumpfheit zu rauben. Böhm opferte die Gabelgriffe und suchte durch möglichst weite Tonlöcher der F. einen mächtigeren Klang zu verleihen. Die geschlossenen Klappen der chromatischen Töne wandelte er theilweise in offene um und bewirkte deren Behandlung durch die von ihm erfundenen R i n g k l a p p e n (s. d.), deren Angriffe als Ringe die Tonlöcher umschliessen und von denen ein offenes Tonloch deckenden Finger mitregiert werden. Dies scheinbar complicirte Griffsystem verhinderte lange dessen Verbreitung, es wurde jedoch von der französischen Akademie empfohlen, bald Allgemeingut. Man sieht aus diesen Andeutungen, dass die Applicatur der

F. in gewisser Beziehung einfach sein muss. Dieselbe jedoch zu beschreiben, ist schwer und es empfiehlt sich deshalb eine gute F.nschule oder einen Flötisten zu Rathe zu ziehen. Es sei nur darauf aufmerksam gemacht, dass die leichte Bildung von Wellenabtheilungen in der Schallröhre, die zur Hervorbringung der Obertöne (s. d.) der F. nothwendig sind, oft erfordert, von den Normalgriffen abzuweichen. An Stellen nämlich, wo Schwingungsknoten (s. d.) entstehen, muss die Schallröhre geschlossen, an denen jedoch, wo Schwingungsbäuche (s. d.) sich bilden, die Welle in der Röhre wo möglich mit der Aussenluft in unmittelbarer Verbindung sein. In den Artikeln Aliquottöne (s. d.) und Akustik (s. d.) ist das Gesetz, nach dem einer offenen Röhre durch Hervorbringung der Theilung der Schallwelle, was durch stärkeres Anblasen bewirkt wird, ausser dem Grundton, noch dessen Oktave, die Quinte der Oktave, die Doppeloktave, die Terz, Quinte und kleine Septime nach der Doppeloktave, die dritte Oktave u. s. f. abgewonnen werden kann, näher erläutert. Längere, enge und vielfach gewundene Schallröhren zeigen sich der Bildung von selbstklingenden oder Obertöne zeugenden Wellenabschnitten sehr günstig, während sie die tönende Erregung der grössten und grösseren Schallwelle, oder die Hervorbringung des Grundtones und der ersten Aliquottöne schwer zulassen. Umgekehrte Resultate bieten kurze, eng mensurirte gerade Röhren. Die F., eine Schallröhre letzter Ordnung, hat somit den Grundton und die ersten Obertöne in bester Art, während die höheren weniger leicht zu erzielen, aber doch vorhanden sind. Um nun die Obertöne etwas leichter zu erhalten, baut man die F. mit einer konischen Bohrung. Die Obertöne der F. mit dem Grundton c^1 bietet folgende Tabelle, in der die am leichtesten von denselben hervorzubringenden, welche in der Praxis meist allgemeine Verwerthung finden, durch Cursiv-Schrift kenntlich gemacht sind:

Tabelle der

Grundtöne und	Obertöne						siebenter Reihe.
	erster	zweiter	dritter	vierter	fünfter	sechster	
c^1	c^2	g^2	c^3	e^3	g^3	b^3	c^4
cis^1	cis^2	gis^2	cis^3	f^3	gis^3	h^3	
d^1	d^2	a^2	d^3	fis^3	a^3	c^4	
dis^1	dis^2	b^2	dis^3	g^3	b^3		
e^1	e^2	h^2	e^3	gis^3	h^3		
f^1	f^2	c^3	f^3	a^3	c^4		
fis^1	fis^2	cis^3	fis^3	b^3			
g^1	g^2	d^3	g^3	h^3			
gis^1	gis^2	dis^3	gis^3	c^4			
a^1	a^2	e^3	a^3				
b^1	b^2	f^3	b^3				
h^1	h^2	fis^3	h^3				
c^2	c^3	g^3	c^4				
cis^2	cis^3	gis^3					

Auch der Ansatz bei der F. ist von grosser Bedeutung für eine edle Tonzeugung. Der Spieler muss nämlich das Anblaseloch höchstens bis zur Mitte hin mit den Lippen decken, wenn der zu schaffende Klang wahrhaft schön erscheinen soll. Diese Lippenstellung, mit Festigkeit immer bewahrt, giebt dem F.nbläser volle Gewalt über das ganze Tonreich seines Instruments; er vermag dadurch sowohl jede getragene wie jede schnelle Tonfolge in vollkommenster Weise auszuführen. Wenn durch alles vorher Gesagte hindurchzuleuchten scheint, dass die Theorie der F. für den Fertiger beinahe als Formel zu erachten ist, welche alle Verhältnisse derselben in genauester Weise bietet, so lehrt doch die Praxis, dass dem bis heute nicht so ist. Die Wissenschaft ist noch weit hinter der Praxis zurück, indem viele Nebenrücksichten von dem Wege, den die Theorie vorschreibt, ablenken. Die Missverhältniss zwischen Theorie und Praxis tritt jedoch nicht sehr störend in der

Kunst des F.nbaues hervor, indem überhaupt die mit dem Hauche anzublasenden Tonwerkzeuge nicht die Genauigkeit in Bau, wie die Orgelpfeifen, erfordern, weil der Bläser durch Modificirung der Intonirung und der Deckung des Mundlochs im Stande ist, viele Mängel des Baues der F. auszugleichen. Ja, wie der Gebrauch des Athems, der Lippenbau und andere Factoren des F.nspiels sich bei jedem Menschen fast in eigenthümlicher Weise vorfinden, so tritt in der Jetztzeit auch fast jede F. als ein mit besondern Eigenheiten ausgestattetes Tonwerkzeug uns entgegen, das nur in inniger Verschmelzung mit seinem Bläser erst seinen wahren Werth in der Kunst sich erwirbt. Man findet deshalb häufig, dass Meister Instrumente, welche ihren Eigenheiten sich besonders entsprechend erweisen, bevorzugen und noch in Kleinigkeiten eigens umbauen lassen, und dass diese Instrumente, wenn sie in andre Hände kommen, in Ton und Intonation durchaus nicht das bieten, was man sonst an ihnen zu bewundern gewohnt war. Wie die F.n des hohen Alterthums gruppenweise die Vertretung einer Naturkraft übernahmen, und wie die griechischen, die gleichzeitigen assyrischen und ägyptischen F.n nur als Leiterinnen der Menschenstimmen in verschiedenen Tonreichen gebraucht wurden: so ist jede F. der Jetztzeit fast als ein Individuum zu betrachten, das in gefühlten Tongaben mit dem nur ihm entsprechenden Spieler zusammen geschätzt zu werden vermag. Diese Subjectivität behauptet die F. auch in der Vereinigung mit andern Instrumenten. Im Orchester liegt der F., welche gewöhnlich d^1 als Grundton hat, in hervorragender Weise die Darstellung der oberen Stimme ob, wenn diese der hohen Frauenstimme in ihrer Färbung ähnlich gewünscht wird. Meist werden hierzu zwei grosse, oder eine grosse und eine kleine, Piccoloflöte (s. d.) genannt, deren Grundton gerade um eine Octave höher erklingt, angewandt. Die zwei grossen F.n werden, gesondert in sich harmonische Intervalle gebend, verwerthet, wenn sie dieselben in lieblicher Weise zur Geltung bringen sollen. Bei Fortesätzen jedoch setzt man wohl beide grosse F.n im Einklang, oder lässt von einer die Melodie blasen und bestimmt, dass der andere Flötist dieselbe Tonfolge auf der Piccoloflöte, also um eine Octave höher erklingend, gebe, damit der F.n Tongabe im grossen Tonkörper in gehöriger Kraft erscheine. In chorischen Vorführungen der Instrumentgattungen des Orchesters erscheinen die F.n stets in Gemeinschaft mit den Oboen, Clarinetten oder Fagotts. Setzt man alle zusammen, so finden die F.n ihre harmonische Ergänzung gewöhnlich theilweise durch die Oboen oder Clarinetten, öfter sogar in der tieferen Octave nur verdoppelt, um der Tonfolge der F.n nicht allein eine grössere Schärfe, sondern auch eine eigene Klangmischung zuzufügen. Die F. im Orchester so verwerthet, dass man an den Klängen derselben ein besonderes Wohlgefallen haben soll, empfiehlt die dieselbe in leise ausgeführten Streichinstrumentalsätzen einzeln hören zu lassen, welcher Anwendung, wenn den Streichinstrumentsätzen hin und wieder accordische gedehnte Pianosätze, durch tiefere Blechblaseinstrumente ausgeführt, gegeben werden, man noch einen erhöhten Reiz verleihen kann. Ausser dem Orchester der F. auf längere Zeit ein Interesse abzugewinnen, ist nicht Jedermann's Sache, weshalb die Vereinigungen von zwei, drei oder vier Flötisten, die zu eigenem Genuss mehrstimmige Sätze spielen, und die längere Zeit besonders in Deutschland stärker als sonst wo vertreten waren, immer seltener, und Compositionen für solche Ensembles fast gar nicht mehr geschaffen werden. Die im Mittelalter gebräuchlich gewesenen F.arten sind in neuerer Zeit ganz verschwunden und haben Neuschöpfungen Platz gemacht. Die sonstigen d^1-F.n, so genannt, weil ihr Tonreich, von d^1 bis a^3 gehend, mit d^1 begann, sind in die grosse F. umgeformt worden. Dieselbe zeigt meistens kein gesondertes Fuss- und unteres Mittelstück, sondern dieser Theil der Schallröhre ist aus einem Stück gefertigt und besitzt unten drei offene Klappen, h-, c^1- und d^1-Klappe genannt. Durch diese Schallröhrenverlängerung wird der Grundton dieser F. h und durch sonstige Einrichtungen hat man es erreicht, alle chromatischen Klänge von h bis c^4 durch diese F. geben zu können. Die Zahl der Klappen der grossen F. schwankt zwischen fünf bis zwölf. Das im Orchester verwerthbare Tonreich derselben beginnt erst mit d^2, ist bis zur höchsten Höhe brauchbar und wird wie es erklingt, notirt. Die Octavflöte oder der Piccolo ist der grossen F. in jeder Beziehung gleich, nur, wie gesagt, klingen die Töne eine Octave höher wie die der grossen F., werden jedoch ebenso notirt. Obgleich man aus allen Tonarten auf diesen F. zu blasen vermag, so sind doch die nächstverwandten Tonarten von D-dur die dankbarsten. Da in der Militärmusik vorzüglich die Es-Stimmung der Instrumente herrschend ist, so hat man zu Gunsten dieser Musikart auch Es-F. gebaut und zwar grosse es^1- und kleine es^2-F. Ueber Bau, Verwerthung und Behandlung derselben gilt das Vorhergesagte. Ausser diesen F.arten findet man noch eine sogenannte Terz- oder f^1-F. und eine Octavterz- oder f^2-F. in Gebrauch, deren Tonreich von f^1 bis c^3 resp. f^2 bis c^4 geht; notirt wird dasselbe ebenso wie das der es^1-F., nämlich, als ob diese Instrumente c zum Grundton hätten. Uebersichtlich die Notirung der gebräuchlichen F.n zusammengestellt, würde folgende Aufzeichnung geben:

für die grosse Flöte geschrieben: [Notenbeispiel]   klingt: [Notenbeispiel]

für die Octav- oder Piccoloflöte.   geschrieben: [Notenbeispiel]   klingt: [Notenbeispiel]

für die es^1-Flöte geschrieben: [Notenbeispiel]   klingt: [Notenbeispiel]

für die es^2-Flöte geschrieben: [Notenbeispiel]   klingt: [Notenbeispiel]

für die f^1-Flöte geschrieben: [Notenbeispiel]   klingt: [Notenbeispiel]

für die f^2-Flöte geschrieben: [Notenbeispiel]   klingt: [Notenbeispiel]

Die in den dreissiger Jahren dieses Jahrhunderts sehr beliebten sogenannten Liebesflöten (s. d.), Flûtes d'amour, deren Grundton b war, so wie die Quartflöte (s.d.), welche mit g^1 in der Tiefe begann, so wie auch die vom Professor Bayr in Wien erfundene und vom dortigen Instrumentbauer Koch gefertigte g-Flöte oder Panaylon, welche, wie die Tenorflöte des Mittelalters, g als tiefsten Ton hatte, sind jetzt fast nirgends mehr bekannt. Es erübrigt nur noch zu bemerken, dass alle F. die gehaltenen Töne, so wie die schnellsten Passagen und Triller auszuführen geeignet sind, und ausser diesen Vorzügen vor manchen andern Tonwerkzeugen noch eine oftmalige Wiederholung ein und desselben Tones leicht gestatten, die man durch den Zungenstoss (s. Zunge) hervorbringt. Vor den Werken der neueren Zeit, die sich ausführlicher über das Wesen der F. ergehen, ist Th. Böhm's: »die F. und das F.nspiel in akustischer, technischer und artistischer Beziehung« (München bei Joh. Aibl) auszeichnend, anzuführen. Ausser Böhm haben sich noch rühmlich viele andere deutsche Instrumentenmacher hervorgethan, von denen nur Schaufele in Stuttgart, Streitwolf in Göttingen, Peuckert und Sohn in Breslau und Wernicke in Berlin erwähnt seien. Auch sehr geschätzte Virtuosen auf diesem Instrument haben seit längerer Zeit die Aufmerksamkeit der europäischen Kunstwelt auf sich gezogen, von denen hier angeführt seien: Belcke Berbiguier, Berens, Bogner, Botgorschek, Briccialdi, Ciardi, Devienne, Doppler, Dothel, Dorus, Drouet, Fürstenau, Gabrielsky, Gebauer, Heindl, Heinemeyer, Keller, Knorr, Köhler, Kuhlau, Kummer, Prinz, Rémusat, Scholl, Tulou, de Vroye u. A. Von den zahlreichen Schulen für F. sind die von: Bayr, Berbiguier,

Devienne, Drouet, Hugot, Wunderlich, Müller, Vanderhagen und die des Pariser Conservatoirs als die bemerkenswerthesten zu bezeichnen. C. Billert.

Dann nennt man auch eine Orgelstimme:

Flöte (in der Orgel), wofür die italienische Benennung *Flauto* und die französische *Flûte* bisher mit verschiedenen Zusätzen für besondere Arten dieser Stimme fast ebensohäufig in Deutschland in Gebrauch waren, und ausserdem noch einige andere Namen, die aus der Verstümmelung der fremdländischen entstanden sind, wie: *Flet, Fletna, Flut* u. A. Von diesen Stimmen, die meist im Manual geführt werden, hat man in einer Orgel gewöhnlich mehr als eine, damit es dem Spieler möglich wird, Mannichfaltigkeit der Klänge in den Vorspielen stattfinden zu lassen und den als *Cantus firmus* (s. d.) gespielten Gemeindegesang schwach begleiten zu können. Zu diesem Behufe werden die F.nstimmen meist einem besondern Manuale zuertheilt und auch dem Pedal eine 5 oder 2,5 metrische F. einverleibt. Von den ins Manual gesetzten F.n ist die Mehrzahl 1,25, wenige 2,5 metrich gebaut. Am besten klingen dieselben, wenn sie aus Birnbaumholz gemachte Körper erhalten; seltener findet man sie mit Metallkörpern gefertigt, indem der Klang der Metallkörper weniger dem des gleichnamigen Blasinstruments gleichkommt. Die Körper dieser Stimme, welche aufrechte oder umgekehrte konische Bohrung erhalten, sind entweder offen, halb- oder ganz gedeckt und werden zuweilen, nicht wie andere Labialpfeifen durch einen Kern (s. d.), sondern von der Seite durch ein rundes F.mundloch angeblasen. Die erste Nachricht von dieser Anblasungsart der F.n gab Adlung in seiner »musikalischen Gelahrtheit« Seite 534, indem er mittheilt, dass der Orgelbauer Knaut aus Buddelstädt etwa im Jahre 1780 zu Erfurt in der Petersorgel und einige Jahre darnach Wagner in der dortigen Michaeliskirche derartige Stimmen gearbeitet haben. Die Pfeifen dieser Stimme, meist eng mensurirt und mit engem Aufschnitt versehen, neigen dieser Eigenheiten wegen sehr zum Ueberschlagen (s. d.), weshalb man sie in der obern Octave häufig so baut, dass sie nur überschlagend zu ertönen zu bekommen sind. Eine andere Art der F. wird aus hölzernen, doppelt so langen Pfeifen gebaut, als sie ihrer wirklichen Tongabe nach haben müssten, die ebenfalls eng mensurirt werden und einen engen Aufschnitt erhalten, damit sie alle sich überblasen. Um das Ueberblasen der Pfeifen ganz sicher zu bewirken, theilt man den Körper in sieben Theile und bohrt am Ende des dritten dieser Theile vom Labium (s. d.) ab ein Loch, dessen Grösse zu erproben ist, durch den Körper. Die Arten der F.n, welche als Orgelstimme gebaut werden, sind beinahe unbestimmbar, da die geringste zufällige Bauabweichung oft einen Klang erzeugt, den der Orgelbauer als neue Erfindung betrachtet und, danach ein ganzes Register fertigend, unter besonderm, oder als verbesserte Form unter schon bekanntem Namen einführt. Man sieht hieraus, dass Unterschiede in der Struktur, Mensur und Intonation der F.npfeifen auf deren Klangfarbe bedeutend einwirken, und dass man je nachdem die verschiedensten Benennungen erhalten kann. In den besondern Artikeln sind die wesentlichsten derartigen Unterschiede hervorgehoben. C. B.

Flöte à bec (franz.: *Flûte à bec* oder *Flûte douce*, ital.: *Flauto dolce*) oder **Flachflöte** nannte man im 18. Jahrhundert ein noch zuweilen in der Kunst gebrauchtes Holzblasinstrument mit sieben Tonlöchern auf der einen und eins, welches der Daumen behandelte, auf der andern Röhrenseite, dessen Blüthezeit wohl im 16. und 17. Jahrhundert anzunehmen ist. Man intonirte dies Instrument, indem man einfach Luft am obern Röhrenende durch einen schmalen Spalt in dasselbe bliess. Dieser Spalt wurde dadurch geschaffen, dass man das obere Rohrende mit einem Kerne (s. d.) versah, der nur an einer Seite, wo die Tonlöcher befindlich, einen schmalen Theil der Schallröhre offen liess, durch welchen beim Blasen Luft bis in die Schallröhre gelangte. An dem der Schallröhre zugewandten Ende des Kerns hatte die Schallröhre ein Loch, dessen der Spalte entgegengesetze Seite geschärft war. Gegen diese Scheide getriebene Luft nun bildete ein Geräusch, und die Schallröhre diente als Multiplicator der in dem Geräusch sich kundgebenden, dem Eigenton entsprechenden Theile desselben. Um nun bei der Intonirung diese Flöte, welche gerade gehalten wurde, bequem zwischen die Lippen stecken zu können, schnitt man das Rohr nach der Spalte hin spitz zu, was, da es hierdurch die Gestalt eines Vogelschnabels erhielt, zu ·der Benennung *Flûte à bec*, d. i. Schnabelflöte, führte. Der Umfang dieser F. erstreckte sich von f^1 bis g^3; dieselbe hatte alle chromatischen Klänge innerhalb dieser Region, welche man durch eine eigene Applicatur erzielte, indem man, um die Halbtöne zu schaffen, Gabelgriffe (s. d.) und Griffe, bei denen Tonlöcher zur Hälfte gedeckt wurden, anwandte. Um die Octavirung zu erleichtern, öffnete man das Daumenloch. Die Töne, welche durch Halbdeckung der Tonlöcher hervorgebracht wurden, hatten stets einen dumpferen Klang als die andern, und es war somit das Tonreich dieser F. ein in sich in´ der Klangerscheinung sehr ungleiches. Die Notirung geschah im Violinschlüssel und zwar in *C*-dur, weshalb die wirklichen Klänge um eine Quarte tiefer verzeichnet werden mussten. Am geeignetsten zur Darstellung durch dies Instrument waren Tonfolgen in *C*- und *F*-dur. In der Blüthezeit dieser F., als man weniger darauf achtete, wie der Ton von einem Instrumente gegeben werden konnte, sondern nur darauf bedacht war, dass man von gleichen Klängen einen Accord (s. d.) herzustellen vermochte, schuf man auch mehrere Arten dieser F., welche mit dem Gattungsnamen Ploch-, Plock-. oder Block-F. bezeichnet wurden. Als Arten unterschied man: die Bassf. oder den F.nbass (s. d.) genannte, deren Töne von *F* bis d^1 gingen, die Tenorflöte (s. d.), welche die Klänge von *B* bis g^1 besass, die Altf., die um eine Octave höher als die Bassf. stand und die Discantf., deren Tonreich nicht immer ein gleiches war. Die beiden tiefern F.narten mussten wegen der Grösse ihres Körpers, und damit die unteren Tonlöcher von den Fingern der rechten Hand erreicht werden konnten, mittelst einer krummen Röhre intonirt werden, die wie das *Es* (s. d.) des Fagotts gestaltet war; auch hatte das unterste Tonloch eine Klappe. Die beiden kleineren F. hatten das untere Tonloch doppelt. Je nachdem man mit der rechten oder linken Hand die unteren Tonlöcher behandelte, verwerthete man das linke oder rechte von denselben und verstopfte das andere mit Wachs. Ob die F. à bec eine im Abendlande selbständig gemachte Erfindung ist, oder ob sie allmälig dort aus der geraden ägyptischen entstand, oder erst eingeführt wurde, ist bisher nicht ermittelt. Dass aber selbst in vorhistorischer Zeit schon in Europa diese F.ngattung bekannt gewesen, beweist ein von Lartet in einer Erdschicht mit vorhistorischen Thierknochenresten zusammen gefundenes derartiges Instrument. Diese F. ist aus einem dem Mittelfussknochen des Rennthiers entnommenen Stücke gefertigt. Dass sie auch in sehr früher Zeit an andern Culturstätten bekannt und gepflegt wurde und schon eine mehrfache Gestaltung erhalten hatte, ist bekannt. In Indien, in dem Lande, das nur diese F.ngattung kennt, sieht man den Gott Krischna auf sehr vielen alten Bildern in Pagoden, dieselbe spielend dargestellt. Die bekanntesten der indischen F., welche jedoch kein System, weshalb sie gerade so gebaut wurden, aufweisen, sind: die jetzt nur noch wenig in Gebrauch sich befindende *Bansuli* oder *Banse* genannte F. mit acht Tonlöchern, dann die *Alghosah* geheissene, ein Flageolet mit sieben Tonlöchern, und die *Bilancojel* (s. d.) genannte. Ausser Indien haben besonders die Hebräer diese Instrumentgattung gepflegt. Sie hatten nach einem bestimmten System geschaffene verschiedene Arten der F., die zugleich über die Anwendung derselben Aufschluss gaben: Männer-, Knaben- und Jungfernf.n. Siehe Hebräische Musik. Im Abendlande hat die F. à bec in der Kunst gar keine Bedeutung mehr, nur als Spielzeug für Kinder hat sie sich erhalten. — Ueber die Orgelstimmen, welche die Klänge dieser F.n nachahmen sollten, s. Blochflöte, Dolzflöte u. s. w.

C. B.

Flötenbass oder **Bassflöte** (ital. *Flautone*) nannte man im 17. Jahrhundert eine Querflöte so wie eine Flöte à bec (s. d.) oder Flachflöte; letzterer Tonreich ging von *F* bis d^1. Diese Flöte wurde ihrer Grösse wegen, und um der rechten Hand eine bequeme Lage zu geben, wie der Fagott (s. d.), vermittelst einer gekrümmten Röhre angeblasen. Die Neuzeit kennt dies Tonwerkzeug wie die gleichbenannte Querflöte (s. Flöte) nicht. — In der Orgel nennt man ein Register, das dies Blasinstrument nachahmen soll, ebenfalls F. oder Bassflöte. Dies Register wird 5 metrig, häufiger 1,25 metrig aus Holz, bald offen, bald gedeckt gebaut und im Pedal geführt. Dasselbe heute noch zu disponiren, ist nicht zu empfehlen, da es, schwach erklingend, nichts zur Klarheit der Basstöne beizutragen vermag, sondern bei vollem Werke gänzlich verschwindet, bei schwacher Registrirung aber leicht harmonische Klangübel hervorbringen kann. O.

Flötenpfeifen als Gesammtheit aller Flötenstimmen in der Orgel, s. Flötenwerk.

Flötenstimme nennt man eine durch mehrere Octaven gehende Orgelstimme, deren Pfeifen auf einer Windlade stehen. Alle Pfeifen dieser Stimme erhalten gleiche Construktion und Intonation. Die Construktion derselben ist darin eigenartig, dass alle Pfeifen unter dem Labium (s. d.), über dem Kerne (s. d.) einen Aufschnitt (s. d.) haben, durch welchen der Wind in die Schallröhre gelangt. O.

Flötenuhr ist der Name eines Spieluhrwerks mit Flötenregistern. Der Erfindung dieses mechanischen Apparates um 1779 ging die Harfenuhr um ein Jahrhundert voran, deren viele Mängel, wozu häufige Verstimmung zählte, erst auf die Construktion der F. führten, welche auch das Feld behaupteten. In der ersten Gestalt bestand die F. einfach aus einer gedeckten Flötenstimme mit hölzernem Pfeifenwerk; später jedoch kam, um den musikalischen Ausdruck zu variiren und zu beleben, noch ein offenes Flötenregister von verschiedener Grösse, dem Principalwerke einer Orgel ähnlich, hinzu. Der Mechanismus selbst besteht, wie bei der Drehorgel, aus einer Walze, welche durch eingeschlagene Stifte die Ventile der Pfeifen öffnet und entweder durch eine Federkraft oder durch ein Gewicht mit den Blasbälgen zugleich in Bewegung gesetzt wird.

Flötenwerk nennt man die Flötenstimmen (s. d.) einer Orgel als Gesammtheit. Auch findet sich diese Benennung für eine Orgelabtheilung, in der nur Flötenstimmen vorhanden sind, oder für ein nur mit Flötenstimmen versehenes Positiv (s. d.), oder endlich für ein durch Drehung einer Walze mittels Kurbel oder Uhrwerkzeug behandeltes Tonwerkzeug, was nur Flötenstimmen enthält. Letzteres wird häufiger Flötenuhr (s. d.) genannt. O.

Floportus oder Flobertus, gelehrter Mönch und Scholastiker zu St. Mathias bei Trier, gestorben um 985, hat ein Buch, betitelt: »*De compositione monochordi*« geschrieben.

Floquet, Etienne Joseph, beliebter französischer Operncomponist, geboren am 25. Novbr. 1750 zu Aix in der Provence, erhielt als Chorknabe an der Maitrise der Kirche St. Sauveur den üblichen Musikunterricht und zwar mit solchem Erfolge, dass eine von ihm im 11. Lebensjahre geschriebene Motette Aufsehen erregte. Seit 1769 in Paris, trat er ausserordentlich glücklich 1773 mit der Musik zu dem Ballet »*L'union de l'amour et des arts*«, weniger erfolgreich jedoch 1774 mit der Oper »*Azolan*« hervor. Von dem Verlangen getrieben, sein reiches und bereits anerkanntes Talent gründlicher auszubilden, als dies bisher geschehen war, ging er nach Italien und übergab sich zunächst der Leitung Sala's in Neapel, sodann der des Padre Martini in Bologna und wurde, als er dort ein Bewunderung erregendes *Te deum* für zwei Chöre und zwei Orchester geschrieben hatte, zum Mitgliede der philharmonischen Akademie ernannt. Er kehrte 1777 nach Paris zurück, wo er ein Jahr später seine Oper »Hellé« aufführte, die jedoch schnell wieder verschwand, welche Scharte er durch den »*Seigneur bien faisant*« auswetzte, dessen Frische und Natürlichkeit allgemein ansprach. Nun folgte bis 1781 eine Oper nach der anderen von ihm: »*La nouvelle Omphale*«, »*La Cinquantaine*«, »*Bathille et Théodore*« und dadurch kühn gemacht, reichte er seine »*Alceste*« ein, welche jedoch die naheliegende Vergleichung mit Gluck's gleichnamigem Meisterwerk nicht bestand und sofort nach der Probe ihm zurückgeschickt wurde. Diese bittere Erfahrung, nach anderen Nachrichten ein ausschweifendes Leben, beschleunigte seinen frühzeitigen Tod, der am 10. Mai 1785 zu Paris erfolgte.

Flor, Christian, berühmter deutscher Orgelspieler und Componist, als Organist an der Johannes- und Lambertskirche zu Lüneburg angestellt, starb im J. 1692 daselbst. Von ihm haben sich erhalten: mehrere fünfstimmige Hochzeitsgesänge mit Begleitung von zwei Violinen und einem Basso cont., (Hamburg, 1656) und der Choral »Auf meinen lieben Gott«, mit umgekehrtem Contrapunkt fürs Clavier gesetzt (Hamburg, 1692), dessen Melodie jedoch älteren Ursprungs ist. Am bekanntesten wurden von F. seine zwei Theile Melodien zu Johann Rist's »musikalischem Seelenparadiese«, (Lüneburg, 1660 und 1662). Ausser den bisher im Choral üblichen Tonarten sind in diesem Werke auch *Es-*, *As-*, *E-* und *H-*dur, sowie *F-*, *B-*, *Des-* und *Fis-*moll vertreten. Ungewöhnlich und störend aber ist besonders der häufige Wechsel der Taktarten, deren er alle möglichen anwandte. Er räth in seiner von Rist in der Vorrede des zweiten Theils vorgesetzten Vertheidigungsschrift: »Dem die Abwechselung des Taktes nicht gefällt, der mache lauter Choralnoten davor« und ist auch der Meinung, dass seine Melodien nicht zu schwer wären, »es möchte denn einer sein, der nicht gewohnt, sich der Chromatischen recht zu gebrauchen«. Wenngleich nun F. bei einigen seiner Melodien sich auch in den alten Kirchentonarten gehalten hat, so ist doch nur eine der 164 Choralweisen, nämlich die zu dem Text »Recht wunderbarlich ward gebauet« (*d b a g fis d g fis g g*) in den allgemeinen kirchlichen Gebrauch gekommen. — Johann Georg F., wahrscheinlich ein Nachkomme des vorhergenannten F., war im J. 1720 Organist an derselben Kirche. Vgl. Mattheson's Anhang zu Niedten's Mus.-Handl. zur Variat. des G. B. S. 192. †

Florencio, Francisco Agostino, spanischer Musikgelehrter, der in der letzten Hälfte des 18. Jahrhunderts in Madrid lebte, hat veröffentlicht: »*Crotalogia, o cilucia de las Castañuelas etc.*« (Madrid, 1792).

Florentius (Florenzio), gelehrter italienischer Priester und Musikschriftsteller aus dem 15. Jahrhunderte, schrieb kurz vor dem J. 1492 einen Musiktraktat in 3 Büchern, die wieder in mehrere Kapitel abgetheilt sind. Dieser Traktat führt den Titel: »*Florentii Musici Sacerdotisque ad illustrissimum et amplissimum Dominum et D. Ascanium Mariam SF (Sforziam) liber musices incipit*« und handelt im Wesentlichen: *De laudibus, virtute, utilitate et effectu musices. — Quid sit musica, undeque dicatur. — De tribus musices generibus. — Quid vox, undeque dicatur et quot ejus species. — Quomodo in manu musices litteris vocesque ordinantur. — De mutationibus. — De signis acumen gravitatemque significantibus et eorum officio. — — Quare in b fa — mi non fit commutatio. — De modis. — De cognoscendis Antiphonis et aliis cantibus ecclesiasticis. — De modo figurando notulas. — De conjunctis. — De compositione. — De neuma et calentia. — De cantu figurato etc.* Das Manuscript ist elegant auf 95 Pergamentblätter in Folio geschrieben, das Titelblatt sehr zierlich ausgemalt und mit kleinen Figuren aus der Schule des Leonardo da Vinci umgeben, wovon eine das Portrait des berühmten Malers, der sich damals in Mailand aufhielt, enthält, die Noten, die Guidoni'sche Hand und andere in der Schrift vorkommende musikalische Zeichen sind fast durchgehends vergoldet. Das Manuscript befand sich noch im J. 1823 in der Bibliothek des Marchese Gian Giacomo Trivulizio zu Mailand. M—s.

Florez, Enriquez, spanischer Gelehrter, geboren 1701 zu Valladolid, gestorben 1773 zu Madrid, gab (1747 bis 1770) eine umfangreiche, 28 Bände starke Kirchengeschichte heraus (der letzte Band erschien nach seinem Tode), in deren drittem Bande, von Seite 360 an, er Nachrichten über die gottesdienstliche Musik in Spanien unter der Ueberschrift »*De antiqua missa hispanica seu officio mozarabico*« giebt.

Floriani, Christoforo, italienischer Kirchencomponist, geboren zu Ancona im Anfange des 17. Jahrhunderts, gab fünf- und sechsstimmige *Psalmi vespertini* und zwei Theile Messen, von denen der erste Theil 4-, 5- und 6stimmige, und der zweite 8stimmige enthält, heraus. †

Florido, Francesco, italienischer Kirchencomponist, lebte um die Mitte des

17. Jahrhunderts als Kapellmeister an San Giovanni in Laterano zu Rom und hat in der Zeit von 1647 bis 1664 zu Venedig verschiedene Sammlungen Motetten, Offertorien, zwei Salve regina und Litaneien veröffentlicht.

Floridus (lat.) s. **Fleurtis**.

Florillo, Carlo, italienischer Componist aus der römischen Schule, der zu Anfange des 17. Jahrhunderts zu Rom lebte und ein Buch fünfstimmiger Madrigale (Rom, 1616) veröffentlicht hat.

Florimo, Francesco, italienischer Componist und Musikgelehrter, geboren 1806 zu San Giorgio di Polistina im Neapolitanischen, erhielt seine gründliche musikalische Ausbildung seit 1818 bei Tritto, Zingarelli, Elia und Furno auf der königl. Musikschule zu Neapel. Seinen gelehrten Neigungen zusagend, wurde er 1826 zum Bibliothekar der Musikschule San Pietro in Majella zu Neapel ernannt, woselbst in der grössten Unordnung zahlreiche Schätze der Musikliteratur aufgehäuft lagen, welche durch ihn geordnet und dem Gebrauche zugänglich wurden. Eine Frucht dieser Beschäftigung war die Sammlung und Herausgabe vieler Hefte von Canzonetten und süditalienischen Volksliedern älterer und neuerer Zeit. Von F.'s eigenen Compositionen sind Sinfonien, Ouvertüren, Cantaten, Kirchenstücke, Canzonetten und Romanzen zu nennen. Eine Sammlung kleiner, zum Theil in der That reizender Gesangstücke mit Pianofortebegleitung, unter dem Titel »Ore musicali« und eine von ihm verfasste grössere Gesangschule haben seinen Namen auch über die Gränzen seines Vaterlands hinaus vortheilhaft bekannt gemacht. — Unter gleichem Namen wird auch noch ein älterer italienischer Tonsetzer, Giovanni Andrea F., genannt, der zu Ende des 17. Jahrhunderts Servitermönch und Kirchenkapellmeister zu Bologna war und 1683 einige Sammlungen seiner geistlichen Concerte veröffentlicht hat.

Florio, Giovanni, italienischer Contrapunktist des 16. Jahrhunderts, von dessen Arbeiten handschriftlich in der königl. Bibliothek zu München »Missae 5 et 6 vocum« sich finden. Madrigale von ihm enthält die Sammlung »Il trionfo di Dori« (Venedig, 1596).

Florio, Pietro Grassi, italienischer Flötist, war bis zum J. 1756 als Flötist in der Dresdner Hofkapelle angestellt. Des Kriegs wegen entlassen, ging er über Paris nach London, wo er 1795 im grössten Elend starb. — Sein Sohn G. F., hat sich als Reisegefährte und Günstling der Mara auf deren Reisen um 1803 fast in ganz Europa bekannt gemacht. Derselbe war gleichfalls Flötist und hat auch in der Composition sich versucht, wovon Quartettos for the Flute, bei Broderip in London erschienen, Duetts for the Flute, op. 3 und 4, ebenda bei Clementi herausgekommen, sowie für die Mara geschriebene Arien Zeugniss ablegen. Er starb um 1810 in London. †

Florisset, s. **Billington**.

Floristo, Ignazio, italienischer Operncomponist aus der ersten Hälfte des 18. Jahrhunderts. Laborde nennt von ihm als 1738 aufgeführt, die Oper »Artimene«.

Florius, Gregor, Contrapunktist aus der Mitte des 16. Jahrhunderts, von dessen Arbeiten sich ein Gesang »Emma carbunculi in ornamento auri etc.« im ersten Theile des Lechner'schen Motettenwerks befindet. — Ein Namensgenosse, Jacob F., lebte als Musiker zu München und hat nach der Bibl. class. des Draudius »Cantiones sacrae quinque vocum etc.« (Löwen, 1573) veröffentlicht. Unter dem Namen Floris kennt man von ihm aus demselben Jahre und demselben Druckorte: »Modulorum aliquot tam sacrorum quam profanorum cum tribus vocibus liber unus.«

Floroni, italienischer Componist, der um die Mitte des 18. Jahrhunderts in Mailand lebte. Reichardt, der von seiner italienischen Reise eine achtstimmige Messe desselben mitbrachte, erwähnt seiner in der Berl. musikalischen Monatsschrift S. 68.

Florschütz, Eucharius, rühmlichst bekannter deutscher Componist, geboren 1757 zu Lauter bei Coburg, trieb frühzeitig Clavier- und Orgelspiel, componirte nicht lange darauf fleissig, namentlich für Violine und Flöte und zählte bereits um

1780 zu den beliebtesten Instrumentalcomponisten jener Zeit. Ein Versuch, als Operncomponist ebenfalls zu gefallen, misslang; seine Operette »der Richter und die Gärtnerin«, 1792 in Lübeck aufgeführt, hatte keinen bleibenden Erfolg, und F. beschränkte sich in der Folge neben instrumentalen Arbeiten mit um so grösserem Glück auf die Composition kleinerer Gesangstücke für Kirche und Haus. Er war mittlerweile Organist an der Jacobskirche in Rostock geworden und starb als solcher 1820. — Von seinen im Druck erschienenen Compositionen sind die Clavierstücke und unter diesen besonders Fugen und vierhändige Sonaten beachtungswerth; seine Duette und Trios für Violino und Flöte blieben Manuscript. Unter den Kirchenstücken wurde die Bearbeitung des Klopstock'schen »Aufersteh'n, ja aufersteh'n« sehr gelobt und von seinen Liedern ist das oft variirte »Zu Steffen sprach im Traume« sogar berühmt geworden.

Flotho — C oder Flothoton, s. Flatterton.

Flotow, Friedrich Freiherr von, berühmter deutscher Operncomponist, wurde am 27. April 1812 auf dem seiner Familie gehörigen Rittergute Rentendorf im Grossherzogthum Mecklenburg geboren. Sein Vater, ein gewesener preussischer Rittmeister, liess den Sohn auf's Sorgfältigste erziehen und wissenschaftlich wie musikalisch trefflich ausbilden, damit derselbe, wohl vorbereitet in die diplomatische Laufbahn treten könnte. Auf Reisen in Begleitung des Vaters sah F. 1827 Paris, und das dortige musikalische Leben machte einen so tiefen Eindruck auf ihn, dass er denselben bat und schliesslich auch bewog, ihn in Paris die Tonkunst studiren zu lassen. Er trieb nun auf's Eifrigste und Erfolgreichste Clavierspiel, Gesangstudium und Musiktheorie, letztere bei Reicha. Seinen weiteren Aufenthalt in Paris unterbrach die Julirevolution von 1830, und er kehrte nach Hause zurück, wo er seine ersten selbstständigen Werke, meist im Kammermusikstyl, schrieb und dieselben auch überaus freundlich aufgenommen sah. Aussicht auf Ruhm winkte ihm jedoch nur, wie er wohl einsah, auf der Bühne, und um als Operncomponist auch im Vaterlande anerkannt zu werden, bedurfte er der Legitimation von Paris her. Er begab sich deshalb mit einigen Partituren abermals dorthin, vermochte aber als noch gänzlich unbekannter Ausländer keine Aufführung derselben durchzusetzen und musste sich vorerst damit begnügen, dieselben auf Privattheatern der Aristokratie dargestellt zu sehen. Auf solche Art kamen sein Erstlingswerk »Pierre et Cathérine«, dessen Textbuch auch schon Adam componirt hatte, und in weiterer Folge »Rob Roy« und »La duchesse de Guise« zur Aufführung. Erstgenannte Oper fand auch bald darauf in Ludwigslust am Mecklenburgischen Hofe beifällige Aufnahme; eine andere Jugendoper F.'s »die Bergknappen«, auf den bekannten Text von Theod. Körner componirt, scheint jedoch liegen geblieben zu sein. Die Frische der Melodien und der anmuthig-heitere Sinn, der sich in allen genannten Werken aussprach, erweckten in den hohen Kreisen solche Theilnahme, dass ihm 1838 der Direktor des neu entstandenen Théâtre de la Renaissance die Composition der Genreoper von Cogniard »Le naufrage de la Méduse« übertrug, deren erster Akt von Piloty bereits componirt war, so dass F. noch die Musik für die folgenden drei Akte übrig blieb. Dieses 1839 mit dem lebhaftesten Beifall aufgenommene Werk erlebte in Jahresfrist 54 Aufführungen an jener Bühne und machte F.s Namen mit einem Schlage vortheilhaft bekannt. Von Friedrich in's Deutsche übersetzt, sollte diese Oper in Hamburg gegeben werden, als der grosse Brand daselbst 1842 dies Vorhaben vereitelte und Buch sowohl wie Partitur zugleich vernichtete. F. hat später dieselbe neu componirt und unter dem Titel »die Matrosen« zu Weihnachten 1845 in Hamburg zur Aufführung gebracht, von wo aus sie auf mehrere andere deutsche Bühnen überging. In der Zwischenzeit aber hatte der schnell emporgekommene deutsche Componist in Paris schon mehrere andere Werke herausgebracht, zunächst »Le forestier«, Text von Saint-Georges, 1847 in Wien unter dem Namen »der Förster«, 1848 in London als »Leoline« und in einer Umarbeitung für die Grosse Oper in Paris 1846 abermals als »l'âme en peine« mit vielem Beifall gegeben. Hierauf folgte in der Pariser Opéra comique, deren Pforten sonst so schwer sich dem Ausländer öffnen, am 1. December 1843 »l'esclave de Camoëns« und dieser komischen Oper zunächst, in Gemeinschaft mit Friedr. Burgmüller und Deldevez componirt, das Ballet »*Lady Harriet*«, dessen Stoff Friedrich später für das Textbuch der berühmt gewordenen Oper »Martha« benutzte. Friedrich war auch der Dichter des »Alessandro Stradella«, der in Paris mit F.'s Musik allgemeine Anerkennung fand, am 30. Decbr. 1844 bereits in Hamburg erschien, um über alle Bühnen Deutschlands zu gehen und auch in seinem Vaterlande den grossen Ruhm und die Popularität seines Componisten fest zu begründen. Von nun an durfte F. auf gesicherter Basis es wagen, von der Heimath aus seine Opern in die Welt zu führen, und dass ihm dies gelang, bezeugt bereits die folgende: »Martha, oder der Mägdemarkt von Richmond«, welcher, nachdem sie zuerst in Wien am 25. Novbr. 1847 gegeben worden war, ein jubelnder Empfang auf allen Gesangbühnen der Erde zu Theil wurde und die ihren fast unerhörten Erfolg beim Publikum aller Zonen noch heutigen Tages behauptet. Während der Revolutionszeit von 1848 und 1849, die er auf seinem Familiengute in Mecklenburg in Zurückgezogenheit verlebte, schien F. mit musikalischen Arbeiten zu feiern, denn erst am 19. Novbr. 1850 erschien er wieder mit einer Oper, diesmal im königl. Opernhause zu Berlin, welche »die Grossfürstin« betitelt war und Charlotte Birch-Pfeiffer zur Textverfasserin hatte. Eine grössere Verbreitung hat dieses, viele anmuthige Züge aufweisende Werk, hauptsächlich wohl seines specifisch preussischen Colorits wegen, nicht gefunden. Einen den vorangegangenen Hauptwerken näher kommenden Erfolg errang überhaupt zunächst nur noch 1853 die romantische Oper »Indra«, Text von Gust. zu Putlitz, während »Rübezahl« (1854), »Hilda« (1855) und »Albin« (1856), letzterer auch als »Müller von Meran« aufgeführt, beinahe spurlos vorübergingen und in der That nach keiner Seite hin einen Fortschritt des begabten Schöpfers der »Martha« aufweisen. Im J. 1856 wurde F. von seinem Landesherrn zum Intendanten der Hofmusik und des Hoftheaters in Schwerin ernannt und stand diesem Amte sehr umsichtig und geschickt bis zu Anfang des Jahres 1863 vor, zu welcher Zeit er nach Paris übersiedelte, um nochmals von dort aus und zwar wiederum mit grossem Glück die Opernbühnen zu beziehen. Während seiner Amtsperiode in Schwerin hat er Gelegenheitscompositionen, aus denen u. A. eine sehr effectvolle Jubelouvertüre und ein Fackeltanz hervorragen, ferner die hübsche und charakteristische Musik zu der Dingelstedt'schen Bearbeitung von Shakespeare's »Wintermärchen« und endlich die kleine Buffooper »*La veuve Grapin*« geschaffen. Die letztgenannte war für das Theater seines Freundes Offenbach in Paris bestimmt und wurde auch daselbst 1859 mit Beifall, an einigen Bühnen Deutschlands dagegen ohne Erfolg gegeben. Dasjenige Werk aber, das nochmals den Ruhm des Componisten der »Martha«, vorzüglich im Auslande, lebhaft auffrischte, war die 1869 von der Pariser *Opéra comique* zuerst aufgeführte Oper »*l'ombre*«, welche an ihrer Geburtsstätte ungeheuren Beifall fand und mit unvermindertem Erfolge auf die Opernbühnen Frankreichs, Belgiens, Spaniens und Italiens überging. Nur Deutschland hat sich bis jetzt auch dieser Partitur F.'s gegenüber zurückhaltend gezeigt; auf den wenigen Theatern, die sie unter dem Namen »Sein Schatten« aufführten, hat sich diese Oper nicht zu halten vermocht. Sie erfordert allerdings Sänger und Schauspieler ersten Ranges, wie sie auf deutschen Bühnen kaum noch angetroffen werden. F. selbst lebt seit 1868 auf einem ihm gehörigen Landbesitzthum bei Wien und nimmt im Winter einen bald längeren, bald kürzeren Aufenthalt in Wien oder Paris. — F. hat die heitere Kunst mit reicher Begabung, grossem Talent und hervorragendem Geschick cultivirt. Seine Opern zeichnen sich aus durch üppige melodische Erfindung, gewählte Harmonie, Fluss, scharfen Rhythmus, ferner durch überaus gefällige und anmuthige Formen und durch pikante Instrumentation. Wenn man diese Vorzüge, die F. im seltenen Masse besitzt, auch freudig anerkennen darf, so muss doch zugegeben werden, dass seinen Schöpfungen die tiefere Wahrheit abgeht und dass die immer schimmernde und glänzende Oberfläche auf die Dauer keinen Ersatz für diesen Hauptmangel bietet. Damit hängt zusammen, dass seine Musik überwiegend mehr französisch gefallsüchtig und effektvoll als deutsch gründlich und zurückhaltend ist. Je weniger aber die lyrische und komische Oper in Deutschland seit Kreutzer und Lortzing hervorragende Tondichter aufzuweisen hat, um so mehr muss F. als Hauptvertreter dieser Richtung anerkannt und geschätzt werden, und in den grossen und allgemeinen Beifall, den er sich bei allen Nationen errungen hat, darf auch unverhohlener als es bis jetzt geschehen ist, die Kunstkritik mit einstimmen. — Ausser den schon genannten Opern und Gelegenheitswerken hat F. noch Ouvertüren, Claviertrios, Duos für Pianoforte und Violoncello (letztere mit Offenbach gemeinschaftlich), Lieder und Romanzen, von denen jedoch nur einige der letzteren weitere Verbreitung gefunden haben, geschaffen.

Flotwell, Cölestin Christian, musikkundiger deutscher Geistlicher, geboren gegen Ende des 17. Jahrhunderts zu Königsberg in Preussen, studirte in Jena und wurde in seiner Vaterstadt um 1714 Magister und Dom-Diaconus, als welcher er 1759 starb. Als musikalischer Schriftsteller gilt er, weil er zwei seiner Predigten, die von genauer Bekanntschaft mit musikalischen Dingen zeugen, veröffentlicht hat, die eine, am Grabe des Cantors Schwenckenberger (1714) gehalten, die andere, betitelt: »Ein wohlgerührtes Orgelwerk, als eine Anreizung zur Frucht des Geistes u. s. w.« (Königsberg, 1721). Der letzteren gedenkt Mattheson in seiner Ehrenpforte mit vieler Wärme.

Floyd, John, englischer Tonkünstler, war aus Wallis gebürtig, brachte es zum Baccalaureus der Musik und wurde als Kapellmeister Heinrich's VIII. in London angestellt. Als solcher wallfahrtete er nach Jerusalem, starb jedoch bald nach seiner Rückkehr am 3. April 1523 zu London.

Fludd, Robert, oder **Robertus de Fluctibus**, englischer Mediciner und Alchymist, geboren zu Milgate in der Grafschaft Kent im J. 1574 und als Arzt zu Oxford am 8. Septbr. 1637 gestorben, hat in sein Buch: »*Historia utriusque Cosmi*« (Oppenheim, 1617) eine Abhandlung, betitelt: »*Templum musices, in quo Musica universalis tanquam in speculo conspicitur*« aufgenommen. Walther giebt in seinem Lexikon einen genaueren Bericht über dies Werk. Vgl. auch *Hawkins Hist. of Music V. IV p.* 166 — 172. †

Flügel oder **Clavicymbel** (lat.: *Clavicymbalum*, franz.: *Clarissin* oder *Clavecin*, ital.: *Cembalo* oder *Clavicembalo*), ist der Name eines in seiner Urform jetzt kaum noch gekannten Tasteninstruments, dessen mechanische Bestandtheile meist in einem horizontal ausgebreiteten, auf Füssen ruhenden Kasten von der oberflächlichen Gestalt eines länglichen rechtwinklichen Dreiecks sich befanden; die Tastatur war an der kleinsten Schenkelseite im Kasten. Die Hypothenusenseite des Kastens wurde gewöhnlich nach innen etwas ausgeschweift, wodurch die obere Flächengestalt des Instruments der eines ausgebreiteten Vogelflügels ähnlich wurde, nach welcher Gestalt denn das Instrument auch seinen Namen erhielt. Dies Tonwerkzeug, das am meisten ausgebildetste einer Instrumentgattung, die einer nur ihr eigenen Tonerregungsart halber merkwürdig ist, befindet sich jetzt, wie alle andern Arten dieser Gattung, z. B. Spinett (s. d.) und Virginal (s. d.), ausserhalb des Kunstgebrauchs. Wie man im Alterthum die Saiten mittelst eines Plektrums (s. d.) zum Erklingen brachte, so wurden die Saiten dieser Instrumentgattung durch kleine, mittelst Mechanik regierte, aus Rabenkielen geformte Zungen, die auf Docken (s. d.) sassen, gerissen. Dies Instrument ist wahrscheinlich in der frühesten Zeit, wo Tasteninstrumente für den häuslichen Gebrauch Bedürfniss wurden, construirt worden, und man nimmt gewöhnlich die erste Hälfte des 16. Jahrhunderts als die Erfindungszeit desselben an. Da Niemand bekannt geworden ist, der zuerst einen F. gebaut hat, so ist anzunehmen, dass man allgemein durch das damals sehr verbreitete *Cymbal* oder **Hackebrett** (s. d.) allmälig auf die mechanische Construktion dieser Instrumentgattung, und so auch auf die des F.'s kam. Die erste Nachricht von einem F. giebt eine alte Notiz, welche von dem berühmten Tonsetzer Zarlino (s. d.) berichtet, er habe um's J. 1548 eine Temperaturverbesserung an demselben vorgenommen. Der F. war also in seiner Grundeinrichtung um diese Zeit schon Allgemeingut und scheint bis zu Ende des 17. Jahrhunderts fast immer gleich gebaut worden zu sein, nur dass man zuweilen höchstens Temperaturverbesserungen erstrebte. Später jedoch, besonders im Laufe des 18.

Jahrhunderts, hat man, um den steigenden Kunstansprüchen und dem Zeitgeschmacke Genüge zu thun, vielfach Verbesserungen des F.'s vorgenommen, von
denen die bekanntesten hier aufgewiesen seien. Pichelbeck, ein Engländer, wird
als der erste Verbesserer des F.'s 1724 genannt. Seine Verbesserung bestand jedoch nur in Zufügung eines Flöten-, Trompeten- und Paukenzuges zu dem sonst
unveränderten Tonwerkzeug. Diese Zufügung aber, dem damaligen Zeitgeschmacke
besonders entsprechend, erregte in weiten Kreisen Aufmerksamkeit und fand allgemeine Anerkennung. Mehr das Wesen des F.'s berührend war die Verbesserung
durch den Orgelbauer und Instrumentfertiger Wiklef, welche um's J. 1740 bekannt wurde. Er wandte zu seinem F. statt der Rabenkiele kleine Messingfedern
an, da diese dauerhafter waren. Diese Verbesserung scheint jedoch in der Folge
ihrer Klangfarbenbeeinflussung halber nicht gepflegt worden zu sein. Bis zum
J. 1780 hin, welche Zeit als die der Blüthe dieses Tonwerkzeugs angesehen werden
kann, scheint fast jeder Instrumentbauer von einiger Bedeutung es als Nothwendigkeit betrachtet zu haben, seinem Fabrikate etwas Besonderes beizufügen, und die
Annahme, dass eine Unzahl kleiner Verschiedenheiten, die der Allgemeinkenntniss
verloren gegangen sind, damals bei den F. an der Tagesordnung war, wird durch
die hier folgenden näher beachteten F.einrichtungen fast zur Gewissheit. Im
J. 1764 wurde ein F. bewundert, den die Gebrüder Wagner in Schmiedefeld mit
einem Pianozug und einem Flötenregister gebaut hatten. 1768 baute Pascal Tasquin zu Paris F., in denen er statt Rabenkiele Büffelhaut verwandte, um dadurch
einen volleren Ton zu erzielen. Dies Instrument ist unter der Benennung: *Clavecin
à peau de buffle* (s. d.) bekannt geworden. 1770 erregte Mercia, ein Mechaniker zu London, mit einem F., der Trompeten und Pauken führte, grosses Aufsehen. Alle bisherigen Verbesserungen in Bezug auf Tonzeugung, Klangverschiedenheit und sonstigen Kling-Klang scheint jedoch der Instrumentbauer Milch-
mayer in Mainz einem F. einverleibt zu haben, der in der Zeit von 1780 bis 1790
bekannt wurde. Dieser F. besass drei Claviaturen und hatte 250 Veränderungen,
worunter auch ein Crescendo- und Decrescendozug. Da eine Beschreibung dieses
F.'s nicht vorhanden, es aber anzunehmen ist, dass viele der Veränderungen an
demselben damaligen Kunstansprüchen nachzukommen gestrebt haben werden, so
sei wenigstens einer F.beschreibung aus jener Zeit, nämlich Johann Samuel Hallen's »Kunst des Orgelbaues« (Brandenburg, 1789) S. 179 Einiges entnommen,
was einen annähernden Begriff vom damaligen F. giebt. »Man bezieht den F. gemeiniglich zwei- oder dreifach (dreichörig); die zweifachen geben einen Achtfuss-
(2,5 Meter-), die dreifachen zweimal 8- (2,5) und einmal 4-Fusston (1,25 Meterton).
Die vierfachen beziehet man mit zwei achtfüssigen und zwei vierfüssigen Saiten,
oder man wählet statt der einen vierfüssigen eine sechzehnfüssige (5-metrige) besponnene oder glatte Saite. Dazu sind bisweilen drei Stege (s. d.) da. Wenn sich
das Clavier auf- oder abwärts verschieben lässt, so sind oben und unten einige
Chöre Saiten mehr, als Tasten sind, angebracht, um ein Stück transponiren zu
können, da denn die halbe Docke auf der Taste ruht, und die andere Hälfte fast
bis zur Taste reicht, um die Tastatur zu verrücken, ohne die Docken zu berühren.
In einem solchen Transponirflügel ist bisweilen der ganze Ton in neun Commata
(s. d.) und die Transposition auf neun Register verändert. Oft sind zwei Claviaturen zur Bequemlichkeit da, indem die obere Tastatur unter die Vorderreihe der
Docken, und die untere Tastatur die übrigen Reihen eingreift. Oft bekommen
einerlei Saiten, bei einem Claviere, theils Dockenanschläge von scharfem Klange,
welche am Vordersteg, theils weiter davon entfernte Anschläge. Unter einigen F.n
werden besondere Pedalkörper gestellt. Am F. befinden sich also die Docken, deren
Zungen, die Tuchdämpfer, Rabenkiele (oder von wälschen Hühnern), Borsten, der
Lautenzug am Stege, den die Hand verschiebt, der Harfenzug am Vordersteg.«
Noch wäre dieser Beschreibung zuzufügen, dass der Bezug (s. d.) der F. aus Metallsaiten gefertigt wurde, die theils aus Eisen, theils aus Messing geformt waren
und selbst besponnen (s. d.) wurden, und dass die Summe derselben gewöhnlich
das Tonreich vom grossen bis zum dreigestrichenen *f* beherrschte. Aus diesen Aus-

lassungen geht auch hervor, dass die F. in damaliger Zeit sehr verschiedenartig gebaut wurden, und dass ferner die Erfindungen Wiklef's und Tasquin's keine allgemeine Anwendung fanden; letztere Erfindung war vielleicht gar nicht bekannter geworden, wenigstens scheint dies die hier zu erwähnende Verbesserung zu beweisen. Ein gewisser Hopkinson erfand 1788 zu Paris die Bekielung der F. mit Büffelhaut und die Anwendung zarter Messingfedern statt der bisher üblichen Borsten, eine Erfindung, die, wenn sie als von Tasquin herrührend bekannter gewesen wäre, niemals Hopkinson damals hätte einen musikgeschichtlichen Ruf verschaffen können. Um vollständig zu sein, sei noch erwähnt, dass Oesterlein in Berlin im J. 1792 F. mit ledernen Tangenten baute. Diese Verbesserung, die nur als eine Nachbildung der Tasquin'schen anzusehen ist, scheint den Reigen der F. verbesserungen beschlossen zu haben, denn schon im Anfange dieses Jahrhunderts findet man dies Tonwerkzeug nur noch sehr selten in Gebrauch und jetzt gehört es zu den grössten Seltenheiten. Ein wohl erhaltenes Exemplar dieser Gattung befindet sich noch im Besitz des Königs von Sachsen; der Graf von Sartiges in Frankreich besitzt einen italienischen F., der im 17. Jahrhundert gebaut ist. Das älteste Instrument und besterhaltene aber scheint das der Königin von England zu sein, von Antonio Raffo 1523 zu Venedig gefertigt. — Das gänzliche Verschwinden dieses Tonwerkzeugs bewirkte das Pianoforte, welches seit dem Ende des 18. Jahrhunderts sich andauernd unendlich vieler Verbesserungen erfreute, die demselben nach und nach zu einer mehr den Zeitanforderungen entsprechenden Tonzeugungsart verhalfen. Nur die äussere Form des F.'s pflegt man auch noch in der Neuzeit, damit zur Hervorbringung der tieferen Töne längere Saiten verwandt werden können; durch solche wird ein markigerer und vollerer Ton erzielt, als durch kürzere. In Bezug auf diese, gleichfalls F. genannten modernen Tonwerkzeuge und deren inneren Bau, welcher sie in die Gattung der Hammerclaviere verweist, s. den Artikel Pianoforte.

C. Billert.

Flügel oder Flügelröhre nennen die Fagottbläser den zwischen den Stiefel (s. d.) und Es (s. d.) genannten Instrumenttheilen befindlichen Röhrenabschnitt, der nach dem Stange (s. d) geheissenen Fagottstück zu eine etwas über diese sich ausbreitende Holzerweiterung der Röhre besitzt, in der sich die offenen Tonlöcher, welche durch die linke Hand behandelt worden, befinden. Diese Holzerweiterung scheint um deswillen eine Nothwendigkeit zu sein, damit die durch schiefe Bohrungen näher beieinandergeführten Oeffnungen der Tonlöcher, deren Struktur des längeren Weges von der Schallröhre ab auch enger als die unmittelbar in diese gearbeiteten Tonlöcher sein müssen, so angeordnet werden können, dass sie mittels der Fingerspitzen einer Hand bequem zu behandeln sind. Die Wirkung solcher Bohrungen der Tonlöcher ist in dem Artikel Blasinstrumente (Band II, S.37) eingehender besprochen. 2.

Flügel, Ernst, talentvoller Tonkünstler, geboren um 1848, lebt in Greifswald und hat ansprechende Compositionen veröffentlicht.

Flügel, Florian, katholischer Geistlicher und zugleich sehr geschickter Mechaniker, geboren um 1760 zu Martinsdorf bei Leitmeritz in Böhmen, wo sein Vater Uhrmacher war, trat, da er für den geistlichen Stand bestimmt war, in das Kapuzinerkloster seiner Vaterstadt. Später begab er sich nach Harpersdorf bei Goldberg in Schlesien, von wo aus er als Rector nach Löwenberg berufen wurde. Diese Stellung gab er, um wieder zu privatisiren, im J. 1796 auf und starb am 28. April 1824. Das vom Vater ihm überkommene mechanische Talent verwerthete er vielfältig zu Experimenten im musikalischen Instrumentenbau; er fertigte verschiedene Tonwerkzeuge, besonders Orgeln und sehr künstliche Flötenuhren an, von welchen letzteren es allgemein hiess, sie güben den englischen und Berliner Fabrikaten damaliger Zeit nichts nach. Exemplare seiner mechanischen Arbeiten finden sich noch jetzt in der Provinz Schlesien ziemlich häufig vor.

Flügel, Gustav, trefflicher musikalischer Pädagog und hochbegabter, geschickter Componist, geboren am 2. Juli 1812 zu Nienburg an der Saale, genoss den ersten praktischen und theoretischen Unterricht in der Musik seit 1822 beim

Cantor Thiele, dem Vater des ausgezeichneten Berliner Organisten, zu Altenburg bei Bernburg, in welcher letzteren Stadt er bis 1827 das Gymnasium besuchte. Auf Anrathen derer, die sein stark hervortretendes musikalisches Talent zu würdigen wussten, bezog er hierauf die Musikschule Friedr. Schneider's in Dessau und studirte bis 1830 mit Eifer und Erfolg Harmonie und Composition. In den nächsten zehn Jahren lebte er als Musiklehrer in Nienburg, Bernburg, Cöthen, Magdeburg und Schönebeck und nahm 1840 in gleicher Eigenschaft einen dauernderen Aufenthalt in Stettin. Ein Ruf als Musiklehrer am evangelischen Schullehrer-Seminar führte ihn 1850 nach Neuwied, wo er sich durch seine die Tonkunst fördernden Bestrebungen so auszeichnete, dass er 1856 den Titel eines königl. preussischen Musikdirektors erhielt. Seine sehr erfolgreiche Thätigkeit am Rhein gab er 1859 auf, um als Cantor und Organist der Schlosskirche nach Stettin zurückzukehren, in welchem Wirkungskreise er sich noch gegenwärtig befindet. — F.'s Compositionsthätigkeit war eine sehr umfassende und eine derartig ernste und gediegene, dass sie sofort die allgemeine Aufmerksamkeit sowie das Interesse der Kunstverständigen auf sich zog. Von seinen zahlreichen im Druck erschienenen Werken, 72 Opuszahlen umfassend (fast eben so viele Arbeiten finden sich nicht näher bezeichnet einzeln oder in den verschiedenartigsten Sammlungen), ragen die für Pianoforte, Orgel und für Chorgesang neben denen rein instruktiven Charakters als besonders werthvoll hervor. Ueberhaupt kennt man von F. eine Concertouvertüre in C-moll für Orchester, ein Streichquartett, 35 Hefte für Clavier (darunter 5 Sonaten), 6 für Orgel neben vielen anderen in fremden Sammlungen, 9 für eine Singstimme mit Clavierbegleitung, sowie einzeln erschienene Lieder, viele Gesänge geistlichen und weltlichen Charakters für gemischten und für Männerchor, sowie für Schulzwecke. Ferner erschien von ihm ein Choralbuch unter dem Titel: »Melodienbuch zur neuen Ausgabe des Bollhagen'schen Gesangbuchs« (Stettin, 1863) und für den Schulgebrauch: »Leitfaden für den Gesangunterricht in der Volksschule« (3. Aufl. Neuwied, 1857) und »Gesangcursus für die Oberklasse höherer Töchterschulen, Leitfaden für Gesangschülerinnen mit 100 schriftlichen Aufgaben« (Leipzig). Endlich hat F. für verschiedene musikalische und pädagogische Blätter, namentlich für die »Neue Zeitschrift für Musik« und für die »Euterpe« treffliche Artikel geschrieben.

Flügelharfe, s. Harfe.

Flügelhorn ist der Name für ein modernes Tonwerkzeug, das in seiner frühesten unter dieser Bezeichnung bekannten Gestaltung als Signalinstrument des Fussvolks Verwerthung fand, indem die Trompete, das aristokratische Instrument des Mittelalters, der bevorzugteren Kriegerabtheilung, der Reiterei, eigen war. Wenn man nicht eine neue Erfindung dieser Blechblasinstrumentart mit stark konischer Schallröhre annehmen will, ist die Buccina (s. d.) das ursprüngliche derartige Signalinstrument; die in uns sehr naher Zeit noch gebräuchliche Form der Jagdhorns (s. d.) scheint dies fast zu beweisen. Die Schallröhre des F.'s ist der des Jagdhorns ganz gleich, nur die Biegung derselben ist der der Trompete entsprechend, in Folge dessen dasselbe leichter zu handhaben ist. Den Namen F. erhielt dies Instrument deswegen, weil man besonders durch die Signale desselben die Bewegung der Flügel einer Heeresabtheilung leitete. Als man den Musikcorps der Krieger eine mehr der Kunst entsprechende Besetzung (s. d.) verlieh, den Reitern nur Blech- und dem Fussvolk Holz- und Blechblasinstrumente, und zur Melodieführung auch beim Fussvolk die geeignetsten Blechblasinstrumente zu vervollkommnen sich bestrebte, bemühte man sich, die schon beim Horn (s. d.) gemachten Erfahrungen auf das F. auszubreiten. Siehe Buglehorn, Klappenhorn und Kenthorn. Durch diese Bemühungen entstanden in den dreissiger Jahren unseres Jahrhunderts viele Spielarten dieses Tonwerkzeuges, die man immer mehr durch die Benennung Cornet (s. d.) heraushob, welche Benennung denn in neuester Zeit fast allgemein geworden ist. Diese erwähnten Spielarten, welche hier nur in so fern in Betracht kommen, als sie zuweilen noch mit dem Gattungsnamen F. belegt werden, theilen sich in zwei Hauptgruppen, in die des französischen und die des deutschen Fabrikats. Erstere hat eine viel weniger konisch gestaltete Schallröhre und giebt deshalb die

Höhe leicht und scharf, führt die Ventile (s. d.) fast im Mittelstück und einen nach oben gerichteten Schallbecher. Diese Instrumentart findet sich in Deutschland nicht häufig und dann gewöhnlich unter dem Namen *Cornet à Piston* (s. d.) oder *à cylindre* in Gebrauch. Das deutsche Fabrikat hingegen besitzt noch die ursprüngliche Röhrenconstruktion und giebt deshalb die Grund- und Naturtöne (s. d.) kräftig und voll, hat die Ventile dem Mundstück zunächst, wodurch eine grössere Ausbildung des Schallwellentheils, also eine bedeutendere Tragweite des Tons bewirkt wird, und besitzt keine Stürze (s. d.). Für dies Fabrikat ist der Name Cornet, wie schon gesagt, viel mehr in Gebrauch, als der F., und wird dasselbe mit den verschiedensten Grundtönen gefertigt, wie in dem entsprechenden Artikel mitgetheilt ist. Somit würde es am gerathensten sein, die Benennung F. einzig auf die Instrumente dieser Art mit undurchbrochener Röhre, die man auch Signalhörner (s. d.) nennt, zu beschränken. Da im preussischen Heere sich jedoch solcher Instrumente auch bei kleineren Heeresabtheilungen stets mehrere vorfinden und man sich auch befleissigt, dieselben künstlerisch zusammen zu verwerthen, indem man sogenannte mehrstimmige Feldstücke (s. d.) für dieselben schreibt, so sei hier schliesslich noch deren Tonreich aufgezeichnet, nämlich:

C. B.

Flüssige, tropfbar, **Körper** sind bisher niemals zur Tonerzeugung in der Kunst benutzt worden, doch hat Werthheim die Verwendungsmöglichkeit der verschiedensten dieser Körper nachgewiesen, indem er mit F. gefüllte Orgelpfeifen durch gleiche Mittel tönend erregte. Dieser Nachweis lehrt, dass man ein Tonwerkzeug, das der Orgel in allen Theilen gleich aus Material, auf welches ein stetes Verbleiben im Wasser keinen Einfluss übt, gefertigt, in einen tieferen See oder Fluss gestellt, durch Mechanismus, wie diese, gebrauchen kann. Es darf in Verwunderung setzen, dass ein reicher Musikliebhaber sich nicht schon lange ein solches Instrument hat bauen lassen und ist zugleich zu bedauern, da ein solches Experiment erst beweisen würde, ob diese Entdeckung in der Kunst von Bedeutung zu werden vermag oder nicht.									2.

Flüstergallerie nennt man jeden krummen Gang, von dessen concaver Wandung der Schall (ähnlich wie in Rotunden) so fortgetragen wird, dass auch ganz leise geflüsterte Worte noch in erheblicher Entfernung deutlich vernehmbar sind.

Flöte allemande (franz.), s. Feldflöte. - *Flûte d'amour*, s. *Flauto amabile*. — *Flûte douce*, s. *Flauto dolce* und Dolzflöte. — Alle übrigen mit *Flûte* zusammengesetzten Ausdrücke findet man unter *Flauto* und Flöte.

Flutet, s. Galoubet.

Fluttuan nannte Abt Vogler eine nach seinen Angaben gefertigte Labialstimme, die fünfmetrig in der Neu-Ruppiner Orgel zuerst eine Stelle erhielt. Dieselbe hat eine dem Waldhorn sehr nahe kommende Klangfarbe, welche möglicherweise durch denkende Orgelbauer noch verstärkt werden könnte. Diese Orgelstimme in der erwähnten Orgel führt nur offene aus Buchsbaumholz gefertigte Pfeifen, deren Holzdicke 6,54 Millimeter beträgt. Die das c^1 gebende Pfeife ist 1,12 Meter lang und deren Wand an der Seite, wo sich das Labium (s. d.) befindet, wie an der entgegengesetzten 6,1 Centimeter breit, während dieselbe Ausdehnung der andern Seitenwände nur 5,44 Cm. beträgt. Der Aufschnitt (s. d.) der Pfeife hat eine Höhe von 10,9 Mm. Zu dieser Manualstimme setzt man in's Pedal immer Quintatön 5 Meter gross.									2.

Flux, Karl, Gesanglehrer in der Stadt Posen, in der Provinz Preussen um 1810 geboren, hat 50 zweistimmige Lieder zum Gebrauch in Schulen u. s. w. (Posen, 1838) veröffentlicht.

F-moll (ital.: *Fa minore*, franz.: *Fa mineur*, engl.: *F minor*), diejenige der Tonarten unseres modernen Musiksystems, deren Grundlage *f* ist, und deren Klänge nach der Mollregel (s. d.) im Bereiche einer Octave zwischen zwei Grundtönen festgestellt werden, hat vier von den Klängen der *C-Durleiter* (s. d.) abweichende Töne, nämlich: *b, es, as* und *des*, statt *h, e, a* und *d*, wonach sich die Tonfolge *f, g, as, b, c, des, es* und *f* als die von F. herausstellt. Das mathematische Verhältniss dieser Töne in der temperirten Stimmung wird durch folgende Bruchzahlen dargestellt:

f	*g*	*as*	*b*	*c*	*des*	*es*	*f*
1	$^8/_9$	$^{27}/_{32}$	$^3/_4$	$^2/_3$	$^{81}/_{128}$	$^9/_{16}$	$^1/_2$

Diese Folge erleidet in ihrer Anwendung aufsteigend in der Oberquarte mancherlei Abänderungen, welche in dem Artikel *A-moll* (s. d.) für jene Tonart erschöpfend besprochen worden sind. Da diese Abänderungen in F. in gleicher Weise vorkommen, so sei hier auf jenen Artikel hingewiesen. Obgleich die Tonfolge von F., wie sie in obiger Uebersicht angegeben, durch Tasteninstrumente correct leicht zu geben möglich ist, so ist dieselbe durch Steichinstrumente zu erreichen schwieriger, indem die auf- und absteigend verschiedenen Klänge der Oberquarte, die der Spieler an und für sich stets mehr diatonisch zu geben sich befleissigt, in dieser Tonart noch von der Empfindung des Darstellers mehr beeinflusst sind, als in einer andern; er wird nämlich aufsteigend die Intervalle scharf nach oben und absteigend scharf nach unten zu intoniren streben. Dies Bemühen wird in F. deshalb mehr als in jeder andern Molltonart dem Darsteller sich aufdrängen, weil die Klänge dieser Tonart (s. *F-dur*) in dem Bereiche seines schärfsten Tonunterscheidungsvermögens liegen. Man wird es erklärlich finden, dass diese kleinen Abweichungen von der temperirten Stimmung dem Ohre nicht ganz entschwinden und Tonstücke in F. eine besondere, Freude erweckende Kraft durch das Erklingen der Töne *d* und *e* besitzen, so wie dieselben sehr verschieden davon durch die Klänge *es* und *des* wirken. In fast gleicher Weise tritt dies unserer Empfindung bei durch Blasinstrumente dargestellten Tonstücken in F. entgegen, nur etwas, den Eigenheiten dieser Tonwerkzeuggattung entsprechend, krasser. Die in *B*-Stimmungen stehenden Blasinstrumente geben die nach der Schreibweise erniedrigt zu nennenden Klänge der parallelen Durtonart entsprechend, also um Minima oft höher, und die der *C*-durscala gleichen Töne gewöhnlich matter. Orchesterleistungen in dieser Tonart, da beide Instrumentgattungen sich gegenseitig concessionirend die Tongaben bieten, können kleine Rückungen der Töne nicht vermeiden, welche Rückungen, wie erwähnt, des Tonbereichs halber, unserer Erkenntniss nicht entgehen, aber doch auch uns nicht zum klaren Bewusstsein gelangen, weil sie zu gering und zu oft wechselnd sind. Sie verleihen aber dem Eindrucke eine eigenthümliche Unsicherheit, die wir als tiefen Schmerz aufzufassen geneigt sind. Diese Erscheinungen, welche bei der früheren grösseren Unvollkommenheit besonders der Blasinstrumente stärker als jetzt hervortrat, führte zu vielfachen ästhetischen Erklärungen des Charakters dieser Tonart, die zuletzt in einem angenommenen Schema gipfelten, das Schubart in seinen »Ideen zu einer Aesthetik der Tonkunst« p. 377 in kürzester und präcisester Form giebt. Die von den Klängen der *C*-durleiter abweichenden Töne nannte derselbe überhaupt gefärbte, und theilte diese in zwei Ordnungen, die durch Bee und Kreuze sich kennzeichneten, von denen erstere sanfte und melancholische Gefühle auszudrücken als geeignet erachtet wurden. Der Tonart F. insbesondere schrieb er die Aufgabe zu: tiefe Schwermuth, Leichenklage, Jammergeächz und grabverlangende Sehnsucht darzustellen. Diese Charakterdarstellung der Tonarten und somit auch die von F. dient zwar noch heute manchem weniger phantasiebegabten Componisten mit als Anregung bei Tonschöpfungen, hat jedoch im allgemeinen die frühere Bedeutung schon ganz verloren und wird, je klarer die durch die Darstellung bedingten Unterschiede bei den verschiedenen Tonarten erkannt werden, immer mehr verschwinden.   C. B.

Fockerodt, Johann Anton, deutscher Musikschriftsteller und Componist, geboren um 1660 zu Mühlhausen in Thüringen, war um 1700 Cantor zu Herfordt in Westphalen. Von seinen Compositionen kennt man noch: »Der fünfte Tritt zu dem neu gepflanzten Westphälischen Lustgarten, in vierstimmigen Arien mit zwei

Violinen bestehend u. s. w.« (Mühlhausen, 1692); ein »sechster Tritt« erschien
ebendaselbst 1695. Das wichtigste seiner Werke jedoch ist ein didaktisches, betitelt: »Musikalischer Unterricht, darinnen die musikalischen Regeln, aus mathematischen Principiis untersucht, vorgetragen werden« (Mühlhausen, 1708 bis 171~).

Focoso (italien.), Vortragsbezeichnung in der Bedeutung feurig, lebhaft,
heftig.

Fodor, eine berühmte aus Ungarn stammende Künstlerfamilie, die seit über
100 Jahren bis in die Gegenwart hinein, zuletzt noch auf der italienischen Opernbühne, den grossen weitverbreiteten Ruf aufrecht erhalten hat. Das älteste Glied
dieser Familie ist: Joseph F., geboren zu Venloo im J. 1752. Er war der Sohn
eines ungarischen Officiers und erhielt den ersten Musikunterricht von einem Organisten seiner Vaterstadt. Als er vierzehn Jahr alt war, ging er nach Berlin, wo
er sich bei Franz Benda im Violinspiel bis zur Stufe der Virtuosität ausbilden
liess. In Concerten, 1787 zu Paris, erwarb er sich einen grossartigen Ruf, mit dem
begabt, er Ende 1794 nach Russland ging, woselbst er sich dauernd fesseln liess
und am 3. Oktbr. 1828 zu St. Petersburg starb. Seine Compositionen, bestehend
in vielen Duos, Concerten, Sonaten, Capricen, Variationen u. s. w. für Violine, ferner
in Streichquartetten, sowie in zweistimmigen Gesangstücken u. s. w. waren zu ihrer
Zeit hochgeschätzt. — Sein Bruder Charles F., geboren 1754 zu Venloo, bildete
sich zu einem tüchtigen Clavierspieler aus. Als solcher kam er 1778 nach Paris,
liess sich daselbst nieder und war bis zu seinem Tode im J. 1799 ein gesuchter
Musiklehrer. Seine Arbeiten bestanden fast ausschliesslich in Arrangements. So
setzte er Sinfonien von Haydn, Quartette von Pleyel und viele Ouvertüren für
Clavier. — Der jüngste der Brüder, Antou F., ist als der bedeutendste anzusehen.
Derselbe wurde 1759 zu Venloo geboren und erhielt gleichfalls einen guten Clavierunterricht. Um 1790 siedelte er nach Amsterdam über, ertheilte dort Musikunterricht und erlangte die angesehene Stellung eines Concertdirektors der Gesellschaft *Felix meritis*, welcher er bis 1830 vorstand, worauf er sich, seines hohen
Alters wegen ganz in den Ruhestand zurückzog. Er lebte noch beinahe 20 Jahre,
denn er starb erst am 23. Febr. 1849 zu Amsterdam. Von seinen Compositionen
erschienen im Druck: Concerte und Sonaten für Clavier, Sonaten, Fantasien und
Variationen für Clavier und Violine, Clavierquartette, Trios u. s. w., die bei ihrem
Erscheinen viel Glück machten. Auch eine holländische Oper »*Numa Pompilius*«
hat er geschrieben, die zwar aufgeführt wurde, aber keinen Erfolg hatte. — Eine
Tochter des zuerst genannten Joseph F. ist die berühmte Sängerin Josephine
F., die sich nach ihrer Verheirathung F.-Mainville nannte. Sie wurde im J.
1793 zu Paris geboren, kam mit ihrem Vater 1794 nach St. Petersburg und erhielt von demselben in Russland eine vorwiegend musikalische Erziehung, so dass
sie, 11 Jahr alt, in den Concerten ihres Vaters sich schon als Clavierspielerin und
Harfenistin hören lassen konnte. Im J. 1810 betrat sie als Sängerin die kaiserliche Bühne in St. Petersburg und erwarb sich grossen Beifall. Zwei Jahre später verheirathete sie sich mit dem Schauspieler Mainville, Mitglied der französischen Theatergesellschaft in St. Petersburg, mit dem sie, als Kaiser Alexander
bald darauf seine fremden Künstler entliess, nach Stockholm, Kopenhagen und
Hamburg ging, wo sie sich mit grossem Erfolg unter dem Namen Fodor-Main-
ville hören liess. Im J. 1814 wurde sie für die *Opéra comique* in Paris engagirt,
eine Stellung, welche ihr, ihrer vorwiegend auf den italienischen Opernstyl gerichteten Gesangsbildung wegen, nicht zusagen konnte und die sie denn auch noch in
demselben Jahre aufgab, um als Nachfolgerin der Barili in das *Théâtre italien* zu
treten. Dort blieb sie als verehrte und geschätzte Sängerin bis 1816, als Madame
Catalani die Direktion dieser Bühne übernahm und ihr aus künstlerischer Eifersucht verschiedene Hauptrollen entzog, was die F. bewog, nach London zu gehen,
wo sie enthusiastische Anerkennung fand und bis 1818 verblieb. Zu jener Zeit
begab sie sich nach Italien und riss besonders in Venedig das gesammte Publikum
zu fast unerhörten Ovationen fort. Dort war es auch, wo man, eine sehr selten
gewordene Auszeichnung, eine eigene Medaille auf sie schlagen liess. Von 1819

bis 1822 war sie wieder in Paris, hierauf in Neapel und sodann in Wien engagirt, überall als Gesangstern erster Grösse hoch gefeiert. Unter den glänzendsten Bedingungen liess sie sich Ende 1825 abermals für Paris gewinnen, aber bereits während ihres ersten Auftretens bemächtigte sich ihres Organs eine Heiserkeit, die von Stunde an permanent war und ihr nicht mehr gestattete, eine Parthie vollständig durchzuführen. Sie verlangte in Folge dessen Lösung des Contrakts unter der vorgesehenen Entschädigungsbestimmung, auf welche letztere die Theaterverwaltung nicht eingehen wollte. Es kam hierüber zu einem Processe, der erst 1828 mit einem gütlichen Vergleich beider Theile endete. Das Klima Italiens, welches die berühmte Künstlerin in der Hoffnung auf Wiedergewinnung ihrer Stimme aufsuchte, wirkte in der That scheinbar günstig auf ihren Zustand ein, so dass sie 1828 im San Carlo-Theater zu Neapel aufzutreten wagte. Nur zu bald aber überzeugte sie sich, dass sie die Herrschaft über ihr Organ unwiederbringlich verloren habe, und sie zog sich in das Privatleben zurück. Allgemein bedauerte man, dass mit ihr eine Sängerin mit wunderbar schönen Stimmmitteln, mit einer gediegenen Schule und mit einer fast einzig vorzüglichen Vortragsart von der Bühne schied. Ihre ganze Gesangsweise diente in dem Maasse einer Henriette Sontag zum Vorbild, dass man häufig die Behauptung aufstellte, letztere sei eine Schülerin der ersteren gewesen. — Eine gleichfalls dieser Familie angehörige vorzügliche Sängerin, Enrichetta F., war von 1846 bis 1849 als Primadonna der italienischen Oper des Königsstädter Theaters in Berlin, hochgeschätzt. In der Saison von 1852 gehörte sie daselbst dem Friedrich-Wilhelmstädtischen Theater an, scheint aber bald nachher, noch in der Blüthezeit ihres Gesanges und ihrer Kunst, vom öffentlichen Schauplatz zurückgetreten zu sein.

Fölsing, Johannes, ein tüchtiger deutscher Orgelspieler, Schüler C. H. Rinck's, lebte in der Zeit von 1840 bis 1850 als Musiklehrer zu Darmstadt und gab einige gute und vortheilhaft bekannt gewordene Sammlungen von Schulgesängen heraus. Er ist auch der Verfasser einer Schrift, betitelt: »Züge aus dem Leben und Wirken des Dr. Chrstn. Heinrich Rinck, gewesener Cantor, Hoforganist und Kammermusikus zu Darmstadt« (Erfurt, 1848). Um die Hebung und Förderung des Volks- und Schulgesanges hat sich F. erhebliche und nachhaltige Verdienste erworben.

Foenseca, Johann, deutscher Gelehrter, lebte im 15. Jahrhundert und war aus Augsburg gebürtig. Seine gesammelten, in lateinischer Sprache verfassten Werke enthalten u. A. eine *»Musica«* betitelte Abhandlung.

Foerner, Christian, berühmter deutscher Orgelbauer, geboren im J. 1610 zu Wettin an der Saale, wo sein Vater Zimmermann war und zugleich das Amt des Bürgermeisters versah, erwarb sich unter Leitung seines Schwagers, des Organisten und Orgelbauers Joh. Wilh. Stegemann, eine sehr vielseitige Bildung, die ihn zu einem der tüchtigsten Werkmeister seiner Zeit machte. Für seine Werktüchtigkeit zeugen die Orgeln in der Ulrichskirche zu Halle und die auf der Augustusburg zu Weissenfels (1673), welche letztere namentlich ein Meisterstück in ihrer Art sein soll. Er erfand auch die Windwaage (s. d.) bei der Orgel und man behauptet, dass er mehrere Schriften hinterlassen habe, von denen jedoch nicht bekannt geblieben ist, ob sie gedruckt worden sind; die Titel derselben sind: »Vollkommener Bericht, wie eine Orgel aus wahrem Grunde der Natur in allen ihren Stücken nach Anweisung der mathematischen Wissenschaften soll gemacht, probirt und gebraucht werden«, und »Wie man Glocken nach dem Monochordo mensuriren und giessen soll«, (1684?). Vgl. Forkel's Literat. und J. C. Trost's jun. Beschreibung des neuen Orgelwerks auf der Augustus-Burg zu Weissenfels, c. 2. F. selbst starb im J. 1678.   †

Förster, Bernhard, trefflicher deutscher Violinspieler und Lehrer dieses Instruments, geboren um 1750, war Musikdirektor in Breslau und starb als solcher daselbst am 7. Novbr. 1816. Durch Ausbildung einer sehr bedeutenden Anzahl tüchtiger Violinisten erwarb er sich einen hochgeachteten Namen, den er durch grosse musikalische Umsicht und rege Thätigkeit aufrecht zu erhalten wusste. Als

Virtuose war F. ein Anhänger und Verehrer Benda's, wie auch sein seelenvolles Spiel unverkennbar bekundete. Als Componist ist er gar nicht hervorgetreten; wenigstens ist nichts von ihm im Druck erschienen oder sonst bekannt geworden.

Förster, Christoph, hervorragender deutscher Orgelspieler und Componist. geboren am 30. Novbr. 1693 zu Bebra in Thüringen, wurde zuerst in seiner Vaterstadt vom Organisten Pitzler im Clavier- und Orgelspiel unterrichtet, studirte dann in Weissenfels beim Kapellmeister Heinichen Generalbass und Composition und endlich noch bei Kauffmann in Merseburg Contrapunkt. Auf's Beste für seinen musikalischen Beruf vorbereitet, wurde er einer der gewandtesten und fruchtbarsten Tonsetzer seiner Zeit, aus dessen Feder innerhalb weniger Jahre weit über 300 Werke, bestehend in Cantaten, Sinfonien, Ouvertüren, Clavierconcerten und Orgelstücken hervorgingen. Als Hofcomponist des Herzogs von Merseburg angestellt, schrieb er, auf Bestellung seiner Herrschaft, ausserdem noch zahlreiche italienische Canzonen und Romanzen. Im J. 1719 begab er sich auf längere Zeit nach Dresden, wo er im Umgange mit seinem ehemaligen Lehrer Heinichen vielfache neue Anregungen fand. Während der Krönungsfeierlichkeiten 1723 war er in Prag, wohin ihn die Begierde zog, die bei dieser Gelegenheit zur Aufführung kommenden grossen Musikwerke mit anzuhören. Dort lernte er die Meister Caldara, Conti, Fux u. s. w. persönlich kennen und wusste deren Interesse auf sich zu lenken. Im J. 1745 erhielt F. die Berufung als fürstl. Kapellmeister nach Rudolstadt, welchem Amte er jedoch nicht lange vorstand, da er schon am 6. Decbr. desselben Jahres starb.

Förster, Emanuel Aloys, trefflicher Kammermusikcomponist und Musiktheoretiker, geboren 1757 zu Neurath im österreichischen Schlesien, erhielt in Prag eine gründliche Ausbildung und siedelte 1779 nach Wien über, woselbst er mit dem Titel eines Kapellmeisters als Clavier- und Generalbasslehrer wirkte und am 19. Novbr. 1823 starb. Einen weiter verbreiteten guten Ruf erwarb er sich durch seine zahlreichen Compositionen, bestehend in Sonaten und aller Art Stücken für Clavier, in Cantaten und Liedern, sowie in Streichquartetten und Quintetten und in Quartetten für Clavier mit Streichinstrumenten. Seiner Lehrthätigkeit hat er ein gediegenes Denkmal gesetzt durch Herausgabe des theoretischen Werks: »Anleitung zum Generalbass, mit Notenbeispielen« (Leipzig, 1805, bei Breitkopf u. Härtel), und für sein bedeutendes Können spricht es, dass ihn Beethoven sehr schätzte.

Förster, Johann Christian, ein geschickter Orgelbauer und Verfertiger von Glockenspielen, zudem auch Virtuose auf diesen Instrumenten, geboren im J. 1671 zu Oppeln, lebte um die Wende des 17. und 18. Jahrhunderts in Schlesien. Von dort aus berief ihn der Czar Peter der Grosse nach St. Petersburg, um auf dem Thurme der St. Isaakskirche ein Glockenspiel anzubringen. In kaiserlichen Diensten als Kammermusiker und Hofcomponist starb F. zu Petersburg. — Sein Sohn Johann Joseph (oder Jakob) F., ebenfalls ein ausgezeichneter Orgelbauer und guter Violin- und Clavierspieler, war um 1756 als kaiserl. Kammermusiker angestellt. Er hat für russische Kirchen zahlreiche Orgelwerke geschaffen, die noch jetzt von seiner grossen Geschicklichkeit Zeugniss ablegen und starb im hohen Alter um das Jahr 1785.

Förster, Kaspar, s. Forster.

Förster, Sophie, treffliche Concert- und Bühnensängerin, war die Tochter des Professors Ebel zu Berlin, in welcher Stadt sie im J. 1831 geboren wurde. Ihre schöne Sopranstimme, welche schon früh theilnehmende Aufmerksamkeit erregte, fand beim königl. Chordirektor Elsler die erste Ausbildung, sowie durch Jenny Lind, welche 1844 in Berlin verweilte, künstlerische Förderung, worauf der Gesanglehrer Teschner die höheren Studien derselben leitete. Hierauf verheirathete sich die junge Künstlerin mit dem Hofrath F. C. Förster und fand auf grösseren Reisen durch Anhören hervorragender Aufführungen Gelegenheit, sich immer mehr zu vervollkommnen. Im J. 1854 trat sie zu Leipzig zum ersten Male als

Concertsängerin auf und gewann sich dort, ebenso wie hierauf in Berlin grossen Beifall, worauf sie als Solistin auf verschiedenen Musikfesten ihren Künstlerruf befestigte. Vom Rhein aus unternahm sie eine Kunstreise durch Holland, auf welcher sie in seltener Weise ausgezeichnet wurde. Von 1855 an lebte sie in Dresden, wo sie häufig und erfolgreich in Concerten auftrat, nebenbei aber sich ein Rollenrepertoir schuf, da sie beabsichtigte, sich der Opernbühne zu widmen. Zu diesem Zwecke debütirte sie 1861 zuerst in Erfurt und sang hierauf mit grossem Beifall auf dem Hoftheater zu Meiningen bis 1862. Hierauf gastirte sie auch in mehreren anderen Städten, wurde in München engagirt und man rühmte ihren vortrefflichen Gesang nicht minder als ihre scenische Gewandtheit. Ihren Ruf als vorzügliche Liedersängerin vermochte sie jedoch durch ihre mehrjährige Bühnenthätigkeit nicht zu überbieten. Seit 1866 scheint sie sich ganz in das Privatleben zurückgezogen zu haben.

Förtsch, Basilius, deutscher Kirchenliedercomponist, lebte zu Ausgang des 16. Jahrhunderts und soll um 1596 die Choralweise zu: »Heut' triumphiret Gottes Sohn« ($\overline{c}$ c $\overline{d}$ $\overline{e}$ d c h c) verfasst haben, welche 1621 Seth Calvisius sechsstimmig bearbeitete. Häuser nimmt dagegen diese Melodie »ganz bestimmt« für Joh. H. Schein in Anspruch. — Ein Organist zu Nürnberg, Wolfgang F. geheissen, ist dadurch bekannt, dass er 1734 eine Fuge über ein deutsches Thema unter dem Titel »Musikalische Kirchenlust« veröffentlichte.

Förtsch, Johann Philipp, deutscher dramatischer Dichter und Componist, geboren am 14. Mai 1652 zu Wertheim in Franken, war der Sohn eines Bürgermeisters und erhielt eine gute Erziehung. In den höheren musikalischen Disciplinen unterwies ihn der Kapellmeister Joh. Phil. Krieger in Weissenfels, und musikalische Uebungen begleiteten ihn auch auf die Universitäten Frankfurt, Jena, Helmstädt, Erfurt und Altdorf, wo er Medicin studirte. Auf späteren Reisen durch Deutschland, Holland und Frankreich erwarb sich F. zu seiner wissenschaftlichen und tonkünstlerischen auch die weltmännische Bildung. Er war erst 19 Jahr alt, als er für völlig ausgebildet gelten konnte, zu gleicher Zeit plötzlich 1671 zu Hamburg als Tenorist in die Rathskapelle trat und sich einige Jahre später der dortigen Opernbühne als Sänger, Dichter und Componist zuwandte. Im J. 1680 berief ihn der Herzog Christian Albrecht von Schleswig zu Gottorp als Nachfolger Theile's zu seinem Kapellmeister, um welche Stellung ihn jedoch noch in demselben Jahre der Krieg und die politischen Wirren wieder brachten. Er begab sich nach Kiel, liess sich als Doctor der Medicin bestätigen und prakticirte sehr erfolgreich in Husum, Schleswig u. s. w., so dass ihn der vorher genannte Herzog zu seinem Hofmedicus ernannte, eine Stelle, die er 1694 mit der eines Hofraths und Leibmedicus des Bischofs von Eutin vertauschte. Sein Nachfolger als herzogl. schleswigscher Kapellmeister wurde dagegen auf seine Empfehlung hin der Tenorist Georg Oesterreich aus Wolfenbüttel. F. selbst blieb in seiner ärztlichen Stellung, von 1705 an am bischöflichen Hofe zu Lübeck lebend, bis zu seinem Tode, der nach 1708 erfolgt sein muss. Während seiner Thätigkeit als Componist, die bis etwa 1690 zu setzen ist, entsprossten seiner Feder Clavierconcerte, ein musikalisches Lustspiel und folgende zugleich von ihm gedichtete Opern: »Crösus« (1684), »das unmögliche Ding« (1685), »Alexander in Sidon« (1688), »Polyeuct« (1688), »Eugenia« (1688), »Kain und Abel« (1689), »Cimbria« (1689), »Xerxes« (1689), »Thalestris« (1690), »Ancile Romano« (1690), »Tamerlan« (1690) und »Don Quixote« (1690). — F.'s Lob als Componisten, ausübenden Musiker und wissenschaftlich gebildeten Mann feiert Mattheson in der 22. Betrachtung seines »musikalischen Patrioten« und rühmt den freundschaftlichen Verkehr desselben mit Theile, welchem F. seine contrapunktischen Arbeiten stets zur Prüfung übersandte.

Fogaça, João, portugiesischer Kirchencomponist, geboren zu Lissabon im J. 1589, trat 1608 in einen Mönchsorden und lebte weiterhin in einem Kloster zu Ossa. Sein bedeutendes musikalisches Wissen verdankte er dem Unterricht Duarte Lobo's. F. soll in seinem 69. Lebensjahre 1658 zu Lissabon gestorben sein. Er hat viele Compositionen hinterlassen, die sich noch fast sämmtlich in der musikalischen Abtheilung der königlichen Bibliothek zu Lissabon befinden sollen. Vgl. Machado, *Bibl. Lus.* II. p. 658.

Foggia, Francesco, ein ausgezeichneter Componist der römischen Schule, geboren 1604 zu Rom, begann seine musikalischen Studien bei Antonio Cifra und vollendete sie bei Bernardo Nanini und Paolo Agostini, welcher Letztere sein Schwiegervater wurde. Noch sehr jung, berief ihn der Kurfürst Ferdinand Maximilian an den Hof von Cöln, von wo aus er zum Herzog von Baiern und dann zum Erzherzog Leopold von Oesterreich kam. Nach Italien zurückgekehrt, war er zuerst Kapellmeister an den Hauptkirchen zu Narni und Montefiascone, später zu Rom an S. Maria in Aguiro und 1636 an San Giovanni in Laterano. Im J. 1661 erhielt er die Anstellung an San Lorenzo in Damaso und am 13. Juni 1677 an der Kathedrale von S. Maria Maggiore, woselbst er am 8. Januar 1688 starb. Sein Sohn, Antonio F., war auch sein Nachfolger im Amte. — Viele von F.'s Kirchencompositionen: Messen, 2- bis 9 stimmige Motetten, Litaneien, Offertorien, Psalme u. s. w., von 1640 bis 1681 in Rom gedruckt, führt Baini in seinem Werke über Palestrina auf, und Liberati, der F. noch gekannt hat, rühmt dessen ausserordentliche Tüchtigkeit und die Gediegenheit, Erhabenheit, wie auch die Anmuth seiner Setzart. Eine neunstimmige Messe und das Kyrie einer Messe »La battaglia« von F. im Manuscript, befinden sich in der k. k. Hofbibliothek zu Wien. — Ein älterer italienischer Kirchencomponist gleichen Namens, nämlich Rodesca di F., war zu Anfange des 17. Jahrhunderts Kapellmeister an der Domkirche zu Turin und hat »*Messe e Motetti a 8 voci*« (Venedig, 1620) veröffentlicht.

Fogliani, Giovanni, italienischer Orgelvirtuose, geboren 1473 zu Modena, genoss in seiner Vaterstadt, wo er auch als Organist angestellt war, eines bedeutenden Rufes und starb daselbst am 4. April 1548. — Berühmter und namentlich als Tonlehrer und Theoretiker ausgezeichnet war sein jüngerer Zeitgenosse und wahrscheinlich naher Verwandter Lodovico F., der von seinem Geburtsorte Modena den Beinamen *Mutinensis* erhielt. Derselbe lebte und lehrte in der ersten Hälfte des 16. Jahrhunderts und war der Verfasser eines wichtigen, auf den Grundsätzen des Ptolemäus basirten Werks, betitelt: »*Musica theorica, sectiones tres etc.*« (Venedig, 1529). Von den vielen trefflichen Holzschnitten des Buches hat Hawkins fünf, die Erklärung des Gebrauchs und der Eintheilung des Monochords betreffend, im 2. Bande seiner Geschichte benutzt. Tiraboschi erwähnt auch eines im Manuscript hinterlassenen Werkes F.'s, betitelt: »*Refugio di dubitanti*«.

Foglietti, Ignazio Domenico, italienischer Geistlicher und Abt, lebte in der zweiten Hälfte des 18. Jahrhunderts und ist der Verfasser eines Buches: *Il cantore ecclesiastico* (Pinarolo, 1785).

Foglietto (ital.), Blatt oder Blättchen, nennen die Italiener eine erste Violinstimme, die alle obligaten Stellen der übrigen Stimmen enthält.

Fohi, der berühmteste chinesische Heros, ist eines jener halbmythischen Wesen, die vielleicht wirklich gelebt haben mögen, deren Zeit sich jedoch nicht bestimmt angeben lässt (nach chinesischen Urkunden zwischen 3468 bis 2952), und auf welche die Sage alle Attribute häuft, die die Idee, welche sie ihnen zu Grunde legt, zu versinnlichen vermögen. So werden F. vor Allem übernatürlicher Ursprung und eine übernatürliche Gestalt zugeschrieben und allerlei Wunderbares von ihm erzählt. Seine Regierung folgte darnach unmittelbar auf die Herrschaft des Himmels; er ist der Erfinder der Künste und Wissenschaften und der erste Gesetzgeber der menschlichen Gesellschaft. So erfand er u. A. die Waffen, das Saitenspiel, die Regeln der Musik und die Buchstabenschrift, und von ihm soll das Y-king, das älteste Werk der chinesischen Literatur, zuerst geschrieben worden sein. Wie die Gesetze der Musik, so begründete er auch zuerst eine geordnete Regierung, indem er öffentliche Beamte mit der Verwaltung des Landes und der Lenkung des Volks beauftragte und eine Reihenfolge unter ihnen feststellte.

Foignet, Charles Gabriel, französischer Opern componist und angesehener Gesanglehrer, geboren um 1750 zu Lyon, erhielt, da er sich schon früh talentirt zeigte, einen guten Musikunterricht. Seit 1779 wirkte er in Paris als Lehrer für Gesang, Clavier- und Harfenspiel und veröffentlichte seit 1782 kleine Instrumentalstücke seiner Composition und nach Opernmotiven arrangirte Duos. Sodann schrieb er auch Romanzen und Opern für das *Théâtre des jeunes élèves* und zwar: *»L'apothicaire«, »Le pelérin«, »Les petits montagnards«, »Michel Cervantes«, »Le mont Alphéa«, »Les deux charbonniers«, »Les divertissements de la décade«, »Robert le bossu«, »Les jugements précipités«, »Les brouilleries«, »Les sabotiers«, »L'antipathie«, »L'heureuse rencontre«, »L'orage«, »Le cri de la vengeance«, »Les prisonniers français«* u. v. a. F. selbst starb 1823 zu Paris. — Sein ältester Sohn, François F., war ein gewandter Bühnensänger und wohlgebildeter Tonkünstler. Geboren 1783 zu Paris, sang er schon als Kind auf dem *Théâtre des jeunes élèves* und später mit grossem Erfolge auf dem der *jeunes artistes*. Ausserdem schrieb er die Musik zu mehreren Melodramen, Pantomimen und zwei kleinen mit Beifall aufgeführten Opern: *»Les nôces de Luzette«* (1800) und *»Les gondoliers«* (1801). Seit 1806 sang F. in Provinzialstädten Tenor-, dann auch Baritonparthien in Spielopern und Vaudevilles und war noch 1825 in Nantes, 1829 in Lille und weiterhin an verschiedenen Bühnen Südfrankreichs engagirt. Er starb am 22. Juli 1845 im Hospital zu Strassburg. — Sein Bruder, wie der Vater Gabriel F. geheissen, geboren 1790 zu Paris, hat sich als Harfenvirtuose einen Namen gemacht. Als solcher war er ein Schüler seines Vaters, später Cousineau's und Nadermann's. Er trat mehrfach öffentlich auf und fungirte in verschiedenen Pariser Theaterorchestern, zuletzt bis 1821 in dem der *Opéra comique*, worauf er nur noch als Lehrer seines Instruments wirkte. Als Componist ist er nur durch eine im Druck erschienene Polonaise für Harfe und Horn bekannt geworden.

Foita, s. Foyta.

Fokaha ist der Name einer besonderen und mehr ausgezeichneten Art muhamedanischer Mönche, die bei Aufzügen und Prozessionen, verschiedene nur ihnen eigene Gesänge ausführend, die vorderste Abtheilung bilden.   †

Fokara heissen eine grosse Zahl muhamedanischer Mönchsorden. welche in Prozessionen stets nach den Fokaha's (s. d.) in Abtheilungen denselben folgen. Jede Abtheilung hat in erster Reihe eine Fahne, welche dieselbe Farbe zeigt, die die Turbane der Mönche haben, so dass man sowohl weisse, schwarze, rothe, grüne wie gelbe sieht. Während der Prozession singen die F. fromme Gesänge, die oft von eigenen Instrumentisten begleitet werden.   †

Folcardus, Abt zu Thorn im 10. oder 11. Jahrhundert. war nach dem Zeugniss des Ordericus Vitalis, der von ihm schreibt: *»Delectabilis ad canendum historias suaviter composuit«*, ein vorzüglicher Tonsetzer.   †

Folie d'espagne (franz.) ist der Name eines ursprünglich spanischen Tanzes, der in Bezug auf seinen Charakter seine Benennung nicht gerade rechtfertigt. Denn derselbe ist von einfach ernstem Charakter und soll die Grandezza der Spanier malende Tongänge führen, die meist in Moll gesetzt sind. Die Periodik der Tanzmelodie ist einfach zweitheilig, jeder Theil zu acht Takten, von denen immer zwei ein Motiv geben, das in gleicher Harmonie auf harmonische Klänge derselben gebildet ist. Auch der Rhythmus, $^3/_4$ Takt, ist durchaus normal, so wie nicht minder die Modulation. Meist sind die F.'s nur für Solotänze bestimmt und pflegen bei ihren Wiederholungen mit wechselnden reichen Verzierungen ausgestattet zu werden. Als Muster der Musikweise ist die in der Ouverture zur Operette: *L'hotellerie portugaise* von Cherubini sinnig benutzte F. zu bezeichnen, deren Grundmotive angeblich volksthümlichen spanischen Weisen entlehnt sein sollen.

2.

Foliot, Madame, eine Broschürenverkäuferin in Paris, gab ihren Namen während des Streits über die italienischen Buffonisten zu einer Correspondenz her, indem ihr die Schrift: *»Ce qu'on a dit, ce qu'on a voulu dire«*, in Gestalt eines Briefes, zugeeignet wurde, auf welche unter ihrem Namen die Antwort gedruckt war: *»Ce que l'on doit dire, réponse de Madame Foliot à la lettre de M.«* (Paris, 1753).— Ein Zeitgenosse dieser Pseudo-Schriftstellerin war der Musikmeister Emil F., geboren zu Château-Thierry, welcher 1777 zu Paris starb und Motetten seiner Composition veröffentlicht hat.   †

Follemente (ital.), Vortragsbezeichnung in der Bedeutung **possenhaft.**

Folquet de Marseille, französischer Trobador des 13. Jahrhunderts, starb am 25. Decbr. 1231.

Folz (oder **Volz**), **Hans,** Barbier und Meistersänger zu Nürnberg, geboren 1479 zu Worms, erfand folgende Töne oder Melodien: den »Theil-Ton«, die »Feil-Weis«, den »Bauern-Ton« und den »freyen Ton«. Auch seine Dichtungen sind nicht ohne Bedeutung für die Entwickelung der dramatischen deutschen Literatur, indem er den sogenannten Fastnachtsspielen, trotz der ihm eigenen rohen Derbheit eine vollkommenere Gestalt gab. Von dieser Art seiner Dichtungen sind noch vier, nämlich: »Salomon und Marcolf«, »ein Bauerngericht«, »eine gar bäurische Bauernheirath«, und »der Arzt und der Kranke«, 1519 bis 1521 zu Nürnberg gedruckt, auf uns gekommen. Ausserdem nahm F. sehr lebhaften Antheil an der Erfindung der Buchdruckerkunst und an der Reformation. Vgl. Wagenseil, Von der Meistersängerkunst.   †

Fond, John Francis de la, ein aus Frankreich gebürtiger Musik- und Sprachlehrer zu London, liess 1725 daselbst ein Werk »*New System of Music etc.*« drucken, dessen vollständigen Titel Gerber in seinem Lexikon abdruckt, und worin F. andere musikalische Zeichen empfahl. Der Vorschlag hat jedoch niemals Anklang gefunden. Vgl. Mattheson's vollkommenen Kapellmeister, Seite 58.   †

Fondamento (ital.) bedeutet in der Musiksprache die **Grundstimme,** der **Grundbass.** S. **Bass.**

Fond d'Orgue (franz.) nannten zu Ende des 18. Jahrhunderts die Orgelbauer und Organisten keine besondere Orgelstimme, sondern verschiedene zusammenzuziehende, die nach ihrer Benennung Grundstimmen der Orgel waren, ohne Neben- und ohne gemischte Stimmen. In der neuern Zeit ist diese Benennung in Deutschland aus der Kunstsprache verschwunden, und auch die Franzosen bezeichnen mit F. einfach das **Principal** (fr. d.) der Orgel.   †

Fonghetti, Paolo, italienischer Musikfreund des 17. Jahrhunderts, welcher einer hohen Familie in Verona entstammte und ohne dass er eine streng musikalische Ausbildung genossen hatte, Madrigale componirte, die zu ihrer Zeit gerühmt wurden.

Fonseca, Christovam da, portugiesischer Jesuit und berühmter Kirchencomponist, geboren zu Evora 1682, starb am 19. Mai 1728 und liegt im Jesuitencollegium zu Santarem begraben. Von seinen vielen Werken haben sich nach Machado, *Bibl. Lus. vol. I* p. 576 ein hervorragend zu nennendes vierchöriges Tedeum und noch einige andere Kirchensachen erhalten.

Fonseca, Lucio Pedro da, portugiesischer Tonsetzer, geboren zu Campo-Mayor in Portugal, war im Jahre 1640 fürstlicher Kapellmeister zu Villa-Viçosa. Nach Machado, *Bibl. Lus. Tom. III p.* 582 sind noch verschiedene seiner Compositionen in der königlichen Bibliothek zu Lissabon vorhanden.   †

Fonseca, Nicola da, portugiesischer Componist und als solcher Schüler Duarte Lobo's, wirkte um 1615 als Kapellmeister und Kanonikus an der Kathedralkirche zu Lissabon. Eine sechzehnstimmige Messe seiner Arbeit, die ausserordentlich hoch geschätzt wurde, wird nach Machado, *Bibl. Lus. Tom. III p.* 493 in der königlichen Bibliothek zu Lissabon aufbewahrt.   †

Fontaine, Antoine Nicolas Marie, französischer Violinvirtuose, geboren 1785 zu Paris, war der Sohn eines Violinisten des Orchesters der Grossen Oper, der ihm auch den ersten Musikunterricht ertheilte, bis er befähigt war, seine Studien im Pariser Conservatorium unter Lafont's, **Kreutzer's** und **Baillot's** Leitung fortzusetzen. Dort erhielt er 1809 den ersten Violinpreis und studirte nun noch Harmonielehre bei **Catel** und **Daussoigne** und Composition bei **Reicha.** Während der nächsten zehn Jahre unternahm er von Paris aus längere und kürzere Concertreisen durch Frankreich, Belgien und Süddeutschland und gab eine Reihe seiner Compositionen heraus. Im J. 1825 nahm er seinen bleibenden Aufenthalt in Paris, wo er als Soloviolinist der königl. Kapelle und als Lehrer seines Instruments wirkte. Die erstere, ihm durch Karl X. verliehene Stelle verlor er durch die Julirevolution. Von seinen Compositionen erschienen Concerte, Fantasien, Rondos, Variationen und Duette für Violine; Manuscript blieben dagegen ein Benedictus für Solostimmen, Chor und Orchester, eine Ouvertüre für Orchester, eine Serenade für Violine mit Orchesterbegleitung, ein Claviertrio u. s. w.

Fontaine, Henri Louis Stanislaus Mortier de, ausgezeichneter Pianofortevirtuose, wurde am 13. Mai 1816 in Wisniowiec in Volhynien geboren. Früh schon bekundete er eine seltene musikalische Befähigung, die auch von seinen Eltern erkannt und gepflegt wurde, obwohl das vielfach bewegte Reiseleben derselben des Knaben Unterricht häufig unterbrach. F. selbst gewann seine Pianofortestudien so lieb, dass er sie trotz aller Hindernisse und trotz der anderen ihm vorschwebenden Lebensziele unablässig verfolgte und sich vielseitig weiter bildete. Als vierzehnjähriger Knabe sah sich F. gezwungen, das Elternhaus zu verlassen und sein Brod selbst zu verdienen. Im J. 1832 trat er zum ersten Male in Danzig auf und von dort wendete er sich nach Kopenhagen, wo er mit Gunstbezeugungen überschüttet wurde. Im folgenden Jahre kam er nach Paris, wo sein erster Besuch Chopin galt, an den er empfohlen war und der ihn mit den Worten empfing: »Es ist genug, dass Du die Luft Warschau's geathmet hast, um in mir stets einen Freund und Berather zu finden«, ein Versprechen, welches Chopin auch immerdar hielt. In dem *Gymnase musical*, einem neu gegründeten Kunstinstitut, trat F. damals wiederholt und mit grossem Beifall auf; er spielte dort besonders die letzten Sonaten Beethoven's und die neuesten Compositionen Mendelssohn's, u. A. das Clavierconcert in *G-moll*, welches seitdem das Paradepferd aller Pianisten geworden ist. Im J. 1837 war F. in Oberitalien und spielte in Mailand auch mit Liszt zusammen zu zwei Clavieren. In Paris wieder 1842, trug er im Conservatorium Beethoven's Phantasie op. 80 vor. Von dort reiste er nach London, Berlin, Dresden, Leipzig u. s. w., fand allenthalben enormen Beifall und erfuhr seltene Auszeichnungen. Im J. 1850 ging er nach Russland, liess sich 1853 in Petersburg nieder und wirkte dort bis 1860 als Lehrer, ebenso von 1860 bis 1868 in München und seitdem in Graz. Im April 1873 trat er noch einmal mit grossem Beifall als Virtuose in Hamburg, Berlin und Potsdam auf. — F.'s wahre, künstlerische Bedeutung besteht darin, der erste Verbreiter der letzten Sonaten Beethoven's gewesen zu sein, sowie viele Meisterwerke der Clavierliteratur vergangener Jahrhunderte aus dem Staube der Vergessenheit hervorgezogen zu haben. Seine eigenen Compositionen, von denen er manche in seinen Concerten ausführte, soll er, so weit sie noch Manuscript waren, vernichtet haben, da er sich nicht zum Componiren berufen glaubte.

Fontaine, Jeanne, eine wegen ihrer Stimme ebensowohl wie wegen ihrer Schönheit gefeierte Bühnensängerin, war die Tochter eines französischen Tanzlehrers in Münster, woselbst sie am 20. Mai 1770 geboren wurde. Ihres Ruhms erfreute sie sich nicht lange, da sie schon 1797 starb.

Fontaine, Noël, französischer Kirchencomponist, geboren im ersten Viertel des 18. Jahrhunderts zu Caraillon, lebte um 1750 als Almosenär der Carmeliter zu Avignon und hat sich durch kleinere musikalische Arbeiten für die Kirche bekannt gemacht.

Fontana. Dieses Namens haben viele Italiener sich sowohl als Sänger wie als Componisten und Instrumentalisten schon in älterer Zeit einen Namen erworben. Als Sänger werden gerühmt: Pietro Antonio F., aus Bologna gebürtig, der ums Jahr 1690 glänzte; Giacinto F., ein Castrat, der sich um 1730 zu Rom durch seine geschickte Darstellung von Frauenrollen einen Namen machte (man nannte ihn auch Farfallino); Agostino F., ein Piemontese, stand um 1750 im Dienste des Königs von Sardinien. — Als Tonsetzer sind anzuführen: Antonio F., geboren um 1730 zu Carpi, war Priester und Mitglied der Philharmonischen

Akademie zu Bologna, woselbst er 1776 ein *Domine* seiner Composition aufführen liess, dessen Burney mit grossem Lobe erwähnt; B e n i g n o F., lebte um die Mitte des 17. Jahrhunderts wahrscheinlich in Deutschland, da von ihm, wie Schacht in seiner *Bibliotheca musica* berichtet, »*Modulationes 2 vocum*« zu Goslar 1638 erschienen sind; F a b r i z i o F., geboren zu Turin um 1650 und später als Organist an der Peterskirche in Rom angestellt, hat durch den Druck: *Ricercarj per l'Organo* (*Rom*, 1677) bekannt gemacht; G i o v a n n i B a t t i s t a F. hat nach Parstorff's Cat. p. 32 *Sonate a* 1, 2, 3 *per il Violino, Cornetto, Fagotto, Violoncino* und andere Instrumente mit einem Generalbass veröffentlicht; G i o v a n n i S t e f a n o F., lebte in der ersten Hälfte des 17. Jahrhunderts und liess, wie in demselben Catal. p. 7 angeführt wird, achtstimmige Messen, Motetten, ein Miserere und Litaneien drucken; M i c h e l e A n g e l o F., sagt derselbe Catal. p. 8, gab 2, 3 und 4 stimmige Motetten und eine Messe mit *Basso continuo* (Venedig, 1579) heraus; M a r c o P u b l i o F., geboren am 18. Januar 1548 zu Palosco, woselbst er 1569 Pastor wurde und als solcher am 10. Novbr. 1609 starb, war in allen Künsten sehr bewandert und in Folge dessen Mitglied mehrerer Akademien, z. B. der Rapiti, Vertunni etc., in denen er auch die Stellung eines Kapellmeisters, seiner Einsicht in die Harmonie und Fertigkeit auf dem Claviere wegen erhielt. Vgl. Calvi in seiner *Scena Letter. degli Scrittori Berg.* p. 455 und Walther. — Als Instrumentalist ist L u i g i F. zu nennen, der als Mandolinenvirtuose Deutschland durchreiste und im J. 1797 in Hamburg sich u. A. durch den Vortrag eines Pleyel'schen Concertes hervorthat.

†

Fontana, U r a n i o, italienischer Operncomponist der Gegenwart, machte sich in seinem Vaterlande 1837 zuerst durch die Oper »*Isabella di Lara*« bekannt und kam dann nach Paris, wo er für das Theater *de la Renaissance* 1840 die Oper »*Il zingaro*« schrieb. In demselben Jahre noch ging er auf eine Saison als Theaterkapellmeister nach Athen, worauf er 1841 nach Italien zurückkehrte und an ferneren Opern seiner Composition »*Giulio d'Este*« und »*I baccanti*« zur Aufführung brachte, ohne jedoch damit Erfolge zu erzielen. Späterhin wandte er sich wieder nach Paris und fungirte daselbst als Musikdirektor bei der italienischen und bei der Grossen Oper. Im Winter 1872—73 war er wieder bei der ersteren engagirt.

Fonte, N i c o l a, venetianischer Tonkünstler, liess 1642 ein dreiaktiges Musikdrama seiner Composition »*Sidone e Dorisbe*« aufführen. Er war einer der Mitbewerber um das Organistenamt am Dom zu San Marco in Venedig, welche Stelle jedoch Cavalli erhielt.

Fontei, N i c o l ò, italienischer Kirchencomponist, geboren 1579 zu Orci-nuovo, hat sich rühmlich bemerkbar gemacht. Walther giebt von ihm als noch vorhanden an: »*Melodiae sacrae* 2, 3, 4 *et* 5 *vocum et B. gener.*«; »*Bizzarrie poetiche*« (Venedig, 1634); und *Missa e Salmi a* 4, 5, 6 *et* 8 *voci, con Viol.* op. 6. Siehe ferner Parstorffer's Katalog Seite 6.

Fonteijo, G i o v a n n i, dänischer Tonkünstler romanischer Abkunft, wurde von Christian IV. von Dänemark um 1595 zu seiner höheren musikalischen Ausbildung nach Italien geschickt, woselbst ihn Johannes Gabrieli in Venedig als Schüler annahm. Nachdem F. während seines dortigen mehrjährigen Aufenthalts auch als Componist hervorgetreten war und u. A. zwei Bücher fünf- und sechsstimmiger Madrigale (Venedig, 1599) veröffentlicht hatte, kehrte er nach Dänemark zurück und wirkte daselbst in einer ihm vom Könige verliehenen Anstellung.

Fontemaggi, A n t o n i o, italienischer Kirchen-Kapellmeister und Componist aus Rom gebürtig, fungirte seit 1795 im musikalischen Amte an der Kirche Santa Maria maggiore zu Rom, zuerst als Adjunkt Lorenzani's, 1806 aber definitiv angestellt. Er starb am 4. Mai 1817 und hinterliess viele Kirchencompositionen im Manuscript. — Von seinen beiden Söhnen war der ältere, D o m e n i c o F., Organist an der Kirche *San Giovanni in Laterano* und erhielt 1828 seines Vaters Stelle an Santa Maria maggiore; der jüngere, G i o v a n n i F., hatte sich der dramatisch-musikalischen Laufbahn zugewandt und nicht ohne Erfolg mehrere Opern seiner Composition in verschiedenen Städten Italiens zur Aufführung gebracht.

Fontenay, Hugues de, französischer Kirchencomponist, geboren gegen Ende des 16. Jahrhunderts zu Paris, war Kanonicus an St. Emilien, in der Diöcese Bordeaux. Messen seiner Composition sind 1622 und 1625 im Druck erschienen.

Fontenelle, Granges de, französischer Operncomponist, geboren 1769 zu Villeneuve d'Agen, woselbst er den ersten Musikunterricht erhielt. In jungen Jahren kam er nach Paris und studirte dort bei Rey Harmonie und bei Sacchini Composition. Zuerst trat er mit Cantaten an die Oeffentlichkeit, 1799 aber mit seiner vieraktigen Oper »*Hécube*«, der Frucht zwölfjähriger Thätigkeit. Dieses Werk erfuhr seiner sclavischen Anlehnung an Gluck und Sacchini wegen eine scharfe Kritik und verschwand bald wieder. F. reichte hierauf 1802 eine andere Oper: »Medea« ein, die jedoch nicht zur Aufführung zugelassen wurde. Entmuthigt kehrte er bald darauf in seine Heimath zurück und starb 1819 in Villeneuve d'Agen.

Fontmichel, Hippolyt Honoré Joseph Court de, geschickter französischer Musikdilettant, geboren 1799 zu Grasse im Departement des Var. Seine Musikliebe, derentwegen er alle anderen Studien vernachlässigte, führte ihn nach Paris, wo er Compositionsschüler Chélard's wurde und 1822 beim *Institut de France* sogar einen zweiten Compositionspreis davontrug. Gleichzeitig veröffentlichte er Romanzen und liess 1835 zu Marseille auch eine Oper seiner Composition: »*Il Gitano*« aufführen. Der nicht ungünstige Erfolg bestimmte ihn, 1836 ebendaselbst auch seine komische Oper »*Le chevalier de Canolle*« zu Gehör zu bringen, die jedoch nur getheilten Beifall fand.

Fonton, Charles, französischer Orientalist, welcher seiner Forschungen wegen 1751 in Konstantinopel lebte. Unter seinen Arbeiten befindet sich ein die morgenländische Musik betreffendes Buch, welches den Titel führt: »*Essai sur la musique orientale.*«

Forberger, Johann, nach des Prätorius Zeugniss ein berühmter deutscher Orgelbauer, der um 1600 zu Chemnitz lebte.

Forbes, John, schottischer Tonkünstler aus der 2. Hälfte des 17. Jahrhunderts, ist bekannt geblieben durch von ihm veröffentlichte: »*Songs and fancies to several musical parts etc.*« (Aberdeen, 1681).

Forcadel, Pierre, französischer Mathematiker, geboren zu Saint-Pons in Languedoc um 1530 und gestorben zu Paris zur Zeit Heinrich III. als Professor der Mathematik, hat des *Euclides Musica* ziemlich mangelhaft in's Französische übersetzt und unter dem Titel: »*Le livre de la musique d'Euclide*« (Paris, 1572) veröffentlicht. †

Forchheim, Johann Wilhelm, deutscher Tonkünstler, lebte ums J. 1670 unter Johann Georg II. in Sachsen als Organist und Oberinstrumentist, und später unter Johann Georg III. als Vicekapellmeister. Von seinen Compositionen ist keine erhalten geblieben. †

Forcht, Franz Moritz, deutscher Tonkünstler, geboren am 2. Oktbr. 1760, lebte als Musiklehrer in Dresden, redigirte auch eine Zeit lang die musikalische Zeitschrift »Erato« und gab einige Claviercompositionen heraus. Er starb am 14. Decbr. 1813 zu Polenz bei Leipzig.

Forcroix oder **Forcroy,** s. Forqueray.

Ford, David Eberhard, englischer Tonkünstler, lebte als Organist zu Lymington und veröffentlichte von 1822 bis 1837 sieben Bücher zweistimmiger Psalmengesänge unter dem Titel: »*Original Psalms and Hymn tunes*«. — Eine englische Virtuosin auf der Harmonica lebte unter dem Namen Miss F. um 1760 und gab eine Lehrmethode für dies Instrument unter dem Titel »*Instruction for playing on the musical glasses*« (London, 1762) heraus.

Ford, Thomas, ein sehr gelehrter englischer Componist, der zu Anfange des 17. Jahrhunderts lebte und in dessen Lob alle Geschichtsschreiber einstimmen, war Kammermusikus des Prinzen Heinrich (Sohn Jacob's I.) zu London und hat ausser verschiedenen Kanons, welche in John Hilton's Collection gedruckt und von denen einige in Burney's *Hist. of Music Vol. III* mitgetheilt sind, noch ein Werk,

vierstimmige Lieder mit Lautenbegleitung etc., dessen langen Titel Gerber's Tonkünstlerlexikon von 1812 bringt, herausgegeben. Vgl. Hawkin's *Hist. of Music*
Vol. IV p. 25. Mehr ist von diesem Meister leider nicht bekannt geblieben.

†

Fordun, John von, ein altschottischer Priester und Chronist, der wahrscheinlich in dem Dorfe Fordun, Grafschaft Mearns, geboren ist und in der letzten Hälfte
des 11. Jahrhunderts lebte. F. hat ein geschichtliches Werk: *»Scotichronicon, Libr.*
IV, usque ad annum 1066« hinterlassen, welches bis 1360 von Wather Brower fortgesetzt und 1722 von Thomas Hearnia zu Oxford in den Druck gegeben wurde.
In diesem Werke, im 29. Kapitel, stellt F. Vergleiche zwischen der alten Musik
der Engländer, Irländer und Schotten an. Hawkins in seiner *Hist. of Music* Vol.
IV p. 7 bringt eine Stelle aus dieser ehrwürdigen alten Urkunde im Wortlaut.

†

Forendini, italienischer Tonkünstler, der zu Anfang des 18. Jahrhunderts
lebte und von dessen Composition noch zwei Bücher Sonaten für Flöte erhalten
geblieben sind.

Forestein oder Forestyn, Mathurin, belgischer Tonsetzer aus der zweiten
Hälfte des 15. Jahrhunderts, von dem sich, ohne dass man etwas Näheres über ihn
selbst weiss, noch Messen, namentlich eine solche über die sogenannte Weise
»L'homme armé« zu Rom, finden.

Forost, Mr. la, ein vorzüglicher französischer Basssänger, Schüler Lully's,
am grossen Pariser Theater zur Zeit seiner Entstehung angestellt, für den sein
Meister 1684 in der Oper Roland eine wirksame Scene eigens componirte. †

Forestier, Joseph, geschickter französischer Hornvirtuose, geboren am
5. März 1815 zu Montpellier, hat ausser vielen Concert- und Salonstücken für
Horn auch eine Schule für das Cornet à piston verfasst, welche den Titel führt:
»Grande méthode complète de cornet à pistons.«

Forkel, Johann Nicolaus, hochverdienter musikalischer Historiker und
Theoretiker, der Vater der musikalischen Geschichtsschreibung in Deutschland,
wurde am 22. Febr. 1749 zu Meeder bei Coburg geboren. Sein Vater war Schuh-
macher, und da F. eine schöne Stimme zeigte, so ertheilte ihm der Cantor seines
Geburtsorts den ersten musikalischen Unterricht, der zum Wenigsten eine solche
Grundlage in F. legte, dass er sich autodidaktisch weiterhelfen konnte. Mit 13
Jahren wurde er beim Chor in der Hauptkirche zu Lüneburg angestellt, wo er
auch Gelegenheit fand, sich im Orgel- und Harfenspiel zu vervollkommnen, und
schon Ende 1766 erhielt er durch Empfehlungen eine Stelle als Chorpräfect in
Schwerin, in welcher Stadt er durch seinen Gesang und sein Harfenspiel sich die
besondere Gunst der herzoglichen Familie gewann. Veranlasst, sich dem Studium
der Rechte zu widmen, ging er 1769 nach Göttingen, fühlte sich aber dort nach
zweijährigem juristischen Cursus so sehr zum Historischen und Literarischen der
Tonkunst hingezogen, dass er sich wieder ausschliesslich der Musik zuwandte. Er
wurde zuerst Organist an der Universitätskirche zu Göttingen, 1778 Universitäts-
Musikdirektor daselbst, und 1780 ertheilte ihm die philosophische Facultät die
Doctorwürde. In demselben Jahre übernahm er die Direction der grossen Winterconcerte, durch die er einen heilsamen Einfluss auf die Musikpflege in Göttingen
ausübte. In seine anderweitigen musikalischen Forschungen versenkt und von den
grossartigsten Arbeiten in Anspruch genommen, musste er diese Concerte 1815
eingehen lassen, was er auch um so bereitwilliger that, als er als Gegner der neueren
Musik mit der Geschmacksrichtung im Publikum immer mehr in Collision gerieth.
Nur Unterrichtsstunden, sowie einen Singecirkel setzte er noch bis 1816 in seiner
Wohnung fort, worauf er auch den letzteren eingehen liess. F. selbst starb am 17. März
dem Charfreitage des J. 1818 zu Göttingen. — Seine compositorische Thätigkeit
nimmt in seinem Künstlerleben eine untergeordnete Stellung ein, obwohl sie nicht
fruchtlos war, denn er schrieb Sinfonien, Concerte und Sonaten für Clavier, mehrere
Chöre, zwei Cantaten: »die Macht der Harmonie« und »die Hirten bei der Krippe
zu Betlehem«, sowie ein Oratorium »Hiskias«. Das Meiste hiervon ist jedoch Ms.

nuscript geblieben; im Druck erschienen sind von F.'s Compositionen nur Sonaten
für Clavier, auch ein Heft mit Begleitung der Violine oder des Violoncello's, einige
Hefte Variationen, Gleim's neue Lieder mit Melodien für's Clavier u. s. w. Ausser-
dem hat er sich durch Sammlung bis dahin noch ungedruckter Compositionen J.
Seb. Bach's sowohl, wie der Söhne desselben ein namhaftes Verdienst erworben.
Er war es auch, der die bei Kühnel in Leipzig erschienene Ausgabe von Werken
Bach's corrigirt und von falschen Lesarten gesäubert hat, da er denn überhaupt seine
Verehrung für den Altmeister deutscher Kirchenmusik eine unbegrenzte war. —
F.'s Hauptverdienste aber waren und bleiben seine Arbeiten auf dem Gebiete der
musikalischen Historiographie und der Theorie. Im Sammeln von Materialien für
seine Forschungen war er unermüdlich, und er brachte einen Schatz von seltenen
Werken und Schriften aller Zeiten und Völker zusammen, wie ihn damals keine
andere Privatbibliothek besass. Sein Fleiss für das Wissenschaftliche, namentlich
das Geschichtliche der Tonkunst war eminent, und nur Ungerechtigkeit kann die
Achtung verringern wollen, zu der sich nicht allein Deutschland, sondern vielmehr
auch die ganze Musikwelt ihm gegenüber verpflichtet fühlen muss. Dass seine
Arbeiten mehr kritische Sichtung zu wünschen übrig liessen, soll nicht geleugnet
werden, ebenso wenig, dass er in der Beurtheilung der Compositionen seiner künstlerischen Zeitgenossen ziemlich incompetent dasteht, was aber nicht verhindert, ihn
als einen der sorgsamsten und fleissigsten Musikgelehrten anzuerkennen, die der
Forschung neue Bahnen eröffnet haben. Als Schriftsteller inaugurirte er sich zuerst 1774 mit einem Einladungscirculär zu musikalischen Vorlesungen in Göttingen,
betitelt: »Ueber die Theorie der Musik, insofern sie Kennern und Liebhabern derselben nothwendig und nützlich ist« (Göttingen, 1774). Diese, sowie die später
herausgekommenen Abhandlungen: »Ueber die beste Einrichtung öffentlicher Concerte« (Göttingen, 1779) und »Ueber einige musikalische Begriffe« finden sich vereinigt in Cramer's »musikalischem Magazin« abgedruckt. Ein bedeutenderes Werk
F.'s war »die Musikalisch-kritische Bibliothek« (3 Bde., Gotha, 1778), in deren
Vorrede er den Verfall der Tonkunst beklagt, ebenso wie er weiterhin eine Lanze
gegen Gluck einlegt. Geben darin Umsicht und Scharfsinn des Verfassers sich
grosse Blössen, so bietet er andererseits doch auch schon hier Darstellungen,
die ihren geschichtlichen Werth für immer behalten. Nicht minder interessant
nach dieser Seite hin ist sein »Musikalischer Almanach für Deutschland« (Leipzig,
1782, fortgesetzt 1783—84 und 89). Man findet u. A. darin die merkwürdigsten
musikalischen Erfindungen (mancherlei Unrichtigkeiten enthaltend); ferner Verzeichnisse der damaligen Componisten, Instrumentalisten, Sänger, Musikschriftsteller, der besten Orchester, der Musikalienhandlungen, hervorragenden Instrumentenbauer, einiger Notendruckereien, Akademien und Musikvereine; endlich
Recensionen, Abhandlungen, Necrologe, Auszüge aus Briefen, Neuigkeiten und
musikalische Anecdoten. — Sein Hauptwerk ist seine unvollendet gebliebene »Allgemeine Geschichte der Musik« (2 Theile in 4, Leipzig, 1788 bis 1801), die Frucht
eines ganzen musikalischen Lebens und ein Denkmal deutschen Sammelfleisses. Das
Werk beginnt nach einer langen Vorrede mit der Geschichte der Musik bei den
Aegyptern und führt bis in das 16. Jahrhundert. Es hat demselben nicht an begründeten Vorwürfen gefehlt, man hat es weitschweifig, einseitig, logischer und
kritischer Ordnung entbehrend genannt, dennoch ist es die unentbehrliche Vorlage
für alle späteren derartigen Arbeiten geblieben, was seine Vortrefflichkeit hinreichend
beweist. Eine weitere verdienstvolle Arbeit F.'s ist die wohl gelungene Uebersetzung: »Stephan Arteaga's Geschichte der italienischen Oper u. s. w.« (Leipzig,
1789, 2 Bde.), die in zahlreichen Anmerkungen viele Irrthümer des italienischen
Verfassers widerlegt und verbessert und in Folge dessen zuverlässiger ist als das
Original. Am bekanntesten von F.'s Werken möchte sein die »Allgemeine Literatur
der Musik, oder Anleitung zur Kenntniss musikalischer Bücher, welche von den
ältesten Zeiten an bis auf die neuesten Zeiten, von den Griechen, Römern und den
meisten neueren europäischen Nationen sind geschrieben worden u. s. w.« (Leipzig,
1792). Dies Buch half in der That einem lange und tief gefühlten Bedürfniss ab

und ist auch noch später vielfach benutzt und ausgezogen, von C. F. Becker neu
bearbeitet worden. Die lange schon von F. beabsichtigte Herausgabe einer Bach-
Biographie kam nach dieser Zeit zur Ausführung und erschien unter dem Titel:
»Joh. Seb. Bach's Leben, Kunst und Kunstwerke« (Leipzig, 1802). In dieser Schrift
zuerst befindet sich als Anhang eine, wenn auch nicht vollständige Zusammenstellung von Bach's Werken. Die nun folgende Lebenszeit F.'s war den Vorarbeiten
für den dritten Band der Musikgeschichte gewidmet. Schon früher hatte er zu
diesem Zwecke eine grössere Reise durch Deutschland unternommen und war mit
überaus reichem Material versehen, zurückgekehrt. Die Ordnung und Sichtung
desselben, sowie seine abnehmenden Kräfte liessen ihn selbst daran verzweifeln,
dass er mit der ungeheuren Arbeit zu Ende kommen werde. Und so geschah es
auch; F. starb, ohne bis zur Vollendung seines Vorhabens gelangt zu sein. Seine
reiche Bibliothek und Manuscriptsammlung wurde, da sich leider kein Käufer des
Ganzen fand, zerstückelt und versteigert. Die Materialien für den dritten Band
der Musikgeschichte kamen in die Hände des Verlegers des Werks, Schweikert in
Leipzig, der sie später, wiewohl vergeblich, F. J. Fétis und auch Choron behufs
Bearbeitung antrug, wie der erstere in seiner *Biographie universelle* mittheilt.

Forlana (ital.) ist der Name eines Tanzes mit verschiedenen Abtheilungen,
der besonders von der ländlichen Bevölkerung Venedigs und den Gondolieren daselbst gepflegt wird. Derselbe soll in dem Herzogthum Friaul heimisch und der
Name selbst von den Bewohnern dieser Provinz, die man Forlanen nannte, abgeleitet sein. Die F. ist heiteren und fröhlichen Charakters und bietet in ihrer Musik,
welche sich gewöhnlich im $^6/_8$, seltener im $^6/_4$ Takt bewegt, nichts Eigenthümliches,
da dieselbe nur leicht und fliessend, ohne erwähnenswerthe rhythmische Beimischun-
gen sich ergeht. In charakteristischer Art als Singtanz hat Ambroise Thomas
sie noch neuerdings in seiner Oper »Mignon« (Nr. 17 der Partitur) benutzt. †

Form (vom lat. *forma*), der Wortbedeutung nach Bild, Gestalt, Umriss,
erhält nicht allein in Beziehung auf sinnliche Anschauung, sondern ganz allgemein
für Alles, was einer Gestaltung fähig ist, seine Bedeutung durch den Gegensatz
zum Stoff, der Materie und bezeichnet die Gesammtheit der bestimmten Verhältnisse, in welchen ein Object sich darstellt. Die Sphäre der Natur und der Menschheit, soweit ihre Erscheinungen idealisirt zu werden vermögen, ist das Gebiet des
ästhetischen Stoffes, und wie diese mannigfaltig, verschieden und der Idealisirung
fähig ist, also auch das Gebiet der Formen, durch welche der Stoff zur Darstellung
gelangt. Der ästhetische Stoff erscheint im Kunstwerk nur mittelst der F. Durch
die schöpferische Einbildungskraft soll aber Stoff und F. unaufhörlich verbunden
werden, und da die F. blos für die Anschauung existirt, so müssen auch Stoff und F.
in der Anschauung Eins sein. Obgleich nun, wie hieraus hervorgeht, jede F. nur
in ihrer Beziehung auf einen Stoff, dessen Darstellung sie ja ist, eine Bedeutung
gewinnen kann, so ist doch die abgesonderte Untersuchung formaler Begriffe, mit
der sich die Formenlehre beschäftigt, deshalb von der grössten Wichtigkeit, weil
theils Vollständigkeit, Ordnung, Zusammenhang und Begründung unserer Erkenntniss selbst formale Begriffe sind, theils Werth und Bedeutung des Stoffs, den uns
die Natur oder das Menschenleben darbietet, wesentlich an seine F. gebunden ist,
da beide nur für und durch einander geschaffen sind. Die unerlässliche Forderung,
die an diese Vereinigung gestellt werden muss, ist die, dass der Stoff ästhetisch
schön, die F. correct sei. — Formlos bezeichnet gewöhnlich Das, was entweder
noch keine bestimmt entwickelte F. hat, oder der erwarteten F. nicht angemessen
ist. — Formalismus nennt man ein sich nur nach der F. richtendes Verfahren
und bezeichnet daher auch weiter gehend oft den Fehler, vermöge dessen man über
der blossen F. den Gehalt und Stoff übersieht oder dem letzteren eine F. aufdringt,
die ihm nicht eigenthümlich ist, z. B. einem Grabgesang den Tanzrhythmus. —
Den allgemeinen Begriff F. als äussere Gestaltung und Gestalt fest haltend, spricht
man auch von Kunstformen oder Formen in der Kunst und bezeichnet damit
die verschiedenen Arten oder Gattungen der Kunstwerke, insofern sie sich durch
Bau und Charakter oder noch intimere Eigenthümlichkeiten von einander unter-

scheiden. So spricht man in der Musik im Allgemeinen von Grundformen, contrapunktischen Formen, Instrumentalformen, Vocalformen u. s. w., sowie im Besonderen von Liedform, Rondoform, Sonatenform u. s. w. S. Musik. Es sind dies die Gegenstände der Formenlehre, um deren Sichtung und Behandlung von den Musiktheoretikern A. B. Marx das grösste Verdienst hat, weshalb hier auf dessen »Die Lehre von der musikalischen Composition« (Leipzig, Breitkopf und Härtel) namentlich auf Band 1 und 2 hinzuweisen ist.

Formellis, Wilhelm, ein Contrapunktist des 16. Jahrhunderts, von dessen Arbeit nach Gerbert's Geschichte verschiedene Motetten in des *Pet. Joanelli N. Thesauro mus.* (Venedig, 1568) sich vorfinden sollen.   †

Formenti, Antonio, italienischer Kirchensänger, angestellt an der Liebfrauenkirche *della Staccata* zu Parma, stand ums J. 1650 in bedeutendem Rufe. Vgl. Laborde.   †

Formes, Karl, berühmter, durch seine colossalen Stimmmittel besonders ausgezeichneter Basssänger, geboren am 7. Aug. 1810 (nicht 1816 oder gar 1819) zu Mühlheim am Rhein (nicht an der Ruhr), war der Sohn eines Küsters, der ihn seiner schönen, volltönenden und umfangreichen Stimme wegen zum Kirchensänger bestimmte. Durch die Verhältnisse geführt, übernahm jedoch F. die Stelle seines Vaters an der katholischen Kirche seiner Geburtsstadt, verheirathete sich und war bereits im Besitz zweier Kinder, als er als mitwirkender Sänger im Herbste 1841 bei den Dombauconcerten in Köln das grösste Aufsehen machte und ihm gerathen wurde, zur Bühne zu gehen. Obschon in gereiften Jahren, ergriff F. diese Vorschläge mit Lebendigkeit und vertraute sich, um die erforderliche Ausbildung zu erlangen, dem nachmaligen Liedercomponisten Ferd. Gumbert, damaligen Baritonisten des Kölner Stadttheaters, an, der mit glücklichem Erfolge die ihm übertragene Aufgabe löste. Schon am 6. Januar 1842 konnte F. als Sarastro in der »Zauberflöte« in Köln debütiren, und der Erfolg war ein so beispielloser, dass er sofort auf 3 Jahre mit steigender Gage engagirt wurde. Sein Ruf verbreitete sich immer mehr, besonders als er für Wien gewonnen wurde, und als der gefeiertste Bassist seiner Zeit betrat er seit 1848 die Opernhäuser in London, St. Petersburg, Madrid, New-York, Berlin (1852) u. s. w., wo ihm besonders die Darstellungen des Sarastro, Marcel, Bertram u. s. w. Triumphe bereiteten. In England und Amerika nahm er von 1857 an bleibenden Aufenthalt und gastirte nur noch dann und wann in Deutschland; allein er hatte den Höhepunkt seiner Kraft und seiner Erfolge bereits hinter sich und konnte nur noch für eine künstlerische Ruine gelten. Da er mit seinen reichen Einkünften niemals Haus gehalten hatte, so war er an Weitererwerb gebunden und versuchte es, als Schauspieler noch eine Nachlese des früheren Erfolgs zu halten, jedoch vergebens; weder in Amerika, England, noch in Deutschland wurde er in diesem Fach anerkannt. Mit den Resten seiner Stimme versuchte er es noch einmal in Amerika; es gelang ihm jedoch nicht mehr, ein Bühnenengagement zu finden, und als Sänger in Cafés chantants fristet der einst als gross und unübertrefflich gepriesene Künstler, der unter allen seinen Zeitgenossen die ehernste und markigste Stimme besass, gegenwärtig sein Leben.

Formes, Theodor, der jüngere Bruder des Vorigen, gehörte in seiner Blüthezeit zu den vortrefflichsten und intelligentesten Bühnentenoren Deutschlands und darf als einer der letzten Repräsentanten reinen Gesangs auf der Bühne angesehen werden. Geboren am 24. Juni 1826 zu Mühlheim am Rhein, wurde er seiner schönen Stimme wegen schon als Knabe zum Singen fleissig angehalten und erwarb sich eine bemerkenswerthe Fertigkeit in allen erforderlichen musikalischen Dingen. Nachdem die Mutation seiner Stimme in einen schönen Bass vor sich gegangen war, begab sich F. 1843 nach Wien, wo er bei Hipfel einen geregelten Gesangcursus begann. Nachdem er drei Monate lang geübt hatte, mutirte seine Stimme, ein seltener Fall, plötzlich zum zweiten Male und ging in einen schönen, kräftigen Tenor über. Behufs dramatischer Gesangstudien ging F. hierauf nach Pesth, wo er vom Kapellmeister Schindelmeisser sorgfältig für die Bühne vorbereitet wurde. Im J. 1846 machte er auf dem Operntheater in Ofen seinen ersten theatralischen

Versuch als Edgardo in Donizetti's »Lucia« und zwar mit solchem Erfolge, dass er sofort für Olmütz engagirt wurde. Von dort drang sein Ruf nach Wien, und er erhielt 1847 ein Engagement an das Hofoperntheater daselbst, woselbst er seine Thätigkeit mit vielem Beifall als Alamir in »Belisar«, Gennaro in »Lucrezia« und Stradella begann. Von der Einsicht geleitet, dass seine Ausbildung noch immer nicht die wünschenswerth vollkommene sei, studirte er neben seiner Theaterbeschäftigung noch eifrig und mit den besten Resultaten bei Basadonna. Im J. 1848 folgte er einem Rufe nach Mannheim, wo er als Robert in Meyerbeer's gleichnamiger Oper einen grossartigen Triumph feierte und gehörte dieser Hofbühne ununterbrochen bis 1850 an, in welchem Jahre der Militärdienst F. auf 14 Monate unter die Fahnen rief. Nach seiner Entlassung aus dem Heere gab er 1851 Gastrollen an der königl. Oper zu Berlin und zwar mit so`hervorragendem Erfolge, dass er für das Institut fest gewonnen wurde, welches soeben in dem Heldentenore Kraus eine bedeutende künstlerische Kraft verloren hatte. Die Jahre 1851 bis 1864. während welcher Zeit F. dem Verbande der Berliner Hofoper angehörte, bilden die Glanzepoche seines künstlerischen Lebens, und aus dem Kreise von Grössen wie die Köster, die Wagner, die Herrenburg-Tuczek, die Harriers-Wippern, wie Mantius, Krause, Salomon, Betz und Zschiesche ragte er als durchaus gleichberechtigt hervor. Seine Darstellungen des Raoul, Eleazar, Robert, Masaniello, Othello, Propheten, George Brown, Fra Diavolo, Fernando (Favoritin), ja selbst des Tannhäuser und Lohengrin sind von keinem Nachfolger, weder nach der Seite des Pathetischen und Ausdrucksvollen, noch nach der des Graziösen und fein Pointirten im Spiel und Gesang übertroffen worden. Seine Stimme, kräftig und gedrungen wie sie war, also für Heldenrollen geschaffen, entbehrte nicht des Schmelzes für lyrische Episoden und nicht der Leichtigkeit, Anmuth und Gewandtheit für Spielparthien. Die gebildete und schulgerechte Art zu singen befähigte ihn überhaupt, das dramatische Colorit seines Tons in den mannigfaltigsten Schattirungen zu beherrschen, und seine prägnante und charakteristische Declamation, sowie sein treffliches, den besten Mustern nachgebildetes Spiel vollendeten den bedeutenden Eindruck, den er immer hervorrief. Eheliche Zerwürfnisse verleideten ihm den Aufenthalt in Berlin; er löste 1864 zu allgemeinem Bedauern des Publikums, das seinen bevorzugten Liebling nur ungern scheiden sah, sein Verhältniss zu der königl. Oper und begab sich zunächst an das Stadttheater zu Nürnberg. Seit 1865 sang er an den Bühnen der Vereinigten Staaten von Nordamerika und der Havannah und gastirte seit 1867 wieder in Deutschland. Während der Sommersaison 1870 und 1871 war er bei der Kroll'schen Oper in Berlin engagirt, wo ihm der Enthusiasmus und die alte Anhänglichkeit des Publikums in einer so entschiedenen Art entgegen kam, dass die General-Intendantur der königl. Theater sich fast genöthigt sah, sein Wiederengagement zu betreiben. F. gehörte hierauf dem Opernhause abermals vom September 1871 bis Juni 1873 an, schied aber zu dieser Zeit wieder aus, da er nur wenig und dann auch nur in zweiten und dritten Parthien beschäftigt wurde. Dem Vernehmen nach ist er für die Saison 1873—74 an dem neuen Theater in Düsseldorf engagirt.

Fornacci, Giacomo, italienischer Cölestiner-Mönch, geboren um 1590 zu Chieti, hat eine Sammlung von Motetten unter dem Titel *Melodiae ecclesiasticae* (Venedig, 1622) veröffentlicht.

Fornara, Francesco, italienischer Castrat mit einer tiefen Sopranstimme. geboren 1706 im Neapolitanischen, kam 1719 nach Paris, wo er zum königl. Kammersänger ernannt wurde und lange Jahre hindurch mit grossem Beifall sang, bis ein Rappierstich in die Kehle, bei einer Fechtübung erhalten, ihn an fernerer Kunstausübung verhinderte. Er starb hochbetagt um 1780 in Paris. †

Fornarini, Stefano, Sänger der päpstlichen Kapelle in Rom, hat 1560 fünfstimmige Motetten geschrieben, die im Archive dieses Instituts noch jetzt vorhanden sind.

Fornas, Philippe, französischer Schriftsteller und Pfarrer zu Laoenas, geboren 1627. verfasste ein 1672 im Druck erschienenes Werk: »*L'Art du plainchant*« betitelt.   †

Fornasari, A n t o n i o , italienischer Componist und Musikgelehrter, geboren 1699 zu Reggio, bekundete schon in früher Jugend bedeutende musikalische Anlagen, die u. A. die Aufmerksamkeit des Marchese Gaëtano Canossa auf den Knaben lenkten, welcher denselben behufs künstlerischer Ausbildung nach Parma schickte, hauptsächlich, um bei Maurizio Allai das Violinspiel zu erlernen. Nachdem F. seine Studien mit bestem Erfolg beendet hatte, zog ihn sein Gönner als Dirigent in seine Privatkapelle nach Reggio, und für dieselbe componirte F. Sinfonien, Concerte u. s. w. Gleichzeitig hatte er noch bei Barbieri einigen Compositionsunterricht, bildete sich aber hauptsächlich autodidaktisch nach guten Partituren und theoretischen Werken zum vollkommenen Musiker aus. Neben der Musik, in welcher er später auch als geschätzter Lehrer wirkte, beschäftigte er sich noch viel und eingehend mit Mathematik. An der durch den Abbate Manfredi veranstalteten italienischen Bearbeitung von Fux' »*Gradus ad Parnassum*« (Carpi. 1761) nahm F. mitwirkend Theil. Geehrt und geachtet starb er am 24. Juni 1773 zu Reggio und hinterliess im Manuscript ein vollendetes theoretisch-didaktisches Werk, betitelt: »*Elementi di musica necessarj a sapersi per accompagnare la parte del basso nell cembalo.*« — Ein gleichnamiger Künstler, L u c i a n o F., machte sich seit 1828 als Opernsänger von schöner Bassstimme und guter Schule auf den italienischen Bühnen seiner Heimath und des Auslandes vortheilhaft bekannt. Von 1832 bis 1840 trat er in den Opernhäusern der grösseren Städte Amerika's auf, war darauf in Lissabon, dann wieder in Italien und in der Saison 1846 in London engagirt, worauf er sich vom Theaterleben zurückgezogen zu haben scheint.

Fornasini, italienischer Operncomponist, ist 1831 und 1839 in Neapel mit zur Aufführung gebrachten Partituren in die Oeffentlichkeit getreten, ohne jedoch ein nachhaltigeres Interesse auf sich zu lenken.

Forni, italienischer Musiker, der um 1740 in Paris angestellt war und daselbst Sonaten seiner Composition für Bass veröffentlichte.

Fornitura (ital.), s. F o u r n i t u r e .

Forno, A g o s t i n o , Barone d i , italienischer Musikliebhaber von gediegenem Wissen, geboren in der zweiten Hälfte des 17. Jahrhunderts zu Palermo, brachte es im Violinspiel bis zur Virtuosität und hat auch einige Schriften über Musik und Musiker, so besonders über seinen Zeitgenossen Tartini, veröffentlicht.

Foroni, J a c o p o , hochbegabter und vielversprechender italienischer Componist, geboren am 25. Juli 1825 zu Verona, wurde von seinen Eltern für das Studium der Mathematik bestimmt, liess sich aber, von seiner Vorliebe für die Musik getrieben, veranlassen, diese Kunst zu studiren und sich derselben ausschliesslich zu widmen. Seine ersten Debuts als Componist, zuerst mit Clavierstücken, sodann mit Opern, von denen 1847 »*Margherita*« in Mailand aufgeführt wurde, und mit Ouvertüren, waren ganz ausserordentlich ermuthigend, und diese Erfolge, sowie sein künstlerischer Ehrgeiz, der dem Höchsten zustrebte, brachten ihn auf die Idee, die Sinfonie für grosses Orchester, wie sie in Deutschland, aber nicht in Italien als Compositionsform gepflegt worden war, in sein Vaterland einzuführen. Er schrieb in dieser Art mehrere Werke, die von seinen Landsleuten mit Stolz begrüsst wurden und von denen die phantastische Sinfonie in *C-moll* als den berühmtesten deutschen sinfonischen Werken gleichstehend erachtet wurde, sodass sie noch jetzt die Programme von Sinfonieconcerten in Italien ziert. F. selbst wurde 1849 als königl. schwedischer Kapellmeister nach Stockholm berufen, woselbst er die französischen Opern »*Les gladiateurs*« (mit grossem Beifall aufgeführt) und »*L'avocat Pathelin*« schrieb. Die letztere gedieh jedoch nicht ganz zur Vollendung, da F. am 8. Septbr. 1858 in dem blühenden Alter von 33 Jahren starb.

Forqueray, A n t o i n e , auch Forcroix oder Forcroy geschrieben, französischer Virtuose auf der Viola da gamba, einer der grössten Künstler seines Instruments überhaupt, wurde 1671 zu Paris geboren und von seinem Vater, ebenfalls einem angesehenen Gambisten, im Gambenspiel unterrichtet. Noch nicht 15 Jahr alt, zog er das Interesse des Königs Ludwig XIV. auf sich, der ihn oft bei Hofe spielen liess und sein »kleines Wunder« nannte. Fünf Jahr später galt er für den ersten Virtuosen der Welt und hatte in den vornehmsten Häusern von Paris Zutritt, wo man ihn durch reiche Geschenke auszeichnete. So erhielt er 1723 von seinem Schüler, dem Herzog von Chartres, 100,000 Livres auf Leibrente und 1725 vom Kurfürsten von Köln, der ihn 1725 in Paris nur ein Mal hatte spielen hören, ausser einem Geschenke von 100 Louisd'ors auch noch ein Jahrgehalt von 600 Livres. Quantz, der 1726 F. hörte, weiss nur die allgemeine Ansicht Bestätigendes von demselben zu berichten. F. starb am 28. Juni 1745 zu Nantes. — Sein Sohn und Schüler Jean Baptiste Antoine F., wurde am 3. April 1700 zu Paris geboren und zeichnete sich schon in jungen Jahren als vorzüglicher Gambist so aus, dass ihn Ludwig XIV. zu seinem Kapell- und Kammermusikus ernannte. Später ging F. in die Dienste des Prinzen Conti und nach dessen Tode soll er die Musik ganz aufgegeben haben. So behauptet Laborde mit Unrecht, denn Marpurg berichtet, dass F. 1750 Organist zu St. Mery war, als Nachfolger d'Andrien's, und bei allen Fachgenossen in hoher Achtung stand. Wann F. gestorben, ist bisher unbekannt geblieben. — Auch er hatte einen Sohn Namens Jean Baptiste F., der um 1728 zu Paris geboren, ebenfalls Gambist war und einige Compositionen für sein Instrument und für Clavier veröffentlicht hat.

Forst, Johann Bernhard, vortrefflicher Basssänger, geboren 1660 zu Mies in Böhmen, erhielt seine musikalische Ausbildung als Discantist der Metropolitankirche zu Prag. Als sich seine hohe Knabenstimme zu einem Basse von seltener Schönheit umgewandelt hatte, ging er nach Italien, wo sein Organ eine vollendete Schule erfuhr, so dass er an den kurfürstl. Höfen von Baiern und Sachsen Bewunderung erregte und vom kunstliebenden Kaiser Leopold als Kammermusikus in Wien angestellt wurde. Die italienischen Hofsänger dort sollen, ergrimmt über die Auszeichnungen, die F. erfuhr, ihm Gift verabreicht haben, vor dessen tödtlichen Folgen ihn nur ein rechtzeitig eingenommenes starkes Brechmittel bewahrte. Letzteres griff jedoch seine Brust so sehr an, dass er den Gesang und damit seine Stelle vorläufig aufgeben musste. Er kehrte nach Prag zurück, wurde Musikdirektor an der St. Wenzelskirche, dann Kapellmeister an der Schlosskirche aller Heiligen und endlich, nach Wiedererlangung seiner Stimme, erster Bassist an der Metropolitankirche. Kaiser Joseph I., der F. damals in Prag hörte, war entzückt von seinem Gesang, ohne dass es ihm jedoch gelang, ihn wieder für den Wiener Hof zu gewinnen. Als Beweis kaiserlicher Gnade erhielt aber F. von da eine Jahresrente von 300 Gulden, die er nicht lange genoss, da er 1710 zu Prag starb. — Sein Sohn, Wenzel F., geboren zu Prag 1687, ward im Sterbejahre seines Vaters Nachfolger desselben als Musikdirektor an St. Wenzel. Gleichzeitig war er einer der grössten Organisten seiner Zeit und als solcher auch von Kaiser Karl VI., vor dem er oft auf der grossen Orgel der St. Metropolitankirche spielen musste, hochgeschätzt. F. starb 1769 zu Prag.

Forster, s. auch Forsterus.

Forster, Kaspar, auch Förster geschrieben, genannt der Aeltere, ein Preussischer Tonkünstler, geboren um 1575, stand um 1643 als Cantor und Buchhändler in Danzig in bedeutendem Ansehen und war im Besitz einer schönen, starken Bassstimme. Nach dieser Zeit ging er als sehr alter Mann zur katholischen Religion über und starb im J. 1652 im Kloster Oliva bei Danzig. — Hervorragender noch war Kaspar F., zum Unterschiede der Jüngere genannt und jedenfalls ein sehr naher Verwandter des Vorigen. Derselbe war der Sohn eines Buchhändlers zu Danzig und dort 1617 geboren. Nachdem er eine sorgfältige Erziehung in den Wissenschaften wie in der Musik erhalten hatte, bestimmte ihn seine angenehme und umfangreiche Bassstimme, in die damals berühmte königl. polnische Kapelle zu treten, woselbst er in dem Kapellmeister Marco Scacchi einen Lehrer fand, der ihm alle Geheimnisse der Kunst anvertraute. Seiner hohen künstlerischen Begabung die letzte Weihe zu geben, ging er auf längere Zeit nach Italien, bis ihn ein Ruf des Königs Friedrich III. nach Kopenhagen als Kapellmeister zu gehen veranlasste. Hier bildete F. den ersten stehenden Gesangchor meist aus ausländischen, eigens verschriebenen Sängern, und schuf für denselben viele Werke. Der mit Schweden 1657 ausbrechende Krieg machte der Thätigkeit F.'s in Kopenhagen ein Ende. Er wandte sich nach Venedig, lebte dort längere Zeit als Sänger und Clavierspieler und trat endlich als Hauptmann in venetianische Dienste. Als solcher machte er den Krieg gegen die Türken mit und wurde seiner Verdienste wegen zum Ritter von San Marco ernannt. Als mittlerweile in Dänemark der Friede wieder hergestellt war, kehrte auch F. dahin zurück, blieb jedoch daselbst nur bis 1661, wandte sich zunächst nach Hamburg und dann nach Dresden, wo er zwanzig Jahre hindurch verweilte. Darnach ging er in das Kloster Oliva bei Danzig, wo er den Rest seines Lebens zubrachte, da er bereits in Italien zur katholischen Religion übergetreten war. Sein Tod daselbst erfolgte am 1. März 1673. Alle Bemühungen Mattheson's und Anderer, auch nur wenige von F.'s vielgerühmten Werken aufzufinden, sind vergebens gewesen; nur zwei Titel sind bekannt geworden: »Musikalischer Kunstspiegel«, Name eines theoretischen Werkes und »Cantus firmus: Ecce ancilla domini«, die Bezeichnung eines dreistimmigen contrapunktischen Satzes.   †

Forster, William, ein anerkannter und vorzüglicher Geigen-Instrumentenmacher, über dessen Lebensumstände alle Nachrichten fehlen. Man weiss nur, dass er in England geboren worden ist, und dass er von etwa 1680 bis 1720 in London wirkte. Seine Instrumente zeichnet ein hervorragend kräftiger und voller Ton aus, und namentlich waren seine Contrabässe zu allen Zeiten stark begehrte Kunstwaare.

Forsterus. Unter dieser Latinisirung des deutschen Namens »Forster« treten drei um die Musik verdiente Männer hervor. 1. Georgius F., ein Heilkünstler zu Nürnberg, welchen Sebald Heyden in der Vorrede seines Traktats de Arte canendi: »Vir, ut literarum et Medicinae, ita et Musicae peritissimus« nennt. — 2. Ebenfalls Georgius F. hiess ein seit 1556 zu Zwickau angestellt gewesener Cantor, der von dort 1564 in die gleiche Stellung nach Annaberg, seiner Geburtsstadt, berufen wurde, seit 1568 in Dresden als Sänger der Hofkapelle wirkte und später ebendaselbst als Nachfolger Joh. Bapt. Pinello's die Stellung eines kurfürstlichen Kapellmeisters erhielt, welcher er bis zu seinem am 16. Oktbr. 1587 erfolgten Tode vorstand. Um die Entwicklung des evaugelischen Kirchengesanges hat sich F. namhafte Verdienste erworben, wofür seine in verschiedenen, in der Zeit von 1538 bis 1565 zu Wittenberg und Nürnberg erschienenen Sammelwerken enthaltenen Compositionen sprechen. So die in Hans Walther's Cantionalen; in Bicinia gallica, latina et germanica« (Wittenberg, 1538); in »Trium vocum cantiones centum« (Nürnberg, 1541); in »Newe geistliche Gesänge u. s. w.« (Wittenberg, 1544); endlich in dem von F. selbst besorgten »Ausbund schöner Liedlein etc.« (Nürnberg, 1539, 2. verm. Aufl. 1556) und »Selectissimarum motetar. Tom. I« (Nürnberg, 1540). — 3. Nicolaus F., auch Forstius zuweilen genannt, aus dem Voigtlande gebürtig, wirkte am Hofe des Kurfürsten Joachim I. von Brandenburg und soll dort viele vorzügliche Musikwerke geschaffen und aufgeführt haben, von denen als besonders hervorragend von den Biographen eine sechzehnstimmige Messe genannt wird. Er galt in Folge dessen als einer der grössten Contrapunktisten des 16. Jahrhunderts.   †

Forstmeyer, A. E., deutscher Tonkünstler, war als Hofmusiker zu Karlsruhe angestellt und gab 1780 zu Mannheim von seiner Composition 6 Claviertrios als op. 1 und Opera drammatica per la voce mit Clav. und Viol. als op. 2 heraus. Vgl. musikal Almanach von 1782.   †

Fortbien (franz.) nannte der Kammerrath C. G. Friederici zu Gera, Sohn des gleichnamigen berühmten Orgelbauers, ein von ihm im J. 1798 durch den Reichsanzeiger Nr. 186 Seite 2115 empfohlenes Clavierinstrument abweichender Bauart, das in einigen kleinen Eigenheiten dem alten Claviere ähnelte und auch durch schwächeren Ton und leichteren Anschlag sich von dem gleichzeitigen Pianoforte unterschied. Die Baueigenheiten des F. sind nicht allgemeiner bekannt. Dies Instrument scheint seinem Namen nicht entsprechend erachtet worden zu sein, denn dasselbe wurde sehr wenig nachgebaut und hat eigentlich niemals allgemeinere Verbreitung gefunden. Jetzt zählt man das F. zu den grössten Seltenheiten.   2.

    Forte (ital., franz.: *fort*), abgekürzt *f.*, musikalische Vortragsbezeichnung in der Bedeutung **stark, mit kräftigem Anschlag oder Ton**. Diese allgemeine Bezeichnung lässt verschiedene Stärkegrade zu, welche durch Genaueres ausdrückende Beiworte unterschieden werden; nach der Seite des *piano* (s.d.) hin durch: *meno forte*, d. i. weniger stark; *mezzo forte*, mit halber Kraft; *un poco forte*, etwas stark. Als Steigerung zum *fortissimo* (s. d.) hin fungiren folgende Bezeichnungen: *più forte*, stärker; *molto forte*, sehr stark, mit voller Kraft; *forte possibile*, möglichst stark. Ueber die Unterschiede in diesen Bezeichnungen enthält der Artikel Vortrag die nothwendigsten Andeutungen.

    Fortepiano (ital.) ist zunächst die ältere Benennung des Hammerclaviers oder Pianofortes. S. Pianoforte. Dann aber auch eine Vortragsbezeichnung, welche am häufigsten in der Abkürzung (Abbreviatur) *Fp.* vorkommt und anzeigt, dass die auf einen stark anzugebenden Ton folgenden Töne wieder schwach intonirt werden sollen, ähnlich wie dies bei der Vorschrift *sfz* (*sforzando*) oder *rfz* (*rinforzando*) geschieht.

    Fortepiano-Clavier, ein 1794 von Elias Schlegel zu Altenburg erfundenes Instrument, das vermöge eines Tritts sowohl als Clavier, wie auch als Fortepiano gespielt werden konnte.

    Fortezug ist die in Deutschland gebräuchliche Bezeichnung für das den Dämpfer von den Saiten hebende Pedal (s. d.) am Pianoforte.

    Forti, Anton, einer der berühmtesten Baritonsänger Deutschlands, geboren am 8. Juni 1790 zu Wien, erhielt schon frühzeitig Violinunterricht, der ihn befähigte, im Orchester des Theaters an der Wien aushülfsweise Bratsche mitzuspielen. Diese Beschäftigung erweckte seine Neigung zur Bühne, die immer mehr wuchs, so dass er Gelegenheit suchte und auch fand, seine anerkannt schöne Stimme für den dramatischen Gesang auszubilden. Einigermassen vorgerückt, wagte er in Pressburg seinen ersten theatralischen Versuch, und in der That fiel derselbe so glücklich aus, dass Fürst Nicolaus Esterhazy ihn zum Mitgliede seiner Kapelle in Eisenstadt ernannte, woselbst, auf dem Schlosstheater, F. Gelegenheit hatte, in Gesang und Darstellung sich zu vervollkommnen. Durch Vermittelung seines Fürsten kam er nach einigen Jahren an das Hofoperntheater zu Wien, zuerst als Gast, dann fest engagirt. Dort bildete er sich rasch vollends zum gewandten Sänger aus und erhielt sich eine Reihe von Jahren hindurch, besonders wenn er in Conversationsparthien zu erscheinen hatte, die Verehrung des gesammten Wiener Publikums, das ihm auch noch am Ende seiner Künstlerbahn stets innige Anhänglichkeit entgegenbrachte. Die kräftige Fülle seines Organs, die vortreffliche Bildung desselben, die Gewandtheit und Noblesse seines Auftretens, alle diese Vorzüge wirkten zusammen, seine Darstellungen z. B. des Don Juan und Figaro, selbst des Lysiart, den er geschaffen hat, zu Musterparthien zu erheben. Seit der Verpachtung des Hofoperntheaters, in Folge deren die deutsche mit der italienischen Oper saisonweise abwechselte, trat F. in Wien weniger häufig auf, wurde dafür aber ein beliebter Gast der Theater in Prag, Berlin, Hamburg, Frankfurt a. M. u. s. w. In den Jahren 1828 und 1829 war er sogar, unbeschadet seines Wiener Contracts, gleichzeitig am Königstädter Theater zu Berlin engagirt. Im J. 1834 wurde er in Wien pensionirt, trat aber bis 1839 noch ziemlich häufig unter der Firma eines Gastes auf und wusste selbst mit stark geschwächten Stimmmitteln für sich zu interessiren. F. starb im 69. Lebensjahre am 16. Juli 1859 zu Wien.

    Forti, Catarina, italienische Sängerin, ein Wunderkind des 17. Jahrhunderts, da sie, wie Laborde mittheilt, im J. 1669, in einem Alter von zehn Jahren, auf der Bühne zu Piacenza bereits die Parthie der Volumnia in der Oper »Coriolano« sang.

    Fortia de Piles, Alphonse, Graf, hervorragender französischer Dilettant und Kunstfreund, geboren am 18. August 1758 zu Marseille, ergab sich, obwohl er standesgemäss die Laufbahn des Staatsmannes einschlagen musste, dem Studium der Kunst, namentlich der Musik, mit Feuereifer. Sein Lehrer in der Composition war der Neapolitaner Ligori, ein Schüler Durante's. F. bekleidete bereits die hohe Stelle eines Gouverneurs von Marseille, als er 1784 bis 1786 ziemlich rasch hinter einander folgende Opern seiner Composition: »La fée Urgèle«, »Vénus et Adonis«, »Le pouvoir de l'amour«, »L'officier français« in Nancy zur Aufführung bringen liess und damit die Aufmerksamkeit auf sich lenkte. Die Revolution in Frankreich brachte ihn um seine Staatsämter, gab ihm aber dafür Musse, seinen Privatstudien uneingeschränkt nachzuleben. Er componirte in allen Gattungen der Instrumentalmusik und veröffentlichte zu Paris Sonaten für Clavier und Violoncello, welche beiden Instrumente er selbst vortrefflich spielte, ferner Quintette für Blaseinstrumente, Streichquartette, eine Sinfonie, Ouvertüren u. s. w. F. starb am 18. Februar 1826 zu Sisteron.

Fortis (lat. Adjectivum), d. i. stark, wurde in älteren Zeiten häufig als Bezeichnung des Principals der Orgel, als der am schärfsten und stärksten erklingenden Stimme gebraucht, dann aber überhaupt auch als Beiwort für jede andere kräftig intonirende Orgelstimme.

Fortis, Giovanni Battista, gelehrter italienischer Geistlicher, geboren 1741 zu Padua, hat sich als Abbate um die Musikforschung verdient gemacht, namentlich durch das grössere Reisewerk »Viaggio in Dalmazia«, worin er Aufschlüsse über die bisher noch wenig beobachtete Musik der Dalmatier gab. F. starb zu Bologna am 21. Octbr. 1803 als Präfect der dortigen Bibliothek.

Fortissimo (ital.), Superlativ von forte (s. d.), ist die Vortragsbezeichnung für »sehr stark«, »möglichst stark«. Die Tongebung soll also bei den mit dieser Vorschrift (die in der Regel ff oder FF abgekürzt wird) bezeichneten Stellen den höchsten Grad der Kraft erreichen. In überflüssiger Ausschweifung hat man in neuerer Zeit noch einen Superlativ des Superlativs, ein Fortefortissimo, abgekürzt fff, erfunden, dessen Begründung jedoch, da F. bereits den höchsten Stärkegrad der Auffassung und Ausführung beansprucht, der logischen Folgerung entbehrt.

Fortlage, Karl, ausgezeichneter deutscher Philologe, Professor an der Universität zu Jena, ist der Verfasser des in musikalisch-archäologischer Hinsicht wichtigen Werks: »Das musikalische System der Griechen in seiner Urgestalt, aus den Tonleitern des Alypius zum ersten Male entwickelt« (Leipzig, 1847).

Fortpflanzung des Schalls, s. Akustik (Theil 1. S. 93 dieses Werks). Studienwerke für diesen Gegenstand überhaupt sind: Radau, »Lehre vom Schall« (München, 1869), F. F. Chladni, »Akustik« (Leipzig, 1802), H. E. Bindseil, »Akustik« (Potsdam, 1839) und John Tyndall, »der Schall« (Braunschweig, 1869) in den bezüglichen Abschnitten. O.

Fortrücken bezeichnet bei der Fingersetzung für Tasteninstrumente das Beibehalten einer und derselben Fingerordnung bei einer Folge gleichförmiger, sich auf- oder abwärts bewegender Tonfiguren. S. auch Fingersatz.

Fortsch, Johann Philipp, jedenfalls identisch mit Joh. Phil. Förtsch (s. d.) ist in der Manuscriptensammlung der königl. Bibliothek zu Berlin als Componist von 32 Kanons über den Choral »Christ, der du bist der helle Tag« vertreten.

Fortschreitung ist die Bewegung (s. d.) von einem einzelnen Bestandtheile eines Tonsatzes zu dem nächstfolgenden andern Bestandtheile. Bewegung bezeichnet also den allgemeinen Begriff, während man unter Fortschreitungen die einzelnen Schritte versteht, welche innerhalb der Bewegung in einem Tonsatze stattfinden. Die Erklärung der einzelnen Zusammensetzungen, in welchen das Wort F. gebräuchlich ist, ergiebt sich daher der Hauptsache nach schon aus dem Artikel »Bewegung«. So erkennt man aus jenem Artikel ganz von selbst, inwiefern dem Begriffe F. folgende nähere Bestimmungen beigefügt werden können und was diese bedeuten: melodisch, stufenweise, springend, steigend, fallend, diatonisch, chromatisch, enharmonisch, parallel, nicht parallel, verboten, erlaubt, gleichzeitig, ungleichzeitig. Die weiteren unter »Bewegung« nicht angegebenen Anwendungen ergeben sich aus folgenden Definitionen. »F. der Stimmen« ist die Art und Weise, wie die ein-

zelnen Stimmen sich von einem Tone zum andern fortbewegen. Die Art und Weise,
wie in einem mehrstimmigen Satze ein Zusammenklang in den andern übergeht,
nennt man »F. der Intervalle«. »Harmonische F.« dagegen heisst die Bewegung
von einem Accorde zum andern. Eine »leitergleiche oder leitereigene F.« entsteht,
wenn zwei Töne oder Accorde einander folgen, die ein und derselben Tonartleiter
angehören. »Leiterfremd« ist eine F., wenn die verbundenen Töne oder Accorde
nicht in derselben Tonartleiter enthalten sind. »Cadenzirende F.n« sind solche F.n,
die abschliessend wirken, also den Charakter von Cadenzen (s. d.) haben. »Trug-
fortschreitungen« (s. d.) entstehen, wenn auf einen Ton oder Accord statt des erwarteten ein ganz anderer Ton oder Accord folgt. Von »sequenzenartigen F.n«
spricht man, wenn mehrere gleichartige Schritte einander folgen (s. Sequenz).
»Querständig« heisst eine F., wenn in derselben der sogenannte »Querstand« (s. d.)
vorkommt. In »elliptischen« oder »katachrestischen« Fn. (s. d.) nimmt man an, es
sei ein zwischen zwei Accorden liegender Vermittelungsaccord ausgelassen. Die
einzelnen Fälle sind in jeder der aufgeführten F.sarten wiederum von sehr verschiedener Einrichtung und Wirkung. Von der Art und Weise aber, wie die
Einzelbestandtheile eines Tonsatzes in einander übergehen, hängt die Wirkung
eines solchen Satzes in hervorragender Weise ab, vor allem aber beruht darauf die
sogenannte grammatische Richtigkeit (s. d.) der Tonsätze. Es ist daher stets
eine Hauptaufgabe der Musiktheorie gewesen, zu untersuchen, wie die Ton- und
Accordverbindungen nach dieser Seite hin herzustellen sind, und nach welchen
Regeln und Gesetzen sich diese Herstellung zu richten hat. Wie daher der Artikel
Consonanz und Dissonanz alles das zusammenfasste, was der menschliche Geist
über das gleichzeitige Erklingen von Tönen gefunden hat, so hat der vorliegende
Artikel einen Ueberblick über dasjenige zu geben, was über die Verbindung von
Tönen und Accorden in der Aufeinanderfolge bekannt geworden ist. — Alle ver-
schiedenen F.n lassen sich auf zwei Arten zurückführen, nämlich darauf, wie 1. ein-
zelne Töne zu Melodien, 2. Zusammenklänge zu mehrstimmigen Sätzen verbunden
werden. Die Fälle der ersten Art heissen »melodische F.n«; diejenigen der zweiten
Art dagegen erhalten den Namen »harmonische F.n«, weil nach unserer heutigen
Auffassung jeder mehrstimmige Tonsatz auf eine harmonische Grundlage sich zurückführen lässt. Somit bleibt hier nachzuweisen, was die Theoretiker verschiedener
Zeitalter und verschiedener Auffassungsweisen über die Einrichtung von melodischen und harmonischen F.n gelehrt haben. — Die antike Musiklehre wich in
dieser Beziehung von unserer heutigen Auffassung so vollständig ab, dass ein Eingehen auf dieselbe hier nicht am Platze ist; das Wissenswertheste hierüber bringen
übrigens die specielleren historischen Artikel. Unser Nachweis beginnt deshalb
erst mit demjenigen, was die Theoretiker des Mittelalters gelehrt haben; und zwar
wird es sich nicht darum handeln, die Entstehung jener Lehren im einzelnen zu
verfolgen, sondern es ist nur ein Ueberblick zu geben über die endlichen Ergebnisse derselben. Diese Endresultate fasst man gewöhnlich unter dem Namen »contrapunktische Regeln« oder »Lehren des strengen Satzes« zusammen. Das autori-
tätsgläubige Mittelalter fand wenig Veranlassung, in den einzelnen Fällen nach
den wirklich letzten Gründen zu forschen; die Begründung jener Lehren hat daher
vielfach gewechselt, und sie ist namentlich vor dem Forum der heutigen Wissenschaft nicht mehr stichhaltig. Deshalb unterbleibt ihre Angabe hier gänzlich; eine
Erklärung für das Entstehen jener Lehren wird sich ohnedies aus dem ableiten
lassen, was schliesslich über melodische und harmonische F.n nach dem Stande der
heutigen Wissenschaft zu sagen ist. — Ueber die Einrichtung einer Melodie hinsichtlich der F. von einem Tone zum andern haben die Contrapunktiker nur wenige
Regeln aufgestellt. Alles was diesen Regeln nicht entsprach, galt als verboten;
aus dem, was nach diesen Regeln noch gestattet war, das Richtige auszuwählen,
blieb dem Genie der Tonsetzer überlassen. Als Hauptgesetz galt, dass in einer
Melodie nur F.n vorkommen durften, die diatonischen Intervallen entsprachen, d.h.
Intervallen, die zwischen den einzelnen Tönen der diatonischen (unserer heutigen
Durtonart) Leiter vorkommen. Somit waren zunächst ausgeschlossen alle F.n

in verminderten und übermässigen Intervallen. Von den diatonischen Intervallen durften ferner nicht angewendet werden: 1. der Tritonus (unsere übermässige Quarte, $f-h$), 2. die verminderte (falsche) Quinte ($h-f^1$), 3. die grosse Sexte ($c-a$), 4. die kleine und die grosse Septime ($c-h$, $d-c$). Ferner durften die kleine Sexte ($e-c^1$) und die Octave, namentlich aber die erstere, nur aufwärtssteigend angewendet werden. Vollkommen frei konnten daher nur folgende Intervalle angewendet werden: 1. die grosse und kleine Secunde ($c-d$, $cis-d$), 2. die grosse und kleine Terz ($c-e$, $e-g$, $e-gis$, $cis-e$), 3. die reine Quarte ($c-f$, $f-b$), 4. die reine Quinte ($c-g$, $b-f^1$) und 5. ausnahmsweise die reine Octave ($c-c^1$, $cis-cis^1$). Ferner galt die Regel: Alle Intervalle, die grösser als die Terz sind, dürfen nicht zweimal hinter einander in derselben Richtung vorkommen und überhaupt sind mehrere grosse Sprünge in einer Richtung (a) zu vermeiden, wenn nicht etwa einer Quarte eine Quinte folgt (b) oder umgekehrt (c), der dritte Ton also die Octave des ersten ist. (Vgl. Bellermann, Contrapunkt, S. 52 ff.).

Hiermit sind die Regeln des Contrapunkts über die melodische F. erschöpft; bemerkt muss aber noch werden, dass sich Abweichungen von diesen Regeln selbst in der Blüthezeit des strengen Satzes vorfinden. — Die Zusammenklänge entstehen nach der contrapunktischen Auffassungsweise nur durch das Zusammentreffen mehrerer Stimmen. Die Contrapunktiker kennen daher auch keine Harmonien oder Accorde, sondern nur Intervalle und Intervallverbindungen (s. Consonanz und Dissonanz); sie sprechen deshalb auch nicht von harmonischen F.n, sondern nur von der F. der Intervalle. Die Gesetze, welche im strengen Satze in dieser Beziehung für die F. von einer Consonanz zu einer Dissonanz und für die Umkehrung dieser Schritte gelten, sind aus den Artikeln Consonanz und Dissonanz, Auflösung, Vorbereitung u. s. f. ersichtlich und mögen daselbst nachgelesen werden. Zwei dissonirende Zusammenklänge durften einander gar nicht unmittelbar folgen, ausser allenfalls in der Cambiata (s. d.). Es sind daher nur noch diejenigen Regeln aufzuführen, die für die Fortschreitungen zwischen consonirenden Zusammenklängen galten. Aus dem Artikel Consonanz und Dissonanz ersieht man, dass alle heute als Consonanzen giltigen Zusammenklänge auch damals für Consonanzen galten, mit der Ausnahme, dass unser heutiger Quartsextaccord wegen der Quarte zu den Dissonanzen zählte, während die erste Umkehrung unseres verminderten Dreiklanges (also der Zusammenklang von Basston, kleiner Terz und grosser Sexte) für eine Consonanz gehalten wurde. Die consonirenden Intervalle theilte man ein in vollkommene (Einklang, reine Octave und reine Quinte) und unvollkommene (grosse und kleine Terz, grosse und kleine Sexte) Consonanzen. Auf diese Unterscheidungen gründen sich nun folgende Gesetze: 1. »Von einer vollkommenen zu einer andern vollkommenen Consonanz darf man nur in der Gegen- und Seitenbewegung (s. d.) fortschreiten« (a). 2. »Von einer unvollkommenen zu einer vollkommenen Consonanz darf ebenfalls nur durch die Gegen- und Seitenbewegung geschritten werden« (b). 3. »Von einer vollkommenen zu einer unvollkommenen (c), oder von einer unvollkommenen zu einer andern unvollkommenen Consonanz (d) dürfen alle drei Bewegungsarten stattfinden«. 4. »Der Einklang ist nur auf leichter Zeit gestattet«. 5. »Der Gang vom Einklang in ein anderes consonirendes Intervall (e), namentlich in gerader Bewegung, ist verboten« (Bellermann, Contrapunkt S. 64). 6. Die Anwendung der Battuta (s. d.) gilt bei einzelnen Contrapunktikern auch für fehlerhaft. 7. »Gleichartige Intervalle mehrfach nach einander anzuwenden, ist unschön« (f). Aus diesen Regeln ergeben sich die Gesetze für F.n zwischen drei- und mehrstimmigen Zusammenklängen von selbst.

a.   **b.**

8. 5. 8. 5. 8. 5. 8. 5. 8. 5. 3. 5. 6. 8.

c.

10. 5. 6. 5. 6. 5. 3. 5. 5. 3. 8. 6. 5. 6.

d.

5. 6. 5. 6. 8. 6. 3. 6. 3. 6. 6. 6. 8. 3.

e.   (Bellermann, „Contrap.")   **f.**

Die Regeln 1. und 2. schliessen bekanntlich das sogenannte Octaven- und Quinten-verbot ein (s. Octave und Quinte), welches noch jetzt vielfache Anerkennung findet. Weiteres hierüber lese man in den specielleren Artikeln nach. — Ueber die Berechtigung zur Aufstellung dieser Gesetze der F. gilt dasselbe, was unter Consonanz und Dissonanz über den Werth des strengen Satzes überhaupt gesagt wurde. — Die Thatsache, dass die Componisten des 17. und 18. Jahrhunderts sich nicht mehr an dieselbe banden, musste die Theoretiker veranlassen, die Giltigkeit jener Gesetze genauer zu prüfen. In vorurtheilsfreier und geistvoller Weise war in dieser Beziehung namentlich Johann Mattheson thätig; er hat mit grossem Scharfsinn das Unhaltbare der alten Lehre nach vielen Seiten hin nachgewiesen. Man kam schliesslich dahin, den alten F.sgesetzen nur bedingte Giltigkeit zuzuge-stehen; im Uebrigen betrachtete man das als massgebend, was tüchtige Meister gebraucht hatten, und stellte das Ohr als einzigen und letzten Richter hin, — während man auf eigentliche wissenschaftliche Erklärungen und Begründungen mit grösserer oder geringerer Entschiedenheit verzichtete. Ueber diesen Standpunkt sind einige Theoretiker noch jetzt nicht hinausgekommen. Was Vorurtheilslosigkeit beim Forschen, Gründlichkeit in der Untersuchung, Allseitigkeit der Bildung, Feinheit des Gehörs und Gediegenheit des Geschmackes betrifft, so werden alle Anhänger dieser Ansicht, auch die neuesten und bedeutendsten unter ihnen nicht ausgenom-men, von Gottfr. Weber übertroffen. Seiner Ansichten muss daher auch hier wie-der eingehender gedacht werden. — Als Grundlage bei melodischen F.n gelten ihm die Dur- und die Molltonartleiter, und zwar die letzere in der aufwärts und abwärts unterschiedenen Form (s. Molltonartleiter). »Die stufenweise F. ist die natür-lichste; der sprungweisen kann das Gehör nicht so leicht folgen«. »Ein Sprung ist gerechtfertigt: 1. nach einem Einschnitte oder Ruhepunkte (a) und dann selbst nach dem kürzesten Abschnitte, 2. bei stimmiger Brechung (b), 3. wenn die ein-ander folgenden Töne derselben Harmonie angehören (c), 4. zwischen den Tönen zweier Accorde, die einen sehr gewöhnlichen Harmonieschritt bilden (d), 5. in Hauptstimmen eher als in Nebenstimmen, besonders aber in der Bassstimme und in der Melodie für concertirende Instrumente«. »Weite Sprünge sind herber als enge. Die Octave ist gar kein Sprung. Die Regeln gegen die Anwendung übermässiger Intervalle und besonders gegen die übermässige Secunde sind, so allgemein aufgestellt, unrichtig; das Schneidende ist oft sogar Ausdrucksmittel. Die Sprünge wirken überhaupt sehr verschieden nach Tonart und Harmonisirung. Bei langsamer Bewegung sind dieselben minder anstössig als bei schneller. Singstimmen sind immer mehr stufenweise zu führen«. »In der Bassstimme sind am häufigsten die Sprünge von Grundton zu Grundton, seltener zwischen Beitönen. Am häufigsten werden nächstdem noch die Sprünge von und zu der Terz des Grundtones verwendet. Die Sprünge von und zu der Quint eines Accordes sind nicht gut, ausgenommen, wenn ein Quartsextaccord auf guter Taktzeit steht. Sprünge in die Septime eines Accordes wirken auch oft schlecht«. »Bei Stellen, denen eine stimmige Brechung (s. d.) zu Grunde liegt, gelten ausserdem auch noch die Gesetze der harmonischen F. in grösserer oder geringerer Strenge«. »Eine Stimme kann von jeder Hauptnote aus den eine grosse oder kleine Secunde darunter oder darüberliegenden Nebenton ergreifen. Jeder Nebenton muss in seinen Hauptton fortschreiten. Diese Töne heissen »Durchgänge«, »Zwischennoten«, »Neben«- und »Hilfstöne« (s. d.). Jeder chromatische Nachbarton muss durch die chromatische Veränderung seinem Hauptton genähert werden, sonst klingt er unangenehm und störend«. Hiermit sind die Regeln über melodische F. erschöpft.

Mit den harmonischen F.n beschäftigt sich die letzte Hälfte des zweiten Bandes und fast der ganze dritte und vierte Band von Webers Werke (»Versuch einer geordneten Theorie der Tonsetzkunst«). Der zweite Band behandelt die harmonischen F.n im Allgemeinen. Zunächst theilt sie Weber ein in leitergleiche und in ausweichende F.n. Weiter unterscheidet er die Schritte dann nach der Entfernung zwischen den Grundtönen der verbundenen Accorde. »Die Zahl der möglichen F.n ist sehr gross. Selbst sehr fernliegende F.n können unter Bedingungen gerechtfertigt werden. Es können nämlich vielerlei Bedingungen mildernd einwirken, z. B. langsameres Zeitmass, gemeinschaftliche Töne, Lage auf leichter oder schwerer Taktzeit, Abwechselung von Forte und Piano, sequenzenartige F., wenn ein rhythmischer Einschnitt zwischen beiden Accorden liegt, die Mehrdeutigkeit der Accorde«. »Es lässt sich also nicht im Allgemeinen bestimmen, welche Harmoniefolgen gut, welche nicht gut sind; nur im einzelnen Falle lässt sich etwas sagen«. »Am rechten Orte und auf rechte Art ist jede F. erlaubt, trotz dem Verbote«. Er betrachtet dann die einzelnen leitereigenen F.n, geordnet nach der Entfernung der Grundtöne, insofern diese F.n häufiger oder seltener gebraucht werden; dabei bespricht er zunächst die Folge von Dreiklängen, dann die F. von und zu den Septimenaccorden. Die Accorde bezeichnet er nach der Stufe, welche ihre Grundtöne in der Tonartleiter einnehmen. Eine grosse römische Ziffer bezeichnet einen Durdreiklang, eine kleine einen Molldreiklang; für den verminderten Dreiklang wird eine kleine ⁰ zugesetzt, während bei einem Septimenaccorde eine arabische ⁷ der römischen Ziffer beigefügt wird. I. Ueber leitertreue Fortschreitungen fand Weber nun Folgendes: A. Verbindungen von zwei Dreiklängen: 1. Secundenfolgen: I II in Dur, I II⁰ in Moll klingt nicht gut, wenn bei II oder II⁰ der Grundton im Basse, und die Quinte im Diskant liegt; II III in Dur (in Moll nicht möglich) kommt vor; III IV in Dur kommt selten vor; IV V in Dur und IV V in Moll ist sehr häufig; V VI in Dur und V VI in Moll ist vorhanden; VI VII⁰ in Dur und VI VII⁰ in Moll ist nur in Sequenzen gebräuchlich; VII⁰ I in Dur und VII⁰ I in Moll gilt meist als V⁷ I resp. V⁷ I. — 2. Terzen-F.n: I III (Dur) sehr selten; II IV (resp. II⁰ IV) ziemlich selten; III V selten und hart; IV VI (resp. IV VI) immer herbe und selten; V VII⁰ (resp. V VII⁰) klingt wie V⁷ V⁷; VI I (resp. VI I) gebräuchlich; VII⁰ II (resp. VII⁰ II⁰) ist mehrdeutig. — 3. Quarten-F.n: I IV (resp. I IV) häufig; II V (resp. II⁰ V) sehr gewöhnlich; III VI (Dur) selten; IV VII⁰ (resp. IV VII⁰) zweideutig als IV V⁷ (resp. IV V⁷); V I (resp. V I) kommt fast in jedem Takte vor; VI II (resp. VI II⁰) ist vorhanden; VII⁰ II (resp. VII⁰ II⁰) ist zweideutig. — 4. Quinten-F.n (od. Unterquarten-F.n): I V (resp. I V) ist sehr häufig und gewöhnlich; II VI (resp. II⁰ VI) selten; III VII⁰ in Dur ist selten und fremdartig; IV I (IV I) sehr häufig; V II (V II⁰) gebräuchlich; VI III in Dur kommt nur in Sequenzen vor; VII⁰ IV (VII⁰ IV) ist mehrdeutig. — 5. Sexten-F.n: I VI (I VI) ist gebräuchlich; II VII⁰ (II⁰ VII⁰) mehrdeutig; III I in Dur ist fremdartig; IV II (IV II⁰) gebräuchlich; V II (V II⁰) etwas selten; VI IV (VI IV) gebräuchlich; VII⁰ V (VII⁰ V) mehrdeutig. — 6. Septimen-F.n: I VII⁰ (I VII⁰) ist mehrdeutig, ausgenommen in Sequenzen; II I (II⁰ I) ist nur bei Umkehrungen der Accorde (als Sextaccorde) gebräuchlich, klingt aber bei Anwendung der Stammformen wunderlich; III II ist in Dur fremd; IV III in Dur kommt vor; V IV (V IV) seltener als IV V (IV V); V VI (V VI) möglich; VII⁰ VI (VII⁰ VI) ist mehrdeutig. — B. Auf einen Dreiklang folgt ein Septimenaccord: Nur bei Secunden-, Quarten- und Sexten-F.n ist die Vorbereitung der Septime möglich; daher können auch nur diese F.n bei Verbindungen von Dreiklängen und Septimenaccorden angewendet werden. Unter ihnen ist I V⁷ (I V⁷) ebenso häufig im Gebrauch wie I V (I V); II IV⁷ (II⁰ IV⁷) ist nicht brauchbar. — C. Auf einen Septimenaccord folgt ein Dreiklang: Cadenzen: 1ª· Natürliche Hauptcadenzen (wenn der Hauptseptimenaccord in einen Dreiklang fortschreitet, dessen Grundton eine Quarte über dem Grundtone des Hauptseptimenaccordes liegt): wird sehr häufig angewendet. — 1ᵇ· Trug-Hauptcadenzen (wenn der Hauptseptimenaccord in irgend einen andern leitergleichen Dreiklang fortschreitet): am gebräuchlichsten sind die Schritte V⁷ VI (V⁷ VI); die andern sind alle viel ungebräuchlicher, V⁷ II (V⁷ II⁰) kommt indessen vor; V⁷ III in Dur klingt befremdend; V⁷ IV (V⁷ IV) ist mit Behutsamkeit anzuwenden. — 2ª· Natürliche Nebencadenzen (wenn auf einen Nebenseptimenaccord in Quarten-F. ein leitergleicher Dreiklang folgt): gebräuchlich sind nur I⁷ IV und II⁷ V in Dur; II⁷ schreitet übrigens oft in einen übermässigen Sextaccord fort. — 2ᵇ· Trug-Nebencadenzen (wenn auf einen Nebenseptimenaccord irgend ein anderer leitergleicher Dreiklang folgt): dieselben sind nur selten gebräuchlich, allenfalls noch II⁷ I (II⁰⁷ I). — D. Zwei leitertreue Septimenaccorde folgen einander (leitertreue Cadenzvermeidungen): eine ganze Reihe von ihnen sind unbrauchbar, weil sie keine Vorbereitung der Septime zulassen würden; von den übrigen sind am gewöhnlichsten die hierhergehörigen Quarten-F.n (VI⁷ II⁷ V⁷); alle andern sind mehr oder weniger ungewöhnlich. — II. Ausweichende Harmoniefolgen: »Es sind 6616 Fälle möglich, eine vollständige Betrachtung ist daher unmöglich«. »Keiner ist verboten, sondern jeder am rechten Orte erlaubt«. Im dritten Bande bespricht Weber die F. der einzelnen Töne in den verschiedenartigen harmonischen F.n. Er kommt hierbei zu folgenden Resultaten. »Bei den F.n von Dreiklang zu Dreiklang ist die F. der einzelnen Töne meist frei; nur die Terz des Dominantdreiklanges in dem Schritte V I (resp. V I) will aufwärts schreiten oder springen, und dem entsprechend auch diejenige des tonischen Dreiklanges in der Harmoniefolge von I IV (I IV)«. »In allen anderen Zusammenklängen fordern einzelne Töne eine bestimmte F. Diese Töne heissen strebende Töne, und die von ihnen geforderte F. heisst ihr

Auflösung« (s. d.). »In dem Hauptseptimenaccorde $(g-h-d^1-f^1)$ sind A. die Septime (f^1), B. die Terz (h) solche strebende Töne. A. Die Septime strebt eine Stufe abwärts (in die Terz der Tonart). Es kann dem Hauptseptimenaccorde folgen: I. der tonische Dreiklang (natürliche Hauptcadenz), II. ein anderer Dreiklang derselben Tonart (Trug-Hauptcadenz), III. ein anderer Septimenaccord (vermiedene Hauptcadenz)«. »Bei der natürlichen Hauptcadenz ist die F. der Septime in die Terz des tonischen Dreiklanges die normale F.; indessen kann dieser Ton auch aufwärts oder sprungweise fortschreiten, namentlich wenn derselbe verdoppelt ist, oder wenn andere Töne als »Durchgänge« u. s. f. auftreten«. »Bei Trug-Hauptcadenzen ist das Streben der Septime nach der nächst tieferen Tonstufe noch stärker, als bei der natürlichen Hauptcadenz, wenn der betreffende Ton in dem folgenden Accorde enthalten ist; das gilt besonders, wenn die Septime in der Hauptstimme liegt«. »Wenn bei vermiedenen Hauptcadenzen der zweite Septimenaccord den Auflösungston der Septime enthält, so strebt dieser Ton des ersten Accordes in einem solchen Schritte ganz entschieden nach seiner Auflösung«. »In allen andern Fällen ist die F. der Septime des Hauptseptimenaccordes frei, z. B. 1. wenn eine leitereigene Harmonie folgt, die den Auflösungston nicht enthält (V^7 ii, V^7 ii⁰, V^7 IV, V^7 iv); 2. wenn eine ausweichende Harmonie folgt ($C:V$ I V^7 $a:V$ i); 3. so lange V^7 bestehen bleibt, also kein Harmonieschritt stattfindet«. — B. »Die Terz des Hauptseptimenaccordes strebt aufwärts in die Tonika«. »Bei der natürlichen Hauptcadenz ist dieses Streben nur dann nicht fühlbar, wenn die Tonica im nächsten Accorde ohnedies vorhanden ist; die Terz wird in diesem Falle, sobald sie in einer Mittelstimme liegt, in die Dominante der Tonart geführt, damit der tonische Dreiklang vollständig sein soll. Dasselbe findet statt, wenn die Terz verdoppelt ist«. »Bei Trug-Hauptcadenzen strebt dieser Ton aufwärts, sobald die Nachbarstufe in dem folgenden Accorde enthalten ist«. »In den vermiedenen Hauptcadenzen tritt dieses Streben der Terz noch stärker hervor, sobald nur ein Accord folgt, der den betreffenden Ton enthält; eine Ausnahme findet nur bei der Folge von V^7 I⁷ statt, wo die Terz des ersten Accordes lieber als Septime des zweiten liegen bleibt«. »Frei ist die F. der Terz des Hauptseptimenaccordes in allen andern Fällen (V^7 ii, V^7 ii⁰, V^7 vii⁰, V^7 iii⁷ u. s. f.«. — »Dem Hauptseptimenaccorde wird oft noch die grosse oder die kleine None (als »selbstständige None«) beigefügt. Dieser Ton strebt immer eine Stufe abwärts, sobald der betreffende Ton nur in der folgenden Harmonie vorkommen. Bei Trug-Hauptcadenzen kommt diese None übrigens fast nie vor«. »Sobald kein anderer Accord als der Hauptseptimenaccord folgt, oder sobald der Auflösungston der None nicht im folgenden Accorde enthalten ist, so hat die selbstständige None eine freie F.«. — »In den Nebenseptimenaccorden ist 1. die Septime, 2. die Terz und 3. unter Bedingungen auch die Quinte strebend.« »Die Septime strebt in allen den Fällen eine Stufe abwärts, in denen der betreffende Ton im Auflösungsaccorde vorkommt; die Terz strebt dann bald aufwärts, bald abwärts; die Quinte äussert dieses Streben nur, wenn sie falsch (vermindert) ist, und dann strebt sie eine Stufe abwärts«. — Weiter lässt sich dann Weber auf die F. nicht accordischer Töne (Durchgänge, Nebennoten u. s. f., s. d.) aus. Hier führt er alles auf den Grundsatz zurück, »dass jeder derartige Ton in seinen Hauptton, also eine kleine oder grosse Secunde aufwärts oder abwärts fortschreiten muss«. Das Weitere ergiebt sich von selbst aus den betreffenden Specialartikeln (»Durchgang« u. s. f.). — Der vierte Band endlich behandelt die harmonischen F.n in Rücksicht darauf, wie sich die Stimmen im Verhältniss zu einander fortbewegen; besonders umgehend bespricht Weber hier die parallelen Stimm-F. Alles von ihm gefundene lässt sich in folgende Sätze zusammenfassen, zu deren Verständniss man aber die Artikel: »Parallelen«, »Octaven«, »Quinten« u. s. f. nachzulesen hat. 1. »Secundenparallelen sind meist anstössig; in Mittel- und Begleitungsstimmen sind dieselben jedoch mitunter gestattet«. 2. »Terzenparallelen galten früher für ganz besonders verboten (»Mi contra Fa est diabolus in musica«); aber nicht die Terzenparallelen sind schuld am Uebelklange«. 3. »Quartenparallelen wirken wenig günstig; eine Folge von Quartsextaccorden oder zweistimmigen Quarten wirkt unangenehm, während Quartenparallelen in Sextaccorden nicht so unangenehm sind«. 4. Quintenparallelen: »Ihr Verbot wurde früher für sehr wichtig gehalten. Das unbedingte Verbot ist ebenso unrichtig, als sein unbedingtes Verschweigen. Sowohl die alten Ultra wie die neuen Liberalen irren, weil beide die Sache von zu beschränktem Gesichtspunkte aus ansehen. Parallele Quintenschritte sind unangenehm, aber nur dann, wenn sie hervortreten; das Unangenehme schwindet um so mehr, je mehr die parallele Bewegung verdeckt ist. Auch noch andere Ursachen machen sie oft weniger bemerklich. Ob und wann sie zu vermeiden sind, darüber lassen sich haarscharfe Regeln nicht geben. Man meide aber lieber Quintenparallelen, theils weil andere Ohren oft da Anstoss nehmen, wo unser eigenes Ohr nichts Anstössiges findet, theils auch, um sich nicht der Kritik manches affectirt delikaten Pedanten blosszugeben, — was man ja immer lieber vermeidet«. 5. »Sextenparallelen sind nur umgekehrte Terzenparallelen, und gilt hier dasselbe, was von den letzteren gesagt wurde«. 6. »Septimenparallelen sind nichts als umgekehrte Secundenparallelen, — doch klingen sie besser und an manche hat sich unser Ohr sehr gewöhnt«. 7. Octavenparallelen: »Ueber sie gilt dasselbe, was über die Quintenparallelen zu sagen war«. — Was die Zahl der gestatteten melodischen und harmonischen F.n betrifft, so sind bis jetzt nur wenige Theoretiker über G. Weber's Ansichten hinausgekommen; auch hinsichtlich der Auswahl hat Weber's feines Ohr in den meisten Fällen das Richtige getroffen, wenn er in einzelnen Dingen auch noch nicht weit genug geht und namentlich seine Behauptungen über das häufigere oder seltenere Vorkommen gewisser F.n nur in Beziehung auf die von ihm selbst näher untersuchten Compositionen (es sind besonders die von J. Haydn und W. A. Mozart) zutreffend sind. Dass G. Weber aber nicht seine Behauptungen auf bestimmte Principien zurückzuführen sucht, sondern einer solchen systematischen Begründung geradezu abgeneigt ist, das macht seine Theorie unzulänglich und einseitig. Hieraus wird ihm nun freilich kein Einsichtiger einen allzuschweren Vorwurf machen können, wenn man bedenkt, dass alle damals vorhandenen derartigen Versuche vor Weber's vorurtheilsfreiem und scharfsinnigen Geiste theils unzulänglich, theils unwissenschaftlich erscheinen mussten, und dass ihm daher jene Vorarbeiten, trotz ihrer nicht geringen Zahl, bei seinen Untersuchungen wenig nützen konnten; andererseits wird aber auch jeder Sachkenner ohne Weiteres zugeben müssen, dass das Bestreben der Theoretiker, bestimmte Principien aufzufinden, ein vollkommen berechtigtes ist, wenn anders die Tonkunst in Natur und Wesen des Menschengeistes begründet sein soll. — Die Untersuchungen über die F. verbanden sich fast immer mit den Untersuchungen über die Harmonie im Allgemeinen; Mittheilungen über solche zu verschiedenen Zeiten gemachte Versuche einzelner Forscher findet man daher in den Artikeln Consonanz und Dissonanz, Harmonik, Harmonielehre (s. d.) u. s. w. Dort findet man auch alle nach irgend einer Seite hin wichtigen Schriften über diesen Gegenstand aufgezählt. — Hier bleibt nur übrig, diejenigen Anschauungen anzudeuten und zu kritisiren, die noch jetzt in grösseren Kreisen Anklang finden, um schliesslich zu meiner eigenen Auffassung von der Sache übergehen zu können. — Es giebt nun zunächst eine Anzahl von Theoretikern, welche die Gesetze des strengen Satzes noch jetzt als berechtigt anerkennen, die aber für gewisse Leute oder in besonderen Fällen »Ausnahmen«, »Licenzen«, »geniale Freiheiten« u. dergl. gestattet wissen wollen, und dementsprechend ganz in demselben Sinne von »strengem« und »freiem« Satze reden, wie man wohl mitunter von einer strengen und milden Moral spricht. Derartige Anschauungen widerlegen sich aber ganz von selbst. »Ist ein Gesetz richtig, d. h. vernünftig und nothwendig, so muss es für Alle und für alle Fälle gelten; soll es Ausnahmen erfahren, so müssen diese, als Untergesetze, gleichfalls auf Vernunft und Nothwendigkeit begründet sein«. (A. B. Marx, »Compositionslehre«, I. S. 516). Ebenso wenig Berechtigung wird man denen zugestehen wollen, nach deren Ansichten die Musik von der Zeit an in Verfall gerathen sein soll, in welcher die Componisten anfingen, sich von den Regeln des strengen Satzes zu emancipiren; man müsste sonst die Blüthe der Tonkunst mit Palestrina abschliessen lassen, und selbst dieser Meister ist ja nicht gan ohne Makel. — Eine andere Partei unter den Theoretikern zweifelt überhaupt an der Möglichkeit einer wissenschaftlichen Erklärung, weil nach ihrer Auffassung die Tonsprache nur durch Uebereinkommen entstanden, und namentlich unsere heutige Musik lediglich etwas künstlich Gemachtes sei. Diese Theoretiker erheben die Verzichtleistung auf systematische Begründung, die G. Weber nur aus rein praktischen Gründen für erlaubt hielt, geradezu zum Princip; ausserdem aber erscheint es ihnen auch nicht einmal nöthig, — was doch G. Weber nie unterlassen hat, — möglichst umfangreiche Beobachtungen anzustellen, um so wenigstens auf empirischem Wege eine genügende Grundlage für ihre Behauptungen zu gewinnen. Die meisten Anhänger dieser Richtung erklären nur das für erlaubt, was ihnen in denjenigen Meistern, die nach ihrer persönlichen Meinung am höchsten stehen, durch Zufall bekannt geworden ist, während sie alles das verpönen, was sie bei diesen Meistern nicht gefunden haben, sei es ihnen auch nur durch einen unglücklichen Zufall entgangen. Andere Mitglieder dieser aus Princip unwissenschaftlichen Partei machen sich die Sache noch bequemer, indem sie Alles, und dieses auch unter allen Bedingungen mit gleichem Rechte gestattet wissen wollen, und zwar nicht blos bei anerkannten Meistern, sondern auch für sich selbst und für jeden Stümper. Sie würden daher selbst an den F.n im Beispiele a. nichts auszusetzen haben. Die Theoretiker der letzten Art hoffen wahrscheinlich, wenn sie neben der Unwissenschaftlichkeit auch noch die Corruption in der musikalischen Theorie zum Principe erheben, ihre eigene geistige Impotenz verdecken zu können; dieselbe tritt aber dadurch nur um so greller zu Tage. — Was übrigens die Ansicht, als sei in der Tonkunst wissenschaftliche Erklärung unmöglich, im Allgemeinen anlangt, so entstand dieselbe aus der Umkehrung des allerdings unbedingt richtigen Satzes, dass die Musikwissenschaft niemals zur Hervorbringung musikalischer Kunstwerke befähigen könne. Mit gleichem Rechte könnte man aber auch behaupten: »weil die Sprachforschung nie und nimmer jemanden zum Dichter machen könne, so sei es auch unmöglich, die von den Dichtern gebrauchten sprachlichen Formen wissenschaftlich zu betrachten«. Hieraus ergiebt sich die Unhaltbarkeit jener Anschauungen ganz von selbst.

Diejenigen nun unter den Forschern auf musikwissenschaftlichem Gebiete, welche in Beziehung auf die F.n eine systematische Begründung nicht bloss für möglich, sondern auch für nothwendig halten, haben bei ihren Untersuchungen verschiedene Wege eingeschlagen. A. B. Marx, dessen Standpunkt schon aus dem seinem Werke entlehnten Satze (auf S. 608) hervorgeht, glaubt in Beziehung auf melodische F.n dadurch zur systematischen Begründung und zur Vollständigkeit zu gelangen, dass er als Grundlagen der melodischen F. annimmt: 1. die Dur- und Molltonleiter, 2. die chromatische Tonleiter und 3. accordische Brechungen. Des Weiteren weiss er nur noch anzugeben, dass eine Melodie im Wechsel zwischen diesen Grundlagen »eine gewisse Ordnung, vernünftige Folge, künstlerischen Plan beobachten müsse«. (Allgem. Musikl. S. 194). Wie dagegen jene Grundlagen, und warum gerade diese Grundlagen entstehen und verwendet werden, das vermag er durchaus nicht nachzuweisen. Hinsichtlich der harmonischen F.n ist es mit seiner Wissenschaftlichkeit nicht wesentlich besser bestellt. Der Dominantseptimenaccord soll der Ursprung aller harmonischen Bewegung sein, während der tonische Dreiklang das Moment der Ruhe vertritt (Compositionslehre S. 229). Das Grundgesetz aller musikalischen Gestaltung sei nun Ruhe — Bewegung — Ruhe. Das Gesetz über die Verbindung des Dominantseptimenaccordes mit dem tonischen Dreiklange wäre daher das Grundgesetz für die ganze Harmonik. Was das heissen soll, und was damit bezweckt ist, bleibt hier glücklicher Weise gar nicht weiter zu erforschen; es handelt sich zunächst nur um die Gründe, warum dieses so und nicht anders ist, — und hier sucht man vollständig vergebens. Die einander folgenden

Accorde sollen (Allgem. Musikl. S. 230) Zusammenhang haben 1. durch gemeinschaftliche Töne (C: I V), 2. als tonische Accorde verwandter Tonarten (C: I a.: i),
3. dadurch, dass der eine Neigung oder Nothwendigkeit zeigt, sich aufzulösen. Der
erste Grund liesse sich hören, auch ohne weiteren Nachweis; wie aber nach den
beiden andern Bedingungen ein Zusammenhang hergestellt werden soll, ist vollkommen unerfindlich. Was Punkt 2 betrifft, so kann die Verwandtschaft zwischen
zwei Tonarten doch nur erkannt werden, wenn beide Tonarten zur Darstellung
gelangen; denn sie selbst sind ja nichts weiter als Tonfamilien. Wie soll sich nun
aber der Zusammenhang zwischen zwei Dingen herstellen lassen durch die Verwandtschaft zweier anderer Dinge, ohne dass diese Dinge selbst und die Verwandtschaft zwischen ihnen erkennbar ist. Weitzmann (»Harmoniesystem«) beutet freilich diese sinnlose Behauptung noch weiter aus; denn nach seiner Anschauung soll
der Zusammenhang zwischen zwei Accorden dadurch hergestellt werden, dass beide
Accorde Bestandtheile 1. derselben, 2. verschiedener Tonarten sind. Aber deshalb
verliert die Marx'sche Behauptung noch nichts an ihrer Unrichtigkeit. Der dritte
Punkt bleibt bei Marx ebenfalls unerklärt, und er kann daher unmöglich selbst
zur Erklärung eines anderen Vorganges benutzt werden. — Ein weiterer von Reichel (im Anschlusse an B. Klein's Lehrweise) gemachter Versuch, der bereits unter
Consonanzen der Tonart (s. d.) angedeutet wurde und daher hier nicht dargelegt zu werden braucht, ist eben ein Versuch geblieben. — Mor. Hauptmann
(»Natur der Harmonik und Metrik« und »Lehre von der Harmonik«) betrat hinsichtlich der melodischen F. bei seinen Untersuchungen den richtigen Weg, obwohl
er ihn auch hier nicht vollständig und consequent verfolgt hat. Er construirte die
Tonartleitern, wenn auch für Moll nicht ganz richtig, und sucht somit nachzuweisen, warum diese die melodische Grundlage bilden müssen. Auch für einzelne chromatische F.n findet Hauptmann Erklärungen, und zwar dadurch, dass er eine Moll-
durtonartleiter (a) und Leitern für gemischte Tonsysteme (Tongeschlechter (b)
annimmt. Auch die chromatische Scala sucht er zu entwickeln und zwar als eine
Leiter für eine Modulation durch nahe verwandte Tonarten. Er gelangt u. A. zu
dem Schlusse, dass die in seinen Leitern möglichen verminderten Intervalle (Septime, Quinte, Quarte und Terz) sangbar seien, während er die übermässigen (Secunde, Quarte, Quinte und Sexte) als unmelodisch verwirft. Wie wenig dieses mit
der Praxis selbst der feinhörigsten Componisten übereinstimmt, beweisen die beiden unter (c) mitgetheilten Beispiele, die mit Leichtigkeit hätten vermehrt werden
können.

a.   b.

c.   (Fr. Schubert, Winterreise.)   (W. A. Mozart)

müd' ich bin, da   ich zur Ruh   naht   dir   bei   ih - ren   Stür-men

In Beziehung auf die harmonischen F.n sind die Hauptmann'schen Anschauungen
schon an sich unhaltbar, abgesehen davon, dass in einer Musik, welche dieser Theorie stricte entspräche, nach Hauptmann's eigenem Ausspruche sich »alle Tonstücke
in derselben Weise gleichen müssten, wie dieses bei den ägyptischen Sculpturen
der Fall sei«. Bei ihm zerlegt sich der Weg von einem Accorde zu einem etwas
entfernteren Accorde in mehrere »Stationen, bei denen nur im Schnellzuge
nicht angehalten wird«. Die meisten Schritte werden demnach elliptische oder katachrestische F.n. So sollen die Schritte bei a. verständlich werden durch die bei
b. angegebenen Grundlagen. Wie soll es nun aber zugehen, dass a. wie b. klingt,
dass also das Ohr etwas gar nicht Vorhandenes und auch gar nicht Vernehmbares
als Vermittlung annehmen kann? und wie ferner soll sich dieser Vorgang bei Har-

moniefolgen wie auf S. 612 ff. gestalten? Die Unhaltbarkeit dieser Auffassung liegt auf der Hand. —

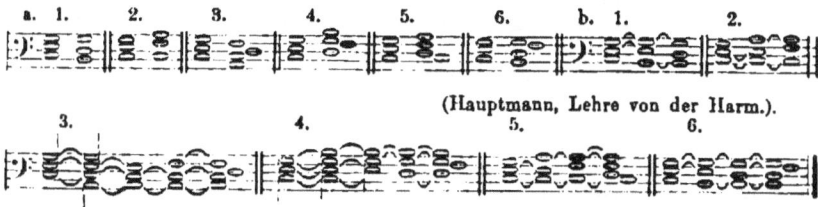

a. 1.　　2.　　3.　　4.　　5.　　6.　　b. 1.　　2.

(Hauptmann, Lehre von der Harm.).

3.　　　　4.　　　　5.　　6.

Die Versuche anderer Theoretiker schliessen sich der einen oder der anderen von den angegebenen Ansichten mit grösserer oder geringerer Entschiedenheit an. — Einen wesentlich andern Weg schlugen die Physiker und Physiologen ein; sie gingen dabei, wie sich von selbst versteht, entschieden wissenschaftlicher zu Werke, als die namhaft gemachten Theoretiker. Die Philosophen dagegen haben für die Lehre von den F.n noch weniger etwas Nennenswerthes gefunden, als auf anderen Gebieten der Musiktheorie (s. Consonanz und Dissonanz). Von den Ansichten der Physiker haben augenblicklich besonders diejenigen allgemeineren Anklang gefunden, welche von Helmholtz (»Lehre von den Tonempfindungen«) ausgingen, oder doch im Wesentlichen auf den Anschauungen dieses Forschers basiren. In Beziehung auf die Lehre von den F.n ist die Helmholtz'sche Auffassung erweitert durch A. von Oettingen (»Harmoniesystem in dualer Entwickelung«); ich gebe daher Einzelnes gleich in der v. Oettingen'schen Fassung, und zwar glaube ich hierzu ein um so grösseres Recht zu haben, als Helmholtz in der dritten Auflage seines Werkes von den Leistungen v. Oettingen's beifällig Akt nimmt. Hinsichtlich der melodischen F. wird folgendes Gesetz aufgestellt: 1. »Verwandt im ersten Grade nennen wir Klänge, welche entweder zwei gleiche Partialtöne (s. d. und unter »Akustik«) haben, oder »welche Partialtöne eines und desselben Grundtones sind« (v. Oett. a. a. O. S. 48). 2. »Verwandt im zweiten Grade sind Klänge, welche mit demselben dritten Klange im ersten Grade verwandt sind« (Helmh. a. a. O. S. 420). Im ersten Grade verwandt sind demnach die Töne c und a resp. f und as, denn c und a sind Obertöne des Klanges F_1 (F c f a), f und as haben denselben Oberton c''' (f f' c'' f'' a'' c''' resp. as as' es'' as'' c''''). Im zweiten Grade sind die Töne h und c' resp. c' und d' mit einander verwandt, da jeder von ihnen im ersten Grade mit dem Tone g verwandt ist. Die Verwandtschaft des zweiten Grades ist viel schwerer erkennbar, und auch im ersten Grade giebt es verschiedene Stufen, je nachdem die zusammentreffenden Obertöne stärker oder schwächer sind. Es sind nun gegen diese Anschauungen sehr verschiedenartige und gewichtige Einwürfe gemacht worden, wie denn z. B. »Das Gefühl für die Verwandtschaft der Töne« doch unmöglich, wie dieses aus der Helmholtz'schen Ansicht resultirt »nach den verschiedenen Klangfarben verschieden sein kann« (Helmh. a. a. O.). Nach meiner Auffassung genügt aber für den Beweis der Unzulänglichkeit dieser Erklärungsweise schon einfach die Thatsache, dass die Componisten oft F.n verwenden, die nach der Helmholtz'schen Erklärungsweise unerlaubt sein würden. So vermag weder Helmholtz noch v. Oettingen für die Töne der übermässigen Secunde und der übermässigen Quarte eine Verwandtschaft irgend eines Grades nachzuweisen; die auf S. 610 angeführten Beispiele beweisen daher die Unzulänglichkeit jener Lehren. — Helmholtz kennt nun neben dieser Verwandtschaft noch eine Verwandtschaft durch Nachbarschaft in der Tonhöhe«; diese Art der Ton-Verwandtschaft wird später noch näher besprochen werden, da ich in dieser Beziehung Helmholtz vollkommen zustimme und sogar noch weiter gehe, als dieses Helmholtz für nöthig hält. — Ueber die harmonischen F.n stellt Helmholtz folgende Hauptpunkte auf. »Die Accorde sind Vertreter gewisser Grundklänge, deren harmonische Obertöne sie enthalten«. So ist der C-durdreiklang Vertreter eines C-Klanges; der C-mollaccord

dagegen vertritt theils einen *C*-, theils einen *Es*-Klang. Ueber die Verwandtschaft
zwischen Accorden gilt demnach im wesentlichen dasselbe, wie über die Klangverwandtschaft überhaupt. »Direkt verwandt sind zwei Accorde, wenn sie einen oder
mehrere Töne gemeinschaftlich haben. Im zweiten Grade verwandt sind Accorde,
welche beide mit demselben consonanten Accorde direkt verwandt sind« (Helmh.
a. a. O. 454). »Wenn zwei Accorde neben einander gestellt werden, welche nur im
zweiten Grade verwandt sind, wird dies im Allgemeinen als ein jäher Sprung empfunden werden. Wenn aber der Accord, welcher die Verbindung herstellt, ein
Hauptaccord der Tonart ist, und daher schon häufig gehört wurde, ist die Wirkung nicht so auffallend (S. 540). Hiernach müsste der Accord *cis*—*e*—*gis* mit
c—*e*—*g* viel näher verwandt sein, als z. B. *d*—*fis*—*a*, was doch unzutreffend ist.
Ferner sind die Accorde in den folgenden Beispielen bei a. immer nur im zweiten
Grade verwandt, und die Accorde, welche allenfalls die Verwandtschaft vermitteln
könnten, sind weder Hauptaccorde der Tonart, noch sind sie vorher oft gehört
worden. Diese F.n müssten sich daher als sehr jähe Sprünge bemerklich machen;
dem widerspricht aber wiederum die Praxis der Componisten. Diese Thatsachen
beweisen zur Genüge, dass jene Erklärungsweise nicht zutreffend ist. Die Lehre
von den harmonischen F.n hat daher von Oettingen auch ganz anders darzustellen
gesucht, und er hat allerdings damit scheinbar grössere Vollständigkeit erzielt.
Aber auch bei ihm gelten F.n wie die im 6. und 7. Beispiele »kaum verständlich,
ohne den vermittelnden Klang *d*—*fis*—*a*« (v. Oett. a. a. O. 156), der doch gar nicht
vorhanden ist; ja er thut sich noch etwas darauf zu Gute, wenn er den »Beweis dafür gegeben, dass *C*-dur z. B. nicht mit einem um fünf Quintenschritte entfernten
H-dur verwandt sein kann« (S. 157), und doch kommen derartige F.n oft genug
vor. Es bedarf daher nur noch eines Hinweises auf die Aussetzungen, die ich unter
Consonanz und Dissonanz (Bd. II. S. 569 dieses Werks) an den v. Oettingen-
schen Ansichten zu machen hatte, um die Unzulänglichkeit auch dieser Auffassung
darzuthun. Uebrigens hält v. Oettingen selbst die Frage über die harmonischen
F.n durchaus noch nicht für abgeschlossen, denn er sagt (S. 156) hierüber: »Es
wird eine Hauptaufgabe der zukünftigen Musikwissenschaft sein, das Chaos der
Möglichkeiten zu sichten« u. s. f. —

a. 1. (Beeth., Op. 90, Son. Emoll).   2. (Mozart, Son. 8, Cdur).

3. (Fr. Schubert, Op. 90. II.).   4. (Schubert, Op. 78).

5. (Beeth., Op. 81ª, Son. car.) 6. (Schubert, 90 II).

7. (Beth., Op. 27 II, Sonate Cismoll). 8. (Beeth., Op. 31 — 29 — II, Dmoll).

9. (Fr. Chopin, Op. 15 III.)

Es erübrigt nun noch, meine Auffassung von der Sache kurz darzulegen, jedes weitere Urtheil aber dem Leser zu überlassen.

(Der Schluss dieses Artikels folgt im nächsten Bande. O. T.)

Verzeichniss

der im dritten Bande enthaltenen Artikel.

624

Druck von Metzger & Wittig in Leipzig.

www.ingramcontent.com/pod-product-compliance
Lightning Source LLC
Chambersburg PA
CBHW022124020426
42334CB00015B/748